Ouvrages en un Vol.
Donné par Monsieur Charran ?er
Conseiller et ancien avocat le 14
Mars 1850
Le Bâtonnier de l'Ordre

Inventaire N° 389

Inventaire N° 389

ARRESTS
NOTABLES
DU PARLEMENT
DE TOULOUSE,

Donnez & prononcez ſur diverſes matieres , Civiles ,
Criminelles, Beneficiales, & Feodales.

Recüeillis des Memoires & Obſervations Forenſes de Meſſire BERNARD
DE LA ROCHE-FLAVIN, *Sieur dudit Lieu , Conſeiller au
Privé Conſeil du Roi , & premier Préſident en la Chambre des Requêtes
du Parlement de Toulouſe.*

NOUVELLE ÉDITION.

Augmentée des Obſervations de Mᵉ. FRANÇOIS GRAVEROL,
Avocat de la Ville de Nîmes.

Où l'on voit quelle eſt la nouvelle Juriſprudence du Palais.

A TOULOUSE,
De l'Imprimerie de N. CARANOVE, à la Bible d'Or.

M. DCC. XLV.
AVEC APPROBATION ET PRIVILEGE DU ROY.

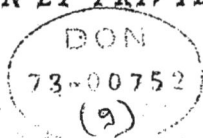

A MONSEIGNEUR
DAGUESSEAU,
CHEVALIER,
CONSEILLER DU ROY EN SON CONSEIL,

Maître des Requêtes ordinaires de son Hôtel, Président au Grand Conseil, Intendant de Justice, Police & Finances en Languedoc.

M ONSEIGNEUR,

J'ai toûjours tiré tant de gloire des obligeantes marques que vous m'avez données de votre bonté, qu'il est juste que pour vous en témoigner ma reconnoissance, je vous con-

ã ij

sacre le premier Ouvrage que je donne au Public sur les Matieres qui regardent ma Profession ; j'ai consideré d'ailleurs que je ne pouvois lui choisir un Protecteur ni plus genereux, ni plus illustre. Il seroit sans doute facile de confirmer une verité si connuë, si cette vertu severe, qui vous distingue du reste des grands Hommes ; je veux dire, MONSEIGNEUR, si votre modestie avoit pû souffrir votre éloge, & si j'étois capable de le faire. Je ne sçaurois pourtant m'empêcher de dire, que l'Intendance de la Province commise à votre conduite par un Roi, qui sçait parfaitement l'art de connoître les hommes, & la confiance entiere qu'il a toûjours euë pour Vous, sont des preuves si glorieuses de l'estime que Sa Majesté fait de vos rares qualitez, qu'il faut que votre vertu soit plus élevée encore que la Dignité que vous soûtenez. Que si de la consideration de votre merite je passois à celle de votre illustre Naissance, ne pourrois-je pas faire voir, sans remonter jusqu'à vos Ayeuls, dont la plûpart ont rempli avec gloire les plus grandes Dignitez de la Robe ; qu'elle vous fait descendre d'un Pere que l'Histoire fait remarquer, n'étant encore qu'à la fleur de son âge, comme un Homme d'un profond sçavoir, & d'une vertu consommée ? Que ne pourrois-je pas ajoûter si je voulois parler de votre zéle incomparable pour le service du plus grand de tous les Rois, & de tant de belles connoissances que vous possedez si éminemment, soit dans toute sorte de Litterature, soit dans l'administration de la Justice, ou enfin dans les affaires de Politique ? Mais, MONSEIGNEUR, j'irois trop loin si je m'aban-

L'Histoire d'Amiens par la Morliere parlant d'Antoine Daguesseau, Intendant de la Province de Picardie ; qui fut ensuite Premier President du Parlement de Bordeaux.

donnois à dire tout ce que je conçois fur une fi vaſte & fi belle matiere ; & je ne dois pas avoir fi-tôt oublié que Vous m'avez impoſé ſilence. Je n'ai donc, MONSEIGNEUR, qu'à vous ſupplier très-humblement de ne trouver pas mauvais que je mette votre illuſtre Nom à la tête de cet Ouvrage, quoi qu'il ne merite pas de vous être préſenté. Permettez-moi, s'il vous plait, de ſatisfaire en cela mon devoir & mon inclination, & de me flatter de cette douce eſperance, qu'en paroiſſant ſous un fi beau Nom, il ne manquera pas d'être favorablement reçû. Mais quelque avantage qu'il puiſſe recevoir de votre avû, je proteſte de bonne foi, que je vous l'offre moins par la conſideration de cet interêt, que pour apprendre au Public le plaiſir que je prends de me mettre ſous votre Protection, & de me dire avec un très-profond reſpect,

MONSEIGNEUR,

A Nîmes le 6.
Juillet 1680.

Votre très-humble & très-obéïſſant Serviteur,
GRAVEROL.

ă iij

AVERTISSEMENT.

J'Ai crû qu'il y avoit quelque espece de necessité d'accompagner le Recüeïl des Arrêts de Monsieur le Président la Roche, des Observations que je mets au jour, soit parce que ce Recüeïl étoit un peu trop sec, soit parce que depuis que ces Arrêts ont été donnez par le Parlement de Toulouse, la Jurisprudence du Palais a souvent changé: ce sont là les seules vûës que j'ai eües, lorsque je me suis laissé persuader par mes Amis de donner cet Ouvrage au Public; & il est certain que l'on ne peut pas dire, sans me faire tort, que j'aye été poussé par aucun motif qui me regardât en particulier. Je me connois assez pour ne rien présumer de moi-même: Outre que la maniére & la précipitation avec laquelle on m'a obligé d'écrire, justifient assez encore, que j'ai moins travaillé pour ma propre gloire, que pour la satisfaction d'autrui; en quoi pourtant on ne sçauroit me blâmer absolument de m'être trop negligé, puisqu'enfin j'écris pour instruire, plûtôt que pour plaire.

Au reste, j'ai tâché d'être succint autant que le sujet me l'a permis.

A cela je dois ajoûter, que les Arrêts que je rapporte, peuvent à mon avis d'autant mieux faire recevoir mes Observations, qu'ils doivent être regardez comme nouveaux, de quelque date qu'ils puissent être, puisqu'ils n'avoient jamais été publiez, si l'on en excepte quelques-uns qu'il a fallu que j'aye citez pour appuyer ce que je disois.

Comme j'ai écrit pour expliquer l'usage du Parlement de Toulouse, (que j'ai souvent designé par *le Parlement* ou par *la Cour* en termes absolus) j'ai aussi affecté d'autoriser, autant que j'ai pû, la doctrine que j'établissois par le sentiment des Docteurs du même Parlement, plûtôt que par celui des Docteurs étrangers que je n'ai pas citez qu'en deux cas principalement, ou quand leur doctrine s'est pas trouvée conforme à l'usage de ce Parlement, ou quand je n'ai pas pû me passer d'eux, en défaut de nos Auteurs, pour confirmer ce que j'avois à dire.

Si quelquefois je me suis amusé à faire des Observations, qui ne peuvent satisfaire que les Curieux, j'ai crû qu'on ne pouvoit pas me blâmer d'avoir égayé de tems en tems la matiere, sur-tout lorsque l'occasion s'en est présentée d'elle-même sans la rechercher. Les matieres du Palais & de droit étant de leur nature extrémement serieuses, il me semble qu'il n'est pas mal de délasser l'esprit par intervalle, & qu'un ouvrage n'est que plus agréable par la varieté, pourvû qu'on ne dise pas des choses qui soient tout-à-fait hors du sujet; ce n'est pas seulement pour les yeux que la varieté doit plaire, c'est aussi pour l'esprit.

E per tal variar natura è bella.

Cependant il est bon qu'au sujet de ces petites Observations de simple curiosité, je dise en passant pour ma justification, que si en expliquant le passage de *Stephanus*, que je rapporte sous le mot (*Esglantine*) j'ai été assez heureux pour faire la même remarque qui a été faite par le sçavant Monsieur Huet dans sa Demonstration Evangelique, qu'il publia l'année dernière, ce n'a été que parce qu'il n'est pas extraordinaire qu'en fait de conjectures deux personnes se rencontrent dans la même pensée : Des Poëtes se sont bien rencontrez à faire des Sonnets entiers tous semblables, s'il en faut croire Leonardo Salviati en ses Avertissemens sur la langue Italienne ; pour ne pas parler du Traité qu'Aretadés avoit fait autrefois sur ces sortes de rencontres, comme nous le lisons dans les Fragments qui nous restent de la Philosophie de Porphyre ; quoi qu'il en soit, outre que plusieurs personnes très-dignes de foi sçavent que mon Manuscrit étoit entre les mains des Imprimeurs, avant que le divin Ouvrage de Mr. Huet parût en ce païs ; ils peuvent encore attester qu'avant qu'il vît le jour ils m'avoient souvent oüi dire en conversation, que c'étoit au langage des Cariens, & non pas au langage des Dieux, que Mercure s'appelloit *Imbramos.*

Voilà ce que j'avois à dire sur le sujet de mes Observations, que je soumets volontiers à la censure du Lecteur. Je sçai me rendre justice, & je ne doute pas dans cet égard, qu'on n'y trouve beaucoup de choses où il y aura à redire : Si l'on daigne m'en avertir, je profiterai avec plaisir des avis qu'on me donnera, dans quelque esprit que l'on puisse me les donner : *Non pigebit me, sicubi hæsito, quærere, sicubi erro, discere :* pour parler avec le grand Saint Augustin.

IN COMMENTARIUM

CLARISSIMI VIRI JURIS UTRIUSQUE
apud Nemausenses Doctoris eruditiffimi, FRANCISCI
GRAVEROL ad Placita Senatus Tolofani, à D. BERNARDO
A RUPE-FLAVINO : collecta.

EPIGRAMMA.

SAcra Tolofani Flavâ de Rupe Senatus
  Prolapfa, in tenebris juffa fuere diu ;
Extulit in lucem, mirâ Graverolius arte,
  Inclitus, excuffo reftituitque fitu,
Nudaque cùm fuerint, pulchro decoravit amictu,
  Cernitur hîc aurum nobile, gemma frequens ;
Floribus hîc fragrat Themis undique, pagina quæque.
  GRAta, GRAvis, VERa, fuaVE que fempeR OLens.
Quo vos, omne hominum, rediviva oracula, vultu
  Sufpiciet fuplex, fufcipietque genus !
Quas tibi jam reddet Graveroli Curia grates !
  Quas tibi Flavinus ! debet uterque tibi.

P. DAUDE' I. V. D.

ARRESTS

ARRESTS

NOTABLES

DU PARLEMENT

DE TOULOUSE.

LIVRE PREMIER.

Abbez Commandataires.

TITRE I.

PAR Arrest du 9. Juillet 1611. fut dit que l'Abbé commandataire de St. Jacques de Beziers, feroit maintenu en la poffeffion & joüiffance de conferer les places Monachales, à tel idoine, & capable que bon lui fembleroit, vacation advenant d'icelles : Et le Syndic & Religieux en la faculté de les recevoir, leur bailler & vêtir l'habit, & les admettre à la profeffion fuivant le reglement de leur Ordre.

CONFERER] L'Abbé Commandataire, en tant que vrai Beneficier, a droit de conferé comme ordinaire, les places Monachales, & les Beneficiers qui dépendent de lui : il peut même le transferer : *quoàd collationem.* Si pourtant il neglige d'ufer de fon droit, il en déchoit : Il en eft de même de l'Abbé titulaire. Ainfi quand il eft abfent du Royaume, & qu'il n'a établi aucun Vicaire General, fi quelque Benefice vient à vaquer, la prefenta-

A

tion eſt devoluë au Chapitre, & après le titre ſur la collation du Chapitre, l'Abbé ne pût plus conferer, ſuivant l'Arreſt donné en la Grand'Chambre au raport de Mr. Delong le 12. Aouſt 1674. en faveur de Me. Eleazar Gaches, à qui la Vicairie d'Argelier avoit eſté conferée par les Religieux de S. Benoiſt d'Aniane, pendant l'abſence de l'Abbé. Ce préjugé eſt d'autant plus conſiderable, qu'outre que l'Abbé eſtoit en Ambaſſade, & qu'il en revint dans les ſix mois, d'ailleurs ſon Vicaire General eſtoit decedé.

LES RECEVOIR.] Il en feroit autrement, s'il eſtoit queſtion d'un Abbé titulaire, car en ce cas *receptio profeſſionis pertinet ad Abbatem & Monachos*, ſuivant la doctrine d'*O'dradus conſil. 97*. & c'eſt ſuivant cette diſtinction qu'il faut concilier l'Arreſt rapporté par l'Autheur, avec celui du Parlement de Bordeaux remarqué par *Papon en ſon recueil liv. 1. tit. 7. art. 2*. il eſt vrai que ſi l'Abbé Commandataire eſtoit revêtu de la dignité de Cardinal, il pourroit admettre les Religieux à la profeſſion : ce qui ſert d'exception au *chap. ad Apoſtolicam de regularib. & tranſ. ad relig.*

Abolition des Crimes.

TITRE II.

Lettres d'Abolition ne peuvent être octroyées que par le Roy, leſquelles faut que ſoient preſentées par les impetrans en perſonne, & non par Procureur. A cauſe dequoy ayant le 9. Mars 1445. Jean Comte d'Armagnac, & autre Jean ſon fils Vicomte de l'Omaigne fait preſenter au Parlement de Toulouſe par Me. Jean Tudert Maître des Requêtes de l'Hôtel du Roy expreſſement deputé par ſa Majeſté pour pourſuivre l'intherinement des lettres d'abolition par lui à eux octroyées : Par Arreſt fut dit n'eſtre recevables à les preſenter par Procureur. A ſuite dequoy comparans en perſonnes tous deux, oüi le Procureur General, par Arreſt prononcé à huis clos le 14. du mois de Mars 1445. leſdites lettres furent intherinées, la Cour leur ayant encore fait cette faveur de les avoir oüis à huis clos & non en pleine Audience.

EN PERSONNE.] Ni l'âge, ni la condition, ne diſpenſent pas de preſenter les lettres de grace, d'abolition, & de remiſſion, en perſonne, l'exemple du Sr. d'Eſpinchal, qui fut reçû à preſenter les ſiennes par Procureur, ne peut pas eſtre tiré à conſequence ; une raiſon d'État en fut en partie le motif. Les Cours ſouveraines n'ont pas même égard aux lettres qu'on obtient du Roi, pour être reçû à preſenter telles lettres par Procureur. V̈. *Le liv. 2. verb. Lettres de grace. art. 6.* n fût-il queſtion que du crime d'Hereſie, comme il ſe pratiquoit ſous le regne d'Henry II. V̈. *le même liv. verb. graces art. 1.* ou ne s'agit-il que des lettres de Rapeau. V̈. *Je liv. 3. verb. Rapeau, art. 1.* quand on veut obtenir grace, ce ſeroit uſer d'un eſpece de mépris, que de ne la demander pas en perſonne ; c'eſt ſans doute parce que la foy & l'hommage (& la ſouffrance même ſuivant quelques Docteurs) ſont des graces qu'on veut obtenir du Seigneur, qu'il faut les faire, & demander en perſonne, & non par Procureur.

Achapts & Ventes.

TITRE III.

SI le venditeur pour le payement du prix que l'acheteur luy doit de reste, ne se reserve par exprès dans le contract de vente l'hypoteque, il n'a point après en concurrence d'autres creanciers aucun privilege, ains est rangé suivant la datte de son instrument de vente seulement, par la doctrine de Balde, *in l. fin. ff. Commodati*, & ainsi fut jugé en la distribution des biens de feu Leger Banquier, contre Resseguier venditeur de la maison, de la distribution du prix de laquelle estoit question. Bien est vray que si le venditeur estoit moindre lors de telle vente, il pût estre restitué en entier, pour n'avoir reservé ladite speciale hypoteque, *argum. L. Minoribus. C. De in inte. rest. t. & L. Non omnia in 2. resp. D. De minoribus. & L. Si curator C. Arbitrium tut.* Toutefois contre cette subtilité du Droit l'équité a depuis prévalu, & a esté jugé pour certains marchands de Lyon, que trouvant leur marchandise en nature és mains de leurs debiteurs, que sur le prix de la vente d'icelle ils seroient preferez pour les debtes procedans de ladite marchandise: mesme par Arrest general prononcé la veille de sainte Croix 1608. par Monsieur e Verdun premier President, & ledit Arrest departi Chambres assemblées ayant esté parti en autres trois Chambres.

ARREST GENERAL] Il fut donné, parce qu'auparavant la question se jugeoit diversement. Ainsi la Cour du Parlement de Paris, qui jugeoit autrefois que l'obmission du precaire reduisoit le vendeur à l'hypoteque commune, comme il s'induit des Arrests cités par Brodau que Loüet lit. H. Chap. 21. ayant depuis ce temps-là fait des mercuriales particulieres sur les questions qui se jugeoient diversement, il fut resolu, entre les questions douteuses qui furent proposées en ces mercuriales, que le vendeur avoit son privilege & son hypoteque speciale sur l'immeuble par luy vendu, quoy qu'il ne l'eût pas expressément reservée & stipulée par le contract: ce qui est conforme à l'usage de ce Parlement, remarqué par *d'Oliv. l. 4. Chap. 10.* La clause de precaire est inutile, lorsqu'une personne tierce a achepté en Foire ou en Marché public, suivant l'Arrest rapporté au *liv. 2. tit. 7. verb. Foires & Marchés.*

ARR. I.

LEs mesmes solemnités requises par le Droit aux alienations & ventes pures des biens de mineurs & pupilles, sont aussi requises aux ventes à pacte & faculté de rachapt. Et ainsi fut jugé le quatorziéme Decembre 1586. ayant esté cassée comme nulle la vente à pacte de rachât faite par Me. Baptiste de Croisilles oncle & tuteur, d'une maison appartenant à Paulet son neveu & pupille, *ex regula legis Lex quæ tutores C. De administrat. tut.* à la charge par ledit Paulet de rendre audit acheteur le prix de ladite vente qui se trouveroit avoir esté convertie à son profit.

ARR. II.

LA prohibition d'aliener entre plusieurs heritiers, jusques à la majorité de l'un desdits heritiers, rend la vente nulle, faite avant ladite majorité, comme fut jugé par Arrest de Toulouse entre Cambornac de Muret & autres le 5. May 1586.

ARR. III.

LE bêtail & autres biens-meubles vendus en pleine Foire & marché n'ont point de suite, & ne peuvent estre vendiquez de l'acheteur, comme fut jugé par Arrest le 1. Octobre 1579. entre Barthelemie de Fabri, femme à Me. Jean de Ballaria Advocat, & Antoine Julian.

* NE PEUVENT.] L'usage est contraire, & l'acheteur est tenu de restituer la chose venduë en Foire, ou au Marché, quand le proprietaire le rembourse du prix qu'il en a payé : si neanmoins il s'agit de quelque piece d'argenterie & d'orfevrerie, ou de quelque autre chose, qu'on peut soupçonner estre exposée en vente par une personne qui l'ait dérobée, en ce cas on suit la disposition de la *L. incivilem. C. d. furt.* & l'acheteur comme estant dans quelque espece de mauvaise foy, est obligé de restituer la chose dérobée sans espoir de repetition du prix. C'est dans ce sens qu'il faut expliquer la doctrine d'*Aufrerius in quæst. 151. Capel. Tolos.* & qu'il faut entendre l'Arrest de *Cambolas liv. 2. Chap. 5. num. 2.*

ARR. IV.

LE 18. Avril 1551. en jugeant le procès entre Salvat du Verger marchand, & Ysabeau de Mombrum & Jean Filasse, fut faite inhibition à tous marchands du ressort de ne faire contracts de vente de quantité de marchandise, à personnes qui ne soient de l'exercice & estat de marchand, sur peine de banissement, confiscation de la marchandise, & autre arbitraire : parce que les personnes necessiteuses ne trouvant d'argent à prester, empruntoient de la marchandise à prix excessif, & la revendoient à vil prix.

ARR. V.

PAr lettres patentes du Roy Henry III. donnees à Fontainebleau le 8. Juillet 1609. obtenuës par le Syndic du Chapitre de S. Sernin en Touloufe, reçûës & verifiées par la Cour, au prealable communication & confentement du Procureur general du Roy, fut permis audit Chapitre de racheter le bien & fonds de leur Abbé aliené pour le temporel de ladite Abbaye, en remboursant les acquereurs du prix par eux payé, loyaux coufts, reparations utiles, neceffaires & permananates : parce que les biens de l'Abbé & du Chapitre n'eft qu'un mefme fonds de l'Abbaye.

RACHETER.] Les Ecclefiaftiques ont efté fouvent taxés pour l'interest du Prince, ou du bien public : ils devroient fatisfaire à la taxe par moyen des fruits de leurs Benefices, & quand les fruits ne fuffifoient pas, ils étoient obligez d'expofer les fonds en vente : mais quoyque la vente s'en fit pour un intereft public, qu'on les adjugeât après la troifiéme chandelle efteinte, que les proclamations euffent efté faites par un trompete, & à haute voix par les carrefours accoûtumés, & devant la porte de l'Eglife Cathedrale, & fouvent par fix differens jours de Dimanche & de marché public, que la plufpart de ces procedures fe fiffent dans le Palais Epifcopal, & que mefme on n'expofat en vente que les pieces les moins bonnes & revenantes fuivant la verification d'experts Catholiques qui s'en faifoit au prealable : neanmoins les acquereurs, ou leurs fucceffeurs, ne fe pouvoient pas confiderer comme Seigneurs incommutables, parce que les Ecclefiaftiques demandans de temps en temps au Roy, (fur tout lors de la tenuë des affemblées du Clergé) qu'il leur fût permis de recouvrer les biens alienez par leurs predeceffeurs, il leur a efté fouvent permis de le faire, par la confideration que les Roys ont fait, que ces biens eftoient de leur nature inalienables, & comme cette confideration eft extremement forte, les Cours fouveraines, mais principalement celle de ce Parlement, ont auffi fouvent accordé aux Ecclefiaftiques tout ce qu'ils pouvoient efperer. Car quoyque l'Edit d'Henry IV. verifié audit Parlement le 5. *May* 1607. leur permit de recouvrer, pendant cinq ans, les biens alienez depuis quarante ans, & que le reglement porté par la declaration *du mois de Mars* 1666. reçoive la prefcription centenaire à l'égard de l'alienation des biens Ecclefiaftiques, pour caufe mefme de fubvention : toute-fois le Parlement admet les Ecclefiaftiques au rachât, du moins à l'égard des alienations generales, fous la condition du rembourfement, fans qu'il s'arrefte à la poffeffion de 40. ny 100. Il y en a une infinité de p éjugez, & entre autres celuy qui fut donné au rapport de Mr. de Puymontaud, en la premiere Chambre des Enqueftes le 26. May 1667. en faveur de l'Infirmier, en l'Abbaye du Mafdazil, contre le Sr. de Montfaucon dudit lieu, qui fut condamné à defifter d'une piece qu'il poffedoit dependant de l'Infirmerie. Pour ce qui regarde les alienations particulieres, on fe regle d'une autre maniere. ℣. *la note fur le fit* 10. *de ce liv.* La raifon de cette difference peut eftre prife de ce que les alienations particulieres eftans libres, & les autres étant comme forcées, il eft jufte que celles-cy foient traitées plus favorablement pour le rachât, comme s'il avoit efté fous-entendu perpetuel lors de l'alienation fans aucune limitation de temps, *toties quoties* & en quel temps que ce fût, veu mefme que l'alienation n'eft à proprement parler que fubfidiaire, comme n'eftant faite qu'en défaut par les Ecclefiaftiques d'avoir pû payer leur taxe des fruits de leurs Benefices.

ARR. VI.

PAr Arreſt du 18. May 1593. à la pourſuite du Syndic de certains particuliers habitans du lieu de Benac, la vente faite par les Conſuls dudit Benac de l'an. 1591. d'aucuns Communaux dudit lieu fut caſſée & annullée, & leſdits Conſuls condamnez en leur propre nom à rendre le prix par eux reçû avec dépens ; avec inhibition & défenſe auſdits Conſuls dudit Benac, & autres du reſſort, de faire vente des biens appartenans à la Communauté, ſans permiſſion & authorité de Juſtice à peine de cinq cens écus.

SANS PERMISSION.] Pour que la vente des immeubles d'une Communauté ſoit valable, il faut 1. Le conſentement de plus de deux tiers des habitans. 2 Qu'il en conſte par deliberation, priſe devant un Officier. 3. Obtenir en Juſtice la permiſſion de vendre, car les Communautez étant pupilles, il faut que les biens des uns & des autres ſe vendent ſous les meſmes ſolemnitez. 4. La permiſſion eſtant obtenuë, il faut proceder par affiches & proclamations publiques, meſme dans les lieux circonvoiſins, parce que cela attirant un plus grand nombre de ſurdiſans, la condition de la Communauté en devient meilleure. 5. Et principalement il faut qu'il y ait neceſſité de vendre, c'eſt *conditio ſine qua non*, une telle neceſſité eſtant ſubſtantielle, & donnant la forme à la vente juſques là que manquant, la vente eſt nulle, quand meſme tous les habitans, ſans exception d'un ſeul, auroient opiné d'une commune voix pour la vente : En veuë dequoi, la *L. 1. C. De præd. de cu ia. ſine dec. non a ien libro* 10. qui authoriſe cette doctrine, exige textuellement plus d'une fois la neceſſité de vendre, *infirma alioquin venditio erit, ſi hæc ſuerit forma neglecta* : & en cela meſme les Communautez ont un parfait rapport avec les pupilles, dont les tuteurs ne peuvent aliener les biens, qu'au cas qu'il ait neceſſité de payer des debtes. *L. ſi ſundus. ff. de reb. eor. qui ſub tutel.*

Affermes & Arrentemens.

TITRE IV.

IL eſt loiſible d'affermer à tous hazards, perils & fortunes, & renonciation à tous cas fortuits, opinez & non opinez par le Droit *in l. Videamus §. Si hoc D. Locari l. 3. C. Commodati. l. 1. C. Depoſiti.* Notamment lors qu'ils ſont exprimez, ou expreſſement convenus. *L. Sed & ſi quis §. Quæſitum D. ſi quis caut.* Et a eſté ainſi jugé pour le Benefice de Gaillargues arrenté ainſi par le Chapitre de Nîmes par Arreſt du 23. Aouſt 1604. conformement à autre Arreſt pour le Chapitre de Mende du 21. de Mars 1586.

CAS FORTUITS.] Une telle renonciation pour ſi generale qu'elle ſoit, ne produit aucun effet à l'égard des cas extraordinaires, qui arrivent *præter conſuetudinem tempeſtatis*, & qui donnent lieu, ou à la reſolution du contrat, ou à un rabais.

Si le fucceffeur eft tenu continuer l'arrentement du Benefice de fon prédeceffeur.

TITRE V.

ANciennement par les Arrefts eftoit faite cette diftinction, que fi c'étoit par refignation ou permutation, il eftoit tenu. Ainfi jugé par Arreft du 17. Juillet 1563. pour Pierre Negre rentier de la Cure de Niort, contre Jaques Mathias nouveau Recteur par refignation dudit lieu au Diocéfe de Carcaffonne. Mais fi la provifion eftoit par mort, ou privation dudit Benefice, le fucceffeur n'en étoit tenu. Ainfi jugé par autre Arreft du 29. May 1559. pour l'afferme du Prieuré de Cardaillac en Quercy pour Jean Paravelle rentier, contre Me. Antoine Roquemaurel Prieur. Depuis eft furvenuë l'Ordonnance du Roi Charles 9. de l'an 1568. à S. Maur inferée en la Conference des Ordonnances Liv. 1. tit. 2. art. 53. & par Mr. Briffon au Code Henry Livre 1. tit. 17. contenant le fucceffeur n'en eftre tenu, fans diftinction ni limitation, conformement à la décifion 547. & 548. de Guido Papa & autres par lui alleguées.

* SANS DISTINCTION.] *Maynard liv. 8. chap. 99.* Excepte de cette regle generale les refignataires; neanmoins *Defpeiffes tom. 1. tr. du loüage fect. 5. num. 1.* ne les excepte pas, par cette raifon, que, fuivant le Prefident *Faber,* le fucceffeur au Benefice, quoique par refignation, n'a pas droit du refignant, mais du collateur. Il eft facile de concilier les fentimens de ces Docteurs, par la diftinction qu'il faut faire des refignations qui fe font *purè & fimpliciter,* és mains de l'Ordinaire, d'avec celles qui fe font *in favorem,* és mains du Pape; car au premier cas la doctrine de Defpeiffes doit avoir lieu; & à l'égard du fecond le fentiment de Maynard doit eftre fuivi; parce qu'aux refignations *in favorem,* le refignataire, *habens jus à refignante,* eft par confequent obligé d'entretenir ce que fon refignant a fait.

ARR. I.

PAr plufieurs Arrefts, les affermes des benefices & biens Ecclefiaftiques pour plus long temps que de trois ans, ont été caffez. Entre autres le 1. Decembre 1572. pour le Syndic de la table du pain benift de S. Eftienne de Touloufe, auquel par ledit Arreft furent faites inhibitions & deffenfes d'arrenter les biens & droits de ladite table, pour plus long-temps que de trois années. Et par autre Arreft pour le Syndic de la même table contre Me. Antoine Celery Notaire, au mois de Novembre 1589. Et

par autre precedent du 2. Mars 1586. pour le Syndic du Chapitre de Carcaſſonne.

TROIS ANS] Pluſieurs ont crû que quand on a afferrné pour plus de trois années, le
contract ne peut pas ſubſiſter quand meſme on voudroit le reduire à trois années. Sûr quoi
ỹ. *Maſin. In conſuct.d. Pariſ.* §. 51. *num.* 40 *& ſeqq.* Pourtant l'uſage de ce Parlement eſt,
de la faire ſubſiſter pour le temps permis de droit, & quand on la caſſe, c'eſt ſauf pour les
trois premieres années. Au reſte les Econornes ne peuvent paſſer des baux & des ferrnes que
pour un an.

ARR. II.

PAr Arreſt du 20. Mars 1538. prononcé en Audience par le
premier Preſident Manſencal, fut prohibé à tous Officiers
du Roi, d'arrenter aucuns benefices, ou permettre à leurs femmes, enfans, ſerviteurs & domeſtiques, de, ne par eux ou perſonnes interpoſées, faire tels arrentemens ſur peine de cent marcs
d'or, & de ſuſpenſion de leurs Offices.

ARR. III.

SEmblables Arreſts furent donnez contre les Gentils-hommes,
le 19. Mars 1541. & le 29. d'Aouſt 1544. à la pourſuite de
l'Evêque de Tarbe. Et un autre le premier Juillet 1575. donné
en Audience, portant condamnation d'amende envers le Roy,
contre Jaques Cahuſac ſieur de Verdier. Ce qui depuis a été ordonné par ordonnance du Roi Charles IX. art. 7. & 109.

ARR. IV.

CAr s'il eſt prohibé aux Officiers & Gentils-hommes, à plus
grande raiſon le doit-il être aux perſonnes Eccleſiaſtiques,
ſuivant la prohibition generale : *Ne Clerici vel Monachi negotiis
ſecularibus ſe immiſceant.* Et ainſi fut jugé par Arreſt du premier
de Juin 1570. par lequel fut prohibé aux Chanoines & Prébendiers du Chapitre de l'Iſle en Jourdain, de ſe rendre fermiers des
fruits du Chapitre par eux ou perſonnes interpoſées, ſus les peines contenuës aux Arreſts, & Me. Pierre N. Chanoine dudit
Chapitre pour la contrevention à iceux condamné en vingt-cinq
livres d'amende.

ARR. V.

LA vente des fruits de la choſe arrentée ou loüée, ne rompt
point l'afferme ou arrentement, ainſi que fait la rente du
fonds ; comme fut jugé par Arreſt le 15. Decembre 1578. en la
cauſe d'un Pierre Veſiat.

* ROMP]

* Rompt] l'Autheur en fa fuite tit. 65. art. 2. cite ce mefme Arreft dans un fen contraire, c'eft fans doute par mégarde. *Aliquando bonus dormitat Homerus.* Le judicieux *Brodeau* eft tombé dans une pareille contradiction En fes commen. fur la couft. de Paris art. 140. & fur l'oüet lit. R. num. 52. Quoiqu'il en foit, il eft certain fuivant le prefent arreft, que quoique la vente des fruits fuppofe un contrat femblable au loüage, toute-fois elle le rompt ; la raifon en eft, que la venté des fruits eft une vente pure : Mais quand le contract d'arrentement affecte la maifon loüée pour l'obfervation d'icelui, en ce cas le locataire a droit d'infiftance, jufques à ce qu'on lui ait fait raifon des dommages & interefts qu'il fouffre, parce qu'au moyen de cette hypoteque *habet jus in re*, & que dans cette veuë il doit eftre moins confideré comme locataire, que comme creancier.

ARR. VI.

SUr la Requête du Prucureur General du Roy par Arreft du 19. May 1579. conformement à autre Arreft ancien du 12. Fevrier 1545. fut faite inhibition & defenfe à tous habitans de la Ville & Fauxbourgs de Touloufe, d'arrenter & loüer maifons à gens vagabonds & diffolus, joüeurs ordinaires, & autrement mal vivans, ni à femmes menans vie lubrique, ains s'enquerir diligement de la qualité & condition des perfonnes, avant que conclure & arrefter le prix du loüage ; & ce fur peine de répondre de tous cas & excez commis par les locataires ou ceux qui les frequenteront, confifcation des maifons & jardins. Enjoint aux Capitouls de faire publier l'Arreft à voix de trompe par la Ville & Fauxbourg, afin qu'aucun n'en pretende caufe d'ignorance ; & faire fouvent les vifites & recherches ordinaires ez lieux fufpects, à ce que la ville foit repurgée de mal-facteurs, à peine de mille écus d'amende & autre arbitraire.

Adjoints.

TITRE VI.

LOrs qu'un Confeiller de la Cour de Parlement ou du Senéchal comme Commiffaire député ordonne une enquefte eftre faite, il peut proceder à icelle, ou celui qu'il fubroge en fa place, fans adjoint, parce que communement c'eft pour des petits affaires, efquels il n'eft requis tant de folemnité qu'aux enquêtes ordonnées par la Cour, & aufquels quafi on devroit fommairement proceder.

Sans Adjoint] Il en eft autrement, quand la Cour a ordonné l'enquefte. V. la fuite, tit. 46. art. 13.

B

Arr I.

LE 16. Avril 1590. au procez d'entre Pierre Ferrand & Jeanne Crantelle mariez demandeurs, & Michel de Naucaze Sr. dudit lieu deffendeur, par Arrest les parties ayant esté appointées contraires en leurs faits, Ferrand & Crantelle presentent la commission à un Juge Royal, lequel, à faute par les parties accorder adjoint, prend d Office le Vicaire du lieu. Entre autres nullitez proposées par Naucaze contre l'enqueste desdits mariez, il dit qu'un Prestre ne peut être pris adjoint ; par Arrest il est dit n'y avoir point de nullité.

PRIS ADJOINT] Pourvû qu'il soit Prestre gradué, & non autrement. On casseroit pourtant une procedure, où le Commissaire auroit pris pour adjoint un Ecclesiastique, lorsqu'il y a effusion de sang, parce que *Ecclesiastici non debent sævis se immiscere*; le seul Evêque de Virtzbourg peut connoistre de crime, & les punir de mort, ce qui a fait dire autrefois ;

> *Herbipolensis stola*
> *Judicat ense jola.*

Au reste comme il est permis de prendre un Ecclesiastique pour adjoint aux affaires profanes, on peut aussi prendre un seculier pour assesseur dans les pretoires Ecclesiastiques, quoi qu'il s'agisse d'une cause spirituelle, suivant le sentiment de *Felinus in can. decem mus. Extr. de Judic.* cela neanmoins ne doit estre pratiqué qu'au deffaut de clercs tonsurez capables.

Adulteres & fornications.
TITRE VII.

PAr les loix divines & constitutions des Empereurs Romains, les adulteres doivent estre punis capitalement de mort naturelle & dernier supplice. *Lev. cap.* 20. *Deuteron. cap.* 22. 1. *Corinth. cap* 6. *Hebræ. cap.* 13. *l. Transigere. C. De transanct. l. Castitati C. De adulter.* Entre lesquels Opilius Macrinus 23. Empereur faisoit attacher les deux corps de l'homme & de la femme adulteres & brûler ensemble tous vifs. *L. Quanvis* 2. *C adult.* §. *Item, lex Jul. De publ. jud.* voire un jour fit mettre deux siens soldats, qui avoient violé un femme, dans le ventre de deux bœufs, chacun dans le sien, & là coudre & enclore leurs corps entierement, reservé la teste, qui se montroit afin qu'on les peut voir parler ensemble & deplorer leur misere, pendant qu'ils estoient rongez & devorez de la vermine procedant de la pourriture desdits bœufs, comme recite Julius Capitalinus en sa vie. Il est vrai que pour la qualité des personnes, ou autres circonstances, cette peine de

mort naturelle a efté quelquefois reftrainte & moderée à baniffement ou autre mort civile. *L. Claudius. D. De his que ut ind. auf.*
L. ſi quis viduam. D. De quæſt. Et quelquefois auffi pour certaines
autres confiderations & circonftances a efté du tout remiſe,
comme pour l'ignorance, la force, la tendreté d'un jeune âge
attiré par continuels actes laſcifs & impudiques ; & ainſi des
autres cas femblables laiffez à l'arbitre d'un bon & équitable
Juge. §. *Quod autem.* 29. *q.* 1. *Can. In lectum. Can. Si virgo.* 34.
q. 1. *l. Si uxor.* §. *Si quid planè. l. V.m paſſam. D. De adult. l.*
fæd:ſſ mam C. eod. l. ſi adulterium. §. *Divi fratres. D. eod. l.*
1. §. *D. De effract. & expilat.* Et ſuivant ce que deffus on ne
connoit en France des crimes qu'extraordinairement, comme
il a efté fouvent dit. Si lefdits adulteres font qualifiez & ag-
gravez de quelques circonftances, ils font punis de la mort
naturelle : dequoy il y a plufieurs exemples és Cours fouveraines. Et j'en ay veu & appris plufieurs en noftre Compagnie
& Parlement de Touloufe, & entre autres d'une fœur d'un
Prefident, mariée, laquelle convaincuë d'adultere avec un
metayer de fon Mary, furent par Arreft condamnez à mort.
Et de mefme d'un autre adultere de la femme & du clerc d'un
des ſieurs Confeillers dudit Parlement. Et encore de la femme
& belle-mere d'un Advocat confentant & tenant la main à ſa
fille adulterant, qui furent auffi condamnées, & executées à
mort. Et Papon en fon recueil d'Arrefts rapporte, que par
Arreft du Parlement de Paris, prononcé en May 1551. fut
pendu & eftranglé un ferviteur de cabaret ayant abufé de ſa
maitreffe enyvrée & endormie au lict du Mary abfent. Que ſi
l'adultere eft ſimple, non qualifié, ny aggravé d'aucune cir-
conftance propre à énaigrir & augmenter la peine, on a
accoûtumé, quant aux femmes, de ſuivre la conftitution de
Juftinian, lequel a voulu la femme eftre chaftié de verges,
& après miſe dans un Monaftere, d'où le Mary ait faculté
dans deux ans la recouvrer : paffez lefquels, ſi le Mary n'en
fait compte, foit tenuë prendre l'habit de ce Couvent, pour y
demeurer, & gemir perpetuellement fon peché. §. *Si verò. Vt*
nulli judic. in Athen. Coll. 9. Auth. Sed hodie. C. De adult. & on

B ij

les met aujourd'hui au Convent qu'on appelle des Filles repenties.

ARR. I.

ET pour le regard des hommes, ils sont punis plus legerement auffi, fçavoir de mort civile, comme de baniffement avec amendes pecuniaires : du foüet ou des galeres temporelles ou perpetuelles, fuivant la qualité des perfonnes & autres circonftances remifes [comme dit eft] à l'arbitre & jugement du bon, prudent & équitable Juge. Et par là il appert que les adulteres ne font point impunis en France, comme calomnieufement plufieurs autheurs Allemans & Efpagnols ont écrit.

PLUS LEGEREMET.] Quoyque regulierement *in eodem genere delicti minus peccans mulieres quàm viri. arg. L. facrilegii pœnam. ff. ad leg. Ju. peculat.* Il faut pourtant excepter le crime d'adultere, où les Scholaftiques. *In 4. fent. dift. 26.* conviennent, que par rapport aux confequences, & aux circonftances les plus effentielles, *plus peccat mulier impudica.* Cela n'a pas empefché, qu'on n'ait accufé d'injuftice les loix, qui puniffoient moins feverement ce crime en la perfonne des hommes. *V. VVagenfeil ad Sota Hæbreorum. pag. 1205.* En effet les loix Romaines puniffoient l'adultere indiftinctement, & Papon. *liv. 22. tit. 9. arr. 1.* remarque, qu'en 1568. le Parlement de Bretagne donna un Arreft de reglement, portant qu'à l'advenir tous adulteres, fans diftinction de fexe, feroient punis de mort. Ce reglement, & les Arrefts rapportez par l'autheur, font bien voir que les adulteres ne font point impunis en France, où mefme le Juge laïque en connoit à l'exclufion de l'Ecclefiaftique, par cette raifon, que *maior pœna infligitur Jure civili quàm canonico.* Les maximes du Palais détruifent encore cette calomnie, car quoyque regulierement l'appel de fentence, qui ne porte pas peine afflictive, & dont on n'eft pas appellant à *minima*, devoluë aux Enqueftes, toute-fois lorfqu'il s'agit d'une accufation d'adultere, comme pour lors, l'appel du Mary eft un appel à *minima*, il eft de la competence de la Tournelle, & non des Enqueftes ; & cela d'autant mieux que fon appel fait fubfifter l'accufation, outre qu'il peut conclurre à la mort. Si l'adultere eftoit impuni dans ce Royaume, les maximes préalleguées n'y feroient pas en ufage, comme elles font.

ARR. II.

POur les Preftres, Moines, & autres Clercs & perfonnes Ecclefiaftiques, par les conftitutions canoniques ils font exemptez de la mort naturelle, voire par icelles eft porté que pour l'adultere un Clerc ne peut eftre degradé, ou actuellement exauthoré de fes Ordres Sacrez. *Cap. Cum non ab homine. De judic. Panorm. in Cap. At. fi Clerici eod.* Dequoy font alleguées deux raifons, l'une, que ladite peine de degradation eft refervée pour les grands, enormes & deteftables crimes. *Cap. Tua. De pœn. & interpretes in dictis capitibus. At fi Clerici, & cum non ab homine.*

L'autre, pourtant, difent aucuns, que telle maniere de gens aufquels Dieu n'a point departy la grace de fe pouvoir contenir, s'ils brûlent en telle concupifcence, n'ont lieu où ils puiffent honneftement affouvir leur alterée & charnelle volupté. Donc s'ils s'addonnent à quelque femme, encore qu'elle foit mariée, femblent aucunement meriter excufe : comme celuy, lequel contraint de la faim, dérobe un peu de mangeaille pour l'appaifer. *Can. Si quis. Propter neceffitatem. De furt.* Mais fous la cenfure des faints Decrets Ecclefiaftiques, aufquels je me fuis foûmis, & foûmetray toûjours : Ces raifons font bien froides & legeres, d'autant en premier lieu que S. Clement fucceffeur de S. Piere, ou felon les autres, quatriéme Evêque fouverain de Rome a laiffé par écrit, qu'après l'herefie il n'y avoit offenfe plus horrible & deplaifante à Dieu, ny qui meritât d'eftre plus aigrement & rigoureufement punie que l'adultere, en l'Epitre 1. qu'il écrit à S. Jacques Apoftre rapportée au *Can. Quid in omnibus. 33. q. 5.* Pour un fecond d'autant que ez chofes commandées ou deffenduës par la Loy de Dieu, voire mefme par la nature, fimplicité, neceffité, ni tentation, aucune n'excufe point celui qui y contrevient. *L. Venia. C. De in jus voc. Gl. in Cap. Sicut. De confecrat. dift.* 1. Autrement une pauvre femme qui malverferoit, pour foulager fa mifere, meriteroit eftre excufée ; chofe que les Ethniques mefme ont deteftée. *L. Palam. s. Non eft D. De ritu. Nupt.* Car l'homme doit plûtôt endurer & patiemment fouffrir toutes les calamitez du monde, & fût-ce la mort, avant que de confentir à la moindre chofe mauvaife, & deffenduë par la Loy divine. *Cani ita ne. 32. q. 5.* En outre telles perfonnes ont fait particuliere promeffe & ferment à Dieu & vœu perpetuel de chafteté en leurs promotions aux Ordres facrez, ou profeffions aux compagnies regulieres. Et par ainfi s'ils trebuchent & fauffent leur vœu & ferment, & foüillent leur corps par adultere, & tant s'en faut qu'ils doivent eftre excufez de la peine, qu'ils font plus reprehenfibles & puniffables que les autres, comme ayant plus griefvement & doublement failly : à fçavoir par contravention à leur vœu & ferment, & par defobeyffance au commandement de Dieu, qui deffend toute pollution & paillardife, fingulierement l'adultere, lequel il veut eftre puni de mort, ainfi que dit a efté. *Genef. C. 26. Exod. Cap. 21. Corinth. Cap. 6. Hæb. Cap, 13. Levit. Cap. 26. & Deuteron. Cap. 22.*

Exceptez de la Mort.] On les condamne à des amendes, à quelque penitence, & autres peines de cette nature, fuivant les circonftances. Plufieurs ont crû qu'il les falloit depofer de leur Office, mais il femble que cela ne doit eftre obfervé, qu'au cas du *Can. fi quis Sacerdos.* C'eft à dire lorfqu'il s'agit d'un adultere commis par un Preftre avec fa Parroiffienne, parce qu'en eftant cenfé le Pere Spirituel, fon crime induit une fpece d'Incefte. Hors de ce Cas, ou de celuy d'une recidive, la depofition, du moins *fine fpe reftitutionis*, eft une peine un peu trop rigoureufe : la fufpenfion fuffit avec quelque penitence, & la difpofition tant du chap. *fi quis Diaconus did.* 50. que du chap. *fi quis Clericus. dift.* 81. fouffre dans l'ufage ce temperamment ; où l'adultere feroit public & fcandaleux.

Arr. III.

LA loy veut, que la femme accufée de paillardife & adultere, bien que abfoulte & relaxée, demeure neanmoins notée toute fa vie, *l. Palam. §. Quæ in adulterio D. De ritu nupt.* En haine de l'adultere, & afin que les femmes foient curieufes de n'eftre pas feulement exemptes de ce vice, mais encore de la moindre fufpicion d'iceluy.

Accusee.] L'accufation n'en peut eftre intentée que par le Mary, & quand il ne le fait pas, la Mere ne peut pas eftre reçue à le faire : de là mefme il s'enfuit, que *e eam via & ad effectus dumtaxat civiles*, elle n'eft pas perfonne legitime pour pourfuivre une telle accufation ; par exemple elle n'eft pas recevable à debatre par ce canal le Teftament que fon Fils a fait en faveur de celle avec laquelle il commettoit adultere, fuivant l'Arreft donné en la feconde Chambre des Enqueftes au rapport de Mr. de Nicolas le 17. Fevrier 1676 la Veuve du Sr. de Lapaufe & la femme du nommé Lacombe étoient parties au Procès. Ce prejugé fert encore pour faire voir, que lors que le Mary n'accufe pas fa femme le Procureur du Roy, quoyque *vindex publicus*, ne le peut pas faire, fuivant la *L. quamvis. c. ad leg. Jul. de adulter.* Et contre la doctrine de *Le-Preftre*, car par l'Arreft allegué, M. le Procureur general fut declaré non recevable à l'accufation de l'adultere dont il eftoit queftion.

Arr. IV.

CEux qui ont efté accufez d'adultere, puis abfous, fi aprés ils fe marient enfemble (comme entre les Romains il eftoit licite aprés la repudiation de fe marier) & fe peut faire encore aprés la mort de l'un des mariez, la loy veut qu'ils foient punis à toute rigueur comme adulteres. *L. Si qui adulterii & l. Quamvis. C. De adult.* Comme auffi celui auquel le mary a denoncé par trois fois qu'il ne frequente fa femme, s'il les trouve enfemble fans crime, il luy eft permis neanmoins de les tuer fans forme de Juſtice. *Auth. Matri & aviæ §. His quoque. Panorm. in cap. Accedens. Verſ. Non obſtat. De accuſ. Matheſi. in ſign.* 116. Toutefois ny l'un ny l'autre n'eſt obſervé en France, car pour le dernier en ce Royaume toute voye de fait eſt prohibée, & rien ne doit eſtre fait que par voye & authorité de Juſtice. Et quant au premier, on voit encore vivant un Procureur en la Cour de Parlement de Toulouſe, lequel ayant été accuſé d'adultere avec la femme d'un autre Procureur lors ſon maiſtre, & enfin après avoir ſoûtenu la queſtion, à faute de preuve abſoult. Toutes-fois après la mort de ſondit maiſtre, il s'eſt marié avec ſa maiſtreſſe avec laquelle il avoit eſté accuſé d'adultere : duquel mariage il y a des enfans. Ce que neantmoins je trouve de mauvais exemple, & ſerois d'avis de renouveller & rafraiſchir la peine des Loix ſuſdites, car cela peut occaſionner la femme, & ſon adultere, à conſpirer contre la vie du mary, ſoubs la confiance de ſe pouvoir licitement marier enſemble.

S'IL LES TROUVE,] Quand un Mary trouve ſa Femme en crime flagrant, & que dans le juſte reſſentiment où il eſt, il ſe porte à l'extrémité de la tuer, de meſme que celuy qui commet adultere avec elle, il obtient facilement ſa grace, & les Cours où les Lettres ſont adreſſées, les enterinent facilement auſſi. *Luibæus in Chron. rer. Burdiga'. ſou.* le 24. Janvier 1570. parlé d'un Conſeiller du Parlement de Bourdeaux, qui fut *ex tempore abſolutus.* Le S. de Cambon ayant fait enteriner ſes Lettres de grace en Parlement en 1660. auſſi-toſt qu'elles furent enregiſtrées, les fers lui furent ôtez des pieds, & les priſons lui furent ouvertes, ſans aucuns dépens ni amende, ſuivant cet Arreſt. Le Sr. de Vvulſon, Conſeiller en la Chambre de l'Edit de Grenoble, ayant tué Magdelaine de Boulogne ſa femme : enſemble Pierre Boviot, Avocat, ſurpris avec elle en adultere, fit enteriner ſes Lettres de grace, & ne fut condamné qu'en cent livres pour les pauvres des Hôpitaux de Grenoble, en 75. livres pour l'Hôpital de Caſtres, en 25. livres pour les priſonniers de la Conciergerie, & à 300. livres, à quoy furent moderez les dépens. *Nota,* qu'après le meurtre il fut faite une relation de l'eſtat des corps morts, & des natures d'iceux, qui furent trouvées comme des perſonnes qui ſortent de paillarder. Il eſt encore à obſerver, que le Sr. de Vvulſon fut déclaré déchu du profit du Teſtament de ſa femme, ſi point il y en avoir ; enſemble de la dot, & autres gains nuptiaux. Par là il a eſté préjugé, que bien qu'un Mary puiſſe tuër impunement ſa femme lorſqu'il la ſurprend ſur le fait, en ce cas il ne peut pas profiter de la dot & des autres avantages nuptiaux : la reparation qu'il ſe fait de ſes propres mains eſt ſi grande, & en meſme-tems ſi ſanglante qu'il ſuſſit qu'I en coûte la vie à ſa femme, ſans qu'encore il puiſſe profiter de ſes biens, comme il feroit s'il ne faiſoit pas juſtice luy-meſme. Au reſte pour convaincre une perſonne d'adultere, il faut l'avoir ſurpriſe ἐω' ἀυτ φωρω, ſuivant l'expreſſion de Saint Jean parlant de la femme adultere, où, comme portoit la Loy *Julia,* il faut l'avoir surprise *in turpitudine l. 23. ff. ad Leg. Jul. de adult.* Car quoyque la Glose sur cette Loy suppose que des baisers & des attouchemens lascifs, induisent une conviction de l'adultere, Accurse pourtant s'est trompé d'expliquer par ces choses-là, *res veneris* dont parle cette Loy : c'est aussi avec raison qu'il est repris par Budée, qui prouve doctement à son ordinaire, *rem veneream esse, quando pudenda in pudendis, obscena in obscænis sunt posita, vel filia deprehensa in ipsa turpitudine.* Et en effet, pour prouver un adultere il faut plus que de présomption & que de conjectures, parceque ni les unes ni les autres ne prouvent pas assez bien ce qu'il faut prouver. Les Payens semblent avoir suivi cette Jurisprudence, lorsqu'ils nous apprennent dans leurs Fables que ce fut le Soleil qui découvrit à Vulcain l'adultere de Mars & de Venus, pour dire qu'il faut un Soleil pour découvrir un adultere, & qu'on n'en doit pas établir l'accusation sur des simples conjectures & sur des simples présomptions. C'est peut-être dans ce sens que le Scholiaste d'Eurypide appelle le Soleil τ τ μοιχείας ελέγχον. Et l'on peut dire, avec S. Cyprien, dans un sens toute-fois éloigné du sien, *adulterium dicitur dum videtur.* Mais quoyqu'on ne puisse pas convaincre une femme d'adultere sans une preuve aussi claire que le jour, & que des manieres d'agir lascives & deshonnestes ne puissent pas toutes seules operer sa condamnation, on peut pourtant pour telles choses lui faire subir une peine proportionnée ; car il s'induit d'un *Journal du Palais* 1. *Septembre* 1672. qu'en matiere d'accusation d'adultere on peut déclarer une femme seulement convaincuë d'actions & de paroles deshonnestes, comme telle, la condamner en deux ans de Réligion par forme de correction de mœurs, en une certaine somme pour dommages & interests envers le mary, en 40. liv. d'aumône, & aux dépens, ensemble l'accusé en pareille amende, & aux dépens aussi.

A R R. V.

MEgenati Italien, logé chez Jean Gourdon de Pezenas, s'estant trouvé malversant avec Vidale femme dudit Gourdon son hostesse, le jour du Vendredy saint, par Arrest general du 14. Septembre prononcé par Mr. Durand premier Président de Toulouse, fut condamné & ladite Vidale à être pendus, & furent executez au Salin audit Toulouse, nonobstant que ledit mary de ladite Vidale requist que sa femme lui fût renduë, & qu'une fille eust présenté Requeste à ce que ledit Megenati luy fust baillé pour l'espouser : se trouvant ledit crime aggravé du violement de l'hospitalité, & la requeste du mary de soupçon de maquerellage, & la requeste de la fille & autres semblables estre inciviles, comme pratiquées & ne tendant qu'à l'impunité des adulteres punissables capitalement.

A R R. VI.

DE mesme le 12. Decembre 1591. par Arrest sur partage fut deniée à un mary sa femme condamnée par adultere, pour semblables soupçons de maquerelle, estant le mary un simple cuisinier.

MAQUERELLAGE]

Maquerellage] En ce cas Mr. le Procureur General est personne legitime pour intenter l'accusation d'adultere : Si le maquerellage du pere lui fait perdre les droits de la puissance paternelle. *L. si Lenones. C. de Episcop. audient.* pourquoi celui du mari ne lui feroit pas perdre les droits que le mariage lui avoit acquis ?

ARR. VII.

TOutesfois hors ledit soupçon de maquerelle, telles femmes adulteres bien que condamnées à mort, soit naturelle ou civile, sont renduës aux maris les requerans, comme par Arrêt de Toulouse du dernier Fevrier 1587. la femme d'un Fabry praticien condamnée par adultere luy fut renduë. Et auparavant, le pareil avoit esté observé à l'endroit d'un Cassagnoles Notaire dudit Toulouse, estans à cause de tel depart d'accusation & poursuite du mari & de sa reconciliation avec sa femme, les enfans procreez pendant ledit mariage, tant devant qu'aprés ladite accusation, censez legitimes, & comme tels succedans à leur pere, par Arrest general prononcé par Monsieur de Mansencal premier Président le 22. Decembre 1559. entre Antoine Barral, & les fils de Barral son frere.

Renduës aux Maris] Pourveu que ce soit avant que leurs femmes soient condamnées, & non autrement.

Censez Legitimes] Leur estat ne peut plus estre contesté, & dans l'usage cela a même lieu contre des substituez.

ARR. VIII.

L'Adultere commis par les valets, serviteurs ou facteurs, clercs ou metayers avec leurs maistresses, est indispensablement puni capitalement : & suivant ce par Arrest de Toulouse du 28. Fevrier 1553. un Sandrail clerc du sieur de la Coste Conseiller en la Cour, convaincu d'adultere avec la femme de sondit maistre, fut condamné à estre pendu, & executé. Et és Arrests generaux de la Pentecoste du 16. Mai 1556. en Toulouse en fut prononcé un, par lequel une femme convaincuë d'adultere avec son bordier ou metayer, fut condamnée à estre penduë, & ledit aussi. Et par autre Arrest non seulement la femme de l'Avocat Valiech trouvée en adultere, mais sa mere convaincuë d'y consentir, & tenir la main, furent condamnées & executées à mort.

ARR. IX.

LOrs que les femmes convaincuës d'adultere sont recluses, confinées & ont pris l'habit dans le Monastere des Repenties , elles font privées de tous droits matrimoniaux , & de leur dot qui eft acquis au mari par les Arrefts , & entre autres par un de Touloufe du 29. Juin 1558. au greffe criminel : & s'il y a des enfans ledit dot leur eft adjugé & acquis, par Arreft de Roüen du dernier Avril 1555. d'une femme convaincuë d'adultere avec fon Confeffeur & Curé , rapporté par G. Terrien fur les couftumes de Normandie , tit. Des adulteres.

ACQUIS AU MARY] Excepté lorfque la femme a des enfans , ou d'un ou de plufieurs lits ? Et quand elle n'en a que du premier , le mari n'a que ce à quoi fe peut porter une legitime de l'un d'eux. En deffaut d'enfans , lorfque le mari a tué fa femme en crime flagrant , il ne gagne ni la dot ni l'augment , l'un & l'autre eftant adjugez aux legitimes fucceffeurs de la femme , fuivant l'Arreft de Vvulfon ci-devant rapporté fur l'Art. 4. fi le mari decede dans les deux ans qui font donnez , pour qu'il la puiffe tirer par reconciliation du Monaftere , & qu'elle n'ait point d'enfans , les proches parens ont le tiers , le Monaftere les deux autres; mais quand elle laiffe des enfans , le Monaftere n'a qu'un tiers , & les autres deux font pour les enfans. En deffaut de fucceffeurs legitimes le tout appartient au Monaftere.

ARR. X.

SI tels adulteres font accompagnez de larcin fait au mari , ils font communement punis capitalement : De quoi ledit Terrien en rapporte au lieu fus allegué un Arreft de Roüen du 17. Juin 1516. par lequel un nommé Monguet , fut condamné à eftre pendu & étranglé , eftant convaincu d'adultere , & d'en avoir amené la femme d'un Jean Eftroit, & d'en avoir apporté plufieurs biens à lui appartenans.

Eftimation de quanto minoris.
TITRE VIII.

PAr Arreft du 9. Mars 1592. entre Caftel demandeur , & Courtois deffendeur , fut liquidé l'intereft & dommage fouffert par un acheteur , d'un fonds à lui vendu allodial, fe trouvant après ne l'eftre pas à trois droicts & lots & ventes comprins les lots dudit achapt , & au payement des droits Seigneuriaux pendant foixante ans , & amortiffement defdits droits au denier quinze.

A TROIS DROITS] Anciennement on regloit de cette maniere l'indemnité de l'acheteur , à qui on avoit vendu un fonds cenfuel pour franc & allodial , ainfi que cela eft encore plus amplement expliqué *au Traité des Droits Seigneuriaux chap.* 10. art. 1. mais aujourd'huy on renvoye à experts pour en faire l'eftimation , par les raifons alleguée dans d'Olive liv. 4. chap. 24. & l'eftimation fe doit faire par rapport à la valeur prefente du fonds. Il eft vrai que pour éviter les frais de l'eftimation , on a accoutumé de regler la moins-valuë à la cinquiéme partie du fief fur le prix de la vente, qui doit la garantie ; ce qui a principalement lieu lorfque la cenfive eft petite, & que *nulla eft reticentia fraudulenta* de la part du vendeur, Mais lorfqu'il s'agit d'un fonds vendu franc, & qui dans la fuite du temps fe trouve affujetti à quelque rente obituaire, en ce cas on ne fe difpenfe gueres de paffer par une eftimation d'Experts, parce que cette rente peut emporter la meilleure partie du revenu du fonds vendu : il y a quelque efpece de juftice & d'équité qu'elle foit reglée *arbitrio boni viri.* Au refte on adjuge auffi les arrerages de la rente, fuivant l'Arreft donné en la grand'Chambre le 15. Juillet 1671. en faveur de Jean Fale, contre Dame Lucrece de Saint Geniés.

Il ne doit pas eftre inutile d'obferver, que comme l'action de moins valuë defcend *ex dicto promi, o - ve*, & qu'elle eft perfonnelle, elle ne compete auffi qu'aux acheteurs & à leurs hoirs, & non à leurs creanciers ; il eft vrai que dans l'Edit des Ediles elle eft donnée *ad omnes ad quos res pertinet in L. fciendum. §. deinde ff. de Ædil. Edit.* Mais outre que cela ne s'entend, fuivant le texte de cette mefme Loy, que de l'acheteur ou de fes fucceffeurs, *qui in univerfum Jus fu. cedunt*, c'eft à - dire de fes heritiers ; d'ailleurs il eft decidé en la Loy *non folum. §. quæritur. ff. de Procurator*, que *illis verbis, ad quem res pertinet, creditores non continentur* : & c'eft fans doute une des raifons pour lefquelles le decretifte ne peut point agir par action de *quan.i - minoris.*

Aliments.

TITRE IX.

ENtre Meffire Urbain de S. Gelais Evefque de Commenge, appellant du jugement donné par les Confeillers & Commiffaires tenans les Requeftes du Palais le 14. de Janvier, d'une par, & Guy de S. Rys appellé d'autre. Veu le procèz, plaidez du troifiéme Fevrier dernier, griefs, contredits, & autres productions defdites parties. Dit a efté par la Cour, en ce que lefdits Confeillers & Commiffaires auroient adjugé par provifion la fomme de cinq cens livres, & pour icelles permis faire execution fur les fruits & revenus temporels dudit fieur Evefque, mis & met l'appellation, & ce dont a efté appellé au néant : & reformant quant à ce le jugement a ordonné & ordonne, que ladite provifion n'aura lieu que pour la fomme de trois cens livres tant feulement ; pour laquelle ledit S. Rys pourra faire execution fur les biens propres & patrimoniaux dudit fieur Evefque, ou fruits d'iceux ; & en tout le furplus a mis & met l'appellation au neant, & a ordonné & ordonne, que ce dont a efté appellé fortira à effet, & fans defpens dudit appel, & pour caufe. Prononcé en Touloufe apertement le quatorziéme Avril mil fix cens onze. Demalenfant, ainfi figné.

ARR. I.

PAR Arreft Garibal riche Marchand de Ville Franche de Roüergue, fut condamné à donner nourriture & alimens à

C ij

un sien frere qui n'avoit rien pour s'entretenir.

SIEN FRERE.] Cela est conforme à la disposition du Droit *in I. qui filium. ff. ubi pupill. educ. deb.* mais il faut entendre ce'a subsidiairement, & au cas le pere n'ait pas laissé du bien, *cum patris sit alere liberos.* Encore faut-il que deux choses concourent, sçavoir que non-seulement le frere soit pauvre au point de n'avoir pas dequoy se pouvoir nourrir, ni par son industrie, ni du côté des biens de la fortune : mais mesme que son autre frere ait dequoy le nourrir sans s'incommoder, *sit in facultatibus positus*, aux termes de la Loy *in omnibus. §. 1. ff. de tutel. & rationib. distrab.* Et quand en l'absence du pere, il arrive qu'un frere fournit les aliments à l'autre, il est sans doute, qu'il est en droit de les repeter du pere, *cujus negotium gessisse videtur utiliter.*

Alienation des choses Ecclesiastiques.

TITRE X.

L'Alienation de biens d'Eglise faite sans solemnité peut estre revoquée, ores soit infeodation, si ce n'est après cent ans, & ainsi se trouve jugé par Arrest de Toulouse le 10. Sept. 1545. pour les Religieuses de Sainte Claire. Ce qui peut estre fondé, *primò*, sur la maxime de Droit, que *Quod ab initio non valuit, tractu temporis convalescere non potest.* 2. Parce qu'il est certain, *In reb. sacris usucapionem non procedere. L. Vsucapionem. D. De usucap.* nec mirum : Car, *si fundus dotalis non potest usucapi*, moins encores, *fundus Ecclesiasticus, cum sit dos Ecclesiæ.* 3. *Quia qui contra leges prohibitionem possidet numquam potest usucapere. Cap. fin. De præscrip. gloss. in Cap. fin. De constit. in 6. Pan. & alii in Cap. 1. De restit. in int. in 6.* 4. Que du moins, *ad purgandum illud vitium memoria immemorialis requiritur*, comme tiennent Balde & Alberic, *in §. 1. Qui fund. dare poss. & in Authent. Quas actiones C. De sacros. Ecclesiis.* Et la raison est, *Quia cum omnes Ecclesiæ dicantur esse de patrimonio beati Petri, & centenaria præscriptio concessa sit patrimonio Petri, non est novumsi ad omnes Ecclesias extendatur.* Principalement quand les Eglises sont immediatement sujettes à nostre S. Pere, comme sont plusieurs Abbayes & Monasteres. *Doct. in D. Auth. quas actiones, & in Cap. Ad audientiam. Et in cap. Quanto de præscr. in 6. Archid. in Can. Nemo. 16. q. 3.*

REVOQUE'F.] La Jurisprudence des Arrests de ce Parlement, au sujet de la revocation des alienations des biens d'Eglise, a esté differente suivant la difference du temps & des circonstances. Car autrefois quand le titre estoit nul & vicieux, eût-on jouy plus d'un siecle, les Ecclesiastiques rentroient dans leurs biens : il y en a une infinité de prejugez, fondez fur ce que la prefcription n'a pas lieu contre le titre, & que le titre eftant vicieux il nuifoit plûtoft qu'il ne fervoit, fuivant la regle commune, *melius eft non habere titulum quàm habere vitiofum* : de forte que dans ce tems-là il étoit de la politique des poffeffeurs de ne produire pas le titre de leur joüiffance, mais de fe retrancher fimplement fur leur poffeffion quarantenaire, qui étoit *præfumptio jufti tituli*, & qui fuffifoit pour établir contre l'Eglife une fin de non recevoir fans replique, par la raifon de l'Authentique *Quas actiones. C. de Sacrof. Ecclef.* Cette forme de juger fe pratiquoit encore à l'égard des fimples infeodations, quelques anciennes qu'elles fuffent : témoins les Arrefts donnez contre le Sr. de Galeffié, en faveur des Peres Cordeliers de la Ville de Figeac, & contre le Sr. Caffaret, Controlleur au Bureau du Domaine de cette Ville de Nifmes, au profit de Mr. d'Ouvrier, Confeiller Clerc au Parlement. Il eft vray que lorfqu'il s'agiffoit d'un fonds herme, fterile, & de fort modique revenu, comme par exemple d'un cafal, d'un gravier, ou de quelque petite terre, voifine de la riviere, & fujette aux inondations, & qu'on juftifioit que les infeodations n'eftoient pas defavantageufes à l'Eglife, on les confirmoit, quoyqu'elles euffent efté faites fans folemnitez, pourveu qu'il y eût quarante ans paffez. Il y en a un Arreft du 19. Juillet 1668. au rapport de Mr. de Nupces Florentin, pour Antoine Avojac, Boulenger de la Ville d'Alez, contre les Peres Prefcheurs de ladite Ville. Il y en a un fecond contre les mefmes Religieux, dont le Syndic fut condamné à la moitié des dépens & aux épices : il fut donné le 23. Avril 1671. en la feconde Chambre des Enqueftes, au rapport de M. de Joffé, pour le Sr. Jacques Rochier. Aujourd'huy foit qu'il s'agiffe d'une vente, ou d'une infeodation, le Parlement s'y prend d'une autre maniere, & s'arrefte à la prefcription de quarante ans, quand méme il y auroit à dire au titre, & qu'il ne feroit pas revêtu des folemnitez requifes par le Droit, à compter neanmoins du jour du decez de l'Ecclefiaftique qui a mal alienè ; mais il faut que ces quarante ans foient utiles depuis la paix de Nifmes de l'an 1629. cela paffe pour maxime au Palais : & entre autres Arrefts qui peuvent confirmer cette nouvelle maniere de juger, il y en a un donné en la feconde Chambre des Enqueftes au rapport de Mr. Dafpe, pour le Sr. de Monfouvile contre le Syndic du Chapitre de Lectoure, ainfi on s'eft defabufé, & certes fort équitablement pour le repos des familles, de ce vieux fentiment qu'on avoit que la prefcription de quarante ans n'étoit que pour les actes accompagnez des folemnitez neceffaires, & que c'eftoit l'exception qu'il faloit faire à l'Authentique *Quas actiones*. Que fi cela a lieu en faveur des acquereurs, ou de leurs heritiers, peut-on douter que rien puiffe empêcher le tiers poffeffeur de prefcrire dans quarante ans, puifqu'il ne peut eftre regardé pour le moins que comme poffeffeur de bonne foy : & n'eft-il pas vray de dire que quand il y auroit du vice réel en la chofe *initio infpecto*, ce vice fe purge par fa poffeffion toute pleine de bonne foy, auquel cas il eft certain qu'il ne faut plus regarder l'origine de la vente. La Cour l'avoit ainfi préjugé le 26. May 1639. en faveur du Sr. Pierre de Lageret, contre le Syndic des PP. Prefcheurs de Nifmes, qui fut condamné aux dépens, moderez à vingt-cinq livres : En l'efpece de l'Arreft il s'agiffoit de la vente d'une maifon, faite pour trois cent foixante livres, qui fut venduë enfuite fix mille livres, & cette difproportion de prix ne rendit pas meilleure la caufe de ces Religieux. Le Parlement de Grenoble a fouvent jugé la queftion de cette mefme maniere au profit du tiers poffeffeur, comme par cet Arreft célebre d'Audience qu'il donna le 14. Mars 1665. pour le Sr. Paul Michel, contre le Syndic des Carmes du Pont de Beauvoifin, les parties ayant efté mifes hors de Cour & de procez, dépens compenfez, quoyqu'il s'agit d'une alienation faite fans caufe & fans folemnité, & par cet autre Arreft qu'il donna en la feconde Chambre le 16. Mars 1672. pour le Sr. Raffert, contre Mr. le Confeiller du Pilhon. Il faut pourtant remarquer, que pour d'autant mieux fortifier le droit du tiers poffeffeur, on prend fouvent le temperament du payement de la valeur du fol, quand il fe trouve qu'on a élevé quelque bâtiment confiderable : il y a un Arreft notable du méme Parlement de Grenoble, donné au rapport de Mr. de Saint-Germain, le premier Fevrier 1651. pour Jean

Martin contre l'Abbé de Soü , car non feulement il s'agiffoit d'une ufurpation originairement faite par l'Autheur du tiers poffefieur : Mais même la Cour ordonna d'Office, que Martin payeroit la valeur du fonds à dire d'Expert, eu égard à l'eftat auquel il eftoit avant qu'il y eut aucun bâtiment conftruit fur iceluy , quoy qu'il eût offert d'en vuider : & qu'il fit profeffion de la R. P. R. Tout ce qui vient d'eftre remarqué juftifie affez , combien la prefcription de 40. ans eft aujourd'huy favorable contre l'Eglife , eût - on même joüi fans titre , fuivant le cas de l'Arreft donné au rapport du fçavant Mr. de Burta en la premiere des Enqueftes le 9. May. 1675. pour le Sr. Tral de Vendemian , contre Me. Barefene Preftre. Cette jurifprudence n'a pourtant pas lieu , ni à l'égard des chofes faintes ou facrées , qui ne tombant pas dans le commerce , & ne pouvant pas eftre par confequent poffedées ni alienées , ne font pas fujettes à prefcription , & dont l'alienation n'eft pas fimplement nulle ; mais même abufive , ce qui les rend inconteftablement inprefcriptibles , à caufe que l'abus ne prefcrit jamais , ni à l'égard des alienations generales des biens d'Eglife , qui peuvent eftre rachetées en ce cas par les raifons alleguées , *en la Note fur l'Arr. 5. du Titre 3. de ce livre.*

A R R. I.

TOutesfois en ce qui concerne les infeodations , le contraire fe trouve jugé par arreft à Touloufe en Janvier 1580. pour Dirac & autres feodataires contre le Sindic du Chapitre faint Sernin dudit Touloufe infeodant. Et encores par autre arreft pour les heritiers de Crofet Apothicaire , contre les Chevaliers de l'Ordre de S. Jean de Jerufalem du penultiefme Avril 1580. par lequel une fentence donnée à mon rapport, fuivant la premiere opinion, moy lors eftant Confeiller au Senefchal dudit Touloufe , au profit defdits Chevaliers fut reformée. Ce qui peut eftre fondé fur les actes invalables par defaut de folemnité , ou autrement , peuvent eftre valides, & le laps du temps, mefme de quarante ans fuffit en toute prefcription , voire contre l'Eglife. *Can. fi Sacerdotes Can. Placuit. Verfic. jubemus 16. q. 3. d. Cap. Quanto. Cap. Ad aures. De præfcript. Cap. I. De reftit. in 6. de Auth. Quas actiones C. De facrof. Eccl. Guido Pap. decif. 116. Alberic. Salicet. Iaf. & alij. in l. Iubemus. Et in d. Auth. Quas actiones. in d. C. Ad audientiam, & d. C. 1. Quanto. & in C. De reftit. in integ. in 6.* Principalement quand il s'agit d'une infeodation ou contract emphyteoticaire, par lefquels il ne peut être fait grand prejudice à l'Eglife. *Quia dominium directum femper remanet penes illam, & utile tantum penes amphyteotam.* Et que facilement le fonds peut revenir à l'Eglife ou par comis , confifcation, condamnation, *ob non folutam penfionem,* ou autrement. Voire communement par tels contracts de l'Eglife la condition eft faite meilleure, recevant annuellement la penfion quitte de toutes charges & cas fortuits :

auquel cas la plufpart de nos Maiftres tiennent , *Poft quadraginta annos fi de contractu invalido conftet , emphiteotam non poffe turbari. Bald. Alvar. præpof. Iacob de Sancto Georgio & alij in Cap. 1. Qui feud. dare poff. & in Cap. 1. Ne Cleric. vel Abbat.* D'ailleurs il femble y avoir texte exprez *in l. fi. De fund. patrim. lib. 11. C.* laquelle parle *de reb. principiis & Ecclefia & in his locum habet.* comme tiennent fur icelle. *Lucas de penna* ; Platea & les autres : comme auffi le §. *Si quis per triginta annos Si de feud. fuerit controverfia.* femble decider ce fait, lequel a lieu en l'Eglife : *Quia conftitutiones feudales locum fibi vendicant in Ecclefia Hoftienf. Panorm. & alij in C. 1. & 2. De feud. & in Cap. Cæterum de judic.*

LE CONTRAIRE.] *V. l'Art. 24. des Chap. 1. du traité des droits Seigneuriaux.*

ARR. II.

SUr ce propos eft remarquable que les biens de l'Eglife peuvent être valablement infeodez ou baillez en emphyteofe, fans obferver les folemnitez du Droit en deux cas ; l'un fi tels biens étoient de nouveau acquis à l'Eglife par legat , donation ou autrement, *Et non funt de menfa antiqua. cap. Super. & ibi innocent. Panorm. & alij. De reb. Ecclef. non alien.* L'autre fi tels biens avoient efté autrefois & anciennement infeodez ou baillez en emphyteofe : car eftant depuis revenus à l'Eglife par contrat, legat, condamnation ou autrement, ils peuvent eftre derechef infeodez, fans obferver lefd. folemnitez, aux charges & conditions qu'ils avoient accoûtumé d'eftre infeodez, ou autres, pourveu que l'Eglife ne foit lefée par icelles ; auquel ces telles infeodations ou emphyteofes ne peuvent eftre revoquées. *d. Cap. Ad aures. De reb. Ecclef. non alien. DD. in d. Cap. Super Bald. & alij. in cap. 1. Qui feud. dare poff. facit clement. 1. in verbo in bonis ab antiquo in feudum concedi folitis.*

AVOIT ESTE' AUTREFOIS] *Res quæ alienari non poterat, femel effecta alienabilis, durat in æternum alienabilis. V. Dd in l. 1. §. 15. ff. de le . 3. & ibi l. Barthol. ibi e 3. de traité des droits Seigneur. & Socin. Conf. 67.* Mais quoyque les biens de l'Eglife puiffent eftre valablement alienez , lorfqu'ils ont efté alienez une premiere fois , toutesfois les Ecclefiaftiques ne perdent par le droit qu'ils y ont d'y entrer ; pourveu qu'ils s'en fervent dans les 40. ans de la feconde alienation ; comme il fut jugé en faveur du Syndic des PP. Carmes de Nifmes par Arreft du 14. Aouft 1668. qui condamna Maiftre Michel Tiffier Avocat , à defifter du Moulin Cremat , dont il avoit joüi 26. ans fans eftre troublé eftant préalablement rembourfé du prix de fon acquifition ; Enfemble du huitieme denier payé au Roi, que du Droit de quittance du payement de ladite taxe;

comme auſſi de ſes reparations & meliorations, ſuivant la verification & eſtimation qui en ſeroit faite par Experts.

ARR. III.

LE neuviéme Mars 1590. ſur le rapport de Monſieur Bertier, étant contretenant Monſieur la Porte au procés d'entre le Syndic du Chapitre ſaint Sernin de Toloſe, demandeur en caſſation du contrat d'une part, & Meric Balard Marchand dudit Toloſe deffendeur d'autre. Le Chapitre ſaint Sernin en l'année 1572. fait vente audit Balard d'une metairie pour le prix & ſomme de deux mille cent ſoixante ſix écus ſol tournois, & ce pour payer & acquitter leur cottité de l'impoſition faite par le Roy ſur le Clergé de France, par permiſſion de ſa Sainteté en l'année 1590. qui ſont dix-huit ans aprez la paſſation du contrat, le Syndic du Chapitre demande caſſation dudit contrat, tant par voye de nullité, que leſion, &c. Par Arreſt de tant que par la lecture du contrat apparoiſſoit de la nullité d'iceluy pour le défaut des ſolemnitez requiſes ez alienations des biens immeubles des Eccleſiaſtiques, combien qu'il n'apparut point d'aucune leſion: Ce néanmoins ſans avoir égard audit contrat, ledit Syndic fut remis en la poſſeſſion de ladite metairie, en rendant au préalable audit Balard la ſomme principale, loyaux decouſtemens, reparations & meliorations par luy faites en icelle.

QUE LESION] *ſemper Eccleſia in ultimo minoris ætatis puncto eſſe intelligitur*; de là vient qu'elle eſt reſtituable comme le Mineur, quand elle n'auroit eſté lezée que *in notabili quantitate*, c'eſt-à-dire au tiers ou au quart; mais pour impugner l'alienation par lezion, il faut venir dans les 40. ans: car dans ce temps la lezion preſcrit. *Auth. quas actiones*, laquelle autentique eſt ſuivie par les Cours ſouveraines de ce Royaume, lors qu'il s'agit d'une ſimple lezion en fait des biens de l'Egliſe: la raiſon en eſt, que telles alienations, qui ſont impugnées par lezion n'ont beſoin que d'une ſimple reſtitution, ſujette aux regles ordinaires & dont par une ſuite de cette raiſon l'action eſt preſcriptible par 40. ans.

ARR. IV.

LE meſme avoit eſté jugé ſur la fin du mois de Fevrier precedent, au rapport de Monſieur Hebrart étant contrenant Monſieur Senaux au profit du Syndic du Chapitre de ſaint Paul de Narbonne, lequel ayant vendu une maiſon avec reſervation de cens, quelques années aprés demanda caſſation du contrat de vente par voye de nullité & lezion. Et la Cour ſans avoir égard audit contrat (comme nul par deffaut des ſolemnitez requiſes, ores qu'il n'apparut

parut point d'aucune lefion) ordonna que le Sindic feroit remis
en la poffeffion de ladite maifon, en rendant à l'acheteur le prix,
loyaux decouftemens, reparations & meliorations. Et au cas que
ledit Chapitre mettroit ou expoferoit en vente ladite maifon, fut
ordonné que le premier acheteur feroit preferé à tout autre en
baillant le mefme prix, & fous les conditions qu'un autre auroit
faites audit Chapitre. Quelques-uns des Juges étoient d'avis de
ne s'arrefter point au deffaut de folemnitez, finon qu'il y eût lefion, & vouloient recevoir lefdits Sindics à articuler & verifier
leurs faits & partie au contraire : toutefois cet avis ne fut point
fuivi ; l'un des partages venoit de la grand'Chambre, & l'autre
de la Tournelle, & font fondez ces deux Arrefts fur la Loy *6.*
c. de præd. minor.

En Rendant] Mais quand il s'agit d'un fonds dont l'alienation eft abufive, comme du fol de l'Eglife, ou du Cloître, on ne doit pas abjuger les reparations, comme inuti es
à l'Eglife, fauf au poffeffeur à retirer fes materiaux, fi mieux le demandeur en defilat
n'ayme les garder à eftimation d'Experts ; audit cas mefme on doit adjuger la reftitution
des fruits depuis 29. ans ce qui s'obferve ainfi, fur tout quand le poffeffeur, *confcientiam*
babet rei alienæ : Il eft vrai qu'il faut excepter de cette rigueur les fonds, qui lors de
l'alienation eftoient hermes, ou fleriles, & qui ne produifans pour lors aucuns fruits à
l'Eglife, ne doivent pas eftre rendus avec les fruits, qui font provenus par le travail & par
les foins de l'acquereur.
Seroit Preferé] *V. le t.ait. des Dr. Seign. chap. 1. art. 24. & le l. 9. tit. 1. art. 2.*

ARR. V.

LE mefme fut jugé par Arreft du 19. Janvier 1549. pour l'Abbeffe & Religieufes de faint Sernin en Tolofe contre Françoife de Seguier, veuve au feu fieur de Merlanes. Et par Arreft
general du 12. Septembre 1578. veille de la fainte Croix, pour
l'Abbé de grand-Selve, contre Caftaing, par lefquels certaines
infeodations bien que anciennes des biens defdites Abbayes,
furent caffées comme nulles par deffaut des folemnitez.

Anticipations.

TITRE XI.

SI l'appellé dans le temps de huit jours octroyé à l'appellant
pour renoncer à l'appellation, impetre lettres d'Anticipation,
& fait donner affignation à l'appellant, pourveu que l'appellant
fe prefente comme adjourné fimplement, & qu'il apparoiffe en
plaidant la caufe de la precipitation de l'appellé, & qu'il declare ne

D

vouloir soûtenir son appellation, & qu'il n'avoit eu intention de relever; l'appellé sera condamné aux dépens pour la precipitation: & ainsi sut dit par Arrêt prononcé en audience par Monsieur du Faur lors quart President le 14. Fevrier 1540. par lequel Maître Bernard Pegorier Procureur en la Cour, & impetrant semblables lettres d'Anticipation, sut demis d'icelles avec dépens. Et par autre Arrest du second de May 1541. donné aussi en audience sur l'appel interjetté d'une recusation non admise par le Lieutenant du Sénéchal de Beaucaire.

ARR. I.

AU contraire, si l'appellé a bien & duëment anticipé, bien qu'aprés l'appellant declare ne vouloir point soûtenir la cause d'appel : neanmoins il doit estre condamné aux dépens de l'adjournement en Anticipation, & ordonné que ce dont a esté appellé sortira à effet. Et ainsi sut jugé par Arrest prononcé en Audience par Monsieur de Serta second President, le 22. Fevrier 1540. pour Pierre Boys Viguier de Beziers anticipé, contre Demoiselle Roge anticipant d'autre. Et par autre Arrest entre Me. François de saint Felix appellant du Sénéchal de Tolose & anticipé, & le Syndic des Carmes de Tolose appellé & anticipant d'autre.

Apoticaires.

TITRE XII.

PAr Arrest du 12. Octobre 1590. contre la Comtesse de Carman, qui opposoit à son Apoticaire l'Ordonnance du Roy, que les fournitures des Apoticaires ne peuvent estre demandés six mois aprés l'exposition d'icelles, sut dit ladite Ordonnance n'avoir lieu là où il y a ordonnances de Medecins, & sut ladite Comtesse condamnée au payement, suivant l'estimation qui seroit faite des drogues par Experts.

[ORDONNANCE DE MEDECIN] En ce cas l'action dure 30. ans, de mesme que lors qu'il y a cedule, compte arresté, interpellation en Justice, ou obligation : Et puisque l'Ordonnance du Medecin fait durer l'action de l'Apoticaire perdre un si long-temps, pourquoi le Medecin qui a fait l'Ordonnance, n'auroit pas le mesme avantage, veu mesme que *Medicorum causa justior est,* ideóque bis exacta ordinem jus aut debet. l. 1. ff. de Var. & extraord. cognitio.

A R R. I.

La diftribution des biens de Picardi fut jugé par Arreft du 13. Septembre 1583. que l'Apoticaire eftoit preferable à tous autres creanciers, voire à la femme, pour les medicamens expofez à la maladie, de laquelle le debiteur eftoit mort feulement, & non aux autres maladies.

A R R. I I.

Par autre Arreft du Jeudy quatriéme de Mars 1534. fut inhibé à tous Apoticaires de ne vendre aucuns poifons à aucuns perfonnages qui ne foient reffents & bien connus.

A R R. I I I.

Sur les requifitions verbalement faites par le Procureur du Roy le 2. de Juillet 1564. furent faites par la Cour injonction aux Docteurs Regens en Medecine, de diligemment trois ou quatre fois l'année faire recherche & vifite par les boutiques des Apoticaires de Touloufe, appellez avec eux les Bailes du métier, ou un d'iceux, pour verifier fi les drogues & autres neceffaires pour la confection & difpenfation des medecines, font de la qualité & bonté requife. Et s'il y a aucune faute & contravention aux ftatuts & reglemens, en fera faite punition par les Recteur, Chancelier, & Docteurs Regens : & où la faute feroit notable, & meriteroit punition exemplaire, ou corporelle, audit cas feront tenus d'apporter & mettre devers les Capitouls le procez verbal de vifite & procedure par eux faite, pour icelle veuë eftre par eux procedé contre les coupables ainfi qu'il appartiendra ; leur prohibant auffi permettre & fouffrir qu'aucuns ferviteurs ou autres n'eftant Maiftres jurez fous couleur d'arrentement ou compagnie, tiennent boutique d'Apoticaire, fur peine de mille livres & autre arbitraire.

Arbres.

.T I T R E X I I I.

Sur la requifition du Procureur Géneral du Roy, par Arreft du 23. Juillet 1559. fut faite inhibition & deffenfe à toutes perfonnes de quelque eftat ou condition, qu'ils fuffent, d'arracher ni couper aucuns arbres contre le vouloir de ceux à qui ils appar-

D ij

tiennent fur peine du foüet ; pour le Syndic des manans & habitans de Mendouille. Et femblable Arreft fut donné le 20. Juillet
1561. entre un autre Syndic & certains particuliers.

Sur Peine] Il y a un pareil Arreft du Parlement de Provence qui condamne au foüet
& à l'amende. Il eft du 7. Octobre 1633. qui coupe les Arbres d'autrui , à l'inceu du proprietaire , commet larcin *tot. tit. ff. arbor. furt. Cæfar.* V. *liv.* 3. *verb. Rivieres.* & *l.* 2. *verb. Mayn.*
Arr. 2.

ARR. I.

A Caufe dequoi par autre Arreft du 3. Juin 1562. un payfan
qui avoit coupé un chefne d'un bois particulier pour en faire un May fut condamné au foüet.

Un Chesne] L'ufage confiderable qu'on tire des chefnes les fait diftinguer des autres efpeces d'arbres : ce fut le motif des Ordonnances que les Roys François I & Henry II.
donnerent les 22. May 1539. & 27. Juin 1548. portant défenfe de faire des échalas de quartiers de chefne ; auffi-bien que du Reglement que fit à Morlas le Comte Gafton en l'année
1278. contre ceux qui coupoient ou écorchoient les chefnes.

Generaux des Aydes.
TITRE XIV.

I L fe trouve au premier regiftre de ce Palais, qu'avant l'établiffement dernier de ce Parlement, qui fut le 4. de Juin 1444.
les Generaux des Aydes établis à Montpellier par Edit du Roy
Charles VII. le 20. Avril 1437. à l'inftar de ceux de Paris , par
commiffion du Roy , & attendant ledit reftabliffement connoiffoient & jugeoient fouverainement de toutes caufes civiles & criminelles , & fur le fait de la Juftice du pays de Languedoc. A caufe dequoi par Arreft du 12. dudit mois de Juin 1444. toutes les
caufes pendantes & indecifes en la Cour defdits Generaux, furent évoquées & revoluës en la Cour, en l'eftat que nous avons
dit au Chapitre du Parlement de Touloufe.

ARR. I.

L E 20. Novembre 1444. Meffire Pierre Archevéque de Touloufe, Maiftre Jean d'Eftampes Maiftre des Requêtes ordinaire de l'Hôtel du Roy, & General fur toutes fes Finances,
Gilles Laffeur & Jean Gencian Confeiller du Roy au Parlement
de Touloufe , furent par ladite Cour reçûs en Commiffaires &
Juges fouverains fur le fait de la Juftice des Aydes & Tailles au
pays de Languedoc & Duché de Guyenne , & firent le ferment
en tel cas accoûtumé.

Arr. II.

ET fut ladite Cour du commencent établie à Toulouse., & fut pourveuë de nombre suffisant de Présidens & Conseillers en titre formé : car plusieurs Arrests se trouvent au premier Registre du Parlement, des causes renvoyées par la Cour, pardevant les Generaux sur le faict des Aydes en leur Auditoire à Toulouse, & entre autres un du Vendredy, 27. Fevrie 1449. entre les habitans de Tournon & de Coux, & de Labillac en Vivarois, & d'un autre du 17. Septembre 1450. entre Jacques Chabbert & les habitans de Puechaut les Avignon.

Arr. III.

A Cause de la rebellion ou revolte de la Ville de Montpellier contre le Roy pendant les guerres civiles, pour le faict de la Religion en l'an 1576. & le 6. Avril fut inhibé aux habitans du Ressort se retirer dès ce temps-là en la Cour des Generaux des Aydes audit Montpellier, jusques à ce que autrement par le Roy ou la Cour en fût ordonné. Et pendant ledit temps la Cour de Parlement prenoit connoissance des matieres appartenantes ausdits Generaux, jusques à ce que par les Edits de paix ensuivans toutes choses furent remises en leur premier estat.

Barbiers.

TITRE XV.

Arr. I.

LEs Edits & Ordonnances de nos Roys ayans lieu en tous dons de Maistrise, excepté celuy de Chirurgie, & les Satuts d'icelle estans tels ; Que nul ne pourra estre Maître Chirurgien sans être examiné : toutes fois un Compagnon Chirurgien ayant servi par l'espace de dix années les pauvres malades de l'Hôtel Dieu S. Jacques de Toulouse, il auroit supplié les Surintendans dudit Hôtel Dieu de vouloir ordonner que la Maîtrise luy fût donnée gratuitement sans souffrir aucun examen ; ce que les Surintendans lui auroient accordé, & après par Sentence des Capitouls auroit été ainsi ordonné. Dequoi il fut appellé en la Cour par les Bailes des Chirurgiens, fondans leur appel sur la contravention faite aux

D iij

Statuts des Chirurgiens , fur les Edits & Ordonnances des Roys, fur la grande fuffilance & experience qui eft requife en cet Art , & que la feule experience fans l'art ne peut apprendre la Chirurgie. D'autre part il fut dit que les appellans devoient eftre irrecevables en leur appel ; que les loix & ftatuts politiques peuvent recevoir changement & reftriction fuivant la diverfité des circonftances & changement du temps , & que le long-tems que l'appellé avoit fervi aux Hôpitaux étoit digne d'être reconnu , même que la Chirurgie eft plûtôt connuë par l'experience que par art , *argumento L. Quod fæpe ff. de contrah. empt.* La Cour par fon Arrêt du 27. Janvier 1575. mit l'appellation , & ce dont avoit été appellé au neant , retint la connoiffance de la caufe , en laquelle ordonna que ledit appellé feroit fait Maiftre , étant examiné par deux Medecins & deux Maiftres Barbiers non fufpects , fans payer aucuns frais , defquels la Cour le releva & déchargea. Il en arriva de même à un nommé Bernard Blanc , lequel bien qu'il eût dclaré ne vouloir exercer aucunement l'art de Chirurgien , mais feulement de Barbier , & partant comme il difoit ne devoir fouffrir examen , toutes-fois par Arrêt du 2. May 1544. donné en Audience , Prefident Mr. de Manfencal , lui fût inhibé & défendu de tenir boutique de Barbier en Touloufe , qu'au prealable il n'eût été examiné par deux Medecins & deux Chirurgiens.

Baftards.
TITRE XVI.
ARR. I.

P Ar Arreft general du 13. May. 1581. Le Legat fait par une femme au bâtard de fon mary fût caffé.

DE SON MARY.] On regarda la femme qui fit le legat , comme une perfonne interpofée , & le legat par confequent fait en fraude de la Loy. Une donation entre vifs fut même caffée dans cette veuë , fuivant *Boné Arr.* 5. quoyque caufée de fervices rendu par le Donataire.

ARR. II.

P Ar autre Arrêt general du 1. de Juin 1571. Une donation faite par un Prêtre nommé Bonnet , de tous & chacuns fes biens en faveur de mariage d'un fien fils bâtard , fut caffée , & declarée nulle & invalable & les biens donnez , adjugez à la fœur.

dudit Prêtre , à la charge de rendre à la femme dudit bâtard son
dot , que ledit Prêtre avoit receu.

Fut Casse'e.] Ainsi on ne suit pas l'Auth. *licet patri. C. de natura'. liber.* ni la
Loy *Humanitatis C. eod.* non pas mesme au cas d'un fils legitime du bastard , suivant
l'*Arr.* 4. *de ce Titre , & l'Arr.* 16. *en la suite*, fût-il question audit cas d'une
donation en faveur de mariage, suivant *l'Arr.* 18. *dudit Tit.* 40. Il a été même préjugé
par Arrest d'Audience du mois de Juin 1644. Playdans Parisot & Chassan , qu'un
Prestre ne pouvoit pas leguer une somme à son fils bâtard , mais seulement les aliments qui devoient cesser lorsque le bâtard a un métier , quoyqu'il fût soûtenu , qu'attendu qu'il n'étoit pas passé Maistre , le legat devoit estre employé à cet usage. Depuis
ce temps-là il y a eu Arrest en la Grand'Chambre le 8. Janvier 1657. par lequel l'heritier
qui étoit chargé de donner un mestier au bâtard du Testateur , fut condamné de luy
bailler l'argent qui étoit necessaire pour qu'il peût passer Maistre. Cet Arrest est sans
doute beaucoup plus juridique que l'autre , parceque , si bien le bâtard avoit appris un
Métier , il ne pouvoit neanmoins gagner sa vie sans la Maîtrise.

A R R. I I I.

PAr autre Arrest general du Mecredy 13. Septembre 1542.
fut dit qu'un bâtard legitimé par le Roy , étoit capable de
succeder à son pere. Les legitimez par le subsequent mariage sont
plus favorables , & succedent non seulement au pere , ains à tous
les autres parens , comme s'ils étoient naturels & legitimes.

A R R. I V.

PAr autre Arrest general de l'Avent , veille de Noël 1585.
fut jugé , qu'aux enfans bâtards , ni à leurs enfans , bien
qu'ils soient legitimes , ne peut être rien legué par le pere ni
ayeuls si ce n'est les alimens.

Ni a leurs Enfans.] *Olive liv.* 5. *chap.* 34. dit , que les enfans des bâtards
peuvent être appellez à la succession testamentaire de leurs ayeuls & qu'ils ne le peuvent
pas estre à la succession *ab intestat.* L'usage du Palais resiste à cette distinction : * Car aujourd'huy les enfans legitimes des bastards ne peuvent être , ni instituez heritiers , ni
substituez par leurs ayeuls , *quia procedunt ex infecta radice.* On a beau dire qu'à leur égard
cessat macula natalium : qu'en ce cas , & par l'Induction qui se tire de la Loy 2. *ff. de interd.*
& relegat. la peine du pere ne doit pas nuire au fils ; qu'estans instituez par leurs ayeuls ils
ne prennent pas l'heredité du chef de leurs peres , étans instituez à cause d'eux - même
personnellement : Que par le Droit les enfans naturels peuvent , en defaut des legitimes ,
estre instituez & substituez , sur tout les petit - fils nez d'un legitime mariage : En un
mot que c'est une maxime certaine *in odiosis filiorum appellatione non continentur nepotes.*
Nonobstant toutes ces raisons les enfans des bâtards , quoyque legitimes , sont exclus de
toutes successions ; Et il est si vray que la distinction que fait d'*Olive loc. cit.* n'a pas
lieu , qu'il a été jugé à son propre raport le 17. Février. 1645. (après qu'il eût pu-
plié son Recueil d'Arrests) que les enfans legitimes des bâtards ne peuvent estre
substituez par leurs ayeuls : l'Arrest fut donné au profit de Catherine de Serres ,
Veuve du Sr. Michel de la Rouviere de la Ville du Pont S. Esprit , contre Gaspard
Domergue du lieu de Laudun , comme Pere & Administrateur de Marie Domergue

fa fille, & de Catherine de Palüa fa femme, qui eftoit fille naturelle de Marcel de Palüa.
Anciennement les bâtards des Maifons Royales avoient l'avantage de fucceder à leurs Peres
naturels, lorfqu'ils n'avoient pas des enfans legitimes. *Confuetud nis Regiæ fuit* (dit Servius
fur l'Eneïde de Virgile) *ut legitimam uxorem non habentes, aliquam licet captivam, tamen
pro legitimâ haberent, atque adeò ut liberi ex ipfa nati fuccederent :* de là apparemment eft
venuë la coûtume qui s'obfervoit parmi nos Roys de la premiere & feconde race, dont
les bâtards fuccedoient & entroient en partage également avec les males legitimes, & à
l'exclufion des filles, pour les Terres & pour les Seigneuries des fuccefſions des Roys
leurs Peres. Quoy-qu'il en foit, fi les bâtards des Roys avoient le droit de fucceder
fuivant le témoignage de Servius, il n'en eftoit pas de mefme à l'égard des bâtards des
particuliers, qui fe devoient contenter de mille drachmes pour tous droits paternels : c'eft
ce qu'on appelloit aufſi νοθεία comme remarque Harpocration, ou νοθεία χρήματα,
felon Pollux.

A R R. V.

BIen eft vray qu'un heritier n'eft recevable à debatre les legats
faits par le teftateur, foûs pretexte qu'il les a faits à fes enfans
bâtards, comme fut jugé par Arreft entre Jean Marfac fieur de
la Faurie, & Dominique Vidal le 14. Decembre 1569. à quoy
fe peut raporter la loy 1. *ff. De iis quibus ut dignis.*

Bafteleurs.

T I T R E   X V I.

A R R. I.

LA Cour fit inhibitions & defenfes aux Capitouls, à caufe
de la cherté des vivres, frequence de maladies, & autres
neceſſitez publiques, d'octroyer d'orefnavant permiſſion à aucuns
bouffons ou bâteleurs de faire dans ladite Ville, qu'aux faux-
bourgs d'icelle, aucuns jeux ou farces faites par lefdits Come-
diens, ni iceux tolerer & fouffrir en quelque maniere que ce foit.

V̇. Liv. 2. verb. Efglantine. art. 1.

Blafphemateurs.

T I T R E   X V I I.

A R R. I.

LE Jeudy 29. Novembre 1520. certaine fentence donnée par le
Senéchal de Touloufe condamnatoire entre un Gentilhomme
nommé le Cadet de Cafaux, qui le 21. dudit mois avoit efté amené
en Touloufe, accompagné de cinq cens hommes, & eftoit accufé
de meurtres, raviſſemens de filles, guetteur des chemins & blafphe-
mateur execrable, car à chaque parole il faifoit des juremens comme

me dire, *pel cap & per las plaguos de Diu* : avoit efté condamné avoir la langue percée, la tête tranchée, & mis en quatre quartiers, par Arreft fut confirmée, & ledit jour ledit Cadet exécuté.

A R R. I I.

LE 16. Juin 1542. cinq prifonniers qui avoient efté condamnez en galere, furent condamnez par Arreft de la Cour, pour avoir blafphemé la juftice Divine & Humaine, & avoir prononcé des parolles grandement execrables contre l'image du Crucifix, de la Vierge Marie, eux lors prifonniers aux hautsmurats, fçavoir les trois avoir le foüet & la langue percée au devant de la porte faint Eftienne, & les autres deux avoir la langue coupée, & eftre brûlez tous vifs, à la place du Salin ; ce qui fut executé le mefme jour.

A R R. I I I.

LE 13. Aouft 1574. dernier jour des audiences, Mr. Durant Avocat du Roy, a prefenté lettres contre les blafphemateurs du nom de Dieu, & la glorieufe Vierge Marie, & requis la lecture, publication & regiftre d'icelles. Ce qui a efté ordonné, neanmoins qu'il en fera faite publication par la préfente cité, par tout le jour : toutesfois je n'entens point qu'elle fut faite ; Et *nota*, que lefdites lettres eftoient au nom de la Reyne mere lors regente en France, nommée Catherine de Medecis, attendant la venuë du Roy Henry III. du nom Roy de Pologne & de France.

AVOCAT DU ROY] Les particuliers ne peuvent pas pourfuivre la reparation du Blafpheme ; cela regarde Mrs. les Gens du Roy. ℣. le 2. *Plaidoyé de Quarré.*

BLASPHEMATEURS] Par un ancien Arreft du Parlement de Paris du 31. Mars 1544. avant Pafques, donné à la requifition de Mr. le Procureur General, les Blafphemateurs eftoient condamnez à certaines amendez jufques à la quatriéme rechute : à la cinquiéme fois on les mettoit au carquan les jours de Fefte ou de Dimanche, & y devoient demeurer depuis huit heures du matin jufques à une heure aprés midy : à la fixiéme fois *Ils feront amenez au Pilory, & illec* (car ce font les termes de l'Arreft) *auront la levre de deffus coupée d'un fer chaud, enforte que les dents leur apperront, & s'ils reacheent, ils auront la langue coupée tout jus,* afin qu'ils ne puiffent plus proferer femblables renimens du Nom de Dieu, & de fa glorieufe Mere. Le Roy S. Louis fut fi grand ennemi des Blafphemes, qu'à l'égard feulement de ceux qu'on appelle *Labiaux,* & que la paffion fait proferer fans qu'ils foient premeditez, il ordonna qu'on drefferoit des échelles par les carrefours de Paris, & des autres Villes, où aprés avoir attaché les Blafphemateurs, *on les y faifoit vergogner* (dit fa Chronique) *avec crachemens & broüailles de beftes,* ce font les inteftins, que Papias & les autres Anciens Gloffateurs appellent *Burbalia, fc. inteftina majora*) on parle encore à Paris des échelles du Temple & de S. Martin, qui font des monumens de la piete de Saint Louys.

E

A R R. I V.

LE 5. Avril *1569*. Arreſt au barreau, par lequel un nommé Treille blaſphemateur auroit eſté condamné par les blaſphemes par lui proferez à eſtre mis ſur la cage à la Garonne, & y eſtre plongé par trois fois, & banni pour cinq ans ans, ſous inhibitions & défenſes à toutes perſonnes de blaſphemer, à peine la premiere fois d'avoir la langue percée, & le foüet, & le lendemain ledit Arreſt fut executé.

PLONGE'] Cet ancien uſage de Touloufe eſt remarqué par *Bened. in cap. Raynutius. verb. duas habens filias. num.* 95. & *ſeq.* Un ancien ſtatut municipal de la Ville de Marſeille, condamnoit à certaine amende celui qui juroit en joüant, & *ſi ſolvere non poterit acabuſſetur penitus indutus cum veſtibus quas tunc detulerit, in portu Maſſiliæ, vel in vallato, quod eſt à portali collatæ uſque ad portale S. Martini, tot vicibus quot jurabit:* cette coûtume de Touloufe, & ce Statut de Marſeille, ont eu ſans doute pour fondement une ancienne Ordonnance du Roi Philippe Auguſte, ou Dieu-donné, qui portoit, ſelon la remarque de *Rigordus, ut reus in fluvium, vel paludem citrà mortem dimitteretur.*

A R R. V.

LE 30. Aouſt *1569*. auſſi au barreau par Arreſt, une femme nommée Roguiere condamnée pour blaſphemes, à faire amende honnoraire devant l'Egliſe ſaint Pierre de Cuiſines, un jour de Dimanche, & avoir la langue percée, & inhibitions & défenſes à elle, & à tous autres d'uzer de ſemblables blaſphemes contre le nom & l'honneur de Dieu, la Vierge Marie, Saints & Saintes de Paradis, ſur peine la premiere fois d'avoir la langue percée, & d'étre plongée dans la riviere à la cage, & pour la ſeconde eſtre penduë & étranglée, & que lors que ladite Roguiere fera ladite amende, ledit Arreſt ſera publié à ſon de trompe.

Bleds.
T I T R E XIX.
A R R. I.

LA Cour par pluſieurs Arreſts, notamment du 4. de Mars 1530. Chambres aſſemblées, du 2. Aouſt 1583. & par pluſieurs autres, a fait inhibitions & défenſes à toutes perſonnes de faire amas de bleds, & autres grains plus que de leur proviſion, & ne les vendre ailleurs qu'en marchez & places publiques de la Ville, & de les traduire hors du Royaume ni Reſſort en quelque part que ce ſoit, ſur peine de confiſcation deſdits grains, & afin que la Ville de Toulouse fût suffisament fournie de bleds , & que chacun fût occasionné & excité d'en y apporter des lieux circonvoisins : Ladite Cour par Arrest du 23. de Mars 1562. ordonna qu'il seroit baillé à tous forains qui porteroient du bled à vendre, cinq sols à l'entrée de la porte de la Ville des deniers communs d'icelle pour cestier , outre le prix qu'ils en pourroient avoir.

A R R. I I.

IL a esté defendu par autre Arrest du 2. Aoust 1585. & du 22. Juin 1663. d'acheter ni arrer bleds ou autres grains estans encore en herbe , & prochains à cueillir , & aux Paysans de les vendre sur peine de confiscation , & note d'infamie.

EN HERBE] Les défenses de vendre les bleds en herbe ont esté toûjours entretenuës depuis l'Ordonnance du Roy Louis XI. de l'an 1482.

* PROCHAINS A CUEILLIR] Il faut sans doute lire , *non prochains à cueillir* ; car il est certain que l'Ordonnance qui défend d'acheter le bled en verd , ou en herbe , n'a pas lieu quand les fruits sont prests à recueillir , comme lors qu'ils sont en épy ; à cause dequoi tels achats sont bons quand ils sont faits dans le mois de Juin , suivant les Arrests rapportez par *Bouvot tom. 2. verb.* vente *quæst. 19. & quæst. 22.* & dans ce sens nous suivons en ce Royaume la disposition de la Loy *fistulas ff. de contrah. emp. 10.* les bleds en épy ; & prests à cueillir ne sont pas proprement en herbe.

A R R. I I I.

EN l'année 1529. Jannet Faure Conseigneur de Castanet, & Capitoul de la Ville en ladite année , sur-intendant à la vente des bleds à la place de la pierre , fut accusé d'avoir fait commandement à ses serviteurs qui vendoient son bled à ladite place un jour de marché , de ne bailler sondit bled à moins de trois liv. cinq sols le cestier, là où il ne se vendoit que trois livres seulement, & par ce moyen le vouloit encherir de cinq sols ; Dequoy il fut puny comme il le meritoit, car les autres Capitouls ses Compagnons en firent enquerir, & la chose verifiée, le condamnerent à cinq cestiers de bled d'amende envers les pauvres ; dont le procureur du Roy fut appellant *à minori* en la Cour , & la cause plaidée le 29. d'Avril en ladite année par Arrest ledit Capitoul fut condamné envers les pauvres en six cens cestiers bled , & en cinq cens livres d'amende envers le Roy, luy interdisant l'administration de la Pierre durant son année. Il en fut bien fait davantage à un Maistre Boulanger de la Ville , lequel pour avoir voulu encherir le bled , fut condamné par arrest du 8. Juillet 1564. à faire amende honoraire

E ij

en l'Auditoire des Capitouls, & luy fut faite inhibition d'exercer son métier de Boulanger d'une année, à peine du foüet, & autre arbitraire, & condamné en outre en vingt-cinq livres d'amende envers les pauvres. Et au surplus la Cour par ce mesme Arrest permit à toutes sortes de gens, bien qu'ils ne fussent Maîtres Boulangers de la ville, faire de tout pain, à la charge, que ceux qui seroient de la Ville le vendroient dans icelle, sans estre tenus de payer aucun droit ; & inhibitions aux Maitres Boulangers de les empécher, sur peine d'estre pendus, & étranglez.

Bouchers.

TITRE XX.

ARR. I.

PAr Arrest du 26. Mars 1525. avant la feste de Pâques, la Cour interinant la requeste du Procureur general, fit inhibitions & défenses à tous Bouchers de Toulouse de vendre chairs morveuses & infectes, de faire aucun recelement pour frauder le droit de l'Equivalent, uzer de faux poids, uzer de chair de brebis au lieu de mouton, sur les peines contenuës aux Statuts de la Ville. Enjoint aux Capitouls d'icelle, de faire visiter lesdites chairs avant qu'estre venduës. Et au Fermier de l'Equivalent, à peine de cent marcs d'or, de pourvoir ou faire pourvoir des Gardes gens de bien & deüement cautionnez selon la forme & teneur desdits Statuts, pour faire le rapport du bêtail, que lesdits Bouchers auroient taillé en châque semaine, & de faire residence audit Toulouse, ou y commettre gens responsables pour recevoir lesdits Bouchers l'argent deü pour ledit droit à la fin de la semaine : aussi de tenir le livre desdits rapports en lieu exprez de ladite Ville, lequel il sera tenu & ses Commis, exhiber librement aux Bouchers toutes & quantes fois qu'ils en seront requis par eux. Et fit encore commandement ladite Cour aux Gardes, à peine d'être punis corporellement de faire bon & loyal rapport des chairs que lesdits Bouchers tailleront. Declarant ladite Cour, n'entendre empescher lesdits Fermiers ou leurs Commis qu'ils ne puissent lever les deniers vrayement deûs pour raison dudit droit, & contraindre les redevables en la maniere accoustumée. Leur faisant

toutesfois inhibitions de pour ce faire execution fur le bêtail acheté par les Bouchers des Marchands étrangers pour la provifion de
la Ville ; le tout par provifion & fans préjudice de la jurifdiction
des Juges Confervateurs du droit de l'Equivalent. Et parce que
lefdits Fermiers avoient obtenu chef de monitoire aux fins de
découvrir les Bouchers qui faifoient faux poids, ou qui fraudoient
par autre moyen lefdits droits d'Equivalent, la Cour fur l'appel
comme d'abus interjecté par les Bailes des Bouchers dudit Touloufe, declara en l'octroy, permiffion & publication dudit monitoire y avoir abus, & fit inhibitions aufdits Fermiers de proceder
pour le fait dont eft queftion par telle voye de cenfures Ecclefiaftiques, fauf toutesfois la deuë exaction dudit Equivalent par
authorité de jurifdiction feculiaire. Declara auffi le payement &
perception defdits droits n'eftre pour ce retardé ny empefché en
ladite Ville & faux-bourgs d'icelle, en la maniere de long temps
obfervée ; fçavoir, pour chaque bœuf trente fols, pour vache
vingt fols, pour veau cinq fols, pour mouton trois fols. Faifant
inhibitions aufdits Bouchers de en ce faire ou commettre aucune
fraude, occulation ou fubftraction, à peine de cinq cens livres,
& autre amende arbitraire. Prononcé en Parlement le cinquiéme
d'Avril mille cinq cens cinquante - fix.

ARR. II.

PArce qu'un nommé Sanfon Boucher de Touloufe tuoit ordinairement les bœufs & moutons dans fa maifon qui étoit
joignant celle de Barbaria Avocat en la Cour, ledit Barbaria mo-
lefté tous les jours des mugiffemens & bélemens defdites bêtes,
prefenta fur ce requefte à la Cour, laquelle par fon Arreft du 20.
Avril 1570. donné en Audience, fit commandement audit Sanfon & autres Bouchers de la Ville, d'aller tuer & écorcher les
bœufs & moutons ès lieux à ce deftinez par la Ville, avec inhibition de ne les tuer dans leurs maifons privées. Or la coûtume
eft telle dans cette Ville étroitement obfervée, qu'il n'eft permis
aux Bouchers ni autres, de vendre chair de Brebis dans icelle,
finon aux Faux-bourgs : & les Ordonnances des Capitouls &
Arrêts de la Cour le défendent expreffement, comme il fut dit
en l'affaire de Jean Napian & Antoine Imbert Bouchers appel-

lans de la Sentence des Capitouls , lefquels furent démis de leurs
lettres d'apel par Arrêt de la Cour , & ladite Sentence confirmée , portant que lefdits Bouchers feroient amende honoraire
à genoux , nuë tête , en chemifes , la torche en main , pour avoir
vendu de la chair de Brebis dedans la Ville , contre les Ordonnances & Arrêts ; leur defendant à peine de la vie , & à tous
autres , de porter vendre des Brebis dans les Boucheries étans
dedans la Ville ordonnées & deftinées à la vente de chair de
bœuf , & mouton. Prononcé en la Chambre ordonnée en temps
de vacations le huitiéme Novembre mille cinq cens cinquante-
huit.

Boulangers.

TITRE XXI.

ARR. I.

PAr Arrêt de la Cour du *9*. Juin 1526. eft enjoient & commandé aux Boulangers cuire du pain par chacun jour à quatre heures du matin , & tenir le pain bon & loyal du poids qu'on
leur a ordonné & limité , felon & eu égard au prix du bled , fans
pouvoir diminuer ledit poids, finon par congé de Juftice, eu égard
au prix & cherté du bled raporté par deux marchez fubfecutifs.
Avoir auffi & tenir leurs ouvreures en lieu éminent & apparent ;
Balances pour pefer ledit pain , & tableaux contenant par decla-
tion le poids qu'ils font tenus de garder en la façon dudit pain felon
la valeur & prix du bled. Et enjoint & commande tres - expreffement aux Gardes & Boulangers enfuivre ladite Ordonnance , fur
les peines aux cas appartenans ; & aux Vicomtes & Lieutenans la
faire entretenir , obferver & garder fans enfreindre : & à cette fin
faire ou faire faire chaque femaine à jours differens , inconnus &
non preveus par lefdits Boulangers , vifitation de leur pain , & de
proceder à la punition & correction étroite des delinquans & fau-
teurs , par telles peines arbitraires , corporelles , pecuniaires &
exemplaires , exafperées felon la qualité du mesfait , & des fau-
teurs , & felon qu'on verra eftre de raifon. G. Terrien fur la
Couft. de Normandie liv. 4. chap. 29. Des Boulangers , & du
prix que le pain blanc doit payer.

Permiffion de vendre du pain.

ARR II.

PAr Arreſt du 2. Avril 1562. la Cour avertie de la difficulté qui étoit dans Touloufe, & en pluſieurs Villes & autres lieux du Reſſort d'icelle, de trouver du pain, tant pour la rareté des bleds qui étoit pour lors, que pour la malice des Boulangers, faiſant tres-mal le deû de leurs charges, & deſirant pourvoir à ce comme à choſe tres-neceſſaire, a permis & permet à toute qualité d'hommes & femmes faire pain, pour l'apporter aux marchez publics de Touloufe, & autres lieux du Reſſort d'icelle, & là le délivrer en vente à tel prix qu'ils pourront, eſtant toutesfois ledit pain bon & marchand & comeſtible.

PERMIS] *V. Pelcus en ſes aĉt. Forenſes liv. 5. aĉt. 57.* au ſujet des Boulangers de la Ville de Bleré ; ainſi bien que l'Ordonnance donnée le 4. Juin 1573. par les Juges deputez par le Roy Charles IX. pour le fait de la Police de la ville de Paris ; laquelle ne permet pas ſeulement aux Boulangers forains ; mais même leur enjoint par exprés de cuire pain en quantité ſuffiſante, & faire en ſorte que les places des Halles, Cimetiere ſaint Jean & place Maubert, fuſſent bien & ſuffiſamment fournies, ſur peine d'amende arbitraire, & de punition corporelle s'il y échoit. Lorſque les bleds ſont rares, & qu'on eſt en neceſſité d'en avoir, tous les Habitans d'une Ville, & même les étrangers, ſont cenſez joüir du droit de Maîtriſe, parce que ſuivant le langage de Minutius dans Tite-Live, *ratio annonæ publicæ utilitati privatæ præfertur.*

ARR. III.

AUtre Arreſt du 5. Oĉtobre 1574. par lequel eſt auſſi permis à toutes manieres de gens faire fougaſſes & autre pain, pour expoſer en vente.

Boutefeux.
TITRE XXII.
ARR. I.

PAr Arreſt de la Cour donné le quatriéme May 1540. contre les Eſcoliers étudians en Touloufe, leſquels pluſieurs furent prins pour avoir mis le feu aux études en haine de ce que une épée avoit eſté par Arreſt de ladite Cour affichée à la porte deſdits études, & un d'iceux exécuté le même jour que l'Arreſt fut prononcé, & ce devant les études, & trois autres traînez en figure par la Ville & brûlez au même lieu. Il y en eut d'autres condamnez en groſſes amendes envers le Roy.

TITRE XXII.
ARR. I.

PAr Arreft du 23. de Mars 1527. à la requifition du Procureur general, furent faites inhibitions & défenfes aux Habitans de la Ville & Viguerie de Touloufe, d'acheter du bois à chauffer & à bâtir pour revendre, ny au port des Marchands, le conduifant au port le long de la riviere à Portet, Muret, ny autres lieux aboutiffans. Et pareilles inhibitions aux Marchands dudit bois à bâtir, de le faire paffer fur les éclufes des moulins pour le conduire en Agenois & Bordelois, fans permiffion des Capitouls, & fans au préalable ledit bois avoir demeuré fix jours entiers au port & fur la riviere.

POUR REVENDRE] Ce qu'il faut entendre, pour revendre à plus haut prix que l'ordinaire, comme s'en expliquent les Commiffaires deputez par le Roy Charles IX. pour la police tenuë en la Chancellerie du Palais à Paris, dans leur Ordonnance du 18. Avril 1572.

ARR. II.

PAr autre Arreft du troifiéme Juillet 1557. furent faites inhibitions aux Capitouls, de ne donner telles permiffions que rarement, & pour bonne occafion déliberée entr'eux, ayant efté par le même Arreft une permiffion donnée par un des Capitouls caffée.

ARR. III.

LEdit bois à chauffer, de fau ou de fapin eftoit à fi bon marché, que par Arreft du 25. Novembre 1517. fut permis de vendre ledit bois à fix pagelles pour l'écu petit à vingt-fept fols fix deniers ; & depuis ayant le prix hauffé, par Arreft du huitiéme May 1540. encore par autre Arreft du 4. Aouft 1568. furent faites inhibitions & défenfes à certains Marchands, de le vendre à plus haut prix, que de quatre pagelles pour un écu petit de la valeur fufdite.

ARR. IV.

PAr autres Arrefts des 12. Avril 1535. Decembre 1547. & 2. Aouft 1550. font faites expreffes inhibitions & défenfes à tous ceux qui ont des moulins à paiffieres, tant fur la riviere de
Garonne,

Garonne, la Riege, qu'autres par lesquelles on conduit du bois pour la provision de la ville de Toulouse, d'empêcher la conduite & descente du bois, venant & flotant, l'arrester, prendre, & faire aucunes executions sur iceluy, en quelque maniere que ce soit, sous prétexte du dommage & interest qu'ils pourront pretendre leur estre fait aux moulins ou paissieres par ledit bois venant : sauf à ceux qui pretendront ledit dommage, d'avoir recours à justice, pour leur satisfaction & indemnité ; à la charge toutesfois que les maistres du bois bailleront cautions de payer la somme, à laquelle le dommage pretendu sera estimé. Enjoignant au surplus à tous ceux qui ont des moulins, permettre & souffrir ledit bois descendre & floter librement, lui laissant ouverture suffisante pour la descente ; & pour ce faire tenir les paissieres, navieres & autres passages bien & deüement reparez : autrement & à faute de ce faire les Marchands conducteurs dudit bois ne seront tenus d'aucuns dommages envers les proprietaires desdits moulins. Enjoignant aussi aux Capitouls de la Ville, ausquels l'execution des Arrest a esté commise, d'iceux faire observer & garder de point en point selon leur forme & teneur.

ARR. V.

PAr autre Arrest du 6. Fevrier 1560. furent faites inhibitions & défenses aux Teinturiers, ensemble aux Fourniers & Tuilliers pour le chauffage des teintureries, fours & tuilleries, user du bois de chesne ny fau conduit en Toulouse pour la provision de la Ville, leur permettant uzer de bois de sapin & fagots.

AUX TEINTURIERS] Ainsi par l'Ordonnance des Commissaires, dont il a esté parlé sur l'Art. 1. il fut défendu aux Teinturiers, Tuilliers, Potiers, Plâtriers & Chaufourniers, d'user pour leurs Métiers d'autre bois que *du bois flotté*, à peine de vingt livres Parisis d'amende, moitié applicable au denonciateur.

ARR. VI.

PAr autre Arrest du 28. Juin 1562. fut ordonné qu'entre le bord de la riviere & le bois qui sera amoncelé en terre, au port, demeurera place & espace pour le passage, entre la riviere & le bord, qu'une charette y puisse passer.

ARR. VII.

LE Vendredy 15. Fevrier 1572. A la requeste du Procureur general du Roy un impost & charge de six deniers, mise sur

F

chaque pagelle bois, fut aboly & éteint, & ceux qui l'avoient receu condamnez à en rendre compte. L'Arreſt fut publié à ſon de
trompe au port.

ARR. VIII.

PAr deux Arreſts, l'un du 13. Fevrier 1553. & l'autre du 20.
Juillet 1556. fut inhibé aux Eccleſiaſtiques & Beneficiers du
Reſſort de faire couper des bois à haute fuſtaye dependans de leurs
benefices ; & ſuivant iceux le Prieur de Pinel en l'an 1582. fut
empêché de continuer la coupe par lui commencée du bois dudit Prieuré.

HAUTE FUSTAYE] Les Eccleſiaſtiques n'ayans à proprement parler que l'uſufruit
de leurs Benefices, dans cet égard il leur eſt défendu de faire couper les bois de haute fuſtaye
qui en dependent, parce que tels bois ne ſont pas *in fructu*, comme ſont les bois taillis. *L.*
ſed ſi grandes ſſ. de uſufruct. Choppin en ſon *Traité du Domaine de France liv. 3. tit. 17. num. 1.* en
cite deux Edits conformes aux deux Arreſts rapportez par l'Auteur. Il ſemble pourtant que
les Eccleſiaſtiques peuvent ſe ſervir des bois de haute fuſtaye aux cas remarquez en. *l'art. 6.*
du titre 11. au Traité des Droits Seigneuriaux, y ayant parité de raiſon.

Ceſſion de biens.

TITRE XXIV.

ARR. I.

LE premier de Decembre 1575. en Audience fut playdée certaine qualité d'un nommé Vigoureux, & certains autres habitans de Rodez, & la procedure d'un Juge qui avoit receu à faire ceſſion de biens, un qui avoit eſté condamné en amendes *pro*
delicto caſſée, & qu'il le fairoit remettre priſonnier ; Suivant autre Arreſt ſemblable du 12. Janvier 1542. entre Bernard Benech
& Guillaume Roques.

AMENDE] Il faut diſtinguer l'amende impoſée *per modum vindictæ publicæ*, d'avec les
interêts adjugez *ex delicto* ; au premier cas on n'eſt pas receu au benefice de la ceſſion de biens,
& il faut pourrir en priſon ou recourir à la commutation de peine, *qui enim non habet in ære*
lucre poteſt in corpore ; ce qui donne lieu à cette rigueur eſt, que l'amende eſt la peine, ou
fait partie de la peine du délit, qui demeureroit impuni ſi la ceſſion étoit receuë. Cette
raiſon ceſſe au ſecond cas, parce que les dépens ne ſont adjugez que pour rembourſer la partie civile des fraix qu'il a expoſez pour la pourſuite du crime ; de ſorte que tels dépens étans
cenſez depte civile & privée, il eſt juſte que les priſons ſoient ouvertes en faiſant délaiſſement de biens. Ainſi, contre l'uſage de quelques Cours ſouveraines, la ceſſion a lieu non
ſeulement pour dépens contumaciaux en matiere criminelle, mais même pour les ſimples
dépens d'une procedure criminelle, conformément à ce qui s'obſerve au Parlement de Paris,
où neanmoins pour retenir les condamnez, & pour qu'ils n'abuſaſſent pas du benefice de la

ceffion, les parties civiles étoient en droit de faire ordonner, qu'ils étoient reçeus audit benefice, à la charge de porter toûjours le bonnet verd; & en cas qu'ils fuffent trouvez, ne portant bonnet de cette couleur, qu'on les declaroit décheus dudit benefice, permettant en ce cas aux creanciers de les faire emprifonner. Pour cet effet l'Arreft prefigeoit un delay, dans lequel les condamnez fe devoient rendre entre deux guichets de la Conciergerie, pour de là être conduits, partie appellée, & par un Huiffier en la place publique, y abandonner leur ceinture, & prendre le bonnet verd; c'est l'efpece de deux Arrefts dudit Parlement des 16. Janvier & 5. Fevrier 1608. par le premier de quels Claude Prevoft, qui étoit Prevoft Provincial en Berry, ayant efté receu à faire ceffion de fes biens à la charge de porter le bonnet verd, & de le prendre dans quinzaine pour toutes prefixions en la forme ci-devant exprimée : parce qu'il refufa de l'executer, Demoifelle Perrette Barathou, veuve du Baron de Contremoret, fe fit adjuger par le fecond les fins de la requefte qu'elle avoit prefentée pour demander, que faute par le Prevoft d'avoir fait ceffion en la maniere accoûtumée, il fut déchu du benefice d'icelle.

PRO DELICTO] Quand l'amende ne defcend pas d'un delit, la ceffion eft admife comme en l'amende du fol appel, & même lors qu'il s'agit de fimples injures verbales. Autrefois on n'obfervoit pas cette difference en ce Royaume, & la ceffion, que la loy Salique appelle *chrenecruda*, y étoit également receuë aux matieres criminelles (fut-il même queftion d'un homicide) & aux caufes civiles, à l'égard de celles-cy elle fe faifoit *per durpillum & feftucam*; à l'égard des autres, *fi quis hominem occiderit, & in totâ facu'tate fuâ non habuerit unde toram legem implere valeat*, comme porte ladite loy au titre 61. l'homicide étoit receu à la ceffion en obfervant les formalitez énoncées audit titre, & qui ne furent abolies qu'environ l'an 534. fous le regne de Childebert I. par des raifons, qui ne font pas inconnuës aux curieux.

Chandelliers.

TITRE XXV.
ARR. I.

LA Cour ordonne & declare que les Chandeliers, & revendeurs de fromage & huyle ne feront empefchez, ains leur eft permis entrer au lieu deftiné pour le poids en la maifon commune de la Ville, & acheter fromages & huile, à l'heure que les maiftres Chandeliers y entrent aufdites fins; à la charge de revendre iceux fromages & huiles à moindre prix que lefdits maiftres Chandeliers de deux deniers pour livre, leur faifant inhibition & défenfe de ne falfifier ou deteriorer par aucune mixtion ou autrement lefdites huiles, ny au poids ou mefures faire aucune fraude ou monopole efdits achapts ou reventes, fur peine de cent livres & autre arbitraire. Fait à Touloufe en Parlement le treiziéme jour de Fevrier 1555.

A MOINDRE PRIX] L'intereft particulier devant ceder à l'intereft public, il eft jufte que ceux qui vendent à meilleur marché, que les autres Maiftres jurez, foient favorifez à caufe de l'avantage qu'en reçoit le public. Cette confideration ceffant, on ne peut rien faire au préjudice des Maîtres jurez. & fans leur participation : ce fut fans doute par cette raifon qu'en l'année 1170. le Roy Louys le Jeune fit défenfes de faire venir des marchandifes depuis le Pont de Mente jufques à Paris, fi le Marchand n'étoit affocié avec quelque Marchand de Paris.

FALSIFIER] Le Roy d'Achen aux Indes Orientales fait couper les poings & les pieds, fans remiffion aucune, à ceux qui vendans du poivre y meflent du fable noir. Outre qu'en falfifiant les marchandifes, qui fervent pour la nourriture du corps, on choque la foy publique ; & qu'à certain égard on eft coupable du crime de faux poids, ou de fauffe mefure : Il eft certain d'ailleurs que le meflange qu'on fait, ou nuit à la fanté, ou l'altere ; auffi bien que la colle de poiffon ferve pour clarifier le vin, toutefois il y a Arreft du grand Confeil de l'onziéme d'Aouft 1673. qui fait défenfes aux Cabaretiers d'y en mettre. Quoi que le meflange de l'eau avec le vin foit employé comme un moyen pour conferver la fanté du corps, & pour entretenir la fobrieté, & que par le moyen d'un tel meflange, *minus ebriofo potu populus utatur*, au langage de S. Maxime en fon Homelie, fur ces mots d'Ifaïe, *Caupones tui mifcent aquam vino*, il eft fans doute neanmoins, que fuivant le reproche de ce Prophete, ce mélange eft blâmable, & même puniffable en la perfonne des Cabaretiers, & des autres qui vendent du vin, à caufe de la fraude qu'ils commettent.

Changeurs.

TITRE XXVI.
ARR. I.

PAr Arreft du 11. Janvier 1573. fut ordonné que le Senefchal & Capitouls par concurrence & prevention pourront connoiftre des malverfations des Changeurs, & faire la vifite des bagues & autres befognes manuelles d'or ou d'argent qu'ils expofent en vente & tiennent en leur boutique ; bien que par les Edits la jurifdiction en foit attribuée au Senefchal ; & ce à caufe de la negligence dudit Senefchal, & au contraire de la diligence notoire defdits Capitouls aufdites vifites, recherches & punitions, malverfations, tant defdits Changeurs que d'autres ouvriers, lefquelles d'ailleurs demeureroient impunies.

Chanoinies Theologales & Preceptoriales.
TITRE XXVII.
ARR. I.

ENtre le Syndic des Confuls de la ville d'Alby, fuppliant & demandeur d'une part, & Meffire Laurent Cardinal Strozze Evêque d'Alby, & le Syndic du Chapitre de l'Eglife Cathedrale dudit Alby défendeur d'autre. La Cour ayant veu refpectivement les dire & actes des parties, & ayant égard à la requête du fuppliant, ordonne qu'outre la Chanoinie Theologale en icelle Eglife, fera pris le revenu & fruits d'une autre Prebende, revenant à l'équipolent & à la valeur de l'une des autres Prebendes d'icelle Eglife , pour l'entretenement d'un Precepteur de bonne vie , mœurs & fcience , lequel fans autre falaire , moyenant ce , fera tenu inftruire la jeuneffe dudit Alby,& fera élû ledit Precepteur par ledit Evêque , à ce appellez lefdits Confuls & Chanoines, & par les mêmes , fi befoin eft , pour eftre deftitué. Item ordonne la Cour par le même Arreft , que tous Evêques , pourvoyent que tous ceux qui tiennent Chanoinies Theologales, préchent & annoncent la parole de Dieu chacun Dimanche & Fêtes folemnelles , & que les autres jours ils continüent trois fois la femaine une leçon publique de l'Ecriture Sainte , fur peine de privation des fruits , & fur même peine enjoindre aux Chanoines & autres habituez efdites Eglifes y affifter. A Touloufe le deuxiéme Decembre 1563.

OUTRE LA CHANOINIE] Cet Arreft eft conforme à la difpofition des art. 8. & 9. de l'Ordonnance d'Orleans , laquelle il faut limiter fuivant l'article 32. de celle de Blois, qui veut que l'Ordonnance d'Orleans , tant pour les Prebendes Theologales , que Preceptoriales , foit exactement gardée , fauf à l'égard des Eglifes où le nombre des Prebendes ne feroit que de dix , outre la principale Dignité.

Chapelliers.
TITRE XXVIII.
ARR. I.

LE Jeudy 24. May 1576. en Audience fut plaidée certaine qualité d'appel relevé des Capitouls par les Chapelliers de Rodez contre les Bailes des Chapelliers de Touloufe : ordonné en jugeant diffinitivement le negoce , que par les Bailes les chapeaux portez d'ailleurs en Touloufe pour eftre vendus , feront vifitez fans rien prendre par lefdits Bailes , qui avoient accoûtumé de prendre cinq fols pour chaque vifite fuivant quelque Statut qu'ils avoient fait eftant inferé en leurs Statuts.

Chaffemarées.
TITRE XXIX.
ARR. I.

LA Cour pour obvier aux fraudes qui pourroient eftre commifes fous prétexte de l'exemption & liberté octroyée pour le poiffon de mer , & eau douce porté en Touloufe pour la provifion d'icelle ville , a ordonné & ordonne que ceux qui porteront ou feront porter poiſſon en Toulouſe, & voudront joüir de ladite exemption & liberté , feront tenus prendre au lieu où ils feront leurs charges pour porter en Toulouſe,& obtenir atteſtatoire par écrit contenant declaration ſpeciale du nombre des charges & prix d'icelles & qualité de poiſſon , & auſſi le nom de ceux qui portent & font porter ledit poiſſon , & le jour & an auſquels ledit atteſtatoire ſera ſous-écrit & ſigné , pardevant un des Conſuls dudit lieu , & autre perſonne capable , qui à ce ſera expreſſement commis par iceux Conſuls , ou par le Juge ou Conſuls dudit lieu , lequel acte & atteſtatoire ils ſeront tenus paſſans par les Villes & lieux de leude ou peage exhiber & montrer aux Fermiers ou leurs Commis , & ayans charge de recevoir icelle leude & peage ; & étant iceluy porté dans Toulouſe ſera auſſi exhibé ledit atteſtatoire en déchargeant ledit poiſſon , pour verifier le contenu d'icelle par celuy qui à ce ſera commis par les Capitouls de Toulouſe, par lequel ſera expedié autre certificat, contenant le nombre des charges , prix d'icelles , qualité du poiſſon & nom de celuy ou ceux qui l'auront porté & déchargé , auſquels ſans aucun couſt ſera baillé iceluy atteſtatoire , pour à leur retour l'exhiber & montrer auſdits Fermiers ou leurs Commis , & auſſi à celuy qui leur aura expedié le premier atteſtatoire au lieu où ledit poiſſon avoit eſté chargé. Et a fait & fait la Cour inhibition à tous Seigneurs , Conſuls , Gardes , Leudiers , Peagers & leurs Commis , ou à tous autres , n'exiger aucune choſe pour le peage ou leude du poiſſon qui ſera porté & conduit en Toulouſe en la forme que deſſus , ny auſſi empêcher ny faire décharger ledit poiſſon , ny donner aucun trouble auſdits porteurs, ou voituriers, fait auſſi inhibition à peine de confiſcation de biens & autre amende corporelle ; de faire aucune fraude,colluſion & ſurprinſe, ny porter ailleurs ledit poiſſon chargé pour porter en Toulouſe , ny celuy-là meſmes , ou une partie d'iceluy laiſſer par les chemins en aucune maniere. Fait à Toulouſe en Parlement le vingt-troiſiéme jour de Mars l'an 1552.

ARR. II.

PAr autre Arreſt du 27. Mars 1560. à la Requeſte du Syndic de la Ville de Toulouſe ; fut faite inhibition à tous Seigneurs

d'empécher de paffer les Chaffemarées avec le poiffon qu'ils porteront pour la provifion de la Ville, & inhibition de ne rien prendre pour les droits de leude & peage, fur peine de privation defdits droits, & aux exacteurs fur peine du foüet. Auffi eft faite
inhibitions aufdits Chaffemarées de frauder lefdits droits pour
le poiffon qu'ils porteront vendre ailleurs qu'en ladite ville
de Touloufe.

Chevaux.

TITRE XXX.
ARR. I.

EXtrait des Regiftres du Parlement. Entre Guillaume Rozier habitant de Touloufe appellant du Senefchal d'Armagnac ou fon Lieutenant au fiege de Lectoure d'une part, & maître Guillaume las Pierres Licentié és Drois appellé, & Dominique Taillade appellé en cas d'appel d'autre. Vignaux pour ledit appellant, pour remonftrance de la caufe de fon appel, &
de fon grief, aprés avoir fait narrative du fait, & entre autres
chofes, comme étant fa partie en la compagnie de maiftre Nicolas Jacquelin licentié és Droits allez en la Ville de Lectoure; ledit las Pierres prétendant luy eftre deuë certaine fomme de deniers par ledit Jacquelin, pour refte de la taxe du rapport de certain procez auroit fait arrefter & faifir le cheval que ledit appellant
conduifoit qu'il avoit prins à loüage de maiftre Jacques Santon:
& de l'inftance fur ce introduite devant ledit Senefchal, & de
plufieurs actes fur ce intervenus; & entre autres ledit appellant
fe feroit purgé par ferment comme ledit cheval n'appartenoit audit Jacquelin, ains iceluy appellant l'auroit prins à loüage. Et de
la fentence fur ce donnée de laquelle auroit efté appellé, par laquelle auroit efté dit mal faifi & executé, & ordonné que ledit
appellant auroit la recréance dudit cheval, condamné ledit appellant és defpens de la caufe, jufques au jour de certaine offre
par luy faite: Dit que de ce dequoy ledit de las Pierres n'a efté
condamné en tous defpens, il s'eft porté pour appellant, & a
relevé en la Cour, & la caufe de fon appel & grief refulte de
la fentence mefme, par laquelle ledit Senefchal a jugé fa partie
avoir bonne caufe au principal, & n'y fert en rien la prétenduë

offre , qui fut faite par ledit appellé dés le commencement du procés : car elle n'eſt ſimple ains conditionnelle , par laquelle il conſentoit , que ledit appellant eût la recreance dudit cheval , pourveu qu'il fiſt apparoir qu'il fût ſien. Et depuis contrevenant audit conſentement , auroit inſiſté que ſa partie pour ſon bas âge n'étoit capable pour être en jugement , tellement que ſa partie fut contrainte faire mettre en inſtance ſon pere ; & ſur ce y a eu pluſieurs procedures , & encore y a eu autre inſtance entre ſa partie , & celuy duquel il avoit prins ledit cheval à loüage à raiſon de cinq ſols tournois par jour : car ſa partie n'a encore recouvré ledit cheval , ains (comme ledit de las Pierres dit) celuy auquel ledit cheval avoit eſté baillé en garde l'a vendu. Si conclud qu'en ce que ledit Seneſchal ou ſon Lieutenant n'a condamné ledit appellé en tous deſpens de la cauſe , & autres deſpens , dommages & intereſts ſoufferts par la perte & à cauſe de la ſaiſie & arreſt dudit cheval , il a eſté mal jugé & bien appellé , & en reformant le jugement , que ledit appellé doit eſtre condamné à rendre ou faire rendre ledit cheval , & en tous dépens, dommages & intereſts, & autrement pertinement. N. pour ledit appellé , aprés avoir fait ſommaire narrative du fait de la cauſe dudit arreſt & ſaiſiſſement, & des actes intervenus en ladite inſtance, pardevant led. Seneſchal; & entre autres du conſentement preſté par ſa partie comme diſoit , à ce que ledit appellant eût la recreance dudit cheval dès le commencement dudit procés par les raiſons à ce deduites , a conclud ledit appellant , ne fait à recevoir qu'il a eſté bien jugé & mal appellé, & autrement pertinement demande deſpens & l'amende. Diſpania pour Santon ſuppliant, dit que ſa partie a principal intereſt en la matiere , pour ce que ledit cheval étoit ſien : pour ce a preſenté requeſte, laquelle a eſté receu en faire jugement en plaidant ledit appel. Si conclud , & employe le contenu en icelle , à ce que iceluy Roſſier , ou bien ledit de las Pierres ſoient condamnez à rendre à ſa partie ledit cheval , ou bien le prix ou le loüage d'iceluy , à raiſon de cinq ſols pour jour , juſques au jour qu'il ſera rendu , ou prix payé : & autrement pertinement demande dépens , dommages & intereſts. Et aprés ce que de la part deſdits Roſſier & de las Pierres , a défendu & conteſté

tefté fur ladite requête , & lefdits Avocats fur ce à plein ouïs ,
mêmement fur la valeur dudit cheval dont eftoit queftion. La
Cour euë deliberation en ce que ledit Senefchal ou fon Lieutenant a obmis à condamner ledit de las Pierres és dépens de l'inftance , a déclaré & declare avoir efté mal obmis & jugé , & reformant le jugement quant à ce , a condamné iceluy de las Pierres és dépens de l'inftance devant le Senefchal, outre à payer audit Santon pour la valeur du cheval , la fomme de fix écus fol ,
& cinq livres pour le loüage , & auffi és dépens de la caufe d'appel, la taxation refervée audit de las Pierres fon action telle que de
droit , pour recouvrer ledit cheval ou prix de celuy qui l'a vendu,
ainfi qu'il appartiendra. Fait à Touloufe en Parlement le fecond
jour du mois de Juin mille cinq cens cinquante - un. Ainfi figné
Burnet.

En Tous Despens] Qui gagne fa caufe la doit gagner avec dépens. *L. pro-*
perandum C. de judic. & la maxime qui veut, que *ab expenfis non appelletur*, n'a jamais
deu être prife au pied de la lettre, elle s'entend d'une Sentence qui adjuge quelques dépens , & de laquelle on ne devoit pas fe porter pour appellant, fous pretexte qu'on n'avoit
pas obtenu les entiers dépens ; il en étoit pourtant autrement fi une partie fouffroit d'une
trop moderée condamnation de dépens : car enfin le temeraire plaideur doit payer la peine
de fa temerité. La nouvelle Ordonnance a pourveu aux inconveniens qui arrivoient ordinairement , & a comme renouvellé celle de *Charles IV. de l'an 1324.* qui ordonnoit irre-
miffiblement la condamnation des dépens , nonobftant qu'il y eût Coûtume contraire,
laquelle ce Roy declaroit abufive ; ainfi par *Part. I. du tit. 31.* elle condamne toute partie
aux dépens indefinement, fans que pour quelle caufe que ce foit elle en puiffe eftre déchargée, & quoy que les Cours fouveraines euffent droit de modifier les dépens , & d'en
décharger les parties quand bon leur fembloit, elles n'en ufent pourtant pas abfolument
de même depuis la publication de la nouvelle Ordonnance. En effet , par Arreft du Confeil
d'Eftat du Roy , en date du 28. May 1668. il fut ordonné , que fans avoir égard à un Arreft
contradictoire du Parlement de Paris , qui prononçoit condamnation des dépens de la
caufe principale , & fans dépens de la caufe d'appel , les dépens de la caufe d'appel feroient taxez.

Arr. II.

Par jugement du 26. Juin 1596. Pierre Guiffant habitant de
Narbonne ayant pris à loüage un cheval à vingt fols pour
jour de Pierre Syrac de Touloufe, & l'ayant tenu un an dix-neuf
jours , fut condamné à payer 319. livres pour tout ledit loüage ,
bien que ledit cheval ne fut eftimé entr'eux que vingt livres.

G

Chevres.

TITRE XXXI.
ARR. I.

L E 27. jour du mois de Mars 1543. avant Pâques entre le
Sindic du lieu de faint Laurens , & le Sindic de Gange , le
profit , commodité & apport de chacune chevre pour un an eftimé à dix fols.

ESTIME'] Par le même Arreft le Syndic des habitans de Ganges fut condamné
à payer à celui de S. Laurens la fomme de quarante-une livre , pour la valeur de
41. Chevres par luy prifes & retenuës , & non rendües aux habitans dudit S. Laurens le Minier.

Chirurgiens.

TITRE XXXII.
ARR. I.

P Ar Arreft du mois de Juin 1544. publié à fon de trompe
par les places & carrefours de Touloufe , fut inhibé & défendu à routes perfonnes , n'exercer l'Art de Chirurgie ni tenir
boutique de Barbier en Touloufe , fans premierement être examinez & fuffifans & capables , felon les Statuts de la Ville&
autres Arrefts fur ce donnez.

EXAMINEZ] V. Le Liv. 2. tit. 7. verb. Medecins. Art. 4.

Coffres.

TITRE XXXIII
ARR. I.

A Rreft de prohibition à tous habitans de Touloufe ne tenir
coffres d'aucuns ferviteurs , fans le fceu & licence des
Maîtres prononcé contre une appellée. N. pauvre fervante de
Sire Bol Marchand de Touloufe le 13. Decembre 1553. au
Greffe criminel.

Colleges.

TITRE XXXIV.
ARR I.

L A Cour ayant égard à la requefte & remonftrances à elle faites par le Procureur general du Roy , à ce que pour l'entretenement de l'Univerfité , & donner moyen aux pauvres Ecoliers

amateurs de vertu de fe former & avancer en icelle Univerfité és facultez de Droit Civil & Canon, fut pourveu à la reformation des Colleges à cet effet fondez en Touloufe par aucuns Papes, Princes, Cardinaux & autres grands notables perfonnages, fous certains ftatuts & reglemens pleins de pieté & Religion, lefquels par la malice du tems ont efté alterez & pervertis, & plufieurs perfonnages introduits endurez efdits Colleges, n'étans de la qualité portée par les fondations & ftatuts. Et aux fins que les faintes & loüables intentions defdits fondateurs ne foient enfreintes & violées, ains lefdites fondations, ftatuts & reglemens exactement entretenus, obfervez & gardez ainfi qu'il appartient; & veuë auffi la procedure faite par les Commiffaires cy-devant deputez, enfemble les fondations & ftatuts defdits Colleges mis devers lefdits Commiffaires ; A ordonné & ordonne que les places & lieux defd. Colleges ne pourront être conferez qu'à pauvres Ecoliers de bonnes mœurs, felon l'intention & volonté des fondateurs ; Que lefdits lieux & places des Colleges ne feront conferez à jeunes enfans de bas âge, & à ceux qui ne feront bien inftituez és premieres lettres, & capables pour les études des Loix & Jurifprudence, que nul prévenu de crime public ne fera receu en aucun defdits Colleges, qu'aucun Ecolier voulant vivre autrement qu'il eft porté & ordonné par les fondations & ftatuts defdits Colleges, ne fera receu ; Que ceux de qui les peres font notoirement riches & opulens, & de telle qualité qu'ils ayent moyen d'entretenir leurs enfans, ou auront d'ailleurs biens en l'Eglife ou en Temporel fuffifans pour foy nourrir & entretenir aux études des Loix & Jurifprudence, ne feront receus efdits Colleges, & ceux qui déja le feroient étans en cette qualité, les a declarez & declare la Cour privez des leurs lieux & places de Colleges, comme n'étant de la qualité requife, & ordonne, par les fondateurs qui ont fait lefdites fondations pour les pauvres étudians ; que les Commiffaires par la Cour deputez, appellez l'Archevêque de Touloufe ou fon Vicaire General, le Chancelier & Recteur de l'Univerfité pourront deftituer pour caufes juftes & legitimes, les Collegiats de leurs lieux & places, tant ceux qui feroient dyfcoles, vicieux & mal-vivans, ou qui au-

roient demeuré esdits Colleges outre le tems prefix & ordonné
par lesdites fondations & statuts ; qu'aussi ceux qui auroient benefices ou biens suffisans pour se pouvoir entretenir aux études.
Et quant aux lieux & places des Prêtres perpetuels esdits Colleges , ceux qui se trouveront avoir benefice ou benefices ayans
charge d'ames ou autrement requerans residence , autres toutes
fois que ceux qui dependent de la table desdits Colleges , feront
mis hors desdits Colleges , pour par les Patrons être pourveu au
lieu & place desdits destituez de personnes capables & de la qualité requise & portée par les fondations & statuts desdits Colleges , sans qu'au moyen d'aucune appellation ou autrement ceux
qui en feront mis hors puissent empêcher l'execution de ladite des-
titution & Ordonnance dessusdite ; Que lesdits Collegiats lors
qu'ils feront pourveus desdits lieux & places , feront examinez &
interrogez par deux des Collegiats du College auquel ils deman-
deront être receus , tels que le Prieur ou autres Collegiats éliront,
& ce en la presence & assistance d'un ou deux des Docteurs-Regens de l'Université , lesquels pourront aussi si bon leur semble
interroger & examiner le Pourveu & presenté , sans que pour ladite assistance lesdits Docteurs-Regens & autres puissent percevoir
aucun émolument : & sera faite neanmoins information de la vie,
Religion , qualité & mœurs desdits presentez , pour après être
procedé à leur reception , selon & en suivant la fondation & les
statuts ; Que les Collegiats d'aucuns Colleges ne pourront être
éleus Prieurs , Sous-Prieurs , ny mal gouvernez des Nations,
suivant la prohibition generale sur ce faite par les Arrests de la
Cour , & ne recevront en leurs Colleges , ny permettront faire
aucunes assemblées de Nations, ou autres prohibées & defenduës,
& moins y recevront de jour & de nuit aucuns Ecoliers dysco-
les ou portans armes : & ou aucuns entreprendoient faire les actes susdits, est permis ausdits Commissaires, Archevêque de Toulouse ou son Vicaire General , Chancelier & Recteur de l'Université , les destituer & priver de leurs lieux & places de Colleges , comme-dessus. Ne leur sera loisible aussi tenir dans lesdits
Colleges levriers , chiens , oyseaux de proye , ny faire pareillement aucuns actes de jeux , ou actes insolens en public ou en pri-

vé dans leurs chambres , comme de cartes , dés , ou autres jeux prohibez , par lefquels ils foient détournez de leurs études, ou en puiffent détourner les autres , ny aller en mafque ou déguifez de jour ou de nuit fur les peines fufdites. Ne fera auffi permis à au-cun Collegiat avoir, ou tenir aucunes armes prohibées & défen-duës par le Droit , Edits ou Ordonnances , foit de long bois ou de feu : & ne pourront avoir en leurs chambres ny autrement en propre & privé aucunes efpeces de harnois , que leurs propres épées : fauf toutesfois que le armes qui leur auroient efté ordon-nées pour le fervice du Roy, & défenfe de la Ville , feront mi-fes en inventaire & retirées au lieu plus fort & affeuré de cha-cun defdits Colleges, dont le Prieur en tiendra une clef , & l'un des Preftres une autre , à la charge de les bien garder & de ne les bailler ny prêter aufdits Collegiats ny à autres , fur peine de pri-vation de leurs lieux & places & autre arbitraire ; Que les Prieurs & Collegiats des Colleges feront tenus eux vêtir de robbes lon-gues , bonnets ronds & autres habits decens & convenables à l'état & qualité de bons & honnêtes Ecoliers, aufquels font fai-tes défenfes porter habits de couleur , comme rouge , jaune , verd , bleu ou autre couleur infolite & indecente à l'état fcolafti-que , ny porter pareillement chauffes des couleurs que deffus, indecentes & non convenables à leur profeffion; Que lefdits Colle-giats aprés avoir oüi un an en Droit feront tenus par toute cha-cune femaine le Samedy aprés dîner faire une leçon publique dans leurfdits Colleges d'une Loy qu'ils feront tenus bailler & publier aux autres Collegiats trois jours auparavant pour difputer contre le Lecteur ou Répondant , laquelle fe fera dans la grande fale du College : à laquelle lecture & difpute affifteront tant le Prieur, Preftres qu'autres Collegiats fans y faire faute , fur peine d'être privez de la table & portion Collegiale pour toute la femaine lors fuivante, & punis d'autre peine arbitraire;Que ceux defdits Colle-giats qui auront ouy le temps contenu en la fondation & ftatuts és facultez de Droit Civil & Canon,feront tenus de lire aux Eco-les publiques de l'Univerfité continuellement & fans intermiffion, parachever le tems porté par lefdits ftatuts fur peine de privation de leurs lieux & places Collegiales : & ou en aucun defdits Col-

leges ne feroient tenuës perfonnes idoines & capables pour lire
fuivant lefdits ftatuts aufdites Ecoles publiques continuellement
& ordinairement , feront tenus lefdits Collegiats bailler & contribuer telle fomme qui fera ordonnée par la Cour ou Commiffaires députez par icelle , pour le falaire de celui ou ceux qui feront fubrogéz à faire lefdites leçons publiques pour lefdits Col-
giats, fuivant l'Arreft fur ce donné le 1 3. de Septembre 1 5 5 5.Ne
fe pourront abfenter lefdits Collegiats de leurs Colleges pour aller hors Ville , fi ce n'eft pour jufte & legitime caufe , & avec
permiffion & licence du Prieur & confeil du College ; Que lefdits Collegiats feront tenus effectuellement entretenir , garder &
obferver la fondation & ftatuts des Colleges , & fe maintenir
fuivant iceux, & ceux qui fe rendront refractaires , & ne voudron t
faire & accomplir le contenu efdites fondations & ftatuts, tant en
ce qui concerne le Divin fervice y contenu & ordonné , que
pour la vie, mœurs & autre reglement & police defdits Colleges,
feront declarez privez de leurs lieux & places Collegiales ; que
par lefdits Commiffaires deputez par la Cour , appellez tant les
Archevêque ou fon Vicaire General , Chancelier & Recteur de
l'Univerfité , qu'auffi les Patrons qui feront en Touloufe , ou
ceux qui fe trouveront avoir charges d'iceux Patrons,lefdits Colleges feront vifitez trois fois l'année , pardevant lefquels tant ledit Prieur que Collegiats feront tenus répondre , & rendre compte & raifon de leur vie , mœurs , converfation , entretenement
& obfervation des ftatuts , de l'état du revenu defdits Colleges &
dépenfe ordinaire , pour ce fait être procedé par les fufdits députez à la reformation , reglement, correction & punition des fautes,
malverfations , & tranfgreffion defdits ftatuts, jufques à privation
des lieux Collegiaux inclufivement, ainfi qu'ils verront être à faire ; Qu'il fera fait inventaire de tous & chacuns les meubles , tant
précieux , qu'autres , appartenans à chacun defdits Colleges , &
ce par l'un defdits Commiffaires , ou tel autre que par eux à ce
fera commis & deputé : lequel inventaire fera figné par le Prieur
& Collegiats qui lors feront , & verifié chacune année à l'élection
du nouveau Prieur , lequel fe chargera du contenu audit inventaire , icelle verification reéllement & effectuellement faite : & au-

quel Prieur & Collegiats eft faite inhibition & défenfe ne diftraire ou aliener lefdits meubles. Et quant aux ornemens, reliquaire & autres chofes precieufes, feront mifes dans un coffre en la facriftie ou archifs, avec trois ferrures & clefs, dont le Prieur en tiendra une, un des Prêtres une autre, & la troifiéme fera tenuë par un des autres Collegiats, lefquels feront élûs chacune année, lors qu'il fera procedé à l'élection du Prieur nouveau, comme furintendans aux affaires du College ; Qu'il fera fait état au vrai par forme d'inventaire des biens immubles & revenus defd. Colleges, la copie duquel collationnée à l'original fera mife une aux archifs de la maifon de Ville, & l'autre és archifs dudit Archevêque, à ce que rien n'en puiffe être diftrait, égaré ou aliené ; que par les Prieurs qui feront annuellement éleus & Collegiats defdits Colleges fera fait état de la dépenfe, tant du bled, vin, ordinaire, que gages des ferviteurs, eû égard au nombre des Collegiats & perfonnes neceffaires pour leur fervice, & ledit état fait fera après apporté aufdits Commiffaires & Patrons s'ils font dans la Ville ou leurs commis, pour être approuvé le contenu en icelui, felon qu'ils veront être utile & neceffaire pour le bien & profit de chacun defdits Collegiats, lequel état fera verifié chacune année fuivant les ftatuts : & s'il fe trouve que ledit Prieur ait en rien excedé le contenu audit état, & fait dépenfe extraordinaire ou exceffive, en fera tenu en fon propre & privé nom, & puni comme mauvais adminiftrateur ; Que les arrentemens des biens immeubles & revenus defdits Colleges feront faits publiquement & en tems deû & accoûtumé par le Prieur, & deux des Collegiats, l'un Prêtre & l'autre lay, qui feront auffi choifis & élûs par tous les autres Collegiats lors de l'élection du Prieur ; Que lefdits Prieurs & Collegiats feront tenus dans fix mois aprés cet Arrêt faire lôyal & fidele inventaire des titres, papiers & documens & faire diligente recherche pardevers les Notaires & autres perfonnes publiques defdits documens, pour les mettre aux archifs defdits Colleges, pour la confervation des biens & revenus d'iceux Colleges, duquel inventaire feront tenus bailler copie deuëment collationnée à l'original audit Archevêque ou fon Vicaire General, pour être mife és archifs dudit

Archevêque, & y être eu recours quand befoin feroit ; Que chacune année lefdits Prieur & Collegiats feront tenus créer un Sindic de qualité requife, pour la pourfuite des procez du College, lequel Sindic fera tenu en rendre compte à l'affemblée qui fe fera des
Commiffaires avec ledit Archevêque ou fon Vicaire general, Chancelier, Recteur de l'Univerfité de quatre en quatre mois ; Qu'à la fin
de chacune année le Prieur fera tenu rendre compte pardevant le
Prieur de l'année précedente, les Preftres & deux autres des Collegiats, & tel autre perfonnage qui à ce fera commis & deputé par
lefdits Commiffaires, & autrement comme il eft contenu és ftatuts
defdits Colleges : lequel compte fera clos & arrefté, & ce qui fe trouvera le refte du revenu du College ou eftre deu par ledit Prieur,
fera mis au threfor dudit College, pour eftre employé au profit
d'iceluy par l'avis & ordonnance defdits Commiffaires, Archevêque ou fon Vicaire general, Chancelier & Recteur de l'Univerfité : & ce qui fe trouvera deu par ledit Prieur, ne luy pourra eftre
remis ou quitté par lefdits Collegiats, ainfi fera tenu reéllement
& de fait fatisfaire ce en quoy il fera trouvé reliquataire, & contraint à ce par emprifonnement de fa perfonne, & privation de fon
lieu Collegial ; Que le Prieur & autres Collegiats qui fe trouveront reliquataires & debiteurs envers les Colleges, ou avoir égaré,
fouftrait & alienè aucuns biens, titres documens defdits Colleges, feront pourfuivis aux dépens d'iceux Colleges pour en eftre
fait le retabliffement, & punition auffi de ladite malverfation, &
de ce ordonne la Cour eftre enquis, pour l'inquifition veuë eftre
procedé contre les coupables ainfi qu'il appartiendra. Et a declaré
& declare ladite Cour les alienations des biens immeubles, rentes & autres biens precieux, par lefdits Prieurs & Collegiats faites,
non obfervées les folemnitez portées par le Droit & autres contenuës és ftatuts defdits Colleges, nulles & invalables, & comme
telles les a caffées, revoquées & annullées, enjoint aux Sindics
defdits Colleges d'en faire les pourfuires, & en certifier le Procureur General du Roy dans trois mois : & fait inhibition & défenfe audit Prieur & Collegiats defdits Colleges de vendre leurs lieux
& places des Colleges, pour icelles prendre ou recevoir par eux ou
perfonnes interpofées, or, argent, ou autres chofes équipolentes,
&

& aufdits Prieurs pareillement d'exiger & prendre pour raifon des entrées & reception des Collegiats autres droits que ceux qui font portez par les fondations & ftatuts, & ce fur peine de privation defdits lieux & places & autre punition arbitraire. Et femblables défenfes & inhibitions font faites fur mêmes peines à tous Ecoliers de trafiquer ou contracter avec lefdits Prieurs & Collegiats, pour avoir & obtenir par obliques & reprouvez moyens lefdits lieux & places de College ; & pour ce bailler, donner ou promettre par eux ou perfonnes interpofées comme deffus, or, argent, ou autres chofes équipolentes. Et a ordonné & ordonne, que felon la neceffité occurrente, occafions, & plaintes qui pourront être faites par cy-aprés aufdits Commiffaires & deputez deffufdits, fera par eux pourvû & avifé au particulier reglement de chacun defdits Colleges : fans toutesfois déroger aux fondations & ftatuts d'iceux Colleges & contenu en cet Arreft, lequel fera enregîtré aux livres des ftatuts d'un chacun defdits Colleges, pour chacune année en procedant par lefdits Collegiats à l'élection du nouveau Prieur, en être faite lecture à haute voix par l'ancien Prieur, pour l'entiere & effectuelle obfervation & entretenement du contenu en icelui. Et a declaré & declare la Cour par cet Arreft n'entendre déroger ou faire préjudice aux droits, facultez, autoritez, & pouvoirs des fondateurs & Patrons defdits Colleges, aufquels par les fondations, ftatuts, ou Arrefts de la Cour, lefdites facultez & autoritez ont efté octroyées & concedées, enjoignant aud. Archevêque, Patrons defd. Colleges, Chancelier & Recteur d'icelle Univerfité chacun en fon endroit garder, obferver & entretenir le contenu efdites fondations, ftatuts & Arrêts à peine de dix mille livres tournois & autre arbitraire. Et pareillement enjoint la Cour à Maîtres Eftienne de Bonal & Vital d'Aufour Confeillers du Roy en icelle & Commiffaires par elle deputez, vaquer & entendre foigneufement, & tous affaires poftpofez à la reformation defdits Colleges felon & enfuivant lefdites fondations & ftatuts & contenu en ce préfent Arreft, & ce nonobftant oppofitions ou appellations quêlconques, & fans préjudice d'icelles, contraignant pour l'execution de ce que deffus tous ceux qui pour ce feront à contraindre à y obeïr & fatisfaire par toutes voyes dûës & raifon-

H

nables, arreft & emprifonnement de leurs perfonnes fi befoin eft. Prononcé à Touloufe en Parlement le 8. jour du mois de Mars 1575. Du Tornet ainfi figné.

Ou son VICAIRE GENERAL] C'eft-à-dire en l'abfence de l'Archevefque; ce qui doit avoir d'autant mieux lieu à l'égard des actes qui emanent de la propre perfonne de l'Evefque, comme lors qu'il s'agit de conferer un benefice, ou accorder un *Vifa*; car le Vicaire General ne le peut faire que lorfque l'Evefque eft hors de fon Diocefe, comme il a été jugé par Arreft du grand Confeil le feiziéme d'Avril 1666. en la caufe de Mre. Romieu contre Mre. Ficau Preftre.

PAR LES PATRONS ESTRE POURVEU] Quand un Patron n'a pas nommé dans le temps ordinaire, qui eft de quatre mois pour les Patronages Laïques, & de fix mois pour les Ecclefiaftiques, le droit de nommer eft devolu à l'Evéque Diocefain; & quand il a nommé le Patron n'y peut plus revenir, fuivant l'Arreft donné en la grand'Chambre au rapport de Mr. de Papus le 2. Septembre 1667. en la caufe de Mre. Viffet, & de Mre. Jean Drapt Preftres; mais quand l'Evefque neglige de pourvoir au Benefice, comme il eft vaquant, le Patron rentre dans fon droit, & il peut nommer au Benefice, mefme après le tems de nommer expiré, ainfi qu'il fut jugé entre Mre. Monin, & Mre. Eftal, Preftres, par Arreft donné en la grand'Chambre l'onziéme d'Aouft 1668. Il faut pourtant remarquer, que fi par la negligence du Patron l'Evefque a conferé le Benefice par trois diverfes fois, & chaque Beneficier jouït paifiblement trois ans entiers fans aucune difcontinuation, en ce cas le Patron perd fon droit, qui demeure acquis à l'Ordinaire, fuivant un autre Arreft d'Audience donné le 8. Janvier 1665. en la mefme Chambre entre Mre. Janin & Mre. Froment Preftres. Une troifiéme negligence eft, s'il faut ainfi dire, fatale, & trois actes repetez, en fait de collation de Benefice, acquierent un droit inconteftable; ils font mefme qu'une union tacite de deux Benefices equipole à une union formelle, pourveu qu'ils ayent efté conferez par trois diverfes fois; il eft vrai qu'il ne faut pas feulement en ce cas qu'ils ayent efté conferez conjoinctement, & par un mefme titre; il faut encore une poffeffion paifible de quarante ans. C'eft l'efpece de l'Arreft donné auffi en la grand'Chambre le 16. Mars 1666. en la caufe de Mre. Sauricon contre Mre. Dumont.

TITRES OU DOCUMENTS] V. *l'obfervation fur l'art. 4. du tit. 4. verb.* Enqueftes. *l. 2.*

POUR RAISON DES ENTRE'ES] Il y a certains droits qui font deûs, *tanquam introitus militiæ*, que l'ufage autorife, & qu'on peut exiger *ob laudabilem cunfuetudinem*, pourveu qu'ils ne foient ni exceffifs, ni abufifs, ni autrement contre les bonnes mœurs; & de cette nature font certains droits qu'on fait payer en la plufpart des Sieges de Juftice, lors de la reception des Avocats, fur tout lors qu'ils font convertis en achat de chofes indifferentes, on ne peut pas faire perdre ces droits fans injuftice.

ARR. II.

PAr Arreft du 9. Juillet 1550. la place d'un College fut declarée vacante, parceque Longlade Collegiat, l'avoit tenuë outre le temps limité par la fondation.

ARR. III.

PAr autre Arreft du 28. Novembre 1587. eft dit que lesPrieurs des Colleges en Touloufe rendront compte & prêteront le reliqua dans trois mois aprés leur charge finie, fur peine de privation de leurs places Collegiales, & contraintes par corps.

ARR. IV.

PAr autre Arreſt donné ſur la requeſte preſentée par le Procureur General du Roy, le 18. Avril 1564. fut ordonné que chacun des Regens en la faculté des Arts de l'Univerſité de Touloufe, feroit tenu continuer une leçon ordináire au College de l'Eſquille, ſans aucune interruption ou diſcontinuation, & à faute de ce faire ſont declarez privez de tous les emolumens de leurs Regences, pour le temps qu'ils ceſſeront & ne vaqueront auſdites lectures, leſquels émolumens audit cas accroîtront aux autres Regens de la Faculté continuant leſdites lectures.

Colletiers.
TITRE XXXV.
ARR. I.

LE 8. Juin 1575. par Arreſt du barreau fut dit qu'il ne ſera permis à aucun dreſſer ny tenir boutique en Touloufe du métier de Colletier ſans paſſer maiſtre, & accomplir le contenu en leurs ſtatuts, entre le Sindic des Maiſtres Colletiers de Touloufe, & maître Chriſtophle, &c.

PASSER MAISTRE] Dans cette Province il n'y a proprement que les quatre Arts Liberaux qui puiſſent avoir une Maiſtriſe reglée; & quoi que la Maîtriſe y puiſſe avoir lieu pour toute ſorte de Meſtiers; toutesfois les autres Maîtriſes ne ſont pas ſujettes à la rigueur des Examens & des Chefs-d'œuvres, à moins qu'il y ait des Statuts particuliers, auquel cas il faut vivre neceſſairement & indiſpenſablement ſous la loy de tels Statuts, ainſi qu'il a eſté jugé par Arreſt du Conſeil d'Eſtat du 12. Janvier 1668. & par un Arreſt judiciellement donné en la Grand'Chambre de ce Parlement le 8. d'Août 1673. en la cauſe des Maîtres Mareſchaux de Montpellier, contre Loüis Chamaran.

Commutation de Touloufe.
TITRE XXXVI.
ARR. I.

PAr Arreſt donné entre le Procureur General du Roy, & les rentiers de la commutation à Touloufe fut dit; Qu'il ne ſeroit rien payé des demi-vins hors la Ville & faux-Bourgs le 6. Fevrier 1572. Et ſemblable Arreſt fut donné l'année 1615. à la pourfuite d'aucuns habitans des faux-Bourgs S. Michel & Ste. Catherine.

Confiſcation.
TITRE XXXVII.
ARR. I.

PAr ſentence du Juge d'Eſtarac un qui s'étoit deſeſperé & pendu lui-même, & aprés par ſes parens enſevely au cimetiere

fut defenfevely & mis fur un poteau à un carrefour de chemin, &
fes biens confifquez au fieur Comte dudit Eftarac : de laquelle
fentence eftant relevé appel en la Cour, par Arreft prononcé à
la Tournelle y prefidant Monfieur du Faur le 24. Janvier 1582.
ladite fentence en ce qui concerne ladite confifcation fut reformée, & les biens adjugez aux enfans, & au furplus confirmée,
pource que quant à la reformation comme dit la loy, *Bona ejus*
qui fibi manus intulit fifco vendicantur, fi eo crimine fuerit innexus,
ut fi convinceretur bonis careat: fi quis autem tædio vitæ, vel impa-
tientia doloris alicujus, vel alio modo vitam finierit, fucceſſorem ha-
bere refcriptum eft, nec ejus bona publicanda funt l. 3. in princip. §. 1.
De bon. eor. qui mort. fi confc. l. eod. C. l. 2. C. qui teftam. fac. poſſ. l.
Si quis filio §. Ejus qui verfic. Proinde. De injufto rup.

Nec obſtat la coûtume generale de France, que qui confifque le
corps confifque les biens; car cela doit eftre entendu de la confifcation de corps faite ignominieufement pour crime grave precedent, comme de ceux qui font pendus aux gibets, decapitez,
brûlez ou écartelez & autres femblables, & non de ceux qui ne
font prevenus ni atteints d'aucun autre crime que de s'eftre tuez
& meffait à eux-mefmes & non au public ou à autruy : eftant
d'ailleurs certain que toutes coûtumes & ftatuts font *ſtricti juris,*
& ne reçoivent extenfion, fingulierement celles qui font contre
le Droit commun, comme eft celle-là. *Auth. Bona damnato-*
rum. C. De bonor. profcript. §. ult. Novell. 134. Vt cum, de ap-
pell. cognofc. Outre qu'il ne fe pourroit trouver coûtume particuliere ni ftatut par lequel en tel cas confifcation puiſſe échoir :
à caufe dequoy juftement la fentence fut par la Cour reformée;
& quant à la confirmation du defenfeveliſſement du coprs, *Se-*
natui vifum eft, ut manente extra cœmeterium piorum illo ca-
davere :anquam projecto, ex Hebræorum etiam legibus moribufque
gentium, quòd dignum fit, ut qui Dei omnium patris imperium non
expectaverit, terræ fepulchro quafi quodam matris gremio privetur,
Hegefippo tefte. lib. 3. De excid. Hierofolym. Cap. 17. ac velut fua fen-
tentia damnato, ut Quintil. declam. 298. bona tamen defuncti penes
filium remanerent.

ARR. II.

Crimen læsæ Majestatis Divinæ operatur confiscationem in favorem Regis & Fisci exclusis Dominis.

ENtre Antoine Suau Avocat de Nîmes, & Monsieur le Procureur general du Roy, & la Dame de N. fut par Monsieur de S. Jean prononcé Arrêt sur ce que ledit Suau nay & procreé de Me. Mathieu Torlhiac Chanoine en l'Eglise dudit Nîmes de l'Ordre de S. Augustin, & Dame N. Abbesse Religieuse, recuillit certains biens qui avoient été acquis & appartenu audit Mathieu son pere, lesquels lui furent demandez tant par ladite Dame, que par le Procureur general du Roy, comme aussi le bien donné par un sien parrain, & par Arrêt dudit jour fut decis *Ex l. Raptoresʃ. C. De episʃ. & cler.* être crime privilegié. Et tout ainsi qu'en crimes de leze-Majesté humaine la confiscation en appartient au Roy, *idem in crimine læsæ Majestatis divinæ*, afin que par telles fautes le public étant interessé, le particulier seul n'en rapporte la satisfaction, veuë mesme la coûtume generale de ce Royaume, suivant laquelle les Religieux n'ont point de successeur aux biens immeubles, bien qu'aux meubles le Monastere succede. Mais pour le regard des biens d'ailleurs venus audit Suau interinant les lettres de legitimation, fut maintenu aux biens d'ailleurs à lui venus, à la charge de payer les droits Seigneuriaux à ladite Dame, & sans dépens ni restitution des fruits. Prononcé le 14. Aoust 1584.

A R R E S T.] Les motifs en sont alleguez par *Charondas* en ses *Réponses liv. 7. Chap.* 168. & par *Mayn. Liv. 3. Chap. 16.* Cet Arrêt fait foy que si bien la confiscation ne passe pas pour un droit Royal en France, elle le doit pourtant faire à l'égard des crimes de leze-Majeste, soit Divine, soit humaine.

ARR. III.

AUx Arrests generaux prononcez par Mr. de Paulo 1580. la veille de nostre Dame d'Aoust sur la confiscation d'un condamné à mort pour meurtre, furent adjugées les debtes aux Seigneurs des lieux où les debiteurs du condamné étoient residents ; tout ainsi que la confiscation des meubles & immeubles appartient ausdits Seigneurs en la jurisdiction desquels les biens sont assis, les fraix de Justice distraits. *Guill. Bened. in verbo, Et uxorem, num.* 851. *Ibi. Et pariter credita confiscata exiget.*

A U X S E I G N E U R S.] Ou à ceux qui sont en leur lieu & place ; ainsi par Arrest du 15.

H iij

Juin 1575. Au rapport de Mr. de Catelan, fut adjugée à Jacques Boisson sieur de Cavey-rac, riche Bourgeois de Nismes, comme étant au lieu & place du sieur Marquis de Cal-visson Seigneur haut Justicier de Clarensac, la confiscation des biens qui se trouvoient ap-partenir à Noble Jean de Langlade dans la Jurisdiction de Clarensac. Le même Arrêt ad-juge au Roy la confiscation de la portion que ledit Langlade avoit dans les Salins de Pecaix. Au reste, quoy que la confiscation soit un droit Royal, & que les Seigneurs Jurisdictionels se le soient appliqué par usurpation, toutefois on ne le leur conteste plus : De là vient qu'ils ont droit de prétendre l'homme confisquant pour les biens qui sont en main-morte, & que dans les anciennes Reconnoissances ils se reservoient la plûpart du tems *incursum*, ou *incursionem* ; c'est-à-dire la confiscation ; aussi disoit-on *incursare* pour confisquer.

ESTOIENT RESIDENS] Quoi qu'il y ait des raisons presque invincibles pour soûtenir que les dettes doivent appartenir au Seigneur du lieu du délit, les dettes sur tout étant inseparables de la personne, & la suivans comme l'ombre le corps ; toutefois dans le Ressort de ce Parlement on les adjuge au Seigneur du lieu où les debiteurs sont resi-dans, suivant l'Arrest de l'Auteur, & celui qui est rapporté par *Ferrer. in quæst.* 341. *Guid. Pap.* Cambolas est de ce sentiment *liv.* 6. *ch.* 47. *n.* 2.

MEUBLES] *Fallit in Clerico*, dont les meubles sont adjugez à l'Evêque, à l'exclusion du Roy & des Seigneurs.

FRAIX DE JUSTICE] Il les faut distraire des biens confisquez, aussi bien que les amendes, lors qu'ils sont tous en paix de confiscation ; mais quand il y en a en autre païs, il les faut distraire de ceux-cy.

ARR. IV.

EZ Arrests generaux de la veille Nôtre-Dame 1582. une fem-me adultere ayant institué son paillard qui l'entretenoit à pot & feu, les biens sont adjugez au fisc suivant la Loy *Claudius ff. de his quib. ut indig.*

SON PAILLARD] Mre. Barthelemi Clauzel Prestre, ayant entretenu un commerce criminel avec Marie Trosseliere, femme d'André Martin, l'instituë heritiere ; Jean Clauzel impetre maintenu sur ses biens, & soûtient que le testateur avoit vécu scandaleusement avec Trosseliere, laquelle oppose contraire possession, & soûtient à son tour que l'impe-trant n'étant pas parent du Testateur, n'étoit pas personne legitime pour contester sa der-niere disposition. Le Senéchal de cette Ville, devant lequel l'instance étoit pendante, reçoit l'impetrant par sa Sentence du 10. Septembre 1663. à prouver le degré de son paren-tage avec le Testateur, ensemble les autres faits par luy mis en avant. Par Arrest du 27. Juin 1667. donné au rapport de Mr. de Gach, cette Sentence fut confirmée. Sur le renvoy Clauzel ayant prouvé le parentage & le concubinage, il fut maintenu en tous les biens ayans apartenu au Testateur, avec dépens & restitutions des fruits, par autre Sentence du 28. Janvier 1669. laquelle fut confirmée par autre Arrest du 17. du mois d'Aoust suivant.

A POT ET A FEU] La Loy *Claudius Sciuens* ne doit être entenduë qu'au cas d'un adultere notoire & public ; elle parle d'un Testateur qui en avoit esté convaincu, &, à proprement parler, elle ne doit avoir lieu que lorsque la femme adultere a esté entretenuë à pot & à feu par le Testateur, ou qu'il est nay quelque enfant d'eux ; & en éfet, quand on ne peut tirer des marques d'une mauvaise vie, le Parlement ne reçoit pas facile-ment la preuve de l'adultere, si ce n'est lors qu'il est allegué par exception, *suarum rerum defendendarum gratiâ* ; auquel cas la preuve est plus facilement admise.

Arr. V.

EN l'année 1580. à la Tournelle au rapport Monsieur Saluste furent debatuës trois queftions ; La premiere, fi les biens étans confifquez au profit d'un Seigneur, diftraite la huitiéme partie au profit de la femme & enfans, & des amendes adjugées en œuvres pies, il falloit que tous les fraix fuffent diftraits fur tout le blot, qui avoient efté expofez par le Seigneur ; La feconde fi les amendes étoient fur le tout, ou s'il falloit plûtôt diftraire ladite troifiéme partie : fut jugé que ladite troifiéme étoit quitte de tout ; La tierce, fi la femme perd par les fecondes nôces ce qui par ce moyen lui eft avenu : fut dit que non, pource qu'elle l'a par le benefice de la Loy.

QUESTIONS] On en voit les raifons dans Cambolas *liv.* 1. *chap.* 4. auffi bien que dans Maynard *liv.* 8. *chap.* 84.

TROISIE'ME PARTIE] Les enfans n'y peuvent rien prétendre quand ils font dans la prévention, comme leur pere, ou lorfque leur pere eft condamné pour crime de Leze-Majefté, ce crime pourtant n'empêche pas la femme de recouvrer fa dot & fon augment, fuivant l'Arrêt rapporté par l'Auteur au *liv.* 2. *tit.* 6. *arr.* 16.

Arr. VI.

UN pere donne à fon fils la moitié de fon bien en faveur de mariage, lequel tuë par aprés, & pour ce meurtre les biens du pere font confifquez : la queftion eft entre les freres du meurtry & le Procureur Général du Roy, à fçavoir fi les biens donnez viennent en confifcation, comme étans acquis au pere par droit de retour & reverfion par la Loy *Cum fcitis. C. de bon. quælib.* les freres difent que, *Non omnia quæ indigno auferuntur fifco vendicantur l. unica* §. *Quæ autem C. De cad. toll. l. pen. C. De leg. l. Si ex voluntate C. De donat. int. vir. & uxo.* Voire que cela ne lui a efté jamais acquis. Par Arreft jugé pour les freres.

POUR LES FRERES] Le Pere, ni aucun autre donateur, ayant tué & fait mourir le donataire, ne peut prétendre au droit de retour ; car outre qu'il n'en profiteroit pas, mais bien le fifc : d'ailleurs nul ne peut profiter de fon crime.

Arr. VII.

LE 13. Septembre 1576. veille de fainte Croix par Monfieur le Premier. Entre le Procureur General fuppliant, à ce que Antoine Giffonde qui avoit l'an 1532. le 22. Octobre acheté des Commiffaires lors deputez pour l'alienation du Temporel la Jurifdiction haute, moyenne & baffe appartenant au Roy au lieu de

Noillant & fruits, que pour raison de Sa Majesté avoit accoûtumé prendre, pour le prix de quatre cens trente-sept livres avec
pacte de rachat perpetuel, depuis lequel achat plusieurs biens
avoient esté confisquez, dont le Procureur General demandoit
que les biens immeubles confisquez, fussent declarez appartenir
à Sa Majesté; Premierement parce qu'il est certain que le droit de
confiscation est royal, *in titulo*, *Quæ sint regalia*. Or ces droits de
regale ne peuvent être entendus soûs une generalité, *quia speciali
nota egent*, & ne peuvent être alienez *Chopinus fol.* 142. *Tertiò facit lex Bovem.* §. *Si quis servum emerit*; *De ædilit. ed. ubi qui servum
emit*, *si redhibeatur*, *emptor tenetur restituere*, *quod inde consecutus
est*. De même ledit Giffonde condamné par Sentence du general
de la charge établie en Toulouse à faire la revente. *Quartò addu-
cebatur l. Apud Labeonem in fi. ff. De injur. ubi si usumfructum habeam,
tu proprietatem & servus verberatus sit*, *magis proprietario competit
actio*. Le Roy étant demeuré proprietaire au moyen dudit rachat
perpetuel, & plusieurs autres raisons, nonobstant lesquelles le
suppliant fut démis de sa requête, & nonobstant icelle, la Cour
declara les biens confisquez apartenir audit Giffonde jusques à
l'entier remboursement de ladite somme; veu qu'il est certain que
les fruits de la Jurisdiction haute, moyenne, & basse, est la confiscation, comme témoignent les coûtumiers *Guido Papa q. 76. &
341. Bened. in cap. Raynutius in 3. parte. f. 39. Castrensis in l. In partem ff. soluto matri. Jason in l. Diversi. §. Si vis in fundo eod. Bartol.
in l. fi. ff. soluto matri.* & telles confiscations peuvent être paran-
gonnées *fructibus renascentibus*; car les mêmes biens (dont Sa
Majesté doit vuider les mains, autrement se trouveroit dans peu
de tems tenancier de la plus grande partie de son Royaume) peuvent tomber derechef en confiscation. *Eò pertinet. L. Vxori de usufructu honorum legato ff. De usufr. leg. & leg. 7. ff. de usufr. & l. Ma-
nifestissimi §. Sed cum, C. De furtis & servo corr. ubi si commodata-
rius à faire pœnam exagerit*, *illi non domino cedit*, *quia suo periculo ex-
pertus est*. De même en ce fait que les Jurisdictions sont pour l'ex-
pulsion des criminels, la poursuite desquels bien souvent coûte
cher. Et s'il advient qu'il y ait quelquefois confisc, il faut qu'il
appartienne à l'acheteur qui a plus de droit que le commodataire.

Sur

Sur quoi fut pourfuivie la faveur de la punition des crimes, tant en la vieille que nouvelle Loy, & reprefente comme anciennement les biens des condamnez étoient employez en facrifices & oblations, *ad placandos Deos unde fupplicia diƈta.* Depuis les Romains l'employerent en affaires de la republique ; *Tandem* les Rois ayans fait conceffion de Jurifdiƈtion par leur tolerance & coûtume en ce Royaume eft venu ledit droit de confifcation au profit de tout Seigneur jurifdiƈtionel.

APPARTENIR AUDIT GISSONDE] Il en eût été autrément fi les biens confifquez euffent été dépendans de la Direƈte du Roy, parce qu'en ce cas on ne les eût pas confiderez comme de fruits, mais comme faifans partie de la chofe, à laquelle ils euffent efté réünis par la confifcation.

ARR. VIII.

LE dernier de Mars 1588. au rapport de Monfieur de Hautpoul, étant contretenant Monfieur Sabatier, une femme du Puy en Vellay ayant été inftituée heritiere par fon mary, deux ou trois mois après la mort d'icelui fe remarie : Par Arreft elle ayant efté privée de l'heredité de fon dit feu mary ; la queftion étoit (parce que le mary n'avoit aucuns parens à qui fes biens peuffent être adjugez fuivant la Loy) à qui il les falloit adjuger au Roy, ou à l'Evêque du Puy, il fut ordonné qu'ils feroient adjugez à l'Evêque comme Comte de Vellay, ceux qui fe trouveroient hors la ville du Puy, & ceux qui feroient dans l'enclos de la Ville (parce que le Roy eft en pariage avec l'Evêque, la Cour les adjugea partie au Roy *pro rata* du pariage, partie) à l'Evêque.

Confrairies illicites de débauche.

TITRE XXXVIII.

ARR. I.

LE 22. jour de Fevrier mille cinq cens quarante trois en Audiance entre Raymond Thurres & le Syndic de Beaumont en Roüergue, Arreft prohibitif de n'ufer du nom d'Admiral, ny en faire ou deputer, ou fouffrir être fait.

ABBE'S] Il y a un femblable Arreft donné l'onziéme Fevrier 1592. contre le Sindic des habitans de la Ville de Grenade. *V. le liv.* 2. *verb. Marguilliers, & verb. Ecoliers.*

I

A R R. II.

LE 30. d'Aouſt 1543. en Audiance entre le Syndic des Prebendiers de Beziers & le Syndic du Chapitre, Arreſt prohibitif de faire Abbez de Malgouvern.

Conſuls.

TITRE XXXIX.
A R R. I.

Si celui qui eſt domicilié en un lieu, peut être contraint de prendre la charge Conſulaire en un autre lieu, s'il y a la plu grande partie de ſon bien.

LE 21. jour de May 1586. au rapport de Monſieur Papus fut ordonné que celui qui eſt domicilié & reſident en un lieu, ne peut être contraint de prendre la charge Conſulaire en un autre lieu, bien qu'il y ait *majorem partem fortunarum*, & ce au procés d'entre Bernard Fargues habitant de Muret, appellant du Senéchal de Touloufe, contre Jeanne de la Siliere Dame de Haubene appellée : le procés fut parti à la premiere Chambre d'Enquêtes, & depuis à la ſeconde il fut départi, étant contrenant Monſieur Ouvrier. Toutesfois il eſt obſervé que les habitans de Touloufe ayans des biens és Villes & lieux voiſins, peuvent être élevez & contraints de prendre la charge Conſulaire deſdits lieux, & ainſi a eſté jugé par Arreſt contre Vacquier, lequel fut contraint d'aller exercer le Conſulat à Grenade, & Dujarric Notaire, & Reſſeguier Avocat à Caſtelmorou, & pluſieurs autres qui ſont à tous vulgaires : mais ceux qui ſont Officiers du Roy, ou bien qui ont legitime excuſe, ſont excuſez de ladite charge, comme nous trouvons au tablier de Tharade avoir eſté plaidé un appel de Poncet maître haut-bois, appellant du Viguier contre les Conſuls de Gamoville, qui l'avoient élû Conſul, & ledit Viguier l'avoit condamné à prendre le ferment, appellé, deduit qu'il eſt maître juré haut-bois, & pour raiſon de ce contraint d'y faire tout ſervice à toutes heures qu'il plaît à Meſſieurs les Capitouls, dont il fut declaré par Arreſt du 28. Septembre 1570. avoir eſté mal appointé & ordonné par ledit Viguier, & enjoint aux Conſuls precedens de Gamoville de proceder à nouvelle élection.

E N U N A U T R E L I E U] *V. Tonduti quæst. civil. lib. 2. cap. 62.* Il suffit qu'on soit Forain , pour ne pouvoir pas être contraint de prendre la charge de Consul dans un lieu , quand mesme on y auroit la plus grande partie de ses biens ; *sola ratio possessionis, civilibus possessori muneribus injungendis, idonea non est. L. Libertus §. 5. ff. ad municipa'.* Ainsi les Seigneurs des lieux ne peuvent élire pour Consuls ceux qui ne sont pas leurs justiciables résidens & domiciliez en leur Jurisdiction. *V. le Traité des dr. Seig. tit. 21. art. 17.* la résidence est *conditio sine quâ non* ; ce qui est si vrai, que du moment qu'un homme quitte un lieu il ne peut plus, du moins malgré luy, y estre appellé aux charges. *L. 1. C. de incol. lib. 10.*

O F F I C I E R S.] *V. l'art. 6. verb.* Juges.

A R R. I I.

S'il est permis d'élire Consuls d'autre quartier de la Ville que de celui où ils sont residens, & si les Consuls précedent le Lieutenant du Juge de la Ville.

JAçoit qu'il soit porté par la coûtume ou statut de prendre & élire les Consuls de certain quartier d'une Ville toutesfois au cas qu'il ne se trouveroit des personnes capables au quartier il est permis d'en prendre d'autres, comme il fut jugé par Arrest à Toulouse le 19. Mars 1562. pour le Syndic de la Ville de saint Girons contre le Seigneur de lad. Ville. Le mesme a esté souvent jugé, & je l'ai veu observer dans Toulouse pour les Capitoulats de saint Pierre & saint Sernin : toutesfois le 9. Mars 1604. l'élection d'un des Consuls de Tarbe fut cassée par Arrest, pour avoir esté choisi d'autre quartier que de coûtume. Quant à la préference des Consuls au Lieutenant du Juge de la Ville, il n'y a point de doute que les Consuls ne passent devant luy, ainsi qu'il a esté jugé par Arrest du 18. Mars 1585. pour le Lieutenant du Juge de l'Evêque du Puy estant en pareage en ladite Ville avec le Roy, lequel Lieutenant estoit suppliant, pour avoir la préference devant les Consuls de ladite Ville, alleguant le titre *De officio vicarii* & le *Can. præcipuum 93. d. st.* disant aussi que puis que le Juge de l'Evêque les précedoit, aussi devoit faire le Lieutenant : toutesfois il fut demis de l'effet & interinement de sa requête.

P A S S E R D E V A N T] Il faut faire difference des Officiers Royaux avec les Officiers Bannerets : à l'égard des premiers, les Lieutenans entant que Magistrats, doivent preceder les Consuls, ainsi fut jugé par deux Arrests, l'un du 13. Novembre 1589. en faveur du Lieutenant de Viguier de Toulouse, & l'autre du 15. Janvier 1594. en faveur de Mre. Bernard de Tilli Lieutenant du Juge de Cominge au Siege de Muret. Il n'en est pas de mesme à l'égard des Lieutenans de Juge aux Jurisdictions Banneretes ; car quoique le Juge precede les Confuls, fuivant ce qui fe pratique en la Ville du Puy, où le Juge de l'Evêque precede les Confuls, & fuivant l'Arreft donné en la grand'Chambre le 9. Janvier 1597. en faveur de Mre. Caubere Juge de Nebozan, contre les Confuls de la Ville de S. Gaudens, toutefois les Confuls ont le pas fur les Lieutenans, fuivant les deux Arrefts rapportez par l'Auteur. Mais quand un Seigneur d'un lieu ne le fût-il que pour la quatriéme partie de la Jurifdiction, établit un fimple Baile pour la confervation de fes droits, ce Baile entant qu'unique Officier dudit Seigneur, a droit de preceder les Confuls. V. le *Traité des dr. Seig. lit.* 21. *art.* 14.

<h2 style="text-align:center">ARR. III.</h2>

Si les Confuls des petites Villes & Villages peuvent indifferemment porter chaperons & robbes fourrées de fatin ou autre eftoffe.

AFin que les pauvres habitans d'un lieu ne foient chargez & oppreffez de plus grandes tailles, par le moyen des chapperons & robbes Confulaires, nos Rois ont trouvé bon, & leurs Cours de Parlemens de ne permettre à tous Confuls indifferemment, foit de Ville ou Village, de porter chapperons & robbes Confulaires fourrées de fatin ou autre foye. Et me femble qu'avant porter tels chapperons Confulaires en Villes ou Villages *requiruntur tria ; authoritas fcilicet Principis, confenfus domini jurifdictionalis, & præcedens inquifitio de commodo vel incommodo.* Ce qui a efté fort bien obfervé, comme nous trouvons avoir été jugé par Arreft du 22. Decembre 1562. par lequel l'élection des Confuls de la Ville de faint Girons fut caffée, & ordonné entre autres chofes que leurs robbes ne feroient point fourrées de fatin, comme elles avoient efté auparavant : & par autre Arreft du 24. de Janvier 1566. playdant la Garde Avocat pour le fieur de Cornebarrieu, & la Croix pour le Syndic & Confuls dudit lieu, fut prohibé aufdits Confuls de porter chaperons de livrée, & enjoint au fieur dudit lieu faire refider le Juge fur le lieu pour faire juftice. Lefdits Confuls avoient lettre du Roy, & le Senefchal de Touloufe avoit ordonné qu'ils en joüiroient : & néanmoins la Cour n'eut pas égard à icelles, comme elle eut à celles que les Confuls de Bracs en Armagnac avoient obtenuës du Roy, ayant permiffion de porter livrées Confulaires, mi parties de rouge & noir ; & en ce fait *dubitatum fuit, utrum* le fieur de Pins fieur dudit Bracs, *effet perfona legitima,* pour empêcher la verification defdites lettres, *arg. eorum quæ tradit Papon,* au 1. & 2. de fes Arrefts tit. Des graces & remiffions. Joint que *infignia nihil conferunt, fed*

tamen demonstrant dignitatem : & idea in l. 1. *ff. De offic. proconf.*
proconful. etiam extra provincias potest portare arma illius dignitatis,
quamvis illius nullam partem possit exercere nisi intra limites Provin-
ciæ. Huc pertinet quod tradit in tract. De potest. secul. & eccl. novell.
10. *in c.* 125. *f.* 164. Et fut ordonné par Arrest de la Cour du 6.
Avril 1584. que sans préjudice du droit des parties, étoit permis
aux Consuls de porter les livrées accoûtumées. Aussi par autre
Arrest du 17. Janvier 1566. donné en Audience, présidant Monsieur de Paulo, entre le Syndic de Muret & S. Salvy, & autres,
la Cour défendit aux Consuls de lad. Ville de porter doubleure de
velours, ni d'autre étoffe en leurs robbes & manteaux Consulaires.

NE SOIENT CHARGEZ.] ℣. *Le traité des Dr. Seign. tit.* 21. *art.* 15.

RESIDER.] Le mesme a été ordonné à l'égard des Capitouls pour l'année de leur Capitoulat. ℣. *la suite ti.* 17. *art.* 4.

MI-PARTIES.] ℣. *Le Traité des Dr. Seign. tit.* 21. *art.* 9. & 10.

ARR. IV.
S'il est permis aux Consuls d'élire à la charge Consulaire leurs parens,
ou des comptables ou gens de mauvaise vie.

POur éviter plusieurs fraudes, tromperies & malices, qui se
pourroient commettre tous les jours contre la chose publique,
s'il étoit permis aux Consuls d'élire & mettre en leurs places telles personnes que bon leur sembleroit, il a été trouvé necessaire de
défendre aux Consuls & Capitouls de nommer personnes de mauvaise vie, qui fussent comptables au public, qui fussent leurs parens
jusques au quatriéme degré, qui fussent notez d'aucune infamie,
moins les Magistrats ou Officiers du Roy, ainsi qu'il a été jugé
par un grand nombre d'Arrests, singulierement par un donné en
Audiance le 15. Fevrier 1546. contre Jean du Faur appellant des
Consuls de Pamies, & le Roy de Navarre appellé, qui est aujour-
d'huy Roy de France & de Navarre, & par autre du 14. Janvier
1583. contre les Consuls de Cast lnaudarry : du 25. Mars la même
année contre les Consuls de Lectoure : du 8. Juillet 1570. contre
les Consuls de S. Supplice, & par plusieurs autres que je ne cot-
terai pour faire court. Nous ajoûterons toutesfois ici un Arrêt
digne d'être remarqué du 15. Juin 1570. donné sur certaine requête présentée à la Cour par le Syndic des habitans de Lectoure, par
lequel Arrêt il leur fut permis mettre à l'élection Consulaire, veu la

misere du temps qui étoit pour lors, & que ladite Ville est ville de garde, & ce pour cette année seulement, & sans consequence, de toute qualité de personnes, fussent Magistrats ou autres, de qualité requise, fussent de robbe courte, ou longue, autres neanmoins que le Juge-Mage, Lieutenant Principal, & Procureur du Roy.

Au 4. Degre'.] ℣. *la suite verb. Consult. arr. 3.*

Aucune infamie.] Comme les Lettres de répy sont odieuses, & qu'elles portent avec elles une espece d'infamie, le dernier article du titre 9. de l'Ordonnance de 1673. exclud aussi des charges publiques les impetrans. Lettres de répy.

Appellant.] L'Appel des élections Consulaires des Villes & Lieux qui sont murez, appartient au Parlement, & celuy des Villages & des Lieux non murez aux Senéchaux, sauf l'appel de leurs Appointemens au Parlement, sans que les autres Cours souveraines, non plus que les Intendans, en puissent connoître, suivant l'Arrest du Conseil d'Estat du 4. Septembre 1651. donné sur le 4. article du cayer des Doleances des Etats de cette Province. On se regle d'une autre maniere en Guyenne : car on distingue les lieux où les Consuls ont Jurisdiction, de ceux où ils ne l'ont pas ; au premier égard l'appel doit devoluer devant les Senéchaux, sauf l'appel de leur Sentence au Parlement : au second égard les Eleus en doivent connoître, sauf l'appel en la Cour des Aydes de Montauban, ainsi qu'il a été reglé par autre Arrêt du Conseil d'Etat du 6. Aoust 1666.

Qualite' requise.] En matiere de Consulats il faut suivre les Reglemens de chaque Ville : ainsi le nommé Raymondon Chapelier, ayant été élû Consul de la Ville d'Alby en l'année 1651. contre les Reglemens qui défendent de mettre des Artisans dans le Consulat, son élection fut cassée par Arrêt du 23. Septembre de ladite année, qui ordonna qu'il seroit procedé à nouvelle élection ; & en effet Jean Signoles Praticien fut élû en sa place.

ARR. V.

Si les Consuls nouveaux se peuvent obliger en leur nom propre à payer les debtes contractées par leurs prédecesseurs.

IL est certain que les Consuls qui se sont obligez pendant l'année de leur charge pour les debtes ou affaires de la communauté, ladite communauté demeure obligée, & leur charge finie l'obligation passe aux successeurs. *L. 3. De susceptorib. propos. lib.* 10. *Cap. cappell. Tolos. decis.* 70. ce qui est vray s'ils ont contracté ou emprunté au nom de la Ville, mais s'ils ont contracté *nomine proprio*, lors ils seront convenus en leur nom. *Bart. in l.* 1. §. *Nuntiato. ff. De novi oper. nunt.* Et s'observe que s'ils n'ont rendu compte & ayent contracté, qu'ils seront (nonobstant la fin de leur charge) contraints, comme il fut dit par Arrêt du 15. Janvier 1587. Sçavoir que les Consuls nouveaux en la Ville du Puy après estre receus, seroient tenus tirer d'obligation leurs predecesseurs qui sortoient de charge de toutes fommes de deniers deûs par clôture de comptes, ou bien payer les fommes defquelles n'aura été faite aucune impofition. Et par ainfi les Confuls furent obligez en leur nom propre de payer les debtes contractées par leurs devanciers pour la communauté. Mais il eft en doute fi un Conful d'entre plufieurs pourroit feul adminiftrer & s'obliger ; *Guido Papa quæft.* 452. dit qu'ouy, *ex fententia Specul. tit. De procur.* §. *Ratione*, ce qui ne s'obferve : ains fi un avoit rien fait fans les autres, voire fans confeil legitimement convoqué, la communauté le peut revoquer tout-à-fait, comme il fut jugé l'an 1540. par l'Arreft 2. rapporté au Recueil de Papon tit. Des chof. publ. livr. 6. tit. 1.

DEMEURE OBLIGE'E.] Un Habitant ne peut pas être executé pour le general, ou il faut agir fur les biens de la Communauté, ou faire condamner les Confuls à procurer le payement dans certain delay, paffé lequel on fait ordonner qu'ils y feront contraints en leur propre & privé nom : c'eft l'ufage du Palais, & entre une infinité d'Arrêts il y en a un donné en l'Audience de la Grand'Chambre le 15. Fevrier 1674. en la caufe de Me. Flore Curé de Saint Amans, & les Confuls dudit lieu. Comme les Deniers du Roy font privilegiez ; il y a certains pays, par exemple celuy de Foix, où l'on permet fouvent d'agir contre les particuliers pour le general.

LEGITIMEMENT CONVOQUE'.] Il faut que les Déliberations foient compofées de plus de la moitié des Habitans, autrement on les regarde comme monopolées, & ne paffent que pour des Syndicats, auquel cas quand elles ont été prifes pour la pourfuite de quelque procez, les fraix & dépens en doivent être uniquement fupportez par les Déliberans. Il y en a eu deux Arrêts, l'un du 21. Fevrier 1674. donné en la Grand'Chambre au rapport de Mr. de Cambon, entre Jean Boufquet, Barthelemy Leotard, & les Habitans de S. André. L'autre du 25. du mois de Juin fuivant, donné auffi en la Grand'Chambre au rapport de Mr. de Papus entre le Sieur Jean de Labat, & les Confuls de S. Gaudens.

ARR. VI.

Si les Confuls peuvent eftre Sequeftres, Juges, & peuvent fe mêler des charges Ecclefiaftiques.

LE 17. Janvier 1566. la Cour par Arreft ayant égard à la requête verbalement faite par le Procureur general du Roy fit inhibition & défenfe aux Confuls lais & de robbe courte de la Ville de Muret, & autres lieux, Villes & Villages du Reffort de s'entremettre des jugemens des procez civils & criminels, opiner ni donner voix deliberative, ains le faire faire par Affeffeurs de robbe longue graduez, & de qualité requife feulement pourroient-ils connoître des affaires concernans la police, & autres de legere & petite importance. Que s'il eft ainfi qu'ils ne fe puiffent mêler des jugemens des affaires concernans les perfonnes layes & feculicres , à plus forte raiſon doit être défenduë la connoiſſance des affaires Eccleſiaſtiques & concernans l'Egliſe , ainſi qu'il a eſté jugé par Arrêt du 13. Septembre 1579. és Arrêts generaux prononcez par feu Monſieur Daffis premier Preſident , contre les Conſuls de la ville de Gimont de l'année 1578. leſquels pour avoir entrepris de faire prêcher un Religieux de l'Abbaye , le jour & feſte de Touſſaints en l'Egliſe Paroiſſielle , contre la volonté du Vicaire general de Monſieur l'Evêque , furent condamnez en dix écus d'amende à l'Ordonnance de la Cour , avec inhibitions & défenſe à toutes perſonnes laïes de s'entremettre des fonctions & charges Eccleſiaſtiques , exhortant la Cour , les Evêques & Archevêques , & Paſteurs des ames de ce reſſort , de pourvoir à ce que la parole de Dieu ſoit preſchée , & les Sacremens adminiſtrez au peuple , ſur peine de la ſaiſie de leur temporel. Nous remarquerons auſſi deux Arreſts qui furent donnez , l'un le 20. d'Aouſt 1587. pour les Conſuls de Vilariés , & l'autre le 22. d'Aouſt 1586. leſquels portoient exemption de Sequeſtre tant qu'ils ſeroient en la charge Conſulaire. Mais c'eſtoit en temps de guerre pour ne les diſtraire de la garde & conſervation des Villes & lieux fortifiez.

E X E M P T I O N D E S E Q U E S T R E] Les Conſuls des Communautez du Dauphiné ſont exempts des Sequeſtrations par deux Arreſts du Conſeil d'Eſtat du Roy , l'un du 18. Novembre 1634. portant deffenſes de les établir Sequeſtres des biens ſaiſis , pour quelle cauſe & occaſion que ce ſoit ; de l'autre du 28. Juin 1636. portant pareilles défenſes , à peine de nullité , caſſation de procedures , dépens , dommages & interêts , & de 3000. liv. d'amende : Par ce dernier Arreſt les Conſuls & Communauté de Lazer & Moneſtier Allemond , furent déchargez d'une Sequeſtration qui leur avoit eſté commiſe à l'inſtance de Claude Berne Receveur des animendes. Dans cette Province de Languedoc on ne commet pas les Sequeſtrations aux Conſuls des Villes , ou des grands Bourgs , à cauſe des grandes occupations que leur donnent leurs charges , à moins qu'il ne s'agit de quelque ſaiſie faite à des perſonnes de credit & d'autorité , à raiſon dequoy on peut avoir beſoin de main-forte , & d'un Sequeſtre qui ſe peut faire valoir. Pour ce qui regarde les Conſuls des petits lieux , comme cette conſideration ceſſe à leur égard , on les peut établir Sequeſtres , & quand il eſt arrivé qu'on les a déchargez , ç'a eſté par des raiſons preſſantes & particulieres ; il ſeroit bon pourtant qu'à cauſe de la diverſité des prejugez , le Parlement donnât un Arreſt de reglement ſur cela.

A R R. VII.

Extrait des Regiſtres du Parlement.

ENtre les Conſuls de la Ville du Puy , ſuppliants & demandeurs en reglement , & requerans l'interinement de certaines
Lettres

Lettres Royaux, pour eftre receus à conclurre comme appellans de certaine Ordonnance donnée par le Senéchal du Puy ou fon Lieutenant d'une part : Et les Officiers pour le Roy & l'Evéfque du Puy, & la Ville & la Cour commune dudit Puy, appellez & défendeurs ; & le Juge-Mage, Lieutenant, Conteillers, Avocat & Procureur du Roy en ladite Senéchauffée du Puy, affignez d'autre. Oüys de Borderia, affiftant Chabanel pour lefdits Confuls, d'Efpagne avec Taffin affiftant pour de Loberade fieur de Glavenas, Baile pour le Roy en ladite ville du Puy, & Terlon avec de la Mothe pour lefdits Officiers en la Senéchauffée, affiftant maître François Colomb Confeiller en icelle, & fuivant ce qu'ils ont dit avoir été entr'eux accordé & arrefté par expedient pris au parquet devant les Gens du Roy, en fuivant l'Ordonnance de la Cour fur ce donnée le dixième du prefent mois. La Cour, fans avoir égard aufdites requeftes & Lettres obtenuës par ledit Syndic, a mis & met l'appellation par luy interjettée dudit Senéchal ou Lieutenant, & ce dont a efté appellé, au neant, & a retenu & retient la connoiffance de la caufe & inftance principale, en laquelle, & pour le fait des honneurs, féances & preferences requifes par lefdites parties, tant és affemblées generales que particulieres, a ordonné & ordonne que efdites affemblées les Magiftrats en ladite Senéchauffée ; à fçavoir le Senéchal, Juge-Mage, Lieutenant, Confeillers, Avocat & Procureur du Roy, precederont lefdits Officiers de la Cour commune & Confuls, & qu'après lefdits Officiers de la Senéchauffée, viendront en ordre & en corps du côté droit, les Bailes & Juges de ladite Ville & Cour commune du Puy, & au cofté gauche lefdits Confuls, lefquels Bailes & Juges, comme tenans le côté droit aux entrées d'Eglife, offrandes & autres lieux où ne pourront entrer ou aller enfemble, precederont lefdits Confuls ; & le femblable fera gardé en toutes autres affemblées privées & particulières, fauf qu'en proceffions où eft requis porter le poile, icelui fera porté par lefdits Confuls, fuivant l'ancienne coûtume ; faifant inhibition & défenfe aufdites parties refpectivement, contrevenir a ce deffus, à peine de quatre mil-liv. & d'en répondre en leurs propres noms, & fans dépens. Fait à Touloufe en Parlement le 20. jour du mois de Mars 1572.

K

A R R. VIII.

Extrait des Regiftres de Parlement

SUr le rapport fait par le Commiffaire à ce deputé de l'incident introduit devant lui entre Maiftre Bernard de Tillia Licentié és droits, Lieutenant du Juge de Comenge au Siege principal de Muret , fuppliant & demandeur aux fins contenuës en fa requefte du dix-neuvieme Novembre dernier 1593. d'une part & le Syndic & Conful de la Ville de Muret défendeurs d'autre : Et entre le Syndic du Païs & Comté de Comenge fuppliant & demandeur pour eftre joint audit incident , & autres fins contenuës en fa requefte du 15. Decembre dernier,d'une part,& ledit Tillia défendeur d'autre. Veu les fufdites requeftes , Arrefts donnez par la Cour , l'un du 26. jour du mois de Mars 1543. entre les Confuls de la Ville de Fleurance , & Maiftre Bertrand Thomas Lieutenant du Juge de Gaure ; l'autre du 20. Mars 1572. entre les Confuls de la Ville du Puy , & les Officiers pour le Roy , & l'Evefque dudit Puy ; & l'autre du 13. Novembre 1589. entre Maiftre Jean Guilbert Lieutenant du Viguier en Touloufe , & les Capiteuls dudit Touloufe , extrait de Deliberation des Eftats dudit Païs & Comté de Comenge , fait à ce matin le 21. Decembre dernier , dire par écrit & production confignées és avertiffemens defdites parties , joints les dire & conclufions du Procureur general du Roy. La Cour a ordonné & ordonne que lefdites parties feront plus amplement oüyes , & aufdites fins elles & le Procureur General du Roy en viendront en jugement , pour eux oüys y eftre ordonné ainfi qu'il appartiendra. Et cependant ordonne ladite Cour que ledit de Tillia Lieutenant precedera les Confuls de ladite Ville de Muret en toutes affemblées , tant privées que publiques , dépens refervez en fin de caufe. Prononcé à Touloufe en Parlement le 15. jour de Janvier 1594.

LIEUTENANT DU JUGE] *ν. l'obfervation fur l'arr.* 2. *de ce titre.*

A R R. IX.

PAr un acte produit ou procez du fieur Abbé de Moiffac & Bigorre , contre Verdier , jugé en noftre Chambre le 28. Novembre 1612. avons trouvé que les Confuls d'un Village nom-

mé Lauraguets , dependant de ladite Abbaye , eſtoient appellez
& nommez Capitouls. Ledit acte eſt du 5. Avril 1276.

Coûturiers.

TITRE XXXX.

A R R. I.

L E 26. Juin l'an 1574. Arreſt au Barreau , qu'un nommé Gautier , ayant égard aux Lettres à lui octroyées par la Reine ,
ſera receu à la Maiſtriſe de coûturier , en baillant caution juſques
à la ſomme de cinquante livres , pour l'aſſeurement de l'étoffe
qui lui ſera baillée pour faire accouſtremens. Ledit Arreſt donné
contre les Bailes du meſtier.

Pour l'assûrance] Parce qu'ils ſont tenus des dommages & intereſts qu'ils cau-
ſent par leur faute. *dd. ad. L. ſi tibi 22. ff. de præſcript. verb. & ibi Mornac.*

A R R. I I.

L E 25. Avril 1555. en Audience fut dit qu'un Compagnon
Couſturier peut travailler dans chambre ou maiſon particuliere ſans faire chef d'œuvre.

K ij

LIVRE SECOND.

DES DECRETS.

TITRE PREMIER.

REGLEMENT POUR LE FAIT DES
Executions, criées, & adjudications des Decrets, pour
y être procedé suivant les Ordonnances.

ARR. I.

*Declarer la situation, contenances, & confrontations vrayes des biens
immeubles saisis.*

§. I.

QUE les Huissiers, & Sergens, Commissaires à faire
les executions, icelles faisant sur heritages, & biens
immeubles, declareront à leur exploit de saisie en
premiere criée les heritages, & choses saisies avec
leurs contenances, vrayes confrontations, & aboutissemens.

Copie de l'Exploit à la porte de l'Eglise Parroissielle.

§. II.

ET ce fait laisseront une copie ou attache de leur Exploit
contenant ladite declaration qui sera mise à la porte ou entrée de l'Eglise Paroissielle du lieu où les heritages sont assis, &
s'ils sont en diverses Paroisses, en sera mis en chacune desdites
Paroisses, pour le regard de ce qui sera assis en icelle.

Affiche de fleur de lys à la porte des maisons saisies.
§. III.

Et en toutes saisies des maisons assises és Villes & Villages, en faisant ladite saisie, sera aussi mis & affiché sur l'entrée de la maison un panonceau des armes du Roy. Et au dessous ladite maison être saisie, & mise en criée. Et de ce sera fait mention és exploits de l'executeur.

Establissement de Commissaires & de leur bail à ferme.
§. IV.

Incontinent aprés la saisie faite, & auparavant la premiere criée seront établis Commissaires au regime des heritages saisis sur peine de nullité d'exploits. Et lesdits Commissaires les bailleront à ferme aux derniers encherisseurs.

À FERME] Quand les choses sequestrées consisteront en joüissance, & au cas il n'y eût point de bail conventionel, ou qu'il eût été fait en fraude & à vil prix, suivant l'*Ordonnance de 1667. tit. 19. art. 10.* il y a deux raisons de la necessité du bail à ferme des fonds saisis raportées par *Loyseau en son traité des offic. liv. 3. chap. 7. num.* 1°. Et quand les Sequestres ont negligé d'affermer, ils sont comptables des fruits, rentes ou revenus, à dire d'Experts, suivant l'*art. 17. du present titre* la raison en est, *que qui destructus percipiendis tenetur, eos praestare debet, sicut communiter, & secundum communem consuetudinem, paterfamilias percipere potuisset. Ferrer. Tract. de restit. in integr. cap. 12.* ce qui a sur tout lieu à l'égard des rentes des maisons, qui sont des fruits civils, comme on parle, *quia ex provisione hominis percipiuntur. L. praediorum ff. de usur. ᵽ. l'art. 1. §. 4. l'art. 17. le 55. & le 65.*

Des criées & inquants.
§. V.

Ce fait passée la surséance & intervalle des tems accoûtumez entre la saisie & inquants, seront les criées faites & continuées és jours de Dimanches issuës des grandes Messes Parroissielles, tant és Villes que Villages de huitaine en huitaine.

QUE VILLAGES] Où les biens saisis sont situez, & en chaque Parroisse où il y en a.

Limitation.
§. VI.

Sauf, qu'aux lieux où il est accoûtumé y avoir plus d'intervalle que de huitaine d'un inquant à l'autre, seront faites lesdites criées de quinzaine en quinzaine esdits jours de Dimanche & issuë de ladite Messe Parroissielle. Et seront faits autant d'inquants que souloient auparavant être faits.

JOURS DE DIMANCHE] Il s'obferve en plufieurs lieux , que lorfque le Dimanche , auquel on doit faire un inquant , eft double Fête , il eft renvoyé , fans autre affignation , au premier Dimanche prochain , auquel la Fête n'eft pas double.

De la certification des criées.
§. VII.

Lefdites criées parfaites feront certifiées pardevant les Juges
des lieux. Et à ces fins d'icelles faite lecture le jour des plaids. Et
ce fait les condamnez feront affignez en la Cour pour voir adjuger le decret , & fera baillée affignation competente felon les
Senefchauffées fuivant l'Arreft de la Cour.

JUGES DES LIEUX] Les plaids tenans , fuivant l'art. 5. de l'Ordonnance de 1551.
& comme elle parle des Juges des lieux en termes generaux , & fans aucune diftinction des
Juges Royaux d'avec les Bannerets , elle s'entend auffi des uns & des autres indifferemment , fuivant l'ufage du Parlement. ℣. Part. 53. de ce titre.

Du Decret par contumace.
§. VIII.

Et fi les condamnez & affignez ne comparoiffent , fera contre
eux aprés la furféance portée par l'Arreft , octroyé défaut , & fur
icelles s'il n'y a d'oppofans *In dominio* , ou afin de diftraire
ou hypoteque , fera procedé au Jugement de ladite adjudication
par Decret , fauf quarante jours de furféance , qui fe compteront
du jour de l'intimation de l'Arreft qui fera faite au condamné en
perfonne ou à fon domicile.

OU DOMICILE] Le decret eft nul , fi on n'a pas fignifié au debiteur l'Ordonnance de quarantaine , comme auffi au cas la furdite ne lui ait pas été intimée , & l'affignation en interpofition de decret donnée en perfonne ou domicile ; auffi caffe - t'on les decrets
fur cette fimple nullité que les exploits ont été faits aux Sequeftres. Même fi pendant les
delais de quarantaine & quinzaine le debiteur vient à deceder , & qu'on ne faffe pas appeller
fes heritiers , le decret eft nul.

Lecture de la derniere enchere.
§. IX.

Et lefdits quarante jours paffez , l'enchere derniere fera lûë en
jugement , jour d'Audience , & aprés attachée à la porte de l'Audience pour y demeurer l'efpace de quinze jours , pendant lefquels
auffi tous autres encheriffeurs feront reçûs à encherir , & la quinzaine paffée le Decret fera expedié au dernier encheriffeur.

Du Decret avec partie.
§. X.

Et fi le condamné & affigné fe préfente aprés communication

des Exploits , les Procureurs iront devant le Greffier prendre appointement en droit fur l'adjudication du Decret. Et fera baillé delai au condamné à fournir de nullitez, fi bon lui femble.

Ordre pour les oppofans.
§. X I.

Et s'il y a oppofans *In dominio* , ou afin de diftraire , ou en hypoteque, feront auffi ouys devant le Greffier , & à iceux baillé un delai peremptoire à fournir de leurs caufes d'oppofition , titres & documens.

UN DELAY] L'oppofition à fin de diftraire fufpend la fubhaftation comme l'appel fufpend la Sentence ; *tertius fe opponens impedit , ac retardat executionem. Barthol. in L. à divo pio* §. *fi fuper rebus. ff. de re judic.* auffi par l'Ordonnance de Blois telles opofitions doivent être vuidées avant que d'en venir à l'adjudication du decret , à peine de nullité. A quoi fe trouve conforme la Doctrine du même Auteur , fur la Loy *ob maritorum C. ne uxor pro mar.* en ces termes , *& fi oppofitione non attentâ ad miffionem in poffeffionem procederetur , effet nulla.*

§. X I I.

Et fi en vuidant lefdites oppofitions eft ordonné adjudication du Decret y fera procedé en la maniere que deffus.

Nul reçû à furdire aprés quinze jours de l'enchere.
§. X I I I.

Sans qu'aprés la quinzaine ordonnée pour faire les encheres aucun puiffe être reçû à y furdire au Greffe , ou en la Chancelerie , ains feront les Decrets dépechez par le Greffier au dernier furdifant.

APRÉS LA QUINZAINE] Et par confequent avant ou aprés l'adjudication du decret l'*arr. 27. du prefent titre* , la quinzaine eft le terme fatal.

* AUCUN] Il en faut pourtant excepter les pupilles , car aprés un decret réellement executé fur leurs biens , toutes furdites doivent être reçûes , fuivant le préjugé rapporté en la fuite , *cit. 35. arr. 4.* V. les Aphorifmes num. 30.

DERNIER SURDISANT] Mais s'il ne s'en trouve point, les chofes faifies font delivrées au creancier pour les fommes pour lefquelles il a fait faire execution , fauf à lui , au cas ce qu'il aura fait faifir ne le paye pas entierement , de faire une nouvelle execution pour le furplus fur les autres biens de fon debiteur , conformément à la doctrine de *Guid. Pap. quæft. 98.*

Aprés le Decret nul reçû à oppofition ou demander recouvrement.
§. X I V.

Aprés l'expedition defquels Decrets ne feront les debiteurs condamnez , ou autres reçûs à demander recouvrement des biens

decretez, ou contre iceux former aucunes opp........ ....,
que moyen que ce soit. Fait & prononcé a .... Parlement, le vingt-troisiéme jour du mois de D.......... l'an mille
cinq cens soixante-six.

APREZ L'EXPEDITION | L'Auteur..... suivant .... n'ayant
l'expedition du decret seulement le débiteur p..... ... .
d'une offre suffisante ; mais l'usage du Parlement est ...., ... l'expedition le débiteur peut faire rebaisser le d...... , en ....
cier à deniers découverts, tant pour le principal que pour les d..... ... ...
certaines Provinces les ventes judicielles sont irrevocables, ...
cela *propter us & fidem ....*, ...que *perpetuam ....* .. ..
en Languedoc on n'observe pas cette rigueur, on ....
de juger des Romains, avec .... d........ néanmoins, ... debiteurs n'avoient qu'un an pour faire rabattre les decrets, ... lu-
tionis, autrement *constitutum ..... tempus*, qui fut depuis étendu à deux ans par
l'Empereur Justinien L. *de us. decem. impet.* passé lequel tems le creancier d'aveau
Seigneur incommutable des fonds decretez, au lieu qu'en cette Province on peut se
pourvoir dans trente ans contre un decret en Cour ...baltherne, & dans des an.. en
Cour Souveraine ; encore pour le fait des Tailles peut on se pourvoir dans 30 ans
en la Cour des Aydes, quoi qu'elle soit souveraine, aussi le decret n'est pas un titre
irrevocable & incommutable, il doit être considéré comme une espece de gage que
la Justice donne au creancier, afin qu'il puisse jouir des biens .... du débiteur qui
ne le paye pas ; & le rabattement du decret doit être regardé comme une grace que
le Parlement fait aux débiteurs saisis, de même qu'il leur enioint .. à ....,
pour qu'ils puissent rentrer dans leurs biens ; aussi l'accord d'un en .... le
decrexisle, tant du prix du decret & dépens (que loyaux coûts & repar.. .. Or
les dix ans pendant lesquels on peut jouir de cette grace, se doivent compter, &
courent utilement, dès la date de l'exploit de .... en possession. Au reste cette
grace est si personnelle, qu'elle ne peut être ni cedée ni vendue ni le débiteur ou
par ses heritiers, suivant l'Arrêt donné en la seconde Chambre des Enquêtes, au
rapport de Mr. de Mouillet, le 8. Août 1674 entre la Demoiselle de Vinague & le
sieur Riviere de Carcassonne.

ARR. II.

LE debiteur executé en ses biens n'est reçû à .... fois
pretexte de lezion & plus grande valeur des biens saisis, que
le creancier soit tenu prendre de ses biens saisis ... autres à ....
tion : *quia aliud pro alio invito creditori solvi ne debet*, ...
quelquefois la Cour quelque delai par de.... la quar.... .. &
quinzaine au debiteur à payer, ou chercher acheteur ... . fois
ex æquitate le Syndic de l'Abbaye de Bonne C..... ... Rouer-
gue ayant pour arrerages des droits Seigneuriaux .... la pl..
part des biens de son emphyteote de quadruel. ... ...
du quatorziéme Avril mille cinq cens soixante... .... condam...
prendre d'iceux à l'estimation d'Experts.

PLUS GRANDE VALEUR.] A la rigueur, *utilitas in pretio vitiat subhastationem I. 2. C. de fid. & jur. haft. fiscal.* fur ce principe que les chofes qui font mifes en criées, *jufto pretio vendi debent. l. fi minori C. de jur. fifc.* ce qui a fait dire à Faber en fon Code *tit. de diftract. pignor. def. 8.* que la faifie fe doit faire *ut pignora capta duplum debitis non excedant*, ou fuivant Gafpard-Antoine Tefaurus *en fa queft. 58.* de même que fuivant Teffaurus le pere *decif. 158. cum tertio pluris,* c'eft-à-dire, *ut tertia pars fupra juftum valorem cedat lucro creditoris ;* ces proportions peuvent être gardées en pays de collocation, comme eft celui de Provence, où l'on diftribue les biens du debiteur à dire d'Experts ; mais en cette Province on ne fuit pas cet ufage, & la lezion n'y eft pas même confiderable aux decrets particuliers, qu'aux cas des *art. 51. & 61. de ce titre* ℣. *l'art.* 60.

QUELQUE DELAY] Cecy fert d'exception à *l'obferv.* 1. *fur le* §. 13. *de l'art.* 1. *de ce même titre.*

ARR. III.

A Faute de certificatoire des criées & inquants en bonne dûë forme, fuivant les Ordonnances, plufieurs Decrets caffez par les Arrefts.

DECRETS CASSEZ] La fubhaftation eft de la nature des autres procedures, dont l'ame eft la formalité ; ainfi il faut remplir la formalité ; auffi bien à l'égard des certificatoires, qu'à l'égard de la faifie & des criées ; & cela d'autant mieux que la fubhaftation, à le prendre depuis la faifie jufques à l'expedition du decret, *eft unicus & individuus actus.* ℣. *l'obferv. fur l'art.* 54.

ARR. IV.

L Es Decrets font extinction des hypoteques, mais cela s'entend de celles qui font nées & exiftantes, lors de l'interpofition d'iceux, mais non de celles qui font à naître, comme fi le cas d'une fubftitution de la piece decretée n'eft échû, ou fi celui à qui la piece decretée doit porter éviction, n'a encores efté querelé ou inquieté : *quia quæ funt annalia ad agendum funt perpetua ad excipiendum.*

Ć DES HYPOTHEQUES] L'Edit des criées veut que les fonds decretez foient adjugez francs, à la charge des feuls droits Seigneuriaux pour l'avenir ; il en doit être de même pour un droit de mouture acquis à une fille fur un moulin, auffi bien que les fondations des obits, fuivant les *art.* 49. *& 50. de ce titre.*

QUI SONT NE'ES] ℣. *Faber & Automne fur la L. fi eo tempore. C. de remiff. pignor* qui doivent être entendus fuivant la diftinction que fait l'Auteur. On pourroit ici traiter fi quand on dit, que le principal éfet de la vente judiciaire confifte en l'extinction de hypoteques ; cela doit être entendu au pied de la lettre, & fans faire difference d'un bais pourfuivi en une inftance generale de diftribution, avec un decret particulier, comme fil celui-ci, de même que la vente volontaire, n'avoit autre éfet que de purger les nullitez en la forme de la fubhaftation, & nullement les hypoteques ; mais cela nous meneroit trop loin, & des fimples obfervations ne doivent pas paffer les bornes qui leur font prefcrites.

L

ARR. V.

LOrs qu'és saifies de plufieurs pieces il y a nullité concernant l'une defdites pieces, ou d'aucunes d'icelles feulement, fi l'executeur faifant fe veut départir de la faifie defdites pieces particulieres, il n'eft befoin de caffer ladite faifie, ni faire refaire les inquans : ains on peut interpofer le Decret fur les autres pieces faifies non debatuës de nullité, parceque c'eft la commodité du debiteur.

SUR LES AUTIES] La raifon en eft, que chaque piece eft cenfée faifie féparement, ainfi le defaut de formalité intervenu à l'égard de l'une, n'influë pas à la nullité de l'autre, à moins que le decret fuft obtenu fur l'une & fur l'autre : car en ce cas eftant nul en partie, il le feroit pour le tout, eftant un acte indivifible, qu'on ne peut pas confiderer feparément.

ARR. VI.

EZ Decrets lors que le Juge ne fait l'allocation des creanciers que par provifion, on n'adjuge aux creanciers aucuns interefts, ains on les referve au jugement diffinitif.

ARR. VII.

JAçoit qu'en toutes autres actions contre un défaillant pour requerir condamnation, deux defauts foient requis, & contre un deffendeur prefenté non produifant une requefte de forclufion: neanmoins aux fimples Decrets où il n'y a aucune oppofition d'un tiers il n'eft requife aucune forclufion, ni qu'un fimple défaut, parce que par la faifie, inquans & fequeftration des biens l'executé & defaillant eft affez averty & contumacé.

ARR. VII.

LOrs que le creancier faifant executer eft payé par un tiers furdifant & decretifte des biens faifis, fi après furvient un anterieur ou plus privilegié creancier qui trouble ou empêche le decretifte, il faut que l'argent foit rendu au decretifte : parce que celui qui a receu l'argent faut que *praeftet fe pctiorem effe* ; & ainfi le jugeâmes-nous contre Monfieur de Segla Confeiller.

SOIT RENDU] V. le tit. 6. de ce Livre tit. E, verb. eviction arr. 1. la fuite tit. 35. arr. 2. Maynard. liv. 7. chap. 91. Cambolas liv. 3. chap. 50. num. 2. & d'Olive liv. 4. c. 26. où font les diftinctions qu'on fait fur cette matiere.

ARR. IX.

ON ne caffe point les faifies des biens immeubles pour eftre faites pour plus grande fomme qu'il n'eft deu : parce que

c'eft le profit du debiteur, d'autant que telle faifie tient lieu de furdite, s'il n'y a autre furdite particuliere aux inquants ou pendant
la quarantaine & quinzaine, & eft l'executer faifant, condamné
à rendre au debiteur, ce en quoi la faifie excede le debte.

PLUS GRANDE] V. L'art. 14.

ARR. X.

LEs effets des peremptions des inftances ne s'eftendent point
à la faifie & inquans, lefquels s'ils font bien faits demeurent,
ains aux actes judiciaires, comme aux affignations, prefentations,
receptions des faifies & inquans, & autres femblables, lefquels
actes judiciaires par trois ans demeurent perimez ; & on ordonne
que demeurant la faifie & inquans l'executé fera de nouveau appellé pour bailler fes nullitez ou caufes d'oppofition.

NE S'ETENDENT] L'ufage eft contraire, & l'on fuit aujourd'hui la difpofition des
art. 91. & 158. des Ordonnances de Loüis XIII. qui affujettiffent les faifies & criées à la
peremption, quoi que les faifies foient accompagnées d'établiffement de Sequeftres : le
Parlement en donna Arreft d'Audience le 12. Mars 1639. plaidans Marmieffe & Patizot,
deux des plus fameux Avocats de ce fiecle. Auparavant on jugeoit contre la peremption
lors qu'il y avoit un Sequeftre établi, fur tout lors que les criées eftoient certifiées : &
cela d'autant mieux qu'on tenoit pour maxime affurée, que *in executivis non datur
inftantia*, & qu'ainfi la Loy *properandum C. de judic.* ni l'art. 15. de l'Ordonnance de Rouffillon, n'y pouvoient pas avoir lieu, fuivant le fentiment de du Moulin & de Mornac.

ARR. XI.

PAr Arreft du 17. Juillet 1603. en la feconde Chambre des
Enqueftes à Touloufe, après en avoir demandé avis à la grande Chambre, fut dit que les eftats de Procureurs de la Cour ne
pouvoient eftre faifis ni mis en diftribution par les creanciers :
parce que encores que la Cour en tolere les ventes ou compofitions privées en faveur de mariage, toutesfois elle en admet les
refignations gratuitement; fauf fi c'eftoit un creancier qui euft prêté pour acheter ledit Office, ou que le vendeur ne fût payé du
prix convenu : auquel cas il peut requerir qu'à l'effet du payement
le debiteur fût contraint de refigner à autre;& jufques à ce, que l'e-
xercice luy en fût interdit. Et s'il enduroit trop long-temps telle interdiction, il y pourroit eftre contraint par corps : lefquelles in-
terdictions d'exercice, ont efté autrefois pratiquées à l'endroit des
Confeillers qui n'avoient payé la finance de leurs eftats ; & entre
autres du fieur de Luco, à la requefte du fieur de Cumiez, mais

c'eſtoit anciennement, & lors que les ſaiſies ſur les eſtats de Conſeiller & de Judicature eſtoient interdites : eſtant depuis l'Edit de la diſpenſe des quarante Jours, qu'on appelle *la Paulete* du premier partiſan d'iceluy appellé *Paulet* de Touloſe, permiſes & pratiquées, ayant nouvellement le ſieur Loyſeau compoſé & publié un livre & volume entier des differens qui peuvent ſurvenir ſur les ventes continuelles ou Judiciaires des eſtats de Judicature & autres.

NE POUVOIENT] L'uſage eſt contraire, car en France les Offices qui ſont cenſez immeubles, peuvent eſtre ſaiſis, & en conſequence eſtre adjugez par decret. *V. L'an.* 52. *de ce titre*, où l'Auteur convient de cette doctrine.

CONTRAINT DE RESIGNER] La maniere de juger eſt, qu'on adjuge l'Office ſaiſi au dernier ſurdiſant, & qu'on condamne l'Officier ſur lequel la ſaiſie eſt faite, de bailler dans un certain delay procuration pour reſigner en faveur de l'adjudicataire, lequel delai paſſé on ordonne qu'à faute d'avoir baillé procuration, l'adjudication tiendra lieu de reſignation.

QUI EÛT PRESTE'.] Il eſt vray que les creanciers au ſujet de l'Office, tant ceux qui le ſont pour la vente, que ceux qui le ſont à raiſon de l'exercice & fonction de l'Office, ſont privilegiez, mais le privilege qu'ils ont ne fait pas que les creanciers communs ne ſoient en droit auſſi bien qu'eux, de faire ſaiſir l'Office, & la diſtinction que fait l'Autheur n'eſt plus d'uſage : tous creanciers peuvent ſaiſir, & ſe faire même adjuger par decret les Offices de Judicature, quoy qu'autrefois on obſervât, que la vente de tels Offices ne ſe pouvoit pourſuivre que par licitation.

ARR. XII.

ON peut ſurdire ſur un fonds à certain prix, à la charge que le fonds ſoit allodial, & ſi la ſurdite n'eſt contredite par aucuns des creanciers le Decret eſt adjugé, bien qu'il ne ſoit fait mention en iceluy de la condition : néanmoins ſi après le fonds decreté ſe trouve non allodial, les derniers acheteurs ſeront tenus de porter éviction de ce que le fonds vaudra moins, par eſtimation d'Experts. Et ainſi fut jugé pour Souleux ſurdiſant contre la Roque tuteur de Barrac, *per l. Hæc adjectio. & ibi Alciat. Rebuff. & alii. De verb. ſignf.* Et voire encores s'il demandoit reſolution du decret, comme *alioquin non empturus*, il y auroit de l'apparence de le reſoudre, & ordonner que la piece ſeroit remiſe aux encheres.

SOIT ALLODIAL.] Quand on veut prendre bail il le faut faire, à la charge que les biens ſeront baillez quittes de tous arrerages de Tailles, Cenſives, Capital de dettes de Communauté, Droits de franc-fief, & de toutes autres charges & devoirs Seigneuriaux, juſques au jour de la miſe en poſſeſſion, & pour toûjours de tous obits, dettes, & hypotheques quelconques.

DERNIERS ACHETEURS.] Quand on revend un fonds qu'on avoit acheté franc & allodial, on ſe décharge de la demande du *quanti minoris*, ne faiſant que ſubroger à ſon droit le dernier acheteur, lequel audit cas n'a droit d'agir que contre l'Autheur de ſon vendeur, fi le fonds vendu fe trouve cenfuel dans la fuite du temps; cela même a lieu quand la fubrogation ne feroit pas expreffe, parce que la garantie qui naift de la vente *eft actio in authorem*, qui remonte jufqu'à la fource, & que l'acheteur fuccedant aux droits que le vendeur a en la chofe vendue, il peut fe fervir de toutes les défenfes, exceptions, & actions que fon vendeur pouvoit avoir. *Eifdem uti defenfionibus quibus venditor uti potuiffet. l. dolia. 76. §. cum qui. ff. de contrah. Emptio. & l. fi tibi. §. pactum. ff. de pact.* Il en eft pourtant autrement quand le dernier vendeur fait coucher dans le contract, que l'acheteur payera les tailles & cenfives qui pourroient eftre deües par le fonds vendu; car en ce cas les Autheurs du vendeur, ou ceux qui les reprefentent, comme font des fucceffeurs, des heritiers, ou même des derniers acquereurs, font à couvert de la demande du *quanti minoris*, comme fi en confentant de payer les cenfives qui pourroient être deües, on avoit acheté le fonds tel qu'il eft, avec toutes fes charges, & non allodial. Il y en a Arrêt de l'onziéme du mois de Juillet dernier 1679. donné au rapport de Mr. Dupuy en la premiere Chambre des Enquétes, en faveur de Me. Loüis Duroure Avocat de cette Ville, contre Me. Eftienne Edieve Docteur en Medecine de la Ville d'Anduze. Cet Arrêt vuide un partage, qui avoit été fait en la feconde des Enquétes, Mr. de Joffé contretenant: Et il eft d'autant plus remarquable, qu'à la metairie de Gradignargues, acquife par Jean Brouzet ayeul dudit Edieve, d'Eftiennete de Campagnan, fille de Guidon Campagnan, & veuve de François Bonal, qui l'avoit achetée franche & allodiale dudit Guidon en 1585. Brouzet avoit ajouté par des nouvelles acquifitions certains fonds non allodiaux, aufquels uniquement il étoit vray-femblable qu'il falloit rapporter la claufe, par laquelle le Pere du Sr. Edieve s'étoit chargé de payer les cenfives qui pourroient eftre deües; outre qu'il falloit préfumer par une fuite de cette raifon, que ladite claufe étoit une précaution que Brouzet avoit voulu prendre pour fe mettre à couvert à tout evenement d'une garantie, à l'exemple de ceux qui *omnia iuta timent*, & qui dans cette veuë affectent pour plus d'affeurance, de prendre des précautions inutiles: En effet il n'y avoit nulle apparence que Brouzet eût voulu rendre ladite metairie cenfuelle au moyen de cette claufe, puis qu'il l'avoit toûjours poffedée franche, qu'il fçavoit que Bonal, premier acheteur, l'avoit acquife telle, & qu'il ne peut pas tomber dans le bon-fens qu'il eût voulu rendre la condition du Pere du Sr. Edieve, qui étoit fon gendre, pire que la fienne; fur tout luy ayant baillé ladite metairie en payement, non feulement de quelque fomme qu'il lui devoit pour argent prêté; mais même de la conftitution dotale d'Ifabeau Brouzet fa fille, fur ces circonftances il me femble que ledit Arrêt ne doit pas être tiré à confequence. *Habent fua fidera caufæ.*

ARR. XIII.

LE droit de retrait lignager a lieu auffi bien fur les ventes judicielles par decret, qu'aux conventionnelles; & ainfi fut jugé par Arrêt du dernier Octobre 1573. au rapport de Mr. Buet, pour Andrive Parague demandereffe en retrait contre Catherine de Montrech decretifte de la Ville de Lomaigne.

VENTES JUDICIELLES.] Ainfi on ne fuit pas le fentiment de Coras. *Mifcell. lib. 3. c.* ni de Tiraquel, *en fon tr. du retract. ligu. §. 1. 9. l. 14. num.* 8. qui vouloient, fuivant la doctrine d'Alexander, de Speculator, & de Jafon, que le retract lignager n'eut pas lieu au cas de la Loy *à divo Pio. §. fi pignora. ff. de re judic.* c'eft à dire, au cas d'une vente neceffaire & judicielle; le défaut même d'avoir furdit ne nuit pas au retrayant, qui ufe de fon droit, nonobftant la furdite de l'adjudicataire, par la raifon de la Loy *jura fanguines. ff. de div. reg. jur.*

A R R. X I V.

LE titre *De plus petitionibus* n'eſt point obſervé en France, à
cauſe dequoy l'execution ou ſaiſie faite ſur un fonds pour plus
grande ſomme qu'il ne ſe trouve eſtre deu, n'eſt pour cela nulle ni
caſſée, ains tenant la ſaiſie lieu de ſurdite, comme nous venons de
dire, le Decret eſt adjugé à l'executeur faiſant pour toute la ſomme de la ſaiſie, à laquelle il a eſtimé par icelle le bien ſaiſi valoir,
à la charge de la recreance à l'executé de ce que le prix de la ſaiſie
excede le vray debte : & ne doivent point les dépens être épargnez au debiteur, comme eſtant cauſe d'iceux à défaut de payement de ce qu'il doit.

Nᴇꜱᴛ ᴘᴏɪɴᴛ ᴏʙꜱᴇʀᴠᴇ'.] Il eſt vray que generalement parlant, le titre *De plus
petitionibus* n'eſt pas obſervé en France, à l'égard des actions perſonnelles ; mais quand on
agit *exequendo*, la maxime alleguée ſouffre diſtinction : Car en certains Parlemens on ſuit la
doctrine de Barthole, *in l. ſi ſervus. §. boue ſubrepto. ff. de condict. furt.* & une execution ne
fût-elle faite que pour deux ſols au delà de ce qui eſt deû, eſt caſſable avec dépens, dommages & intereſts ; c'eſt la maniere de juger du Parlement de Grenoble, atteſté par *Expilly.
Chap.* 262. Dans le reſſort de ce Parlement on uſe d'une autre diſtinction ; car où il s'agit
d'une ſaiſie faite en vertu de lettres de contrainte, auquel cas ladite maxime a lieu, & la
ſaiſie tient, pourveu qu'il ſoit deû quelque choſe : ou il s'agit d'une ſaiſie faite d'authorité
du Juge des Conventions de Nîmes, ou du Juge du Petit Sceau de Montpellier, auquel cas
elle doit être caſſée avec dépens, dommages & interêts, parceque tels Juges ſont Juges
chartulaires & de rigueur, s'agit-il ſeulement d'une ſaiſie faite pour un liard de plus qu'il
n'eſt deû ; c'eſt devant ces Juges qu'on fait valoir la rigueur de la regle, *qui cadit à ſillaba
cadit à toto*, & qu'on peut dire avec Faber en ſon Code, *tit. de diſtr. ping. def.* 25. *nulla eſt
executio, ſive totum indebitum ſit, ſive pars tantùm.* Depuis une douzaine d'années neanmoins
le Juge des Conventions a relâché de la rigueur de ſon ſtile en faveur des ſaiſiſſans, qui
ſuccedent au fait d'autrui, lors qu'ils ont ignoré que partie de la ſomme, pour laquelle ils
ont impetré clameur étoit payée au creancier originaire ; auquel cas leur ſaiſie tient pour
le reſte de la debte.

A R R. X V.

LEs Decrets ſont bons & valables ſur les biens des Chapitres,
Convents, Colleges, & Communautez, avec permiſſion précedente de la juſtice, lui ayant apparu par information de la neceſſité de vendre, utilité de l'employ des deniers provenans de la
vente, & comme les biens expoſez en vente ſont les moins utiles,
& les autres ſolemnitez des Decrets y étant intervenuës, & à la
charge d'employer les deniers utilement aux ſujets repreſentez
pour obtenir la permiſſion, & s'il en reſte en autre fonds utile &
commode à la Communauté.

A R R. X V I.

LOrſque les Sequeſtres établis ne font leur devoir, ou ont colluſion & intelligence avec les executez, ou ne ſont ſolva-

bles, la Juſtice y en commet d'autres, ſans prejudice de la reddition de compte des premiers.

Y Commet d'autres.] Et quand on ne le fait pas, le ſaiſiſſant eſt reſponſable de
l'inſolvabilité des Sequeſtres qu'il laiſſe, & qui ſont établis à ſon inſtance.

Arr. XVII.

DEz l'établiſſement des Sequeſtres aux maiſons ſaiſies, les
habitans detenteurs ou occupateurs d'icelles doivent les arrenter des ſequeſtres, & demeurer d'accord du loüage avec iceux;
autrement le Decret s'en enſuivant, ſont condamnables au payement du loüage, ſuivant l'eſtimation d'Experts, ou comme elles
avoient accoûtumé d'être loüées.

Arr. XVIII.

PAr Arrêt du 15. Juillet 1599. entre Barthez & Beduct de
Touloufe, fut dit n'y avoir lieu de jonction d'une inſtance
feodale, avec l'inſtance de diſtribution de biens de l'emphyteote,
afin que par ce moyen le payement privilegié & favorable avant
tous autres ne fût retardé.

Ne Fût retardé.] La ſaiſie feodale n'eſt pas incompatible avec la réelle, & comme
le droit du Seigneur feodal, à cauſe de ſon privilege, eſt préferable à celui des autres creanciers, il eſt juſte auſſi que ſon payement ne ſoit pas retardé; de là vient que pour faire
ceſſer la ſaiſie feodale, & pour que le Seigneur ne faſſe pas les fruits ſiens, les creanciers,
quand ils ſont bien conſeillez, ont accoûtumé de le ſatisfaire; Et par quelle raiſon auſſi
pourroient-ils s'en diſpenſer, puiſque quand la ſaiſie réelle ſeroit ſuivie d'un bail judiciaire, & qu'elle ſeroit anterieure à la ſaiſie feodale, celle-cy doit non ſeulement tenir,
mais même le Sequeſtre établi par l'exploit de la ſaiſie réelle, doit à la rigueur rendre
compte au Seigneur des fruits échûs depuis la ſaiſie feodale. Au reſte de cela même que
la ſaiſie feodale n'eſt pas incompatible avec la réelle, il s'enſuit qu'il n'eſt pas toûjours vrai,
que ſaiſie ſur ſaiſie ne vaut, & que lors qu'il y a une ſaiſie faite, un autre creancier intervenant doit venir par oppoſition, puiſque le Seigneur feodal peut faire une ſeconde ſaiſie.

Arr. XIX.

LE certificatoire des inquans fait ſuivant la coûtume des lieux,
ne peut eſtre denié ni refuſé aux exécuter faiſans, par les Juges
ordinaires Royaux: leurs Lieutenans & Officiers, ſur peine d'être
condamnez aux dépens, dommages & intereſts envers la partie.

Arr. XX.

LEs offres non verbales, ains réeles à deniers comptans & découverts, ou avec dépot & conſignation és mains de perſonne
ſolvable, du remboursement du principal intereſt & dépens jugez,
faites par l'exécuté, voire ſur le point de l'exécution du Decret

devant le Commiffaire executeur, font recevables : parceque par
le moyen de telles offres le creancier eft entierement indemnifé.
Et ainfi fut jugé contre le fieur du May Confeiller en la Cour le
22. Novembre 1578. & le 5. Fevrier 1579.

NON VERBALES] C'eft en matiere de droit de relief, quand on offre quelque fomme
au Seigneur feodal, aux termes de *l'art. 47. de la couftume de Paris*, que les offres verbales
font fuffifantes, *Sufficit verbalis oblatio, nec requiritur realis Molin.* §. 47. *Gl.* 4. *num.* 3.

SUR LE POINT DE L'EXECUTION] Mefme après l'execution du Decret. ℣. *l'art.* 1. §. 14.

ARR. XXI.

Les diftributions quotidiennes des Chanoines & Prebendiers
font exemptes de toutes faifies de creanciers & autres, aux fins
que le fervice Divin ne foit retardé contre l'intention des fondateurs
& bienfacteurs de telles diftributions. Ainfi jugé par Arreft du
20. Septembre 1576. pour le Chapitre faint Eftienne en Touloufe.

SONT EXEMPTES] Parce qu'elles tiennent lieu d'aliments, à caufe dequoi les autres
fruits peuvent eftre faifis. ℣. *la fuite tit. 36. arr.* 3. la caufe & le motif ceffans, l'effet & le
privilege doivent auffi ceffer ; ainfi l'ufage de ce Parlement eft, que la congrué portion d'un
Vicaire perpetuel, ou d'un Prebendier, peut eftre faifie pour les dettes contractez par le
Beneficier, pourveu qu'il lui refte 200. liv. pour fa fubfiftance. Il y en a deux Arrefts, l'un
du 8. Fevrier 1666. donné au rapport de M. d'Olivier en la grand'Chambre, entre Mre.
Pelegou & Mre. Martel Preftres ; l'autre du 10. Septembre 1668. auffi donné en la grand'-
Chambre au rapport de Mr. de Rabaudy en la caufe de Mre. Cauceriit, Religieux de l'Ordre
de S. Benoift.

ARR. XXII.

Les Sequeftres peuvent eftre eftablis pour la formalité & validité du decret feulement, aufquels cas ils ne font tenus rien adminiftrer, ni par confequent tenus d'aucune reddition de compte
des fruits : & ne fe peuvent alors excufer ni demander décharge-
ment pour aucune excufe ou occafion que ce foit.

ARR. XXIII.

Le dernier encheriffeur d'un fonds qui fe vend par autorité de
juftice, & auquel, comme plus offrant, eft délivré, à contracté
avec la juftice, *& videtur cavere judicio fifti, & judicatum folvi ;*
Si que (afin que la juftice ne foit éludée) il peut eftre contraint
par corps pour la remife du prix de fon enchere par Arreft formel de Paris du 14. Aouft 1585. fur le reglement pour les encheres & decrets.

REMISE DU PRIX] C'eft fuivant *l'art. 8. de l'Ordonnance de 1551.* laquelle eft conforme à la difpofition du Droit, *L. à Divo Pio §. fed fi emptor. ff. de re judic.* aux termes
duquel

duquel, *oportet res emptas pignori, & diſtractas, præſenti pecuniâ diſtrahi*: auſſi ne permet-on à l'adjudicataire de joüir de l'effet du decret, & des fruits de la choſe decretée, que depuis la conſignation du prix de ſa ſurdite. *Maynard liv. 2. chap. 40.*

ARR. XXIV.

Q Uand ſur les lettres royaux en requeſte civile contre un Arreſt de condamnation de certaine ſomme, eſt appointé en droit, ſans préjudice de l'Arreſt de l'execution d'iceluy, ou ſi les lettres contiennent cette clauſe ordinaire, en vertu de l'Arreſt un Decret ſe peut enſuivre ; mais à la charge que le Decretiſte tiendra & joüira cependant des biens decretez comme depoſitaire de juſtice juſques au jugement de la requeſte civile. Par Arreſt du 10. Septembre 1575. entre N. de la Caſe ; & autre du 8. Fevrier 1590. en Audience entre Bertrand & d'Olive.

ARR. XXV.

L Es certificatoires des criées & inquans ne doivent contenir les uz, ſtils & coûtumes qui ſont gardez és lieux, & ne doivent declarer par le menu le nombre des inquans, & la diſtance des jours que doit eſtre de l'un à l'autre. Par Arreſt de Toulouſe du 22. Decembre 1524. entre Pacalet & Grefüeille : mais on ſe contente qu'en jour d'Audience il ſoit certifié le tout avoir été fait ſuivant le ſtil & coûtume dudit lieu.

ARR. XXVI.

L E defaut de la contenance, confrontations, affiches & placards obmiſes à l'exploit de la ſaiſie, peuvent être reparées en les mettant au premier inquant, ſur peine de nullité du Decret. Par Arreſt du 24. Avril 1572. pour Jean Gaillac.

CONFRONTATIONS.] La pluſpart des vieux actes ne baillent que deux confronts : l'on peut dire que les Romains le pratiquoient ainſi : ce qui s'induit de la Loy 4. *ff. de ceſſib.* en ces termes : *& quos duos vicinos proximos habeat.* Quoi qu'il en ſoit, une ſaiſie n'eſt pas ſoûtenable, lors qu'on ne ſpecifie pas les confronts du fonds ſaiſi, mais ſeulement certain contenement ou certaine quantité de fruits, parce qu'on met en peine un Sequeſtre : Il en doit eſtre pourtant autrement ; lorſqu'on commet la Sequeſtration au Fermier du debiteur executé, parce que la raiſon qui vient d'eſtre alleguée ceſſe à ſon égard.

ARR. XXVII.

L Es ſurdites aprés l'expedition du decret ne ſont receuës, ſoit avant ou aprés l'execution réelle d'icelui, ayant eſté démis un Mongette ayeul de l'executé d'une ſurdite, qu'il offroit faire devant l'executeur du Decret, par Arreſt en Audience du 11. Janvier 1580.

M

APRÈS L'EXPEDITION] ỹ. *Parr.* 1. §. 13.

ARR. XXVIII.

POur les simples consignations des sommes ordonnées il est permis user de saisies sur biens immeubles ; mais non que Decret s'en puisse ensuivre : ains est ordonné que l'executer faisant joüira des biens par lui saisis jusques à ce qu'il soit satisfait à la consignation, & pour tenir lieu d'icelle, à la charge de tenir les fruits soûs la main du Roy, & de la Cour : parce que les Decrets sont perpetuels, & peut avenir que la consignation sera retractée, & la recréance baillée à l'executé. Arrêt en Audience du 26. May 1581.

ARR. XXIX.

LE seul défaut d'assignation à l'executé à venir voir faire les inquans, n'est suffisant pour annuller un Decret : n'étant telle assignation necessaire, parce que la sequestration sert de suffisante signification. Arrêt du 13. Mai 1592. pour les Prestres de Frozin en Commenge.

DEFAUT D'ASSIGNATION] Ny le défaut de la signification de la saisie, par cette raison, que la sequestration sert de suffisante signification. Il en est autrement si on ne signifie pas l'Ordonnance de quarantaine, si on n'intime pas la surdite, & si on ne donne pas l'assignation en interposition de Decret en personne, ou en domicile au debiteur. ỹ. l'art. 1. §. 8.

ARR. XXX.

LEs Decrets ne s'interposent que sur fonds & biens immeubles, ayant été par Arrét de Touloufe en Audience le 7. May 1575. prohibé à tous Juges adjuger Decrets sur grains, marchandifes, habillemens & meubles, n'étant en France observée la Loy *A Divo Pio* §. *In vend.tione ff. De re judic.* voulant que les executions commencent par les meubles, avant que venir aux in meubles, le choix étant au créancier de saisir ce que bon lui semblera, nonobstant l'offre du debiteur de saisir les meubles exploitables, jusques à concurrence du debte, permise par la Loy *Magis puto.* §. *Quæritur ff. de De reb. eorum*, & par la Loy *Civitates*, *ff. Quod cujusque univesst.* lesquelles ne font non plus observées, parce que le debiteur a assez de loisir pendant les criées de les vendre si bon lui semble pour payer son creancier, & par ce moyen obtenir la main-levée de son fonds saifi.

Eᴛ Mᴇᴜʙʟᴇs] *Les meubles pretieux doivent être vendus avec les mémes* folemnitez que les immeubles, fuivant le fentiment des anciens Praticiens, fondé fans
doute fur la difpofition de la *Loy* 22. *C. de admin. tutor.* Mais quoi que tels meubles
puiffent être fubftituez, fuivant les exemples qu'en allegue *Brodeau fur l'art.* 144. *de la*
couft. de Paris, & qu'à divers autres égards ils femblent participer de la nature des
immeubles : il eft pourtant certain qu'ils ne doivent pas être vendus par decret ; tout
ce qu'on doit faire, pourvû qu'ils foient de valeur de 300. liv. ou plus, c'eft de les
expofer trois fois en vente à trois jours de marchez differens, avant qu'ils puiffent
être vendus ; l'Ordonnance de 1667. le veut ainfi *en l'art.* 13. *du tit.* 33. après les trois
expofitions faites en ladite forme la délivrance s'en fait au plus offrant. Avant la publication de l'Ordonnance, du moins dans le Reffort du Parlement de Bourdeaux, on
avoit accoûtumé d'ordonner que les meubles pretieux, qu'on vouloit faire vendre d'autorité de Juftice, feroient vendus, & à ces fins que pendant un mois proclamations feroient faites, & les affiches placardées tant au lieu de la vente, qu'aux lieux circonvoifins que bon fembleroit, tant au debiteur, qu'au creancier, avec injonction cependant à celui qui avoit en fon pouvoir lefdits meubles, de les exhiber à ceux qui
fe préfenteroient, pour les voir pendant le mois, & icelui paffé, les proclamations faites
& parfaites, enfemble les encheres, qu'il feroit procedé à la delivrance au plus offrant
& dernier encheriffeur.

Aʀʀ. XXXI.

Lᴇs proprietaires des biens faifis, ni les pourfuivans les criées,
ni autres creanciers, ni les oppofans ou autres prétendans
droit fur les biens faifis, ne peuvent être établis Sequeftres à
iceux par les Sergens. Par Arrêt de Paris du 6. Decembre 1537.
cotté par Bugnion, livre fecond, des loix abrogées chap. 177.

Lᴇs Pʀᴏᴘʀɪᴇᴛᴀɪʀᴇs] *Arg. L. neque pignus ff. de diverf. regul. jur.* à laquelle
Loy eft conforme l'Ordonnance de 1667. *en l'art.* 13. *du tit.* 19. Le Sequeftre doit être
une tierce perfonne à qui on baille une chofe qui eft en difpute entre deux, fuivant
la Loi *fequefter ff. de verbor. fignif.* & d'ailleurs en ne deplaçant pas, & faifant le debiteur Sequeftre, comme on le pratiquoit autrefois en défaut de Sequeftre volontaire, dans
la penfée qu'on avoit de le foulager par ce moyen, il eft certain que fa condition en deve-
noit pire, parce qu'en vertu d'une plus forte contrainte on l'emprifonnoit.

Lᴇs Pᴏᴜʀsᴜɪᴠᴀɴs] Quoi que nous foyons en Païs de droit écrit, & que fuivant
les titres *ff. & Cod. de reb. author. judic. poffid.* les creanciers en défaut de payement, fuffent
mis en poffeffion des biens de leurs debiteurs ; toutesfois les creanciers ne peuvent, ny être
Sequeftres, ny être Fermiers des biens faifis, parce que ces titres font abrogez en France,
outre que par l'induction à faire de ladite Loy *fequefter*, c'eft un tiers qui doit être établi
Sequeftre, à l'exclufion du creancier, de même que du debiteur.

Aʀʀ. XXXII.

Nᴇ doivent être auffi rentiers ou fermiers des biens faifis, par
ce qu'ils fe voudroient payer par leurs mains, & feroient
traîner le payement. Terrien, fur les coûtumes de Normandie
liv. 10. chap. 11. tit. des Commiffaires & Sequeftres.

M ij

A R R.   X X X I I I.

EN France decret fur decret du même heritage, ni faifie fur
faifie, ni Arrêt fur Arrêt n'ont point de lieu, ains faut fe ran-
ger par oppofition, par l'article 80. de l'Ordonnance de l'an 1539.

PAR OPPOSITION] Parce que la faifie d'un creancier fert à tous les autres, de
même que fi elle avoit été faite à leur inftance. *Arg. l. cum muf. ff. de reb. author. judic. poffid.*
Il y a neanmoins certains cas, aufquels faifie fur faifie vaut ; comme à l'égard de la faifie
feodale & de la reélle, à l'égard de celle qui eft faite pour tailles ; comme auffi lorfque le
premier creancier n'a fait faifir que les fruits, & un autre les fonds ; & lorfque la feconde
faifie a été faite au fçû du premier faififant, & le Decret obtenu fans que le premier faififfant fe foit oppofé : au Parlement de Grenoble on a fouvent préjugé, que faifie fur faifie
vaut, s'il y a intervale ou ceffation des pourfuites du premier faififant d'environ fix mois.

A R R.   X X X I V.

LEs encheriffeurs doivent faire fignifier au dernier précedant
encheriffeur leurs encheres, ou à perfonne, ou domicile, ou
à fon Procureur, fur peine de nullité. Par Arrêt donné fur le reglement des encheres & adjudication par decret en la Chambre
des Requêtes du Palais à Paris du 14. Aouft 1585. ci-deffus allegué : & y ayant une enchere publiée n'eft befoin publier autre
derniere. Arrêt de Paris du 10. Juillet 1539.

A R R.   X X X V.

EZ faifies, la qualité & contenance particuliere des terres,
prés, bois, vignes, doit être fpecifiée fur peine de nullité.

CONTENANCE] V. *l'art.* 1. §. 21. & *l'art.* 26. & les excepti'ons rapportées par *Defpeiffes*.

A R R.   X X X V I.

LE vendeur, *qui abiit in creditum*, les biens de fon acheteur,
ou debiteur étant en defconfiture, ne peut s'oppofer aux fins
de diftraire, c'eft à fçavoir, ne peut demander diftraction de la
chofe venduë, ains faut qu'elle entre en diftribution génerale
avec les autres biens du debiteur ; finon qu'au contrat il y eût
claufe de precaire ou autre femblable, par laquelle le vendeur fe
fût refervé la dominité jufques au payement du prix de la vente :
toutesfois fur le prix provenant de la chofe par lui venduë, il
doit être preferé à tous les autres creanciers. Par Arrêt de Touloufe du 20. Juillet 1589. pour un Jean Bec.

* RESERVE LA DOMINITE' La claufe de precaire ne donne aujourd'hui qu'une
hypoteque fpeciale & privilegiée ; Elle empêche pourtant 'a tranflation de dominité ; en forte
que le vendeur eft en droit de retirer la chofe venduë en défaut du payement du prix, lors
qu'il s'eft refervé la dominité jufques au payement ; & qu'il l'a ainfi convenu *l. venditi C. de
actio empt.*

ESTRE PREFERE] Parce que ce Parlement supplée la clause de precaire aux contrats de vente des immeubles, contre la Loy qui ea lege C. de patt. int. emptor. & la Loy ea quæ diftratta ff. de precar. suivant lesquelles le droit Romain n'admettoit jamais cette clause, qu'elle n'eût été stipulée par exprés.

ARR. XXXVII.

LEs saisies & executions peuvent être faites tous les jours non feriez, & que la Cour entre; à cause dequoi Valiech Avocat fut démis des nullitez par lui proposées contre une saisie de ses biens faite le Jeudy aprés Pâques. Par Arrêt à Toulouse au rapport du sieur de Filere.

NON FERIEZ] V. Guid. Pap. quæst. 215. & 161. Ranch.

ARR. XXXVIII.

EN vertu d'un simple *dictum* d'Arrêt ne peut être faite saisie ni execution, parce qu'il n'y a point commandement au Sergent de saisir, ains faut qu'elle soit faite par Arrêt expedié en forme de commission, à tous Magistrats, Huissiers, ou Sergens de l'executer; bien peut la saisie être faite en vertu de l'executoire des épices & dépens, parce qu'elle contraint & porte sa commission pour l'execution de la somme y contenuë.

SIMPLE DICTUM] Par l'Edit du mois d'Avril 1672. regîtré au grand Conseil du Roy aux Parlemens, il est défendu aux Huissiers de faire aucuns exploits en vertu des Arrêts executoires, & autres expeditions de toutes les Cours où il s'agit d'execution, si les Arrêts & expeditions ne sont scélés, à peine de 500. liv. d'amende, & d'interdiction de leurs charges pour la premiere fois, & de punition corporelle pour la seconde, lequel réglement est conforme à l'Edit du mois de Janvier 1566. V. la suite tit. 46. arr. 10.

ARR. XXXIX.

LEs Decrets obtenus contre les moindres, sans leur être pourvû de curateur, sont cassables; la charge toutesfois de rembourser le decretiste du prix d'icelui payé à l'executer faisant, creancier du moindre, & les dépens & loyaux cousts. Par Arrêt du 1. Mars 1578. pour Martin contre Cavalier.

ARR. XL.

PAr Arrêt de Toulouse du 2. May 1591. entre Assolent & Brunel sur la cassation de l'execution requise par ledit Brunel, sur une maison & metairie, soûtenant la maison seule être plus que suffisante pour le payement du dette, la Cour ordonna que la maison seroit venduë seulement, sauf que ou le prix provenant d'icelle ne seroit suffisant pour le payement de la somme dûë, que

M iij

l'execution contre la metairie feroit continuée ; n'étant raifonnable qu'un debiteur foit tellement vexé, que pour une petite fomme le creancier lui faffe vendre tout fon bien de valeur quadruple, voire plus : non toutesfois qu'il ne foit permis faire faifir pour
plus grande fomme qu'il n'eft dû.

DE VALEUR QUADRUPLE.] ℣. *l'obfervat. fur l'art.* 2. *de ce titre*, enfemble *l'art.* 63.

ARR. XLI.

L E debiteur executé n'eft tenu bailler à fon creancier decretifte les originaux des tiers des biens decretez, ains feulement
les lui exhiber pour en tirer des extraits, les originaux demeurans
penes debitorem, pour s'en fervir & aider en cas d'éviction, de laquelle il eft tenu *per l. Titius ff. De act. empti* : ainfi a été jugé le
24. Octobre 1591. pour du Puich contre Melet.

LES ORIGINAUX] Le debiteur executé, de même que le vendeur, ne peuvent être
tenus que de fournir des extraits, en bonne & dûe forme, des titres concernant le fonds decreté, ou volontairement vendu ; fi mieux ils n'aiment en bailler une declaration, avec promeffe de les exhiber, & d'en aider le decretifte & acheteur quand befoin fera ; ou autrement
fi mieux ils n'aiment les exhiber, pour en tirer les extraits, *dd. ad l. creditor. ff. de actio. empr.*

ARR. XLII.

S Ur l'adjudication des Decrets en procedant à l'allocation des
creanciers, celui qui s'aide d'un inftrument qui fe trouve ufuraire, n'eft alloüé fuivant la datte d'icelui, ains en dernier lieu,
au rang des creanciers chirographaires, *in odium ufurarum*.

AINS LE DEBITEUR] L'ufage du Palais eft qu'on compenfe refpectivement tous
dépens entre parties, fauf les fraix de juftice, qu'on rejette fur les biens difcutez.

ARR. XLIII.

A U jugement des allocations, s'il y a conteftation entre les
creanciers fur la priorité, validité de leurs inftrumens, ou
autrement, on ne condamne point aux dépens les creanciers entr'eux, ains le debiteur qui eft caufe d'iceux, ou fes biens, pour
être alloüez en dernier lieu ; fauf les fraix de juftice qui font au
préalable diftraits avant tous les creanciers.

ARR. XLIV.

M Ichel Roguier Marchand de Touloufe ayant acquis des
Jacobins une metairie fans aucune folemnité, requerant
l'autorifation, & le Syndic des Jacobins y confentant, par ju-

gement du 15. Octobre 1585. fut dit qu'avant faire droit diffinitivement, demeurant pour furdite le prix de l'achat de ladite
metairie, icelle feroit mife & expofée en criées au plus offrant &
dernier encherifleur, pour ce fait y être pourveu ainfi qu'il appartiendroit.

A ᴙ ᴙ. X L V.

COntre les faifies & Decrets il y a trois fortes d'oppofitions,
aux fins de diftraire, annuller, & conferver ; la premiere
in dominio aux fins de diftraire, du tiers duquel le bien a été faifi
pour les dettes d'autrui ; l'autre eft des creanciers aux fins de
la confervation de leurs hypoteques ; & la troifiéme eft du debiteur aux fins des nullitez, payemens ou autres exceptions qu'il
a à deduire.

A ᴙ ᴙ. X L V I.

PAr Arrêt de Paris du 23. Novembre 1551. fur la verification
de l'Edit du Roy Henry II. pour le fait des criées dudit an
1551. eft declaré les défenfes portées par l'article 4. d'icelui aux
executez de ne troubler les Sequeftres, n'avoir lieu à alencontre
des oppofans, afin de diftraire, qui lors de la faifie fe trouveront actuellement poffeffeurs & joüiffans des biens faifis ; c'eft
pourquoi fur le champ nous leur baillons la joüiffance, à la charge de tenir les fruits foûs la main de la juftice. Eft auffi par le
même Arrêt défendu à toutes perfonnes d'arracher les pannon-
ceaux, affiches, & encheres mifes fur les portes des maifons, des
Eglifes, & des auditoires, fur peine d'amende arbitraire & corporelle, rapporté par Bohier en l'élite des Requêtes de Paris :
lequel au même lieu rapporte des Arrêts contenans, qu'aprés un
decret féellé on n'eft reçû à furdire. Que les Droits Seigneuriaux
& arrerages d'iceux doivent être les premiers payez avant tous
creanciers ; qu'on n'eft reçû à debattre un decret foûs pretexte
de lezion, voire d'outre moitié de jufte prix, que les certificatoires des inquans ne fe font és Requêtes du Palais, ains devant les
Juges ordinaires, bien que les decrets foient pourfuivis efdites
Chambres ; que le dernier encherifleur & furdifant fe trouvant infolvable, la terre faifie doit être baillée au precedent furdifant.

۶. [ACTUELLEMENT POSSESSEUR.] Il y auroit de l'injustice de déposseder un tiers possesseur sans l'oüir pour la debte d'autruy ; & cela d'autant mieux que par une possession de dix ans ayant purgé les hypotheques, ausquelles le fonds par lui joüy pouvoit être sujet, il doit être considéré comme le seul & veritable proprietaire du fonds, quoique saisi par les creanciers de son vendeur.

EZ REQUESTES DU PALAIS.] Il est si vray que les certificatoires doivent être faits devant les Ordinaires des lieux, & non ailleurs, que quoique les Chambres des Requêtes du Palais soient les Ordinaires des privilegiez, toutesfois les criées ne doivent pas y être certifiées. *V. l'art.* 53. *de ce titre.*

ARR. XLVII.

LEs Juges d'Eglise ne peuvent proceder par saisies, ni ordonner decrets, bien que ce fut pour des Ecclesiastiques ; ains doivent implorer le bras seculier : c'est à sçavoir, s'adresser au Juge temporel, pour de son authorité faire executer leurs sentences, & poursuivre leurs decrets ainsi qu'il a été jugé par plusieurs Arrêts.

NI ORDONNER DECRETS.] Etant constant que le Juge d'Eglise n'a point de territoire : il l'est sans doute aussi qu'il ne peut pas mettre en possession ; c'est au Juge temporel de le faire, suivant la *Novel.* 123. *Cap. si quis* 21. & en effet *in possessionem mittere, imperii magis est quàm jurisdictionis l.* 4. *ff. de jurisd.*

DEBTES ECCLESIASTIQUES.] Il est juste que le Juge temporel prenne connoissance des causes temporelles des Ecclesiastiques, puisque le Juge d'Eglise connoît des causes Ecclesiastiques des personnes laïques. *Mayn. liv.* 2. *chap.* 4.

ARR. XLVIII.

SI en la saisie generale d'un bien ou patrimoine dépend & appartient un droit de patronat, le cas de presentation advenant pendant la saisie appartient aux Sequestres ; & ainsi Mr. Maynard dit avoir été jugé par Arrêt à Toulouse liv. 2. ch. 41. lequel aussi au liv. 5. chap. 81. dit être expedient & necessaire à tous ceux qui pretendent droit és biens saisis, non seulement pour le present, mais pour l'avenir, former opposition à la saisie & criées, sauf aux cas suivans.

LA PRESENTATION.] Il paroît extraordinaire que la presentation, en fait de droit de patronat, appartienne à un sequestre, qui à la verité a l'administration des biens saisis, mais qui ne doit pas avoit la puissance d'exercer les droits honorifiques.

ARR. XLIX.

PAr la saisie & vente d'un moulin par decret n'est osté le droit de mouture deu à quelque famille en & sur ce moulin : pour autant que ces moulins sont censez avoir esté exposez en vente, criez, subhastez & decretez *cum sua causa l. via constitui.* §. *si fundus ff. de servit. rust. præd.* Et ainsi ledit Maynard dit avoir été jugé par Arrêt de Toulouse du penultiéme Avril 1538. jaçoit que le decret eût été poursuivi & executé sans opposition.

DROIT

DROIT DE MOUTURE.] Les heritages expediez par Decret sont adjugez francs, à la charge des Droits Seigneuriaux & des servitudes réelles.

ARR. L.

PAr même raison les droits Seigneuriaux, & les fondations des obits sont conservez aux Seigneurs obituaires ; dequoy en sont cottez ez Arrêts par ledit Maynard, encore qu'il n'y ait eu opposition liv. 2. chap. 36. Aussi par Ordonnance du Roy Henry II. de l'an 1551. art. 12. les adjudications par decret se doivent faire à la charge des droits & devoirs Seigneuriaux, fraix & mises des criées & des charges réelles & foncieres : mais pour les arrerages des droits Seigneuriaux il y doit avoir opposition. Art. 13.

A LA CHARGE DES DROITS.] Ce qui doit être entendu, quand même cette condition ne seroit pas exprimée dans le Decret, *omnes enim additiones fieri intelligiatur cum onere census domino debiti tot. tit. C. sin. cens. & reliq. sund. compar. non post.*

* POUR LES ARRERAGES.] L'Ordonnance des Criées ne parle pas des Arrerages des droits Seigneuriaux, à cause dequoy nostre Autheur, le President le Maistre, Masuer, & autres ont crû, que pour les Arrerages il faloit avoir formé opposition : l'usage de ce Parlement est néanmoins contraire, suivant le préjugé rapporté par *Maynard liv.* 2. *chap.* 35. Le Parlement de Paris le juge aussi de cette maniere *V. Lettres des droits Seigneuriaux. Chap.* 6. *art.* 4.

ARR. LI.

CE que nous avons ci dessus dit, la lesion n'être considerable és décrets, est veritable pour les decrets non volontaires, mais non pour les volontaires & conventionels ; comme si après l'achât d'une piece est convenu & accordé entre les parties, que pour plus grande assûrance de l'acquereur, il en sera poursuivi decrèt, en ce cas la lesion d'outre-moitié de juste prix ne sera recevable, & en est cotté Arrêt de Paris du 14. Aoust 1546. par Charondas liv. 7. chap. 31. de ses Réponses.

ES DECRETS.] La lésion n'est jamais considerée en fait de Decrets, & la Loy 2. C. de *rescind. vendit.* n'y a pas lieu ; cela est de justice, car outre que les Decrets ont une cause nécessaire, d'ailleurs ils sont appuyez & de la foy publique, & de l'autorité du Juge. *V. Part.* 2. *de ce titre.*

ARR. LII.

LEs offices venaux, tels que sont aujourd'huy tous en France, tant des Parlemens qu'autres, sont censez immeubles, suivant la coûtume de Paris. Art. 350. & 351. A cause dequoy és ventes d'iceux par decret, sont observées les mêmes solemnitez qu'és biens immeubles ; & se font à Paris les criées d'iceux, en la Parroisse en laquelle est le Palais, siege ou auditoire duquel l'office dépend, & se fait le principal exercice, & les affiches, panonceaux & pla-

N

carts font mis, tant à la porte principale de l'Eglife de ladite Parroiffe, que de la maifon où l'Officier debiteur demeure : dequoy
en eft cotté Arrêt de Paris par Guenois en la Conference des Ordonnances liv. 10. tit. 2. des faifies du 1. Decembre 1588.

Offices venaux.] Au Parlement de Paris les Offices de judicature ne font pas
cenfez fufceptibles d'hypotheque, & par une fuite de cette raifon ils n'y peuvent pas être
adjugez par decret, comme le peuvent être les Offices des Finances ; mais dans ce Parlement, fans diftinction aucune, les Offices font fujets à la vente judiciaire. V. l'arr. 11.
& Brodeau fur Loüet lir. D. num. 63.

De ladite Parroisse.] Mais quand l'Officier refide au lieu où il rend juftice,
il fuffit d'appofer les exploits des criées, & les affiches à la porte de l'Eglife Parroiffielle
du Siege, fuivant la doctrine de Loyfeau en fon ir. des Offices liv. 3. chap. 7. num. 29.

ARR. LIII.

IL n'appartient qu'aux feuls Juges Royaux ordinaires de certifier
les inquans, & encore non à tous : car les Sieges Prefidiaux,
ni les Chambres desRequêtes ne le peuvent faire, ains il faut que
foient les Senéchaux ou Juges Royaux, & non Ducals, Comtals,
ni des Seigneurs. Par Arrêt de Paris du 29. Decembre 1586. cotté
par ledit Guenois au même titre.

* Juges Royaux.] L'ufage eft contraire, car tous les Juges des lieux où les biens faifis font fituez, peuvent certifier les inquans, & tant les Juges Bannerets, que les Royaux
indifferamment ; parce qu'il ne s'agit que d'attefter d'une Obfervance, dont les uns & les
autres font également capables. Auffi eft-il fi vrai que les Juges bannerets ont ce droit,
qu'outre que l'Autheur eft obligé de l'avoüer dans la uie de ce recueil tit. 35. Arr. 1. D'ailleurs fut-il queftion des criées faites d'autorité du Parlement, les Juges des lieux, s'ils
font bannerets, les doivent certifier à l'exclufion du Parlement. V. l'art. 1. §. 7. de ce titre.

ARR. LIV.

ON n'eft auffi recevable à fe porter pour appellant des certificatoires, par autres Arrêts cottez par le même Guenois, mais
nonobftant icelle, fi des nullitez fe trouvent, la Cour ne laiffe pas
de caffer la faifie & inquants, & par ce moyen le grief eft reparé.

Si des Nullitez] Par Arrêt donné en la Grand'Chambre le 10. May 1673. au
rapport de Mr. de Frefals, la Cour caffa en faveur du Sr. Baron de Montalet un Arrêt de
decret obtenu par la Dame Marquife de Lagne, par cette feule raifon que le certificatoire
des inquans, n'ayant pas été fait judiciellement & en Audience étoit nul.

ARR. LV.

LEs Sequeftres ne doivent eux-mêmes regir les biens, ains les
doivent affermer par autorité de juftice, au dernier encherifeur
pour éviter les fraix qu'ils feroient, & afin qu'ils ayent moyen de
pourvoir aux autres fequeftrations, s'ils en font chargez, à caufe
defquelles affermes qui les exemptent de peine, ils ne font dechar-

gez pour nombre de fequeftrations, ni d'enfans, ni pour vieux âge, fauf s'il étoit decrepité.

DOIVENT AFFERMER.] En la forme portée *par l'art. 65. de ce titre.* V *l'obferv. fur l'art.* 1. §. 4.

ENCHERISSEUR.] Moyenant bonnes & fuffifantes cautions, *fuivant l'art.* 4. *de l'Edit des cries.*

NOMBRE D'ENFANS.] Au fujet des déchargemens de Sequeftration à caufe du nombre des enfans, il y a eu diverfité d'Arrêts, & fouvent on a préjugé que cinq enfans, ou vivans ou morts, en combattant pour la République, *quatenus per gloriam vivere intelliguntur*, ne fuffifoient pas pour décharger d'une fequeftration, parceque les fequeftrations font des charges momentanées ; fur tout lorfque les enfans étoient d'un âge à pouvoir foulager leur pere : aujourd'huy le Parlement décharge fur le nombre de cinq enfans.

DECREPITE'.] En quel cas que ce foit, il fuffit d'être feptuagenaire au fens de la Loy *Majores.* ff. *de immunitat.*

ARR. LVI.

LEs fujets jufticiables d'un Seigneur ne peuvent être fequeftres de fes biens ; bien le peuvent être les emphyteotes de leur Seigneur fonfier & directe fans juftice. Et auffi les fujets jufticiables de l'Eglife & des Archevêques, Evêques, Abbez, Prieurs, Chapitres, Colleges & Communautez, parceque la caufe de la crainte ceffe : & ainfi j'ay jugé & veu juger depuis quarante ans ; ce qui a été étendu par Arrêt de la Cour de Parlement de Paris du premier Octobre 1575. aux fujets jufticiables d'un Seigneur qui ne demeure fur le lieu. Lorfque les fequeftres ne peuvent être pris de même lieu, il les faut prendre du lieu plus prochain.

SUIETS JUSTICIABLES.] Dans le Reffort du Parlement de Paris les fujets jufticiables peuvent être fequeftres, pourveu que le Seigneur ne foit pas un homme violent, fuivant l'Arrêt rapporté dans le Journal du Palais du 5. Avril 1674. ou pourveu qu'il ne demeure pas fur le lieu ; mais dans le reffort de ce Parlement, on ne fait pas ces differences : quoyque l'Autheur femble laiffer induire que le jufticiable peut être fequeftre, lorfque le Seigneur ne demeure pas fur le lieu aux termes de l'Arrêt du Parlement de Paris qu'il rapporte, cette diftinction n'eft pourtant pas fuivie à Touloufe, felon Mayn. liv. 6. chap. 47. quoyque Defpeiffes dife au contraire au Tom. 1. *part.* 3. *tit.* 2. *fect.* 3. *num.* 7. fe fondant fur ledit Arrêt du Parlement de Paris.

LES EMPHYTEOTES.] Comme les Emphyteotes n'ont pas pour le Seigneur directe, la crainte que les jufticiables ont pour leur Seigneur Jufticier, ils peuvent auffi être établis fequeftres ; mais il en eft de même des vaffeaux que des jufticiables, à caufe de l'autorité que leurs Seigneurs ont fur eux : ainfi par Arreft donné au rapport de Mr. de Chauvard le 26. Juin 1666. certains vaffaux & jufticiables du Vicomte de Labatut furent déchargez de la fequeftration qui leur avoit été commife à l'inftance de Demoifelle Ifabeau de Barboutan veuve d'Arnaud Guillaumet, & la fequeftration commife aux Emphyteotes fut confirmée.

DE MESME LIEU.] Il faut prendre les Sequeftres du même lieu, s'il fe peut, ou de la même Parroiffe ; mais fi dans le lieu ou dans la Parroiffe, il ne fe trouve perfonne qui foit capable de remplir ces charges, on en peut prendre des lieux plus prochains, parceque les fequeftrations fe doivent commettre de proche en proche.

Arr. LVII.

L y a eu des Sergens amendez & suspendus de leurs charges, pour avoir rançonné & pris d'argent d'aucuns, pour ne les établir sequestres.

Arr. LVIII.

PAr les Ordonnances du Roy Henry II. de l'an 1571. art. 9. 10. & 11. les encherisseurs en faisant leur enchere, sont tenus nommer leurs Procureurs, & faire élection de domicile en la maison d'iceux, sans lesquels ils ne sont receus à encherir, & doivent avoir les Procureurs connoissance d'iceux & de leur suffisance, & peuvent être les encherisseurs contraints par corps à remettre le prix de leur enchere & surdite. Par Arrêt de Paris allegué par Guenois du 27. Fevrier 1546.

Arr. LIX.

L'Exploit de l'établissement des sequestres, doit estre témoigné & fait à personne & domicile, & ne vaut par affixion de copie à la porte du sequestre. Par Arrest de Paris du 26. Janvier 1580. Et est ajoûtée foy à la copie baillée aux sequestres, & non à l'original, ou procès verbal du Sergent. Par Arrest de Paris du 23. Juillet 1577. coté par Guenois au lieu sus-allegué.

PAR AFFIXION] On ne peut establir un sequestre en affichant à la porte de sa maison la copie de l'exploit de sequestration, tant parce qu'un passant pourroit ôter l'affiche, avant qu'elle fût connue au sequestre establi, que parce one l'establissement du sequestre se doit faire personnellement, de là vient qu'il faut, ou que le sequestre signe l'exploit, ou qu'il ait esté interpellé de le signer, ce qui doit estre porté par l'exploit à peine de nullité.

Arr. LX.

LA vente par decret, toutes les solemnitez gardées, est la plus asseurée de toutes, au témoignage de Joannes Fabri *in l. Si eo tempore C. de remiss. pign.* se fondant sur ladite loy & la glose d'icelle, à cause dequoi les decrets ne sont irritez sous ombre de lesion ou deception, suivant plusieurs Arrests fondez sur la loy *Si quis decurio c. de præd. decu.* ce qui s'entend des decrets émanez des Parlemens : car des decrets procedans des Juges subalternes on peut appeller, & après obtenir lettres sur telles deceptions, qui sont bien fondées. *Pap. Arrest 2. Des criées.*

PLUS ASSURE'E] Dans laquelle veue, quoi qu'en la vente contractuelle l'éviction liminaire excuse l'acheteur de payer le prix, jusques à ce qu'il soit pourveu à son indemnité ; il n'en est pas de mesme de la vente judiciaire, à cause que l'adjudication par decret est le plus seur moyen d'acquerir.

ON PEUT APPELLER] *V. Part. 2. de ce tit. Maynard l. 7. c. 74. & Ferrer. in quæft. 22.*
Guid. Pap.

ARR. LXI.

S Ont auffi les mineurs deceus ou lefez, receus à debattre les decrets contre eux obtenus, mefme *fi ex falfa caufa* le decret a
efté interpofé par le texte formel *in cap. Conftit. de in integ. reftit.*
& l. fi præfes c. de præd. minor. & l. quamvis ff. eod. Pap. arreft. 1.

DECEUS OU LESEZ] *Si fraus intervenerit, vel enormis læfio. gl. in d. final. C. fi adverf.*
vendit. pignor. Or comment la lefion qui favorife le m'neur doit eftre entenduë. *V. Ferrer.*
d. quæft. 22. Guid. Pap. & la fuite tit. 35. art. 3.

ARR. LXII.

L Es criées doivent eftre faites du fonds, & en blot,& en par-
celles, s'il y a plufieurs piéces faifies, pour la commodité du
debiteur;car tel veut une piece qui ne veut pas l'autre,& le decret
s'adjuge au profit de ceux qui plus en donnent,ainfi que dit Papon
avoir efté jugé par plufieurs Arrefts par lui cottez. *arr. 15. eod.*

ET EN BLOT] Les raifons en font touchées par *Maynard liv. 7. chap. 80. & par Papon.*

ARR. LXIII.

S Il l'executé pretend du prix d'une de plufieurs pieces faifies
pouvoir fatisfaire à fes creanciers, il lui peut eftre permis par
juftice de la vendre, à la charge de remettre le prix és mains des
Sequeftres eftablis,pourveu que telle vente particuliere, foit fuffifante pour payer tous, & par icelle le furplus du bien ne perde
fa vente.

ESTRE PERMIS] La raifon en eft, *Ne propter æs alienum modicum res magna diftrahatur.*
arg. d. magis puto §. item prætor. ff. de tutel. & ratio diftrah. V. Part. 40. de ce titre.

ARR. LXIV.

B Ien que Papon ait cotté Arreft 17. qu'en criées n'échoit provifion, toutesfois nous en donnons aux femmes ou aux veuves, quand tout le bien eft faifi, pour leur nourriture, & de leurs
enfans : & fi par leurs pactes de mariage elles ont habitation,
elle leur eft confervée jufques à ce qu'elles foient payées par les
furdifans.

LEURS ENFANS] On en a mefme donné aux enfans, lors qu'ils n'avoient aucuns
biens de leur chef, ni de celui de leur mere. *V. Brod cau fur Loüet tit. A num. 17.*

N iij

ARR. LXV.

LEs affermes des biens faisis doivent estre en deniers, & non en grains, & doivent être faites publiquement, l'executé appellé ; sans dol, fraude, ni intelligence, & à la charge par le fermier de bien entretenir & cultiver les biens ; & ensemencer les terres & de payer les tailles & charges, si le Commissaire ne se veut charger de les payer sur le prix : & s'il y a métayer, il ne faut affermer que la moitié & part du proprietaire debiteur, & sous les pactes & conditions contenuës au bail de ladite métairie.

ᶠ EN DENIERS] Cela est de l'ancien usage, confirmé par les préjugez rapportez par Rebuffe & par Papon, mesme l'art. 82. de l'Ordonnance de 1539. ne parle que de l'afferme en deniers, & semble par là autoriser la distinction que fait l'Auteur, *qui dicit de uno, negat de altero.*

S'IL Y A METAYER.] *V. l'observat. sur l'art.* 1. §. 4.

ARR. LXVI.

LEs fruits pendant les criées appartiennent au debiteur, & non surdisant, jusques à ce qu'il ait consigné le prix de sa surdite, & le decret soit executé ; parceque jusques alors le debiteur demeure toûjours maistre proprietaire *l. Valerius patronus* §. *Plane ff. de jure fisci.* si ce n'est au cas que le prix du fonds ne fût suffisant pour le payement des creanciers : car alors le prix des fruits leur est adjugé & departy.

CONSIGNE' LE PRIX.] La raison en est, que *res venditæ & traditæ non aliter empori acquiruntur., quàm si is pretium solverit.* §. *venditæ inst. de rer. divis.* De sorte qu'il est juste que l'adjudicataire ne fasse les fruits siens que du jour qu'il a consigné ; il joüiroit autrement du prix & de la chose, la Loy *acceptam. c. de solutionib. & liberat.* autorise cette doctrine, & l'on ne peut pas donner raisonnablement dans le sens du Président Faber, lors qu'il veut que les fruits appartiennent à l'adjudicataire ; quand mesme il n'auroit pas consigné le prix de son enchere, par cette raison qu'il faut attirer des acheteurs aux ventes judicielles, outre que cela est tant en faveur du public, que *in pænam morosi debitoris.* Ces motifs sont à la verité specieux, mais ceux qui n'adjugent les fruits au bailliste que depuis la consignation sont justes & équitables. *V. Mayn. liv.* 2. *chap.* 32. *& dd. ad l. Valerius. ff. de jure fisc.*

LE DECRET SOIT EXECUTE'] Le droit de mise en possession est de l'essence de la subhastation, & en est une partie substantiele ; elle rend le decret parfait s'il faut ainsi dire.

LEUR EST ADJUGE'] Les creanciers *certant de damno vitando*, & le debiteur n'ayant rien qui ne soit à eux, *cum bona dicantur deducto ære alieno*, il ne se peut pas approprier à leur préjudice les fruits de ses biens qui doivent faire fonds au profit de ses Creanciers.

ARR. LXVII.

UN decret ancien de 15. ou 20. ans fait foy des solemnitez mentionnées au narré d'iceluy, sans que le possesseur *ex de=*

creto, foit tenu remettre la procedure & les pieces fur lefquelles il eft intervenu, s'il y a appel ou retractement : autrement en eft-il fi le decret eft modernement obtenu, comme depuis 10. ou 12. ans par les loix & autoritez alleguées par Papon Arrêt 29. Des criées, & Mr. le Maiftre Chap. 31.

SoLEMNITEZ.] Les nullitez d'un decret demeurent couvertes par le laps du tems, *poft decennium omnia præfumuntur folemniter acta,* il en eft néanmoins autrement s'il appert du contraire, car conftant de la nullité on peut fe pourvoir contre le dec et & le debatre de nullité ; or comme fuivant ladite regle de droit, la préfomption fait pour celui qui foûtient le decret, ce n'eft pas à lui auffi à remettre les criées aprés dix ans, mais à celui qui débat le decret, s'il prétend qu'il foit intervenu quelque défaut de folemnité. Cela a lieu pourveu que le decret ait été executé & fuivi de la mife en poffeffion : car cette condition manquant, celui qui foûtient le decret eft obligé en quel tems qu'il l'ait obtenu, & y eût-il plus de dix ans, de rapporter les exploits de faifie & des criées, les dix ans qui couvrent les nullitez du decret, ne courans utilement que dépuis l'execution d'icelui.

ARR. LXVIII.

LEs fubftituez par fideicommis, pactes de mariage ou autrement, encore que le cas de la fubftitution ne foit venu, & les femmes mariées pour leur dot, augment, ou donations à caufe de nôces, fe peuvent oppofer, non aux fins de diftraire, mais afin de conferver le cas de la fubftitution, ou mort du mary avenant *l. Statius Florus.* §. *Cornelio. ff. De jure fifci.* & doit le decret être adjugé à la charge de ladite fubftitution ou hypotheque de la femme, le cas avenant.

LES SUBSTITUEZ.] ℣. *Tronçon fur l'art.* 355. *de la Coûtume de Paris, & Automne fur la Loy Creditor. ff. de verb. fignif.*

ARR. LXIX.

SI l'executer faifant eft payé, ou colludant avec le debiteur, ne veut pourfuivre le decret, le premier oppofant & creancier aprés lui fe peut faire fubroger en fon lieu, & le pourra contraindre à le fournir de la faifie & inquans, en le remboursant de fes fraix par la loi. *Cùm unus, ff. De bon. aut. Iud. poff.* Sur cette matiere faut voir un grand & ample difcours de Papon en l'Arrêt 20. des criées, contenant beaucoup de chofes remarquables fur ce fujet. Faut voir auffi le traité des criées de Monfieur le Maiftre, premier Prefident de Paris, duquel pour le foulagement du Lecteur, & de ceux qui ne l'ont, j'ai voulu extraire un fommaire des chofes plus memorables & neceffaires à fçavoir, bien que nous ayons parlé d'aucunes d'icelles.

EN LE REMBOURSANT] *Alteri per alterum iniqua conditio inferri non poteſt*, ſur tout' lors qu'il y a fraude & colluſion ; mais ce n'eſt pas au ſeul cas du preſent article que le rembourſement doit être reçû, il le doit être encore, quand même le decret ſeroit expedié, lors qu'un creancier perdant offre au decretiſte de lui payer ſes allocations ; & la cauſe de ce creancier eſt ſi favorable, que quand le decret ſeroit émané d'une Cour ſouveraine, & qu'ainſi le rebatement n'en peut être demandé par le debiteur que dans dix ans, il le peut pourtant demander dans trente ans, ſi mieux on n'aime lui payer la ſomme pour laquelle il ſe trouve alloüé en rang inſolvable;en étet le ſieur Nicolas & la Demoiſelle de Pavée mariez, de cette ville, étans creanciers pour la ſomme de 1800. liv. du nommé Lacroix, & ne trouvant pas d'autres biens de leur debiteur qu'une metairie ſituée dans le terroir de Capeſtan, ſur laquelle Mre Dautrinay receveur des Decimes de la ville de Beziers, avoit obtenu decret pour 6000. liv. d'autorité du Parlement depuis 28. ans, actionnerent devant le Senéchal de Beziers. Me. Courtois Avocat de Toulouſe, & remiſſionaire du Dautrinay, en délaiſſement de cette metairie, avec offre de lui rembourſer les ſommes contenuës au decret, les reparations & meliorations, ſi mieux il n'aimoit leur payer ces 1800. liv. & interêts legitimement dûs ; le Senéchal ayant interloqué, il y eut appel au Parlement, relevé de la part deſdits mariez, & par Arrêt donné en la premiere Chambre des Enquêtes, au rapport de Mr. Catellan, le 20. May 1663. la Sentence fût reformée, & le délaiſſement de la metairie ordonné au profit des mariez, en rembourſant par eux, tant la ſomme pour laquelle le decret avoit été obtenu, que les reparations & meliorations à dire d'Experts, ſi mieux Dautrinay (qui étoit en cauſe) n'aimoit leur payer leſdits 1800. liv. & interêts, ce qu'il ſeroit tenu d'opter dans le mois, autrement paſſé ledit delai il n'y ſeroit plus reçû.

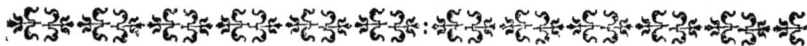

APHORISMES SUR LA MATIERE DES Decrets tirez des Criées de Monſieur le Maiſtre, premier Préſident de Paris.

1. QUE le commandement de payer doit preceder la ſaiſie.

2. Que pour quantité de grains, vin ou d'autres denrées dües par obligation, encores qu'elles ne ſoient appretiées on peut faire ſaiſies ſur un fonds, parce que pendant les delais des criées l'appretiation en peut être faite. Chap. 2.

NE SOIENT APPRETIE'ES] Cela eſt conforme à la diſpoſition de l'Ordonnance de 1539. à la doctrine de Rebuffe *tract. de præconiis & licitationibus* ; du Preſident Faber en ſon Code de *diſtract. pignor. def. 7. & 26.* & de Brodeau *ſur l'arr. de la Coûtume de Paris.*

3. Que les ſaiſies ne doivent être generales ni verbales, parlant au debiteur de ſes biens, mais il faut qu'elles ſoient réelles & actuelles ſur les lieux, & particuliers, avec deſignation de la quantité & qualité des choſes ſaiſies, tenans & aboutiſſans d'icelles,

& appofition de panonceaux royaux.

4. Que les proprietaires & debiteurs executez ne peuvent être établis Sequeftres, comme nous l'avons auffi dit cy-deffus. ch. 3.

5. Que les criées font nulles par faute d'établiffement de Sequeftres.

6. Qu'en matiere de meubles la faifie ne vaut fans déplacement d'iceux chap. 4. toutesfois fi quelqu'un s'en rend depofitaire, en Touloufe nous le prenons, lequel aprés on condamne à les remettre pour être vendus, ou à payer la fomme, pour laquelle ils ont été faifis.

7. Que la faifie doit contenir & declarer les tenans & aboutiffans ; c'eft à fçavoir le lieu, fituation, qualité, contenance & confrontations, fur peine de nullité. chap. 5. & 6.

8. Qu'és Seigneurs & droits Seigneuriaux, fi l'on n'eft averti par le menu des droits & revenus, il fuffit de faifir le principal manoir, comme la maifon ou château, & droits Seigneuriaux, avec fes appartenances & dependances. chap. 7.

9. Que par ces mots *appartenances & dependances* eft entendu, *& ea omnia veniunt quæ lege, ftatuto, vel confuetudine, vel deftinatione patrisfamilias, deputata funt, adjecta vel deftinata per textum in l. Quod in rerum §. fin. ff. De leg. 3. & quod in eo maximè fit fequenda deftinatio patrisfamilias l. Quæfitum §. Si quis ff. De fide inftr.* & autres loix alleguées chap. 8. dudit traité des criées.

10. Que la faifie faite, le Sergent eft tenu afficher à la porte de l'Eglife Paroiffielle une attache, qu'aucuns appellent, placard, ou cartipel, contenant les chofes faifies ; mais pour mieux faire une copie de la faifie des biens affis en la Paroiffe. Et fi les heritages font affis en diverfes Paroiffes, le femblable en chacune defdites Paroiffes de ce qui fera affis en chacune d'icelles, comme il eft porté par l'article 2. de l'Ordonnance du Roy Henry II. fur les criées.

OU CARTIPEL] Ce mot fignifie proprement un parchemin, fans doute comme qui diroit, *charta ex pelle,* j'ai remarqué dans l'expedié en fo me d'un Arrêt du Parlement, en datte du 10. ʔuillet 1550. donné entre les habitans de faint Laurens le Minier & ceux du lieu de Cafiliac prés de Ganges, qu'il y eft fait vœu *d'une vieille tranfaction en cartipel.*

11. Que la faifie faite fera bon la faire fignifier à l'executé,

O

afin qu'il n'en prétende ignorance , & ne trouble les Sequeſtres établis ; en ce Reſſort on y ajoûte l'aſſignation à voir faire les inquans.

12. Que l'adjudication par decret faite ſur un curateur à l'heredité jacente , ou aux biens vaquans , eſt bonne , pourvû qu'auparavant ait été crié & publié à ſon de trompe , que s'il y a quelqu'un qui ſe die ou prétende heritier du défunt , vienne. chap. 9.

13. Que l'attache ou placard , ou copie de la ſaiſie placardée doit être en François pour être entenduë de tous , & à la porte de l'Egliſe , plûtôt qu'à la place , parce que tous les Chrétiens vont à la Meſſe Paroiſſielle à l'Egliſe , & ne vont à la place que ceux qui veulent acheter ou vendre. chap. 10.

14. C'eſt à la porte de l'Egliſe Paroiſſielle que telles attaches ou placards doivent être mis & affichez , & non aux portes des Egliſes Cathedrales , Collegiales , ou Metropolitaines , ſi ce n'eſt qu'une d'icelles fut auſſi Paroiſſielle.

15. Que ſi les biens ſont aſſis , non à la Paroiſſe principale , ains en l'Egliſe annexée à icelle , ou l'Egliſe de ſecours , il ſuffira de l'afficher à la porte de l'Egliſe annexée , comme par icelle l'Egliſe Paroiſſielle étant répreſentée.

16. Que ſi l'heritage crié eſt ſur les limites de deux Paroiſſes , & ne ſçait-on de laquelle il eſt ; ſi c'eſt une maiſon , il la faut reputer être de la Paroiſſe & l'Egliſe vers laquelle elle a ſon entrée & porte principale ; ſi c'eſt une terre labourable , de la Paroiſſe en laquelle a accoûtumé d'être payée la Dixme és fruits excroiſſans en icelle , ſi ce n'eſt une terre labourable ains inculte , ne ſervant qu'au pâturage , il la faudra mettre à la porte de la plus prochaine Egliſe Paroiſſielle.

17. A faute d'appoſition de panonceaux ou armoiries du Roy aux biens ſaiſis , les criées ſont nulles chap. 12. & 14. en défaut deſquelles armoiries en Languedoc & Guyenne , nous nous contentons de l'appoſition d'une Croix de bois.

UNE CROIX DE BOIS | L'uſage de mettre une Croix , ou de bois , ou de quelqu'autre matiere , ne doit pas être reſtraint aux Provinces de Languedoc & de Guyenne ; l'Ordonnance du Roy Charles VII. de l'an 1441. en l'article 5. fait foi que cet uſage étoit general pour tout le Royaume : elle juſtifie encore que dans ce tems là on ne mettoit pas ſeulement une Croix , en ſigne de ſaiſie ; Mais qu'avec la Croix on mettoit *une Baniere apparente* , ou un panonceau dans la ſuite du temps on ſe contenta de mettre , ou l'un , ou l'autre ; Et parce que la Croix étoit un signe, duquel on faisoit plus de consideration que d'un brandon d'une baniere & d'un panonceau : C'est de là sans doute que vint la coûtume de s'en servir en signe de ban, d'Arrêt & de saisie, plûtôt que deux autres marques qui furent peu à peu negligées ; jusques là qu'en plusieurs lieux c'étoit une coûtume parmi les Seigneurs Directes, mais sur tout quand outre la Directe ils avoient la Justice, de faire mettre des Croix, pour marquer par là, *ut quis non haberet intrare possessionem, nisi solutis juribus Domini* : ce qui faisoit voir qu'ils avoient droit de saisir (suivant la coûtume de ce Royaume) pour le payement de la censive; ainsi qu'il est remarqué par *Marcus en ses decisions du Parlement de Dauphiné part.* 1. *decis.* 609. *num.* 3.

18. Que l'heritage dés qu'il est saisi ne peut être vendu par le proprietaire, *quia res est sub prætorio pignore l.* 2. *& 3. C. si in causs. jud. pig. cap. sit* Cap. 13.

ESTRE VENDU] La raison en est, parce que *Pignus prætorium rem ipsam afficit.* ℣. *Mayn. liv.* 2. *cap.* 63. la saisie feodale, à l'égard de laquelle ladite raison cesse, n'empêche pas d'aliener. ℣. *le Prestre centur.* 2. *chap.* 54.

19. Que les criées & inquans & affixion des attaches ou placards doivent être faites és jours de Dimanche, & non autres fêtes, à cause de la Messe Paroissielle, à laquelle l'Assemblée du peuple est plus grande. Chap. 16.

20. Les fruits échûs pendant les criées appartiennent au proprietaire, & ne peut l'adjudicataire les demander que du jour de la consignation de la somme de la surdite. Chap. 17.

21. Par l'enchere seule du dernier encherisseur, s'il est fugitif ou non solvable, le precedant encherisseur n'est quitte, ains doit fournir la somme de sa surdite : bien qu'aprés l'adjudication faite au dernier encherisseur, les precedans demeurent quites. Ch. 21.

FOURNIR LA SOMME] ℣. *num.* 31.

22. L'oposant à fin de distraire ne peut être depossedé par le Sergent ou Commissaires ni Sequestres, ni par le Juge jusques en fin de cause, si ce n'est que l'acquisition du tiers possesseur fût en fraude du fisc ou des creanciers. Chap. 22.

23. Les Commissaires ou Sequestres doivent bailler à afferme les biens au plus offrant & dernier encherisseur avec proclamation devant l'Eglise, la partie executée appellée, pour éviter les fraix des Commissaires à la lieve de fruits. Chap. 23.

24. Le titre clerical d'un Prêtre peut être saisi, & crié & decreté. Chap. 24.

TITRE CLERICAL] *Revel sur l'usage du pays de Bresse en la remarque* 6. *& d'Argentré titre des justices art.* 44. *num.* 5. *& seq.*

25. La certification des criées doit être faite, non és Parlemens, Chambre des Requêtes, des Aydes, ou autres jurisdictions ; mais devant les Juges ordinaires, où les biens sont assis. Chap. 24.

26. Toutes adjudications sont tacitement entenduës à la charge du cens, & autres droits Seigneuriaux, pour lesquels, & arrerages d'iceux, les Seigneurs fonsiers sont preferez à tous autres creanciers, *toto titulo*, *Sine censu vel rel. fund. comp. non. po. C. & ff. De censib.* Chap. 30.

27. Il se faut opposer pour la conservation des servitudes réelles comme si sur la maison venduë par decret le voisin prétend le puits d'icelle être commun, & avoir droit d'entrer & sortir par la porte & courroir d'icelle pour aller puiser de l'eau quand bon lui semble, ou qu'elle est tenuë recevoir ses eaux, ou sujettes aux servitudes *stillicidii*, *tigni immitendi*, *aquæductus*, *luminum*, *altius tollendi*, & autres semblables servitudes réelles. Chap. 31.

28. Que le mineur n'est restitué envers le decret, sous le seul pretexte de sa minorité, *nisi fraus intervenerit*, *vel enormis læsio per gl. in l. ff. C. Si avef. urend. pig.* & que *minor regulariter non restituitur si intervenerit tutor vel curator l. si. C. De si. instrum. & jure hastæ fiscalis, sed datur contra tutorem si læsus sit d. l. sin.*

29. Saisie sur saisie ne vaut rien, mais il se faut pourvoir par opposition, & en hypoteque generale ne sont compris les biens sujets à fideicommis ou restitution, ou en la prohibition d'aliener. Chap. 34. num. 5. & 15.

EN LA PROHIBITION D'ALIENER] C'est-à-dire pendant le tems qu'elle doit avoir efet, & jusques au dernier substitué, parce que celui-ci pouvant valablement aliener, *l. cum. pater §. libertis ff. de leg. 2°.* L'éfet de la prohibition d'aliener doit par consequent cesser en sa personne.

30. Aprés la quinzaine franche, passée depuis les quarante jours, les encheres ne doivent être reçûës Chap. 35. 36. 37. & 38. toutesfois il s'observe le contraire jusques à l'expedition du Decret faite sans dol, ni surprise, ou precipitation.

JUSQUES A L'EXPEDITION] *V. le tit. 1. de ce livre art. 1. §. 13.*

31. La folle enchere a lieu seulement és fermes du Roy, & le dernier encherisseur n'étant solvable, le precedent peut, s'il veut, demander la chose lui être adjugée. 39.

E's FERMES DU ROY] On ne fuit pas le fentiment de le Maiftre, ni de Ranchin *decif. part.* 2. *concluf.* 315. car il eft conftant dans l'ufage du Palais que la folle enchere n'a pas feulement lieu aux baux de fermes du Roy, mais en toutes fortes d'adjudications generalement.

S'IL VEUT] Ce qu'il faut entendre au cas la chofe ait été adjugée au dernier furdifant, & qu'ainfi fa furdite ait été acceptée; car autrement il n'eft pas en la liberté du premier encherifleur de fe liberer de fon enchere, à moins qu'il l'eût faite fous la condition expreffe qu'il feroit liberé au cas il fe trouvât quelque autre furdifant. Au refte il faut prendre garde qu'au préfent article on fait dire à Le Maiftre ce qu'il ne dit pas; il s'en faut bien, puis qu'au *chap.* 20. *de fon tr. des criées*, il foûtient conformément à l'ufage de ce Parlement, que par l'enchere feule du dernier encherifleur, le premier encherifleur n'eft pas quitte, & qu'il ne l'eft qu'aprés l'adjudication faite au dernier encherifleur.

32. Les encherifleurs de juftice peuvent être contraints par corps à configner le prix de leurs encheres au Greffe, bien qu'ils s'excufent avoir encheri pour un autre. Chap. 40.

33. Les encheres ne doivent être reçûës, que les encherifleurs ne nomment leurs Procureurs au Greffe, & élifent leur domicile en la maifon d'iceux: & fi le Procureur encherit, il fuffit qu'il répréfente celui pour lequel il a encheri. Chap. 41. 42. & 43. par l'Ordonnance art. 9.

34. Les Decrets font adjugez à la charge des droits & devoirs Seigneuriaux, & fraix de Juftice, par l'Ordonnance art. 12. pour les arrerages defquels le Seigneur fe doit oppofer, étant preferé pour iceux aux fraix des criées, Chap. 44. Toutefois il s'obferve que les fraix de Juftice font preferez: & depuis par un Arrêt parti en toutes les Chambres, & départi les Chambres affemblées, fut dit que pour les arrerages les Seigneurs ne fe doivent oppofer, Arrêt du 15. Janvier, rapporté par Mr. Maynard, liv. 2. Ch. 36.

35. Pour le droit de Dixme encores qu'il foit infeodé, on n'eft tenu s'oppofer non plus que l'Eglife. Chap. 45.

36. Des oppofitions, afin de diftraire des criées ce que quelque jour doit appartenir par fubftitution, fideicommis, condition, ou autrement, Chap. 46.

37. Le premier creancier n'être preferé, fi de fon confentement la chofe eft au fecond creancier hypotequée: bien eft le creancier preferé à tous, quand de fes derniers la chofe qui eft en criées eft acquife. Chap. 48.

DE SON CONSENTEMENT] Cela eft vrai quand le creancier donne fon confentement exprés, auquel cas les femmes mêmes quelques privilegiées qu'elles foient,

renoncent à leur hypotheque. *l. jubemus. C. ad Sc. Velleian.* ou quand le creancier in-
tervient dans un contrat comme partie principale, & non fimplement comme témoin. *V.*
Cambolas livre 5. chap. 25. d'Olive livre 5. chap. 28. Maynard livre 8. chap. 70. Brodeau
fur l'art. 21. de la coutume de Paris num. 3. & 4. & fur Loüet litt. N. num. 6. Charondas
en fes refp. liv. 7. chap. 217. Bruguier litt. H. n. 8. Ann. Robertus rer. judic. lib. 4. cap. 13.
& feq. Mornac ad l. Cajus, ff. de pignor. actio. & Broncharft centur. 2. affert. 100.

38. Les preuves, autoritez & raifonnement de ces Aphorifmes ou brieves fentences, le Lecteur pourra voir à leur original
dudit fieur Prefident le Maiftre en fon Traité, Des criées, qui
eft en François & livre commun.

Des Defefperez ou qui fe tuent eux mêmes.

TITRE II.
ARR. I.

PAr Arrêt du Parlement de Touloufe Guillaume Valiech
charretier, s'étant pendu & étranglé lui-même dans la prifon, pendant l'appel de la Sentence de condamnation de la queftion & torture contre lui ordonnée par le Viguier de ladite Ville;
fut ordonné que fon corps feroit mis à un carrefour, hors ladite
Ville fur quatre pilliers auprés des fourches patibulaires, & fes
biens confifquez, la tierce partie d'iceux refervée à fes femme &
enfans, & l'execution dudit Arrêt renvoyée audit Viguier. Prononcé le cinquiéme Avril 1571.

SES BIENS CONFISQUEZ.] Quand des defefperez fe tuent eux-mêmes, *& fibi*
latum infontes peperere manu, leurs biens ne font pas fujets à confifcation, fuivant l'Arrêt
rapporté par l'Auteur *au liv. 1. tit. 37. art. 1.* fuppofé qu'ils fe foient tuez *tædio vitæ*,
parce qu'en ce cas n'étant coupables qu'envers Dieu, & n'étant pas criminels à l'égard
des hommes, il n'eft point jufte qu'ils foient traitez comme infames, ils laiffent auffi leurs
biens à leurs legitimes fucceffeurs: mais quand ils fe tuent *in reatu*, pour fe dérober à la
peine, comme en ce cas *pro confeffis & pro damnatis habeatur*, leurs biens doivent être
confifquez, fuivant l'Arrêt du prefent article, & celui qui eft rapporté *en la fuite de ce*
Recueil tit. 33. arr. 3. pourtant en ce dernier cas la confifcation n'a pas lieu, s'ils s'étoient
étranglez, n'étans pas en prévention pour crime capital, ou fi leurs parens juftifient qu'ils
étoient innocens du crime dont ils étoient accufez: car il eft certain que fi les parens
parati funt defenfionem fufcipere admittuntur leg. 3. & fin. ff. de bon. cor. qui aut. fent. mort.
fibi confciu. V. Ferrer. in quæft. 76. Guid. Pap. d'Olive liv. 1. chap. 40. Ann. Robert. rer. jud.
lib. 1. cap. 12. & dd. in l. ult. ff. de his qui fibi mort. confciu. mais quoy que ceux qui
fe font tuez par defefpoir ne confifquent pas leurs biens, on les prive néanmoins de la
fepulture, comme on le faifoit autrefois parmy les payens; Meurfius le remarque en fon
traité *de funere. cap. 13* où il dit qu'on n'enterroit pas les homicides de foy-même, ni ceux
qui étoient morts par naufrage; il eft vrai que pour qu'ils ne fuffent pas fans fepulture, on
leur attachoit au bras ou ailleurs quelque piece d'argent *in pretium fepulture*, pour celui qui en
prendroit le foin, c'étoit indirectement leur donner fepulture, puifque par ce moyen on la

leur procuroit. Nous sommes aujourd'hui plus rigides, quoyque sous la loy de grace, & l'homicide de soy-même est si odieux, qu'on jette à la voirie le corps mort, comme si c'étoit le cadavre d'une bête ; il en faut excepter ceux dont il est parlé en ce livre *lit. F. tit. 12. art. 9.*

A R R. I I.

LE Mardy 28. Juin 1641. fut plaidée une cause contre les Vi-guier & Juge, Lieutenant & Procureur de Villeneufve de Berc, & condamnez en grosses amendes, d'autant qu'ils avoient fait pendre le corps d'un pauvre homme, qui en fuyant les Mi-nistres de justice s'étoit precipité du haut d'une maison en bas, & tué.

Depôt , Consignation , & Depositaire.
T I T R E   I I I.
A R R. I.

PAr Arrêt de Toulouse le 23. Avril 1554. avant Pâques, en la cause playdée entre les Consuls de Montpelier appellez d'une part, la Cour fit inhibitions à tous Juges & Executeurs d'ordon-ner aucuns dépôts, consignations és mains de leurs Clercs, pa-rens, ou domestiques : moins entre leurs mains, comme fut jugé contre Foyssac Lieutenant particulier de Montauban, condam-né pour ce en 30. liv. d'amende par Arrêt du 23. Aoust 1571.

ENTRE LEURS MAINS] *V. Le traité du reglement des Juges-Mages chap. 5. art. 13.*

A R R. II.

DEpôt pour être valable doit être fait d'autorité de justice, même s'il y a instance pendante en la Cour, comme fut jugé au procés Dentraigues en Janvier 1581.
A R R. I I I.

PAr Arrêt de la Cour, au rapport de Mr. Ferrandier au pro-cez de Françoise d'Espagne le 5. Juillet 1575. fut jugé que le depositaire seroit tenu rendre la somme deposée en mêmes espe-ces, & de la valeur qu'elles étoient lors que le depost fut fait de certaine somme d'argent, par la loy *Si quis vel pecunias. cum Auth. sequenti. C. Depositi. Boër. decis.* 327. *num.* 18.

LE DEPOSITAIRE.] Le depositaire qui n'exhibe pas les mêmes especes qui lui ont été baillées en garde, doit faire raison des profits & des interêts qu'il faut qu'il ait pû retirer. *l. quinius. ff. depos. i. dd. ad l. si quis. C. eod.* le préjugé que rapporte *Loüet. lit. Cod. num.* 7. ne pouvant être entendu que d'une consignation de somme sans specification expreſſe des eſpeces. Le depoſt a encore ce privilege, que quand le depoſitaire vivroit auſſi long-tems que Mathuſalem, on pourroit toûjours agir contre lui, ſans qu'il pût oppoſer aucune preſcription ; mais ſon heritier ne pourroit pas être recherché aprés trente ans, ſi le depoſt n'étoit plus en nature : la faveur même de l'Egliſe ne rend pas la cauſe de l'heritier du dépoſitaire moins favorable en effet le ſieur de Caſtelnau, fameux Avocat de Niſmes, ayant été relaxé par jugement de Meſſieurs des Requêtes de la demande d'un dépoſt fait entre les mains de ſon biſayeul, par le Chapitre de ladite Ville, de pluſieurs ornemens d'Egliſe, le Chapitre acquieſça à ce jugement aprés avoir pris conſeil, ces préjugez ſont fondez ſur la Loy *ubi adhuc. §. interdum. ff. de uſucap. & uſurpat.* laquelle ſert d'exception à la regle générale, qui veut que le dépôt ne preſcrive point. *l. ſi dico. §. creditores. ff. uti poſſid.* Au reſte bien que le dépoſitaire ſoit obligé de rendre en mêmes eſpeces, quoy qu'elles ſoient ſurhauſſées, & que par ce moyen elles excedent la ſomme limitée par l'acte de dépoſt, ſuivant la doctrine de *May. liv. 3. chap. 31* on peut dire néanmoins qu'il peut changer les eſpeces *quando eſt imminens mutatio pecuniæ*, & que les eſpeces dépoſées doivent être décriées, ou qu'elles doivent diminuer de prix ; car enfin, quelque ſacré que ſoit un dépoſt, ceux au profit deſquels il eſt fait, trouvent en ce cas leur avantage, & la ſage précaution du dépoſitaire qui a veillé pour eux ne doit pas lui porter préjudice, *officium ſuum nemini debet eſſe damnoſum.*

ARR. IV.

LE depoſt & conſignation de la ſomme, ou choſe deuë ne ſuf fit pour éviter les intereſts & dépens, ains faut qu'audit effet tout ce que par jugement ſera dit être dû ſoit conſigné.

ARR. V.

QUand il eſt ordonné que certaine ſomme de deniers ſera miſe és mains d'un Marchand reſponſable, ſi celui qui eſt pris d'office par le Juge refuſe ſans cauſe recevoir le depoſt, il y peut eſtre contraint par amendes & par corps ſi beſoin eſt. Et ainſi ſe juge.

Dépens.
TITRE IV.
ARR. I.

LA taxe des dépens doit eſtre faite par le Rapporteur, comme étant le mieux inſtruit du procez, ou en ſon abſence, maladie, ou autre empêchement, par autre commis par la Cour, comme fut jugé au procez de Pierre Moreau par Arreſt à Touloufe le ſixiéme Fevrier 1576. arreſté le 3. dudit mois.

ESTRE FAITE] *V. L'Ordonnance de 1667. tit. 31. art. 32.*

ARR. II.

PAr Arreſt du 22. Decembre 1537. arreſté le 19. dudit mois contre Jacques Marchand, fut dit qu'il ne ſera taxé pour les
exploits

exploits d'un Sergent , finon que ce qui eft accoûtumé d'être payé à un Sergent trouvé fur le lieu , & qu'à celui qui a écrit l'exploit ne fera rien taxé.

ARR. III.

L A Cour a fait inhibition & défenfe aux parties playdoyans & leurs Procureurs, & à tous autres, ne faire proceder à la taxe d'aucuns dépens, que le Commiffaire n'ait efté deuëment commis & deputé , fuivant le ftile ; & aux Greffiers & leurs Clercs n'expedier aucunes lettres executoires furlefdits rôles , que l'acte de la taxation ne foit figné par le Commiffaire qui aura procedé à ladite taxe, fur peine de quatre mille livres , & de nullité defdites taxes & executoires , & d'eftre refponfables de tous dépens , dommages & interefts aux parties. Prononcé à Touloufe en Parlement le fixiéme Fevrier mil cinq cens feptante-fix.

ARR. IV.

E Ntre Me. Pierre Gafe Lieutenant du Juge de la Bernoze appellant du Senéchal de Quercy, ou fon Lieutenant à Lauferte , contre la Croix & Motye , entre lefquels la Croix & Motye, y ayant eu quelque petit batement , enquis par autorité dudit Juge , appointez contraires , Motye demandeur auroit fait declaration audit Juge ou lieutenant, qu'il ne vouloit point plaider davantage, car il étoit d'accord avec fa partie: toutesfois ledit Lieutenant ordonne que ladite declaration demeurant écrite , Motye bailleroit fa demande , & articuleroit fes faits : à la premiere audience toutes parties fe prefentent , & font autre & femblable declaration , difans qu'ils font d'accord, & qu'ils ne veulent plus plaider. Troifieme déclaration femblable toûjours , ledit Lieutenant ordonne qu'il bailleroit fa demande. Quatrieme déclaration , ordonne que les parties contraires articuleront & prouveront : fuivant lequel appointement le parties font fi avant plongées en procèz , qu'ils font enquêtes principales & objectives fur les falvations , appointé en droit ; la Croix condamné en 2 5. l. & aux dépens; & cent fols envers les Seigneurs. Dequoi appel relevé pardevant led. Senechal bien appellé, les parties mifes hors d'inftance, & ledit Gafe condamné à rendre tout ce qu'il en avoit pris, dont auroit relevé appel en la Cour , par Arreft de laquelle après plu-

P

fieurs remonftrances du devoir du Juge fut l'appellation, & ce
dont eftoit appellé mis au néant, lefdites parties mifes hors de
procez, veuës leurs declarations, & fans defpens, & ce qui les
concerne ; & au furplus condamne ledit Gafe à rendre tous les
emolumens, cent cinquante livres d'amende envers le Roi, fufpendu par trois mois, & aux dépens de l'appel, & tous dépens,
dommages & interefts envers lefdites parties.

ARR. V.

CEux qui tranfigent pendant un procez, fi notamment ils
n'exceptent que c'eft fans préjudice des dépens & interefts,
ils ne font après receus à les demander : & ainfi fut jugé le 29.
Juillet 1593.

DE'PENS ET INTERETS] On fuit la diftinction que fait Ranchin. *in quæft. 55. Guid. Pap.*

ARR. VI.

ARreft en matiere beneficiale, qu'un fubrogé ne fera tenu des
dépens faits par fon predeceffeur, entre un nommé Ref-
feguier, & un nommé Rafanelle, donné le 14. jour de Juin 1534.

* NE SERA TENU.] *V. Rebuff. in praxi benific. part. 2. tit. 2. de fubrog. num. 47. cum
feq. & au tome troifiéme de fes commentaires fur les Ordonnances Royaux tract. de expenfis arr. 1.
num. 31. & art. 5. num. 59.* comme les dépens font perfonnels, il eft certáin que regulierement parlant le fubrogé n'eft tenu aux dépens que depuis le jour de la fubrogation : toutesfois l'ufage a été contraire en trois cas. *Primò.* Quand le fubrogé avoit repris purement &
fimplement le procez qui avoit été commencé avec fon prédeceffeur. *Secundò.* Quand il
s'agiffoit d'un refignataire qui avoit été fubrogé après la récreance. *Tertiò.* Quand l'action
étoit contre un Abbé, par exemple, comme tel, parce que les dignitez ne meurent point,
fed habent fuccefforem. En ces trois cas on adjugeoit contre le fucceffeur au benefice les
dépens faits du tems de fon prédeceffeur, & cet ufage dure encore.

ARR. VII.

PAr Arreft du 15. Decembre 1547. fut dit qu'aux taxes de dépens on ne prendroit fol pour livre, mais feulement felon la
grandeur du rôle.

ARR. VIII.

PAr autre Arreft du 24. Juillet. 1552. entre Grandfaigne, &
Tauriegue, fut inhibé aux Prefidiaux du reffort, de taxer, ni
recevoir pour chacune taxe de dépens, que 15. fols, & de députer
pour faire lefdites taxes, plus que d'un Commiffaire.

ARR. IX.

ENtre Pierre Rabaudy, & les Confuls de Villariez, fut inhibé aux Procureurs de pourfuivre taxe de dépens, fans bailler

& communiquer les rôles aux Procureurs qui les pourront tenir trois jours , le 21. Juin 1575.

S A N S   C O M M U N I Q U E R .] *V. l'Ordonnance de 1667. tit. 31. art. 4. & suivans.*

A R R. X.

P Ar Arrêt du 7. Juillet 1571. & 16. Decembre 1585. fut dit que conformement à l'Ordonnance , la taxe & condamnation des dépens, & la liquidation d'iceux seroit faite & poursuivie contre le garieur & évictionaire , & non contre le garanti.

C O N T R E   L E   G A R I E U R .] Cela est conforme à l'Ordonnance de 1667. *tit. 8. art.* 11. qui a renouvelé la disposition de l'article 20. de celle de 1539. ainsi il ne faut pas s'arrêter à la doctrine qu'établit *Boërius en sa decis.* 75. non plus qu'à la distinction que font *Papon liv.* 11. *tit. 4. art.* 13. *Bourdin & Fontanon sur ledit art.* 20. *de l'Ordonnance de François I.* en soûtenant que la sentence ne peut être exécutée pour les dépens contre le garanti, que lors-que le garant se trouve insolvable ; car à suivre le sens de ces Ordonnances, il est certain qu'indistinctement le garant seul doit être exécuté pour les dépens , dommages & interests, sans aucun recours contre le garanti. La nouvelle Ordonnance le decide même en termés plus forts que celle de l'an 1539. étant concuë en termes negatifs & prohibitifs ; *ne sera faite que contre les garants.*

Dixmes.
T I T R E V.
A R R. I.

I L y a reglement de la Cour de l'an 1564. 21. Juin , pour le payement du droit de dixme à la poursuite du Syndic du Diocese , contenant entre autres choses, permission aux Curez, Recteurs & autres Beneficiers d'aller depiquer leur cottité des fruits decimaux, & porter leur vendange, & faire tenir leur vin où bon leur semble.

A R R. I I.

P Ar Arrêt du 13. Avril 1540. entre le Recteur de Ricupey-roux en Rouërgue & le Doyen de ladite Eglise , fut dit & déclaré , qu'au droit de premices ne sont compris les droits Seigneuriaux, sçavoir les quarts , quints , censives , & directitez de ladite Eglise. Et par autre Arrêt du 22. Mars 1556. entre le Syndic du Chapitre de Beaumont, & le Recteur dudit lieu fut aussi dit & déclare qu'en la quatriéme partie adjugée aux Recteurs, doit être précompté le droit de premice qu'ils ont accoûtumé prendre , non toutesfois les oblations & offrandes.

N E   S O N T   C O M P R I S .] Comme le cens dû à l'Eglise est plus noble que celui qui est dû aux Seigneurs ; qu'il n'est pas même juste que l'on paye le cens de la dixme , comme cela arriveroit si les droits Seigneuriaux se payoient avant la dixme , & que suivant le droit canon la dixme eſt deuë *in recognitionem dominii generalis*, lequel s'étend ſur tous les fruits univerſelement, & le doit ¦auſſi emporter ſur la Seigneurie directe, par toutes ces raiſons la dixme s'exige avant les droits Seigneuriaux, même elle eſt dûë ſans deduction du travail, des fraix & de la ſemence. *Cap. ex parte & cap. tua extr. de decim.* ce qu'il faut entendre des decimes prédiales, car il en étoit autrement des perſonnelles, qui ſe payoient autrefois du negoce qu'on faiſoit, & deſquelles on déduiſoit les fraix. *Cap. paſtoralis. extr. de decim.* la raiſon en eſt qu'à cet égard la dixme ſe payoit ſeulement du gain & du profit du negoce qu'on faiſoit, ce qui a été dit des droits Seigneuriaux demeure juſtifié par l'Arrêt rapporté *au traité des droits Seigneuriaux. Chap. 6. art. 15.* au ſujet du Champart.

DROIT DE PREMICE.] La coûtume de l'exiger eſt preſcriptible dans quarante ans, ainſi jugé par l'Arrêt de la Grand'Chambre donné judiciellement le 7. Decembre 1653. en faveur des habitans de Sauvrac contre l'Abbé du Mas d'Azil.

ARR. III.

PAr Arrêt de Touloufe du 16. Mars 1477. executé par Mr. de Lauret premier Preſident au Parlement dudit Touloufe, ſuivant une precedente tranſaction entre l'Evêque & les Dioceſains d'Alby, le diziéme du ſaffran, eſt ordonné qu'il ſera payé de douze un, confirmé par autre Arrêt du 6. Mars 1489. & par autre Arrêt du 7. Septembre 1493.

TRANSACTION.] Quoy que la dixme doive regulierement être payée en eſpece, toutefois on peut convertir le payement en argent par tranſaction, & par l'Ordonnance de 1580. art. 29. telles tranſactions doivent être obſervées : c'eſt l'eſpece de l'Arrêt donné le 30. Juin 1676. au rapport de Mr. Daſpe en faveur de Pierre Boiſſier & du Syndic des habitans du Lieu de Langlade en Vaunage contre Me. Claude Brunel, Vicaire perpetuel dudit lieu; car par cet Arrêt le Syndic & habitans dudit lieu furent maintenus en la faculté de payer le droit de dixme du bétail à laine à raiſon d'un ſol par tête, conformement à une tranſaction du dernier de Novembre 1639. paſſée avec le predeceſſeur dudit Me. Brunel, cette tranſaction avoit été paſſée ſur une enquête, par laquelle ces habitans avoient prouvé en certaine inſtance qui étoit pendante au Senéchal de Niſmes, que c'étoit une coûtume obſervée de tout tems audit lieu, de ne payer la dixme du bétail à laine qu'à raiſon d'un ſol par tête, ce qu'on juſtifioit par trois quittances des années 1598. 1623. & 1637. dont il étoit fait veu audit Arrêt.

ARR. IV.

Extrait des Regiſtres de Parlement.

ENtre le Syndic du Chapitre de S. Sernin en Touloufe, demandeur d'une part, & Jean Audric Marchand de Blaignac, Jean Fornilles, Michel Bordes, Raymonde Cabarette, Me. Jacques Rech, Chanoine en l'Egliſe Metropolitaine ſaint Eſtienne de Touloufe, Damoiſelle Jeanne de Chauvet, femme à Me. Pierre Simon de Buet Conſeiller du Roy en la Cour, & Commiſſaire en la Chambre des Requêtes du Palais, défendeurs d'autre, Veu le procez du 13. Juin dernier, Arrêt donné par la Cour le 16. May dernier, requête de forcluſion, défauts par ledit Syndic obtenus contre Antoine Peyres, & Antoine Parlieres devant

ledit Commiffaire, joints au principal, & autres productions confignées en l'inventaire dudit Syndic. Dit a été, que la Cour a condamné & condamne lefdits Audric, Fornille, Bordes, Cabarette, Rech, & de Chauvet, payer audit Syndic de treize tables
une, tant de l'ail, oignons, que choux cabus, blancs & rouges,
porreaux, & efpinars, pour le droit de dixme d'iceux fruits excroiffans dans les jardins & terroir dit de Sardaigne, en la Parroiffe
dudit faint Sernin, & hors dudit terroir en ladite Parroiffe de
quinze tables une, d'iceux fruits, & à toutes & chacunes les fois
que lefdits terroirs porteront lefdits fruits, & encores la quinziéme partie de la graine defdits fruits, & auffi des lins & chanvres,
& des bleds, ou fourrages, la quinziéme partie qui provient d'i-
ceux; & en outre de chaque brebis ayant aigneau qu'ils tiendront
dans ladite Parroiffe, un liard; & de dix cochons un pour le droit
de dixme, fuivant la fentence donnée par le Senéchal de Touloufe, ou fon Lieutenant, le 20. Novembre 1551. Sans toute-fois
comprendre à ce les jardins clos & fermez, fervans pour le plaifir
& ufage des proprietaires, defquels fuivant la declaration dudit
Syndic mife en fon inventaire, ne fera pris aucun droit de dixme;
fi ce n'eft au cas qu'ils foient femez de bled, chanvres, ou lins,
auquel cas payeront dixme d'iceux grains en la forme fufdite, & a
condamné & condamne lefdits défendeurs aux dépens envers ledit
Syndic, la taxe refervée : & avant dire droit fur l'utilité defdits défauts, a ordonné & ordonne que ledit Syndic fera affigner en la
Cour lefdits Peyres & Parlieres, pour après y être pourveu, & cependant les a condamnez & condamne aux dépens defdits défauts
envers iceluy Syndic, la taxe d'iceux refervée. Prononcé à Touloufe en Parlement le 7. Aouft. 1603. figné, De Malenfant.

DANS LES JARDINS.] Par Arrêt du 30. Janvier 1670. le Syndic du même Chapitre
de S. Sernin fit condamner les Jardiniers de la Ville de Touloufe à lui payer la dixme des
oignons, des apis, & des herbes potageres excroiffans dans leurs jardins; le Syndic du
Chapitre de la Ville de Nifmes fit auffi condamner celui des Jardiniers par Arrêt du 6. Mars
1640. à lui payer la dixme des hermes & autres chofes qui fe recueilliroient dans les Jardins, autres toutefois que les clos & fervans à la ménagerie des proprietaires, à raifon de
douze monceaux ou gerbes une, ou de douze planches ou tables une, ou de douze livres
une, fçavoir de la graine de Marjolaine, de la guinée, du corail, chardon benit, fenoüil
doux & amer, de l'ail, oignons, artichaux, poix, febves & autres legumes, du bled de
Turquie & d'Efpagne, millet, naveau, tabac & fariete. Par tranfaction du 25. May 1642.
il fut convenu qu'à la place de la dixme adjugée en efpece par cet Arrêt, les Jardiniers

payeroient pour chaque falmée de terre de leurs jardins fix émines de beau bled à la fête de S. Michel. La raifon qui affujettit les Jardins au payement de la dixme, eft prife de la regle de droit, *fubrogatum fapit naturam fubrogati*, fuivant laquelle il eft jufte que puifque les lieux qui fervent de Jardin produifoient autrefois du bled qui payoit dixme, les fruits excroiffans aux Jardins la payent auffi : outre qu'autrement on pourroit frauder la dixme, fi les jardins en étoient exempts.

LESDITS TERROIRS.] A propos des terroirs, il ne doit pas être inutile d'obfer-ver que quoy que les dixmes perfonnelles foient abrogées, toutefois le Curé d'Encaufte au Diocefe de Comenge, fe fit maintenir provifionelement au droit *de Reithe*, contre le Curé de Raigades par Arrêt donné en la Grand'Chambre le 11. Septembre 1673. ce droit eft une efpece de dixme que les Curez exigent en certains lieux dans les Paroiffes voifines, à caufe des cultures que leurs Paroiffiens y font durant toute l'année.

LINS, CHANVRES, BLEDS, OU FOURRAGES.] Il y a Arrêt du 7. Août 1603. au rapport de Mr. de Sabatier en faveur du Chapitre de S. Sernin de Touloufe, qui con-damne divers particuliers au droit de dixme du linet, chanvre, bleds & fourrages, comme auffi de la graine defdits fruits. Ces efpeces font fi fujettes à payer dixme, que quand on les recueilliroit dans des Jardins clos, elles n'en feroient pas exemptes, & fous celles des bleds font compris, tant le millet ordinaire, témoin l'Arrêt donné au rapport de Mr de Cambolas le 23. Mars 1657. pour Me. Arnaud Bonnefoy, Recteur de Cayrac contre fes Parroiffiens, que le gros millet, connu fous le nom de bled d'Efpagne, témoin l'Arrêt donné le 5. Avril 1647. au rapport de Mr. d'Olivier en faveur du Chapitre de S. Pierre de Burlats contre les Confuls du lieu de Cabanes.

JARDINS CLOS ET FERMEZ.] Ce qu'il faut entendre *juxtà legitimum modum*, en ce que les Jardins n'excedent pas deux journées d'homme à foffoyer, fuivant l'Arrêt donné en l'année 1628. entre le Prieur de Chaix & les Habitans dudit lieu, il fut donné au rapport de Mr. de Lucas le 21. de Juin. Ainfi le Syndic du Chapitre de S. Sernin & le Recteur de Blaignac ayant été maintenus par Arrêt du 8. Mars 1640. au rapport de Mr. de Vedelly, à lever la dixme des artichaux qui croîtroient dans la dimerie dudit lieu hors des Jardins & dans les champs ouverts, autres que ceux qui ferviroient à l'ufage domeftique des particuliers habitans dudit lieu; Le Syndic du Chapitre demanda l'interpretation dudit Arrêt, & par autre Arrêt du 29. du mois de Juin fuivant, la Cour déclara avoir entendu comprendre en la maintenuë portée par le précedent Arrêt, la dixme de tous artichaux excreux, non feulement dans les champs ouverts, mais encore dans les enclos qui exce-dent la portée des jardins ordinaires & proportionnez aux ufages domeftiques des particu-liers habitans; mais ce n'eft pas tout que les jardins clos n'excedent pas deux journées d'homme à foffoyer, il faut encore que cela foit fans abus, car quand ils feroient d'un moindre contenement, & qu'ils feroient joints aux maifons des proprietaires, ils feroient fujets à la dixme fi on les femoit de bled, parce qu'on les divertiroit de leur ufage naturel qui eft de porter des herbes & des fleurs.

Dot & preferance d'icelui.
TITRE VI.
ARR. I.

POur empêcher le privilege & preferance du dot aux crean-ciers anterieurs fuivant les loix, *ubi adhuc. De jure dot.* & la loy, *Affiduis, C. qui poti in pig.* il faut que les créanciers étant avertis du traité de mariage avant le contrat d'iceluy, denoncent par acte public, & notifient leurs debtes & obligations à la future

femme, & aux conftituans la dot, & en proteftent le cas de predecez du mary advenant, afin qu'ils n'en pretendent caufe d'ignorance. Et ainfi fut jugé par Arrêt de Touloufe, donné au rapport
de Mr. Catel en l'an 1607. pour les creanciers de Calot contre la
femme de Fernandy, ayans ufé de pareille precaution & notification à ladite de Fernandy & Dulmieres fa mere, avant ledit contrat de mariage. *arg. l. Si fundum. C. de rei vindic. l. Ait prætor. §.
Si quis particeps. ff. de edendo. l. Quid in hærede. in verbo* (Ipfe.) *ff.
de tribut.* parceque *decipientibus non eft fubveniendum.*

DENONCENT PAR ACTE.] Il fuffit que la denonciation foit faite avant les épou-
failles; fi la chofe eftoit autrement, on éluderoit toûjours le droit que les creanciers ont
de denoncer leurs hypotheques, parcequ'il feroit facile de paffer les pactes de mariage, &
de fiancer en cachette; cette denonciation doit eftre faite à la fiancée en perfonne, ou
en domicile par acte de main publique. Et fuivant les derniers Arrêts (ce qui me paroit
un peu extraordinaire) il ne fuffit pas qu'elle foit faite en domicile, ou en la perfonne du
pere, lorfque la fille eft mineure; il faut qu'elle foit faite à la fiancée perfonnellement. Il
y a mefme plufieurs cas qui equipollent à une denonciation formelle; comme quand les
creanciers après avoir fait faifir les biens du futur époux en ont pourfuivi les inquants avant
la benediction du mariage, parceque tels inquants, bien entendu qu'ils ne foient pas perimez, tiennent lieu de denonciation; & en effet on peut dire qu'une denonciation faite par
le moyen des inquants eft d'un caractere qui la rend & plus publique & plus notoire que
celle qui fe fait dans une maifon entre quatre murailles, ou en perfonne tefte à tefte par
le fimple miniftere d'un Notaire, c'eft l'efpece des deux Arrêts donnez en la premiere
Chambre des Enqueftres de ce Parlement; l'un le 28. Juin 1663. au rapport de Mr. de
Lafont en la caufe de la Dame d'Aunelas & du Sieur de Bonneval; & l'autre le 16. Mars
1669. au rapport de Mr. d'Avizard, au profit des creanciers du nommé Montfort contre
Marguerite de Mazars fa veuve. Le fecond cas, qu'on a creu équipoller à une denonciation formelle, eft à l'égard des enfans d'un premier lit pour les fommes données à leur
mere dans fon contrat de mariage pour habits, bagues & joyaux, ou pour autre caufe, car
une feconde femme eft cenfée avoir connoiffance d'une telle donation, ne pouvant pas
ignorer le premier mariage de fon mari; de forte qu'à cet égard elle ne peut pas joüir du
privilege de fa dot au prejudice des enfans du premier lit, veu même qu'à caufe du refpect
qu'ils doivent avoir pour leur pere, fur tout quand ils font fous fa puiffance, on les doit
confiderer comme ayant les bras liez, & comme étans dans une efpece d'impuiffance phy-
fique à dénoncer l'hipotheque qu'ils ont fur les biens de leur pere. Il y en a Arrêt donné
l'onzieme d'Aouft 1674. en la feconde Chambre des Enquêtes au rapport de Mr. de Joffé
en faveur de Jacques Brouffe, mari de Loüife Rimbaud, icelle fille de feus Claude Rimbaud & Catherine de Roure, de la Ville d'Aubenas contre Jeanne Roche femme en fecondes nôces dudit Rimbaud; il ne s'agiffoit que de 60. liv. données pour bagues & joyaux.
La même queftion s'étant préfentée en la Chambre de l'Edit feant à Caftelnaudarry en
l'inftance de diftribution des biens de feu Charles Vardan Sieur de Villeneuve, & Albert
Baudan fon fils, prétendant que pour la fomme de 2000. liv. donnée pour bagues & joyaux
à Gabriele de Barnier fa mere, il devoit être allumé préferablement à Lucreffe de Dor-
geoife, femme en fecondes nôces dudit Sr. de Villeneuve, il intervint Arrêt de partage
au rapport de Mr. de Juillard le 23. Juin de l'année derniere 1679. ce partage fait voir que
le privilege donné en faveur des enfans de Rimbaud, ne doit pas être tiré à confequence,
& qu'il n'eft pas établi fur un ufage conftant de juger du Parlement.

A R R. I I.

PAr Arreſt parti en toutes les Chambres, & départy toutes les Chambres aſſemblées au mois de Mars 1610. fut reſolu que les enfans, ni les heritiers de la femme, ni même le pere recouvrant la dot de ſa fille par droit de retour, ne jouïſſent point du privilege du dot au préjudice des ſubſtituez, parce que, *eſt privilegium perſonale, & ſtricti juris*, & que *mortua uxore non amplius cenſetur dos, ſed proprium patrimonium patris, filiorum aut fratrum*.

QUE LES ENFANS.] Il eſt certain que ſi bien preſque tous les privileges de la dot ſoient perſonnels, les enfans toutesfois en jouïſſent, *l. aſſiduis. §. exceptis. C. qui potior. in piga. habeant*. Et ſuivant la diſtinction que fait Godefroy ſur la Loy *un. c. de privileg. dot* ainſi l'auteur ſe trompe quand il dit que les enfans ne jouïſſent pas du privilege de la dot ſur les biens ſubſtituez, l'uſage eſt ſi contraire, que meſme les heritiers étrangers uſent de ce privilege, cela eſt trivial.

A R R. I I I.

LA dot doit eſtre reſtituée en eſpeces reçuës comme valoient lors de la reception & reconnoiſſance : par Arreſt du 22. Mars 1583. entre Molinier Avocat, & Florete Dazalbert veuve.

COMME VALOIENT.] *V. le tit. 5. de ce liv. lit. M. art. 45.*

A R R. I V.

PAr Arreſt general prononcé en robes rouges par Monſieur Durand premier Preſident le 13. Septembre 1585. entre Marie de Pellepoix, demandant la repetition de ſon dot, & le Syndic de l'hôpital de Toulouſe ſubſtitué aux biens ſur leſquels la dot doit eſtre demandé. La femme fut demiſe de ſa demande, & decis que l'auth. *Res quæ. C. de fideicommiſſis*, n'auroit lieu que *inter deſcendentes, & non inter collaterales*, & aux ſubſtitutions faites par les pere ou mere à leurs enfans & deſcendans d'iceux, & non aux ſubſtitutions faites par les oncles, ou autres collateraux, ni auſſi par les étrangers.

COLLATERAUX.] Pour que la dot ſe puiſſe prendre ſur les biens ſubſtituez par un aſcendant, il faut qu'elle ait été réellement payée; on ne peut même la prendre que ſubſidiairement en defaut des biens libres du mari; l'augment a le même privilege, c'eſt-à-d're l'augment coûtumier ſuivant *Maynard liv. 3. chap. 20.* mais comme deux cauſes lucratives ne peuvent pas concourir, les interêts auſſi de la dot n'ont pas ce privi'ege; ni ſelon *Ferrer. in quæſt. 96. Guid. Pap.* l'augment coûtumier s'il y a prohibition d'aliener les biens ſubſtituez, peut-être eſt-ce bien le motif de l'Arreſt rapporté *en l'art. 20. de ce tit.* & pour que la dot puiſſe eſtre conſiderée comme réellement payée, il faut neceſſairement que la reconnoiſſance porte que les témoins numeraires & le Notaire recevant ont veu la realité & la numeration des eſ-

peces,

peces , autrement la reconnoiffance ne paffe que pour une fimple liberalité fans privilege
de dot , fuivant l'ufage inviolable du Parlement. Il femble même qu'il faut induire de la
Novel. 39. chap. 1. §. hæc igitur: que l'Empereur refufe ledit privilege à la dot , qui eft
réellement augmentée pendant le mariage , quoi qu'elle doive avoir davantage que celle
qui eft fimplement confeffée : au refte l'Authentique *res quæ* ceffe , lors que les biens fubftituez ont été alienez avant le contrat de mariage : comme auffi lors qu'il y a eu deux ou
trois dots diftraites , parce qu'autrement *illuforia & inutilis effet fubftitutio.* ℣. *Ferrer. in*
quæft. 2. Durant. Brod. fur Loüet lit. D. n. 21. & même à l'égard d'une femme dont la dot
confiftoit en fonds , qui a été alienée par fon mari : la raifon en eft , que l'action fur les biens
fubftituez n'eft que fubfidiaire , & que la femme en a une directe contre les acquereurs ,
des mains defquels elle eft en droit de les vendiquer , fuivant la loi *Julia de fundo dotali.*
ainfi elle ne peut , ni ne doit fe fervir de l'action fubfidiaire fur les biens fubftituez : fi le
contraire lui étoit permis , on renverferoit facilement les fideicommis , & il feroit facile de
frauder la volonté des teftateurs.

ARR. V.

LE 20. Juillet 1592. au procez de la femme de Gayrel Procureur , fut jugé que les habillemens de dueil d'une veuve ,
& fa penfion durant le veuvage , joüiffent de même privilege
de priorité d'hypoteque que le dot , & pour iceux la femme eft
preferée *omnibus creditoribus , etiam anterioribus ;* autrement de
l'augment qui n'a hypotheque que du jour des pactes.

HABILLEMENS DU DUEIL.] Ces habits ont le privilege de la dot , parce qu'ils
tiennent la place des interêts de la dot , laquelle ne peut pas eftre demandée pendant la
première année de viduité : de forte que la femme ayant droit de preference pour les interefts de fa dot , comme pour la dot même , il s'enfuit qu'elle la doit avoir auffi pour fes
habits de deuil , lefquels doivent être reglez fuivant la faculté des biens du mari & la qualité de la veuve ; elle peut même fe les faire adjuger , quoi que l'heritier du mari lui ait
payé fa dot , fuivant l'Arrêt donné en la feconde Chambre des Enquêtes , au rapport de
Mr. de Vignes le 21. Juillet 1677. en faveur de Marie Raveure contre l'heritier de Vidal
Conil fon mari.

ARR. VI.

PAr Arreft du 27. Juillet 1591. entre Pierre Dulmieres fieur
de Roquettes Gabriel Dulmieres a été jugé que la portion
de l'augment gagné par la femme qui ne s'eft remariée , appartient en feul à l'enfant par elle inftitué heritier , encores que
nommement elle n'en ait difpofé en fa faveur , fuivant l'Auth.
Nunc autem. C. de fecund. nupt. interpretant que ce que ladite Auth.
dit , *nifi transferat in alios ,* ne s'étend point quand elle inftituë
heritier un des enfans. En ces termes la Cour a condamné Pierre à payer à Gabriel heritier de la mere , deux cens livres , pour
la cottité de l'augment du dot gagné par ladite de Papus mere ,

Q

ayant tenu vie viduelle , laquelle cottité la Cour declare appartenir audit Gabriel heritier de sa mere.

* A l'Enfant.] Il en estoit autrement à l'égard de l'heritier étranger. *Gregor.*
Tholos. in syntagm. jur. lib. 9. *tit.* 26. *num.* 45. Aujourd'hui sans distinction aucune l'insti-
titution d'heritier n'emporte pas élection pour l'augment, il faut en avoir expressement
disposé : ainsi on ne suit plus en ce Parlement l'Arrêt rapporté par l'Autheur, ni l'usage
du Parlement de Grenoble , qui est conforme audit Arrêt. Les creanciers même d'une
femme ou d'un mari survivant & non remarié, n'ont aucune prise sur sa portion virile, s'il
ne l'a expressement hypotequée, ainsi qu'il fut jugé en la Chambre de l'Edit le 13. Août
1678. au rapport de Mr. Scorbiac en faveur des enfans d'Antoine Lombrad Teinturier de
Nismes , & de la nommée Pelouse, contre les creanciers dudit Lombrad. Il y a même
cecy de particulier en ce préjugé , que ces enfans se firent encore adjuger la part que leur
pere avoit gagnée en la succession aux biens de quelques-uns de leurs freres , decedez après
Pelouse leur mere , & après l'instance de distribution des biens dudit Lombrad leur pere
introduite , on considera que le tout provenoit de la substance de Pelouse mere de ses enfans,
& que Lombrad par un remariage pouvoit aussi tout acquerir à ces enfans , sans que ses
creanciers y eussent pû prétendre , ce préjugé ne doit pas pour ce chef estre tiré à
consequence.

A R R. V I I.

ARrest par lequel la veuve ne peut demander la pension à
elle laissée & legat, étant payée de ses dot & augment,
entre Pierre Cazeneusve , prononcé le 11. de Janvier 1571.
Autre Arrest touchant ce fait entre Marguerite de Durand &
Roguiers. Prononcé le 19. Juillet 1571.

Ne peut.] *V. Surdus de alim. tit.* 9 *quest.* 16. à *num.* 27. ad *num.* 37. où il rapporte les sentimens differends de *Signor. con.* 167. & de *Natta cons.* 140. *num.* 13.

A R R. V I I I.

ENtre Anne d'Isarn Damoiselle vefve à feu Me. Pierre Roguier, en son vivant Conseiller du Roy en la Cour , demanderesse en interinement de requête du 17. Mars dernier passé,ten-
dant à la fin que Jean Roguier Bourgeois de Toulouse soit condamné & contraint à restituer & payer à Marie Roguier sa mere
& femme dudit feu Me. Pierre Roguier & de ladite d'Isarn la somme de mille écus en nom de dot , & neanmoins la décharger d'autre obligation pareille pour ce regard faite à Me. Antoine Alexis
d'une par ,ledit Jean Roguier défendeur d'autre. Veu les playdo-
yez du 6. Avril dernier passé , &c. il sera dit que la Cour ayant
quant à ce égard à la requête de ladite d'Isarn,a condamné & condamne ledit deffendeur à restituer & payer à ladite Marie Roguier
sa niéce dot suffisant,eü égard à la qualité & facultez tant d'iceluy
deffendeur,que dudit feu Roguier Conseiller du Roy en la Cour,

fon fils, & dudit Alexis, enfemble au nombre des enfans dudit défendeur, dont eftimation fera faite par trois Bourgeois, & autres ayans de ce connoiffance, defquels lefdites parties conviendront dans trois jours devant le Rapporteur du procez, & qu'à faute d'en convenir par luy feront pris d'office, pour, veuë leur relation, eftre pourveu fur le furplus des conclufions & requifitions des parties, ainfi qu'il appartiendra, dépens refervez en fin de caufe.

A R R. IX.

ENtre Françoife de Ganges Damoifelle vefve à feu Maiftre Guillaume Boraigues, en fon vivant Me. des Comptes à Montpelier, demandereffe à ce qu'attendu fa pauvreté luy fut adjugée la quatriéme partie des biens du fecond feu mary, & Jacques & Charles Peliffiers, Arreft prononcé judiciellement le 13. Septembre 1581. par lequel eft adjugé à ladite de Ganges, attendu fa pauvreté, la quatriéme partie des biens appatenans à feu fon mary.

A R R X.

LE mary eft tenu fupporter les frais funeraux de fa femme : fi toutesfois elle a d'autres biens que le dot, defquels elle ait fait heritier un autre, fon mari n'eft tenu de contribuer aufdits frais qu'à proportion dudit dot, eu égard à la valeur des autres biens ; comme fi le dot eft de mille écus, & les autres biens de la valeur de deux mille, le mari ne payera le tiers defdits frais des honneurs. Et ainfi fut jugé entre Suau & Cazalede fa belle mere le 15. Fevrier 1594.

LE MARY] *Mofes maimonides in Halach. ifhoth.* où il eft traitté *de re uxoria,* rapporte fix devoirs principaux du mari que les Hebreux appellent *Thanie cethuba,* comme qui diroit, les conditions ou les appandices de la dot ; le troifiéme defquels eft, qu'il doit faire enfevelir fa femme lors qu'elle eft morte.

A PROPORTION.] L'un y contribuë pour la part qu'il a en l'heredité comme heritier ; & l'autre pour la part qu'il poffede des biens de fa femme. Cela eft fondé en droit, *funeris impenfa ad hæredes, vel honorum poffeffores pertinct. l. fi quis fepulchrum §. fin. ff. de relig. & fumptib. funer.*

A R R. XI.

SOuvent eft venu que le mari ayant gagné le dot en vertu de la coûtume de Touloufe par le predecez de fa femme, laquelle en fes pactes matrimoniaux s'eftoit refervé de pouvoir difpofer de certaine fomme pour fon ame ou autrement : neanmoins decedée fans difpofer d'icelle, que fes hoirs *ab inteftat* de-

Q ij

mandoient au mari ladite fomme ; dequoi par plufieurs jugemens & Arrêts ont été démis , même par Arrêt entre Guillaume Boyer & Jeanne Boiffevin , & entre les hoirs de le Croix Gautiere mere d'Auftriere femme dudit la Croix le 24. Janvier 1591. parce que la refervation faite d'un cas exclud les autres cas *l. Cùm prætor. C. De judic.*

* S'ESTOIT RESERVE'.] L'ufage eft aujourd'hui contraire , & les fucceffeurs *ab inteftat* profitent des fommes refervées , à l'exclufion des maris dans la coûtume de Toulouse , & des donataires en general , fuivant la loy , *fi mulier. C. de jur. dot.* & les préjugés de *Maynard liv. 2. chap. 93. d'Olive liv. 3. chap. 28. & de Cambolas livre 5. chap. 1.*

ARR. XII.

LA confeffion faite par le teftateur en fon teftament d'avoir receu le dot de fa femme , ne fert point de preuve fuffifante pour l'hypotheque ou privilege dudit dot , s'il y a des creanciers precedans dudit teftateur, & au préjudice d'iceux, ains feulement *habet vim legati l. Cùm quidem §. Decendens. ff. De leg.*

3. Et ledit cas avenant on a accoûtumé de recevoir la femme ou fes heritiers , à prouver le payement dudit dot : Et ainfi fut jugé pour la femme de Bajodoly Huiffier du Thréfor , contre Perdriel receveur du Domaine , executer faifant , le 18. Septembre 1591.

DE PREUVE.] Une telle confeffion ne prouve pas une numeration de la dot , mais induit feulement une donation & une fimple liberalité , qui ne peut pas nuire aux creanciers , à caufe dequoy dans les inftances de diftribution le Parlement a accoûtumé , avant dire droit fur l'allocation requife par la femme , ou par fes enfans , préferablement aux autres creanciers , fur les biens du mari , d'ordonner qu'on verifiera par tout genre de preuve , que la fomme dont eft queftion , ait été réellement comptée au mari , & cependant par provifion que la femme ou fes enfans feront alloüez pour ladite fomme & interéts d'icelle , en dernier rang après tous les creanciers du mari.

ARR. XIII.

LEs heritiers de la femme étrangere , *& fi non funt ex fuis & defcendentibus* , en la repetition du dot contre les creanciers , *non gaudent privilegio dotis. l. 1. C. De privileg. dot.*

ESTRANGERS.] Il faut excepter trois cas , fuivant lefquels le privilege de la dot n'eft pas perfonnel , mais paffe aux étrangers. *Primò* , lorfqu'ils l'ont à titre onereux. *Secundò* , lorfque la femme ou fes enfans font tenus à la garantie. *Tertiò* , lorfque l'action a été préparée par la femme ou par fes enfans.

ARR. XIV.

EZ Arrêts généraux du 13. Septembre 1572. entre Jean & Michel Caftains , appellans du Senechal de Touloufe , & Jeanne Bonnete , veuve à Etienne Caftains , ayant été tuteur , & à caufe de ladite tutele , reliquataire aufdits Jean & Michel , fut prononcé l'Arrêt qui s'enfuit.

LA Cour en ce que ledit Senéchal auroit alloüée la veuve en premier lieu avant lefdits pupilles , a mis l'appellation , & ce dont a été appellé au neant : & reformant le jugement a mis & met ladite veuve & pupilles pour le payement de leurs dettes en même ordre & degré pour être payez au fol la livre : parce que c'eft un interêt public auffi , que les pupilles foient pourvûs de tuteur , & leur bien leur foit confervé. *l.* 4. *De privil. cred.* Et parce qu'ils ont expreffe hypotheque fur les biens de leurs tuteurs. *l. Pro officio. ff. De adminiftr. tut.*

* PAYEZ AU SOL LA LIVRE.] L'ancien ufage du Parlement a été d'alloüer la dot de la femme & le reliqua du pupille , par concurrence au fol la livre ; cét ufage fut confirmé par l'Arrêt général de l'année 1572. que l'autheur rapporte , & qui pourtant ne fut pas fuivi : car dépuis ce tems-là , jufques en l'année 1628. ou environ , on jugea très-fouvent au Parlement que la femme devoit être alloüée preferablement au pupille , laquelle maniere de juger a toûjours été pratiquée par la Chambre de l'Edit , tant qu'elle a duré ; mais en ladite année 1628. le Parlement changea de Jurifprudence , & par quelques Arrêts qu'il donna , il regla les allocations de la femme & du pupille par la maxime de droit, *qui porior eft tempore potior eft jure*, c'eft à dire, par la datte du tems, fans compter pour rien le privilege de la dot. Il eft vrai que dépuis ce tems-là le Parlement a fait revivre la difpofition de la loy *affiduis*, en faveur de la femme qu'il préfere au pupille indiftinctement, la decernation de tutele fut-elle de beaucoup anterieure à la conftitution de dot ; cela s'obferve aujourd'hui inviolablement. *V. le tit.* 4. *de ce liv. lis. H. art.* 5.

ARR. XV.

PAr jugement donné en Mars 1593. entre Berot & la Gaufie, fut adjugé à ladite de la Gaufie non feulement la dot de mille écus , ains l'augment de 500. écus & encore la donation *popter nuptias*, n'étoit point exceffive ni excedant les facultez du donnant.

ARR. XVI.

LA Femme recouvre fon dot & augment fur les biens de fon mari, encore qu'ils foient confifquez , & fon mari condamné à mort, voire pour cas & crime de leze-Majefté divine & humaine ; & jufques au recouvrement defdits dots & augment, lui doit être adjugé provifion competanta, eu égard à fa qualité, & dudit dot & biens : comme fut adjugé par Arrêt à Touloufe pour Marguerite de Senys Damoifelle , femme à Me. Jean Lacuinier Juge d'appeaux du Comté de Foix, condamné à mort & fes biens confifquez pour crime de leze-Majefté, contre le Procureur general

Q iij

du Roy requérant l'execution dudit Arrêt de confiscation. Prononcé à Toulouse le 30. Juin 1567.

Son Dot.] *L. si marito. ff. solut. matrim. quem dos petat.*
Et Augment.] *Novel.* 134. *cap. ult.*

ARR. XVII.

LA femme n'est contrainte prendre son dot pendant son vefvage pour faire cesser la pension constituée par les pactes, ou leguée par testament, ainsi qu'il fut jugé par Arrêt à Toulouse le 3. Janvier 1575. par lequel la Cour adjugea à Peyronne Dayrolles sa pension tant qu'elle vivra viduellement, & ne voudra retirer son dot. Et par autre Arrêt du 14. Mars 1585. entre Vignaux & Blandinieres veuve de son frere. Et encore par autre du 18. Novembre 1577. entre Monberault & Ysabeau de Mirepoix veuve.

ARR. XVIII.

IL y a diversité d'Arrêts si l'augment est dû d'un dot non payé, ou à proportion seulement de ce qui en aura été payé; car par Arrêt du 22. Decembre 1574. donné au rapport de Mr. F. Sabatier, *non deberi judicatum fuit*, suivant autre Arrêt du 1. Août 1549. entre Marie de Rome & le sieur de la Terrasse, *ex Auth. Sed ea quæ nihil. C. de dot. promiss. & ex l. pen. eod. quia id quod non est, nullum potest producere effectum: & quia dos promissa, dos non est, cùm numeratio sola dotem faciat, dita l. pen.* & suivant l'opinion de Mr. Boyer. Decis. 22. & de Bart. *in l. Iubemus. §. Sanc. C. de sacros. Eccles.*

Toutesfois il y a aussi d'autres Arrêts au contraire, même entre Me. Guillaume Flotté, & Catherine & Marguerite Imberte mere & fille, du 27. Mars 1571. & du 7. Septembre 1574. fondées sur ce que, *fides habita erat de dote*, & qu'il n'avoit tenu qu'au mari qu'il ne s'en fust fait payer.

Dot non paye'.] *V. Ferrer. in qu.* 274. *Guid. Pap.* & *Duranty Decis.* 77. qui font difference de la dot constituée par la femme, d'avec la dot constituée par le pere, ou par une autre personne; cette distinction sert encore pour décider la question qu'on fait, si une femme peut repeter sa dot sur les biens de son mari qui ne l'a pas receuë; Car au premier cas si les debiteurs de la dot ne sont pas venus insolvables par la négligence du mari, la femme étant responsable de sa propre constitution, elle ne peut pas la repeter sur les biens de son mari, même après les dix ans du mariage. Mais au second cas quand c'est une personne tierce qui a constitué, & que le mari ne s'est pas fait payer dans les dix ans, il est responsable de la dot après ce tems-là, comme si sa negligence tenoit lieu de reconnoissance à sa femme, suivant l'Arrêt donné en la premiere Chambre des Enquêtes, au rapport du docte Mr. de Burta, le 20. Juin 1674. entre Judith Radil, & le nommé Moreau, cét Arrêt eſt confirmatif d'un autre qui avoit été donné le 7. du mois de Janvier precedant au rapport de Mr. de Guillermin.

ARR. XIX.

PAr Arrêt à Toulouſe du 12. Septembre 1568. arrêté le 10. dudit mois, la femme fut preferée aux creanciers de ſon mari, non ſeulement pour ſon dot & augment, mais pour les interêts d'iceluy dot & augment.

* ET AUGMENT.] Cela ne peut être entendu que par rapport aux creanciers poſterieurs au contrat de mariage, parce que l'augment ne joüit pas du privilege de la dot, & qu'il n'a hypotheque que du jour du contrat de mariage ; encore a-t-on douté ſi elle devoit être acquiſe ſeulement depuis le decez du mari.

* INTEREST D'ICELUY DOT ET AUGMET.] Cela n'eſt plus en uſage à l'égard des interreſts de l'augment, qu'on alloüe en dernier rang après les capitaux de tous les Creanciers.

ARR. XX.

LEs biens ſujets à reſtitution furent déclarez affectez & hypothequez pour le dot ſeulement, par Arrêt de Toulouſe du 23. Mars 1539. arrêté le 6. dudit mois pour Pierre Bompar. Semblable Arrêt pour Marguerite de Ulmo, contre Vernhes le 4. Septembre 1555. Autre du 3. Avril 1577. pour Dufaur veuve, contre Pierre de Camps. Autre du 1. d'Août audit an pour Françoiſe de Rech veuve contre Dejean. Autre du 23. Fevrier 1580. entre Marie Petite veuve, & de Couſin. Autre du 23. Janvier 1586. entre Jean Alexi & Loüiſe de Gere.

* LE DOT SEULEMENT.] L'uſage eſt contraire & aujourd'hui on prend l'augment ſur les biens ſubſtituez. V. l'obſervat. ſur l'art. 4 de ce titre. Ricard remarque auſſi ſur l'art. 95. de la couſt. de Paris, que la femme prend ſubſidiairement ſur un Office ſon doüaire couſtumier, en cas il n'y ait pas d'autres biens ſujets à doüaire.

ARR. XXI.

JAçoit que par diſpoſition du Droit l'heritier écrit en ſe portant pour heritier ſimple, faſſe confuſion de ſes droits ; toutesfois par Arrêt de Toulouſe donné le 4. May 1567. entre Calabris & le Syndic de la table S. Michel, a été jugé qu'une femme ſe portant pour heritiere de ſon mari, ſans faire inventaire, ne perdoit point ſon dot.

NE PERDOIT POINT SON DOT.] L'Auteur de l'abregé de Maynard liv. 3. chap. 24. dit, que le défaut d'inventaire ne nuit pas au mari, ſe portant pour heritier de ſa femme, il fait dire en cela à ſon Auteur ce qu'il ne dit pas.

ARR. XXII.

PAr Arreſt general donné au rapport de Monſieur Catel, prononcé par Monſieur Duranti premier Preſident, le 14. Septembre 1581. à une femme n'ayant point dot suffisant pour se nourrir, jaçoit que le mary eut fait testament, & qu'il eut laissé des enfans, fut adjugée la quatriéme partie des biens de sondit mary, pour joüir en proprieté & usufruit, d'autant que les enfans estoient decedez, par l'Authentique, *Præterea. C. Vnde vir & uxor.*

LAISSE' DES ENFANS.] ℣. *Despeiss. tom. 1. part. 1. du mariage sect. 5. num. 25.*

ARR. XXIII.

LE septiéme Juillet mille cinq cens quatre vingts au rapport de Monsieur de Josse entre Alexandre & Paschal, fut dit que la femme n'est point tenuë faire discution pour la repetition de son dot, & se peut prendre tant sur les biens sujets à restitution, que alienez : sauf à l'heritier du creancier son recours, lequel fut subrogé en même hypotheque.

Par ledit Arrêt fut aussi dit, que la femme ne seroit tenuë vuider la maison maritale, jusques à l'entier payement de ses dot & augment.

FAIRE DISCUTION.] ℣. La distinction que fait *Cambolas liv. 3. chap. 34.*

Donations.

TITRE VII.

ARR. I.

PAr Arrêt donné en la grand'Chambre une donation a été declarée nulle, *per supervenientiam liberorum*, bien que le donateur eût preveu ces cas, se reservant la faculté de legitimer ses enfans sur les biens donnez : & bien que la fille du donateur fût decedée délaissant son mari heritier, & bien que au contraire le fils du donataire & neveu du donateur fut en partie.

ARR. II.

LE Lundy 12. jour d'Août 1560. un nommé Auriac Juge ou Lieutenant de Milihau, pour s'être fait donner à un pauvre homme viel détenu prisonnier, son bien, afin d'être élargi ; l'adjudication fut cassée sur le champ par Arrêt de la Cour, & lui condamné à rendre les fruits, & ès dépens de la cause, & en trois cens livres, moitié au Roi, & moitié à la partie ; & ce en audience parties oüies.

ARR.

ARR. III.

LEs biens donnez par la mere font retour par le predecez du fils, par Arrêt du 23. Juin 1582.

Du Fils] Ce qu'il faut entendre du fils decedé fans enfant.

Emprifonnement.
TITRE I.
ARR. I.

LE 9. Mars 1534. en audiance, parce qu'un Facteur de Roquette auroit ignominieufement fait prendre prifonniere pour debte, & mener aux Hauts-murats la Dame de Bailac, étant ici à la pourfuite de fon procez, elle a été élargie, & icelui Facteur condamné en cent livres, & neanmoins mis en fon lieu.

Semblable emprifonnement de femme caffé le 22. Juin 1540. avec prohibition expreffe de faire tels emprifonnemens.

A ESTE ELARGIE.] Regulierement on ne pouvoit ufer de commandement d'arrêt ni contre les femmes, ni contre les Prêtres : à plus forte raifon ne devoit-on pas ufer de capture à leur égard : c'étoient des perfonnes privilegiées en matiere de fimples debtes, & l'on ne pouvoit agir contre elles que comme contre ceux qui ne fe font obligez qu'aux biens.

ARR. II.

PAr Arrêt prononcé le fecond jour d'Avril 1538. avant Pâques, en la qualité d'entre Jacques Fortiat appellant du Juge d'appeaux de Toulouse, & Amans Doillon appellé, eft prohibé aux Senéchaux, Viguiers, Juges & Magiftrats du reffort, de n'ufer d'orefnavant, ni fouffrir emprifonnemens, ou detention de perfonne, à la fimple requifition des parties, pour debtes civiles, defquelles ne paroîtra par inftrumens authentiques contenans foûmiffion aux rigueurs d'arreftation de perfonne, excepté contre les debiteurs fugitifs, ou étans en évidente fufpition de fuite.

Semblable Arrêt du 16. Fevrier 1543. entre les hoirs de feu Guillaume Carbonneau.

POUR DEBTES CIVILES.] ℣. *l'Ordonnance de 1667. tit. 34.*

ARR. III.

ENtre Me. Jean Filartigue Prêtre & Prifonnier, & Guillaume Maynieu Boucher de Toulouse le 17. May 1541. la caufe

R

plaidée, l'emprisonnement a été déclaré induëment & non de
droit fait, & comme tel a été cassé, & ordonné que ledit prisonnier sera élargi & mis à pleine délivrance, sauf audit creancier de
pouvoir proceder par execution sur ses biens, ou par censures
Ecclesiastiques devant le Juge competant, suivant la disposition
du droit.

SERA ESLARGI.] Un Prêtre ne pouvoit pas être emprisonné pour debte civile. *V.*
l'arr. 1. *de ce titre & Ferrer. in qu.* 91. *Guid. Pap.*

ARR. IV.

ARrêt de ne faire constituer prisonniere aucune personne
pour debte civil, si la somme n'excede dix écus, avec inhibition aux Greffiers de bailler telles contraintes sur les peines y
contenuës. Prononcé le 2. de Janvier 1581.

ARR. V.

ARrêt de ne faire constituer prisonnier aucun particulier pour
les deniers dûs au Roy par une communauté, prononcé le
25. Septembre 1581. Semblable Arrêt avoit été donné le 1. Avril
1577. Et encores sur la requête presentée par le Syndic de la Ville
de Toulouse & consentement des Gens du Roy, fut ordonné qu'inhibition & deffense étoient faite à toutes personnes de ne constituer ou faire constituer prisonnier pour deniers royaux, ni autres
debtes aucuns Consuls, Syndics, & autres qui seront deputez &
mandez en lad. Ville pour le service du Roy & deffense commune
ou poursuites nécessaires concernant l'état ou conservation des
Villes & Pays, à peine de mille écus, & de tous dépens, dommages & interêts. Le dernier de May 1680.

ARR. VI.

LE 2. Avril 1586. à la redde de Pâques, fut inhibé au Juge-
Mage permettre emprisonnement sur requête, ni autre appointement qu'il ne fût par le Greffier mis le nom de celui qui avoit
donné tel appointement, ou fait mettre, & qu'il en eût fait regître,
& que ce ne fût pour la somme de 30. liv. & au-dessus.

REDDE.] C'est un élargissement accordé aux prisonniers detenus pour affaires legeres,
en faveur des Fêtes, à la charge par eux de se representer toutes fois & quantes. L'usage en
est fort ancien dans ce Royaume, où cela se pratiquoit vers le huitième siécle aux Fêtes de
la Noël, de Pâques, & de la Pentecôte, comme cela se voit dan les Capitulaires de Charlemagne *lib.* 6. *cap.* 107. apparemment le mot de *redde* tire son origine de ce qu'on rendoit la
liberté aux prisonniers, *à reddenda libertate.*

A R R. V I I.

ARrêt portant inhibition & deffense, tant au Senéchal de Touloufe, qu'autres Senéchaux du Parlement, d'élargir aucun prifonnier fans au préalable deliberation du Confeil, du 8. Juin 1559.

D'ELARGIR AUCUN PRISONNIER.] Par Arrêt des Grands Jours, tenus à Nîmes en datte du 16. Decembre 1666. le nommé Portal fit amende d'honneur les plaids tenans, parce qu'étant Concierge au Château de Pradele, il avoit laiffé évader un prifonnier. Il fut en outre condamné à un baniffement pour trois ans de la Jurifdiction de Pradele, & en quelques amendes : Si un fimple Jardinier de profeffion, qu'on avoit obligé de fervir de Concierge par occafion, fut fujet à ces peines, que ne doit pas meriter en pareil cas un Geolier à titre d'office, qui favorife la fuite d'un prifonnier, foit par fa negligence, foit par fa connivence.

Efcoliers.

T I T R E I I.

A R R. I.

LA Cour avertie qu'aucuns Ecoliers en l'Univerfité de Touloufe, outre le devoir de l'état & honnêté fcolaftique, ces jours paffez s'étoient affemblez par Nations en aucunes Eglifes dud. Touloufe, & là contre les prohibitions & deffenfes à eux cy-devant faites, éleu & creé Prieurs, Sous-Prieurs, Capitaines, Procureurs, & autres Officiers de leurs Nations, & après avec affemblée, & en grand nombre armez à blanc, & embaftonnez de plufieurs & divers harnois, avec tambour de Suiffe, auroient couru & rodé la nuit par ladite Ville, faifant plufieurs excès & infolence au grand fcandale de l'Univerfité, & de la Republique & detriment de leurs études ; pour à quoy obvier & reprimer telles licences, affemblées illicites avec port d'armes, creation defdits Prieurs, Sous-Prieurs, & autres Officiers des Nations & partialitez entre lefdits Ecoliers, & auffi pour faire garder & entretenir lesEdits du Roy faits fur le port des armes & Arrêts par lad.Cour donnez fur le reglement de lad. Univerfité & defd. Ecoliers, & ayant égard à lad. requête fur ce baillée par le Procureur général du Roy. A ordonné & ordonne lad.Cour que feront faites deffenfes à fon de trompe & cry public par les ruës & carrefours accoûtumez dud. Touloufe, à tous Ecoliers de lad. Univerfité, & autres perfonnes de quelque état, qualité ou condition qu'il foient, faire telles affemblées des Nations dans les Eglifes, Ecoles, & maifons

R ij

privées, moins créer ni élire Prieurs, Sous-Prieurs, Capitaines, Conseillers, Procureurs & autres Officiers desd. Nations, & à ceux qui feront ainsi élûs foy dire, intituler Officiers d'aucunes d'icelles Nations, accepter telles charges, foy entremettre, ne faire aussi aucunes assemblées avec armes ni autrement, à peine d'être contre eux procedé, comme transgresseurs des Edits du Roy & Arrêts de ladite Cour, & d'être privez des privileges de ladite Université, bannis d'icelle & autre peine arbitraire. Seront en outre faites deffenses, sçavoir est aux Sacristains, Curez & Vicaires des Eglifes, Prieurs, Sous-Prieurs des Convents d'icelle Ville, permettre telles assemblées esdites Eglifes, Convents, ou Chapitres, & à tous armuriers, de vendre, prêter, ni loüer aucuns harnois blancs, ni autres prohibez ausd. Ecoliers pour faire telles assemblées, & commettre tels excez & insolences en lad. Ville, & aussi à tous manans & habitans dud. Touloufe, loger en leurs maifons aucuns desd. Ecoliers faifant tels excez & infolences, & iceux retirer, ensemble leurs harnois en leurs dites maifons, fur peine, quant ausdits Armuriers, de confifcation desd. harnois, & du baniffement de lad. Ville: quant ausd. manans & habitans qui fe trouveront loger & retirer iceux Ecoliers avec leurfd. harnois, enjoignant tant au Senéchal dud. Touloufe fon Lieutenant, Juge criminel, qu'aux Viguier, Capitouls & Juge ordinaire de lad. Ville faire faire icelles défenfes, garder & entretenir tant lefd. Edits dud. Seigneur faits fur le port des armes, que ce prefent Arrêt, & autres cy-devant donnez, informer des transgreffeurs, les prendre ou faire prendre au corps, & contre eux proceder felon l'exigence des cas, & en certifier dans huitaine, à peine d'en répondre en leur propre & privé nom, & autre arbitraire. Prononcé à Touloufe en Parlement le 30. jour du mois de May 1556.

V. Le liv. 1. tit. 3.

ARR. II.

IL y a plufieurs Arrêts anciens & modernes, contenans prohibitions de ne faire aucuns Prieurs des Nations, & de prinfe de corps contre lefd. Prieurs, entre autres du 23. Decembre 1530. du 3. Fevrier 1535. du 14. May 1565. Comme auffi il y a plufieurs Arrêts contenans les privileges des Ecoliers, entre autres du 13.

Septembre 1470. du premier Fevrier 1479. du 21. Juillet 1486.
du 14. Août audit an 1486. & 3. Novembre 1502.

Les Privileges des Ecoliers.] *V. Papon en fon recueil liv. 5. tit. 14. per tot.*

Arr. III.

Extrait des Regîtres de Parlement.

ENtre Maiftres Pierre Turnel, Gabriel Bedier, & Vincens
Guiftelip Ecoliers en l'Univerfité de Touloufe prifonniers,
appellans des Capitouls dudit Touloufe, & autrement défendeurs & appellez d'une part, & Maiftres Jean Embrüeil, Claude Reitaút auffi Ecoliers en ladite Univerfité auffi appellez, &
autrement requerans l'interinement de certaines lettres Royaux,
pour s'aider de l'appel defdits Bedier Guiftelip, & concluans
comme appellans, le Procureur General du Roy joint à eux d'autre. Veu par la chambre ordonnée au tems des vacations, le
procez defdits Capitoul, enfemble ladite procedure faite en la
Cour, dit a été, fans avoir égard aufdites lettres par lefdits appellez prefentées, ladite Chambre a mis & met l'appellation defdits Turnel, Bedier, & Guiftelip au neant, & a ordonné & ordonne que ce dont a été apppellé fortira effet, avec dépens de la
caufe d'appel, efquels a condamné & condamne iceux appellans,
la taxe refervée : & a prohibé & défendu, prohibe & défend ladite Chambre aufdits Turnel & Guiftelip, & à tous autres Ecoliers de ladite Univerfité, faire ni élire Prieurs ou Sous-Prieurs,
fous couleur & pretexte des Nations ; moins faire aucuns mal-
gouverns, affemblées illicites avec port d'armes, ni autrement
contrevenir aux Edits du Roi, & Arrêts de la Cour fur ce intervenus, fur les peines y contenuës. Et pour les caufes & confiderations à ce mouvans ladite Chambre a declaré & declare lefdits Turnel, Bedier & Guiftelip pour les amendes & condamnations contenuës en la fentence defdits Capitouls confirmée par
cét Arrêt, n'avoir encouru note d'infamie. Prononcé à Touloufe en ladite Chambre de Parlement le 17. jour d'Octobre l'an
1560. Du Tournoir, ainfi figné.

R iij

Esglantine.

TITRE III.

ARR. I.

Extrait des Regîtres de Parlement.

ENtre le Procureur general du Roi suppliant & demandeur d'une part, & Maître Jean de Villeneuve Viguier, & Capitouls de Touloufe refpectivement défendeurs d'autre ; & entre ledit Villeneuve fuppliant & demandeur d'une part, & le Syndic de la Ville de Touloufe défendeur d'autre ; & entre Jean Vincens, Jean-Baptifte Vincien, & autres compagnons fupplians & demandeurs d'une part, & ledit de Villeneuve Viguier défendeur d'autre ; D'aiga pour le Procureur General du Roi dit, &c. Vignales pour ledit Villeneuve Viguier affiftant, &c. Babuty pour lefdits Capitouls affiftans, &c. Aliez pour lefdits Vincens & autres compagnons ; &c. & autrement comme eft contenu au regître. Apppointé euë deliberation que ledit Viguier & Capitouls mettront les procedures par eux fur ce refpectivement faites, & ce que bon leur femblera dans trois jours devers la Cour, pour le tout veu, être ordonné fur different des entreprifes par eux deduites, & facultez pretenduës ainfi qu'il appartiendra. Et quant aux autres requifitions du Procureur general du Roi, a fait & fait inhibition & défenfe aux Capitouls durant à prefent, ou procurant pour l'avenir telle ou femblables indifpofitions du tems par fterilité de vivres, ou frequence de maladies, ou autre neceffité publique, n'octroyer aucune permiffion à aucuns bouffons ou bateleurs, ou autres perfonnes, pour faire en cette Ville ou fauxbourgs aucunes bâteleries, ou autres jeux de farces, oftentations, ou fpectacles, ni iceux fouffrit ou tolerer en quelque maniere que foit. Et en outre, à ce que les Feftes folemnelles ordonnées par l'Eglife à vaquer & entendre fingulierement au fervice, honneur & reverence de Dieu notre Createur ne foient par tolerance d'aucunes coûtumes ou corruptelles prophanées & diverties à jeux & infolences : A fait & fait la Cour inhibition & défenfe tant aux Capitouls, qu'au Senéchal, & Viguier de Touloufe & leurs Lieutenans, ne permettre ou tolerer pour l'avenir que le jour de la fête de l'Afcension de Nôtre-Seigneur, soit faite aucune assemblée publique, à cause des Mays & fleurs, ou par autre moyen & occasion des jeux & passe-tems publics : & pareillement ne permettre ou tolerer que le jour & Fête de Pentecôte soit faite autre assemblée & jeu public vulgairement appellé du Papegay. Et par ce n'entant la Cour prohiber que lesdits Capitouls ne puissent, si bon leur semble, députer quelqu'autre jour qui ne soit Fête solemnelle, pourveu que ce ne soit aux heures qu'on celebre les Messes & service Divin, & qu'il n'y ait esdits actes aucune dissolution, insolence, ou autre chose des-honnête ; leur enjoignant en outre pourvoir à ce que l'Arrêt par elle donné sur le fait des tavernes, soit gardé & entretenu, & proceder contre les transgresseurs & coupables, suivant icelui, & neanmoins communiquer au Procureur General du Roi la procedure par eux faite sur le meurtre & autres excez par lui narrez, & tant ce qui touche ledit Jean Vincens : Jean Baptiste & leurs compagnons, & interinant quant à ce la requête par eux baillée, a ordonné & ordonne la Cour qu'ils seront élargis & mis à pleine délivrance, & les biens à eux pris recouvrez sans aucune dépense & coûtage, leur faisant inhibition & défense ne s'arrêter à present en Toulouse pour exercer lesdits jeux. Fait à Toulouse en Parlement le 2. jour du mois de Juin 1546.

DES MAYS ET FLEURS.] Il entend parler de trois Fleurs qui ont donné le nom aux *Jeux Floraux*, lesquels ont pris leur nom de ces trois Fleurs qu'on distribuë, de même que cette danse qu'Athenée appelle Ἀ´νθημα, parce que dans les divers mouvemens qu'on faisoit en dansant, on avoit accoûtumé de chanter ces paroles πῦ μοι ἰὰ ῥ᾽ο᾿δα: πῦ μοι τὰ ἰὰ πῦ μοι τὰ χαλὰ σελινα. *Ubi mihi Rosæ ? Ubi mihi Violæ ? Ubi mihi formosum Apium ?* Et à propos des Jeux de Fleurs, le Lecteur me pardonnera, s'il lui plaît, si je fais par occasion une remarque sur un Jeu de Feüilles ; C'est celui que les Grecs appelloient πλαταγωνιον, & duquel *Meursius* parlant dans son traité *de ludis Græcorum*, fait cette réflexion, que le Grammairien Hesychius dans son Dictionaire, sous le mot ἐπλαταγησεν l'appelle tout seul παιγνιον ξύλινον; c'est-à-dire un Jeu deBois. *Hesichius seorsim ab omnibus παινγνιον ξύλινον esse dicit.* Si ce sçavant homme eût voulu prendre le soin d'examiner le passage qu'il cite, il n'eût sans doute pas parlé comme il fait, parce qu'il eût reconnu que le texte d'Hesychius étoit corrompu. En effet, quoique *Francinus, Aldus, Schrevelius,* & tous les autres qui ont ou publié cet Auteur, ont cité ce passage, ayent tous fait la beveüe de *Meursius* ; j'ose pourtant affirmer que deux seules lettres rétablissent fort bien ce passage alteré, en lisant παιγνιον φύλλινον. Ceux qui sçavent que ce jeu se faisoit avec des feüilles de Pavot, entr'autres, ne rebuteront pas tout-à-fait ma conjecture, & conviendront même avec moi, que parmi les anciens Auteurs Grecs que nous lisons, on trouve une infinité de fautes, qui sont souvent caufées, ou par une lettre malformée, ou par une lettre tranfpofée ; C'eft ce qui fait dire à tous ceux qui ont publié *Stephanus de Urbibus*, fans excepter *Thomas de Pinedo*, qui le publia l'année avant derniere, avec une verfion Latine & de grandes notes de fa façon, que Mercure eft appellé ἴμβρος au langage des Dieux ὂν ἴμβρόν λέγουσι μάχαρες, & je jurerois que c'eft au langage des Cariens qu'il a porté ce nom là ; ce paffage devant être ainfi rétabli, ὂν ἴμβραμος λέγουσιν οἱ Κᾶρες, comme je le ferai voir quelque jour *fi nobis Deus hæc otia fecerit*.

A R R. I I.

EN l'année 1542. l'on ne dicta point à la Maifon de Ville au mois de May à l'Efglantine, ains fuivant un Arrêt quoique peu de jours auparavant donné, & fans confequence, les trois Fleurs furent apportées par les Capitouls & Bourgeois de ladite Maifon, affiftant les Religieux des quatre Ordres Mendians en l'Eglife S. Eftienne, & aprés avoir été offertes & portées à l'Autel de la Paroiffe où fut dite la Meffe par Mr. l'Archidiacre Daffis, furent apportées au banc de la Confrerie du S. Efprit,& la Meffe dite l'on alla au Convent de la Trinité célébrer la Meffe, comme eft accoûtumé aucunes années,& cela étoit le Jeudy jour de fainte Croix dudit mois de May, audit an 1582.

EN L'EGLIE S. ESTIENNE.] Pourtant fuivant les Loix d'Amour(c'est ainfi qu'on appelloit les établiffemens qui furent faits pour les Jeux Floraux) l'offrande des fleurs devoit être faite au Maître Autel de Nôtre-Dame de la Daurade, ou des Précheurs, ou des Auguftins, ou des Cordelliers, ou des Carmes, felon qu'il feroit jugé plus à propos par les Maintencurs de ces Jeux.

Enquêtes.
T I T R E I V.
A R R. I.

LA Cour fait défenfes aux Senéchaux & autres Juges de commettre d'orefnavant la confection des enquêtes és inftances principales à leurs Greffiers ou Notaires, ni autres perfonnes qu'aux Magiftrats & Graduez, & autres de la qualité portée par les Ordonnances. Par Arrêt prononcé à Touloufe le 10. Septembre 1587. Entre Bertrand Conegut.

A LEURS GREFFIERS.] *V. l'Ordonnance de 1667. tit. 22. art. 13.*

ET GRADUEZ.] Cette condition doit exclurre les Bacheliers & les Licentiez, de la faction des enquêtes comme n'étant pas proprement de la qualité requife : leur grade eft un grade improprement dit, & n'eft qu'un acheminement au veritable grade qui eft le Doctorat. *V. le traité du reglement des Juges-Mages en l'art. 4. du chap. 5. obferv. 2.*

A R R. I I.

PAr Arrêt du 28. Juillet 1527. fut dit qu'en Enquête qui fe fait dans Touloufe fuffit faire affigner le Procureur,pour voir produire témoins.   LE

LE PROCUREUR.] *L'Ordonnance de 1667. tit. 22. art. 7.*

ARR. III.

LE Vendredy 8. May 1592. à la requisition des Gens du Roy & de Buzens, comme Syndic des Procureurs, fut ordonné que l'ancien reglement seroit gardé, & suivant iceluy, qu'il étoit inhibé aux Procureurs requerir aucune reception d'enquête, qu'au prealable le Procez verbal n'ait été communiqué.

LE PROCEZ VERBAL.] Ce Reglement est très-juste, parce que quand on faisoit recevoir l'enquête avant qu'avoir communiqué le verbal, on ôtoit le moyen à la partie, qui deffendoit à l'enquête, de proposer des nullitez, & de fournir des objets. En effet, suivant les Ordonnances Royaux & l'usage de toutes les Cours du Royaume, les reproches baillez posterieurement à la communication de l'enquête, doivent être rejettez. V. *l'Ordonnance de 1667. tit. 22. art. 27. & 29.* & l'Authentique *At qui semel. C. de probat.* L'usage même de ce Parlement est, qu'après qu'une partie a fait recevoir son enquête, elle ne peut ensuite être receüe à la continuer, suivant l'Arrêt donné le 24. May 1660. en la premiere Chambre des Enquêtes, après partage jugé en la seconde Chambre, au rapport de Mr. de Moyssac, Contretenant le profond Mr. de Burta.

ARR. IV.

LE 29. Avril 1591. fut dit par Arrêt que l'extrait d'une enquête & procez verbal expedié par le Commissaire & Adjoint, l'original de l'enquête & le procez verbal ayant été perdus, ne pouvoient être reçûs en la Cour, encore que la partie eût requis le Commissaire de retenir extrait de l'enquête; mais que le demandeur pourroit refaire son enquête dans le mois, & fut l'appointement de reception dudit extrait cassé.

REFAIRE SON ENQUESTE] Pendant les desordres arrivez au mois de Septembre 1651. entre l'Evêque & les Habitans de la Ville d'Alby, Me. Martin Procureur du Roy, ayant été assassiné au sortir de l'Hôtel de Ville par Me. Marc-Antoine d'Assier Avocat, Factionaire de l'Evêque, Mr. de S. Hippolite, Conseiller au Parlement s'étant trouvé à Alby, dressa son verbal à la requête des Consuls, & l'Evêque l'ayant fait perdre par son autorité, le Sr. de S. Hippolite fut contraint de le refaire, *suivant que sa memoire lui dicteroit,* en vertu de deux Arrêts du Parlement. En matiere d'égarement & de perte d'actes, le Greffier, ou celui qui s'en trouve chargé, est punissable quand il y a prêté son consentement; ainsi par Arrêt des Grands-Jours, tenans à Nimes, en date du 18. Decembre 1666. N. Procureur Jurisdictionel du lieu de S. Geniez, en la Senéchaussée de Rhodés, fut condamné à faire amende honorable, en 2000. liv. d'amende envers le Roy, & au bannissement de lad. Senéchaussée pendant cinq ans, pour avoir fait égarer des procedures faites contre certains prévenus de meurtre, qui pour cet effet lui avoient donné 50. loüis d'or, comme il l'avoüa en sa deuxiéme & troisiéme audition, après l'avoir dénié dans la premiere. Dans Expilly chap. 69. un Procureur fut condamné en 25. liv. d'amende envers une partie, & en pareille amende envers le Roy, pour avoir imprudemment baillé une Enquête à un passant à lui inconnu, qui ne la rendit pas suivant son adresse.

S

Estats.

TITRE V.

ARR. I.

ARrêt contenant inhibitions de ne faire aucuns dons en l'af-semblée des Etats de Comenge , Riviere - Verdun , & autres de ce ressort , aux sieurs du Clergé , Noblesse , ni autres. Du dernier Decembre 1584.

Evictions.

TITRE VI.

ARR. I.

PAr Arrêt d'entre Massolié Marchand , appellant du Sené-chal de Toulouse , & Combes Avocat appellé , fut dit que le creancier n'étoit tenu promettre eviction de l'argent qu'il re-cevoit de l'acheteur , des biens de son debiteur. Cet Arrêt fut donné avec grande diversité d'opinions.

* PROMETTRE EVICTION.] Cela doit avoir d'autant mieux lieu , que si le creancier avoit lui-même vendu le fonds appartenant à son debiteur, il ne seroit tenu d'aucune eviction , non pas même pour la restitution du prix ; la rubrique du Code y est expresse , *creditorem evictionem pignoris non debere* , sur laquelle rubrique Cujas resout que , *non tenetur creditor de evictione , nec ad pretium emptori restituendum.* Le même est decidé par Faber *Cod. lib.* 8. *tit.* 31. *defin.* 4. Ce Parlement a souvent jugé la question fort douteuse-ment , comme cela s'induit des préjugez contraires rapportez par *Cambolas liv.* 3. *chap.* 50. mais aujourd'hui on s'y regle par cette distinction , que le creancier qui subroge l'acheteur d'un fonds appartenant à son debiteur , avec renonciation à la garantie , n'y est pas sujet , ni à aucune restitution de deniers , lorsque le fonds est evincé *jure Domini* , comme en vertu d'une substitution ; au lieu qu'il en est autrement lorsque le fonds est evincé *jure hypotheca* , & par un creancier anterieur. La question s'y étant présentée entre Sr. Pierre de Barréme , Chanoine de l'Eglise Metropolitaine S. Sauveur de la Ville d'Aix , & Con-seiller au Parlement de Provence , appellant d'une Sentence renduë par le Senéchal de Nîmes le 15. Février 1662. & Vidal Lavie Marchand de Beaucaire , la Cour par son Arrêt du 29. Janvier 1663. donné au rapport de Mr. de Burta , en ce que le Senéchal avoit con-damné led. Barréme à relever indemne led. Lavie pour les sommes de question , & aux dommages & interêts soufferts par Lavie , mit l'appellation & ce dont avoit été appellé au néant , & reformant , relaxa ledit Barréme de la garantie & condamnation des dépens , dommages , & interêts.

ARR. II.

EN un relief d'appel celui qui est tenu en garantie pour le principal ; n'est tenu des dépens du frivol appel. Par Arrêt du premier Mars 1605.

DU FRIVOL APPEL.] C'est une exception à *l'art. xj. du tit.* 8. *de l'Ordonnan-ce de* 1667.

Examen à futur.

TITRE. VII.
ARR. I.

ARrêt en Audience prohibitif de non proceder par remede extraordinaire, comme intentet action par examen à futur, où l'on peut user de remede ordinaire, entre Maiftre Jean Maffé Docteur & Maiftre Jean Deftang, le quinziéme Mars 1536.

PAR EXAMEN A FUTUR.] Tels examens à futur font abrogez par *l'Ordonnance de* 1667. *tit.* 13.

Executions.

TITRE VIII.
ARR. I.
Extrait des Regîtres de Parlement.

ENtre Jean de Fontaines Marchand de Touloufe, appellant du jugement donné par le Senéchal & Magiftrats Prefidiaux en la Senéchauffée, le 8. Novembre 1589. d'une part, & Mathieu de Cordes Marchand de Limoges, appellé d'autre ; la Cour a fait inhibitions & défenfes tant audit de Cordes qu'à tous autres qu'il appartiendra, de ne en vertu des lettres de debitis pour fommes contenuës és cedules non legitimement avoüées & reconnuës, faire faire aucunes executions & faifies, & à tous Huiffiers & Sergens faires telles faifies à peine de nullité defdites executions, & de repondre aux executez en leur propre & privé nom de tous dépens, dommages & interêts, ledit de Cordes condamné aux dépens, dommages & interêts par led. de Fontaines à raifon de lad. execution receus, lefquels & pour caufe a taxez & moderez à deux écus.

AVOÜE'ES ET RECONNUES] Cela laiffe induire que l'on peut proceder par faifie en vertu d'une cedule averée, mais c'eft contre l'ufage qui ne permet la faifie qu'après une condamnation, l'aveu n'eftant que pour donner une hypotheque, & non pas pour porter execution parée. ℣. *Mainard. liv.* 3. *chap.* 2.

Exheredation.

TITRE IX.
ARR. I.

EXheredations d'enfant doit être pure & fans condition ; tellement que fi le pere laiffe quelque chofe à fon enfant, &

§ ij

veut qu'il fe contente , fans pouvoir demander rien plus, & au cas
qu'il ne s'en contenteroit l'exherede , il n'eft privé du droit de
legitime, comme fut jugé par Arrêt à Touloufe en un procez par-
ty en toutes les Chambres,au rapport de Monfieur de faint Pier-
rere le 15. Mars 1580. en faveur de Jean Cominge , contre de
Cominge , Vicomte de Bourniquel.

Exoine.
TITRE X.
ARR. I.

LE 28. Novembre 1581. Prefident Monfieur Duranti , la
Cour refufa recevoir un Exoine, pource que celui qui le
prefentoit étoit frere du prevenu.

ARR. II.

PAr autre Arrêt donné en Audience en la grand'Chambre le
14. Juillet 1587. fut dit qu'une femme n'eft receuë à porter
un Exoine.

Fauffaire.
TITRE I.
ARR. I

LE 24. Juillet 1586. Maiftre N. Tendron Bachelier és Droits ,
convaincu d'avoir baillé de fauffes lettres de degrez, contrefait le feau de la Chancellerie ; contrefait les feings des Regens
& Chancelier , fut condamné à être pendu , & executé au Salin.

FAUSSES LETTRES DE DEGREZ] Par Arrêt de la Tournelle , donné au
rapport de Mr. de Frauft , Mre. Raymond Imbert de la Ville de Gignac, fe fit relaxer de
l'accufation qui lui avoit été intentée : pour s'être fait recevoir Avocat au Siege de ladite
Ville , fur des fauffes lettres de Docteur de l'Univerfité de Cahors : fes moyens de relaxe
furent pris , non feulement de ce qu'en ce Siege les fimples Praticiens éftoient receus Avocats ; mais même de ce qu'il foûtint qu'il avoit égaré fes lettres de Docteur de ladite Univerfité : outre qu'avant le jugement du procez il avoit eu la precaution d'en prendre en
l'Univerfité de Touloufe , lefquelles il remit, & fe fit enfuite recevoir Avocat au Parlement : de forte que s'étant fait relaxer fur ces moyens, & la Cour ayant fondit Arrêt mis
les parties hors de Cour & de procez , dépens compenfez , elle a par là préjugé qu'on n'eft
pas cenfé avoir commis une fauffeté de s'être fait recevoir Avocat fur des lettres de Docteur qu'on n'a pas , & qu'on n'eft pas même d'obligation de les remettre, quand on en
raporte d'une autre Univerfité. L'adreffe qu'Imbert eut d'en raporter de l'Univerfité de Touloufe, fut un coup de partie pour lui , fans quoi il ne pouvoit être que flétri.

TITRE II.
ARR. I.

LE 25. Juin 1574. Arrêt d'un nommé Bezunieres de Gimont condamné pour avoir vendu à fausse mesure quelque quantité de bled, en deux mille livres, à sçavoir mille pour être distribuées à l'Ordonnance de la Cour, & les autres mille envers les pauvres : que certaines paroles seront rejettées du procés & sans note d'infamie.

FAUSSE MESURE.] Ce crime se commet, à mon avis, en deux manieres, ou en employant de petites mesures quand on vend, *& in tales dardanarios extraordinarie animandvertitur* ; la raison en est sans doute, parce que *annonam onerant staterae adulterinae*, aux termes de la Loi 6. §. *ult. ff. de extraord. criminib.* à cause dequoi je remarque qu'aux condamnations qu'on prononce contre ceux qui sont accusez de ce crime : on adjuge presque toûjours une amende envers les pauvres, aparemment comme par forme d'indemnité, ou lors qu'on preste des mesures plus grandes qu'à l'ordinaire. *arz. L. 52. §. majora. ff. de furt.* il est visible qu'en l'un & l'autre cas le crime de faux est compliqué avec celuy de larcin, & partant tres punissable.

ARR. II.

LE Jeudy 27. dudit mois de May audit an 1574. par Arrest au Barreau un Bazochien nommé Bodet substitué de Ganstault Greffier au Senéchal de Toulouse, ensemble un Sergent pour avoir fait quelque antidate, en unes informations faites à la requête d'un Conseiller en la Cour, furent condamnez, sçavoir ledit Bodet à la Galere pour dix ans, à faire amende honorable, & en 300. liv. envers le Roy : & le Sergent a estre banny, privé de son estat de Sergent, en 25. livres d'amende envers le Roy, & tant luy que ledit Bodet déclarez inhabiles à jamais exercer office Royal. Et par le même Arrest Mr. de Cathelan Lieutenant particulier au Senéchal de Toulouse, & Maistre Charles Benoist Avocat du Roy audit Senéchal sieur de Sepet ; sçavoir ledit Cathelan en 300. liv. & Benoist en 200. liv. distribuables à l'ordonnance de la Cour. Avec inhibition de ne commettre telles faussetez, ou faire tels & semblables actes à peine de la hart.

EN UNES INFORMATIONS.] On peut punir pour crime de faux en fait d'informations, lors qu'il s'agit d'une antidate, quoique regulierement l'inscription en faux ne soit point receuë contre une information, suivant *Bouvot tom. 2. verb. faux. quest. 7.* Au reste, quoi qu'en matiere d'inscription en faux il faille presumer pour l'acte impugné, toutefois celui qui le remet doit produire le protocole, & celui qui a formé l'inscription n'est pas tenu de l'exhiber, parce que la foi dudit acte paroit suspecte dès le moment qu'on l'impugne de faux, bien qu'il le faille executer jusques à ce qu'il ait été declaré tel : Et c'est ainsi que le Parlement le jugea en Audience par Arrêt du mois de Juin 1639. en un appel relevé du Senéchal de Carcassonne, sur la plaidoirie de Maistres Pauliac & Courtois Avocats. ℣. *Ferrer. in quæst.* 19. *Guid. Pap. Cod. Fab. lib.* 4. *ti.* 18. *def.* 17. *& dd. ad L. ult. C. de fid. inftrum.* toutesfois Charondas en ses Pandectes *liv.* 4. *chap.* 30. est d'un contraire fentiment.

Femmes grosses.
TITRE III.
ARR I.

LE 11. jour de Decembre 1537. a esté donné Arrêt criminel, contenant inftruction à tous Juges & Senéchaux & Sieurs ayans Jurifdiction, où il leur apparoîtra aucune femme non mariée être enceinte, la faire mettre fous feure garde, afin d'eviter les inconveniens qui journellement s'en enfuivent.

A TOUS JUGES.] Lors qu'il s'agit du fimple crime de gravidation, qui n'eft pas accompagné de rapt ni de violence, les Juges Bannerets en peuvent connoître, de même que les Juges Royaux, mais il faut que deux chofes concourent. En premier lieu, qu'il foit arrivé dans l'étenduë de leur Jurifdiction; & en fecond lieu, qu'ils foient Juges de la haute Juftice : car ceux qui ne le font que de la moyenne font incompetans; ainfi en l'inftance qui étoit pendante en la Chambre de l'Edit, entre Mr. le Duc d'Uzez, Izabeau Verdiere de S. Michel près d'Aymargues, & le nommé Petit-Jean, la Chambre par fon Arrêt du 7. Août 1670. renvoya la caufe devant les Officiers de la haute Juftice d'Aymargues, & ôta la punition du crime de gravidation, dont Petit-Jean étoit prevenu, tant au Juge Royal de Galargues, qu'aux Officiers de la moyenne Juftice de S. Michel.

Feries, ou jours feriez.
TITRE IV.
ARR. I.

PAr Arrêt du 8. May. 1505. fut prohibé aux Commiffaires deputez par la Cour à l'execution des Arrêts, confection d'Enquêtes montrées & veuës figures, de ne proceder la femaine Sainte, ni durant les fêtes & folemnitez, & autres jours feriez, efquels la Cour n'entre point, & de ne faire efdits jours aucuns actes judiciaires fur peine de nullité : bien peuvent oüir les témoins receus à jour non ferié; en ce auffi n'eft comprife l'inquifition fecrette, parce qu'il n'eft befoin d'y appeller la partie, & pour la punition des crimes en tout temps, on y peut & doit proceder.

℣. *Le Liv.* 2. *tit.* 7. *verb. Inquifitions, & le traité des Juge-Mages. chap.* 5. *art.* 7.

Fideicommis.
TITRE V.
ARR. I.

ARrêt du 14. Août 1586. és Arrêts Generaux prononcez par Mr. le Prefident de S. Jean, entre Me. François du Verger Confeiller au Senéchal de Touloufe d'une part, & Me. Antoine Maret d'autre, fut dit, *Quod jus accrefcendi habet locum in fideicommiffo univerfali,* & que la loy, *Placet. De lib. & pofthum.* a lieu, encores que *in inftitutione pofthum. certum tempus adjectum fuerit, idque ex verifimili conjectura teftatoris.*

ỹ. Liv. 3. verb. Subftitution. art. 8.

Fils de Famille.
TITRE VI.
ARR. I.

PAter pro filio familias non tenetur nifi in quantum peculio locupletatus eft. Ainfi jugé le 9. Avril 1569. en faveur de Valette, le fils duquel eftoit prifonnier pour certaine volerie.

Foires & Marchez.
TITRE VII.
ARR. I.

LE 29. Mars 1591. au rapport de Mr. Melet. Le fait eft que Veillac marchand de Touloufe ayant vendu à Charles Laberoufe une paire de bœufs aratoires, pour le prix & fomme de 19. écus fol, dont une partie fut payée incontinent, & le demeurant étoit payable dans certain tems, avec certaine forme de precaire. Depuis Laberoufe mene fes bœufs au marché en Touloufe, & les vend à Majoret, Clerc Commis à la garde des Sacs du Greffe de la Cour, pour la fomme de vingt écus fol, laquelle eft à l'inftant payée. Trois ou quatre mois après l'acquifition faite par Majoret, Veillac pour le furplus de la fomme qui lui reftoit à être payée, fait faire execution fur lefdits bœufs, à laquelle Majoret s'oppofe, difant avoir acheté ces bœufs au marché public, & payé & delivré le prix d'iceux au vendeur, que par la coûtume de Touloufe au titre. *De empt. & vend.* on ne peut être recherché de ce qu'on a acheté au marché public, encores que la chofe foit furtive. Au contraire Veillac infiste fur la claufe de precaire , laquelle empêche la tranflation de dominité , jufques à l'entier & effeċtuel payement du prix de la chofe venduë , & que la coûtume feroît inique fi elle étoit gardée & obfervée , donnant hardieffe aux larrons & voleurs de derober. Les parties étant appointees contraires, & Marojet ayant verifié fon fait, par Arrêt de la Cour , en reformant la Sentence du premier Juge , il eft relaxé , & l'execution faite fur lefdits bœufs caffée : fauf à Veillac fon recours contre ledit Labereufe. Par cet Arrêt fut jugé que la claufe de precaire n'a point lieu en biens meubles , ou qui font mouvans , & que la coûtume de Touloufe , touchant ce qui eft acheté en marché public , devoit être gardée fuivant les préjugez , & même l'Arrêt donné au profit de Demoifelle Barthelemie de Fabri ; femme à Maiftre Jean Barbaria cydeffus inferé, & ce pour raifon des privileges & franchifes des foires & marchez. Autre chofe feroit de celui qui acheteroit *ab ignoto & tranfeunte , propter fufpicionem criminis. l. In civilem. C. De furtis.*

Ayant vendu.] ℣. *Liv.* i. *tit.* 3. *art.* 3.

Fontaine en Touloufe.
TITRE VIII.
Arr. I.

PAr Arrêt du vingt-neuviéme Août mille cinq cens vingt-trois , entre le Syndic de la ville de Touloufe , joint à lui le Procureur general , fupplians d'une part , & le Syndic du Chapître faint Eftienne dudit Touloufe d'autre : Dit a efté que la Cour pour certaines caufes & confiderations à cela mouvans , & intherinant quant à ces les requeftes defdits fupplians , à ordonné & ordonne , que l'eau de la fontaine ou griffon tombant à prefent , & ayant fon cours dans les foffez de la Ville du cofté de ladite Eglife Metropolitaine , fera conduite defdits foffez à la place publique , étant au devant de la porte principale d'icelle Eglife , en lieu propre & idoine pour là faire un griffon & fontaine de largeur , & grandeur , & hauteur convenable pour recevoir ladite eau , à l'ufage & fervice tant des Chanoines & habituez de ladite Eglife , que des manans & habitans de ladite

dite cité, & fera le tout fait & entretenu cy-aprés aux dépens defdits habitans, fans que les Chanoines & habituez foient aucunement contribuables, & pour caufe.

Foraine.
TITRE IX.
ARR. I.

L E 21. du mois d'Avril 1564. aprés Pâques, inhibition de traduire hors le Royaume aucun bétail gros ni menu.

Foüet.
TITRE X.
ARR. I.

L E 6. Juillet 1565. au barreau fut prononcé Arrêt qu'un prifonnier de la maifon de Ville feroit fuftigé avec des verges par un Sergent, & non par l'executeur de la haute Juftice, & feroit un tour feulement dans ladite maifon de Ville.

Francs-Fiefs.
TITRE XI.
ARR. I.

E Ntre le Sindic des trois Eftats du païs de Languedoc, appellant du Senéchal de Touloufe, ou de Me. Pierre Rupefon Lieutenant, Pierre de Fogorellier, & Eftienne Fauré Commiffaires fur le fait des Francs-Fiefs & nouveaux acquefts, & requerant l'intherinement de certaines lettres Royaux, les unes datées du 26. Decembre 1491. & les autres du dernier jour d'Octobre l'an 1474. d'une part, & le Procureur General du Roy noftre Sire appelé & deffendeur d'autre. A declaré & declare la Cour lefdits habitans de Languedoc, & leurs fucceffeurs pour le temps à venir, n'avoir efté & n'eftre tenus payer audit Seigneur, fes Officiers ou Commis, pour droit des Francs-Fiefs des biens dont ils font & feront contribuables aux tailles & impofts Royaux, qu'ils auront tenus & poffedez de toute ancienneté franches,& defquelles ne fe trouvera aucune chofe avoir efté payée le temps paffé, au Roy ni à fon Tréforier ; & auffi lefdits habitans n'eftre femblablement tenus pour icelles terres, poffeffions & heritages payant tailles, pofé ores qu'elles ne payent cenfive, payer audit Seigneur aucune finance

T

ou indemnité ; ains les a declarez & declare la Cour de ce eftre quittes & exempts, fans que maintenant ni pour le temps à venir, fous ombre des ordonnances faites fur le fait defdits Francs-Fiefs & nouveaux acquefts, aucune chofe leur puiffe, pour les chofes deffus dites par les Officiers royaux ou Commiffaires qui font ou feront pour le temps à venir, eftre demandée en aucune maniere. Prononcé à Touloufe en Parlement le 24. Decembre 1485.

LESDITS HABITANS DE LANGUEDOC.] L'Arrêt rapporté par l'Autheur eft conceu pour le difpofitif, aux mêmes termes que la réponfe que fit le Roy Charles VIII. à l'art. 17. de ceux qui furent prefentez par les Deputez de cette Province aux Etats géné-raux tenus à Tours en 1483. mais fi le Languedoc eft exempt du droit de Franc-Fiefs, il eft certain auffi que parmi les Villes du Languedoc il n'y en a point qui en doive être exempte à plus jufte titre que celle de Nîmes ; car outre que fon exemption eft fondée fur les Lettres en Commandement, données à Paris le penultiéme Juillet 1379. par les Commiffaires généraux du Domaine, fur un Arrêt contradictoire de la Chambre Souveraine établie en la Généralité de Montpellier, en date du 14. Avril 1660. & fur un Appointement auffi contradictoire donné par le Senéchal de ladite Ville de Nîmes le 13. Decembre 1516. D'ailleurs les Habitans de cette Ville juftifient par acte, que leurs prédeceffeurs avoient acquis ladite exemption en 1144. de Bernard Atho, Comte dudit Nîmes, au prix de 4000. fols malgoirés ; le contrat ayant été même confirmé par les deux Comptes Raymonds, pere & fils, fucceffeurs dudit Atho, par deux actes des années 1184. & 1195. ce qui fait voir que ces habitans ont une exemption qui eft inconteftable, n'en jouiffans pas à titre de privilege, mais à titre onereux, en vertu d'un contrat fait à prix d'argent. De là vient auffi fans doute que la plûpart de nos Rois, depuis la reünion de cette Province à la Couronne à compter depuis Charles V. jufques au Roy heureufement regnant, ont confirmé le privi-lege defdits habitans par des Lettres patentes ; il étoit jufte que jouiffans du Languedoc à titre lucratif, & par droit de fucceffion, ils ne vinffent pas contre le fait de leurs Auteurs, & qu'ils ne privaffent pas leurs fujets du fruit d'un contrat paffé à titre onereux ; *privilegium conceffum fubditis* (difent nos Docteurs) *nec Princeps, nec ejus fucceffores, poffunt auferre, fi per viam contractus conceffum fuerit : fecus fi per viam gratiæ vel privilegii.* Il étoit jufte auffi que je fiffe cette obfervation pour l'interêt de ma chere Patrie, *pro quâ bis patiar mori.*

Furieux, Fols, Infez, Melancoliques, & Loups-garoux.

TITRE XII.

ARR. I.

LEs Loix tant divines qu'humaines excufent les actes & forfaits commis par les furieux, infenfez & melancholiques, prefu-mans n'avoir efté faits par malice, deliberation, ou de guet-à-pens, ains par une imprudence, ou plûtôt rage & fureur. A caufe de-quoi de noftre tems à Montauban, Teftete Avocat, & fa femme, ayant efté tuez par Me. N. de Pifcatoribus auffi Avocat, leur voifin, & le plus grand & familier amy qu'ils euffent, eftant de-

venu fol & furieux de jalousie : par Arrest donné sur la relation
& rapport des Medecins, ledit de Piscatoribus fut seulement baillé
en charge au sieur de Merlanes son proche parent, pour le tenir
bien serré, & garder que mal n'en avint, sur peine d'en repondre
en son nom, aprés lequel Arrest il a vécu plus de vingt ans en-
fermé dans une Chambre, ayant toûjours perseveré en sa folie jusques à son trépas.

A R R. I I.

EN l'an 1502. un gros paysan près de Fronton, au retour de sa
folie, qui avoit grands intervales, tua sa mere à coups de
coûteau, sur l'heure qu'elle le vouloit amadoüer & reduire comme
elle avoit fait autrefois ; dequoy étant prevenu & prisonnier, aprés
avoir été visité par les Medecins, & par eux trouvé insensé, par Arrêt
de la Cour fut relaxé & renvoyé aux Consuls du lieu pour prendre garde à sa folie.

A R R. I I I.

AU rapport de Mr. Me. Mathieu Chalvet Conseiller, & depuis President aux Enquêtes de Toulouse, en l'an 1560. un
riche Païsan de Gauarret en Gascogne, qui avoit tué sa mere en
colere, bien que depuis il fit de l'insensé, ne répondant rien à propos, ayant apparu à la Cour qu'auparavant l'acte il ne l'étoit aucunement, par Arrêt fut condamné à mort, ne voulant excuser
ceux qui deviennent insensez ou contrefont la folie aprés le crime,
car si avant le forfait il eût été sanifestement insensé, il n'eût eu
d'autre mal que la restrainte.

A R R. I V.

UN autre Païsan prés Nancelle en Roüergue, revenant de
quelque lieu hors sa maison, ne trouvant sa femme en icelle,
& ayant entendu qu'elle festoyoit les Prêtres du lieu, ausquels elle
avoit ce jour fait prier Dieu pour les Trépassez, comme la coûtume en est audit païs ; le mary transporté de colere ou fureur, procedant de jalousie ou autrement, avec une hache trancha la tête à
deux de ses petites filles, dont l'aînée n'avoit atteint dix ans, sans
pouvoir être émeu des plaintes & amadoüemens plus qu'humains
de la puisnée, voyant le spectacle de l'aînée, embrassant son pere à
la jambe, sans l'en pouvoir tirer qu'à force, criant toûjours en ces

mots : *Ha mi Papa que vous ay jou fayt* ? comme il accorda depuis
en fon audition : de quoy prevenu , par Arrêt fut condamné à être
mis à quatre quartiers , & la tefte derniere , & executé.

A R R. V.

SI telles fortes de gens ont rien attenté contre le Prince , Magiftrats , Religieux ou Republique , à caufe du fcandale ils ne
font excufez , ains punis fuivant la gravité du forfait : à caufe dequoy Egmond de la Foffe jeune Ecolier , Picard , qui avoit furieufement ôté l'Hoftie des mains du Prêtre qui chantoit Meffe à la
fainte Chapelle du Palais de Paris , le jour & Fête folemnelle de S.
Loüis , par Arrêt en l'an 1503. fut condamné à être brûlé tout
vif , nonobftant les vifites des Medecins à ce deputez , qui l'avoient
jugé maniaque & fans raifon.

AINS PUNIS.] Le nommé Etienne natif de Sen'is , qui s'étoit jetté à corps perdu
fur Henry IV. le 19. Decembre 160ς. lors qu'il paffoit à cheval fur le Pont-neuf , fut retenu
quelques jours par forme dans la Baftille , mais pourtant il ne fut pas puni de fon attentat ,
parceque dans fes interrogatoires il parut qu'il étoit aliené d'efprit. Le pardon que le Roy
lui accorda dans cette veuë , ne doit pas être tiré à confequence ; & il eft à croire que s'il
eût été jugé dans les formes , fa folie ne l'eût pas fait exempter de la peine qu'il meritoit ,
témoin , l'exemple du nommé Caboche , rapporté en l'arreft fuivant ; il eft vrai qu'il avoit
tiré l'épée contre le Roy Henry II. au lieu que ledit Etienne étoit fans armes , & qu'il ne
fit autre chofe que tirer Henry IV. par le manteau , en lui criant , *rends-moi mon Royaume.*

A R R. VI.

UN nommé Drappeaux , infenfé , fut brûlé vif , pour avoir
fait tomber l'image de Notre-Dame dans la grande Eglife de
Paris le 30. Aouft 1548. L'an après un nommé Caboche troublé
de fon entendement , pour avoir dégainé fon épée en pleine ruë
contre le Roy Henry II. fut mis en prifon , là où il fe pendit par
les genitoires : ce nonobftant par Arret de la Cour prononcé en l'an
fufdit 1549. il fut condamné à être pendu par le col ; outre lefquels
exemples Mr. Ferrier nôtre Medecin en Touloufe en fa Republique ,
en apporte un autre d'un Efpagnol petit compagnon , natif de Re-
menfe en Efpagne , lequel pourfuivant d'amour une Seignore qui
méprifoit la vile condition de l'homme , fe mit à rêver qu'il feroit
bien-tôt Roy , & par confequent digne de ladite Dame. Pour cette
folle intention il guéta Ferdinand Roy d'Arragon & de Caftille ,
& le rencontrant fe fourra parmi les foldats de fa garde , & donna
du tranchant de l'épée fur le col du Roy qui en fut bien malade : ce

pendant fans avoir égard à la relation des Medecins, qui l'avoient trouvé infenfé, le pauvre malheureux fut cruellement puni, tenaillé, & couvert d'une couronne de fer ardente, & executé Roy des Fols.

ARR. VII.

IL y a plufieurs efpeces de fols melancholiques, comme leurs réveries & vaines perfuafions font diverfes, le denombrement defquels nous laiffons aux Medecins, nous contentans d'alleguer certains prejugez & exemples, & entre autres d'un fol melancholique, qui de nôtre tems courut la plus grande partie de ce Royaume, menant vie fort auftere, pieds nuds, vêtu d'une robe affez courte, fans chemife, fans bonnet, trainant une longue perruque fur fes épaules, & une grande barbe jufques à la ceinture qui fe faifoit appeller Jean l'Evangelifte, lequel les Echevins de Bourdeaux fe contenterent de chaffer de leur Ville après l'avoir tondu, & fait barbe ras. De là il s'en vint dans Touloufe, où par Arrêt à caufe de certaines paroles fcandaleufes qu'il avoit hautement & furieufement proferées contre les faints Sacremens, il fut condamné à la perpetuelle prifon dans une des tours du Palais, dedans laquelle ayant mis le feu par le moyen de la paille qu'on lui avoit donnée pour fe coucher, par Arrêt donné en vacations 1552. il fut condamné à être brûlé vif, la langue coupée aux portes de la prifon. Au fupplice comme peu à peu le feu le furprenoit, il foufloit les flammes autour de foi, penfant avoir la puiffance d'éteindre le feu par la fermeté de fa foi, ou plûtôt réverie & melancholie.

ARR. VIII.

EN l'an 1545. il y en avoit un quafi femblable à celui de qui eft parlé en l'article precedant, en la Ville de Grenade près Touloufe, qui fe difant le Meffie, par le Juge ordinaire du lieu fut condamné à perdre la tête; toutefois la Cour de Parlement jugeant l'appel, fe contenta de l'envoyer aux galeres.

ARR. IX.

CEux que nous appellons Loüps-garoux font perfonnes poffedées de l'humeur melancholique, laquelle maladie eft appellée par les Medecins lycanthropie; beaucoup d'exemples fe

trouvent parmi les Autheurs, entre autres nôtre Medecin en fa
Republique fait recit d'un pauvre ruftique, naturellement enclin
à cette humeur melancholique, lequel par la famine qu'il enduroit,
& voyoit endurer à fa famille, perdit le fens, & fe perfuada que
devenant loup, par fa chaffe & capture feroit bonne chere avec
fes gens; pour auquel mieux fe tranfmuer & reffembler il fe vêtit
d'une peau de loup, & cheminoit devant les hommes à quatre
pattes, & ainfi étant devenu loup par fantaifie fe mit à hurler,
courir les champs, & gâter les paffans, principalement les petits
enfans qui ne pouvoient faire refiftance, il les mordoit, étran-
gloit & mangeoit, & en faifoit part à fes gens. Ayant continué
ce métier quelques années, il fut découvert & trouvé homme, non
loup: étant vifité, & rapporté des Medecins qu'il étoit parfaitement
fol melancholique, fut feulement condamné à tenir prifon jufques
après s'être remis. Tout au contraire Meffieurs du Parlement de
Dole en la Franche-Comté de Bourgogne, firent cruellement
mourir un autre pauvre miferable infenfé & fol melancholique
qui avoit fait ce métier & office de loup, comme un chacun a
peu voir par l'Arrêt imprimé en l'an 1574. à Lion, bien que comme dit le même Auteur: *Quæ ratio furiofos palàm fævientes excu-*
fat, eadem malancholicis, feritate humoris compulfis fubvenire debet,
quia non eft voluntas, fed morbus qui ad talia cogit. A caufe dequoi, jaçoit que par nos loix & commun ufage de ce Royaume,
ceux qui fe tuent eux-mêmes, fe precipitent ou defefperent, foient
privez de la commune & Chrétienne fepulture; toutesfois les fre-
netiques, ou ceux qui par l'ardeur & violence d'une fievre, ou
impatience & vehemence de douleur font chofes femblables,
n'en font privez; comme, non fans diverfité d'avis, fut deliberé &
arrêté par le Parlement de Paris fur le convoi, & honneur du feu
fieur de Saignes Confeiller en icelle, qui pouffé d'une femblable
impatience caufée d'une fievre ardente, fe déroba à fes gardes, alla brider & feller fon mulet, & aprés fe jetter & noyer dans la
riviere de Seine en l'an 1577.

Galeres.

TITRE I.
ARR. I.

LE 25. Janvier 1535. par Arrêt, René de Baleftar, pour les crimes & malfaits par lui commis a été condamné à être mis perpetuellement aux galeres, & s'il échapoit, feroit prins & mené à la Conciergerie, & d'icelle à faint George perdre la tête.

Gardiage de Toulouse.

TITRE II.
ARR. I.

ENtre Pierre Torche Marchand de Touloufe appellant du Senéchal, & Jeanne de Cailla veuve à feu Oger Thoron appellez : Dit a été qu'en ce que ledit Senéchal n'auroit declaré le cabal mentionné en ladite reconnoiffance être des biens de la ville de Touloufe & coûtume d'icelle, a mis & met l'appellation, & ce dont a été appellé au néant, & reformant le jugement a declaré & declare ledit cabal être des biens de ladite ville & coûtume d'icelle. Prononcé en Parlement le quatriéme Mars 1575.

Gazailles, Lauzes, ou Loüages de Bœufs.

TITRE III.
ARR. I.

LE Mardy 18. de Juin 1538. de Relenes, plaidant la caufe d'un Marchand de Grenade, fut donné Arrêt par lequel certain contrat de Gazailles d'une paire de bœufs pour un carton de bled chacun an, a été declaré nul, & la partie condamnée en amendes.

---

* DECLARE' NUL.] Tels contrats font confiderez comme ufuraires. *V. Bertrand. part.* 1. *conf.* 318. *& part.* 2. *conf.* 158. *Petrus de Vbaldis en fon traité de duobus fratribus. part.* 4. *quæft. & Vivius decif.* 108. qui alleguent les raifons par lefquelles ces contrats font reprouvez. Il faut pourtant convenir que pour qu'ils foient ufuraires, ils doivent affujettir le preneur du bétail, outre *le Chaftail,* comme on parle, à ce que plufieurs Coûtumes de ce Royaume appellent *Boage ou Moiffons,* & que les Interpretes nomment *Collaticum & locaticum,* qui font la recompenfe du travail des bœufs, & le prix de leur loüage, & par deffus toutes ces chofes l'affujettir encore au partage du croift. Quand toutes ces chofes ne fe trouvent pas enfemble, les contrats de gazailles ne font pas abfolument reprouvez ; il s'en faut bien, puis qu'ils font fort en ufage, & par confequent permis, ou du moins tolerez ; Toutefois quand ils font paffez en la maniere qu'ils font décrits en la page 33. & fuiv. d'un livre intitulé, *Refolutions de plufieurs cas importans pour la morale,* ils meriteroient double amende, & quelque chofe de pis.

Gens de Guerre.

TITRE IV.
ARR. I.

INjonction aux Consuls & habitans des Villes de recevoir les Capitaines & leurs Compagnies qui leur seront envoyées par le Gouverneur. Prononcé le 26. Octobre 1585.

Gourratiers.

TITRE V.
ARR. I.

ARrêt aux Gourratiers & aux Revendeurs d'acheter aucune marchandise d'aucun Facteur de boutique, sans le faire sçavoir & avertir le Maître, sur peine de la hard, du 17. Fevrier 1535.

Gouvernement.

TITRE VI.
ARR. I.

LE Jeudy 12. Juillet 1565. ont été presentées Lettres patentes du Roy sur l'union de la Ville de Pamiers, au païs de Languedoc, duquel étoit Gouverneur Mr. de Dampville Chevalier de l'Ordre dudit sieur, fils de Mr. de Montmorancy, Pair & Connétable de France.

Graces.

TITRE VII.
ARR. I.

LE Mardy premier jour de Fevrier 1557. requerant le Syndic de plusieurs Villes & Villages des Sevenes être reçû à presenter lettres de grace, en crime d'heresie pour les habitans, fut dit n'être à requerir recevable, mais qu'eux oüis, condamnez par Messieurs qui auront fait la procedure, ou par contumace s'ils s'en vouloient aider, les viendroient presenter en personne: & lors par Messieurs Mansencal & Sabatier, Avocat & Procureurs generaux du Roy, fut allegué un Arrêt donné jadis contre Mr. le Comte de Villars, du 4. Juillet 1452. qui avoit voulu être reçû à presenter des lettres de remission par Procureur, & à ses fins auroient été obtenuës lettres du Roy: toutefois lui fut denié par la Cour.

ARR. II.

UN Juge ne peut dissimuler en l'accusation d'homicide de condamner le convaincu, ores qu'il trouve que l'homicide ait

ait été commis par neceffité ou caufe raifonnable , & que la loy civile l'ait pardonné, car toûjours il y faut grace & remiffion du Roi. Ainfi fut jugé par Arrêt donné és grands jours du Puy le 6. Octobre 1548.

Greffiers.
TITRE VIII.
ARR. I.

LE 29. Fevrier 1557. à la Tournelle, fut prononcé un Arrêt prohibitif aux Greffiers , de bailler les procez criminels aux parties , ni à leurs Procureurs.

TITRE II.

ARrêt de confequence pour les Mandians, de n'être mis en qualité, finon au nom du Procureur du Roy, & à tous Juges, Notaires , & Greffiers, de prendre ou exiger aucune chofe defdits Mandians & Religieux, pour les procedures , actes & rapports , & rendre ce qu'ils en auroient pris & reçû. Le 29. Avril 1549.

AU NOM DU PROCUREUR DU ROY.] Parce que les Mendians font cenfez morts au monde , & qu'ainfi ils ne peuvent pas agir par eux-mémes.

ARR. III.

PAr Arrêt prononcé le 3. Mars 1586. entre Antoine Carriere, Notaire , appellant , & Thomas Quallay appellé , la Cour a fait inhibition & deffenfe , tant audit Carriere qu'autres Greffiers du reffort, d'extorquer promeffes & obligations des parties, pour prétenduës peines & vacations , & de s'ingerer écrire les actes & inftances où ils feront parties, & faire expedition d'icelles, à peine de nullité & autre arbitraire. Auffi fait inhibition & deffenfe au Senéchal de Roüergue, & tous autres, d'ufer en leurs Sentences & Jugemens des claufes & paroles fuperfluës contre le ftil & Ordonnance.

Habillemens.
TITRE I.
ARR. I.

LA Cour fur les remontrances & requefte verbalement faites par le Procureur du Roy , afin d'obvier aux defordres, fcandales & confufion, diffolution & corruption de bonnes mœurs, & méconnoiffance des perfonnes d'état & qualité qui procede du

V

defordre & indifferent ufage des vêtemens, accouftremens & habits, tant entre les perfonnes Ecclefiaftiques, que les Magiftrats,
Officiers de Juftice, Graduez, Ecoliers & autres perfonnes de
robe longue, portant plufieurs d'eux ordinairement robes, fayons,
pourpoints, chauffes, manteaux, de diverfes couleurs, & chapeaux
au lieu de bonnets carrez: dequoy advient qu'on prend fouvent les
Clercs pour laics, & les laics pour clercs, & l'honneur & la reverence deuë aux perfonnes Ecclefiaftiques ne leur font rendus, ni aux
Magiftrats, Officiers & Graduez; A prohibé & deffendu, prohibe
& deffend à toutes perfonnes Ecclefiaftiques, de quelque qualité
& condition qu'ils foient, & aux Magiftrats, Juges, Officiers, &
Miniftres de Juftice de longue robe, & aux Collegiats étudians
aux Loix és Colleges fondez dans l'Univerfité de Touloufe, &
auffi à tous Etudians és facultez de Theologie, Droit Civil & Canon, Medecine, Philofophie & Arts, de porter dorefnavant robes,
fayons, manteaux & chauffes de couleur rouge, jaune, verd ou
bleu, & de porter auffi chapeaux, mefmement dans les Eglifes,
au Palais & Confiftoire de Juftice, ni ailleurs dans la Ville, ni autres Villes de ce reffort, finon en cas de neceffité, pour l'injure du
temps, ou indifpofition de leur perfonne; Commandant & enjoignant à toutes perfonnes de la qualité & condition fufdite, porter
d'orefnavant robes longues, fayons, pourpoints, chauffes & bonnets de qualité & façon decente & convenable à leur état & profeffion, & ce fur peine, quant aux Beneficiers & perfonnes Ecclefiaftiques, de 100. liv. d'amende envers le Roy, & privation de leur
privilege Clerical, & autres peines contenuës aux conftitutions canoniques; & quant aux Magiftrats, Officiers, Graduez & autres
Miniftres de Juftice & robe longue, fur peine & confifcation defdits habits & accouftremens étant de couleur prohibée, & de cent
liv. pour chaque fois qu'ils feront deprehendez à ladite contravention; & aux étudians Collegiats en l'Univerfité de Touloufe, &
autres du reffort contrevenans à cet Arrêt & prohibition fufdite,
fur femblable peine de confifcation, de privation de tout droit &
privilege de Scholarité: enjoignant au Senéchal, Juge-mage,
Juge criminel, Viguier & Capitouls de la Ville de Touloufe, garder & executer, faire garder, obferver & entretenir, & afficher

cet Arrêt aux portes des Auditoires des Sieges de Juſtice , & des Egliſes & autres lieux publics de ladite Ville , afin qu'aucun ne ſe puiſſe excuſer par ignorance. Pronocé à Touloufe en Parlement le huitiéme jour du mois de May 1573.

Au Palais et Consistoire de Justice.] Il a été jugé par Arrêt donné en la grand'Chambre, au rapport de Mr. de Maran, le 22. Août 1678. qu'un Officier Royal, qui tient ſes Audiances, ſans être revêtu de ſa robe & de ſon bonnet, étoit amendable ; car par cet Arrêt Me. Antoine Froment, Juge de la Ville de Lunel, fut condamné en 50. liv. d'amende envers Me. Charles de Rochemore Viguier, & aux dépens, pour l'avoir aſſiſté ſans robe & ſans bonnet à tenir l'Audiance, avec inhibitions & défenſes de plus s'ingerer à tenir les Audiances ſans robe & ſans bonnet. Il eſt inutile d'alleguer le motif de cet Arrêt, puiſque perſonne n'ignore que l'indecence des habits eſt plus puniſſable en la perſoune d'un Officier de Juſtice que de tout autre. *V.* Papon liv. 6. tit. 4. art. 2. & touchant la decence que les Eccleſiaſtiques doivent affeéter en leurs habits. *V.* le même au liv. 2. tit. 6. art. 1.

ARR. II.

E N l'an 1578. par Arrêt un Ecolier de Bayonne nommé Diverſole, fut condamné en 50. écus d'amende, pour avoir fait faire des habits à ſon laquais couverts de priapes, & autres figures ſales & vilaines, avec inhibitions aux coûturiers faire ſemblables habits.

Couverts de Priapes.] Ce ſeroit bien icy le lieu pour expliquer de quelle maniere il faut entendre ce paſſage d'Ammian Marcellin. *Hiſt. lib.* 22. *eſt enim Apis bos diverſis genitalium notarum figuris expreſſis maximaque omnium corniculantis lunæ ſpecies, dextero latere inſignis.* Mais cela ſe fera ailleurs, s'il plaît à Dieu.

Habitation.

TITRE II.
ARR. I.

P Ar Arrêt en l'an 1792. entre Saluſte del Pech, & ſa marâtre, a été jugé, que la femme à laquelle l'habitation de quelque maiſon eſt dûë, n'eſt tenuë payer les tailles ni autres charges, ains c'eſt l'heritier, ſi ce n'eſt au cas qu'il y eût outre ladite habitation, loüage ou plus qu'eſt neceſſaire pour icelle ; auquel cas eſtimation & viſite faite par Experts, elle ſera tenuë contribuer auſd. tailles pour led. ſurplus: *aliud in habitatione legata, aut alia quæ jure actionis non debetur, quia primo caſu integra præſtari debet.*

* Ains c'est l'Heritier.] L'uſage de la Cour des Aydes eſt contraire, & il eſt conſtant que c'eſt la femme & non l'heritier, qui doit payer les tailles de la maiſon, dont ſon mari lui a legué l'habitation : ce qui eſt conforme au Droit en la Loy Si domus. ff. de uſu & habit. *V.* Guid. Pap. queſt. 541. & Bened. ad cap. Raynutius. verb. cætera bona. num. 42. & ſeq.

Hôpitaux.

TITRE III.

ARR. I.

MOnsieur Dalzon Conseiller en la Cour, par son testament legue cinq cens livres aux Hôpitaux de Toulouse, payables cinq ans aprés son trépas : Il decede en Août 1571. en Mars suivant le Syndic des Hôpitaux presente requête à ce qu'attendu la grande necessité desdits Hôpitaux, & grand nombre des pauvres qu'il y avoit en ladite année, ses filles & heritiers fussent tenus payer ledit legat dans le mois, *& sic ante tempus* : par Arrêt du 18. Mars 1572. Monsieur de Paule President, la Cour attendu la necessité grande des pauvres, ordonna que ladite somme de cinq cens livres seroit payée cent livres chaque an ; ce qui semble être fondé sur la loy *Qui filium*, §. 1. *ff. Ad Trebell. ubi filio pauperi restituitur hereditas ante tempus.*

ATTENDU LA NECESSITE'.] Quoique la volonté du testateur soit une Loi qui doit être executée, toutefois lorsque la necessité se rencontre en quelque chose, elle n'est pas de la Loi, sur tout lors qu'il s'agit de l'interêt des pauvres, dont la cause est toûjours favorable, mais principalement dans une pressante necessité, qui regarde les alimens : cette seule consideration pouvoit excuser David, lors qu'il mangea les pains de proposition.

ARR. II.

LE 7. jour de Janvier 1527. fut donné Arrêt touchant les Hôpitaux de Toulouse & gouvernement d'iceux, mêmement quant au Receveur qui n'aura plus gages : mais un homme de bien de la Ville sera chacun an choisi, qui aura la charge, & pourra tenir un homme sous lui à qui seront taxées ses diettes & vacations.

ARR. III.

LE Lundy 4. Août 1564. sur certaines lettres patentes du Roi, auroit été dit, que l'Hôtel Dieu de Toulouse sur le payement de ses dettes, desquelles y auroit instrument obligatoire ou cedule averée, joüira de même privilege qui est observé sur le payement des deniers Royaux. Ledit Arrêt prononcé au barreau.

ARR. IV.

ENtre François Girardin Docteur ez Droits, Chanoine en l'Eglise d'Aux, & Tresorier en l'Hôtel-Dieu de Toulouse, pour l'année courante, suppliant d'une part, & le Syndic dud. Chapitre défendeur. La Cour sans avoir égard aux fins de non-recevoir dudit Syndic, a ordonné & ordonne qu'il joüira durant l'année entiere qu'il demeurera en charge de Tresorier dudit Hôtel-Dieu de Toulouse, des fruits de sa Prebende Canoniale en ladite Eglise Metropolitaine d'Aux, tout ainsi que s'il estoit present & faisoit le service actuel en ladite Eglise, & sans dépens. Prononcé le 3. Decembre 1575.

ARR. V.

LE 23. Aoust 1575. Arrest au barreau contenant injonction à tous Tabellions & Notaires de Toulouse, de faire recherche par leurs livres, notes & protocoles des dispositions & legats faits en faveur des pauvres des Hôpitaux, & en avertir les Officiers afin de s'en prévaloir, & pareille injonction à tous Greffiers du Senéchal, de faire recherche par leurs regiftres des amendes adjugées ausdits pauvres, afin d'en estre payez.

Hypotheques.
TITRE IV.
ARR. I.

PAr Arrest donné au profit de Mr. Fabry Conseiller en la Cour, contre Audine & Demoiselle Jeanne de Barravy femme dudit Fabry, fut jugé que l'hipotéque pour les amendes & dépens a lieu depuis le crime commis; & suivant ce ledit Fabry fut alloüé pour les dépens & amendes à lui adjugées sur les biens dud. Audine, depuis le temps de l'empoisonnement attenté & conspiré par ledit Audine, devant tous autres dettes, depuis ledit crime par luy contractez.

ARR. II.

PAr Arrêt parti en la grand'Chambre & premiere des Enquêtes, & departy en la seconde Chambre le 21. Juillet 1593. le creancier qui a prêté l'argent pour l'achat d'un Office ou d'un fonds, est preferé à tous autres creanciers, voire à la femme pour son dot sur le prix provenant de la vente de ladite chose achetée de l'argent du creancier.

EST PREFERE' A TOUS.] Il n'y a que les creanciers pour l'exercice & fonction de l'Officier qui doivent être preferez sur l'Office à celui qui l'a vendu, encore n'est-ce qu'au seul cas que les dettes soient pour exercice & fonction dépendant dudit Office : ainsi qu'il fut resolu aux mercuriales du Parlement de Paris, rapportées *en la page* 242. *num.* 10. *de l'édition de la Coust. de Paris, publié en l'an* 1666. *avec les Remarques de Fortin & de Ricard.*

ARR. III.

DE même le 24. Octobre 1592. en la Grand'Chambre, une femme d'un Receveur des amendes de la Cour, fut alloüée après le Roi, sauf au fonds acheté de l'argent de son dot.

DE L'ARGENT DE SON DOT.] La raison en est, que si bien suivant la Loi *ex pecu-niâ C. de jur. dot.* un fonds acheté par le mari de la dot de sa femme : ne soit pas dotal, il est pourtant consideré comme tel en faveur de la femme, lors que son mari est insolvable, com-me au cas de l'Arrêt rapporté par l'Auteur ; appuyé de la doctrine de Cujas *observat. lib. 5. cap. 29.* & c'est au cas de l'insolvabilité du mari qu'il faut entendre la Loi *Res quæ ff. de jure dot.*

ARR. IV.

LE Maistre est preferé *in fructibus fundi* au plus ancien crean-cier, au rapport de Monsieur Malard, entre Gibert & Rau-fez, le 9. Novembre 1590. *Jason in §. serviens de ac. Bart. in L. Interdum, qui pot.*

LE MAISTRE EST PREFERE'.] Si pour la rente des maisons les proprietaires sont preferez sur le prix provenant de la vente des meubles du locataire ; suivant l'Arrêt donné en la Grand'Chambre le 26. Juin 1659. au rapport de Mr. de Beauregard, en la cause des nommez Dantezac & Montagnier, à plus forte raison le doivent-ils être sur le prix prove-nant de la vente des fruits, qui sont provenus de leur propre fonds. De là vient que parce que les fruits proviennent de la semence qui leur donne l'être, celui qui l'a fournie doit être preferé au proprietaire, même du fonds : car outre la force de la raison qui a été alleguée, il est d'ailleurs considerable, non seulement que par la disposition du droit le mot de fruit s'entend *deductis impensis*, mais même que si la semence n'avoit pas ce privilege, il ne se trouveroit personne qui en voulût prêter ou fournir : ce qui tourneroit souvent au préjudice du public.

ARR. V.

AU mois d'Août 1582. rapporteur Monsieur Mainud, entre Pascal contre Pascal, fut jugé és Arrêts generaux à sainte Croix, que le pupille és biens du tuteur est preferé à la femme, après avoir été le procez parti en trois chambres.

* PREFERE' A LA FEMME.] L'usage est contraire, & la femme a aujourd'hui la pre-ference incontestablement, parce qu'elle a un privilege, au lieu que le pupille n'a qu'une hypotheque, qui est reduite au Droit commun ; & pour laquelle aussi il n'est alloüé que de-puis la decernation de tutele. Apparemment l'Arrêt rapporté par l'Auteur en cet Article, suppose une decernation anterieure à une constitution dotale, & un tems auquel on régloit les hypotheques de la femme & du pupille par la priorité du temps. *V. le tit. 6. de ce liv. tit. D. art. 14.*

Coûtumes generales de France en Hypotheques.

IL y a trois Coûtumes generales qu'on tient communement en France; l'une est le mort saisit le vif ; l'autre les fiefs être reduits comme tout autre patrimoine ; & la troisiéme les meubles n'avoir point de suite, laquelle troisiéme ne s'entend lors que les meubles font feulement faifis & fequeftrez, ou baillez en oppignoration ou gage, ains quand ils font actuellement vendus ou delivrez à l'acheteur par vente conventionelle, ou par decret & vente judiciaire, comme il a été fouvent jugé; & même en la grand'Chambre au mois de Novembre 1594. au profit d'un nommé Laboureau contre Berdien & autres.

POINT DE SUITE.] Par Arrêt d'Audience du 14. Janvier 1677. en la grand'Chambre il a été jugé qu'un vaiffeau eft un meuble qui n'a pas fuite. *arg. l. fi quis de nave ff. de vi & vi arm. & l. vim facit. §. quod in nave ff. quod vi aut. clam.*

ARR. IV.

LEs creanciers du vivant de leur debiteur n'ayant autre moyen de fe faire payer, peuvent dans le tems de dix ans de l'ordonnance ufer de remede de léfion d'outre moitié de jufte prix contre l'acheteur de leur debiteur, comme l'avons fouvent jugé & veu juger, & Charondas en fes Réponfes liv. 9. chap. 25. en met un Arrêt formel du Parlement de Paris.

DE REMEDE DE LESION.] *V. Mayn. liv. 3. ch. 70. & Automne ad L. 2. C. de refcind. venditio.* Regulierement un creancier a droit de fe fervir des avantages & des exceptions de fon debiteur. *L. fi cui C. de non numer. pecun. & L. 15. ff. de fidejuffor.* fur tout quand il n'a pas d'autre moyen de fe faire payer de fon debiteur. *V. la fuite de ce Recuëil tit. 63. art. 17.*

ARR. VII.

LE 25. Septembre 1575. fut jugé par Arrêt que le gros des Chanoines & Prebendiers pouvoient être faifis par les creanciers; autres toutefois que les diftributions quotidiennes & manuelles, & le droit des miches & pains qui fe diftribuent chaque jour aufd. Chanoines & Prebendiers, comme il fe fait en l'Eglife St. Eftienne de Touloufe, pour Jean d'Abatia Chanoine dud. faint Eftienne; conformement à autre Arrêt du 19. Septembre 1554.

LES DISTRIBUTIONS.] *V. l'art. 1. de ce livre ar. 21.*

Jardiniers.

TITRE I.

ARR. I.

PAr Arrêt de la Cour du 27. Novembre 1528. Veuë la requête fur ce baillée par les Capitouls de Touloufe, l'avis defd. Capitouls, des Medecins, & dire du Procureur general, & Arrêt en même fait du 13. Juin 1509. Dit a été que les Jardiniers ne vendront d'orefnavant hortalice en la place de la Pierre ne ruë d'icelle , & a permis & permet ladite Cour auſd. Capitouls de mettre leſdits Jardiniers pour vendre ladite hortalice és lieux & places plus utiles & moins dommageables à la choſe publique, de donner ordre à la police de lad. Ville enſuivant les Arrêts ſur ce donnez ; Et a fait inhibitions & deffenſes auſd. Jardiniers à peine de cent marcs d'argent de vendre lad. hortalice ailleurs qu'és lieux & places que pour ce ſeront baillées & aſſignées par leſd. Capitouls , le tout par maniere de proviſion.

Jeux & Danſes.

TITRE II.

ARR. I.

A Cauſe de la priſe du Roy François premier , fut prohibé ne danſer ne faire feſtins ni banquets , ains que chacun en droit ſoy eût à rabaiſſer ſon état, & que celui qui alloit à trois chevaux ſe contentât d'aller à deux.

PRISE DU ROY.] La Province de Languedoc s'eſt toujours faite diſtinguer des autres Provinces du Royaume , quand il eſt arrivé quelque malheur à l'Etat : Il ſeroit facile de dire pluſieurs choſes ſur ce ſujet ; mais pour ne pas ſortir de mon texte , je me contenterai de remarquer qu'après que le Roy Jean fut fait priſonnier à la bataille de Poitiers , les gens des trois Eſtats de cette Province s'eſtant aſſemblez à Toulouſe de l'ordre du Comte d'Armagnac, qui étoit Lieutenant du Roy , *ils ordonnerent qu'audit pays , ſi le Roy n'étoit delivré durant l'année , homme ne femme ne porteroit en habillemen or, argent, ne perles , couleurs de verd , ne gris , robes ne chaperons decoupez, n'autres cointiſes* ; *Et que Jangleurs , ne Meneſtriers ne joüeroient de leur métier durant ledit an.*

ARR. II.

L E Mardy premier jour de Juillet 1544. en Audience la cauſe plaidée, Preſident Monſieur de Manſencal premier Preſident, a été donné l'Arrêt de l'Emperayre del Jouven de Durenque en Roüergue , *ſive des Goliards* , qui prohibe tels Emperayres & Abbez de Malgouvern en toute ladite Senechauſſée , ſur peine de baniſſement & confiſcation des biens , & autre arbitraire.

L'EMPERAYRE DEL JOUVEN.] Ce ſont des réjoüiſſances comme celles de la *Bachelette* de Luſignan en Poiſtou , de la Bachelette de Cholet en Anjou , *du Roy de la Bazoche* en Picardie principalement, & du *Roy de Papegay* de Nîmes , laquelle réjoüiſſance avoit de grandes conformitez avec celle du Roy du Papeguay de la Ville de Gand , dont parle *Sanderus en ſa Flandr. illuſtr.* la plûpart de ces réjoüiſſances ſont aujourd'hui abolies. *V. le Livre* 1. *verb.* Confrairies.

Inceſte.

Inceste.

TITRE III.

ARR. I.

LE 12. jour de Fevrier 1536. a été donné Arrêt criminel, par lequel la mere & le fils pour avoir abusé ensemble, & en participation l'un avec l'autre, ont été condamnez à être brûlez; Et pour ce que la mere étoit morte les os seroient décharnez & brûlez avec le fils, ce qui a été executé en Toulouse.

LA MERE ET LE FILS.] *Le crime d'inceste est si punissable, & d'ailleurs si peu vraisemblable, s'il le faut ainsi dire, qu'il me semble que pour en convaincre quelqu'un, il faut avoir une preuve plus claire que dans la recherche des autres crimes; la presomption de droit, sur tout étant telle,* ut conjuncti sanguine non præsumantur invicem fornicari*, selon la doctrine de* Menochius *l. 5. præs. 17.*

ARR. II.

LE 11. jour de Janvier 1535. fut donné Arrêt par lequel un nommé Salesses accusé d'avoir abusé d'une Religieuse du Monastere de Monastier, fut condamné à être decapité, ses membres affigez en paly sur le chemin dudit Monastere de Villemur, enjoint à l'Evêque de Castres de reformer lesdits Monasteres, ausquels ladite Religieuse fut envoyée pour lui faire son procez.

ARR. III.

JEan Bosc Charpentier habitant de N. en Gascogne, ayant femme & enfans, une nuit venant de la Ville, comme il dit, ne trouvant point sa femme en la maison, étant échauffé du vin va trouver sa belle mere au lit étant assez âgée la connut charnellement, & de ses œuvres faite enceinte, & étans faits prisonniers à la requête de Monsieur le Procureur General, ayant confessé la verité du fait, le Juge *à quo* auroit condamné l'homme à être pendu, & la femme faire amende honorable & assister à l'execution, dequoi étant appellé: La Cour mit l'appellation & ce dont étoit appellé au neant, & pour reparation & punition de l'inceste commis par lesdits prevenus les a condamnez venir un jour d'Audience au parquet en chemise, têtes nuës: tenant la torche en la main, & après être mis & delivrez entre les mains de l'executeur de la haute Justice pour être pendus & étranglez; & après leurs corps brûlez & mis en cendres, leurs biens confisquez, la troisiéme partie reservée à la femme & enfans.

X

LA BELLE-MERE.] ℣. *le titre 4. de ce liv. lit. M. art. 42. & Papon. liv. 22. tit. 9 art.* 7. Quoi que la debauche que Jean Bosc avoit faite, & qui sans doute l'avoit engagé à l'inceste qu'il commit, *venter enim plenus despumat. in libidinem, & proxima sum ori genitalia,* au langage de S. Jerôme, semblât le devoir excuser, ou du moins faire adoucir sa peine, toutefois l'inceste d'un gendre avec une belle-mere, qui est une espece de mere, donna une si horrible idée, qu'il étoit juste de le punir severement dans quelques circonstances qu'il eût été commis : les flâmes peuvent à peine expier ce crime énorme.

LEURS BIENS CONFISQUEZ.] Touchant la confiscation en fait d'inceste. ℣. Cod. Fab. lib. 5. tit. 3. def. 1. & Boër. dec. 264.

Indignité.

TITRE IV.

ARR. I.

PAr Arrét general Judiciellement prononcé la veille de la Pentecôte 1590. Une veuve *quæ stuprum commiserat*, ne fut seulement declarée indigne de la succession de son mari, mais aussi l'ayeule de lad. veuve fut declarée incapable d'icelle ; Et les biens adjugez aux plus prochains parens du côté paternel.

Cet Arrét, avec les raisons qui y ont donné lieu, est rapporté fort au long *au liv. 3. verb. Succession ab intestat. art. 2.*

Injures.

TITRE V.

ARR. I.

IL se trouve plusieurs Arrêts donnez en Audience, en matiere d'injures verbales, par lesquels les parties sont mises hors de Cour & de procez & sans dépens, après avoir icelles declaré ne les avoir dites, ni les vouloir avoüer par leur audition ou procuration, ou en jugement. Et entre autres le 11. Decembre 1570. Entre certaines femmes appellantes du Senéchal de Roüergue. Et le 11. Janvier 1571. Entre Cybaud, & Cousin Lieutenant de S. Sulpice, qui avoit appellé ledit Cybaud en pleine Assemblée de conseil de ladite Ville ladre & faussaire.

NE LES AVOIR DITES.] En fait d'injures legeres, sut tout quand elles ont été proferées en l'absence de la personne injuriée, une déclaration dans la reponse personelle de l'injuriant, comme il tient sa partie pour homme de bien & d'honneur, & qu'il desavoüe l'injure, vaut autant qu'autrefois un *nollem dictum* parmi les Romains ; car sur une telle déclaration on met les parties hors de Cour & de procez : Il y auroit de l'injustice de les engager en une instructive pour de simple coups de langue ; & cela d'autant mieux qu'il est certain que l'action pour injures, *quâ agitur ad palinodiam seu revocationem injuriæ,* comme parlent les Docteurs, est civile & non pas criminelle. Quand pourtant les injures sont graves, & qu'elles tendent à diffamer une personne, on s'y prend d'une autre maniere, & les Juges suivant les circonstances ordonnent des reparations proportionnées à l'injure, & qui répondent à la satisfaction que l'injurié en doit raisonnablement attendre; en ce cas même la verité de l'injure n'excuse pas, parce que les veritez en fait d'injures ne sont jamais bien dites; ainsi par Arrêt du Parlement du 15. Decembre dernier 1679. le sieur Denys Paschal, de Nîmes, pour avoir appellé sieur Etienne Ginhoux, Banqueroutier, fut condamné d'aller dans sa maison, où il déclareroit en présence de six Marchands, des amis dudit Ginhoux, & en présence du Syndic des Marchands, pardevant Me. Dalbenas Viguier, qui fut commis pour cet effet, que mal à propos il avoit calomnié & offensé ledit Ginhoux, & qu'il le tenoit pour homme de bien & d'honneur. Cette reparation approche de celle que Fannius fit à Roscius, suivant le témoignage de Ciceron, *domum ultrò Roscii adiit, satisfecit, quod temere commisisset agnovit, rogavit ut ignosceret.* Au reste, ces sortes de satisfaction ne sont pas pour tout le monde: & comme les gens de la lie du peuple souffrent moins d'une injure, par rapport à leur condition vile & abjecte, que les autres personnes, on les traite aussi avec moins de ceremonie, & une condamnation de dépens leur plaît infiniment mieux qu'une reparation d'honneur.

LADRE.] Lors qu'on veut faire une compensation d'injures, celle de Ladre fait toûjours tomber la balance du côté de l'injurié, parce qu'outre qu'elle lui peut nuire personnellement, ou pour l'établissement de sa famille, d'ailleurs elle choque & interesse toute la consanguinité.

ARR. II.

LE Mardy 11. Mars 1543. en plaidant certaine cause l'appellant étoit prevenu avoir dit que la Sentence du Senechal de Toulouse, de laquelle il étoit appellant, étoit faussement & méchamment donnée, a été condamné pour la faute & temerité par lui commise aller incontinent au Consistoire dudit Senechal, & se dedire desdites paroles, avec reservation de ses bon nom, fame, & renommée. Ce qu'à été incontinent executé.

V. la suit. tit. 56. art. 21.

ARR. III.

POur Pâques 1566. fût par Mr. Latomi prononcé Arrêt entre Mr. de Lobens Religieux de Jerusalem & Tresorier de la Religion de Ste.Croix, contre certains des habitans dudit lieu ses sujets, qui l'avoient blessé à un doigt, furent condamnez à faire amende honorable, en banissement & grandes amendes pecuniaires.

ARR. IV.

ENtre Me. Jean de la Tanerie Notaire & Secretaire du Roy demandeur en reparations d'excez & outrages, par Raymond Donadieu jadis son serviteur faits, appellant du Viguier. Fut dit & prononcé le 22. Decembre 1548. qu'il étoit condamné à faire amende honorable tant en l'auditoire dudit Viguier un jour tenant l'Audience, qu'au devant de la maison dudit de la Tanerie sondit Me. & là de genoux, en chemise, tête & pieds nuds, tenant en-

X ij

tre ses mains une torche de cire ardente , dire & confesser follement , temerairement & indiscretement avoir outragé sondit Me.
qu'il s'en repent , & en crie mercy à Dieu , au Roy , & à la Justice , & audit de la Tanerie , & ce fait sera mis au collier en la place
publique du Salin , ayant au devant de lui un cartel où seront écrits
tels mots , *Serviteur ayant outragé son Maître* , pour là demeurer le
tems & espace de trois heures , neanmoins l'a bani , & banit de la
Ville , Viguerie de Toulouse pour un an , & l'a renvoyé & renvoye audit Viguier pour faire mettre cet Arrêt à execution , en
vertu du Dictum d'icelui selon sa forme & teneur.

UN CARTEL.] L'écriteau est presque toûjours en usage pour ceux qui sont condamnez au carcan , mais il est employé rarement à l'égard de ceux qu'on condamne à mort ,
à moins qu'ils soient condamnez pour des cas extraordinaires : l'usage en est fort ancien
dans ce Royaume : & l'histoire de la Pucelle d'Orleans fait foy , qu'en la mitre qu'on lui
fit porter sur la tête lors qu'elle alla au supplice , on y avoit écrit qu'elle étoit *Heretique* ,
Relapse , *& Apostate* , pour dire que c'étoient les motifs de sa condamnation.

ARR. V.

AUtre d'un fils qui avoit battu son pere , lui avoit montré
pudenda en derision , objecté en le confrontant qu'il avoit tué
un homme , ayant été ledit fils nommé Jean Pons fils d'autre Jean ,
par le Juge de Lendeignes condamné à faire amende honorable ,
demander pardon , le foüet , & dix ans en galere , appella , fut condamné d'être pendu , & la donation en faveur de mariage faite de
la moitié des biens revoquée.

LA DONATION.] Le motif de l'Arrêt fut sans doute pris principalement , de ce
que le fils avoit reproché à son pere dans les objets qu'il proposa contre lui , qu'il avoit tué
un homme : car il est constant en Droit , que l'enfant qui accuse son pere criminellement ,
peut être exheredé *Novel.* 115. *cap.* 3. *si eos* 3. ainsi par ce seul motif qu'une fille avoit fait
crier son pere à trois briefs jours en vertu d'un decret de prise de corps qu'elle avoit fait
laxer contre lui , le Parlement par Arrêt d'Audience , donné en la grand'Chambre le 22.
Mars 1665. cassa les informations faites à l'instance de cette fille , & revoqua la donation
que son pere lui avoit faite en faveur de son premier mariage , dont en ladite instance criminelle il avoit demandé la cassation & revocation par ingratitude.

ARR. VI.

LE 23. Decembre 1577. fut prononcé Arrêt judiciellement &
solemnellement és Arrêts generaux par Mr. Bertrand tiers President , contre un nommé Arnaud Bizée qui avoit batu sa mere ,
outre les injures verbales qu'il avoit souvent dites , lequel pour reparation de ce fut condamné à faire amende honorable en chemi-

fe, tête & pieds nuds, portant la hard au col, comme il fit, &
en outre à être fuftigé & foüeté par la prefente cité, & après mis
aux galeres pour 6. ans, & condamné és fraix de Juftice. Led.
prifonnier étoit appellant du Senechal de Bigorre ou d'Armaignac & habitant de Tarbe. Cet Arrêt peut fervir contre les enfans
défobeïffans aux peres & meres, & difoit-on que fans la depofition que la mere avoit faite ayant declaré ne lui vouloir faire
partie, & le déchargeant tant qu'elle avoit pû, eût été condamné à être pendu & étranglé.

LE DECHARGEANT.] Quand un pere ou une mere ont une fois mis leurs enfans
entre les mains de la Juftice pour caufe de mauvais traitement, ils ont beau leur pardon-
ner, & les déclarer innocens, ils ne peuvent plus les en tirer, quand il s'agit de quelque
injure atroce. *Cod. Fab. lib.* 8. *tit* 33. *def.* 1. Expilly *chap.* 200. il eft vrai que telles declarations fervent à adoucir la peine; & fauvent ordinairement la vie aux prevenus, qu'on fe
contente en pareil cas de condamner à l'amende honorable, au foüet & aux galeres, ou
perpetuelles ou à tems, fuivant les circonftances : l'une defquelles, qui a accoûtumé de
toucher le plus les Juges, eft le bas âge des enfans.

ARR. VII.

LE 23. jour de Decembre 1572. par Arrêt au Barreau fur la
requête prefentée par le Procureur general du Roy, a été
prohibé & défendu fur peine de confifcation de biens & d'être feverement punis à toutes perfonnes d'ufer de Pafquils, & placards
diffamatoires, comme eft porté par le contenu audit Arrêt, permettant audit fieur Procureur general faire publier monitoire là-
deffus jufques à revelation inclufivement.

DE PASQUIL.] On puniffoit les Auteurs des Libelles diffamatoires dans l'ancienne
Rome de la baftonade, qui étoit une injure fi grande parmi les Romains, qu'elle tenoit
lieu de peine capitale. ℣. *Horat. lib.* 2. *Epift.* 1. Aujourd'hui la punition eft arbitraire, &
l'on n'eft guere rigoureux qu'à l'égard des Libelles qui choquent, ou les perfonnes pour
lefquelles on doit avoir du refpect & de la deference, ou le Prince & l'Etat : en ce dernier
cas même on condamne les Imprimeurs à une peine; ainfi par Arrêt du Parlement de Paris
celui qui imprima le Livre d'Yfaac VVolmar intitulé, *Bibliotheca Gallo-Suevica*, fut condamné au foüet.

Inquant.
TITRE VI.
ARR. I.

PAr Arrêt de la Cour du 29. Août 1528. entre le Syndic de
la Ville de Touloufe demandeur, & le Juge-mage, Juge
d'Appeaux, Viguier, Juge ordinaire, les Verguiers en l'Auditoire
defd. Senefchal, Juge d'Appeaux, Viguier & Juge ordinaire de
Touloufe refpectivement défendeurs : Fut dit & déclaré le droit

& préeminence de tous & chacuns les biens meubles qui ſe vendent à l'inquant public en ladite cité de Touloſe, non prins toutesfois pour les deniers du Roi, avoir apartenu & appartenir audit
Syndic de Toulouſe. Et fait défenſes audit Juge-Mage, Juge d'Appeaux, Viguier, & Juge ordinaire, & autres de vendre ou faire vendre par leurſdits Verguiers , & Sergens , ou autrement , aucuns
biens meubles ; ſoit pris de leur mandement, ou autrement vendus volontairement , troubler ni empêcher ledit Syndic en la faculté ſuſdite. Et ſeront tenus ledit Syndic & Capitouls par le
crieur public , faire vendre leſdits biens meubles en la place de la
Pierre , autres lieux & place qui ſera requiſe par ceux à qui leſd.
biens appartiendront, les jours de Mecredy, Jeudy & Vendredy, au
plus diſant, tout dol & fraude ceſſans, en prenant ſeulement pour le
droit de l'inquant 10. deniers tournois pour l. de ceux à qui leſd.
biens meubles appartiendront. Sera tenu led. crieur public écrire
ou faire écrire par un Notaire les an & jour que leſdits biens ſe
vendront, la qualité & quantité d'iceux, prix & ſomme , à qui ſeront vendus & delivrez, en faire regiſtre & le bailler audit Syndic
& Capitouls. Défendu auſſi audit crieur & aux Sergens , qui auront pris leſdits biens meubles, d'iceux acheter, ni avoir aucune intelligence ou pacte, au moyen deſquels leſdits biens ne ſe puiſſent
vendre librement, & ſans fraude, rien prendre, ou exiger des acheteurs, ou de ceux à qui appartiendront leſdits biens, ſinon ainſi qu'a
eſté au criement accoûtumé faire, & ſans dépens. Ledit Arrêt fut
executé par maiſtre Jacques de Riviere Conſeiller en ladite Cour
parties ouyes le 7. Septembre audit an 1528.

Inquiſitions.
TITRE I.
ARR. II.

LE Mardy 23. jour de May 1571. plaidée certaine qualité cri-
minelle à la Chambre de la Tournelle , entre Jeanne Soliere
& Jacques Vulque appellant du Senechal de Toulouſe ou ſon
Lieutenant Juge criminel , Martial Siau appellé. Auroit été en-
tre autres choſes par Arrêt inhibé & défendu aux Officiers dudit
Siege , & à tous autres du reſſort , de ne decreter informations
és jours feriez , ni d'uſer d'antidates ſur la peine contenuë aux
Edits & Ordonnances du Roi.

E's Jours Feriez.] *V. le liv. 2. tit. Feriés, & le traité du reglement des Juge-Mages chap. 5. art. 7.*

Laine.

TITRE I.
ARR. I.

LE Mardy 26. Novembre 1566. fut prohibé par Arrêt de la Cour de Parlement de Touloufe, d'acheter laine d'aucun autre que des Marchands qui en font trafic, ou de ceux qui ont betail à laine, fur peine de mille livres d'amende.

V. le L. 5. tit. 5. art. 3.

Larrons, coupeurs de bourfes dans le Palais.
TITRE II.
ARR. I.

LE 18. Avril 1578. en la Chambre de la Tournelle en tenant l'Audience, furent furprins deux larrons, lefquels ayant mis entre eux deux certain perfonnage, luy mirent l'un d'eux la main à la poche, d'où il tira un mouchoir dans lequel étoient quelques teftons, & foudain ayant jetté par terre ledit mouchoir s'en fuirent tous deux: toutefois ils furent incontinent prins par les Huiffiers & menez dans le parquet en Audience; où leur fut fait le procez, eux là condamnez à faire amende honoraire, ce qu'ils firent, & eux conduits à la Conciergerie fut prononcé Arrêt de la condamnation à être pendus & étranglez, ce qui fut fait ledit jour à l'arbre qui eft devant le Palais.

A être pendus.] Ceux qu'on trouvoit derobans ou dans le Palais du Prince, ou dans celui d'une Cour fouveraine, étoient dignes de mort, à caufe de l'attentat & du crime confideré en lui même: ce qui avoit lieu pour fi petit que fût le larcin. Ce Parlement a beaucoup relâché en certaines occafions de fon ancienne rigueur, car par fon Arrêt d'Audience qu'il donna en la grand'Chambre le 18. Decembre 1656. il fe contenta de condamner au foüet & au baniffement pour dix ans du reffort du Parlement, un homme qui fut furpris dérobant dans ladite Audience, il eft vrai qu'il ne s'agiffoit pas d'un coupeur de bourfes, mais d'un homme qui avoit feulement coupé les boutons d'argent du manteau d'un Gentilhomme.

ARR. II.

LE 18. Mars 1581. fut pendu certain perfonnage à l'arbre qui eft devant la fale des Procureurs au Palais, qui quelques jours auparavant avoit coupé quelque bourfe dans la Chambre des Requêtes lors de l'Audience, auquel fut fait le procez & condamné à la peine susdite : il appella à la Cour, laquelle confirma la condamnation & procedure, & renvoya le prisonnier aux Capitouls pour faire mettre ladite condamnation à execution, laquelle fut faite lesdits an, mois & jour que dessus.

A R R. III.

ENtre Jean Geste Bourgeois de Toulouse & un sien facteur, procez fut commencé, de ce que par icelui facteur, ledit Geste se trouva derobé : dequoi contenu par sentence des Capitouls fut condamné en Mai 1558. à être pendu, confirmée ainsi fut executé.

Legitimations.

T I T R E III.

A R R. I.

PRononçant Mr. du Faur le Mardy 17. Avril aux Arrêts Generaux de Pâques fut terminée une question de l'heredité de feu N. Perier en son vivant Lieutenant particulier du Senefchal de Beaucaire, lequel étant jeune Ecolier venu en ce païs-là de Provence fut marié, 43. ans sont passez avec une Torniere, dot constitué 400. liv. & quelque maison. Le mariage fait, le beaupere trouve moyen de luy faire bailler les plus belles Judicatures des environs, & enfin de recouvrer ledit état : tellement qu'au tems de son decez il étoit riche & opulent, sans toutefois avoir eu aucun enfant de lad. Torniere, laquelle s'absenta une fois de la compagnie dud. Perier ; aprés rappellée, continua à être terrible, inofficieuse, paillarde : tellement que derchef s'absente de la compagnie de sond. mary, qui pour son service prend un femme & chambriere en sa maison, ayans demeuré quelque tems ensemble commençant à en abuser, procrea Loüis Perier, lequel fit endoctriner, tint aux Ecoles çà & là ; enfin ne voulant point suivre les lettres, se mit sous la charge de quelque Capitaine, & quelques ans auparavant sa mort luy acheta un cheval, mit en équipage, bailla argent & memoires pour aller au Roy, & obtenir lettres de naturalité & legitimation : ce qu'il fit, enregistrées en la Chambre des Comptes. Revenu au païs ledit Perier pere, étant en ses seigneuries & biens, auroit par plusieurs fois dit & declaré qu'il n'entendoit ny pretendoit avoir autre successeur que ledit Loüis Perier. Pour les troubles

se

ſe retire en un ſien château , volé de tous ſes biens meubles , eſt contraint ſe retirer dans Beziers où il devient malade , fut mis en la maiſon d'un ſien amy dans une chambre fort humide & melancolique,combien qu'il fût ſeptuagenaire,enfin decede ſans teſter : à cauſe dequoy ledit Louis troublé par ladite Torniere, qui s'em paroit des fruits, impetre lettres de maintenuë, produit ſes lettres de naturalité & legitimation ; icelles veuës obtient jouiſſance : dequoy appellé en la Cour obtient lettres de retention,ſur leſquelles & matiere principale playdée au long par les parties,le Procureur general du Roy auſſi oüy conſentant à la retention , & icelle requerant partant que beſoin eſt, veu par le conſiſtoire principal & providence de la Cour,les droits du Roy ſeroient mieux liquidez, & obſervez , appointé en droit. Le ſuſdit Perier remontre , *quod filius legitimatus , æquiparatur ſuo , ergo non eſt locus edicto , unde vir & uxor.* Secondement reprend la ſuſdite declarée volonté du feu pere, & les offices par icelui ſa vie durant audit Louis faits. Tiercement l'indignité de ladite Torniere , n'ayant prêté aucuns ſervices ni devoirs deus audit mari , ains articule & prouve les indignitez par elle commiſes , d'avoir laiſſé ſondit mari , s'en être allée paillarder avec un nommé au procez , ne tenir aucun compte dudit feu mari ni en vie ni à la mort , combien qu'il fût homme d'honneur & de qualité , mêmes qu'elle n'avoit daigné le ſervir en ſa maladie, ayant permis qu'il fût logé en une chambre mal ſaine , ſans avoir été ſecouru d'Apoticaire ni Medecin : voire luy mort , ladite Torniere ne ſe reſſentant de ſa mort , n'auroit daigné lui faire faire les honneurs funebres , ains ledit amy auroit été contraint de les faire à ſes dépens , ladite Torniere s'étoit retirée aux champs pour ſerrer les fruits & autres biens immeubles, ſans ſe mettre en habit de femme veuve , ni porter düeil exterieur , ni interieur en ſon cœur.

Au contraire ladite Torniere remontre qu'elle avoit uſé de toutes les officioſitez dües par la femme au mari , ſervi mêmes lors qu'il fut pillé , ayant icelle Torniere fait devoir d'homme pour ſauver la vie à ſondit mari , lors que les larrons non contens du bien le vouloient tuer , diſant que le tout étoit moyenné par ledit Louis Perier fils , & qu'elle l'auroit fait enſevelir , porté le düeil ,

Y

& que ç'avoit été ledit feu mari qui avoit esté disolu & paillard ; ayant laissé ladite Torniere sans en tenir compte , & receu en sa maison la mere dudit Louis qui étoit auparavant une femme abandonnée, & toutefois la cherissoit plus qu'elle;tellement que pour lui complaire il faisoit banquets & festins à son grand scandale & de tous les habitans,veüe sa qualité;que ç'auroit esté la cause pour laquelle elle se seroit absentée , ne pouvant souffrir un tel scandale. Remontre en outre que ledit feu Perier , lors qu'il fut marié avec elle , étoit un simple Ecolier mis en nature par son pere , & qu'elle avoit pris grande peine avec ledit sieur Perier à gagner le bien pendant 43. ans qu'ils avoient demeuré ensemble , ce qui devoit être consideré , *arg. l. Qui in provincia* s. *si ff. De ritu nupt.* Sur quoi le preuves respectivement étoient fort ambigues , pour les objets & soutenement respectivement baillez & preuvez ; tellement qu'à peine demeuroit témoins sur la deposition , duquel la Cour se peut fonder pour faire le jugement. Le Procureur general du Roi n'articule , ni prouve rien , prevoyant qu'il n'avoit aucun droit après les collitigeans en leur droit par les preuvesrepectives , debilité tellement qu'il ne dit rien jusques à la publication & renonciation,& que baillant par écrit remontre en premier lieu pour le regard de Louis les faits par lad.Torniere deduits& prouvez encontre ledit Perier , & iceux employe. Secondement remontre qu'en ladite legitimation y a deux defauts , ou trois, le premier , il n'appert point par acte ladite legitimation avoir été faite du vouloir & exprez consentement du pere , nonobstant les faits pour ce regard deduits , car remontre deux choses;la premiere, *quod expressus consensus patris desideratur pro forma* , *ergo intervenire debet principio. arg. l. Si quis mihi bona. §. Si alienam ff. de acq. hered.* D'abondant que ledit feu Perier pere , Magistrat docte , sçavoir bien les solemnitez requises ; Secondement remarque une omission notable faite au rescrit presenté au Roi pour la legitimation,n'ayant en icelui exprimé , *quod fuisset ex coitu adulterino, & procreatus constante matrimonio.* Tiercement le grand scandale qui avoit esté en la paillardise dudit feu pere Magistrat, *in quem omnes intentos habebant oculos,* & que le scandale en seroit plus grand si le bien demeuroit audit fils , *ex complexu nefando procreatus , ut nec alendus sit à patre.* Et pour le regard de la femme les susdites indignitez de n'avoir teñu compte de son mari sa vie durant, dont n'est raisonnable qu'à present elle ait le bien , veu même sa paillardise & méchanceté notoire.

La Cour a adjugé le bien au Roi, sauf mille cinq cens livres qui seroient distraites du bien, & baillées audit Louis pour ses alimens & entretenement, & mille livres qui seroient employées à la nourriture des pauvres des lieux, où ledit feu Perier avoit commis ladite malversation , & le susdit dot & augment à ladite Torniere, sans restitution des fruits ni provision adjugée.

Ex coïtu adulterino.] *V. le liv.* 3. *verb. succession ab intestat. art.* 1. §. *à la rigueur.*

LA COUR A ADJUGE' LE BIEN AU ROY.] Cet Arrêt est tres - juridique , moins pourtant pour la raison que Maynard allegue au Liv. 4. c. 1. où il rapporte ce même préjugé (car il est certain que la constitution des Empereurs en la Loy *Cod. und. vir. & uxor,* n'est nullement abrogée en France) que parce que la femme de Loüis Perier l'avoit non seulement quitté & abandonné, mais même parce qu'elle étoit accusée & fort suspecte de malversation. Et supposé que sa malversation ne fût pas justifiée par l'enquête que le bâtard de Perier avoir faite, il suffisoit pour exclurre sa femme de sa succession, qu'elle l'eût abandonné, comme elle avoit fait pendant fort long-tems durant leur mariage. En effet suivant la Loy *Un.* §. *ut aut. ff. eod.* le marié qui est separé de son conjoint , soit que ce soit d'autorité de Justice , soit que ce soit autrement , pourvû qu'ils ne fussent pas separez volontairement, ne lui succede point : par cette raison il étoit juste que la succession de Perier fût adjugée au Roy, à l'exclusion même de son fils legitime, parce qu'il suffisoit qu'il fût bâtard adulterin pour n'y devoir rien prétendre ; les bâtards de cette nature, soit qu'ils soient legitimez *per subsequent matrimonium,* soit qu'ils le soient *per rescriptum Principis,* ne pouvant pas succeder à leurs parens. *Novel.* 89. *cap. ult.*

Legitime.

TITRE IV.

Deux Arrests par lesquels le supplément de legitime peut estre adjugé au profit de la femme ayant quitté contre la coustume de Toulouse.

ARR. I.

ARrêt d'entre Jean Masade Secretaire , appellant du Senechal de Toulouse , contre Cecile , Gaillarde & Beatrix Masade du 12. Avril 1526.

V. Ferrer. in quest. 34. *Guid. Pap.*

ARR. II.

SEntence du Senechal du 1. Juillet 1570. entre Marguerite & Catherine Bretonnes , demanderesses & impetrantes lettres Royaux en maintenuë , & où il y auroit disposition valable du pere, la legitime leur être adjugée , en conferant ce qu'elles ont reçû, fans avoir égard aux quittances fur ce faites, comme y ayant été lezées outre moitié de jufte prix & moindre, fous crainte paternelle : fut dit que les heritiers défendroient. Arrêt confirmatif entre Jean & Nicolas Bretons , appellans du Senéchal de Touloufe du 27. Novembre 1570.

A R R.   I I I.

CE qui eft donné par les peres & meres , ayeuls ou ayeules à leurs enfans ou filles en leurs pactes de mariage ou autrement, ou bien legué par préciput & avantage, ne leur eft imputé en leur legitime ; & ainfi fut jugé entre les enfans de la maifon de Manfencal le 10.Septemb. 1597.confirmé par Arrêt du 4.Mars 1599.

N'EST IMPUTÉ.] Le mot de préciput induit prohibition de rapport , & a le même effet que fi le rapport étoit interdit expreffement ; ainfi ce qui a été donné par préciput & avantage n'eft pas imputable. L'ufage eft aujourd'hui contraire à l'égard de la dot , fuivant *Cambolas liv.* 2. *chap.* 16. *& liv.* 6. *chap.* 30. *ubi.* V. *de donationibus. Item Barry de fucceff. lib.* 16. *tit.* 6. *num.* 7.

A R R.   I V.

LE 18. jour de Janvier 1587. au rapport de Mr. Bluffet, entre Pierre Mafneau appellant du Senechal de Roüergue , contre Catherine de Mafneau appellée. Le fait eft tel , Catherine de Mafneau eft demandereffe en fupplement de legitime, dit que les biens de feu fon pere au tems de fon decez étoient de valeur de plus de trois mille écus, & qu'elle n'a reçû finon la fomme de mille liv. & par ainfi qu'elle feroit grandement lezée : Au contraire eft dit, qu'elle ne fait à recevoir,parce qu'aux pactes de mariage lui étant par le pere conftituée ladite fomme de mille livres en doüaire,elle auroit quitté aux biens paternels,qui dépuis la quittance & decez du pere étoient 25. ans ou environ, & par ainfi elle ne faifoit à recevoir , n'étant venuë dans les dix ans portez par l'Ordonnance. Contre cette quittance ladite Catherine obtient lettres Royaux , fondées fur reverence paternelle , crainte maritale & lefion exorbitante. La Cour par Arrêt ordonna que fans préjudice des fins de non recevoir ledit Mafnau défendroit ; on trouva que bien que ladite Catherine eût renoncé aux biens & fucceffions paternels , toutefois elle n'avoit point renoncé expreffement au fupplément de legitime,& par ainfi que l'Ordonnance de dix ans comme étant odieufe devoit être reftrainte à ce fur quoy la quittance avoit été faite , & non pas être étenduë *ad fimilia* ; car celui qui quitte &

renonce à la fucceffion du pere, *non videtur renuntiare legitimæ,*
aut ejus fupplemento.

RENONCÉ EXPRESSEMENT.] Quand on a renoncé expreffement au fupplement
de legitime, il faut fe pourvoir dans les dix ans, de la renonciation, & pour lors on ordonne l'eftimation des biens par Experts ; mais quand on n'a pas renoncé par exprés on
peut demander le fuplément pendant 30. ans, parce que la demande s'en fait aujourd'hui,
non pas par querelle d'inofficiofité ; mais par action perfonnelle, dont la durée eft de 30.
années, & pour lors on a accoftumé d'adjuger la legitime fuivant le nombre des enfans en
rapportant. Suivant cette diftinction il fe juge, qu'une renonciation a l'efperance d'une
fubftitution fi la renonciation n'eft pas expreffe, & s'il n'appert pas qu'en la faifant on ait
eu connoiffance du teftament contenant la fubftitution, non feulement ne nuit point ; *L.*
cùm proponas. Cod. de pact. L. de fideicommiffo. C. de tranfactio. Ferrer. in qu. 232. Guid. Pap.
mais mème n'empêche pas qu'on ne fe puiffe pourvoir aprés les dix ans contre l'acte de
renonciation : fuivant l'Arrêt donné le 15. Mars 1655. en la premiere Chambre des Enquêtes au rapport de Mr. de Rudelle, aprés partage, fur un appel relevé d'une Sentence donnée au Senéchal de cette Ville de Nîmes.

ARR. V.

L E 3. jour de Juin au procez de Guillaume & Bernard Fare-
nels, appellans du Senéchal de Carcaffonne, contre Jean
N. ayant été partis en la premiere Chambre d'Enquêtes ; fçavoir
fi lors que le fupplement de legitime eft demandé en argent, fi l'eftimation des biens hereditaires doit être faite, eu égard au tems du
decez du pere, ou bien eu égard au tems prefent, le procez fut
puis aprés departi à la feconde Chambre, & paffa à l'avis du Rapporteur que l'eftimation devoit être faite eu égard au tems du decez du pere, *argumento ducto à legatis ad legitimam l. In ratione 30.*
in princ. l. In quantitate. ff. Ad. l. Falcid. l. Quantitas eod. apud. Iuft.
fac. l. Cùm Quæritur. C. de inoff. tefta. l. fi ff. Si quid in fraudem
patron. l. 3. §. fi. l. Si quis patronum. 44. §. fi. ff. de bon. libèrt. ut nec
augmentum, nec diminutio hereditatis profit vel noceat filio, qui legi-
timæ receptionem in pecunia petit.

V. Defpeiff. tom. 2. part. 1. fect. 2. num. 14. & feqq.

ARR. VI.

L E 17. Avril 1575. au rapport de Mr. Bertier fut donné Arrêt entre Jeanne Maronne femme à Me. Simon Marion appellant du
Senéchal de Touloufe, & Perrete Azemar femme de George du
Mas par lequel ont été decidez deux points : le premier que bien
que la mere par ftatut de Touloufe foit forclofe des biens affis au
gardiage, toutefois elle y a fa legitime, & ainfi depuis a été jugé
plufieurs fois : *nam quamvis legitima per ftatutum minui poffit, non*

Y iij

poteft tamen tolli, comme il eft noté *in Authent. Noviſſima. C. De inoffic. & in l. Titio centum. §. Titio genero. De condit. & demonſtrat.* Secondement s'étant ladite Maroue remariée dans l'an du deüil elle ne fut privée de la legitime de ſa fille : car bien qu'elle fût privable par le droit, de ce qui lui auroit été laiſſé par le mari, comme a été jugé par Arrêt du 5. Janvier 1575. entre Perrete Treille, femme à Pierre Carbonnier Marchand de Samathan appellant du Senéchal de Toloufe & Jean Garignac : toutefois la mere n'eſt privable de la ſucceſſion de ſa fille, par Arrêt donné au rapport de Mr. Fabry, parti en trois Chambres en Août 1579. entre de Jeſſé & Guillaume de la Mouliere.

ELLE A SA LEGITIME.] ℣. *la ſuite tit. 63. arr. 10.*
Per ſtatutum minui.] ℣. *Graſſus. §. legitima. quæſt. 42. Automne ad L. quoniam in prioribus. C. de inoſſic. reſtam. Boër. deciſ. 204. num. 12.*
Non poteſt tamen tolli. *Berengar. Fernand. in L. in quartam*, diſpute pourtant ſi elle peut étre ôtée.

Que le droit de legitime ou ſupplement d'icelle ſe doit prendre ſur les biens en dernier lieu alienez.

ARR. VII.

ENtre Marguerite de Fournier Demoiſelle, demandereſſe en execution d'Arrêt, & liquidations de ſupplement de legitime par icelui à elle adjugée d'une part, & Pierre Fournier ſon frere, priſonnier à la Conciergerie depuis le premier Septembre 1571. & N. Bartheze veuve à feu Pierre la Croix mere & legitime adminiſtrereſſe des perſonnes & biens de ſes enfans & dudit feu la Croix deffendeurs d'autre. Veus les plaidez du 21. de Juin dernier, Arrêts donnez entre leſdites parties du 28. Août 1534. & 24. Avril 1538. relation d'Experts, tant de la valeur & eſtimation des biens de feu Guillaume Fournier quand vivoit Bourgeois dudit Touloufe, du calcul des dettes & achats des rentes deuës audit feu Guillaume fournier du 14. Fevrier 1592. & 5. Janvier dernier, & autres productions des parties, enſemble trois requêtes & un Arrêt de forcluſion à produire, inthimées au Procureur de ladite Bartheze. Dit a été que la Cour a ordonné & ordonne que leſdits Arrêts ſortiront à effet, & feront executez en ce que reſtent à executer, & ce faiſant a adjugé & adjuge à ladite Marguerite de Fournier, tant pour le ſupplement de ſa legitime dont eſt queſtion, & fruits d'icelle à elle adjugez par ledit Arrêt du 28. Août 1534. deduit ce qui faiſoit à deduire, la ſomme de huit cent trente-trois écus un tiers, & ce outre & part la ſomme de neuf cens écus un tiers d'écu quinze ſols huit deniers tournois, eſtans ez mains de Pierre Carriere Bourgeois de Touloure : laquelle ſomme de neuf cens écus un tiers d'écu un ſol huit deniers tournois ſera baillée & delivrée à ladite Fournier ſuivant led. Arrêt du 24. d'Ayril 1538. & à ce faire dans trois jours après l'inthimation ſera ledit Carriere depoſitaire contraint par toutes voyes deuës & raiſonnables, & par corps ſi beſoin eſt : deduit toutefois d'icelle ſomme ce que par ledit Carriere a été payé & delivré du conſentement de ladite Marguerite de Fournier : & pour l'autre ſomme de huit cens trente-trois écus un tiers par cet Arrêt adjugé à ladite de Fournier, lui a permis & permet faire execution ſur les biens tenus & poſſedez par ledit feu ſon frere non alienez ; & où ne ſeroient ſuffiſans, lui permet faire execution pour la ſomme qui reſte à payer, faite lad. diſcution, ſur les biens qui ont appartenu audit feu Guillaume Fournier ſon pere en dernier lieu alienez, & dépens, & pour cauſe. Prononcé à Toulouſe en Parlement le 13. Septembre 1543.

ARR. VIII.

ENtre Guillaume Raymond & Gabriele Girarde le 26. Mars 1543. avant Pâques, la legitime a été adjugée en argent, en reformant le jugement du Senéchal qui l'auroit adjugée en corps hereditaires, pource que certain argent avoit été receu par celui qui la demandoit.

AVOIT E'TE' RECUE.] *Cambolas liv. 4. chap. 35. Ferrer. in qu. 487. Guid. Pap.* le legitimaire en repudiant le legat eſt receu à legitimer en corps hereditaire, tel eſt l'uſage.

ARR. IX.

LEs legitimes d'une Baronie ſont contraintes eſtre priſes d'autres biens s'il y en a, que d'icelle Baronie : par Arrêt du 10. Fevrier 1525. entre Anne de Leſcure & N. la Guinerie.

V. la ſuite tit. 63. art. 1.

ARR. X.

LA conſtitution du dot de quatre mille livres faite à Demoiſelle Jeanne de Barravi femme à Maiſtre Jean Fabry Conſeiller en la Cour, ne pouvant ſuffire au payement des condamnations &

amendes adjugées audit Fabry, il demande pour ce qui reste à payer, & jusques à concurrence lui soit adjugée la cottité qui appartient à lad. femme sur les biens de son pere, tant pour le supplément de legitime, que pour avoir succedé à la part d'un sien frere mort *ab intestat*, qu'il lui soit permis faire execution & poursuite. Par Arrêt donné au mois de Juillet 1588. en ce qui concerne le suplement de legitime, il en est demis, lui adjugeant lesdits droits fraternels.

Le Supplement.] ỳ. *la suite tit. 63. art. 17.*

Arr. XI.

IL se juge ordinairement lors qu'il y a baniment és mains du debiteur, ledit baniment ne l'excuse point du cours des interêts, s'il n'est dépoüillé & dessaisi de ladite somme, & icelle consignée réellement és mains d'autres depositaires, à la charge desd. banimens partie appellée : Et ainsi fut par Arrêt jugé entre François Daillon contre Gombauld de Goras debiteur en l'an 1585. & par jugement donné en nôtre Chambre par lequel Salveroque fut condamné payer la pension à la Demoiselle du Pin sa Belle sœur, nonobstant les banimens de la somme principale par lui alleguez.

Arr. XII.

LE 18. Septembre 1590. au procez d'entre Claude Hommager, dit le Capitaine la Platiere, appellant du Seneschal du Puy, contre Marc Aillet appellé. Le fait est que Jean Aillet par son testament en l'an 1572. institüe son heritiere universelle Jeanne de Vaux sa femme, & aprez son decez luy substitüe Marc Aillet, fils d'un sien frere : Ladite de Vaux étant decedée en l'année 1588. Marc Aillet demande ouverture de ladite substitution : Hommager comme heritier d'icelle de Vaux requiert detraction de la quarte Trebellianique. Au contraire Marc Aillet dit que ladite de Vaux ayant joüi de l'heredité du testateur par l'espace de treize ou quatorze ans, il faut imputer les fruits par elle perceus, & par ainsi qu'il n'y a lieu de detraction : & ainsi fut jugé.

Arr. XIII.

EZ Arrêts generaux prononcez le 16. Avril 1580. est ordonné que les neveus *qui tenent primum gradum non imputant fructus in quartam.*

LES

LES NEVEUS.] C'est-à-dire que le petit-fils dont le pere est predecedé à l'ayeul qui a fait le testament ; ce que l'Auteur exprime aussi par ces mots , *qui tenent primum gradum. V. la* suite de ce Recüeil tit. 59. arr. 6. & tit. 63. arr. 12.

ARR. XIV.

CEtte question a reçû plusieurs jugemens contraires : car plusieurs Arrêts se trouvent , par lesquels les filles ayant quitté, ou nées & mariées aux lieux où la coûtume vient à forclore les filles mariées par le pere , ont été forcloses *etiam à legitima* ; comme fut jugé par Arrêt prononcé judiciellement en faveur de Bernard du Laur contre ses sœurs.

Le même fut jugé en païs de Droit écrit , sçavoir est à Alby ; le 14. Fevrier 1646. en Audience entre Marie Descarlian , contre Jean Descarlian. Toutefois à present l'on tient que nonobstant la coûtume & quittance , pourvû qu'il soit allegué lesion notable, elle peut demander supplement de legitime , *etiamsi concurrant* *consuetudo & pactum de non succedendo furatum* : comme fut jugé le 25. Juin 1567. entre Chabanel Procureur en la Cour & curateur de Geraud & Jean Roberts.

ARR. XV.

POur la legitime lors qu'elle est adjugée aux filles mariées ; nonobstant leur quittance , il y a aussi diversité d'Arrêts , si ce doit être en deniers ou en corps hereditaires ; car par led. Arrêt du 25. Juin 1567. la legitime est adjugée en corps hereditaires, avec restitution depuis le decez du pere. Le même avoit été jugé autrefois l'an 1497. pour Astrugue Bonne.

Par autre Arrêt entre les mêmes parties , donné le 30. Août 1519. la legitime fut adjugée en deniers ; comme aussi par Arrêt du 8. May 1561. entre Jean de saint Etienne.

ARR. XVI.

PAr autre Arrêt du 18. Juin 1574. entre Antoine Bode & Anne Clauselle matiez , la legitime fut adjugée en corps hereditaires ou argent, au choix de la fille , nonobstant la quittance avec restitution de fruits. Le même avoit été jugé le 14. Novembre 1573. avec adjudication d'interêts au denier quinze, entre Jean Bories.

AU DENIER QUINZE.] *V. la suite de ce Recüeil tit. 63. arr. 1.*

Z

TITRE V.

ARR. I.

LE 13. & 15. Decembre 1575. en Audience, requerant un nommé Daudon Seigneur de Surmegre être reçû à presenter certaines Lettres de grace, le restituant au prealable en entier envers certains défauts contre lui obtenus, auroit été ordonné qu'il ne seroit reçû à les presenter sans refonder les dépens & consigner les amendes esquelles il avoit été condamné par Arrêt de la Cour, & le Jeudy 20. dudit mois ayant fait apparoir de ladite consignation les auroit presentées.

LES AMENDES.] *V. Despeisses. Tom. 2. part. 1. des matieres criminelles tit. 13. sect. 1ª num. 7. & seqq.* de méme que l'Ordonnance du mois d'Août 1670. *tit. 17. art. 19.*

ARR. II.

UNe pauvre femme d'auprés de Baigneres étant en sa maisonnette avec deux jeunes filles, sur la minuit est requise par un dit le Capitaine Alias de luy ouvrir; elle dit que son mary n'y étoit point, qu'elle n'ouvrira pas sa maison: elle est forcée par un Capitaine armé d'un corps de cuirasse, accompagné de six autres portant petrinaux; la mere est saisie, le Capitaine veut prendre par force une des filles, laquelle se cache sous le lit, la mere qui entend le cri de sa fille échape de la main de ceux qui la tenoient, & court voir le Capitaine qui faisoit ses efforts de tirer la fille de dessous le lit : la mere prend le coûteau qu'elle portoit à la ceinture & le tuë; les autres effrayez s'enfuyent laissans leurs petrinaux. Les Consuls de Baigneres se transportent sur le lieu, trouvent le Capitaine tout armé, sa bourse pleine d'argent, les fenêtres & toits de la maison rompus, enquierent contre la femme, & ordonnent qu'elle sera mise à la question; elle releve appel en la Cour, & obtient lettres de grace, les vient presenter sans fers. La Cour sur le champ à la requisition de Monsieur de Malias Avocat General, ayant égard aux lettres, casse ladite procedure, & met la mere & les filles en pleine liberté, oste la main du Roy & tous autres empêchemens mis sur leurs biens; enjoint aux Consuls faire enquerir contre les complices du meurtry, & en certifier la Cour dans le mois. Cet Arrêt est d'exemple, pource que l'on ne voit point les gens du Roi confentir à l'enterinement des lettres de grace, mais le fait fut trouvé remiffible fur le champ.

A Y A N T   E G A R D   A U X   L E T T R E S.] Jeanne Cucuronne, demeurant aux champs, fut attaquée par quatre hommes, lefquels la preffant de fon honneur, elle cria aux voifins ; fur quoi trois prirent la fuite, & ayant attrapé Pierre Lafont, du lieu de Montfa qui étoit le quatriéme, elle le tua. La femme du mort en ayant porté plainte, Cucurone avoüa le meur-tre en la maniere qui vient d'eftre reprefentée : & ayant été condamnée par les Officiers or-dinaires des lieux, elle releva appel en la Chambre de l'Edit, lors féant à Caftres, fur le jugement duquel appel il fut dit par Arrêt du 22. Mars 1611. qu'elle auroit lettres de grace ; les ayant eües, elle les prefenta le même jour en Audience, en laquelle oüys Juliard pour l'impetrante, Maltret pour la deffendereffe, & Mr. l'Avocat General Rozel (des memoires duquel j'ai tiré ce prejugé) la Cour enterinant lefdites lettres, ordonna que l'impetrante joüiroit de l'effet d'icelles, & ce faifant la mit hors de Cour & de procez, luy enjoignant de fe retirer chez elle.

A R R.   I I I.

LE treiziéme jour du mois d'Aouft 1540. un porteur de grace a été debouté en Audience de l'effet des lettres & condamné à perdre la tête. Et de même un autre le 24. Novembre 1542.

*E N   A U D I E N C E.] Par la nouvelle Ordonnance du mois d'Août 1670. les lettres de grace doivent être prefentées à la verité, mais pourtant ne doivent pas être enterinées en Audience ; cela s'induit des *articles* 21. *& 26. du titre 16.*

A R R.   I V.

LE dixiéme jour du mois de Decembre l'an 1577. Catel & Gay ont prefenté leurs lettres de grace fur le meurtre commis en la perfonne d'un fils unique du Procureur Grandon : & fept ou huit jours auparavant appellée la qualité, avoit été dit qu'ils payeroient les dépens contumaciaux, & provifion avant les prefenter.

S U R   L E   M E U R T R E.] Les Lettres de grace, pardon & remiffion n'ont effet, s'il n'eft intervenu quelque meurtre, fuivant les maximes generales du Palais & de Chancellerie. Je trouve dans les memoires de feu Mr. l'Avocat General Rozel, que le nommé Marchant ayant donné un coup de poignard à un homme qui ne mourut pas du coup, fut confeillé de prendre des lettres de grace, de l'effet defquelles il fut demis en Audience par Arrêt de la Chambre féant à Caftres du 13. Juin 1610. fans préjudice des confeffions, refultant d'icelles, & il fut ordonné qu'il fe feroit oüir.

A R R.   V.

LE Mardy 23. jour du mois de Fevrier 1580. fur une prefenta-tion de lettres de grace prefentées par un Payfan de Blagnac, auroit été ordonné qu'avant que ledit prifonnier fût receu à pre-fenter lefdites lettres de grace, il payeroit à la veuve du meurtry la provifion ordonnée, & les dépens des défauts.

A R R.   V I.

VEndredy 17. jour du mois d'Avril 1450. entre Meffire Pons Guillaume, Chevalier, fieur de Clermont, demandeur &

Z ij

requerant l'enterinement de certaines lettres de remiſſion d'une part , & le Procureur General du Roi , & Guiraut Jourdain def-fendeurs d'autre : il ſera dit que la Cour n'obtempere point aux lettres Royaux impetrées par ledit ſieur de Clermont , pour être receu par Procureur à preſenter leſdites lettres de remiſſion , & qu'il les viendra preſenter & en requerir l'enterinement en per-ſonne ſi bon lui ſemble.

Maiſons , Edifices & Baſtimens.

TITRE I.
ARR. I.

PAr Arrêt à Touloufe du 8. May 1528. fut dit que quand le voiſin n'a moyen ou volonté de bâtir il eſt tenu de bailler ter-re ou place à ſon voiſin qui veut bâtir , lequel eſt tenu de la pren-dre , & ne peut rien demander de la conſtruction d'icelle , juſques à ce , & à proportion ſeulement que led. voiſin s'en voudra aider, & alors par la moitié des frais ſeulement.

ARR. II.

A La requête du Syndic des Capitouls , la Cour donna Arrêt le 8. Juin 1529. que les maiſons étans au Faux-Bourgs & barris de ſainte Catherine de Sauzat , où habitoient vagabonds & gens ſans aucun aveu & de mauvaiſe vie , fuſſent demolies & ab-batuës , pour les grands inconveniens & ſcandales qui journelle-ment avenoient aux habitans de la Ville , & detriment de la choſe publique.

FUSSENT DEMOLIES.] *Ex iis inſidias vicinitas reformidare poterat. L. ædificia. C. de operib. public.*

ARR. III.

LA muraille mitoyenne eſt eſtimée , ayant égard au tems que le voiſin s'en veut ſervir , par Arrêt du 15. Mars 1582. en Audience en la grand'Chambre.

AU TEMPS.] *V. la ſuite tit. 42. arr. 6.*

Marchands.

TITRE II.
ARR. I.

LE 4. Decembre 1585. au procez de Pierre Malecoſte contre Arnaud Bertrand , marchands trafiquans en laine , de la Ville de Limoux , fut arrêté & conclu ſur le rapport de Mr. Papus ,

qu'un Marchand trafiquant mineur de 25. ans ne peut être reftitué
en entier envers les contracts & oblgations par lui faites , concernans le fait de fa negociation. *L. Quod fi minor.* 25. §. *Non fem-*
per. ff. De minor. 25. *annis.*

CONCERNANT LE FAIT DE SA NEGOCIATION.] Si un Marchand mineur
ne s'eft pas oligé pour fait de marchandife , il peut fe faire relever, comme auffi lorfqu'il s'eft
obligé pour marchandifes , s'il l'a fait en qualité de caution d'autruy.

ARR. II.
Extrait des Regiftres de Parlement.

VEuë la requête du Procureur General du Roy , la Cour enjoint aux Senéchal , Capitouls de Touloufe & autres Senéchaux , Gouverneurs, Baillifs , Viguiers & Juges du reffort d'icelle , de chacun en fon endroit , faire publier & proclamer par les
Villes & Villages de leurs jurifdictions refpectivement , prohibition , par laquelle foit prohibé & défendu à tous Marchands &
autres perfonnes de quelque qualité & condition qu'ils foient, ne
falfifier ni corrompre les marchandifes , comme faffran , paftel ,
laines , draps , huiles , & autres quelconques en quelque maniere
que ce foit , fur peine de confifcation de biens & autres que de
droit : & en outre auffi leur enjoint fur peine de fufpenfion de
leurs états , s'enquerir de ce qui aura été fait au contraire , &
proceder contre les coupables felon l'exigence des cas. Prononcé
à Touloufe en Parlement le 25. jour de Janvier l'an 1641.
Marguilliers.
TITRE III.
ARR. I.

ENtre le Syndic des manans & habitans de la Ville de Grenade , & Me. Jean Cabaur, Antoine Deffis, &c. la Cour a renvoyé à l'Archevêque de Touloufe ou fon Official , pour faire le
procez fur les concubinats, diffolutions, infolences, lubricitez,
mentionnées és inquifitions , & faire telle punition & reparation
que le cas le requiert , & enfuivant les faints Decrets : & neanmoins enjoint au Juge de Verdun ou fon Lieutenant , & aux
Confuls de Grenade chacun en fon endroit , proceder contre les
concubines, & femmes diffoluës, entretenuës par les Prêtres, &
icelles punir ; & a ordonné fans préjudice de la jurifdiction Eccle-

fiaftique, que les deniers provenans des aumônes & oblations des parroiffiens au baffin intitulé , *pour les ames du Purgatoire*, & auffi les deniers & émolumens defdits Confreres deftinez pour le fervice divin , feront diftribuez par les Bailes & Ouvriers ; à la fin de leur année rendront compte de leur adminiftration aux Bailes de l'année fuivante & Confuls de lad. Ville , fans que pour les vacâtions d'icelle reddition foit taxé aucun falaire ; & fait inhibition de créer aucun Abbé de Malgouvern ou autre titre femblable. A Touloufe le 11. Fevrier 1592. en Audience.

Mariages , & des femmes remariées.

TITRE IV.

ARR. I.

LA femme qui fe remarie dans l'an de deüil , eft privable de l'heritage & fucceffion de fon mari,*etiam extantibus liberis, & proximioribus defertur*: comme fut jugé au rapport de Mr. Rudelle au procez de Peyronne Treille , qui fut parti en toutes les deux Chambres des Enquêtes , & après departi en la grand'Chambre, le 5. Janvier 1575. *idque ratione publicæ honeftatis* , & pour l'ingratitude que la femme commet envers fon mari,laquelle il n'eft vraifemblable qu'il eût voulu faire heritiere , s'il eût penfé devoir fitôt oublier la memoire d'icelui , *l. 4. ff. de admi. leg.* & de cet avis eft la Glofe *in C. fi. de fecund. nupt. Cynus & Bald. in l. fi. C. eod. & Benedict. in verbo. Qui cum alia contraxit* , bien qu'il femble que *Boerius decif. 286. Panorm. Innoc. Hoft. & Præpof. in d. cap. fi.* ayent tenu le contraire.

ARR. II.

PAr même raifon elle doit être privée de l'heritage & fucceffion de fon fils , *etiamfi alii filii non extent*: comme fut jugé par Arrêt à Touloufe, au rapport de Mr. G. Sabatier entre Etienne Laval & Peyronne Stelliers , le 15. Janvier 1582. Pour l'augment , il en a été jugé de même pour même raifon , bien qu'il n'y ait point d'enfans dudit mariage,comme fe rendant une femme qui commet un tel acte plein d'ingratitude , indigne de toutes les liberalitez & bienfaits de fon mari, & ce au rapport de Mr. Caumels, au profit d'Arnollet,contre de Puy-Laurens, en la feconde Chambre des Enquêtes le 24. Janvier 1576.

ARR. III.

LA prohibition par la loy *Hac Edictali. C. de secund. nupt.* que la femme ne puisse plus donner à son second mari qu'à un de ses enfans du premier lit *& contra*, a non seulement lieu en la propriété, mais en l'usufruit : comme il a été jugé au Parlement de Toulouse, pour la Mothe Procureur en la Cour, contre du Pin Procureur du Roi en la Senéchauffée de Toulouse.

ARR. IV.

LA difficulté a été fort grande, *num. si filio minus legitima portione relictum sit, id quod mulieri relictum est veniat computandum, habito respectu legati, aut legitimæ portionis ; Baldus hanc quæstionem movet in l. Hac edictali, eamque dubiam esse existimat, attamen legitimæ rationem habendam esse ait ;* & ainsi fut jugé à Toulouse au procez de Guerin, contre Cousin, au rapport de Mr. Ambefy, contretenant Mr. F. Sabatier.

Legitimæ rationem habendam.] Cela se juge ainsi aujourd'hui, & la legitime de l'enfant du premier lit, quoi que reduite à moins qu'à ce à quoy elle le porte par le legat du pere, sert de regle & de mesure pour la liberalité faite à la seconde femme. *V. Mayn. liv. 3. chap. 74. & liv. 9. chap. 11. Ferrer. in q. 16. Durant. Cambolas en son tr. des secondes nôces. num. 22.* Et si bien Maynard est contraire à lui-même, lors qu'il est d'un autre sentiment *au chap. 31. dudit liv. 9.* on en découvre la cause dans Cambolas *liv. 4. chap. 18. num. 3. V. l'art. 9. de ce titre.*

ARR. V.

QUestion, *Num mulier quæ secundò nupsit, extantibus liberis, uno ex eis mortuo, unà cum liberis superstitibus succedat in proprietate & usufructu, an vero in usufructu tantum, etiam in legitima.* La dispute en fut grande en la premiere & seconde Chambre des Enquêtes, tellement qu'il y eut partage, & enfin Arrêt donné en Juillet 1576. en faveur de Jean Tillety tuteur de Lizette de Vaure, contre la Croix sa mere, donné au rapport de M. Maynier, contretenant Mr. Jessé. *Benedict.* a traité de cette question *in verbo & uxorem nomine ad Adelasiam. num. 83.*

* L'Arrêt rapporté en cet article ne decide pas nettement la question proposée ; autrement il seroit contraire à l'usage s'il faloit le rapporter à l'usufruit, duquel un mariage n'exclud point. Il faut même user de distinction pour ce qui regarde la succession en la propriété ; car suivant *Mayn. liv. 9. ch. 30.* si les enfans decedez n'étoient pas conjoints d'un & d'autre côté avec les survivans, les peres & les meres, quoi que remariez leur succederoient, & quand les enfans seroient conjoints de tous côtez, les secondes nôces ne priveroient pas non plus de la succession *ab intestat*, à l'égard des biens aventifs.

ARR. VI.

LE 7. Août 1584. par Arrêt donné au rapport de Mr. Maſſas, fut jugé que la mere qui eſt privée de la ſucceſſion de ſon fils, pour s'être remariée dans l'an du deuil, eſt auſſi privée de ſa legitime ſur les biens de ſondit fils decedé.

DE LA SUCCESSION.] Quoi que cette ſucceſſion fût acquiſe à la mere avant ſon ſecond mariage, ſelon *Mayn. liv. 3. chap. 87.*

ARR. VII.

EN faveur du Procureur General, prenant la cauſe pour les Religieux de ſaint François, à Toulouſe en Audience le 12. Août 1572. fut jugé que la mere s'étant remariée, *intra annum luctûs*, étoit privée de l'uſufruit des biens contenus au teſtament de ſon mari & de la legitime par la ſubſtitution pupillaire compriſe en la compendieuſe, *Generalibus verbis facta.*

ARR. VIII.

LA mere qui malverſe pendant la viduité, perd la ſucceſſion de ſes enfans, bien que tous les enfans ſoient predecedez, & qu'il n'y ait que prochains parens lignagers du pere : comme fut jugé par Arrêt donné au rapport de Mr. Donjac, pour Natonien, contre Salveroque, le 2. Janvier 1578.

QUI MALVERSE.] Mais il faut avoir préciſément & formellement prouvé la malverſation ; car autrement la veuve n'eſt pas privée de la ſucceſſion de ſes enfans : ainſi qu'il fut jugé en la ſeconde Chambre des Enquêtes le 12. Septembre 1674. au rapport de Mr. de Juliard, en faveur de Marie Campannone femme en ſecondes nôces du nommé Beunalier, laquelle fut maintenuë aux biens de ſes enfans, & de feu Jean Bouſquet ſon premier mari, contre autre Jean Bouſquet, neveu de ſondit premier mari. *V. les arr. 14. & 25. & la ſuite tit. 41. arr. 7.*

ARR. IX.

IL eſt certain que par la loi, *Hac edictali.* Le mari ſe remariant ne peut donner à ſa femme, *pluſquàm uni ex liberis prioris matrimonii minus habenti* : mais à ſçavoir s'il pourroit faire telle donation à l'un de ſes fils ou filles de ſa femme de ſon precedent mariage ; la reſolution eſt que non ; car ce ſeroit *in fraudem legis D. l. Hac edictali. in verbo* (*fraude ceſſante*) *l. Si plures §. In arrogato ff. De falſ. Auth. Quibuſcumque C. De ſacroſ. Ecclel.* & ainſi fut jugé à Toulouſe au rapport de Monſieur Donjac le 18. Janvier 1578. contre Paule de la Font, femme du Vicomte de Larbouſtar le même Arrêt fut jugé la prohibition de ladité loi ne s'eſt pendre à la ſubſtitution pupillaire, comme par exemple : Si le pe-

re

re à qui il est prohibé de donner plus à sa seconde femme qu'à un des enfans de son premier lit ; fait heritier un des enfans descendans de ce second mariage , & où il decederoit en pupillarité, lui substituë sa mere ; à sçavoir si telle substitution vaudra , & si la prohibition de ladite loi s'étend à icelle , & bien qu'il semblât qu'elle ne valût pas par les raisons & lieux ci-dessus alleguez , *& ex l. Si is qui ex bonis ff. De vulg. subst.* toutefois par ledit Arrêt il fut jugé au contraire , parce que , *mater ab intestato erat successura : idque ex sententia Curnani Alexand. & Iason. in d. l. Si is qui ex bonis.* Par le même Arrêt fut aussi decis ces mots de la loi , *Hac edictali ,* (*cui minus relictum*) s'entendre & rapporter à la legitime , *etiam si pater addiderit dictionem taxativam : quia magis ex consuetudine tabellionum , quàm ex voluntate testatorum adjiciuntur.*

LA SUBSTITUTION PUPILLAIRE.] *D'Olive est d'un sentiment contraire au liv.* 5. *chap.* 14. ℣. *Durant. en sa decis.* 41. *où il limite la question.*

RAPPORTER A LA LEGITIME.] ℣. *l'observat. sur l'art.* 4. *de ce titre, & Barry de successf. parr.* 1. *lib.* 1. *cap.* 9. *num.* 35.

ARR. X.

LA mere qui se remarie dans l'an du deuil , perd & n'est admise à la succession des enfans de son precedent mari, à la memoire duquel elle a fait ce tort,comme fut jugé au rapport de Mr. Donjac le 12. Avril 1580. en faveur d'Antoine Ganac contre Garrigües.

ARR. XI.

PAr Arrêt general prononcé és Arrêts de la Nôtre - Dame d'Août l'an 1581. par Mr. le President du Faur,arrêté le 21. Juillet precedent , entre Gaillarde de Durnal , & Antoine de la Ruë , tuteur de Jeanne de Ragouse , fut jugé que la femme se remariant dans l'an du düeil , bien qu'elle fût moinde de 25. ans , & qu'elle se remariât dix mois passez après le trépas de son mari, & par consequent hors de la crainte *turbationis sanguinis* , neanmoins elle étoit privable de l'augment qui lui étoit d'ailleurs acquis par le statut ou coûtume.

ARR. XII.

FIlius donare causa mortis potest , patre authore , novercæ : & quod datum est , non subjacet dispositioni legis , Hac edictali. Ita judicatum in placitis Pentecostes 1. *Iunii.* 1582.

PATRE AUTHORE.] C'est à dire du consentement du pere. ℣. la suite titre 40. arr. 6.

A a

ARR. XIII.

UXor secunda à marito instituta sub conditione fideicommissi, in favorem liberorum secundi matrimonii, non potest turbari à filiis primi matrimonii : & hoc casu dispositio legis. Hac edictali non habet locum, comme fut jugé par Arrêt au rapport de Monsieur la Bessede le 25. Mai 1582. pour Catherine Bone, per l. Cogi §. Hi qui solidum ff. Ad Trebell. l. Cum dotem ff. Ad l. Falcid. l. 1. §. 1. si. Si quis aliq. test. probib. l. Papinianus. §. Meminisse ff. De inoff. test.

Par le même Arrêt fut jugé, ea quæ patri obveniunt ex dispositione avi vel aliorum parentûm ipsius mariti, aut ab extraneo, contemplatione mariti vel uxoris restituenda esse filiis atque in his dispositionem legis habere locum, idque argumento legis Generaliter. §. Nec interest C. De secund. nup. auth. in donatione C. de secund. nuptiis §. Si verò expectet De nuptiis coll.

ARR. XIV.

EN l'an 1581. en Fevrier, en jugeant le procez de Lupe, il fut fort disputé au Parlement de Toulouse, Num mater ob stuprum commissum post mortem mariti, successione filii privata proximiores ex parte matris admittantur ad successionem filii, an verò parentes ex parte patris, licet remotiores ; & enfin par Arrêt il fut jugé, eos qui ex parte patris reperiuntur, etiam uno gradu inferiores, præferri, exclusis parentibus ex parte matris proximioribus : & la raison est, parce que hæc privatio inducitur ob injuriam, illatam marito, de laquelle les parens du mari sont offensez, & non ceux de la femme : & ideo illius debet deferri commodum privationis.

℣. La suite de ce recueil tit. 41. arr. 7. & 25. & l'arrest 8. du present titre.

ARR. XV.

UNe femme exige & reçoit des heritiers de son mari bientôt après son trepas, les legats à elle faits en son testament, après se remarie dans l'an du dueil ; à sçavoir si à cause de telle indignité les heritiers peuvent repeter lesdits legats, & bien qu'il semblât que non, quod suum consecuta esset, & quod civilis ratio non pariat conditionem. l. Iulianus ff. De condict. indeb. toutesfois par Arrêt du Parlement de Toulouse du 12. Juillet 1582. fut jugé, que les heritiers du mari pourroient repeter lesdits legats, idque ex d. l. Iulianus, quod nec civiliter nec naturaliter debita essent, à faute de la volonté du teftateur, n'eftant vrai-femblable que le mari lui eût fait tels legats, fi ce n'eft à la charge de mener vie honnête, & viduelle & d'obferver les loix introduites en faveur des mariages.

VIE HONNESTE ET VIDUELLE.] Il eft certain que la veuve qui fe remarie perd le legat que fon mari lui avoit fait, à condition de demeurer en viduité, quoi que fon mari n'ait point laiffé d'enfans : parce qu'en fe remariant elle va contre la volonté du teftateur, qui n'eft cenfé avoir fait le legat que fous la condition de la vie viduelle. Mornac fur le titre du Code *de indict. viduit.* cite deux Arrêts qui confirment cette doctrine. Ainfi par Arrêt d'Audience donné en la grand'Chambre de ce Parlement au mois de Juin 1654. l'heritage de Michel Caiffac fut adjugé à Jacques Caiffac fon frere, contre Marguerite Defpuech fa veuve, qui avoit été inftituée heritiere, *vivant viduellement*, à la charge de rendre l'heritage avant fon decez à Catherine Caiffac leur fille : le motif de l'Arrêt fut, que cette fille étant decedée avant la remiffion du fideicommis, & ainfi fa mere ne pouvant pas s'approprier l'heritage de fon mari, comme ayant fuccedé à fa fille, elle s'étoit renduë indigne de la fucceffion de fon mari par fes fecondes nôces, entant que contraires & choquants la volonté du teftateur, qui ne l'avoit inftituée que fous la condition de vivre viduellement. Ces préjugez juftifient, contre le fentiment de quelques anciens Docteurs de ce Royaume, que l'Authentique *cui relictum. C. codem.* eft fuivie & non abrogée.

ARR. XVI.

LA mere ayant après le decez & an du deüil de fon mari malverfé, pourvû que ce foit fous promeffe de mariage, & icelui après folemnellement accompli, n'eft privable de la fucceffion de fes enfans decedez en pupillarité, & pour ce regard ne lui peut être rien objecté. *Cap. Tanta eft vir. Ext. Qui filii fint legitimi.* Comme auffi la mere ayant adminiftré la tutelle de fes enfans, & après les avoir fait pourvoir de tuteurs, s'étant remariée fans rendre compte, fi elle eft moindre de 25. ans pourra néanmoins fucceder à fefdits enfans decedez en pupillarité. *l. 2. C. fi averf. delict.* ainfi que l'un & l'autre cas furent refolus & jugez par Arrêt au mois de Decembre 1587. au rapport de Mr. Jeffé, pour Damoifele N. de Carpentier, contre Azemar Viguier d'Alby fon beau-frere.

N'EST PRIVABLE.] L'autheur cite un préjugé contraire *au liv. 3. verb. fucceffion ab inteftat. arr. 2.* & Defpeiffes authorife celui qui eft rapporté au prefent Arrêt par la raifon qu'il allegue *au tom. 1. part. 1. du mariage. fect. 5. num. 32.* Et par une confultation authentique dont il y fait mention, *cujus pars magna fuit.* ỳ. *l'arr. 25. de ce titre.*

POURVOIR DE TUTEURS.] Par la Loy *omnem C. ad Sc. Tertyll.* La mere eft privée de la fucceffion de fon enfant, fi elle s'eft remariée, étant tutrice de fes enfans, *antequam tutorem alium fecerit ordinari* ; jufques là même que, parce que l'Empereur ajoûte en cette loy les termes fuivans, *eique quod debetur ex ratione tutelæ geftæ perfolverit*, quelques Docteurs ont cru, qu'il ne fuffit pas à la mere d'avoir demandé un tuteur pour fes enfans, ni d'avoir rendu compte : mais qu'il faut encore avoir prêté le reliqua. Quoi qu'il en foit, une mere penfant à des fecondes nôces, fans avoir fait pourvoir de tuteur à fes enfans étant cenfée les abandonner, puifqu'elle les laiffe fans adminiftrateur : il eft jufte auffi qu'elle foit punie de l'injure qu'elle leur fait , en la privant de leur fucceffion, fuivant l'Arrêt donné le 18. Août 1655. en la premiere Chambre des Enquêtes, au rapport de Mr. d'Affezat, en la caufe de Pierre Couftol contre Jeanne Guerin, femme en fecondes nôces du nommé Verniere du lieu de Vendemian. Mais cette jurifprudence n'a pas lieu, lors qu'il n'y a point d'autres enfans furvivans du premier lit ; auquel cas la femme n'eft pas privée de la fucceffion *ab inteftat* de leur frere predecedé : Et ne doit pas même être reduite à un fimple droit de legitime, fuivant le temperament qu'on a fouvent pris en pareil cas, fur le fondement de la doctrine de Faber *Cod. lib. 6. ti*. 32. *def.* 1. Ainfi le Senéchal de Nîmes ayant feulement adjugé à Marguerite Vialade, veuve de Pierre Martin, & mariée en fecondes nôces avec Etienne Suc, la legitime d'un de fes enfans du premier lit decedé en pupillarité : & elle en ayant relevé appel en la Chambre, la Sentence du Senéchal fut caffée par Arrêt du 23. Decembre 1634. au rapport de Mr. Jauffaud, & lad. Vialade fut maintenue en la poffeffion des biens de fes enfars, contre Charles Martin, coufin de ces enfans : il y avoit cela de particulier en l'efpece de la caufe, qu'outre que Vialade avoit fait un efpece d'inventaire des effets délaiffez par fon premier mari, d'ailleurs Charles Martin avoit été prefent à fon fecond contrat de mariage avec Suc : mais fans ces particularitez fa caufe n'en eût pas été moins bonne. C'eft fans doute le même préjugé qui eft rapporté par l'abbreviateur de Maynard *liv. 6. chap. 19.*

ARR. XVII.

LE 13. May 1589. fur le rapport de Mr. Maffas, étant Mr. Catel contretenant, au procez d'entre du Mas & Segala, fut jugé, que la femme s'étant remariée *intra annum luctûs*, ne pouvoit conftituer à fon mari en doüaire, ni lui laiffer par teftament, fi ce n'eft la troifiéme partie de fes biens, fuivant la loy premiere *C. de fecun. nupt.* Et ce fut le premier Arrêt donné en cette matiere, dont j'aye fouvenance, en la Cour. Et eft à noter que cette remariée dans l'an du deüil, n'avoit point d'enfans du premier mari, & celle qui controverfoit fa fucceffion & l'heredité, étoit une fœur de lad. femme.

LA TROISIE'ME PARTIE.] C'eft fuivant la Novel. 22. *cap. fi qui verò* 22. *verfic.* 1. *fi enim* : & les autres deux tiers de l'heredité doivent appartenir aux fucceffers *ab inteftan.* Mayn. *liv.* 3. *chap.* 89. d'Olive *liv.* 3. *chap.* 12. & *Joannes de Garronibus* en fon traité *de fecundis nuptiis*, font de ce fentiment.

ARR. XVIII.

LA femme qui en fes pactes de mariage fe referve la faculté de pouvoir difpofer en œuvres pies ou autrement de certaine fomme ou quotité de fon dot, fi elle meurt *ab inteftat*, ou fans difpofer de lad. fomme, icelle apartient, & eft acquife au mari, & non aux heritiers *ab inteftat* de lad. femme, en vertu de la coûtume de Touloufe : comme fut par nous jugé aux Requêtes, & depuis fur l'appel confimé par Arrêt au mois de Novembre mil cinq cens huitante-huit pour Barbaria contre Segla.

v. le tit. 6. de ce livre lit. D. arr. 11.

A r r. XIX.

LE 19. May 1589. sur le rapport de Mr. Hebrard, étant Mr. Gallus contretenant, fut jugé une femme ayant constitué en son dot à son mari la somme de mille écus, & cent écus pour les robes & bagues, qu'elle avoit privilege sur tous les creanciers du mari pour la repetition de mille écus de dot, mais non pas pour les cent écus des robes & bagues, parce que ces cent écus n'augmentoient pas les pactes de mariage, pour raison desquels cent écus elle fut alloüée suivant son ordre, & après les creanciers qui étoient precedans à son hypoteque. Et combien que cette somme de cent écus eût été employée en robes & bagues pour la femme, ce néanmoins les cent écus ne lui furent abjugez ; & par là appert que les sommes contenuës ez pactes de mariage, si elles ne sont expressement baillées en dot, n'ont point privilege de dot.

A r r. XX.

PArArrêt du 28. Janvier 1579. au rapport de Mr. Ferrier entre Peyrasse Juge-Mage de Cahors & la femme de Chomier Lieutenant, il a été jugé que la femme pour être remariée à l'ennemi capital de son premier mari, ne perd le legat qu'il lui avoit laissé.

A r r. XXI.

LA femme fiançant un autre dans l'an du deüil, par parole de present, perd son legat à elle fait par son premier mari, comme il a été jugé, bien qu'en la loy *Solet. ff. de his. qui not. infam.* soit dit que, *mulier virum cum luget, intra id tempus sponsam fuisse non nocet.*

A r r. XXII.

LE Mardy 5. de Janvier 1575. Arrêt au Barreau d'une nommée la Treille, par lequel, pour s'être remariée dans l'an du deüil de son mari, a été privée de la succession de certains biens, & aussi d'un legat de la somme de mil livres.

A r r. XXIII.

LE 5. Janvier 1575. fut prononcé Arrêt au rapport de Mr. Rudelle entre Peyronne Treille appellante du Senéchal de Toulouse contre Domenge & Antoinette de la Neute, par lequel une femme qui s'étoit mariée en secondes nôces dans neuf mois après le de-

A a iij

cez de son mari, fut privée de l'institution faite à son profit & de l'augment.

ARR. XXIV.

LE 14. Fevrier au rapport de Mr. Resseguier entre François d'Arbieu Seigneur de Bondy, Marguerite, Jeanne & Paule d'Arbieu enfans de feu Olivier d'Arbieu, & Antoinette de Beauville & Marie de Jas fille de feu Arnaud de Jas, quand vivoit Seigneur de Sequadeux, & de Jeanne de Beauville impetrans & demandeurs en maintenuë des biens qui ont appartenu à feu Jean de Beauville Seigneur de Romat, & à Manaut & Bernard de Beauville ses enfans, & de feuë Paule de Lupe mariez &c. d'une part, & Oger de Lupe Seigneur de Castillon, Louis Labal Seigneur de Coisseils, fils & heritiers de feuë Jeanne de Lupe, soy disans succeder comme plus prochains aux biens & successions desdits feus Jean Manaut & Bernard de Beauville pere & fils deffendeurs d'autre, & entre le Procureur General du Roy aussi demandeur en adjudication desdits biens d'une part, & lesdits d'Arbieu, de Jas, de Lupe & Labal défendeurs d'autre: veu les Arrêts de la Cour &c. Enquêtes &c. dit a été que la Cour &c. attendu l'incontinence & malversation de lad. feuë de Lupe, mere desdits Manaut & Bernard durant son veuvage resultant des enquêtes & actes du procez, a maintenu & gardé, maintient & garde lesdits d'Arbieu & de Jas en la possession & jouïssance de tous & chacuns les biens qui ont apartenu ausdits feus Manaut & Bernard de Beauville, & à eux advenus par le decez dudit feu Jean de Beauville leur pere ou d'ailleurs, sauf à distraire d'iceux le dot par ladite feuë Paule de Lupe apporté audit feu Jean Beauville son mari, auquel, ensemble en tous les autres biens à ladite feuë de Lupe d'ailleurs venus & appartenans, qu'au moyen desdits feus de Beauville ses mary & enfans, a maintenu & maintient lesdits Oger de Lupe & Labal. De cet Arrêt on peut colliger, premierement que la mere pour la malversation pendant son veuvage, soit durant ou après l'an de dueil, est privable de la succession legitime de ses enfans, aux biens desquels elle ne doit succeder, soit qu'ils leur soient obvenus de la succession de leur pere, *cujus memoria vidua tantam injuriam fecit*, soit que d'ailleurs ils leurs fussent acquis. En outre elle perd l'augment, ensemble tout ce qui luy étoit obvenu *ex hæreditate & ex substantia & patrimonio mariti* : toutefois son dot luy doit être rendu & restitué, pareillement tous les biens qu'elle a d'ailleurs, qui par le moyen de ses mary & enfans lui doivent demeurer & être conservez, desquels aussi elle peut librement disposer. Secondement tout ainsi que la mere pour avoir malversé en viduité est privée des biens de ses enfans, soit qu'ils viennent & procedent *ex successione patris aut aliunde*; aussi les parens d'elle en doivent être exclus, encore qu'ils soient plus proches en degré de parenté des enfans, *de quorum successione agitur*, laquelle succession doit être adjugée aux parens des enfans *ex parte patris eorum*, combien qu'ils se trouvent en degré plus éloigné que les parens maternels, ou bien même degré que les maternels comme en ce fait ici, qu'Oger de Lupe & Louis de Labal fils de Jeanne de Lupe, combien qu'ils pretendissent devoir succeder à Manaut & Bernard de Beauville, comme plus proches parens : néanmoins ils en furent exclus, parce que leur parenté venoit de la part de Paule de Lupe mere desdits Manaut & Bernard, & la succession fut adjugée à d'Arbieu & de Jas, fils d'Anthoinette & Jeanne de Beauville *ex parte patris*, *quamvis essent in remotiori gradu*, & faite separation des biens de la mere d'avec lé biens des enfans: ceux ci furent adjugez aux parens paternels des enfans, ceux là (c'est à scavoir les biens de la mere) aux parens maternels: Et faut observer que Paule de Lupe avoit survécu à Manaut & Bernard de Beauville ses enfans, comme on peut colliger des paroles dernieres de l'Arrêt, auquel, ensemble tous les autres biens obvenus & appartenans à ladite feuë de Lupe, qu'au moyen desd. feus de Beauville ses mari & enfans &c. Troisiémement par cet Arrêt pour l'indignité de la mere & incapacité des parens maternels ; les biens ne furent point adjugez au Procureur General, ains aux parens paternels, *quia in his quæ ad correctionem morum spectant, fisci ratio non est habenda*; jaçoit que d'Arbieu & de Jas fils d'Atoinette & Jeanne de Beauville, ne fussent point *ex decem personis enumeratis in l. 1. C. de secund. nupt. juncta ibi glossa*, *neque ex quatuor decem personis enumeratis in l. Si quis incesti. C. de incest. nupt.* Là où les collateraux qui sont hors le troisiéme degré, ne sont point admis à la succession. Et toutefois en ce fait ici d'Arbieu & de Jas, lefquels ne pouvoient eftre à tout rompre coufins germains de Manaud & Bernard de Beauville , & par confequent *in quarto gradu confanguinitatis* , font admis à la fucceffion , exclus le fifque,ce qui eft contraire aux fufdites Loix. *l.* 1. *C. de fecund. nup. l. Si quis inceft. C. eod.*

A R R.   XXV.

PAr Arrêt general prononcé la veille de fainte Croix 1604. par Monfieur le premier Prefident de Verdun , une femme remariée en fecondes nôces , ayant malverfé avant icelles , bien qu'après l'an du düeil de fon premier mari , fut privée de l'augment & de tous les avantages qu'elle avoit eu de fondit premier mary , & mêmes de la fucceffion de fon fils du premier mariage.

BIEN QU'APRE's L'AN.] Maynard eft contraire *au liv.* 4. *chap.* 2. de même que l'Auteur *en l'arr.* 16. *de ce titre.*

A R R.   XXVI.

PAr autre Arrêt general prononcé ladite veille de fainte Croix 1604. par ledit premier Prefident de Verdun , les enfans d'un fecond mariage demandans retranchement du dot conftitué à une des filles dudit premier mariage , difans n'y refter rien pour eux , en furent démis.

RETRANCHEMENT.] *V. La fuite de ce recueil tit.* 63. *arr.* 14.

A R R.   XXVII.

LE troifiéme Decembre *au guet*, au rapport de Monfieur Perfin, une femme pour s'être remariée dans l'an de düeil, ayant fait nôces un jour feulement avant que l'an fût revolu & expiré, fut privée du legat que fon premier mari lui avoit laiffé en fon teftament ; & l'occafion pourquoi elle s'eftoit haftée d'un jour , eftoit le Samedy avant l'Avent: que fi elle n'eût époufé ce jour là,il lui auroit convenu attendre jufques après la fête des Rois.

UN JOUR SEULEMENT.] *Suivant Maynard liv.* 3. *chap.* 93. *& Cambolas en fon traité des fecondes nôces num.* 13. Une veuve fe peut remarier dans le douziéme mois , ce qui eft improuvé par Defpeiffes *tom.* 1. *du mariage* , *part.* 1. *feEt.* 5. *num.* 33. *vers le milieu.* Apulée *milef. lib.* 8. appelle les mariages faits dans l'an du düeil *immaturitas nuptiarum.*

A R R.   XXVIII.

LE 3. Decembre mil cinq cens feptante-neuf , entre Jeanne Barutelle appellante de certains arbitres contre N. appellé , plaidant Chaftillon avec Got Procureur pour l'appellant ,

demandant

demandant fucceder à la fille, & Malard avec du Perret pour l'appellé, difant ladite Barutelle ne devoir fucceder, pour ce qu'elle fe feroit remariée en fecondes nôces quatre mois après le decez de fon mari, fans faire pourvoir de tuteur à fadite fille ; & pour fa replique ladite Barutelle difoit eftre moindre, comme on pouvoit juger à fa feule infpection, à raifon de laquelle minorité elle étoit excufable, la Cour auroit receu ladite Barutelle à prouver fa minorité ; & pour être procedé au furplus renvoye les parties devant le Senéchal.

APPROUVER SA MINORITE'.] *Malè* Suivant l'Arrêt rapporté par l'Auteur *en la fuite tit.* 41. *art.* 4. parce qu'il s'agiffoit d'une veuve qui s'étoit remariée dans l'an de düeil, & laquelle ne pouvoit pas s'excufer au pretexte de fa minorité. S'il eût été feulement queftion du deffaut de provifion de tuteur, l'interlocutoire eût été juridique, fuivant l'Arrêt rapporté par l'Auteur *en ce liv. verb. mineur. tit.* 9. *arr.* 2. la raifon de difference eft établie fur la diftinction que fait Maynard *liv.* 3. *chap.* 91. où il veut qu'au premier égard la veuve delinque *in committendo,* au lieu qu'au fecond égard elle fait faute feulement *in ommittendo. V. l'arr.* 11. *de ce titre.*

ARR. XXIX.

ARrêt par lequel a été jugé qu'une marâtre ne peut pas avoir és biens de fon mari, quoi qui lui ait été legué, finon comme il aura été laiffé par fondit mari à une des filles du premier mariage. Donné le vingt-quatriéme jour du mois de Juillet mil cinq cens & cinq, entre un nommé Charlot, & un nommé de Catel.

ARR. XXX.

PAr Arrêt prononcé le 13. Janvier mil cinq cens quatre-vingts fix, entre Maiftre Guillaume Carnejac curateur és caufes de Jean Barnabé d'une part, & Barthelemie de Perets d'autre : A été dit qu'avant dire droit fur la privation requife dud. Carnejac aud. nom de la fucceffion de Jean Mauvis fils de ladite de Perets : enfemble du legat à elle laiffé par fondit mari, ledit curateur prouvera que ladite de Perets a fait nôces & confenti au mariage avec Arnaud Panfe, & icelui fiancé par parole de prefent dans l'an après le decez de fondit mari.

ARR. XXXI.

ARrêt du 12. Septembre 1598. par lequel eft jugé que les pactes de mariage, bien que fignez par les parties & témoins, s'ils ne font retenus par Notaire, n'ont point d'hypotheque que depuis l'aveu d'iceux au préjudice des autres pactes de

B b

depuis l'aveu d'iceux au préjudice des autres pactes de mariage : bien que posterieurs retenus par Notaire : si que la seconde fille de Marignac fut préferée sur les biens de son pere pour le dot à elle constitué en ses pactes de mariage retenus par Notaire à sa sœur aînée qui n'avoit que de pactes de mariage non instrumentez, bien que precedens en datte.

N'ONT HYPOTHEQUE.] *V. Automne en sa conference sur la Loi 7. ff. de pact. dota. lib.*

ARR. XXXII.

Rrêt par lequel le fils demandant à son pere la joüissance des biens qu'il lui avoit donnez lors du mariage dudit pere s'étant reservé les fruits, en fut demis. Il y avoit eu un semblable Arrêt peu devant entre Albaret Lieutenant de Gourdon & son fils, prononcé le troisiéme Septembre 1609.

ARR. XXXIII.

Onation en faveur de mariage ne fait retour au pere donnant par mort civile *si donatarius verè supervixit* : par Arrêt general de la Cour du cinquiéme Juin 1579.

PAR MORT CIVILE.] *V. Cambolas liv. 1. chap. 41. d'Olive liv. 5. chap. 8.* c'est la mort naturelle qui doit donner lieu au retour, entr'autres raisons, parce qu'outre qu'un condamné ne peut pas être consideré comme privé de l'esperance de la restitution, les graces des Princes étant toûjours ouvertes à leurs sujets, *semper datur locus Clementiæ Principis*, d'ailleurs le Donateur peut mourir avant le Donataire ; ainsi le droit de retour peut cesser. Il en est de même en matiere de substitutions ; parce que le substitué peut mourir plûtôt que l'heritier grevé, & par son predecez le fideicommis être rendu caduque, *atque ita fideicommissum intercidere. L. statius florus. §. Cornelio Felici. ff. de jure fisc.* pour ne pas alleguer la raison prise de la grace que peut accorder le Prince, laquelle remet les choses en leur premier état, & fait comme ressusciter celui qui étoit mort civilement; non plus que la raison prise (à l'égard de ceux qui sont condamnez par défaut) de ce qu'ils peuvent purger la contumace, & se faire rehabiliter : témoin l'Arrêt de l'année 1666. par lequel Demoiselle Esperance de Tremoulet, femme de Jacques de Beringuier sieur des Barbuts, du lieu de S. André de Valborgne, fut déclarée irrecevable quant à present en la demande d'ouverture de substitution ; qu'elle faisoit des biens de Pierre de Tremoulet son pere, par la mort civile de René de Tremoulet sieur de Blauzac son frere, condamné à mort pour divers crimes, laquelle substitution lui fut seulement déclarée ouverte par autre Arrêt du 6. Mars 1671. après que ledit sieur Blauzac fut decedé.

ARR. XXXIV.

'Authentique, *Res quæ. C. Comm. de leg.* a lieu és biens sujets à restitution, qui descendent du côté de la mere : par Arrêt du cinquiéme jour du mois de Mars 1586.

ARR. XXXV.

Onsieur de Paulo second President, le 28. Mars 1564. prononçant les Arrêts generaux d'entre Jean Polillon fils de

Pierre, appellant du Bailliage de Gevaudan, contre Guillaume Pollilon appellé, l'Edit des enfans qui se marient sans congé & licence de leur pere fut employé aud. Jean; tellement que la donation faite par ledit Guillaume audit feu Pierre en contemplation de mariage la 3e. partie, *fuit revocata*, parce que led. Jean *defuncto patre superstite avo, donante ipso inscio duxerat uxorem*, ayant été depuis le trépas de son pere, nourri & entretenu en la maison, combien qu'il se fût marié du vouloir de sa mere, *quæ jam convolverat ad secunda vota*. Vray est que pour les peines & travaux exposez par ledit Jean, fut par les mêmes Arrêts dit qu'il seroit payé de salaire moderé, qui seroit taxé par prud'hommes & Experts depuis le tems qu'il étoit apte à gagner; fut fondé ledit Arrêt *super potestate patris*, & l'affaire ayant été consultée avec les plus doctes de Toulouse & Paris, fut trouvé qu'ainsi devoit être fait.

ARR. XXXVI.

ARrêt entre Messire Jean Buisson, &c. & Guyon de Tavoines, par lequel la Cour pour la contravention aux Edits du Roi aux mariages clandestins, condamne ledit Tavoines en mil livres d'amende, & au surplus declare Catherine de Buisson, pour s'être mariée sans le sceu de son pere & mere, decheuë & privée de toutes donations, substitutions & autres dispositions, mettant en liberté lesdits pere & mere, de pouvoir faire disposition en liberté. Prononcé le dernier de May 1560.

SANS LE SCEU DE SON PERE ET MERE.] A la rigueur il n'y avoit que le consentement des peres, à cause qu'ils ont les enfans sous leur puissance, qui fût necessaire pour la validité des mariages parmi les Romains, ce qui a fait remarquer que ce n'est pas sans sujet que l'Empereur Justinien avoit placé la définition du mariage dans ses instituts après le titre *de patria potestate*, toutefois & l'honnêteté & la raison civile, &l'équité naturelle exigerent ensuite le consentement des meres, les loix y sont expresses. Parmi les Chrétiens, sur tout dans le quatriéme siécle leur consentement ne fut pas seulement de précepte & de bienséance, mais il fut encore de nécessité: ainsi S. Augustin se trouvant pressé pour bénir un mariage, *facerem*, dit-il en l'Epître 133. *sed mater puellæ non adest, & tu scis ad nuptias contrahendas voluntatem ejus esse necessariam.* Les Ordonnances de nos Rois y sont formelles, témoin l'art. 40. de celle de Blois, celle même du feu Roi de l'année 1639. porte par exprés declaration de nullité des mariages, qu'on contracteroit sans le consentement des meres. Il est vrai que cette rigueur n'a pas lieu à l'égard des meres qui viennent à malverser après la mort de leurs maris, quand même leurs enfans auroient été instituez héritiers par leurs peres sous la condition de se marier du consentement de leurs meres: comme il fut jugé entre des parties de Villeneuve-les-Avignon, par Arrêt du Parlement de l'année 1638. donné les Chambres assemblées au rapport de Mr. de Resseguier, contretenant Mr. de Guillermy; la Cour ayant préjugé que la désobéïssance d'un enfant qui se marie sans le consentement de sa mere contre la volonté de son pere, expressément contenuë dans son testament, n'est pas punissable en ce cas, une mere qui malverse devant être traitée comme une étrangere, ou du moins comme une personne indifferente. Au surplus les enfans peuvent si peu se dispenser d'avoir le consentement de leurs peres & de leurs meres, que s'ils se marient sans l'obtenir, & contre leur gré, ils peuvent être exheredez suivant les Ordonnances Royaux, comme il a été jugé quelquefois ; quoi qu'il fût question d'une mere qui avoit convolé en secondes nôces, l'injure qu'elle avoit faite à la mémoire de son premier mari par son remariage, & le tort qu'elle pouvoit avoir aussi fait à son fils, n'étant pas un pretexte assez plausible pour le dispenser de son devoir & du respect qu'il devoit à sa mere. La mort civile même n'ôte rien sur ce sujet du caractere qui fait considerer les personnes à qui on doit la naissance ; aussi par Arrêt de ce Parlement prononcé en robes rouges le 14. Août 1673. après y avoir eu partage en toutes les Chambres, qui fut vuidé les Chambres assemblées, le contrat de mariage d'une fille qui s'étoit mariée sans le consentement de son pere, condamné à mort par défaut, fut cassé.

A R R. XXXVII.

ENtre Catherine de Mynut Damoiselle, veuve de feu Maître Pierre de Malenfant, vivant Conseiller du Roy en la Cour, tant en son nom propre, que de ses enfans & dudit feu de Malenfant, demanderesse en cas d'excez pour raison de meurtre commis en la personne de feuë Anne de Malenfant sa fille, le Procureur General du Roi, joint à elle d'une part, & Me. Pierre de Fourviere, Notaire & Secretaire du Roi, prisonnier en la Conciergerie défendeur d'autre ; veu le procez, charges, informations, auditions & réponses dud. de Fourviere baillez, ensemble l'enquête des faits contraires par ladite de Mynut, conclusions & requisitions du Procureur General du Roi, & autres productions & procedures faites en la matiere : Dit a esté que pour les cas resultans, la Cour a condamné & condamne icelui de Fourviere à être mis aux Galeres du Roi, pour en icelles servir ledit sieur par cinq ans ; & au surplus en cinq cens liv. tournois d'amende envers le Roi : applicables à la reparation du Palais ; en quatre mil liv. tournois envers lad. de Mynut à son nom propre, à ce comprise la somme de deux mil. liv. à elle cy-devant adjugée par provision, & aux dépens de la cause, la taxe reservée. Néanmoins declare la Cour led. de Fourviere privé du profit & utilité des pactes de mariage faits & passez entre lui & ladite feuë Anne de Malenfant sa femme, & le condamne en outre à rendre & restituer à ladite de Mynut, au nom de ses enfans, ce qui se trouvera avoir été reçû par lui du dot de sa feuë femme. Prononcé à Toulouse en Parlement le vingt-unième jour d'Avril 1559. après Pâques.

UTILITE' DES PACTES.] Ÿ. l'obſerv. ſur le tit. 7. du liv. 1. art. 4. touchant l'Arrêt du ſieur de Vulſon, que j'ay rapporté, & que j'ay trouvé dans les mémoires de feu Mr. de Rozel Avocat general en la Chambre.

ARR. XXXVIII.

LE doüaire eſt privilegié lors que la femme l'exige ſur ſon mari ou ſes heritiers, & non point quand une fille l'exige ſur ſon pere ou ſes heritiers. Par Arrêt du 9. Septembre 1589.

ARR. XXXIX.

UNe veuve ne peut être contrainte pendant ſa viduité, à reprendre ſes dot & augment. Par Arrêt du 1. Mars 1590.

Cet article doit être entendu au cas de l'arr. 17. du tit. 6. de ce livre li. D.

ARR. XL.

LE 17. Janvier 1586. au rapport de Mr. Ferrier, une tante fut condamnée à conſentir à l'inſinuation de certaine donation par elle faite à ſa niéce en contemplation de mariage, bien que les quatre mois pour inſinuer, ſuivant les Ordonnances, fuſſent paſſez, & que ladite tante alleguât quelques cauſes d'ingratitude à l'encontre du mari de ſadite niéce.

FUSSENT PASSEZ.] Maynard eſt contraire au liv. 7. chap. 93. mais ſa doctrine n'eſt pas ſuivie.

ARR. XLI.

LEs biens donnez par le pere ou mere au fils en contemplation de mariage, & après étans revenus au donnant par droit de retour ſont affectez & hypothequez ſubſidiairement au payement du dot reçû par le fils & de l'augment d'icelui. Par Arrêt du 6. Mars 1590.

ARR. XLII.

LE premier Avril 1586. par Mr. Paulo preſidant fut prononcé l'Arrêt, qu'une femme après avoir marié ſa fille avec un certain, par parole de preſent, ſa fille publiquement obſervé ce qui convenoit pour ce regard: advint que la mere préſuppoſant ſa fille ne vouloir ſondit fiancé, le print pour mari, & en a eu deux enfans; neanmoins par les Officiers, ladite femme fut condamnée à mort: appel relevé, par Arrêt fut condamnée ob violatam publicam honeſtatem, à faire amende honorable, tant au preſent Parquet que ſur le lieu, & ce fait, fuſtigée; & pour connoître s'il y a mariage, renvoyée à l'Eccleſiaſtique.

B b iij

ARR. XLIII.

LE 30. Juin 1575. Arrêt au Bureau entre Me. Etienne Grandon, Procureur & curateur de Guillemette Tabarde & Marie de Bertier, contenant entr'autres choses, qu'une nommée Bigosse baillera cautions de rendre l'augment à sa fille en cas de predecez.

BAILLERA CAUTION.] Il s'agit d'une femme qui s'étoit remariée, & que les secondes nôces assujettissoient au cautionnement. Sur quoy V. *Cambolas au traité des secondes nôces art.* 28. & *suiv.*

ARR. XLIV.

LE 6. du mois de Juin 1575. au rapport de Mr. Toupignon, au procez d'entre Raymond Fons marchand Espicier de Toulouse, & Catherine de Boisset femme à Jean Topier, & autres creanciers dudit Topier, fut jugé que la femme peut repeter son dot pendant la vie de son mari, s'il tombe en pauvreté, mais non pas l'augment, combien que par la disposition du Droit il semble que la repetition compete aussi bien pour l'augment que pour le dot : toutefois on reserva à la femme l'hypotheque pour son augment, sur les biens du mari alienez pour le payement des autres créanciers, avenant le cas de predecez du mari : & fut ordonné que du prix provenant de la vente des biens dud. Topier, distraits au préalable les fraix de justice, au profit de ceux qui les avoient exposez, seroient payez les creaniers dud. Topier : & entr'autres ladite de Boisset sa femme, de la somme de cent écus de son dot, à la charge de bailler par elle bonnes & suffisantes cautions, d'icelle rendre aux autres creanciers dudit Topier, avenant le predecès d'elle : & faute de bailler caution, qu'icelle somme de cent écus seroit mise és mains d'un Marchand seur & responsable pour la tenir au profit desd. mariez, & de la rendre quand & à qui seroit ordonné, c'est à sçavoir si le mari predecede, de la rendre à la femme ; au contraire si elle vient à predeceder, de la rendre aux creanciers du mari, sans préjudice toutefois à icelle de Boisset, de son hypotheque sur lesd. biens adjugez par decret par ledit Arrêt pour la somme de cinquante écus sol de son augment ; advenant qu'elle survive à sondit mari. Quelques-uns furent d'avis d'ordonner le même de l'augment que du dot, toutefois le contraire fut conclu à cause de certain préjugé en un Arrêt prononcé en robes rouges par feu Monsieur Duranty premier President.

POUR REPETER SON DOT.] L'ufage eft d'ordonner, lorfque les biens du mari font en diftribution, que la dot de la femme fera mife entre les mains d'un Marchand feur & refponfable, pour en prendre les interêts pendant la vie du mary, *ut fe fuofque alat. L. ubi adhuc C. de jur. dot.* car c'eft dans ce fens qu'on explique cette Loy. De là vient que cette collocation de dot, qui fe fait pendant le mariage, ne donne aucun droit fur la proprieté à la femme, parce qu'elle ne fe fait que pour affeurer les cas dotaux ; auffi comme il faut établir de la difference entre la dot qui fe repete pendant la vie du mari *quatenus vergit ad inopiam*, & celle qui fe repete après la diffolution du mariage par la mort du mary : de là même il s'enfuit que la collocation ne produit pas le même efet que la repetition finale de la dot, laquelle a lieu fans contredit dès le moment que le mariage ceffe, parceque la dot changeant délors de nature, & prenant une autre qualité, devient une dette ordinaire, au payement de laquelle, la femme peut contraindre les creanciers de fon mari. Mais quoique la collocation de la dot ne foit que comme une efpece de dépôt ordonné pour la feureté de ce même dot, & qu'elle excluë regulierement la femme de la repetition finale, toutefois pour certaines confiderations preffantes, les Cours Souveraines peuvent permettre aux femmes des difcutez de retirer leur dot.

NON PAS L'AUGMENT.] Autrefois on jugeoit que le mari ayant difcuté, la femme pouvoit auffi bien repeter l'augment que la dot, à la charge de mettre le tout ès mains d'un Marchand, pour le tenir au profit des mariez & de leurs enfans, & de rendre l'augment au profit de qui il appartiendroit, le cas de reftitution écl eant. Aujourd'hui il fe juge d'une autre maniere, car fi bien la femme d'un difcuté peut demander, lui étant en vie, d'être alloüée pour fon augment ; on n'a pourtant accoûtumé de l'alloïer qu'à la charge que la fomme donnée en cas de prédecès, fera mife entre les mains de perfonne folvable, pour l'interêt être mis au profit des creanciers du mari jufqu'à fon decès ; cet ufage eft inviolablement obfervé dans le Palais, & fi la femme predecede, les creanciers ou le baillifte retirent la fomme ; au contraire fi elle furvit, elle la retire comme lui appartenant en cas de furvie fuivant fes pactes de mariage.

ARR. XLV.

EN Septembre 1582. au rapport de Monfieur Jeffé à Toulouse, fut donné Arrêt entre Maiftre Antoine Ciron & Jofeph Cabrerolles, que la conftitution du dot faite en écus és pactes de mariage, doit étre adjugée comme les écus valent au temps defd. pactes, & non au temps que le payement eft requis ou de la deftinée folution : & par le même Arrêt les interêts furent adjugez au denier quinze depuis la deftinée folution, bien qu'ils excedaffent la fomme principale, car il y avoit vingt ans de la deftinée folution : *ubi lex unica De fent. quæ pro eo quod inter profer.* fut entenduë & limitée *in fuo cafu*, & jugé que les prétendus interêts n'eftoient proprement interêts : ains fruits du dot ayans caufe onereufe, d'autant que le mari porte les charges. *l. Pro oneribus. C. de jure dot.*

COMME LES ECUS VALENT.] *V. la fuite tit.* 61. *arr.* 5.

Arr. XLVI.

Par Arrêt general donné au rapport de Monſieur Maynard, prononcé par Monſieur Bertrand, fut jugé que le pere peut ſubſtituer à ſon fils, même aux biens qu'il lui a donnez en faveur de mariage, pourveu qu'il lui ſubſtituë *unum ex liberis*, & qu'il diſe expreſſément & faſſe mention deſdits biens donnez en ladite ſubſtitution *per legem. Sequens Quæſtio.*

Donnez en faveur de Mariage.] Quoique dans les principes de Droit une donation parfaite, *nec modum*, *nec conditionem recipiat*, toutefois il eſt certain que ſuivant l'uſage de ce Parlement, les biens donnez en faveur de mariage peuvent être ſubſtituez par le pere qui a fait la donation; cette faculté ayant même été accordée à la mere par l'équité des Arrêts, ſelon Cambolas *liv. 1. chap. 35. & liv. 6. chap.* 13. mais une telle ſubſtitution n'eſt bonne que ſous trois conditions cumulatives. *Primò*, que la ſubſtitution ne ſoit pas conceuë vaguement en termes generaux, mais qu'elle ſoit par exprès & *nominatim* des biens donnez, parce que ces biens étans *extra cauſam bonorum*, ne peuvent pas venir en la reſtitution du fideicommis, *niſi ſint expreſſa in ſubſtitutione. L. Lucis §. maritus. ff. ad Trebell. L. ſequens quæſtiu. ff. de leg. 2.* Secundò, que la ſubſtitution ſoit faite en faveur d'un des deſcendans du donateur, frere ou ſœur indifferemment du donataire, mais non d'un enfant du donataire : quoi que la principale raiſon qui a donné Lieu à ces ſubſtitutions, ſoit la conſervation des biens dans la famille, laquelle ſe rencontre auſſi bien en ſubſtituant les enfans du donataire qu'en ſubſtituant ceux du donateur, & quoi que même l'ayeul puiſſe ſubſtituer ſes propres enfans à ceux du donataire predecedé. *Tertiò*, que la ſubſtitution ſoit faite au cas le donataire decede ſans enfans, ce qui ſuppoſe que la ſubſtitution eſt faite ſous la ſimple condition *ſi ſine liberis*, & ſans qu'on en puiſſe induire que le donataire eſt chargé de rendre à ſes propres enfans : auſſi eſt-il certain que lorſque le donataire a des enfans, on ne peut pas le charger de ſubſtitution, non pas même en faveur d'un de ſes enfans; la raiſon en eſt, que la faculté de ſubſtituer aux biens donnez, eſt un paſſe droit; que ce Parlement a accordé aux peres, pour leur donner la conſolation de pouvoir conſerver leurs biens dans la famille tandis qu'il y aura des enfans; de ſorte que ce paſſe droit ne peut être étendu : En effet, le donataire ayant laiſſé des enfans, il a été prejugé par deux celebres Arrêts, qu'en ce cas le pere ne pouvoit pas ſubſtituer aux biens donnez en faveur des petits-fils; le premier de ces Arrêts eſt du 18. Janvier 1651. il fut donné entre Geraud Mieulet & Pierre Guy, appellans du Senéchal de Toulouſe, & Bernard & Marguerite Sandoin, enfans de Pierre, intimez. L'autre eſt du 22. Février 1652. par lequel les biens donnez par François Bonnet à Jean ſon fils en faveur de ſon mariage avec Magdelaine Martel, furent declarez exempts de la ſubſtitution contenuë au teſtament du donateur, par la ſurvivance de Blanche Bonnet, fille de Jean, donataire, & la ſubſtitution fut reduite aux ſeuls biens reſervez par le donateur. Cela juſtifie que deſlors que le fils donataire a laiſſé des enfans, la ſubſtitution s'évanoüit par leur exiſtance. Il en eſt pourtant autrement lors que le donataire predecede ſon pere, laiſſant un enfant à lui ſurvivant; car en ce cas, à cauſe du predecez du donataire, l'ayeul peut ſubſtituer aux neveux. *Cambolas d. chap.* 13. & Olive *liv.* 5. *chap.* 16. On peut encore ſubſtituer les biens donnez en deux cas, ſçavoir quand lors de la donation le donateur s'eſt par exprès reſervé de le pouvoir faire, & quand cette reſerve ſe trouve, il n'eſt pas neceſſaire que l'on diſpoſe ſpecialement des biens donnez : cela eſt vrai indiſtinctement, & ſur tout lors qu'il s'agit de conſerver les biens dans une famille illuſtre; ainſi nous ſuivons la doctrine qu'établit *Fontanella de pact. nupt. clauſ. 4. gloſſ. 5. num. 64.* & nullement celle de Cancerius,

ßi

ni de ses Sectateurs, qui nonobstant ladite reserve, veulent qu'une disposition generale ne suffise pas pour comprendre les biens donnez. Le second cas est, lors que le donateur dispose des biens reservez en faveur du donataire, parce que le donataire prenant ces biens reservez par une nouvelle liberalité du donateur; il est certain que s'il l'accepte, il ne peut plus diviser la donation du testament *arg. L. Imper.* §. *si cert. ff. de l. 2.* & que les biens donnez entrent dans le fideicommis, *quia hæres judicium defuncti agnovit,* à quoi est conforme la doctrine de Maynard *liv. 6. chap. 5.* Cela reçoit d'autant moins de difficulté (quoique Cujas *consu'r. 20.* & Fuforius *qu. 631.* ayent crû que les biens donnez ne pouvoient être chargez de substitution, nonobstant que le donataire fût institué par le donateur) que l'on ne peut pas douter qu'un testateur ne puisse comprendre dans une substitution, non seulement ses propres biens, mais aussi ceux de son heritier. *L. unum ex familia.* §. *si rem tuam. ff. de leg. 2. peregrin. de fideicom. art. 33. num. 5.* Au reste comme les fiefs dans une famille noble ont des privileges particuliers, on peut à leur égard substituer les biens donnez avez progrez de substitution, quoique parmi les personnes plebées cela n'ait pas lieu, suivant l'Arrêt du 16. Avril 1666. donné au rapport de Mr. Olivier en la seconde Chambre des Enquestes, entre Noël Blanc, & Blanche Comtesse, car outre que la substitution, selon le droit municipal de cette Province, se peut faire en l'étendant & la perpetuant à toute la descendance du donataire: d'ailleurs elle se peut faire au cas le donataire & ses enfans meurent sans enfans: c'est-à-dire qu'en cas d'extinction de toute la branche du donataire on peut aud cas substituer *in casum si sine liberis,* pourveu qu'on le fasse en faveur des autres enfans du donateur, freres ou sœurs du donataire, ce qui fait voir qu'en ces deux cas differens on peut substituer, quand il s'agit des fiefs, & entre personnes nobles, sans qu'il soit necessaire que les trois conditions cumulatives cy-devant rapportées, concourent pour rendre la substitution bonne & valable.

A R R. XLVII.

UN pere pourvoira au mariage d'une sienne fille dans deux mois, & lui constituera dot suffisant. Par Arrêt prononcé le 13. Août 1587. contre un pere Conseiller au Senéchal de Toulouse.

A R R. XLVIII.

UNe femme avoit fait execution pour son dot sur tous ceux qui avoient acheté de son mari; un des acheteurs; sçavoir le premier, disoit qu'elle se devoit prendre avec le dernier, *ut evitaretur judiciorum circuitus,* disant en outre, que comme la loy a voulu que les creanciers se prinsent avec le debiteur, & non avec le tiers possesseur; de même a voulu que le debiteur mort, *bona esset possessoris ratio à simili,* disant Robert Avocat, Dispania disoit pour la femme, que s'il est loisible à la femme, *experiri contra quemlibet creditorum insolidum. l. Moscus. ff. De juri fisci argum. l. Solent judices. ff. de alim. & cib. legat. mult. mulio magis contra omnes pro parte:* & ainsi fut jugé.

C c

ARR. XLIX.

L'Authentique *Res quæ C. Comm. de legat.* a lieu non feule-ment au dot, mais auffi en l'augment, par Arrêt du 6. Mars 1588.

Mariniers.

TITRE V.
ARR. I.

PAr Arrêt du 2. de Septembre 1550. fur la requête préfentée par le Syndic des Marchands frequentans les rivieres de Ga-ronne, Tarn, Lavairon & autres navigables, eft faite inhibition & défenfe à tous Maitres Bateliers, gouverneurs & conducteurs de bateaux fur les rivieres de ce reffort, de ne vendre ou trafiquer au-cune des chofes à eux commifes & delivrées pour conduire par icelles rivieres, ni permettre qu'aucun les emporte fans l'exprés vouloir de ceux qui les ont baillées, fur peine d'être punis comme larrons, affronteurs & infracteurs de la feureté & liberté publique du navigage. Et pareillement a icelle Cour prohibé à toutes per-fonnes, de n'acheter ou prendre aucune defdites chofes ou mar-chandifes en maniere que ce foit, fans le vouloir de ceux qui les ont baillées, & ce fur peine d'être auffi punis corporellement comme larrons & receptateurs de larcins.

Mays.

TITRE VI.
ARR. I.

LE Lundy 5. Juin 1542. a été donné Arrêt criminel prohi-bitif, de ne porter vendre arbres qu'on appelle Mays, finon que les vendeurs les ayent pris en leur bien propre.

MAYS.] *A Maio menfe*, de là auffi tire fon nom la rejoüiffance que les Romains appelloient *Maiuna*, parce qu'on la celebroit aux calendes du mois de May, à caufe dequoi elle eft qualifiée ἡ τῆ πρω'τη τῦ Μαιε πανήγυρις. *can. 62. in Trullo.* C'eft de ce même mois que tire fon origine la *Maiefque* dans le Bearn, dont il fera parlé fur le *traité des droits Seign. chap.* 14. Au refte, il ne fera fans doute pas hois de propos de remarquer, au fujet de l'Arrêt, rapporté par l'Auteur, que fuivant Roulliard *en fon hift. de Melun. pag.* 364. le Roy Philippe le hardy, par fes Lettres données à Paris l'an 1281. après la Fefte S. Nicolas d'hyver, abolit la mauvaife coûtume qu'on avoit : d'aller faire du dégât dans les bois appartenant à l'Abbaye de Barbeau, fous pretexte d'y aller prendre *le May*, ou *l'arbre que l'on plante devant quelque hôtel le premier jour de May.*

ARR. II.

Extrait des Regîtres de Parlement.

LA Cour veu le procez fait par les Capitouls de Touloufe ou leur Affeffeur à Jean de Villemont prifonnier en la Concier-gerie, attendu l'aquiefcement & declaration faite par ledit pri-fonnier, qu'il n'entendoit avoir appellé de la Sentence defd. Ca-pitouls, par laquelle pour fon demerite étoit condamné au foüet, a permis & permet aufdits Capitouls faire mettre leurdite Sen-tence à execution, felon fa forme & teneur : & a ordonné lad. Cour, qu'icelui Villemont en faifant le cours ordonné par lad. Sentence en figne de fon mesfait, d'avoir coupé & derobé le bois verd dont eft queftion, portera en fes mains une branche de bois verd ; neanmoins les prohibitions & défenfes de ne porter arbres verds appellez Mays en Touloufe, ni en autres lieux pour plan-ter ez ruës publiques ni ailleurs, fi ce n'eft de leur bois propre, ou ayant aveu de ceux à qui ils appartiendront. Prononcé à Tou-loufe en Parlement le 3. de Juin 1532.

Medecins.

TITRE VII.

ARR. I.

PAr nos Loix Civiles & Canoniques la forme de guerir les maladies avec charmes & caracteres eft reprouvée, (parce qu'aucuns ont opinion que cela ne fe peut faire fans l'aide des De-mons) *in tit. De malef. & mathem. C.* toutefois Mr. Ferrier nôtre Medecin en Touloufe en fa Republique non encore imprimée, qu'il m'a communiquée, foûtient que cela fe peut faire fans l'aide & invocation des Demons, alleguant l'autorité de Galien, qui té-moigne en avoir veu de grands effets, qui l'avoient contraint de changer d'opinion en fes vieux ans ; car auparavant il penfoit que ce ne fuffent que Fables. Alexandre Trollian fait grand cas de cette palinodie de Galien, & recommande la vertu des paroles pour guerir les malades. Octavianus Atius & Avicenna Medecins de nom en ufent, comme font bien les Praticiens qui font venus depuis. Les experiences en font fi frequentes qu'on n'y peut con-tredite qu'en niant ce qui fe voit tous les jours, comme écrit led. Ferrier, lequel dit la caufe bien recherchée ne pouvoir être autre

que la force de l'imagination & persuation de pouvoir faire ce qu'on
a entrepris, à laquelle faut ajoûter l'esprit du patient, croyant & con-
sentant, à tout le moins non resistant ; car autrement l'agent sera
frustré si le patient resiste; comme qui voudroit faire attirer le festu
à l'ambre ou le fer à l'aimant, ne se pourroit faire sans les appro-
ches & consentement naturel des sujets : retenez le festu, retenez
le fer, l'attraction ne se pourra faire. C'est aussi pourquoi en toutes
personnes les paroles & caracteres ne peuvent être éfectuez: ce qui
se voit aux incantations des douleurs de dents ; si le patient croit
que par tels moyens il puisse guerir, la douleur cessera ; s'il n'en
croit rien ou qu'alentour de lui soient des gens qui s'en mocquent,
l'operateur n'avancera rien, & s'en retournera confus sans rien faire.

ARR. II.

Extrait des Regîstres de Parlement.

VEu le procez fait par le Gouverneur de Montpellier ou son Lieutenant, à Claude Jouve, dite Calendre, femme empyrique s'en-
tremélant de l'art de Chirurgie & Medecine, prisonniere en la Conciergerie, appellante dud. Gouverneur ou son Lieutenant, & elle oüie
en sa cause d'appel ; dit a été, bien jugé par ledit Gouverneur ou
sondit Lieutenant, & mal appellé par ladite prisonniere appellante,
& la renvoye la Cour audit Gouverneur, pour faire mettre sa Sentence à execution selon sa forme & teneur : Et eu égard aux conclusions & requisitions du Procureur general du Roy, à qui ledit
procez a été communiqué, ladite Cour a prohibé & deffendu,
prohibe & deffend à toute sorte de gens de quelque qualité & condition qu'ils soient d'entreprendre d'exercer l'art de Medecine, n'y
Chirurgie, administrer aucuns breuvages ou medicamens, s'ils ne
sont graduez, connus & approuvez par la faculté de Medecine en
l'une des Universitez fameuses de ce Royaume, & ce sur peine de
banissement des lieux & Provinces esquels ils se trouveroient pra-
tiquans, & autre arbitraire, & telle que de droit, & aux Apoticaires eux entreprendre de dispenser aucunes receptes & ordonnances
ni en prendre par Medecin ou Chirurgien en ce qui concerne l'art
de Chirurgie, connuës & approuvées ; lesquelles receptes & ordonnances iceux Medecins & Chirurgiens seront tenus signer de
l'an, jour & mois, & mettre le nom de celui pour lequel ils les

ordonnent, tant la premiere fois qu'au reïterement d'icelles ordonnances, & ce fur les peines que deffus. Et a enjoint & enjoint lad. Cour au Chancelier, Recteurs & Docteurs Regens des Univerfitez de ce reffort en la faculté de Medecine, vifiter chaque année une fois pour le moins, appellez avec eux un ou deux Bailes du métier d'Apoticaire, diligemment & fidellement, fans faveur, fupport ou acception de perfonne, les drogues & compofitions des boutiques des Apoticaires, & rejetter & épandre celles qu'ils trouveront être gâtées & corrompuës; ou autrement faites contre les regles & ordonnances de l'art de Medecine. Et auffi leur a enjoint & enjoint pour plus amplement pourvoir à l'avenir aux fraudes, abus & malverfations qui journellement fe commettent par lefdits Apoticaires & Empyriques, au grand danger & détriment de la fanté & vie des hommes; faire & dreffer articles concernant le reglement & l'ordre defdits Apoticaires, Medecins, Chirurgiens, pour iceux communiquez audit Procureur General, & veus par la Cour, y être pourvû ainfi qu'il appartiendra, ce que leur a enjoint faire dans deux mois & l'en certifier, à peine de mille liv. à chacun defd. Chancelier, Recteur & Docteurs Regens & autre arbitraire. Prononcé à Touloufe en Parlement le troifiéme jour de Juille l'an 1558.

AUCUNS BREUVAGES ET MEDICAMENS.] Par Arrêt donné contre le Syndic des Apoticaires de Montpellier, le 12. Juillet 1663. en la premiere Chambre des Énquêtes au rapport de Mr. de Rudelle, le nommé Jean Matte, dit la Faveur, fut maintenu en la Faculté d'exercer la Chymie, vendre & debiter toute forte d'Effence, Eaux, Huyles & autres chofes dépendans dudit Art, même de tenir boutique ouverte avec écriteau, contenant les nom, qualité & vertu de ces chofes, tant dans Montpellier, qu'aux autres Villes & Lieux du reffort du Parlement, avec défenfes à tous les Apoticaires de le troubler, à la charge de tenir regître du poifon qu'il vendroit, & des perfonnes qui le prendroient. La Cour des Monoyes auroit pû connoître de cette caufe.

ARR. III.

LE quatriéme jour de Janvier 1499 fut mis par la Cour, *lecta publicata & regiftrata*, à certains privileges octroyez à l'Univerfité de Montpellier en la Faculté de Medecine, Docteurs Regens, & Suppofts d'icelle, par lefquels privileges entr'autres chofes, eft prohibé à toute perfonne pratiquer en Medecine en Languedoc, fans être approuvé de ladite Univerfité, fur peine de deux marcs d'argent, l'un appliqué au Roy, l'autre à la commodité de ladite Univerfité, & que les étudians font en protection & fauvegarde du Roy.

C c iij

Arr. IV.

LE Mardy vingt-uniéme de Novembre 1562. a été prohibé par Arrêt ou enjoint à tous Magiſtrats & Juges de ne permettre à aucun uſer de l'Art de Medecine & de Chirurgie, ſans être approuvé.

Arr. V.

LE ſeiziéme Juin 1553. veuë la requête baillée par Maiſtre Jean Eſcuron, eſt ordonné que nul ne ſera receu à pratiquer en Medecine en Toulouſe, qu'auparavant il n'ait ſoutenu concluſions publiques, & qu'on ait enquis de ſes mœurs & experience par dictum.

Arr. VI.

Extrait des Regiſtres de Parlement.

SUr la requête ce jourd'huy verbalement preſentée, tant par le Procureur General du Roy que Capitouls de Touloſe, la Chambre ſéant en vacations, attendu la manifeſte connoiſſance des fraudes, abus & malverſations qui journellement ſe commettent és drogues, medicamens & compoſitions neceſſaires à la ſubvention des malades, & entretien de la ſanté, & des inconveniens & ſcandales qui aviennent au moyen de ce tous les jours, & ſuivant les Arrêts ſur ce donnez, a enjoint aux Recteur & Docteurs Regens en la faculté de Medecine, Magiſtrats, Capitouls, Conſuls & autres Adminiſtrateurs des Villes de Toulouſe, Montpellier & autres de ce reſſort, de tout incontinent & ſans delay faire exacte viſite & perquiſition deſdites drogues, compoſitions & medicamens, étant au pouvoir des Groſſiers, Apoticaires, Chirurgiens, Barbiers, & autres qui le tiendront publiquement ou privément en vente, jetter ou brûler drogues n'étant de qualité requiſe ſelon l'Art, ou autrement punir ceux qui auront commis leſdites fraudes, des peines de droit, & autres ſelon l'exigence des cas, ordonnances, ſtatus, établiſſement des Univerſitez en ladite faculté de Medecine. A enjoint auſſi & enjoint auſdits Groſſiers, Apoticaires & autres, de tout incontinent & ſans delay faire fidelle exhibition deſdites drogues & medicamens, toutes & quantes fois qu'ils en ſeront requis, ſans rien cacher, diſtraire ou occulter, à peine de confiſcation de corps & de biens, & auſdits Magiftrats, Adminiftrateurs publics, & Sergens de ladite faculté à faute de faire ladite vifite prefentement, & de là chaque année, & tant de fois qu'il fera neceffaire, & d'en certifier la Cour à huitaine aprés la fefte de S. Martin prochainement venant, à peine de privation de leurs privileges, & à chacun d'eux de mille livres tournois d'amende, applicable à la reparation du Palais. Prononcé à Touloufe en ladite chambre de Parlement, féant audit temps de vacations le 20. Octobre mil cinq cens cinquante-fept.

Mefures anciennes de la Ville de Touloufe, & environ d'icelle.

Mefure vifitée en ce pays touchant les terres.

L'Arpent contient	24. perches carrées.
La perche	14. pans carrez.
Item l'arpent contient	4. mezeillades ou pugnerades.
La mezeillade ou pugnerade	2. pogefats.
Le pogefat	4. boiffeaux.

Il faut noter que l'arpent vieil n'eftoit que de trois mezeillades ou pugnerades.

Meubles.
TITRE VIII.
ARR. I.
Extrait des Regiftres de Parlement.

ENtre Maiftre Gilles de la Mote Procureur en la Cour, heritier avec benefice d'inventaire de feu Pierre Garlet fuppliant & demandeur en deux requeftes; la premiere du 29. Decembre dernier, à ce que Demoifelle Jeanne de la Court, veuve dudit feu Garlet, fut tenuë de remettre les deniers de l'heredité dudit feu Garlet; la feconde du fixiéme Fevrier dernier, à ce que la recréance lui fût baillée des argent non monnoyé, armes, marchandifes, grains, vins, veftemens, garderobes & papiers trouvez dans iceux, & autres fins contenuës efdites requeftes, & autrement impetrant & requerant l'enterinement de certaines lettres Royaux du treiziéme dudit mois de Fevrier dernier, pour eftre maintenu efdits biens, & à ce que l'or, argent monnoyé ou non monnoyé, marchandifes, arquebufes, & autres harnois, vêtemens dudit feu

Garlet, tableaux, cedules, inftrumens, garderobes deftinez à la confervation d'iceux bleds & vins qui appartenoient audit feu Garlet au tems de fon decez lui foient adjugez, & autres fins contenuës aufdites lettres, & auffi deffendeur d'une part, & ladite Jeanne de la Court, veuve dudit feu Pierre Garlet, deffenderefse, & auffi fuppliante & demandereffe en deux requeftes, l'une du cinquiéme Janvier, l'autre du douziéme Fevrier derniers, tendans à ce que la recréance de tous les biens meubles qui ont été trouvez en l'heredité dudit feu Garlet lui fût baillée, & que ledit feu de la Mote fût tenu de payer ce qui feroit neceffaire pour les fraix de la celebration des Meffes de l'année du dueïl dudit Garlet, & autrement impetrant & requerant l'enterinement de certaines lettres Royaux du trentiéme du mois de Mars en defaveu du confentement fait par fon Avocat, & autres fins y contenuës, d'autre. Veus les plaidoyez des quatriéme de Mars dernier, & premier du treiziéme jour du mois d'Avril, teftament & codicilles dudit feu Pierre Garlet des trentiéme d'Octobre & vingt-troifiéme Novembre 1584. dires par écrit baillez refpectivement par lefdites parties, enfemble les requeftes remonftratives par eux baillées, ordonnées être mifes au fac par ordonnance de la Cour. Dit a été que la Cour fans avoir égard aux lettres obtenuës par ladite de la Court, & enterinant quant à ce les lettres obtenuës par ledit de la Mote, l'a maintenu & gardé en tous & chacuns les biens, noms, droits, actions, grains, vins & marchandifes qui appartenoient audit feu Garlet, aux conditions & charges contenuës au teftament dudit feu Garlet : Et neanmoins a ordonné & ordonne que tout l'or, l'argent, & monnoye qui fe trouvera en l'heredité dudit feu Garlet, fera baillée audit la Mote, pour être employé aux honneurs funebres, payement des legats dudit Garlet, fans préjudice de l'ufufruit des maifons & autres biens immeubles laiffez par ledit Garlet à ladite de la Court fa femme audit teftament, declarant à icelle de la Cour appartenir en proprieté tous les meubles à elle laiffez par fon mary aufdits codicilles, c'eft à fçavoir l'or & l'argent non monnoyé, garderobe, harnois, veftemens dudit feu Garlet, tableaux & autres meubles, excepté l'or & l'argent monnoyé, & marchandifes, & autres chofes fufdites

tes , & en outre aussi appartenir à lad. de la Court les deux chevaux & bétail à laine , & pourceaux de la metairie qu'il avoit au lieu de Ceil , suivant ledit testament ; & sera tenu ledit la Mote payer à ladite de la Court les cent soixante sestiers de blé , suivant led. testament, cent sestiers de la metairie de Grisolles & soixante de lad. metairie de Ceil , & seize pipes de vin , sauf à précompter ce qu'elle en a receu , à la charge que lad. de la Court sera tenuë de payer le pain & vin de l'offrande de l'année du deüil , & sans dépens. Prononcé à Toulouse en Parlement le 12. Avril 1585.

TABLEAUX.] *V. Marie Ricard sur la Coust. de Paris arr. 6.*

DROICTS, ACTIONS.] *V. Quarré plaid. 10.*

L'OR ET L'ARGENT MONNOYE'.] *V. Ricard ibid. en ses remarques sur l'art. 89.*

MEUBLES.] Ce mot qui répond au *suppellex* des Latins , ne se peut rapporter qu'aux meubles meublans , & ne peut pas comprendre les effets mobiliaires qui ont un nom separé. *L. 2. & L. Labeo. ff. de suppell. leg.* Il en est autrement quand on entrevoit par exemple qu'un testateur n'a pas voulu seulement leguer ses meubles meublans , mais encore generalement tous ses autres effets qui se peuvent mouvoir. Ce qui a fait dire fort judicieusement à du Fresne en son *Journal des Audiences tom. 1. liv. 1. chap. 16.* qu'en ces sortes de legats il se faut plûtôt arrêter à l'intention vray semblable du testateur , qu'à aucune autre interpretation : En effet, il y a une infinité de textes dans le Droit qui font foy, que lors qu'il faut expliquer ce qui est compris en termes ambigus dans un legat, ou ce qui n'y est pas compris , il faut moins prendre pied sur la commune façon de parler , que sur la volonté presumée du testateur. Et il est bon de remarquer sur ce sujet , que la plûpart du temps on juge de cette volonté , entr'autres moyens , par la disposition que le testateur fait , comme par maniere de reserve , d'une espece d'effets mobiliaires , ou en faveur de l'heritier , ou en faveur d'un des legataires , car pour lors on peut dire que le legataire des meubles en general a droit de demander toutes les autres especes des effets mobiliaires ; *prohibitio unius cæterorum est inclusio. arg. l. cum prætor. ff. de judic.* Ce fut aussi sur cette maxime , que par Arrêt donné le 13. Août 1665. au rapport de Mr. de Puymisson , un legat de meubles , *qui sont dans la maison ,* comprenoit les grains , parce que le testateur avoit dit que les papiers & promesses *qui sont dans la maison ,* appartiendroient à son heritier.

ARR. II.
Extrait des Registres de Parlement.

ENtre Pierre Thoron marchand de Toulouse , appellant du Senéchal de Toulouse ou son Lieutenant d'une part, & Jeanne du Cayla , veuve à feu Oger Thoron , mere de feuës Marie & Catherine Thoron, filles & heritieres dudit feu Oger appellé d'autre. Veu le procez , libelle appellatoire , contredits , salvations, requeste d'icelle du Cayla , ordonnée être mise au sac, reconnoissance du premier de Juin 1565. & autres procedures desd. parties. Dit a été que la Cour en ce que ledit Senéchal n'auroit declaré le cabal mentionné en ladite reconnoissance être des biens de ladite Ville de Toulouse & coûtume d'icelle , a mis & met lad. appella-

tion & ce dont a été appellé au neant, & reformant le jugement ;
a declaré & declare led. cabal être des biens de lad.Ville de Touloufe & coûtume d'icelle , & en tout le furplus met ladite appellation au neant , & ordonne que ce dont a été appellé fortira a éfet,
fans dépens. Prononcé àTouloufe en Parlement le 4. Mars 1575.

Mineurs.

TITRE IX.
ARR. I.

AU mois de Decembre 1587. parArrêt un pupille ayant obtenu lettres Royaux , fut relevé pour n'avoir bien & deuëment fait infinuer une donation faite en fa faveur , & à cette occafion controverfée;en jugeant lequel fut refolu les pupilles être reftituables , *non tantùm ab omiffa , fed etiam à malè facta infinuatione.*

ARR. II.

AUx mois & an que deffus , au procez pendant en la Cour,
entre Azema Viguier d'Alby , contre Demoifelle N. de
Carpentier fa belle-fœur , ladite de Carpentier ayant obtenu lettres Royaux pour être relevée comme moindre de 25. ans. de ce
qu'elle fe feroit remariée fans rendre compte ni prêter le reliqua :
fut par Arrêt receuë à prouver fa minorité,jugeant en confequent
que verifiant la minorité , elle étoit reftituable , *& fic de cæteris minoribus. Bar. l. 2. C. fi adverf. delict.*

V. le tit. 4. de ce liv. verb. Mariages arr. 28.

ARR. III.

LE 15. Octobre 1548. par Arrêt prononcé és grands jours tenus au Puy , auroit été dit qu'une dette ne doit être baillée à
un mineur de vingt-cinq ans , ayant curateur , fans l'autorité d'icelui, autrement n'eft la dette payée , fauf à lui deduire ce qui apparoîtra avoir été employé au profit dudit mineur.

ARR. IV.

ENtre Eftienne de Claufe , mineur d'une part,& Bernard Seré
marchand deTouloufe,& autres Creanciers dud. de Claufe:
Arrêt donné le vingt-cinquiéme d'Août mille cinq cens quarante-
deux , par lequel fut prohibé à tous Marchands de ne contracter
avec que mineurs fans la licence de leurs tuteurs , curateurs & autres adminiftrateurs.

A R R. V.

AU rapport de Mr. Marion le 1. de Février 1586. il fut
conclu qu'on n'auroit point égard à certaines lettres Royaux impetrées par Antoinette de David en caffation de la procedure faite pardevant le Senéchal contre elle, fans qu'il lui fût pourveu de curateur. La Cour en jugeant le procez trouva que ladite
David avoit été très-bien deffenduë pardevant le Senéchal, &
par ainfi ne voulut la Cour point caffer la procedure, bien que par
les actes on vit qu'elle étoit moindre. *L. Quod fi minor.* 24. §. *Non
femper L. Non omnia.* 44. *ff. De minor.*

P O U R V E U D E C U R A T E U R.] On eft aujourd'hui plus éxact, & les pourfuites qu'on
fait contre des mineurs fans leur avoir fait pourvoir de curateur, quand ils n'en ont point, ou
fans avoir fait appeller le curateur, quand ils en ont un, font nulles. *l. ait Prætor.* §. *non folum.
ff. de minorib.* Le Parlement a accoûtumé de les caffer par voye d'appel, quand même elles
feroient autrement bien faites, & qu'au fonds les Sentences feroient juftes, le feul défaut
d'avoir été pourfuivies contre des mineurs, fans leur avoir été pourveu de curateur, fuffit
pour les faire caffer: témoin l'Arrêt donné en la feconde Chambre des Requêtes au rapport de
Mr. E. Catelan, en faveur des Durands, appe'lans d'un Jugement des Requêtes, contre le Syndic de Layrac: car quoique ce Jugement fût au fonds très-juridique, il fut neanmoins caffé
par la raifon qui vient d'être alleguée. Le Parlement même eft fi rigide fur ce point, que
fur ladite nullité il a quelque-fois caffé en Audience des Arrêts donnez par écrit. Il a pourtant préjugé par fon Arrêt d'Audience donné en la Chambre de la Tourelle, le 13. ou le
15. Mars 1675. contre Pierre Albert de Vaux, que Guillaume Tournier quoy que fourd &
müet de naiffance (& qu'en cet état il n'eût pas peu tefter en Jugement comme deffendeur,
fans avoir été pourveu d'un curateur pour fa deffenfe,) l'avoit pourtant peu faire en qualité de demandeur en excès, parce que les actes & que les procedures qu'il avoit fait, fans
miniftere du curateur, tournent à fon avantage. Il fut encore préjugé en cette caufe,
qu'après lecture faite au prevenu de fon audition, il n'eft plus recevable à décliner, quand
même le Juge qu'il approuve feroit incompetent. *V. la fuite de ce recüeil. tit.* 33. *arr.* 1.

A R R. V I.

LE 7. Août 1586. fur un partage entre Mr. Fabry Rapporteur
& Mr. Maynard contretenant, par contract de vente, eft
porté, que N. majeur de vingt, &c. mineur de vingt-cinq ans,
vend à N. une metairie pour le prix entre eux accordé, eft convenu que le vendeur étant fait majeur, ratifiera cette vente par lui
faite. Etant majeur il ne ratifie point, parce qu'il n'en eft par requis,
mais au bout de vingt-cinq il fe rend demandeur en defiftant contre fon acheteur, & à lettres Royaux en refcifion de ce contrat de
vente, fondées fur ce que lui étant moindre, il auroit vendu cette
metairie fans decret, que le contract portoit fur le front fon vice,
qu'il y avoit lefion excedant la moitié du jufte prix : Au contraire

.D d ij

l'acheteur infiſtoit aux fins de non-recevoir, fondées ſur l'Ordonnance du Roy François I. 1539. par laquelle après les trente-cinq ans ne ſont receus les mineurs à demander caſſation de ce qu'ils ont fait, ou n'étoit que pendant leur minorité le demandeur avoit paſſé au tems de l'introduction de l'inſtance, non-ſeulement les trente-cinq ans, mais encore quarante ans & davantage. Mr. Maynard étoit d'avis, ſans avoir égard aux fins de non-recevoir, que l'acheteur deffendroit, Monſieur Fabry, à l'avis duquel conclud de relaxer l'acheteur par fins de non-recevoir.

Monnoyes.

TITRE X.

ARR. I.

NOus Jean Conſtans & Jean Bon, Gardes hereditaires pour le Roy en la monnoye de Touloule, Experts pris d'office par Mr. Me. Antoine de la Coſte Conſeiller du Roy en ſa Cour de Parlement, Commiſſaire en la Chambre des Requêtes en cette partie deputé pour proceder à la verification de ce que le denier d'or depuis l'année 1463. juſques en l'année 1577. pourroit valoir ſuivant ſon appointement du quatorziéme du preſent mois de Janvier portant notre pouvoir, & autre preſtation de ſerment par nous devant led. ſieur de la Coſte, fait en date du dix-huitiéme dud. mois de Janvier, donné à la pourſuite de Me. Joſeph Diſarny Secretaire du Roi d'une part, Loüiſe Andrinée, Catherine Hebrarde, Pierre Garry, & Pierre Millet d'autre, remis devers nous par led. Diſarny, & après que par nouſdits Conſtans & Bon, Gardes, a été bien & deuëment verifié en Dieu & en conſcience, ſur les livres des Archifs de la monnoye. Diſons & atteſtons qu'en l'année 1463. le denier valoit ſuivant l'Ordonnance du Roy, ſupputation faite de l'écu qui valoit en lad. année vingt-ſept ſols & ſix, la ſomme de deux ſols trois deniers, & en l'année mil cinq cens trente-un & trente-deux, led. écu au ſoleil valoit la ſomme de quarante ſols, & en l'année mil cinq cens trente-huit par Ordonnance du Roy Henry du vingt-troiſiéme Janvier aud. an, juſques en l'année 1549. leſd. écus furent mis à quarante-cinq ſols, & depuis par Ordonnance du Roy Charles, du dix-ſeptiéme jour d'Août 1561. furent mis à prix de cinquante ſols, & le denier d'or, à raifon de cinquante fols valoit la fomme de dix-neuf fols:& depuis par autre Ordonnance du Roy Henry III. du vingt - deux Septembre 1574. les écus furent mis à cinquante-huit fols, & le denier d'or valoit vingt-un fol neuf deniers : & encore du depuis, par autre Ordonnance de l'année 1577. les écus furent mis au prix de foixante fols. A raifon dequoy, fupputation faite de l'écu & denier,led. denier d'or valoit comme il vaut encore de prefent, la fomme de vingt-deux fols fix deniers,comme de ce plus à plein atteftent lefd. Ordonnances, actes & regiftres de lad. monnoye. En foy & témoin de ce, avons écrite la prefente de noftre main propre, témoins nos feings manuels cy mis accoûtumez. Fait à Touloufe dans le Bureau de lad. monnoye, le 22. jour de Janvier 1600.

L'Escu qui valoit.] *V. Brodeau fur Loüet litt. R. num. 12.*

ARR. II.

LE Mardy 2. de Septembre 1449. &c. entre Raymond & Arnaud, Reffeguiers freres,&c. appellans des fires Jean Gencian & Gautier Viviez, Generaux, Maiftres des Monnoyes, Commiffaires en cette partie;& de Me. Dorde Givraut leur Commis d'une part, & lefd. Gencian, Viviez & Givraut appellez, & le Procureur du Roi inthimé d'autre : il fera dit qu'il n'y a point de defertion ; & qu'il a été mal procédé & exploité par led. Me. Dorde Givraut, & bien appellé par lefdits appellans : & ordonne la Cour, que leurs biens pris par led. Givraut leur feront rendus & fans dépens.

Bien Appellé.] Cet Arrêt eft anterieur à l'Edit de Souveraineté de la Cour des Monnoyes du mois de Janvier 1551. par lequel, & fuivant même l'Arreft du Confeil privé, donné à St. Germain en Laye le 5. Septembre 1555. Les Sujets du Roy peuvent être tirez des refforts des Parlemens : Il eft vrai que les appellations des jugemens des Deputez de ladite Cour doivent reffortir aux Parlemens quant à la Jurifdiction cumulative.

ARR. III.

LE fol Tolza vaut deux fols fix deniers tournois.

Les deux deniers Tolzas cinq deniers tournois.

Item le denier Tolza vaut quatre pogez.

Le pogez deux pites.

Le denier tournois deux oboles.

Ce que deffus, a été extrait par Mr. de la Porte Confeiller en la Cour, d'un protocolle de Cedes qu'il vit és mains de feu Bonety Notaire de Touloufe.   D d iij

Faut toute-fois noter qu'en certains vieux memoires de la Seigneurie de Fenoüillet, feu Mr. Reynier Conſeiller auſſi, lui a dit
avoir obſervé que le pogez eſt évalué à ſept deniers tournois : partant il eſt beſoin d'en faire plus ample & plus curieuſe recherche.

P o g e z.] Il faut diſtinguer le Pogez du Pogeze, & du Pogezat. Le *Pogez* eſt une monnoye évaluée à deux Pites, & ſouvent marquée dans les anciens compois pour moins qu'un
denier & maille. Le *Pogezat* eſt une eſpece de meſure, qui emportoit quatre boiſſeaux, & le
Pogeze s'exigeoit ſur le pied d'une poignée de bled ou d'autre grain : Il eſt vrai que les anciennes reconnoiſſances confondent la plûpart du tems le *Pogezat* avec le *Pogeze*. Pour ce qui
regarde le *Pogez*, il y en a eu de deux ſortes, ſçavoir le commun évalué comme cy-devant.
Les anciennes lieves de Mr. le Marquis de Calviſſon en parlent en ces termes : *Item* 29. *ſoli-*
d os. 6. denarios & pogeziam. Et le *Pogez* d'argent, qui étoit évalué dans les memoires de la
Seigneurie de Fenoüillet, dont parle l'Auteur, a ſept deniers tournois. Il y a un vieux ma-
nuſcrit des œuvres des Poëtes Provençaux, qui étoit dans la Bibliotheque du Cardinal Ma-
zarin, où l'on lit les vers ſuivans, leſquels inſinüent qu'il y avoit des Pogez d'argent, comme en effet il y a des reconnoiſſances qui le portent textuellement.

> *Peyre Cardinal del Puey.*
>
> *Manhs baros vey en manhs lucy qu'ey eſtan,*
> *Plus ſalſamens que veyres en ancth,*
> *Et qui per ſis los ien ſalh atretan,*
> *Cun qui un lop vendrio per ancth.*
> *Quar els non an, ny de ley, ny de pés,*
> *An foron fac à ley de* F a l s P o g e 's :
> *On par la cros & la ſlors en redon,*
> *E' noy trobóm Argent quan la reſon.*

Ce n'eſt pas d'aujourd'hui, ſuivant ces vers, qu'on a reconnu des Nobles de faux aloy
& de la qualité des diamans du Temple ; la vanité a été de tous les tems & de tous les ſie-
cles, avec cette difference neanmoins qu'elle eſt aujourd'huy inſupportable. *Difficile eſt ſaty-*
ram non ſcribere. V. le tr. des dr. Seign. ch. 34. art. 3.

Il eſt auſſi à noter que ce deſſus a lieu, quand aux inſtrumens,
faiſant mention de la monnoye de Toulouſe, eſt ajoûté, forte
monnoye : car s'il y a ſimplement Toulouſe, la valeur ſeulement
eſt doublée, & un denier Tolza vaut deux deniers tournois, &
ainſi des autres.

A R R. I V.

U N franc d'or vaut, ſelon ce qui a été trouvé en aucuns livres anciens, vingt-quatre ſols.

Un mouton d'or vaut quinze ſols cinq deniers tournois.

Un denier Tolza	ij. deniers.
Un denier Tolza forte monnoye vaut	ij. deniers & demy.
Un gros forte monnoye	i. ſol v. deniers.
Un ſol Tolza	ii. ſols.
Un ſol Tolza forte monnoye	ii. ſols vi. deniers.

Il ne faut s'informer combien vaut un gros d'or.

Pierre de Mailles Garde de la Monnoye de Touloufe pour le Roy nôtre Sire inftitué. A tous ceux qui ces prefentes lettres verront, falut. Sçavoir faifons & atteftons par ces prefentes, à la requifition & pourfuite de Me. Jean Carnejac Procureur en la Cour de Parlement avoir cherché ez archifs de lad. monnoye dud. Touloufe, & trouvé que l'an mille quatre cens vingt-cinq, le franc d'or à cheval étoit de la valeur & prix de ving fols piece, & fe forgeoient & monnoyoient en lad. Monnoye de Touloufe, & à ce avoient cours & fe mettoient : & en l'an mille quatre cens quatorze, lors valoit le marc nonante-fix livres tournois, & ce pour faire lefdits francs d'or à cheval, en avoit au marc de Paris feptante-neuf, & après ledit an ne valoient que cinquante écus dor vingt cinq fols l'écu, & y avoit feptante pieces au marc, qui étoit d'aloy de vingt & trois carras & demy, comme nous avons trouvé par lefdits archifs & regiftres de lad. Monnoye. En foy & témoignage dequoy avons depeché le prefent atteftatoire figné de notre main audit Carnejac : à Touloufe le vingtiéme jour de Fevrier l'an 1568.

ARR. V.

BEzan d'or eft une ancienne efpece de monnoye d'or, dont la rançon du Roý faint Loüis fut payée, lorfqu'il étoit detenu des Sarrazins, & chacun Bezan pouvoit valoir cinquante livres tournois de noftre monnoye. Indice des droits royaux.

ARR. VI.

LA valeur du Gros eft de dix-huit deniers, la valeur de la Perge à la mefure de Touloufe, fut trouvée en un titre du fieur de Montfaucon de l'an 1533. qui étoit de vingt-quatre lattes, & chacune latte étoit de feize pams de long & de quatorze de cap, & lefdits pams mefure de canne.

LA VALEUR DU GROS.] *V. d'Olive liv.* 2. *chap.* 10. *& Parr.* 8. *de ce titre.*

ARR. VII.

AU pays de Languedoc on a toûjuurs interpreté & eftimé le fol Tolza, ou denier Tolza fimplement fans dire forte monnoye ; ledit fol a vingt-quatre deniers, & ledit Tolza a deux deniers & maille : toutefois en jugeant le procez entre le Seigneur de Lernac & Periez fon emphiteote, avons trouvé par plufieurs anciennes conteftations des Confuls dud. Lernac & de Pybrac, &

par plusieurs reconnoissances de l'Hôpital saint-Jâques de Toulouse,& voire par des jugemens du Senéchal dudit Toulouse,& deux
Arrêts , que ledit sol Tolza simplement étoit estimé deux sols &
demy , & à proportion ledit Tolza deux deniers & demy.

Arr. VIII.

AU mois de Decembre 1607. en jugeant le procez du Syndic
du College de Maguellonne , contre Viguier marchand ,
acheteur de la maison du sieur de Pinsaguel,au coin de la place de
la Pierre en Toulouse; trouvâmes la maison faire cinq Gros d'oublie aud. College , & la valeur dud. Gros par les anciens acquêts
& payemens être estimez à un sol trois deniers le Gros.

Arr. IX.

L'An 1602. le 17.Septembre en jugeant le procez du Chapitre saint Estienne de Toulouse , demandant un Marmotin·
d'or aux Carmes de Toulouse , & avons trouvé par rôle de payement dud. Marmotin faits par lesd. Carmes,qu'en l'an 1525. led.
Marmotin valoit quarante-cinq sols.

Arr. X.

EN jugeant un procez du Chapitre de saint Sernin en Toulouse , contre une Bouffarde en nôtre Chambre le 19. Avril
1605. trouvâmes un instrument de reconnoissance de l'an 1541.
dans lequel le mouton d'or étoit appretié à quinze sols.

Arr. XI.

PAr un ancien acte du 26. Février 1477. produit en nostre
Chambre , nous avons veu être deû à l'Abbé de S. Antoine
de Viennois cinquante moutons d'Or de pension annuelle par le
Commandeur de Millau , de valeur chaque mouton de quinze
sols six deniers.

Arr. XII.

PAr des titres anciens du pays d'Armaignac & Sentences du
Senéchal de Lectoure , avons trouvé en notre Chambre que
le sol Morlas valoit deux sols six deniers tournois, & le denier
Morlas quatre deniers tournois.

LE SOL MORLAS.] *V. l'Hist. de Bearn. de Mr. de Marca liv. 4. chap. 16.*

Notaires

TITRE I.

ARR. I.

ENtre le Syndic des Notaires royaux du nombre reduit en Toulouse, suppliant en reglement le Procureur General du Roy joint à luy, & autrement iceluy Procureur General suppliant & requerant l'intherinement de certaines lettres patentes d'une part, & M. Guillaume Petoy, Ponce Boisset, Thomas Fargues, Nicolas Ferrier, Pierre Merie, Jean Radulphy Notaires, soy disans matriculez en la Senechaussée de Toulouse, & le Juge-Mage en lad. Senéchaussée, assignez & deffendeurs d'autre. Là Cour euë deliberation, ayant quant à ce égard aux requêtes dudit Syndic, lettres & requisitions du Procureur General, a fait & fait inhibition & défense au Juge-Mage & autres Officiers & Magistrats de la Senéchaussée de Toulouse, de recevoir aucun en la charge de Notaire, sans au préalable avoir été enquis & informé de ses vie, mœurs, suffisance & capacité. Et même inhibition fait la Cour à ceux ausquels ont été baillée lettres de matricule, resider ni retenir contrats ailleurs qu'ez lieux à eux destinez, & moins s'ayder cy-après de leur matricule, ni retenir aucun acte public, sans obtenir au préalable lettres du Roy, icelles présenter & avoir été receus ainsi qu'il appartiendra, & ce sur peine de faux & autre amende arbitraire. Enjoint en outre la Cour aud. Juge-Mage, proceder à la deuë reduction du nombre, tant desdits Notaires que Sergens royaux necessaires en cette Ville & Senéchaussée de Toulouse, & informer des abus & indeuës exactions qu'ils commettent ordinairement en leurs charges; punir & châtier exemplairement ceux qu'il trouvera coupables, & avertir ledit Procureur General dans un mois prochain du devoir qu'il y aura fait, sur peine de quatre mille livres & autre arbitraire. Prononcé à Toulouse en Parlement le 19. jour de Novembre 1571.

QU'EZ LIEUX A EUX DESTINEZ.] Il y a une vingtaine d'années que par Arrêt il fut défendu au nommé Frejefon, Notaire du lieu de Ginibrieres, de contracter hors de son distroit, aussi est-il certain qu'à l'expedition des Notaires du Châtelet de Paris, d'Orleans & de Montpellier, qui peuvent contracter par tout le Royaume, les autres ne peuvent & ne le doivent faire, que dans leur ressort; parce que leurs provisions, qui font leur titre, bornent l'exercice de leur charge à cela; Et qu'ainsi il n'est pas juste qu'ils le portent plus loin, à caufe du préjudice qu'ils caufent au tiers, ufurpant les droits des autres, & fouvent paffans des actes contraires à l'ufage du pays dans lequel ils vont contracter fans vocation legitime. C'eft en partie par les mémes raifons; mais principalement parce que les Seigneurs des lieux n'ont point de Jurifdiction au delà de leurs Terres; que les Sergens, par eux commis ne peuvent exploiter valablement que dans l'étenduë de leurs Seigneuries, fuivant l'Arrêt du Parlement prononcé en l'Audience de la grand'Chambre le 14. Juillet 1678. entre fieur d'Entraygues, & Me. Boufquet Prêtre; car par cet Arrêt il fut defendu au Sergent, que le fieur d'Entraygues avoit commis dans fa Terre, d'exploiter hors ladite Terre. Il fut méme préjugé que comme les Sergens des Seigneurs font des perfonnes à vendre & à engager pour eux, & par confequent capables de tout entreprendre à leur confideration, ils ne pouvoient pas auffi exploiter pour eux : En effet pour cette feule rai-fon la Cour par fond. Arrêt caffa un exploit fait par le Sergent du fieur d'Entraygues, & à fon inftance contre ledit Boufquet.

ARR. II.

LE 4. Juin 1569. par Jugement Prefidial à la requifition de l'Avocat du Roy, fut inhibé & défendu à tout Notaire Ro-yal de ne dépecher aucunes lettres à la rigueur du petit féél de Montpellier, ni mettre l'obligation que ce ne foit du confente-ment & requifition des parties; & aprés leur avoir declaré l'im-petration, neanmoins enjoint à Chapelle de tenir le tablier en fa maifon en une feule part & non en plufieurs.

ARR. III.

LE quatriéme jour du mois d'Aouft, mille cinq cens qua-rante-fept, fut prononcé un Arrêt, par lequel eft enjoint de mettre au vray le lieu où habitent les parties pourfuivant les actes qu'on en fera.

ARR. IV.

L'Onziéme Novembre 1571. en Audience à la requête du Syn-dic des Notaires de Touloufe, fut donné Arrêt par lequel fût faite inhibition & défenfe à tous matriculez, d'exercer la charge de Notariat aprés l'an, fans avoir expreffe provifion du Roy.

ARR. V.

ARrêt prohibitif de ne contracter avec prifonnier fur peine de nullité, prononcé à la Tournelle entre le Procureur Ge-neral du Roy, demandeur en cas d'excez, & Catherine de Fay-fan Damoifelle de l'Artigue-dieu deffenderefle, Simon Mainier marchand, Maître Guillaume Rozier Notaire, & Aftorg de faint Laurens prifonnier à la Conciergerie & défendeur d'autre; par lequel le contrat paffé avec ledit prifonnier, eft declaré nul & de nulle efficace & valeur, veuë la confeffion dudit Mainier : & pour la faute par lui commiſe d'avoir contracté avec un priſonnier dans la Conciergerie condamné en cent écus petits , & iceluy Rozier en vingt-cinq livres , & tiendront priſon juſques à la fin du paye-ment , & qu'ils ayent ſatisfait , ſans pour ce avoir encouru note d'infamie. Et a fait la Cour inhibition & défenſe audit Mainier & autres perſonnages & marchands, de ne paſſer & faire tels contrats illicites , & à tous Notaires de ne les recevoir , ni autres contrats quelconques dedans la Conciergerie , ſans licence de la Cour , ni auſſi dedans les autres priſons avec les priſonniers detenus en icel-les ſans licence & permiſſion des Juges , par autorité deſquels ils ſont detenus en icelles , ſur peine de mille livres d'amende & autre arbitraire.

℣. *Ranchin in quæſt.* 253. *Guid. Pap. Aufrer. in deciſ.* 400. *Cap. Toloſ. Marcus deciſ.* 377. *part.* 2. *Barthol. & dd. ad. l. qui in carcerem. ff. de eo quod met. Cauſ. Bonè arr.* 64. *& le titre* 7. *de ce livre lit. D. arr.* 2.

LIVRE TROISIEME.

PATURAGES.

TITRE I.
ARR. I.

I L eſt défendu par l'Ordonnance de trois Etats du païs de Languedoc, de mettre bêtail ez bois taillis, olivetes, vignes & prez foſſoyez, ſans permiſſion des proprietaires d'iceux : tellement que le poſſeſſoire ne peut être formé pour ce faire ; dont ayant le Viguier de Beziers appointé les parties en ce fait contraires, par Arrêt donné le 27. Novembre 1554. entre Pierre & Georges Guirandis habitans de ſaint Pons de Thomieres, la procedure fut caſſée, & les inhibitions fortifiées.

De ce fait y a Arrêt general donné par la Cour de Parlement à Toulouſe le 16. Novembre mille cinq cens trente-quatre. Il y a auſſi autre Arrêt particulier du ſeptiéme Juin mille cinq cens quarante-huit.

DE METTRE BESTAIL.] On appelle cela *le Vet* des vignes, préds, & olivetes, du mot latin *V. tare*, c'eſt-à-dire deffendre ; à cauſe que pendant le temps deſigné par l'Edit du Vet, ces fonds ſont en deffenſe, & qu'il n'eſt permis d'y faire dépaiſtre aucun beſtail.

ARR. II.
Extrait des Regítres de Parlement.

E Ntre Helaine Vinſague apellante du Viguier de Touloſue ou de ſon Lieutenant, le Procureur du Roi nôtre Sire joint à elle d'une part, & Jean Douay dit Roſeau le jeune appellé & arrêté d'autre : Deborderia pour l'appellant dit, &c. Deyga pour le Procureur general dit, &c. Comme eſt contenu au regiſtre de ladite Cour : ſurquoi euë deliberation, la Cour pour certaines cauſes à cela mouvans, a mis & met l'appellation ſimplement au néant,

& a renvoyé & renvoye les parties pardevant ledit Viguier ou
fon Lieutenant, auquel enjoint promptement & diligement proceder tant à la verification du pretendu abord, que des larcins, adultere & malverfation d'icelle Vinfague & de Pelliffier prifonnier,&
punition des delinquans felon l'exigeance des cas,les dépens dudit
appel refervez en fin de caufe. Et en outre enjoint lad. Cour aux
Capitouls de Touloufe,qu'à la meilleure diligence,folicitude &in-
duftrie que faire fe pourra, pourvoient & donnent ordre tant par
proclamations, inhibition à fon de trompe & cry public, que par
bonnes diligences,inquifitions,punition &caftigations,qu'aucunes
perfonnes de quelque qualité que foient n'entrent ez vignes d'autruy,jardins,vergers ou champs garnis d'arbres fruitiers,pour d'illec prendre, cueillir, ouemporter fruits ou bois, foit fous couleur
d'arracher ou cueillir herbes, ou autrement, en quelque maniere
que ce foit,ou fur peine d'être coporellement punis felon la gravité des cas. Et femblable injonction fait la Cour aux autres Juges&
Confuls ayans exercice de jurifdiction, chacun en fon endroit : &
auffi anjoint aufdits Capitouls que promptement & exactement ils
avifent & pourvoient à ce que gens diffolus,malvivans,d'abjecte &
vile condition habitent ez environs de ladite Ville, faux-bourgs d'i-
celle,& defdites vignes,vergers & jardins : & auffi pourvoient à la
prohibition de la vente des raifins verds ou meurs dudit Touloufe,
faux-bourgs & environs, jufques aprés les vendanges entierement
parachev es,& procedent contre les infracteurs & trangreffeurs,à
telle punition & correction condigne, qu'elle foit exemplaire aux
autres.Fait à Touloufe en Parlement le 23 jour d'Août,l'an 1547.

ARR. III.

Extrait des Regiftres de Parlement.

V Euë la requête préfentée par le Procureur General du Roy,
   la Cour a ordonné & ordonne qu'il fera faite inhibition &
défenfe à cry public à tous ceux qui ont prez, & qui prétendent
avoir faculté de mettre & faire paître le bêtail en iceux prez fituez
ez environs de Touloufe, trois lieuës à la ronde d'icelle Ville,
qu'ils ne mettent ni fouffrent ou permettent être mis aucun bâtail
gros ou menu d'icy au mois d'Octobre prochainement venant,fur
peine de vingt-cinq livres pour chacune contravention, & autre

arbitraire contre les Maîtres dudit bêtail, & de prison contre les gardiens & conducteurs d'iceux ; à ce que par la pluye, qui par la grace de Dieu pourra cy-aprés survenir, l'on puise faucher & recueillir du foin pour la nourriture des chevaux : & enjoint aux Capitouls & autres Juges & Officiers des lieux & territoires, étans dans lesdits environs de trois lieuës, faire chacun en son endroit publier à cry public, observer & garder lesdites inhibitions, & punir les transgresseurs & infracteurs d'icelles, le tout par provision par la necessité presente ; & sans préjudice des Arrêts contenans autres speciales inhibitions, quant aux prez esquels y auroit saules ou pupliers, ou autres arbres plantez pour la commodité du chauffage. Prononcé à Toulouse en Parlement le 23. jour de May 1556.

Arr. IV.

LE huitiéme jour de Mars 1569. Arrêt au Barreau entre un nommé Aspect Licencié, & certains autres, contentant permission à luy de faire curer ou nettoyer certain fossé, & de mettre la terre devers son côté, couper les buissons & hayes sans toucher aux racines. Inhibition & défense aux parties respectivement, de mettre leur bêtail l'un en la possession de l'autre.

Arr. V.

Extrait des Regîtres de Palement.

VEuë la requête baillée à la Cour par le Syndic du païs de Languedoc, tandant à ce que certaine deliberation faite par les gens de trois Etats du païs, en l'Assemblée tenuë à Montpellier, le 26. Octobre 1532. sur la défense de mettre d'oresnavant aucun bêtail ez vignes, olivetes, prez, bois, taillis, ou plantez de nouveau, & vergers d'arbres fruitiers, sans licence & permission de celuy à qui ils appartiendront, fut par la Cour authorisée, & à icelle garder, entretenir & observer, fussent contraints tous ceux qui seroient à contraindre par tout ledit pays, excepté ez lieux auxquels y auroit special contrat sur la faculté de mettre ou faire paître led. bêtail, ensemble les plaidoyez sur ce faits, requisition du Procureur General du Roy tendante à mêmes fins. La Cour, attendu que ladite deliberation tend notoirement au bien, profit & utilité dudit pays, pour plusieurs justes causes & considerations à céla mouvans, a autorifé & autorife ladite deliberation ; & ce faifant a fait & fait inhibition & défenfe à tous habitans dudit païs, de quel état ou condition qu'ils foient, de ne mettre ou faire mettre d'orefnayant en chacun temps bêtail gros ou menu ez vignes, olivetes, jardins, vergers d'arbres fruitiers, prez, fans licence & permiffion expreffe de ceux à qui appartiennent ou appartiendront lefdites vignes, olivetes, prez, & vergers, à la charge toutefois que ceux à qui appartiennent, ou appartiendront lefdits prez ez lieux où il y a neceffité ou fterilité de bois, feront tenus ez lieux aptes & convenables, planter & entretenir à toûjours, fuffifant nombre de faules, peupliers ou autres arbres accommodez & aptes à porter bois à chauffer. Et pareillement a fait & fait ladite Cour inhibition & défenfe aux mêmes habitans, de ne mettre ou faire mettre beftail, gros ou menu ez bois qui font, ou feront plantez de nouveau tant qu'ils feront en danger d'être gâtez en leur naiffance ou croiffance, ni auffi ez bois taillez de trois ans après la coupe ; excepté toutefois aux lieux où fe trouvera y avoir contrats ou tranfactions fur l'entrée ou pâturage du bêtail. Et a enjoint & enjoint à tous les Senéchaux, Baillifs, Juges, Capitouls, Confuls, & Magiftrats dudit païs, leurs Lieutenans, & chacun d'eux refpectivement, de chacun en fa Senéchauffée, Bailliage, Jugerie ou Jurifdiction, faire publier à fon de trompe ce prefent Arrêt, & icelui faire garder, entretenir & obferver en leurfdites Senéchauffées, Bailliages & Jurifdictions par multation de peines & amendes, & arreftation de perfonne, fi befoin eft, & par toutes autres voyes & manieres deuës & raifonnables. Prononcé à Touloufe en Parlement le 6. jour de Novembre 1534.

CONTRATS OU TRANSACTIONS.] L'Arrêt rapporté en cet article fut donné en confequence de la deliberation des Etats de Languedoc du 26. d'Octobre 1532. Mais ayant été repréfenté en l'Affemblée des mémes Etats quelques années après qu'on rendoit inutile le fruit de cet Arrêt, à caufe des grands inconveniens que caufoit l'exception, & la referve des lieux où il fe trouvoit qu'il y avoit des contrats ou tranfactions au fujet de l'entrée ou du pâturage de bétail, il fut prife une feconde déliberation le 15. Decembre 1636. qui leva la reftriction & la modification portée par la premiere déliberation à raifon de ladite referve. Enfuite dequoi le Syndic de la Province pourfuit Arrêt au Confeil d'Etat le 26. de Septembre 1637. qui homologue & autorife cette feconde déliberation des Etats, & conformément à icelle rend generales, & fans aucune exception, les défenfes portées tant par ladite premiere déliberation, que par l'Arrêt du Parlement donné en confequece. Le Syndic pourfuivit encore un autre Arrêt au Parlement le 26. Octobre 1637. en la chambre féant en vacations, par lequel la feconde déliberation des Etats fut autorifée & fans

avoir égard à l'exception portée par ledit premier Arrêt, laquelle fut levée & ôtée, inhibitions & défenses furent faites à tous habitans de la Province, *sous quelque pre.exte, con-*
vention ni exception que ce fût, de mettre ou faire mettre, amener ny autrement faire dépaistre
aucun bestail gros & menu, es vignes, olivetes, vergers d'arbres fruitiers, prez, & bois plan-
tez de nouveau, ou taillis sur les peines portées par le premier Arrest. Mais quoi que par ce
dernier Arrêt les Transactions, qui permettoient de faire dépaistre le bestail dans le fonds
de la qualité de l'Edit du Vet, ne doivent de rien servir, il en est pourtant autrement de
celles qui sont fondées sur un ancien usage, & suivant lesquelles il n'est permis de faire
dépaistre qu'après les fruits levez; parce que pour lors les proprietaires ne peuvent souffrir aucuns dommages & interêts. Ainsi Antoine Melon, Syndic & Consul du lieu de Cal-
visson en l'année 1657. ayant obtenu en Parlement Arrest sur requête, portant deffenses
aux habitans du Consulat de Calvisson de faire dépaistre leur bétail, dans les vignes & olivetes, de toute l'année, en consequence de l'Edit du Vet : Et ayant même par un autre
Arrêt du 24. Septembre de ladite année 1657. fait démettre quelques particuliers habitans
dudit lieu de l'opposition par eux formée envers cet Arrêt sur requeste ; parce que ces
particuliers, pour fonder la requête civile qu'ils presenterent contre ces Arrêts remirent
certaine transaction passée le 27. Fevrier 1644. entre les Consuls & habitans dudit lieu,
portant *qu'on jouiroit des mesmes facultez que par le passé*, & qu'il ne fut pas denié que les
habitans jouissent de la faculté de faire dépaistre leur bétail dans les vignes, & olivetes les
fruits levez ; par autre Arrêt d'Audience donné en contradictoire défense le vingt-troisiéme
de Novembre en la même année 1657. les susdits Arrests furent cassez, & les parties remises en l'état qu'elles étoient avant iceux.

ARR. VI.

Extrait des Regîtres de Parlement.

ENtre Frere Georges de Manas Religieux de saint Jean de
Hierusalem, Recteur de Gimbrede, appellant du Senéchal
d'Armagnac ou son Lieutenant d'une part,& Pierre de Vaut pour
le Syndic des Consuls & habitans dudit lieu de Gimbrede appellé d'autre. Duimaynial pour les appellans dit, &c. De la Chapelle pour ledit appellé, &c. Deigua pour le Procureur General du
Roy dit, &c. & autrement, comme plus à plein est contenu au regître de la Cour. Sur quoy euë deliberation: la Cour, pour certaines
causes & considerations à cela mouvans, a mis & met l'appellation simplement au néant,& a ordonné & ordonne que ce dont a
été appellé sortira à effet : attendu le dire des parties, évoquant
tant que besoin seroit les instances qui seroient introduites devant
les Senéchaux de Toulouse & d'Armagnac entre lesdites parties,
a fait & fait inhibitions & défense audit appellé & autres habitans
dudit lieu de Gimbrede, de ne en aucun tems mettre, ou faire
mettre & souffrir leur bétail aux vignes dudit appellant, & contrevenir en aucune maniere à l'Arrêt donné par la Cour, confirmatif de la deliberation faite par les gens des trois Etats du pays

de

de Languedoc, fur le fait des pâturages, & prohibition de mettre bêtail aux vignes & autres poffeffions. Lequel Arrêt la Cour entendu fortir à effet par le reffort d'icelle : & au furplus a converti & convertit les attentats mentionnez efdites inquifitions en excez, & fur lefquels proceder.a renvoyé & renvoye les parties pardevant le Senéchal d'Armagnac ou fon Lieutenant , &/fans dépens. Prononcé à Toulouse judiciellement en Parlement, le Lundy 13. Juillet 1545.

A R R. V I I.

CHarles par la grace de Dieu Roy de France , au premier de nos Sergens ou Huiffiers fur ce requis, falut. Veuë par nôtre Cour de Parlement feant à Toulouse , la requefte à elle prefentée par Maître Jean Cortial Procureur en nôtre dite Cour , enfemble deux Arrêts par icelle donnez touchant les pâturages , le tout fous le contrefcel de nôtre Chancelerie attaché. Nous de l'Ordonnance de nôtred. Cour écrite au pied de lad. requefte, mandons & commandons par ces prefentes faire les inhibitions & deffenfes portées, tant par icelle, qu'Arrêts fufd. aux manans & habitans du lieu de Seyffes , & autres qu'il appartiendra , de ne mettre , faire mettre ou permettre être mis aucuns bœufs , vaches , chevaux , jumens , ânes , âneffes , porceaux , moutons ni brebis ez vignes ou vergers , tant dud. fuppliant , qu'autre , à peine de confifcation dudit bêtail & autre arbitraire ; leur faifant auffi pareilles deffenfes de ne rompre les clôtures ou hayes defdites vignes & vergers , moins en emporter les buiffons fervans à iceux , & n'y entrer aucunement , cüeillir herbe , ou dérober le verjus ou raifins d'icelle , à peine du foüet : enjoignant, tant au Vicaire dudit lieu de Seyffes d'anoncer lefdites inhibitions au prône de l'Eglife , que aux Confuls dudit lieu par cry public ez lieux accoûtumez , afin que perfonne n'en puiffe prétendre caufe d'ignorance , & de tels exploits certifieras nôtre dite Cour. Et au furplus mandons auffi & commettons par ces prefentes au premier nôtre Magiftrat, ou toy Huiffier fur ce requis, enquerir diligemment, fecretement & bien, de & fur la contrevention aufd. Arrêts & fufd. inhibitions, & l'inquifition que fur ce aurez faite, renvoyez feablement clofe à nôtre dite Cour , pour icelle rapportée & veuë être ordonné conp-

F f

tre les coupables ainfi qu'il appartiendra. Mandons en outre &
commandons à tous nos Jufticiers & Sujets à ce obéïr. Donné à
Touloufe en nôtre Parlement le 15. jour du mois de Juin l'an de
grace 1590. & de notre regne le premier.

A R R. V I I I.

Extrait des Regîtres de Parlement.

SUr la requête judiciellement faite par Deygua pour le Procureur Général du Roy, la Cour euë deliberation, ayant égard
à ladite requête, & attendu les Arrêts fur ce faits, & la notoire
commodité publique qui proviendra de l'obfervation d'iceux, a enjoint & enjoint à tous Juges, Magiftrats, Confuls, Seigneurs Jurifdictionels, chacun en fon endroit, faire publier par proclamation publique en leurs diftroits & jurifdictions, faifans commandement à tous habitans planter ou faire planter tant au long des
chemins, qu'en autres lieux & endroits commodes ez environs de
leurs terres, prez & autres poffeffions, ormes, ou autres arbres
commodes & convenables, felon la qualité defdites terres,
en maniere qu'à la prochaine faifon chacun en fon endroit,
execute & accompliffe par effet ledit commandement fur peine
de cent livres contre chacun delayant ou negligeant de ce faire,
faifant inhibition & deffenfe à tous de n'arracher ou couper lefd.
arbres, fur peine du foüet & autre peine corporelle. Et en outre
enjoint aufd. Magiftrats, Juges, Confuls & Seigneurs jurifdictionels faire diligemment & fans diffimulation aucune, executer,
entretenir & obferver ce deffus par les peines & contraintes fufdites, & toutes autres deuës & raifonnables. Et fpecialement enjoint auffi aux Capitouls de Touloufe faire faire lefd. proclamations, & promptement executer le contenu d'icelles dans le Gardiage de cette Ville, & au Syndic du pays de Languedoc faire diligences, porter le dictum de cet Arreft par les Senechauffées & Villes privilegiées dud. Païs aux fins fufd. Fait à Touloufe en Parlement le 17. Juillet 1554. *Paillardife.*

T I T R E I I.

A R R. I.

Extrait des Regîtres de Parlement.

L'An 1525. le 24. jour d'Août une nomméeN. a été brûlée avec
un chien au pré de fept deniers.

AVEC UN CHIEN.] En fait de crime de luxure abominable, qu'on appelle *beftialité*, à caufe qu'il fe commet avec les bêtes, on'a accoûtumé de faire mourir la bête du même fupplice dont on punit la perfonne qui a commis le crime. Cela fe fait fans doute *propter facti horrorem, quamvis animal brutum peccare, non poffit,* pour me fervir des termes qu'employe *Lyranus in Genef. cap. 9. verf.* 5. traitant un autre fujet. Le canon, *mulier. 4. cauf. 15. qu. 1.* en allegue un autre raifon, qui tombe dans le même fens.

Pamiers.
TITRE III.
ARR. I.

LE Jeudy 12. Juillet l'an 1565. ont été prefentées lettres paten-tes du Roi fur l'union de la Ville de Pamiers au gouvernement du pays de Languedoc, & lors Mr. Dampville fils de Mr. le Con-nétable étoit Gouverneur du pays de Languedoc.

Pauvres.
TITRE IV.
ARR. I.

Extrait des Regîtres de Parlement.

LA Cour ayant égard à la requête du Procureur Général du Roi, & attendu la notoire & évidente fterilité de bleds, & autres grains, cherté d'iceux, & grand nombre de pauvres men-dians, pour obvier aux defordres, miferes & calamitez que les fa-mines communement apportent, & pourvoir à la nourriture & fubvention defdits pauvres, a ordonné & ordonne que la fixiéme partie des deniers provenans des arrentemens des fruits decimaux des benefices tenus par les Archevêques, Evêques, Abbez, Prieurs, Curez, Religieux de faint Antoine, qu'autres Perfonnes Eccle-fiaftiques de ce reffort, déduites les décimes qu'il leur convient payer au Roy, fera employée & diftribuée par le titulaire poffef-feur du benefice, fon Vicaire ou Fermier appellez, & prefent le Seigneur Jurifdictionel & Confuls dudit lieu aux vrais pauvres du lieu, pour leurs alimens & nourriture, fans dol, fraude ou ac-ceptions d'aucunes perfonnes, & c'eft pour cette année tant feu-lement, & fans confequence; exhortant lefdits Archevêques, Evê-ques, Abbez, Prieurs, Curez, & autres perfonnes Ecclefiafti-ques, & tant que befoin eft, leur enjoignant entendre & vaquer foigneufement, chacun en fon endroit, à la mifere & fubvention des pauvres étans en leurs Diocéfes, Benefices & Parroiffes, & ce faifans obferver le commandement de Dieu, faints Decrets,

Ordonnances du Roy, & Arrêts de la Cour. Et femblable injonction a fait & fait à tous Magiftrats & Officiers du Roy, aux Seigneurs des lieux, Syndics, Confuls, & autres adminiftrateurs publics, de promptement & diligemment pourvoir chacun en fa Jurifdiction & diftroit, à la nourriture, entretenement & fubvention
des pauvres mendians, & autres miferables perfonnes, & les contenir ez lieux efquels font habitans, fans leur permettre d'aller va-
guer & courir ailleurs, & pour ce faire fe cottifer les premiers
entr'eux, & montrer l'exemple, & après cottifer auffi & impofer
fur les autres habitans, manans & refidans en lieux bien aifez,
juftement & raifonnablement telles fommes qu'ils aviferont,
pour icelles employer & diftribuer aux vrais pauvres du lieu, fans
dol ni fraude, appellé à ladite diftribution le Curé du lieu, fon
Vicaire ou fermier : & contraindre les refufans ou delayans à payer la fomme, ou fommes efquelles ils auront été cottifez, par faifies de leurs fruits, & autres voyes de droit, commettant à l'execution de cet Arrêt, tant pour le regard de ladite fixiéme partie,
que perfonnes layes, en vertu du dictum d'icelle, le premier Magiftrat Royal ou fon Lieutenant, aufquels & chacun d'eux enjoint
proceder tous autres affaires poftpofez à la réélle & effectuelle
execution de cet Arrêt ; leur enjoignant d'en certifier la Cour
dans un mois, à peine de fufpenfion de leurs états, & autre amende
arbitraire : & aux Procureur & Avocat du Roy, & aux Seigneurs,
Syndic & Confuls des lieux, faire les diligences & pourfuite pour
l'execution de cet Arrêt, fur peine de cinq cens livres chacun, applicables aux alimens & nourriture des pauvres defdits lieux, le
tout par provifion & fans confequence. Prononcé à Touloufe en
Parlement, le dernier jour du mois de Juillet 1562.

La sixie'me Partie.] Quand les pauvres d'un lieu vont du plein vol au Parlement pour y demander une portion des fruits contre les fruits prenans, afin de pouvoir fubfifter, on leur adjuge fouvent par provifion la fixiéme portion des fruits. Les Ecclefiaftiques font plus obligez que les autres à ces contributions, *quidquid habent Clerici*, dit faint
Thomas, *pauperum eft*, c'eft ce qui faifoit fans doute dire à Jean Juvenal des Urfins, Evéque de Beauvais, dans l'Epiftre qu'il avoit fait deffein en l'année 1433. d'envoyer aux Etats
tenus à Bloys par Charles VII. *vous êtes plus tenus* (en parlant aux Ecclefiaftiques.) *à faire
les œuvres de charité que les autres.* V. Maynard *liv.* 2. *chap.* 2. & 3. Expilly, *chap.* 6. Duranty
quæft. 107. Et l'Ordonnance du Roy Henry II. du 9. Août 1557.

A R R. I I.

Extrait des Regiſtres de Parlement.

SUr la requeſte preſentée par le Procureur General du Roi, tendant à fin que pour la notoire ſterilité des grains avenus l'année dernierement paſſée, laquelle a porté une cherté preſque inſuportable en tout ce reſſort, & auſſi pour le nombre infini de pauvres de tous âges & ſexe, qui chaſſez par la faim du lieu de leur naiſſance & habitation ſe retirent en la preſente Ville, les aucuns d'iceux étans valetudinaires, atteints de maladies contagieuſes, qui pourroient ſur le commencement de ce Printemps apporter une dangereuſe infection en ladite Ville; ce fut le bon plaiſir de la Cour pourvoir, tant à ce que leſdits mendians fuſſent alimentez durant ce temps calamiteux de cherté, que ſur la police & retraite deſd. mendians remedier à la ſanté d'icelle Ville. La Cour ayant égard à ladite requête & requiſition du Procureur General, a ordonné & ordonne que par les Magiſtrats, Juges, Seigneurs Juriſdictionels, Officiers, Capitouls, Conſuls des Villes, lieux bourgs, bourgades & villages du reſſort, appellez les Evêques ou leurs Vicaires, Abbez, Prieurs, Recteurs, Curez & autres perſonnes Eceleſiaſtiques, qui ont accoûtumé prendre les fruits decimaux eſdits lieux, ſera diligemment, tous autres affaires poſtpoſez, fait rôlle & verification de tous les mendians, & autres perſonnes de leur Juriſdiction étant notoirement pauvres, ſans aucune fraude, dol, ou déguiſement pour ce fait. Quant à ceux qui feront valides, & pourroient commodement ſupporter le travail, les employer aux reparations publiques, s'il y a lieu, autrement leur donner moyen de vivre, en travaillant ſelon leur pouvoir & force. Pour le regard des malades ou ne pouvans aucunement travailler pour l'indiſpoſition de leurs perſonnes ou âges, leur diſtribuer l'aumône, telle que ſera par eux aviſé être neceſſaire pour leur nourriture, & qu'à ces fins tant les perſonnes Eccleſiaſtiques prenans fruits auſdits lieux, que tous autres indifferemment, feront moderement ſelon leurs qualitez & facultez cottiſez par mois de telles ſommes que leurs biens & facultez pourront honnêtement porter, pour ſubvenir à la neceſſité & nourriture deſdits pauvres. Et leur a fait & fait ladite Cour inhibition & défenſe, de ne permettre ou souffrir , que lesdits pauvres viennent & demandent l'aumône ailleurs qu'aux lieux de leur habitation & demeure : Et afin que ladite aumône soit départie & distribuée avec l'ordre & fidelité qu'il appartient, elle a ordonné & ordonne qu'en chacune desdites Villes , lieux & endroits sera faite élection d'un, de deux ou de plusieurs personnages, selon la grandeur des Villes & lieux, qualifiez, de bonnes mœurs , integrité, suffisans & capables pour faire ladite exaction & recepte des susdits deniers , & iceux ou du pain qui en sera acheté, distribuer & départir fidellement aux susd. pauvres. Neanmoins a enjoint & enjoint ladite Cour aux Capitouls de la presente Ville, faire vuider ladite Ville à tous pauvres mendians, valides, étrangers , dans trois jours à peine du foüet, leur aumônant au préalable quelque chose pour leur passage, le tout par maniere de provision durant ladite necessité, jusques à la prochaine cuillette des fruits , & que autrement en soit ordonné. Prononcé à Toulouse en Parlement le sixiéme jour du mois de Fevrier l'an mil cinq cens soixante-douze.

A R R. I I I.
Extrait des Regiſtres de Parlement.

VEuë la requête baillée par le Procureur General du Roi aux fins contenuës en icelle ; la Cour entherinant quant à ce ladite requête, a ordonné & ordonne qu'en ensuivant le mandement du Roy & Arrêts donnez par ladite Cour , tous gens d'Eglise exempts & non exempts de Toulouse , sans avoir égard aux requêtes par eux sur ce baillées & procedures des Commissaires à ce deputez, & aussi tous les Officiers dudit Toulouse, tant ressortissans sans moyen à la Cour de ceans, qu'autre , & leurs Lieutenans , Bourgeois , Nobles , Marchands & autres habitans dudit Toulouse privilegiez , cottisez pour la nourriture & aliment des pauvres , feront tenus payer les sommes cottisées pour les termes ja écheus , & arrerages de l'année passée ; & aussi pour les termes à venir : & à ce seront contraints lesdits Officiers & gens d'Eglise , par le Senéchal de Toulouse ou son Lieutenant , que la Cour a commis & commet quant à ce , sçavoir est le lays par prise , suivant vendition & exploitation de leurs biens , & aussi arrestation & detention de leurs personnes si besoin est , & declarations de

peines : & les gens d'Eglife exemts,& non exemts fans préjudice
toutefois de leur privilege & exemtions en autre chofe , par prife
& faifie de leur temporel & fruits de tous benefices : Et auffi fi
befoin eft par l'Archevêque de Touloufe ou fon Vicaire , & par
cenfures Ecclefiaftiques , jufques à invocation du bras feculier ,
& par toutes autres voyes deuës & raifonnables : Et les Bourgeois & autres habitans de Touloufe par les Capitouls de ladite
Ville , par les voyes & contraintes fufdites,nonobftant oppofitions
ou appellations quelconques faites , ou à faire , relevées ou à relever, & fans préjudice d'icelles. Et a ordonné & ordonne la Cour
que le prefent Arrêt fera executé avec le dictum d'iceluy. Prononcé à Touloufe en Parlement judiciellement le dixiéme jour du
mois de Mars 1538.

ARR. IV.
Extrait des Regiftres de Parlement.

SUr la requête prefentée par le Syndic du Clergé de la Próvin-
ce de Languedoc , à ce qu'inhibitions & défenfes foient faites à tous Syndics, Confuls , & Marguilliers des Villes , Lieux ,
Parroiffes & Communautez des Diocéfes de ladite Province , de
ne contrevenir aux Edits du Roy , Ordonnances & Arrêts de la
Cour concernant les reglemens faits fur la nourriture des pauvres,& ce faifant prendre ou faire prendre, faifir & arrêter aucune
quotité des fruits decimaux des particuliers benefices d'icelle Province,ni proceder à aucune afferme d'iceux fruits, fauf à eux fe
pourvoir par devers les Evêques Diocéfains : & néanmoins caffer
toutes faifies qui pour ce regard pourroient avoir été faites , &
octroyer aufd. beneficiers la recreance des fruits faifis , & des
contreventions enquis par le premier Magiftrat Royal : La Cour
a fait & fait inhibitions & défenfes à tous Syndics,Confuls,Jurats,
& Marguilliers des Diocéfes de ladite Province de Touloufe , &
autres qu'il appartiendra , de faire faifir ni arrêter de leur authorité privée aucune quotité des fruits decimaux des particuliers benefices des Diocéfes de lad. Province , fous prétexte de la nourriture defdits pauvres , ni proceder à aucune afferme de la fixiéme
partie defdits fruits , à peine de cinq cens écus , fauf aufdits
Syndics, Confuls, & Marguilliers à fe pourvoir pour la nourritu

re defdits pauvres , pardevant les Evêques Diocéfains, pour par
eux être ordonné fuivant les faints Decrets, Ordonnances Royaux
& Arrêts fur ce donnez ; Et fur le refus defdits Evêques y être
par la Cour pourveu & ordonné ainfi qu'il appartiendra. Neanmoins a ordonné & ordonne que des contreventions faites aufd.
Arrêts & Ordonnances fera enquis par le premier Magiftrat Royal , pour l'inquifition veuë , être procedé contre les coupables
ainfi qu'il appartiendra. Prononcé à Touloufe en Parlement le
15. jour de Juillet l'an 1556.

SE POURVOIR PAR DEVERS LES EVESQUES.] Comme la Taxe des pauvres
eft originairement venuë des Evêques , & prevenuë de leur jurifdiction , le Parlement dans
cet égard a accoûtumé de renvoyer aux Evêques Diocéfains les pauvres qui viennent de plein
vol en la Cour demander une portion des fruits, pour avoir moyen de fubfifter. Il y en a Arrêt
donné en la Grand'Chambre le 22. May 1659. au rapport de Mr. de Frezals , contre le Syndic des pauvres de Cenas , en faveur du Chapitre de Lectoure comme fruit prenant dudit
lieu : car par cet Arrêt une Ordonnance de Mr. d'Olivier , qui adjugeoit à ces pauvres le fixiéme des fruits , fut renfermée , & les parties furent renvoyées devant l'Evêque Diocéfain.
Ce n'eft pas que quelquefois , fuivant l'exigeance des cas ; le Parlement ne connoiffe en premiere inftance de la demande des pauvres , & à caufe qu'ils font favorables en tout fens ; fur
tout dans les occafions preffantes ; outre que dans les principes du Droit , ils peuvent aller
de plein vol aux Parlemens , *tot. tit. Cod. quand. Imper. int. pupill. vel vidu. vel ali. mife perf.*
agnofc. quand il s'agit de pourvoir inceffamment à leur neceffité. Dans laquelle veuë auffi le
Parlement leur adjuge provifionnellement le fixiéme des fruits , quand il juge qu'il doit connoître en premiere inftance de leur demande.

ARR. V.
Extrait des Regiftres de Parlement.

ENtre le Syndic des Recteurs & Regent de la Compagnie de
Jefus , étably en la Ville de Lyon, Prieur du Prieuré de Tence , appellant de la Sentence donnée par le Senéchal du Puy,
ou fon Lieutenant , le 19. jour du mois de Fevrier 1585. & autrement impetrant & requerant l'entherinement de certaines Lettres
Royaux , pour être reçeu à conclurre comme appellant de l'Ordonnance donnée par les Bailly & Juge de Vellay le 22. de Fevrier
1584. & autres fins y contenuës en fa requête du 2. jour du mois
de May dernier , d'une part : & Jacques Boyer, Claude Marcon ,
Antoine Veron , & autres Syndics des pauvres dudit Tence , appellez & défendeurs , d'autre : Veu le procez playdez le 26. Août
1585. dernier jour du mois d'Avril dernier, & neuviéme jour de ce
mois de Juin , libelle appellatoire dudit appellant , ladite requête
par lui prefentée ledit jour 2. May , contenant l'offre y mentionnée

née , requêtes remonftratives defdits appellez , & autres productions des Parties : Dit a été, que la Cour ayant quant à ce égard
aufd. Lettres, a mis & met lefdites appellations,& ce dont a été appellé , au neant, & pour certaines caufes & confiderations à cela
mouvans, a retenu & retient la connoiffance de la caufe & inften-
ce principale , en laquelle a condamné & condamne icelui Sindic defdits Recteur & Regens à mettre annuellement és mains des
Confuls dudit lieu de Tence , la huitiéme partie des fruits decimaux qu'il prétend & perçoit audit Prieuré & Paroiffe de Tence,
deduits auparavant d'iceux , fruits toutes charges, tant ordinaires
qu'extraordinaires, pour être icelle huitiéme partie employée par
lefdits Confuls , appellé le Vicaire de ladite Eglife , à la nourriture & entretenement des Pauvres dudit Lieu & Paroiffe, & fans
dépens de l'inftance , & pour caufe. Prononcé à Touloufe en
Parlement le feiziéme jour du mois de Juin l'an 1686.

A r r. VI.

BRef Apoftolique octroyé à Raymond de Château-Pers lay,
pour être preferé aux biens de Landoire , laiffez aux pauvres en payant par ledit de Château Pers ce qui s'en trouveroit
en vente. *folio eod. lib. 3. ordinat.*

Peine de verges.
TITRE V.
A r r. I.

LE quatorziéme Juillet 1568. arrêt au barreau , qu'une femme y nommée fera batuë de verges par autre que par l'executeur de la haute Juftice.

℣. Le liv. 2. lit. F. tit. 10. art. 1.

Peremption d'inftance.
TITRE VI.
A r r. I.

LE feiziéme Février mille cinq cens huitante - fept , Ferrieres
avec N. dit que Cauffade fa partie a inftance pendante en la
Cour contre N. de S. Geri,en laquelle inftance l'an mil cinq cens
quarante-quatre y eut appointement en droit,requiert que partie
adverfe reprenne ou delaiffe : Bertier pour ladite de S. Geri dit
n'être tenu , d'autant que l'inftance eft perimée par quarante ans

en la Cour de Parlement ; car toutes actions sont prescrites. *l. properandum & l. si. ff. De judiciis* : car les jugemens des procés dependent de l'office des Juges, *& officium judicis prescribitur*, Ferrieres dît que depuis que l'appointement en droit y est, l'instance n'est point perimée en la Cour. §. *Ad hæc de appellat. & intra quæ tempora in Novell. Authen. Sed & Lis. De temp. appellat Boërius in consuetudines Bitur.* §. 23. *De jurisdict.* La Cour ordonna que la partie de Bertier reprendra ou delaissera.

AUTANT QUE L'INSTANCE EST PERIME'E] Si Bertier n'eût pas opposé la peremption, il est certain qu'au cas même l'instance dont il étoit question, eût été perimée, elle eût continué son cours, parce que quand on reprend une instance sans protestation, on ne peut plus dire qu'elle soit perimée, & que *mortua sit lis.*

QUE L'APPOINTEMENT EN DROIT Y EST] L'usage de ce Parlement est, que si la cause a été concluë par Arrêt ou par Expedient, ou qu'elle ait été mise au rôlle, elle ne perime pas dans les trois ans, mais elle dure trente ans sans peremption ; à plus forte raison quand la partie a produit, qu'elle a fait faire les forclusions, que le procez a été distribué, & qu'il a été remis entre les mains du Rapporteur, en sorte qu'il ne dépend que de lui de le juger, auquel cas nulle negligence ne peut être imputée à la partie ; mais quoi qu'un Arrêt de clausion empêche l'effet de la peremption, il n'en est pas de même des autres Arrêts, par lesquels la Cour prononce sur le differend des parties, parce que gisans en execution, il depend des parties d'agir, & en ce cas les Arrêts interlocutoires sont sujets à peremption : Il est vrai qu'il faut encore sur ce sujet user de distinction ; car si l'Arrêt interlocutoire ne contient que des chefs interloquez, il perime dans trois ans ; mais s'il contient quelque chef par lequel on ait jugé diffinitivement quelque point du procez, ce chef diffinitif protege pendant trente ans le tems de l'interlocutoire. Ce fut suivant cette distinction qu'il fut donné Arrêt en la grand'Chambre le 19. Janvier 1656. au rapport de Mr. de Viguerie entre le Sindic des Religieux de Layrac, & Mre. Delsat Curé dudit lieu ; d'où il resulte, par rapport au second cas de cette distinction, que quoi que regulierement, *quot capita, tot sint sententiæ* ; toutefois un Arrêt interlocutoire, qui juge diffinitivement quelque chef, est regardé comme un acte indivisible à l'égard de la peremption. Au reste, il y a aussi un cas auquel un Arrêt, quoi qu'il ne soit pas interlocutoire, est pourtant consideré comme tel, & de cette nature est un Arrêt qui ne feroit que confirmer un Jugement interlocutoire, parce que cette confirmation est de même nature que le Jugement, c'est à dire interlocutoire, & par consequent l'Arrêt sujet à peremption ; outre que *jus similiter non à confirmante, sed à confirmato.*

Peste.
TITRE VII.
Reglement en tems de Pestilence.

ESt enjoint à tous les habitans de cette Ville de Toulouse, de quelque qualité & condition qu'ils soient, dés qu'en leurs maisons quelqu'un sera surpris de la maladie, en faire avertir le Capitoul du quartier par leur dixenier, à peine de cinq cens écus & autre arbitraire.

Est inhibé à tous forains & habitans, revendeurs & revendereffes, porter dedans la ville de Touloufe, faux-bourgs & gardiage, ni vendre à l'inquant public, ou autrement aucuns habillemens & meubles vieux & ayans fervi ; enfemble aux fermiers de l'inquant & leurs commis, proceder à aucuns inquans de vieux habillemens & meubles, fans permiffion des Capitouls, à la peine que deffus.

Pareillement eft enjoint à tous habitans & proprietaires des maifons de ladite Ville, faux-bourgs & gardiage, faire cheminées & privez neceffaires en icelles: où à ce faire ils feroient negligens, eft permis aux locataires faire apeller les proprietaires, aux dépens des loüanges, lefquels n'étans fuffifans pour le rembourfement, les proprietez defdites maifons leur font declarées affectées & hypothequées pour le furplus; comme auffi leur eft enjoint tenir lefdites maifons nettes, même lefdits privez, pigeoniers, étables, enfemble les ruelles ou cantons, chacun en fon endroit, fur femblable peine.

Est auffi très-étroitement inhibé à tous habitans, leurs ferviteurs & fervantes, repandre, jetter de nuit & de jour par les fenêtres, galeries ou autrement les eaux fales & corrompuës ou autres immondices ni charognes aux ruës, ruelles ou cantons, foffez & autres endroits de ladite Ville & faux-bourgs d'icelle, ni porter les ordures ou pailles des maifons aux voiries & terroirs du dehors des portes de ladite Ville, mais les porteront ou feront porter à la riviere, ou enterrer. Comme auffi eft inhibé à toutes perfonnes d'aller faire leurs ordures aux renforts des murailles de ladite Ville, haut & bas, à peine du foüet.

Finalement eft enjoint à tous habitans faire des feux par les ruës dans la Ville, Fauxbourg & Gardiage chacun devant fa maifon, comme la nuit approchera, & fur la Diane à la pointe du jour, pour la purgation de l'air ; bien pourront trois ou quatre voifins de même ruë affembler le bois deftiné pour leurs feux particuliers, & en faire enfemblement un feu plus grand, pour avoir plus d'efficace à purger l'air. Fait au Confiftoire le 14. Avril 1587.

A R R. I.

LE 12. Juin 1559. à la requifition de Mr. Deygua Avocat general, fut enjoint aux Officiers de Cahors de pourvoir à la flagrante pefte, qui par permiffion de Dieu y étoit, & ce faifant

pourvoir aux malades de bons Chirurgiens & autres chofes neceffaires, comme vivres ; & pour ce faire fut permis au Senéchal
ou fes Officiers de pouvoir cottifer ce qu'ils verroient être à faire
pour l'entretien, & autres affaires des pauvres malades.

ARR. II.

CEux qui de guet-à-pens & par artifice fement la pefte, font
puniffables capitalement; à caufe de quoi plufieurs étans de-
couverts en Albigeois & Quercy, qui en faifoient de même en l'an
1559. furent condamnez à mort : & en même temps dans Touloufe ayant été convaincus de cas femblable, certains des-infec-
teurs publics, par Arreft de la Cour furent condamnez à être
brûlez tous vifs à petit feu. Apollonius Thianeus en fit lapider un
déguifé en pauvre homme qui faifoit cet office dans Ephefe. Autrefois les Juifs ladres furent punis pour tels malefices, prevenus
auffi d'empoifonner les puits, dequoi Arnaud de Villeneufve fut
accufé en fon temps : Et en l'an 1563. fe prefenterent au Roy
certains Italiens qui promettoient faire mourir tous les Huguenots de pefte, qui fut caufe que peu aprés les villes de Montpellier, Nifmes, Aiguemortes & autres Villes huguenotes fe vo-
yans feules en même-temps affligées de pefte, fans qu'il y eût
aucune Ville Catholique infectée, firent courir le bruit & pu-
blierent que c'étoit l'execution de la promeffe defdits Italiens.

En l'an 1581. les Parifiens ayant apperçu que la pefte s'aug-
mentoit dans leur Ville par la méchanceté de telles gens qui femoient la pefte par le moyen de certaines pourritures, emplâtres
& autres infections, obtinrent permiffion du Roy de tuer fans
forme de procez, ceux qui feroient trouvez commettans tels
actes, pour fervir de terreur aux autres ; pour lefquels découvrir
& attraper eft bon de conftituer par toutes les Villes & Villages,
ruës & ruelles des grandes Villes, certains furveillans tant de
jour que de nuit.

Eft à remarquer que les Maîtres de cet art [comme a été verifié] pour fe garder eux mêmes d'être furpris de la pefte, fe font
des ulceres à la peau, fur la region du cœur, avec herbes caufti-
ques, voulant par ce moyen donner exhalation au venin qui va
toûjours droit au cœur ; ce que j'ay appris des Medecins être un

souverain remede, prefervatif & curatif de la pefte : pourveu qu'il foit choifi des moins curatifs, & fans autre venenofité.

Q UI SEMOIENT LA PESTE] Comme les nommez *Lentilles* & *Caddoz*, fi fameux dans le fiecle paffé, lefquels femoient & entretenoient la pefte, en faifant des poudres empeftées par l'attouchement, foit des malades, foit des linges infectez qu'ils laiffoient tomber dans les ruës & dans les maifons. Le premier mourut dans le tourment de la queftion en 1545. & l'autre avoit été quinze ans auparavant, & en 1530. tenaillé, décapité & écartelé.

ARR. III.

A RREST prononcé le vingtiéme jour du mois d'Aouft mille cinq cens quarante-neuf, auquel tems y avoit grande pefte en Toulouse, prononcé contre ceux qui en temps de pefte refufoient & dénioient paffages, logis, vivres & autres chofes neceffaires aux paffagers, contenant icelui Arreft injonction à tous Confuls, Juges, Magiftrats & autres, de pourvoir aufdits paffans. Eft cy-aprés inféré.

ARR. IV.
Extrait des Regiftres de Parlement.

L A Cour dûëment avertie qu'au moyen & occafion du bruit & danger de pefte, les Confuls & habitans de plufieurs Villes & Villages du reffort d'icelle, ont inhumainement par trop étrange & barbare cruauté, & par grande méconnoiffance de Dieu & de la loy naturelle, denié, refufé & prohibé paffage, vivres, alimens & toute façon de fejour pour repaître en quelques lieux que ce foit prés ou loin d'icelles Villes & Villages, aux paffans allans & venans tant à pied qu'à cheval, dont fe font enfuivis grands fcandales & execrables inconveniens par la grande faute & rudeffe d'iceux Confeuls, Magiftrats, Officiers defdites Villes & Villages ; Et veuë auffi la Requête fur ce baillée par le Procureur general du Roy a enjoint à tous Juges, Confuls, Officiers & habitans des Villes & Villages du reffort, fur peine de baniffement du Royaume & confifcation des biens, quant aux Juges, Confuls & Officiers : & quant aux autres habitans qui feront trouvés coupables defd. inhumanitez, fur peine du foüet, & d'être mis aux galeres du Roy pour trois ans de chacun en fon endroit, comme a chacun d'eux appartiendra diligemment pourvoir & donner ordre qu'aux allans, venans & paffans foit le

G g iij

plus commodement que faire se pourra, pourveu de vivres & alimens necessaires pour eux & leurs chevaux , & des lieux convenables pour repaître de jour & loger de nuit en payant raisonnablement par iceux passans ; sans pourtant faire indûës & excessives exactions , extortions ou pilleries , ni autrement user contr'eux de telles & semblables rudesses , empêchemens & inhumànités , qu'ils ont fait par cy - devant : & ordonne en outre que desdites cruautez, inhumanitez & brutales méconnoissances sera enquis , pour l'inquisition vûë y être pourveu & ordonné comme de raison. Pononcé à Toulouse en Parlement le 20. jour du mois d'Aoust 1549.

A R R. V.

ARREST du douziéme Fevrier mille cinq cens huitante-cinq. Mallard pour les Bailes des Maîtres Chirurgiens de la presente Ville dit , Que les Chirurgiens commis & établis pour la necessité de la peste en Toulouse , auroient presenté requête aux Capitouls , à ce qu'ils joüissent du rang & prééminence entre ceux de leur College suivant le temps de leur reception ; & neanmoins qu'il fut enjoint ausdites parties les mettre en élection des Bailes , comme les autres Maîtres , ce que lesdits Capitouls ont ordonné par leur Sentence , de laquelle lesdits Maîtres sont appellans en la Cour ; premierement , parce que encore que le rang & prééminences soient données suivant les temps de la reception. *l. 1. ff. De albo scribendo* : toutefois lors que entre ceux de même degré & profession y a disparité , ils ne doivent joüir de même prerogative. *Capitol. in Pertinare. Iussit eos qui Præturas non gessissent &c.* Il y a grand differend entre les appellans & parties adverses sur une particuliere maladie , par ainsi celui qui connoît le total est plus digne d'honneur que celui qui connoît le particulier. Secondement *obstat l. Placet & l. Parabolam C. De Episc. & cler.* Or Turnebus écrit que *Parabolam* sont ceux qui sont Barbiers de la Peste. Tiercement la coûtume , parce que lesdits Barbiers de la peste n'ont jamais tenu rang entre les Maîtres Chirurgiens , & n'ont été mis en élection des Bailes. Benoist pour les Barbiers de la peste dit , Qu'attendu que les parties ont été examinez en l'art de Chirurgie , leur est permis de l'exercer ,

& font deftinez pour les maladies tres-dangereufes & contagieu-
fes, & ont gages de la Ville, conclud les appellans n'être recevables. Le Procureur general du Roy dit, être raifonnable qu'il
y ait difference entre ceux qui font plus fuffifans que les autres, &
qu'attendu que les Barbiers de la pefte, ne font examinez fi exactement que les autres, ne feroit raifonnable qu'ils fuffent Bailes :
mais pour le regard de tenir le rang felon le temps de leur reception il eft raifonnable. Par Arreft la Cour en ce que lefdits Capitouls ont ordonné, que les Barbiers de la pefte feroient mis en
élection pour être Bailes, a mis & met l'appel, & ce dont a été
appellé au néant ; & au furplus a ordonné que ce dont a été appellé fortira à effet, & cependant que lefdits Barbiers de la pefte
joüiront de leur preference, felon le temps de leur reception.

TURNEBUS ESCRIT] *Adverfar. lib.* 13. *cap.* 23. on peut encore voir *Joannes
Francifcus à Ripa* dans fon traité *de pefte num.* 34. où il explique ce qu'il faut entendre par
Medicus Parabolanus.

ARR. VI.
Extrait des Regiftres de Parlement.

AUjourd'hui en faifant par Maître Mederic de Gafcons,
Docteur, & Arnaud de Corvon Bourgeois, Capitouls de
cette Ville de Touloufe, la thede des peftiferez en la maniere accoûtumée, a été par eux dit & denoncé en la Cour, que ces jours
la pefte étoit furvenuë és perfonnes de la maifon de la Ville, &
déja y étoient morts de ladite maladie deux prifonniers, un qui
à prefent l'avoit : & pource que efdites prifons étoient detenus
plufieurs prifonniers, tant criminels, que pour dettes civiles,
dont les uns n'étoient detenus par leur ordonnance, ains d'autres
Magiftrats de la Ville, ils étoient en grande perplexité d'y donner ordre, ce qu'il étoit befoin faire proptement ; veu que lefdits prifonniers étans en grand nombre s'étoient mutinez, & deja
avoient effayé rompre & brifer les prifons, & fe jactoient y mettre le feu fi on ne les tiroit de là ; à cette caufe en auroient bien
voulu avertir la Cour, à ce que pour éviter plus grand inconvenient, & obvier au danger prefent, plaife ordonner ce qu'en telle
& fi dangereufe neceffité lui femblera être expedient. Sur quoi
aprés avoir fait retirer lefdits Capitouls, la Cour euë deliberation,

attendu l'évident danger & peril, a permis & permet aufdits Capitouls, en ce qui concerne les prifonniers detenus pour dettes, ou legeres amandes pecuniaires, proceder à leur élargiffement defdites prifons, en baillant par eux cautions, ou faififfant leurs biens, jufques à la valeur des dettes, s'ils en ont, finon avec telle caution qu'ils pourront bailler, à la charge quant à ceux qui font habitans de cette Ville, de fe retirer dans leurs maifons, & là demeurer enfermez comme infects, fans en fortir, ni aller par la Ville jufques à ce qu'autrement en foit ordonné, fur peine d'être brûlez, à la charge auffi que ceffant le danger, feront remis en prifon jufques à fuffifante fatisfaction, ainfi qu'il appartient : & quant à ceux qui ne font de cette Ville, detenus pour dette civile, eft enjoint aufdits Capitouls donner ordre de les faire retirer, fans fe mêler aucunement avec les habitans des lieux où ils fe retireront, fur la peine que deffus. Et au regard des prifonniers detenus pour crimes & malefices, meritans peine corporelle, eft auffi enjoint aufdits Capitouls les remüer en quelques lieux non infectez, pour être detenus en feure garde, jufques à ce qu'ils feront expediez. Fait & dit aufdits Capitouls à Touloufe en Parlement, le 10. Septembre 1557.

ARR. VII.

Extrait des Regiftres de Parlement.

SUr la requête & remontrance ce jourd'hui verbalement faite, tant par le Procureur general du Roy, que Capitouls de Touloufe, la Chambre feant au temps de vacations ordonnée par le Roy, attendu l'évidente neceffité, fcandales, inconveniens, & notoire negligence des Magiftrats & Officiers du reffort, Confuls & adminiftrateurs des Villes & Villages, Gentilshommes & Seigneurs jurifdictionels d'iceux : A enjoint & enjoint à chacun en fon endroit, jurifdiction & diftroit, de promptement & diligemment donner ou faire donner l'ordre neceffaire à la cure, fecours & traitement des malades peftiferez, & prefervation des fains, en faifant fur ce adminiftrer toutes chofes neceffaires pour la fubvention du pauvre peuple, & à ces fins faire refidence fur les lieux de leurs Jurifdictions & adminiftrations, & ce fur peine, quant aufdits Magiftrats & Officiers, de privation

tion de leurs Offices, & quant ausdits Seigneurs temporels de
privation de leurs Jurisdictions, & d'être déclarez inhabiles de
toute administration publique. Et en outre aussi enjoint ladite
Chambre à tous les Prelats du ressort, leurs Vicaires & autres
Officiers, & aussi aux Curez, Prieurs & Vicaires des Parroisses
chacun en son endroit, dûëment & diligemment pourvoir ausdits
malades & administration des saints Sacremens de l'Eglise, sepulture & autres remedes spirituels, selon les saints Decrets, sur les
peines contenuës en iceux, & de saisissement de leur temporel. Et
au surplus a ordonné & ordonne que des negligences, scandales,
inconveniens & inhumanitez susdites, sera enquis par le premier
des Magistrats du Ressort, leurs Lieutenans, ou Huissiers de la
Cour, & chacun d'eux premier sur ce requis en vertu du dictum
du present Arrêt, pour l'inquisition faite, rapportée & vûë, y
être ordonné ainsi qu'il appartient. Prononcé à Toulouse en ladite
Chambre de Parlement le 5. Octobre 1557.

ADMINISTRATION DES Ss. SACREMENS] Suivant l'Arrest du Parlement de
Bretagne rapporté par *Frayn. en son Plaidoyer* 4. & prononcé contre les habitans de la ville
de Rennes, le salaire des Prêtres qui administrent les Sacremens en temps de peste, doit
être payé par les habitans.

ARR. VIII.
Extrait des Registres de Parlement.

VUë la requête presentée par les Bailes des Maîtres Chirurgiens de Toulouse, aux fins en icelle contenuës ; ensemble
la réponse du Procureur general du Roy, auquel ladite requête a
été montrée ; la Cour, attendu la notoire & urgente necessité de
la surintendance & bonne diligence requise à la subvention des
malades pestiferez, & à la preservation, moyenant la grace de Dieu
de tel & si perilleux danger, a enjoint & enjoint aux Capitouls de
Toulouse, bailler ou faire bailler & délivrer aux Chirurgiens élus
pour visiter & panser lesdits malades pestiferez, à chacun d'eux à
raison de trois cens livres tournois par an durant le tems du danger,
qu'ils seront actuellement vacans & entendans audit service ; &
pour le tems auquel n'y aura danger, & qu'ils ne seront actuellement audit service, leur sera baillée la somme de cent livres par an.
Prononcé à Toulouse en Parlement le sixiéme Septembre mille
cinq cens cinquante-sept.

H h

Arrefts notables
A r r. I X.
Extrait des Regiftres de Parlement.

L A Cour entendu la requête verbalement faite par les Capitouls de Touloufe, & icelle interinant, a fait & fait inhibition & deffenfe à tous Magiftrats, Officiers, Sieurs, Bailes, Sindics,
& autres habitans des Villes, Villages & lieux du reffort d'icelle
Cour, de quelque qualité & condition qu'ils foient, de donner
d'orefnavant trouble ou empêchement, directement ou indirectement aux Vivandiers, Voituriers, Marchands & autres, d'apporter, conduire & charrier vins, & autres denrées & marchandifes en la Ville de Touloufe pour la provifion d'icelle, ni refufer
l'entrée des Villes & marchez aufdites fins, & fous couleur &
pretexte de ce qu'iceux Vivandiers, Voituriers & autres, auroient
porté bled & autres vituailles dans icelle Ville, leur prohiber &
empécher eux retirer en leur domicile & habitations qu'ils ont
aufdites Villes & Lieux; ains, tant que befoin eft, leur a enjoint
& enjoint ladite Cour leur pourvoir promptement & diligemment
à ce que lefdits Vivandiers, Voituriers & autres ayans amené &
conduit audit Touloufe bleds, vins, & autres denrées, foient
bien & favorablement reçûs, traitez & gardez d'oppreffions, injures & violences : Et femblablement leur a enjoint & enjoint de
pourvoir & donner ordre à ce que toute maniere de gens, allans
& venans de ladite Ville de Touloufe, foient logez, reçûs, nourris & traitez efdites Villes & Villages felon l'état, qualité & condition des perfonnes, en portant certificat figné de l'un defdits Capitouls, & de leur Notaire, de n'avoir été logez en lieu ou maifon où y ait eu aucun danger de pefte, & ce fur peine de quatre
mille livres à chacun des contrevenans en leurs propres & privez
noms, de banniffement du Royaume, & confifcation de biens,
quant aufdits Juges, Confuls, & Officiers, & quant aux autres
Habitans qui y feront trouvez contrevenans & coupables, fur
peine du foüet, & d'être mis aux galeres du Roy pour trois ans, &
autres peines arbitraires : enjoignant aufdits Capitouls faire expedier ledit certificat à tous ceux qui en auront befoin, fans aucun
coût; & ordonne la Cour que des contraventions fera enquis par
le premier Magiftrat Royal fur ce requis en vertu du dictum

de cet Arrêt, pour l'inquisition rapportée & vûë être ordonnée ainsi qu'il appartiendra. Prononcé à Toulouse en Parlement le 18. Août 1557.

ARR. X.
Extrait des Registres de Parlement.

ENtre Maître Jean-Louis Cathelan, Docteur Avocat en la Cour, appellant de Maître Bernat d'Assezat Conseiller du Roy en ladite Cour, & Commissaire par elle en cette partie deputé, d'une part ; & les Consuls du lieu d'Auzeville, appellez, d'autre : & entre ledit Cathelan, Maître Jaques Brondel Procureur au Senéchal de Toulouse, Guillaume Bertier, Bernard Balard, Louise de Rossignol, femme à Jean de l'Estevenie Ecuyer, & Pierre de la Coste Bourgeois de Toulouse, impetrans Lettres pour être reçûs à opposition envers l'Ordonnance de la Cour, d'une part, & lesdits Consuls d'Auzeville défendeurs d'autre; Veus les Playdez, Ordonnance dudit d'Assezat du 8. Août 1590. appointement de la Cour mis au pied de la requête desdits Consuls, portant permission d'imposer & cottiser la somme de deux cens écus, pour le remboursement des fraix exposez à l'occasion de la contagion du 20. Avril mil cinq cens nonante ; griefs dudit appellant, dire par écrit, & autres productions desdites Parties : Dit a été, que la Cour a mis & met l'appellation, & ce dont a été appellé au neant ; & amendant ladite Ordonnance, ayant égard quant à ce à ladite opposition, a ordonné & ordonne que ladite somme de deux cens écus sera imposée & exigée tant seulement sur les Manans & Habitans audit lieu, & sur les Bienstenans, & non habitans és maisons ou metairies, desquels ladite contagion seroit survenuë, declarant tous autres Bienstenans, & non Habitans, bien qu'ils ayent maison ou metairie en la Jurisdiction dudit Auzeville, ausquels ladite contagion n'est survenuë, exempts de ladite contribution, sans dépens, & pour cause. Prononcé à Toulouse en Parlement le vingtiéme jour du mois de Septembre mil cinq cens nonante-un.

ARR. XI.

VUës les inquisitions faites à la requête du Procureur general du Roi contre les Capitouls de Toulouse, & autres ayans charge quant au fait de la peste, sur le desordre fait, & negligences qui sont en ladite Ville, s'il y avoit grand danger de peste : **La Cour** par son Arrêt prononcé à Grenade où elle s'étoit transferée à cause dudit danger, le septiéme Septembre 1529. ordonna qu'il seroit plus à plein enquis ; & cependant fut enjoint aux Capitouls de faire residence en ladite Ville de Touloufe, suivant les Arrêts sur ce donnez : neanmoins, & sur peine d'être declarez inhabiles desormais à tenir aucun état & charge publique, & de deux mille livres en leur nom propre, de pourvoir à la police & autres choses concernant ledit danger de peste, comme s'ensuit.

1. Que les pestiferez & autres infects de la maladie n'aillent par les rües, ni ne se mêlent avec les autres sains.

2. Qu'aux malades frappez dans les maisons, soit pourveu d'alimens necessaires, & de Chirurgiens, & autres choses requises, sans qu'il soit permis aux Chirurgiens & Commis d'en rien prendre, afin que sous cela ne soient lesdits malades abandonnez, ains servis & secourus aux dépens de la Ville, sauf à les récouvrer de ceux qui ont moyen de les reconnoître.

3. Les maisons des pestiferez seront fermées à la clef, & ladite clef baillée à personne feable.

4. Que les Prêtres commis à confesser les infectez, ayent maison & habitation en lieu notoire & rüe connuë de ladite Ville, afin de les avoir quand bon semblera aux malades, & garder que lesdits Prêtres ne se mêlent avec les sains.

5. Que le Capitaine de la peste ne mene de jour les pestiferez hors la Ville, & que sous couleur d'un qui sera frappé, les autres ne soient menez à l'Hôpital, ains pourveu de les mettre en autre lieu éloigné des sains.

6. Que l'Hospitalier saint Sebastien donne ordre que les malades, & autres y étans, soient bien traitez, & leur soient administrées toutes choses qui seront ordonnées par les Medecins & Chirurgiens, sans rien extorquer des malades de fait, ni promesse à l'avenir.

7. Que ceux qui seront mis aux tours, n'aillent converser aux bordes & autres lieux avec les sains.

8. Les Capitouls iront par la Ville chacun jour, & és endroits

où eft la pefte, pour entendre les abus & malverfations de ceux qui adminiftrent les vivres, & des Barbiers.

9. Suivront auffi les portes de la Ville, & pourvoiront à ce que les Etrangers infects, ni leur bagage, n'entrent.

10. Les habillemens & chofes infectées ne feront nettoyées à la riviere és lieux où on prend de l'eau, ni aux environs, mais donneront ordre, quant à ce lefdits Capitouls, en la forme & maniere contenuë en l'Arreft fur ce donné.

11. Que les maifons infectes foient nettoyées bien & avec foin par gens experts & feables.

12. Que les ruës foient nettoyées trois fois la femaine, enfemble les fauxbourgs & tours des foffez, aux dépens de qui appartiendra.

13. Sera fait feu par les ruës chacun jour, de matin & de foir.

14. Que les corps morts de pefte feront mis dans une bierre ou autrement, afin qu'ils ne portent infection, & enterrez de nuit, portans les faiffiers au devant une torche allumée pour être vûs, & les fains gardez d'infection.

15. Pourvoir auffi que les corps morts foient promptement enfevelis.

16. Que les malades ne couchent de nuit par les ruës & fur les tabliers: ains ceux qui feront malades de la contagion, feront retirez aux hôpitaux, & les autres qui n'en feront malades foient mis & jettez hors la Ville.

17. Que les vagabonds & femmes diffoluës feront jettées hors la Ville & Fauxbourgs.

18. Pourvoiront lefdits Capitouls que les jeux qu'on fait aux tavernes ceffent, enfemble toutes danfes & affemblées qui pourroient porter infection.

19. Enjoint de punir les Barbiers & Capitaine de la pefte, & autres qui ayans de ce charge, auront commis abus, fauffes relations, & qui auront differé de vifiter les peftiferez, fans avoir prealablement argent.

20. Enjoint auffi au Vicaire, & autres Officiers de l'Archevêque & Recteur de la Ville de Touloufe, de continuer les prieres & oraifons autrefois ordonnées, & faire fonner les cloches du matin, à midy & fur le foir.

21. Au Sénéchal, Viguier, & leurs Lieutenans de tenir la main tant qu'ils pourront, à l'execution dudit Arrêt, à peine de suspension.

Poëtes de l'Eglantine en Toulouse.

TITRE VIII.

ARR. I.

LE troisiéme jour de May 1580. jour de sainte Croix, pour ce que audit mois, ou commencement d'icelui n'auroit point été dicté à l'Eglantine à la maison de Ville, comme avoit été accoûtumé, à cause des grands troubles procedant des Huguenots, les fleurs furent données & apportées en la Compagnie de trois Capitouls, avec procession de quatre Couvents, accompagnez de certain nombre de Bourgeois & autres Habitans de la Ville, de lad. maison de la Ville en l'Eglise S. Estienne, & mises sur l'Autel de la Paroisse, & aprés demi Messe, lors de l'offrande, offertes par Mr. le Conseiller Papus, plus ancien Conseiller de la Cour, & Docteur en la gaye science, & l'un desdits trois Capitouls avec ledit sieur Papus ; & aprés avoir été en ladite forme & maniere offertes, furent apportées au banc & table de la Confrairie de Notre-Dame de l'Assomption, & données à ladite Confrairie, & davantage l'argent employable au banquet & festin accoûtumé, être fait à cause de ladite Eglantine ou fleurs, fut donné aux pauvres.

DICTÉ A L'EGLANTINE] Anciennement le mot de *dicter* étoit consacré à la Poësie ; ainsi en vieux langage du païs *Dictato* ou *Dictador*, vouloit autant dire que *Trouveraire*, ou Poëte ; & *lo gay saber de dictar*, designoit la même chose que *la gaye science* ; De là est venu qu'on a dit dans la suite des temps *dicter* simplement, ou *dicter aux Jeux Floraux* : c'est dans ce même sens que Pierre Abbé de Cluny, surnommé le Venerable, emploie le mot de *dictamen*, en parlant des vers des Poëtes Tolosains, en l'Epistre 23. du livre 4.

> *Nuper me Robertus ad hæc dictamina traxit,*
> *Per quem misisti carmina multa mihi.*

Le mot de dicter derivoit de celui de *dicté* ou *dictier*, ou *dictiez*, c'est-à-dire Discours & Sentence, ou dit notable. Jean Villani dit dans ce sens *en ses Chroniques de Florence liv. 9. chap. 135.* en parlant d'un ouvrage du Poëte Dante, *che ornato appare d'alto dittato, e di belle ragioni Philosophice.* C'est dans le même endroit où il appelle ce Poëte, *Nobilissimo dicitore in rima*, après l'avoir qualifié de *sommo Poëta, e Filosofo, e Retorico perfetto, tanto in dittare, versificare, come in arenga parlare.*

Posthumes.

TITRE IX.

ARR. I.

MAître Jean Daffis Avocat general au Parlement, ayant été massacré en la Conciergerie par les seditions & tumultes émus en Toulouse en l'an 1589. il laissa sa femme enceinte, laquelle deux ou trois mois après fit abort d'un fils qui fut jugé par relation des Medecins, de quatre mois seulement, lequel après avoir été baptizé mourut : la mere, ou ses heritiers demandent la succession d'icelui ; les hoirs dudit Daffis insistent au contraire, *quid juris ?* Par Jugement de nôtre Chambre donné en Novembre 1591. la mere en fut excluse, parce que tel part n'étoit vital. *per l. Uxoris ab ortu. C. De post. hæred. instit.*

℣. Maynard *liv.* 5. *chap.* 77. & Cambolas *liv.* 4. *chap.* 40.

Potiers de terre.

TITRE X.

ARR. I.

ARrest portant permission de porter pots de terre par la ville de Toulouse à ceux qui sont Maîtres, pourveu qu'ils soient visitez par les Maîtres Bailes dudit métier. Prononcé le neuviéme jour d'Aoust mille cinq cens quatre vingts-quatre.

Prescription en matiere criminelle.

TITRE XI.

ARR. I.

AUx Arrests generaux de la veille de la sainte Croix 1608. par Arrest general prononcé par Monsieur de Verdun premier President, ledit Arrest donné Chambres assemblées ayant été parti en toutes les Chambres, fut dit que la loy *Querela*, n'avoit de lieu en ce Parlement, & que les crimes ne se prescrivoient par vingt ans.

* N'AVOIT LIEU] L'usage est contraire, & aujourd'hui dans le ressort de ce Parlement le crime, l'accusation criminelle, la reparation civile, & tout ce qui en depend, prescrit dans vingt ans, suivant la Loy *Querela. Cod. ad leg. Cornel. de falf.* La Sentence même de condamnation à mort, est sujette à cette prescription, excepté quand elle a été executée figurativement, parce qu'une telle execution proroge l'action jusqu'à trente ans.

Presence à cause d'étude.
TITRE XII.
ARR. I.
Extrait des Registres de Parlement.

ENtre Maître Pierre Laboerie Chanoine en l'Eglise Cathedrale de Rieux, appellant du Jugement donné par les Commissaires tenans les Requêtes du Parlement, le dernier jour du mois de May dernier, d'une part, & le Syndic de ladite Eglise Cathedrale appellé, d'autre. Veu, &c. dit a été que la Cour a mis & met l'appellation & ce dont a été appellé, ensemble le Jugement du quatriéme Janvier dernier, au neant; & sans avoir égard aux requêtes dudit Syndic, par lui presentées devant lesdits Conseillers & Commissaires tenans lesdites Requêtes, le quatriéme Janvier & neuviéme de May dernier; ordonne que ledit Laboerie, pour le temps de cinq ans, à commencer du jour qu'il a été congedié par ledit Chapitre pour étudier en l'Université de Toulouse, ou autre, jouira annuellement de l'entiere grosse des fruits de la Chanoinie & Prebende pendant ledit temps de son étude, enjoignant aud. Sindic la lui faire délivrer par les Cellerier & Tresorier dudit Chapitre, aux termes accoûtumez chacune année durant sondit étude, sur peine de mille livres; qu'à faute de ce faire, & en son refus, lui sera declarée, moitié envers le Roy & moitié envers Laboerie pour ses dommages & interêts, à la charge que ledit Laboerie de six en six mois pendant ledit temps de son étude, sera tenu de porter audit Chapitre attestatoire de son étude des Regens & Docteurs desquels sera auditeur, & sauf audit Sindic de pouvoir poursuivre & demander le recouvrement des fruits pris par cy-aprés par ledit Laboerie pendant sondit étude, au cas qu'il se marieroit, ou ne voudroit être de la profession Ecclesiastique, & sans dépens, & pour cause. Prononcé à Toulouse en Parlement le 29. jour du mois de Juillet 1577.

DES FRUITS DE LA CHANOINIE] Ce qu'il faut entendre des gros fruits, & non des distributions manuelles, parce qu'elles ne sont dûës qu'aux Presens. *cap. licet de Præb. & dignit. cap. cætero de Cleric. non resident. V. la suite de ce Recueil tit.* 48. *art.* 2.

LE RECOUVREMENT DES FRUITS] C'est par rapport à ce recouvrement, & à la restitution

tution des fruits, aux cas exprimez dans l'Arrest rapporté par l'Autheur, que les Chanoines étudians sont obligez de bailler caution.

Predicateurs.
TITRE XIII.
ARR. I.
Extrait des Regîtres de Parlement.

ENtre Messire Loüis Cardinal d'Est, Archevêque d'Aux, suppliant & demandeur en la cause renvoyée par Arrest de la Cour d'une part : & le Procureur general du Roy prenant la cause pour le Syndic des Religieux du Couvent des Freres Prescheurs de Toulouse, le Syndic des Consuls, Manans & Habitans du lieu de saint Salvy audit Diocése, Maître Urbain de la Garniere, Prêtre, Recteur dudit lieu ; Messire Charles Bastard de Bourbon, Prieur du Prieuré saint Orens dudit Aux, & le Syndic dudit Monastere de saint Orens, respectivement assignez & deffendeurs d'autre : Du Bourg avec de la Motte pour ledit Cardinal Archevêque, & Fortis avec Palatin pour ledit Messire Charles,&c. Durdes avec d'Andrea pour le Syndic dudit Monastere de saint Orens, &c. Garrigues pour ledit Garniere Recteur, & Valiech avec de Fontanier pour le Syndic des Consuls, dudit lieu de saint Salvy, & du Bourg & Durand pour le Procureur general du Roy, commis esdits Registres. La Cour euë deliberation, faisant droit sur l'instance renvoyée en Jugement, a condamné & condamne tant lesdits Prieur & Religieux dudit Prieuré, Couvent de saint Orens de la Ville d'Aux, que la Garniere Recteur dudit lieu de saint Salvy, à rembourser audit Cardinal Archevêque la quottité qui les concernera sur la somme de quatre-vingts livres tournois par lui avancée pour le payement du salaire de Biliere Religieux & Prêcheur dudit lieu de saint Salvy en ladite année mil cinq cens soixante-seize, & ce suivant le département fait par led. Cardinal ou ses Vicaires generaux;ce qu'ils feront dans quinzaine aprés l'intimation de cet Arrest, à peine du double, qui sera à faute de ce faire contre le refusant declaré. Et en outre ladite Cour ayant quant à ce égard à la requête presentée par ledit Cardinal, a ordonné & ordonne que par cy-aprés tous Beneficiers & autres prenans & percevans les fruits decimaux dans ledit Archevêché,

seront tenus contribuer à la nourriture & salaire des Prêcheurs
qui seront commis pour instruire le peuple , prêcher & annoncer
la parole de Dieu és jours de Dimanches , Fêtes solennelles ,
Avent & Carême par ledit Archevêque, ou ses Vicaires generaux,
és lieux & Paroisses dudit Diocése , où ils prennent & perçoivent
fruits decimaux , chacun pour sa quottité , & suivant le departement qui sera fait par icelui Archevêque ou ses Vicaires generaux,
appellez lesdits Beneficiers, & autres prenans fruits decimaux , en
sera la levée , exaction & recouvrement des sommes à quoi mon-
teront lesdits departemens faits à la poursuite & diligence dudit
Cardinal , auquel la Cour pour le réel & effectuel payement , a
permis & permet faire prendre & saisir les fruits appartenans ausdits Beneficiers:& neanmoins contraindre leurs Fermiers par toutes voïes düës & raisonnables , & par arrest & emprisonnement
de leurs personnes si besoin est; enjoignant au surplus ladite Cour
aux Consuls & habitans desdits lieux & Parroisses pourvoir &
accommoder lesd. Prêcheurs d'habitation & service requis & necessaires selon leur état & qualité,& donner aide, faveur , secours
& main forte à l'execution desdites saisies de fruits , & autres contraintes , dont il conviendra audit Cardinal user contre lesd. Ren-
ciers , pour l'execution dudit Arrest ; le tout sans préjudice de la
demande & congruë portion faite par led. de la Garniere Recteur,
pour laquelle poursuivre il pourra si bon lui semble se retirer devant son Juge competant , & sans dépens desdites instances. Fait
& dit à Toulouse en Parlement le dix-huitiéme jour du mois de
Juin l'an mil cinq cens soixante sept.

LA COUR] Quand il s'agit du salaire d'un Prédicateur le Juge d'Eglise n'en peut pas
connoître sans abus.

POURVOIR D'HABITATION.] Les Fruits prenans sont tenus au payement du salaire , & les Habitans à fournir le logement au Prédicateur. Ceux-cy sont même tenus de fournir la maison Presbyterale à leur Curé , & de la faire reparer si elle est fort ruinée ; car à l'é-
gard des menuës reparations , c'est le Curé qui les doit faire. Il y en a Arrêt donné en la
grand'Chambre au rapport de Mr. de Boutaric le 15 Janvier 1670. entre les Habitans de Mon-
testour & Mre. Sabazan , Curé dudit lieu. Par cet Arrêt il fut aussi préjugé que les Parois-
siens doivent payer à leur Curé le loüage d'une maison , jusques à ce que la maison Presbyterale soit faite.

Prêt. Lettre de Change.
TITRE XIV.
ARR. I.

PAr Arrest du quatriéme Août mil six cens onze, de la Chambre de l'Edit à Paris, est prohibé à toutes personnes ausquelles n'est permis par les Ordonnances de bailler argent par remises ni lettres de change, de ce faire, sur peine de confiscation des sommes, & autres portées par lesdites Ordonnances.

NI LETTRES DE CHANGE] Comme il n'est point de matiere plus commune que celle des Lettres de change, il ne doit pas être inutile d'observer en cet endroit qu'elles ne conservent pas leur rigueur, à l'égard du change & rechange, lorsqu'elles descendent d'un simple prest, quoi que fait par un Marchand, si le debiteur n'est pas négociant, ou autrement si le prest ne regarde pas le fait du negoce. En effet, Jean Audifret, Marchand de Nismes, ayant obtenu Appointement en défaut à la Bourse commune de Toulouse le 25. Septembre 1675. qui condamne Noble Antoine de Langlade, Conseigneur de Clarensac, à lui payer dans trois jours la somme de 443. liv. contenuë en trois Lettres de change, avec le change à raison de deux pour cent par payement, depuis le jour du protest jusques à l'effectuel payement, autrément contraint par corps ; le sieur de Clarensac se pourveut par requête en retractement ; allegua que cette somme ne provenoit pas du negoce, conclud à son renvoi devant ses Juges naturels, & à ce que la Compagnie se declarât incompetente : Par autre Appointement du 27. du mois de Novembre suivant, sans avoir égard aux fins de non proceder il fut ordonné que le suppliant deffendroit, & en refus n'y avoir lieu de retractement, mais que le precedent Appointement sortiroit à effet. Le sieur de Clarensac ayant relevé appel au Parlement, il en fut démis avec dépens par Arrêt contradictoire du 6. du mois d'Octobre 1676. au rapport de Mr. de Caulet, donné en la Chambre séant en vacation, contre lequel Arrêt s'étant pourveu par requête civile, il conclud subsidiairement à être decharge de la contrainte par corps, du change & rechange, portez par lesdits Appointemens de la Bourse, & par Arrêt contradictoire du 1. de Juin 1677. playdans Tartanac & Duval, & oüis Mr. de Maniban pour le Procureur general, le sieur de Clarensac fut démis de sa requeste, & ordonné que le precedent Arrêt sortiroit à effet, à la charge que la condamnation du change, portée par l'Appointement y mentionné n'auroit lieu que pour le premier change, & pour les interêts du premier change échu, dépens compensez.

Prévôts des Maréchaux, & leur Jurisdiction.
TITRE XV.
ARR. I.

LEs Prêtres étans trouvez en habit Presbyteral en leurs habitations, & non en crime flagrant, ne sont point sujets à la jurisdiction des Prévôts, bien qu'ils soient prevenus du crime de leze-Majesté, & a été ainsi jugé par Arrêt de la Cour de Parlement de Toulouse au rapport de Monsieur Sabatier en Janvier l'an mil cinq cens huitante, pour Jean Martin contre le Syndic Samales.

I i ij

V. la suite de ce Recüeil titre 56. Arr. 6.

Procureurs ad negotia.
TITRE XVI.
ARR. I.

LE second jour de Janvier mil cinq cens quarante-deux Arrêt prohibitif aux Seigneurs de ne faire Procureurs en leurs négoces gens d'Eglise.

Prodigues.
TITRE XVII.
ARR I.

LA declaration de prodigalité faut que soit faite par justice devant le Juge competant, & avec connoissance de cause, sçavoir par inquisition precedente, & la partie appellée ; car bien que la prodigalité ait été reprouvée & condamnée par toutes nations & en tout temps, & que les prodigues ayent été privez de tous droits & privileges que les autres ont, par infinies loix des Romains ; toutefois d'autant que c'est un jugement d'importance, *Num si quis me uti re mea prohibeat, injuria teneatur. l.* 13. §. *Si quis me ff. De injur.* il est requis certaine solemnité pour la declaration d'un prodigue : *neque ipso jure fit. l. C. de Curat. furio.* & ainsi faut qu'elle soit faite par le Juge avec connoissance de cause, *ut docet Paulus lib.* 3. *Sent. tit.* 5. *idque probat notabilis textus cap. Veritatis. De dol. & contum ext. & hoc modo Pompeïus Prætor Vrbanus Q. Fabio Maxim. paternis bonis interdixit,* comme recite *Valere Maxime liv.* 3. *chap.* 5. A cette cause par Arrest donné en Audience du 27. Septembre 1570. une declaration de prodigalité de Jean de Montfaucon faite solemnellement par le Juge-Mage de Castelnaudary du matin au soir, fut cassée ; & ordonné qu'il seroit enquis de ladite prodigalité, & permis cependant audit Montfaucon arrenter ses biens.

ARR. II.

LE vingt-sixiéme jour du mois d'Août 1542. Arrest par lequel est faite inhibition aux Marchands, Corratiers & autres, de contracter avec les enfans mineurs & prodigues declarez, sans licence & autorité des pere & mere, tuteurs ou curateurs, ou autorité de justice, entre Pierre Ferrieres, François & Jean la Cause, & Pierre de saint Marc.

TITRE I.
ARR. I.

LE Lundy vingt-quatriéme Juillet mil cinq cens feptante-deux en Audience entre un nommé George de Montfaucon de Borderia fon Avocat, auroit requis que fa partie, attendu qu'il eft de l'âge de quatre-vingts & dix ans, être reçû à prefenter fes lettres de rapeau par Procureur; toutefois la Cour auroit ordonné que ledit Georges viendroit en perfonne les prefenter dans trois femaines.

ARR. II.

LE vingt-uniéme Juillet mil cinq cens foixante-huit, par Arreft au barreau les lettres de rapeau de ban prefentées par un nommé Rigail, interinées, & ordonné qu'il en joüira; lui faifant neanmoins inhibition & deffenfe de s'ingerer d'ufer jamais de fon office de Notaire, ni d'autre office Royal, d'où peut être recüeilli que le Roy ne veut ni entend que fous prétexte dudit rapeau de ban, il foit pourveu aux honneurs ni office Royal.

Rapt.

TITRE II.
ARR. I.

ESt memorable un fait jugé au Parlement de Touloufe par Maître Antoine Guibert de la Cofte Confeiller en icelle, d'une fille de vingt-deux ans trouvée enceinte, & par fon audition forcée violemment, concevant en ce conflit. On trouvoit étrange qu'une fille ou femme violée à toute force, peut concevoir fi promptement, toutefois les Medecins confultez dirent que cela fe pouvoit faire, & qu'en tel cas *voluntas cogi poteft non natura, quæ femel irritata jungi voluptate fervefcit, rationis & voluntatis fenfum amittens*, & que cela fe voyoit clairement aux chats & autres chagrins animaux, qui en criant, gratignant & mordant refiftent à l'acte, & néanmoins conçoivent.

ARR. II.

LAurens Cotuli Compagnon Maffon, demeurant ferviteur avec Pierre de Moulins, commet rapt, & malverfe avec Marie de Moulins fille de fondit maître, fous couleur de mariage :

Ii iij

dequoi accusé, par le Juge ordinaire il est condamné à mort. Ayant appellé en la Cour de Parlement il se rend impetrant Lettres de grace, disant avoir accordé avec ladite Marie la prendre à femme. Par Arrest du 18. Janvier 1558. il est debouté de l'effet de ses Lettres de grace, & condamné à perdre la tête, ce qui fut executé à saint George à Toulouse. Ledit Arrest est fondé sur ce que *Raptor non debet nubere raptæ; & rapta à principio non videtur postea concensisse in matrimonium, sed potius in stuprum. Can. Placuit. 36. q. ult. Et quia in atrocibus criminibus in his quæ sunt mali exempli authoritas Regis non excusat. Can. nullus ibid. & Can. Omne 25. q. 1.*

Sous couleur de mariage.] Contre les raps qui se commettoient ἐπ' ὀνόματι συνοικεσίᾳ, *nomine Matrimonii*; il faut voir le Canon 27. du Concile de Chalcedoine, & les remarques que fait là-dessus le docte *Boveregius*.

ARR. III.

LE semblable fut jugé au Parlement de Paris, moy étant lors Conseiller en icelui, d'un Clerc qui avoit engrossé la fille d'un des sieurs Présidens és Enquestes d'icelle, lequel bien que alleguant promesse de mariage, & que la fille soûtint le vouloir à mary; & qu'elle avoit passé l'âge de 25. ans, & qu'en consequent lui étoit permis par la Loy *Qui liberos ff. De ritu nupt.* veu la negligence & peu de soin de son pere, de choisir & prendre mary; neanmoins il fut condamné à être pendu, & l'executant le bourreau à la place de saint Jean en Greve par une émotion populaire fut recouvré, & le gibet coupé, & le bourreau fort offensé par la pratique de certains Clercs du Palais ses compagnons, en l'an mil cinq cens quatre-vingts trois.

Passé l'age de 25. ans.] Il n'en faloit pas davantage pour mettre le Clerc à couvert du crime de rapt, si on eût consideré seulement l'âge de la fille, car il est certain qu'une fille majeure ne peut pas proprement être dite ravie, du moins à l'égard du rapt de l'Ordonnance, & non à l'égard du droit; mais outre que cette fille étoit encore sous puissance de pere, d'ailleurs la qualité de domestique jointe à la bassesse de la naissance du Clerc, lui attirerent la peine qu'on lui fit subir comme coupable de rapt.

ARR. IV.

PAr Arrêt de la Cour de Parlement donné le dix-huitiéme de Janvier mil cinq cens cinquante-huit, un qui avoit violé quelque fille commise en sa garde, fut pendu, nonobstant que la violée consentît & requît le violateur à mary, suivant la disposition de la Loy *In l. un. C. de rapt. virg. In verbo* [*Nec fit facultas contra*] *Cap. fin. De rapt. virg.*

Ravissement de biens.
TITRE III.
ARR. I.

ARrêt que *in ablatis violenter stabitur juramento partis* , entre l'Evêque & Chapitre de Carcassonne, & un nommé Belissant , donné le 11. jour de May 1536.

Autre Arrest semblable que *in ablatis stabitur juramento partis* , entre Maître Michel de Pontaut , un nommé Planquet & autres Chanoines de Beaumont : donné le vingt-unième jour de Janvier mil cinq cens dix-neuf.

Reintegrement.
TITRE IV.
ARR. I.

HEnry par la grace de Dieu Roy de France & de Navarre ; au premier des Huissiers de notre Cour de Parlement , ou autre nôtre Huissier & Sergent sur ce requis , salut. Sçavoir faisons , que sur la plaidoirie faite en la Cour entre Maître Jean de Garaut sieur de Cumiers & de Montesquieu , Conseiller & Tresorier general de France au Bureau des Finances établi à Toulouse , demandeur en requête de renouvellement du délai du 21. Juin dernier, d'une part ; & Demoiselle Gabrielle de Rochefort , femme autorisée par justice au refus d'Arnaud de Roux , sieur de Sabarde son mari , deffenderesse & demanderesse en deux requêtes par elle presentées à nôtre dite Cour le vingt-neuvième Juillet & ving-troisième Août ensuivant , tendantes à fin que toute Audience soit deniée audit de Garaut , jusques à ce que ledit Arrest de reintegrande donné au profit de ladite de Rochefort le quinzième Juillet audit an, soit entierement executé, d'autre. Après que Talon pour ledit Garaut, Tubœuf pour ladite de Rochefort ont été oüis,& que notre dite Cour par Arrêt du vingt-neuvième Août dernier auroit ordonné qu'elle verroit lesdites requêtes & informations, & en delibereroit : Vües icelles requêtes, & informations faites à la poursuite de ladite de Rochefort, procez verbaux de rebellions des deuxième Aoust & quatorzième

Octobre 1600. & autres jours enfuivans faits par Maître Jean Catel & Jean de Roffel Confeillers au Siége Prefidial de Touloufe ;
autres requêtes de lad. de Rochefort des fept & dix-feptiéme Septembre & vingt-deuxiéme Novembre audit an : requête dudit Garaut du quatorziéme defdits mois & an : conclufions de notre Procureur general , & ce qui a été mis pardevant le Confeiller à
ce commis : oüi fon rapport , & tout confideré, Nôtre dite Cour,
fans s'arrêter aux requêtes dudit de Garaut, a ordonné & ordonne
que dans deux mois après la fignification du prefent Arrêt faite à
perfonne ou domicile , il fera executer ladite reintegrande, & jufques à ce qu'icelle de Rochefort foit remife en poffeffion des terres mentionnées audit Arreft du 16. Juillet , toute audience fera
deniée audit de Garaut ; & ayant égard aux conclufions de nôtre
Procureur general , a ordonné & ordonne que Mathieu de Rochefort , & le nommé du Boyer feront ajournez de comparoir en
perfonne en icelle nôtre dite Cour, & pour être oüis & interrogez
fur le contenu efdits procés verbaux & informations, pour ce fait
& communiqué à notre dit Procureur general , & conclufions
par lui prifes , être ordonné ce que de raifon ; & dès à prefent
condamne ledit de Garaut és dépens de ladite de Rochefort
tels que de raifon. Te mandons & commettons par ces prefentes , qu'à la requête de ladite de Rochefort tu mettes ce prefent
Arreft à dûë & entiere execution felon fa forme & teneur ;
contraignant à ce faire & fouffrir tous ceux qu'il appartiendra.
Commandons à tous nos Jufticiers , Officiers & Sujets , à toi ce
faifant obéir. Donné à Paris le 9. Decembre 1600. & de nôtre
regne le douziéme.

AUDIENCE SERA DENIE'E] *V. l'Ordonnance de 1667. tit. 18. art. 4.*

ARR. II.
Extrait des Regiftres de Parlement.

ENtre Maître François Paillaiffa Prêtre & Recteur de Beduer, demandeur en excès , & requerant l'utilité de certains défauts & ajournemens à trois briefs jours lui être adjugez,
le Procureur general du Roy joint à lui d'une part , & François
Louis de Loftanges , fieur de Beduer, Marc de Cornely Sieur de
Camboulie , un nommé la Garde , autre Larrouffier , fils d'autre
Larrouffier

Larrouffier, autre le Capitaine Malber, autre nommé le Capitaine Tic, autre Laverdure Suiffe, autre Mene Fauconnier dudit de Loftanges, ajournez aufdits trois briefs jours, & défaillans, d'autre : Veu le prócez, charges & informations, refomptions d'icelles, Arrefts de la Cour des dix-neuviéme Avril mil fix cens onze, & fecond de May dernier, autres Arrefts dudit Confeil Privé du Roy, des un & troifiéme Decembre, & troifiéme Fevrier dernier, défd. ajournemens à trois briefs jours du dernier Fevrier, dernier défaut tillet du dix-neuviéme Juin, plaidoïez du cinquiéme du même mois de Juin dernier, demande fur l'utilité d'icelui ; requête remonftrative ordonnée être mife au fac le quatriéme du prefent mois, & autres productions par ledit Paillaffa faites, enfemble le dire & conclufions du Procureur general du Roy. Dit a été que ladite Cour a declaré & declare lefdits deffauts & ajournemens à trois briefs jours avoir été bien & dûement faits, pourfuivis & entretenus, & d'iceux a adjugé & adjuge tel profit & utilité audit Paillaffa demandeur, qu'elle a condamné & condamne pour les cas refultans dudit procez lefdits de Loftanges, Cornely, la Garde, Larrouffier, Tic, Laverdure, Malber & Mene défaillans, à le reintegrer des fruits decimaux & revenus de ladite Cure de Beduer à lui pris & perçeux en l'année mil fix cens onze, ou la legitime valeur d'iceux ; telle qu'il baillera par declaration : fur quoi ledit Paillaffa fera creu à fon ferment ; & en outre en trois mil livres d'amende, moitié envers le Roy, & moitié envers ledit Paillaffa demandeur pour fes dommages & interêts, en laquelle reintegration des fruits & amandes lefdits défaillans feront contraints par toutes voyes dûes & raifonnables, & par corps, le folvable pour l'infolvable, fans préjudice audit Paillaffa de la plus ample reftitution des fruits par lui pretendus ; pour raifon dequoi ladite Cour a reçû & reçoit ledit Paillaffa à plus à plein articuler, prouver & verifier lefdits faits concernans ladite expoliation & trouble à lui donné, mentionné en fadite requête, pour ce fait lui être dit droit ainfi qu'il apartiendra ; faifant ladite Cour inhibitions & défenfes aufdits défaillans, & à tous autres, de ne troubler ni empêcher ledit Paillaffa en la poffeffion

K k

& joüiſſance de ladite Cure, fruits, profits, revenus & émolumens d'icelle, à peine de la vie, & aux Parroiſſiens d'icelle Parroiſſe, de ne payer le dixme à autre qu'audit Paillaſſa demandeur,
ou à ſes Fermiers & agens, ſur peine de cinq cens livres, & autre
arbitraire,& des contraventions en ſera enquis par le premier Magiſtrat Royal. Si a fait & fait trés-expreſſes injonctions & commandemens à tous Senéchaux, Gouverneurs, Prevôts, leurs
Lieutenans, Conſuls, Capitaines & autres Officiers du reſſort,
& autres ſujets du Roy, de tenir la main à l'execution du preſent
Arreſt, prêter aide, faveur & main forte ſi beſoin eſt, à peine de
ſuſpenſion & privation de leurs charges, & de répondre audit
Paillaſſa de tous dépens, dommages & interêts. Si a condamné
& condamne leſdits défaillans aux depens de la cauſe envers ledit
Paillaſſa demandeur, la taxe reſervée. Prononcé à Toulouſe en
Parlement le 7. Juillet 1612.

TROIS MIL LIVRES D'AMENDE] ℣. *la nouvelle Ordonnance tit.* 18. *arr.* 6.

Religieux.
TITRE V.
ARR. I.

LE Mardi 5. Avril 1605. aux Arreſts generaux de Pâques,par
Arreſt prononcé par Monſieur de la Terraſſe,entre l'Abbé de
Lezat, & le Sindic du Monaſtere, demandans reſpectivement la
dépoüille d'un Religieux trépaſſé, ladite dépoüille fut adjugée
audit Sindic, à la charge d'icelle employer aux reparations d'i-
celui Monaſtere, ou achat d'ornemens Eccleſiaſtiques.

LA DEPOÜILLE D'UN RELIGIEUX] Si l'Abbé de Lezat eût été Abbé Com-
mendataire, la dépoüille du Religieux lui eût été adjugée à l'excluſion du Sindic du Monaſtere, ſuivant l'uſage de ce Royaume.

Rentes.
TITRE VI.
ARR. I.

PAr Edit du Roy Henry II. du 26. Juin 1554. publié le 20.
Novembre audit an, les rentes aſſiſes ſur maiſons des Villes
cloſes, furent declarées rachetables au denier quinze : & ainſi a été
jugé par pluſieurs Arrêts,même pour une rente aſſiſe ſur une maiſon en la ruë du Salin en Toulouſe, en faveur de Moncelly Procureur, contre Salvy Foreſtier le 28. jour de Novembre 1562.

A R R. I I.

Extrait des Regiftres de Parlement.

ENtre le Sindic du Clergé de la Province de Touloufe , & des Dioceses de Commenge & Conzerans , fuppliant & demandeur à ce que les Lettres patentes du Roy données à Paris le vingt-troifiéme Mars mil cinq cens feptante-cinq pour le regard de la réponfe faite au feiziéme article des remontrances dud. Sindic , en ce qui concerne le rachat des cens & rentes foncieres appartenans audit Clergé fur les maifons , édifices , jardins , marêts & places vuides fituées en la ville de Touloufe , fauxbourgs d'icelle , & autres Villes defdites Provinces & Dioceses , enfemble les cinquante-fept , cinquante-huit & cinquante-neuf articles d'autres Lettres patentes données à S. Maur des Foffez le vingt-troifiéme Juin mil cinq cens quatre-vingt-fix , concernant le rachat defdits cens & rentes foncieres foient verifiées és regiftres de la Cour, pour par led. Sindic joüir de l'effet & contenu en icelles d'une part ; & les Sindics du païs de Languedoc & de la ville de Touloufe , oppofans & défendeurs , & le Procureur general du Roy auffi défendeur d'autre. Veu les plaidez du 28. Juillet mil cinq cens quatre-vingts-cinq, lefdites Lettres patentes & articles contenant ledit achat defdits cens & rentes foncieres , Arreft de la Cour donné entre lefdits Sindics du Clergé & Sindics du païs de Languedoc & de ladite ville de Touloufe , du trentiéme Janvier mil cinq cens feptante-fept : autre Arreft donné fur le regiftre defdites Lettres du vingt-troifiéme Juin 1586. pour le regard des autres articles y contenus , que defdites cinquante-fept , cinquante-huit & cinquante-neuf du douziéme Septembre dernier, extrait de deux autres Lettres patentes du feu Roy Henry II. octroyées audit Sindic du Clergé de ladite ville de Touloufe pour le fait du rachat defdits cens & rentes foncieres , données à Paris au mois d'Octobre mil cinq cens cinquante-fix , & au mois de Février mil cinq cens cinquante-huit : autre extrait de Lettres patentes du Roy Charles dernier decedé , octroyées audit Clergé à même effet , du dix-feptiéme Septembre mil cinq cens foixante-neuf ; extrait d'autres Lettres patentes dudit feu Roy Henry fecond , octroyées au Sindic de la ville de Touloufe pour ledit rachat deſdites cens & rentes foncieres appartenans audit Clergé, donnéeſ à ſaint Germain en Laye le neuviéme Septembre mil cinq cens cinquante-trois ; extrait de la deliberation de ladite Ville de Touloufe du deuxiéme Octobre ſuivant ; extrait de Lettres patentes données fur ladite deliberation du vingt-ſixiéme Juin mil cinq cens cinquante-quatre , publiées & regiſtrées en la Cour le vingtiéme Novembre ſuivant ; autre extrait de Lettres patentes octroyées audit Syndic de la Ville de Touloufe par le feu Roy Charles , du vingt-huitiéme Juillet mil cinq cens ſoixante-trois ; Arreſt fur la publication & regiſtre d'icelle , donné entre le Syndic de ladite Ville , & le Syndic du Clergé du vingtſixiéme Avril mil cinq cens ſoixante-quatre ; dires par écrit deſdits Syndics du païs de Languedoc , & dudit Clergé , inſerez aux plaidoyez dudit jour vingt-huitiéme Juillet mil cinq cens ſoixantequinze ; dire par écrit dudit Sindic de la Ville , requête dudit Syndic du Clergé & de la Ville ; enſemble les dire & concluſions du Procureur general du Roy fur ce baillez par écrit. Dit a été , que la Cour ayant quant à ce égard à ladite requête , dire & concluſions dudit Procureur general du Roy , a ordonné & ordonne nonobſtant choſe dite & alleguée au contraire par leſdits Syndics du païs de Languedoc , & de la Ville de Touloufe , que les Lettres patentes dudit jour vingt-troiſiéme de Mars mil cinq cens ſeptante-cinq , pour le regard de la réponſe faite au ſixiéme article des remonſtrances dudit Clergé , concernant le rachat des cens & rentes foncieres appartenans audit Clergé , fur les maiſons , édifices , jardins , mareſts , & places vuides ſituées en la Ville de Touloufe & fauxbourgs d'icelle , & autres villes deſdites Provinces & Dioceſes ; enſemble le cinquante-ſeptiéme article deſdites Lettres patentes du vingt-troiſiéme jour de Juin mil cinq cens quatre vingts ſix , concernant auſſi le rachat deſdits droits Seigneuriaux , cens & rentes foncieres , feront regiſtrées aux regiſtres de ladite Cour , pour par le Syndic du Clergé joüir de l'effet & contenu auſdites reponſes au cinquante-ſeptiéme article pour les droits & devoirs Seigneuriaux , cens & rentes foncieres audit Clergé , appartenans , non encore effectuellement rachetées ; & fans avoir égard au ſurplus de ladite requête , en

ce qui concerne le regiftre requis defdits cinquante huitiéme &
cinquante-neuviéme articles defdites dernieres Lettres , ordonne
ladite Cour n'y avoir lieu du regiftre & verification requife d'i-
ceux , & fans dépens de ladite oppofition , & pour caufe. Prononcé à Touloufe en Parlement le neuviéme jour du mois de
Mars , l'an mil cinq cens quatre-vingts huit.

A R R. I I I.

REntes ou penfions annuelles impofées fur certaines pieces ,
par achat ou autre contrat , que par emphiteofe , bail ou
infeodation de piece , font rachetables à perpetuité , pour le prix
& fommes qui fur elles font impofées , comme a été jugé par
plufieurs Arrêts au Parlement de Touloufe , même entre noble
Gafpard de Flamin , Seigneur dudit lieu , mon oncle , d'une part,
& Bernard Bonail licencié , & Jean Correge d'autre du 8. Avril
1551. Entre Maître Jacques des Mazes, & le Syndic des Prêtres
du lieu de Seyrac , du 27. May 1551. Entre Hugues , & Guillaume Terondels , & Anne & Antoine Claufols du 24. May 1563.
Entre le Syndic de l'Abbaïe de Bonaval , & Maître Eftienne
Bonnail Confeiller en la Cour , du dernier Aouft 1563. Entre
Alexandre & Jean Azemar freres , & François Douillon fieur
de Roquette du 30. May 1564. Entre Pierre Sicard & Bernard
de Lamy Confeigneur du Cuq , du 7. Mars 1567.

A R R. I V.

LE 17. Avril 1544. en Audience de releveé ordonné par Arreft , que certaine rente achetée par le Chapitre de Lectoure ,
à raifon de dix pour cent , feroit reduite à raifon d'une livre de
penfion annuelle pour quinze livres d'achat , & feroit rachetable
à perpetuité , entre certains Prêtres de Lectoure & Fraiffine, lefquels font auffi compris audit Arreft.

A R R. V.

PAr Arreft prononcé le neuviéme Mars mil cinq cens quatre
vingts-huit , fur le rapport de Monfieur Refleguier , entre le
Syndic du Clergé de la Province de Touloufe & des Diocefes de
Commenge & Conzerans , fuppliant en enterinement de certaines lettres patentes du vingt-troifiéme Mars mil cinq cens feptante-cinq , & le Syndic du païs de Languedoc & de la ville de

Touloufe oppofans : dit a été, qu'ayant égard à ladite requête, dire & conclufions du Procureur general du Roy, & chofe deduite ou alleguée, nonobftant lefdites Lettres pour le regard du rachat des rentes foncieres appartenans audit Clergé fur les maifons, édifices, jardins & places vuides, fituées en la ville de Touloufe & fauxbourgs d'icelle, feront regiftrées au regiftre de la Cour, pour joüir icelui Sindic du contenu en icelles. Cet Arreft eft cy-deffus inferé au long.

A R R. V I.

ARreft du treize Juin mil cinq cens treize, entre de Levis & de Montcamp, & de Joyeufe, par lequel la livre de rente en cenfive eft eftimée trente-fept livres dix-fept fols, & de revenu à vingt livres, eu égard au temps de l'an mil quatre cens foixante-quatre fans juftice.

A R R. V I I.

LE douziéme Février mil cinq cens nonante-cinq, au rapport de Monfieur la Cofte, fut jugé une rente conftituée à prix d'argent n'être rachetable, encore qu'on ait ceffé à payer icelle par deux ans, entre Fredaud & Guibhel, non plus que d'une penfion conftituée, ou d'une rente fonciere: parce que *facta eft perpetua ab alienatio fortis.* Et parce que par aucun Edit ni Ordonnance faite fur la Conftitution defdites rentes telle chofe n'eft permife, nonobftant les Arrefts du Parlement de Touloufe, car ils parlent des rentes conftituées en efpece de bled & vin, reduites par lefdits Arrefts en argent, & auffi par proviffion, jufqu'à ce qu'autrement par le Roy en foit ordonné, s'en étant aprés enfuivi Edit du Roy verifié, ne contenant ladite faculté.

D'UNE RENTE FONCIERE] Il eft bon d'avertir que d'Olive *au chapitre* 1. *du livre* 2. a avancé une fauffe doctrine en foûtenant que la nouvelle rente, établie avec tous droits Seigneuriaux fur un fonds allodial, par celui qui le poffede & qui le retient devers foi, devoit être jugée fonciere : car il eft certain qu'elle ne peut être jugée que volante, quoy que *nomine tenus*, elle puiffe être qualifiée rente fonciere, cette qualité étant donnée aux fimples cens, fans la qualité d'emphyteofe, qui neanmoins ne laiffent pas de fe refoudre en conftitution de rente. Et ce qui rend même d'Olive moins excufable eft, que l'Arrêt qu'il allegue pour appuyer fon fentiment, dit precifement le contraire de ce qu'il met en avant ; j'ay pris le foin d'en avoir un extrait, qui fait foy, que Jean Brouzet Bourgeois de la ville de Sauve, ayant relevé appel d'une Sentence donnée par le Senéchal de Montpellier au profit de Jofeph d'Aviffens, fieur de Mafaribal, il demanda par Lettres incidentes d'être reçû à demander caffation & rejection de certaines reconnoiffances, comme auffi à faire le rachât de la rente impofée fur certaine metairie de Falcon, par acte de l'an 1458. duquel acte il remit un extrait ; fur quoy par Arrêt du dix-neuviéme du mois d'Août 1634. il fut ordonné avant faire droit fur l'appel & lettres de Brouzet, en ce qui concernoit la rente d'un fétier bled froment, faifant partie des quatorze quartes bled portées par ladite Sentence, & dû fur le mas de Falcon, dont mention étoit faite en l'acte du 2. d'Octobre 1458. que dans trois jours après la fignification de l'Arrêt, le regiftre, duquel l'extrait dudit acte avoit été tiré, feroit remis, pour ce fait être ordonné ce qu'il appartiendroit ; & en tout le furplus fans avoit égard aufdites lettres, l'appellation fut mife au neant, & ordonné que ce dont avoit été appellé fortiroit à effet, à la charge que la condamnation des arrerages adjugez par ladite Sentence audit d'Avifens, n'auroit lieu que depuis l'introduction de l'inftance. Or que cet Arrêt faffe contre l'intention d'Olive ; c'eft ce qui s'induit de ce qu'il fut ordonné que le regiftre, duquel l'extrait produit avoit été tiré, & où la conftitution de rente étoit inferée, feroit remis. Il eft conftant que c'étoit pour voir fi l'original étoit conforme, car autrement on n'auroit pas eu égard à la demande en rachat de ladite rente ; & fans paffer par cet intedlocutoire l'on auroit déclaré la rente fonciere, & condamné Brouzet aux arrerages depuis vingt - neuf ans ; & d'effet la condamnation de la rente ne fut adjugée que depuis l'introduction de l'inftance. Il eft donc vrai de dire que ladite rente ne fut pas déclarée fonciere, mais volante & conftituée à prix d'argent.

A R R. VIII.

ENtre Jean Renaud appellant comme d'abus des Prefidiaux de Carcaffonne, contre Thomas Savel appellé, par Arreſt prononcé le neuviéme Février 1561 fut l'emprifonnement fait en la perfonne dudit Renaud pour le pied d'un cartonage & arrerages declaré abufif, ordonné que ledit Renaud feroit élargi avec dépens ; l'appellé privé des arrerages, fauf à faire execution comme il appartient.

Requête Civile.
T I T R E VII.
A R R. I.

SUr les remontrances faites par les gens du Roy, de ce que fous pretexte de l'Ordonnance faite à Moulins, par laquelle eft porté que les Lettres en forme de requête civile obtenuës contre les Arrefts donnez fur productions au Confeil, ou procez par écrit, ne feroient plaidées en Audience publique, que premierement elles n'ayent été communiquées aux gens du Roy aufd.fins, & comme plus à plein eft contenu en ladite Ordonnance ; de peu de temps en çà l'on auroit pris coûtume communiquer aux gens du Roy tous les procez & productions des inftances des requêtes civiles, pour bailler par écrit ; jaçoit que le Roy n'y ait interêt, finon pour requerir l'amende, & qu'il n'y ait aucune ordonnance qui le porte ainfi, à quoi ils ne pourront vaquer pour

la grande multiplication de telles instances de requêtes civiles, &
affluences d'autres infinis affaires d'importance, dependans de leur
charge , desquels ils seroient distraits par ce moyen. Outre que
de là provient grand retardement & longueur en l'expedition
desdites causes , & procez de requêtes civiles , & interêts des
parties plaidans. La Cour eu égard ausdites remontrances , &
pour autres considerations à ce la mouvans , a ordonné & ordonne que d'oresnavant ne sera faite communication aux gens du
Roy des procez desd. instances de requêtes civiles , & ils ne seront chargez bailler par écrit en icelles , sinon en cas qu'il seroit
allegué faute des Juges, qui auroient assisté & opiné ausdits Arrests donnez & intervenus en même fait & cause , & entre même partie , ou bien és causes & matieres où le Roy auroit interêt
autre , que pour requerir l'amende indicte par les ordonnances
contre les impetrans de telles Lettres, au cas ils en seroient demis,
ou bien en faits ausquels en autres instances & qualitez , il est
besoin & de coûtume selon les ordonnances & stile , faire communication aux gens du Roy ; neanmoins ordonne aussi que les
impetrans desdites Lettres seront tenus faire exprimer en icelles
la date desdits Arrests , esquels pretendront avoir contrarieté , &
tous les faits & moyens qu'ils presupposeront avoir pour être restituez en entier contre les Arrests. Et ne pourront iceux impe
trans sur la presentation desdites Lettres par leurs plaidoyez , ou
autrement en instances qui sur ce seront introduites les deduire ,
& ne sera eu égard à autres points ou moyens de restitution en
entier, sinon à ceux qui seront compris & mentionnez esd. Lettres.

COMMUNICATION AUX GENS DU ROY] *V. l'Ordonnance de 1667. tit. 35. art. 34.*

ARR. II.

MOnsieur l'Avocat general Durand auroit remontré à la
Cour que c'étoit un grand scandale à la Justice de voir les
Requêtes civiles autant frequentes que les Lettres d'appel, ce qui
provenoit de l'avarice des Procureurs & Avocats, qui sans grande
deliberation conseilloient les impetrations de telles Lettres ; occasion dequoi requier inhibition & deffense être faite aux Procureurs,
de ne minuter ni mettre aucunes Lettres de Requêtes civiles sur

le

le feau, fans qu'au prealable icelles fuſſent conſultées par les Avocats , & qu'au jour de la preſentation ils euſſent en main la conſultation pour l'exhiber s'ils en étoient requis.

La Cour a fait inhibition & deffenſe aux Procureurs mettre
aucunes Lettres en retraĉtement d'Arreſts ſur le feau, qu'elles n'a-
yent été conſultées par les Avocats , & en ayent la conſulte ſignée en main. Si a enjoint auſſi aux Avocats bien & fidellement
en ce conſulter leurs parties & garder leur ſerment. Or les requêtes civiles étoient en ce temps ſi odieuſes , que ſi par la leĉture
d'icelles elles étoient trouvées inciviles , les impetrans en étoient
démis avec dépens & l'amende envers le Roy.

CONSULTE'ES PAR LES AVOCATS] La nouvelle Ordonnance ſe trouve con-
forme en l'art. 13. du tit. 35. Elle veut même que la conſultation ſoit ſignée de deux Avocats , & de celui qui aura fait le rapport. La même precaution a été priſe pour empêcher la
frequence des appellations comme d'abus ; car par l'Edit d'Henry IV. verifié en 1606. il fut
ordonné qu'aucun ne ſeroit reçû à plaider un appel de cette nature que ſon Avocat ne fût
aſſiſté de deux autres à la plaidoirie : & parce que cet Edit ne fut pas *in viridi obſervantiâ ,*
le Clergé en l'année 1635. s'étant plaint au Roy de la multitude des appellations comme
d'abus , le feu Roy en ſa réponſe au ſeiziéme article du cayer qui lui fut preſenté pour
cet effet , ordonna entr'autres choſes , que l'appellant rapporteroit une conſultation des
Avocats pour reconnoître ſi l'abus étoit tel qu'on le preſuppoſoit. Il faut encore prendre
garde , que les Avocats qui auront ſigné la conſultation , laquelle doit être attachée aux
lettres de requeſte civile , ſoient non ſeulement du même Parlement où a été donné l'Arreſt , contre lequel on ſe pourvoit , mais même qu'ils ſoient du nombre des anciens. La
premiere condition s'induit viſiblement de l'art. 30. dudit titre 35. & cette induĉtion ſe tire doublement ; car outre qu'il y eſt parlé de l'uſage de les faire trouver en Audience ,
on doit encore declarer leurs noms ; ce qui fait voir qu'ils ne doivent pas être des perſonnes inconnuës ; autrement ſi ces Avocats étoient d'un autre Parlement , leurs noms &
leurs ſeings pourroient être également inconnus & ſuppoſez ; outre que bien ſouvent
chaque Parlement a ſa maniere de juger , & qu'ainſi il faut conſulter des Avocats qui ayent
connoiſſance de l'uſage qu'il faut ſuivre , & qui pourroit être inconnu à des Avocats étrangers. Pour ce qui regarde la ſeconde condition , elle eſt fondée ſur ce que l'âge avancé des
Avocats leur ayant dû acquerir des lumieres & des connoiſſances que les jeunes ne peuvent
pas avoir à cauſe qu'ils ont moins d'experience , leur capacité doit être d'un aſſez grand
poids pour perſuader , ou du moins pour faire preſumer aux Juges qu'il y a quelque lieu
de recourir au remede extraordinaire de la requête civile. Au ſujet duquel remede il y a
encore deux conſiderations à faire ; la premiere qu'autrefois les requêtes civiles n'étoient
guere bien reçuës contre les Arrêts contradiĉtoires donnez en Audience publique , *nihil
erat in rebus publicè judicatis innovandum ,* & elles n'étoient regulierement reçuës que
contre les Arrêts donnez par écrit , ce que l'art. 61. de l'Ordonnance de Moulins ſemble
autoriſer. La ſeconde conſideration gît , en ce que les matieres criminelles & les requêtes civiles ont toûjours été regardées comme des monſtres dans le Palais , quand mêmes
elles ſeroient fondées ou ſur ſurpriſe ou ſur nullitez intervenuës en l'Arrêt , & quant
au fonds il s'agiroit d'un aſſaſſinat. Ainſi le nommé Lauſerouge Procureur en ce Parlement , & accuſé de ce crime , ayant été relaxé parce qu'il eut l'adreſſe de ſuppoſer

L l

une inquifition à la place de la veritable, la partie civile ayant produit la veritable inquifition dans les fuites, & après s'être pourvûe contre l'Arreft de relaxe de Lauferouge, elle eut beau faire valoir le moyen de requête civile qu'elle tiroit de ladite fuppofition ; Par autre Arreft donné en l'année 1628. en la Chambre de la Tournelle, après y avoir eu partage en Audience, elle fut demife de fa requête, fauf qu'il feroit enquis de la fuppofition. Ce même Parlement, une douzaine d'années après, donna un pareil Arreft en l'Audience de la même Chambre le 18. May 1639. Me. Parifot plaidant ; il étoit auffi queftion en l'efpece de la caufe d'un affaffinat. Le Parlement de Paris a été plus fevere que celui de Touloufe dans fa maniere de juger. *V. le Journal des Audiences liv. 5. chap. 26. Le Journal du Palais tom. 2. page 548. Les Docteurs fur la Loy 1. ff. de quæft.* & la diftinction que fait fur ce fujet, entre relaxer une partie, & mettre les parties hors de cour & de procez ; le Préfident Faber *Cod. liv. 9. tit. 2. en la premiere note fur la defin. 4.*

ARR. III.

LE vingt-fixiéme Octobre 1590. au rapport de Monfieur Ambés fut jugée une Requête civile. Le fait eft que le fieur de S. Germain ayant relevé appel du Senéchal du Puy, fon libelle appellatoire eft baillé en communication à Belhomme Procureur de l'appellé, lequel pourfuit le jugement du procez, fi que la Cour fans voir ledit libelle appellatoire met l'appellation au neant, avec dépens. Sur ce eft fondée la requête civile dudit fieur de S. Germain ; & bien qu'au fonds il ne fût point bien fondé, & la Cour eût jugé le mêmes, encore qu'elle eût vû le libelle apellatoire ; ce neanmoins lefdites Lettres en forme de Requête civile furent interinées, & les parties remifes en l'état qu'elles étoient auparavant ledit Arreft ; & pour la faute & contravention au ftil commife par led. Belhomme, il fut condamné aux dommages & interêts foufferts par fa partie, & en deux écus d'amende envers le Roy.

SANS VOIR LE LIBELLE] J'ay trouvé dans les memoires de Mr. l'Avocat general Rozel, que le 15. Mars 1610. le procez pendant en la Chambre entre le nommé Vincent Marchand de proffion, & le nommé Blanc hôte de Gignac, fut reveu, à caufe qu'on avoit oublié une piece par la faute du Greffier, & qu'il fut attefté par Monfieur d'Ouvrier, l'un des Juges, qu'à Touloufe un procez ayant été jugé, où le Rapporteur avoit oublié d'extraire la principale claufe d'un teftament, étant enfuite l'Arreft dreffé mais n'étant pas figné, ni n'ayant pas été prononcé, le procez fut verifié & reveu par les mêmes Juges, & qu'on jugea le contraire de ce qui avoit été deliberé.

Refcifion de Contrats.
TITRE VIII.
ARR. I.

AU mois de May 1591. au rapport de Monfieur Catel. Le fait eft qu'après l'invafion de la ville de Cahors faite par le

Roy de Navarre en l'an 1580. les Prieur & Religieux Chartreux
d'icelle Ville étans faits prifonniers furent contraints bailler tant
pour leur délivrance que pour garder que les édifices de leur Mo-
neftère ne fuffent ruinez, comme furent les autres Convents, qui
ne voulurent rien donner ni promettre aux Heretiques, étant la
Ville remife en l'obéiffance du Roy par le moyen de l'Edit de paix,
aprés que les Catholiques furent de retour en icelle, les Prieur &
Religieux du Couvent des Chartreux de Cahors pour fe pouvoir
acquitter defdites fommes qu'ils auroient empruntées à interêts de
l'avis des principaux Habitans de ladite Ville, & par permiffion
& confentement tant de l'Evêque de Cahors que du Prieur de la
grande Chartreufe, General de leur Ordre, baillent en arrentement perpetuel & à nouveau fief à Giron ou Jerôme Adine Bourgeois dudit Cahors, la fôrêt & metairie appellée d'Arbrelong
prés le lieu de Vaillac en Quercy fous le cens & rente perpetuelle
de foixante quartes froment, & vingt quartes avoine, mefure de
Cahors, & trente-cinq écus annuellement, le tout porté audit
Couvent aux dépens dudit Adine, avec droit de lods & ventes,
acaptes & rierecaptes, jufques à la fomme de quatre écus, & autres droits Seigneuriaux ; & pour les entrées icelui Adine pro-
met bailler la fomme de deux mille écus fol pour acquittement
des obligations contractées par ledit Couvent. Suivant ce contrat Adine paye ladite fomme de deux mille écus aux Creanciers
dudit Monaftere, & paye auffi ladite rente convenuë depuis le bail
qui fut fait en l'année mil cinq cens huitante-un, jufques à l'année mil cinq cens nonante, qu'étant actionné pardevant Meffieurs
tenans la Chambre des Requêtes en condamnation de ladite rente pour icelle année 1590. il impetre Lettres Royaux en caffation & refolution dudit contrat de bail à nouveau fief, difant
qu'il a été lezé outre moitié de jufte prix ; car il dit que ladite
fôrêt & metairie au meilleur temps & fertilité ne fçauroit rendre plus haut de deux cens livres, où la rente qu'il s'eft chargé
de payer revient à quatre ou cinq cens livres. Au contraire le
Syndic des Chartreux infifte à fins de non recevoir. Par Jugement eft ordonné que fans préjudice defdites fins il deffendra :
dequoi ayant ledit Syndic relevé appel, par Arreft l'appella-

L l ij

tion & ce dont avoit été appellé font mis au neant , & ledit Sin-dic eft relaxé. Doncques la Loy 2. *cod. de refcind. vend.* n'a point lieu en contrats d'infeodation ; fi l'Emphiteote fous pretexte de lezion fe pouvoit départir du contrat , il faudroit donner même faculté au Seigneur direct , ce que toutefois on ne fait pas , & ne feroit pas recevable le Seigneur qui demanderoit caffation du con-trat *ex cap. lefionis* ; à moindre raifon l'Emphiteote , lequel fi la rente eft trop grande & exceffive , eft quitte en guerpiffant & fai-fant délaiffement du fonds. *Gl. in §. Omnes filii in verbo* (*Omnes*) *ibi , vel fi gravari fentit , relinquat feudum fi de feudo defuncti contentio fit. In ufibus feudorum.*

IMPETRE LETTRES ROYAUX] Les dix ans accordez par les Ordonnances Royaux courent utilement, nonobftant l'impetration des lettres Royaux , fi elles n'ont pas été fignifiées pendant ce temp, là ; parce que la feule impetration ne fufpend pas le cours de la prefcription, mais bien l'exercice de l'action en reftitution , ce qui ne peut pas fe fai-re fans la fignification , laquelle introduit l'action. Le Parlement de Grenoble a même jugé par fon Arrêt donné au rapport de Mr. de la Pierre le 18. Decembre 1669 en faveur de Mre. Gaillard Guiran , trés-docte Confeiller au Prefidial de cette Ville, contre Claude Ravanel du lieu de Mandüol Magdelaine de Clement & Marie Ravanel , que l'interpellation pour le refcifoire n'étoit pas un moyen legitime pour interrompre le cours du refcindant ; quoy que plufieurs Docteurs de ce Royaume ayent pretendu , que comme le refcindant interrompoit la prefcription à l'égard du refcifoire , celui-cy de même l'interrompoit à l'é-gard du refcindant ; à l'exemple des actions personnelle & hipothecaire , qui étans compa-tibles , interrompent l'une pour l'autre la prefcription , *quafi videatur actor jus omne fuum in judicium deduxiffe. L. fi ex multis. C. de Annal. exceptio.*

LE SEIGNEUR QUI DEMANDEROIT] Il en faut excepter l'Eglife & le Mi-neur , qui peuvent fe faire reftituer en entier pour un contrat d'infeodation. *V. la fuite ti. 68. arr. 1. le traitté des droits Seigneuriaux chap. 1. art. 32. & Maynard liv. 3. chap. 62.*

Retour.
TITRE IX.
ARR. I.

LE 26. Juin mil cinq cens huitante-deux , par Arreft à Tou-loufe fut ordonné que la dot conftituée par la mere retour-noit à ladite mere , la fille premourant fans enfans , bien que la-dite fille eût fait teftament , *idque ex leg. 2. cod. de bon. quæ liber. quæ licet vulgo interpretetur de patre , habet etiam locum in matre quæ dotem conftituit.*

RETOURNOIT] Dans le reffort de ce Parlement le droit de retour n'eft pas limité au pére feul ; mais il a été étendu à tous les afcendans , aux meres , freres , fœurs , on-cles & tantes de fang. On pourroit même foûtenir à l'égard de la dot qui fait retour , que quoi que regulierement le mary ait l'an pour rendre la dot , confiftant en argent ; toutefois cela devroit fouffrir exception au cas d'une telle dot , parce que le retour fe fait *per confolidationem* , & que celui qui a droit de retour eft plus favorable que la femme , ou fes heritiers , qui repetent la dot. Sur cette matiere il y a eu des Arrêts contraires une infinité de fois , & il feroit bon qu'il s'en donnât un general , pour fçavoir avec certitude quel parti il faut tenir ; quoi qu'il ne faille pas diffimuler que Defpeiffes n'eft pas le feul Docteur qui tienne , que le mary à l'an contre celui qui demande le retour.

ARR. II.

A Eté parti en trois Chambres fi la dot conftituée par la mere eft fujette à retour, decedant la fille fans enfans ; & a jugé qu'oüy *per l. Quod fcitis cod. de bon. quæ liber.*

Revendeurs.
TITRE X.
ARR. I.

L A Cour fait défenfe aux Revendeurs de Touloufe de fe trouver aux inquans publics, ni y faire aucune furdite par eux ou par perfonnes interpofées , ou aux Inquanteurs leur tenir la main , fur peine du foüet , par Arreft du quatriéme jour de Decembre l'an mil cinq cens quatre vingts - fept , entre Antoine Benezet & Gaudé.

ARR. II.

A Rreft du quatorziéme Fevrier mil cinq cens cinquante,contenant prohibition aux Revendeurs & Revendereffes de vendre aucuns merlus , merluffe , faumon , tonine ni autres poiffons moüillez és rües & places publiques ou maifons privées , ni ailleurs qu'aux lieux à ces fins ordonnez & deftinez.

V. le Livre I. *tit.* 29.

Rigueurs.
TITRE XI.
ARR. I.

A Rreft en Audience entre Maître Laurens Tabard & Pagés le douziéme Juillet mil cinq cens quarante-trois , par lequel le Notaire pour avoir expedié Lettres de rigueur pour trois livres , eft condamné en amende , & inhibition de ne dépecher telles Lettres ou autres contrarians aux Ordonnances , & qui ne foient fignées du Juge ; & c'eft fuivant l'Ordonnance faite fur le fait de la Juftice au païs de Languedoc , par laquelle eft prohibé n'expofer clameur pour moindre fomme que de dix livres.

QUE DE DIX LIVRES] C'eft fuivant l'art 104. des Ordonnances que Charles VIII. fit à la requête des gens des trois Etats de cette Province, & qui furent publiées le 27. Avril 1490. depuis lequel temps on obferve exactement en la Cour du Juge des Conventions Royaux de Nifmes, qui eft un Juge de rigeur, qu'un creancier ne peut pas expofer clameur pour moindre fomme que de dix livres.

Rivieres.

ARR. XII.
ARR. I.

Extrait des Regiftres de Parlement.

ENtre Maître Antoine de Paule Confeiller du Roy en la Cour, fuppliant & demandeur d'une part; & Maître Rigaud Ouvrier Avocat en la Cour, deffendeur d'autre, Drulhe pour ledit de Paule, &c. Vedel pour ledit Ouvrier, & de Teronde pour Meffire N. Cardinal de Medon Archevéque de Touloufe, &c. Deigua pour le Procureur general du Roy, comme à plein eft contenu efdits Regiftres: La Cour euë deliberation, fans préjudice de l'Arreft, & fans rétardation de l'execution d'icelui, auquel eft enjoint audit de Paule & autres proprietaires dudit moulin, obéïr entierement dans un mois prochainement venant, à peine de Confifcation d'icelui moulin, ayant égard à la requifition du Procureur general du Roy, & attendu l'évidence du dommage & incommodité publique avenant ordinairement par les inondations & debordemens de ladite riviere de Giron, à faute de fuffifante largeur & profondité des canaux d'icelle riviere, & des éclufes des moulins fituez fur icelle riviere: a ordonné & ordonne que tous ceux qui tiennent de preds & terres fifes au long de ladite riviere, feront tenus faire élargir & profonder le canal principal du cours & paffage de l'eau és lieux & endroits, & en la maniere qu'il fera avifé être expedient par experts, qui à ce feront élûs par le Commiffaire à ce deputé, y appellez ceux qui tiennent lefdites terres & preds; aufquels la Cour enjoint de faire diligemment ledit élargiffement & profondeur chacun à l'endroit de fefdites terres & preds, aufquels pour fupporter partie des frais neceffaires audit ouvrage, fera faite contribution par les prochains voifins & ayans terres contiguës, & rapportans commodité dudit élargiffement , de telle fomme & quottité raifonnable , que par lefdits experts fera juftement taxée felon la quottité des terres,& commodité revenant à ceux qui tiennent lefdites terres, & voifins , lefquels élargiffemens & approfondiffemens dûëment faits foient cy-aprés par ceux qui tiennent lefdites terres, maintenus & entretenus en l'état qu'il appartient. Et pareillement enjoint aux autres proprietaires & tenanciers des moulins fituez fur ladite riviere , de reduire les éclufes , canaux & paiffieres d'iceux moulins en tel état que par ce moyen les chemins , les paffages publics , & les terroirs prochains ne foient gâtez , empêchez ou incommodez : Et d'autant qu'en la riviere de Lers aviennent auffi tels ou plus grands dommages & incommoditez notoires à caufe de femblable faute, negligence & empêchemens, fait la Cour parreille injonction que deffus aux tenanciers & proprietaires des terres & preds au long de ladite riviere de Lers,& aux proprietaires des moulins fituez fur icelle : enjoignant auffi aux Capitouls de Touloufe , en ce qui eft dans le Gardiage de la Ville , executer diligemment & faire accomplir & entretenir ce deffus. Et en outre en ce qui concerne autre requifition faite par le Procureur general du Roy, pour raifon de la contravention à l'Arreft donné par la Cour contenant l'autorifation de la deliberation faite par les gens des trois Etats du païs de Languedoc , fur le fait des pâturages , a fait & fait inhibition de ne contrevenir audit Arreft, & ne mettre ou faire mettre aucun bêtail és preds fans licence & permiffion expreffe de celui ou ceux à qui appartiennent lefdits preds & terres,à la charge qu'ils feront tenus y faire planter nombre fuffifant de faules , peupliers , ormes & autres arbres pour la commodité du chauffage : faifant inhibition à tous de ne les faire couper ou arracher,fur peine du foüet & autre peine corporelle ; Et enjoint auffi aufdits Capitouls & autres Juges,Confuls & Magiftrats,faire faire lefdites injonctions & prohibitions refpectivement par proclamation publique , & les faire entretenir & obferver chacun en fon endroit. Fait à Touloufe en Parlement le treiziéme jour du mois de Février mil cinq cens cinquante-trois.

Sequeftres.

ARR. I.

SUr le rapport entre le Sindic du Clergé du Diocefe de Tou-loufe, la Cour fait deffenfes à tous Receveurs, Commis & exacteurs des deniers Ecclefiaftiques, d'iceux mettre és mains des Sequeftres, que ne foint Catholiques, & ceux qui qui y ont été mis leur feront ôtez. Prononcé le 24. jour du mois de Janvier l'an 1584.

Serment.

TITRE II.

ARR. I.

LE vingt-fixiéme Novembre mil cinq cens nonante, au procez de Florie & Gorfon appellans du Senéchal du Puy contre Louïs Valet, fut jugé que la partie qui a deferé le ferment decifif, peut revoquer la declaration *re integra*, & le prouver par témoins fuivant la Loy *Si quis jusjurandum. C. de reb. cred.*

ARR. II.

DU Jeudi aprés Pâquès dix-feptiéme Avril mil cinq cens foixante-un, *debitor qui cautionem debiti penes fe habebat*, fut condamné, *quamvis honeftæ vitæ effet*, à jurer fur le fait que le creancier lui mettoit fus, fçavoir comment il n'avoit point payé, combien que le billet fût *penes ipfum debitorem*; & Manfencal Prefident remontra, *quod quamvis præfumptio fit pro debitore quod folverit, fi penes ipfum cautio debiti reperiatur, hoc intelligendum eft fi nec vi nec dolo penes debitorem cautio illa effet, dicatur.*

Penes ipfum debitorem] Quand même le billet fe trouveroit rompu en divers endroits; parce que le debiteur peut l'avoir fait lui-même pour en faire induire une deliberation en fa faveur. Il eft vrai que ces circonftances fervent de prefomption pour le debiteur; mais outre que la prefomption doit ceder à la verité, laquelle fe découvre par le ferment, qui eft comme le preffoir de la confcience; d'ailleurs il eft certain que le creancier peut prouver que le billet eft tombé, fans fon fait, entre les mains de fon debiteur, & qu'il lui a été enlevé, de forte que pouvant être admis à une telle preuve, pourquoi feroit-il exclus de la delation du ferment.

ARR. III.

LE cinquiéme jour de Mai mil cinq cens quatre vingts-fix, au rapport de Monfieur Maffas fut conclu qu'aprés
qu'une

qu'une partie a fait son enquête, il n'est recevable à deferer
le serment à sa partie des faits sur lesquels il enquête. *arg. l. 2. Ext.*
de probat.

* N'EST PAS RECEVABLE.] Il est certain que cet article est mal conçû, & que l'Auteur a voulu dire, que celui qui a fait son enquête n'est pas tenu de jurer sur les faits sur
lesquels il a enquêté; que cela ne soit, l'Auteur établit le préjugé qu'il rapporte sur le
chapitre second *de probatio*, qui decide seulement, suivant le sommaire qu'on en a fait
que *actor. qui planè probavit non potest compelli jurare*, à cause qu'il a son intention
fondée sur les dépositions de ses témoins, *nec desunt legitime probationes, & causa est*
satis liquida, ce qui le doit exempter de la prestation du serment qui lui est deferé par
le deffendeur à l'enquête. S'il faloit concevoir la chose d'une autre maniere, outre que
la consequence tirée de la disposition dudit chapitre second, seroit prise à contre sens;
d'ailleurs on tomberoit dans ce sentiment erroné, que le demandeur, qui n'a pas peu
prouver son fait, ne pourroit pas deferer le serment à sa partie, ce qui est contraire au
bon sens, & même à l'esprit de la Loy, laquelle veut qu'en défaut de preuve on puisse
deferer le serment, *arg. l. tutor. l. cum de indebito. §. in omnibus l. cum qui ff. de preju-*
jur. l. ult. Cod. de fidei. ubi argumenta & testimonia deficiunt [disoit autrefois Donatus sur l'Hecyra de Terence *Act. 4. Sc. 4. ibi perejurando opus est, & id est*, ajoûte-t'il,
ἀτεχνῶ μιϲιϲ : sur quoi l'on peut voir Fachinæus *controvers. lib. 1. cap. 19. & Boë-*
rius *decis. 95.* quoiqu'il en soit, & pour revenir à ce qui a été cy-devant établi, que celui qui a prouvé son fait par une bonne enquête ne doit pas être
tenu de jurer, on peut demander, si nonobstant cette doctrine, qui est très-veritable à
l'égard du serment decisoire, s'il s'en faut tenir à ce que dit Mastier sur la pratique de
Ferrarius, *in forma juramenti quod prestatur à parte parti. §. quoniam maximum reme-*
dium verb. justa causa. On peut obliger celui qui a fait son enquête, de jurer cathegoriquement, c'est ce qui ne souffre point de difficulté dans l'usage de toutes les Cours de
ce Royaume depuis la publication de l'Ordonnance de François I. de l'an 1539. qui porte
en l'article 37. que les parties pourront en tout état de cause, se faire interroger l'une
l'autre : car quoi que l'on peut alleguer que cela doit être entendu *positis ponendi*, c'est-à-
dire si l'état de la cause n'y fait pas obstacle, & qu'il permette qu'on puisse faire jurer,
comme lors que celui à qui le serment est deferé, n'a pas fait son enquête : toutefois il est
constant qu'il faut indistinctement subir l'interrogatoire. *Primò*, parce que l'Ordonnance
ne distingue point. *Secundò*, parce qu'elle parle de toutes les parties en ces termes, *l'une*
l'autre. Tertiò, parce qu'il est considerable que dans les articles immediatement precedens,
elle parle de la fonction des enquêtes, & par-là elle fait induire que l'intention du Legislateur étoit que nonobstant les enquêtes faites, les parties pourroient se faire interroger
l'une l'autre, laquelle induction me paroit d'autant plus forte, qu'il est encore à observer
que cet article 37. commence ainsi, *Et neanmoins permettons, &c.* comme si le Legislateur
avoit voulu dire, quoi que les parties ayent enquêté, nous voulons neanmoins qu'elles se
fassent interroger l'une l'autre.

ARR. IV.

ARrest de consequence de ne recevoir serment decisoire
pour le debiteur, où il y a instrument, garantie & dette,
laquelle n'est faite deposite; prononcé entre Antoinette de Cos-
tin veuve de feu Jean Dariole Chevalier sieur de Rossillon, appellant du Senéchal de Quercy au Siege de Rossillon d'une part,

& Maître Robert de Gontaut Prieur de saint Lienard appellé ;
le Mardy 7. jour du mois de May l'an 1588. de relevée en Audience.

POUR LE DEBITEUR] On ne doit pas obliger un creancier de jurer sur la verité de
l'obligation, & si le contenu en icelle est dû, pourveu qu'elle porte réelle numeration des
especes, & que le debiteur les a reçûës au veu du Notaire & des témoins numeraires de
l'acte ; la raison en est, qu'outre qu'il faut toûjours presumer pour le contrat, d'ailleurs
le contrat est *probatio probata* ; c'est ainsi que la question a été souvent jugée. Il est
vray que souvent aussi on ordonnoit d'office que le Notaire, ensemble les témoins numeraires, seroient oüis pardevant le Commissaire, qui à ces fins seroit deputé ; mais par la
même raison qu'un creancier n'est pas tenu de jurer au cas cy-dessus exprimé, il s'ensuit
qu'il y est tenu, lors que l'obligation ne contient qu'une simple confession d'avoir cy-devant
reçû, ou lors qu'elle a été passée *ob turpem causam*, quand même en ce dernier cas elle
seroit conçûë pour argent réellement prêté.

ARR. V.

DArdaillon Procureur à la Cour, étant obligé par instrument
envers Lazare Germinot en vingt-deux écus ; soûtient n'en
avoir reçû que vingt, requerant que ledit Germinot soit tenu jurer
sur ledit fait : ledit Germinot insiste au contraire, veu son contrat. Par notre Jugement ordonnons que ledit Germinot levera
la main, le huitiéme Novembre mil cinq cens nonante-trois. Il
en appelle. Par Arrest du 23. Mars mil cinq cens nonante-quatre,
le Jugement est reformé, sans dépens, & dit n'y avoir lieu de jurer ; à quoi la Cour fut émûë, vûë la modicité de la somme &
qualité dudit Germinot Docteur & Avocat ; outre la foi & autorité du contrat.

ARR. VI.

LE septiéme jour du mois de Mars mil cinq cens septante-
trois à la Tournelle, Arnaud Seres defere le serment à N.
Perés Marchand de cette Ville, pour vuider le differend qui étoit
entr'eux à jurer sur les reliques de saint Antoine, en l'Eglise de
saint Bertrand de Lezat. Perés offre jurer en l'Eglise saint Antoine pré Montardi en Toulouse : le Senéchal de Toulouse ordonne que le serment sera fait en Toulouse ; Seres est appellant ;
Broderia pour ledit appellant dit, que suivant la Loy Perés doit
jurer *eo modo quo delatum est aut referre*. Teilon pour l'appellé dit que Lezat est loin de cette ville sept lieuës, & que c'est
autant que le serment soit fait en cette Ville. Durand Avocat ge-

neral, dit qu'attendu les dangers du chemin, l'appel eft mal fondé.
La Cour a mis l'appellation fimplement au neant, & fans dépens.

ARR. VII.

LOrs qu'on ufe de condamnation, au préalable le demandeur
purgé par ferment fur la verité des chofes demandées, fi
c'eft par fimple purgation fur les Evangiles, il faut qu'il fe faffe
avant la prolation du jugement ; mais fi la purgation eft folen-
nelle fur le *Te igitur* & croix du livre Meffel en quelque Chapelle, il faut que ce foit après la remife dudit jugement, afin
que la partie condamnée le fçache, ou pour y affifter, ou pour
fe pourvoir contre ledit jugement par appel, retractement ou
autrement.

Serruriers.

TITRE III.
ARR. I.

PAr Arreft du feptiéme Decembre mil cinq cens feptante-
un en Audience, fut dit que Jean Oudet & Jean Robert
compagnons Serruriers, dans fix mois prochains feroient leur
chef-d'œuvre, autrement & ledit delai paffé leur étoit inhibé de
tenir boutique dans Touloufe.

Servitudes.

TITRE IV.
ARR. I.

LE voifin eft tenu permettre à fon voifin paffer par fa terre,
pour la culture de fes terres, en lui payant le dommage qui
lui fera fait par le moyen dudit paffage à ladite terre, lors qu'elle
fera enfemencée, & non autrement ; comme fut jugé par Arreft
à Touloufe le neuviéme jour du mois d'Aouft mil cinq cens foixante-quatre au procez d'Antoine Caminade de Villeneuve.

PASSER PAR SA TERRE] C'eft-à-dire quand il ne peut pas paffer ailleurs. *V. la fuite*
tit. 75. art. I. Or la neceffité du paffage eft fi favorable, qu'aux termes de la Loy *Sed eft* §.
unic. ff. de condit. indeb. fi un homme ayant deux pieces de terre contiguës en vend une libre
fans s'avifer qu'il faut neceffairement qu'il paffe par celle-là pour aller à l'autre, qu'il fe referve, comme ne pouvant pas paffer ailleurs, fon erreur n'empêche pas de demander le droit
de paffage à celui à qui il avoit vendu la terre libre, tout de même que fi dans le contrat
de vente il avoit par exprès excepté ce droit de paffage.

M m ij

ARR. II.

E'S Arrests generaux du vingt-troisiéme Decembre mil cinq cens septante-deux, entre le Syndic des Augustins, requerant que certains particuliers voisins & aboutissans audit Couvent, fussent tenus fermer les fenêtres par eux faites, aïant aspect sur ledit Couvent ; fut ordonné que la maisons de ceux qui ne pourroient recevoir de clarté d'ailleurs que dudit Couvent, les fenêtres seroient restraintes à telle mesure & hauteur que par lesdites fenêtres ne pourra être reçû que clarté ; & les autres qui pourront recevoir clarté d'ailleurs seront du tout fermées : declarant la Cour n'entendre pour cela empêcher lesdits Religieux ne pouvoit fermer lesdites fenêtres en bâtissant contre ladite muraille.

ARR. III.

COnformément à autre Arrest donné pour les Religieuses du Couvent de sainte Claire de Toulouse, contre Maître N. Aragon Prêtre de la Dalbade, par lequel ledit Aragon fut condamné à fermer les fenêtres répondans sur ledit Couvent ; sur quoi la Loi *Eos ff. De servit.* semble faire à propos, & que *servitus ædificio publico imponi non potest. l. Præscriptio. C. de operib. pub.* étant certain que *Ecclesia publicum ædificium est l. Basilicam C. eod.*

REPONDANS SUR LE COUVENT] Cela s'observe ainsi, quand même il y auroit une rüe entre deux ; mais on n'est pas obligé de fermer les fenêtres, pourveu qu'on y fasse tout contre, ou une niche, ou quelqu'autre chose qui empêche de porter la vûe dans le Couvent : & pourvû qu'on éleve la muraille des Religieux lors que l'on peut porter la vûe par dessus cette muraille, & voir ce qui se passe chez eux. François d'Aix en ses remarques sur les Statuts de Marseille liv. 3. chap. 1. tâche de deviner la raison par laquelle les Religieux ont ce droit-là.

ARR. IV.

LE seiziéme jour du mois de Mars mil cinq cens septante-un, Arrest au barreau d'un nommé Sereyer, & certains autres, contenant entr'autres choses, que les y nommez seront tenus bailler chemin pour aller à une fontaine puiser d'eau, de telle largeur & espace que deux personnes puissent aller de front l'un à côté de l'autre.

BAILLER CHEMIN] Cela doit être entendu *civili modo*, c'est-à-dire en baillant passage *per partem minus damnosam :* car la raison, la justice & l'équité veulent également que les servitudes naturelles, qui naissent de la situation des fonds par la necessité qu'il y a de donner passage, soient imposées avec le moins d'incommodité qu'on peut causer au proprietaire du fonds assujetti : ce qui fait que le proprietaire, à cause qu'il a établi la servitude par necessité, peut toûjours changer le passage d'un lieu en un autre, comme *Cæpola* le prouve *tract. de servit. præd. rustic. capit.* 1. pourveu que ce ne soit pas avec l'incommodité d'autrui. *arg. leg.* 2. §. *penult. ff. de relig. & sumptib. funer.*

Serviteurs & Servantes.
TITRE V.
ARR. I.

BIen qu'il soit permis de tancer & corriger ses serviteurs & chambrieres. *l. unica C. De emendat. ser. l. Aut facta ff. De pœnis.* Toutefois vient en consideration, *quod non sumus conservi Dei nostri,* comme dit saint Ambroise en quelqu'une de ses Epîtres, & en consequent les maîtres doivent exercer charité & misericorde, & non rigueur envers leurs serviteurs & servantes, comme nous voulons que nôtre Dieu & Maître en exerce envers nous, *ut qua mensura mensi fuerimus, eadem remetiatur nobis.* A cette cause il y a peines établies contre les maîtres rudeyans & maltraitans leurs serviteurs, même du temps de Moyse. *Exod.* 20. *cap.* & depuis par les Romains *in l.* 2. *ff. De his quis sunt sui vel al. jur. ubi Umbricia relegata fuit, quod servos male tractasset.* A cause dequoi la veuve de Maurus en Toulouse, présuppolant sa chambriere lui avoir dérobé un chauderon, au mois d'Octobre mil cinq cens septante-deux, l'auroit fort battuë nuë, avec une courroye de bougette ; en dedain ou chagrin dequoi elle se se seroit allée pendre & étrangler au grenier : pour raison dequoi ladite de Maurus ayant obtenu & presenté Lettres de grace en la Cour, icelles plaidées en Audience, pour la difficulté ; La Cour ne les voulut enteriner, ains appointé au Conseil le vingt-huitiéme Janvier 1573.

MALTRAITANS LES SERVITEURS] Autrefois dans l'ancienne Rome les Esclaves, quelques sujets qu'ils fussent à leurs Maitres, qui originairement avoient sur eux droit de vie & de mort, pouvoient les obliger de les vendre à d'autres Maitres, suivant la constitution de l'Empereur Antonin, *si intolerabilis videtur sævitia dominorum.* Dans ce Royaume même, quelque dépendance qu'il y eût autrefois des sujets à leurs Seigneurs, toutefois s'ils en étoient maltraitez, ils pouvoient se soustraire de leur domination, en se faisant *Bourgeois du Roy,* comme cela étoit permis par l'Ordonnance de Philippe IV. de l'an 1302. C'est par les mêmes motifs, que quoi que les enfans soient sous la puissance de leur pere, ils peuvent pourtant s'en tirer quand ils en sont extremement maltraitez, mais sur tout quand il se rencontre qu'ils le font par la marâtre que leur pere leur a donné par un second mariage. C'est précisement l'espece d'un Arrest d'Audience qui fut donné en la grand'-Chambre de ce Parlement le dernier de Janvier 1675. contre le nommé Rege, Procureur des Gabelles de Roüergue, aux deux enfans duquel, âgez d'environ vingt ans, il fut permis de se separer de lui, & de se mettre entre les mains d'un oncle paternel ; auquel effet leur pere fut condamné de leur fournir annuellement cent livres à chacun de pension pour leur nourriture. Cet Arrest est d'autant plus singulier, qu'il n'eut pour motif que le mauvais traitement que ces enfans soûtenoient qu'ils souffroient de leur marâtre, sans pourtant qu'ils le justifiassent que par ce qu'en dit leur oncle, qui étoit present en Audience ; ainsi cette raison, que l'Empereur Antonin fit tant valoir en faveur des Esclaves (*Dominorum interest, ne auxilium contra sævitiam, vel intolerabilem injuriam denegetur iis, qui justè deprecantur,*) est aujourd'hui generale pour toutes les personnes qui sont sous la puissance d'autrui, lors qu'elles en sont maltraitées.

Substitutions.

TITRE VI.

ARR. I.

Lors que les substituez sont des descendans, ils doivent être saisis des biens ausquels ils sont substituez avant qu'être procedé aux détractions, parce qu'ils sont plus favorables que les heritiers, s'ils sont étrangers ; & autant favorables si lesdits heritiers sont aussi des descendans ; & parce qu'en ladite qualité de descendans ils en sont saisis par la coûtume generale de France, qui dit que la mort saisit le vif ; & ainsi a été jugé par Arrest à Toulouse du dix-septiéme Avril mil cinq cens nonante-huit, en faveur des substituez de la maison de Morillon ou Sauvensin en Roüergue, par lequel est expressement ordonné qu'au préalable la substituée renduë effectuellement possesseresse des biens substituez, seroit procedé aux detractions des quartes, & le même par autre Arrest du dix-septiéme Avril mil six cens trois, entre Gabriël & Guillaume de la Roque ; ce qui doit avoir lieu quand la moitié des biens est substituée, car s'il n'y avoit qu'une petite quantité, il ne seroit raisonnable.

DOIVENT ESTRE SAISIS] Autrefois quand le substitué étoit des descendans du testateur, la liquidation du fideicommis se faisoit entre ses mains, & il étoit mis en possession dès le decez de l'heritier grevé ; mais quand le substitué étoit une personne étrangere, la liquidation se faisoit entre les mains des heritiers de l'heritier grevé, suivant la distinction de Ferrerius, *in quæst.* 496. *Guid. Pap.* Aujourd'hui ceux-ci joüissent indistinctement à concurrance des imputations & detractions à faire sur les biens substituez, jusques à ce que *distracta sine distrahenda.* C'est ainsi qu'en Juin 1674. la question fut jugée en faveur de Demoiselle Catherine de Legal, veuve du sieur de Langlade Avocat de Nismes, contre sieur Maurice Baudan, comme mari de Demoiselle Françoise de Lavere de la Boissiere.

ARR. II.

LEs biens sujets à restitution, outre les cas portez par l'Autentique, *Res quæ C. de fideicomm.* peuvent être vendus pour la redemption de l'institué prisonnier de guerre, s'il n'a autres moyens propres. A cause dequoi ayant été feu Astorg prisonnier de guerre, pris à la prise de Castanet près Toulouse, en l'année mil cinq cens nonante-cinq, & n'ayant moyen de payer la rançon d'autres biens que sujets à restitution, les substituez s'opposans à ladite vente, & icelle empêchans : par Arrest furent condamnez, & contraints y prêter consentement, pour n'y avoir dette plus privilegiée, ni plus favorable que pour le rachat d'un homme.

POUR LA REDEMPTION] Il a été préjugé par Arrest du Parlement de Grenoble du 9. May 1636. en la cause évoquée des Pichots, & qui confirme une Sentence donnée au Senéchal de Nismes, que l'alienation des biens du fideicommis est valable, pour faire le prix de la rançon de celui qui en est chargé, au cas même d'un debiteur qui pouvoit sortir de prison en faisant cession de biens. *V. Ranchin Decis. part. 4. concluf. 1. Peregrin. de fideic. arr. 42. num. 90. & Alexand. ad L. Marcellus. §. res quæ. ff. ad Trebell.*

ARR. III.

IL s'observe & jugé par les Arrests, que *spes substitutionis transmittitur in liberos : primi gradus* tant seulement, & non aux autres enfans ou personnes, qui sont *in remotiori gradu,* par la doctrine des Docteurs, *in l. 1. C. de his qui contra aper. tab. per l. is qui C. De actionib. & obligat. & rationem l. si in personam. C. De fideicommiss.*

V. les Notes sur Olive liv. 5. chap. 23.

ARR. IV.

LE huitiéme Juillet mil cinq cens quatre vingt-sept, par Arrest au fait de Coffolent & Turquat fut resolu que pour l'ouverture de la substitution faite, au cas que l'institué decederoit sans enfans ou sans faire testament, si le substitué est des descendans du testateur, il suffit que l'une ou l'autre des conditions soit avenuë *ut locus sit substituto, favore liberorum* : mais s'il est des collateraux ou étrangers, il faut que l'une & l'autre des conditions soient ensemble avenuës & accomplies, *quia tunc alternativa [aut] resolvitur in conjunctam,* suivant le texte de la Loi, *Generaliter. C. de inst. & substit.* Et suivant ce nous ayans jugé en la Chambre des Requêtes au procez de Romengous sur l'appel du ju-

gement y ayant eu partage , au rapport de Monfieur Maynard ,
Monfieur Cyron contretenant , nôtre jugement fut confirmé le
dix-feptiéme Aouft 1587. & encore par un autre Arreft en May
1589. fur autre partage , étant rapporteur Monfieur Hebrard , &
contretenant Monfieur Caulet , en faveur de Gauthier & Philip-
pes Col , contre Jean Terres.

A R R. V.

LA difficulté a été grande en ce fait : *Mævium filium meum hæredem ex dimidia facio , & ex altera dimidia Seium ; & fi unus
ex his decefferit fine liberis , fuperflitem fubftituo , uno ex his mortuo
reliftis liberis , qui poftea fuperflite altero filio moriuntur. An fubftitu-
tus admittatur , & ita conditio fine liberis hanc interpretationem recipiat , vel liberi fine liberis.* Surquoi en Fevrier 1575. meu procez,
& icelui parti en la feconde Chambre des Enquêtes , & après
départi en toutes les Chambres de la Cour de Parlement de Touloufe; Rapporteur Monfieur Babut , contretenant Monfieur Caumels , fut arrêté que la fubftitution étoit finie par la naiffance des
enfans furvivans au decez de celui à qui la fubftitution étoit faite.

LA SUBSTITUTION ETOIT FINIE.] Ainfi l'on ne fuit pas le fentiment de ceux
qui comme Fernand *in Gloff. Axiomat. 7. ad l. n'i. C. de poflhum. hæredib. inftituend.* croyent
que lors que le fubftitué eft enfant du teftateur , il eft admis au fideicommis , comme fi la
condition *fi fine liberis* avoit lieu , non feulement à l'égard de l'enfant de l'heritier ; ce que
je crois être veritable au cas de l'Arreft rapporté par Maynard liv. 8. chap. 91. où lors que le
teftateur a fait plufieurs degrez de fubftitution , ou même quand il y a vocation de mâles avec
prohibition d'aliener , & de diftraction de quarte.

A R R. V.

NUm fideicommiffarius confentiendo alienationi rerum fubjectarum reftitutioni , videatur remittere fideicommiffum ,
la refolution eft *eum , in cujus favorem factum eft fideicommiffum ,
fi confentiat alienationi rerum fubjectarum reftitutioni fideicommiffum remittere , dummodo major fit :* comme fut jugé par Arreft donné au rapport de Mr. de Joffé à Touloufe , le vingt-cinquiéme Juillet mil cinq cens feptante-cinq , en faveur des heritiers de Cabot contre Coderfy , *Ex l. Quoties. C. de fideicommiff. l. Codicillis. §. 1. De leg. 1. l. Nihil §. 1. & l. Si fundum. C.
eod. De leg. & quia creditor five expreffè five tacitè confentiat*
aliena-

alienationi remittit pignus. l. Si in venditione §. Sine. Quib. mod.
pig. vel hypot. fol. De mêmes *qui alium de jure fuo litigare. l. Sæpe.*
§. *Cùm res. ff. De re judic.* bien que la Loy *Titia.* §. *Lucia Titia.*
De leg. 1. femble au contraire.

Fideicommiffum remittere [Barry en fon traité des fucceffions. *part.* 1. *lib.* 8. *cap.* 3.
verf. undecimus cafus, rapporte les diftinctions & les limitations que les Docteurs ont
fait fur cette matiere.

A R R.   V I I.

SUbftitution faite par un gendarme étant à la guerre, à fon
fils pupille, au cas qu'il decederoit fans enfans, le fils decedant hors l'âge pupillaire, *non dicitur directa, fed habet vim fi-*
deicommiffi, & ideo filius aut ejus hæres legitimam & quartam de-
trahit, quia, ex quo ad tempus mortis refertur, non ad certum
tempus, dicitur compendiofa, non directa militaris, de qua in l.
Centurio. quæ eft interpretanda in fuo cafu nempe quando ad cer-
tum tempus; ainfi que fut jugé à Touloufe au rapport de Monfieur Maynard le 17. Janvier, entre Sudoris & Sudoris.

A R R.   V I I I.

AU mois de Juin 1585. au rapport de Monfieur Forez, fut
jugé par Arreft *in fubftitutione fideicommiffaria jus accrefcen-*
di locum habere : & gloff. in Cap. Raynaldus. De teftam. Ent.

In fubftitutione fideicommiffariä] Mais il faut fuppofer deux chofes ; *primò,* qu'il
s'agiffe d'un fideicommis univerfel, comme au cas de l'Arreft general rapporté au liv. 2.
verb. fideicommiff. Secundo. que les fubftituez foient conjoints, *verbis, vel re.*

A R R.   I X.

IL y a de la controverfe *num fubftitutio omiffa probari poffit*
per minorem numerum teftium, quam eorum qui fuerint in tefta-
mentis ? La refolution eft que non, *cùm eadem fit fubftitutionis*
quæ inftitutionis ratio, n'étant autre chofe que *fecunda aut fequens*
inftitutio; & fuivant l'avis de Bartole *in l. Cum præponebatur. De*
leg. 2. *& in l. Errore. C. De teftam. & Oldrard. Confilio* 297. &
ainfi fut jugé par Arreft à Touloufe au rapport de Monfieur Joffe
pour Moulet, contre Boniers en Janvier 1583. bien que Guido
Pap. en la queft. 504. ait dit *duos teftes fufficere :* mais cela doit
être entendu és teftamens où fuffifent, ou bien où n'ont intervenu que deux témoins.

N n

Arr. X.

PAr Arrest prononcé en robes rouges par Monsieur du Faur Président és Arrests generaux de la Pentecôte, le 8. Juin 1585. entre Gruel & autres, fut jugé *substitutionem pupillarem conservari hodie, ex Authent. Ex causa. C. de lib. præt. interveniente posthumi præteritione à patre facta.*

Posthumi præteritione] La preterition du posthume ne peut pas faire que la substitution pupillaire en soit moins valable, puisqu'il est certain qu'en general une telle substitution est toûjours bonne, quoi que le testament soit rompu par preterition, & même par exheredation. D. D. *ad Auth. ex causa. C. de liber. præter. Cujac. ad L. filio præterito. ff. de injust. rupt. & irrit. fact. testam. & Ferrer. ad quæst.* 529. *Guid. Pap.*

Arr. XI.

PAr resolution *cum quæritur de legato vel fideicommisso relicto, vel feudo concesso alicui ex descendentibus masculis,* ou sous cette condition, *si sine liberis masculis, generaliter tenendum non est non includi nepotes ex filia, quia qualitas masculinitatis videtur adjecta gratia conservandæ agnationis. Joan. Andr. in sequendo opinionem Richardi Malumbræ in addit ad Speculat sub finem tit. de testib. & ita refert magnos doctores Italos consuluisse, Matth. Mathesil. in notabil.* 130. & *Petrus de Ancharam. Consil.* 336. Quoi que Barde Paulus Castrensis, & quelques autres ayent soûtenu le contraire *in l.* 1. *C. de donat. insert.* disant que sous le nom des mâles sont contenus les neveus enfans des filles : mais cette doctrine reçoit deux limitations ; l'une & premiere *quando fideicommissum relinquitur, vel feudum conceditur à fœmina,* car il ne se peut dire que la testatrice ait fait mention *de masculis conservandæ agnationis causa :* parce que *masculi ex ea descendentes non sunt ejus agnati, quia agnati sunt cognati per virilis sexus cognationem conjuncti. l.* 2. §. *Agnati ff. De suis & legit. hæred.* ce qui a émeu Balde *in l.* 1. *C. Quando non potent,* de dire *fœminas nullos habere agnatos descendentes : nec in dubio censenda est fœmina proprium sexum odio habuisse : quin imo verbum, masculis, in concessione vel testamento fœminarum accipi debet secundum qualitatem personæqua contrahit vel testatur. l. Quæ conditio. ff. De condit. & demonstr. & l. Plenum.* §. *æquitas. ff. De usu & habit.* L'autre & seconde raifon quand la conceffion ou fubftitution ou fideicommis *fiunt alicui mafculo qui fit agnatus ipfius teftatoris : nam fi factæ fuerint filiæ, quam pater hæredem inftituit, nepos mafculus, quem filia teftatoris reliquit fuperftitem ex filia fua excludit fubftitutum fub hac conditione fi fine liberis mafculis, ut Angelus confuluit contra Piam fubftitutam, quem fequitur Corneus Conf. 246. & in l. 1. C. De cond. infert. & hujus decifionis ratio eft, quia non poteft dici quod in hac fubftitutione teftator de mafculis fecerit mentionem, ratione confervandæ agnationis, quia mafculis ex filia nec teftatori, nec ipfi filiæ funt agnati. Igitur confideravit folum fexum mafculinum & progeniem filiæ : quæ ratio locum habet etiam in nepote mafculo ex filia, ergo etiam ille nepos debet excludere fubftitutum.* Sur quoi on pourra voir Socin *in l. Gallus §. nunc de leg. ff. De lib. & pofth.* Et François Mantica rapporte lefdites limitations *de conjectur. ultim. volunt. lib. 11. tit. 15. num. 4. & Andr. Tiraquell. in tractat. De jure primog. q. 13. fub finem. & ampliffimè Socin. junior. in Confil. 2. vol. 3.* où il traite un fait du tout femblable, & enfin après avoir examiné les raifons d'un côté & d'autre, il conclut que *Nepos mafculus ex filia teftatoris, etiamfi fubftituta effet filia teftatoris, quia eam dilectionem quam habuit teftator erga filiam inftitutam, eamdem cenfetur habere erga defcendentes ex ea, ut ex text. in l. Cum avus, ff. De condit. & demonftrat. & l. cum acutiffimi. cod. De fideicommiff. & ibi not. per Bald. num. 5.* & n'ai encore trouvé aucun Jurifconfulte quelconque qu'au cas fufdit ne fuive cette opinion, fors Benedictus Capra, qui en certain Confeil rapporté par ledit Mantica, a confulté au contraire, lequel je n'ai encore veu.

Sont contenus les Neveus] C'eft une regle conftante en matiere de fideicommis, & fur tout de ceux qui font faits en ligne directe, que les enfans mis en condition, fous la qualité de mâles font cenfez difpofitivement appellez, parce que les mâles font en la difpofition. C'eft ainfi que la queftion fut jugée en la Chambre, par Arreft donné en 1654. au rapport de Mr. de Prohenques, en faveur du Baron de la Roche pour la fubftitution des biens de Chriftophle de Laudun. Et c'eft ce qui ne reçoit aucune difficulté quand les enfans mâles des fubftituez ont été difpofitivement appellez, auquel cas on ne peut pas dénier que les mâles des filles ne foient exclus, par cette raifon que le teftateur n'a pas tant eu égard à la mafculinité, comme on parle ; c'eft-à-dire aux perfonnes des mâles appellez, qu'à la defcendance & à la ligne mafculine, *agnationis confervandæ gratia* ; auquel égard on ne peut pas dire que le fils de la fille, laquelle eft *extra agnationem*, faffe défaillir le fideicommis. Il eft vrai que la raifon, prife de la confervation de l'agnation, eeffant, les enfans mâles des filles de l'heritier grevé font défaillir le fidei-commis fait en faveur des mâles ; ce n'est pas que pour établir cette doctrine on doive tirer aucune consequence, comme font la plûpart de nos Docteurs, de la disposition de la Loy 1. C. de conditio. insert. car quoi que dans l'espece de cette Loy il s'agisse d'une institution faite de mâle à mâle, c'est pourtant sans vocation expresse de mâle, mais seulement sous la condition *sine liberis*, laquelle est bien differente de la condition *sine masculis*, comme le remarque fort bien *Ferrer. in quæst. 458. Guid Pap.* mais quoi que dans la These generale l'enfant mâle de la fille, comme tel, *tanquam masculus ex fœminâ*, ne fasse pas défaillir le fideicommis, où l'on convient que la masculinité a été appofée *agnationis conservandæ gratiâ*, & qu'elle a été affectée ; il y a pourtant une exception à faire, au cas de la femme qui s'est mariée *in agnatione* ; car pourveu qu'elle soit morte au temps de l'évenement du fideicommis, son enfant mâle le fait défaillir, & exclut le substitué : la raison en est, que par ce moyen on satisfait pleinement à la volonté du testateur, puis qu'on conserve les biens dans l'agnation, de même que les nom & armes dans la famille. Jason qui soûtient à cor & à cry ce sentiment en son Conseil 142. ne se contente pas de l'appuyer de treize raisons, mais il avance même qu'il doit être suivi, quand en plus fort termes le testateur auroit ordonné, *ut bona sua perpetua conservarentur in familiâ. V. Expilly chap. 226.*

Vel feudum conceditur] *V.* le titre *qui feud. dare poss. versic. hoc autem notandum, & ibi gloss.* de même que *Fusarius quæst. 404.*

ARR. XII.

IL est certain qu'on peut quitter & remettre par accord, pacte ou convention, l'espace & droit non échû de la substitution & future succession, *l. 1. l. Cum proponas. C. De pactis l. De fidei-commisso. C. De transact.* mais le doute a été si l'on peut ceder & transporter à un autre ladite esperance & droit à échoir de substitution. Plusieurs de nos Docteurs, & entre iceux Guid. Pap. q. 242. ont tenu pour l'affirmative : toutefois l'opinion contraire semble plus raisonnable, *quia id pactum cogitationem mortis hæredis instituti continet, ideòque turpe est l. stipulatio hoc modo concepta. ff. De verb. obligat. l. ult. C. De pact. l. Ex eo C. De inutil. stipul.* & comme il est dit *in l. 2. §. 1. ff. De vulg. substit. turpe est de hæreditate viventis cogitare.* laquelle raison & consideration cesse quand on quitte & remet ledit espoir substitution : car au contraire par telle quittance & pacte *mortis cogitatio tollitur. d. l. De fideicomm. C. De transact.*

De hæreditate viventis) *in l. ult. C. de pact.* qualifie un tel pacte *pactum tam triste & funerarium.*

Arr. XIII.

JEudy 11. Juillet 1577. étant en Audience Monſieur le Duc
de Montpenſier Prince : au haut bout du côté de la main droi-
te Monſieur le premier Preſident , en ſecond lieu , Monſieur de
Joyeuſe avec intervale d'environ deux places, Monſieur l'Archevêque de Vienne , pource qu'il a été Conſeiller en Cour ſouveraine, & qu'il eſt Conſeiller du privé Conſeil, Monſieur l'Evêque
de Lombez , après lui le Comte de Carmaing , fut plaidée la
cauſe d'entre Jeanne Deſchamps , veuve à feu Antoine Rouſſel ,
quand vivoit Marchand de Touloufe, impetrant Lettres Royaux
en évocation d'incident formé pardevant un des Sieurs de la
Cour , à la Requête du Sindic de l'Hôtel Dieu , pour raiſon
des biens dudit feu Rouſſel , lequel par ſon dernier & valable
teſtament du mois de Juillet 72. ayant ſa femme enceinte , auroit
inſtitué le poſthume , fut mâle ou femelle : & où ledit poſthume
viendroit à deceder avant qu'il eût l'âge pour diſpoſer, vouloit que
tout ſon bien fût vendu & diſtribué,ſçavoir quatre cens livres pour
faire un portail à la Chapelle de l'Aſſomption Nôtre-Dame en
l'Egliſe S. Eſtienne de même façon & parure que celui de la Daurade : le ſurplus aux pauvres de l'Hôpital , mariage des pauvres
filles , & aux Religieux de l'Obſervance de ſaint François. Par
ſon Codicille ayant confirmé ladite diſpoſition , & augmenté
la penſion laiſſée à ladite Deſchamps , à laquelle par le ſuſdit teſtament , il avoit legué , outre ſes dot & augment , deux cens livres : ladite Deſchamps au mois d'Août ſuivant , ayant procréée
une petite fille , laquelle ſeroit decedée deux ans après , dans leſquels deux ans les Marguilliers & Regens de ladite Chapelle du
revenu d'icelle avoient fait le ſuſdit portail de même parure que
celui de la Daurade , ayant le ſuſdit Sindic de l'Hôtel Dieu été
averti dudit trépas , preſenté requête en la Cour , obtient Commiſſaire un des Sieurs : à cauſe dequoi ladite Deſchamps avoit
obtenu Lettres Royaux , par leſquelles il étoit mandé que s'il
apparoiſſoit dudit teſtament & trépas avenu,qu'en évoquant ledit
incident ladite Cour adjugeât à ladite Deſchamps la legitime,
qui eſt la troiſiéme partie de tout le bien ; veu que les parties ſont
d'accord qu'il n'y avoit eu qu'une fille , & rapportoit à cet effet

N n iij

outre les raisons communes la loy , *Lucius. ff. De. vulga. ubi vulgaris quæ continet pupillarem l. Iam hoc jure ff. eod. non excludit matrem facit lex Humilitatis. cod. De impuber. ubi subftitutio exemplaris quæ introducta fuit ad inftar pupillaris non excludit matrem,* moins *pupillaris.* Si étoit employé que par le sufdit teftament étoit dit que si ledit posthume venoit à deceder devant l'âge de pouvoir difpofer , que son bien fût diftribué , lesquelles paroles *non poffunt subvenire subftitutioni pupillari , quæ complectitur etiam bona filii. l. Sed si plures.* §. *Ad subftitutos ,* le mot *diftribuatur* étant plûtôt oblique , ou du moins commun. Toutefois au contraire fut representé que la subftitution *habebat formulam pupillaris , quæ nominatim facta fub ea conditione* s'il decedoit avant l'âge de pouvoir tefter , qui eft autant que s'il eût dit *in pupillari ætate , qua durante non licet teftari* §. 1. *Quib. eft per. fac. teftam. vel non.* Secondement fut rapporté le privilege *caufæ piæ & eò expreffè pertinere. cap. Si pater :* étant certain que *caufa pia æquiparatur filio : at qui proprium excludere vult , alium habet in confilio quàm Auguftinum : eò pertinet lex Præcibus in verficulo fin autem ;* Joint que ledit teftateur auroit legué à ladite femme deux cens livres , & qu'elle n'eût autre chofe fur fes biens : & fait codicile par lequel auroit feulement augmentée la penfion. Pour le regard du legat fait à ladite Confrairie étoit reprefenté qu'avant le trépas dudit pofthume le portail avoit été fait. *Huc pertinet l. Quibus teftamento ff. De condict indeb.* Toutefois par Arreft ladite Defchamps fut demife , & declaré n'y avoir lieu de legitime , & au furplus que ledit legat fortiroit à effet aux charges y contenuës , & fans dépens.

* N'Y AVOIR LIEU DE LEGITIME] S'agiffant d'une fubftitution , à 'a verité pupillaire expreffe ; mais conçûë en termes generaux & non exprès , la mere ne feroit pas aujourd'hui privée de la legitime , felon l'Arreft de Cambolas livre 2. chap. 2. & ch. 42. quoi qu'à la rigueur du droit elle le dût être , comme le prouve Cujas fur la Loy *præcibus Codice de impuber. & aliis fubftitut.* & fuivant le chap tre *fi pater de teftam. in 6.*

ARR. XIV.

BIen que plufieurs Nations & Provinces particulieres , fondées en Coûtumes , n'ayent admifes ni pratiqué les fubftitutions : toutefois elles ont été introduites pa le Droit Romain ,

pour plufieurs bonnes raifons , mêmes pour conferver plus longuement le nom, armes & biens en la famille , & pour éviter que
pour la prodigalité, delit & defaftre des fils ou heritiers meritans
confifcation, les biens ne foient perdus & confommez, fi par le
moyen des fubftitutions n'y étoit pourveu. Bien eft vrai que comme par nos Ordonnances elles font limitées jufques à trois degrez ; auffi feroit bon de les limiter & reftraindre jufques à certaine quantité de biens, excedans pour le moins deux mille écus,
voire dix mille livres ; parce que tels biens, deduites les charges
& reparations, le revenu ne merite la peine, frais & temps qu'on
employe à l'ouverture, pourfuite & adjudication defdites fubftitutions.

A TROIS DEGREZ] A l'entendre par rapport à l'Ordonnance d'Orleans de l'an
1560. & comptant l'inftitution d'heritier, comme faifant un degré, l'Auteur ne fe trompe pas, parce que par cette Ordonnance les fubftitutions font reftraintes aux deux degrez outre l'inftitution ; mais comme elle eft abrogée pour ce chef par l'Ordonnance
de Moulins de l'an 1566. qui eft aujourd'hui en ufage, il eft fans doute qu'au lieu de
limiter les fubftitutions à trois degrez, il 'es faut étendre jufques au quatriéme degré,
outre l'inftitution ; ainfi dans l'ufage les fubftitutions perpetuelles, quoi que non bor-
nées expreffement par le teftateur, le font pourtant par l'Ordonnance de Moulins,
& ne peuvent pas aller au-delà du quatriéme degré. Il y en a une infinité d'Arrefts
de ce Parlement ; entr'autres, celui qui fut donné au rapport de Monfieur Dupuy en la
feconde Chambre des Enquétes, le 7. Janvier 1658. entre les nommez Nouaille &
Sévin.

Succeffion ab inteftat.
TITRE VII.
ARR. I.

LE 15. May 1570. fur le rapport de Monfieur Ambés, au procez d'entre Catherine de Bazus veuve à feu Odet de Geftes,
& de faint Marcel demandereffe d'une part ; & Catherine de la
Tour femme à Savaric Dencauffe & de la Baftide, heritiere à feu
Jean de la Tour fon frere, défendereffe d'autre. Le fait eft que
Françoife de faint Pafteur mere commune defdites parties après le
decés de feu N. de Bazus fieur d'Efpernan fon premier mari, duquel elle avoit eu ladite Catherine de Bazus demandereffe, con-
vole à fecondes nôces avec François d'Efpagne & de la Baftide,
lequel en l'année 1556. étant mandé par le Roy aller en Piémont,
fait teftament, & par icelui inftituë fon heritier le pofthume,
qui naîtra de ladite de faint Pafteur fa femme lors enceinte. Le

posthume fut mâle , & eut nom Barthelemi ; étant decedé François d'Espagne en ce voyage : ladite de saint Pasteur sa veuve con-
tracte troisiémes nôces avec Simon de la Tour puîné de la maison
de Lieux , duquel mariage elle eut Jean & Catherine de la Tour.

En l'année 1565. Simon de la Tour decedé ; depuis & en l'année 1572. au mois de Fevrier Barthelemi d'Espagne va aussi de
vie à trépas de 15. à 16. ans sans avoir fait aucun testament ni
autre disposition de ses biens : au moyen dequoi Françoise de
saint Pasteur comme plus proche pour lui succeder *ab intestat*
recueillit l'entiere heredité d'icelui , & en jouit jusques à son decez , lequel fut en l'année mil cinq cens septante-neuf , après
avoir par son testament fait & institué son heritier universel Jean
de la Tour son fils , du tiers mariage ; lequel est mis en instance
pardevant le Senéchal de Toulouse par ladite Catherine de Bazus , en délaissement de tous & chacuns les biens ayant appartenu à feu Barthelemi d'Espagne. Dit que ladite de saint Pasteur n'auroit pû succeder audit feu Berthelemi son fils , d'autant
qu'après le decez de François d'Espagne son second mari auroit
cohabité charnellement avec ledit Simon de la Tour , sans qu'il
y eût entr'eux mariage contracté , comme aussi ils n'en pouvoient
contracter , tant pour ce qu'ils étoient cousins remüez de germain , comme étans enfans de deux cousins germains , qu'aussi
parce que ledit Simon de la Tour étoit aussi cousin remüez de
germain du feu sieur d'Espernan pere de ladite de Bazus , & premier mari de ladite de saint Pasteur : tellement qu'à raison de ladite parenté & alliance ils ne pouvoient être conjoints licitement
par mariage ; & que pour raison de cette cohabitation incestueuse
ladite saint Pasteur s'étoit rendüe incapable de la succession *ab*
intestat dudit feu Barthelemi d'Espagne son fils , & consequemment ledit Jean de la Tour comme incestueux en étoit aussi incapable. Au contraire Jean de la Tour ou Catherine de la Tour
sa sœur germaine & heritiere (car Jean est decedé pendant ce procez) dit & soûtient y avoir eu mariage entre ses feus pere & mere,
contracté & solemnisé publiquement en face de l'Eglise , & qu'ils
avoient obtenu dispense de Nôtre S. P. de ladite parenté & alliance : de laquelle s'étant saisis ladite de Bazus après le decez de ladite

dite de saint Pasteur l'auroit adirée avec plusieurs autres titres & documens de la maison de la Bastide. Le Procureur general joint à l'instance requeroit ladite succession de feu Barthelemi d'Espagne, être abjugée au Roy, tant par l'incapacité desdits de la Tour incestueux, que par l'indignité de ladite de Bazus, pour avoir taxé l'honneur & renommée de ladite saint Pasteur sa mere, la diffamant d'avoir commis inceste & mené vie lubrique. Le Senéchal ayant relaxé ladite de la Tour défenderesse, par Arrest l'appellation & ce dont avoit été appellé fut mis au neant, & reformant ladite Sentence lesdites parties sont appointées contraires en leurs faits, &c.

Les Enquêtes respectivement faites, la Cour declara ladite de Bazus demanderesse avoir succedé audit feu Barthelemi d'Espagne son frere uterin *ab intestat* en une troisiéme partie de tous & chacuns les biens dont il étoit maître, Seigneur & possesseur au temps de son decés, & condamna ladite Catherine de la Tour lui en laisser la possession vuide : & quant au surplus des biens, ladite de la Tour défenderesse fut relaxée. Il resultoit de l'Enquête de ladite demanderesse, & de certains autres actes produits au procez, de la parenté & alliance entre ledit Simon de la Tour & de saint Pasteur cy-dessus mentionnées ; c'est à sçavoir qu'ils étoient *in tertio gradu cognationis & affinitatis*, dequoi ils n'avoient point été ignorans : car mêmes du vivant de feu François d'Espagne second mari, iceux de la Tour & saint Pasteur se nommoient entr'eux cousins.

De l'autre Enquête resultoit au contraire que leurs épousailles & nôces avoient été faites par le Vicaire du lieu publiquement & solemnellement en face de l'Eglise, & avoient depuis cohabité & vêcu ensemble comme vrais mariez ; & comme tels reconnus par leurs parens communs, & qu'ils avoient obtenu dispense de nôtre saint Pere trois ou quatre ans après la solemnisation de leur mariage : toutefois il n'y avoit aucune preuve de la perte & égarement d'icelle. Sans doute ce mariage pretendu étoit incestueux ;parce que les mariez n'avoient ignoré l'empêchement procedant de la parenté & alliance qui étoit entre eux *in gradu prohibito* ; & qu'ils ne l'ignorassent point, on le peut facile-

ment connoître : premierement parce que auparavant leur conjonction, & mêmes pendant la vie dudit François d'Efpagne, ils
fe nommoient coufins : fecondement les maifons d'Efpagne & de
la Tour étoient proches & voifins, à caufe duquel voifinage
François d'Efpagne & Simon de la Tour fe frequentoient ordinairement, & fe vifitoient entr'eux fort fouvent, comme ont de
coûtume les Gentilshommes de Gafcogne. Il n'eft pas croyable
que ceux qui étoient fi proches voifins, & qui fe frequentoient,
ignoraffent la parenté & alliance qui étoient entr'eux. Troifiéme-
ment le degré de parenté & alliance eft fi proche [étant & de
parenté & alliance coufins remüez de germain] que de vouloir
perfuader & faire croire qu'ils en fuffent ignorans, il eft hors de
diffimilitude. Quatriémement d'avoir envoyé à Rome querir la
difpenfe, comme le défendeur prefuppofe, cela montre affez être
venu à leur notice & connoiffance le fufdit empêchement : &
quant à la difpenfe on eftima qu'ils n'en avoient eu aucune ; que
s'il y en eût eu la défendereffe l'auroit produite, & que ladite de
Bazus l'eût adirée, il n'y avoit pas de preuve. L'on trouva fort
affectée la dépofition des temoins qui difoient l'avoir vûë ou lûë,
ce qui debilitoit fort leur foi : & puis nôtre faint Pere n'a pas accoûtumé octroyer telles difpenfes à ceux qui font parens ou
alliez au troifiéme degré comme étoient ceux-cy, fi ce n'eft aux
Princes & grands Seigneurs.

Tellement qu'il faut conclurre ou qu'il n'y a point eu difpenfe
de ce mariage, ou que pour l'obtenir plus facilement, fi tant eft
que nôtre faint Pere l'ait octroyée, on lui aura celé le degré, auquel cas pour le vice & fubreption, elle feroit nulle & invalable. Eft confiderable que la défendereffe n'allegue point que
cette difpenfe ait été fulminée par l'Evêque ou fon Vicaire general ou Official ; ce qui neanmoins eft requis & neceffaire,
pour faire qu'elle ait vertu & efficace de valider ce mariage. La
fulmination des difpenfes eft ordonnée tant pour connoître de
la fubreption & obreption, que pour enjoindre aux impetrans,
pro contractu illicito matrimonio certaine penitence : & fans la
fulmination les difpenfes font inutiles.

Pour ces raifons il fut jugé que Françoife de faint Pafteur

pour avoir contracté ce mariage inceſtueux, s'étoit renduë incapable de la ſucceſſion de Bartelemi d'Eſpagne ſon fils, & par conſéquent qu'elle n'en avoit pû diſpoſer au profit de Jean de la Tour ni d'autre quelconque : neanmoins on a fait ſucceder *ab inteſtat* Catherine de la Tour, tant de ſon chef que comme heritiere de Jean de la Tour ſon frere en deux tiers de l'heredité, comme freres uterins dudit Bartelemi & de ladite de Bazus auſſi ſa ſœur uterine en l'autre tierce partie.

A la rigueur toute cette heredité appartenoit entierement à ladite de Bazus : car ladite de ſaint Paſteur, à l'inſtant même qu'elle commença à commettre cet inceſte, ſe rendit incapable de la ſucceſſion de ſondit fils d'Eſpagne, & par même moïen les enfans procréez dudit inceſte comme venans *ex radice infecta*, en tout auſſi rendus incapables ; & délors le droit a été acquis à ladite de Bazus, à laquelle ne pouvoit être fait préjudice, & ne pouvoit ce droit lui être ôté *per diſpenſationem ſubſequentem* quand il y en auroit eu. Premierement la pretenduë diſpenſe ne fut obtenuë, ainſi que la défendereſſe même articuloit par ſes défenſes, que quatre ans après la ſolemniſation du mariage entre la Tour & ſaint Paſteur, pendant lequel temps Jean & Catherine de la Tour avoient été procréez. Il eſt certain que telles diſpenſes obtenuës *Poſt contractum matrimonium illicitum*, portent ſeulement permiſſion de pouvoir cohabiter enſemble à l'avenir, & ordonnent certaine penitence pour la cohabitation precedente ; mais elles ne rendent legitimes les enfans procréez *ante impetrationis diſpeſationem*, ſinon qu'il ſoit nommement exprimé en icelle : & c'eſt la difference *inter liberos ſuſceptos ex ſimplici fornicatione ab iis qui matrimonio poſſunt conjungi, & eos qui concepti ſunt ex inceſtu, id eſt, ab iis qui propter conſanguinitatem aut affinitatem prohibentur nuptias invicem contrahere :* car ceux qui ſont procréez *ex ſimplici fornicatione* peuvent être rendus legitimes, ſans aucune diſpenſe *per ſubſequens matrimonium. Cap. Tanta eſt vis. Ext. Qui filii ſunt legit.* là où ceux qui viennent *ex inceſtu, ſeu matrimonio inceſtuoſo* ne ſont point faits legitimes *per diſpenſationem ſubſequentem, niſi de eorum legitimatione in litteris diſpenſationis nominatim caveatur* : la raison , parce que la dispense *non retrotrahitur* pour valider ce qui est passé , & n'a force que pour l'avenir. Secondement les legitimations obtenuës de sa Sainteté par ceux lesquels il n'a point de jurisdiction temporelle , les peuvent bien rendre habiles pour les choses spirituelles, mais non pour les successions & autres choses temporelles , pour ausquelles être rehabilité & fait capable , il faut obtenir legitimation du Roy. Troisiémement ceux qui sont legitimez *ex rescripto Principis* ne sont point pour cela rendus capables des successions *ab intestat in præjudicium liberorum legitimorum* si ce n'est que la legitimation fût faite de leur consentement, *arg. l. 1. §. Merito ff. Ne quid in loco pub. fiat.* Combien que par ces considerations Catherine de Bazus fût bien fondée à demander l'entiere succession de Barthelemi d'Espagne : neanmoins on fait succeder avec elle Catherine de la Tour , tant en son nom que comme heritiere de Jean son frere : la raison pour ne les declarer point incestueux , fut que Simon de la Tour & de saint Pasteur avoient épousé solemnellement & publiquement en face de l'Eglise , & avoient vêcu depuis ensemble comme mari & femme l'espace de huit ou neuf ans , au vû & sçû de tout le monde , & du consentement de leurs parens communs sans aucune contradiction , étans estimez de tous comme vrais mariez , & leurs enfans étans aussi estimez legitimes. Cette opinion ou erreur commune , combien qu'elle ne puisse point servir aux mariez, pour les décharger de l'inceste par eux commis sciemment : ce neanmoins doit servir aucunement à leurs enfans, lesquels jusques à cette heure avoient été tenus & reputez *opinione vulgi & communi errore* pour legitimes , *arg. l. ult. ff. de ritu nupt.* Si on les eût privez de la succession de Barthelemi d'Espagne , c'eût été en effet autant comme si on les eût declarez bâtards , illegitimes & incestueux : ce que la Cour favorablement ne voulut point faire , aimant mieux conniver & dissimuler ce fait auquel on ne pouvoit point remedier : parce que l'un & l'autre desdits mariez étoient decedez, que de mettre sur les enfans une telle tache & note, consideré que Catherine de la Tour étoit mariée avec Savaric Dencausse , lequel ne l'auroit pas paravanture prise en mariage s'il eût été averti qu'elle étoit *ex incesto coitu* ; & si aujourd'hui on l'eût déclarée telle, cela auroit engendré quelque noife en leur mariage ; *cavendum eft ne matrimonium benè conveniens turbetur.* Et bien que Catherine de la Tour demandât cette fucceffion *ex capite* de Jean fon frere, lequel comme heritier teftamentaire de ladite de faint Pafteur fa mere prefuppofoit avoir fuccedé *ab inteftat* audit Barthelemi d'Efpagne, au moyen dequoi il fembloit, veu que ladite de faint Pafteur étoit excluse de cette fucceffion, que ces enfans y étoient nais après l'incapacité par elle encouruë pour raifon de l'incefte en devoient être auffi exclus, comme venans *ex radice infecta* ; ce neanmoins fut jugé le contraire. Il eft vrai que ce n'a pas été en la forme & maniere que Catherine de la Tour defiroit ; car elle vouloit qu'on declarât que ladite de faint Pafteur avoit fuccedé audit Barthelemi d'Efpagne, & qu'elle avoit pû difpofer de cette fucceffion en faveur de Jean de la Tour. Mais cette voie ne fut point fuivie, car on fit fucceder Catherine & Jean de la Tour immediatement audit Barthelemi d'Efpagne, *remota perfona patris* pour fon incapacité. Et quant à ladite de Bazus, il lui étoit objecté qu'elle étoit indigne de cette fucceffion, pour avoir accufé fa mere d'incefte *arg. l. 1. ff. De his quib. ut indig. auf.* neanmoins d'autant que ce qu'elle en faifoit étoit, *non ut crimen matri inferret, fed rerum fuarum defendarum gratiâ,* elle n'étoit point renduë indigne, *arg. l. Hi tamen §. Liberi ff. de accufat.* où il eft permis aux enfans pour la confervation de leurs droits, foit en défendant ou agiffant *de facto parentum queri :* autrement il feroit loifible à un pere ou mere qui auroient des enfans bâtards, de les preferer en leur fucceffion aux enfans legitimes, fans que ceux-cy s'en puffent plaindre car il eft impoffible qu'ils s'en plaignent fans découvrir la turpitude & honte de leurs parens ; *laudandi quidem funt filii qui injuriam parentum ferre, quàm turpitudinem eorum revelare malunt, fed tamen qui queruntur non funt vituperandi,* ni être cenfez indignes.

Appointées contraires] Ce que l'on ne peut pas faire par action directe, on le peut faire par exception ; ainfi l'heritier, qui ne peut pas intenter l'action d'adultere, eft pourtant recevable à opofer par exception à une femme mariée le crime d'adultere commis avec le teftateur. L'enfant même eft reçû à oppofer à fa mere le crime de fupposition de part , & quant à son préjudice elle veut faire heri ier l'enfant incestueux, il peut l'accuser d'inceste ; en effet , il n'arrive que trop souvent que les enfans d'un premier lit sont reçûs à verifier par exception l'impudicité commise par leur mere avec le second mari pendant l'an de deüil , pour la faire priver des avantages qu'elle avoit reçûs de son premier mari : Sur quoi l'on peut voir ce que disent les Docteurs sur la Loy *Hi tamen* §. 1. *ff. de accusationib.* ainsi il est vrai de dire qu'il faut faire difference de l'accusation , soit de supposition de part , ou d'adultere , soit d'inceste , d'impudicité ou d'autres choses de cette nature , d'avec l'exception qui vient de ces crimes ; & certes fort justement , parce que l'accusation tend à fin criminelle pour la punition de tels crimes , au lieu que l'exception ne tend qu'à fin civile en deffendant ; & il est encore vrai de dire avec la Glose sur la Loy 3. §. *Pupillus. verb. agendo. ff. de negot.* gest *exceptio quandòque plus operatur quam actio , multa enim consequimur excipiendo , quæ agendo non consequeremur.*

ESTRE RENDUS LEGITIMES] V. le liv. 2. verb. *Legitimations.*

ARR. II.

LE 26. Mai 1590. au rapport de Monsieur Melet étant contretenant Monsieur Catel. Le fait est qu'Antoinete Bertrande faisant demande des biens & succession de Bertrand Rossignol son fils , decedé en pupillarité , tenus & possedez par Marguerite Rossignol grande tante dudit Bertrand Rossignol , & lui étant objecté & prouvé par nombre suffisant de témoins , que durant son veuvage elle auroit été renduë enceinte des œuvres d'un nommé Roussiac , combien qu'elle soûtint que ce auroit été sous promesse de mariage , lequel auroit été depuis contracté : ce neanmoins par Arrest du dernier de Juin 1589. Marguerite Rossignol fut relaxée , & la demande à elle faite par ladite Bertande , & consequemment on jugea que ladite Bertande pour avoir malversé pendant la viduité étoit indigne de la succession de son fils. Envers cet Arrest Françoise Bertrande mere de ladite Antoinete Bertrande , & ayeule dudit Bertrand Rossignol , obtient Lettres en opposition , disant que la succession dudit Bertrand Rossignol *exclusa matre ejus* , lui apartient comme ayeule , *per text. in l.* 2. §. *ult. ff. Ad SC. Tertul. l. si quis incesti , in fi. cod. de incest. nupt.* sans que l'indignité de sa fille & mere dudit Rossignol lui puisse porter préjudice , *arg. l.* 1. §. *fi. ff. De bonor. poss. contra tab. l.* 4. §. *Si deportatus. ff. De bon. Ribert. l.* 2. §. *Fratris ff. Si quis aliq. test. prohib. vel coeg.* joint qu'elle est *ex decem personis enumeratis in l.* 1. *cod. De sec. nupt. & d. l. Si quis incesti* , où Marguerite Rossignol n'est *neque ex dictis decem personis , nec ex sexdecim enumeratis in d. l. Si quis incesti* , car elle est grande tante, c'eſt à ſçavoir ſœur de l'ayeul paternel dudit Roſſignol, de la ſucceſſion duquel eſt queſtion, nommée par les Juriſconſultes, *proavita.*

Au contraire, il eſt dit & allegué par Marguerite Roſſignol, que la mere étant excluſe de la ſucceſſion de ſon fils par la lubricité; auſſi l'ayeule maternelle & autres parens du côté de la mere en doivent être exclus, & que la ſucceſſion appartient aux parens paternels, parce que l'injure que la veuve fait en malverſant & vivant lubriquement, à la memoire de ſon mari défunt, redonde juſques aux enfans qu'elle a eu d'icelui; & conſequemment aux parens du mari, comme à ceux qui ſe doivoient reſſentir de cette injure. Si la mere étoit privée de la ſucceſſion de ſes enfans par incapacité, *veluti ſi deportatus eſſet, aut. ex alia cauſa*, que pour ſa malverſation, lors l'ayeule maternelle ſeroit preferée en la ſucceſſion de ſes neveus, à tous leurs parens collateraux, paternels ou maternels, exceptez les freres du deffunt. Et à ce propos peuvent ſervir les Loix, *jura libertorum.* 4. *& l. Qui contra is. ff. De jure patro.* où *ſi patronus jura libertorum amiſerit*, la queſtion eſt; ſçavoir ſi les enfans du patron auront perdu ce même droit. Il faut diſtinguer, que ſi le patron perd ce droit pour avoir fait tort & injure à ſon affranchi, *veluti ſi adegit eum ad jusjurandum*; lors la faute du pere fera préjudice à ſes enfans, *d. l. Qui contra is ff. De jure patro.* Que ſi le patron eſt privé de ce droit, non pas pour aucun tort ou injure qu'il ait faite à ſon affranchi, mais pour avoir commis aucun crime capital, *veluti ſi ſit reus perduellionis* en ce cas *jura libertorum liberis patroni ſalva erunt dict. leg.* 4. *D. de jure patro.* Auſſi fait à ce propos la *gloſſ. in §. 1. in verbo (Vaſſalli) ſi vaſſallus feud. privet. cui defer. in uſib. feudor.* ou quand le Vaſſal eſt privé du Fief; ſi c'eſt pour crime, *feudum defertur agnatis ejus*; ſi c'eſt pour avoir fait injure à ſon Seigneur, il eſt appliqué au Seigneur, *excluſis ejus agnatis.* Auſſi les Interpretes tiennent que ce qui a été à la femme venant *ex liberalitate mariti* pour avoir contracté ſecondes nôces *intra annum luctus*, doit être baillé *decem perſonis ex parte mariti*; parce que à ceux-cy redónde l'injure, & que les parens du côté de la femme n'y peuvent rien pretendre. *l. Si ſe-*

*quens. is. in princ. ff. Ad S. C. Syllan. facit quòd matre exclufa,
& reliqui ex linea matris venientes confentur exclufi.* A cela étoit
repliqué par l'ayeule, que s'il étoit queftion de la fucceffion du
mari, en ce cas *exclufa ejus vidua*, il faudroit appeller les parens
du mari tant feulement, & exclurre les parens de la femme ; parce que ceux-cy ne font rien au mari, pour lui pouvoir fucceder :
mais en ce fait ici il ne s'agit pas de faire fucceder la femme au
mari, ains il eft queftion de la fucceffion du fils, c'eft à fçavoir de
Bertrand Roffignol, lequel n'avoit point de parens plus proches
après fa mere, que fon ayeule. Par Arreft, fans avoir égard aufdites Lettres en oppofition, prefentées par ladite Françoife Bertrand ayeule, de l'effet & enterinement defquelles elle eft démife &
deboutée, & ce faifant ladite Marguerite Roffignol eft relaxée
des fins defdites Lettres & fans dépens. Lors donc que la mere
eft renduë indigne de la fucceffion de fon fils, pour avoir vécu lubriquement en viduité, pareillement l'ayeule maternelle, & confe-
quemment tous les parens du fils, *ex parte matris*, en doivent être
exclus, & la fucceffion doit être adjugée aux parens paternels du
fils, encore qu'ils foient en degré plus éloigné que les maternels;
voire même combien que les parens paternels foient au quatriéme degré, & ne foient point *ex fexdecim perfonis enumeratis in d.
l. Si quis incefti. C. De inceft. nupt.* & que le fils tandis qu'il y a
des parens paternels n'y peut rien pretendre. Cet Arreft fut prononcé en robes rouges le huitiéme Juin mil cinq cens nonante,
avant veille de la Pentecôte par Monfieur le Prefident du Faur.

Si les parens étoient exclus de telles fucceffions pour être en
degré plus éloigné, la malverfation des veuves demeureroit im-
punie ; parce que les parens du côté du mari, s'ils n'efperoient en
rapporter pofit, ne feroient aucune pourfuite contre elles ; &
quant aux parens de la veuve, ils n'en feroient auffi aucune pourfuite, pour ne des-honorer leur race : & moins encore en feroit
pourfuite la mere de la veuve, pour ne des-honorer fa fille.

SOUS PROMESSE DE MARIAGE] ¥. *le liv. 2. verb. mariages. art. 16.*

ARL.

ARR. III.

SUr l'interpretation de la Coûtume de Touloufe, contenant que les meres ne peuvent fucceder à leurs enfans, fut donné Arreft le 24. Mai 1588. au rapport de Monfieur Ouvrier, au procès d'entre Yfabeau & Françoife de faint Aignan, appellantes du Sénéchal de Touloufe, contre N. Desbaldit appellée, par lequel la Sentence du Senéchal fut confirmée, laquelle adjugeoit tous & chacuns les biens ayans appartenu à N. de faint Aignan, fils de ladite Desbaldit decedé *ab inteftat*, qui font hors du Gardiage à ladite Desbaldit mere : & outre ce lui fut adjugée la legitime fur tous & chacuns les biens qui font dans le Gardiage : & fut dit que la mere n'étoit point tenuë imputer à la legitime les biens qu'elle perçoit hors le Gardiage, fuivant plufieurs Arrefts donnez en femblable fait.

HORS DU GARDIAGE.] S'agiffant d'une fucceffion *ab inteftat*, la Coûtume de Touloufe n'a lieu que dans le Gardiage, & non dans la Viguerie. *Cambol. liv. 6. chap. 47. n. 1. V. l'article fuivant, & la fuite de ce recuëil tit. 63. art. 10.*

ARR. IV.

PAr la Coûtume de Touloufe, les meres font forclofes de la fucceffion de leurs enfans, non toutefois de la legitime, laquelle leur eft adjugée & declarée être la troifiéme de tous & chacuns les biens avenus à l'enfant, tant par le moyen du pere que d'ailleurs, comme a été jugé par plufieurs Arrefts, même le 18. Avril 1565. arrêté le 28. Mars précedent, & le 14. Août 1564. arrêté le 1. Mars entre Germaine Efcorne. Mais parce que la Coûtume eft locale, fur ce naiffent deux difficultez ; l'une fi lad. Coûtume s'entend feulement des biens de la Ville & Gardiage, ou de la Ville & Viguerie ; l'autre fi la mere aura la legititime fur les biens de la Ville & Gardiage, & au furplus des biens affis hors le Gardiage fans rien rapporter : lefquelles difficultés ont été décifes après grande difpute, par Arreft donné au rapport de Mr. Affezat le 21. Août 1574. entre Dominique & Blaife Mingevilles, dit de Caftris, appellant du Senéchal de Touloufe, & Gilles Maurin appellé d'autre, par lequel la legitime des biens de la Ville & Gardiage fut adjugée à la mere, qui fut declarée la troifiéme partie defdits biens affis en la Ville & Gardiage, lefquels furent adjugez aux prochains du côté du pere, & tous les autres biens affis

P p

hors la Ville & Reſſort de la Coûtume à ladite mere , ſur laquelle diſtinction des biens de la Ville & Gardiage , & hors d'icelle y
a grande difficulté ſur les dettes & cabal : & par Arreſt donné le 4.
Mars 1575. entre Pierre Thoron , le contenu au précedent Arreſt
fut en tout confirmé ; & au ſurplus declaré que ledit cabal dudit
Thoron habitant en Toulouſe, étoit des biens de la Ville de Toulouſe. Le même auſſi fut jugé par Arreſt entre ſaint Aignan &
Desbaldit.

L A T R O I S I E' M E D E T O U S] *V. d'Olive liv. 3. chap. 9. & 10.* où il fait voir en quel
cas la cottité de la legitime de la mere doit être reglée au tiers du tout ou au tiers du tiers.
D E L A V I L L E E T V I G U E R I E .] *V. la note ſur l'art. précedent.*
S A N S R I E N R A P P O R T E R] *V. l'article précedent.*
S U R L E S D E T T E S E T C A B A L] *V. Cambol. liv. 6. chap. 47. num. 2.*

A R R. V.

EN la ſucceſſion des ayeuls ou ayeules à leurs neveus ou nié-
ces , & ainſi des biſayeuls , la regle *Paterna paternis , & materna maternis,* n'a point de lieu , ains ſuccedent également à leurſdits neveus d'où qu'ayent procedé , & de quel côté que ſoient venus les biens , ou de pere ou de mere ; ſauf que s'il y a d'un côté
deux ayeuls ou ayeules , & de l'autre côté un ſeul , les deux n'en
auront qu'autant qu'un ; & ainſi fut jugé par Arreſt entre N. de
Cambolas ayeule maternelle , & de Gaubert ayeule paternelle.

N' A P O I N T L I E U] En païs de Droit écrit ; *ſecus* en païs de Droit coûtumier ; neanmoins la maxime (*paterna paternis , materna maternis*) n'eſt pas ſi generalement rejettée dans le païs de Droit écrit , qu'elle n'y ait lieu entre freres & ſœurs uterins ou
conſanguins , & non germains , *qui in cæteris , quæ non profecta ſunt à patre , nec matre , utique
ſuccedunt. L. de emancipatis §. cùm enim & pater. C. de legit. hæredib.*

Q u' A U T A N T Q U' U N .] *Licet ſit diſpar eorum numerus , pariter ſuccedunt Auth. defuncto.
C. adſc. Tertulian.*

A R R. V I.

LE onziéme Decembre mil cinq cens nonante au rapport de
Monſieur Ambez , fut jugé que non ſeulement la mere pour
s'être remariée *intra annum luctus ,* & ſans faire pourvoir de tuteur à ſes enfans , étoit privable de la ſucceſſion d'iceux decedez
en pupillarité , mais auſſi les enfans d'elle du ſecond mariage &
freres uterins des trépaſſés , la ſucceſſion deſquels fut adjugée à
un oncle paternel comme plus proche , *excluſa matre & fratribus
uterinis :* Donques ſi la mere ſe trouve indigne , & ceux auſſi qui
deſcendent d'elle , ſont incapables de la ſucceſſion.

Arr. VII.

LE 23. Mars 1587 és Arrêts generaux prononcez par Mr. de Paule, feu Bertrand inſtitua ſon fils, & où il decederoit en pupillarité ou ſans enfans, ſubſtituoit les plus prochains du grain, led. enfant meurt majeur de 24. ans, faiſant une ſœur germaine de ſon pere, & un frere de ſondit pere qui n'étoit que conſanguin; led. oncle veut ſucceder également avec la tante : elle dit qu'elle eſt plus prochaine du teſtateur, parce qu'elle lui étoit ſœur *ex utroque latere*, & que cette ſucceſſion doit être reglée *ut ab inteſtato* : toutefois la Cour jugea qu'ils ſuccederoient également, parce qu'il n'étoit pas queſtion de ſucceder au teſtateur, ains au fils, pour le regard duquel ceſſe la diſpoſition de l'authentique (*ceſſante*) *ut notat Paulus Caſtrenſ. in authent. Poſt fratres de ſuis & legit. hæred.* La difficulté de ce fait étoit qu'il étoit queſtion de ſucceder au fils *per fideicommiſſum*, auquel cas *non   hæredi, ſed teſtatori.*

SUCCEDEROIENT EGALEMENT] L'Auteur rapporte un Arrêt contraire au liv. 4. tit. 5. *verb. teſtam. art.* 12. conforme à celui qui eſt remarqué par Maynard liv. 5. chap. 52. & n'étoit qu'il allegue que le Parlement eut pour motif, *qu'il n'étoit pas queſtion de ſucceder au teſtateur, mais au fils*, dans laquelle vûe il ſeroit ſoûtenable par la raiſon tant de la Loy premiere, que de la Loy troiſiéme. *c. de legit. hæredib.* qui veulent que ceux qui ſont en même degré, quoi qu'ils ſoient procreez de divers parens, ſuccedent néanmoins également *ab inteſtat*, il eſt ſans doute que cette conſideration ceſſant, l'Arrêt ne ſeroit nullement juridique, à moins que l'heritier du teſtateur fût decedé en pupillarité, auquel cas à la verité les plus proches parens de l'heritier, & non ceux du teſtateur, euſſent été appellez, parce qu'en la ſubſtitution Pupillaire, *ſi ante pubertatem deceſſerit filius, ipſi filio fit hæres ſubſtitutus*, comme dit l'Empereur Juſtinien *inſtitut. de pupill. ſubſtit. in princip.* V. l'obl'obſervation ſur le ſuſdit. art. 12. du tit. 5. du l. 4.

Arr. VIII.

REgula, *Qui ex utroque latere conjuncti, præferuntur his qui ſunt ex uno tantum latere conjuncti, non habet locum ultra fratres & fratrum filios.* §. *Si vero. De hæred. & Falcidia in Authenticis & Bartolus in l. 2.* §. *Legitima De ſuis & legit. & Paulus Caſtrenſis in Authent. Poſt fratres. De legit. hæred. C. & in corpore via ſumitur.*

ULTRA FRATRUM FILIOS] Dans l'uſage la multiplicité des liens n'eſt pas conſiderable, on ne regarde que la proximité du degré : il en faut ſeulement excepter la ſucceſſion des freres, auſſi bien que de leurs enfans en premier degré, ſuivant la Novelle 18. la faveur des freres, & des fils des freres eſt ſi grande, que même dans le païs de Droit coûtumier, lorſque le privilege du double lien ſe trouve introduit par quelque coûtume en faveur des freres germains, on l'étend toujours à leurs enfans, ſi la coûtume n'y reſiſte pas.

ARRESTS
NOTABLES
DU PARLEMENT
DE TOULOUSE.
LIVRE QUATRIÈME.

Tailles.

TITRE I.

ARR. I.

Extrait des Regiſtres de Parlement.

NTRE Noël de Rigade, Pierre Monna, & Dominique Caſſang, Antoine Monna, & Guillaume Belot Conſuls du lieu de Beaumont en Lézadois en l'année 1587. appellans de la Sentence donnée par le Senéchal de Toulouſe ou ſon Lieutenant, le 8. de Mars dernier, & autrement défendeurs d'une part, & Me. George de Caulet Conſeiller du Roy en la Cour, & Arnaud Pellapoix Bourgeois, Geraud Mandinelli, Denis Amortion & Bertrand Cazenauve

habitans dud. Touloufe appellez , impetrans & requerans l'interinement de certaines Lettres Royaux pour s'aider dudit appel , &
autres fins y contenuës , d'autre ; Et entre le Sindic , Confuls ,
Manans & Habitans dud. lieu de Beaumont en la prefente année
mil cinq cens quatre vingts-huit, impetrans & requerans l'enterinement de certaines Lettres Royaux , pour être joints à lad. inftance d'appel relevé par lefd. Sindic & Confuls de lad. année mil
cinq cens huitante-fept,& pour être reçûs à conclurre comme appellans de lad. Sentence,en ce que par icelle avoit été ordonné que
la quatriéme partie des fommes cottifées , feroit impofée fur les
Manans & Habitans dud. lieu ; & autres fins y contenuës , d'autre
part ; & lefd. de Caulet,de Pellapoix, Mandinelly, Amortion, &
Cazenauve deffendeurs, d'autre. Veu le procez plaidez des dixiéme Juin,vingt-fixiéme Aouft derniers,griefs, contredits defd. parties,extrait de l'alivrement dud. lieu de Beaumont, & autres productions defd. parties ; enfemble le dire & conclufions du Procureur general du Roi fur ce baillé par écrit. Dit a été,en interinant,
quant à ce,lefd. Lettres par lefd. Sindic,Confuls,Manans & Habitans dud. lieu de Beaumont prefentées,la Cour les a joints & joint
en lad. inftance en l'état , & au furplus a mis & met lefd. appellations, & ce dont a été appellé , au neant ; & fans avoir égard à la
cottifation & departement fait par lefd. Confuls le onziéme May
mil cinq cens quatre vingt-fept , produit au procez, a ordonné &
ordonne qu'il fera procedé à nouvelle cottifation & département
fait par lefd. Confuls,diftrait & feparé fur les Manans,Habitans &
Biens-tenans dud. lieu & Confulat deBeaumont,fçavoir de la fomme de deux cens cinquante-trois écus cinq fols & onze den. à laquelle reviennent les fommes mentionnées aux Mandes des quatriéme Decembre mil cinq cens quatre vingts-fix,& vingt- feptiéme Fevrier mil cinq cens quatre vingts-fept ; enfemble des frais
de la levée defd. fommes & façon dud. livre,& par autre livre ou
cayer feparé, fera fait autre departement & cottifation fur les Manans & Habitans,& Confulat dudit lieu,tant feulement de la fomme de cent vingt-trois écus un fol tournois , à laquelle revient ,
tant la fomme de cent écus contenuë en la Sentence de permiffion
dud. Senéchal du vingt-feptiéme Avril mil cinq cens quatre-

vingts-fept ; que les fommes dûës pour le privilege du fel , châ-
perons des Confuls , Sergent , Dixenier , & frais de l'horloge, &
auffi des frais de la levée de lad. fomme & façon dud. cayer & livre ; de la contribution defquelles charges & frais : lad. Cour a
declaré & declare led. Caulet & autres habitans dudit Touloufe
exempts & dechargez par le prefent & pour l'avenir , & ordonne
que lefd. Confuls feront tenus rendre & precompter fur lefd. cottifations qui feront faites fuivant cet Arreft , ce qui fe trouvera
avoir été par eux levé au moyen des cottifations caffées, outre &
par deffus lefd. fommes de trois cens feptante-fix écus onze deniers , qu'il leur éft permis de cottifer , & droits de levée d'icelles
fommes , & façon defd. livres à ceux qui fe trouveront les avoir
payez, revenans lefd. fommes exceffivement cottifées à la fomme
de trente-neuf écus quatorze fols trois deniers ; & en ce qui concerne les droits de la quatriéme partie des fommes à impofer,pré-
tenduës pour lefd. Caulet,Pellapoix & autres leurs adherans,de-
voir être pofées fur les induftries,cabaux,& cappages ditdit Confulat. La Cour a ordonné que les parties feront fur ce plus amplement oüis , diront & produiront ce que bon leur femblera dans
quinzaine après la fête de faint Martin d'Hiver , dans lequel delai
les livres anciens defd. cottifations , feront remis devers elle,pour
ce fait être dit droit ; & cependant par provifion,fans préjudice du
droit defdites parties, ordonne que lefdites impofitions feront faites au fol la livre , le fort portant le foible, fçavoir des quatre parties,les cinq faifant le tout, fur le fonds & biens ruraux dudit Lieu
& Confulat ; & la cinquiéme partie reftante fur les cabaux , induftries & cappages defdits Manans & Habitans, faifans trafic &
negotiation audit Lieu. Ordonne en outre ladite Cour , que lefdits Confuls, & autres, qui ont été cy-devant depuis dix ans dudit
Lieu, rendront compte, & prêteront le reliqua fur ledit Lieu, pardevant le plus prochain Magiftrat Royal,des cottifations & impofitions faites à icelui Lieu , enfemble des émolumens & revenus
d'icelui : à laquelle reddition de compte deux defditsBiens-tenans
audit lieu & Confulat habitans de Touloufe , pourront affifter fi
bon leur femble. Et a fait ladite Cour inhibition & défenfe aufdits Confuls, de mêler les cottifations aux deniers Royaux, & au-

tres qu'il leur conviendra impofer & cottifer par mandement &
commiffion du Roy, de fes Lieutenans generaux, ou par deliberation des Etats, avec les deniers à impofer pour les affaires municipaux, & autres cottifations extraordinaires concernans particulierement le fait dudit Lieu, & de ne aufdites cottifations
concernans le fait particulier dudit Lieu, garde d'icelui, privilege
du fel, Greffier, Dixeniers, horloge & droits de chaperons, cottifer lefdits Biens-tenans en ladite ville de Touloufe ou autrement, outre & par deffus ce qui leur fera commandé par lefdits
mandemens, & par permiffion à eux octroyée fuivant les Ordonnances du Roi, Arreft fur ce donnez par la Cour, & le droit de
levée d'icelles fommes & façon des livres, fur les peines portées
par lefdites Ordonnances & Arreft : & a condamné & condamne
ledit Rigade, Monna, Caffangs, Antoine Monna & Bellot en
leur propre & privé nom aux dépens faits en l'inftance devant ledit Senéchal envers ledit Caulet. Pellapoix, Mandinelly, Amor-
rion, & Cazenauve en ce que chacun d'eux concerne, la taxe refervée, & fans autres dépens concernans les inftances jugées, les
autres de l'inftance à juger d'entre le Sindic & Confuls, ledit
Caulet & fes adherans, refervez en fin de caufe. Prononcé à Touloufe en Parlement le 13. jour de Septembre 1588.

A R R.   I I.
Extrait des Regiftres de Parlement.

ENtre Maître Pierre de Caulet, Confeiller du Roy en la
Cour de Parlement feant à Touloufe, & Demoifelle Marie
de Lerm mariés, appellans des impofitions extraordinaires faites
en la ville de l'Ifle en Albigeois, depuis l'année 1587. & autres fins
y contenuës, & auffi requerant l'interinement de fes Lettres Royaux venans en caufe, pour être reçus appellans du compeziement
de cenfive qu'ils poffedent en ladite Ville du 13. de ce mois d'une
part, & les Sindic & Confuls de ladite Ville intimés & défendeurs
d'autre : Veu le procez, & impofitions defquelles eft queftion,
lefdites Lettres Royaux; plaidoyez du 7. jour de Juillet dernier &
quatorziéme de ce mois, griefs d'appel, réponfe à iceux, & autres productions des parties; Dit a été, que la Cour en ce que lefd.
de Caulet & de Lerm ont été compris aux impofitions faites

en ladite Ville dépuis l'année mil cinq cens quatre vingts fept jufques à prefent, pour les deniers municipaux concernant l'utilité particuliere des Habitans refidans en ladite Ville, a mis & met l'appellation & lefdites impofitions au neant, a retenu & retient la connoiffance de la caufe & matiere principale, en laquelle a dechargé lefdits Habitans defdites impofitions faites depuis ladite année jufques à prefent, fans pouvoir repeter le payement pour ce regard, fçavoir pour l'enterinement des Predicateurs, Secretain, Maître d'Ecoliers, Portiers, ou ordinaires, robes & livrées Confulaires, reparation des fontaines, horologe, frais de pefte, des procez & autres affaires qui regardent l'utilité particuliere des Habitans refidans en ladite Ville, enfemble pour le logement des Soldats & étapes & impofitions faites pour icelles étapes & paffage tant feulement : & pour le furplus des autres impofitions, elles fortiroient leur plein & entier effet ; & à ces fins lefdits appellans contribüeront pour les biens ruraux à toutes impofitions tant ordinaires qu'extraordinaires avec les Habitans contribuables de ladite Ville. Et avant faire droit fur lefdites Lettres Royaux du quatorziéme de ce mois, ladite Cour a ordonné & ordonne que les parties diront & produiront dans trois mois tout ce que bon leur femblera, & cependant par maniere de provifion lefdits de Caulet & de Lerm contribüeront à toutes impofitions ordinaires & extraordinaires, defquelles ils ne font dechargez pour raifon de fix fêtiers fix razes bled froment, & deux fêtiers avoine de cens annuel qu'ils ont en ladite Ville & terroir d'icelle, & plus grande quantité qu'ils fe trouveront tenir & poffeder, & ce fuivant la verification qui en fera faite par le Commiffaire à ce deputé. A fait & fait inhibition & défenfe pour l'avenir aufdits Confuls de bailler pour le droit de levée que vingt deniers pour livre : & en cas qu'il ne fe trouveroit perfonne qui veüille prendre ladite levée à vingt deniers pour livre, lefdits Confuls procederont à l'élection d'un Collecteur par tour & ordre, fuivant les Arrefts de la Cour, & procedant au departement defdits deniers à toutes impofitions comprendront ceux qui ont cabal & induftrie. En outre ordonne ladite Cour que les deniers Royaux & autres ordinaires mandez par les Eftats & affiette affictte, feroient mis en un cayer à part, & les autres deniers municipaux en un autre ; leur faisant inhibition & défense d'iceux mélanger sur peine de cinq cens écus d'amende & autre arbitraire en leur propre & privé nom, & de contrevenir au present Arrest: ains le faire garder, obferver & entretenir felon fa forme & teneur, fur peine de tous dépens, dommages & interêts. A condamné lefd. Confuls envers ledit fieur de Caulet & de Lerm aux dépens de la caufe d'appel, la taxation refervée. Fait & prononcé à Montpellier le troifiéme jour du mois d'Octobre 1599.

LES DENIERS MUNICIPAUX] Pour fçavoir à quelles impofitions doivent être fujets les habitans forains d'un lieu, & defquelles auffi ils doivent être dechargez. V. Ranchin. *in quæft.* 87. G*uid.* Pap. les *Arrefts de Philippi art.* 34. *& 132. & la fuite de ce recueil tit.* 76. *arr.* 6.

ARR. III.

ENtre Pierre Favarel Marchand de Cordes appellant du Senéchal de Toulouse, contre le Sindic des Jurats du lieu de Soeilles;dit a été que laCour a mis & met l'appellation & ce dont a été appellé au neant, & en emendant le Jugement a declaré & declare n'y avoir lieu de comprendre l'appellant en la cottifation faite pour la pourfuite de l'appel entre eux. Prononcé le quinziéme jour du mois de Mars mil cinq cens feptante-cinq.

Pareil Arreft entre mêmes Parties le vingt-quatriéme jour de Février 1577.

POUR LA POURSUITE DE L'APPEL.] Ceux qui ont procez contre une Communauté, doivent être exempts de contribuer aux frais expofez en la pourfuite de ce procez, fuivant le fentiment de Bald. *in l.* 2. *ff. ad leg. Rhod. de jact.* & tel eft l'ufage.

ARR. IV.

SAmedi huitiéme de Mars mil quatre cens quarante-huit vûe par la Cour la requête des Capitouls de Toulouse, par laquelle ils requeroient la fomme de neuf cens livres, &c. de l'émolument du quart du vin, leur être livrée en baillant cautions, pour l'employer aux reparations de la Ville, felon la teneur des Lettres par le Roy fur ce octroyées. La Cour a ordonné conformément à ladite requête.

ARR. V.

PAr Arreft du 20. Decembre 1589. eft prohibé aux Confuls des lieux de cottifer les Bientenans pour raifon du paffage & logis des Compagnies des Soldats ou Gendarmes, & les

Q q

Consuls de Lerm condamnez à rendre à Maître Pierre Varés Conseiller au Senéchal de Toulouse, quatorze écus qu'ils l'avoient contraint payer pour cette occasion.

ARR. VI.

LE 4. Janvier 1575. Arrest au barreau entre certains nommez Motge, & Albin de Montaudran contre un nommé Fernet Fermier de l'impost du vin, contenant que les demi vins & arrieres-vins ne payeroient point aucun impost, & que lesdits Motge & Albin auroient la recreance des biens à eux, à cause de ce pris & saisis.

ARR. VII.

PAr Arrest du 9. jour de Mars 1581. en Audience, le bail fait par les Consuls d'Alby à lever les deniers royaux & municipaux à deux sols pour livre, fut cassé, & lesdits Consuls pour l'abus & contravention aux Ordonnances & Reglemens condamnez en vingt écus d'amende en leur propre & privé nom, & Dumas qui avoit pris à lever lesdits deniers, constraint de rendre lesdits cent écus, & tout ce qu'il auroit pris plus que vingt deniers pour livre, suivant les Ordonnances & reglemens.

ARR. VIII.

ESt inhibé aux Consuls & habitans de Grenade & autres lieux du ressort, sans permission du Roy faire aucunes impositions ou nouvelles exactions d'aucuns bleds, vins, marchandises, ou denrées pour le passage d'icelles. Arrest prononcé le vingt-neuviéme Mars mil cinq cens huitante-cinq, veuë la requête presentée par le Procureur General du Roy, deliberation du vingt-septiéme jour d'Avril 1587.

ARR. IX.

BIen que les directes & rentes foncieres ne soient sujets à autres charges qu'aux droits du ban & arriereban : toute-fois en aucunes Villes du païs d'Albigeois, comme à l'Isle, & Cordes, par coûtume & possession ancienne, lesdites rentes foncieres sont cottisées pour les tailles : & ainsi fut jugé pour le Sindic de la Ville de Cordes contre le Sindic du Chapitre d'Alby le 4. Avril 1593.

RENTES FONCIERES SONT COTTISE'ES.] V. Despeisses tom. 3. en son traité de Tailles art. 14. sect. 1. num. 46. & suivans.

ARR. X.

LES Capitouls de Toulouse ayans ordonné que de chaque
pourceau qui seroit vendu au marché, seroit payé un sol pour
le salaire de celui qui écrivoit, les Marchands forains relevent appel en la Cour : est dit par Arrest avoir été mal ordonné par lesd.
Capitouls, leur faisant inhibition & défense de permettre être rien
pris ni exigé pour la vente qui se fera des pourceaux. Prononcé
le vingt-huitiéme jour du mois de Juillet 1583.

ARR. XI.

POur les tailles, subsides ni autres deniers imposez sur une
Ville ou Village, les particuliers habitans ne peuvent être
constituez prisonniers par les receveurs, & ont été souvent les
emprisonnemens cassez, & les habitans élargis par plusieurs Arrests ; mêmes le douziéme Octobre mil cinq cens septante-cinq,
pour le Sindic des habitans de Cailus de Bonnette, & les neuviéme Juillet mil cinq cens septante-cinq pour Pierre de la Coste,
& le premier d'Août audit an pour Pierre Gervais, & encore
auparavant le 30. Mars 1574. pour Pierre Ansenar.

CONSTITUEZ PRISONNIERS.] On ne pouvoit pas être emprisonné pour dettes
publiques. *L. nemo. C. de exactorib. tributor. lib.* 10. *V. le ti . 2. tit. E. tit. 1. art. 5.*

Taverniers, ou Cabaretiers.

TITRE II.

ARR. I.

LE Vendredy 7. Decembre 1576. en Audience à la grande
Chambre sur la presentation de certaines lettres de grace &
pardon a été prohibé & défendu à tous Taverniers & Cabaretiers
de ne bailler cartes ni dez à ceux qui mangeront & boiront dans
leur maison à peine du foüet.

ARR. II.

Extrait des Registres de Parlement.

VEu le procez fait par les Capitouls de Toulouse à Jean Malfaictes dit Breganson prisonnier en la Conciergerie. appellant desdits Capitouls, ensemble l'acte de question baillée audit
Malfaictes suivant l'Arrest de la Cour, & oüi en icelle : dit a été
que pour la reparation & punition des crimes & malefices commis

Qq ij

par ledit Malfaictes & refultans dudit procez, la Cour 'a condamné & condamne à être delivré entre les mains de l'executeur
de la haute juftice, lequel lui fera faire le cours par les ruës & carrefours accoûtumez de Touloufe,monté fur un chariot la hart au
col, & l'amenera à la place publique faint Georges, & là fur le
pilory lui tranchera la tête, & mettra fon corps en quatre quartiers ; fes biens confifqués, la tierce partie refervée à fes femme
& enfans s'il en a, & fera ladite tête portée au lieu de Balma, &
là affichée à un pal qui fera planté en quelque place & lieu éminent dudit Balma, & fes autres membres portez & affichez en diverfes parts, tant à la croix de Montrabé,qu'au devant la taverne
dite del Magifter, prés de la riviere de Lers, & entre les deux
ponts fur lad. riviere. Et en outre d'autant que par led. procez &
autres informations,& auffi par évidence des faits eft apparu à ladite Cour plufieurs meurtres,aggreffions,détrouffemens & autres
malefices, infolences & diffolutions avoir été n'agueres commifes
és logis & tavernes étans à demi lieuë ou une lieuë près cette ville
de Touloufe par aucuns vagabonds & diffolus de divers états,qui
fe retiroient & affembloient efdites tavernes avec femmes diffoluës qu'ils menoient avec eux, & là faifoient les entreprifes &
confpirations,& prenoient les occaffions & moyens d'executer &
accomplir plufieurs excez,crimes & malefices és environs de lad.
Ville tant de nuit que de jour : a ordonné & ordonne la Cour que
d'orefnavant depuis les Lieux & villages de Fenoüillet jufques à
Touloufe, Gafelaze jufques à Touloufe, Caftelgeneft jufques à
Touloufe,Caftelmouron jufques à Touloufe, Montrabe jufques
à Touloufe, Balma jufques à Touloufe, Fonfegrives jufques
à Touloufe, Montaudran jufques à Touloufe, faint Agnan jufques à Touloufe, Maure-ville jufques à Touloufe, la Croix jufques à Touloufe, Portet jufques à Touloufe, Villeneuve jufques
à Touloufe, Cugnaux jufques à Touloufe, Plaifance jufques à
Touloufe, Tournefeuille jufques à Touloufe, faint Martin du
Touch jufques à Touloufe, Cornebarrieu jufques à Touloufe,
Blaignac jufques à Touloufe, n'y aura aucun logis ou taverne, &
celles qui fe trouveront de prefent feront ôtées, faifant inhibition
& défenfe à tous ceux qui efdits lieux & villages tiendront logis &

tavernes, ne souffrir, tolerer, ou dissimuler jeux de cartes prohibez, ni insolences & dissolutions être faites dans leursdits logis, tavernes, ni autrement contrevenir à l'Arrest donné sur le fait desdites tavernes sur peine de confiscation des maisons : & à cause que lesdits lieux de Montaudran, saint Martin du Touch, sont les plus prochains de cette dite ville de Toulouse, esquelles plus facilement tels personnages vagabonds & dissolus se transportent de nuit ou de jour, ordonne la Cour qu'aucun ne pourra cy-après tenir logis ou tavernes esdits lieux qui ne soit residant, possede maison, & autres biens, meubles & immeubles esdits lieux, & qui de ce fassent deuëment apparoir pardevant les Capitouls de cette dite ville de Toulouse, & outre ce bailleront bonnes & suffisantes cautions devant lesdits Capitouls, de ne contrevenir aux inhibitions & défenses dessusdites, & autres mentionnées audit Arrest, à la charge de répondre & satisfaire des fautes & malefices qui seront commis en leurs Logis & tavernes contre lesdites inhibitions & défenses : Et enjoint la Cour ausdits Capitouls mettre incontinent cet Arrest à execution par tout le gardiage de ladite Ville. Prononcé à Toulouse en Parlement le sixiéme jour de Novembre l'an 1548.

Teinturiers.
TITRE III.
ARR. I.

L E vingt-troisiéme d'Avril 1572. Arrest au barreau, entre les Bailes des Teinturiers de Thounis en Toulouse, & un nommé Maillol, Constanson, & autres Teinturiers en soïe, contenant inhibition ausdits Teinturiers en soye, de ne faire ledit mêtier, sans au préalable faire acte d'experience, & à tous ceux dudit mêtier respectivement, commandement & injonction de garder & observer les statuts dudit mêtier.

Témoins.
TITRE IV.
ARR. I.

P Ar l'Ordonnance du Roy François, publiée en l'an mil cinq cens trente-neuf art. 165. est ordonné qu'aux depositions des inquisitions, recolées toutefois par autorité de justi-

ce , fera eu tel égard comme s'ils avoient été affrontez en jugeant
le procez. Sur quoi par deliberation de la Cour , les Chambres
assemblées , le Vendredi second jour du mois de Janvier audit an
1539. interpretant led. article, sçavoir si contre un défaillant &
fugitif est de necessité que les témoins soient recolez auparavant
le jugement ou Arrest, ou bien si ce mot *recolez* se rapporte *ad vim*
& effectum probationis ; fut dit que cela demeuroit à l'arbitre des
Juges , qu'où ils verroient être expedient faire ledit recolement
ou non, le pourroient faire, ou bien passer outre au jugement : parce qu'il avenoit souvent qu'aprés qu'à la requisition du demandeur
tel recolement étoit ordonné, les parens & amis du Prevenu défaillant, procuroient la fuite & absence des témoins confrontables,
dont plusieurs crimes demeuroient impunis, auquel propos le premier jour de Decembre 1559. en la qualité appellée en Audience,
pour raison du meurtre du Sr. de Camparnaut , contre le Sr. de
Peguillan & autres défaillans , requerant la veuve du meurtri la
resomption des témoins de l'inquisition, la Cour declara qu'en ce
qui concernoit les inquisitions faites par l'un des Conseillers d'i-
celle n'y auroit lieu de resomption:& quant aux autres inquisitions
n'étans faites par Conseillers de la Cour, ordonna lad. resomption.

* A L'ARBITRE DES JUGES] Suivant la nouvelle Ordonnance du mois d'Août
1670. pour les matieres criminelles, les témoins doivent être indispensablement recolez en
leurs dépositions, & le recolement vaut confrontation à l'égard des prevenus défaillans ; ainsi
il ne dépend plus de l'arbitre des Juges d'ordonner , & de faire le recolement ou non.

ABSENCE DES TEMOINS CONFRONTABLES] Par la Declaration du Roy
donnée à S. Germain en Laye le 18. de Novembre de l'année derniere 1579. il a été ordonné
qu'à l'avenir lors qu'un accusé condamné par contumace se representeroit, & qu'on ne feroit
point comparoir les témoins dans les délais prescrits à l'effet de la confrontation és procés ,
esquels elle auroit été ordonnée, les Juges ne pourront prononcer l'absolution de l'accusé , mais seulement qu'il sera mis hors des prisons à sa caution juratoire de se representer toutes fois & quantes qu'il lui sera ordonné ; pour subir la confrontation , & être
ensuite procedé au Jugement diffinitif du procez , sans que l'Arrêt ou Sentence qu'aura
obtenu un accusé , puisse lui servir de justification ou d'absolution diffinitive , quand ledit Arrest ou Sentence seront intervenus sans confrontation prealable des témoins , lors
que ladite confrontation aura été ordonnée. Par la même Declaration, qui n'a été donnée
que pour empêcher la collusion d'entre les parties civiles & les accusez , dans l'étenduë
du ressort de ce Parlement de Toulouse , où elle fut registrée le troisiéme de Janvier de la
presente année 1680. il est porté qu'aucun accusé contumacé pendant la tenuë du Parlement ne pourra poursuivre sa justification , ou absolution, en la Chambre des Vacations, à peine de nullité. On ne pouvoit rien ordonner de mieux pour punir la contumace d'un accusé , & pour remedier à l'impunité des crimes ; mais la raison prise de
la contumace cessant, il est juste qu'un accusé obtienne enfin son relaxe , faute par la partie

civile d'avoir fait venir dans les delais preferits les témoins accarables, l'accufation feule ne doit pas être un prétexte à le faire pourrir en prifon, *accufatio crimen defiderat*; l'évenement ayant fur tout juftifié une infinité de fois que les innocens font fouvent injuftement accufez ; ainfi la partie civile doit être d'autant mieux obligée de produire dans ces délais les témoins pour être confrontez, qu'il eft certain que la confrontation eft ce qu'il y a de plus important en matiere criminelle, les accufez n'ayans le plus fouvent aucun autre moyen de fe deffendre, & de reprocher les témoins ; auffi quand l'accufateur neglige d'en produire, on doit préfumer que c'eft une adreffe pour empêcher qu'une fauffe dépofition ne foit détruite par des reproches pertinens. Il eft pourtant certain cas auquel la partie civile ne doit pas être reçûë à les produire, comme lors qu'au recollement ils ont declaré qu'ils ne connoiffoient pas le prévenu ; & quand au préjudice de cette declaration le Juge a paffé outre à la confrontation, fa procedure n'eft pas feulement caffable pour ce chef, mais même il doit être condamné à rendre & reftituer les émolumens qu'il en a reçûs ; comme cela fut ordonné par Arrêt du 24. May 1662. donné en la Chambre au rapport de Mr. de Theron, en faveur des fieurs Jean Salvaire, Jean Calvin, les nommez Pontier, Viala & Maynadier, contre le Commiffaire qui avoit procedé à leurs confrontemens en l'inftance criminelle qui leur avoit été intentée par Claude Daffas, fieur de Laroque. Par cet Arrêt inhibitions & deffenfes furent faites à tous les Officiers du reffort de la Cour, de faire des confrontemens aux prévenus, fi les témoins declarent au recollement ne connoître pas les prevenus, à peine de fufpenfion de leurs charges, & autre arbitraire.

* FAITES PAR UN DES CONSEILLERS D'ICELLE.] Aujourd'huy cette diftinction n'eft plus d'ufage, fuivant l'Ordonnance du mois d'Août 1670. qui porte en Part. 4. du titre 15. que les témoins feront recolez, quoi qu'ils ayent été ouïs pardevant un des Confeillers des Cours fouveraines ; car c'eft ce qu'emportent ces mots, *nos Cours.*

ARR. II.

LE 9. Juin 1576. au barreau, Arreft contre un nommé Garrigues condamnatoire de deux cens livres pour avoir varié en une dépofition, applicables à la reparation du Palais, fans note d'infamie : la variation qu'on difoit être eft, qu'il avoit dit une fois avoir fiancé quelque fille par paroles de prefent, & après avoir dit par parole de futur.

ARR. III.

LE dixiéme Février 1579. en Audience plaidée certaine qualité d'entre, &c. fut dit que de ce que le Juge-Mage de Touloufe ayant oüy certains témoins en l'abfence de fon Ajoint lors malade, auroit ordonné que lefdits témoins feroient recolez par ledit Adjoint, comme fut fait : la Cour par fon Arreft auroit ordonné qu'il avoit nullement & mal procedé & ordonné, & bien appellé, & la caufe renvoyée au Senéchal contre, &c. & l'appellé condamné és dépens.

V. la fuite de ce recueïl tit. 46. *art.* 2.

ARR. IV.

LE 2. Janvier 1567. fut au tablier des Ribbes prononcé un jugement, que Maître N. Rivest Clerc & Solliciteur en la presente Cité, lequel en une instance pour neuf livres auroit attiré certains faux témoins, fut condamné au soüet & aux galeres pour dix ans, & amende honorable & pecuniaire, confirmé par Arrêt, & executé le 15.

ARR. V.

LEs témoins confrontables sont si privilegiez, qu'en allant ou venant, ou sejournant, ou s'en retournant pour être confrontez, ils ne peuvent être arrêtez ni constituez prisonniers pour dettes, ni crimes; & s'ils le sont, la Cour a accoûtumé de les élargir en leur baillant le chemin pour prison, & à la charge de s'aller presenter & rendre aux prisons du Juge d'autorité de qui ils auroient été faits prisonniers : & ainsi se juge ordinairement à la Tournelle, & nous le jugeâmes en nôtre Chambre le 20. Avril 1592.

ARR. VI.

UN Expert accordé par une des Parties en un procez, peut neanmoins être oüi en témoin pour l'une ou l'autre des Parties au même Procez, bien qu'il semblât affidé, & qu'il semblât avoir été Juge, parce qu'ils ne sont ni Juges, ni Arbitres, ains comme témoins subsidiaires de ce qui n'est de la connoissance des Juges.

ARR. VII.

QUand un témoin oüi moyenant serment, se dedit aprés par acte public extrajudiciel, on n'a point égard audit acte ; parce que *non juratus*, il a faite ladite declaration, & ainsi s'observe.

SE DEDIT PAR ACTE] Les Declarations extrajudicielles ne peuvent pas faire foy en Jugement, veu même qu'elles ne sont pas accompagnées de serment, *non creditur testi. n si jurato L. jusjurandi C. de testib.* ainsi la deposition faite d'autorité de Justice doit prevaloir à telles declarations, qui laissent toujours induire qu'elles ont été faites par faveur ; comme une seconde deposition contraire à la premiere, fait presumer que le témoin a été suborné. D'ailleurs il est sans doute qu'il faut ajoûter plus de foy au Greffier qui a reçû l'information, qu'au témoin qui declare par un acte extrajudiciel avoir deposé autrement qu'il n'est écrit.

ARR.

A R R.   VIII.

LA femme ne depofera contre le mari , Arreft en vacations , le vingt-fixiéme Octobre mil cinq cens quarante-fix , vûë la requête baillée par Forette de Mafa.

NE DEPOSERA] C'eft-à-dire qu'elle ne pourra être contrainte de depofer ; car autre-ment il eft certain que les mariez font dans la liberté de depofer l'un contre l'autre , n'y ayant aucune Loy qui le leur deffende. *V. Cod. Fab. lib.* 4. *tit.* 15. *definit.* 1.

A R R.   IX.

LE 12. Mars 1592. par Jugement des Requêtes entre Baron & Morgues , fut dit que Baron fe feroit oüir cathegorique-ment fur les objets par ledit Morgues baillez contre les rémoins de l'enquête de Baron:ce qu'on dit avoir été ainfi jugé les Cham-bres affemblées.

OÜIS CATHEGORIQUEMENT] La réponfe cathegorique eft toujours permife , & en tout état de caufe ; ainfi elle peut être exigée au fujet des objets baillez par la partie qui deffend à une enquefte , parce que celui qui a fait oüir les témoins peut avoüer les objets , & qu'ainfi la verité fe pouvant tirer de fa bouche par moyen de fa réponfe cathegorique , fa partie eft relevée de la preuve des objets qu'elle a propofez ; l'Ordonnance même étant ge-nerale pour toutes matieres , tant civiles que criminelles , il femble qu'on ne doit pas dou-ter qu'aux affaires non fimplement criminelles , mais où il s'agit d'accufation capitale , l'accu-fé ne foit en droit de faire fubir l'interrogatoire à la partie civile ; comme cela fut pratiqué dans cette ce'ebre procedure qui fut faite en ce Parlement contre le faux Martin Guerre ; car il en refulte , que Arnaud du Thil qui étoit l'accufé , fit répondre Bertrande de Rols , qui étoit fa partie civile , & femme du veritable Martin Guerre.

A R R.   X.

LE fecond jour de Mars mil cinq cens dix-neuf en Audience fut prononcé Arreft entre certains faux témoins d'un Maître Pierre Cajarre , & furent condamnez à faire amende honorable en chemifes la hart au col , & les aucuns être foüettez , & les au-tres avoir les levres coupées & fenduës ; plufieurs autres Arrefts ont été donnez en ce Parlement contre plufieurs faux-témoins , & le tout en matiere beneficiale.

A R R.   XI.

E'S Arrefts generaux de la Pentecôte , prononcez par Mon-fieur Latomy le Vendredi 12. Mai 1559. entre Molinier , Lieutenant du Juge de Verdun au Siege de Beaumont de Lomai-gne demandeur en excès , injure , calomnie & fubornation de té-moins d'une part ; & Olivier Licentié Avocat,& fubftitué du Pro-cureur general du Roy audit Siége ; ledit Olivier fut condamné à

R r

faire amende honorable en plein parquet, tête nuë, avec une torche allumée entre ses mains, ce qui fut là executé, & en amendes pecuniaires, & banni du Royaume pour dix ans.

Testament.

T I T R E V.

A R R. I.

L'An 1571. & le 4. Decembre fut prononcé un Arrest en la grand'Chambre à Toulouse entre Antoine de saint Jean, par lequel le testament fait par le Chevalier d'Honnoux, decedé au Siege de Poitiers, fut declaré valable en faveur dudit Jean neveu, fils du frere, *præterito Antonio patre* & l'heritier maintenu, detraite la troisiéme partie des biens au profit dudit Antoine pere, laquelle lui fut adjugée.

FUT DECLARE' VALABLE] Le motif de l'Arrêt fut sans doute le privilege du testament militaire, suivant lequel le testateur peut se dispenser d'instituer ses pere & mere. L. *Testamentum. C. de inoffic. testam.* & quoy qu'ils soient preterits le testament n'en est pas moins valable, en prenant leur droit de legitime sur les biens délaissez par leur fils. *D. leg. & leg. de inofficioso C. eod.*

A R R. I I.

PAr Arrêt interlocutoire du 7. Août 1587. & dépuis par autre diffinitif le 26. Janvier 1588. en jugeant le procez de du Plantier & Castellis appellans, & Guillemette de Malgast, Jean & Raymond Pages appellez, furent prejugées deux choses; l'une que la clause codicillaire étenduë, & au long apposée à un testament, entre autres effets pouvoit couvrir le vice de preterition des ascendans, parce qu'en vertu d'icelle, *venientes ab intestato censentur rogati restituere hæreditatem hæredibus in testamento scriptis*; l'autre qu'un Notaire ne peut étendre la clause codicillaire qui est par abregé sur la cede, pour couvrir le vice de preterition des ascendans, & moins par consequent des descendans. Toutefois il se trouve Arrêt contraire du 8. May 1589. sur le rapport de Mr. du Pin, étant contretenant Mr. Fabry, par lequel fut resolu & jugé que la clause codicillaire peut bien suppléer au deffaut de solemnité; mais non pas au deffaut de volonté, disant qu'un testament nul, *ex causa præteritionis*, ne pût être valable par la clause codicillaire.

NUL ex causa præteritionis] Mais bien que l'Authentique *ex causa C. de liber. præter.* parle de la preterition, ce n'est pourtant que par rapport à celle de la mere, qui valoit exheredation: Aussi convient-on que de quelque maniere qu'elle soit conçûë, elle ne soûtient pas

un teſtament nul par preterition, mais ſeulement celui qui eſt nul par exheredation, ſuivant l'opinion de Cujas *in d. Auth. de Ferieres in qu. 425. Guid. Pap.* & de Fachinæus *con-
troverſ. lib. 6. cap. 77.*

ARR. III.

Bien que la clauſe codicillaire entre autres effets rende valable un teſtament, *alioquin ruptum etiam agnatione poſthumi,*
ſuivant la gloſe *in l. Ex ea §. 1. ff. De teſtam.* toutefois cela a lieu
quand l'heritier inſtitué au teſtament *eſt unus ex ſuis,* & des deſcendans ; autrement s'il eſt étranger ou des collateraux : car la
clauſe codicillaire ne peut valider un teſtament rompu *agnatione
poſthumi,*pour faire que l'enfant du teſtateur qui aura été preterit,
ayant ſuccédé à ſon pere *ab inteſtat,* ſoit chargé en vertu de cette
clauſe, rendre l'heredité de ſon pere à l'heritier inſtitué au teſtament, s'il n'eſt de la qualité ſuſdite ; comme il fut jugé ſur un procez parti le 5. Juin 1587. entre Arnaud Dariac,& les filles de feu
Pons Dariac, au rapport de Monſieur Senaux étant Mr. Maynard
contretenant, par la Loy 1. *C. De codicill.* ſur ces mots *codicillos ad
teſtamentum pertinentes non valere,* nonobſtant l'Authent. *Ex cauſa C. De liber. præt.* car il eſt dit là, *inſtitutionem irritam eſſe,* nonobſtant auſſi la Loy, *Placet 5. ff. De liber. & poſth.* parce qu'elle
parle, quand le poſthume, *qui eſt ex ſuis,* eſt inſtitué: auquel cas
le teſtament demeure, *quamvis plures poſthumi naſcantur,* parce
que, *omnes inſtituti cenſentur.* Eſt auſſi beſoin que ladite inſtitu-
tion ne ſoit particuliere, parce que *potius legati, quam inſtitutionis
naturam ſaperet. l. Quoties C. De hæred. inſtit.*

Fut auſſi reſolu par le même Arreſt, & jugé que le progrez
d'une ſubſtitution ne ceſſe point pour l'interruption des degrez,
lors qu'il appert de la volonté du teſtateur, comme il faiſoit au
fait dudit procez.

Et par autre Arreſt donné au rapport de Mr. Bluſſet en la ſeconde Chambre des Enquêtes, au mois de Fevrier 1575. fut auſſi
reſolu, *teſtamentum in quo filius eſt præteritus per clauſulam codicil-
larem ſuſtineri, ut ſaltem habeat vim fideicommiſſi,* pour Bachelier
contre Faure : *qui paria ſunt rogare venientes ab inteſtato, vel
clauſulam codicillarum apponere, Doct. in l. Ex teſtamento. C. De
fideicommiſ. at ſi rogati eſſent venientes ab inteſtato, tunc filius præte-*

ritùs teneretur hæreditatem restituere. *l. Si quis instituatur si legiti-
mus. D. de hæred. instit.* Deinde quotiescumque testator dicit,
*Si non valeat jure testamenti, valeat jure codicilli; idem est hac si di-
ceret: Si institutio non est valida jure directæ institutionis, saltem valeat jure indirectæ, qua de causa ex clara & aperta voluntate testatoris,
vertitur in restitutionem fideicommiss.* Et c'est la commune opinion
rapportée par Bartole, *in l. 1. cod. de jure codicil. facit l. Quærebatur
ff. De testam. milit. l. Posthum. ff. De injust. l. Generaliter §. Ex testamento. de fideicomm. libert.* Et la raison est, parce que ce seroit
hors de toute raison & équité de penser *testatorem voluisse præferre
extraneum hæredem scriptum filio, quem unum natum aut conceptum
forte ignorabat. l. Cum accutissimi. cod. de fideicomm. l. Cum avus ff.
De condit. & Demonstrat.*

RENDRE VALABLE UN TESTAMENT] *V. Ferrer. in q. ult. Guid. Pap. & Despeisses tom. 2. part. 1. des Testamens sect. 4. num. 133.*

Saltem habeat vim fideicommiss] Pour comprendre cela il faut sçavoir que la clause Codicillaire flectit. *institutionem in fideicommissum*, & que lors que l'enfant est preterit, le testament
est nul pour ce qui est de l'institution hereditaire directe; mais que par la force de la clause
codicillaire l'institution est convertie en fideicommis *quasi rogati videantu venientes ab intestato hæreditatem restituere*; de sorte que les fideicommis étans conservez *Auth. ex causa C. de
liber. præter.* par une suite de cette raison les enfans preterits qui peuvent impugner le testament & demander la succession *ab intestat*, sont obligez à l'instant de la rendre à l'heritier
comme substitué, sauf à distraire la legitime ou la quarte à leur choix.

ARR. IV.

UNe femme instituée heritiere par son mari, est chargée de
rendre l'heredité aprés son decez à ses enfans, & donnée
tutrice à iceux par sondit mari, est privable, tant de l'heredité
que de la tutelle pour sa malversation, par Arrest du 27. Janvier
mil cinq cens nonante.

ARR. V.

ARrest par lequel est dit être permis aux Habitans de Languedoc de tester, encore qu'ils ne soient du Royaume,
le 16. Août 1577.

V. la suite de ce recüeil tit. 9. verb. Droit d'Aubaine.

ART. VI.

ARrest de consequence de n'expedier un testament durant la
vie du testateur, fut prononcé le N. jour du mois de N.

l'an 1575. entre Demoiselle Marie Jalaberte, femme de Maître
Guillaume Thomas, Conseiller & Magistrat en la Senéchauffée de
Toulouse, appellant de Mr. Maître François Vignaux, Conseiller
du Roy en la Cour, Commissaire à ce deputé d'une part, & Maître
Jean Fabry, Lieutenant du Juge de Carmaing appellé d'autre.

ARR. VII.

J Açoit que par le droit l'heritier soit tenu de faire les honneurs
funebres, & payer les legats : Si toutefois le testateur avoit legué l'usufruit de tous ses biens à un, & institué un autre en la
proprieté d'iceux : si l'heritier se declare tel avec le benefice d'inventaire, il ne pourra être contraint à payer de son patrimoine lesdits
legats & impenses funebres, ains lui sera loisible vendre du fonds
de ladite heredité, jusques à concurrence desdits legats, impenses,
& autres charges hereditaires ; nonobstant l'opposition & contredit de l'usufructuaire, pour ne recevoir diminution de son usufruit :
& par ce moyen tous se ressentiront des charges hereditaires, &
l'heritier pour la diminution de son fonds, & le legataire pour la
diminution de son usufruit, mais beaucoup plus l'un que l'autre,
comme est raisonnable. Et ainsi fut jugé au rapport de Mr. F. Sabatier en la premiere Chambre des Enquestes à Toulouse, en faveur de Jean Gouts, & Marguerite de Lerm, ce dernier de Decembre 1575. suivant autre Arrest semblable donné auparavant
en la premiere Chambre d'Enquestes, contre une veuve d'un Senéchal d'Armaignac pour lors allegué, *per l. si. §. Sin autem as
alienum. C. De bon. quæ lib. & l. usufructu bonorum & ibi Alexand.
ff. Ad. l. Falcid. Guid. Pap. Decis.* 541.

ART. VIII.

P Ar Arrest general prononcé en l'an mil cinq cens soixante-
sept avant Pâques entre Jean Villelle & autres, un testament
fait en faveur des enfans du second lit, contenant legat d'une piece
de terre de valeur de six livres au profit des enfans du premier lit,
fut declaré nul, & le testateur declaré être decedé *ab intestat.*

* DE VALEUR DE SIX LIVRES] Autrefois les Legats, tenans lieu de legitime,
qui consistoient en somme modique, n'étoient pas seulement regardez comme derisoires,
mais même donnoient lieu à la nullité du testament, tout de même que si les legataires
avoient été preterits. Ce fut sans doute le motif de l'Arrêt rapporté par l'Auteur, conformement à la doctrine de Ferrieres *in quæst.* 459. *Guid. Pap.* à moins que la consideration des se-
condes-nôces du testateur, jointe à la modicité de la somme, y eut doné lieu. Quoy qu'il

en foit, on ne fuit plus aujourd'huy cette Jurifprudence dans ce Parlement, le legat ne fût-
il que de cinq fols, comme en fait foy l'Arrêt de Cambolas liv. 2. chap. 15. & cela fuivant
les principes de Droit *in §. fed hæc ita Inftit. de inoff. reftam.* en ces mots, *fi quantulacumque res
ei fuerit relicla,* d'autant mieux qu'on peut demander un fupplément de legitime. Il en feroit neanmoins autrement fi le pere, fans leguer aucune fomme à fon fils *nominatim,* s'étoit
contenté de leguer par une difpofition vague & generale, la fomme de cinq fols à chacun de
fes parens, comme au cas de Maynard liv. 5. chap. 11. car pours lors le fils feroit preterit

ARR. IX.

L E pere qui en contemplation de mariage a donné fes biens
ou partie d'iceux à fon fils, ou a promis en iceux l'inftituer
fon heritier après fon trépas, ou fes enfans ; à fçavoir *fi poftea
teftamento poffit filium fideicommiffo gravare, vel etiam filios maf-
culos tantum ei fubftituere & fœminas excludere,* & bien qu'il femble ne le pouvoir faire *per l. Donatio. cod. de donat. & l. Sequens
quæftio ff. De leg.* 2. Toutefois la refolution eft qu'il le peut faire,
comme fut jugé par Arreft en la feconde Chambre d'Enquêtes au
rapport de Mr. Rudelle, en faveur de Vallade, en Juillet mil cinq
cens feptante-huit fuivant l'opinion de Monfieur Boyer *Decif.*
204. *arg. l. Filii §. Filia ff. de l.* 2. *juncta doctrina Bart. & Guid.
Pap. Decif.* 613. *& Capel. Tolof.* 453. *quod ea pacta fint odiofa, &
contra communes juris regulas, cum paclis hæreditas dari non debeat.
l. Hæreditas. cod. de pacl. convent.*

V. le Livre 2. lit. M. tit. 4. art. 46.

ARR. X.

J Ean Cuffac ayant fait deux Teftamens, par lequel il fait une
fienne fille nommée Jeanne Cuffac heritiere, fait un autre teftament par lequel il inftituë François Cuffac fon neveu *ex fratre,*
& par même teftament revoque tous teftamens faits par cy devant, & appofe la claufe codicillaire. Après le decez du teftateur
la fille foutient ledit teftament dernier être nul & invalable, attendu que n'y a expreffe & particuliere derrogation aux precedens
teftamens, par lefquels elle eft inftituée heritiere, à fçavoir quel
des deux eft le valable.

Par Arreft donné au rapport de Monfieur Maynard à Touloufe arrêté en Février, & après prononcé en robes rouges és Arrefts
generaux de Pâques, le vingt-un Mars mil cinq cens huitante-
un fut dit que ladite Cuffac fille étoit maintenuë en vertu des pre-

miers teftamens, à la charge de payer les legats pies contenus au dernier teftament pour plufieurs raifons: entr'autres *quod teftamenta facta in favorem filiorum habeant vim claufulæ derogatoriæ*, & par confequent ne peuvent être caffez, qu'aux fubfequens n'y ait expreffe & particuliere claufe derrogatoire à iceux, *per ea quæ notantur, in l. Si quis in princip. ff. de leg. 3.*

N'Y A EXPRESSE DEROGATION.] Lors qu'il s'agit d'un teftament entre enfans & defcendans, la Loy *fi quis* 22. *ff. de leg.* 3. n'a pas lieu, à moins qu'il foit revoqué par exprez & fpecialement par un fecond teftament. *Auth. hoc inter C. de teftam.* & cela même quand le premier teftament ne contiendroit aucune claufe derogatoire, parce qu'elle eft fousentenduë aux teftamens qui font faits entre enfans, bien qu'elle n'y foit pas exprimée. La faveur des enfans eft même fi grande, que quoy que regulierement pour revoquer un teftament conceu avec claufe derogatoire, il faille en faire mention dans le dernier, il n'en eft pourtant pas de même à l'égard des teftamens faits *inter liberos*, qui font prefumez contenir claufe revocatoire des autres teftamens faits en faveur des étranger ; outre que la claufe derogatoire n'a proprement lieu que dans le cas où l'on peut raifonnablement douter de la volonté du teftateur ; de forte que le bon fens & la raifon voulans qu'on prefume en faveur des enfans, la revocation de la premiere volonté d'un pere qui a difpofé en faveur d'un étranger, il s'enfuit qu'il n'y a pas neceffité d'affujettir à la claufe revocatoire les derniers teftamens faits *inter liberos* ; & cela ne peut être exigé que lors que les premiers font auffi faits en faveur des enfans, parce que pour lors la faveur étant égale il en faut demeurer aux termes du droit commun. *V. Maynard liv.* 5. *chap.* 19. *& 20. Duranty quæft.* 92. *& Julius Clarus Teftamentum quæft.* 98.

ARR. XI.

Par Arreft genéral prononcé par Monfieur le premier Préfident Daffis à Touloufe le quatorziéme Septembre mil cinq cens foixante-fept, un teftament fait par une mere, duquel apparoiffoit par la depofition du Juge & Greffier, pardevant lefquels elle avoit declaré fes heritiers les enfans mâles, & donné aux filles certaine fomme pour leur doüaire & legitime : & requis ledit Juge & Greffier le rediger par écrit, lequel étant redigé par écrit, n'auroit été recité, ains fans recitation & publication feroit allée de vie à trépas, fut trouvé & declaré bon & valable par ledit Arreft.

N'AUROIT E'TE' RECITE'] Sur cette matiere on fuit le fentiment de Barthole *in leg. fideicommiffa* §. 1. *ff. leg.* 3. & non pas celui que foûtient Ranchin fur la queft. 538. Guid. Pap. & qu'il n'eût fans doute pas foûtenu s'il n'eût pas confondu les principes fur lefquels roule la decifion de la queftion ; car il eft certain qu'il a pris pour teftament imparfait *ratione voluntatis*, celui qui ne l'eft que *ratione folemnitatis*. En effet, il eft fans doute qu'un teftament d'un pere entre fes enfans eft bon fans témoins & fans autre formalité ; les teftamens de cette nature n'en requierent point d'autre que la declaration de leur volonté ; qui fert de loy inviolable entre les enfans, *quibufcunque judiciis & conjecturis, quacumque fcriptura manifefta fit. L. de Famil. ercifc.* dans le Code Theodofien, laquelle Loy eft rapportée par Juftinien en fon Code fous le même titre *in l.* 26. Il eft vrai que ces Loix 1. & 26. ne parlent que des dispositions des peres, & que dans cet égard il semble que l'Arrest rapporté par l'Auteur., regardant le testament d'une mere, ne seroit pas soutenable ; mais il faut remarquer *pro judicato* que Theodose & Valentinien en la Loy *Hac consultissima. §. ex imperfecto. C. de testam.* ont étendu ce privilege aux dispositions des meres, *parentibus utriusque sexus*, ou comme dit Justinien *Novel. 107. in præfatio. matribus & ascendentibus utriusque naturæ.* Au reste les enfans étans les heritiers presomptifs de leurs peres & meres, qui ne voit que pour les declarer tels les solemnitez requises aux testamens ordinaires ne sont pas necessaires à leur égard ? C'est aussi ce qui fait subsister les testamens olographes en leur faveur, la seule declaration de leurs peres & meres ayant force d'une disposition revêtuë des solemnitez ordinaires : Et cette faveur des enfans leur est même si personnelle, qu'outre qu'une telle declaration n'empêcheroit pas que le testament ne fût soutenable à l'égard des étrangers, suivant l'Arrest donné en la seconde chambre des Enquêtes au rapport de Mr. de Boutaric le 5. de Janvier 1664. en la cause d'un nommé Manson contre Pierre Maistre, d'ailleurs il est constant que quoi que le testament olographe soit bon du pere à l'enfant, il n'en est pourtant pas de même de celui que l'enfant fait en faveur du pere, s'il n'a pas été rendu nuncupatif par la suscription & par la solennité des témoins, suivant l'Arrest donné en l'Audience de la grand'Chambre le neuviéme de Fevrier 1671. en la cause de Niquel contre Manene, & par là le Parlement a préjugé qu'en fait de dispositions testamentaires des enfans, tant les peres que les meres, sont considerez comme des étrangers dans ledit égard.

A R R. XII.

DU cinquiéme jour du mois de   mil   cens   une femme instituë son mari en la troisiéme partie de ses biens, & és deux autres parties ses enfans, lesquels elle subituë l'un à l'autre, & s'ils decedent, substituë le plus proche de parenté : les enfans decedent *vivente patre*, lequel se remarie, & à des enfans du second lit ; après le decez du pere, la sœur uterine de la testatrice, demande la succession des enfans, disant qu'elle leur est substitué en vertu de ces mots, *le plus proche de parenté* : La dispute fut grande entre Monsieur Josse Rapporteur, & Monsieur Maynard contretenant, à sçavoir si ces mots (de la parenté) doivent être entendus des parens des fils heritiers, ou des parens de la mere testatrice : enfin fut conclu & arrêté qu'ils devoient être entendus de la parenté de la testatrice. *l. Cùm ita §. In fideicommisso. ff. de leg. 2.* & par Arrest les biens furent adjugez à la sœur uterine de la testatrice.

V. l'observation sur l'art. 7. du titre dernier du liv. 3. où l'Auteur rapporte un Arrêt contraire à celuy-cy, quoy que lors que le testateur ne s'est pas determiné pour ses parens, ni pour ceux de son heritier, il soit certain *in dubio* que le fideicommis doit appartenir aux plus proches parens du testateur, à l'exclusion de ceux de l'heritier, excepté au cas d'une substitution pupillaire.

ARR.

A R R. XIII.

ENtre Pierre de Montmejan demandeur en maintenuë à raiſon des biens de feu autre Pierre ſon ayeul, contre de N. Montmejan défendreſſe, & autrement demandereſſe en ſemblable maintenuë de tous leſdits biens dudit feu de Montmejan ſon pere, comme decedé ſans faire teſtament, du moins valable; ledit Montmejan neveu repreſentoit ſondit ayeul & pere de la deffendereſſe avoir fait teſtament, & par icelui l'avoir inſtitué heritier, & ſa partie adverſe avoir legué ſimplement certaine ſomme de deniers, ledit teſtament en bonne & düe forme; A quoi la défendereſſe repliquoit que ſondit feu pere lors dudit teſtament avoit un ſien fils pere du demandeur, & toutefois n'étoit fait mention audit pretendu teſtament, *& proinde ex cod. præteritionis irritum manere, idque ſufficere, l. ſi poſt mortem. §. ſi. de bon. poſſ. contra tab.* à quoi ledit neveu fils de l'enfant preterit repreſentoit que ſondit pere *nunquam fuit conqueſtus, & proinde approbatione illud reconvaleſcere benignitate juris, nec obeſſe d. l. ſi poſt mortem*, ils viennent *de bonor. poſſeſſione agitur, quæ defertur à prætore, qui non poteſt ipſo jure hæredem facere. §. Quos de bonor. poſſ.* Et à ce que la défendereſſe auſſi deduiſoit qu'il avoit vêcu ſans ſe pouvoir aider de la Loy 3. *de inoff. teſtam.* répondoit telle perſeverance *animi judicium demonſtrare*: & de fait par Arreſt de la Cour du huitiéme Janvier mil cinq cens ſeptante-ſept fut ledit neveu ſoûtenu & maintenu en la poſſeſſion & joüiſſance de tous les biens, nonobſtant la préterition de ſondit pere, aprés avoir été parti en toutes les Chambres.

A R R. XIV.

LE neuviéme Février mil cinq cens nonante au rapport de Mr. Marion, étant contretenant Monſieur Raymondi, Barthelemi Bonet de la ville du Puy âgé de quinze ans, étant frappé de peſte, fait teſtament l'onziéme Octobre mil cinq cens huitante-ſept, par lequel il inſtituë ſes heritiers univerſels André Pinguet & Catherine Dorone. Le quatorziéme jour du même mois il fait autre teſtament, & par icelui inſtituë heritiere Claude Laurence fille de Barthelemi Laurens, lequel auroit été tuteur dud. Bonet, & n'avoit point encore rendu compte de la tutelle. Etant decedé

S s

Bonnet, il y a procez pour son heredité entre ladite Laurence d'une part, & lesdits Pinguet & Dorone d'autre : auquel procez Marie Chapote est jointe. Laurence demande la succession en vertu du dernier testament ; Pinguet & Dorone en vertu du premier : Chapote presupposant que ni l'un ni l'autre testament n'est valable, demande à succeder comme étant le plus proche *ab intestat*. Par Arrest Pinguet & Dorone instituez heritiers au premier testament, furent maintenus : la raison, parce que Laurence instituée au dernier étoit incapable, comme étant fille du tuteur, & le testament fait en sa faveur étoit nul, suivant l'ordre, & par consequent ne pouvoit avoir revoqué valablement le premier testament : car pour faire que le premier testament soit valablement revoqué, il faut que *ex posteriori testamento adiri possit hæreditas. l. 1. ff. De injusto rup. §. Posteriore Instit. Quib. mod. test. infirm. l. Proxime ff. De his quæ in testam. dolent. &c. l. Cùm quidam ff. De his quæ indign. D. Si quis aliq. test. prohib. vel cong.* les autres à Chapote comme venant *ab intestat*, & estimoient que ni Laurence ne pouvoit rien pretendre à cause de l'Ordonnance, ni Pinguet & Dorone, *quod non haberent supremam voluntatem* : toutefois il passa que le premier testament étoit bon & valable, & n'étoit point revoqué par le dernier, *ex quo non poterat adiri hæreditas*, à cause de l'incapacité de Laurence, nonobstant la Loy *Cum quidam*. en ce qu'elle adjuge l'heredité au fisc : car ce que Papinien en rapporte est suivant le droit ancien lequel a été depuis corrigé. Cet Arrest fut prononcé judiciellement par Monsieur de Saint Jean, President aux Arrests generaux de Pâques.

FURENT MAINTENUS.] Suivant les nouveaux Arrêts de préjugé, tant du Parlement de Paris que celui d'Aix, rapportez dans le Journal du Palais du 2 Juin 1672. & du 26. Janvier 1673. les Testamens revocatoires de tous autres, quoique declarez nuls par l'incapacité des heritiers instituez, empêchent pourtant l'execution des precedens, faits en faveur des personnes capables : en sorte que les premiers Testamens ne reprennent pas leur force, & la revocation subsiste toûjours pour donner lieu à l'ouverture de la succession *ab intestat*. Le motif en est sans doute, qu'il suffit que les derniers Testamens, tout nuls qu'ils sont, servent pour marquer une volonté contraire à leur premiere disposition, en faveur des successeurs *ab intestat*, pour qu'il soit censé que les Testateurs ont voulu qu'on induisît de leur seconde disposition, une espece d'indignité tacite & presumé en la personne des premiers heritiers par eux instituez, selon le cas de la Loi *cùm quidam ff. de his quæ ut indign. aufer.* mais quoique la faveur des legitimes successeurs *ab intestat*, inspire un esprit de preocupation, par cette raison qu'en parlant pour eux, & en souhaittant que les biens du Testateur, dont ils sont les plus proches parens, leur soient conservez, on soûtient les droits du sang & de la nature : Toutefois le Parlement de Toulouse n'a pas accoûtumé de suivre la maniere de juger de ces deux dont les Arrests ont été ci devant remarquez, lors qu'il est question d'un testament nul par l'incapacité des personnes instituées, comme sont les enfans des tuteurs, selon l'Arrêt rapporté par l'Auteur, conforme à celui de Maynard liv. 8. chap. 50. l'un & l'autre fondez, non seulement, sur la maxime vulgaire, *non præstat impedimentum quod de jure non sortitur effectum*; mais même sur ce que le premier Testament puisse être valablement revoqué : il faut que *ex posteriori hæreditas adiri possit*, ce qui ne peut pas être au cas de l'institution d'heritier faite d'une personne incapable. Et en effet, il est certain que pour pouvoir dire que le Testateur s'est departi de sa premiere disposition, il faut supposer que la seconde, qui la revoque puisse valoir, & non autrement, suivant la Loy *Si jure* ff. *de legat.* 3. car bien que ladite Loy *Cùm quidam*, semble détruire cette supposition en ces termes : *quamvis institutio non valeret*; il faut pourtant remarquer avec Cujas en l'interpretation qu'il donne de cette même Loy [dont plusieurs prétendent que la disposition n'est pas même bien claire, ni assez étenduë] qu'il faut encore supposer, en l'espece qu'elle contient, que l'heritier institué par le premier Testament s'étoit rendu indigne de l'heritage du Testateur. Au reste touchant la revocation des premiers Testamens, soit par declaration de contraire volonté, devant nombre suffisant de Témoins, suivant le cas proposé au §. *ex eo autem instit. quib. mod. testam. infirment.* soit par de seconds Testamens imparfaits & moins solemnels; l'on peut voir Ferrieres *in quæst.* 200. *Guid. Pap.* Maynard *liv.* 5. *chap.* 23. Duranti *deci.* 60. Cambolas *liv. 6. chap.* 29. le President Faber *Cod. lib. 6. tit. 5. defin.* 29. Mornac *ad l. 8. ff. de pecul. & DD. ad l. 6. Cod. Theodos. tit. de Testam.*

Arr. XV.

L'Onziéme jour d'Octobre mil cinq cens nonante, au rapport de Monsieur Caulet en un procez, par appel relevé du Senéchal de Bigorre, auquel étoit question d'un testament qu'on pretendoit avoir été fait par un pestiferé au lieu de Rabastens en Bigorre, & que par icelui le défunt avoit institué ses heritiers universels deux freres uterins qu'il avoit avec un sien oncle, lequel ayant mis en instance les freres du défunt, soûtenans n'y avoir point de testament, les parties furent appointées contraires. L'oncle fait oüir deux témoins, à sçavoir un homme & une femme, lesquels deposent avoir servi le défunt en sa maladie, & que voulant faire testament ils appellerent par la fenêtre de la maison plusieurs personnes, les priant de vouloir être témoins, mais aucun ne voulut arrêter : à cause dequoi le deffunt ne pouvant recouvrer d'autres témoins, auroit declaré en leur presence sa volonté; c'est qu'il faisoit ses heritiers ses deux freres & son oncle : Ce neanmoins le Senéchal sans avoir égard à la requête de l'oncle, maintient les deux freres *ab intestat*, dequoi l'oncle releve appel en la Cour, où par Arrest l'appellation est mise au neant, & fut jugé que le témoi-

gnage d'un homme & d'une femme n'étoit point suffisant pour
prouver un testament d'un pestiferé.

TESTAMENT D'UN PESTIFERE'.] Il y faut cinq témoins, d'Olive liv 5. ch. 3.
toutefois *Cùm tanta vis est mo bi, ut urbs deserta sit*, un Testament fait devant quatre
Témoins a été jugé valable en ce cas, suivant l'Arrêt rapporté par Ferrieres *in qu.* 543.
Grid. Pap. Il faut pourtant supposer qu'il ne s'étoit pas pû trouver un cinquième Témoin ; ainsi quoique suivant l'Arrét de Cambolas au liv. 3. chap. 46. il ait été prejugé
qu'un Testament nuncupatif étoit bon avec six Témoins & le Notaire, bien que dans
l'ordre regulier un Notaire faisant sa fonction, ne puisse pas bien faire celle de Témoin :
il est certain neanmoins que le Parlement casse aujourd'hui les Testamens faits avec moindre nombre de Témoins que de sept, outre le Notaire, pourvû que dans les lieux où
ils sont faits, on puisse trouver nombre suffisant de personnes capables de porter témoignage, suivant l'Arrêt qui fut donné entre Demoiselle Anne de Rouviere & Jacques Viala,
le 28. Fevrier 1670 en la seconde Chambre des Enquêtes, au rapport de Mr. J. Cathelan. Mais pour revenir aux Testamens faits en temps de peste, leur faveur est si
grande, à cause de la difficulté qu'il y a de trouver des Témoins, que quand il est impossi-
ble pour remplir le nombre de ceux qui sont requis, de les trouver tous, autrement qu'en
prenant un Religieux profés, en ce cas la necessité prévaut à la consideration qu'on feroit
en une autre conjoncture de temps ; qu'un Religieux étant mort civilement au monde, est incapable de porter témoignage. En effet, le Parlement a fait subsister un Testament fait en temps de peste, signé par un Religieux, comme Témoin, par Arrêt d'Audience donné en la grand'Chambre le 18. Janvier 1667. en la cause de Ginestoux contre
Aubrespin.

FURENT APPOINTE'ES CONTRAIRES. De tout temps le Parlement a admis la
preuve d'un Testament, ou d'un Codicile verbal, fût il question d'un heritage de valeur
de cent mille livres, & quelque rigueur qu'ait la nouvelle Ordonnance, lors qu'il s'agit
d'une somme qui excede cent livres, avec tout cela le Parlement n'a pas changé pour ce
chef son ancienne forme de juger, comme en fait foi l'Arrêt qu'il donna en la grand'Chambre le 21. Fevrier 1670. au rapport de Mr. de Madron, en la cause d'Estienne Galien contre
Pierre Dirac. Il est vrai que la disposition de l'art. 5. du titre 20. de l'Ordonnance, ne
semble pas contraire à cette maniere de juger.

ARR. XVI.

DU 23. jour de Decemb. 1580. és Arrêts generaux prononcez par Mr. de S. Jean sixiéme President. Le fait est qu'en
l'année 1571. Vidal Brunet natif & habitant de Cazeres s'en va en
la vallée d'Aram en Espagne ; là il commet plusieurs meurtres &
voleries : il est saisi & condamné à mort avec dépens : avant être
executé, le Juge lui permet faire testament, par son testament instituë ses heritiers ses freres & sœurs, legue au Couvent des Augustins en lad. contrée 200. liv. pour prier Dieu pour son ame ; lesd.
heritiers & Sindic desd. Religieux ayans trouvé un de ladite ville
de Cazeres être debiteur envers ledit feu Brunet en certaine quantité de grains & argent, le font executer : il est condamné par
le Juge de Larieux, ce qui demeure confirmé par le Senechal de

Toulouse ; appel en la Cour, Monsieur le Procureur general du Roy étoit averti que ledit Brunet avoit été executé à mort, presente requête à la Cour pour être reçû opposant envers l'execution faite par lesd. heritiers & Sindic, fonde son opposition en deux moyens ; le premier, *qui ad mortem damnati sunt testari non possunt. l. Ejus. §. 1. de testam. quia servi pænæ dicuntur, qui autem liber. non est testari non potest. l. Filius familias ff. de testam.* le second, que par la generale coûtume de France qui a confisqué le corps confisque le bien. *Boërius Decis. 263. Bened. in verbo (& uxor)* en consequent ayant ledit Brunet été condamné à mort, *hoc jus, tacitè inest sententiæ :* au contraire lesdits défendeurs, alleguans que ledit Brunet auroit été condamné par un Juge, qui est hors de ce Royaume, & pour crime commis hors iceluy, & par ainsi que telle sentence ne pût avoir lieu és biens qui en ce Royaume, sans avoir veu ledit procez, pour sçavoir s'il auroit été bien condamné. Secondement, que la confiscation est deuë pour la pourfuite que le Seigneur a faite au condamné. *Bartol. in l. Si finita §. De dam. infect.* Or le Roy ni son Procureur Géneral n'a point faite de pourfuite ; donc il n'y peut avoir lieu de confiscation au profit du Roy. Tiercement par ladite Sentence il n'est point porté que les biens seroient confisquez, ains a été permis que le Juge que ledit Brunet ait resté. Quatriémement vient en confideration la faveur de la cause pie, qui est le legat fait aux Réligieux. Cinquiémement il n'est pas toûjours veritable que les biens soient confisquez au Roy, ains à autre. *l. uni De raptu virg. l. unic. de ea quæ se propr. sern. conjunx.* mêmes que les peines en France font arbitraires, nonobstant la premiere raison, parce que la Coûtume de France est telle, *ut confiscato corpore, bona confiscentur.* A cecy fait ce qui est noté en la Loi 1. *De summa Trinitate :* la seconde raison encore moins, car la vraye cause de la confiscation est, aux fins que les personnes soient retirées de mal faire, craignant de laisser leur posterité pauvre ; autrement il y a des personnes qui ne laisseroient pas de mal faire si elles pensoient être quittes pour leur seule vie. A ce qui est dit quatriémement, *fiscus & pia causa pari passu ambulant, itaque utendum est communibus regulis juris.* Au cinquiéme , quand la confiscation est adjugée à autre , c'est en contemplation grande de l'injure qui lui est faite. Donc la Cour ayant meurement pesé les raisons , & voyant que les fraix exposez par lesdits freres avoient été faits pour la liquidation des biens ; & d'ailleurs ayant égard d'autre part à la pauvreté desdits Religieux.

La Cour vous dit que le Procureur general du Roi y fait bien à recevoir comme opposant , declare tous & chacuns les biens qui ont appartenu audit Brunet au temps de son decez acquis & confisquez au Roy , distraits d'iceux les fraix exposez par lesdits heritiers , ensemble la somme de deux cens livres , laquelle pour aumône la Cour adjuge ausdits Religieux aux fins de prier Dieu pour l'ame des meurtris par ledit Brunet.

V. la suite de ce recüeil tit 23. art. 6.

ARR. XVII.

DU sixiéme Decembre mil cinq cens huitante-un , Monsieur Daffis Avocat general dit être suppliant à ce que les Sindics des pauvres de Villasavary & de Fanjaux , soient maintenus en tous les biens de feu Jean Girot suivant son testament , duquel il appert , retenu par Notaire non vitié ni rayé. Fortis pour Jean Girot frere du testateur , dit & met par fait veritable que ledit testateur étoit fils de famille lors qu'il testa ; *itaque non potuit testari neque testamentum ejus valere , quamvis posteà juris sui factus fuisset. l. Filius familias. ff. De testamentis , quamvis testatus fuerit ad pias causas , quia sine consensu patris illud testamentum non valet Cap. Licet. De sepultur. in sexto , ut notatur in l.* 1. *C. De sacrosanct. Ecclef.* or il est croyable qu'il étoit fils de famille , s'il n'appert avoir été emancipé *l. Si filius ff. de probat. nec nudo consensu emancipatio fit l. Si cognitio. C. De emancipat.* En outre il est mis par fait que ledit testateur étoit furieux , & offre le prouver ; mais encore il en appert par le testament que feu Pierre Girot pere du testateur avoit fait en l'an   par lequel il atteste & declare sondit fils être dépourveu de son sens , qui est un témoignage suffisant , *l. fi ff. curat fur.* Troisiémement ledit pere avoit voulu par son testament que si sondit fils venoit à deceder sans enfans ou sans faire testament , les biens retournaſſent audit deffendeur ſon frere , & partant *fideicommiſſo locum eſſe.* Monſieur l'Avocat general répond que *quamvis filii familias teſtari non poſſint , tamen fideicommiſſum relictum valebit , ſi ſui juris factus fuerit. l. 1. §. Si filius. ff. De leg. 3.* & que la raiſon eſt parce que *fideicommiſſum ſolo nutu relinqui poteſt , non obſervata teſtamentorum ſolemnitate ,* & qu'il étoit à preſumer qu'il n'étoit pas fils de famille , parce qu'on trouvoit quelques contrats faits entre le pere & le fils , comme auſſi il n'étoit pas à preſumer qu'il fût furieux , puis qu'on voyoit qu'il avoit fait un ſi bon acte que d'avoir laiſſé ſes biens aux pauvres , alleguant ſur ce pluſieurs belles autoritez ſur la faveur des cauſes pies.

Monſieur Duranti avant que prononcer l'Arreſt auroit remontré que le teſtament fait en vertu des cauſes pies par un fils de famille eſt valable ſeulement *factus ſui juris Bald. in l. 1. cod. De ſacroſ. Eccleſ.* & que le témoignage du pere diſant le fils être incenſé , ne fait point de preuve. *l. Ea quæ ff. Ex quib. cau. infam. notat Nicolaus Boërius Deciſ. 23.* & par l'acte fait par ledit teſtateur on pouvoit juger qu'il étoit en ſon bon ſens , *etenim ex qualitate actus geſti illa præſumptio eſſet , ut de Sophocle traditur apud Cicer. De Senectute.*

La Cour appointa les Parties en leur faits contraires , pour les prouver dans le mois , & cependant adjugea auſdits Sindics des Hôpitaux la joüiſſance de tous les biens que led. feu Girot poſſedoit , à la charge de les tenir ſous la main du Roy & de la Cour.

Disant le fils estre insensé.] Comme on ne preſume ni le delict , ni le crime , on ne preſume pas auſſi l'imbecillité d'une perſonne ; car outre que par une allegation malicieuſe on peut faire tort à une perſonne bien ſenſée ; d'ailleurs *p'eri que dementiam finxum* , & c'eſt à cauſe de cela qu'on ne donne jamais un curateur à une perſonne qu'on ſoûtient imbecille ou en fureur , qu'après un examen exact , & avec grande connoiſſance de cauſe : Ainſi la femme de Me. Dulcians , Conſeiller au Sénéchal de Touloſe , l'ayant ſoûtenu imbecille ſur le fondement d'un rapport de deux Medecins , le Parlement , pour ſçavoir s'il le faloit faire pourvoir d'un curateur , ordonna par ſon Arrêt d'Audience donné en la grand'Chambre le 14. Mars 1665. qu'avant dire droit les parens dudit Dulcians s'aſſembleroient dans certain delai , pour ſçavoir ſon état , & que la deliberation priſe par les parens , veuë & rapportée il y ſeroit pourveu ainſi que de raiſon.

Transmission , & du droit d'icelle.

TITRE VI.
ARR. I.

L A difficulté est grande *num spes substitutionis ad suos liberos transmittatur.* comme par exemple : *Filios meos Petrum & Joannem hæredes facio , eósque invicem substituo si sine liberis de. cesserint ,* & au cas que tous deux meurent sans enfans, *Seium hæredem instituo. Evenit Petrum relictis liberis decessisse Joanne superstite , qui postea sine liberis decessit , & ita locum fecit substitutioni , Controversia nascitur inter filios Petri & Seium substitutum quis præferatur.*

D'un côté est allegué, *substitutionem esse personalem ac non transmitti. l. Si ex plurib. ff. De suis & legit. hæred. l. Qui liberos. ff. De vulgar.* Au contraire est allegué le *§. in novissimo, juncto §. Sin autem. l. un. C. De ead. toll. nam cum sit eadem ratio hæreditatis non aditæ, atque fideicommissi conditionalis & hæreditas non adita transmittatur in liberos , merito idem dicendum in fideicommisso conditionali , idque beneficio legis Theodosianæ ; maximè cùm plus juris dicatur habere in fideicommisso conditionali , quàm in hæreditate non adita , ut constat ex eo , quod hæreditati non aditæ non possit renuntiari. l. 11. §. Decretalis. De successo. edicto , fideicommisso verò possit. l. 1. C. De pactis.*

La resolution est, *multùm interesse an substitutus sit de liberis, aut non ; au premier cas si substitutus sit de liberis ita ut potiorem gradum teneat , quàm filii qui petunt jus substitutionis , tunc filii non admittuntur , aliàs substitutum jure representationis , excludunt ,* comme fut jugé par Arrest en Toulouse , en faveur de Catherine de Touges contre Arnulphe de Seysses , dit de Peyregué , le dix-neuviéme Fevrier mil cinq cens septante-cinq, au rapport de Monsieur Raymondi , y presidant Monsieur Daffis premier President , lequel le vingt-troisiéme Decembre mil cinq cens soixante-trois , aux Arrests generaux de Noël en avoit prononcé un , par lequel *spes substitutionis excluso substituto ad filios transmissa fuerat ,* & le même fut jugé au rapport de Monsieur Joffé le vingt-huitiéme Fevrier mil cinq cens septante-six , en faveur de Pierre Vidal contre Pierre Carné ;

&

& encore le même étant rapporteur le sixiéme Février mil cinq cens quatre-vingts-deux, en faveur de Marestang contre Marestang. Mais l'accord & conciliation desdits Arrests depend de la distinction susdite, suivant laquelle fut encore donné autre Arrest au rapport de Monsieur Filere le dernier Avril mil cinq cens septante-six, entre Guillaume Malsollé contre Noguiers ; car bien que *vulgo receptum sit spem substitutionis non transmiti, illud limitatur in filiis, & cum agitur de successione ascendentium gl. in l. Is cui De act. & oblig. & in l. in personam. C De fideicomm. Socin. in l. Hæredes mei §. Cum ita ff. Ad Trebell. Philipp. Decis. consilio* 397. *Bened. in pupillari. subst. in verbo* (absque liberis) n. 117. Ce qui se doit encore entendre *substituto magis dilecto existente, nam eo casu substitutus præferri debet transmissario ; quia cum transmissarius veniat ex tacita & præsumpta voluntate testatoris, institutus verò habeat expressam & apertam dispositionem testatoris, meritò est præferendus,* suivant le texte à ce exprés, *in l. Hæredes mei. §. Cum ita ff. Ad Trebell.* & suivant les Arrests susdits : *si verò substitutus sit minus dilectus vel solum quasi æque, tunc substitutus non est præferendus ;* & ainsi fut jugé au rapport de Monsieur Ambez par Arrest le seiziéme Avril mil c nq cens quatre vingts-quatre, au procez de Gizer.

LA DIFFICULTE' EST GRANDE] Aujourd'huy cette difficulté cesse, suivant l'usage du Parlement ; car quoi que regulierement la transmission du fideicommis conditionnel ne puisse pas se faire avant l'évenement de la condition, lors que le fideicommissaire est predecedé à celui qui étoit chargé de la restitution du fideicommis. *L. unic. §. Sin autem. de Caduc. To'lend. intercidit. C. de condit. & demonstr. & l. hæred. mei §. cum. ita ss. ad Sc. Treber.* Toute fois ce Parlement, par une maxime d'équité, & contre la rigueur du Droit Romain, a reçû la transmission en faveur des descendans du substitué, qui est aussi descendant du testateur, contre les étrangers, pour empêcher par ce moyen que les biens soient portez dans une famille étrangere au prejudice des descendans. Cette Jurisprudence est autorisée par les Arrêts qui sont rapportez par Maynard liv. 5. chap. 33. 35. & 36. Oliv. liv. 5. chap. 23. Cambolas liv. 2. ch. 10. & Fernand sur la Loy *Si unquam C. de revocand. donatio.* Sur quoi il est à observer, que quand les enfans recueillent par droit de trasmission le fruit de la substitution à laquelle leur pere étoit appelé, ils le font par un droit presonalissime, & s'il faut ainsi parler ; c'est-à-dire par un droit inherant à leur personne, & qui ne leur acquis que par leur seule qualité des descendans, ce qui fait que quand ils seroient heritiers de leur pere avec charge de rendre les biens qu'ils ont acquis du chef de leur ayeul par droit de transmission, ne viennent pas en la restitution du fideicommis fait par leur pere : En effet, ne recüeillans pas les biens de l'ayeul en vertu d'un droit hereditaire, ni par la disposition testamentaire de leur pere, il est vrai de dire qu'ils ne peuvent être chargez en qualité d'heritiers de leur pere que de rendre ce qu'ils ont pris *judicio testatoris,* sans y enveloper les biens provenus de la subst-

T t

titution de l'ayeul , dont ils ne font prevalus que par la trafmiffion. Au refte , quelque
faveur que les defcendans puiffent avoir à l'égard des étrangers, cela n'empéche pas qu'ils
en foient privez , lors qu'il y a quelque enfant du teftateur qui peut recueillir de fon chef
comme étant fubftitué & étant appellé fans le fecours de la tranfmiffion ; ainfi qu'il fut
jugé au rapport de Mr. J. Cathelan en la feconde des Enquétes le 29. d'Août 1656. la
Cour ayant ouvert une fubftitution au profit d'un oncle , à l'exclufion de fes neveux quoi
que leur pere fût le fecond appellé à la fubftitution , & plûtôt que cet oncle , qui n'étoit
que le troifiéme appellé. Au fujet duquel Arrêt on peut voir Fernand *tract. de fucceff.*
convent. cap. 9. num. 8. §. contrariam. & §. 6. mais bien que ce prejugé , qui fe trouve conforme à celui qui eft rapporté par Olive , prefere l'oncle , fils du teftateur , au
neveu , fils du premier fubftitué , il n'en doit pourtant pas étre de méme quand les neveux fe trouvent eux-mémes appellez au fideicommis de leur propre chef , comme quand
ils font chargez du fideicommis en faveur d'un tiers , ou qu'ils font difpofitivement appellez par la double condition , *fi fine liberis & liberi fine liberis* ; la raifon en eft , qu'en
l'un & l'autre de ce cas *funt filii heredes judicio teftatoris* ; car fi bien les petits fils du
teftateur , comme rempliffans feulement le fecond degré , doivent être cenfez *minus di-*
lecti , cette confideration doit pourtant ceffer lors que leur ayeul a marqué fa predilection
pour eux par une volonté expreffe & indubitable , en les appellant difpofitivement plûtôt
que leurs oncles. Cette doctrine eft appuyée de ce que dit *Benedict. in cap. Raynut. verb.*
fi abfque liberis moreretur 2. ubi de pupill. fubftit. num. 119. & l'on peut même tirer confequence de la difference que Brodeau fur Loüet *lit. F. num.* 2. fait de la fubftitution conditionnelle , avec la graduelle & perpetuelle.

Jure repræfentationis excludunt] Quoi que regulierement le droit de reprefentation n'ait
pas lieu en fait de fubftitution & de fideicommis , fur tout entre collatereaux ; il a pourtant
lieu entr'eux lors que le teftateur dont la volonté doit fervir de Loy , l'a voulu par exprés ;
ce qui fut ainfi jugé au Parlement par Arrêt du mois de Septembre 1636. donné en la
premiere des Enquêtes au rapport de Monfieur de Segla en la caufe d'Aleman.

A R R. II.

COmbien que. fuivant la commune refolution *fpes fideicom-*
miffi conditionalis non tranfmittatur etiam in liberos proprios
glof. & DD. in l. un. cod. De is qui ant. ap. tab. toutefois en ce Palais on juge le contraire , c'eft à fçavoir que *fideicommiffum condi-*
tionale defuncto fideicommiffario ante conditionis eventum tranfmit-
titur in liberos , & par ainfi *non extinguitur mortuo fideicommiffario*
ante conditionis eventum , quand le fideicommiffaire eft fils du
teftateur , & qu'il laiffe des enfans , fuivant l'opinion de la gloffe
de la Loy *Is cui ff. de oblig. cod. de fideicomm. & act. l. Si in perfo-*
nam. & ainfi fut jugé par Arreft au procez de Baillies & Mainardy
le quinziéme Juin mil cinq cens quatre vingts-neuf.

A R R. III.

LE cinquiéme Septembre mil cinq cens quatre vingts-fix , au
rapport de Monfieur Vignaux : le fait eft que Jourdain Ayral d'Alby ayant deux enfans , Antoine & Jeanne , fait teftament

en l'année mil cinq cens vingt - neuf , par lequel est institué son
heritier universel ledit Antoine ; & où il viendroit à mourir sans
enfans , lui substituë ladite Jeanne ; & où ladite Jeanne ne seroit
en vie au tems du decez dudit Antoine , lui substituë les enfans de
ladite Jeanne. Il est avenu que Jeanne est decedée plûtôt qu'Antoine , & a laissé trois enfans , c'est à sçavoir Barthelemy , Michel
& Jean Revelats , Jean Revelat est aussi decedé plûtôt qu'Antoine
Ayral heritier dudit Jourdain , laissant deux enfans : après Antoine decede sans enfans , & par son decez l'ouverture est faite de ladite substitution ; mais la question fut entre Barthelemy & Michel , d'une part , & les enfans de Jean ; car Michel & Barthelemi
disoient être admis à la substitution pour une troisiéme partie ,
jure transmissionis. Par Arrêt la substitution contenuë au testament
dudit feu Jourdain Ayral est declarée au profit , tant desdits Barthelemi & Michel , que desdits enfans de feu Jean Revelat. Voi-
ci un fait auquel le transmissaire est appellé au fideicommis conjointement avec le substitué.

CONJOINCTEMENT AVEC LE SUBSTITUE'] Cela ne se pratique plus ;
car lors qu'un enfant , ou petit - fils du testateur , vient de son chef à la substitution sans
transmission , les transmissaires n'y peuvent pretendre aucune part. V. *l'observation sur l'art.*
1. *de ce titre* d'Olive *liv.* 5. *chap.* 23. Ferrieres *in quæst.* 55e. Guid. P.ap. & Maynard *liv.*
5. *cap.* 33.

Trebellianique.

TITRE VII.

ARR. I.

ENtre le Sindic des Prêtres obituaires de l'Eglise saint Pierre
en la ville de Cahors , appellant du Senéchal de Quercy au
siege principal , & Giron Adme marchand dudit Cahors appellé ,
d'autre ; Dit a été que la Cour a mis & met l'appellation & ce
dont a été appellé au neant , & reformant le Jugement , sans avoir
égard aux offres faites par ledit appellé , a declarée & declare
la substitution contenuë audit testament , être ouverte au profit
dudit Syndic appellant , & suivant ledit testament a maintenu definitivement icelui Syndic en la possession & joüissance des biens contentieux entre lesdites parties , sous les charges y opposées , sans detraction de quarte Trebellianique ,

diftraite toutefois au profit dudit Adme , tant fur lefdits biens, qu'autres laiffez par ledit teftament , & Jean & Antoine de Vignaux & fon fils , la legitime duë à iceluy Antoine , enfemble les fraix funeraux , & autres charges hereditaires payées par ledit Antoine. Prononcé le ving-fixiéme Fevrier mil cinq cens feptante-cinq.

S ANS DETRACTION DE QUARTE.] La faveur de la caufe Pie donna lieu à cela, parce que l'heritier chargé de rendre à l'Eglife ne peut pas diftraire la quarte trebellianique ; fut-il enfant du Teftateur, mêmes en premier degré ; ce qui eft conforme à la Novelle 131. cap. 12. & à l'Aut. *Similiter C. ab leg. falcid.* qui en a été tirée. *V. l'art. 3. de ce titre.*

ARR. II.

TRebellianique ne peut être prohibée, *etiam à patre*, par codicille , par Arrêt au rapport de Monfieur Maynard, le jour du mois d'Août mille cinq cens quatre vingtquatre.

PAR CODICILE.] Plufieurs Docteurs ont crû que par un privilege qui étoit fpecial aux enfans du premier degré , la détraction de la quarte trebellianique ne pouvoit pas leur être prohibée. Quelques autres, du nombre defquels font Hotoman , Cujas & Faber ont voulu prendre un milieu ; car en foûtenant que la prohibition de la quarte étoit permife à l'égard des enfans du premier degré ; ils ont limité leur opinion au cas où les enfans en pouvoient diftraire deux à titre fucceffif ; mais ils ont voulu que quand ils n'en pouvoient diftraire qu'une ; la prohibition ne devoit pas avoir lieu. Dans ce Parlement on ne s'arrête pas à ces diftinctions , & quoi que la Loy *Si ut allegas.* C. *ad leg. falcid.* porte une decifion contraire à une telle prohibition , neanmoins il eft certain que dans l'ufage on ne peut pas diftraire la quarte ; quoi qu'on foit enfant du Teftateur, pourvû que la détraction ait été expreffement prohibée ; en quoi l'on fuit la doctrine de Barthole *ad Auth. fed cum teftator C. eod.* & la Novelle 1. *cap.* 2. qui decide textuellement , que quand le Teftateur a prohibé par exprès la détraction de la quarte , *neceffarium eft Teftatoris valere fententiam.* C'eft ce qui n'a jamais reçû de difficulté au Palais à l'égard des Teftamens ; mais on a douté s'il en devoit être de même des Codiciles , c'eft-à-dire , fi lors que la prohibition trebellianique avoit été omife par le Teftament , elle pouvoit être faite par un Codicile aux enfans du Teftateur. L'Arrêt rapporté par l'Auteur au prefent article , juftifie qu'en l'année 1584. le Parlement avoit accoûtumé de juger que la trebellianique ne pouvoit pas être prohibée par Codicile ; il eft pourtant certain qu'il obferve aujourd'hui le contraire , fuivant la difpofition de la Novelle préalleguée , où l'Empereur ordonne au §. *quia verò cap.* 4. que ce qu'il avoit auparavant ordonné , & par conféquent audit chap. 2. doit avoir lieu *in omni ultima voluntate* ; ce qui fans contredit comprend les Codiciles , auffi bien que les Teftamens.

ARR. III.

LA Trabellianique ne fe diftrait contre les pauvres par les enfans : par Arrêt en audience le feziéme jour de Mars, mil cinq cens huitante-fix.

V. l'art. 1. de ce titre.

Tuilliers.

TITRE VIII.

Arr. I.

Extrait des Regiſtres de Parlement.

ENtre Dominique Fargues Tuillier de Toulouſe, appellant des Capitouls dudit Toulouſe d'une part ; & le Sindic de la ville & cité de Toulouſe d'autre ; Haraudel pour ledit appellant, dit que ſa patrie eſt un pauvre Maſſon chargé de femme & enfans, qui a été contraint recourir à la Cour de ceans pour le tort & grief que leſdits Capitouls lui ont fait, le travaillent indûëment ſur ce qui a été deferé de trois choſes : la premiere, que les moules avec leſquels il fait la brique, n'étoient correſpondans à ceux de la maiſon commune : la ſeconde, qu'il tient pluſieurs tuilleries ; & la troiſiéme, qu'il a baillé de la brique mal cuite, pour l'edifice du College ordonné en Toulouſe pour l'inſtruction des arts : Sur quoi leſdits Capitouls ont fait faire viſite par Experts pris à plaiſir, ſans appeller la partie. Pour le regard du dernier, il trouve par la relation étant au procez faite par trois Maſſons, ayans viſité, comme ils diſent, la brique deſtinée pour l'édifice du College ; qu'ils rapportent un millier mal cuit : & quant aux moules, ils diſent qu'ils outrepaſſent la meſure de la Ville : & quant à la pluralité des tuilleries, il a été oüi & a remontré qu'il tenoit en arrentement trois tuilleries, pour ſatisfaire à l'obligation, en laquelle il étoit conſtitué de fournir brique, tant pour la conſtruction du Palais, que du pont ſaint Subran, & d'icelui College : par ainſi veuë la neceſſité, il étoit excuſable ; qu'il y en avoit d'autres qui en tenoient pluſieurs en arrentement, donc ledit Sindic pretendant pour ce être faite tranſgreſſion à l'Ordonnance deſdits Capitouls faite en l'an mil cinq cens cinquante trois, par laquelle eſt prohibé auſdits tuilliers tenir plus qu'une tuillerie, auroit fait donner aſſigation à ſadite partie, & contre lui fait propoſition pour raiſon deſdits cas. Quant aux moules, la défenſe étoit manifeſte, parce qu'il n'y avoit fraude ou contravention aux ſtatuts ; ains pour ce qu'il étoit plus avantageux que la meſure de la Ville, ce qui redondoit à ſon préjudice. Et quant au ſecond auroit remontré la neceſſité qu'il avoit auſdites fabriques, & qu'au cas il ne les tiendroit à fa main , elles demeureroient en chomage ; ce qui ne lui pouvoit être imputé à aucune faute ou delit. Et au furplus auroit remontré qu'il n'auroit été appellé à la vifite de la brique dudit College comme il étoit requis , pour verifier fi la tuille trouvée être mal cuite auroit été par lui fournie , laquelle vifite a été faite à la pourfuite de Bernard Aiguefplas , qui a conçû haine contre fadite patrie , de ce qu'il lui a fait demander, certaine fomme de deniers dûë audit Fargues, pour avoir fourni certaine brique pour la Ville , & dont il a reçû l'argent qu'il detient , dit que par Sentence defdits Capitouls , fadite partie a été condamnée pour la pretenduë contravention faite aux ftatuts, en dix milliers de brique , applicables à la fabrique de ladite Ville , dont il s'eft porté pour appellant , & a relevé fon appel , & icelui fait exploiter audit Sindic, qui pretendant que c'étoit un fait de police , a voulu faire executer ladite Sentence , nonobftant l'appel , à caufe dequoi fadite partie a prefenté requête à ce que inhibitions lui fuffent faites d'attenter , & pourveu fur la reparation des attentats , à laquelle les inhibitions fufdites ont été ordonnées : & au refte deputez Commiffaires ; Et fur ce , ledit Sindic appellé , auroit requis que ladite Sentence fut declarée executoire , & fa partie infiftant au contraire , veu qu'il n'étoit queftion de fait de police comme dit eft , & que ce n'étoit un jugement provifionnel , ains deffinitif : lefdits Commiffaires auroient renvoyé les parties en Audience. Si requiert ledit incident être retenu , & en l'appel conclud avoir été nullement , abufivement , & mal procedé & jugé , & bien appellé , & ladite Sentence caffée , & ce qui en eft enfuivi par attentat ; l'appellant doit être relaxé des fins du procez, & autrement pertinement demandant dépens. Deborderia pour ledit Sindic : dit qu'anciennement étoit enjoint à ceux qui avoient charge ou adminiftration de la Republique , de bien commander , & aux fujets de fidellement & diligemment obeïr aux commandemens ; ce qui a été bien mal obfervé de l'endroit dudit Fargues , comme il remontrera cy-aprés : car lefdits Capitouls , & le Confeil de la Ville pour obvier & pourvoir à trois fraudes , que les Maffons ou Tuilliers commettoient au fait de la brique , auroient fait certains ftatuts l'an mil cinq cens cin-

quante-trois. En premier lieu , que chacun tint ſa tuillerie bien
pourveuë de brique , & qu'un n'en eut pluſieur pour faire paſſer
les acheteurs par ſes mains , & par ce moyen rendre plus chere
la brique , juſtement auroit été ordonné que ne ſeroit permis en
tenir par chacun ſinon une. Si eſt ce que ledit Fargues ladite année mêmes y avoit contrevenu , & pour ce condamné en amende aplicable à la fabrique du pont : & pour obvier à la ſeconde
fraude , qui étoit commiſe en la proportion de la brique , fut arrêté & ordonné que les moules ſeroient reduits à l'eſchantillon &
forme qui a été propoſée. Et en troiſiéme lieu a été ordonné qu'elle ſeroit bien cuite : dit que Fargues a commis en ce, trois fautes,
qui demeurent duëment verifiées par le procez , mêmes par ſa
confeſſion , cottée lettre G. il a confeſſé qu'il tient quatre tuilleries après l'inhibition & condamnation contre lui intervenuës,
comme dit eſt ; ſçavoir celle de Monſieur Jean de Bermoy arrentée à cent trente livres , celle de Pierre Gargas à ſeptante livres,
autre de Raymond Condom à ſaint Subran , de ſoixante livres ,
& une quatriéme qui eſt ſienne propre ; & c'eſt la premiere contravention auſdits ſtatuts. Et pour le regard de l'échantillon , il
n'y a contrevention ; mais bien pour ce qui eſt du troiſiéme ſtatut;
car ayant ledit Fargues vendu de la brique pour la conſtruction dudit College , au lieu d'être bien cuite , reſulte par relation des Experts ſur ce élus , du conſentement des parties , que ſi ladite brique demeure un jour à la pluye , elle eſt detrempée & renduë inutile , & qu'à cauſe de ce un arnoult dudit édifice ſeroit tombé ,
comme il avoit été rapporté à la Maiſon de Ville par Bernard Ai-
gueſplas Bourgeois , & commis à ladite fabrique , qui eſt homme
d'honneur & de qualité. Et par leſdits Experts a été verifié que
c'étoit de la brique dudit Fargues. S'il y a tranſgreſſion à ce que deſſus , ledit Fargues a encore delinqué en autre endroit : car ayans
les Capitouls mis taux à la brique, qui eſt de ſix livres pour millier,
icelui Fargues par ambition & avarice grande l'a venduë ſept
livres ; dit qu'il a été autrefois appellé en jugement pour ſemblable contrevention en l'an mil cinq cens cinquante-trois ,
auroit été condamné en deux milliers de brique , & depuis étant
relâché , a été prevenu pour les tranſgreſſions ſuſdites , enſem-

ble certains autres exerçans ledit métier de tuillier , & le procez
mis en droit : par Sentence lesdits prevenus ont été condamnés
en amende , entre autres icelui Fargues a été condamné en dix
milliers de brique applicable à la reparation dudit College : &
bien que les autres condamnez ayent acquiescé & obéï à ladite
Sentence ; toutefois ledit Fargues se montrant rebelle & proter-
ve , s'est porté pour appellant en la Cour , à laquelle & à la
grand'Chambre ledit Sindic auroit presenté requête , à ce qu'il lui
fut permis faire executer icelle Sentence , attendu qu'elle concernoit le fait de la police ; si a été declaré par la Cour qu'elle n'entendoit empêcher ladite execution sans préjudice dudit appel ;
après laquelle declaration icelui Fargues , pour empêcher , auroit
presenté requête à la Chambre criminelle , & obtenu Commissaires deux des Conseillers d'icelles , pour pourvoir sur la reparation des attentats , & sur le rapport fait dudit incidant , a été ordonné qu'elle seroit jointe en l'instance principale. Si conclud en
l'appel, que ledit Fargues ne fait à recevoir comme appellant : &
ou & quand il a été bien jugé & ordonné , & que disant droit
sur ledit incident, doit être declaré n'y avoir attentat , & ledit Fargues , condamné en l'amende du faux attentat ; & en outre requiert inhibition & défense être faite, tant à icelui Fargues qu'autres Tuilliers de la ville & gardiage de Toulouse de ne tenir qu'une
tuillerie pour homme , ni autrement contrevenir à l'Ordonnance
faite par les Capitouls sur le taux de tuille & brique : autrement
conclud pertinement , & demande dépens , dommages & interêts , & une amande de cinq cens livres. Haraudel dit , que les
Experts qui ont faite la visite & relation susdite , n'on été élus ,
ou accordez par sa partie , ains lesdits Capitouls les ont pris d'office , comme est porté par ladite relation de laquelle il a fait
lecture. De Mansencal pour le Procureur general du Roy dit ;
Que ce seroit chose de pernicieux exemple & mauvaise consequence , si après avoir fait plusieurs Statuts & Ordonnances pour le
bien public , il étoit permis les enfraindre comme ledit Fargues a
fait , car prevoyans les Capitouls les inconveniens & monopoles qui s'en pourroient ensuivre , si un seul tenoit plusieurs tuilleries comme faisoit ledit Fargues , ayant quatre tuilleries , *qui*
dedit

dedit caufam edicto auroient ordonné en l'an mil cinq cens cinquante-trois, qu'inhibitions étoient faites aufdits tuilliers de ne tenir chacun d'eux qu'une tuillerie, pour éviter qu'il n'y eût monopole, & que la brique fut à meilleur marché : toutefois ledit Fargues auroit pris en arrentement trois tuilleries à grand prix contre la prohibition des Capitouls, & a vendu la brique à plus haut prix qu'il n'eft porté par la taxe qui eft de 6. liv. Dit que les Capitouls aïans vérifié la contravention faite par ledit Fargues audit an mil cinq ces cinquante-trois, l'auroient condamné en deux milliers brique, à quoi il auroit acquiefcé & fatisfait, mais n'auroit obeï au refte, car il n'auroit fait delaiffement des trois tuilleries par lui arrentées ; ains les a depuis tenuës, comme il a confeffé. Parquoi en ce qu'il eft appellant, conclud qu'il n'eft recevable, & de tant ne feroit fuffifamment condamné, ledit Procureur du Roy requiert être reçû à conclurre comme appellant *à minori*, & ce faifant conclud pertinemment comme appellant, & qu'emendant le jugement, ledit Fargues pour reparation defdites fautes & contraventions ; confideré mêmement qu'il eft relaps, doit être condamné en l'amende de deux mil livres envers le Roy, & en autre requiert être enjoint aufdits Capitouls faire entretenir l'Ordonnance par eux faite ; fauf à faire moderation à prix raifonnable du taux de la brique, faite verification & eftimation par Maffons & Experts des frais & travaux qu'il convient expofer pour faire icelle brique : & leur foit auffi enjoint faire continuer la conftruction dudit College, ou que telles autres. La Cour euë deliberation retenant l'incidant renvoyé par lefdits Commiffaires, & fans avoir égard à la requête dudit Fargues, declare qu'il ne fait à recevoir comme appellant, & l'a condamné és dépens de la caufe d'appel, la taxe refervée, & en outre en dix livres tournois d'amende envers le Roy, & en cinquante livres pour être employées en la conftruction dudit College : & ayant égard aux requifitions fur ce faites par ledit Sindic & Procureur general du Roy, a fait & fait inhibitions & défenfes audit Fargues, & tous autres ayans ou tenans tuilleries dans le Capitoulat & gardiage de cette ville de Touloufe, tenir en proprieté ou autrement pour foy ou pour autres perfonnes directement ou indirectement pluſieurs tuilleries, mais une ſeule ſans acceſſion ou conjonction d'autre en tout, ou en partie ; & ce ſur peine de confiſcation d'icelles tuilleries dans ledit gardiage, les délaiſſer réellement, excepté une ſeule ſans fraude, & ce dans trois jours prochainement venans ſur même peine. Et en outre enjoint auſſi auſd. Capitouls promptement & diligemment reduire & moderer le prix deſdites tuilles, ainſi qu'il ſera trouvé raiſonnable, obvier aux fraudes & monopoles à ce contraires : Et pour la faute commiſe par le Procureur dudit Fargues ayant baillé requêtes en reparation d'attentats mentionnez au playdoyé après l'appointement donné en la grande Chambre ſur la requête preſentée par ledit Sindic, le condamne en cent ſols tournois d'amende applicable au ſervice de la Chapelle du Palais. Fait à Toulouſe en Parlement, le neuviéme jour de Fevrier mil cinq cens cinquante-ſix.

ARR. II.

DU vingt-troiſiéme jour du mois d'Avril mil cinq cens ſeptante-ſept en audience des Requêtes : Entre Belin Bourgeois de Toulouſe ſuppliant à ce qu'inhibition fut faite à Monſieur de Reſſeguier de continuer le bâtiment d'une tuillerie, que ledit Reſſeguier faiſoit bâtir au lieu de Caſtelmauron, tout joignant une belle vigne dudit ſuppliant, ſoûtenant que la fumée de ladite tuillerie lui endommageroit les raiſins, & ledit ſieur de Reſſeguier défendeur, fut ledit ſuppliant démis de ſa requête, & ſans dépens.

LA FUME'E ENDOMMAGEROIT.] *V. L. ſicut §. Ariſto. ff. ſi ſervit vendicet.*

Tuteurs & Tuteles.
TITRE IX.
ARR. I.

ANciennement par le Droit des Romains, il n'y avoit que deux ſortes de perſonnes, qui fuſſent contraints de demander tuteurs aux pupilles, ſçavoir les meres & les affranchis, *idque intra annum*, & ne le faiſant point, les meres étoient, comme indignes, privées de la ſucceſſion de leurs enfans pupilles, & les affranchis punis extraordinairement, *tanquam deſertores obſequii. l. 2. ff. Qui pet. tut. & l. 2. C. eod. & l. Matres. C. Ad. S. C. Tertull.* mais par la conſtitution de Theodoſe, *etiam agnatis*

impofita eft neceffitas petendi tutores pupillis, quod fi facere diftule-
rint poft annum, omnis five ab inteftato five jure fubftitutionis fucce-
fio inftar matrum illis denegatur l. Etiam C. De legit. hæred. & depuis étant par la conftitution de Juftinian ôtée la difference, qui
étoit anciennement *inter agnatos & cognatos, id onus incumbet pro-*
ximioribus five agnati five cognati, fint. Barth. in d. l. 2. ff. Qui pet. tut.
Toutefois aujourd'hui en France telles peines ne font pratiquées
contre les meres ou plus prochains parens : mais les Juges les
mulctent & châtient és amandes pecuniaires, ayant égard à la
faculté de leurs biens, & à l'intereft & dommage que peuvent
recevoir les enfans par telle faute, & le plus fouvent les contrai-
gnent d'adminiftrer, & prêter autorité quand il eft requis : & ainfi a été jugé nommément contre le frere par deux Arrefts de cette Cour de Parlement, l'un donné en Audience prefident feu
Monfieur Manfencal, & l'autre au Confeil contre Monfieur du
Pin Confeiller en la Cour : & ordinairement en nôtre Cambre
lors qu'il y a procez intenté contre les pupilles non pourveus de
Tuteur, nous avons accoûtumé de prefixer un ou deux délais
pour le plus à la mere, pour leur faire pourvoir de Tuteurs, autrement & à faute de ce faire ordonnons qu'il fera procédé en
ladite inftance avec elle, comme mere & legitime adminiftrereffe
de fes enfans.

TELLES PEINES NE SONT PRATIQUE'ES.] L'Arrêt rapporté par d'Olive
liv. 3. chap. 5. eft contraire, auffi bien que la doctrine de Fernand, *ad Novel.* 118. *num.* 25.
Et la difpofition du Droit, tant en la Loy *fi minoris & l. ult. ff. qui pet. tutor.* qu'en la Loy
fciant c. de legit. hæredib.

ARR. II.

C'Eft une maxime, que tous les Juges doivent curieufement
obferver, de ne donner Tuteur qui ne foit *ejufdem munici-*
pii, afin d'obvier aux dépens & frais qui fe feroient pour l'aller &
venir *textus eft in l.* Etiam ff. De tutel. & l. 3. ff. de tutor. dat. ab
his, ce que nos Cours de France ont entendu du plus prochain
parent, & en deffaut de parens le plus prochain voifin: ne pouvant
toutefois être contraints les voifins, que lors qu'il n'y a parent
idoine & fuffifant ; & ainfi l'obfervons.

DU PLUS PROCHAIN VOISIN.] Cela peut avoir deux motifs ; Le premier, de ce
que les voifins, de même que les parens, font fenfés avoir connoiffance des affaires qu'ils

ont les uns & les autres ; ce qui doit faciliter l'administration, outre l'attachement qu'inspire le voisinage. Et le second, de ce que de tout temps les voisins ont fait les fonctions
des proches parens. Ainsi je remarque dans l'ancienne Loy, que ce furent les voisines de
Ruth qui imposerent le nom à Obed, & dans l'Evangile de saint Luc *cap . 1. vers.* 59.
que les parens & les voisins de Zacharie lui imposerent aussi conjointement son nom.

ARR. III.

LA maxime du Droit, *Quandiu testamentaria tutelæ locus est ,*
cessat legitima , n'est point observée en ce ressort : ains au
contraire les tuteurs testamentaires qui ne sont ni parens ni alienez des pupilles, peuvent justement requerir que la tutelle soit
decernée aux parens ou alliez, *quia ubi successionis est emolumen-*
tum , ibi & tutelæ onus esse debet facit l. Qui testamento ibi si le-
gitimum tutorem habenti tutor datus est testamento , non est ibi ne-
cessaria excusatio. ff. De excusat. tut. & ainsi a été par plusieurs Arrêts jugé, & même au fait de Pegurier Procureur en la Cour, qui
avoit par son codicille laissé tuteurs à ses enfans Gregoire aussi Procureur, & Catala Marchand, lesquels en furent déchargez, &
inquisition faite des plus proches parens, Pegurier autre Procureur
& cousin des pupilles, chargé par Arrest du treziéme Janvier mil
cinq cens huitante-huit à suite d'autre Arrest donné l'année mil
cinq cens huitante-sept precedant, par lequel du Verger & Cousin Marchands, laissez tuteurs par Vernes Marchand en son testament, furent dechargez pour n'être parens, ni alliez des pupilles,
& la tutele fut decernée à Viguerie Bourgeois leur oncle : Sur
quoi il y a eu deux formes de proceder ; la premiere par inquisition, lors que les tuteurs testamentaires disent simplement que les
pupilles ont des parens ou des voisins plus proches, sans en nommer aucun ; alors on ordonne qu'il sera enquis des plus proches
parens ou voisins : auquel cas les testamentaires, s'ils sont dechargez, ne sont point tenus de la mauvaise administration d'autres
qui auront été donnez, *quia ad nominationem eorum dati non fue-*
runt ; la seconde quand les tuteurs testamentaires nomment les
plus proches parens, alliez ou voisins, lesquels on ordonne que
seront appellez : auquel cas les testamentaires à cause de lad. nomination, sont tenus de la mauvaise administration des autres subsidiairement envers le pupille

LES TUTEURS TESTAMENTAIRES.] Aujourd'hui les tuteles sont datives en

France, & les Testamentaires ne peuvent produire leur effet *ipso jure*, pour imprimer la qualité de tuteur legitime, qu'entant qu'elles sont confirmées par le Magistrat avec connoissance de cause. Or on les appelle datives, parce qu'elles dépendent, non pas absolument de la volonté du testateur, ni de la disposition de la Loy Romaine ; mais principalement de l'Office du Juge, après avoir pris l'avis des parens des pupilles.

SONT TENUS.] Les nominateurs d'un tuteur sont responsables de sa dation, & sont tenus de supporter chacun sa portion des frais qui se font, suivant l'Arrêt donné au rapport de Monsieur E Cathelan, le 21. Juillet 1668. en la cause de Barthelemy Reboul, contre Jeanne de Lanel & Bibes.

ARR. IV.

Par jugement de nôtre Chambre du 25. Avril 1591. au lieu de Me. Jean Rochefort Docteur & Avocat, & tuteur d'autre Jean de Rochefort, fut dit qu'il seroit pourveu d'autre tuteur audit pupille, parce que led. Rochefort tuteur, par Arrêt de la Cour aud. an, auroit été condamné à faire amende honorable la hart au col, & banni de la Ville & Senéchaussée où ledit pupille, & la plus-part des biens étoient assis. *per l. Licet C. Quando tutor. hab. tut. dar.*

BANNI DE LA VILLE.] Ce qu'il faut entendre d'un bannissement à perpetuité, car quand il n'est qu'à temps, la charge du tuteur ne prend pas fin : & pendant son exil on substituë un curateur, suivant Cujas *ad l. tutor petitus. §. ult. ff. de excusat. tutor.*

ARR. V.

LE huitiéme Juillet au rapport de Monsieur Trelon, Pierre Astorgi Marchand de Toulouse étant decedé *ab intestat*, délaissant deux enfans pupilles ; l'un du premier mariage ; l'autre du second, Maître Helic Astorgi Avocat, frere du deffunt, est donné tuteur à l'enfant premier, & la veuve du deffunt nommée Jeanne Chaussonne, est donnée tutrice à son fils, à la charge de bailler bonnes & suffisantes cautions, & ce par le Sénéchal de Toulouse ou son Lieutenant, de la Sentence duquel ayant relevé appel ladite Chaussonne : Par Arrêt, en ce que le Sénéchal l'auroit chargée de bailler cautions, l'appellation & ce dont, &c. sont mis au neant, & amendant lad. Sentence, la Cour declare n'y avoir lieu de bail de cautions. Il étoit allegué, & en resultoit par les actes, que lad. Chaussonne étoit insolvable, n'ayant autres biens sinon la somme de cent écus par elle constituée en dot aud. feu Astorgi; ce neanmoins on estima que de contraindre une mere de bailler cautions de l'administration de la tutele de ses enfans, outre que c'est contre le droit, ce seroit un moyen pour forclorre les meres de la tutele de leurs enfans, avenant qu'elles ne trouvassent point cautions.

V u iij.

E'TOIT INSOLVABLE.] La pauvreté ni l'infolvabilité, foit de la mere, foit de l'ayeu-le, quoi qu'elles ne foient pas même tutrices teftamentaires, ni nommées par les parens, ne les obligent pas au cautionnement, ces perfonnes n'y étans pas fujettes à caufe de leur ca-ractere. Godefróy en fes notes marginales, fur la Loy *de Creationibus. C. de Epifcop. audient.* allegue que c'eft le fentiment de Rebuffe. *tract. de Sentent. provifion. art. 3. g'. 2. num.* 8. pour ce qui regarde en general les tuteurs teftamentaires, il eft certain qu'ils ne font pas tenus de cautionner; parce que *fides corum, & diligentiâ ab ipfo refto-tore approbatæ eft. inftit. de fatifd. tutor in princip.* même en France, tels cautio-nemens ne fe pratiquent pas aux tuteles datives, à caufe que fe decernans *ex inquifitione,* & fur la nomination des parens, font les nominateurs tenus, & font en effet cautions fub-fidiaires des tuteurs. *V. l'obferv. fur l'art.* 2. *du titre* 19. *en la fuite de ce Recueil.*

ARR. VI.

LE vingt-feptiéme jour de Septembre 1544. entre Claude deS. Cyriac & Jean Treuque, Arreft prohibitif au Juge ordinaire de Touloufe de ne decerner tutelles, ni pourvoir de tuteurs à per-fonnes non étans de fa jurifdiction, au moyen des inftances, & fous couleur des qualitez qui s'introduifent devant lui par dictum.

ARR. VII.

LE dernier de Juin 1576. Arreft en plaidant certaine qualité de la veuve de feu du Puy Confeiller du Roy en la Cour, en la Chambre des Requêtes, Meffieurs de Buet & Bertier Confeil-lers, du Bourg & Rudelle Avocats, furent en Audience déchar-gez de la tutelle pourfuivie par ladite veuve.

CONSEILLERS ET AVOCATS DE'CHARGEZ.] Ennodius dit, *nota proximate fociari Caufidicum & Senatorem. V. Part.* 9.

ARR. VIII.

LE 28. Avril 1578. en Audience, plaidée certaine qualité fur la dation de tuteur à une fille du feu fieur de Pauliac, frere du Confeiller, ledit fieur Confeiller laiffé par fon frere tuteur ho-noraire de lad. fille, fa niece en fut déchargé en pleine audience.

EN FUT DECHARGE'.] Si le pere de la pupille eût auffi été Confeiller comme il étoit frere de Confeiller, le tuteur, tout Confeiller qu'il étoit, n'eût pas pû fe faire décharger. *arg. l. Spadonem. §. fcire oportet. ff. de excufat. tutor.*

ARR. IX,

LE 30. Juillet 1579. en Audience la caufe de la tutelle des en-fans de Monfieur Rochon, quand vivoit Juge-Mage de Tou-loufe, contre Maître Jacques Vedrines Procureur en la Cour, & le Syndic des Procureurs, & autres Parties y nommées, plaidée, a été appointé à mettre, &c.

APPOINTÉ A METTRE.] A moins que la qualité de Syndic des Procureurs du Parlement, dont Vedrines étoit revêtu, eût donné lieu à l'Appointement à mettre, il n'y avoit pas apparence que la Cour eût pris ce reglement, s'il n'eût été fimplement que Procureur, à caufe que les Procureurs ne peuvent pas au pretexte de leur emploi, fe faire décharger de la tutele qui leur eft décernée. Maynard liv. 9. chap. 49. & Duranti *quæft.* 34. confirment cette doctrine. Les Avocats même, quoique leur ordre foit le feminaire des dignités, ne peuvent pas prétendre à la décharge d'une tutele, s'ils ne font du nombre de ceux *qui gloriofæ vocis confifi munimine laborantium fpem, viam, & pofteros defendunt :* & en effet, la Loy *San:imus. C. de Advocat. diverf judic.* fur laquelle eft établie l'exemption des Avocats, parle textuellement de ceux *qui Advocationis exercent officium ;* c'eft auffi fans doute par rapport à ceux-là que doit être entendu l'Arrêt rapporté en l'art. 7. de ce titre.

ARR. X.

ON n'a point accoûtumé d'adjuger falaire aux tuteurs pour leurs peines & vacations ; fi ce n'eft au cas qu'ils fuffent pauvres, *& foliti operas fuas locare ;* bien leur eft permis s'il y a tant de procez & affaires qu'ils ne puiffent fuffire d'y mettre un folliciteur ou negociateur, & la dépenfe moderée leur eft alloüée fi lefdits procez ou affaires le requierent, & ainfi a été fouvent jugé.

V. la fuite de ce recueil tit. 79. art. 2.

ARR. XI.

LE 4. Decembre 1559. deux ayans contracté focieté de tous biens, avoient accordé que ou l'un predecederoit l'autre, que le furvivant feroit tuteur des fils du défunt ; le cas avenu, le furvivant réfufe prendre la charge, & fait appeller des plus prochains, qui par Arrêt furent contraints prendre la charge ; le Prefident declara que les pactes ne valoient rien, *quia facta contra jus publicum, cum tutela fit juris publici,* déchargeant un qui étoit proche parent du défunt qui fe nommoit Licery, pour ce qu'il étoit Capitoul.

APPELLER DES PLUS PROCHES PARENS.] La nomination d'un tuteur fans l'affemblée des parens ne vaut rien, par cette raifon que *poteft præfentia unius alios trahere in ejus fententiam,* c'eft ainfi que la Chambre de l'Edit le préjugea par fon Arrêt du 19. Fevrier 1653. en la caufe de Mre. Monteau, Medecin de la ville de Montauban.

ARR. V.

LE 13. Septembre 1571. és Arrefts generaux prononcez par Monfieur Bertrandi, un tuteur nommé Jean Grataze pour avoir été trouvé par les Capitouls couché en chemife avec fa pupille Naudete de Caffé, de 10 à 11 ans, toute nuë dans un lit, étant appellant de la Sentence des Capitouls qui l'avoient condamné à être mis en quatre quartiers ; la Cour , au prealable avoir apparu & viſite faite par deux Barbiers & deux Sages-femmes ladite pupille être pucelle , & n'avoir été deflorée , le condamna à faire amende honorable en Audience en chemiſe , teſte nuë , la hart au col , & une torche ardente en la main & aux galeres pour dix ans , & en cinq cens livres envers ladite pupille pour ſon mariage , & en cent livres à la reparation de la Ville.

Arr. XIII.

LE 15. Février 1592. Maître Jean Maurel Notaire & Secretaire de la Cour , fut déchargé de la tutelle teſtamentaire des enfans de Mr. Richard ſes neveux à cauſe de ſondit Office.

SECRETAIRE DE LA COUR.] Il eſt juſte que les Secretaires ſoient déchargez des tuteles à cauſe du ſervice aſſidu qu'ils rendent à la Cour. Les Secretaires du Roy , Maiſon & Couronne de France & de ſes Finances , en ſont exempts , ſuivant les privileges accordez à leur College ; & parcequ'ils étoient conçûs en termes generaux , & qu'ils ne parloient que d'une exemption de *toutes charges & ſervitudes quelconques* , ils obtinrent une Declaration du Roy Henry IV. le 23 Decembre 1594. verifiée au Grand Conſeil le 25. Octobre 1603. par laquelle le Roy, en interpretant leſdits privileges, declara qu'ils étoient exempts de toutes charges de tuteles par exprès. En effet , deux ans après que cette Declaration fut donnée , & avant qu'elle eût été verifiée , Camille de Ramereu , l'un deſdits Secretaires , ſe fit decharger d'une tutele par Arrêt du même Grand Conſeil , en date du trentiéme Juillet 1596. lequel ſervit encore de reglement general en ce que défenſes furent faites de ne plus élire à l'avenir ledit Ramereu pour tuteur ni curateur, ni les autres Conſeillers-Secretaires du Roy , Maiſon & Couronne de France. Or depuis que ladite Declaration a été verifiée on n'a plus douté du privilege des Secretaires, tant de ceux qui ſont à la ſuite du Roy & du Conſeil , qu'en la Chancelerie de France, Cours Souveraines & Chanceleries ordinaires établies en icelles ; & quand on les a voulu charger d'une adminiſtration tutelaire contre leur gré, ils s'en ſont facilement fait décharger.

Arr. XIV.

LE 29. Juillet au rapport de Mr. Mation , Pierre Capmas tuteur des enfans de Molinier , eſt condamné au nom que procede envers Me. André Thierry Prêtre. Capmas eſt actionné *ex cauſa judiciali*, lequel répond qu'il n'eſt point tuteur, & que Thierry doit dreſſer ſon action contre Molinier, leſquels étant aſſignez, diſent que bien que leur tutele ait pris fin, toutefois Capmas n'a point rendu ſes comptes , diſent qu'il doit payer cette partie, offrant la lui tenir en compte. Il eſt ordonné par le Senéchal que Capmas payera ledit Thierry , ou ſaiſira des biens meubles exploitables , ſauf audit Capmas à mettre en ligne de compte ce qu'il auroit payé audit Thierry : De cette Sentence Capmas eſt appellant

appellant en la Cour. Au jugement de ce procez nous fumes partis, aucuns étoient d'avis avec Monſieur le Rapporteur de confirmer la Sentence du Sénéchal, autres avec Monſieur Hebrard reformer, & ce faiſant relaxer ledit Capmas, ſans préjudice aud. Thierry de ſon action envers leſdits Moliniers ; il paſſa à cet avis à la ſeconde Chambre ; la raiſon peut être priſe de la loy 3. *ff. De compenſat. & l. Si ſtipulatus* 16. *in princip. ff. De fidejuſſor. intereſt noſtra potius non ſolvere, quam ſolutum repetere.* Donques la Loy 4. §. *Tutor ff. De re judic. l. Cum quædam* 26. §. *Invenimus. Cod. de admit. tut. l. fi. ff. Si quis cautio l.* 1. *Cod. Quan. ex fac. tutor vel mag.* & autres ſemblables ont lieu, *etiamſi rationes adhuc non reddiderit tutor vel curator.*

N'A POINT RENDU SES COMPTES.] Il eſt vrai que l'office de la tutelle dure juſques à ce que le tuteur ait rendu compte, & qu'il ne finit pas plûtôt, quoy que le pupille ait atteint l'âge de puberté ; neanmoins cela ne doit pas être entendu au pied de la lettre, mais ſeulement *quantum ad ea quæ ſunt connexa priori tutelæ. Lege tutor poſt puberem. C. arbitr. tutel. & Leg. ſi. tutor poſt pubertatem. ff. de tutel. & rationib. diſtrab.* ainſi après que le pupille eſt devenu pubere ſes creanciers ne peuvent pas agir contre les tuteurs, comme tels ; à moins qu'ils euſſent commencé leurs pourſuites avant la puberté du pupille, parce que quoy qu'à cet âge-là la tutelle ſoit promptement finie, cela n'eſt pourtant pas à l'égard des affaires dependantes de l'adminiſtration des tuteurs, & commencées avant la puberté ; car à cet égard les tuteurs *perſeverare debent in adminiſtratione connexa.*

ARRESTS
NOTABLES
DU PARLEMENT
DE TOULOUSE.
LIVRE CINQUIÉME.

Tailles.

TITRE I.

Université de Toulouse.

TITRE I.

PAr les Statuts de l'Université de Toulouse faits en l'année 1310. enregiftrez f. 1. defd. Statuts eft contenu.

Premierement que le Recteur de l'Université fera éléu par les Regens, Docteurs, Bacheliers & Ecoliers en la maifon du Chancelier, ou en l'Eglife faint Jacques, fuivant l'élection, ou option d'un defdits lieux qui fera faite par ladite Université.

2. Que nul ne peut être Recteur qui ne foit Regent, & actuellement lifant.

3. Que la Rectorie ne durera que trois mois f. 2. p. 2.

4. Qu'en l'abfence du Chancelier au jour affigné pour l'élection du Recteur, il fera procedé à icelle par les autres Regens de l'Univerfité, lequel élu prêtera ferment és mains du Recteur immediatement predeceffeur f. 3. p. 1.

5. Que le Recteur en fon abfence, pourra créer & commettre Lieutenant *unum quem de omnibus Doctoribus vel magiftris ducerit eligendum*, lequel avant qu'exercer ladite Rectorie fera tenu prêter le ferment és mains du Chancelier ou vice-Chancelier, & en leur abfence d'un des Docteurs Regens d. l. f. 3. p. 1.

6. Que les Confeillers de l'Univerfité ne peuvent fubftituer aucun, *fed quod vox & off.cium abfentium durante abfentia pertineat ad præfentes.*

7. Qu'il fe dira une Meffe annuele des morts aux Jacobins, ou autre lieu que par l'Univerfité fera avifé, par un Prêtre, qui pourra être mis & démis par le Chancelier f. 4.

8. Que les Bedeaux, avenant vacation, feront alternativement élus par le Chancelier & Univerfité, fans qu'efdites élections ledit Chancelier foit tenu appeller Univerfité *& e contra*; à la charge que le Bedeau élu par ledit Chancelier prêtera le ferment és mains du Recteur *& è contra* f. 4. p. 2.

9. *Item, quod Baccalaurei licentiandi jurabunt Cancellario quòd non erunt in auxilio vel confilio fcienter; nec favorem præftabunt per quæ jura Cancellarii poffint fubverti vel diminui.*

10. Que le Recteur ni Regens *collectam nullatenus faciant, nifi de licentia Domini Epifcopi, Vicarii vel Officialis Tolofani, excepta caufa luminarium & aliarum piarum caufarum: & tunc ufque ad fummam lx. librarum Turonenfium parvorum in toto anno.*

11. Que les Confeillers de ladite Univerfité jureront, entre autres chofes, de tenir les déliberations fecrettes, *nifi redundare poffent in læfionem Domini Epifcopi, vel fuæ Ecclefiæ Tolofanæ.* f. 6. p. 2.

12. Par autre Statut fait en l'an mil trois cens treize eft ordonné *inter cætera*, Que le Recteur & Regens feront tenus fe trou-

ver chaque Dimanche à la Messe aux Jacobins , & ne se pourront
départir d'icelle *antequam finiatur* Agnus Dei , *nisi petita venia*
à *Rectore* fol. 8. p. 1.

13. Qu'avenant le trépas d'aucun Regent , tous les autres seront tenus se trouver aux obseques , *& procedant bini , ordine de-*
bito servato , videlicet primo ordine præcedentibus Magistris in Theo-
logia ; secundo lectoribus ; tertio Doctoribus in Decretis ; quarto le-
gum Doctoribus ; quinto Magistris in Medicina ; sexto in Logica ;
septimo & ultimo in Grammatica in ordine Magistrorum. Post hos
autem succedat Baccalaurei ordine prioritatis inter ipsos servato ,
secundum facultatem cujuslibet , prout est de Doctoribus & Magistris
ordinatum inter Doctores & Baccalaureos ejusdem facultatis anti-
quiores præcedant. Post hos Scholares prout à Bedellis ordinati fue-
rint f. 9.

14. Que pareillement toute l'Université sera tenuë se trouver
aux obseques des Ecoliers: mais afin que par trop grande frequence desdites obseques les lectures ne fussent interrompuës , il a été
ordonné *quòd dicti magistri lectores , procurator & Syndicus in duas*
partes dividantur , & quod vicissim seu alternis vicibus interesse
Scholarium funeribus teneantur ; quarum una vocetur , pars pieta-
tis , altera pars comparationis : & cum Scholaris aliquis de-
cesserit , Bedellus ita clament : Talis de tali natione obiit , &
mandatur ex parte Rectoris parti pietatis , ut intersit funeri-
bus. fol. 9.

15. Que *Rector assumetur de Magistris actu ordinarie legen-*
tibus ; primus de Doctoribus legum , actu legentibus , usque ad
Dominicam primam Januarii ; secundus de Grammaticis Ma-
gistris , actu legentibus , usque ad primam Dominicam Aprilis ;
tertius de Doctoribus Decretorum , actu agentibus , usque ad pri-
mam Dominicam Julii ; quartus de Doctoribus in Logica actu
legentibus , usque ad primam Dominicam Octobris , à la charge
que l'année suivante entre les Docteurs Civils & Canoniques
ordo convertatur ; videlicet in principio unius alterius anni
primus Rector de Canonistis creetur , & idem ordo conversus de
Grammaticis & aristis : quæ alternatio perpetuò observetur.
fol. 9. p. 2.

16. Le pouvoir du Recteur confiste à affembler l'Univerfité avec le Confeil d'icelle, interdire les leçons, ordonner des vacations *indicere pœnas in ftatutis contentas contra rebelles Univerfitati, & violatores privilegiorum;* ordonner *de libris, hora, & modo legendi,* le tout *habito confilio Univerfitatis, aut majoris partis* fol. 10. pag. 2.

17. Qu'il y aura trois clefs *in arca magna Univerfitatis,* l'une defquelles fera tenuë par le Recteur, l'autre par un des Theologiens des Jacobins, l'autre par l'un des Procureurs de l'année precedente f. 11. p. 2.

18. Que dedans ladite arche feront les privileges, ftatus, documens, titres, argent commun, & le féél de l'Univerfité en icelle enchaîné: que rien des chofes fufdites ne fera tiré de ladite arche; fauf un extrait defdits privileges, & ftatuts, qui fera gardé par le Recteur ibid.

19. Que les graduez és autres Univerfités ne pourront lire, ni difputer aux études fans licence du Recteur. f. 15.

20. *Item ftatutum quod nullus Baccalaureus legat vel repetat cum oppofitis & quæfitis cùm illud debeat Doctoribus fpecialiter refervari. ibid.*

21. *Decretum, ordinariè legendum, & Doctores decretum legentés, præferendos Doctoribus Decretales legentibus.*

22. Par la Bulle du Pape Innocent V. adreffée *Univerfis Magiftris & Scholaribus Tolofanis* entre autres chofes eft dit: *Si quod abfit, vobis vel injuria, vel exceffus inferatur enormis, utpote mortis, vel membri mutilationis: & fi aliquem veftrum incarcerari contigerit, nifi, congrua monitione præmiffa, infra quindecim dies fuerit fatisfactum, liceat vobis ufque ad fatisfactionem condignam fufpendere lectiones fol. 9.*

23. Par la même Bulle eft porté que les biens des Ecoliers décedans *ab inteftat* en Touloufe, doivent être par l'Evêque, & un des Regens deputez par l'Univerfité inventoriés, & mis en depôt en feure garde, pour être confervez & delivrez à fes parens à jour certain & competant fuivant la diftance des lieux, que après en être avertis ils pourront venir. Que fi aud. tems quelqu'un d'iceux, ni Procureur pour eux *non comparuerit, ex tunc Epifco-*

pus & Magister bona ipsa pro anima defuncti prout expedire viderint, erogabunt ; nisi forsan ex aliqua justa causa venire nequiverint successores, & tunc erogatio in tempus congruum differatur. Datum Lugduni x. Cal. Octob. Pontificatus nostris anno tertio.

24. Par la Bulle du Pape Urbain successeur dudit Innocent adressée à ladite Université est dit *inter cætera; Ut scolares Theologiæ studiis insistentes, ac universi Magistri Tolosæ commorantes, beneficiorum ac præbendarum suarum proventus, ac si in Ecclesiis, in quibus eadem obtinent, resiserent integrè percipiant, exceptis quotidianis distributionibus.*

25. *Sancimus præterea, quòd nulli Magistri, Scolares vel Clerici, ac servientes eorum, si, quod absit, contigerit eos in quorumque maleficio deprehendi, ab aliquo laïco judicentur, vel etiam puniantur ; nisi forsitan judicio Ecclesiæ condemnati, seculari curiæ relinquantur : & ut laïci teneantur studentibus in causa qualibet coram Ecclesiastico judice respondere. Datum Lugduni xii. cal. Octob. Pontific. anno 3. f. 2. p. 2.*

26. Par les Statuts faits en l'an 1323. Regnant Charles Roy de France & de Navarre par B. de Turre, Prieur de Rabastens, & Recteur de l'Université, les Regens Medecins sont excusez de se trouver à la Messe de l'Université, à cause de l'empêchement des malades f. 23. p. 2. art. 1.

27. De tout le jour après la sepulture du Docteur Regent, & dés l'heure d'icelle n'y doit avoir leçon ni dispute en aucune Faculté de l'Université : *Ergo* le matin avant ladite sepulture on y peut avoir f. 25. p. 2. art. 7.

28. *Quando aliquis licentiabitur in Theologia vel in jure Canonico vel Civili, nullus legat illâ horâ, nec postea de tota die illa; nec etiam quando aliquis faciat suum solemne principium in aliqua facultate f. 27. p. art. 11.*

29. *Statuimus quòd nullus in Missa universitatis sedeat in sedibus Doctorum, nisi sit prælatus, qui propter honorem suæ prælationis poterit, & debebit cum dictis Mag. confedere art. 6. f. 25.*

30. Que les disputes ne pourront durer qu'un jour art. 23. f. 32.

31. Que nul Bachelier, ni Ecolier, ne pourra lire par concurrence avec le Docteur Regent art. 24. f. 32. p. 2.

32. Que nul Regent en aucune Faculté, Religieux, Chanoine ni Curé étudiant en ladite Université ne pourront faire aucun filleul ou baptisailles, *in civitate Tolosana, nec in continentibus ædificis seu baptiftis, nisi in casu necessitatis vel periculi eminentis, nec aliquis prædictorum sit vel vadat cum aliis filiolos facientibus* : neanmois prohibé aux autres Ecoliers, faisans lesdits filleuls, ne faire convoy plus haut que de dix, eux y compris, art. 36. f. 33.

33. Au banc de la Messe de l'Université la séance doit être telle ; sçavoir le Recteur assis à la chaire du milieu, *nisi Cancellarius præsens effet* : à son côté dextre, premierement les Theologiens, secondement les Canonistes, tiercement les Civilistes felon leur antiquité ; sauf, qu'entre les Canonistes celui qui lit ordinairement le Decret, est preferé aux autres de la faculté : à son côté feneftre premierement les Medecins, secondement *Magistri in artibus*, tiercement *Magistri in Grammatica*, art. 29. f. 34. p. 2.

34. *Bedelli vacantur servi Universitatis*, f. 54. p. 2.

35. Par les Statuts de l'an mil trois cens septante-quatre est entre autres choses prohibé aux Bacheliers de ne faire festin ni mener les hautbois à leur Baccalaureat, ni premiere leçon, & prohibé aux Regens de ne les accompagner par la Ville allant faire le convoi pour assister audit Baccalaureat.

Arr. I.

LE quatorziéme du mois d'Aouft, mil quatre cens vingt-six, à la requête du Procureur general, par Arrest, fut ordonné qu'il étoit défendu au Recteur de l'Université de Toulouse, & aux Bedeaux de n'expedier aucune matricule, que prealablement il n'apparut au Docteur Regent que l'Ecolier avoit étudié six mois auparavant en ladite Université, & après le Docteur Regent lui signera ladite matricule, & ce fait il l'apportera au Matriculeur, pour icelui Ecolier décrire & enregistrer en ladite matricule, & après les portera féeller au Recteur de lad. Université, & icelles féellées les portera au Bedeau pour les signer & y mettre : *Ad mandatum*, ou *Ex mandato Domini Rectoris*, avec inhibitions &

défenses, tant au Recteur que Docteurs Regens d'en expedier aucune qu'en la forme susdite, sur peine de faux, & amende arbitraire, & être privez de tous honneurs, privileges & libertez de ladite Université.

ARR. II.

Par Arrest du treiziéme Septembre mil quatre cens septante donné entre les Docteurs Regens & le Syndic des Etudians en l'Université, a été faite taxe des degrez de Bachelier, Licence, Doctorat, & de tout ce que les Officiers de ladite Université doivent prendre des Ecoliers, & fut le degré de Licence taxé à dix écus, & le Doctorat à trente.

ARR. III.

Le premier jour de Fevrier mil quatre cens septante-neuf, par Arrêt donné entre le Syndic des Ecoliers, & Docteurs de l'Université de Toulouse, la forme de la matricule des Ecoliers est prescrite, avec inhibitions & défenses ausdits Ecoliers de n'accepter aucunes cessions, à peine de deux cens livres, si ce n'est au cas de l'Ordonnance.

ARR. IV.

Par Arrêt du vingtiéme Juillet mille quatre cens huitante-six entre le Procureur General du Roy, & le Syndic de la Ville de Toulouse, fut enjoint aux Docteurs Regens de lire en leurs propres personnes, de n'y commettre aucun substitut, à peine d'être privez de leurs Regences, ni de lire en lieux privez, & que les émolumens seront distribuez également, sauf que les trois du Decret, qui ne pourront prendre que pour deux, avec inhibitions de ne prendre argent d'aucun Ecolier, comme aussi ausd. Ecoliers de leur porter tout honneur & reverence sur peine de prison.

AUCUN SUBSTITUT.] *L. ult. ff. de excusat. tutor. & l. 1. §. ne autem. C. de caduc. Tollend.* pourtant un Docteur veteran *per substitutum profiteri potest. l. nullus qui nexu C. de decur. lib.* 10.

ARR. V.

Arrest des privileges & conservations de l'Université du septiéme Septembre mil quatre cens nonante-neuf, & du même

même jour autre Arreſt de reglement de l'Univerſité de Caors.

Arr. VI.

LE vingt-troiſiéme Decembre mil cinq cens trente a été donné. Arreſt touchant l'Univerſité de Toulouſe , Confrairies & maiſons d'icelle.

Arr. VII.

PAr Arreſt du grand Conſeil donné à Paris le cinquiéme Août mil cinq cens trente-un , le Sindic des Capitouls de Toulouſe fut condamné aux dépens de l'execution faite ſur les biens de Me. Pierre Daffis , & Jean de Boiſſons Docteurs Regens en l'Univerſité de Toulouſe pour raiſon de certaine taxe pour l'entretenement des hôpitaux , & iceux Docteurs declarez exemts de telles charges.

Et par Arreſt dudit Grand Conſeil du vingt-un Février mil cinq cens trente-trois confirmé , leſdits Capitouls s'étant pourveüs par autre requête contre le Sindic des Docteurs Regens.

Arr. VIII.

ARreſt du quatriéme Juillet mil cinq cens trente-trois , concernant le reglement du rang des Colleges de Toulouſe ; le premier ſaint Martial ; le ſecond Foix ; le troiſiéme Maguelonne ; le quatriéme Perigord ; le cinquiéme ſainte Catherine ; le ſixiéme ſaint Raymond ; le ſeptiéme Narbonne.

Arr. IX.

PAr Arreſt du Grand Conſeil donné entre le Sindic des Docteurs Regens , & les Capitouls de Toulouſe , le vingt-neuviéme Août mil cinq cens trente-quatre leſdits Docteurs Regens furent declarez exemts de toutes charges.

Arr. X.

LE ſixiéme Juillet mil cinq cens trente-ſix , un Sergent fut condamné à être pendu , & autres foüettez devant les Etudes , pour avoir meurtri là devant un Ecolier , en faiſant quelque exploit.

A r r. X I.

LE cinquiéme Juillet audit an, fut donné Arrest *super electione Doctorum Regentium facienda.*

A r r. X I I.

LE vingt-deuxiéme Mars mil cinq cens trente-huit, par Arrest fut prohibé aux Docteurs Regens de ne postuler en la Cour, ni d'autres Juges inferieurs.

DE NE POSTULER.] Ni de s'ingerer aux fonctions judiciaires. *Olive liv.* 1. *chap.* 34. *V. l'art.* 22. *de ce livre.*

A r r. X I I I.

LE sixiéme Janvier mil cinq cens trente-neuf, par Arrest fut ordonné que l'élection du Recteur de l Université seroit faite par le Chancelier & Docteurs Regens à l'assistance de deux Sieurs de la Cour.

A r r. X I V.

LE trente Janvier mil cinq cens trente-neuf, entre les Docteurs Regens de Cahors & le Raporteur du Senéchal, fut dit par Arrest, que les Docteurs Regens precederoient tant en l'auditoire dudit Senéchal, que tous autres actes publics.

A r r. X V.

LE vingt-quatriéme Avril mil cinq cens trente-neuf par Arrest, fut prohibé de lire la sainte Ecriture, és Ecoles de Grammaire, ni lieux privez.

A r r. X V I.

LE quatorziéme May mil cinq cens quarante à la requête du Syndic de l'Université, par Arrest Pierre Treillaton natif de Bordeaux, fut condamné à être pendu devant la grand porte des Etudes, pour y avoir mis le feu, & ses complices en amende.

ARR. XVII.

L E quatorziéme May mil cinq cens quarante, par Arreſt a été preſcrite la forme de l'examen de ceux qui ſe veulent faire graduer.

ARR. XVIII.

L E quinziéme May mil cinq cens quarante , Arreſt fut donné concernant la reformation de l'Univerſité, & autre ſur le brûlement des Etudes.

ARR. XIX.

L A forme de proceder à l'élection des nouveaux Docteurs Regens fut preſcrite par Arreſt du dix-huitiémé Mars mil cinq cens quarante trois , ſçavoir que ceux qui veulent pretendre auſdites Regences , doivent prealablement répondre par trois jours publiquement ſur la Loy & Chapitre , qui leur ſera baillée par le Chancelier & Commiſſaire à ce deputez.

V. Le journal du Palais du 11. Janvier 1674.

ARR. XX

L E cinquiéme May mil cinq cens quarante-cinq entre la Deveſe Ecolier matriculé, fut donné Arreſt concernant le privilege de ſcolarité , & declaré qu'il ne s'étendoit point aux actions purement réelles.

Aux actions purement re'elles.] Le privilege de Scolarité *ſolam perſonam afficit*; & cela parce que , *perſonæ conditio locum facit beneficio.*

ARR. XXI.

L E douziéme Septembre mil cinq cens quarante-ſept par Arreſt furent maintenus les Docteurs Regens en certains privileges contenus en certains Edits obtenus du Roy.

ARR. XXII.

L E vingt-deuxiéme Mars mil cinq cens quarante-huit fut prohibé par Arreſt de poſtuler aux Docteurs Regens.

V. L'art. 12.

Arr. XXIII.

LE vingt-uniéme Juin mil cinq cens cinquante-trois ; par Arreſt fut ordonné, que Maître Martin Roſſet Docteur Regent en Canon ſur certaines Lettres patentes, qu'il avoit obtenuës du Roy, concernant faculté d'obtenir la premiere Regence vacante en Civil, & ordonné qu'il répondroit publiquement en Civil.

RE'PONDROIT PUBLIQUEMENT.] V. Les articles 32. & 38.

Arr. XXIV.

LE ſeptiéme Février mil cinq cens ſoixante-huit Arreſt touchant l'Univerſité de Toulouſe, concernant beaucoup de choſes.

Arr. XXV.

LE dix-huitiéme Novembre mil cinq cens ſoixante-ſix, fut donné Arreſt de reglement concernant les lectures de l'Univerſité.

Arr. XXVI.

LE vingt-huitiéme Janvier mil cinq cens ſoixante-neuf par Arreſt, Monſieur Cabot le jeune fut ſubrogé au lieu de Monſieur Roſſet juſques à ce que l'on eut pourveu à la Regence.

Arr. XXVII.

LE vingt-troiſiéme Octobre mil cinq cens ſeptante en audience Bertrand Perreri Docteur Regent étant Recteur, pour avoir fait certain reglement concernant les lectures, fut condamné en cent livres d'amende ; & pour certaine immodeſtie par lui commiſe aprés la prononciation dudit Arreſt, en autres cent livres.

Arr XXVIII.

LE dernier Juillet mil cinq cens ſeptante-deux entre le Procureur du Roy, & les Docteurs Regens concernant reglement de l'Univerſité.

ARR. XXIX.

ARreſt fut donné en Avril mil cinq cens ſeptante-deux entre les Docteurs Regens ſur la diſtribution de certaine ſomme de deniers, & ſur la forme des lectures

ARR. XXX.

LE trente Decembre mil cinq cens ſeptante-quatre Arreſt fut donné entre les Docteurs Regens touchant leurs gages.

ARR. XXXI.

ARreſt du quatriéme Mars mil cinq cens ſeptante-cinq, concernant le reglement des Colleges.

ARR. XXXII.

PAr Arreſt du dix-huitiéme Août mil cinq cens huitante-deux fut inhibé & deffendu, tant au Chancelier que Docteurs, de ne recevoir aucuns en Regences vacantes, ſans avoir prealablement répondu publiquement.

V. L'article 23.

ARR. XXXIII

PAr Arreſt du dernier Avril mil cinq cens quatre vingt-quatre, fut caſſée l'élection faite de deux à une Regence par les Docteurs de Montpellier, à la charge qu'ils partiroient également les gages, juſques à la premiere vacante, qui devoit être baillée à un d'iceux.

ARR. XXXIV.

PAr Arreſt du vingt-quatriéme Juillet mil cinq cens huitante-ſix, Pendron Official de Touloſe fut condamné à être pendu, pour avoir falſifié les ſeaux du Chancelier & ſeings du Recteur, Docteurs Regens, & pour avoir expedié lettres de Licence & Doctorat.

V. Le liv. 2. lit. F. tit. verb. fauſſaires art. 1.

ARR. XXXV.

LE neuviéme Decembre mil cinq cens nonante-ſept, entre Bertrand du Faur Bachelier, & Jean Arque Prêtre, fut

donné Arrest de reglement, concernant les matricules & Baccalaureat.

ARR. XXXVI.

LE vingt-sixiéme jour du mois d'Août mil cinq cens septante,
par Arrest au Barreau, Messieurs les Docteurs Regens de l'U-
niversité de Toulouse , interinant certaines Lettres patentes du
Roy , ont été declarez exemts des deniers Royaux ordinaires ,
prononcé contre le Sindic de la Ville.

EXEMPTS DES DENIERS ROYAUX.] Les Tailles étant réelles en cette Province
de Languedoc , & nul office , nul employ, nulle charge , nulle condition ni dignité n'en
exemptans personne , il y a apparence que les Docteurs Regens de l'Université de Toulouse ne sont pas pour ce chef-là traittez plus favorablement que les autres ; quoy que
l'Arrêt rapporté par l'Auteur eût pour fondement des Lettres Patentes du Roy , qui les
declaroit exempts des Deniers Royaux ordinaires ou extraordinaires. Les Officiers du
Parlement avoient bien une pareille exemption par les privileges que le Roy Louis XI.
& Charles VIII. leur avoient accordez, aussi bien qu'aux autres Officiers de la Province; mais ladite exemption fut revoquée par l'Edit de François I. du 18. Juin 1535.
Et quoy qu'un de nos Roys eût accordé aux Professeurs de Medicine de ne pas payer la
Taille , toutefois ils y furent condamnez par l'Arrêt de la Cour des Aydes de Montpellier du 17. Février 1541. rapporté par Despeisses *tom.* 3. *tr. des Tailles tit.* 2. *art.* 14. *sect.*
1. *num.* 9. l'on peut dire qu'en Languedoc la Taille , non plus que la mort , n'épargne
personne.

ARR. XXXVII.

LE quatriéme Juillet mil cinq cens septante cinq , Arrest pour
l'Université contre le Sindic de la Ville de Toulouse, concernant le payement des tailles & autres subsides cottisables.

Ordonnances faites touchant les Universitez. 171. lib. 2. ord.

Les patentes de creation & dejection des Colleges & Universitez en toutes Facultez en la ville de Nismes , 151. l. 4. ordinat.

Provision en faveur des Docteurs Regens de l'Université de
Toulouse , fol 13. lib. 10. ord. nat.

Imposition & assignation des gages pour les Docteurs Regens
de Toulouse , fol. 204. lib. 8. ordinat.

Autres lettres par lesquelles le Roy François premier declare
les Universitez de Toulouse, de Cahors, & Montpellier n'être
comprises és privileges octroyez à Messieurs les Cardinaux , en
ce que tous procez meus , & à mouvoir pour raison de benefices
étans à la collation , ou presentation desdits Cardinaux , doivent être traitez au Grand Conseil fol. 117. lib. 5. ordinat.

Les Docteurs étoient Comtes & Illuftres, ayant Regenté durant vingt ans, & n'avoient affaire de Lettres pour être Confeillers du Prince; ils étoient francs de toutes charges, ne pouvoient être condamnez à mort fans être degradez, & autres privileges remarquez par Bartole, *in l.* 1. *de dignit.* Duret fur les Ordonnances de Blois. §. *93.*

ESTOIENT COMTES ET ILLUSTRES.] Cela eft conforme à la difpofition de la Loy *unic. C. de Profeffor. qui in urbe Conftantinop. lib.* 12. Sur quoy il faut voir ce que dit VVefembecius *Confil.* 40. où il prouve que les Profeffeurs en Droit dépuis vingt ans fe font acquis par une fi longue profeffion les titres de Comtes & d'Illuftres. Au fujet duquel dernier titre l'on peut dire, que parce que fuivant la Loy *Omnes C. ut dignit. ordin. fervet. lib.* 12. ceux qui parmi les Romains étoient connus fous le nom de *Viri illuftres*, avoient le privilege de fe fervir du *Cingulum militare.* C'eft de-là fans doute que plufieurs ont foûtenu avec Barthole *in l. Medicos C. de Profeff.* & *Medic. lib.* 10. que les Docteurs étoient en droit, en tant qu'ils tenoient le rang de perfonnes Illuftres de porter les armes en tout tems & en tout lieu. *arg. leg. jubemus C. de Præpofit. facr. cubicul. lib.* 12. *V.* l'art. 41. touchant les privileges accordez aux Docteurs Regens de l'Univerfité de Touloufe, de faire des Chevaliers.

ARR. XXXVIII.

PAr Arreft de Touloufe du dix-neuviéme Avril mil fix cens deux, eft inhibé au Chancelier & Docteurs Regens de l'Univerfité de Caors, de recevoirs aucun Docteur Regent fans difputes publiques, fuivant les Ordonnances & Arrefts.

Il ne fe trouve point qui fut le premier qui inftitua les Univerfitez du Droit; le premier des Empereurs fut Conftantin, qui donna immunitez, priviles, gages & émolumens aux Docteurs enfeignans les Loix, comme il fe lit au dixiéme livre du Code; & depuis Theodofe, Valentinian & Honorius Empereurs dteffèrent des Ecoles publiques du Droit; ainfi que nous lifons és onziéme & douziéme livres dudit Code: ce que long temps après fut enfuivi de Juftinien, lequel, remettant l'Empire, remit les Profeffeurs des Loix, qui ne furent de durée, furvenans les Lombards, qui firent nouvelle police & nouvelles Loix. Les Franconiens auffi tenans les Gaules avoient changé ce qui étoit de l'Empire Romain; & depuis que l'Empire fut transferé aux Allemans, les loix & polices furent changées, jufques à l'Empereur Lothaire Saxon, lequel à l'inftigation de VVermerius ou Irnerius, qui avoit trouvé les Pandectes & Code de Juftinien, dreffa lectures & Ecoles publiques de Droit, & ordonna les trois degrez, de Bachelerie , Licence & de Doctorat , conformément aux Lytes & Prolytes de Justinien. Ce que depuis a été suivi , continué & augmenté par les autres Empereurs , & mêmes par l'Empereur Frederic , lequel en l'an mille cent cinquante-huit octroya plusieurs beaux privileges aux Ecoliers étudians esdites Universitez de Droit. *in Auth. Habita. C. Ne filius pro patre* , laquelle trèsloüable institution doit être en seul attribuée aux Romains ; car il ne se lit point que les Egyptiens , Chaldéens , Grecs ni autres Peuples ou Republiques , en ayent eu ; aussi n'ont-elles été onques si bien reglées ni policées par la Republique Romaine.

S A N S D I S P U T E S P U B L I Q U E S] V. l'art. 23. & l'art. 32.

A R R. XXIX.

Extrait des Regiſtres de Parlement.

SUr la requête preſentée à la Cour par le Sindic des Docteurs Regens des Facultez Civile & Canonique en l'Univerſité de Toulouſe , tendant à ce que ſans avoir égard à autre requête preſentée par Maître Bernard de la Poincte Grammairien , lui fut faite défenſe enſuivant l'Arreſt ſur ce donné le huitiéme Juillet mil cinq cens ſoixante-ſix de s'ingerer à la charge de Recteur de l'Univerſité : & neanmoins , veu la longue & grande diligence dont ledit de la Poincte a uſé en ladite charge , ſoit auſſi faite inhibition au Treſorier de l'Univerſité ne lui payer ni delivrer aucuns ſalaires , gages ou autres émolumens dûs & deſtinez à ceux qui ſervent actuellement és Profeſſions dont ils ont charge : & veu ledit Arreſt , &c. La Cour a ordonné & ordonne que leſdites Parties , enſemble le Procureur General du Roy , ſeront plus amplement oüies , & pour ce faire en viendront en jugement au premier jour après la Fête des trois Rois prochainement venant , pour ce fait être par la Cour pourveu , tant ſur ce qui concerne led. de la Poincte , que autres Regens de lad. Univerſité pour ce regard , comme il appartiendra : Et cependant a fait & fait inhibition & défenſe audit de la Poincte de pourſuivre ou s'ingerer à la charge de Recteur de l'Univerſité à la peine aud. Arreſt contenuë :

nuë : & a enjoint & enjoint la Cour tant à lui, qu'à tous autres
Regens de ladite Université se porter tant és Ecoles du Droit,
que d'ailleurs à la Ville & actes publics, qu'avec habit décent,
propre, & convenable à leur profession, & porter le chaperon des
Regens, comme de tout temps leurs prédecesseurs avoient accoûtumé, à peine de cinq cens livres, privation de leurs droits, &
autre arbitraire. Prononcé à Toulouse en Parlement le trentiéme
Décembre mil cinq cens huitante-quatre.

A R R.   X L.

LE Samedi vingt-sixiéme jour du mois d'Aoust mil cinq cens
septante par Arrest au Barreau, Messieurs les Docteurs Regens de l'Université de Toulouse & Bedeaux d'icelle, interinant
certaines Lettres patentes du Roy ont été declarez exempts des
deniers Royaux ordinaires ; & ordonné qu'ils seront rayez des rôlles, ledit Arrest prononcé contre le Syndic de la Villle.

V. l'Article 36.

A R R.   X L I.

ANno Domini millesimo, quingentesimo, trigesimo tertio die
Veneris, prima mensis Augusti Rex Franciscus primus hujus
nominis Francorum Rex in suo novo ingressu in hanc urbem magni-
ficam Tolosanam, concessit florentissimæ illius Universitati nobile &
egregio Blasio Aurioli Doctore Regente pro ea orante, privilegium
creandi milites, & die lunæ prima mensis Septembris immediate se-
quente dictus Auriolus fuit factus primus miles, sub Domino Petro
Daffis, Doctore Regente, legum Comite, servatis solemnitatibus in
statutis militaribus contentis.

creandi milites] Personne n'ignore que l'honneur de Chevalerie se confere aux hommes
de robbe longue, qu'on appelle aussi *Chevaliers des Loix* ; ce que nos Rois ont fait infailliblement à l'imitation des Empereurs Romains, qui vouloient que les Professeurs en Loix
qui avoient exercé leur charge vingt ans, fussent faits Chevaliers. *lor. tit. de Profess. qui in*
urb. Constantinop. docent. meruer. Comit. C. lib. 12.

Oratio Blasii Aurioli ad patrem.

MAjorum gloriam [*ut Marius apud Salustum*] *posteris quasi*
lumen est, neque bona eorum, neque mala in occulto pa-

Z z.

titur : hanc ego sententiam [*Patres amplissimi*] crebro ipse mecum
animo reputans , nihil ei turpius existimavi qui claris natalibus or-
tus sit , quàm singulari quadam ignaviâ & socordiâ à majorum virtute degenerare : nihil contra honestiùs quàm inter suorum clarita-
tem suâ industriâ & virtute splendere : nam quantò præclarius est
majorum nobilitati accedere , si eorum virtutem & res præclarè gestas
imitemur , quàm industriâ nostrâ novam parere , tantò certè turpius
est veteris alicujus prosapiæ hominem desidia , & hujus generis fla-
gitiis acceptam à majoribus gloriam obscurare ; in quo , quoniam ,
mea quidem sententia , hoc assecutus videor , ut generi meo , rebus
aut pace , aut bello præclarè , atque laudabiliter gestis satis illustrato
tenebras ipse uon offuderim : dandam quidem mihi esse operam pu-
tavi , ut per omnia , quoad à me fieri posseat , & meorum virtutem ita
imitarer , ut eam assecutus , ipsis par esse contenderem ; tantum abest
ut generis radiis solùm elucere satis esse ex.stimarim : Quià verò
plures ex majoribus meis legum Comitatu , quo tu Pater ornaris
amantissime , & equestri illa litteraria dignitate in toga cohonesta-
tos anteà fuisse video , ut Raymundum & Ludovicum patruos meos ,
æquum honestumque facturus mihi videor , si non legum Comitatus ,
quoniam & nondum legitimum illud tempus viginti annorum , iis
scilicet qui hoc titulo ornari cupiunt præscriptum juri interpretando
impenderim , equestribus tamen insignibus , quæ in hoc novo Principis nostri Christianissimi , ac læto fælicique in hanc novo Principis
nostri Christianissimi , hac læto fælicique in hanc urbem ingressu nobis hujus Academiæ Tolosanæ , conscriptis Professoribus intogatos conferre privilegio est concessum ; omnium primus ornandum me præ-
berem , ut qui Academiæ & Universitatis ut Regem nostrum in-
clytissimum oratione excipiens facie ad faciem , ut ita dicam , cum
eo agens inter cætera hoc jus faciendi equites ordini nostro nusquam
antea concessum ab eo impetraverim. Te itaque pater , optime , rogo ,
ut ense primum , secundo loco cingulo , deinde auratis calcaribus ,
postremo torque aureo atque annulo , quæ insignia sunt equestria ,
ornandum me cures , quibus non pro rerum prophanarum occupatione
sed pro Ecclesiæ tantùm , ac fidei Christianæ litterariæque militis jure
conservando , in quam jampridem conscriptus sum , uti jure optimo
mihi liceat. Dixi.

Oratio Petri Daffis patris, ad Blasium Auriolum filium.

Non erit alienum ab hoc instituto (*Patres spectatissimi*) *ut à quibus initiis hæc, quâ de nunc agitur, equestri dignitatis, in tantum honoris locum progressa sit, paucis, strictimque paulò altiùs primùm repetamus : Hanc igitur, ut alias pleraſque à Romana illa repub. initium cæpiſſe ei dubium minus erit, qui populum Romanum in tres ordines fuiſſe diviſum, equeſtremque medium inter Senatorum ampliſſimum & plebeium extitiſſe non ignorat : ex quo ordine qui erant, quòd equo publico meandi jus haberent, equites dicebantur : cujus olim, ut nunc etiam, erat inſigne annulus aureus ; ſed alia hodie adduntur, ut calcar aureum, torques, enſis cum cingulo quod rectè balteum appellabimus in quo non ità multùm ab illo veteri Romanorum more abhorremus : nam, quòd olim apud illos ob pulcherrimum aliquod facinus torquibus aureis ab Imperatoribus milites donabantur, id certè noſtra ætate obſervari licet videre, ut qui præclarè rem in acie geſſerint, equeſtri dignatione aut à Rege aut Regis legato, belli ſcilicet Imperatore afficiatur : Cujus decoris ex inſignibus torquem aureum eſſe dicimus. Poſteà verò hoc annulorum jus, quod eorum qui equo mererent proprium erat anteà, in togatos etiam conferre, ſed eos tantum, qui ipſi ingenui quadraginta ſeſtertia, qui equeſtris erat cenſus, aut ipſorum patres aut avi haberent, & judicia ; quæ non ſolùm erant Senatorum coram equitibus communicari cœperint, unde profectò ortum crediderim ut togati hoc tempore ea dignitate donentur, quod ex principis privilegio interdum videmus ut paulò ante in lætiſſimo ac fauſtiſſimo Regis noſtri Chriſtianiſſimi in hanc urbem aditu, te fili chariſſime poſtulante eo jure annulorum, hoc eſt faciendi equites, quòd vulgò dicunt poteſtate, regia benignitate donata eſt hæc noſtra Toloſanæ Academiæ Univerſitas. Quamobrem certè omnino primus hujus equeſtris dignitatis inſignibus, quam prudentia tua conſecuti ſumus, quibus ut ais, non in occupandis rebus prophanis, ſed in ſacris ab omni injuria vindicandis maris, merito quidem donari poſtulas, ut qui, ex Presbyteris primus,*

in Tolofana Cancellaria Referendarii munere olim do-
natus es. Quis item nefcit te tui nominis primum de jure fcripfiffe;
nullus fiquidem eft alius juris interpres, qui Blafius nuncupetur :
actu etiam primus es, qui arte oratoria Lingua Gallica fcribi poffe
docueris, quod fcilicet fcribendi genus ante te nemo cognoverit. Adef-
to igitur fili, & his infignibus primus ornare, ut nullo honoris &
gloriæ loco non primus fis. Hoc ego enfe te dono, quo pro republica
strenuiffimè depugnes, qui ex hoc cingulo pendet, quo
ideò te cingo, quod cinctos eos effe oportet, quos libido omnium mi-
nimè, maximè verò continentia strenuitatis parens, ut funt equi-
tes, decet. Calcaribus his equum in hostem viriliter concitabis; hic
verò torquis, quem collo tuo circumdo nihil aliud monet, quàm te
ità fortiffimum effe debere, ut à rebus fuo loco fortiter gerendis nullius
periculi errore revocari poffis. Annulus porro hic, præcipium, & ut
dixi, antiquiffimum hujus ordinis infigne, tua, tuorumque stemmata,
ut quidem in eo fculpta funt, reprefentat : ineft enim ficus arbor, qui
fupereft avis quam vulgo Auriolum vocamus, utriufque arboris & vo-
lucris cùm naturam confidero, florem fructui fimilem, id quod in alia
arbore reperiri non eft, studiorum tuorum flori, folidam iftam doctri-
nam fimilem fore jam à puero tibi portendiffe interpretor : Avem au-
tem Auriolum in fronde pendenti nidificantem, neque ob id opus fuum
viventorum labefactare pertimefcentem, nihil aliud prædicere fufpicor,
quàm constantem firmanque tuam eruditionem invidiæ flatibus loco
numquam moveri poffe.

Juramentum Equitis, una manu Rectorem, altera Cancellarium
tenentis : patre verò formam juramenti tenente.

Ego Blafius Auriolus utriufque juris Doctor in hac quàm floren-
tiffima Tolofana Univerfitate, unus ex confcriptis Juris Ca-
nonici Profefforibus, equeftribus donatus juro Regi nostro Christianiff.
ejufque fuccefforibus fidelitatem ; vobis deinde Reverendiffimis in
Christo Patribus, & Dominis ; dominis inquam Rectori, & Cancella-
rio obedientiam antiquioribus equitibus honorem & reverentiam me
femper dum vixero præstiturum ; atque hujus nostræ Univerfitatis

commoda ita procuraturum , ut quoad à me fieri poterit , ejus privilegia sim conservaturus ; utque ex animo loquor , ita velim Deus Optimus Maximus me adjuvet.

Declaratio Patris ad filium militem.

ET nos Petrus Daffis Doctor Regens in legum facultate in hac Tolosana Universitate , authoritate , regia nostræ Universitati concessa, nobisque ab ea hic commissa , te Nobilem ac Reverendum virum Dominum Blasium Auriolum , ejusdem Universitatis in Canonicus facultate Doctorem Regentem , concessis tibi à nobis equestribus insignibus : sic debito juramento per te præstito , te inquam filium nostrum declaramus Equitem , cum omnibus privilegiis , honoribus , authoritatibus præeminentiis aliis equitibus concessis , quibus suo loco , & tempore , ut tibi liceat in nomine Patris & Filii & Spiritus sancti. Amen.

Publicatio Bedelli in Scholis in prima Campana , de mane.

HOdie hora nonà de mane , nobilis & Egregius Vir Dominus Blasius Auriolus Doctor Regens in hac Univesitate , insignia militari suscepturus est ideò ab hac hora in anteà per totam diem non legetur in Scholis.

Bedelli registratio.

ANno Domini millesimo , quingentesimo , trigesimo tertio , die lunæ prima mensis Septembris , Nobilis & egregius Vir Dominus Blasius Auriolus utriusque Juris Doctor , & in facultate Canonum Regens , effectus est miles virtute privilegii die prima Augusti ejusdem anni Universitati Tolosanæ concessi , sub Reverendo Patre Domino Petro Daffis , utriusque Juris Doctore , in facultate legum Regente , & legum Comite , servatis solemnitatibus in statis militaribus contentis.

Scholæ Tolosanæ incendium.

NOva incredibilis , & inaudita clades anno supra millesimum quingentesimum quadragesimo , & die Aprilis quarta decima apud Tolosam accidit : cum enim ad cohibendam Scholasticorum quo-

rundam petulantiam, qui paulò ante ex scholis aulam unam ingressi, reliquos pro arbitrio auditores, Hispanos præsertim ensibus feriebant, pedibusque insolenter conculcabant, sacrosancti Senatus arresto decretum est, ut ensis unus ad eminentius scholarum ostium affigeretur, ibique perpetuò maneret. Id Senatusconsultum, magna civium Tolosanorum ac satellitum copia, cum præscripto die executum esset, Scholastici plus quàm per esset molestè ferentes celeberrima nostra tria Gymnasia, majorum cura studioque composita, diruerunt & devastaverunt; Cathedrasque & scamna omnia minutatim confregerunt, neque his contenti scholam unam Arnaldo Ferrerio, & mihi Joanni Coraso dicatam incenderunt, atque ita, incredibile dictu, excusserunt, ut negymnasii quidem vestigium appareret, similiterque de reliquis actum fuisset gymnasiis; nisi fabrorum & opificum, qui, ut incendiorum curam habeant præmio quotannis donantur, diligentia, obviàm itum fuisset. Cæterum ea res tam impia, nefaria & crudelis popularem tumultum ita concitavit, ut furentes cives per vicos & plateas congregati uno consensu trucidandos esse, & jugulandos scholasticos omnes acclamarent, accictique cives ad eam civitatis partem, qua scholares degere solent accurrentes, gladiis cædebant: iis verò malis & illud additum est, quòd unum diserti cujusdam causidici nondum puberem factum filium obtruncaverunt, Mucrone crudeliter confoderunt. Fertur item trecentos plus minus scholasticos portam unam civitatis dirupisse & violasse, atque invito etiam tumultuante populo ad horam noctis, circiter decimam exiisse, sicque salvos esse factos complures, etiam fugientes sub aqua demersisse aliquot dies posteà compertum est: ex iis verò qui Tolosæ demorati sunt deprehensi & in vincula conjecti plus minus centum fuerunt, & brevi, præter septem, è vinculis liberati omnes: illorum autem unus cum se incendium fecisse sponte professus esset Senatus arresto crucifixus est, reliquis vel relegatis, vel pœna pecunioria irrogata; in absentes autem, qui tanti fuerant authores facinoris, ita animadversum est, nempe eorum exusta fuit effigies, arrestoque sancitum ut quocumque in futurum vel tempore vel loco comprehenderentur, vivi concremati debitas tam nefarii sceleris pœnas luerent. Quo tempore cùm ego Joannes Corasus utriusque Juris Doctor, atque in sacratissima legum Civilium censura

Regens, Rector essem ad posteritatis memoriam hæc scribere volui 1540.

De Coras Regens, idemque Rector.

ANno Domini millesimo, quingentesimo, trigesimo quinto, & die vigesimâ quarta mensis Junii à prandio, Dominus Joannes à Boissonne utriusque Juris Doctor, legum in Academia Tolosana Professor ordinarius, de Jure Civili responsurus centum conclusiones ex amplissima substitutionum materia disputando sustinuit, quibus Consiliari in tanto certè numero, quantus vix anteà visus est, interfuerunt, unà cum Dominis Regentibus, & aliis magnæ authoritatis viris: quo tempore ego Matthæus à Paco utriusque Juris Doctor, & in Jure Pontificio Regens eram secundò Rector Universitatis Tolosanæ: & quoniam dictus à Boissonne sententiam Lanceloti Politi Doctoris ultramontani tam in tribus locis taxaverat, ipse idem Lancelotus Politus, qui relicta Juris Civilis Professione Divi Domini regulam ante viginti annos professus fuerat, ætate jam septuagenarius, jubente Senatu, scripta sua, magna certè tum gratia, tum eloquentia defendit; in quo certamine quanquam validissimè utrimque pugnatum est. Academiæ tamen nostræ suus honor non modo conservatus, sed magna quoque accessione actus est. Hæc ego ad posteritatis memoriam scripsi.

Velleian.

TITRE II.

ART. I.

UNe femme ayant cautionné ou s'étant obligée pour autrui, bien qu'avec serment elle ait renoncé au Velleian, neanmoins elle en peut être aprés relevée & restituée en entier, parce que *dum renuntiat decipitur, l. Doli §. Diversum ff. De novat. l. Interdum ff. De minorib. & eadem facilitate qua fide jubet, eadem exceptioni renuntiat;* Et d'ailleurs *promissio non potest plus operari , quàm solutio. l. si. ff. Ad l. Falcid. at mulier quæ solvit. repetit. l. Qui exceptionem ff. De cond. indeb.* Et suivant ladite opinion fut donné Arrest à Toulouse en faveur de Françoise de la Treille en l'an mil cinq cens septante-huit.

PEUT ESTRE RELEVE'] Ainsi la disposition du chap. *ex rescripto extr. de jurejur.* n'a pas lieu au préjudice de Velleïan , quelque force que puisse avoir le serment ; car il est visible qu'on ne l'exige de la femme que pour mieux l'engager au cautionnement : de sorte que comme elle est en droit de se faire relever d'un cautionnement pur & simple , à plus forte raison en doit-elle être relevée quand il est accompagné d'un serment , qu'on ne lui fait prêter que pour tâcher de faire fraude à la Loy. Au reste les femmes sont si favorisées lors qu'elles intercedent pour autrui , qu'elles le font même lors qu'on les induit à accepter des cessions des dettes contractez par leurs maris insolvables ; parce qu'on regarde de telles cessions comme des cautionnemens indirectes : aussi s'en font-elles facilement relever , quoique dans l'acte de cession on ait affecté de coucher que la femme a pris la cession en augmentation de ses hypoteques , pourveu qu'il paroisse tant soit peu qu'elle a été induite à passer l'acte , car pour lors on considere ladite clause comme une précaution qui ressent son dol. Toutefois quand on ne peut pas présumer que la femme ait été induite , il est certain qu'elle peut valablement prendre cession d'un creancier de l'hoirie de son mary en augmentation de ses hypoteques , & pour lors elle ne peut pas se prévaloir de la faveur de Velleïan. Le Parlement l'a ainsi préjugé par l'Arrêt qu'il donna l'onziéme de Septembre 1674. en faveur de Laurens Berard Bourgeois de Beaucaire, contre Demoiselle Margueritte de Bienfait, veuve de Me. François Poltret Avocat de ladite Ville. Cet Arrèt confirme la Sentence que le Senéchal de Nîmes avoit donné le 18. Juin 1671.

Usufruit.

TITRE III.

ARR. I.

PAr Arrest donné en Audience le vingt-septiéme Mars mil cinq cens septante-un , entre Noble Pierre Goulard sieur Proprietaire , & Dame N. de la Motte usufructuairesse de la place de l'Isle , fut dit que la creation des Officiers de ladite place appartenoit à lad. de la Motte usufructuairesse, *quia jurisdictio est in usufructu. Oldrad. consil. 124. Bart. in l. si. ff. Soluto matrimonio.*

LA CREATION DES OFFICIERS.] Il y a deux cens ans précisément que le Parlement adjugeoit au proprietaire & à l'usufruitier conjointement la faculté de créer les Officiers : suivant l'Arrest rapporté par Bened. *ad cap. Raynut. verb. cætera bona. num.* 33. Mais depuis plus d'un siécle on juge que la creation des Officiers appartient à l'usufruitier en seul ; on n'observe pas même la difference que fait Loyseau de la nomination & de l'établissement des Officiers avec les provisions & l'institution ; comme si le premier appartenoit seulement à l'usufruitier , & si les provisions & l'institution dépendoient du proprietaire , il suffit que la Jurisdiction soit *in fructu* , pour que l'usufruitier soit en droit de disposer des Officiers à sa volonté pour tout ; jusques-là qu'il dépend de lui de destituer ceux que

le

le proprietaire avoit établis, conformement à l'usage du Parlement de Bretagne remarqué par Belordeau *en ses Conntrevers. ism. I. lit. D. chap. 65.* sauf au proprietaire, aprés l'usufruit fini, de destituer à son tour, si bon lui semble, ceux que l'usufruitier avoit établis. La doctrine de Loyseau me paroit pourtant fort juste, l'institution étant un droit honorifique.

ARR. II.

PAr la Loy le pere est usufructuaire des biens de son enfant, lequel n'est pas fini par le mariage dudit enfant; bien est vrai que le pere est tenu d'assigner pension & meubles à son enfant pour ses nourriture & entretenement, suivant la faculté desdits biens au dire des proches parens, comme fut jugé par Arrest à Toulouse le premier jour de Février mil cinq cens septante deux, entre Antoine Austry appellant du Senéchal de Quercy, & Antoine Austry son fils.

FINI PAR LE MARIAGE] Le mariage n'emancipe pas; ainsi le pere se conserve toujours l'usufruit, quand même il se seroit remarié, soit qu'il s'agisse des biens maternels, soit qu'il s'agisse des biens adventifs, & quoi que dans le païs Coûtumier l'usufruit des adventifs appartienne au fils; il est vrai que dans le ressort de ce Parlement le pere n'a pas l'usufruit des biens donnez à sa fille en contemplation de mariage & *ab extraneo causâ dotis,* selon l'article suivant, & l'Arrêt de Mayn. liv. 2. chap. 73.

ARR. III.

LE pere n'a point l'usufruit *in iis que donantur filiæ ab extraneo causâ dotis. l. 2. §. I. l. Caius. ff. Soluto matrim. quia actio pro dote adventitia filiæ, non patri competit. d. §. I. & qui habet actionem, rem habere dicitur. Bart. Jason & alii DD. in d. §. I. l. 2. & in l. Placet;* & ainsi je l'ai trouvé jugé par un Arrest allegué sans date au procez d'entre Cossier & Cossiere, pere & fille.

Causâ dotis] V. l'article precedent, & *nota,* que la consideration de la dot cessant l'usufruit des biens de la fille appartiendroit incontestablement au pere, à cause de la puissance qu'il a sur ses enfans; jusques-là que quand une personne leur auroit donné ses biens, ou les auroit instituez en iceux par testament, & chargé quelqu'un de l'administration, le pere se feroit neanmoins maintenir en Justice en la joüissance desdits biens, à moins que le donateur ou le testateur lui eût expressement prohibé ladite administration; parce qu'on présume que l'usufruit des biens acquis aux enfans appartenans aux peres de plein droit, ni le donateur ni le testateur, n'ont pas entendu les priver de l'administration de ces biens, en la donnant à un autre, puis qu'ils ne l'ont pas expressement prohibée; les pere sur tout étans les seules personnes legitimes pour l'administration des biens de leurs enfans. Cela fut ainsi jugé par Arrêt d'Audience de l'année 1673. donné en faveur de Pierre Filhon, d'Aymargues, & David Lafoux, de St. Hypolity, comme peres de Françoise de Filhon & de Pierre

Lafoux , heritiers inftituez par Annete Filhon , contre Pierre Baftide Notaire dudit lieu de S. Hyppolity.

Vicaire créé en la Cour pour le Jugement d'un Clerc.

TITRE IV.

ARR. I.

PAr Arreft du dix-neuviéme Février mil cinq cens nonante-un , eft dit qu'il fera procedé par confrontement de témoins contre Maître Geraud d'Aurebe Prêtre de main , comme avec le Vicaire que l'Archevêque de Touloufe créera étant Confeiller Clerc en ladite Cour , pour l'inftruction & jugement du procez ; & n'ayant le fieur Archevêque voulu créer Vicaire , par autre Arrêt du vingt-cinquiéme Mai mil cinq cens nonante-un , eft dit , qu'attendu les reïterez Appointemens intimez au Vicaire general , a procedé avec ce l'inftructive & jugement du procez avec un des Confeillers Clercs de la Cour.

Semblable Arreft prononcé le vingt-huitiéme Août mil cinq cens nonante-un , entre Frere Laurens & Raymond Commandeur de la Selve , & Me. Pierre Gelade Chanoine de Ville-franche de Roüergue.

CREERA] Il n'y a que les Cours fouveraines qui puiffent ordonner de la forte. *Papon liv. 1. tir. 5. art. 51.*

AVEC UN DES CONSEILLERS DE LA COUR] Le Parlement de Paris eft plus rigide , car en refus par l'Evêque de vouloir deleguer un des Confeillers Clercs de la Cour pour affifter à la faction de la procedure contre le Prêtre qui eft accufé , il ne fe contente pas d'en nommer un d'Office , comme fait le Parlement de Touloufe ; mais il contraint l'Evêque d'obeïr par faifie de fon temporel. Maynard au chap. 25. du liv. 1. en rapporte deux préjugez.

Ufures & contrats ufuraires , achats de rentes exceffives , reduction & moderation d'icelles.

TITRE V.

ARR. I.

PAr Arreft general du cinquiéme Avril mil cinq cens quarante-fix , avant Pâques en Touloufe , arrêté le vingt-fixiéme Mars precedant , les rentes volantes furent taxées à raifon de foixante livres le carton.

A R R. I I.

INterêts conventionnels au denier dix, furent caffez par Arreft du Parlement de Touloufe le douziéme jour du mois de mil cinq cens quarante-deux, entre le Sindic des Habitans de Tarbe, & autres, avec inhibition à tous Juges dautorifer tels contrats.

AU DENIER DIX] Un interêt excedant la taxe des Ordonnances, *non poteft cadere in conventionem*, en tant que reprouvé & ufuraire, & en Juftice on le reduit toûjours *ad legitimum modum*, en imputant l'excedant fur le fort principal; quelque contrat qu'on ait paffé, il en faut excepter les maritimes, *nihil enim tam capax eft fortuitorum quàm mare*; de même que les traitez faits avec le Prince, lequel étant au-deffus des Loix, & ne pouvant pas dire qu'il ait été lezé, peut par confequent ftipuler un interêt, fuivant que l'état des affaires du Royaume l'y oblige, fans qu'il puiffe venir contre fon fait; un contrat de prêt paffé par un Souverain n'eft jamais fujet à la reftitution en entier, s'agit-il d'un emprunt comme celuy que fit le Roy Henry II. en l'année 1555. qui prit de l'argent des Banquiers à raifon de quatre pour cent par foire. On excepte encore les ftipulations entre Marchands, & avec les Partifans.

A R R. I I I.

PAr Arreft de la Cour à Touloufe du vingt-fixiéme Novembre mil cinq cens foixante-fix, fur l'appellation verbalement plaidée en Audience par Mr. Durand, lors Avocat, plaidant pour André Carriere, curateur donné à Jean de Bachelerie, contre Daubouiffon Marchand de Carcaffonne, les contrats de laine faits par ledit Daubouiffon furent caffez, & le prix adjugé aux pauvres; & en outre fut faite inhibition & défenfe à toutes perfonnes d'acheter laines d'autres que Marchands trafiquans, ou de ceux qui ont bêtail portant laine, à peine de quatre mil livres, & autre arbitraire.

V̎. Le livre 2. verb. Laine.

A R R. I V.

LE quatorziéme Août mil cinq cens foixante-fept, és Arrefts generaux, Antoine Barde pour avoir baillé argent à ufure à vingt & quarante pour cent, fut condamné à faire amende honorable, banni du lieu de fon habitation pour cinq ans, les fommes & interêts confifquez partie au Roy, & partie aux pauvres, & reparation du Palais.

SOMMES ET INTERESTS CONFISQUEZ] On a quelquefois porté la confiscation plus loin, quand il a été question d'une ufure exceffive, & dont faifoit métier, car on a en ce cas confifqué les biens des ufuriers. C'eft ce qui fut pratiqué contre les Italiens en 1254. fous Louïs IX. en 1300. fous Philipe le Bel, & en 1347. fous Philipe de Valois, aprés que par la recherche qui fut faite des ufures par eux commifes, on eut découvert que pour deux cens quarante mil livres ils avoient tiré profit en peu d'années de vingt-quatre millions & quatre cens mil livres, s'il en faut croire l'Hiftoire. Il eft vrai qu'ayant été chaffez de France, leur banniffement perpetuel hors du Royaume fuffifoit pour donner lieu à la confifcation de leurs biens.

ARR. V.

LE neuviéme Novembre mil cinq cens cinquante-huit, veu le procez fait à Maître François de Marfac Bachelier, & Michel Hydriard Marchand de Touloufe, prévenus d'ufures, lefdits Marfac & Hydriard ont été condamnez chacun en quinze cens livres d'amende, & à rendre à ceux de qui ils avoient extorqué, & neanmoins bannis ; c'eft à fçavoir ledit Marfac perpetuellement du reffort ; & icelui Hydriard par cinq ans de la Senéchauffée : Enjoint à tous Magiftrats proceder contre telle maniere de gens *per dictum* au Greffe Criminel.

ARR. VI.

LE dix-huitiéme Mars mil cinq cens quatre vingts-un, un nommé Doumayron habitant de Touloufe, pour ufures manifeftes fut condamné à être pendu ; & par Arreft de la Cour, caffée ladite condamnation à mort, fut feulement condamné en douze cens écus d'amende.

Au Parlement immediatement, par Jugement des Requêtes un nommé la Roche Medecin de Touloufe, fut auffi condamné pour ufures en 1200. liv. d'amende, & acquiefça à lad. condamnation.

A ESTRE PENDU] *An improbus fænerator extrà ordinem criminaliter puniri poffit.* Bronchorft ἐναγλιοφανον centur. 2. affert. 85.

ARR. VII.

LE huitiéme Avril mil cinq cens quatre vingts-un, un nommé Coufin fut par Arreft de la Cour condamné pour avoir commis ufures, en fix cens écus d'amende.

Arr. VIII.

Usuræ si duplicent sortem extingunt debitum. l. un. cod. de sent.
quæ pro eo quod inter. prof. l. Si non sortem ff. De condict.
indeb. & en cela est abrogée la Loy *Usuræ. cod. De usuris per No-*
vell. 138. *& plene Alciat. lib.* 1. *Parerg. cap.* 33. Et ainsi a été
jugé en plusieurs affaires en la Cour, entre Teissier & Carcagnac,
entre Bebrard & Dardenet, Davillon & du Pin, & autres.

Extingunt debitum.] Il faut excepter de cette regle generale les interêts baillez à
perpétution, à cause qu'il ne dépend pas du creancier de retirer son capital quand bon
luy semble. Les interêts des dots & des legitimes, parce qu'ils tiennent lieu d'alimens.
Les interêts payez par une caution, à cause qu'il n'en profite pas. Les interêts du prix
d'une vente de fonds, parce qu'ils tiennent lieu de fruits. Les interêts payez en divers
temps, quoy qu'étans accumulez ils excedent le principal, surquoi *vide l'observation*
suivante. & finalement les interêts deûs d'autorité de Justice par Sentence, ou par Arrêt
de condamnation, à cause que le debiteur condamné ne doit pas profiter de sa contumace.

Est abrogée la Loy Usuræ] Quoy que dise l'Auteur, & quoy que dise
Despeisses au tome 1. part. 1. du prest. sect. 3. n. 35. il est certain que suivant l'usage de ce
Parlement la Loy *Usuræ C. de usur.* n'est pas abrogée, & que les interêts, lors qu'il ont été
payez en divers temps, & à mesure que le terme du payement tomboit, ne peuvent ni
être reputez ni être imputez sur le sort principal, quoy qu'ils l'excedent. Ce qui a donné
lieu à Despeisses de suivre un sentiment contraire, est la doctrine tant de Cujas, que de
Dumoulin, qui ont creu que ladite Loy du Code avoit été corrigée par la Novel. 121. mais
l'usage de ce Parlement resiste à cette doctrine.

Arr. IX.

IL est observé qu'on n'adjuge point interêts d'argent dû pour
prêt de Marchandise, parce qu'ordinairement les Marchands
en prêtant survendent les Marchandises, & seroit faire double
profit, si ce n'est qu'il y ait eu condamnation, auquel cas *ex die*
judicati, on adjuge lesdits interêts au denier quinze, *propter*
moram & contumaciam debitoris, qui non paruit, & si ce n'est
aussi que le prix eût été fait de Marchand à Marchand, faisant
trafic de même Marchandise, auquel cas aussi pour l'entretenement du commerce on adjuge les interêts au denier douze,
suivant les Ordonnances.

Au denier quinze] Ces interêts furent ensuite adjugez au denier seize, suivant l'Ordonnance d'Henry IV. du mois de Juillet 1601 & suivant les nouvelles Ordonnances de Louis XIII. en l'art. 151. depuis quelques mois la liquidation de ces interêts se
doit faire d'une autre maniere; car par la Declaration que le Roy heureusement regnant,
donna à Fontainebleau dans le mois de Septembre dernier 1679. qui fut registrée au Parlement le 15. du mois de Novembre suivant, tes interêts doivent être reglez au denier
dix-huit.

Arrests notables

P O U R L'E N T R E T E N E M E N T D U C O M M E R C E] Le commerce est si favorable, que l'Ordonnance d'Orleans, qui en l'article 60. permet aux Marchands de prendre l'interest au denier douze, n'a été corrigée pour ce chef ni par l'Ordonnance du mois de Juillet 1601. ni par la Déclaration du mois de Septembre 1679. les Marchands sont aussi privilegiez en matiere d'interest, pour faciliter & pour entretenir le commerce. *L. eos qui* 26. *C. de usur.* & *ibi DD.*

A R R. X.

Extrait des Registres de Parlement.

ENtre Demoiselle Astrugue de Viguier, veuve à feu Philippe Resti, mere & legitime administreresse des personnes & biens de Pierre Resti son fils, appellant de certaine Ordonnance donnée par Maître Jean Maynial Conseiller du Roy en la Cour, & Commissaire executeur d'Arrest à ce par elle deputé, d'une part, & Demoiselle Jeanne de Pelissier, veuve à feu Robert le Comte, mere & legitime administreresse de ses enfans, & dudit feu le Comte, appellée d'autre ; Ferrieres avec Valriviere pour l'appellant, & Gay avec Miget pour l'appellée, comme esdits Registres. La Cour euë deliberation, met l'appellation au neant, & ordonne que ce dont a été appellé sortira à effet, à la charge toutefois de precompter pour ladite de Pelissier sur les interêts à elle adjugez, ce qui se trouvera avoir été pris & reçu pour lesdits interêts outre & pardessus le denier quinze ; declarant neanmoins ladite Cour qu'il sera permis & loisible à ladite de Viguier audit nom, retirer les sommes mentionnées audit Arrest, en baillant au prealable bonnes & suffisantes cautions, qui se rendent principaux payeurs suivant icelui Arrest, & sans dépens de ladite instance d'appel. Fait à Toulouse en Parlement l'onziéme Mai mil cinq cens quatre vingts-quatre.

OUTRE ET PARDESSUS.] Il n'en est pas de même de l'acquereur à pacte de rachât, qui n'est pas tenu d'imputer sur le capital en cas de rachât, ce en quoi les fruits de sa jouissance se trouvent exceder les legitimes interêts du prix de son acquisition, quoi que les fruits les excedent de beaucoup, suivant l'Arrêt donné le 22. Mai 1665. en la seconde Chambre des Enquêtes, au rapport de Monsieur de Lanes, entre Pujol & le nommé Nicolas, du lieu de Poussan.

ARRESTS
NOTABLES
DU PARLEMENT
DE TOULOUSE.

LIVRE SIXIÉME.

Achats & Ventes.

TITRE I.

ARR. I.

EUX qui font en Communauté de biens, ne peuvent vendre aucune piece, ni portion d'iceux, tant petite foit elle, fans le fçû & confentement des autres qui y ont part : comme il fut jugé en la feconde Chambre des Enquêtes en l'an mil cinq cens feptante-huit.

NE PEUVENT VENDRE.] L'Arrêt rapporté par l'Auteur femble contraire à la difpofition de la Loy *Falfo C. de comm. rer. al'enatio.* fuivant laquelle quand une chofe appartient par indivis à plusieurs [*pluribus, ut singulis*, comme dit Balde *ibid.*] chacun a la liberté de vendre la part qu'il a en la chose. Automne en sa Conférence, concilie l'Arrêt avec la Loy, en disant, qu'autre chose est contracter communauté, auquel cas il insinue que doit être rapportée l'espece de l'Arrêt ; & autre chose avoir des biens en commun, qui est le cas de la Loy ; c'est-à-dire, que la vente n'est pas libre au premier cas, suivant cette distinction, mais qu'elle l'est au second. On pourroit établir cette distinction d'une autre maniere, & dire qu'au premier cas on ne peut pas vendre sans le consentement de ceux qui ont part à l'indivis ; mais qu'au second on le peut faire, *non tantum facio, sed etiam emptor*, pourvû que ce soit *ante intentatum judicium communi dividendo*, suivant l'esprit de cette Loy ; mais outre que la distinction que fait Automne, concilie d'autant plus mal l'Arrêt & la Loy, que l'un & l'autre sont également au cas de la communion des biens ; & que quand on auroit contracté une communauté, on ne seroit pas moins libre de vendre & de transporter le droit qu'on y auroit. Il est certain d'ailleurs que l'Arrêt supposant la vente d'une piece des biens qui sont en communauté, il doit être entendu dans le sens de la definition treiziéme du Président Faber au tit. 17. du 3. Liv. de son Code, suivant laquelle l'associé ne peut pas vendre sans le consentement, ou contre le gré des autres, *si agatur de vendendis rebus singulis* ; car autrement il n'y a pas difficulté qu'il ne puisse vendre la portion qu'il a en la chose commune, même *post motam controversiam* ; si mieux on n'aime dire, que le motif de l'Arrêt peut être pris de ce que les associez devant être preferez en la vente de la chose commune à un étranger, suivant la doctrine de Mornac sur la Loy 1. C. *de comm. rer. aliena.* l'un d'eux ne peut pas vendre contre le consentement & au préjudice des autres qui ont droit de preference.

ARR. II.

ENtre deux, ou plusieurs acheteurs d'un même fonds, celui qui en aura le premier la réelle & actuelle possession est preferable aux autres, & y a été maintenu par Arrêt donné à la Tournelle à Toulouse, le neuviéme Decembre mil cinq cens nonante-deux, entre un Raysac, Sambre & autres, par les Loix *qui actionem*, D. *de reg. jur.* l. *si ea res*, §. *sic.* D. *de act. empt.* l. *sive autem.* §. *si duobus.* D. *de publiç. in rem act.*

LA RÉELLE POSSESSION.] Il ne sert de rien au premier acheteur d'une ou ... possession par acte civil de constitut, de precaire, ou autre semblable, si le second acheteur a la possession réelle & actuelle, *animo enim & corpore possessio acquiritur* ; ce qui fait que la possession réelle est la veritable possession, & a la preference. L. *quo les. C. de rei vindi.* Cela souffre pourtant diverses limitations rapportées par Ferrer. *in qu.* 112. Guid. Pap. qu. Despeisses tom. 1. part. 1. sect. 5. n. 25. & Brodeau sur Louet, lit. V. num. 1. mais la preference pour la vente n'empêche pas que le premier acheteur ne soit preferé au second, pour l'hypoteque, dans une distribution des biens du vendeur, pour le remboursement du prix qu'il lui avoit payé.

ARR. III.

LEs ventes qui sont faites, à la charge que le prix d'icelle sera employé en fonds, ou mis entre mains de Marchand seur & responsable, n'empêchent pas que les autres creanciers du vendeur, precedans à ladite vente, ne se puissent prendre à ladite somme ou piece, ainsi que bon leur semblera, comme n'ayant

rien peu être fait par lesd. contractans au préjudice desd. creanciers anterieurs. Ce qui toutefois n'a lieu à l'endroit des creanciers posterieurs à lad. vente non privilegiez : parce que *ea conditione eum nec aliter empturus* : & pour autant que *Conventio partium
est quodammodo pars prætii. l. si ea lege. De contrab. empt.* & ainsi fut
resolu en la Chambre, le vingt-troisiéme Juin mil cinq cens nonante-deux sur le jugement du Procez du Syndic des Religieux
de saint Eulalye, contre de Pira, acheteur à cette condition, &
plusieurs creanciers dudit Syndic.

Adultere.

TITRE II.

ARR. I.

EZ Arrests generaux de la veille de Nôtre-Dame d'Aoust mil
cinq cens huitante-deux une femme adultere ayant institué
son paillard heritier, ses biens furent adjugez au fisc, suivant la
Loy *Claudius D. de his quib. ut indign.*

V. le tit. 40. de ce liv. art. 10. Maynard liv. 3. chap. 14. & 15. le Journal du Palais tom. 3. pag. 73. & suiv.

Affermes.

TITRE III.

ARR. I.

LEs Rentiers ne sont tenus consigner s'ils alleguent n'avoir pû
joüir ; par Arrest du dix-huitiéme Decembre mil cinq cens
septante pour Jean Boulet.

NE SONT TENUS CONSIGNER.] Sauf devant un Juge de rigueur, devant lequel
un Fermier ne peut être reçû à la preuve de non-joüissance, sans avoir deposé pour un préalable.

ARR. II.

EN l'affaire de Giscard, Bourgeois de Castelnaudarri, Malbuisson & Margueritte d'Amiel mariez, au rapport de Monsieur Fabry, sur les Fêtes de la Noël, de l'an mil cinq cens huitante-neuf, fut jugé que la recision de ventes & contrats, n'a point de lieu aux arrentemens qui ne peuvent être rescindez.

AUX ARRENTEMENS.] Pourveu qu'ils soient au-dessus de dix ans.

ARR. III.

LE dix-septiéme Septembre mil cinq cens nonante-neuf, fut jugé par Arrest donné au rapport de Monsieur de Bonet, que l'expresse hypotheque de la chose, n'empêche que le locataire ne soit tenu de vuider.

V. Ferrer. in qu. 480. Guid. Pap.

ARR. IV.

LE rentier ne peut quitter l'arrentement occasion des invasions de l'ennemi, sauf à lui demeurer aux cas fortuits; par Arrest donné en Audience, au fait de l'Archevêque de Toulouse, le dernier Juin mil cinq cens septante.

NE PEUT QUITTER.] Il peut quitter la chose loüée pendant la guerre; mais il doit revenir quand elle a cessé.

Amendes.

TITRE IV.

ARR. I.

CLaude Alquier, Gentilhomme, prisonnier à la Conciergerie pour ses dettes, presente requête contre Pierre son fils, à ce qu'il lui soit permis exposer en vente les biens par lui donnez au contrat de son mariage, au premier fils qui en descendroit. Sur la plaidoirie fut remontré que les choses qui sont inalienables de soi, le peuvent être pour juste cause. Secondement la puissance du pere sur les biens. Que tel empêchement du fils est ingratitu-

de. Par Arreſt donné en Audience, la vente eſt permiſe au pere
pour payer ſes dettes. La principale raiſon fut, parce qu'il ne pouvoit ſortir de priſon, ſans faire ceſſion de biens, & qu'il étoit
Gentilhomme. A même occaſion fut permis au pere vendre les
biens maternels de ſes enfans ; par Arreſt du ſecond Avril mil
cinq cens ſeptante-un.

LA VENTE PERMISE AU PERE.] *Brodeau ſur Loüet litt. A. num. 9. §. 9. Chenu ſur*
Papon liv. 7. tit. I. art. 3.

ARR. II.

LE onziéme May mil cinq cens quarante, par Arreſt auroit été
dit, que certaine amende donnée par Monſieur Maſſebrac
Juge d'appeaux Metropolitain de Toulouſe, ſeroit retorquée
contre les opinans, & ce d'autant qu'il avoit été contraint prononcer ſon ordonnance *juxta illorum opinionem.* Et le même jour
en Audience, ſur un appel du Lieutenant de l'Inquiſiteur, pour
ce qu'il fut dit qu'il y avoit abus, & qu'il l'amenderoit, fut auſſi
dit, d'autant qu'il étoit Religieux, que l'amende ſeroit retorquée,
& payée par les opinans.

V. le traité du reglement des Juges-Mages. chap. I. art. II.

ARR. III.

Portant inhibitions aux Bailles, ou Viguiers de n'être Juges, &
rentiers des amendes & confiſcations.

ARreſt prononcé au Greffe criminel, le troiſiéme Novembre
mil cinq cens quarante-quatre, veu le procez de Maître Jean
Ayral, Notaire de Peyruſſe en Roüergue, appellant du Baille, ou
Chaſtellain dudit lieu, contre le Procureur du Roy.

ARR. IV.

LE dix huitiéme Novembre mil cinq cens ſoixante-quatre,
Maître Claude Alis Prêtre élargi des priſons, où étoit detenu à la requête du Receveur des exploits ou amendes : en faiſant
au préalable, réel & effectuel delaiſſement de ſes biens, meubles &

immeubles , & baillant cautions de ne donner empêchement directement ni indirectement à la vente d'iceux.

ARR. V.

Eclaration faite par le Roy Loüis , son intention être , que
les dons qu'il a faits & fera des amendes , ne puissent avoir
lieu ; sinon que prealablement les frais de la poursuite de ses droits
soient pris & payez sur lesdites amendes & exploits , fol. 86. *lib.*
1. *Ordinat.*

ARR. VI.

Es prevenus de même crime , condamnez ensemble en même
somme , ou chacun d'eux en semblable somme, doivent icelle
payer le solvable pour le non solvable : mais s'ils sont condamnez
en amende dissemblable separement,il en est autrement : car chacun doit aussi separement payer son amende , & en seul, sans qu'on
se puisse dresser aux autres , *& sic observatur.*

POUR LE NON SOLVABLE.] Ce que l'Auteur rapporte est conforme à l'usage ; mais
quoique entre les prévenus de même crime condamnez ensemble en même somme , óu
chacun d'eux en semblable somme, la condamnation solidaire ait lieu en ce Parlement
pour les amendes , si ce n'est lorsque l'Arrét specifie la portion de chaque condamné ;
il en est neanmoins autrement quand parmi ces prévenus il y en a qui sont défaillans , &
d'autres qui se sont remis ; car en ce cas la condamnation n'est solidaire qu'à l'égard d'un
des défaillans pour les autres qui le sont aussi , ou qu'à l'égard d'un de ceux qui sont remis pour les autres qui sont aussi remis : que s'il est vrai en general qu'en fait de crimes ,
les amendes doivent être supportées solidairement par tous les complices, cela est hors de
doute lorsqu'il s'agit d'un crime concerté ; mais comme les qualitez d'un demandeur
en excès & d'un prévenu sont differentes , & que la condamnation solidaire a pour un de
ses principaux motifs, l'horreur & la punition des crimes ; aussi quoique les dépens adjugez au demandeur en excès soient solidaires , ceux qui sont adjugez au prévenu contre
lui ne le sont pourtant pas ; comme il fut jugé en la Chambre de la Tournelle , par Arrêt donné au rapport de Monsieur de Gramond le 12. Avril 1677. en la cause de Me. Pamies Procureur. Au reste , il a été préjugé par Arrêt donné en la Grand'Chambre le
9. Septembre 1661. au rapport de Mr. de S. Hipols , en faveur de Loüis Gillet Notaire , contre François Vaquier du lieu de Sainte Gabelle , que les dépens frustratoires
soufferts par celui qui soûtient un acte impugné de faux , & avoüé bon par l'impugnant ,
après que la verification en avoit été ordonnée par un autre Arrêt précedent , sont solidaires. Cet Arrét est d'autant plus grande consequence , que Vaquier s'étant pourvû
par lettres contre icelui , il en fut démis par autre Arrêt du 22. Mars 1664. avec dépens.
Il est vrai de dire suivant ces deux derniers Arrêts , que si la condamnation est solidaire
pour des dépens , qui ne procedans que d'un désistement d'inscription en faux , ne doivent être considerez que comme purement civils ; elle le doit être sans nulle difficulté ,
lors que l'acte impugné de faux a été declaré bon par une relation d'Experts , parce que

pour lors l'inscrivant en faux doit être considéré comme criminel : quoîqu'il en soit, il ne doit pas être inutile de remarquer qu'en l'espece de ces Arrêts, il s'agissoit d'un Notaire, & par conséquent d'une personne publique, contre qui il n'étoit pas juste qu'on portât impunement une accusation de faux, sa justification se devoit faire distinguer de celle d'une personne privée.

Appellations.

TITRE V.

ARR. I.

LE sieur Evêque de Rodez ayant fait depêcher à un Prêtre son *forma dignum*, pour y avoir obmis *examinato & idoneo reperto*, il en fut appellé comme d'abus. La Cour le vingt-neuviéme Janvier mil six cens six declara y avoir abus, & condamna l'Evêque en cent sols d'amende, & la Partie aux dépens.

AYANT FAIT DEPE'CHER.] Quand l'Evêque est dans son Diocése, autre que lui ne peut conferer le Benefice, ni accorder le *Visa*, parce ce sont des actes qui émanent de sa prôpre personne, & son Vicaire n'a droit d'y pourvoir qu'en cas d'absence hors du Diocése, suivant l'Arrêt donné au Grand Conseil le 16. Avril 1666. en la cause de Me. Romieu, contre Me. Fieau, Prêtres.

ARR. II.

DEs appellations comme d'abus, les Parties ne se peuvent accorder, ni remettre à Arbitres, parce que les Gens du Roy y ont interêt : néanmoins le vingt-sixiéme Novembre mil six cens quatre, une Sentence arbitrale d'un appel comme d'abus, après avoir été communiquée aux Gens du Roy, fut confirmée.

Y ONT INTERE'T.] On ne peut rien faire ni poursuivre en matiere d'appellation comme d'abus à l'insçû des Gens du Roy, parce que l'appellation comme d'abus n'étant reçûe en France que quand il y a contravention aux Decrets de l'Eglise, & aux Ordonnances Royaux, ou quand il s'agit d'une entreprise sur la Jurisdiction Royale, il est visible qu'elle est toûjours employée à des sujets publics ; à cause dequoi, & que l'abus par conséquent est du droit public, la desertion d'appel ou le desistement, n'y a pas lieu ; ainsi les Gens du Roy étans *vindices publici*, ils ont toûjours interêt aux appellations comme d'abus. C'est par une suite de cette raison, qu'aux causes qui regardent l'Estat & le Public, les Arrêts de défaut de congé, de même que ceux qui sont rendus sur le consentement des Parties, ne sont d'aucune consideration, si les Juges n'ont pas pris une connoissance parfaite des questions au fonds par le veu des pieces, & si Mr. le Procureur General n'a pas été oüi. C'est ce qui fut relevé au Parlement de Paris par Mr. Talon Avocat General, dont le seul nom fait son éloge, & qui ayant conclu à la cassation de deux Arrêts de congé, donnez en la cause de Sœur Henriette-Marie de Montevenne, Religieuse Professe de l'Abbaye Franche Nôtre-Dame-aux-Bois, demanderesse en Requête Civile contre les Arrêts de Congé, contre elle rendus en Audience les 26. Juillet 1659. & 17. Avril 1663. d'une part, & Dame Elizabeth du Châtelet & autres, défendeurs ; le Parlement donna Arrêt suivant ses conclusions le 2. d'Août 1664.

ARR. III.

ABus ne peut être confirmé ni autorifé par aucun laps de tems : ainfi jugé par Arreft de Touloufe du quatriéme Avril mil cinq cens huitante-trois, entre le Syndic des Prebendiers, & le Syndic des Chanoines de l'Eglife Collegiale Saint Gaudens ; par lequel certains ftatuts faits en l'an mil trois cens foixante-fix, & en confequent puis deux cens dix-fept ans, furent declarez nuls & abufifs, faits contre les Canons & faints Decrets, comme tels caffez.

ARR. IV.

LE titre *De appel. non recip.* n'eft reçû en France, parce qu'il faut appeller de toutes Sentences, bien qu'elles foient nulles *ipfo jure* ; par Arreft du troifiéme Juin mil cinq cens huitante-trois, fuivant lequel Guillaume Boyer Juge de Lodeve, fut fufpendu de fon Office pendant trois mois, & condamné en trois écus d'amende, pour avoir fait donner le foüet à Marguerite Aurelone, nonobftant l'appel par elle interjetté, & fans deferer à icelui, & n'eût été que la Cour trouva ladite appellante coupable, & meritant le foüet, l'amende eût été plus grande.

Comment doit être puni un Juge qui ne defere à l'appel d'un condamné à mort, Boërius Decif. 153.

V. les art. 7. & 10.

ARR. V.

DE plufieurs appellans l'un étant decedé, cela n'empêche qu'on ne doive plaider, fans faire appeller l'heritier : pourveu que celui qui eft en vie foit l'originaire appellant, & celui qui eft decedé feulemét impetrant pour s'aider de l'appel ; & ainfi a été jugé en l'Audience de la grand'Chambre le vingtiéme Decembre mil cinq cens nonante-huit.

POUR S'AYDER DE L'APPEL.] Il eſt autrement à l'égard des défendeurs ſuivant l'Arreſt de *Papon liv.* 8. *tit.* 16. *arr.* 2. car l'un d'eux mourant, on ne peut rien pourſuivre va-lablement, ſans avoir fait appeller ſes ſucceſſeurs, pour reprendre ou pour delaiſſer l'inſtan-ce. L'Ordonnance de 1667. *en l'art.* 2. *du tit.* 26. n'uſe d'aucune diſtinction, & veut que les jugemens intervenus, depuis le decès de l'une des Parties, ſoient nuls, s'il n'y a repriſe, ou conſtitution de nouveau Procureur.

ARR. VI.

LE onziéme Mars mil cinq cens nonante-neuf fut plaidé un appel de dény de Juſtice, par la Mothe Avocat, fondé ſur ce que le procez étoit en droit puis un an, & plus, apporta l'Or-donnance, qui veut que dans quatre mois ſoit fait droit, repré-ſenta que Monſieur Borraſſol rapporteur lui avoit declaré, que les parens de la Partie adverſe Conſeiller, ne lui permettoient de le rapporter ; ains lui avoient tiré ſouvent de deſſus le bureau ; fut répondu que ce n'étoit la forme, qu'il y falloit trois requiſitions. *Auth. ſtatuimus. Cod de Epiſc. & Cler.* L'appellation fut miſe au neant, & enjoint de faire bonne & briéve juſtice, ſans dépens

* TROIS REQUISITIONS.] Aujourd'huy il n'en faut que d'eux, ſuivant l'Ordon-nance de 1667. en l'art. 4. du tit. 25.

ARR. VII.

BIen que par l'Ordonnance du Roi Loüis XII. ſoit permis & enjoint aux Juges inferieurs de mettre à execution leurs Sen-tences de condamnation à mort, ou mutilation de membres, ſi le condamné n'eſt appellant : toutefois cela n'eſt obſervé au Parle-ment de Toulouſe ; par Arreſt duquel du quinziéme Mai mil cinq cens nonante-ſix donné contre le Juge de Beaucaire, qui en avoit ainſi uſé, & fait executer un homme à mort par lui condamné, & non appellant, lui fut inhibé, & à tous autres Juges inferieurs du reſſort, de ce faire ; & ains de renvoyer le condamné avec ſes charges & procedures en la Cour de Parlement, encores qu'il n'en eût appellé.

V. les art. 4. & 10.

ARR. VIII.

EN un appel de taxe, ſi la taxe des articles n'eſt retranchée d'un tiers, l'appellant eſt condamné aux dépens, encores qu'il y ait quelques articles mal taxez & reformez. Arrest contre Monsieur de Castres de l'an mil cinq cens nonante-neuf.

* RÉTRANCHÉE D'UN TIERS.] Aujourd'huy on ne doit pas regarder en un appel de taxe, si la taxe des articles est retranchée d'un tiers, pour que l'appellant soit condamné aux dépens. Au contraire on doit condamner l'appellant en autant d'amendes, qu'il y a des croix chefs d'appel, sur lesquels il est condamné, à moins qu'il soit appellant des articles croisez par un moyen general. L'Ordonnance de 1667. qui le veut ainsi en l'art. 31. du tit. 31. n'est pas pourtant pour ce chef *in viridi observantia*, il s'en faut bien, & les Cours souveraines usent toûjours de leur ancien droit.

Inhibitions en vertu des Lettres d'appel relevé avant aucun acte fait par le Commissaire, ne sont considerables.

ARR. IX.

PAr Arrest du treiziéme Février mil cinq cens huitante-cinq en la grand'Chambre, Président Mr. Duranti fut l'appellation interjettée par N. de Monsieur Calmels executeur d'Arrest, mise au neant ; bien que ledit Commissaire eût procedé après la signification des Lettres d'appel : pour autant que lesdites Lettres furent trouvées obtenuës avant que ledit sieur Calmels fît ladite commission presentée, du moins avant qu'il partît de cette Ville.

ARR. X.

PAr Arrest prononcé en Audience en Toulouse le quatriéme Mars mil cinq cens septante-cinq fut di, qu'un appellant de la gehenne ne pouvoit renoncer à son appel : la Loy ayant été tant soigneuse de la vie des hommes, qu'elle a voulu que si le condamné à peine corporelle ne veut appeller, il soit permis à un tiers d'en appeller. *l. notandum. D. de appellat.* A plus grande raison celui qui a une fois appellé de telle peine ne peut revoquer son appel.

V. les err. 4. & 7. Ferrer. in qu. 14. Guid. Pap. & l'Auteur en ses Parlemens liv. 13. chap. 59. art. 51.

Sentence arbitrale.

TITRE VI.

ARR. I.

LE dix-huitiéme Février mil cinq cens nonante au rapport de Monsieur de Hautpoul fut jugé, qu'une Sentence arbitrale donnée

donnée entre un Moindre n'étoit nulle ; Que anciennement les Moindres ne pouvoient compromettre ; pource qu'il n'étoit pas permis d'en appeller ; mais aujourd'hui cela cesse.

C E L A   C E S S E] Suivant la disposition du Droit Romain on ne pouvoit pas être appel-lant d'une Sentence arbitrale *l. 1. C. de recept. arbitr.* pourveu qu'elle ne fût pas donnée *ultrà diem compromisso comprehensum* ; de même que suivant les Canons 98. & 123. du Concile de Cartage, les Ecclésiastiques ne pouvoient pas appeller des Jugemens rendus par les Evêques & par les Juges dont ils avoient convenu, avec promesse d'executer *quidquid aliè vel bassè ducerent ordinandum*, comme portent les anciens actes de compromis qu'on passoit dans ce Royaume, pour exprimer le pouvoir absolu qu'on donnoit aux arbitres ; & par cette même raison que l'appel d'une Sentence arbitrale donnée en conséquence d'un compromis, n'étoit pas reçû, le compromis fait par un mineur étoit aussi nul, & il se faisoit facilement restituer en entier. *L. si minor.* 34. §. *minoris. ff. de minorib.* mais aujourd'hui qu'on est reçû à l'appel d'une Sentence arbitrale, on ne s'arrête pas à cette nullité sans grief, dit Maynard *liv.* 8. chap. 80. Il n'y a qu'un cas auquel cas il semble, suivant l'esprit l'Ordonnance de 1667. en l'art. 22. du tit. 29. que les Mineurs ne peuvent pas compromettre, sçavoir lors qu'il s'agit d'une reddition de compte de l'administration qui a été faite de leurs biens, ce qui n'a été introduit qu'en leur faveur.

Arbres.

T I T R E   V I I.

A R R.   I.

LE dix-septiéme du mois de Juillet mil cinq cens cinquante-quatre, par Arrest fut enjoint de faire planter des arbres le long des chemins, terres & possessions des habitans du ressort de la Cour.

Le present Arrêt est rapporté au long sur l'art. 8. du tit. 1. du liv. 3. l'Ordonnance de Blois en l'art. 356. exige, que pour éviter les usurpations des chemins publics, on les bor-de d'arbres.

Archevêque de Toulouse.

T I T R E   V I I I.

A R R.   I.

DEliberation sur l'entrée de l'Archevêque de Toulouse, en l'Eglise saint Estienne, le septiéme Mars mil cinq cens vingt-deux, dix-neuf Decembre mil cinq cens deux.

C c c

Droit d'Aubaine.

TITRE IX.

ARR. I.

PAr privilege octroyé par les Rois aux habitans de Toulouse, tout étranger venant habiter en Toulouse, & vivant Chrétiennement, & Catholiquement, est reputé être appellé, comme de la grace de Dieu, & peut disposer librement de ses biens au profit de qui lui plaira ; voire d'un inconnu, sans pouvoir être retiré ni empêché de ce faire par le droit d'Aubaine, pratiqué en France, & qui n'a lieu en Languedoc, & moins en ladite ville de Toulouse. Les Toulousains en outre ayant lettres Royaux, & patentes és Archifs de leur maison de Ville, qu'ils appellent commune, & au livre blanc d'iceux, par lesquelles le Roi Loüis XI. à plein certifie des choses susdites, icelles publiées en Parlement à Toulouse le sixiéme Aoust mil quatre cens septante-six, conformées & ratifiées par le Roy Charles VIII. par autres lettres publiées le sixiéme Juillet mil quatre cens huitante-quatre auroit declaré par Edit perpetuel & irrevocable ledit droit d'Aubaine n'avoir lieu dans Toulouse, ni en tout le païs de Languedoc, & que tous forains & étrangers de quelques païs qu'ils soient, nais & venus, residans & arrêtez esdits lieux de Toulouse & autres villes & endroits dudit Languedoc, étoient habiles à acquerir, disposer & ordonner de leurs biens à leurs plaisir & volonté, tant entre-vifs qu'à cause de mort ; de même sorte & maniere qu'ils feroient s'ils étoient nais audit païs, & étoient reputez pour vrais originaires & regnicoles, sans ce que pour ledit droit d'Aubaine le Roy ni ses Officiers y puissent mettre ni donner aucun empêchement, & duquel furent lesdits étrangers délors declarez exempts & quittes, hors qu'ils n'eussent lettres de naturalité ; par lesquelles autrement les étrangers nais ailleurs, sont mis dispensativement au rang des nais au païs des vrais & originaires François. Et ainsi a été jugé & dit par Arrest de nôtre Cour és derniers temps, au profit d'un nommé Guiraudet, contre le Procureur du Roy, au rapport de Monsieur Maynial, en la seconde Chambre des Enquêtes, au mois de Decembre mil cinq cens huitante, & auparavant & depuis y avoir eu plusieurs prejugez de la même Cour, à ce principalement ou incidement conformes: & de même furent habilitez les susdits à tenir les offices & benefices, comme chose dependante ou consequente desdites habitations ; & de ce que lesdits étrangers sont reputez pour regnicoles, à la charge de vivre Chrêtiennement : d'où s'ensuit que les Juifs n'y sont compris, comme contraires au Christianisme, & en eux residans à Toulouse & ailleurs audit païs de Languedoc a lieu le droit d'Aubaine, par lequel le Roi leur succede universellement, encore qu'ils eussent enfans nais, & qui fussent regnicoles, pour être hors de commerce & de la societé des Chrêtiens. Et il y a aussi plusieurs prejugez de ladite Cour, à Toulouse, comme nous avons souvent entendu des plus anciens & experimentez en icelle, contre certains Juifs, qui d'Avignon seroient venus demeurer en quelques endroits voisins de Languedoc, & y acquis & trafiqué, & après decedez, delaissans enfans qui ne leur auroient herité quant aux biens dudit Languedoc, ains le Roy succede universellement par le droit d'Aubaine, nonobstant que les Consuls, manans & habitans de la ville d'Avignon prétendent par aucuns privileges à eux octroyez par les Rois de France, singulierement par lettres patentes du Roy Loüis XII. du huitiéme Mai mil quatre cens septante-neuf, être declarez naturels regnicoles, leur être permis tenir & posseder en France tous biens, tant meubles, qu'immeubles, noms, droits & actions, & en disposer, tenir offices, benefices, dignitez, joüir de tels & semblables privileges, droits, exemptions, franchises & libertez, dont joüissent les originaires du Royaume, ainsi qu'il est attesté & recité par Bacquet au traité qu'il a fait & assemblé du droit d'Aubaine comme Monsieur Maynard l'a aussi remarqué.

N'a lieu en Languedoc.] Le droit d'Aubaine n'a pas lieu en Languedoc, parce qu'il est regi par le Droit Ecrit, suivant la disposition duquel en l'Authentique *omnes peregrini. C. comm. de successio.* les étrangers *de rebus suis liberam ordinandi habent facultatem;* ainsi on auroit beau dire en Languedoc que la faction des testamens étant de droit civil, ne doit être permise qu'aux citoyens ; puisque cette Province reconnoist pour droit civil ladite Authentique en matiere de testamens. *V. Maynard liv. 4. chap. 57.*

Le Roy Loüis XI.] Les Officiers de ce Roy ayans voulu établir le droit d'Aubaine en Languedoc, les Estats du païs s'en plaignirent au Roy, qui par ses Lettres patentes du mois de

Juillet 1475. permit *à tous étrangers demeurans en Languedoc, de tefter, ordonner, difpofer de leurs biens, meubles & immeubles, par teftament ou autrement.*

Ratifiées par Charles VIII.] Les Eftats de Languedoc ayans porté leur plainte en l'Affemblée des Eftats generaux du Royaume, convoquez en 1483. à Tours, de ce qu'on avoit eflayé d'introduire le droit d'Aubaine dans ladite Province ; le Roi Charles VIII. par fon Edit donné à Tours au mois de Mars en la même année 1483. declara *par Edit, Statut, & Privilege irrevocable, que d'orefnavant, & enfuivant la nature dudit païs de Languedoc, & ordre de Droit Ecrit, n'y aura lieu, n'y s'y prendra ne levera plus aucun droit d'Aubainage fur les Eftrangers,* depuis le Regiftre duquel Edit on a vécu en Languedoc fous cette Loy.

N'euffent Lettres de naturalité.] Le Roy Loüis XIV. heureufement regnant, a voulu par l'Edit qu'il donna au mois de Mars 1669. pour l'affranchiffement du Port de Marfeille, verifié au Parlement d'Aix le 9. du mois d'Avril fuivant, que les Marchands étrangers étans entrez audit Port, *ne foient fujets au droit d'Aubaine, ni qu'ils puiffent être traitez comme étrangers, en cas de decez, lequel arrivant, leurs enfans, beritiers, ou ayans caufe, pourront recüeillir leurs biens & fucceffions, comme s'ils étoient vrais & natureis François.*

Contraires au Chriftianifme.] Quand les Sujets du Roy ont quitté le Royaume pour caufe de Religion, en temps de trouble, comme ç'a été pour caufe neceffaire & involontaire, leurs enfans, quoi que nais hors du Royaume, n'en ont pas moins été confiderez regnicoles, & n'ont pas eu befoin de prendre des Lettres de naturalité, pourveu qu'ils foient revenus en France en la forme de l'article 70. de l'Edit de Nantes. Sur quoi on ne fçauroit trouver mauvais que je faffe part aux curieux d'un fragment d'une Lettre que l'illuftre Mr. Gillot Confeiller au Parlement de Paris, écrivit le 28. du mois de Janvier (fans autre datte) à Ifaac Cafaubon lors de fa retraite en la ville de Genéve;l'original m'en a été donné par Me. Jacques Formy,Docteur en Medecine de la ville de Nifmes,& digne rejetton du celebre Samuël Petit fon ayeul maternel. Elle eft conçuës en ces termes : *J'ai veu par une lettre que vous écrivez à un de vos amis, que vous defirez une Lettre de naturalité, ou une declaration pour affürer l'état de votre famille, & éviter le foubçon d'Aubaine, nous avons jugé icy en nôtre Cour de Parlement pour enfans nais où vous êtes, defquels les Peres & meres d'Orleans s'y étoient retirez que l'on ne peut leur objecter la Nativité, & font revenus en France partager les biens de leurs parens, comme nais en France, retirez feulement pour la rigueur des Edits, &c.*

Habitant de la ville d'Avignon.] Ils font cenfez regnicoles, & vrais fujets de Roy, en effet le Comté d'Avignon doit être confideré comme une partie demembrée de la Provence, dont le Saint Siege n'eft en poffeffion qu'à titre d'engagement, le Pape ne le tenant qu'à ce titre de la Reyne Jeanne, depuis le 4. Juin 1348. Et ne pouvant par confequent être jamais féparé de la Provence incommutablement ; pendant que la Couronne fubfiftera. *V.* Chopin *de dom. franc. l.* 1. *t.* 12.. 9. Bacquet *du droit d'Aubaine chap.* 7. *u.* 14. Gregor. Tholof. *in Syntagm. lib.* 42. *chap.* 8. *num.* 25. *du* Puy *des droits du Roy pag.* 397. *& feqq. &* Mourges *fur les Statuts de Provence pag.* 409.

Autorifations judiciaires.

TITRE X.

ARR. I.

L A femme ne peut auffi agir criminellement , ni ne peut contracter fans l'autorité du mary , comme il a été dit par un
Arrêt du vingtiéme Janvier mil cinq cens feptante-fept , donné en
l'Audience pour Monfieur de Lateraffe Maître des Requêtes , difant n'être tenu contefter avec fa fœur , femme de Monfieur Villeneuve , Préfident de Bordeaux , qu'au préalable elle ne fût autorifée par fon mary , fut dit qu'elle fe feroit autorifer ; *Quia mulieres non habent legitimam perfonam ftandi in Judicio , l. Maritus
C. de procurat. Ne fœminæ perfequendæ litis obtentu in contume-
liam matronalis pudoris irreverenter irruant , l. Sancimus , C. de
recept. olim quod Romanos , mulieres fub perpetua agnatorum tutela erant.* Le même fut ordonné le cinquiéme Decembre mil
cinq cens huitante-un , contre Jean Emblard appellant du Senéchal , contre fa femme , à la charge toutefois qu'il ne feroit tenu
d'aucune condamnation de dépens , au cas qu'elle fût jugée contre fa femme : Mais fi la femme eft marchande publique , comme à Paris , Orleans & autres Villes du Païs Coûtumier , elle eft
reçûë , & peut agir en jugement pour les caufes qui concernent
la marchandife.

A G I R C R I M I N E L L E M E N T] Elle peut pourtant être pourfuivie criminellement ,
fans être authorifée.

S A N S L' A U T O R I T E' D U M A R I] Auffi eft-il conftant que Papon erre , lors qu'il
dit *au liv. 7. tir. 1. art. 15.* qu'en païs de droit écrit les femmes ne font pas fous la puiffance
de leurs maris , & qu'elles peuvent convenir & être convenuës fans leur authorité.

S E F A I R O I T A U T H O R I S E R] La Cour authorife la femme , en deffaut , ou refus
du mari , de la vouloir authorifer , car il n'y peut pas être contraint , quand même il feroit
vifible qu'il n'auroit aucun jufte fujet de refus.

ARR. II.

Par la Coûtume de France la femme ne peut être appellée en
jugement civil , tant pour fes biens dotaux , defquels le mary eft
Seigneur , *leg. doce ancillam , cod. de rei vindicat.* que auffi pour

C c c iij

autres chofes fans l'autorité de fon mary , finon qu'il fût queftion de fes biens paraphernaux , *l. hac l. cod. de pact. convent.* Ainfi a été jugé par Arreft du dix-neuviéme Avril mil fix cens cinq plaidans Ferrieres & Martres Avocats , pour Meffieurs de Fay , Tarabel & Jeffé.

Bâtards.

TITRE XL

ARR. I.

EN France , & par tout ailleurs en la Chrêtienté,les bâtards, ores que legitimez par le Prince , ainfi qu'il appartient , ne peuvent faire préjudice aux fubftituez , fous la condition , fans enfans , comme il fut jugé à Touloufe par Arreft de Bottevin , conformément à deux Arrefts de Paris , recitez par Charondas livre 5. de fes Réponfes chap. 44. & liv. 9. chap. 38.

SANS ENFANS] A plus forte raifon quand la condition eft conçuë , *fi fine liberis & legitimo matrimonio procreatis* ; ou fous la condition , *s'il deccede fans enfans naturels & legitimes* , ou fous la condition , *s'il decede fans enfans nais legitimement.* Sur quoy l'on peut voir les limitations & les diftinctions que font *Ranch. & Ferrer. in quæft. 482. Guid. Pap. Fufarius quæft. 408. & feq. Antonin Teffaurus decif. 196. Decius confil. 365. 425. & 557.* Il en eft autrement lors que le bâtard a été legitimé *per fubfequens matrimonium* ; auquel cas il eft compris en la claufe *fi fine liberis arg. l. cum quif. & l. feq. C. de natur. liber.* cela fut même jugé par Arrêt du Parlement de Paris , prononcé en robbes rouges , & rapporté par *Peleus quæft. 36.* en la caufe de la fucceffion de Foix , contre le Comte de Carman V. Maynard *liv. 5. chap. 79.* & Papon *liv. 28. tit. 3. arr. 5.* le mariage fubfequent efface la tache qu'avoit imprimé une naiffance impure. Outre que le temps d'une legitimation de cette nature fe joignant avec celui de la conception , comme s'il n'y avoit eu aucun autre temps entre-deux, on fuppofe par cette fiction que les bâtards legitimez par mariage fubfequent , n'ont jamais été legitimes : car c'eft dans ce fens qu'il faut prendre le chapitre *tanta eft vif. qui fil. fint legit.*

ARR. II.

Sur un procez parti en la premiere Chambre des Enqueftes à Touloufe , & départy en la feconde , par Arreft judiciellement prononcé le vingt-troifiéme Decembre mille cinq cens huitante-cinq Hercule de Furno , fils de Jean de Furno bâtard , fut declaré incapable , non feulement du legat à lui fait par fon feu ayeul naturel : mais de la fubftitution par icelui à fon profit faire , au cas Marguerite fa fille naturelle , & legitime viendroit à deceder fans enfans. Et par autre Arreft rapporté,& raifonné par feu Monfieur

Corras en ſes Commentaires ſur la Loy *hæres inſtituta cod. de im-*
pub. num. 5. & Préſident Monſieur de Manſencal premier Preſident , auroit au contraire été declaré le pere naturel ne pouvoir
être inſtitué par ſon fils bâtard ; par cette raiſon , *quod omnis con-*
cubitus damnatus inducat in perſona tam filii , quàm patris incapacita-
tem ſucceſſionis. Auth. ex complexu cod. de inceſt. nupt.

D u l e g a t] *V. Maynard liv.* 5. *chap.* 29. *Bened. ad cap. Raynut. verb. & uxorem. nomi-*
ne Adeleſiam deciſ. 5. *num.* 133. *Brod. ſur Loüet lit. D. num.* 1. *Automne ad* 5. *Pater naturalis.*
L. 41. *ſſ. de legat.* 3. *& le Liv.* 1. *tit.* 15. *art.* 4.

M a i s d e l a s u b s t i t u t i o n] Les enfans legitimes d'un bâtard ne pouvans pas
être inſtituez par leur ayeul , ne peuvent pas être ſubſtituez par une ſuite de cette raiſon.
Maynard liv. 9. *chap.* 35. *& Duranti queſt.* 20. quand même l'ayeul n'auroit pas des enfans
legitimes , & quelque induction qu'on puiſſe tirer de la Loy derniere. *C. de naturalib. liber.*
qui eſt expliqué par Duranti. *ibid. num.* 7.

Beneficiers.

TITRE XII.

A r r.   I.

ARreſt de la reſidence des Eccleſiaſtiques , du troiſiéme Janvier mil cinq cens ſeptante-deux , du trentiéme Juillet mil
cinq cens ſeptante-ſix , du douziéme Juin mil cinq cens ſeptante-
ſept , du treiziéme Novembre mil cinq cens huitante-deux , les
Chambres aſſemblées du vingt-troiſiéme Août mil cinq cens huitante-trois.

Touchant la reſidence des Eccleſiaſtiques , & au ſujet des Benefices qui la requierent.
V. Mayn. liv. 1. *chap.* 60. *le Journal du Palais du* 16. *Août* 1674. *l'Edit de Melun art.* 27. *l'Or-*
donnance de Loüis XIII. en 1629. *arr.* 11. *Claude-Henris tome* 1. *ch.* 2. *qu.* 9. *& Cambol. liv.* 6.
chap. 41. la reſidence eſt d'une ſi étroite obligation , que j'oſe dire qu'un Eveſque *in partibus*
infidelium , ne pourroit pas s'en diſpenſer , ſi la Religion venoit à être établie dans le lieu
dont il ſe qualifie Eveſque.

Bleds.

TITRE XIII.

A r r.   I.

ARreſt prohibitif à tous Conſuls d'empêcher d'apporter les
grains des habitans de Touloſe dans la Ville , du vingt-
quatre Juillet mil cinq cens ſoixante-deux.

V. le Liv. 1. tit. 19. & Papon liv. 6. tit. 1. arr. 6.

Boulangers.

TITRE XIV.

ARR. I.

ARreſt que les Boulangers ne pourront tenir four en leur maiſon, ni autres maiſons de la Ville, ni y cuire pain pour
vendre, & leur eſt enjoint faire bonne pâte, de bon bled, &
bonne blancheur. Entre les Bailles des Fourniers, le ſixiéme
May mil quatre cens nonante-ſept.

V. le Liv. 1. tit. 19. arr. 3. & tit. 21.

Bouchers.

TITRE XV.

ARR. I.

PAr Arreſt du douziéme Octobre mil cinq cens cinquante-
quatre un Boucher pour avoir vendu la chair pardeſſus la taxe faite par les Capitouls, fut condamné en vingt-cinq livres d'a-
mende : avec inhibitions à tous Bouchers contrevenir à la taxe.

V. le Liv. 1. tit. 20.

ARR. II.

PAr autre Arreſt du troiſiéme Janvier mil cinq cens cinquante-
huit un Baille de Bouchers pour avoir ſurvendu la chair de
brebis, & donné permiſſion aux autres Bouchers de ce faire, diſant avoir permiſſion des Capitouls, ce qui n'étoit pas pourtant,
fut condamné à être mis au collier devant la boucherie, où il faiſoit ladite vente, avec un écriteau contenant ces mots ; *Pour
avoir ſurvendu la chair, & ſuppoſé le nom des Capitouls.*

Brevets.

Brevets.

TITRE XVI.

ARR. I.

Reglement pour les Brevets des Prefidiaux.

LE Lundy fixiéme Avril mil cinq cens feptante-fix Arreft au barreau, entre le Sindic du lieu de Fos, & autre Sindic de quelque autre Village, concernant la jurifdiction des Confuls efdits lieux; contenant en outre privation du rapport du Rapporteur du procez au Senéchal de Touloufe, pour n'avoir produit le Brevet, & extrait du procez par lui fait fuivant l'Arreft de reglement, & que l'argent dudit rapport fera employé en œuvres pies à l'Ordonnance de la Cour.

Cabarets, & Tavernes.

TITRE XVII.

ARR. I.

PAr Arreft du trentiéme May mil cinq cens cinquante-fept fut enjoint aux Capitouls de Touloufe, de faire executer autre Arreft donné fur le fait des Cabarets & Tavernes le neuviéme Octobre mil cinq cens quarante-cinq, & proceder à la reduction des Cabarets & Tavernes, tant au Bourg faint Cyprien, que autres faux-Bourgs de Touloufe, au nombre moderé : & pourvoir à ce que iceux Cabarets ne foient tenus en lieux dangereux, & aufquels il y eût faculté de commettre malefice, ni par perfonages fufpets, notez ou diffamez de crime ou malefice, & qui foient cautionnés & réponfables des delits, qui fe commettroient en leurs Cabarets, & Tavernes, & ce dans le mois, fur peine de s'en prendre aufdits Capitouls en leur propre & privé nom.

V. le Liv. 4. tit. 2. *verb* Taverniers. art. 3.

Ddd

Capitouls.

TITRE XVIII.

ARR. I.

ENtre le Sindic de ſaint Cyprien, & la Garde Capitoul, eſt
dit, qu'il ira reſider à ſaint Cyprien, du dix-ſeptiéme Janvier mil cinq cens trente - huit.

℣. l'art. 4.

ARR. II.

Capitouls & Famille aſſiſteront à l'execution des Criminels.

LE vingt-un Juin mil cinq cens huitante-huit vuidant le Regiſtre eſt dit, que deux Capitouls avec leurs chaperons & livrées aſſiſteront avec leurs Familles au Juge Criminel pour l'execution d'un Criminel condamné par Arreſt de la Cour, comme
executeurs de l'Arreſt d'icelle par permiſſion de la Cour.

Avec leurs Chaperons.] Les Grands Jours tenans à Niſmes en l'ance 1666. & le Sr. de
Leſcure Prieur de Servierete, ayant été condamné à mort par Arreſt du 13. Decembre,
les Conſuls furent obligez d'aſſiſter à l'execution avec leurs chaperons ; Mr. de Malenfant Greffier en ladite Cour, y fut en robe rouge, accompagné d'un Officier du Preſidial,
& des Officiers Royaux.

ARR. III.

LE vingt-cinquiéme Novembre mil ſix cens quatre, la Cour
ordonne qu'il ſeroit ſurcis à l'élection des Capitouls, leur prohibant faire icelle, juſques à ce que autrement en fût ordonné.

ARR. IV.

ARreſt, par lequel eſt deffendu aux Capitouls de Touloufe,
de ne partir durant l'année de leur Capitoulat, & enjoint
d'y faire reſidence continuelle. Prononcé le vingt-uniéme May
mil quatre cens huitante-ſix.

℣. l'art. 1.

ARR. V.

ARreſt ſur l'élection des Capitouls à faire pour cette fois par
les Capitouls vieux, le Seneſchal & le Viguier avec les

Conſeillers de leurs Cours , preſent le ſecond Preſident & deux Conſeillers de la Cour , du vingtiéme Decembre mil quatre cens nonante-ſept.

A R R. V I.

Du rang des Capitouls aux Proceſſions generales.

DU premier Decembre mil cinq cens trente-ſept Chambres aſſemblées , és Proceſſions generales les Capitouls marcheront aux côtez du pavillon de l'Egliſe de ſaint Eſtienne , avec les Aſſeſſeurs , & Verguier tant ſeulement , & les aubois marcheront au milieu de la rüe à l'endroit des Chantres de ladite Egliſe.

A R R. V I I.

ARreſt de reglement des Proceſſions , du vingt-un Juin mil cinq cens trois , où les Capitouls vont devant le poile , & autre du ſixiéme Juin mil cinq cens vingt-huit.

A R R. V I I I.

ARreſt ſur l'ordre & rang que les Capitouls de Toulouſe ont accoûtumé , & doivent garder és Proceſſions & obſeques. Prononcé ſur la requëte verbalement faite par le Procureur general du Roy , le dix-neuviéme May mil cinq cens ſeptante-huit.

Charivaris.

T I T R E X I X.

A R R. I.

ARreſts prohibitifs des Charivaris , du dix-huitiéme Janvier mil cinq cens trente-ſept , du onziéme Mars mil cinq cens quarante-neuf en audience , entre Jean Eſpertinguet , & Jean Boſc , du neuviéme Octobre mil cinq cens quarante-cinq , du ſixiéme Fevrier en audience mil cinq cens quarante deux , & au mois de Mars avant Pâques mil cinq cens cinquante-un.

ARRESTS PROHIBITIFS] Quoy que les Charivaris ſoient fondez ſur une très-ancienne coûtume , ils ne peuvent pourtant pas être autoriſez , parce que une telle coûtume eſt abuſive , & contre les bonnes mœurs. Au commencement ils ne furent vrai-ſemblable-ment en uſage que contre les femmes qui ſe remarieroient dans l'année de dëüil, ce qui les faifoit fupporter.; mais par abus ayant été employez dans la fuitte du temps pour faire in-.?? jure aux perfonnes qui convoloient en fecondes nóces, de quelque fexe qu'elles fuffent ,. comme par là on blâmoit les fecondes nóces , qui ne peuvent être blâmables que dans l'efprit d'un Montanifte , ils furent auffi prohibez par divers Arrefts des Cours fouverajnes, dans les reflorts defquelles on les pratiquoit ; mais fur tout ils furent prohibez à caufe des extorfions que les Chefs & les Abbez de la Jeuneffe commettoient en exigeant des per- fonnes remariées certain droit qu'on appelloit *la Pelote* en Provence , ce qui fait dire à Chaflanée en fes Commentaires *fur la Coûtume de Bourgogne rubr. 6.` tit des enfans de plufieurs lits. verf. adverfe. quidam hoc anno Domini* 1518. *fuerunt vocati in Curiâ fupremâ Parlamenti Burgundiæ , ad requeftam Procuratoris Generalis , propter extorfiones in dicto Charivary factas* ; & quand ces extorfions étoient juftifiées, non feulement on declaroit les auteurs *juffifamment attaints & convaincus d'affemblée illicite , extorfions , violences , & Charivari,* mentionnez au procez ; mais même on les condamnoit en une amende envers le Roy , & à la reftitution des fommes exigées , avec deffenfes d'ufer à l'avenir de pareilles extorfions , fur peine de punition corporelle , enfemble aux dépens , le tout folidairement ; comme cela s'induit de l'Arreft du Parlement de Paris rapporté par Brodeau en fes Com- mentaires *fur la couft. de Paris art.* 37. *num* 17.

    C H A R I V A R I S] C'eft le mot dont on fe fert ordinairement, d'où les Auteurs Latins on fait *Charivarium ,* & *Carivarium.* Les Provenceaux difoient *Charavils ,* comme en font foi les Statuts de leur Province. Les Tolofains difent *Chaillibari ,* d'où apparemment l'Auteur des remarques du Droit François *verb. Injures num.* 8. *& feq.* a dit par corup- tion *Callinari ,* ou peut-être *Callivary* on difoit auffi *Chavaric* dans le bas Languedoc par un mot abregé de Charivary ; ainfi il eft porté par les privileges de la ville de Nîmes *privil.* 12. *que en ladite Cité ne pourra être fait Chavaric quand aucun des Habitans fe marie en fecondes nôces.* Plufieurs Auteurs graves , & fur tout parmi les Jurifconfultes , n'ayans pas trouvé qu'il fût indigne d'eux de rechercher l'etymologie de ce mot, on ne doit pas trouver mauvais que je dife ce que j'en penfe. Je dis donc que Brodeau perd le titre de *judicieux* [qu'on a accoûtumé de lui donner au Parlement de Paris , quand on le cite] lors qu'il veut *loc. cit. num.* 18. que ce mot tire fon origine de χαρα & Καππα´χιιν , par rapport à la coûtume ufitée aux nôces des Romains, de jetter des noix dans la ruë , pour que le bruit qu'elles faifoient en tombant , & celui des jeunes enfans qui les ramaf- foient en chantant des chanfons lafcives , dérobaffent la connoiffance de partie de ce qui fe pouvoit faire dans la chambre des nouveaux mariez lors de leur premiere entreveuë , *quando illa multa tam jocofa fiebant* ; car à tirer la chofe de fi loin [outre que cela n'a nul rapport avec l'injure qu'on pretend de faire aux fecondes nôces par le Charivary] il feroit auffi vrai de dire , que ce mot derive plûtôt , comme quelques-uns l'ont creu , des danfes lafcives des Corybantes , qu'on imite fouvent en faifant le Charivary & cela fur ce que l'on pourroit alleguer que c'étoit la coûtume des Grecs , lors qu'ils celebroient leurs nôces, de faire des danfes au fon des cymbales : d'où vient cette deffenfe du Concile de Lao- dicée ὁ δεῖ χριϛιανυς εἰς γαμυς απερχομενυς, βαλλιζειν ἢ ορχειϛθη. Ceux qui ont voulu faire venir ce mot de καρηβαρεω ont affez bien imaginé la chofe ; mais s'il ne faut qu'imaginer quelque rapport pour donner l'etymologie d'un mot, pourquoy ne pourroit- on pas mieux dire que Charivary derive du mot Chaldéen *charifot,* qui fignifie *probrum, ignominia ,* ou de l'ancien mot latin *Carinari,* qui dans les vieux Auteurs & dans les an- ciens Gloffaires , vaut autant que *probra injicere , illudere ,* ou *rectare :* ou qu'en pro- nonçant Challibari avec les Touloufains, il tire fon origine du mot Grec καλαβριζειν , c'eft-à-dire fe jouër & fe mocquer de quelqu'un ; puis qu'au fonds les Charivaris [ou *Chalmaris* encore, & *Charevaris*] ne fe font pas dans une autre veuë Pour venir à la plus vrai-femblable origine , il me femble qu'elle a été trouvée par ceux qui ont creu que *Charivarium* avoit été dit pour *Chalybarium* ; parce qu'en effet on n'y employe ordinai- rement que des fonettes , des poefles , des chauderons , & autres telles batteries de cuifine faites de metail *ex chalybe :* de là vient auffi que les Italiens difent *la fcampanata ,* que

Adriano Politi explique par *lo strepito di Compacnacci , o daltri strumenti che fanno i contadini alle ve dove quando si rimaritano.* Et Farinacius en sa pratique criminelle *part.* 3. *qu.* 105. §. 93. traite *de faciente viduis scampanatas.* Au reste, Joannes de Carronibus en son traité des secondes nôces sur la Loy *Hac edictali ,* appelle le Charivari, *Capromaritum ;* peut-être pour marquer que les personnes qui passent à des secondes nôces , sur tout les femmes , peuvent être accusées de quelque intemperence , & d'avoir la lasciveté des boucs. Peut-être fait-il allusion à la coûtume de quelques Villes de Languedoc , où pour faire le Charivari on se sert des plus longues cornes qu'on puisse trouver, pour en faire autant ou plus de bruit qu'on en fait autrement avec des chauderons , ou peut-être encore qu'en se servant des cornes , on pretend rendre le Charivari plus injurieux , à cause du mistere qu'elles renferment.

Cautions.

TITRE XX.

ARR. I.

LE vingtiéme jour de Juin mil cinq cens vingt , en élargissant certains prisoniers à la Requête de Veza Abbé d'Aunes contre Hebrard , a été dit , que d'oresnavant sera mis en élargissement , que les fermances & cautions , cautionneront de payer toute chose.

Femme receuë pour caution.

ARR. II.

DU Samedy vingt-sixiéme Mars mil quatre cens quarante-six , aujourd'huy Demoiselle Alix , veuve du feu sieur de Mirepoix s'est constituée caution , & promis payer pour Todette de Verviellés sa Demoiselle , ce que sera ordonné par la Cour , tant aux Commissaires qui ont vaqué à l'interroger, comme aux Huissiers pour leur garde , durant le temps que ladite Todette a été prisonniere.

S'est constituée caution] La femme qui fit ce cautionement le pouvoit faire valablement dans deux égards. *Primò* , parce que le Velleien n'a pas lieu en caution judiciaire , *judicatum solvi , aut judicio sisti.* Papon liv 7. tit. 1. art. 11. en cite un Arrest. *Secundò* , parce que suivant la coûtume de Toulouse , si tant est que cette femme y fût sujette , elle pouvoit cautioner , le Velleien n'y étant pas observé.

ARR. III.

PAr Arrest du vingt-septiéme Janvier mil cinq cens huitante-trois , Cazanove , Chanoine de S. Sernin en Toulouse , fut relevé & restitué en entier d'un cautionnement qu'il avoit fait pour un sien frere prisonnier , à cause de sa minorité , & d'icelle ayant fait apparoir, bien que lors dudit cautionnement il fût Prêtre.

De sa minorité] La minorité ne pouvant pas être prouvée par un baptiftaire attefté & figné en la forme qu'il faut, ni par la declaration du pere de l'enfant couchée dans fon livre de memoires, peut être prouvée par témoins, fuivant l'Arreft donné le 2. Mars 1675. en faveur du nommé Lagarde, contre Mr. le Procureur General, conformément à l'article 14. du tit. 20. de l'Ordonnance de 1667.

Il fut Prêtre] Il y a un autre prejugé dans d'Olive liv. 4. chap. 15. on jugeoit pourtant la queftion autrefois d'une autre maniere en ce Parlement, fuivant l'Arreft rapporté par *Ferrer. in qu.* 88. *Guid. Pap.* dont le fentiment n'eft pas fuivi. *V. Mayn.* liv. 3. ch. 37. & le Canon. 20. des Apoftres, fuivant lequel le Clerc qui fe rendoit caution meritoit d'être depofé. Κληρικὸς ἐγγύας διδὲ, καθαιρείσθω.

ARR. IV.

PAr Arreft du dernier de Mars mil cinq cens huitante-trois en la Grand'Chambre, après partage fait en icelle, & départi en la premiere des Enquêtes, entre un du Puy, Bandinelly, & Vitalis fut dit que le payement fait par la caution au creancier principal eft acquife à ladite caution, l'action, ou fubrogation en icelle, fans autre fubrogation ni ceffion, & eft telle caution allouée au même rang, & date que le creancier principal.

Sur autre fubrogation] Le caution, qui paye le creancier, entre & fuccede en fa place, fans aucune fubrogation, *tacito juris intellectu, & legis poteftate*, la Loy fuppléant au deffaut du creancier; ainfi l'on peut dire que la ceffion eft inherente au payement de caution; il a même cet avantage, que s'il n'a pas renoncé dans l'obligation au benefice d'ordre, il ne peut être contraint qu'après la difcuffion du debiteur principal, & l'exception de n'avoir renoncé au benefice d'ordre, quoy qu'à la verité dilatoire, & qu'ainfi elle d'eût être oppofée *in limine litis* avant la conteftation de la caufe, peut être pourtant oppofée, à caufe de la faveur du caution, *in quacumque parte litis, etiam in caufa appellationis*, tout de même que fi elle étoit purement peremptoire. *Ferrer. in qu.* 94. *Guid. Pap.* d'Olive liv. 4. chap. 22. encore faut-il que pour que le creancier ait prife fur la caution qui n'a pas renoncé, il fafle vuider la diftribution des biens du debiteur, qu'il la pourfuive jufques à un bail & mife en poffeffion de ces biens, c'eft-à-dire jufques à ce que l'infuffifance des biens paroife; car c'eft un abus de croire qu'une Ordonnance d'allocation foit une parfaite difcuffion, puifqu'elle ne dépouille pas le debiteur de fes biens. Il y en a Arreft du 9. Février 1666. donné au rapport de Mr. de Mauffac, en la premiere Chambre des Enqueftes, entre Boiffonade Receveur de la Ville d'Agen, & Me. Cambon, Confeiller au Prefidial de la même Ville, par lequel Arrêt il fut ordonné qu'avant dire droit le creancier feroit vuider la diftribution des biens de fon debiteur.

Allouée au même rang] Même pour les interêts payez dans le temps du cautionement, & non pour ceux qui ont été payez par le caution, *poft dimiffum creditorem*. D'Olive liv. 4 chap. 21. Boné Arr. 101.

Cession de biens.

TITRE XX.

ARR. I.

CEssion de biens n'est reçuë aprés une condamnation diffinitive par Arrêt ; ainsi que fut jugé par Arrêt du mois de Mars mil cinq cens nonante-cinq, comme aussi quand il y auroit eu du côté du cessionaire dol & fraude , comme d'une tutelle , depost & administration publique : car en ce cas les tuteurs pour les deniers pupillaires , dont ils sont redevables , les depositaires des biens de Justice , receveurs & administrateurs publics , comme Hôpitaux , Maladeries , & autres semblables , ne sont recevables à ladite cession , comme par plusieurs Arrêts dudit Parlement de Toulouse a été souvent jugé.

Condamnation diffinitive] Il faut encore que la condamnation soit contradictoire , aux termes de l'art. 3. de la coûtume de Paris ; & ceux-là se trompent qui croyent que le répy [qui approche de la cession des biens par plusieurs rapports qu'ils ont ensemble] peut être obtenu contre les Sentences , *à quibus appellari potest* , comme sont celles des Juges subalternes , se fondans sur ce que dit Faber en son Code *l. 1. tit. 9. defin.* 4. puisqu'il ne veut dire autre chose si ce n'est que le repy n'a pas lieu pour dette adjugé sur confession , ou par jugement acquiescé ; parce qu'un jugement de cette nature passant en force de chose jugée , l'appel n'en peut pas être reçu , c'est dans ce sens que sans distinction de Jugement donné en Cour Souveraine ou en Cour Subalterne , il faut expliquer ces termes de ladite definition , *Cùm de eo debito agitur , quod descendit ex sententia , quæ transivit in rem judicatam , & à qua non possit appellari.*

Les Depositaires des biens de Justice] Toutefois une femme mariée étant depositaire des biens de Justice , peut faire cession. *Bouguier lit. C. num.* 3.

Cession des droits litigieux.

ARR. II.

UNe cession faite aux Religieux des droits litigieux , fut déclarée valable par Arrest du vingt-quatriéme Février mil cinq cens septante-un , contre le Procureur General , prenant la cause pour les Cordeliers , contre la femme de Bories.

ARR. III.

LE vingt-deuxiéme Mars mil cinq cens cinquante huit à la redde, un homme qui s'étoit rendu impetrant Lettres en cession de biens fut admis contre un creancier qui lui avoit prêté six cens livres pour sortir des prisons où il étoit detenu, à la Requête d'un

Gentil-homme, pour certaines calomniations & amendes in-
dictes, à raison de ce, dont l'Avocat de partie adverse faisoit
grande instance, disant que d'autant que la dette descendoit
d'une communauté, de tant que l'argent étoit appliqué à payer,
& demeurer d'accord avec celui que ledit debiteur avoit calomnié, qu'il ne devoit point être admis *ad suplicata*.

Droit de Chapelle.
TITRE XXI.
ARR. I.

EZ Chapelles non spiritualisées, le Pape ne doit mettre la
main, & ses provisions ne sont reçuës. Arrêt du quatriéme
Fevrier mil cinq cens quarante-quatre.

Non spiritualisées] Ce sont les Chapeles qui sont fondées par les Laïques, non approuvées par l'Evêque Diocesain, & qui n'étans pas spiritualisées en benefices, ne sont
que des Oratoires privez.

Ses Provisions ne sont reçuës] Au contraire l'on peut apeller comme d'abus de l'execution de telles Provisions ; parce que les Chapelles privées, & non spiritualisées, ne peuvent pas être conferées en titre de Benefice, & que les Provisions Apostoliques ne peuvent
être impetrées que pour benefices, ou pour choses qui participent de leur nature. ℣. *Perez
de Lara. tract. de Anniv. &c. l. 2. c. 1. n. 39. & Ferrer. in qu. 187. Guid. Pap.*

ARR. II.

LE Cardinal Stroffy fut condamné payer au Chapitre de Beziers
la somme de sept cens livres pour le droit de Chapelle &
ornemens, le dixiéme Juin mil cinq cens soixante-sept. Le même a été jugé pour le Sindic du Chapitre S. Sernin, contre l'Abbé, soûtenant qu'il n'y avoit coûtume ; & fut dit qu'il payeroit led.
droit de Chapelle au dire d'Experts, suivant la qualité des personnes, & decence de l'Eglise, le quatorziéme Août mil cinq cens
huitante-sept, & en l'année mil cinq cens nonante-un au rapport
de Mr. Assezat, le Comte de Carmaing, comme heritier de Messire Paul de Foix, Archevêque de Toulouse, fut condamné pour le
même droit, en trois mille écus envers le Chapitre S. Estienne,
bien qu'il n'eût jamais joüi, & qu'il n'apparût de Coûtume.

Châteaux rasez.
TITRE XXII.
ARR. I.

LE Jeudy vingt-troisiéme Decembre mil cinq cens soixante-
huit, Arrest que les Châteaux de Frauconville, & Sauffens,

de

& de tant qu'ils ne servoient que de receptacle & retraite pour les Huguenots, qui faisoient une infinité de maux, seroient rasez, & mis à terre.

Seroient rasez.] Ainsi par Arrest du Parlement de Paris en datte du 24. Avril 1624. & executé le 27. du même mois, il fut ordonné que toutes les maisons des nommez Bouteville, le Comte de Pontgibault, le Baron de Chantail, & des Salles, pour la contravention aux Edits des duëls par eux faite le jour de Pâques, seroient démolies, rasées, & abbatuës, & les fossez comblez, avec deffenses à toutes personnes d'y rebâtir ni édifier. Quelquefois, & suivant les circonstances, on a usé des deux temperamens ; car où l'on a ordonné que la maison dans laquelle le crime a été commis, demeureroit deserte, avec deffenses à toutes personnes d'y habiter ; & c'est ainsi que Sance Ramires, Roy d'Arragon, l'ordonna vers la fin du onziéme siécle par le jugement qu'il prononça contre Garcia, fils d'Aznar Athon, pour avoir tué dans la nuit & dans sa maison, le Comte Centulle, dont il étoit Vassal. *Hist. de Bearn par de Marca liv.* 4. *chap.* 20. *num.* 1. où l'on a ordonné le rasement de partie du Château, dans lequel le prévenu faisoit sa residence, ou dans lequel il avoit commis le crime suivant le cas, ainsi par Arrest des Grands Jours de Nismes, donné au rapport de Mr. Delong le 26. Janvier 1667. il fut ordonné entr'autres choses, que deux Tours du Château du Comte de Cheylus seroient rasées.

Confiscations.

TITRE XXIII.

ARR. I.

ON demande si quelqu'un est condamné pour crime par lui commis en un païs où confiscation a lieu, & par Sentence ses biens confisquez ; sçavoir, si les biens qui seroient en une autre Province, où les biens ne peuvent être confisquez, le seront. Par Arrest du treiziéme Fevrier mil cinq cens huitante-huit, donné à la Tournelle, fut dit que non.

Fut dit que non] à quoi est conforme Maynard *liv.* 8. *chap.* 86. & les biens non sujets à confiscation appartiennent aux successeurs. *V. l'art.* 6. *du present titre.*

ARR. II.

La publication de l'Edit en faveur de Monsieur le Chancelier de France, par lequel le Roy lui donne toutes les confiscations dépendant de falsification de seaux, fut faite le vingt-deuxiéme Novembre mil cinq cens quarante-sept en audience.

Chancelier de France.] Brodeau sur la Coûtume de Paris *tit.* 183. *num.* 27. rapporte tout ce qui se peut dire sur ce sujet ; il y a seulement à ajouter, que les confiscations dont il s'agit, ne commencerent d'être adjugées aux Chanceliers, que du temps de Pierre d'Orgemont, qui fut fait Chancelier de France par voye de Scrutin, sous le Roy Charles V. le 20. Novembre 1373.

ARR. III.

AU Parlement de Touloufe n'y a point lieu de confifcation de biens pour le fimple homicide de foi-même, fi ce n'eft au cas que celui qui s'eft defefperé & tué, fût accufé & prevenu de crime capital ; auquel cas en étant convaincu, la confifcation y échet & a lieu ; ainfi jugé par Arreft en la Chambre criminelle, entre le Seigneur de Badens & Beuqueran, le vingtiéme Juillet mil fix cens.

V. le liv. 1. tit. 37. art. 1.

ARR. IV.

LEttres & Edit du Roi François premier, qu'en cas de leze-Majefté, ou felonie, les confifcations feront au Roy entierement ; nonobftant aucunes fubftitutions, *fol. 155. lib. 4. ordinat.*

Edit du Roy.] C'eft l'Ordonnance de Villiers-Cofterets du mois d'Aouft 1539. art. 7. & 8.
Ou felonie.] Touchant la diftinction qu'on fait fur ce fujet, *inter feudum avitum, & feudum paternum. V. le Journal au Palais tom. 4. pag. 148. feqq.*
Seront au Roy.] *V. dans les Opufcules d'Antoine Loifel pag. 232. & fuiv.* Le Plaidoyer de Mr. du Mefnil Avocat du Roy, pour prouver qu'en crime de Leze-Majefté Divine & humaine, le Roy confifque le fief, *omiffo medio*, & fans charges.
Nonobftant fubftitutions, & fans diftinguer *inter venientes ab inteftato, aut ex teftamento*, comme prefque tous les Docteurs ont fait fur la Loy, *quifquis C. ad leg. Jul. majeft.* car l'Ordonnance du Roi, qui eft une Loy inviolable, n'ufe d'aucune diftinction. On ne s'arrête pas même à ce que les fubftituez, fuffent-ils enfans, pourroient dire, que n'y ayant à leur égard qu'incapacité, & non indignité, les biens leur doivent être deferez ; & il faut remarquer que la peine eft irremiffible, quand le crime de Leze-M jefté eft joint à celui de Felonie.
V. Ferrer. in qu. 341. Guid. Pap.

ARR. V.

EN l'an 1566. Jean Pomiez étant condamné à mort, & fes biens confifquez, pour avoir tué fa femme, par Sentence du Juge ordinaire, ladite Sentence confirmée par Arreft avant l'execution dudit Arreft pour certaines confiderations differée, le condamné meurt. Le Seigneur Jufticier demandant la confifcation, en eft démis ; par Arreft donné en la grand'Chambre, fur le partage fait à la Tournelle ; parce que le corps ne fe trouvant confifqué, qui eft le principal, les biens qui eft l'acceffoire ne le pouvoient être.

Ne le pouvoient être] Les raisons en sont touchées par Maynard au liv. 4. chap. 52. où il rapporte le même Arrest. Et en général il est certain qu'un prévenu mourant avant la prononciation de sa condamnation à mort, la confiscation des biens n'a pas lieu, tant par la raison de la Loy *Cùm principalis de reg. jur.* prise de la dependance que l'accessoire a du principal, que parce qu'audit cas le prévenu *integri status decedit*, & qu'ainsi ses biens passent à ses heritiers. *D D. ad leg. 2. ff. de bon. cor. qui ant. sentent. mort. sibi conscivit.* que si Maynard au liv. 8. chap. 88. rapporte un Arrest contraire, il faut remarquer qu'au cas de cet Arrest il s'agissoit d'un prévenu, qui dans sa réponse personnelle avoit confessé le crime qui faisoit le sujet de sa prévention, ce qui devoit tenir lieu de condamnation, auquel cas *sententia ferri poterat declaratoria delicti, cum publicatione bonorum*, à moins que l'heritier en revoquant la confession, eût prouvé l'innocence du défunt. *Peregr. de jur. fisci. lib. 4. tit. 5. num. 36. V. Aufrer. in decis. 150. Capel. Thol.*

ARR. VI.

V Ital Brunet, habitant du ressort du Parlement de Toulouse, est condamné à mort en Espagne, pour un meurtre par lui commis audit païs, auquel les confiscations n'ont point de lieu. Ses parens en France veulent succeder à ses biens, comme n'étans confisquez ; le Procureur General du Roy s'y oppose, disant les biens étans en France appartenir au Roy, suivant la coûtume generale du Royaume, que qui confisque le corps, confisque les biens. Par Arrest general du 23. Decembre mil cinq cens huitante lesdits biens sont confisquez au Roy, distraits au préalable les frais, en faveur de celui qui en avoit fait les poursuites.

Est condamné.] Cet Arrest, avec les raisons sur lesquelles il fut donné, sont rapportées au long par l'Auteur au liv. 4. tit. 5. *verb. testam. art.* 15. où il faut remarquer que pour conserver le legat pie, fait au Convent des Augustins de la vallée d'Aram en Espagne, le Parlement l'adjugea par forme d'aumône à ces Religieux, afin de prier Dieu pour l'ame de ceux que le prévenu avoit fait mourir ; sans quoi ils n'en eussent pas pû profiter, quelque favorable que fût la cause pie, & quelque permission que le Juge eût donné audit prévenu de tester. *Duranti qu. 27. num. 1. & d'Olive liv. 5. chap. 7.*

Sont confisquez au Roy.] Cet Arrest qui est rapporté au liv. 4. *verb. testam. art.* 15. ne doit pas être tiré à consequence, parce que les Sentences ne pouvant pas operer plus que leurs termes ne portent, comme dit Charond. *en ses observat. verb. condamné* ; il est certain que la confiscation qu'elles ordonnent, ne peut pas s'étendre aux biens du condamné qui sont dans une autre Province, excepté lorsqu'il s'agit de crime de Leze-Majesté. Sur quoi l'on peut voir Ricard en son tr. des Donations [de l'Edit. *in folio.*] part. 1. *num.* 262. *& suiv.* Ferrerius *in qu.* 341. *Guid. Pap.* & *Chopin de Doman. Franc. lib.* 3. *cap.* 12. *num.* 25.

Collation.

TITRE XXIV.

ARR. I.

EN la cauſe de M. Germain Vareclay, par Arreſt du ſeptriéme Juillet mil cinq cens cinquante - huit fut jugé que collation neceſſaire. entre Collateurs qui conferent alternativement fait tour.

Commiſſions.

TITRE XXV.

ARR. I.

LA Cour fait deffenſes aux Senéchaux, & autres Juges de commettre d'oreſnavant la confection des enquêtes ès inſtances principales, à leurs Greffiers ou Nôtaires, ni autres perſonnes que aux Magiſtrats ou Graduez, & autres de la qualité portée par les Ordonnances Royaux. Arreſt prononcé le dixiéme Septembre mil cinq cens huitante-ſept, entre Bertrand Conegur.

A leurs Greffiers] Ou à leurs ſubſtituez, ſuivant l'art. 1. du tit. 46. de ce liv. *V. le liv.* 2. *verb. Enquête art.* 1.

Ou Notaires.] Ils ne peuvent pas auſſi faire des enquêtes principales. *l'art.* 9. *dudit tit.* 46.

ARR. II.

PAr Arreſt donné en la grand'Chambre, au mois de Janvier mil cinq cens ſeptante-deux, fut dit qu'un Senéchal ne peut commettre ou ſubroger autre, qu'un Officier de ſon reſſort, & que l'adreſſe au premier Magiſtrat Royal s'entend & ſe rapporte à celui qui eſt de la Senéchauſſée, ſans pour ce moyen en pouvoir être pris & choiſi d'autre Senéchauſſée.

De ſon Reſſort.] Quand l'enquête ſe doit faire dans l'étendüe de ſon Reſſort.

Au premier Magiſtrat.] Cela eſt vrai, quoique l'adreſſe au premier Magiſtrat Royal portée par la commiſſion, ſemble pouvoir être entendüe de quelque reſſort que ſoit le Magiſtrat, ou de quelque reſſort que ſoit le Gradué quand la Commiſſion s'adreſſe au premier Docteur gradué. *Arg. cap. Statuum* 11. *de reſcript. in* 6. *V. l'art. ſuivant.*

Arr. III.

LE cinquiéme Mars mil cinq cens trente-sept en la grand'-Chambre, la Cour vuidant le Registre, entre M. Gaspard Alemand, a ordonné, qu'en ce que l'enquête desdites Parties aura besoin être faite au païs de Dauphiné, & ailleurs dans le Royaume, la commission sera dressée à M. Jean Robert Conseiller du Roy en ladite Cour, Commissaire à ce deputé, lequel entant que ladite enquête convient être faite à Rome, & autres lieux hors du Royaume, & terres du Roy, pourra subroger le premier des Auditeurs de la Rote, & autres Magistrats que besoin sera, & chacun d'eux.

Commis subroger.] Regulierement quand une procedure est commencée par un Commissaire, elle doit être achevée par le même Commissaire, *arg. l. si mandavero. ff. mandat.* au cas pourtant de l'Arrest rapporté par l'Auteur il en est autrement, jusques-là que quoique le Juge delegué ne puisse pas subdeleguer. *L. à judice Cod. de judic. & leg. prætor. verf. si post causam. ff. de vacat. muner.* par cette raison que *nihil proprii delegatus habet, sed vice & munere delegantis fungitur,* il le peut quand il en a pouvoir du Juge qui commet. Au reste, quand au cas de l'article second de ce titre, le Senéchal ne peut pas commettre un Officier qui soit hors de son Ressort, c'est entr'autres raisons, parce que si tel Commissaire delinquoit en sa charge, il ne pourroit pas être puni ni mulcté par le Commettant, pour être hors de son Ressort & de la Jurisdiction.

Commutation de Toulouse.

TITRE XXVI.

Arr. I.

LE dixiéme Février mil cinq cens cinquante-deux Arrest prononcé au barreau sur les Lettres patentes du Roi, portans permission aux Capitouls de Toulouse, de lever & prendre certains deniers de l'entrée du vin, des marchandises & autres denrées y declarées durant dix ans, pour iceux deniers être employez à la construction du Pont sur la Riviere de Garonne.

Congruë portion.

TITRE XXVII.

Arr. I.

LEs Recteurs ou Curez ne sont tenus imputer en leur congruë portion les distributions quotidiennes, ni les offrandes

& Anniverſaires volontaires, comme il fut jugé par Arreſt de l'an mil cinq cens quarante-trois au profit du Recteur de la Chapelle, contre le Syndic de la Chapelle Nôtre-Dame de Beaumont en Roüergue.

LES DISTRIBUTIONS.] Les Curez ou Vicaires ne ſont pas tenus d'imputer ce qu'ils prennent *extra jus Eccleſie*, comme ſont les offrandes, les diſtributions quotidiennes, & les anniverſaires volontaires : mais ils ſont tenus d'imputer à leur portion congruë, ce qu'ils prennent du droit propre & certain de l'Egliſe, comme ſont les revenus certains & ordinaires. *V. Fevret de l'abus tom. 2. liv. 6. chap. 1. num. 12. Mayn. liv. 1. chap. 29. Rebuff. de congr. portio. num. 86.*

Conſeil general.
TITRE XXVIII.
ARR. I.

PAr Arreſt du 2. Octobre mil cinq cens vingt-cinq, dit a été que la Cour a enjoint au Vicaire General de l'Archevêque de Touloufe, Recteur & Docteurs Regens de l'Univerſité, & à tous autres habitans & reſidans en Touloufe ; & auſſi aux Magiſtrats ſi beſoin eſt, d'eux trouver en tous les Conſeils generaux qu'il ſera beſoin convoquer & aſſembler pour le bien & profit de la choſe publique, & y faire leur devoir, comme bons Citoyens & loyaux Sujets du Roy : enjoignant auſſi aux Capitouls de ladite Ville que auſdits Conſeils ils appellent ledit Archevêque ou ſon Vicaire General, que ledit Recteur Syndic & Docteurs Regens, & tous autres qu'il appartiendra, ainſi & en ladite forme qu'a été accoûtumé faire par le paſſé.

EN TOUS LES CONSEILS.] Par Arreſt du 14. Janvier 1643. au rapport de Mr. de Torreil, il fut ordonné que Me. Antoine de Salvanie Recteur de la Ville d'Auterrive, ſeroit appellé en toutes aſſemblées publiques & particulieres qui ſeroient faites dans lad.Ville, concernans les affaires de lad. Ville, enjoignant à ces fins aux Conſuls d'icelle de l'y appeller, à peine de 4000. liv. d'amende & autre arbitraire, auſquelles aſſemblées la Cour maintint ledit Recteur au droit & privilege de tenir place & rang, immediatement après le Magiſtrat qui y préſideroit, & Conſuls de ladite Ville. Le Parlement donna encore Arreſt au rapport de Mr. le Noir le 29. Aouſt 1657. par lequel il fut ordonné que Me. Jacques Gally Recteur de Levignac, ſeroit appellé aux Aſſemblées & Conſeils ordinaires & extraordinaires, generales & particulieres, ſoit pour l'élection Conſulaire, impoſitions, cottiſations, dons gratuit, emprunts, deputations, reparations, pourſuite de procez, reddition de comptes, & autres Aſſemblées qui ſe feroient audit Lieu, où il auroit voix deliberative ; comme auſſi à la diſtribution des aumônes, auquel effet la Cour ordonna que les Mandemens ſeroient ſignez, tant par ledit Gally que par les Conſuls, faiſant inhibitions & défenſes, tant auſd. Conſuls, que Marguilliers dud. lieu, de diſtribuer les aumônes, qu'au prealable ledit Gally n'eût ſigné les Mandemens, à peine de 1000. liv. & autre arbitraire ; & ſur même peine audit Gally de diſtribuer leſdites aumônes ſans le conſentement & aveu deſdits Conſuls.

Consignation.

TITRE XXIX.

ARR. I.

PAr Arrest de la Cour de Parlement de Toulouse, donné au rapport de Monsieur Joffé, entre Raymond Vialar appellant du Senéchal de Toulouse, & Jean de Valiech appellé le vingt-fixiéme de Janvier mil cinq cens septante-cinq, fut confirmée la consignation ordonnée par le Senéchal de Toulouse en vertu d'un instrument garantigié : nonobstant que le debiteur eut obtenu lettres en rescision de contrat, fondées sur minorité, *Ex l. satis apertè. C. ad l. Cornel. de falf. est enim presumendum pro contractu iterim, cùm sit probatio probata cap. suscitata. De integr. restit. Guid. Pap. q. 225. Rebuff. in tract. de restitut. artic. 1. gl. 1.*

LETTRES EN RESCISION.] Lors qu'il s'agit d'un contrat portant execution parée, on n'en peut pas suspendre l'effet ni éviter la garnison de main, quelque impetration qu'on puisse faire, parce que pendant le cours du procez *omnia in suo statu manere debent. L. unic. C. in integr. restit. postul. ne quid novi fiat;* outre qu'il faut toûjours s'en tenir au contrat jusques à ce qu'on ait prouvé les faits qu'on allegue pour l'aneantir. *L. cum precibus. C. de probat.* à cause dequoi il le faut entretenir jusques à ce qu'il soit declaré nul. *DD. ad L. Satis apertè. C. ad leg. Cornel. de falf.* c'est pour cela qu'on ordonne la consignation, à la charge par le creancier de tenir la somme sous la main du Roy & de la Cour, & comme depositaire de Justice; mais il faut que la somme soit liquide, & que l'obligation ne soit ni barrée ni rayée, ni rompuë; il faut même qu'elle porte realité, quand on la veut debattre par exception, *non numeratæ pecuniæ;* autrement la garnison de main n'auroit pas lieu, non plus qu'au cas d'une obligation consentie notoirement par un fils de famille, qui n'auroit pas demeuré dix ans hors de la maison de son pere, parce que la validité d'une telle obligation dépend de la preuve que le creancier doit faire, comme la somme y contenuë a été employée utilement & pour cause necessaire.

ARR. II.

Consignation prohibée és mains des Clercs, ou parens.

EST fait inhibitions à tous Juges & executeurs, d'ordonner aucuns dépôts ou consignations és mains de leurs Clercs, parens, ou domestiques. Par Arrest du vingt-troisiéme Avril mil cinq cens cinquante-quatre.

V. le Liv. 2. tit. 3. verb. Dépost. art. 1.

Consuls.

TITRE XXX.

ARR. I.

ARreft de conſequence & de reglement ſur le Conſulat de Château-ſarrazin, d'entre le Syndic de Château-ſarrazin, & Varnelos, prononcé en Audience le ſecond Juin mil cinq cens cinquante-un, portant auſſi prohibition de ne mettre en afferme les taillles & dommages faits par le beſtail en terres & poſſeſſions dudit Conſulat : mais en faire faire ſatisfaction ſelon l'occurrence des cas, à ceux auſquels aura été fait le dommage.

Faire ſatisfaction.] Pour la moindre petite échapée que le bétail fait dans le fonds d'autrui, on agit la pluſpart du tems par action criminelle, en quoi le trop grand abus qui s'eſt gliſſé, ſur-tout dans les Juriſdictions Banneretes, devroit être corrigée ; non ſeulement parce que tout ſe reduiſant à des ſimples dommages, il faut ſe contenter d'en pourſuivre la condamnation ; mais même parce qu'il eſt certain en Droit que l'action de *Pauperie* n'a pas lieu pour le bétail qui eſt trouvé paiſſant ſur le fonds d'autrui, le dégat que le bétail a cauſé devant être reparé *actione in factum*, ſuivant la déciſion formelle de la Loy *qui ſervandarum ff. de præſcript. verb.* j'excepterois les recidives affectées.

ARR. II.

AU mois d'Octobre mil cinq cens nonante-un, entre Jugon & Pierre Flambaud Conſuls de Lagardelle, fut jugé au rapport de Mr. Percin ſur certain partage, que Flambaud ſeroit ſecond Conſul, comme l'élection le portoit, confirmée par les Dames dudit lieu ; bien que Jugon eût été plûtôt en cette charge ; pource qu'on a voulu ſuivre le jugement des Seigneurs, qui doit être preferé à la prérogative du temps. Ils étoient tous deux Marchands, autre choſe pourroit être s'ils euſſent été de qualité differente.

Cet Arreſt eſt rapporté par Cambolas liv. 1. chap. 18. qui remarque qu'au cas d'icelui les Conſuls étoient tous deux Marchands, & qu'ils euſſent pû être reglez pour la preſſeance d'un autre maniere, s'ils euſſent été de qualité differente.

ARR. III.

NE pourront être élus pour Conſuls pere & fils, beau-frere & frere, ni parens juſques au quatriéme degré par Arreſt du dix-huitiéme Juillet mil cinq cens huitante.

ARR.

ARR. IV.

EN Audience le huitiéme Aouft mil cinq cens cinquante-trois, prohibé d'élire Conful qui foit officier du Roy.

* *Qui foit Officier*] L'ufage eft contraire, & tant s'en faut que la qualité d'Officier du Roy n'excluë une perfonne des charges politiques, qu'au contraire le Parlement admet les Officiers au Confulat, & aux autres charges politiques, à moins que la coûtume des lieux n'y refifte. Témoin l'Arreft donné en la Grand'Chambre, au rapport de Mr. d'Olivier le 28. May 1663. en faveur de Me. Pierre Pouget, Procureur du Roy au Siege de S. Tubery, contre le nommé Beffede. Et quand dans les Villes qui entrent aux Etats de la Province, on ne voit pas que les Officiers du Roy ayent part au Confulat, c'eft moins par exclufion, que parce qu'aux Eftats on ne reçoit aucun Officier du Roy en qualité de député, pour y opiner, à caufe de la fufpicion que donne leur caractere, qui fuppofe un engagement entier dans les interefts du Prince.

ARR. V.

LEs Confuls de Gimont en l'an mil cinq cens feptante-huit pour avoir entrepris de faire prêcher un Religieux de l'Abbaye, le jour de la Touffaints en l'Eglife Paroiffielle, contre le vouloir de Monfieur l'Evêque, & du Vicaire general, furent condamnez en dix écus d'amende, avec inhibitions au Lais de s'entremettre des fonctions & charges de l'Eglife, lequel Arreft fut prononcé l'an mil cinq cens feptante-neuf par Monfieur Daffis premier Préfident au Parlement de Touloufe.

FAIRE PRESCHER] Cet Arreft eft rapporté au long fous le tit. 39. du liv. 1. *verb.* Confuls. art. 6. Or que perfonne ne puiffe entreprendre de prêcher fans la permiffion de l'Evêque. *V. le traité de l'Abus par Fevret liv.* 3. *chap.* 4. *num.* 22.

Contrats.
TITRE XXXI.
ARR. I.

Refcifion des contrats par lefion d'outre moitié de jufte prix.

ESdites refcifions il ne fuffit pas que le vendeur prouve la lefion de la moitié de jufte prix : mais il faut qu'il prouve y avoir lefion outre & plus que du jufte prix. Ainfi que fut jugé par Arreft en un procez de Barutels de Callac en l'an mil cinq cens feptante-huit fuivant la *l.* 2. *C. de refcind. vendit.*

QUE DU JUSTE PRIX] Il faut lire, *outre & plus que de la moitié du jufte prix :* la lefion de la moitié du jufte prix ne fuffit pas, il faut quelque chofe par deffus, n'y eût-il qu'un écu ; *fi uno nummo tantùm fupra mediam jufti pretii partem lefio fit,* comme dit Gregoir. Tolof. *In fyntagm. jur. lib.* 25. *cap.* 24. *num.* 13. Et en effet fuivant la Loy *Rem*

Ffff

majoris pretii C. de refcind. vendit. minus pretium effe videtur, fi nec dimidia pars jufti pretii foluta fit. Au refte, quand on demande la refcifion d'un contrat avec le fecours des Lettres Royaux, il ne fuffit pas de les avoir impetrées dans les dix ans utiles, fi on ne les a auffi fignifiées dans ce temps-là; c'eft l'ufage de ce Parlement, conforme à la Loy *Sicut. C. de prefer.* 30. *vel* 40. *annor.* Le Parlement de Grenoble le jugea de même par Arreft donné le 18. Decembre 1669. au rapport de Mr. de la Piere, au profit de Mr. Gaillard Guiran Confeiller au Prefidial de Nifmes & au Parlement d'Orange, qui a été l'un des plus habiles Magiftrats de fon temps, contre Claude Ravanel & Magdelaine de Clement, lequel Arreft je rapporte d'autant plus volontiers, qu'il a prejugé encore que l'interpellation pour le recifoire n'eft pas un moyen legitime pour interrompre le cours du recindant; quoique dife *Argentré fur la Couft. de Bretagne, tit. des Appropriances. art.* 266. *ch.* 12. *n.* 25. V. l'*Oferv. fur l'arr.* 1. *du tit.* 8. *verb. Refcifion de contr. liv.* 3.

Contrats fimoniaques.
TITRE XXXII.
ARR. I.

PAr Arreft de la Cour, donné le feptiéme Janvier mil fix cens cinq, fut caffé un contrat fimoniaque, fait entre le feu fieur Evêque de Commenge, & le fieur de Lanfac, auquel ledit fieur Evêque par ce contrat faifoit dix mil liv. de penfion, pour raifon dudit Evêché, condamna ledit Evêque à payer les arrerages de deux ans audit fieur de Lanfac applicables aux reparations de l'Eglife, & aux pauvres.

Des Curateurs.
TITRE XXXIII.
ARR. I.

Le pere prifonnier ayant fait affigner fes enfans pour voir interiner les Lettres de remiffon par lui obtenuës, requiert qu'il leur foit pourveu de curateur.

LE Vendredy cinquiéme de Mars mil quatre cens cinquante, veuë par la Cour la Requête de Maître Pierre du Puy Juge ordinaire de Carcaffonne, par laquelle il requeroit que la Cour pourveut de curateur à fes enfans, lefquels il fait ajourner, pour voir interiner certaines lettres de remiffion par lui obtenuës du Roy, la Cour a pourveu, pourvoit de curateur en cette caufe aufdits enfans de la perfonne de Maître Thomas Reynal Procureur en icelle, & dudit Reynal a reçû le ferment en tel cas accoûtumé [Cet impetrant lettres de remiffion devoit avoir tué fa femme: car pourquoi feroit-il affigner fes enfans pour voir interiner lefdites lettres; fi ce n'eft pour l'intereft que fes enfans y pouvoient avoir ?]

POURVOIR DE CURATEUR] On donne des curateurs aux perſonnes leſquelles, ou à cauſe de leur âge, ou à cauſe de leur abſence, ou du pitoyable état dans lequel elles ſont, ne peuvent pas être en jugement : cela n'eſt pas pourtant toûjours vrai à certain égard ; ainſi quoique que le ſourd & muet de naiſſance ait beſoin d'un curateur, §. *ſed &c. mente captis. ineſt. de curat.* Il en eſt autrement quand il eſt demandeur en excés ; en ce cas le miniſtere du curateur eſt inutile, pourveu que les actes qu'il fait tournent à ſon avantage, ſuivant l'Arreſt donné en l'Audience de la Tournelle en la cauſe du ſourd & muet de naiſſance, dont j'ay parlé *au liv. 2. tit. 9. verb. Mineurs. art. 5.*

Des Curateurs aux biens.

ARR. II.

PAr Arreſt donné en audience le huitiéme Janvier mil cinq cens ſeptante-un, il fut ordonné qu'il ſeroit pourveu de Curateur aux biens de Fourcaud Serres de Pezenas, de Perſonnage idoine, ſuffiſant, & de loyal compte : pardevant lequel Vaiſſiere, tuteur dudit Serres, rendroit compte de ſon adminiſtration. Si fit la Cour inhibition & défenſe audit Serres de ſe marier ſans le ſceu & conſentement de ſes parens, & autorité de Juge : Car bien que par la diſpoſitions du droit ſoit dit que *invito curator non datur* : Toutefois la puiſſance n'eſt pas oſtée au Magiſtrat de pourvoir de curateur aux biens d'un mineur, ou general, ou particulier ; lors que pour certaines cauſes & conſiderations il eſt beſoin de ce faire. *l: ſive generalis D. de jur. dot. Julius Capitolinus* recite en la vie de *M. Antonius philoſophus* que ledit Empereur ordonna, *ut omnes adulti curatores acciperent non redditis cauſis.*

POUR CERTAINES CAUSES] Ainſi ſuivant les principes du Droit, dans les mariages des enfans des furieux le Magiſtrat devoit être conſulté ; il y faloit même la preſence des parens les plus conſiderables. L. 25. *C. de nupt. his qui ex genere eorum nobiliores ſunt.*

Des Curez.

TITRE XXXIV.

ARR. I.

REquerant d'Aigua Avocat du Roy au Parlement de Toulouſe, en une plaidoirie faite audit Parlement entre les Chanoines de ſaint Sernin de Toulouſe d'une part ; & les Prebendiers de ladite Egliſe, & Bailles de la Table des corps Saints, repoſans en icelle d'autre, fut par Arreſt défendu à tous dudit reſſort ayant charge, & regime des Paroiſſes, & adminiſtration des ames, d'exiger, prendre, ni lever aucune choſe par forme neceſſaire pour les Sacremens de Baptême, Extreme-Onction, Mariage, & autres Sacremens de l'Eglise : ni aussi pour les sepultures, Terrages, & Croix portées aux funerailles, & enterremens, outre ce, que par devotion & volonté leur sera offert, & donné librement sans contrainte, ni pareillement pour faire sonner les cloches esdites sepultures, & funerailles, sauf le salaire de ceux qui sonneront. Ledit Arrest prononcé le vingt-septiéme Novembre mil cinq cens quarante-deux.

NI LEVER AUCUNE CHOSE] L'Ordonnance d'Orleans y est conforme en l'art. 15. aussi bien que l'usage, quoi que plusieurs ayent soûtenu qu'un Ecclesiastique pouvoit prendre quelque chose pour ses fonctions spirituelles, *quibus labor aliquis conjunctus est* ou *pro laboribus extrinsecus adjunctis*, par cette raison qu'ils alleguent, que *tales labores sunt temporales, & pro se pretio estimabiles*; mais quoi qu'autrefois le Parlement affectât de mettre au croc les procez où il s'agissoit du salaire pretendu pour la celebration des Messes, suivant l'Arrest de Maynard *liv.* 1. chap. 1. il a suivi pourtant en dernier lieu l'usage du Parlement de Paris; témoin l'Arrest donné aux Grands-Jours de Nismes le 7. Decembre 1666. en faveur du Sindic des Prêtres de Nasbinals, contre Jean, Elie & Guillaume Barifols dudit lieu; les parties ayans été renvoyées devant l'Evêque Diocesain pour la taxe des Messes.

Pour les Sepultures] Autrefois on exigeoit certain droit pour les sepultures, qu'on appelloit *exenium*, qui fut prohibé particulierement par le Pape Innocent III. *longè enim id erat à regula pietatis & ab Ecclesiæ honestate*; ce qui n'empêcha pas qu'on ne continuât à l'exiger, sous le pretexte de *loüable coûtume* : de là vient que jusques à l'Ordonnance d'Orleans en plusieurs endroits du Bas-Languedoc les Curez avoient accoûtumé de se faire payer un droit de *mortalage*, consistant en une emine de bled pour chaque parroissien qu'on enterroit; ce qui me fait souvenir de l'Ordonnance d'Hippias, dont parle Aristote *lib.* 2. œconomic. suivant laquelle les Atheniens payoient aussi aux Prêtres de Minerve pour chaque mort qu'ils enterroient, deux sestiers d'orge, autant de bled & une obole. χοίνικα κριθῶν, κỳ πυρῶν ἑτέραν, κỳ ὄβολον. Mais quoi qu'à la rigueur on ne puisse demander aucuns droits mortuaires, quelques moderez qu'ils soient, on peut pourtant fort justement demander les frais funebres, quand le Curé les a exposez, parce qu'il est juste qu'il soit indemnisé de ses fournitures, *certei de damno vitando*; & en ce cas le Juge Laïque qui est competent pour prononcer sur la condamnation, peut renvoyer les parties à experts; en effet par l'Arrest des Grands-Jours de Nismes, allegué en l'observation precedente, les Parroissiens furent condamnez de payer à dire d'experts, la cire qui avoit été fournie par le Sindic des Prêtres de Nasbinal. Il est vrai que quand il s'agit des droits mortuaires établis par des anciennes transactions, qui reglent les droits Parrochiaux, & que les Cours ont accoûtumé d'autoriser, on renvoye pour la taxe au Juge d'Eglise. Le Parlement de Dijon a même creu, suivant l'Arrest rapporté par Quarré en son plaidoyé 3. qu'un droit de mortuaire interessant l'autorité de la Religion, & étant une redevance spirituelle, devoit être demandé devant le Juge Ecclesiastique; ce qui ne doit pas être tiré en consequence, la demande de tels droits n'étant ni cause spirituelle, ni cause Ecclesiastique, & devant être faite devant le Juge Seculier, quand le deffendeur est personne Laïque, selon la doctrine de Maynard *liv.* 1. chap. 1. d'Imbert *liv.* 1. chap. 25. de Papon *liv.* 10. t. 8 ar. 8. & de Fevret en son tr. de l'abus l. c. ch. 8. n. 3. Au reste, bien que l'art. 51. de l'Ordonnance de Blois deroge à l'art. 15. de celle d'Orleans, & qu'il conserve les Curez aux droits Parrochiaux qu'ils ont accoûtumé de percevoir selon les anciennes & loüables coûtumes, cela n'eſt vrai, ſuivant la diſtinction que fit feu Mr. l'Avocat General Bignon, en une cauſe portée par appel au Parlement de Paris, comme le remarque *Claude Henrys au liv.* 1. *ch.* 3. *queſt.* 21. qu'au cas des droits Parrochiaux qui venoient lieu d'alimens aux Curez, & qui étans neceſſaires, impoſoient auſſi aux Parroiſſiens la neceſſité de les payer, mais nullement au cas des offrandes gratuites, de la preſtation deſquelles on pouvoit ſe diſpenſer ſans y pouvoir être obligé par neceſſité; or il eſt ſans doute que les droits de ſepulture & de terrage ſont de cette nature; auſſi a-t'on dit que, *Homo, cum terra ſit, terram vendere non poteſt.* Enfin l'exenium eſt appellé par les anciens Auteurs, tantôt *pecunia ſepulture, morricinium,* ou *morricinium,* ce qui a du rapport audit droit de mortalage.

Decrets.
TITRE XXXV.
Arr. I.

AU reſſort du Parlement de Toulouſe il ſuffit que le certificatoire des criées & inquants ſoit faite pardevant les Juges ordinaires, où les biens ſaiſis ſont aſſis, ſoient Royaux ou non Royaux : jaçoit que Papon au titre des criées allegue un Arreſt de Paris, ne ſe devoit faire ailleurs que és Sieges Royaux.

℣. *le tit.* 1. *du livre* 2. *arr.* 53.

Arr. II.

EN diſtribution de biens, les Creanciers étant alloüez & payez ſuivant l'ordre de l'argent provenu de la vente des biens de leur debiteur, ne ſont tenus d'éviction aux derniers encheriſſeurs ſurdiſans & acheteurs deſdits biens, ſi aprés leſdits biens ſont querellez ou conteſtez ou évincez auſdits Surdiſans, ni ne ſont tenus rendre l'argent par eux reçû deſdits Surdiſans; ſauf à iceux Surdiſans ſe pourvoir ſur les biens du debiteur, ſi point y en a : Comme fut jugé par Arreſt en la premiere Chambre des Enquêtes, & départi en la ſeconde, au rapport du Sieur de Prohenques au mois de Juillet mil ſix cens trois, le bien decreté ayant été évincé au Decretiſte, par le moyen de certaine ſubſtitution.

RENDRE L'ARGENT] *Maynard liv.* 7. *chap.* 91. & *Cambolas liv.* 3. *chap.* 50. *n.* 2. ſont du même ſentiment, & en rapportent des Arreſts, quoique le Parlement n'ait pas toûjours jugé la queſtion d'une même maniere. *Cambol. ibid.* toutefois quand l'éviction eſt faite, non pas *pure Dominii,* comme en cet de l'Arreſt rapporté par l'Auteur; mais bien *jure hypotecæ,* c'eſt-à-dire par un creancier anterieur, en ce cas le creancier qui a reçû, eſt obligé de rendre, parce que *pactore debet ſe cæteris creditoribus potiorem eſſe. L.* 1. *C. credit. evict. pig. non deb.* à quoi ſe trouve conforme l'Arreſt rapporté au *liv.* 2. *tit.* 1. *art.* 8. & la doctrine d'*Olive liv.* 4. *cap.* 26.

ARR. III.

LEs mineurs de l'Eglife font reftituez contre un decret, bien obtenu du Parlement, non pour petite & mediocre lefion, mais s'il y a grande & enorme lefion : comme fut jugé par Arreft, pour Ducos mineur, contre Ferrat habitant de Touloufe. Mais non les majeurs, quelle & fi grande lefion qu'il y puiffe avoir : toute-fois à caufe de la continuation & longueur des guerres civiles en Languedoc, pauvreté & mifere qu'elles y avoient apporté, quelquefois la Cour s'eft difpenfée de donner quelque refpir aux executez de payer, fi la lefion étoit énorme, autrement le decret fortiroit à effet.

Reftituez contre un decret] Ɐ. le liv. 2. tit. 1. art. 2. art. 51. & art. 61. Maynard liv. 7. chap. 74. & Ferrer. in qu. 22. Guid. Pap.
Mais non les Majeurs] Qui ne peuvent venir que par la voye du rabattement du decret.

ARR. IV.

APrés un decret réellement executé fur les biens d'un pupille, toutes furdites doivent être reçûës. Jugé à Touloufe le vingt-neuviéme Mai mil fix cens fix.

Doivent être reçûës] Ɐ. le liv. 2. tit. 1. art. 1. §. 13. & art. 27.

Diftributions quotidiennes.

TITRE XXXVI.

ARR. I.

DIftributions quotidiennes ne font comprifes en la quatriéme partie des fruits decimaux dûs à un Recteur ou Vicaire perpetuel pour fa congruë portion : Arreft de l'an mil cinq cens quarante-trois, au profit du Recteur de la Chapelle, contre le Sindic du Monaftere Nôtre-Dame de Beaumon en Roüergue.

Ɐ. le titre 27. de ce Livre.

ARR. II.

PAr Arreft du quatriéme Janvier mil cinq cens feptante-fix entre Maître Guillaume Tholan & Pierre freres, eft jugé que les diftributions quotidiennes ne font reftituables, mais feulement les gros fruits. *Boyer. decif.* 340.

A R R. I I I.

AU fait de Maître Jean Dabatia Chanoine de faint Eftienne, a été jugé le vingt-cinquiéme Septembre mil cinq cens feptante-quatre, que les fruits d'une Chanoinie peuvent être faifis pour dette civil & dépens, autres toutefois que les diftributions quotidiennes.

℣. *le liv.* 2. *tit.* 1. *art.* 21. *& Maynard liv.* 1. *chap.* 15.

A R R. I V.

PRebendiers ou Chanoines abfens pour la pourfuite des procez des Chanoines ou Prebendiers contre le Chapitre, reprefentez pour prefens, & prenent les fruits : par Arreft du vingt-quatriéme Mars mil cinq cens cinq entre le Sindic du Chapitre d'Aux.

Pour la pourfuite] La raifon eft, que *jura fua profequentes, ex hoc cenferi debent refidentes. cap. ex parte. de Cler. non refid.*

A R R. V.

LE même jugé pour Maître François de Girardan, pendant l'année qu'il fut Treforier de l'Hôtel-Dieu, qu'il joüiroit comme s'il étoit prefent & faifoit le fervice actuel en l'Eglife, le troifiéme Decembre mil cinq cens feptante-cinq.

A R R. V I.

EN Janvier mil cinq cens feptante-un fut jugé que l'Evêque aura une voix, le Chapitre une autre, & l'Evêque une autre ; entre le Sindic du Chapitre de Carcaffonne.

Divifion & partage de biens.

T I T R E XXXVII.

A R R. I.

EN Audiance fut plaidée une qualité entre deux freres, fur la divifion de leur heritage, Avocats Terlon & la Garde, que le frere aîné fera les cartels dans trois jours, fans rien obmettre, fur peine de perdition de fa cottité, & le frere choifira ; & pour les fubterfuges dont avoit ufé, condamné en 50. liv. envers fondit

frere , & en cent de provifion ; lequel choix de puifné eft fondé
fur le chap. 1. *Extra. De parochiis. Guid. Pap. qu.* 230.

Et le frere choifira] Cette loüable coûtume que S. Auguftin *lib.* 16. *de civit. Dei
cap.* 20. appelle *pacifica confuetudo* , & qui a pour fondement le partage fait entre Abraham
& Loth , dont il eft parlé en la Genefe chap. 13. a été introduite & autorifée par le Droit
Canon ; car par le Droit Civil le partage doit être fait *judicis vel arbitrio officio* , &
l'election par le fort. *l. in hoc judicio ff. famil. ercifc. & l. fi duobus Cod. comm. de leg.*
De là vient que les Legiftes & les Canoniftes difputent entr'eux , comme en fait foy *Fachin. controver. jur. lib.* 6. *cap.* 37. *& Brunchorft. mifcel. controverf. centur.* 1. *affert.*
52. fi le partage d'une heredité doit être fait en forte que *major dividat* , *& minor eligat*.
Mais je remarque que quoi qu'à l'égard des partages qui fe font entre freres , nous ob-
fervions cette maxime , & par confequent la difpofition du Droit Canon , ce n'eft pourtant pas précifément par rapport à l'exemple du partage de Loth & d'Abram qui n'é-
toient pas freres , Loth entant que fils d'Aram , étant feulement neveu d'Abraham : &
en effet , dans l'ufage des partages ladite maxime n'a lieu qu'entre freres , qui font en premier degré : en forte que fi Abraham & Loth étoient au monde , & qu'ils deuffent fe regler fuivant l'ufage de ce Royaume , tant s'en faut qu'ils pratiquaffent la maxime qui donne le choix au plus eune fur les portions qui ont été faites par l'aîné , comme ils firent ,
fuivant ce qui eft dit en la Genefe *loc. citat.* qu'au contraire ils feroient obligez de faire
regler les portions par Experts , & de les mettre au fort pour le choix : ce qui eft conforme à l'ufage , & à la Doctrine de *Duranti queft.* 37. *num.* 2.

Arr. II.

Uand tous les enfans freres ou heritiers font pupilles ou
moindres de vingt-cinq ans , ou quand le plus vieux n'eft
verfé & experimenté aux affaires du monde , l'on n'obferve point
cette ancienne pratique , que le vieux faffe la divifion , & le
moindre choififfe. *Major dividat* , *minor eligat*. Ains par Arreft
donné en Audience l'an mil fix cens fept , fut dit qu'il feroit procedé à la divifion des biens contentieux par Experts.

℣. *Ferrer. in queft.* 289. *Guid. Pap.*

Arr. III.

E vingt-fixiéme Octobre mil cinq cens nonante , au procez
d'entre Cecille Martine , appellante du Senéchal de Touloufe ,
& Jean Turle appellé : le fait eft qu'Anne Caube en l'an mil cinq
cens feptante-trois par fon teftament inftitua fon heritier univerfel Antoine Turle fon mari ; & après fon decez lui fubftitua Ce-
cille Martine , & Jacques Martin fes tante & oncle , & ledit Jean
Turle fon beaufrere : étant avenu le cas de la fubftitution , les fubftituez pourfuivent entr'eux jugement pardevant le Juge d'Albigeois , au Siege de Gaillac , contenant qu'il fera faite divifion des
biens

contentieux par Experts, suivant lequel jugement ayant lesdites Parties accordé Experts, & la division étant par iceux faite, Ce-cille Martine dit qu'elle doit choisir la premiere, tant parce qu'elle est plus jeune : *cod. 1. ex de parrochis*, que parce qu'elle est parente de Caube testatrice, là où Turle est étranger. Ce neanmoins ledit Juge ordonne que ladite division sera faite au sort, dont ladite Martine est appellante au Senéchal, lequel dit avoir été bien Jugé, & pareillement la Cour mit l'appel relevé par ladite Martine dudit Senéchal au neant. Pareille division par sort avoit été approuvée par Arrest donné en Audience le quinziéme Janvier mil cinq cens huitante-deux, entre Cortial Procureur & curateur de Jeanne Bonhomme, & Pierre Boffat.

Dixmes.

TITRE XXXVIII.
ARR. I.

ENtre Simeon de Narbonne, Prieur de la Salvetat, & ses Annexes, & le Sindic des Habitans, le dixme du pastel est adjugé sept sols six deniers pour arpent, & de chaque brebis nourrissant en ladite Parroisse, trois deniers, des non nourrissant un denier, le vingt-quatriéme Mars mil cinq cens soixante-un. Autre Arrest du neuviéme Decembre mil cinq cens quarante-huit, entre les Habitans de Taravel, dix sols pour arpent pastel.

Chaque brebis.] La Disme du bétail menu étant prediale, elle ne doit pas seulement être exigée des habitans, soit qu'ils soient forains, soit qu'ils soient manans : mais même des étrangers, à proportion du tems qu'ils font dépaître leur bétail dans une dismerie, suivant l'Arrest donné en la premiere des Enquêtes, au rapport de Mr. Jossé en 1635. pour le Prieur de Valeiguieres, contre le sieur Perrin de la Ville d'Arles. Ce fut par cette raison que par autre Arrest donné en la seconde Chambre des Enquêtes, au rapport de Mr. E. Cathelan, le 10. Decembre 1665. quelques particuliers habitans du lieu de Saint Hipolity, furent condamnez de payer à Me. Vignes Prieur de S. Just & Vaquieres, la moitié de la disme du bétail à laine qu'ils faisoient dépaître la moitié de l'année, dans un tenement situé dans la Parroisse dudit St. Just, quoiqu'ils payassent l'entiere disme du bétail au Prieur de S. Hippolity.

ARR. II.

ENtre Messire Odet Cardinal Archevêque de Toulouse, Arrest des decimes & carnelages de dix un de tous grains, poulailles, oyes, cochons & autre bétail. Prononcé le 11. Decembre mil cinq cens quarante-huit, arrêté le septié me dudit mois audit an.

Ggg

CARNELAGES.] Ce mot répond au mot Latin *caro*, employé dans les vieux actes pour exprimer le bêtail ; on a dit aussi *carnalar*, en langue vulgaire, pour dire designer la pignoration du bêtail : Le droit de carnelage se prend dans ces égards pour les prestations qui regardent le bêtail, ou par rapport à la dîme ; ainsi on dit le carnelage, ou le carnenq, lequel par Arrêt donné au rapport de Mr. Daspe, en la seconde des Enquêtes le 13. Février 1659. fut adjugé à l'Evêque de Lavaur, comme fruit prenant dans la Parroisse Daussials, ou par rapport à la faculté de prendre les langues des bœufs qui se tuent dans la boucherie d'un lieu, en laquelle faculté noble Tristan Darbaud, de la ville de Nîmes, fut maintenu en qualité de Seigneur de Blausac, par Arrêt donné en la même Chambre le 19. Juin 1675. au rapport de Mr. de Lombrail, ayant prouvé que de temps immemorial ce droit avoit été exigé des habitans dudit lieu.

COCHONS.] Lors que par la coûtume la dîme des Cochons est duë, on ne 'es prend si l'on veut, que lors qu'ils se peuvent passer du lait de leur mere, quoiqu'ils soient dûs dès leur naissance : Il en est de même des Agneaux & des autres jeunes animaux sujets à Dîme ; la raison en est, qu'autrement ils pourroient mourir entre les mains du Curé qui par-là perdroit son droit.

ARR. III.

ARrest donné du trentiéme Avril mil cinq cens soixante-un, par lequel les Habitans de Toulouse sont condamnez payer les carnelages suivant l'ancienne coûtume, en Audience.

ARR. IV.

ARrest donné le huitiéme Février mil cinq cens quarante-neuf, par lequel est défendu aux proprietaires des metairies de ne deplacer les gerbes, sans l'avoir denoncé au Recteur pour être payé de ces decimes. Autre du second Juin mil cinq cens quarante-six.

Déplacer les gerbes.] Cela est conforme à l'Ordonnance de François I. rapportée par Ranchin sur la quest. 283. *Guid. Pap* & à la Doctrine de *Rabotins in quest. seq.* & comme la cause de l'Eglise, sur tout en égard à la dîme, est extrémement favorable dans ce Parlement, son usage est aussi, suivant *Cambolas liv. 3. chap. 8.* que la dîme se doit payer sur le champ, nonobstant transaction & possession immemoriale au contraire. Qui plus est, il est certain que les Fermiers de la dîme peuvent imposer cette obligation aux proprietaires des fonds, de ne couper ni lever les fruits, sans au préalable les avoir avertis pour prendre le droit de dixme qu'ils auront sur lesdits fruits : comme le Parlement de Paris l'ordonna, *à peine de confiscation des chevaux, charettes & fruits*, par Arrêt du 9. Mars 1624. en faveur de Me. Antoine Delicour, Curé de la Celle & des Bordes, contre les possesseurs des terres sujettes à la dixme en la Paroisse desdits lieux. *V.* Despeisses *tit. des Dixmes, sect. 2. num. 3. le Journal du Palais tom. 3. pag. 395. & le traité des droits Seign. chap. 6. art. 15.*

ARR. V.

SUr la Requête presentée par le Sindic du Clergé du Diocese de Toulouse, Arrest portant injonction aux Habitans des lieux & Paroisses de, en recueillissant leurs grains & fruits, recueillir auffi ceux defdits Benefices. Prononcé le dix-feptiéme Juin mil cinq cens huitante.

Ceux des Benefices.] Par le Droit Canon on eft même obligé de porter la dix-me jufques au grenier de l'Eglife. *Decret.* 2. *part. cauf.* 16. *quæft.* 1. *cap. rever-timini* 65.

Domaine.

TITRE XXXIX.

ARR. I.

LE dix-neuviéme Février mil cinq cens feptante, un nommé Octavio Fregoufte, Chevalier, impetrant & requerant l'interinement de certaines Lettres de don du Comté de Muret & Commenge pour neuf ans, fut debouté de fes Lettres en Audience, & ordonné n'y avoir lieu de certification ni regiftre d'icelle, ayant été remontré par Mr. l'Avocat General, difant être certain que ledit Fregoufte avoit été d'ailleurs recompenfé par le Prince, joint que c'étoit du vrai domaine du Roy qui ne pouvoit être aliené; car c'étoit une clef de ce païs de Touloufe, qui importoit beaucoup; & d'ailleurs que ledit don pour le temps de neuf ans fentoit plus à une alienation qu'à une recompenfe; donc par lefdites raifons & plufieurs autres qui furent lors deduites par le fieur Avocat General, ledit Fregoufte fut debouté de fon don.

Eftre aliené.] Il eft certain que le Domaine a proprement commencé d'être inalienable depuis l'établiffement des appanages, qui ne confiftans qu'en revenu firent perdre l'ufage des partages, lefquels mettoient le Royaume en plufieurs portions; auquel établiffement, du moins pour qu'il fût ferme & ftable, l'on peut dire que donna lieu l'Arrêt donné au Parlement de la Touffaints en 1283. au profit de Philippe III. touchant le Comté de Poitou, & les Terres d'Auvergne, querellées par Charles de France Roy de Naples & de Sicile, frere de S. Loüis.

ARR. II.

EDit en faveur des Sujets du païs de Languedoc, contenant que les chofes, & pieces alienées du Domaine du Roy, qui feront par eux rachetées, feront & demeureront perpetuellement réünies & incorporées audit Domaine & Couronne de France, *fol.* 276. *lib.* 7. *ordinat.* Henry fecond.

ARR. III

DU dix-neuviéme Decembre mil cinq cens feptante-fept, en Audience, à la requête du Sindic des Habitans de Mirepoix,

Ggg ij

à lui adherant le Procureur general du Roy , fut dit par Arreſt ,
que les Lettres patentes du Roy ſeroient leuës , publiées & enregiſtrées , par leſquelles Sa Majeſté auroit permis audit Sindic &
Habitans racheter au profit du Roy la moitié de ladite Baronie
de Mirepoix , tenuë par Meſſire Jean de Levis moyenant la ſomme de deux mil livres conſignées par ledit Sindic.

A R R.   I V.

Lettres d'incorporation & union faite par Louis, du Comté de
Commenge à la Couronne de France, eſquelles eſt fait mention de l'Arreſt de la Cour ſur ce donné , *fol. 192. lib. 1. ordinat.*

A R R.   V.

Declaration du Roy que toutes les terres, preds, palus & marêts appartenans audit Sieur, feront baillez à ceux qui en voudront prendre en la forme y contenuë , *fol. 49. lib. 9. ordinat.*

V. le traité des droits du Roy par *Dupuy pag.* 283. *& ſeqq.*

Des Donations.

T I T R E   X L.

A R R.   I.

LE dernier Juillet mil cinq cens huitante-huit , par Arreſt à
Toulouſe au procez d'entre Richardi & autre Richardi freres,
fut jugé que le Donataire de la moitié des biens preſens & à venir,
avec la moitié des charges , eſt tenu aux legitimes , frais ſunerai-
res , & autres droits pour moitié : Et que le mot , *avec la moitié
des charges* , comprend non ſeulement les charges qui étoient lors
de la donation ; mais lors du decez, au rapport de Me. Garant :
bien que la Loy *Rutilia Polla. de contrah. empt.* & la Loy 1. *D. de
bæred. vel æt. vend.* ſemblent faire au contraire , eſt remarquable,
que par ledit Arreſt la Cour ne trouva bon que le Donataire fut
tenu payer les legats.

La moitié des charges] Quoy que la moitié ſuppoſe une quotte des biens , & qu'ainſi
elle ſoit ſujette aux charges à proportion , c'eſt-à-dire , à la moitié d'icelles ; ſi pourtant
les charges ne ſont pas exprimées comme une condition de la donation , la moitié donnée
en ce cas eſt exempte du payement des legats , legitimes & honneurs ſunebres , que l'on
rejette ſur les biens reſervez. *V. Cambolas liv.* 2. *chap.* 9.

MAIS LORS DU DECE'S.] Cela n'est pourtant pas vrai lors que le donataire prend sa donation , eu égard au temps auquel elle a été faite ; car en ce cas le donataire avec la moitié des charges , ne contribuë qu'au payement des dettes contractées lors de la donation , de même que des legitimes par les raisons qu'allegue *Cambolas liv.* 4. *chap.* 7. & cela quoi que les legitimes ne viennent que du temps de la mort du donateur , & bien qu'on puiſſe satisfaire les autres enfans legitimaires ſur les biens reſervés.

ARR. I I.

Donatio facta filio familias impuberi , ea conditione , ut satisfaciat creditoribus donatoris , à patre repudiata , & à donatore revocata ante insinuationem , non impedit secundam donationem , adeò ut secundus donatarius , qui satisfecit creditoribus donatoris , præferatur primo donatario ; neque impuber major factus restituetur in integrum adversus talem repudiationem. Et ainſi fut jugé par Arreſt à Toulouſe le deuxiéme de Mars mil cinq cens huitante-deux.

ARR. I I I.

Bien que par le Droit , & nos Ordonnances , *Donatio non accepta , à donatio in præsentia donatoris , nullius fit momentis :* Toutefois à la ſeconde Chambre des Enquêtes à Toulouſe le quatriéme May , au rapport de Monſieur Caumels , fut jugé *Donationem nomine dotis factam à quodam presbytero , in favorem suæ neptis , & illius mariti , à patre mariti acceptam valere ,* par deux raiſons ; l'une , comme étant faite à cauſe de dot ; l'autre , car jaçoit que l'Ordonnance requiere , que celui qui accepte une donation ait charge , & mandement exprès de ce faire du donataire : neanmoins cela n'a lieu à l'endroit d'un pere qui eſt eſtimé par la loy legitime procureur de ſon fils , *l. sed & hæ personæ. D. de procur. & licet alter alteri stipulari non possit ; tamen pro filio jure stipulatur ,* gl. in §. *si quis alii D. de verb. oblig.*

NON ACCEPTATA] *V.* l'Ordonnance de 1539. *art.* 133. & *Maynard liv.* 4. *chap.* 7. par Arreſt donné en la premiere Chambre des Enquêtes le 4. Septembre 1654. au rapport de Monſieur Caſſagnau-Glatens , une donation entre-vifs non acceptée fut declarée nulle. L'acceptation donne l'être & la forme à telles donations.

ARR. I V.

En l'année mil cinq cens cinquante-huit , Jean Vien fait donation entre-vifs d'une partie de ſes biens à Bernard Vien ſon frére , lequel il conftituë fon Procureur pour en requerir l'infinuation : En l'an mil cinq cens cinquante-neuf, la donation fe trouve infinuée à la Requête dudit Bertrand donataire, tant à fon nom, que comme Procureur dudit Jean fon frere : neanmoins elle eft debatuë après par Guillaume Vien fon frere, & heritier univerfel dudit Jean Vien ; à caufe de la forme de ladite infinuation. Par Arreft du feiziéme Decembre mil cinq cens huitante-huit la donation eft jugée bonne & valable : auquel Arreft faut noter deux chofes ; l'une, que les donations faites auparavant l'Ordonnance de Moulins, qui fut en l'an mil cinq cens foixante-fix, pouvoient être infinuées, *quocumque tempore*, dedans trente ans, moyenant que ce fut du vivant du donateur. Quand aux donations faites après ladite Ordonnance, il les faut infinuer dans quatre mois, fuivant icelle ; l'autre que l'infinuation faite à la requifition du donataire feul, lequel avoit été conftitué Procureur par le donateur à cet effet, eft auffi bonne & valable, comme fi elle avoit été faite par quelque autre Procureur, audit effet exprez par le donateur fondé : Et la raifon en eft, parce que l'infinuation n'eft point un acte libre & volontaire, ains eft neceffaire : Et tant s'en faut que le donateur la puiffe empêcher, qu'au contraire il peut être contraint à y prêter confentement, fi ce n'eft au cas d'ingratitude du donataire.

AUPARAVANT L'ORDONNANCE) *V. l'art. 7.*

ARR. V.

Donation infinuée dans les quatre mois de l'Ordonnance prend force du jour qu'elle eft faite ; & pource le donnant dans les quatre mois ne la peut revoquer fans caufe : Et s'il a fait autre feconde donation pendant ledit temps ; ores que cette feconde foit infinuée avant la premiere, elle ne porte aucun prejudice à ladite premiere. Et ainfi fut jugé en la premiere & feconde Chambre des Enquêtes, fur un procez parti entre Monfieur de Paulo Rapporteur ; & Monfieur Joffé contretenant, le feptiéme Decembre mil cinq cens huitante.

DU JOUR QU'ELLE EST FAITE) Ainfi le temp' *retrotrahitur*, en forte que dans l'entre-deux des quatre mois de l'infinuation, on ne peut pas éluder l'effet, ni faire perdre le fruit de la donation, par les dettes que le donateur pourroit être induit de contracter. *V. l'art. 12. & Maynard liv. 2, chap. 54.*

ARR. VI.

*Du dernier de Juin 1582. Arrests generaux de Pentecôte,
prononcez par Monsieur de saint Jory President.*

ANtoine Cabrol, du confentement de fon pere, donne une
partie de fes biens à Jeanne Lacofte fa Marâtre pour en
faire à fes plaifirs & volontez, fa vie durant ; Etant decedé, le
frere dudit Cabrol, dit que cette donation eft fujette au retranchement fuivant la Loy. *Hac edictali C. de fecund. nupt.* Parce que c'eft
autant que fi elle avoit été faite par le pere à fa feconde femme,
fuivant un Confeil de Dece 279. du moins qu'elle n'en pourroit
joüir que fa vie durant, *ut notat Bart. in l. 4. ff. de aliment. legat.*
par Arreft telle donation eft declarée valable, à la charge d'en
joüir feulement fa vie durant.

DECLARE'E VALABLE] Les raifons en font alleguées par *Charond. en fes refp. liv.* 7.
chap. 124 & par *Maynard liv.* 3. *chap.* 84. *V.* cy-devant *le liv.* 2. *tit.* 4. *verb. mariages
art.* 12 & *l'art.* 14. *de ce titre.*

ARR. VII.

AVant l'Ordonnance de Moulins, contenant les infinuations,
bien que par les Ordonnances precedentes les donations
deuffent être infinuées; toutefois on fait valoir les donations faites
devant ladite Ordonnance de Moulins, fans infinuation, entre le
donant, le donataire, & leurs heritiers feulement, & non au
prejudice des creanciers.

DEVANT LADITE ORDONNANCE) *V. l'art.* 4.

NON AU PREJUDICE DES CREANCIERS) Sauf pour les donations en directe
faites par contrat de mariage; & cela quand il n'y auroit que cette confideration à faire,
qu'un contrat de mariage eft beaucoup plus public qu'une infinuation.

ARR. VIII.

*Licet donari nepoti ex naturali filio fufcepto ex foluta licet
poftea fit Sacerdos.*

UN jeune homme à marier a participation, *cum foluta,* en
procrée un enfant, qui depuis en procrée d'autres *ex legitimo
matrimonio, & uni relinquit fua bona: venientes ab inteftato revo-
care volunt:* fut declaré *quòd nepos ex filio, tametfi naturalis, eft
capax fucceffionis avita, modò illius pater non fuerit ex illegitimo*

matrimonio, prononçant Monfieur de Paulo Prefident.

Capax fucceffionis avitæ] *V. les art.* 16. *& 18. du prefent titre : & les art.* 2. *& 4. du tit.* 15. *verb. bâtards liv.* 1. que fi dans ces endroits on trouve des prejugez contraires à celui qui eft rapporté en cet article, c'eft qu'ici il s'agiffoit d'un bâtard naï, *ex foluto & foluta*, *non adulterin*, & dont le pere n'auroit fans doute pas d'autres enfans ; auquel cas la donation étoit bonne, fur tout étant faite à un petit fils naï de legitime mariage *l. ult. C. de natur. lib. V. Camb. liv.* 1. *chap.* 1. outre que la donation eft plus favorable que l'inftitution, & que la fubftitution.

ARR. IX.

LEs donations doivent être infinuées en toutes les Jurifdictions Royales, où les biens donnez font affis : autrement s'il y a revocation, ou au prejudice des creanciers, n'auroit lieu, que pour les biens affis és jurifdictions où elles auroient été infinuées. Ainfi que fut jugé par Arrêt, au mois de Decembre mil cinq cens huitante, au rapport de Monfieur de Paulo, depuis Prefident.

JURISDICTIONS ROYALES] Suivant l'Ordonnance d'Orleans art. 87. *V. d'Olive liv.* 4. *chap.* 3.
ASSISEZ JURISDICTIONS] *Maynard liv.* 2. *chap.* 55. *& liv.* 6. *chap.* 70.

ARR. X.

PAr Arreft parti en la premiere Chambre des Enquêtes, & après départi en la feconde, le vingt-fixiéme Juin mil cinq cens huitante-un, une donation faite à une paillarde adultere, par fon paillard adultere, comme faite à une infame, & indigne perfonne, fut caffée, fuivant la loy, *Claudius Seleucus. D. De his quib. ut indignis aufer, & l. in concubinat.* §. *fin. D. De concub.* Ce qui eft étendu aux Prêtres & gens d'Eglife, & aux Genfdarmes. *l. Miles ita hæredem* §. *mulier D. De teftam. milit.*

V. Le tit. 2. *de ce livre; & l'art.* 132. *des Ordonnances de Loüis XIII.*

ARR. XI.

PAr Arreft donné en l'année mil cinq cens huitante-quatre, fur un procez parti aux deux Chambres des Enquêtes, & départi en la grand'Chambre, fut dit & conclu, que la reftitution en entier par minorité, ou autrement, contre l'obmiffion de l'infinuation de la donation dans le tems de l'Ordonnance a feulement lieu, pour faire valoir la donation contre le donateur, ou contre fes heritiers feulement ; & non pour faire aucun prejudice aux autres

perfon-

perſonnes tierces, comme creanciers, acheteurs, & autres ſucceſſeurs particuliers à titre onereux.

LA RESTITUTION EN ENTIER.] *V. Bouguier lit. D. verb. donation art. 9. &*
art. 27. de ce titre.

* CONTRE LE DONATEUR.] L'inſinuation n'étant neceſſaire dans le reſſort de ce
Parlement, qu'à l'égard des creanciers, la reſtitution en entier, dont parle l'Auteur,
pour faire valoir la donation contre le donateur, eſt une precaution inutile, quoique Maynard puiſſe avoir dit au contraire *au liv. 7. chap. 93.* Il en eſt de même des heritiers du
donateur; parce que le donateur, ni ſes heritiers, ne peuvent pas debattre la donation.
Auth. cò decurſum C. de donat. ant. nupt. Et en effet, l'inſinuation n'ayant été introduite
que contre les creanciers, il faut que le donateur, qui ne peut pas venir contre ſon fait,
& que les heritiers, qui ne peuvent pas auſſi venir contre le fait du teſtateur, obſervent
également la donation. *l. cùm profitearis C. de revoc. donat.* Il eſt vrai que lors que les
heritiers ſont enfans du donateur ils peuvent, à cauſe de leur faveur, debattre les donations faites à des étrangers, par défaut d'inſinuation. *d'Olive liv. 4. chap. 4.*

ARR. XII.

Les donations ne peuvent être revoquées ſans cauſe, pendant
les quatre mois de l'Ordonnance pour l'inſinuation : Et ſi les Donateurs viennent à faire pendant ledit temps autres & ſecondes
donations, ores que ces ſecondes ſoient inſinuées avant les premieres, ne portent toutefois aucun préjudice à icelles : Et ainſi
fut jugé ſur un procez parti en la ſeconde des Enquêtes, & départi en la premiere au rapport de Monſieur Joſſé, entre Pierre
Guernaſtan, & Martin Toluech, le 7. Decembre 1580.

PENDANT LES QUATRE MOIS.] Mais ſi la donation n'eſt pas inſinuée dans le
temps de l'Ordonnance, une ſeconde donation faite dans un contrat de mariage, à titre de
dot, prenant; parce que le mary, qui même a contracté mariage ſous la foy de la conſtitution dotale faite à ſa femme, eſt conſideré comme creancier. Ainſi jugé par Arrêt donné
en la ſeconde Chambre des Enquêtes, au rapport de Monſieur Chauvet le 4. Juillet 1678.
en la cauſe de Jacques Viala, & de la nommée Merciere, mariés, contre Loüiſe Bom-
parde, & Mercier, mere & fils. Il en eût été autrement, ſi la premiere donation eût été
inſinuée avant la ſeconde, quoi qu'après les quatre mois, ou ſi elle eût été faite au cas de
l'Arrêt de Cambolas *liv. 3. chap. 30.*

ARR. XIII.

Donation inſinuée après les quatre mois de l'Ordonnance ne
peut être revoquée par le Donateur, ſi les Creanciers ne s'en
plaignent. Arrêté au mois de Juin mil cinq cens nonante, Rapporteur Monſieur Raymond, entre Pierre Merge, contre Parra.
Semblable Arreſt au mois de Decembre mil cinq cens huitante-
trois, Rapporteur Monſieur Bonet.

ARR. XIV.

Le vingt-troisiéme Juin mil cinq cens septante-cinq, en Audience, certaine donation faite par Mademoiselle de la Claverie à Me. François de Bonnefoy son filliâtre, par le moyen de Me. Jean de Bonnefoy son mari insinuée, & par actes subsequens ratifiée, fut cassée.

Fût cassée] Quand une Marâtre donne aux enfans du premier lit de son second mary, il faut presumer qu'elle donne à cause de ce mary, ou pour mieux dire qu'elle lui donne par la personne interposée du fils, & l'on voit rarement que les enfans du premier lit, qui sont ordinairement l'objet de la haine d'une Marâtre, excitent sa liberalité ; *credat judæus appella, non ego* ; ainsi les donations faites par telles personnes, comme censées faites par suggestion ; & indirectement pour frauder la loy, sont rejettées. *Privigno ut donet noverca, maritalis affectus facit, non novercalis*, dit Cujas sur la *l. hac edictali C. de sec. nupt.* Il en est autrement des donnations que les Parâtres font aux enfans du premier lit de leurs secondes femmes, & l'exclusion de leurs propres enfans ; car pourvû qu'on ne puisse pas les accuser de suggestion, elles sont valables, & ne sont pas même sujettes au retranchement de la Lòy *hac edictali* ; les raisons de difference sont alleguées par Cujas *ibid.* & par Cambolas *liv. 5. chap. 8.* V. *Marie Ricard, en son tr. des donations* [de l'édition in fol.] *part. 1. num. 725. seqq. & du Fresne en son Journal liv. 1. chap. 85.* qui rapportent divers Arrêts contraires.

ARR. XV.

En donations il n'est dû viction, ni garantie des choses données ; si ce n'est au cas que dans icelles les donnans l'ayent promis, & se soient obligez faire valoir & garantir les choses données ; car alors *ex conventione*, ils en sont tenus, autrement non ; parce que *Nemo ex liberalitate tenetur*.

N'est dû eviction] Non pas même quand la donation auroit été faite en faveur de mariage, & qu'il y auroit des enfans, suivant l'Arrét donné en la seconde Chambre des Enquêtes, au rapport de Mr de Cathelan, le 22. Avril 1662. *Ne liberalitatis suæ donator pœnam patiatur, L. ad res donatas ff. de Ædil. Edict.* Et la doctrine de Charondas en ses *resp. liv. 2. chap. 40.* quoi qu'établie sur un Arrét du Parlement de Paris, n'est pas suivie au Parlement de Toulouse.

ARR. XVI.

Le Vendredi premier de Juin mil cinq cens septante-un aux Arrests generaux prononcez par Mr. Lathomi, un Prêtre ayant donné tous ses biens à un fils legitime de son fils naturel, la niece du Prêtre querelant les biens, ils furent adjugez à la niece.

Adjugez à la niece.] Cet Arrêt, avec les raisons de part & d'autre, est rapporté par Cambolas, *liv. 1. chap. 1.* & par Maynard *liv. 6. chap. 13.* & quoi qu'au cas de l'art. 8. de ce titre la donation faite par l'ayeul à son petit-fils, enfant d'un bâtard né *ex soluto & soluta*, ait été jugée valable, *quando legitima soboles non fecit impedimentum l. ult. C. de natur. liber.* Et qu'ainsi toutes ces ciconstances se peussent rencontrer au fait de la donation d'un Prêtre, en faveur du fils legitime de son bâtard : on a pourtant eu tant d'horreur en ce Parlement pour la paillardise des Prêtres, à cause de leur caractere, qu'on a regardé leurs petits-fils donataires, comme s'ils étoient procréez d'un bâtard adulterin ou inceſtueux, ou à tout le moins ſacrilege, au langage de *Peregrinus de jure fiſci lib.* 3. *tit.* 18. *num.* 47. dont le ſentiment n'eſt pas ſuivi en ce Parlement, en ce qu'au prejudice des interêts du fiſc il y ſoûtient, aprés Balde & Salycet *in l. ſi quis inceſti. C. de inceſt. nupt.* que *Avus Sacerdos in nepotem poteſt reſtari & donare.* V. *l'art.* 18. de ce *titre*, & *les art.* 2. & 4. *du tit.* 15. *au liv.* 1.

Arr. XVII.

Par Arreſt general du vingt-troiſiéme Mai mil cinq cens cinquante, une donation faite par Vignaux Notaire plaidant, à ſon Avocat au Senéchal de Quercy, fut caſſée.

Fut cassée.] Par la raiſon de la Loy *quiſquis C. de poſtul.*

Arr. XVIII.

Donation faite par un Prêtre au fils de ſon bâtard en faveur de mariage, fut caſſée par Arreſt du quatriéme Février mil cinq cens ſeptante-deux du Sindic du Chapitre de Caſtres ; ſemblable Arreſt cy-deſſus, article 16.

V. *l'art.* 8. & *l'art.* 16.

Arr. XIX.

Donation de choſe litigieuſe faite au Juge, caſſée le ſecond Juin mil cinq cens ſeptante-deux, contre Me. Jean Bougies.

V. *le liv.* 2. *tit.* 7. *verb. donations Arr.* 2.

Arr. XX.

Le ſecond jour de Mai mil cinq cens huitante-ſix, ſur le rapport de Monſieur Bluſſet, étant contretenant Monſieur Maſſas, en la ſeconde Chambre des Enquêtes, fut conclu & arrêté que ce qui eſt acquis au fils qui a tranſigé de la mort de ſon pere par le moyen de la tranſaction, *Eſt adventitium non prefertitium cùm id ob vindictam ſolam capiatur arg. l. penult. de ſepulchr. violat.* & par conſequent, que la mere qui eſt remariée ou devant ou aprés la mort de ſon fils, & qui lui a ſuccedé *ab inteſtat*, n'eſt pas tenuë de garder & rendre la proprieté de ce qui eſt obvenu à ſon fils par le moyen de ladite tranſaction aux autres enfans de ſon mary. *l. mater. cod. ad Tertull. auth. ex teſtamento cod. de ſecund. nupt.* Mêmes en ce fait, que les autres enfans étoient d'un autre lit.

Rendre la propriete.] C'eſt ſuivant la Novelle 22. *cap.* 46. §. *ſi autem inteſtatus*; & l'Authentique, *ex teſtamento C. de ſec. nupt.*

Arr. XXI.

Les biens donnez au fils, retournent par le predecez d'icelui aux pere où mere, qui ont faite la donation à la charge des hypoteques & autres obligations contractées par le fils : specialement lors qu'il n'y a point reservation d'usufruit. Par Arrest du premier Avril mil cinq cens nonante-un au rapport de Monsieur Ouvrier, entre Jeanne Casse, & autres.

Aux Pere ou Mere.] Même suivant l'usage de ce Parlement ils font retour aux freres & sœurs, oncles & tantes de sang, & non aux oncles & tantes d'alliance, à moins qu'il y ait stipulation expresse pour le retour. A la rigueur du Droit, & cessant la Jurisprudence des Arrêts, qui n'est fondée que sur l'équité, le retour ne devroit avoir lieu, lors qu'il n'a pas été stipulé qu'en faveur du pere, par la raison de la Loy 2. *C. de bon. quæ liber.* quoique Me. Claude Maltret, celebre Avocat de la ville de Nismes, prétende de prouver par un traité particulier qu'il a fait, que le §. *Accedit. L. unic. C. de rei uxor. act'o.* n'exclud pas les étrangers du retour de la dot par eux constituée, & cela *quass ob tacitam stipulationem*; à l'occasion duquel droit de retour, & de la dispute qu'il cause souvent sur la question s'il doit avoir lieu au profit de l'ayeul par le predecez de quelques-uns des enfans du fils du donataire, & pour la portion desdits enfans predecedez ; il est bon d'observer que cette question a été souvent jugée diversement ; & en effet elle est extremement delicate. Ceux qui prennent parti pour la negative peuvent alleguer que la disposition de la Loy *Constitutionis novæ C. de bon. quæ liber.* qui n'est qu'au cas du donateur survivant au donataire, ne doit pas être étenduë aux enfans du donataire ausquels le donateur a survécu, quand ces enfans ont aussi laissé des freres & sœurs survivans, dont l'existence doit empêcher le retour ; *quia non decedit sine liberis, qui vel unum relinquit* ; & cela d'autant mieux, qu'outre que l'acte de donation étant indivisible, on ne peut pas diviser le doit acquis aux enfans ; sauf à l'ayeul sa portion hereditaire & virile, comme à un des enfans, suivant l'Arret rapporté par *Boné Arr.* 25. Dailleurs le retour n'ayant lieu qu'en défaut d'enfans *L. jure succursum ff. de jur. dot.* Il est certain que quand il n'en resteroit qu'un, la succession de son pere donataire lui est duë à l'exclusion de l'ayeul donateur, de même que la succession de la mere lui est duë *ex Senatusconsulto Orfitiano*, à l'exclusion aussi de l'ayeul constituant, lequel a pû diviser un droit qui de soi est indivisible, à des enfans une succession que la Loy naturelle & civile leur a acquis ; ausquelles considerations l'on peut ajouter, que l'Arret de ce Parlement donné en faveur de l'ayeul, & rapporté par *Charondas liv.* 7. *resp.* 114. ayant prejugé la question plûtôt *ratione miseratonis*, que par la raison de Droit doit être d'autant moins tiré à consequence, que ce seroit une chose extraordinaire de faire succeder l'ayeul *ratione miserationis*, & en même-temps ôter aux enfans les biens qui leur sont dûs. Au contraire ; l'on allegue ordinairement pour l'ayeul que les portions des enfans predecedez lui doivent être adjugées à l'exclusion des autres enfans de son fils donataire qui restent en vie ; parce que n'y ayant point d'enfans pour ces portions, la condition tacite *nullis liberis relictis*, est censée arrivée, & par consequent le retour ouvert au donateur survivant, *arg. d. L. constitutionis novæ* ; c'est ainsi que le resout *Faber lib.* 3. *conjectur. cap.* 1. conformément à la decision d'Ulpien en ses fragmens *tit. de dotib. mortua in matrimonio filia dotem profectitiam ad patrem reverti, servatis tamen penes maritum in singulos liberos quintis* ; c'est-à-dire les portions les concernans. Que si bien par l'usage, & suivant l'opinion de Martin, l'existence des enfans empêche le droit de retour : cela se doit entendre quand tous les enfans survivent à l'ayeul, ou en tout cas pour la portion des survivans ; mais non pas pour exclurre le retour pour celle des predecedez, aux termes de l'Arret cité par *Barri lib.* 18. *cap.* 2. *num.* 4. que la question a été jugée au profit de l'ayeul contre le fisc, quelque favorable qu'il soit, quoiqu'il y eût d'autres enfans du donataire survivans, temoin l'Arret de Maynard *liv.* 2. *chap.* 40. & qu'en un mot, l'ayeul donateur est toujours plus favorable : *cùm habeat jus potentius*, la reverfion étant plus favorable que la fuccefsion commune ; aufsi eft-il certain que *Reftius eft Avo jus fuum conferuare, qui contra fcriptos hæredes bonorum poffefsionem accipere folet.* Comme ces raifons alleguées de part & d'autre font extrémement fortes, [quoique s'il me faloit determiner, je n'hefitafse pas à le faire pour les enfans furvivans contre leur ayeul] le Parlement a pris ce milieu & ce temperament, d'ordonner le retour en faveur de l'ayeul, à la charge de conferver aux petits-neveux furvivans, les biens donnez par une efpece de fideicommifs tacite. C'eft ainfi qu'il le jugea par Arrêt du 21. May 1659. au rapport de Mr. d'Olivier, en la caufe de Benet & Teftaut ; & par autre Arrêt du 19. May 1670. au rapport de M. de Moulhet, entre Brun & Cormail : Il eft vrai qu'en l'efpece de ces Arrêts les freres furvivans n'étoient que freres uterins ; mais la queftion devant être jugée fur la même raifon de decider à l'égard des freres germains, ces prejugés doivent fervir de Loy, par la raifon de la Loy *Cùm quæritur ff. de except. rei judic.* V. *Claude Henrys liv. 6. chap. 5. qu. 15. & Maynard liv. 8. chap. 72.*

* A LA CHARGE DES HYPOTEQUES.] L'ufage du Parlement eft contraire, & les biens donnez font retour au donateur, exempts des hypoteques contractées par le donataire : Il eft vrai qu'en cas d'infufsifance des biens propres du donataire, ils font fubfidiairement hypothequez à fa femme pour fa dot, & pour fon augment. *Maynard liv. 6. chap. 60. Ferrer. in queft. 147. Guid. Pap. Barri de fuccefs. lib. 18. tit. 2. num. 4. & Cambolas. liv. 1. chap. 5. num. 2.*

ARR. XXII.

Donation de tous les biens prefens & à venir, ne revoque point un teftament precedent, s'il n'y a revocation expreffe d'icelui, le dixiéme de Fevrier fur le rapport de Monfieur Fillere, au procez de Melchior de Vandomois, fieur de Taurignan : Contre Antoine de fainte Colombe, fieur de la Baftide, fut conclu entre autres chofes, qu'une donation de tous les biens prefens, & à venir, ne revoque point *tacitè* un teftament precedent. Le fait eft, André de Sus, fieur de Taurignan en l'année mil cinq cens trentefix fait teftament, par lequel il inftituë Jacques de Sus fon fils, & lui fubftituë, depuis, & en l'année mil cinq cens quarante-un, ledit André mariant fon fils Jacques avec Françoife d'Efpagne ; tous deux, c'eft à fçavoir André pere, & Jacques fils, font donation de tous leurs biens prefens & à venir au premier enfant mâle, qui naîtroit du mariage dudit Jacques, étant Jacques decedé fans enfans, Antoine de fainte Colombe demande l'ouverture de la fubftitution, en vertu du teftament d'André. Il étoit répondu, que ce teftament étoit revoqué tacitement par la donation fubfequente : toutefois la Cour jugea que le teftament n'étoit point revoqué. Je fçai bien que *Guido Papa confil.* 147. *num.* 3. a tenu que *teftamentum poteft revocari per donationis inftrumen-*

tum : mais il parle d'une revocation expreffe , & nous difons que non revocatur tacitè.

* S'IL N'Y A REVOCATION EXPRESSE] La propofition prife en general eſt contraire à l'uſage, ſuivant lequel une donation de tous les biens revoque le teſtament que le donateur avoit fait auparavant. *Ferrer. in quæſt.* 127. *Guid. Pap.* quand même le teſtament porteroit par precaution, ou une clauſe de donation en faveur de l'heritier, ou une clauſe derogatoire, & qu'il n'en ſeroit pas faite mention, *etiam verbis generalibus*, dans la ſeconde donation, & quoi que cette ſeconde donation ne revoque pas expreſſément le teſtament, elle peut être conſiderée *fictione legis*, comme precedant le teſtament, bien qu'anterieurement, attendu qu'il ne devoit avoir ſon effet qu'après le decez du teſtateur, mais en l'eſpece de l'Arreſt rapporté par l'Auteur, où il s'agiſſoit d'une donation faite au premier mâle, la donation n'étant pas ſortie à effet, à cauſe qu'il n'étoit nay aucun enfant mâle, il n'étoit pas juſte qu'elle eût revoqué le teſtament precedant, dont la revocation tacite ne pouvoit être induite que par l'exiſtance de celui en faveur & en vuë duquel la donation avoit été faite.

ARR. XXIII.

Donation entre-vifs, de tous & chacuns ſes biens, noms, voix, & actions, preſens & à venir par ingratitude ou autrement irrevocable, n'eſt valable. Le treiziéme Decembre mil cinq cens huitante-cinq au procez d'entre Jean de Mas, & Eſtienne, Huc, une donation faite entre-vifs par ingratitude, ou autrement irrevocable, de tous & chacuns ſes biens, meubles & immeubles, noms, voix, & actions, preſens & à venir ; à la charge que ledit donataire ſeroit tenu à l'avenir nourrir, & entretenir le donateur, fut caſſée. Premierement parce que cette clauſe, *par ingratitude irrevocable*, *præbet cauſam peccandi* ; Et par ainſi rend la convention nulle. *l. conveniri* , D. *De pact. dotalibus.* Pour un ſecond cette donation fut trouvée trop immenſe, attendu qu'il n'y avoit pas même reſervation d'uſufruit : *Nec obſtat Gloſſ. in l. licet, in verbo cuicumque de probat.* Laquelle tient, que donations de tous les biens preſens & à venir ſont bonnes & valables contre l'opinion commune des Interpretes, *in l. ſtipulatio hoc modo concepta D. de verb. obl. Et. l. fin. C. De pact.* Car cette gloſſe parle expreſſément, *De donatione omnium bonorum præſentium & futurorum ſub qua nomina & actiones non continentur. Guid. Pap. quæſt* 291. Autre choſe eſt en nôtre cas, auquel la donation étant de tous les biens meubles & immeubles, noms, voix, & actions preſens & à venir : & par ainſi n'ayans reſervation d'aucune choſe, la donation ne peut ſubſiſter : joint que *furioſi eſt*, faire ſemblables donations : *Licèt enim ex sermonibus sanæ mentis videatur esse, tamen quoad bona furiosum facit exitum. l. his §. fin. D. de tutor. in rat. dat. ab his*, & par ainsi la donation *à furioso facta*, seroit cassable.

N'est valable] Excepté quand elle est faite en faveur de mariage. *Cambolas liv. 5. chap. 35. §. Tonduti quæst. civil. lib. 1. cap. 7. num. 24.*

Art. XXIV.

Chirographaire preferé au donataire, le prêt étant avant l'insinuation. En l'affaire de Madame de Caillau, contre Guerrier, au rapport de Monsieur Maynard, étant le procez parti a été jugé que le creancier, bien que Chirographaire, qui a prêté aprés la donation en faveur de mariage, & avant l'insinuation est preferé au donataire : à cause des mots contenus en l'Ordonnance de l'an mil cinq cens septante-neuf, que les donations n'ont effet, que du jour de l'insinuation. Il y avoit deux circonstances qui ont servi au jugement du procez ; l'une que Guerrier avoit prêté les vêtemens que Caillau étoit tenu fournir par les pactes, & l'obligation precedoit la cause de la donation. *Secundò*, suivant l'opinion de Fernand, un pere qui donne, peut emprunter pour ses vêtemens & étoffes.

Du jour de l'insinuation] Il est vrai que l'Ordonnance de 1539, dont parle l'Auteur [quoique par erreur on l'ait datée de 1579.] porte en l'art. 132. que les donations ne commencent d'avoir effet que du jour de l'insinuation ; mais l'Ordonnance de Moulins de l'an 1566. ayant en l'art. 58. fixé le temps de l'insinuation dans les quatre mois de la donation, & l'insinuation ayant un effet retroactif, comme il est dit en l'art. 5. du present titre, il est visible que l'Auteur se trompe quand il veut que le creancier chirographaire fût preferé au donataire par la raison de l'Ordonnance de 1539. sous pretexte qu'avant l'insinuation de la donation *Jus erat illi quæsitum* ; puis que ce ne fut que sur les circonstances particulieres qui sont remarquées en cet article.

Art. XXV.

Ores que le pere donateur n'ait revoqué la donation par lui faite, lors qu'il n'avoit point d'enfans : les enfans neanmoins survenans aprés, la pourront revoquer. Ainsi jugé par Arrest de Toulouse, entre certains habitans du païs de Vellay, sur une appellation du Senéchal du Puy, au mois de Janvier mil cinq cens septante-neuf.

La pourront revoquer] Par la survenance des enfans, la donation est revoquée de plein droit , *citra factum hominis* , par le seul ministere de la Loy, & sans autre formalité , car en ce cas , quoi que voïes de nullité n'ayent pas lieu en France ; toutefois il n'est pas necessaire de se pourvoir par lettres Royaux contre la donation , la survenance des enfans vaut une impetration , s'agit-il d'une donation faite en faveur de mariage , parce que la faveur des enfans prevaut ; & quand la donation est causée pour services , si cette cause n'est pas un pretexte , on adjuge au donataire ce qu'il peut pretendre pour ses vacations.

Arr. XXVI.

Et bien que les donations faites par les peres en faveur de leurs enfans soient revocables par les peres ; toutefois si elles sont faites en faveur de mariage , elles sont irrevocables ; comme fut jugé par Arrest le treiziéme Juin mil six cens sept , entre André Viguier de Narbonne , & Charles de Cugugnan.

* Sont irrevocables] L'usage est contraire , & l'on ne suit au Parlement , ni la doctrine de Ranchin *in quæst.* 145. *Guid. Pap.* ni la Glose de la Loy derniere. *c. de revoc. donat.* qui veulent que l'ingratitude ne soit pas un moyen assez fort pour faire revoquer une donation faite en faveur de mariage. Les préjugez rapportez par d'Olive *liv.* 4. *chap.* 5. Et par Cambolas *liv.* 5. *chap.* 48. justifient cet usage ; aussi bien que l'Arrest d'Audience que le Parlement donna le 22. Mars 1565 en la grand'Chambre ; la Cour ayant cassé une donation qu'un pere avoit faite à sa Fille en faveur de mariage , sous ce pretexte , que la fille ayant fait informer contre son pere, au sujet de quelques coups qu'elle disoit en avoir reçu , elle l'avoit fait decreter de prise de corps , & en suite fait crier à trois briefs jours , suivant l'usage de ce tems-là.

Arr. XXVII.

Les donations , ores que faites en contract de mariage , sont sujettes à la revocation par naissance d'enfans , voire même illegitimes ; pourveu qu'ils soient legitimez par subsequent mariage , encore que solemnisé à l'article de la mort. Par Arrest prononcé en robes rouges par feu Monsieur du Faur le treize Septembre mil cinq cens soixante-quatre.

Lors dudit Arrest fut dit avoir été jugé par plusieurs Arrests que le moindre n'est relevé du défaut d'insinuation au préjudice des creanciers : Monsieur d'Ambés m'a dit , lui contretenant , avoir été ainsi jugé à la grand'Chambre , parti aux deux des Enquêtes, & à son rapport a été jugé le mêmes en l'affaire de Velliers au mois de Septembre mil cinq cens nonante-un.

Voire mesme illegitimes] *V. Boërius quæst.* 159.

Moindre n'est relevé'] *V. Part. II.*

Arr. XXVIII.

Il y a Arrest de Toulouse, du douziéme Janvier mil cinq cens
sep-

septante-cinq, par lequel une femme fut condamnée rendre les dons d'honnêteté, comme bagues, joyaux & autres semblables aux heritiers de son fiancé : Mais par Arrest du Parlement de Paris, donné en la Chambre de l'Edit du quatorziéme Avril mil six cens un, les heritiers du fiancé qui en avoient fait semblable demande, ont été declarez non recevables. Charondas en ses Réponses liv. 10. chap. 69. car le fiancé n'est estimé les avoir donnez en intention de les repeter.

Comme Bagues, Joyaux.] Godefroy sur la Loy *Si à sponso C. de donat. ante nupt.* rapporte le même Arrêt qui est fondé. Primò, sur ce que ladite Loy est abrogée en France. Secundò, sur ce que les choses données étoient de grande valeur, & par consequent sujettes à restitution ; & l'Arrêt donné suivant le texte de ladite Loy, en faveur de la Demoiselle de Berticheres, contre les heritiers du Sieur de S. Blancard, ne peut pas être tiré à consequence, ayant des motifs particuliers. *V. Bacquet des dr. de Justice, chap.* 21. *num.* 334.

De la Dot, & préference d'icelle.

TITRE XLI.

ARR. I.

PAr Arrest general prononcé par feu Monsieur Durand premier President de Toulouse : une veuve ayant si petite dot, augment & legat de son mari, que du revenu ne s'en pouvoit entretenir suivant la qualité de sondit mari trois mois de l'an, après le trépas de ses enfans en pupillarité, fut maintenuë contre les neveus de sondit mari, par lui substituez à iceux, en la quatrième partie de tous & chacuns les biens de sondit mari, en imputant sur icelle sadite dot, augment, & legat, la veille de la sainte Croix de Septembre mil cinq cens huitante-un ; par lequel Arrest fut renouvellée la disposition du droit Romain *in l.* 1. *cod. unde vir. & uxor.* que Bacquet en son livre du Domaine dit être abrogée en France.

V. le liv. 2. *tit.* 6. *verb. dot. & préference d'icelle, art.* 15.

ARR. II.

Par Arrest du 7. Septembre 1686. au procez d'entre Valerie Alexandre, & André Paschal, fut jugé la femme n'être tenuë faire discussion pour la repetition de sa dot, & se pouvoir à cause d'icelle, prendre tant sur les biens sujets à restitution qu'alienez ;

Iii

sauf à l'heritier, tenancier ou creanciers leur recours ; & à la charge d'être subrogez en même hypotheque ; & fut par le même Arrest dit, que la femme n'étoit tenuë vuider la maison maritale jusques à l'entier payement de la dot & augment.

V. le liv. 2. tit. 6. verb. dot. & préference d'icelui art. 23.

ARR. III.

L'augment dû par la Coûtume de Toulouse, la veuve se remariant, retourne & appartient après le decès d'icelle, aux enfans du premier mariage, au cas que soient trouvez, ou l'un d'eux survivans à elle ; car autrement precedens à leurdite mere, ledit augment demeure pleinement acquis à elle ; sinon qu'elle se fût remariée dans l'an du deüil, auquel cas elle perdroit l'usufruit même : Ainsi que fut jugé par Arrest en faveur d'Arnoulet le 24. Janvier 1576.

Acquis à elle.] Ainsi, suivant même l'Arrest d'Olive *liv. 3. chap. 20.* une mere qui se remarie ayant des enfans du premier lit, perd dès ce moment la propriété des avantages que son mary lui avoit fait ; mais ce n'est pas sans retour, car la propriété demeure en suspens, à cause de l'incertitude du predecez des enfans, lequel arrivant la propriété lui retourne, contre l'usage du Parlement de Paris, remarqué dans le *Journal du Palais du 23. Mars. 1673.*

ARR. IV.

Une femme veuve moindre de vingt-cinq ans, s'étant remariée dans l'an du deüil, & obténu Lettres Royaux, pour, comme mineur être restituée en entier, & relevée des peines introduites par le Droit, contre les femmes se remariant dans l'an du deüil, & receûë à demander l'augment contre les tuteurs des enfans de son premier mariage. Par Arrest general à la Prononciation de la Pentecôte mil cinq cens huitante-un, elle fut demise desdites Lettres, & les tuteurs relaxez de la demande dudit augment.

V. l'observation sur l'article 28. du titre 4. verb. Mariages. liv. 2. de même que l'article 11. ibid.

ARR. V.

Par Arrest du neuviéme Février mil cinq cens huitante-sept le sieur de la Boissiere étant moindre de vingt-cinq ans, ayant fait une constitution de dot à une sienne sœur excedant le double; voire triple du legat de son pere, & de la legitime que lui pouvoit ap-

partenir fur fes biens, fut relevé à caufe de fa minorité, & reftitué en entier envers ledit contrat, & condamné à payer la legitime à fa fœur, telle que de droit, laquelle il lui offroit, au rapport de Monfieur Cyron.

Fut relevé.] Quoique ce qui fe fait en faveur de mariage ait cela de propre, qu'un acte
qui feroit autrement revocable, demeure irrevocable. *arg. l. fi ego §. 1. ff. de jur. dot.* &
qu'ainfi la donation d'un mineur en faveur du mariage, puiffe être valable, cela n'eft pourtant pas vrai lors qu'elle fe trouve exceffive, c'eft dans le fens de cette diftinction qu'il faut
expliquer les Arrefts de prejugé rapportez par l'Auteur, par *Cambolas liv. 3. chap. 14. num. 2.*
Maynard liv. 3. chap. 42. & par le *Préfident du Vair Arr.* 2. l'on peut confulter fur cette matiere *Grivellus decif. 14. num. 65.* & *feqq. Brodeau fur Loüet lit. M. num. 9.* & *Fontanella de pact.*
nuptial. clauf. 5. gl. 8. p. 8. num. 3. & *feqq.*

A R R.   V I.

Au fait de Valiech, au rapport de Monfieur Ambecy fut de-
cife une queftion notable, fur laquelle y avoit eu partage en la
premiere & feconde Chambre des Enquêtes ; à fçavoir fi la femme avoit privilege fur les biens de fon beau-pere, qui avoit reçû
la dot, contre les premiers créanciers hipotequaires : le doute
étoit, fur ce qu'aucuns tenoient l'opinion de la glofe *in l. affiduis,*
& des Interprêtes ; les autres qu'il n'y avoit privilege, paffa à remontrance, que le mari feroit alloüé du jour de fon hypotheque,
fauf à la femme fon action contre lefdits biens, ou ceux du mari,
qui ne feront fuffifans, jugé à la grand'Chambre : le même jour,
& droit par ordre, au fecond avis la remontrance fut prife.

De fon Beau-Pere.] La Jurifprudence des Arrefts a fouvent changé au fujet du privilege de
la dot fur les biens du Beau-pere, car au commencement la prefence du pere au contrat de
mariage de fon fils ne l'obligeoit pas à la repetition de la dot s'il ne l'avoit reçûe en tout, ou
en partie ; enfuite on voulut que la prefence du Beau-pere au contrat de mariage ne l'obligeoit pas, mais bien fa prefence à la reconnoiffance que fon fils faifoit de la dot de fa femme.
Aujourd'hui on eft revenu à l'ufage qui avoit été autrefois en vogue pendant fort long-temps;
car le Parlement juge que la feule prefence du pere l'oblige à la repetition de la dot reçûe
par fon fils en fon abfence, fuivant l'Arreft donné en la premiere Chambre des Enquêtes le
3. Juillet 1662. au rapport de Mr. de Lafont en la caufe de Demoifelle Anne de Garrigues,
femme de Jean Blanc, contre Charles Blanc, & autres creanciers du Beau-pere de ladite
de Garrigues ; & quand le Beau-pere a reçû, la belle-fille doit être preferée à fes créanciers
anterieurs, conformément à la doctrine de *Maynard liv. 2 chap. 50.* & de *Cambolas liv. 1.*
chap. 48. fur quoi il faut remarquer, que la preference que la belle-fille a fur les biens de
fon Beau-pere, n'eft que pour la dot, & non pour l'augment qui lui eft acquis par le pré-
decez de fon mary ; la raifon en eft, que l'augment fuppofant une liberalité du mary, perfonne n'en doit être garant que lui-même, & la veuve par confequent n'a aucune action
contre fon Beau-pere : comme il fut jugé en la Grand'Chambre, au rapport de Mr. E. Ca-
thellan le 5. Mars 1664. en la caufe de la veuve de Puech, contre le nommé Balde, &

autres creanciers dudit Puech, mais quoique pour le dot la femme ait prise sur les biens du Beau-pere, ce n'est que subsidiairement, & en cas d'insuffisance des biens du mari, suivant l'Arrest donné en la premiere Chambre des Enquêtes, au rapport de Mr. de Guilhermin le 17. Janvier 1674. en la cause de la femme du sieur François le Bon, contre sieur Claude Moneau & autres. *V. l'art.* 22.

ARR. VII.

En l'affaire de Ogier de Luppé, sieur de Chastillon, contre de Saguedenes, au mois de Février mil cinq cens huitante-quatre fut jugé, ayant été verifié que Paule de Luppé, sœur dudit sieur de Chastillon, avoit vêcu scandaleusement pendant son veuvage, bien que de son vivant il n'y eût eu plainte à l'encontre d'elle, qu'elle étoit neanmoins privable de la succession de ses enfans, & Ogier aussi qui étoit leur oncle maternel, laquelle fut adjugée aux parens du côté du pere, qui étoient en degré plus éloigné.

V. le liv. 2. tit. 4. verb. mariages, art. 8. 14. & 15. Maynard liv 3. chap. 99.

ARR. VIII.

La dot se doit rendre, eu égard à ce que les especes valoient au temps du mariage. Ainsi jugé en l'affaire de François Sarronne, au rapport de Monsieur Caumels, du premier Juillet mil cinq cens septante-sept. Autre Arrest du vingt-sixiéme Mars mil cinq cens huitante-trois, de Molinier, au rapport de Monsieur Maynard.

V. le tit. 61. art. 5. & le liv. 2. tit. 6. verb. dot. & preference d'icelle, art. 3.

ARR. IX.

Bien que la dot se puisse prendre sur les biens sujets à restitution, par l'Authentique *Res quæ cod. communia de legat. & fideicomm.* Cela toutefois s'entend aux ascendans, & non aux collateraux, & autres étrangers substituans; comme fut jugé pour Estienne Aufrery, contre Jeanne de Belin sa belle-sœur, poursuivant sa dot sur les biens substituez audit Estienne, par un Thomas Aufrery son oncle le trentiéme Avril mil cinq cens huitante-trois au rapport de Monsieur Ambecy.

V. le liv. 2. tit. 6. verb. dot. & preference d'icelle art. 4.

A r r.   X.

Res empta ex pecunia dotali, non est dotalis, & ex tali emp-
tione non competit actio mulieri : sed tantum hypotecam habet indicto
fundo. l. ex pecunia dotali C. de jure dotium.

Tantum hypothecam habet.] Regulierement ce qui est acquis des deniers dotaux par le mary, en son nom & à l'insçû de sa femme, n'est pas dotal. *L. ex pecunia C. de jur. dot.* Ainsi la
femme ne peut pas directement vendiquer les fonds acquis de ses deniers, n'ayans sur iceux
à la rigueur qu'une hypotheque privilegiée, toutefois la Loy s'intereslant pour la conservation des dots, elle porte dans cette vûe sa faveur si avant, qu'elle fait prevaloir l'équité à
la rigueur de la Loy, lorsqu'elle trouve occasion de le faire : ainsi lorsque le mary se trouve
insolvable, en ce cas, *Ne dos sit in loco periculoso*, le fonds acquis des deniers dotaux devient
dotal subsidiairement. *Cujac. lib. 5. observ. cap. 29. Cod. Fab. lib. 5. tit. 7. desin. 43. Franciscus*
Stephanus dec s. 18. conformément à la Loy, *res quæ ff. de jur. dot.* qu'on concilie facilement
avec ladite Loy *ex pecunia.* Par la distinction qui vient d'être alleguée, la cause de la femme
est même si favorable, qu'au cas de l'insolvabilité du mary, elle l'emporte sur le fisc, quoi
qu'anterieur en hypotheque. *Cambolas liv. 1. chap. 31.* Au reste, on a voulu concilier encore
les loix qui ont été citées, en disant ; que quand le contrat d'acquisition porte liberalement
que le fonds est acheté des deniers dotaux, pour lors il est dotal, & tellement propre à la femme qu'elle le peut vendiquer ; mais il en est autrement, lors que le contrat ne le dit pas. Surquoi l'on peut voir Mornac sur ladite Loy, *res quæ.* Mais au dernier cas la femme n'a pas
moins une action subsidiaire, *quandò maritus solvendo non est*, quand on peut justifier que le
fonds a été acheté de ses deniers dotaux.

A r r.   X I.

A la constitution de la dot d'une femme, avoit été expressement convenu, que ou le mariage seroit separé par mort : & que
le mari decederoit, la femme ne pourroit repeter la dot de deux
ans après la mort. Le cas avenu par Arrest les heritiers dudit feu
mari furent condamnez dans dix semaines à payer à ladite femme
la dot, & sans dépens.

De deux ans.] *V. l. licet. 18. ff. de pact. dotalib.*
A payer la dot.] Sur la question si le mary doit gagner les interêts de l'année qui lui est
donnée pour la restitution de la dot, après la mort de sa femme, plusieurs ont soûtenu la negative, au prétexte que ce temps n'est accordé que pour ramasser le capital de la dot, *cùm*
facilis non sit pecuniæ repræsentatio. & de ce sentiment ont été Zasius *singul. lib. 2. cap. 3. Garcias*
de expensis & meliorat. cap. 8. num. 30. seq. Groenevegen. *de legib. in Hollandia abrogat.* tant sur
le §. 37. *Instit de actionib.* que sur la Loy unique §. 8. *vers. exactio C. de rei uxor. actio.* L'usage
pourtant est contraire, & suivant icelui le mary profite des interêts. Il est vrai que quand les
sommes constituées en dot n'ont pas été denaturées & exigées par le mary, comme audit
cas, il n'a qu'à les retroceder ; il ne joüit pas des interets desdites sommes. Au reste, quand
la femme survit, les interests de sa dot pour la premiere année sont compensez avec son année de viduité & ses habits de deuil. *V. Cujac. in paratil. ad tit. C. tit. cod. le liv. 3. tit. 9. verb.*
retour. art. 1. & Fachin. lib. 3. controvers. 47.

A r r. X I I.

Par Arreſt de la Cour du quatriéme Mars mil cinq cens ſeptante-deux , une femme fut declarée non recevable à demander
ſupplement de legitime , ayant quitté & renoncé à tous biens paternels en recevant ſa dot, & trente ans après le decez de ſon pere,
encore qu'elle fut en puiſſance de mari : parce qu'il fut remontré,
que ce n'étoient biens dotaux : & par ainſi que l'action appartenoit à la femme.

Biens Dotaux.] *V. L. hac lege C. de paſt. convent. & Cod. Faber. lib. 5. tit. 15. defin. 2.*

A r r. X I I I.

Entre Delphine Genebrouze , & François & Sebaſtien Genebrouze ; par Arreſt prononcé le vingtiéme de Mars mil cinq cens
quarante-deux , leſdits François & Sebaſtien furent condamnez à
parfaire à ladite Genebrouze pour ſa dot , & tout autre droit par
elle pretendu , le payement de pareille & ſemblable ſomme ,
qui avoit été coonſtituée à Rixen leur ſœur par leur feu pere , au
contrat de mariage de ladite Rixen.

A r r. X I V.

Le retranchement ordonné par la Loy *hac edictali C. de ſecond.*
nuptiis , & par la Novelle 22. de Juſtinien , confirmée par Edit
du Roy François II. appellé des ſecondes nôces, du mois de
Juillet mil cinq cens ſoixante , a été jugé avoir lieu en l'augment ,
par Arreſt du troiſiéme Aouſt mil cinq cens ſeptante-cinq , & ce
faiſant ordonné que la veuve ſeroit payée de l'augment à elle dû ,
à raiſon de ce que montoit la legitime d'un de ſes enfans ; lequel
Arreſt a été depuis confirmé par autre Arreſt general , au profit
des enfans de feu Monſieur Jean Roſſel , contre la veuve d'icelui, au mois de Septembre mil cinq cens nonante-huit. Prononcé
par feu Mr. du Faur , ſieur de ſaint Jori premier Préſident.

Des ſecondes nôces.] Cet Edit eſt du Roy François II. & le Chancelier de l'Hôpital le dreſ-
ſa ſur la Loy *hac edictali C. de ſecund. nup.* le retranchement , que cette loy ordonne, a même
lieu à l'égard de l'augment coûtumier. *Maynard liv. 3. chap. 27. Olive liv. 3. chap. 13 Cam-*
belas liv. 2. chap. 46. num. 1.

ARR. XV.

Les biens fujets à reftitution ne font affectez pour la dot , & augment de la femme de l'heritier grevé ; finon qu'il foit fils ou neveu , ou autrement defcendant du teftateur , comme il fut jugé aux Arrefts generaux, prononcez par Monfieur Duranty premier Prefident , entre Anne de Pelepoix, & le Syndic de l'Hôpital faint Jacques de Touloufe.

Sujets à reftitution.] *V. le livre 2. verb. dot. & preference d'icelui art. 4.*
Ou Neveu] C'eft-à-dire petit-fils , dans le fens que les latins difent *nepos.* Car à prendre le mot de neveu fuivant l'ufage ordinaire pour le fils d'un frere , la doctrine rapportée par l'Auteur feroit fauffe , puifque fuivant l'authentique *res qua C. commun. de leg.* elle n'a pas lieu à l'égard des collateraux.

ARR. XVI.

Femmes pour fes bagues baillées en gage par fon mari a droit de pourfuite , contre le detenteur ; fauf fon recours fur les biens du mari ; comme il fut jugé par Arreft du fixiéme Septembre mil cinq cens huitante , pour Jean Maffonnier , contre Anne de Negrier , femme de Jean Valiech.

Contre le Detenteur.] Cela eft conforme à la doctrine de *Tiraquel. tract. de legib. connubial.* 46. Sur-tout à l'égard des bagues données en contrat de mariage , *fpeciali quædam natione, fcilicet propter fignum & teftimonium contracti matrimonii* ; ce que les donateurs prétendent n'être vrai que par rapport aux creanciers qui font pofterieurs au contrat de mariage ; c'eft fur la Loy *de rebus C. de donat. ante nupr.* Et quoi que par la coûtume de France , fuivant *Rebuffe ad d. 67. ff. de verbor. fignif.* le mari puiffe aliener les bagues & habits de fa femme, il eft certain neanmoins qu'elle les peut reclamer , s'oppofer même à la faifie d'iceux faite par le creancier du mari. *Clayrac en fon traité des lettres de change pag. 163. & fuiv.* en rapporte Arreft du Parlement de Bordeaux du 8. Janvier 1636.

ARR. XVII.

Sur un procez parti, contretenant Monfieur Donjac, a été jugé que la dot que la mere a conftituée à fa fille, eft fujette à retour, decedant la fille fans enfans ; bien qu'elle eût fait teftament le feiziéme Juin mil cinq cens quatre vingts-deux.

V. le liv. 2. tit. 7. verb. donation. art. 3. le liv. 3. tit. 9. verb. retour. art. 1. & ce traité chap. 40. art. 21.

ARR. XVIII.

Par Arreft donné au rapport de Monfieur J. Papus, le feize Fevrier mil cinq cens nonante-deux entre Maître Jean Carrier &

Maître Jean Daverane a été jugé que la dot conſtituée par la mere à ſa fille, qui a laiſſé enfans ; les enfans toutefois étant predecedez à l'ayeule, fait retour.

Fait retour] Quand mème le pere des enfans ſeroit en vie ; cela ſe juge ainſi, ſans heſiter, dans le reſſort de ce Parlement. *Ferr. in quæſt.* 147. *Guid. Pap. Duranti quæſt.* 1. Quoi que les Deciſionaires ayent été fort partagez, ſur cette queſtion autrefois, & que le Parlement de Grenoble ait jugé le contraire, ſuivant l'Arreſt *d'Expilly chap.* 125. *V. l'article. preced. & le tit.* 44. *air.* 1.

A R R. X I X.

Arreſt du douziéme May mil ſix cens dix entre Antoinette de Goudour, & Maître Jacques de Coma Avocat en la Cour ; Par lequel une tante ayant fait donation de ſes biens entre vifs pure, à Bellette ſon neveu ; ledit Bellette donataire étant mort ſans enfans, à lui ſurvivant ladite tante donatrice, les biens donnez lui furent adjugez par droit de retour.

Lui furent adjugez] c'étoit une tante de ſang, & non d'alliance. *V. le tit.* 40. *de ce traité art.* 21.

A R R. X X.

La reſtitution de la dot peut être refuſée à la femme moindre, juſques à ce qu'elle ait atteint l'âge de vingt-cinq ans, ſans bailler cautions de ratifier la quittance, qu'elle en fera apres led. âge; Comme auſſi de l'augment, & autres choſes reſtituables aux enfans du premier lit, s'il y en a, ſans bailler cautions de ladite reſtitution : comme nous le jugeâmes pour feu de Vignaux Conſeiller, contre Demoiſelle Marguerite Bertier ſa belle-fille, le treiziéme Octobre mil cinq cens nonante-deux.

Sans bailler caution] Si ce n'eſt lorſque la femme mineure exige la dot, *conſentiente generali, vel ſpeciali curatore,* aux termes de la Loy *mulier C. de jur. dot.*

A R R. X X I.

Les filles mariées, ou veuves, ayant renoncé en leurs pactes de mariage à tous biens paternels, maternels & fraternels, ſauf future ſucceſſion, ne ſont apres reçûës à la ſucceſſion *ab inteſtat* de leur pere; ains ſeulement à demander leur ſupplement de legitime, nonobſtant

nonobſtant ladite clauſe, *ſauf future ſucceſſion*, & nonobſtant l'allegation de leur minorité, & puiſſance paternelle, comme fut jugé en un proœz, parti le premier jour de Juillet mil cinq cens huitante-ſix, par le Chapitre *Quamvis de paƈt. in 6.*

Ne ſont reçûës.] Lorſqu'il y a des enfans mâles, freres de la famille qui renonce, au temps du decez du pere, parce que la renonciation eſt preſumée avoir été faite en faveur. *Ferrer. in queſt. 192. Guid Pap. & Cambolas liv. 1. chap. 9.* quoique diſe *Maynard liv. 4. chap. 20.*

ARR. XXII.

Le privilege de la dot s'étend, non ſeulement contre les creanciers anterieurs du mari, qui a reçû la dot, ou ſon fils en ſa preſence, ou de ſon conſentement, par Arreſt du vingt-ſixiéme Novembre mil cinq cens huitante-huit, pour Rech, contre Noaut & Godal.

V̰. l'art. 6. verb. dot. & ibi annot.

ARR. XXIII.

La femme pour ſon augment eſt miſe au rang du jour du contrat : & ainſi fut jugé par Arreſt de la Cour en faveur de la veuve de feu Goutoulas Bourgeois de Toulouſe, & les creanciers au mois de Septembre mil cinq cens nonante-ſix.

V̰. le liv. 2. tit. 6. verb. dot. & preference d'icelle, art. 5.

Edifices.

TITRE XLII.

Arreſt touchant la demolition des édifices occupans & empêchans le cours de la Riviere.

ARR. I.

Extrait des Regiſtres de Parlement.

VÛ la requête baillée à la Cour par Maître Bertrand Sabatier Procureur general du Roy, à ce que pour les cauſes y contenuës, fut inhibé aux Capitouls de Touloûſe faire, ou attenter aucune choſe ſur la demolition de certain mur, ou édifice, étant derriere ſa maiſon ſur la riviere de Garone ; plaidoyé ſur ce fait le neuviéme jour de ce mois, Arreſt donné par lequel

fut commis à M. Pierre Gaillard , George de Cabre , Pierre de
Malenfant , & Jean Daffis Conseiller en ladite Cour se transporter sur le lieu, visiter le tout, comme audit Arrest est contenu : autre requête cejourd'hui baillée par ledit Sabatier , ensemble certaines Lettres d'appel par lui interjeté desdits Capitouls , procez
de la visitations faite desdits Commissaires , & oüi leur rapport.
Dit a été , sans avoir égard audit appel , attenduë l'évidence &
notorieté des empêchemens, étans à present sur le cours de ladite
Riviere , & les grands inconveniens & dommages irreparables ,
que vrai-semblablement aviendroient par les inondations , pareille à celle qui est avenuë le troisiéme jour de ce même mois de
Mars, que tous & chacuns les murs où édifices, jardins, terrasses,
palisses , ou autres especes de clôture , étant derriere les maisons
situées sur ladite Riviere, ou dessus le pont de Thounis, tirant vers
les moulins du Château, jusques à la tour qui est derriere le Couvent des Religieuses de sainte Claire, & semblablement le mur &
édifice fait , tant par les Capitouls anciens , que par ledit Sabatier ou autre, derriere la maison appartenante de present audit Sabatier, au dessous dudit pont, & joignant à icelui, ou autres murs
ou édifices , jardins, terrasses, palisses & clôtures étant Monastere de la Daurade, seront ôtez & demolis, en ce que passent & excedent outre l'endroit du premier pillier dudit pont devers la Ville , & le tout sera reduit à fleur & ligne dudit premier pilier ; en
maniere que toute la premiere arche dudit pont , & l'endroit d'i-
celle , tant au dessus que dessous , demeure entierement vuide &
libre pour le cours de l'eau , sans aucun empêchement , directement ou indirectement , & pareillement d'autre côté dudit pont ,
vers l'isle de Thounis, feront ôtez , démolis & retranchez les édifices , palisses , jardins, clôtures & pavés étans derriere les maisons d'icelle isle au dessus dudit pont jusques ausdits moulins du
Château en ce que passe excede outre l'endroit du troisiéme pilier
dudit pont , & le tout reduit à fleur & ligne dudit troisiéme pilier,
en maniere que la seconde arche d'icelui pont, & l'endroit d'icelle , demeure aussi entierement vuide & libre pour le cours & passage de l'eau ; & enjoint la Cour à tous ceux à qui appartiennent
lesdites maisons, & chacun d'eux en son endroit, ôter, démolir &

reduire lefdits édifices , jardins , terraffes , clôtures , & pavez à fleur , & en la maniere cy-deffus declarée , dans quinze jours prochains ; & à faute de ce enjoint aufdits Capitouls le faire faire incontinent aux dépens des poffeffeurs des maifons fufdites , chacun en fon endroit refpectivement. Et n'entend la Cour que dedans ce qui demeurera & reftera derriere lefdites maifons , aprés avoir fait la demolition & reduction fufdite , les tenanciers d'icelles maifons , & chacun d'eux ne puiffent avoir iffuë vers lad. Riviere par degrez , & autrement , pour prendre & puifer d'eau pour leur fervice & ufage , pourveu que lefdits degrez ou autres chofes requifes pour ledit fervice , ne paffent plus avant que l'endroit defdits piliers , refpectivement comme dit eft ; Et en outre enjoint la Cour aufdits Capitouls faire faire bonne & fuffifante clôture de mur , joignant audit premier pilier devers la Ville , à ce qu'aucun ne puiffe porter ou mettre fumiers , ou autres immondices deffous ladite premiere arche, ou *illec* de nuit ou de jour fe retirer , & pareillement leur enjoint pourvoir diligemment de lieux aptes & convenables , feparez & fequeftrez , des immondices jettées , ou entrans en ladite Riviere , efquels les Habitans puiffent commodement , fant danger des perfonnes , & detriment de la fanté , envoyer prendre & puifer eau pour leur ufage & fervice. Et quant aux édifices , jardins ou clôture étans à l'endroit de la tierce arche dudit pont , du côté de ladite ifle de Thounis : & auffi quant aux édifices , terraffes , jardins & clôtures étans du côté de la Ville depuis ledit Couvent de fainte Claire , jufques aux moulins, la Cour a ordonné & ordonne, que par lefdits Commiffaires & Capitouls fera faite plus ample vifite avec Experts , pour aprés oüi leur rapport , y être pourveu comme il appartiendra. Et au furplus ordonne la Cour que lefdits Capitouls fans retardation des demolitions & reductions fufdites , mettront devers elle les actes des deliberations & procedures par eux faites fur ladite demolition , pour icelles vuës être pourveu fur les autres points defdites Requêtes ainfi qu'il appartiendra. Prononcé à Touloufe en Parlement le douziéme jour du mois de Mars mil cinq cens quarante fept.

A R R. II.

Il eſt reſolu en Droit que le Prince, ou la Republique peuvent prendre le bien des Particuliers pour le bien public, *l. item ſi verberatum* §. 1. *D. rei vendic. l. Lucius. D. de evict.* toutefois cela s'entend en payant l'eſtimation, & valeur deſdites choſes *l. ſi locus D. quemadm. ſervit. admitt. l. 2. cod. quib. ex cauſ. ſervit. facit. l. ædificia. cod. de operibus pub.* A cauſe dequoi le Sindic de la ville d'Alby a été condamné par Arreſt en grandes ſommes de deniers envers le Sindic des Carmes de ladite Ville, pour redifier au Couvent dans ladite Ville au lieu de celui que par ladite Ville, & pour la tuition d'icelle, leur avoit été demoli dehors ladite Ville.

Pour le bien public.] Il faut même qu'outre l'interêt de l'utilité publique il y ait neceſſité d'en uſer ainſi. Le droit qui eſt acquis pour ce regard au Prince & à la Republique, eſt appellé *eminens Dominium*, & par Hugo Grotius en ſon divin Ouvrage, *de jure belli & pac. ſupereminens Dominium* : pluſieurs en ont traité, comme le même Grotius, Ludovicus Molina, *de juſt. & jur. tract. 2. diſp. 61.* Joannes Limnæus *tom. 2. jur. publ. lib. 4. cap. 8.* Didac. Covarruvias *lib. 3. variar. reſol. cap. 14.* Nicol Lyranus & Victorin Strigelius *ad 1. Reg. cap. 8.* Vvaremund ad Erenberg. *de regni ſubſidiis & onerib. ſubditor.* Rollandus à Valle *lib. 2. conſ. 69.* Matth. de Afflictis *deciſ. 361. num. 4.* Petro de Andlo *lib. 2. de Imper. Rom. & ibi* Marquard. Freherus *in not. ad verb.i* [*tol'ere alicui rem ſuam*] Conradus Summenhart de Calnu *tract. de contractib. licet. atque illic. tract. 1. qu. 1.* & en dernier lieu Jacob. Andr. Cruſius, ſous le titre, *de præeminenti Dominio principis & republicæ in ſubditos, eorum bona, ac jus quæſitum* ; où il fait voir que ce droit ne repugne ni au droit divin, ni au droit naturel, ni au civil, *cap. 2. per tot.*

En payant l'eſtimation.] Le Prince, ni la Republique n'y ſont pourtant pas tenus en pluſieurs cas, rapportez par Cruſius en ſon traité *de præeminenti Domin. cap. 5.* hors de ce cas on peut dire avec Balde *diabolica poteſtas eſt, auferre rem alienam ſine pretio,* Rolland. *à Vall. loc. cit. num. ult.*

Auvants des maiſons.

A R R. III.

L'Ordonnance des Capitouls de Toulouſe du vingt-neuviéme Mai mil cinq cens quarante-un, contenant que tous les habitans de ladite Ville ſeroient tenus abattre tous auvants, valets, foraigets, capelades, & autres édifices faits ſur les ruës de la Ville & faux-bourgs, & iceux édifices mettre & reduire à plomb & droit du fondement, dans un mois, à peine de cinq cens livres, fut confirmé par Arreſt du dernier jour dud. mois de Mai and. an mil cinq cens quarante-un , conformement à semblable Arrest qui avoit été donné pour la ville de Rabastens le dix-neuviéme Fevrier mil cinq cens quarante.

℣. l. *ædificia* C. *de operib. public.*

ARR. IV.

Le huitiéme jour de May mil cinq cens vingt huit , fut donné Arrest entre Maître Pierre Sautere Procureur , & le Sindic de la Ville , & Maître Pons de Thesa , par lequel entre autres choses fut dit , certaine sentence donnée par les Capitouls de Toulouse , par laquelle étoit dit , que d'oresnavant les bien-aisés seroient contraints bâtir de tuille , seroit executé.

ARR. V.

Le dixiéme jour de Mai mil cinq cens soixante-un entre Chatherine de Threiller , & M. Jean Captan , où étoit question de remboursement de la moitié des frais faits par ledit Captan , au bâtiment de certaine muraille faite au sol commun , est dit , que ladite de Threiller ne sera tenuë payer ladite moitié , que à raison de quatre pams de fondement , & douze pams sur terre ; sauf de payer le surplus , ou à l'avenir elle se voudroit aider de la muraille : & au reste que ledit Captan sera tenu remettre les vuës à dix pams de terre , ou du soulier où elles sont , & icelles faire garnir de treillis de fer , & vitres d'ormans suivant la coûtume de Toulouse.

Remettre les veuës.] S'agissant d'un mur mitoyen , il faloit qu'il y eût permission pour faire les vûës suivant *l'art.* 199. *de la coust. de Paris.*

ARR VI.

Le douziéme Decembre mil cinq cens nonante-deux entre Gay Avocat , & de Galdon , veuve de M. Latomy President , ledit Gay ayant été condamné payer l'estimation de la moitié d'une muraille , de laquelle il se vouloit aider , disoit ladite estimation se devoir rapporter au temps que ladite muraille avoit été construite ; au contraire ladite de Galdon au temps present ; par nôtre jugement fut jugé au profit de ladite de Galdon.

Avoit été construite] C'est eu égard au temps que le voisin s'en veut servir. ℣. *le liv.* 2. *tit.* 1. *verb. maisons , édifices , arr.* 3.

Eglises.

TITRE XLIII.

ARR. I.

PAr Arreſt prononcé le vingt-deuxiéme Decembre mil cinq cens ſeptante-quatre, & par autre ſemblable Arreſt du vingt-ſixiéme Mars mil cinq cens huitante-cinq, fut inhibé de ſe promener par les Egliſes durant le divin ſervice.

Durant le divin ſervice.] Cela eſt conforme à l'Ordonnance de Blois *art.* 39.

Emancipations.

TITRE XLIV.

ARR. I.

LE vingt-ſeptiéme Mars mil cinq cens huitante entre Fregueville, & Baduello, prononçant Mr. Bertrandi, fut decis, que *filia per decem annos maritata, cenſetur emancipata, ut teſtari poſſit. Secundò.* Que les biens donnez par le pere en faveur de mariage, *Et ſi donatarius deceſſerit relicto filio ipſo decedente donante adhuc ſuperſtite,* font retour au pere donateur.

Cenſetur emancipata.] Cela eſt contraire à l'uſage, ſuivant lequel une fille n'eſt pas cenſée émancipée, pour avoir demeuré dix ans hors de la maiſon de ſon pere, ainſi elle ne peut pas valablement diſpoſer ſans ſon conſentement, & le faiſant autrement ſa diſpoſition eſt nulle. *Cambolas liv.* 1. *chap.* 27. *d'Olive liv.* 3. *chap.* 3. rien donques ne peut autoriſer le prejugé rapporté par l'Auteur, qu'en preſupoſant que les parties étoient regies par la coûtume de Touloſe, dans l'uſage de laquelle les filles mariées ſont cenſées emancipées. *Duranti queſt.* 21. hors de ce cas l'état de mariage, qui ne les tire pas de la puiſance paternelle, ne les fait pas regarder comme tacitement emancipées après dix ans, parce que la ſeparation de ces filles ne peut pas être priſe pour un acte de volonté de leurs peres : Et c'eſt par la même raiſon que quoique qu'un Curé, en ſervant ſa Cure, ait demeuré plus de dix ans hors de la maiſon de ſon pere, le Parlement a prejugé par Arrêt du 27. Avril 1657. au rapport de Mr. de Reſſeguier, en la ſeconde Chambre, après partage porté à la premiere, & enſuite en la grand'Chambre, contretenant Mr. de Boutaric, qu'il n'étoit pas cenſé emancipé, parce qu'étant obligé à la reſidence & au ſervice de ſa Cure, par les Ordonnances Royaux : Il eſt vrai de dire que ſon pere ayant ſouffert qu'il ait pour cet effet demeuré hors de ſa maiſon, & n'ayant pû ni dû l'empêcher, cette ... ance ne peut pas être priſe pour un acte de volonté; ce qui détruit l'emancipation ta... ... attendu qu'elle eſt l'effet d'une volonté preſumée. *V. le tit.* 77. *arr.* 2.

Empoisonnèmens.

TITRE XLV.

ARR. I.

C'Est beaucoup plus grievement offenser de tuer par poison, qu'à force ouverte ; *Gravius est occidere veneno , quàm gladio* : car non seulement celui qui a tué par poison : mais celui qui a versé du poison, bien qu'il n'aye sorti à effet ; & qui plus est, celui qui a été trouvé saisi, qui a vendu, ou acheté des poisons pour empoisonner, est puni de la peine des homicides , comme le decide formelement le Droit, *in l. 1. §. præterea, & l. ejusdem D. de sicar. DD. in d. l. 1. & in l. si quis non dicam rapere C. de Episcop. & cler.* Et à ce propos Bodin liv. 4. de sa Demonomanie dit, qu'en l'an mil cinq cens soixante-neuf, il y eut un Chanoine de Laval qui fut accusé d'avoir versé du poison au calice du Doyen de Laval, lequel après l'avoir prise en disant la Messe de minuit à la fête de la Noël, tomba par terre, & neanmoins il jetta la poison. L'accusé confessa volontairement sans torture, & depuis se voyant condamné il appella au Parlement de Paris, où il fut condamné d'être brûlé par Arrest, & executé, nonobstant que le Doyen n'en fut mort, ains gueri : parce que en crimes atroces & enormes *punitur conatur & affectus, licèt non sequatur effectus.* Et de nôtre temps M. Barthelemi Valete Docteur Regent en l'Université de Toulouse, étant convaincu d'avoir voulu seulement pratiquer un laquai, d'empoisonner son Maître, contre qui il plaidoit, & à cet effet lui auroit baillé quelques phioles pleines de poisons, fut pendu & étranglé à Paris avec sa robe longue & cornette, pour plus grand exemple ; par jugement du grand Prevost de l'Hôtel, parce que le crime avoit été commis à la suite de la Cour.

Enquêtes.

TITRE XLVI.

ARR. I.

IL suffit que les personnes Ecclesiastiques , étans ouïs en témoignage , prêtent le serment la main mise à la poitrine , sans autrement les aftraindre au touchement des faints Evangiles, comme il fut jugé au procez de Solegre, contre Pinol, fur une nullité d'enquête, à caufe de ce propofée, par Arreft au mois de Fevrier mil cinq cens huitante-deux.

Au touchement des ss. Evangiles.] Si ce n'eft en cas d'importance, *Maynard. liv. 4. chap.* 63. ainfi on ne fuit pas en France l'Authentique *fed. judex c. de Epifc. & Cleric.* ni la Novelle 327. *cap. nulli*, d'où ladite Authentique a été tirée.

A R R. I I.

Jaçoit que le Commiffaire ne puiffe ouïr les témoins fans l'adjoint, neanmoins en l'attendant les peut recevoir, & leur faire prêter le ferment, ainfi qu'il appartient, comme il fut jugé en audience, prononçant M. le premier Préfident Daffis, en l'an mil cinq cen huitante, fur une nullité d'enquête à caufe de ce propofée.

Les peut recevoir.] Mais non pas les ouïr. ℣. *le livre* 4. *tit.* 4. *verb. témoins arr.* 3. *& Maynard liv.* 4. *chap.* 71.

A R R. I I I.

Sur défaut donné en certain lieu pour voir proceder à faire enquête, s'il eft requis, & eft de befoin proceder ailleurs, & en autre lieu, bien que plus proche, & commode, avant que l'ordonner faut que de rechef la partie foit affignée à ces fins, fur peine de nullité de tout ce à quoi il y fera après, comme il fut jugé, & à caufe de ce une enquête caffée. Entre Bertrand Pofalgues, & Jacques Caminade, en la feconde Chambre des Enquêtes à Touloufe, au mois de Fevrier mil cinq cens huitante-un.

℣. *Maynard liv.* 4. *chap.* 64.

A R R. I V.

Une enquête commencée avec adjoint, faut que foit continuée & parachevée avec ledit adjoint, ou s'il étoit mort, inalade, ou abfent, avec autre accordé ou pris d'office; autrement l'enquête eft nulle, comme il fut jugé par Arreft, entre les heritiers de Guffet, contre Anne de Seguier Dame de Villeneuve, le fixiéme Janvier mil cinq cens huitante-trois.

L'Enquête eft nulle.] C'eft-à-dire tant pour les difpofitions faites avec l'adjoint, que pour les autres, parce que la procedure du Commiffaire eft indivifible; témoin ce qui eft dit en l'art. 13.

ARR.

ARR. V.

Les Parties étant appointées en leurs faits contraires, si l'une des Parties ayant fait son enquête, l'autre est appellante du Commissaire qui a procedé à ladite enquête, la Partie appellante ne peut faire sa contraire enquête, que au prealable son appel ne soit vuidé, & ainsi fut jugé en Audience le vingt-troisiéme Août mil six cens onze.

ARR. VI.

Les Commissaires soussignent leurs procez verbaux, & non leurs Adjoints, qui ne signent que les enquêtes & auditions cathegoriques, & non lesdits procez verbaux; parce que c'est l'acte dudit sieur Commissaire seulement.

Non leurs Adjoints.] Le procez verbal ne seroit pas moins bon, pour être signé par l'Adjoint avec le Commissaire : *quæ abundant, non vitiant.*

ARR. VII.

Lors qu'on ordonne qu'un tuteur sera oüi cathegoriquement, on n'a point accoûtumé de dire qu'autrement les faits seront tenus pour confessez, ains on le contraint par commination de peines à son nom; parce qu'il n'est raisonnable que pour la faute du tuteur le pupille perde sa cause.

Perdre sa cause.] Soit que le tuteur *solvendo sit, vel non. l. neque in interdicto ff. de dia. reg. jur.*

ARR. VIII.

Le quatorziéme Juin mil cinq cens huitante-sept a été arrêté que ceux qui auront fait les enquêtes principales, ou objectives, ne pourront être Rapporteurs du procez, bien qu'ils le puissent être ayans seulement fait les montrées, verifications & enquêtes d'office. Sur la difficulté meuë pour raison de la Mercuriale, étant Monsieur Joffé Rapporteur d'un procez auquel il avoit fait la verification.

V. Maynard liv. 4. *chap.* 66.

ARR. IX.

Arrest du premie Juillet mil cinq cens septante-deux, por-

tant prohibition aux Magiftrats ne dreffer Commiffions aux Notaires pour faire enquêtes principales.

V. le liv. 2. tit. 4. verb. Enquêtes. arr. 1.

ARR. X.

Commiffaire député en vertu d'un dictum, ne peut fubroger
pour l'execution réelle. Arreft du treiziéme Septembre mil cinq
cens cinquante-deux, vingt-trois Août mil cinq cens feptante-
cinq, entre Jean Andeguan.

V. le liv. 2. tit. 1. arr. 38.

ARR. X.

*Enquefte ne peut être commife à faire aux Greffiers ou
leurs fubftituez.*

Par Arreft prononcé le neuviéme Août mil cinq cens foixante :
Entre Simon Bonhomme, appellant du Senéchal de Beaucaire,
contre Me. Jean de Montan, Juge-Mage en ladite Senéchauffée
appellé ; eft faite inhibition & défenfe, tant audit Senéchal, qu'à
tous autres du Reffort, de commettre la confection des Enquêtes aux Greffiers, ou leurs fubftituez, contre les Edits, Ordonnances & Arrefts de la Cour donnez en femblables matieres, fur les
peines en iceux contenuës, & d'être tenu aux dommages & interefts envers les Parties.

ARR. XII.

Par Arreft du quatorziéme Août mil cinq cens quatre, un
Commiffaire, pour avoir oüi témoins fur un article en nombre
exceffif, fut condamné en trente livres d'amende, contre frere
Gilbert Malian, & le Syndic du Clergé d'Uzez.

Un nombre exceffif.] Ce qui eft limité à dix témoins, par l'Ordonnance de Loüis XII. de
l'an 1499 *art.* 13. confirmée par celle du mois d'Avril 1667. en l'art. 21. du tit 22. apparemment on a eu deux motifs pour faire ce reglement qui ne regarde que les caufes civiles ; le
premier pris de la Loy premiere §. 1. *ff. de teftib. ne effrenata pœftas ad homines vexandos teftium multitudine luxurietur* : Et le fecond, de ce que même en une Enquête par tourbe il ne
faut pas davantage de témoins. Et quand dans une Enquête on fait oüir fur un article plus de
dix témoins, on rejette ceux qui font oüis après les dix premiers, *M y a d liv. 4. chap. 61. &
fuiv.* Quoique les objets propofez contre ces dix témoins ayant été declarez pertinens, fuivant l'Arrêt donné le 13. Août 1657. en la feconde Chambre des Enquêtes, après partage
porté à la premiere, Rapporteur Mr. de Chambard, contretenant Mr. de Laporte. Et cela

a lieu, quoique même les dix premiers déposent moins bien que les autres. *V. Papon. tit. des preuves & témoins art.* 1. *Baffet liv.* 6. *tit.* 8. *chap.* 4. *DD. ad cap. cum causam extr. de testib. & attestatio.*

A R R. XIII.

Le Lundi dernier de Juin mil cinq cens huitante-six, sur un partage fait entre M. Vignals Receveur, & Monsieur Hebrad fut jugé en la seconde des Enquêtes qu'un Commissaire de la Cour ne peut faire enquête sans Adjoint, combien que la commission ne porte d'en prendre. Secondement ayant le Commissaire oüi un témoin qui n'étoit point assigné, toute l'enquête fut déclarée nulle, & qu'ayant été la Sentence d'un Juge ordinaire donnée sur le rapport dudit Juge, en presence du Lieutenant, reformée par Arrest, ledit Lieutenant ne pouvoit faire l'enquête ordonnée par ledit Arrest. Et faut noter que les enquêtes des Parties furent cassées sur les nullitez qui n'étoient remarquées par les Avocats.

Sans Adjoint.] Sauf au cas rapporté par l'Auteur *au liv.* 1. *tit.* 6. *verb. Adjoints.*
Ne pouvoit faire.] *V. Part.* 15.
Par les Avocats.] Par la raison de la Rubrique, *ut que def. advoc. part. suppl. judex*, suivant laquelle le Juge doit suppléer le défaut de formalité, & la question de Droit, mais non pas la question de fait, qui n'est connuë qu'aux parties.

A R R. XIV.

Le Commissaire procedant *in partibus*, après dûe assignation à la Partie pour le voir proceder, il n'est tenu faire derechef assigner ladite Partie, ni lui faire intimer les Appointemens qu'il donne sur ledit Lieu, soit pour l'Adjoint, ou autres, mêmes si ladite Partie s'est une fois presentée devant ledit Commissaire, si ce n'est que ladite Partie ou son Procureur fût dans le même Lieu ou Ville, ou fort proche, parce que ce seroit trop de longueur & de frais aux Parties.

* *Il n'st tenu.*] L'usage est contraire.

A R R. XV.

Par Arrest intervenu en un procez parti en la premiere Chambre des Enquêtes, & départi en la seconde, au rapport de feu Monsieur Vignaux, entre un Laurens Corties, une enquête faite par ceux qui avoient presidé au jugement, qui est après en la cause d'appel en la Cour reformé, fut cassée & déclarée nulle.

Lll ij

V. Part. 13. *& Maynard liv.* 3. *chap.* 32.

Eftats de Languedoc.

TITRE XLVII.

ARR. I.

Lettres patentes du Roy François I. par lefquelles ordonne que la convocation des Eftats du païs de Languedoc foit alternativement tenuë d'an en an és Senéchauffées de Touloufe, Carcaffonne & Beaucaire. *fol.* 19. *lib.* 4. *ordinat.*

ARR. II.

Autres Lettres patentes pour faire reïterer la publication de l'Edit fait par François I. par lequel eft enjoint aux Evêques & Prélats, ou leurs Vicaires, Barons, Comtes, ou Vicomtes, qui font tenus fe trouver en l'Affemblée des Eftats du païs de Languedoc, de s'y trouver en perfonne, ou bien en cas d'empêchement legitime y envoyeront lefdits Prélats leurs Vicaires generaux, & les fieurs temporels gens de fçavoir & experience, *fol.* 57. *lib.* 5. *ordinat.*

ARR. III.

Declaration du Roy qu'és Affemblées des trois Eftats de ce Reffort, les Evêques, ou ceux qui les reprefentent, tiendront le même rang, feance & ordre qu'ils ont accoûtumé és Affemblées des trois Eftats, *lib.* 9. *ordinat.*

ARR. IV.

Eftats particuliers.

Edit contenant prohibitions aux Gouverneurs & Prefidens, & à tous autres prendre dons & prefens pour affifter aux Eftats, ou autrement, *fol* 41. *lib.* 7. *ordinat.*

Dons & prefens.] Une Ordonnance de Saint Loüis de l'an 1256. défendoit de faire aucun don aux Officiers de Juftice, *finon fruit ou vin, ou autre prefent, dequoi la fomme de dix* ols ne foit pas furmontée la femaine. L'on peut voir fur ce fujet *Gregor. Tolofanus fyntagm. jur. lib.* 36. *cap.* 28. *Paris de Puteo de fyndic.* §. *corruptio Xammarde offic. judic. & advoc. part.* 1. *quæft.* 20. *& DD. ad tit. ff. & C. ad leg. Jul. repetundar.*

ARR. V.

Eſtats ou aſſiettes.

Lettres patentes du Roy, par leſquelles le Syndic du Diocéſe d'Alby, envoyant aux Eſtats de l'une des deux Senechauſſées de Touloufe ou Carcaſſonne, il eſt déchargé d'envoyer à l'autre. *eodem lib.* 10. *ordinat.*

Eſtude.

TITRE XLVIII.
ARR. I.

Preſence à cauſe d'étude.

LE douziéme Aouſt mil ſix cens trois Frere Jean Florit, Religieux du Monaſtere de S. Leon, Ordre de S. Victor de Marſeille, demandant ſa preſence pour la pourſuite de ſes études en Touloufe ; par jugement de nôtre Chambre en fut démis & renvoyé à ſon Superieur, pour avoir ladite permiſſion d'aller étudier, & ladite preſence. Faiſant la Cour difference des Prébendiers, Chanoines, & autres Eccléſiaſtiques ſeculiers, aux reguliers, leſquels ne peuvent ſortir de leur Monaſtere, ſans la licence de leurs Superieurs. Et doivent ſe tenir dans leurs cloîtres ayant d'ailleurs tous les Ordres de Religieux des exercices des Lettres en certains leurs Monaſteres, voire des Colleges à Paris comme des Bernardins, Benedictins, Jacobins, Cordeliers & autres : étant plus ſeant que les Religieux aillent aux Univerſitez de leur Ordre, & des Reguliers, que Seculiers, cap. *ſuper ſpecula, de mogiſtr.* parlant des Seculiers, & non des Reguliers.

Arreſt contenans la forme de prononcer ſur les preſences accordées en faveur de l'Etude.

ARR. II.

Extrait des Regiſtres de Parlement.

Entre Maître Pierre Laboerie, Chanoine de l'Egliſe Cathedrale de Rieux, appellant du jugement donné par les Conſeillers

& Commiſſaires tenans les Requêtes du Palais d'une part, & le Syndic de ladite Egliſe Cathedrale d'autre : Veu, &c.

Dit a été que la Cour a mis & met l'appellation, enſemble le jugement du quatriéme Janvier dernier au neant, & ſans avoir égard aux Requêtes dudit Syndic, & par lui preſentées devant leſdits Conſeillers & Commiſſaires tenans leſdites Requêtes le quatriéme Janvier & neuviéme May dernier, ordonne que ledit Laboerie pour le temps de cinq ans, à commencer du jour qu'il a été congedié par ledit Chapitre pour étudier en l'Univerſité de Toulouſe, ou autre ; joüira annuellement de l'entiere groſſe des fruits de ſa Chanoinie & Prebende pendant ledit temps de ſon étude ; enjoignant audit Syndic de la lui faire délivrer par les Cellerier & Tréſorier dudit Chapitre aux termes accoûtumez chacune année, durant ſondit étude, ſur peine de mil livres, qu'à faute de ce faire à ſon refus, lui ſera declarée moitié envers le Roi, & moitié envers Laboerie pour ſes dommages & interêts ; à la charge que ledit Laboerie de ſix en ſix mois, pendent ledit temps d'étude, ſera tenu porter audit Chapitre atteſtatoire de ſon étude ; des Regens & Docteurs, deſquels ſera auditeur ; & ſauf audit Syndic de pouvoir pourſuivre & demander le recouvrement des fruits pris par cy-après par ledit Laboerie pendant ſondit étude, au cas qu'il ſe marieroit, ou ne voudroit être de la profeſſion Eccléſiaſtique, & ſans dépens, & pour cauſe. Prononcé à Toulouſe en Parlement le vingt-neuviéme Juillet mil cinq cens ſeptante-ſept.

* *Profeſſion Eccléſiaſtique.*] A propos de la profeſſion Eccléſiaſtique, on peut dire touchant celle des Religieux, que cinq ans de Religion, après l'année de Noviciat, tiennent lieu de Profeſſion formelle, pourveu que le Religieux fût d'âge, & qu'il eût fait la fonction de Religieux comme les autres ; après il ne peut plus revenir au ſiécle, ni diſpoſer de ſes biens, ſuivant l'Arreſt donné au Grand Conſeil le 21. Fevrier 1671. en la cauſe de Blaiſe Ormantier, contre Antoine Momout ; & audit cas la clauſe revelative du laps de cinq ans, inſerée dans le reſcrit obtenu pour la caſſation des vœux, doit eſtre rejettée comme abuſive, à cauſe de la contravention au Concile de Trente. En effet, ſi la qualité de la profeſſion faite ou par force, ou avant le temps, *patientiâ & perſeverentiâ ſubſequentis temporis, penitùs profugatur. cap. fin. qui Cler. vel vovent. matrim. contrah. poſſ.* Pourquoi eſt-ce que cinq ans de Profeſſion, accompagnez des actes & des fonctions ordinaires des Religieux n'emporteroient pas une Profeſſion formelle, les Religieux étant d'âge, & l'an de ſa Noviciat étant continué. Au reſte, quand la Profeſſion a été faite avant l'âge de ſeize ans accomplis, elle eſt nulle, & le Religieux ſe peut defroquer, après avoir fait declarer la nullité de ſa Profeſſion par Bulle fulminée, ſuivant l'Arreſt de ce Parlement donné en l'Audience de la grand'Chambre, le 2.

Mars 1675. en la cause de Jean-Henry Lagarde, qui avoit été Religieux Feüillant, & la Dame de Rochebard. Par cet Arrêt on préjugea encore deux choses; sçavoir en premier lieu qu'un Legat du Pape trouvé dans le Royaume, a la même autorité que le Pape qu'il représente, pour la declaration de nullité des vœux, car la Cour confirma la Bulle de declaration de nullité des vœux dudit Lagarde, qui lui avoit été accordée par le Cardinal de Vendôme, qui étoit Legat en France. Et en second lieu, que quoique regulierement telles Bulles doivent être fulminées par l'Evêque Diocesain du Monastere où le Religieux avoit fait sa profession, (sauf au cas d'une telle delegation procedant de la volonté du Roy, qui peut commettre tel Prélat que bon lui semble, même hors du Ressort du Parlement) toutefois si ce Religieux se trouve dans un autre Diocése, la Bulle peut être executée & fulminée par l'Evêque de ce Diocése, ou par son Vicaire General, pourveu que l'on ait dûement appellé le Syndic du Monastere de la Profession, ou le General de l'Ordre. *V. le liv.* 3. *tit.* 12. *Maynard liv.* 2. *chap.* 2. *& 8.*

ARR.   III.

Arrest par lequel les Chanoines & Prébendiers, pendant le tems de leur étude, gagneront les grosses, comme s'ils y étoient presens. Prononcé le dernier Decembre mil cinq cens cinquante-deux.

V. l'article precedent, le Concordat *tit. de collatio.* §. 1. & le chapitre *licet nobis extr. de Prebend.*

ARR.   IV.

Le douziéme Octobre ensuivant mil cinq cens cinquante-huit, entre le Syndic du Monastere de Lezat, & Fr. Roger de Castet, Religieux dudit Monastere, fut ordonné que ledit de Castet joüira de la faculté de prendre & percevoir les fruits de grosse de sa Prébende Monachale pour lad. année entierement & consecutivement les autres années, jusques avoir accompli le temps de ses études par cinq ans en Université fameuse, aux charges & reservations contenuës en l'Arrest.

Evictions.
TITRE XLIX.
ARR.   I.

L'Eviction est tellement de l'essence & nature de la chose venduë, permutée, cedée, engagée, ou autrement baillée, qu'encore qu'elle ne soit reservée ni exprimée, elle est toûjours entenduë. *tit. de actionib. empti :* voire même quand bien il auroit été dit, & expressément convenu que le vendeur ne seroit tenu d'aucune eviction, & qu'il veut aux perils & fortunes de l'acheteur, neanmoins il est tenu d'eviction du prix par lui reçû; non toutefois de la chose venduë, *l. Evicti, dict. tit. De actionib. empti.*

Toûjours entenduë.] Parce que c'eft une garantie de droit, qui eft dûë d'elle-même & fans ftipulation. *lib. 6. C. de eviftio.* & qui plus eft, la garantie eft fi naturelle au contrat d'échange; elle en eft fi infeparable, que quand on y auroit renoncé par exprès, & qu'on auroit pris les chofes échangées à fes perils & fortunes, la garantie n'en eft pas moins dûë en cas d'éviction, *etiam fine facto* du compermutant, & l'on peut reprendre les pieces qu'on a baillées en contre échange. *Cambolas liv. 5. chap. 9.*

A R R. I I.

Quand d'une metairie, ou quantité de terres ou poffeffions venduës, une piece de terre eft évincée par un tiers, le vendeur fera tenu payer à l'acheteur l'eftimation de ladite piece évincée, non eu égard à la valeur d'icelle, mais de tout le corps vendu, & à proportion du prix total de ladite vente, & ce au dire d'experts; & ainfi fut jugé le quinziéme Janvier mil cinq cens nonante-un, pour Jacquemet Procureur, & Colomiez Imprimeur.

Particuliere Piece eft évincée.] Au cas de l'Arrêt rapporté par l'Auteur, apparemment l'acheteur voulut fe contenter de la garantie pour la piece évincée; car autrement il eût pû faire refoudre le contrat pour le tout, *quod partem empturus non effet*; aux termes de la Loy *tutor. 47. §. 1. ff. de minorib.* s'il n'eût crû avoir le tout. En effet, par Arrêt donné en la feconde Chambre des Enqueftes, au rapport de Mr. Jean Dupuy, entre Rey, Robert & Caumels, il fut prejugé, que fi par un même contrat, & fous un même prix, on a acheté deux metairies, l'une defquelles foit évincée, on peut demander la refcifion du contrat de vente; mais quand on fe contente de la garantie pour la piece évincée, la bonté & l'eftimation en eft reglée par rapport au prix total de la vente, fuivant la Loy *Quà libertatis §. in fundo ff. de eviftio*, ce qui fe fait à dire d'Experts. On obferve même en fait d'éviction, que lors que l'acheteur a été évincé, que la chofe lui a été ôtée par Sentence, & que fur le tout le vendeur a été condamné à la garantie; il fuffit à celui-ci pour fe decharger de la garantie, d'offrir à l'acheteur la chofe évincée, avec les dépens & les dommages & interefts qu'il peut avoir fouffert pendant le temps qu'il a été privé de la chofe. *L. emptori. ff. de eviftio.* à quoi fe trouve conforme la doctrine de Maynard *l. 9. chap. 29.* du Prefident Duranti *Decif. 14.* & aux autres Arrefts de ce Parlement, l'un du 19. Fevrier 1671. donné en faveur de Me. Pierre Marvejols Avocat, contre le nommé Sainramond Maître Orphévre de la ville de Touloufe; l'autre du mois d'Août fuivant, donné au rapport de Mr. de Gramont en faveur de Noble Jean-Jacques de Vignoles, Seigneur de Saintbonnet, contre Noble Charles de Vignoles, fils du feu Prefident en la Chambre de l'Edit; quoi qu'en l'efpece de ce dernier Arrêt s'agiffant des biens de l'Eglife, l'acquereur allegât qu'il ne feroit jamais affeuré en fa poffeffion, & que la tranfaction que ledit fieur de Sainbonnet avoit paffée avec le Prieur dudit lieu, par laquelle ce Prieur fe départoit de l'execution de certain Arrêt de maintenuë fur lefd. biens, ne fut pas un acte irrevocable, puifque les fucceffeurs du Prieur la pourroient débattre quand bon leur fembleroit; mais de quoi fe peut plaindre un acheteur, quand on lui offre les dépens qu'il a faits, les dommages qu'il peut avoir fouffert jufques au jour de l'offre, & de le rendre paifible poffeffeur du fonds évincé. *V. le traité des droits Seign. chap. 2. arr. 9.*

A R R.　I I I.

Acquereur dernier, actionné en éviction & garantie par les
premiers eft quitte en faifant délaiffement des biens hipothequez
par Arreft du feiziéme Avril mil cinq cens huitante-fix au procez
de Jean , & autre Jean Roccaud , au rapport de feu Monfieur
Fourez.

Acquereur dernier.] Le dernier acquereur eft toûjours à découvert , ainfi un tiers
poffeffeur qui fe trouve executé , eft recevable à faire rejetter la faifie fur les autres biens
du debiteur en dernier lieu alienez , fuivant l'Arreft donné en la grand'Chambre , au
rapport de Mr. Delong , le 13. Août 1668. contre le Sieur de Lavaur ; il eft vrai que tant
qu'il y a de biens extans , un creancier ne peut executer un tiers poffeffeur qui indique
des biens extans , laquelle indication eft toujours reçûë , à condition par le tiers poffeffeur d'en être garant , comme prejugé par ledit Arreft. L'indication pourtant n'eft pas
reçûë lors qu'il s'agit de l'intereft d'un tiers poffeffeur ; car fa caufe étant plus favorable
que celle d'un creancier , & étant autant privilegié qu'un autre tiers poffeffeur , ce qui
doit faire ceffer tout privilege : Il eft fans doute que venant par action hypothecaire , il
peut demander fa garantie contre d'autres tiers acquereurs , quoiqu'ils indiquent les
biens du debiteur commun , ou de fes heritiers ; ainfi que le Parlement le jugea le 26.
Aouft 1672. par Arreft donné en la feconde Chambre des Enquêtes , au rapport de Monfieur de Rolland ; & par autre Arreft du 15. Février 1678. donné au rapport de Mr. de
Marmieffe , en vuidant un partage fait en la feconde Chambre des Enquêtes , Compar-
titeur Mr. de Lombrail : il fut donné en faveur de Matthieu Charrier , Notaire de la ville
des Vans , contre Me. Jacques Compang Avocat.

Excommunications.

T I T R E L I.

A R R.　I.

ARreft du fecond Juin mil cinq cens quarante , par lequel
eft enjoint aux Ecclefiaftiques bailler le Benefice d'abfo-
lution aux debiteurs excommuniez , pour dettes , à peine de faifie de leur temporel.

Excommuniez pour dettes.] Autrefois dans les contrats obligatoires on faifoit fou-
mettre par exprès le debiteur aux cenfures de l'Eglife , au cas il ne payeroit dans le temps
convenu , paffé lequel on le condamnoit au payement de ce qu'il devoit avec dépens , &
à faute d'y fatisfaire , après l'avoir averti par monitoire de payer dans certain délai , icelui paffé il étoit déclaré excommunié , quand on n'obeïffoit pas par la Sentence étoit aggra-
vée & reaggravée , enfuite déquoi le creancier ufoit de fa contrainte : laquelle coûtume
fut abolie en France , comme tendant à la deftruction de la Juftice Laïque. *V. Chopin fur
la Couft. de Paris liv.* 3. *chap.* 13. *& de Saer. polit. lib.* 2. *tit.* 3. de même que *Brodeau
fur Loüet tit. C. num.* 31. §. 12. *cum feqq. & le traité de la reftitution des Grands* , où
l'on voit *pag.* 26. une Sentence d'excommunication prononcée le 30. May 1532. contre
deux habitans d'Aigue-mortes.

ARR. II.

Arreſt prohibitif de n'excommunier les Religieux pour dette civile. Entre Frere Amanieu d'Aſte, appellant de Monſieur Me. Jean de Teula, & Dominique de ſaint Germier appellé. Prononcé le 28. Mars mil cinq cens quarante-ſix.

Pour dette civile.] C'eſt ſuivant le chap. *Odoardus*, *extr. de ſolut.* V. Brodeau ſur Loüet *lit. C. num.* 31. §. 12. & ſuivans.

ARR. III.

Le quatorziéme Avril mil cinq cens quarante, avant Pâques fut enjoint par Arreſt aux creanciers par toutes voies prêter conſentement que les excommuniez à leur requeſte pour dette civile, ſoient abſous ſans pour ce exiger aucuns dépens; avec injonction aux Senéchaux faire obſerver ledit Arreſt; ſauf auſdits creanciers pour le payement contraindre les debiteurs par les rigueurs des Cours temporelles.

Experts.

TITRE LI.

ARR. I.

PAr une maxime du Palais eſt dit, que *dictum expertorum nuſquam tranſit in rem judicatam*. A cauſe dequoi, encores qu'il y ait une relation par experts bien faite; neanmoins ſi l'une des Parties s'en plaint, & requiert qu'à ſes dépens il en ſoit faite une autre, il lui eſt permis de ce faire par autres Experts, appellez les premiers, aux dépens dudit requerant, ſauf à iceux recouvrer, ſi ainſi en fin de cauſe eſt ordonné.

Permis de ce faire.] En matieres criminelles, & au ſujet des relations qui ſont jointes aux informations; on ordonne ſouvent, lorſque les prevenus le requierent, qu'il en ſera faite une ſeconde à leurs dépens, mais toujours la premiere ſubſiſtant; & ſi les choſes, c'eſt-à-dire le corps mort ou excedé, ſont en tel état qu'une ſeconde relation puiſſe être faite, & non autrement.

ARR. II.

Les Experts faut que ſoient tous accordez par les Parties, ou tous pris d'office; car une des Parties en ayant nommé, & l'autre non , le Commiſſaire n'en peut prendre d'office pour celui qui n'en a point nommé , pour proceder avec les autres nommez par l'autre Partie , ains doit convenir ladite Partie à en venir nommer , & à faute d'en nommer le Commiſſaire en doit prendre d'office pour toutes les Parties , ſans avoir égard aux nommez ; & ainſi fut jugé contre le Vicomte de Monſlor , en Octobre mil cinq cens nonante-ſept.

* *N'en peut prendre d'Office.*] Cela ne s'obſerve plus depuis la publication de l'Ordonnance du mois d'Avril 1667. qui porte *en l'article 9. du titre 21. que le commiſſaire nommera un Expert d'Office pour la partie abſente ou refuſante , pour proceder avec l'Expert nommé par l'autre partie.*

Heritiers.

TITRE LII.

ARR. I.

ON tient que l'heritier ſimple exclut l'heritier par benefice d'inventaire , encore que l'heritier ſimple ne ſoit en ſi proche degré. Arreſt du troiſiéme Juillet mil cinq cens nonante-un , Maſuer titre des ſucceſſeurs. Titaquel *in tract.* le mort ſaiſit le vif. *in 2. part.*

L'heritier ſimple exclud.] Les diverſes limitations qu'on fait ſur ce ſujet , ſont rapportées par *Barri de ſucceſſ. lib.* 18. *cap.* 3. *num.* 12. & par *Brodeau ſur Loüet lett.* H. *num.* I.

Ne ſoit en ſi proche degré] L'uſage eſt contraire. *D'Olive liv.* 5. *chap.* 30. & *Maynard liv.* 2. *chap.* 42. ſur quoi on peut voir *Barri & Brodeau loc. citat.* & *Ayrault en ſon playd.* 1.

ARR. II.

Le crime eſt éteint par la mort , & d'icelui on ne peut plus faire pourſuite aprés les decez de l'accuſé ; toutefois l'intereſt & pourſuite civile n'eſt éteinte , & peut être demandée aux heritiers. Jugé par Arreſt du treiziéme Mars mil cinq cens ſoixante-trois.

Pourſuite civile n'eſt éteinte.] Pluſieurs ont tenu & tiennent encore , que l'acceſſoire ne pouvant pas ſubſiſter ſans le principal , l'accuſation prenant auſſi fin par le decez du criminel avant ſa condamnation. *L. deſſuncto ff. de publ. judic.* la pourſuite des dommages & intereſts de la partie civile eſt par conſequent éteinte , & qu'au pis aller les heritiers du prevenu ne ſont obligez de rendre , que *quantum ad deſſinctum pervenit , ne rei hæredes alieno ſcelere ditentur ,* ſuivant la Loy unique. *C. ex d'lict. deſinct. in quant. hæred. conven.* & il eſt certain que dans les principes du Droit Civil le demandeur en excés ne peut rien prétendre au-delà ; mais dans ce Royaume , où les maximes d'équité ſont plus volontiers ſuivies par les Cours Souveraines , que celles d'une juſtice rigoureuſe , ſur tout en affaires de cette nature , nous obſervons pour ce chef la diſpoſition du Droit Canon, citée du chap. *in litteris de raptorib.* & quand il y a du bien du prevenu, il est affecté pour la reparation des dommages & interests de la partie civile, si ses heritiers ne purgent pas sa memoire. ℣. *Duranti quæst.* 116. *& Brodeau sur Loüet litt. A. num.* 18. §. 9.

Des Homicides.

TITRE LIII.

ARR. I.

EN tous jugemens, & condamnations pour meurtres & homicides, on a accoûtumé inviolablement, d'appliquer quelque partie des biens du meurtrier pour faire prier Dieu pour l'ame du trépaffé. Et principalement auffi pour appaifer l'ire de Dieu fur le peuple, pour l'effufion du fang : foit que le jugement s'en enfuive par défaut & contumace, ou autrement; & foit que le meurtre ait été fait fortuitement, avec, ou fans raifon ; c'est pourquoi par la loi de Dieu, il eft commandé aux Juges, quand ils auroient fait information, & qu'ils n'auroient pû découvrir celui qui aura fait l'homicide, qu'ils prennent une vache pour facrifier au lieu où l'homicide s'eft fait, & laver les mains, comme innoncens du fait, & prier Dieu qu'il n'épande fon ire fur le peuple, pour l'effufion du fang : au Deuteronome chap. 21. Auffi fouvent les Cours fouveraines de ce Royaume, quand les biens du coupable le peuvent porter, font faire des Oratoires & Fondations pies és lieux où l'homicide a été commis, comme en cas pareil, par Arreft du Parlement de Toulouse, en l'an mil cinq cens feptante-neuf, le meurtrier du Seigneur de Sompets fut condamné à faire l'Oratoire de la place faintes Carbes en Touloufe, au lieu où le meurtre avoit été commis.

ARR. II.

Une femme de faint George, mariée avec un Charretier, qui s'enyvroit ordinairement, & maltraitoit fa femme, le jour de Carême-prenant fur la nuit la voulut maltraiter. Elle ayant une paële à feu elle en donna fur la tête du mari, & lui rencontra l'endroit où il avoit été autrefois bleffé ; fi que le coup y entra fi facilement qu'il en demeura mort fur la place; dequoi fadite femme fut fi étonnée, qu'elle ne bougea toute la nuit d'auprés le corps de sondit mari, & y fut trouvée plurant, chargée de deux ou trois enfans communs. Sur quoi elle impétre lettres de grace de la Chancellerie, sur l'interinement desquelles il y eut partage, & le vingt-sixiéme May, en vuidant le partage, elle fut condamnée à mort bien qu'il demeurât verifié qu'il la tourmentoit.

Condamné à mort) V. *le liv.* 2. *tit.* 7. *verb. graces art.* 2.

ARR. III

Un Gentilhomme sieur de Montgaillard en Foix, le premier de May mil cinq cens septante-neuf, lâcha son pistolet à la tête de M. de Vigolet Docteur & Avocat, qui passoit devant le logis de Clermont : il fut pris par les Capitouls, & le lendemain ayant évoqué l'instance en la Cour, à cause de sa qualité, le procez lui fut fait sur l'heure, & condamné d'avoir la tête tranchée, ce qui fut fait, & executé le jour même ; bien qu'il ne l'eût que blessé, en guerit par aprés.

V. le tit. 72. *art.* 3.

ARR. IV.

Entr'autres preuves, & indices, receuës & aprouvées par nos Docteurs contre le meurtriers, a été le sang decoulant des playes du meurtri, en la presence des meurtriers. Tellement que encore de mon enfance on pratiquoit de faire passer & repasser par neuf fois les prevenus, ou coupables par dessus le corps de ceux qui étoient frechement occis, jusques à les desenterrer s'ils avoient été ensevelis. Toutefois l'experience ayant fait connoître n'y avoir aucune apparence de verité, moins de certitude : parce que des meurtris les uns ne seignoient du tout point, les autres seignoient aussi bien en l'absence, que presence des personnes ; ou bien autant en la presence des parens, alliés & amis, que des étrangers, ennemis, ou meurtriers : Et d'ailleurs que les noyés, sans aucune playe, saignoient aussi-bien par les yeux, & les narines, ou ne seignoient du tout point aussi bien que les occis par leurs playes : A été cause que les Juges ou Magistrats ont ajouté moins de foi à cela, que de coûtume. Sur quoi je produirai l'avis & resolution de Maître Ogier Ferrier Medecin, en sa Republique, non imprimée qu'il m'a communiquée. *Nugantur* [dit-il] *qui spiritus quosdam naturales manare putant ex cadaveribus, vindices sceleris & cædis : quasi ex mortuo supersit materiale quidpiam, vim habens agendi atque designandi hostem. Quod, quid aliud est quàm extincto animali addere sensum, rationem & intellectum ? Plausibiliter videri poterat eorum opinio, qui interfectorum animas mortuis corporibus extrinsecus hærere tradiderunt, quod multi ad genios referri malunt. Nos qui curiosam veritatis indaginem profitemur, multis experimentis confirmati, fortuitos hos omnes eventus judicamus, haud absimiles his, qui febribus extincti, sanguinem ex naribus ore & auribus emittunt.* Auquel propos advint en Toulouse l'an mil cinq cens huitante, qu'une jeune Demoiselle fiancée, morte d'une fievre continuë, en la portant par la Ville, au milieu des pompes funebres rendit si grande quantité de sang par le nés & par la bouche, que le pavé en fut couvert. Ceux qui accompagnoient le corps se regardans les uns les autres admiroient cette seignée, jusques aux derniers, qui virent en leur troupe, un Medecin qui l'avoit pensée en sa maladie, auquel en riant, firent entendre, que la morte seignoit devant le murtrier, demandans entr'eux qui étoit-il ? le Medecin, qui toutefois avoit fait son devoir, se voyant picqué, fit sur l'heure sa resolution de faire comme ses compagnons, qui ne se trouvent jamais aux funerailles de ceux qu'ils ont traité malades, s'ils ne sont de leur ordre, ou proches parens.

En la présence des Meurtriers] On ne peut pas nier que souvent on ait vû couler, & même rejaillir du sang des playes ou du nez du meurtri, lorsque le meurtrier s'est presenté; cela est arrivé un million de fois, sur tout à l'égard du Duc de Bourgongne, quand il alla jetter de l'eau benite sur le corps du Duc d'Orleans, qu'il avoit fait assassiner, & à l'égard de Richard, soupçonné d'avoir fait mourir Henry II. Roy d'Angleterre son pere, dans la ville de Chinon; car comme dit Matthieu Paris en son Histoire sous l'année 1188. *eo superveniente, confestim erupit sanguis ex naribus Regis mortui ; ac si indignaretur spiritus in adventu ejus, qui ejusdem mortis causa esse credebatur, ut videretur sanguis clamare ad Deum.* Et ce qui dans de pareilles rencontres a augmenté le soupçon qu'on avoit contre les auteurs presomptifs du meurtre a été, que si bien ordinairement le sang cesse de couler après sept heures, à compter du moment que le meurtri a rendu l'ame, ou comme il est souvent arrivé, après dix ou douze heures; parce qu'étant pour lors glacé, il est *ad fluxum ineptus*, comme parle *Galeotus Martius de doctr. promisc. cap. 22.* où il recherche les raisons pour lesquelles le sang qui a cessé de couler, *comparente occisore rursus fluat* : toutefois il est quelquefois arrivé que le sang a coulé le corps étant presenté à l'accusé, tantôt après quinze ou seize heures, comme au cas de l'Arrest rapporté par *Papon liv. 24. tit. 9. art. 5.* tantôt après vingt jours, suivant l'exemple que cite *Thom. Campanella de Sens. re. lib.* 4. *cap.* 9. même après deux mois, suivant l'exemple qu'en rapporte aussi *Boërius decis.* 166. à la verité ces exemples tiennent du prodige, & il faut même avoir beaucoup de foy pour croire qu'après un si long espace de temps un corps tiré du tombeau, puisse verser du sang, mais quoiqu'il en soit, & sans rien reprocher à la memoire de tant d'Auteurs qui ont pris plaisir à rapporter des choses si extraordinaires & si surprenantes : il est certain que quoi qu'autrefois les indices pris de ces rejallissemens de sang, ayent été jugez assez forts pour faire appliquer à la question ceux qui étoient accusez du meurtre, comme en font foy les autoritez alleguées par *Menochius lib.* 1. *præsumpt.* 89. *num.* 128. aujourd'hui neanmoins on regarde ces indices, qui étoient inconnus au Droit Romain, comme des indices qui trompent, qui proviennent *ex causis nobis incognitis & valdé remotis*, au langage de *Gomesius lib.* 3. *chap.* 13. *de tortura reorum num.* 15. & qui par consequent ne sont pas suffisantes pour faire qu'un prevenu soit appliqué à la question, suivant le sentiment de *Duranti quæst.* 62. & même du Jesuite *Busembaüs in Medul. Theol. moral. lib.* 4. *cap.* 3. *dub.* 2. *de offic. judic. art.* 3. *num.* 3. au sentiment desquels l'on peut ajoûter l'autorité de *Jean. Loccenius lib.* 2. *antiquit. Sueco-Gothicar cap.* 7. où il soûtient la fausseté d'un tel indice, par l'exemple d'un homme qui seigna en presence de ses plus proches parens, & non de ses homicides ; sur quoi il fait cette reflexion judicieuse, *criminis probationem evidentissimam esse opportet, ubi non de capite papaveris, sed hominis vita agitur*, outre les Auteurs qui viennent d'être citez ; on peut encore voir sur cette matiere Ranchin en ses Opuscules au traité de la cruentation des corps morts, *Gregor. Tolosan. in syntagm. lib.* 36. *cap.* 20. *Thessaurus decis.* 173 *Gaudentius Merula rer. memorabil. lib.* 4. *cap.* 18. *David de Planis-Campis*, celebre Chirurgien de son temps, qui a servi un de nos Rois [& qui dit *en son Bouquet de la Chimie*, fleur 9. pag. 840. que le Juge doit être circonspect en pareille rencontre, parce qu'un Sorcier, ennemi de l'accusé, peut par le ministere des Demons faire rejallir le sang & perdre par ce moyen une personne innocente] & plusieurs autres citez par *Zaccias quæst. medicolegal. lib.* 5. *tit.* 2. *quæst.* 8.

Interests.

TITRE LIV.

ARR. I.

EN déconfiture, ou distribution de biens à Toulouse, les interêts ne sont alloüés aux creanciers qu'après toutes les sommes principales, contre la Loy *Lucius D. qui potiores in pigno habeantur*, observé au Parlement de Paris ; sauf à la caution, qui a été contraint par la rigueur de son contrat, ou condamnation payer les interêts pour le debiteur principal : à laquelle caution tels interêts sont adjugés au rang de la somme pricipale : par Arrest de l'an mil cinq cens huitante-quatre, au rapport de Mr. Donjat, & par autre donné en l'an 1592. entre Lombard Sacristain de Rodez, & autres

Qu'après les sommes principales] La raison en est, que le creancier anterieur en hypotheque, qui à l'égard des interêts *certa de lucro captando*, seroit alloüé pour son capital & pour ses interêts tout ensemble, preferablement aux creanciers posterieurs, qui à l'égard de leur capital *certant de damno vitando* ; ce qui seroit injuste, *potiores enim esse debent, qui certant de damno vitando, quam de lucro captando. V. le tit.* 59. *art.* 3.

A R R. I I.

L'acheteur, qui doit le prix du fonds vendu, doit être condamné à payer ledit prix avec les interêts d'icelui, depuis le terme de la deſtinée ſolution : encore que leſdits interêts excedent de beaucoup plus, que le prix principal : s'il n'a été legitimement empêché à faire ledit payement : parce que ce ne ſont uſures, qui ne doivent exceder le ſort principal : ains ce ſont vrais interêts deus à cauſe, & au lieu des fruits de la choſe venduë jouïe par ledit acheteur ; n'étant raiſonnable qu'il jouïſſe dudit prix, ou de ladite choſe venduë : & ainſi fut jugé au profit de Damoiſelle Honorette de ſaint Paul venditrice le huitiéme Octobre mil cinq cens nonante-ſept.

Etant raiſonnable] Au contraire, il n'eſt pas raiſonnable que l'acheteur jouïſſe du prix & de la choſe venduë, ce qui eſt tiré de la Loy *Julianus*. §. 20. ff. de actio empt. en ces termes, *cùm re emptor fruatur*, *æquiſſimum eſt cum uſuras pretii pendere*. viſiblement une faute d'Impreſſion faiſoit parler l'Auteur contre ſon intention dans la precedente edition, ce qui a été corrigé en celle-cy.

A R R. I I I.

Encore que des ſommes dûës pour interêts ne ſoient adjugés interêts : toutefois ſi ce ſont interêts pour raiſon de legitimes, ou de fruits de biens vendus, non payé le prix, on les abjuge : parce que ce ne ſont interêts, ains fruits des biens vendus, ou ſur leſquels la legitime eſt dûë.

* *On les adjuge*] L'uſage eſt contraire, & il n'y a que trois cas auſquels les interêts puiſſent produire interêt ; ſçavoir lorſqu'ils ſont entrez en ſurdite dans un decret ; en ſecond lieu lors que la caution ayant payé des interêts pour le debiteur principal, il en demande le rembourſement, car alors un tel interêt porte interêt, depuis la demande en Juſtice : & enfin lors qu'ils ſont ablotez avec le capital dans un reliqua de tutele, car alors le reliqua porte interêt depuis la clôture du compte, & c'eſt une erreur de croire qu'avant la clôture du compte, & pendant le cours d'une adminiſtration, les tuteurs deuſſent être chargez de l'interêt de l'interêt. Il eſt vrai qu'autrefois le Parlement l'obſervoit de la ſorte, mais aujourd'hui la Juriſprudence a changé ; & ſoit pour inviter les parens par l'eſperance d'un profit à accepter les tutelles, ſoit en conſideration de ce que les tuteurs ſervent ſans ſalaire, & qu'ils ſont expoſez à pluſieurs pertes, dans ces égards au lieu de charger les tuteurs des interêts des interêts, on ſe contente d'abloter le compte pendant tout le temps de l'adminiſtration, l'on en diſtrait la dépenſe, & l'on fait chapitre à part de ce qui reſte du reliqua des revenus de toutes les années de l'adminiſtration, qui dans la clôture du compte eſt joint avec les ſommes capitales dont le tuteur ſe trouve debiteur envers le pupille, & compoſe depuis ladite clôture un capital au profit des pupiles, avec l'interêt qui court juſques au jour du payement ; ainſi par Arreſt du 27. Avril 1655. conné au rapport de Mr. Catellan Conseiller Clerc, il fut dit que la condamnation d'interêt porté par la Sentence dont étoit l'appel, n'auroit lieu que depuis le jour de la clôture du compte. Cette maniere de juger est d'autant plus équitable qu'à le pratiquer autrement, c'est-à-dire, en chargeant un tuteur des interêts à la fin de chaque année, on lui feroit payer l'interêt de l'interêt, même annuellement & pendant plusieurs années, ce qui seroit extrêmement rude : il suffit que ce qui se trouve de reliqua à la fin de chaque année demeure entre ses mains pour la dépense de l'année suivante, & que l'interêt soit accumulé avec le capital à la fin de l'administration. Au reste, il faut tirer cette consequence de ce qui a été ci-devant remarqué, que Despeisses a erré, lors que sur le fondement de la fausse doctrine rapportée par l'Auteur au present article, il a dit au *tom.* 1. *part.* 1. *sect.* 3. *num.* 35. que les interêts des interêts sont dûs pour vente de fonds, pour dot, ou pour legitime ; puis qu'il est constant que l'interêt de ces choses ne produit pas d'autre interêt, quoi qu'il en eût été fait compte, & qu'il eût été abloté dans un même contrat.

A R R. I V.

Lors qu'il y a lieu de condamnation d'interêts de quelque somme depuis l'introduction de l'instance, s'il y a plusieurs introductions & interruptions depuis long-temps cela se doit ordonner puis la derniere : & encores à telle charge que les interêts ne surpassent la somme principale.

Puis la derniere.] L'effet de la peremption est d'aneantir l'instance, comme s'il n'y avoit jamais eu aucune demande. *Instancia perempta perinde est, ac si lis, nato non fuisset. arg. l.* 2. *ff. judic. solu.* ainsi le possesseur n'est pas tenu de restituer les fruits qu'il a perçûs après la contestation, lors que l'instance est perimée, suivant la glose de la Loy *Litigator. C.* 2. *de fructib. & liti. expent. V. Basset liv.* 6. *tit.* 14. *chap.* 3.

A R R. V.

Entre Jeanne Durante, Arrest par lequel les interêts du legat fait à ladite Durante, par feu son pere, lui sont adjugez puis le decez d'icelui feu Durant. Prononcé le sixiéme de Juin mil cinq cens huitante-cinq. Mr. Topignon Rapporteur.

V. le titre 63. *art.* 3.

A R R. V I.

Le dernier Janvier mil cinq cens nonante, entre Balonniere & Fontes fut parti en la seconde, & depuis en la premiere des Enquêtes, & départi en la grand'Chambre, au rapport de Mr. Marion, si les dommages & interêts, convenus par contrat, devoient être alloüez du temps du contrat, ou en dernier lieu après tous les creanciers, comme les interêts qui tiennent lieu d'usure : & fut jugé qu'ils viennent après tous.

ARR. VII.

Entre d'Auffaguel, contre d'Auffaguel, au rapport de M. de Pins en la premiere des Enquêtes au même mois, jugé que Bernard d'Auffaguel, ayant prié par lettres son créancier de l'attendre pour un an, en lui payant les interêts, n'ayant payé le fort de plufieurs années, n'étoit condamnable és interêts en vertu de fa lettre depuis icelui, ains feulement depuis qu'il avoit été appellé.

En vertu de fa Lettre.] Cet Arreft avec les raifons fur lefquelles il fut donné, eft rapporté au long par *Cambolas liv.* 1. *chap.* 37.

ARR. VIII.

Par Arreft du premier Decembre mil cinq cens huitante-un, entre Anne Ifalguiere, & Michel Verhnes, les interêts d'une fomme dûë pour la vente d'un fonds, & bien immeuble, font adjugez à raifon du denier vingt.

Inventaire.

TITRE LV.

ARR. I.

LE benefice d'inventaire octroyé de droit aux heritiers inftituez ne peut être dénié, interdit, ni deffendu par la volonté mêmes, & prohibition des teftateurs ; comme il fut jugé par Arreft du huitiéme Août mil cinq cens nonante, pour Jean de Valiech, heritier inftitué par Maître Audibert de Valiech Avocat fon pere, contre fes fœurs, & pour Monfieur Cayron lors Confeiller au grand Confeil, & depuis Prefident aux Enqueftes à Touloufe, auquel fon pere, Juge Criminel de Roüergue, par la claufe expreffe de fon teftament avoit prohibé lad. confection d'inventaire.

Ne peut être denié.] Quoique plufieurs Docteurs, & entr'autres *Peregrinus de fideicom. art.* 11. *num.* 76. ayent foûtenu le contraire, il eft certain neanmoins que *nemo poteft in teftamento fuo cavere ne leges locum habeaut. L.* 55. *ff. de legat.* 1. outre les raifons alleguées par *Maynard liv.* 5. *chap.* 24. où il rapporte le même Arreft dont mention eft faite au prefent article ; ce qui fur tout ne doit recevoir aucune difficulté, fi le teftateur avoit des creanciers. *Gothofred. ad d. leg.* ou fi l'heritier inftitué, fe trouvant fubftitué par le Pere du teftateur, veut s'inftruire & fçavoir s'il lui fera plus avantageux d'accepter une hereditvé, qui peut être oberée, ou de s'en tenir à la fubftitution qui eft certaine ; & pour ce qui regarde la faction de l'inventaire, il eft certain que l'heritier a la liberté d'y faire proceder ou par le Commiffaire des inventaires, ou par le premier Notaire requis ; cela dépend de son choix, quoique l'on puisse alleguer que le Roy ayant créé des Offices de Commissaires des inventaires, il n'y a qu'eux qui les puissent faire. En effet, par Arrest du Conseil d'Estat du Roy, Sa Majesté y étant, & la Reine Regente sa mere presente, donné le 28. Novembre 1647. sur la Requête du Syndic General du Languedoc, défenses furent faites aux Commissaires des inventaires établis dans ladite Province, de proceder aux inventaires s'ils ne sont requis par les Parties, ou par les Procureurs de Sa Majesté, pour son interest, ou celui du public, ou pour la conservation des biens des mineurs, conformément aux Ordonnances & Reglemens donnez pour lesdits Offices. Cet Arrest même ne doit être entendu que des mineurs qui manquent d'administrateurs, comme des pupilles qui manquent de tuteurs ; ainsi Claire de Megrin, veuve de Jean Grimaud Marchand de Beziers, comme mere & legitime administreresse d'autre Jean Grimaud, ayant fait commencer l'inventaire des meubles & effets que son mari avoit delaissez, par le nommé Herail Notaire de ladite Ville, & ayant été appellante au Parlement de la procedure du sceau apposé à la Boutique de sondit mari, faite par Me. Martin Viguier de ladite Ville, à la Requeste de Me. de Late, Substitut de Mr. le Procureur General en la Senéchaussée de Beziers : La Cour par son Arrest d'Audience du 27. Juin 1675. sur la plaidoirie de Me. de Lacesquiere pour l'appellante, & de Monsieur de Maniban pour ledit Procureur General, prenant la cause dudit Me. de Late Substitut, mit l'appellation, & ce dont avoit été appellé au neant, & reformant, ordonna qu'il seroit procedé à la confection de l'inventaire dont est question, par le Notaire qui l'avoit commencé. Et par autre Arrest du 12. Juin 1672. donné en la premiere des Enquestes, au rapport de M. Catellan, Conseiller Clerc, la Cour cassa l'inventaire qui avoit été fait des effets mobiliaires du nommé Carbonel, de la ville de Lectoure, par le sieur du Percet President au Siege Presidial de ladite Ville, sur la requisition de Me. Vialete, Procureur du Roy audit Siege, au prejudice de l'acte que Pierre Carbonel frere du défunt, leur avoit fait en qualité de tuteur de sa niece, & permit audit tuteur de faire proceder à l'inventaire par un Notaire, avec défenses ausdits Officiers de l'empêcher. Cet Arrest est d'autant plus considerable, qu'outre qu'il s'agissoit d'une fille pupille ; d'ailleurs, il étoit soûtenu que le tuteur étoit suspect au nommé Castilhon, qui étoit substitué à ladite fille ; il est vrai que Castilhon étoit contuteur, & qu'en cette qualité non-seulement il étoit dans l'interest d'éviter des frais au pupille, en faisant faire l'inventaire par un Notaire ; mais même qu'il avoit autant ou plus de droit que l'autre tuteur, de choisir un Notaire qui ne lui fût point suspect.

ARR. II.

Par Arrest du douziéme Mai mil cinq cens huitante-six, donné en Audience fut dit, que l'heritier par benefice d'inventaire ne deduit les frais des procez, *facit l. ita tamen §. in hac D. judicat. solvi.*

V. Maynard liv. 2. chap. 43.

Jurisdiction.

TITRE LVI.

ARR. I.

LE dix-huitiéme Février mil cinq cens nonante, entre Marguerite Carle appellante du Senéchal de Roüergue, & Caterine Chapelliere, au rapport de Mr. Laroche, le Juge ordinaire eft declaré competant d'une maintenuë d'heritage, & lui eft la caufe renvoyée.

Competant d'une maintenuë.] Les maintenuës dépendent abfolument de la main Royale, fuivant le langage *d'Olive liv.* 1. *chap.* 13. auffi, dit-on, que la maintenuë eft un cas Royal; duquel les feuls Officiers du Roy peuvent par confequent connoître à l'exclufion des Juges, tant Eccléfiaftiques que Bannerets. On en peut même, à mon avis, alleguer ces deux raifons, qu'outre que, fuivant le fentiment commun, les interdits poffeffoires fuppofans des perfonnes qui prétendent refpectivement la proprieté d'un fonds contefté, & pour la poffeffion duquel ils pourroient fe porter à des violences : il eft du caractere du Roy, & du devoir de fes Officiers, plûtôt que des Juges Bannerets, d'arrêter ces violences, & de conferver chacun en fa poffeffion : furquoi l'on peut voir *Ferrer. in qu.* 1. *Guid.* Pap. & *Loyfeau des Seigneurs chap.* 14. *num.* 27. D'ailleurs j'ai remarqué dans les anciennes Hiftoires, qu'en ce Royaume, & même en plufieurs autres païs, il n'y avoit que les Juges fouverains qui euffent droit de connoître des caufes qui regardoient la proprieté des heritages, ou des *fonds de terre*, comme on parloit ; ce qui fe juftifie par ce que dit le Prefident de Marca *en fon Hift. de Bearn, liv.* 5. *chap.* 3. *num.* 3. & *chap.* 4. *num.* 1. Quoique je ne fois pas fort amoureux de mes fentimens, fur-tout à l'égard des chofes qui font de mon invention, à caufe que je me méfie toûjours de mes propres lumieres, que je reconnois être fort foibles & très-petites, j'ofe pourtant dire que c'eft en vûe de cette derniere raifon principalement, que la maintenuë a paffé pour un cas Royal ; auffi étoit-il jufte que les Officiers du Roy, à l'exclufion des Bannerets, s'attribuaffent la connoiffances des caufes qui autrefois étoient de la competance des Juges Souverains : Cela n'empêche pourtant pas que les Officiers Bannerets, lorfqu'une inftance eft prévenuë devant eux, ne puiffent connoître incidemment d'une maintenuë, par la même raifon qu'ils peuvent connoître des Lettres Royaux, lorfqu'elles font incidemment impetrées, quoiqu'ils n'en puiffent pas connoître en chef ; & tout de même qu'un Juge qui feroit incompetant pour connoître de l'appel d'une Sentence arbitrale, ne le feroit pourtant pas lors qu'on ne feroit qu'en demander incidemment la caffation, auffi par Arrêt prononcé en l'Audience de la grand-Chambre le 24. d'Avril 1657. en un appel du Senéchal de Touloufe, qui fous prétexte d'une demande en maintenuë, avoit dénié le renvoi demandé pardevant les Ordinaires où la caufe étoit déja prévenuë, la Cour mit l'appellation, & ce dont avoit été appellée au neant, & renvoya pardevant lefdits Ordinaires, avec dépens moderez à vingt-cinq livres. *V. l'article* 10.

A R R. I I.

Le Juge Eccléfiaftique ne connoît de l'oppofition contre le monitoire : par Arreft du vingt-quatriéme Juillet mil cinq cens huitante-un.

De l'oppofition.] Quand la publication des Monitoires a été concedée par le Juge feculier, & que l'oppofition envers la publication eft faite par une perfonne laïque ; le Juge Ecclefiaftique ne peut pas, fans abus, connoître d'une telle oppofition, fi ce n'eft en matiere purement fpirituelle; hors de ce cas le Juge laïque eft feul competant, quand même l'Ecclefiaftique auroit decerné monitoire fous la claufe, & *citentur coram nobis contradicentes & apponentes*, parce que cette claufe tendant à faifir l'Official de l'oppofition, eft abufive ; ainfi au cas de l'oppofition il ne peut ni ne doit bailler aucune commiffion, pour citer l'oppofant pardevant lui, mais il doit renvoyer pardevant le Juge feculier.

ARR. III.

Que c'eſt de la reconnoiſſance des Juges de pouvoir decerner telles proviſions, que par leurs inquiſitions verront être requiſes, Arreſt prononcé le treize Septembre mil cinq cens quarante-ſix.

ARR. IV.

Les Juges lais ne peuvent uſer de condamnation contre les Prêtres, ou perſonnes Eccléſiaſtiques, pour les ſommes ou choſes principales : bien le peuvent faire pour les dépens de l'inſtance, loyaux-couſts, ou dommages & intérêts ; & pour le payement du principal declarent tous & chacuns les biens temporels, & fruits deſdits Eccléſiaſtiques affectez & hypotequez, permettant ſur iceux faire execution.

Dommages & interêts] Sur tout en matiere criminelle. V. *Fevret de l'abus tom. 2. liv. 8. chap. 4. num. 12. & le plaidoyé 2. de l'Avocat General Quarré.*

ARR. V.

Par Arreſt du vingt-ſeptiéme Aouſt mil cinq cens trente-ſept, entre Maître Jean de Ville, & Antoine Colras, fut dit le Juge d'Egliſe ne pouvoir connoître du petitoire du benefice, juſques à avoir été obéï à l'Arreſt intervenu ſur le poſſeſſoire.

Sur le poſſeſſoire.] C'eſt une maxime generale en France, que le poſſeſſoire de toutes les choſes ſe traite devant le Juge ſeculier, même à l'égard des choſes ſpirituelles, parce que la poſſeſſion eſt purement de fait ; ainſi il connoît du poſſeſſoire des benefices en conſequence de la Bulle du Pape Martin V. rapportée tant au ſtyl du Parlement, qu'en la queſtion 1. de Guy-Pape : Et de là vient auſſi que le Juge d'Egliſe eſt même incompetant, quant au petitoire, pour les diſmes extraordinaires & inſolites, comme n'étans fondées que ſur la poſſeſſion, & devans être reglées par l'uſage & par la coûtume, qui eſt de fait ; mais parmi les Juges laïques il n'y a que le Royal qui puiſſe connoître du poſſeſſoire des Benefices, dont la connoiſſance fut interdite aux Officiers des Seigneurs par l'Ordonnance de Loüis XI. *de l'an* 1464. & par celle de Loüis XII. *de l'an* 1499. depuis lequel temps on ne doute plus que telle connoiſſance ſoit un cas Royal ; & l'on peut dire aux termes du chap. *Cauſſam quæ inter.* 7. *extr. qui fil. ſint legit. ad Regem pertinet de poſſeſſionibus judicare.* V. *Part.* 16. *de l'Ordonnance de Blois, Maynard liv.* 1. *chap* 28. *l'Ordonnance du mois d'Avril* 1667. *tit.* 15. *art.* 4. & *Carolus de Groſſalio regal. franc. lib.* 2. *jur.* 5.

ARR. VI.

Prêtres trouvez en habit de Prêtre, & en leurs habitations, & non en crime flagrant, ne ſont ſujets à la juriſdiction des

Prévôts ; ores qu'ils foient prévenus de crime de leze-Majefté.
Arreft donné à la Tournelle, pour Jean Martin, contre le Syndic
de Semalenx, en Janvier mil cinq cens quatre-vingts.

A la Jurifdiction des Prévôts.] *V. le liv.* 3. *tit.* 15. *verb. Prévôt des Mareschaux, & Maynard
liv.* 1. *chap.* 7. & il eft bon de remarquer en general, qu'en matiere criminelle le Parlement
obferve, qu'après lecture faite au prévenu de fon audition, dans laquelle il n'a pas oppofé fa declinatoire, il n'eft plus recevable à decliner, quand même le Juge qu'il approuve feroit incompetant ; ainfi qu'il fut prejugé par l'Arreft donné en l'Audience de la Tournelle le 13. ou 15. Mars 1675. en la caufe de Guillaume Tournier, fourd & muet de naiffance, contre Pierre Albert Devaux que j'ai rapporté *en l'obfervat. fur l'art.* 5. *du tit.* 9. *au
liv.* 2. *verb. Mineurs.*

A R R. VII.

Le cinquiéme Novembre mil cinq cens quarante-quatre, entre
Raymond Abion, & Condoin, où étoit queftion d'injures verbales, non atroces, dites *in abfentia*, les Parties furent mifes hors
de procez, & inhibition au Viguier de Touloufe, de ne en femblables matieres, & entre perfonnes de baffe condition, tenir longuement en procez les Parties.

Dites in abfentiâ.] Telles injures fe reffentent moins que celles qui fe difent en prefence,
lefquelles *magis afficiunt.*

A R R. VIII.

Le quatriéme jour de Septembre mil cinq cens quarante-cinq,
en une qualité de Syndic de Comenge, auroit été prohibé à tous
Magiftrats de ne porter pour juger les procez hors des refforts des
Siéges où les matieres font traitées.

V. le dernier chapitre du traité du reglement des Juge-Mages. art. 11.

A R R. IX.

Lettres portant interdiction d'exercice d'aucune jurifdiction,
aux Capitaines inftituez par le Roy au Comté de Caftres, avec
Edit perpetuel, par lequel le Roy declare icelle jurifdiction appartenir à fes inftituez audit Comté, & aux Maîtres des Eaux &
Forefts. *fol.* 5. *lib.* 3. *ordin.*

A R R. X.

Le dix-huitiéme jour du mois de Juin mil cinq cens feptante-
deux, Arreft au barreau de publication & enregiftrement de certaines lettres patentes du Roy, octroyées à Monfieur le Duc d'U-
zez, contenant permiffion à fes Officiers de connoître de toutes
matieres feodales & emphiteoticaires d'entre lui & fes Sujets,

enfemble des matieres poffeffoires, avec le Senéchal de Beaucaire par prevention ; fauf le Reffort de l'appel en la Cour.

D'entre lui & fes Sujets.] Cela ne doit étre entendu qu'au fens de l'Ordonnance du mois d'Avril 1667. *tit.* 24. *art.* 11. c'eft-à-dire pour le fait de la reconnoiffance, pour la condamnation des rentes, des arrerages, des cenfives, des lods, & generalement de tous autres droits Seigneuriaux ; mais non des autres actions, où le Duc d'Uzés feroit partie ou intereffé.

Des matieres poffeffoires.] La permiffion accordée aux Officiers du Senéchal Ducal d'Uzés: de connoitre des matieres poffeffoires, ne doit pas étre tirée à confequence par cette méme raifon que ce n'eft qu'une permiffion, & que l'exception confirme la regle : & quoique je n'ignore pas qu'aujourd'hui depuis environ une douzaine d'années, principalement en plufieurs Jurifdictions Banneretes, les Officiers prennent connoiffance des maintenuës en chefs, il eft certain qu'à la rigueur ils n'ont pas droit de le faire au préjudice des Royaux, parce que la maintenuë a toûjours paffé pour cas Royal depuis l'ancien Edit, appellé *Statutum querelæ de novis deffaifmis:* Il eft vrai qu'on a obfervé, fur-tout dans le Reffort du Senéchal de Nîmes, que fi bien les Seigneurs ne pouvoient pas connoître des maintenuës, en qualité de cas Royaux, & par reffaififfement, ils le pouvoient pourtant en qualité inhibitoire. *V. l'art. premier.*

A R R. X I.

Arreft de l'Univerfité, Ecoliers, Religieux de S. Benoift, Obfervans & autres Religions, de ne mettre foumiffions aux inftrumens pour tirer les gens hors les jurifdictions ordinaires. Donné le feptiéme Septembre mil cinq cens quatre-vingt-neuf.

Mettre foumiffions.] Autrefois l'Eglife fe prévaloit un peu trop du refpect qu'on avoit pour elle ; car fous ce pretexte les Jurifdictions Laïques étoient prefque comme aneanties. Mais elles ont été rétablies par les foins que nos Rois ont pris d'abolir petit à petit plufieurs coûtumes, qui n'avoient été introduites que pour étendre le pouvoir de l'Eglife. Ainfi on ne fe foûmet plus à la Jurifdiction *du doyenné de la Chrétienté de Melun,* comme on a fait jufques au commencement du quatorziéme fiécle, & on ne fuit plus la Loy de l'Empereur Conftantin, rapportée dans le 16. livre du Code Theodofien, & renouvellée par Charlemagne dans fes capitulaires, fuivant laquelle quand on étoit en procez devant le Juge feculier, une partie pouvoit, contre le confentement de l'autre, & au préjudice de l'inftance, remettre la decifion du procez au Jugement des Evéques. Ainfi le ferment confirmatoire qu'on affectoit d'énoncer dans les contrats, & qu'on interpofoit pour l'execution des promeffes aufquelles on s'engageoit, n'attribuë plus aucune Jurifdiction au Juge d'Eglife, comme il faifoit autrefois fous prétexte de la Religion qu'il renfermoit, quoique on n'ait rien oublié pour introduire de plus fort cette Jurifprudence dans ce Royaume, en vertu des dernieres Decretales, qui pour ce chef n'y font pas reçuës.

A R R. X I I.

Le Lundi dernier jour du mois de Janvier mil cinq cens vingt-neuf, en plaidant certaine caufe, Mediatoris Official en Touloufe, fut condamné en cent livres d'amende envers le Roy : pource qu'il avoit pris connoiffance de chofe réelle & prophane.

A R R. XIII.

Le Juge lay non compétant de connoître de la tranflation d'un Religieux d'un Couvent à autre : entre le Syndic des Cordeliers, & de faint Roch, le vingtiéme Juin mil cinq cens feptante-un.

De la Tranflation.] V. les reliefs forenfes de Roüillard de l'édition de 1607. *plaidoyé* 15. avec l'Arreſt du Parlement de Paris, qui fe trouve au pied, & qui renvoye au Juge d'Eglife.

A R R. XIV.

Arreſt de ne conclure en aucunes qualitez criminelles venuës des Seigneuries du Roy de Navarre, fans appeller le Procureur dudit fieur, & lui communiquer le procès, afin de prendre fes conclufions. Prononcé fur Requête prefentée le onziéme Juillet mil cinq cens feptante-cinq au Greffe criminel.

A R R. XV.

Arreſt de conféquence de ne joindre un habitant hors du reffort en la Cour. Prononcé en audience le Jeudy feiziéme de Mars mil cinq cens cinquante-deux, entre Jacques de Lort fuppliant, & demandeur d'une part, & Manaud Vincens, Marchand de Bourdeaux, deffendeur d'autre.

A R R. XVI.

Le premier de Mars mil cinq cens quarante-deux, deux Arreſts, l'un en audience, & l'autre lettres veuës, ne prendre que cinq liards pour lefdites, aux jurifdiétions ordinaires.

A R R. XVII.

Le dix-huitiéme May mil cinq cinq cens foixante-neuf, Arreſt au bureau contre Bernard Martin & François Roguier, par lequel le Raporteur du procez au Senéchal de Quercy, Notaires ou Greffiers, qui ont pris argent, font condamnez à le rendre aux parties, fous inhibitions à tous Juges de ne tenir les parties en longueur de procez, pour petite chofe.

Rendre aux Parties.] Les caufes fommaires, & de peu d'importance, doivent être jugées fans épices, ni vacations, fuivant l'Ordonnance de 1667. *en l'art.* 10. *du tit.* 17. conformement à *l'art.* 153. de celle de Blos. L'une & l'autre ayant été tirées pour

pour ce regard de l'authentique , *nisi breves C. de senten.. ex peric. recir.* qui veut que *in causis vilibus sine aliquâ expensâ cognoscat præses.*

ARR. XVIII.

Le dernier jour de Juin mil cinq cens septante-deux au barreau , Arrest contenant que suivant l'Edit du Roy de l'an mil cinq cens soixante-quatre , un nommé Chabrit Lieutenant du Juge de N. exerçant à present la Lieutenance , se presentera dans 1: mois pardevant le Senéchal & Conseiller du Senéchal de Toulouse , pour être examiné ; autrement & à faute de ce , passé ledit temps, dés maintenant démis de son état de Lieutenant.

Pardevant le Senéchal.] Conformément *à l'art* 55. de l'Ordonnance de Blois.

Pour être examiné.] Il seroit à souhaiter que personne ne fût admis à la Magistrature qu'il ne fût capable de l'exercer ; mais les examens des aspirans se font avec tant de connivance pour les ignorans, que visiblement ils ne se font que par maniere d'acquit aussi qu'en arrive t'il ? *Sæpe rudes asini rerum fastigia scandunt* , comme diȯt le Poëte Codrus ; & par un malheur deplorable , qui n'est que trop commun auiourd'hui dans presque toutes les Jurisdictions subalternes , plusieurs des Juges ne sont assis sur les fleurs de Lys , que parce que leurs peres étoient riches : Et de ceux là l'on peut dire encore, qu'ils ne sont sur le Tribunal que comme une piece de bois sur une autre piece de bois ; ce qui fait que la Justice est souvent mal administrée.

ARR. XIX.

Le Mardi dixiéme Juillet mil cinq cens septante-six , en prononçant certain Arrest au barreau de certains nommez Matabauds , & autre nommé Bouchie ayans usé de paroles injurieuses en quelques écritures , lesdits Matabauds condamnez en cinquante livres d'amende , inhibition aux Avocats & Procureurs , de n'user de paroles injurieuses és écritures , Avertissemens & Inventaires , sur peine d'être rayez de la matricule , & aux Parties , sur peine de privation de leurs droits , dont sera question.

ARR. XX.

Le Jeudi neuviéme Juin mil six cens soixante-sept , appellée certaine qualité du Sindic de la Vaurette en Quercy , contre du Mas Juge de Montauban, fut prohibé aux Consuls dudit lieu de la Vaurette de contrevenir à l'Ordonnance Royale, prohibitive de connoissance des matieres civiles : Toutefois fut ordonné que l'inf.

O o o

truction defdites matieres feroit cependant faite par le plus ancien Avocat , & que de quinze en quinze jours ledit du Mas
Juge fe tranfporteroit de Montauban audit Lieu pour juger lefdits procez civils.

Prohibitive de connoiffance.) V̈. *le liv.* 1. *tit.* 39. *verb. Confuls, arr.* 6. & *Chenu fur Papon*
liv. 6. *tit.* 1. *art.* 1.

ARR. XXI.

Le vingt-un Juillet mil cinq cens trente-fept, les Chambres
affemblées, hormis les fufpects & recufez : Entre M. Antoine
Bernardi, appellant de M. Jacques Roguier Confeiller & Commiffaire d'une part, & M. Jean Peyrot appellé ; & entre ledit
Roguier fuppliant, en cas d'excès & injures, &c. La Cour,
fans avoir égard aux moyens de faux, comme faits calomnieux
pour reparation defdits excès, temeritez & injures, a condamné
ledit Bernardi à venir un jour de l'Audience de la Conciergerie
au parquet d'icelle, & illec de genoux, tête découverte, dire &
confeffer par la bouche, que follement, & temerairement & in-
difcretement, & contre verité, il a écrites, propofées & mifes
en avant les paroles injurieufes, calomnieufes, & contenant fauf-
fetez à l'encontre dudit Roguier Confeiller, dont il fe repent,
illec lefdites Requêtes & moyens de fauffeté feront rompus &
lacerez. Et au furplus a bani & banit la Cour icelui Bernardi
perpetuellement du Royaume, fes biens immeubles confifquez,
& en cinquante livres d'amende envers ledit Roguier, laquelle
le lendemain fut convertie au profit des Religieufes de faint
Cyprien.

Hormis les recufez.] V̈. *La nouvelle Ordonnance tit.* 24. *art.* 15.
Reparations defdits excès.] V̈. *le liv.* 2. *tit.* 5. *verb. Injures, art.* 2.

ARR. XXII.

Le quatriéme Juillet mil cinq cens nonante-neuf au rapport
de Mr d'Affezat : Le fait eft que Bellevere eft oppofant envers
certaine execution faite à la requête de Bonnefons fur une fienne
maifon : neanmoins eft demandeur en éviction & garantie contre
les heritiers de feu Moly, qui lui avoit vendu ladite maifon,
lefquels heritiers font appeller en contre-garantie les heritiers de
feu Efpertinguet. Or d'autant que les hoirs de Moly n'étoient
folvables, & que la dette pour laquelle Bonnefons avoit fait faire

lad. execution avoit été contractée sur Espertinguet, ledit Bellevere donne requête, à ce que lesdits heritiers d'Espertinguet
soient condamnez en cas de succombance à le relever indemne :
au contraire lesdits heritiers d'Espertinguet disent qu'ils ne sont
obligez audit Bellevere, *neque ex contractu, neque ex quasi contractu.* Par Arrest, sans avoir égard à l'opposition dudit Bel evere,
est ordonné que l'execution faite par ledit Bonnefons sera continuée. Et disant droit sur ladite requête, les heritiers d Espertinguet sont condamnez à relever indemne ledit Bellevere, *& sic*,
l'éviction peut être poursuivie contre le garant du garant, quand
le premier garant est insolvable.

Contre le garant du garant.] Cela se peut faire *actione conjungendarum actionum*; & par
consequent *omisso medio* L. 3. §. *sed si debitorem ff. de donat. int. vir. & uxor.* parce que la
garantie qui naît de la vente est *actio in authorem*, qui remonte jusques au premier vendeur,
DD. ad. L. *minor.* §. *si servus*, *ff. de evictio.*

A r r. XXIII.

Combien que l'Offician d'un Evêque puisse connoître de l'absolution du crime non privilegié d'un Prêtre ; neanmoins il ne peut
connoître des dommages & interêts : comme il fut dit par Arrest
au mois de Mars mil cinq cens huitante-deux, & semblable condamnation declarée nulle & abusive.

̃V. l'article 4.

A r r. XXIV.

L'Archevêque de Toulouse ayant par son Official fait jetter
plusieurs excommunications à l'encontre des Juge-Mage, Avocat
& Procureur du Roy, & du Greffier en la Senéchaussée de Toulouse, pour le refus qu'ils faisoient de rendre un prisonnier Clerc
tonsuré, nommé Raymond Boisse : par Arrest du vingt-deuxième
Decembre mil quatre cens cinquante-sept, est condamné à revoquer & retracter tout, & rendre les sus nommez absous ; en
outre d'effacer entierement de ses papiers & Registres de l'Offi-
cialité, les noms & surnoms desdits Officiers temporels, & faire
en sorte qu'à l'avenir on ne les puisse lire, connoître, & sçavoir
ce que c'est, & entant que les feüillets ne se puissent arracher,
autrement qu'ils seroient arrachez pour l'abolition de la memoire de tels exploits, & qu'à ce faire il seroit contraint par saisie de
son temporel.

Retracter tout.] C'et Arrest est d'autant plus juridique , qu'il est fondé sur le privilege qu'ont les Officiers Royaux , de ne pouvoir pas être sujets aux interdits de l'Eglise ,
pour le fait de leur charge & de l'exercice de la Justice : témoins les Arrests donnez és
années 1372. & 1399. contre les Archevêques de Rouen & de Tours , pour avoir fulminé
des excommunications contre quelques Officiers & quelques Sergens Royaux , de même
que l'Arrest donné pour le même sujet en ladite année 1399. contre l'Official de Rheims ,
lesquels Arrests sont rapportez tant par Jean Ferrault en son traité de *Jur. & privileg.*
Regni Francor. privileg. 6. que par Carolus de Grassalio , *Regal. Franc. lib.* 2. *jur.* 9. *vers*
hinc est & secundò.

ARR. XXV.

Les Metropolitains , Officials & autres Juges Ecclesiastiques ,
ne peuvent deleguer la connoissance des causes spirituelles , entre
personnes Ecclesiastiques ; ni aussi les causes où les Prêtres & Ecclesiastiques sont deffendeurs , à des personnes layes ; & s'ils le
font il en peut être appellé comme d'abus aux Parlemens. Ainsi
que fut jugé par Arrest à Toulouse en Audience le vingtiéme
Mars mil six cens huit , entre Antoine Gontin Chanoine de
Burlas , appellant comme d'abus de l'Official de Castres , &
Pierre Largier appellé.

Hôteliers.

TITRE LVII.

ARR. I.

PAr Arrest donné à la Tournelle le vingt-septiéme Frévrier
mil cinq cens huitante-quatre , un Hôte de Rabastens fut
condamné à payer la valeur de la marchandise dérobée à un
Voiturier nommé Galy , qu'il avoit déchargée dans l'étable de
son hôtelerie , que ledit Voiturier avoit après fermée à clef.
Et les Larrons étans entrez par un trou qu'ils avoient fait à la
muraille dudit étable ; encores que ledit hôte ne se fût chargé de
ladite marchandise ; pour autant que *eo ipso quòd in cauponam*
illata sunt merces , recepta videntur , & cauponam omnium earum
rerum custodiam recepisse. l. D. Nautæ caupones stabulari.

Hypotheques.

TITRE LVIII.

ARR. I.

CElui qui a été prefent en un contrat de conftitution de rente, & n'a declaré l'hypotheque qu'il avoit fur les biens de l'obligé, encore qu'il eut reçû le contrat, comme Notaire, ou n'y eut affifté, que comme parent ou témoin ne fe pourra prevaloir en fon hypotheque precedente, pour celuy auquel ladite rente auroit été conftituée : *Idque propter dolum malum, qui non in eô tantum eft, qui fallendi caufâ obfcurè loquitur ; fed etiam qui infidiofè obfcurè diffimulat. l. ea quæ commendandi §. fin. ff. de contrah. empt.* Arreft prononcé en robes rouges du vingt-un Mars mil cinq cens quatre vingts-un.

* *Ne fe pourra prevaloir*] Cela eft vrai à l'égard du Notaire qui a écrit l'entier corps de l'acte, fuivant la doctrine de Loüet. *lit. N. num 6* & d'O'ive *liv. 3. chap. 28.* Mais l'ufage eft contraire à l'égard du témoin ; & quoi que l'on faffe plufieurs diftinctions fur cette matiere, il eft certain que la commune maxime du Palais eft, que celui qui ne figne que comme témoin, ne fe porte aucun prejudice ; conformément à la doctrine de Maynard *liv. 8. ch. 10. 70* de Charondas *en fes rep. liv. 7. chap. 217.* & de Cambolas *liv. 5. chap. 25.* En effet, un témoin qui par occafion, ou officieufement, figne un acte *in negotio alieno,* ne peut pas être confideré comme s'il l'avoit foufcrit, *& negotium fuum principaliter egiffet ;* à moins qu'il n'y eût dol de fa part, *fraus enim in jure femper excipitur.*

ARR. II.

Les Maçons, Ouvriers, Voituriers, & ceux qui ont confervé leurs hypotheques, font preferables à tous creanciers, quoi que pofterieurs, *leg. 1. ff. in quib. cauff. pig. vel hypoth. tacitè l. interdum ff. qui potiores.* Arreft du vingt-troifiéme Decembre mil cinq cens nonante-fept.

Les Maçons] Les reparations font que les fonds font de plus grande valeur qu'ils n'étoient, & de la naît leur privilege, comme auffi de ce qu'elles confervent les fonds. *Confervé leu s' hypotheques*] Mais pour qu'un creancier qui a prêté pour un batiment, ou pour faire des reparations, ait une hypotheque privilegiée, il faut qu'il juftifie que fes deniers ayent été employez *ad hoc* par les quittances des Maçons ou des Ouvriers.

ARR. III.

Les arrerages d'une rente volante viennent après tous les creanciers, de même que les interêts ; comme fut jugé au mois de Fevrier mil cinq cens nonante-trois, au rapport de Monfieur

Malard , & fut parti à la premiere & seconde des Enquêtes , &
jugé à la grand'Chambre : tellement que la Loi *Lucius* ne s'observe point ; & posterieurement encore en l'an mil six cens treize,
en la cause de Milanges , qui avoit payé la somme de huit cens
liv. d'interêt , comme caution & fidejusseur , fut dit que ladite
somme lui seroit payée , & seroit mis en rang , & tiendroit lieu
de principal ; mais pour les interêts de ladite somme de huit
cens livres , qu'il disoit avoir empruntée , fut dit , qu'il seroit
payé avec les interêts des autres creanciers ; c'est-à-dire, après le
sort principal de tous les creanciers payé.

Après le sort principal.] Quand la caution a payé les interests au creancier , il est
juste qu'il soit alloüé pour iceux en même rang que pour le principal , tant parce que *cer-
tat de damno vitando* , que parce que tels interests *sortis jure fugiunt* ; mais il en
doit être autrement à l'égard des interests que la caution prétend lui être dûs du principal
qu'il a payé , quoiqu'il l'ait emprunté : car outre que dans cet égard *certa de lucro
captando* , en quoi sa cause n'est pas favorable ; d'ailleurs tenant la place du creancier , il
ne doit pas avoir plus de privilege que lui.

ARR. IV.

Par Arrest donné au rapport de Mr. Calmels Chancelier en
l'Université de Toulouse , intervenu sur la distribution des biens
de feu François Rahou , Jean Rahou son neveu , & heritier sous
benefice d'inventaire , fut alloüé en son rang & ordre ; non seulement pour ses dettes & droits particuliers qu'il avoit de son chef ;
mais aussi pour les droits cedez qu'il avoit des precedens creanciers.

Pour ses dettes.] La Loy derniere §. *in computatione. c. de jur. delib.* le decide de
la sorte en ces termes : *Similem per omnia cum aliis creditoribus habeat fortunam.*

Des Imputations.
TITRE LIX.
ARR. I.

IL y a eu doute , *Num id quod aufertur à secunda uxore , per l. hac
editali C. de secund. nupt. Et filio quæritur debeat ei in legitimam imputari.* Et bien qu'il semble devoir être imputé , *Quia
quæcumque ex substantia patris percipiuntur , imputantur l. quoniam
in prioribus. C. de inoffic. testam.* Et parce que *Filius illud perci-
pit ex causa lucrativa , & duæ causæ lucrativæ in una eademque
personâ non concurrunt. arg. l. 1. C. de dot. promiss.* Toutefois la

refolution eft , que cela ne doit être imputé , parce que *Filius illud capit diverfo jure , diverfis legibus , & diverfa ratione* ; fçavoir la legitime par le droit de nature , & le refte *in pœnam* , & pour l'injure faite par la femme à fon mari de s'être remariée dans l'an du dueil , *d. l. hac edictali* ; Et de cet avis ont été la glofe. *In §. optimè , de Nupt. Coll. 4. Bald. in d. l. hac edictali. & Barth. in l. 1. de inoffic. donat.* Et fuivant cette opinion fut donné Arreft à Touloufe en la premiere Chambre des Enquêtes en l'an mil cinq cens feptante-cinq , au rapport de Mr. Affezat , pour Sabatier contre Sabatier.

V. Maynard liv. 3. chap. 78. Ferrer. in queft. 228. Guid. Pap. & Barri lib. 6. cap. num. 20.

ARR. II.

Ea quæ filius capit ab Avo , vel Avia , donatione inter vivos patre ftipulante pro filio , non conferuntur à filio in fucceffione ab inteftato patris. Comme fut jugé par Arreft à Touloufe , du treize Septembre mil cinq cens feptante-deux , entre Amans Chaumier , Pierre Mullat , & autres Chaumiers. *Pro quo placito facit l. jubemus. C. ad Trebell. Maximè fi dotem integram matris habeat Fulgof. in l. illam C. de Collat. & hæredes matris fint Anchar. Confil. 305. & 365.*

Non conferuntur.] Et quand l'ayeul ou l'ayeule auroient donné à la petite-fille *pro dote* , cela même ne s'imputeroit pas *in dotem poftea datam* à patre , felon Maynard *liv. 7. chap. 100.*

ARR. III.

Quæritur , Num filii ex filia , qui primum locum tenent tempore mortis Avi , teneantur imputare dotes ab eorum Avo matribus illarum conftitutas. Refolutio eft non teneri. Primò , *Quia non jure matris , neque per repræfentationem. Sed jure proprio veniunt. l. qui fuperftitis C. de acquir. hæred.* Secundò , *Quæ extra patrimonium teftatoris capiuntur non imputantur maximè fi illa tempore mortis patris reperiri in ejus patrimonio non poffint. Ad dos extra patrimonium patris eft , quia mortua filia factum eft patrimonium ne potis. l. fi plures §. filio. D. de vulgar. l. 3. §. fed utrum in fin. D. de minor. Nam licet ab Avo prodierit , mutatione perfonæ mutata fuit qualitas patrimonii , l. Paulus in fin. D. de acquir. hæred.*

ARR. IV.

Les fils ou filles ayant renoncé aux successions des pere &
mere, sont comptez, & font part au cabal de la legitime, la
portion de laquelle, pour un chacun demeure acquise à l'hoirie;
Sçavoir, au profit des heritiers instituez, en rapportant toutefois par lesdits heritiers autant que monte en estimation ce que
par les enfans qui ont quitté auroit été pris & reçû de leurs
peres ou meres, au blot universel des autres biens paternels &
maternels, sur lesquels les autres enfans qui n'ont quitté pretendent ou demandent leurs legitimes. Ainsi jugé par Arrest pour
Dame Paule de Viguier, veuve de feu Pierre de Maynaguet
Tresorier de France, contre Simon de Maynaguet, neveu dudit
feu Pierre le vingtiéme Juillet mil cinq cens quatre vingts-trois.

Au profit des heritiers.) ℣. le tit. 63. art. 11.

Au blot universel. Parce que la legitime doit être prise de l'entiere heredité. ℣.
Ferrer. in quæst. 295. *Guid Pap.*

ARR. V.

Par Arrest du troisiéme Fevrier mil cinq cens quatre vingts-
trois, donné au rapport de Mr. de Vezian, entre Dominique
Pascal, & Dominique Beriaude, fut jugé que les fruits ne doivent être imputez en la legitime du pere, quoi que *Guido Papa*
ait pensé le contraire, en la Decision quatre cens septante-huit.

Ne doivent être imputez. ℣. *Maynard* liv. 5. chap. 65. *Ferrer. in quæst.* 478. *Guid. Pap.*
le tit. 63. article 16. *Cambol.* liv. 1. chap. 7. & le liv. 6. chap. 22.

Et par Arrest general, prononcé és Fêtes de Pâques, par Mr.
Bertrand en l'année mil cinq cens quatre vingts-cinq, fut jugé
que le neveu tenant le premier lieu n'imputeroit les fruits en la
quarte.

Tenant le premier lieu] Cet Arrest, avec les raisons qui y ont donné lieu, est
rapporté par le President Duranti quæst. 121. ℣. le liv. 2. tit. 4. verb. legitimes, art. 15.

Des

Des Ladres.

TITRE LX.

Art. I.

UN de nos Medecins de Toulouse en ses livres de la Republique, non encore imprimés, écrit être avenu que certains jeunes hommes nais dans l'Hôpital des Ladres, étans visitez, furent trouvez sains & nets ; ce nonobstant on les vouloit contraindre de se rendre à la Maladerie, de porter le bois de trois langues. Interrogez de leur naissance, & de leurs peres & meres, ils confesserent franchement qu'ils étoient tous nais dans ledit Hôpital. L'un de ceux-là s'étoit marié avec une belle & jeune fille tirée d'une autre Maladerie, les parens de laquelle avoient été engendrez & nourris au même Hôpital, qui toutefois étoient sains, & de si bonne habitude qu'on pourroit dire des autres non suspects. Sur laquelle difficulté les Medecins consultez, l'Auteur rapporte la conclusion avoir été, ou que leurs predecesseurs entrans ausdits Hôpitaux n'étoient point ladres, ou bien qu'en la troisiéme ou quatriéme generation, ladite maladie, comme les autres hereditaires, auroit pris fin : attestans n'avoir vû jamais generation d'un ladre confirmé. A cause dequoi fut jugé iceux ne devoir être remis esdites maladeries. Et par même raison les Loix faites contre les Ladres, soit pour separation de mariage ou autrement, ne devoit avoir lieu contre telle maniere de personne, qui étans visitez ne sont trouvez ladres.

Vn de nos Medecins.] C'est Ogier Ferrier, dont il est parlé en *l'article 5. du tit. 53.*

Le bois de trois langues.] On l'appelle aussi la *Languette*, qui est la même chose que *Cliquette* ; laquelle tire infailliblement son nom du mot Grec χγκλιζειν, c'est-à-dire, ἄχον ποιειν faire du bruit, à cause de l'usage que les Lepreux en font. On l'appelle encore la *Claquette*, & dans les vieux livres elle est designée sur le nom de *Cresserelle* ou de *Crecerelle* indifferemment, à cause du bruit & du son qu'elle fait.

Auroit pris fin.] On peut voir sur ce sujet, *Petri Palmarii lapis Philosophicus dogmaticorum*, & l'histoire de Bearn par le President de Marca *liv. 1. chap. 16.* lorsqu'il parle des Cagots ou Capots dudit païs.

Fut jugé. Ceci doit desabuser ceux qui suivans l'opinion de Panormitanus *in cap. cum sit generale*, *extr. de for. compet.* ont crû que le Juge d'Eglise devoit seul connoître de cette matiere.

ARR II.

Contre un Ecclesiastique du Chapitre de Carcassonne, diffamé d'être ladre, & deferé par le Sacristain d'icelle : Par Arrest du premier de Juin mil quatre cens quarante-six, fut dit qu'aux dépens des delateurs il se presenteroit dans le mois, pour être visité par les Medecins, Chirurgiens & autres à ce experts de Montpellier, pour leur visite & relation rapportée y être pourveu ainsi qu'il appartiendroit. Lui prohibant cependant, & jusqu'à ce qu'autrement fut ordonné, de converser avec les sains.

Des Legats.

TITRE LXI.

ARR. I.

UN Testateur legue à chacun de ses freres la somme de mille écus : il se trouve une sœur qui soûtient que le legat s'étend à elle, aussi bien qu'à ses freres, *per l. Lucius. §. quæsitum. D. de leg. 3. quia fratris appellatione soror continetur. l. tres fratres, in princip. D. de pact. Et Accurs. in d. §. quæsitum.* Et ainsi fut jugé par Arrest au rapport de Monsieur Daffis lors Conseiller au Parlement, & depuis premier President en notre Chambre des Requêtes du Palais mon predecesseur.

S'étend à elle.] Regulierement *Genus masculinum concipit fœmininum. l. qui duos ff. de legat. 3.* ainsi les sœurs & les filles sont comprises sous les noms des freres & des fils, en matiere de legats. Toutefois parce que suivant la Loy *Si ita si scriptum, ff. de legat. 2. exemplo pessimum est fœmino vocabulo etiam masculos contineri,* les freres ni les fils ne sont pas compris dans les legats faits aux sœurs & aux filles.

Un Testateur confesse en son testament avoir reçû en doüaire de sa femme certaine somme, sans qu'il en apparoisse autrement. *Quæritur*, si ladite somme peut être demandée, *tanquam dos, an verò tanquam legatum.* En jugeant le procez de Ragouste il fut fait difficulté sur ce point, d'autant que la femme alleguoit qu'elle avoit perdu ses pactes matrimoniaux : toutefois il fut *omnium ferè sententiis*, arrêté que lesdites paroles n'auroient force que de simple legat, *per textum & glos. in leg. Cum quidam uxori, & l. Lucius §. Quisquis D. de leg. 2. Et l. Cum quis decedens. §. Codicillis, & §. Titia honesta fœmina. D. de leg. 3. Et l. 2. C. de fals. caus. adject. legat.*

Que de simple legat.] Quoique les declarations qu'on peut faire vaillent *ad obligandum,*
non ad liberandum selon la distinction commune ; toutefois la declaration du mari ne nuit
qu'à lui-même, & à ses heritiers ; car à l'égard des creanciers telle declaration n'est d'aucune consequence : & il en est de même que de la dot confessée, laquelle étant censée faite
animo domandi, la plûpart du tems n'est aussi considerée que *in vim relicti* pour être allouée
au rang des legats après toutes les dettes. *L. 1. C. de bon. author. judic. possid.* à moins que
de prouver la réelle numeration de la somme. *V. le liv. 2. tit. 6. verb. dot & preference*
d'icelle, art. 12.

A R R. I I I.

Un Testateur legue à un sien Serviteur la somme de cinquante
livres, outre ses gages, & deffend à son heritier de ne lui demander rien de ce qu'il a administré, *Post conditum testamentum,* il
vit deux ans, pendant lesquels il souffre que ledit Serviteur ou
Valet administre ses affaires comme il faisoit auparavant. *Quæri-*
tur an ex verbis illius testamenti, ce Serviteur & Legataire est quitte de l'administration qu'il a faite après ledit testament. Il est certain que ledit legat ne peut appartenir qu'à l'administration faite
jusques au jour du testament, *nam postea facta non continentur,*
per text. in l. Aurelius §. 1. D. de liber. leg. Et l. Si ita & l. fin.
D. de aur. & arg. leg. Et brièvement on peut tenir pour maxime
qu'en tous legats qui regardent la chose leguée, *habenda semper*
est ratio temporis quo testamentum est conditum, par les textes susdits. *Aliud est dicendum si legata respiciunt personam eorum, qui-*
bus est legatum, comme *si quis legaverit cognatis suis centum :*
nam in hujusmodi legato comprehenduntur omnes cognati, non mo-
dò, qui fuerunt tempore testamenti, sed etiam mortis testatoris,
ut ex text. in l. Si cognatis & ibi Castr. D. de reb. dub. & ainsi fut
jugé au procez de du Cos habitant de Montlaur, contre Monsieur
Raymond Conseiller en la Cour, au mois de Juin mil cinq cens
huitante.

Jusques au jour du Testament.] Cela est decidé en la Loy *uxori §. 1. ff. de legat.* 3. & il est
certain qu'en matiere de legats, qui regardent la chose leguée, il faut regarder le temps
auquel le testament a été fait : l'Arrest de prejugé rapporté par Bouvot au tom. 2. *verb.*
legat. quæst. 13. ne devant être tiré à consequence, comme donné sur des circonstances
particulieres prises *ex conjecturata mente testatoris,* même suivant la question 191. de Jean
Corserius *in decis. Capell. Tolos.* les legats qui regardent la personne doivent être reglez
de la même maniere, contre le sentiment de l'Auteur ; la Loy *si cognatis ff. de reb. dub.*
sur laquelle il établit sa distinction, étant conçu *per verba indesinitè prolata,* comme
remarque ce sçavant Official de Pierre de S. Martial, Archevêque de Toulouse. Au
reste, Barri en son traité *de successionib. lib. 9. cap. 4. num* 21. rapporte diverses limitations sur ce sujet, après *Mantica de conjectur. ultim. volunt. lib. 3. tit. 11.* & quand le

legat est fait en terme de futur, comme ils embrassent tant le temps qui a coulé jusques à la date du testament, que celui qui a couru jusques au decez du Testateur, tout est compris dans un tel legat sans aucune restriction ni difference de tems, *arg. l. nuper constitutum, ff. de legat.* 3.

ARR. IV.

Il est demandé, *An solutio legatorum pœrtineat ad hœredem fideicommisso gravatum ; an vero ad fideicommissationem. Accurs. in lege* 1. §. *penultim. & ultim. Digest. ad Senatusconf. Trebell. Et in l.* 2. *C. eod.* tient resolument que le payement des legats in solidum appartient au fideicommissaire, encore que des dettes ou funerailles du Testateur il ne soit tenu d'en porter, que eu égard à la cotte des biens qu'il en emporte ; comme aussi des reparations & meliorations. *Guid. Pap. quœst.* 269. *& * 497. *& Consil.* 8. & ainsi fut jugé au fait de Marverol contre Ragouste.

Appartient au fideicommissaire] Suivant l'usage le fideicommissaire est tenu au payement des legats. *leg.* 1. *& l.* 2. *ff. ad Sc. trebelliar.* & l'heritier grevé n'est tenu qu'au payement des dettes à proportion de sa quarte ; si ce n'est au cas il importât par sa qualité, & par la disposition du Testateur, au-delà de trois onces de l'heredité : car en ce cas ce qui excederoit la quarte seroit sujet au payement des legats aussi à proportion *V. Cambol. liv.* 1. *chap.* 6. *num.* 2. *Maynard liv.* 5. *chap.* 48. *Ferrer. in quœst.* 296. *Guid. Pap. & du Perier liv.* 1. *chap.* 1.

ARR. V.

Claude d'Ornezan legue par son testament à Falcon quatre cens écus. Falcon demande ledit legat vingt ans après, auquel tems les écus valoient beaucoup plus que lors du testament, étant la valeur & prix augmenté ; *Quœritur à quo tempore sit metienda œstimatio :* Par Arrest donné au rapport de Monsieur Iossé, entre lesdites parties le 2. de Septembre mil cinq cens quatrevingts, fut dit que l'estimation & valeur desdits écus seroit prise, eu égard au temps du testament, & comme ils valoient communement au tems d'icelui. Et par le même Arrest fut jugé, *fructus legati, vel id quod interest deberi à die contestationis. Cap. Conquestus de usur.*

Eu égard au temps du Testament.] Sur la question du payement des sommes prêtées, leguées ou constituées en certaines especes, soit à titre de dot, soit à titre de rente, la Jurisprudence des Arrests a été differente, & elle n'a été uniforme qu'à l'égard des dépôts, parce que devant être rendus aux mêmes especes de la consignation, le depositaire, qui n'en a pas profité, ne peut pas être garant de leur diminution : Or la difference de la Jurisprudence des Arrests paroît aux autres cas, en ce que souvent les uns ont condamné le debiteur à payer la valeur des efpeces, eu égard au temps du payement, tout de même que *fi fpecies non defignata effet*, comme au cas de la Loy *cùm certum ff. de aur. & argent. legat.* fur tout lorfqu'il a été queftion d'un prêt qui produifoit interet, *ne duplici onere debitor gravaretur*: Car à l'égard du prêt gratuit, comme il n'étoit pas jufte que le creancier pour avoir fait plaifir fans profit, perdît celui que l'argent eût fait dans fon coffre par l'augmentation de la valeur des efpeces, on vouloit auffi *ut ejufdem generis & eadem bonitate folveretur ei quod datum erat. L. cùm quid mutuum. ff. de reb. credit.* De forte qu'il n'étoit pas obligé *nummos in aliam formam recipere, ne damnum ex ea re paffurus effet. L. creditorem 99. ff. de folutio.* Les autres Arrefts, & qui font en plus grand nombre, ont condamné le debiteur à payer la valeur des efpeces, eu égard au temps du contrat obligatoire, *five crefcente, five decrefcente monetæ extrinfeca bonitate*, ce qui paffoit pour maxime certaine en faits de contrats, parce qu'au langage de Balde, *in contractibus infpicitur confenfus tempore contractus.* Sur quoi l'on peut voir l'Arreft troifiéme de Nefmond, & *Ferrer. in quæft. 493. Guid. Pap.* pour ce qui regardoit les legats ou ils étoient generaux, ou ils étoient particuliers; au premier cas on regloit l'eftimation des chofes leguées par rapport au temps du decez du Teftateur, fuivant la Glofe *in l. penult. verb. ceda. ff. de inftr. vel inftrum. legat.* Au fecond cas on confideroit le temps auquel le teftament avoit été fait, & non celui auquel le legat étoit demandé, par cette raifon que le Teftateur ne regardant que la valeur préfente des efpeces, *non videtur de tempore futuro cogita.fe DD. ad C. uxorem §. teftam. & ad L. uxori §. 1. ff. de legat. 3.* Quand aux dots & aux preftations annuelles, il fe recueille des Arrefts rapportez par l'Auteur, que quand la conftitution du dot avoit été faite en écus, elle devoit être payée fuivant qu'ils valoient au temps des pactes de mariage, felon *l'art. 45. du tit. 4. verb. Mariages*, liv. 2. & qu'il en étoit de même à l'égard de la reftitution de la dot: car on regardoit ce que valoient les efpeces au temps du contrat de mariage, fuivant *l'art. 8. du tit. 41. du préfent livre.* Quoique felon le même Arreft rapporté en *l'art. 3. du tit. 6. verb. dot & préference d'icelle*, liv. 2. le Parlement fe fût reglé comme les efpeces valoient lors de la reconnoiffance. Quant aux preftations annuelles, lorfque la rente étoit impofée & conftituée en certaines efpeces, on devoit continuer de la payer en mêmes efpeces, quoi qu'augmentées en valeur du double, fuivant *l'art. 4. du chap. 10. du traité des droits Seign.* où eft rapporté l'art. de Maynard *liv. 7. chap. 99. & liv. 8. chap. 94.* mais quand il s'agiffoit d'une rente établie par un bail à cens, on condamnoit à payer la cenfive felon qu'elle étoit établie par l'infeodation, fi mieux l'emphyteote n'aimoit la payer pour les arrerages qui avoient couru, fuivant la valeur des efpeces au temps que les termes des payemens de la cenfive étoient échûs, felon *l'art. 1. du chap. 2. & l'art. 1. du chap. 6. du même traité des droits Seigneur.* ce qu'il faut entendre des efpeces d'or ou d'argent; car celles qui confiftent en grains, vins ou huiles, ont toûjours été reglées fuivant la commune valeur chaque année au temps de la deftinée folution, excepté pour l'année en laquelle la cenfive étoit demandée, & pour la precedente, pour lefquelles le Seigneur peut demander la cenfive en efpece. Au refte, les raifons de difference de la diverfe maniere de regler le payement de la rente conftituée, & de la cenfive, font remarquées par Maynard *audit lieu 8. chap. 94.* Quoi qu'il en foit, & fans entrer dans le détail de la contrarieté des Arrefts qui ont été donnez par les Cours Souveraines de ce Royaume fur le fujet dont eft queftion, & fans examiner encore fi cette contrarieté a été bien conciliée par *Bouguier tit. R. nem. 9.* au moyen des trois diftinctions qu'il fait; il fuffit de dire que ces diftinctions & la contrarieté defdits Arrefts doivent ceffer; mais fur tout ces diftinctions comme inutiles, depuis l'Edit fait *à Montceaux par Henry IV. en Septembre 1602.* regiftré en ce Parlement le 20. Novembre audit an, qui porte qu'on ne compteroit plus par écus, mais par livres, comme avant l'Edit de 1577. pour éviter *les differens qui pouvoient intervenir à caufe des contrats conçûs en compte à écus*; lequel Edit n'excepte que les depôts & confignations qui doivent être rendus en mêmes efpeces, & de la valeur qu'elles étoient, lorfque le depôt fut fait, fuivant *l'art. 3. du tit. 3. verb. depôt*, liv. 2. C'eft fur le motif du même Edit que fut donné celui qui fut fait le 25. Juin 1636. au fujet du reglement des Monnoyes , portant que les fommes feroient comptées à livres tournois ; & certes fort juftement , car outre la raifon prife dudit motif , il eft certain d'ailleurs que la bonté intrinfeque des monnoyes doit moins entrer en l'obligation , que la bonté extrin-feque, qui eft celle du cours des efpeces ; c'eft-à-dire l'indicature, & la valeur que les Edits des Rois donnent aux efpeces. A toutes ces obfervations j'ajoûterai pour la fin le Jugement donné aux Requêtes du Palais de ce Parlement , au rapport de M. le Prefident d'Aldeguier , le 27. Mars 1679. en faveur des Confuls & Communauté de la ville d'Orange , contre le Syndic de la Chartreufe de Villeneuve lez-Avignon ; car bien qu'il ne puiffe pas fervir de préjugé , n'étant pas donné par une Cour Souveraine , il ne laiffe pourtant pas d'être d'un grand poids, foit à caufe de fa conformité avec l'ufage du Palais, foit à caufe qu'il eft tout plein d'équité : ayant été ordonné par ce Jugement , que ladite Communauté, qui avoit emprunté dans l'autre fiecle , par trois divers contrats , une fomme confidera-ble en écus d'or ; lefquels lors du preft, n'étoient de valeur que de quarante-fix , de cinquante , & de cinquante quatre fols , n'étoit pas tenuë de rendre pareille quantité d'écus d'or en efpece , fuivant la demande du Syndic de la Chartreufe, qui vouloit pro-fiter de ce que tels écus valent prefentement cinq livres quatorze fols piece ; mais qu'elle en devoit être quitte en payant pareille quantité d'écus à raifon de trois livres la piece , fuivant l'offre qu'elle avoit fait pendant le cours du procez.

A R R. VI.

Jean Lardat habitant de Touloufe , legue à fa femme la moi-tié de la fomme , que lui étoit dûë par la Demoifelle de Lers ; la femme requiert que l'heritier de fon mari foit tenu aller querir , lever , & exiger à fes dépens ladite dette & lui en bailler la moi-tié : l'heritier dit n'être tenu, offrant lui ceder l'action , & déli-vrer l'obligé pour pourfuivre ladite dette, fi elle veut. Par Arreft du vingt-fixiéme Juin mil cinq cens huitante-quatre, l'heritier fut relaxé de ladite demande, en cedant fes actions.

En cedant fes actions.] On fait difference entre un legat taxatif , & un legat demonf-tratif ; car quand le legat eft fait *à prendre fur tel*, l'heritier eft tenu de le payer , & il n'eft pas déchargé en délivrant l'obligation & cedant l'action, parce que le legat n'eft que demonftratif ; mais lors qu'il eft fait de *la fomme dûë par tel*, comme en ce cas le Teftateur n'a pas legué la fomme, mais feulement l'action qu'il a contre le debiteur, l'heritier en delivrant l'obligation, eft quitte de la demande que le legataire lui pourroit faire de la fomme contenuë en l'obligation, & c'eft au legataire à en pourfuivre le paye-ment contre le debiteur. DD. *ad L. Lucius Titio ,* ff. *de legat.* 2. & in *L. Paula Ca-linico ,* ff. *de legat.* 3. *Maynard liv.* 7. *chap.* 9. *Papon liv.* 20. *tit.* 5. *art. dern.* & Charondas *liv.* 7. *refp.* 121.

A R R. VII.

Par Arreft general du vingt-troifiéme Decembre mil cinq cens huitante-trois, un legat fait au fils de fon fils bâtard & adulterin , fut caffé ; Et par ainfi la coûtume generale de France , témoig-née par Benedicti , *in Cap. Rainutius , in verbo & uxorem num.*

114. prohibant la succession, & donation aux bâtards, amplifiée par les susdits Arrests, aux enfans desdits bâtards.

Fils bâtard & adulterin.] Même quand le pere du pere du petit-fils legataire ne seroit que simple bâtard, suivant *l'art.* 2. *du tit.* 11. *de ce Livre,* & *l'art.* 4. *du tit.* 15. *verb. Bâtard au liv.* 1. surquoi l'on peut voir au contraire *Claude Henrys tom.* 1. *liv.* 6. *chap.* 3. *quæst.* 10. & *la decis.* 77. *de François d'Aix.*

A R R. VIII.

Par autre Arrest du vingt-septiéme Octobre mil cinq cens nonante, contre les heritiers de Jacques de Bosc, a été jugé, que *legata ab Instituto relicta censentur repetita ab instituto,* par la Loy, *licet 74. D. de legatis* 1. *item à coherede l. Si Titio 6. §. Julianus D. de legatis* 2.

Repetita ab instituto.] Il faut lire, *à substituto.* Les Docteurs demandent *legata relicta ab instituto, an, & quandò debeantur à substituto.* Surquoi l'on peut voir les distinctions, & les limitations qu'ils rapportent, tant sur la Loy *Licet Imperator. ff. de legat.* 1. mais sur tout Barthole *ibidem,* que sur la Loy *sub conditione, ff. de hæred. Instituit.* aussi bien que Gomezius *resol. tom.* 1. *cap.* 12. *num.* 36.

A R R. IX.

Par Arrest general, prononcé le Mecredy quatorziéme veille de Nôtre-Dame d'Aoust, par Monsieur le President du Faur, fut jugé, que *legata debentur ex testamento revocato,* au fait que s'ensuit ; Jean Galtier de Castres avoit fait un testament avec substitution, & *à substituto legaverat prædium,* à une sienne sœur. Aprés par un Codicille il revoque ladite substitution, & fait un autre substitué ; *dubitabatur, num legata relicta à substituto priore revocato, deberentur à substituto in illo Codicillo.* Et fut dit, que oüi par la Loy. *Celsus De leg.* 2.

Ex testamento revocato.] Celui qui est substitué par un Codicile à la place du substitué par un testament precedent, *codicillis enim substitutio revocari potest,* doit payer les legats dont le premier substitué étoit chargé ; car c'est par rapport à la revocation de la substitution faite en faveur de celui-ci, que doivent être entendus ces termes de l'Auteur, *ex testamento revocato,* & non par rapport à la revocation entiere du testament, à effet que l'institution d'heritier fût aneantie, parce que *directò hæreditas codicillis non adimitur, neque datur.*

A R R. X.

Antoine Boissiere d'Alby ayant été institué heritier par Jean son pere, à la charge de rendre le bien à ses enfans sans detraction de quarte, ayant quatre ou cinq enfans, & survivant sa femme, à qui étoient dûs trois mille écus de dot & augment, par son testament il fait aussi plusieurs autres legats pies aux Cordeliers, Carmes, Jacobins, & autres Eglises d'Alby. Par nôtre jugement du vingt-septiéme Aoust mil cinq cens nonante-quatre, les biens sujets à restitution sont declarez exempts du payement desdits legats ; sauf le recours sur la legitime, & autres biens apartenans au testateur.

A r r. X I.

Quand un legat est fait sous certaine charge ou condition onereuse, on ne peut accepter ledit legat, & rejetter ladite charge : parce que ; *Non est ferendus qui lucrum quidem amplectitur, onus autem ei annexum contemnit. l. unic. §. pro secundo, C. de cad. toll.* & parce que, *sub una conditione relictum, sub contraria conditione videtur adeptum. l. inter socerum, §. cum inter. D. de pact. dotalib.* & ainsi je l'ay veu souvent juger.

> *Ou condition onereuse.*] Comme celles qui sont faites au profit d'un tiers ; car le legataire ne perd pas le legat faute d'accomplir les conditions que le Testateur impose pour son profit particulier, & par consequent plûtôt par conseil que par commandement, comme au cas de la Loi *Titio centum ff. de condit. & demonstrat.* par cette raison que *ad ipsum dumtaxat emolumentum legati rediret.*

A r r. X I I.

Un legataire universel *omnium bonorum*, peut être convenu, comme un heritier ; Si que par Arrêt de Toulouse du sixiém May mil cinq cens septante-un, il fut condamné à toutes charges hereditaires, & à reddition de compte, & prestation de reliqua de certaine administration de son auteur ; tout de même qu'un donataire universel, *Guid. Papæ quæst. 196.*

> V. Maynard *liv. 6. chap. 10.* Ranchin *in quæst. 105. Guid. Pap. Boërius decif. 204. num. 43.* Bendictus *in cap. Raynutius verb. cætera bona. num. 46.* Papon *liv. 11. tit. 2. art. 3.*

A r r. X I I I.

Si le mari n'est solvable, on pût demander qu'il soit tenu de bailler caution pour le legat fait à sa femme, ou que l'argent soit mis en fonds ; & le huitiéme Aoust mil cinq cens nonante-huit fut jugé, que le legat seroit mis entre les mains d'un marchand pour être mis en fonds, si mieux le mari n'aimoit bailler caution.

A r r.

ARR. XIV.

Par la Loy *in legatis, ult. Cod. de ufur. & fruct. leg.* les fruits de la chofe leguée, ne font dûs que du jour de la contestation en caufe, & non du jour de la mort, d'autant que les legs doivent être demandez par le Legataire, *l. 1. cod. eod. tit. l. quæfitum, §. ult. de leg.* 1. Toutefois par Arrest du mois de Juin mil cinq cens foixante-trois, a été jugé le contraire, fur une rente leguée, les arrerages de laquelle auroient été adjugez au Legataire du jour de la mort du Testateur, encore qu'il n'en eût demandé la déli-vrance plus de quatre ans après la mort dudit Testateur.

Adjugez au Legataire.] Quoi que les interêts du legat ne courent pas fans demande, fi ce n'eft aux cas des legats qui tiennent lieu de legitime, & de ceux qui font faits aux mineurs, & en faveur de la caufe pie; le legataire peut pourtant fe faire adjuger les arrerages de la rente leguée, qui ont couru avant qu'il en fit demande, parce que tels arrerages font partie du legat. *V. l'article 5. de ce titre fur la fin.*

ARR. XV.

Par Arreft donné en la grand'Chambre au rapport de Mon-fieur Papus, au mois de Février l'an mil cinq cens feptante-trois, fut jugé que le legat laiffé à pauvres filles à marier n'étoit dû ni payable jufques à ce qu'elles fuffent prêtes à marier.

V. l'art. 17. & le Journal du Palais du 7. Decembre 1673.

ARR. XVI.

Legat fait à un enfant par le pere pour fes droits & legitime, à la charge de ne pouvoir rien demander ni prétendre en fes biens, n'empêche tel Legataire à pourfuivre le droit qu'il a, ou peut avoir en tout, ou en partie, fur les biens paternels pour fupplement de legitime, ou pour fes droits maternels, ou autrement; comme fut jugé en la feconde Chambre des Enquêtes au rapport de Mon-fieur Maynard en l'an mil cinq cens cinquante-trois, pour Mon-fieur du Pin Confeiller en la Cour, contre le Tuteur des hoirs de Benoît Ouvrier Marchand, fon beau-pere.

V. Ferrer. in quæft. 93. & 427. Guid. Pap. Automne ad L. parentibus §. qui autem, C. de inoff. teftam. Maynard liv. 4. chap. 19. 20. & fuiv. de même qu'au liv. 7. chap. 11. & Expilly chap. 14.

Qqq

A R R. XVII.

Le legat fait à une fille, quand elle fera marié, ou quand elle se mariera est pur, *& transmittitur ad hæredes, quamvis decedat ante nuptias;* quia dies solutionis tantum differtur : Et si elle se fait Religieuse *debetur monasterio, quia loco mariti est.* Ainsi a été jugé en faveur d'une veuve en laquelle son mari avoit donné une somme quand elle se marieroit ; & depuis s'étoit mise dans un Couvent, le legat fut adjugé audit Couvent, par Arrest donné le mois de Mai mil six cens deux, au profit de quelques Relig euses d'Alby. On ne fait point de difficulté, que tel legat ne soit dû aux heritiers de la fille, *tex. in l. ex his. Cod. quando dies legat. ced. nec enim conditionale legatum ut dictum est, sed solutio dilata fuit.*

> *Est pur.*] Par la raison qu'il est pur, *præsens est legati obligatio,* d'où il s'ensuit qu'il est transmissible à l'heritier. Cambolas *liv. 4. chap. 49.* Boné *ar . 58.* Charondas *liv. 7. chap. 75.* le payement en étant seulement differé au temps du m riage, *arg. l ex his verbis. C. quand. dies leg. ve fid. ced* on a douté si cette Jurisprudence devoit avoir lieu aux legats faits par les étrangers ; sur quoi l'on peut voir Menochius *lib. 4. præsumpt. 146.* Hotomanus *consil. 78.* Magonius *decis. 14.* Cancerius *variar. resolut. iur. tom. 3. cap. 20. cum seq.* & Expilly *chap. 180.*
>
> *Adjugé au Couvent.*] A quoi se trouve conforme l'Arrest rapporté aprés le dernier plaidoyé de Puimisson. *V. Cancer. loc. cit. cap. 20. num. 377. 381. 382. & 383.*

Legat du Pape en Avignon.

TITRE LXII.

A R R. I.

Arrest du Parlement de Toulouse sur la publication des Lettres de la Legation du Cardinal de Bourbon.

VEU par la Cour, les Chambres assemblées, l'Arrest & deliberation par elle faite sur le Registre des Bulles de la legation d'Avignon, Comté de Venise, Provence, de Vienne, Ambrun, Arles, & Province de Narbonne, concedée au Cardinal de Bourbon, par nôtre saint Pere le Pape, sous mêmes facultez & privileges concernans la legation concedée au Cardinal d'Aux, & depuis au Cardinal Farnese son successeur en ladite legation. Les Lettres patentes du Roy données à Bayonne le sixiéme de Juin dernier passé, & l'extrait des Articles contenant les facultez desdits Cardinaux aussi Legats en Avignon , & Comté de Venise , les Regiftres de la Cour , ensemble le dire du Procureur General du Roy , a été arrêté que lesdits articles & facultez seront enregiftrez , pour en user par ledit Cardinal de Bourbon en la Province de Narbonne , sous les modifications & restrictions contenuës esdites Bulles de nôtre faint Pere le Pape , & les Lettres patentes du Roy ; & sans ce que ledit Cardinal de Bourbon Legat , puisse proceder à reformation ni mutation de ftatuts ou privileges és Eglises de fondation Royale , Patronats ou autres , sans appeller le Procureur general , Patrons , Corps des Universitez , Colleges & Chapitres , dont il traitera la réformation , ni procedant à icelles déroger aux fondations feculieres , & privileges obtenus en faisant icelles fondations par lesdits Seculiers ou Ecclesiaftiques qui les auront faites sur leurs patrimoines & biens feculiers , ni user des facultez de legitimer bâtards , & autres personnes illegitimes , finon pour être promûs aux sacrez Ordres , Benefices & Eftats d'Eglise , & non pour les rendre capables de fucceder , ou leur être fuccedé , ni d'obtenir Offices & Eftats feculiers. Aussi ne pourra bailler permission d'aliener biens immeubles des Eglises , pour quelque utilité & évidente necessité que ce soit par vente , permutation , infeodation , ou loüage à longues années ; ains feulement pourra bailler refcrits , delegations aux Sujets du Roy , habitans en icelle Province , pour connoître , traiter & deliberer desdites alienations , utilité évidente , urgente necessité d'icelles ; ne pourra referver aucunes pensions fur les Benefices , encore que ce soit du consentement desdits Beneficiers , finon au profit des Refignans quand ils refigneront à cette charge , ou quand ce fera pour la pacification des Benefices litigieux ; & à la charge aussi que icelle pension ne pourra exceder la troisiéme partie des fruits d'iceux Benefices , deduites toutes charges , ni déroger à la regle *De verifimilis notitia obitus ,* ni *de publicandis refignationibus in partibus.* Ni autrement contrevenir aux droits & prérogatives du Royaume , faints Decrets & Conciles , droits des Universitez , Libertez de l'Eglise Gallicane , Concordats , Edits & Ordonnances du Roy ; & fera tenu icelui Cardinal & Legat , faire faire regiftre à part de toutes expeditions qui feront faites & expediées pour la Province de Narbonne, & lequel ne pourra commettre ni deputer en fon abfence, ou autrement, aucun Vicaire ou Subftitut ayant pareilles puiffances ou facultez que lui en la Province de Narbonne. Mais pourra commettre un Regent de fa Chancellerie, & autres Officiers pour executer ladite legation. Et de ce que dit eft, ledit Cardinal baillera lettres au Roy, qui feront apportées devers la Cour pour y être enregiftrées. Prononcé en Parlement le vingtiéme d'Août mil cinq cens foixante-neuf.

Sous les modifications.] Les modifications en general appofées aux facultez des legats à latere, font au nombre de quarante-huit. Le Prefident de Thou en a ramaffé 34. *lib.* 3. *biftor. ad ann.* 1547. & les autres font rapportées par Fevret *en fon traité de l'abus, liv.* 33. *chap.* 2. *num.* 22.

De pub icandis refignationibus.] Qu'en eft-il à l'égard de la regle *de infirmis refignantibus* au mois des Graduez nommez ? *V. Maynard liv.* 1. *chap.* 51. & 52.

Faire Regiftre.] Pour après la legation finie le remettre entre les mains des perfonnes qui font nommées par le Roy ou par le Parlement, afin d'en pouvoir tirer les extraits neceffaires dans l'occafion, en faveur de ceux qui y peuvent avoir intereft.

Aucun Vicaire.] Les Arrefts fur la publication des facultez des Cardinaux d'Amboife & du Prat, portent cette modification, *qu'ils ne pourront deputer Vicaires, ni autres deleguez, pour l'exercice de leur legation, mais qu'ils feront tenus de l'exercer en perfonne.*

Baillera lettres au Roy] Lors que les Bulles du Legat font enregiftrées, & avant qu'il puiffe ufer de fes facultez, il prefente au Roy une promeffe par écrit, qu'il figne, & laquelle eft fcellée de fon feau, même *fortifiée par jurement folemnel*, comme dit le Livre des libertez de l'Eglife Gallicane, qu'il n'ufera de fes facultez dans le Royaume que fuivant les modifications portées par Arreft de Regiftre, & qu'autant qu'il plaira au Roy de lui permettre d'en ufer, &c.

V. Papon liv. 2. *tit.* 1. *art.* 1.

Le 20 d'Août 1569.] C'eft au contraire en l'année 1565. les Lettres patentes du Roy Charles IX. fur la publication-defquelles fut donné l'Arreft rapporté par l'Auteur, étans du 6. du mois de Juin precedant en ladite année 1565. & données à Bayonne.

A R R. I I.

Il y a d'autres refervations faites par la Cour de Parlement de Paris, és Arrefts par elle donnez fur la publication des Bulles des Cardinaux d'Amboife, Carraffe, Trivulce, & du Prat, recitez par Papon liv. 2. tit. 1. que l'on pourra voir, parce que mon deffein n'eft que de parler des Arrefts du Parlement de Touloufe.

Des Cardinaux.] Ces Arrefts font rapportez par *Maynard liv.* 1. *chap.* 47. 48. & 49.

A R R. I I I.

Au mois de Juin mil cinq cens nonante-un entre le Blanc, &

Alafard, au rapport de Monfieur Fourés, fut jugé en la feconde Chambre des Enquêtes, que le Legat d'Avignon ne pouvoit
expedier aucunes provifions avant que fon pouvoir fut verifié en
Parlement.

Verifié en Parlement] Il y a Arreft de ce Parlement, donné à la requifition de Mr. le Procureur General, & prononcé le 12. de Septembre 1665. qui deffend à tous les fujets du Roy,
de fon reffort, de s'adreffer à la legation d'Avignon, pour obtenir des Bulles, Provifions de Benefices, Signatures, Difpenfes, Abfolutions, Commiffions, Refcripts, Indults, & generalement toutes
fortes de Provifions en matiere Eccléfiaftique, volontaire ou contentieufe, du nouveau Vice-Legat
d'Avignon, & de tout autre qui pourroit avoir été envoyé à fa place, qu'au préalable leurs facultez
n'ayent été approuvées & confenties par Lettres patentes de S. M. & enregiftrées en la Cour, à
peine de nullité, de dix mil livres d'amende, & autre arbitraire, &c.

Legitime.
TITRE LXIII.
ARR. I.

LEs legitimes demandées fur les Baronies ou Comtés, font
adjugées en deniers & non en corps hereditaire, pour ne dé-
membrer lefdites Baronies & Comtés : ainfi jugé pour le Baron
de Lefcure, à Touloufe le dixiéme Fevrier mil cinq cens vingt-
cinq, & pour Meffire Charles de Foix, Comte de Carmain, le
quatriéme Juillet mil cinq cens foixante-fix, & pour le Vicomté
de Bourniquel, contre Jeanne Roguiere de Comenge fa fœur le
vingt-feptiéme Janvier mil cinq cens huitante-quatre, & pour le
Baron de faint Sulpice contre le fieur Evêque de Cahors, fils de
ladite maifon, le trentiéme Mars mil cinq cens nonante-un, auquel la legitime entiere fut adjugée, fans faire detraction, ni impetration de la fomme de trente mil livres, que le pere par fon
teftament avoit dit avoir employée pour le faire pourvoir, & lui
obtenir les Bulles dudit Evêché, & de l'Abbaye de Belle-perche,
fuivant la refolution des Docteurs, mêmes de Fernand fur la Loy,
in quartam. D. ad l. falcid.

Pour ne dembrer] Non pas même fous pretexte d'œuvres pies, & de fondation d'Obits,
fuivant le chap. 37. du traité des droits Seigneuriaux. Les Loix ont toûjours eu à cœur la confervation des Maifons illuftres, & des Fiefs d'éclat, ce que l'Empereur Frideric limita aux
Marquifats & aux Comtez, lib. 2. feudor. cap. de prohib. feud. alienat. 55. verfic. præterea du-
catus ; en veüe dequoi infailliblement le Poëte Gunterus a dit, fans parler des Baronnies,
    Marchia, feu Comitis poffeffio, five Ducatus
    Integra permaneant feudalia cætera multis
    Participanda patent.

Qq q iij

Ce qui n'étoit fans doute pas connu à Ferrerius, lors qu'après avoir cité ces mêmes vers fur la décision 487. de Guy-Pape, il fait cette reflexion ; *& obferva quod non loquitur de Baronia.* Quoi qu'il en foit, on a pris tant de foin en ce Royaume pour la confervation des fiefs confidérables, *ut ordinum dignitas, familiarumque falva effet*, aux termes de la Loy premiere. §. 13. *ff. de infpic. ventr.* que lors qu'on a voulu divifer un fief de cette nature, il en a falu obtenir la permiffion du Roy. Entr'autres exemples que l'Hiftoire fournit fur ce fujet, il doit fuffire de citer celui de Jean de Melun, Seigneur d'Authoin, lequel en l'année 1486. obtint du Roy Charles VIII. que fa Pairie de Bombers & Domnaft, près d'Abbeville, *& mouvante du Roy à une feule foy*, fut divifée en deux, pour qu'il pût pourvoir plus facilement à l'établiffement de fes enfans. *V. Duranti decif. 30. num. 10.*

Intereft de la legitime au denier quinze.

ARR. II.

Arreft du quatorziéme Novembre mil cinq cens feptante trois, au profit de Jeanne Bories portant condamnation des interefts au denier quinze, de ce qui fe trouvera dû de la legitime ; & par autre Arreft du quatorziéme Novembre mil cinq cens feptante-neuf, entre Gabrielle de Serta, & de Serta fon frere.

* *Au denier quinze*] Suivant l'ufage du Parlement les intérêts de la legitime fe payent au denier vingt, de ce qui confifte en argent, & au denier trente, ou à trois pour cent, quitte de charges, des immeubles, lors que la legitime fe paye en corps hereditaire. On ne fuit pas la doctrine de le Preftre *cent. 2. chap.* 84. qui regle les interêts au denier feize.

ARR. III.

Legitime adjugée en corps hereditaire fur les biens de l'ayeule, avec reftitution des fruits depuis le decez de ladite ayeule, par Arreft du dix-neuviéme Juin mil cinq cens feptante, entre Margueritte & Jeanne de Ferrieres, & autres.

Depuis le decez] La raifon en eft, qu'outre que *fructus in petitionem hæreditatis veniunt. L. item veniunt. ff. de petit. hæredit.* D'ailleurs les fruits qui font perçûs depuis la mort du pere augmentans l'heredité, ils augmentent auffi la legitime de l'enfant ; à caufe dequoi on adjuge les fruits du fupplement de legitime depuis ledit temps, nonobftant la quittance generale du legitimaire, quoi qu'autrefois on n'ordonnât la reftitution des fruits que depuis l'introduction de l'inftance.

ARR. IV.

Le pere greve fon fils, heritier contractuel, de rendre à fon premier nay. *Deinde*, le fils ayant plufieurs enfans inftituë le premier nay ; il eft demandé, fi la legitime fera prife fur tous les biens de l'ayeul, ou s'il faut diftraire *fideicommiffum tanquam æs alienum* fuivant la Loy *pater filium. D. ad l. falcid.* il a été jugé, que la legitime fera prife fur tout le blot, en jugeant le procez entre François Vignes fieur de la Baftide, & fes freres.

Sur tout le blot] Les Arrefts rapportez par Cambolas *liv. 1. chap. 14.* font conformes à cette doctrine, ils font pourtant contraires à celui de Maynard *liv. 5. chap.* 89. par lequel il fût préjugé, qu'à caufe que les fideicommis *funt loco æris alieni*, les legitimes ne pouvoient pas être prifes fur le fideicommis fait par l'aycul. Apparemment la contrarieté de ces Arrefts defcend de ce qu'à l'égard des premiers la donation avoit été faite en contemplation du donataire, auquel par confequent *omnia quæfita erant. arg. L. avus neptem. ff. de jur. dot.* & par une fuite de cette raifon les biens donnez étoient fujets aux legitimes de fes enfans. Au lieu qu'en l'efpece de l'Arreft de Maynard, la donation fe trouvoit faite en contemplation du petit fils, auquel cas *fideicommiffum erat loco æris alieni* par rapport à l'hoirie du pere ; & en effet, l'aycul avoit témoigné qu'il vouloit conferver les biens en la maffe d'un feul heritier & donataire univerfel, fans divifion ni alienation.

ARR. V.

La pupillaire expreffe exclud la mere de la legitime de fon fils, par Arreft du trentiéme May, au rapport de Mr. Caulet, au procez de Gout & Tourniere.

Ranchinius, *in quæft.* 521. *Guid. Pap.* Intrigliolus *de fubftit. centur.* 1. *cap.* 91. Cambolas *liv.* 2. *chap.* 2. & le Bret *liv.* 3. *decif.* 5. *part.* 1.

ARR. VI.

Le dernier Juillet mil cinq cens huitante-huit, entre Ricardy, & Ricardy, fut jugé que la donation de la moitié des biens prefens & à venir, avec la moitié des charges, trempe aux legitimes, frais funeraux, & autres dettes par moitié, & à toutes charges qui étoient au temps du decez.

V. le tit. 40. *art.* 1.

ARR. VII.

La legitime n'eft dûë aux enfans naturels legitimés : Ainfi jugé en la feconde des Enquêtes.

* *N'eft dûë*] Au contraire la legitime eft dûë aux enfans naturels legitimez, *tam per refcriptum principis, quam per fubfequens matrimonium.* Cela eft fi trivial qu'on n'en peut pas douter. *V. le liv.* 1. *tit.* 15. *verb. Baftards. art.* 3.

ARR. VIII.

Les Religieufes profeffes, Apoftates, démifes de la demande par elles faite de la legitime & fucceffion, par Arreft, pour Meffire Odet de Foix, Comte de Carmaing, contre Demoifelle Marguerite de Carmaing du vingt-neuviéme May mil cinq cens foixante-huit au Greffe Criminel.

De la legitime & succession] la Loy *dico nobis. C. de Episcop. & C'eric.* est abrogée en France, où l'on observe que le Religieux profez ne peut pretendre aucun droit de legitime, ni aucune part en la succession de ses parens ; à leur égard le mort ne saisit pas le vif, parce qu'ils sont morts au monde eux-mêmes. *V. Ferrer. in quæst. 295. Guid. Pap. & Duranti decis. 6.*

ARR. IX.

La femme institue son mari, & lui donne choix d'élire un de ses enfans, par testament elle les institue tous égaux, & leur distribuant les biens par prelegats, ordonne qu'une des filles aura les biens maternels, & où ses enfans querelaient sa volonté ne leur laisse que huitante livres: la fille demande outre lesd. biens, la legitime des biens du pere, d'autant que les biens maternels ne peuvent tenir lieu de legitime : l'affaire parti passa qu'elle ne pouvoit avoir tous les deux, & qu'elle se contenteroit du prelegat ; si mieux elle n'aimoit la legitime tant des biens paternels que maternels : par l'institution elles étoient toutes appellées, & par les prelegats, ce qui leur est ôté en l'un, leur étoit recompensé en l'autre.

La mere succede en la legitime, qui est la troisiéme des biens de Toulouse & gardiage ; & le cabal est censé du domicile.

ARR. X.

Les meres sont forcloses, par la Coûtume de Toulouse, de la succession de leurs enfans, *verùm legitima reservatur*, qu'est la troisiéme de tous les biens du fils, & à lui obvenus tant du côté paternel, que d'ailleurs, par Arrest; l'un du 18. Avril *1695.* arrêté le vingt-huitiéme Mars auparavant, & le quatorze Aoust mil cinq cens soixante-quatre, arrêté le premier Mars auparavant, de Germain Escorne : Et au rapport de M. d'Assezat le vingt-un Aoust mil cinq cens septante-quatre, entre Domenges & Blaise Meguevilles, dits de Castris, appellans, & Gilles Maurin appellé, la legitime des biens du gardiage fut adjugée à la mere, qui fut aussi declarée être la troisiéme de tous les biens, lesquels furent adjugés aux parens du côté du pere, & tous les autres biens assis hors la ville & gardiage à la mere. Et même fut ordonné par Arrest general, prononcé la veille sainte Croix, treize Septembre mil cinq

cens

cens huitante-quatre , pour la Demoiselle de Villele , veuve de feu Barrasse , & par Arrest du quatorze Mars mil cinq cens septante cinq au procez de Pierre Touron , est declaré que le cabal de feu Toron habitant de Toulouse , étoit censé des biens de la Ville de Toulouse.

De la succession de leurs enfans.) V. *le liv.* 3. *tit.* 6. *verb. succession ab intestat* , *art.* 4.
Legitima reservatur.) V. *le liv.* 2. *tit.* 4. *verb. legitime* , *art.* 6.
Que le cabal.) *le liv.* 3. *tit.* 6. *verb. succession ab intestat* , *art.* 4.

A R R. X I.

Les supplemens des legitimes des enfans & filles , ayans quitté & renoncé à la succession des biens paternels & maternels appartiennent aux heritiers de ceux à qui ils auroient renoncé , par plusieurs Arrests , & même par un donné au mois de Juillet mil cinq cens septante-six , entre les Peyrusses de Caors.

Appartiennent aux heritiers.] Soit qu'elles leur soient acquises par renonciation , soit par prescription ; & tel est l'usage de ce Parlement , suivant les Arrests rapportez tant par Ferrerius *in quæst.* 303. *Guid Pap.* que par Maynard *liv.* 4. *chap.* 24. *& liv.* 5. *chap.* 56. quoique le premier ait soûtenu par une contradiction manifeste , sur les questions 395. & 599. du même Guy Pape , que les portions des renonçans , ou de ceux qui laissoient prescrire , accroissoient à l'heredité , comme le juge le Parlement de Grenoble , selon les Arrests d'Expilly *chap.* 234. & de Guy Basset *liv.* 5. *tit.* 9. *chap.* 12. Quelques-uns , comme Chassanée *consil.* 53. ont crû que ces portions accroissoient aux autres legitimaires. Barry en son traité *de success. lib.* 11. *tit. ult. num.* 25. use de distinction sur ce sujet.

A R R. X I I.

La quarte Trebellianique est dûë au petit-fils , sans imputation des fruits , *facit lex quod de bonis* §. *quod avus ff. ad l. falcid.* Comme a été jugé par Arrest de la Cour de Parlement de Toulouse en robes rouges , par lequel la legitime & quarte Trebellianique furent adjugés , *sine ulla fructuum imputatione* , *Gloss. in l. fideicommissaria* 18. *ff. ad Trebell. l. Jubemus. C. eod.*

V. *le tit.* 59. *art.* 6. *le liv.* 2. *tit.* 4. *verb. legitime* , *art.* 13. *aussi bien que l'art.* 16. *de ce tit. & Ferrer. in quæst.* 51. *Guid. Pap.*

A R R. X I I I.

Ce qu'un pere donne par pacte de mariage à un sien fils , sans préjudice de la qualité des autres biens qui lui pourroient appartenir après son decez , n'est point imputable , ains donné par préciput , *Bartol. & Bald. in l. si donationem* , *& in Auth. de testam.*

R r r

C. De collationib. Et ainfi a été jugé par Arreft du 21. Avril 1594. au rapport de Mr. Ambez.

℣. le liv. 2. tit. 4. verb. legitime, Arr. 3.

ARR. XIV.

A été jugé par Arreft de Touloufe, au mois d'Août, prononcé en robes rouges contre les freres demandans retranchement de la dot conftituée à leur fœur par leur pere; parce qu'ils avoient été fraudez en legitime, fi bien qu'il ne reftoit rien pour eux, qu'il n'y avoit lieu de retranchement.

* *N'y avoit lieu de retranchement.*] L'ancien ufage de ce Parlement étoit que le mari devoit payer fur la dot de fa femme la legitime qu'on demandoit par retranchement de ladite dot, comme inofficieufe. Maynard en rapporte un Arreft fans date fur la fin du *chap. du* 19. *liv.* 4. la même queftion s'étant prefentée en l'année 1604. aprés que l'affaire eut été portée aux trois Chambres ; enfin les Chambres affemblées il fut jugé au rapport de Mr. de Cambolas, comme il le remarque *au liv.* 3. *de fes decif. notables du Droit chap.* 44. que le retranchement n'avoit pas lieu. Cet Arreft fut même prononcé en robes rouges, comme general, par Mr. le premier Prefident de Verdun. On confidera nonfeulement que la dot *abfcefferat à bonis patris & ab ejus fubftantia alienata erat*, mais même que le mari l'avoit *ex caufa onerofa*, puifque c'étoit pour la fupportation des charges de mariage, ou comme une condition fans laquelle *non aliter matrimonium contraxiffet.* Toutefois cette Jurifprudence changea en l'année 1628. le Parlement ayant deux Arrefts rapportez par d'Olive *liv.* 3. *chap.* 21. qui fervent comme de milieu & de temperament à ceux de Maynard & de Cambolas : car quoi qu'à la verité on prejugeât que le retranchement devoit avoir lieu, par cette raifon que la faveur des legitimes ne devoit être ni moins grande ni moins confiderable que celle de la dot & du mari ; ce fut pourtant avec cette modification, que ce ne feroit qu'aprés le decez du mari. Il femble que ces deux derniers Arrefts ne devroient pas prevaloir à celui de l'an 1604. du moins par rapport à la juftice rigoureufe, parce qu'outre qu'ils ne furent donnez que fur des partages, d'ailleurs celui de 1604. étoit un Arreft general, & comme tel même rapporté par l'Auteur, tant en l'article prefent, qu'au *liv.* 2. *tit.* 4. *verb Mariages*, *Arr.* 26. mais quoiqu'il en foit, il eft certain que depuis les Arrefts d'Olive on n'hefite plus à juger pour le retranchement en faveur des legitimaires fous ladite modification ; laquelle maniere de juger eft fi conftante & fi generale, qu'on ne diftingue même plus aujourd'hui s'il y a eu tradition de la fomme conftituée, ou non, & fi la dot avoit été conftituée en fonds ou en argent qui fe fût confumé pendant le mariage. Sur cette matiere il y a plufieurs confiderations à faire : *Primò*, que fi bien fuivant l'ufage du Parlement de Paris le retranchement fe fait *cumulative*, fur generalement toutes les donations ou dots inofficieufes, lefquelles on retranche au fol la livre *& in tributum*, c'eft-à-dire proportionablement, afin de remplir la legitime qu'on demande; ce qui peut être fondé non feulement fur ce que *per ultimam inofficiofam donationem, actæ lædentem legitimam, priores fiunt, aut deerguntur inofficiofæ*, au langage de Bertrandi en fes Confeils ; mais même fur cette raifon particuliere, que du côté de Paris les enfans partagent *æqua lance*, la fucceffion, fauf pour quelque preciput que l'on donne à l'aîné. Toutefois dans le reffort du Parlement de Touloufe, on ne s'arrête ni à ces raifons, ni à celle qui eft rapportée par Faber *C. lib.* 3. *tit.* 20. *def.* 1. où il veut que pour raifon de l'inofficiofité toutes les donations ne foient confiderées que comme une feule donation, & le retranchement ne fe fait que fur la derniere, & en cas d'infuffifance de celle-ci fur les precedentes, fucceffivement & fubfidiairement de l'une à l'autre ; ce qui peut être principalement fondé fur cette raifon de la Glofe de la Loy *Titia jeio.* §. *imperator. in verb. di-*

midia. ff. de legat. 2. que *ultima tantum revocatur, quia primæ ſtatim voluerunt irre-*
vocabilirer. Le Parlement de Provence ſuit aujourd'hui cette Juriſprudence, comme il
avoit fait autrefois, quoique *medio tempore* il eût ſuivi la maniere de juger du Parlement de Paris. *Secundò,* lorſqu'une femme ſe trouve ſeparée en biens avec ſon mary, on
ne doit plus retarder le retranchement requis, & le renvoyer après le deceu du mari,
puiſqu'n'ayant plus la joüiſſance de la dot de ſa femme, au moyen de ladite ſeparation;
ſon intereſt ceſſe par conſequent; laquelle conſideration ceſſe encore dans le Reſſort du
Parlement de Paris, où l'on adjuge les intereſts de la legitime depuis le decez du pere
conſtituant, ou donateur, ſuivant l'Arreſt du 14. Mars 1675. rapporté dans le 4. tome *du*
Journal du Palais pag. 158. qui condamne les premiers donataires à contribuer également avec les derniers au payement des legitimes. Au reſte, ſuivant l'Arreſt du Parlement de Grenoble, cité par Guy Baſſet *liv.* 5. *tit.* 10. *chap.* 6. l'intereſt du retranchement de la dot pour la legitime fut adjugé dés le jour de l'Appointement de vente des
biens du pere : *Tertiò,* il me ſemble que lorſque l'inſolvabilité des biens du pere eſt notoire ou preſumée, l'enfant qui demande le retranchement n'eſt pas obligé de diſcuter
inutilement les biens de ſon pere, & faire plus de frais que ſa legitime ne vaut; ce qui
peut avoir lieu par exemple, lorſque la femme joüit pour ſa dot, ſans aucun titre de juſtice, les biens de ſon mari, dont l'inſolvabilité doit être par là preſumée : *Quartò,*
Pour juger de l'inofficioſité d'une dot, on n'a pas égard à ce que pouvoient valoir les
biens du pere lors de la conſtitution, mais elle ſe doit prendre du temps du decez du pere;
quand il n'y auroit que cette conſideration à faire, qu'en fait de legitimes on ſe regle toujours par le temps du decez. *vulg. l. cum. quæritur. C. de inoſſic. teſtam.* outre les inconveniens qui arriveroient à ſe regler autrement : *Quintò,* Quoique la conſideration du
mari, qui ſupporte les charges du mariage, ſoit cauſe qu'on ait ſuſpendu le retranchement de la dot juſques après ſon decez, & que ſur ce fondement il ſemble que lors que
les legitimaires pendant le cours du procez demandent une proviſionelle, il faille joindre cette demande au principal, parce qu'autrement il arriveroit qu'ils obtiendroient indirectement ce qu'ils ne peuvent pas avoir directement : il eſt juſte pourtant que lorſque
les legitimaires n'ont aucuns biens ni aucune induſtrie, *unde ſe poſſint alere,* on leur adjuge quelque choſe par maniere de proviſion, ſur tout lorſqu'ils ſont d'une honnête famille, & cela par proportion aux intereſts de ce à quoi le Juge de l'arbitre duquel cela
doit dépendre, croit à peu prés que ſe pourroient porter les intereſts de la legitime. *V.*
l'article ſuivant.

ARR. XV.

Quæritur, Si un pere ayant donné à l'un de ſes enfans en faveur de mariage, la moitié de tous & chacuns ſes biens, & aprés
vend le reſte de ſeſdits biens, ſi les autres enfans pourront demander leur legitime ſur la moitié donnée. Fut reſolu au Parlement
de Touloſe qu'ils auront la legitime des biens de ladite donation
comme inofficieuſe, *quia ſatis eſt ſi eſt poſt facto inofficioſa, Gloſ.*
in leg. 1. *Codice de inofficioſis donationibus. Quod etiam tenet Pau-*
lus Caſtrenſ. in d. l. C. de inoff. donat. num. 9. Et ſemblé qu'il ſe
peut colliger du texte de l'Authentique, *unde ſi parens C. de inoff.*
teſt. his verbis. Tantum habet ex hæreditate paterna, quantum po-
terat ante donationem deberi. Facit. l. hac edictali. §. ſi autem his
verbis : cui minor portio ultima voluntate derelicta fuerit.

Sur la moitié donnée.] Cet Arreft n'eft pas tant contraire à celui de l'article precedent, que plufieurs l'ont crû, & avec eux Defpeilles au *tom.* 2. *part.* 1. *de la legitime* , *fect.* 2. *num.* 5. car en cet article il s'agit d'une donation , & en l'article precedent d'une dot. Or il faut confiderer qu'outre qu'au cas de la dot l'intereft du mari rend le retranchement plus difficile ; d'ailleurs la querelle de la dot inofficieufe n'a été introduite par l'équité des Arrefts qu'à l'exemple de la donation inofficieufe, n'y avant point de Loy, comme le remarque fort bien d'Olive *liv.* 3. *chap.* 21. qui ordonne le retranchement des dots immenfes, quoiqu'il y ait dans le Code un titre *de inofficiofis dotibus*, & que fous ce titre il fe trouve une Loy qui femble ordonner le retranchement des dots de cette nature ; & c'eft fans doute fur ces raifons de difference principalement, que fuivant l'ancien ufage de ce Parlement, juftifié par le prefent article & par le precedent ; le Parlement de Paris a ordonné le retranchement des donations inofficieufes, & non pas des dots inofficieufes, comme cela s'induit des deux Arrefts des 14. Mars & 14. May en la même année 1675. rapportés par les Auteurs du Journal du Palais, *pag.* 158. *& pag.* 400.

Arr. XVI.

Par Arreft du troifiéme Février mil cinq cens huitante-trois, au rapport de M. Vezian entre Dominique Pafchal & Jean Bartaut fut jugé ; *fructus in legitimam patri , vel aliis defcendentibus in bonis liberorum non imputari*, fuivant l'opinion de Fernand, *in l. in quartam D. ad l. falcid.*

V. *Le tit.* 59. *art.* 5. *& le liv.* 2. *tit.* 4. *verb. legitime* , *Arr.* 13.

Arr. XVII.

Par Arreft au rapport de Monfieur Caumels en la feconde Chambre des Enquêtes en l'an mil cinq cens feptante-neuf, fut dit que le fils demanderoit fa legitime, ou bien que les Creanciers étoient fubrogez pour la demander, & en pourfuivre faifie & execution fur icelle, en payement de ce qui leur étoit dû par ledit fils, & icelui appellé.

* *Subrogés pour la demander.*] Cela eft conforme à la doctrine de Maynard *liv.* 8. *ch.* 49. on peut même voir le Journal du Palais *du* 23. *Août* 1674. fur la queftion, fi les creanciers d'un enfant peuvent debattre la fubftitution de fa legitime. Et comme les creanciers font en droit de pourfuivre la liquidation de la legitime de leur debiteur pour fe payer de leur dette, ils font auffi dans le même droit à l'égard du fupplement de legitime, quand même leur debiteur n'auroit pas preparé l'action avant fon decés ; parce que tel fupplement lui étoit acquis de plein droit, *citrà factum hominis*, & par la feule mediation de la Loy, fuivant le fentiment le plus commun, fondé fur la difpofition de la Loy *fcimus* §. *repletionem.* C. *de inoffic. Teftam.* Et appuyé de la doctrine de Duranti *decif.* 30. fur quoi l'on peut encore voir Cancerius *variar. refol. lib.* 1. *tit.* 3. *num.* 13. Merlinus *de legitimâ lib.* 3. *queft.* 28. & Barri *de fucceffionib. lib.* 16. *cap.* 1. *num. ult.* Il a été même pre jugé par Arreft du Parlement de Paris, rapporté dans ledit Journal du Palais *tom.* 1. *pag.* 172. que les creanciers d'un debiteur abfent peuvent être reçûs à un partage provifionnel, en donnant bonne & fuffifante caution de rapporter, en cas les heritiers des pere & mere du debiteur fiffent apparoir qu'il fut mort avant fes pere & mere. En un mot, la caufe des creanciers qui veulent fe tirer de perte eft fi favorable, qu'il eft certain que les debiteurs ne peuvent pas pour les frauder, ou autrement à leur prejudice, renoncer à un droit qui leur eft acquis ; ainfi quand ils renoncent à une fucceffion échûë, les creanciers peuvent fe faire fubroger en leur place, à la charge de les indemnifer de l'évenement de la fucceffion, fuivant les Arrefts rapportés par Fortin, *fur Pari.* 316. *de la Cour. de Paris* : Et par le Prêtre *centur.* 1. *chap.* 90. Ainfi quoique l'on ait accoû-tumé d'induire du §. 1. *l. nemo ff. pro foci.* que le debiteur, qui ne profite pas de l'oc-cafion d'acquerir, en repudiant une heredité, n'eft pas cenfé frauder fes creanciers, tou-tefois ceux-ci peuvent être reçus à accepter cette heredité, en tenant leur debiteur quitte envers les creanciers hereditaires, felon l'Arreft de Loüet *tit. R. num.* 19. En un mot, c'eft par la raifon que le fupplement de legitime eft acquis à l'enfant dés le moment du decez de fon pere, que fes creanciers, ainfi qu'il a été dit ci-devant, en peuvent pour-fuivre la demande, fans qu'il en puiffent être démis ; quoique l'Arreft rapporté par l'Au-teur *au liv.* 2. *tit.* 4 *verb. legitimes*, Arr. 10. infinuë le contraire. Peut être fut-il donné fur des circonftances particulieres, en tout cas l'ufage le détruit ; mais quelque fa-vorable que foit la caufe des creanciers, & quelque droit qu'ils ayent d'exercer les ac-tions qui competent à leurs debiteurs. *L.* 15. *C. de non numer. pecun.* Ils ne peuvent pourtant pas, lorfqu'il s'agit d'avoir recours à un remede extraordinaire, comme par exemple s'il faloit demander la legitime d'un debiteur par l'action *de inoffic. donat.* Car en ce cas, & en tous les autres de cette nature, le droit d'agir n'eft jamai, tranfmis aux creanciers avec effet, fi le debiteur avant fon decez n'avoit pas preparé l'action. ℣. *Va-quius de fucceff. pergref.* §. 7. *num.* 21. *cum feqq.* & les autres Auteurs citez par du Pe-rier, *liv.* 2. *queft.* 12. c'eft le même que le fçavant Menage appellé à fi jufte titre dans une de fes Odes, *gentis togatæ gloria, præcipuus Themidis Sacerdos.*

A R R. XVIII.

Donation faite par preciput & avantage, emporte prohibi-tion du rapport ; comme il fut jugé par Arreft en la feconde Chambre des Enquêtes, au mois d'Avril mil cinq cens quatre vingts-quatre.

℣. le *liv.* 2. *tit.* 4. *verb. legitime art.* 3. *Auth. ex teftamento. C. de Collatio* & Maynard *liv.* 8. *chap.* 55.

Leude.

TITRE LXIV.

A R R. I.

LEs habitans de Touloufe font exempts de payer droit de Leude dans la Comté, des biens & marchandifes qu'on ap-porte dans Touloufe, fuivant le privilege donné par les Comtes, confirmez par les Rois de France. Par les Arrefts du Parlement du vingt-quatriéme Decembre mil cinq cens douze, & du vingt-feptiéme Janvier mil cinq cens quarante-fix, entre le Procureur general & le Sindic des étrangers.

Le traité des droits Seigneur. chap. 8. art. 4.

ARR. II.

Et par autre Arreſt du ſeptiéme Aouſt mil cinq cens quatre vingt-huit, eſt ordonné qu'ils joüiront de même exemption par toute la Comté de Lauraguois.

Par la Comté de Lauragois.] On en voit la raiſon dans le traité *des droits Seigneur. chap. 8. art. 5.*

Loüages.

TITRE LXV.

ARR. I.

PAr Arreſt au fait de Ducros, contre Robin demandeur des loüages d'une ſienne maiſon, puis neuf ou dix ans, ledit Ducros diſant avoir payé, & offre s'en purger par ſerment, fut dit qu'il jureroit ; car puis que *per ceſſationem penſionis conductor privatur fructu contractus*, de mêmes *in locatore.*

Avoir payé.] Suivant la coûtume de ce Royaume on ne peut demander le loyer d'une maiſon que dans les cinq ans : le *Nolis* même, ou le *Fret*, qui eſt le loüage des Vaiſſeaux & des Navires, auſſi bien que le port, ne peut pas être demandé après trois ans, à compter du retour, parce qu'on le regarde comme le ſalaire du Patron, ſujet par conſequent à la preſcription de trois ans ; ainſi qu'il a été jugé par l'Arreſt donné en la grand'-Chambre, au rapport de Mr. de Cambon, le 12. Septembre 1672. en faveur de Pierre Bertrandy, qui ſe fit relaxer de la demande de 300 liv. que le nommé Laurens, Patron de la ville d'Agde, lui faiſoit pour le droit de *Nolis* d'une barque. Cette Juriſprudence a lieu non ſeulement aux fretemens qui ſe font *per averſionem*, c'eſt-à-dire pour pouvoir charger le vaiſſeau entierement, ſans aucune reſerve, *cap & queuë*, comme on dit ; ce qui eſt le cas de la *charte-partie* en termes de contrats maritimes ; mais même aux fretemens qui ſe font, non de la *totalité du navire* ; mais pour y mettre de la marchandiſe paſſagere : ce qui eſt le cas du *connoiſſement* en termes de mêmes contrats maritimes.

ARR. II.

Vente des fruits rompt loüage. Par Arreſt du quinziéme Octobre mil cinq cens ſeptante-huit, entre du Verger & Vezian.

℣. *le liv. 1. tit. 4. verb. affermes, Arr. 5.*

ARR. III.

Il n'eſt loiſible arrenter ou loüer aux Revendereſſes, ni autres, aucune portion des ruës publiques au devant des maiſons qui

aboutiffent aufdites ruës. Par Arreft du dix-feptiéme Mars mil
cinq cens feptante-fept, pour le Sindic de la ville de Touloufe,
contre Jean Genffac maître Fourbiffeur, demeurant au coin de la
ruë qui va à la Hale ; parce que *poblicæ res non funt in commercio
privatorum. l. apud Julianum. §. Conftàt. D. De legat. 1. Et l. 1. §.
publica res D. Ne quid in loco publico fiat.*

A R R.   IV.

Le bêtail, cabals, grains & meubles d'un fermier ou gran-
gier, ne font non plus obligez au maître, que fes autres biens
meubles, ou bêtail qu'il a ailleurs, pour empêcher qu'il n'en
puiffe tout autant difpofer des uns que des autres ; car la maxime
qui veut, *illata, & invecta effe tacitè hypothecata pro penfione. l.
Certi juris. C. locati,* fe doit entendre, *In prædiis urbanis, & non
in rufticis. l. eos. D. ex quib cauf. pignus vel hypotheca. Et gloff. in d.
l. certi juris,* & ainfi a été refolu en jugeant le procez de Rigail,
Procureur en la Cour, contre Roteuvoph fon metayer en Roüergue, le vingt-cinquiéme Octobre mil cinq cens nonante, fauf
toutefois aux meubles qui ont été apportez par lefdits Fermiers,
& inducta funt, ut ibi perpetuò maneant, hoc eft. Durant le temps
de l'arrentement. *D. l. certi juris.*

V. les limitations de Defpeiffes tom. 1. part. 1. du loüage, fect. 4. num. 13.

Mariages.

T I T R E   LXVI.

A R R.   I.

PEndant l'abfence du mary, la femme ne fe peut remarier ;
finon qu'elle ait preuve de fa mort. *Novel. 7. ut liceat matri,
& aviæ, §. quod autem, Novella Leonis 33. can. in præfentia de
fponfalib.* non pas même quand il auroit demeuré vingt ans, ou
plus, abfent. Arreft du 29. Janvier mil cinq cens cinquante-fept.
Et la mort fe doit prouver par témoins, qui certainement en de-
pofent, ou par grandes & manifeftes prefomptions, *can. ult. §. fi
autem. ut lite non conteft.*

Preuve de fa mort.] De quelle maniere, & comment faut-il qu'une femme prouve
la mort de fon mari, pour qu'il lui foit permis de paffer à de fecondes nôces. *V. Tracta-
tus Politico-Juridicus de vita & morte hominis,* compofé par Martinus Navrahlt,

fçavant Jurifconfulte de ce temps, *in Theorem. 50. & in additam. practic. pag.* 326. *cum feqq.*

Vingt ans ou plus.] Pour un fi long-tems, *& quantifcumque annis maritus in expeditione manferit, mulier fubftinere debet, licet neque litteras, neque refponfum ab eo acceperit,* & jufques à ce qu'elle ait des nouvelles certaines de fa mort. *Auth. hodie C. de repud. & judic. de morib. fublat.* laquelle a ôté tirée de la Novelle 117. *chap.* 11.

ARR. II.

Legitima eft exhæredationis caufa, cùm in contrahendo filii matrimonio, neglectus eft patris confenfus, Novell. 15. *ut cum, de appell. Et regia Henrici II. Conftitutio confirmavit : Cùm enim lex de matrimonio fervatis juris præceptis celebrando agit, hoc primum defiderat, ut contrahendis nuptiis parentum confenfus accedat, l. 2. ff. de r. t. nupt. l. nec filius, Cod. de nupt. Nam nec in terris, ait Tertullianus, lib.* 2. *ad uxorem, filii fine confenfu patrum rite, & jure nubent, & Ampuleus lib.* 2. *de afino aureo, impares nuptiæ, inquit, & præterea in villa fine teftibus, & patre non confentiente factæ, legitima non poffunt videri, ac per hoc fpurius ifte nafcetur ; & Canon ftæ præfentiam parentum poftulante publica honeftate adhiberi monerint in can. honorantur.* 32. *q.* 2. Et par ainfi le pere peut exhereder fes enfans en ce cas ; même les filles qui n'ont point paffé l'âge de vingt-cinq ans ; ainfi qu'il a été jugé le douzième May mil fix cens fix, par Arreft general à la fête de la Pentecôte, prononcé par Monfieur le Préfident de Montrabe, contre une nommée Perrette, qui s'étoit mariée avec un foldat contre la volonté de fon pere ; même contre les inhibitions par icelui faites en vertu d'une requête d'autorité de la Cour, ladite Perrette n'ayant que vingt-deux ans ; Et fi ordonna la Cour par ledit Arreft, qu'un nommé Bonet Vicaire, qui les avoit époufez ainfi clandeftinement feroit adjourné en perfonne ; comme ayant adheré & confenti au rapt & mariage clandeftin, & fit inhibitions & deffenfes à tous Curez & Recteurs, d'époufer d'ores en avant des enfans de famille, fans le confentement de leurs parens.

V. le liv. 2. tit. 4. verb. Mariages, Arr. 36.

Me=

Medecins.

TITRE LXVII.

Arr. I.

Par Arreft du dix-neuviéme Avril mil cinq cens foixante, fut dit que le falaire des Medecins, & les medicamens des Apoticaires feront payez avec pareille faveur que les fraix funebres. Sur quoi eft alleguée la Loy *in reftituendo, de petit. hæred.* où les medicamens & fervices faits au malade défunt font mis au premier rang : *Compenfatio ejus, inquit, habebitur, quod tu in morbo infirmitate crogaveris.* D'où vient que tels medicamens & falaires font preferez au dot, *leg. 6. de pig. act.* Et ce d'autant que l'état du Medecin & Apoticaire eft public, & font tenus fervir & fecourir les malades, ne s'en pouvans excufer, n'étans recevables à demander payement qu'après la mort ou fanté du malade. C'eft pourquoi il eft raifonable de les privilegier. *leg. in archiat. de profeff.* mais cela s'entend du falaire du Medecin, & des drogues fournies & employées à la maladie de laquelle le debiteur eft mort, & non aux autres precedentes.

V. le liv. 1. tit. 12. verb. Apoticaires, Art. 1. & Brodeau fur Loüet tit. c. num. 29.

Mineurs.

TITRE LXVIII,

Arr. I.

Il fe trouve des Arrefts par lefquels les Mineurs ont été relevez des contrats emphiteoticaires, & bails à nouveau fief par eux faits, lors qu'ils fe trouvoient en iceux lezez outre moitié de jufte prix. Entr'autres par Arreft de l'an mil cinq cens foixante-trois, au profit de Claude Vernhol, contre Jean Soye coûturier. Et depuis par autre Arreft, parti en la premiere Chambre des Enquêtes, & départi en la feconde au rapport de Monfieur Bonot du dix-huitiéme Juillet mil cinq cens feptante-neuf.

Le liv. 1. tit. 10. verb. alienation des chofes Ecclefiaftiques, Art. 2. le liv. 3. tit. 8. verb. refcifion de contrats in fin. & le traité des droits Seigneur. chap. 1. art. 32.

S s s

A R R. II.

Si le mineur s'eſt dit majeur, il faut diſtinguer s'il avoit apparence de majeur, & que par dol il ſe ſoit dit tel ; ou s'il n'apparoiſſoit majeur, & que celui avec qui il auroit contraćté, l'eût induit
à ſe dire majeur ; pour le premier il ne pourra être reſtitué s'il
n'appert de ſon dol ; & s'il appert évidamment de ſon dol, il ſera
reſtitué : jugé par Arreſt du quatorziéme Juin & quatorze Septembre mil cinq cens quarante-quatre. Mineur ne peut être relevé de
la tranſaćtion qu'il a faite à cauſe de crime. Arreſt du 2. Decembre mil cinq cens quatre vingts-un.

S'eſt dit majeur.] Les diverſes diſtinćtions qu'on fait ſur ce ſujet, ſe trouvent dans
Charondas _liv._ 7 _reſp._ 56. Cancerius _var. reſolut. lib._ 2. _cap._ 1. _num._ 20. _ſeqq._ Brodeau
ſur Loïet _lit. M. num._ 7. Chenu _quæſt._ 36. Mornac & les autres Dośteurs _ad L._ 1. _& l._
2. _C. ſi min. ſe major dixer._

Ne pourra être reſtitué.] Selon Charondas _en ſes Pandećtes liv._ 2. _chap._ 40. cela ſe
doit entendre _in ſimplici obligatione bonorum._

A cauſe de crime.] La raiſon en eſt, que la reſtitution en entier n'a pas lieu _in exe-
cutionibus pœnarum_, & aux ańtions criminelles qu'on a remiſes, ſuivant la Loy _auxi-
lium ff. de minorib._ & Maynard _liv._ 3. _chap._ 51.

Obligation.

TITRE LXIX.

A R R. I.

L'Obligation, cedule ou promeſſe de payer certaine ſomme lors
que le promettant ſeroit Prêtre, mort ou marié, fut approuvée
& ſuivant icelle le promettant condamné par Arreſt en la ſeconde
Chambre des Enquêtes, au rapport de Mr. Donjac, ſur une appellation du Senéchal de Lećtoure, entre deux Marchands du
Comté d'Armagnac.

Prêtre, mort ou marié.] En general telles obligations ſont valables, parce que les conditions ſous leſquelles elles ſont ſtipulées, ne ſont pas contraires au Droit. DD. _ad L. ſcru-
pu'oſam. C. de contrah. & commit. ſtipulat._ & Maynard _liv._ 7. _chap._ 67. quoique Bouvot rapporte un Arreſt dans ſon ſecond tome _pag._ 1180. _quæſt._ 27. qui a prejugé qu'on peut venir
contre l'obligation, en ce ſeulement qu'on n'eſt pas tenu d'attendre l'évenement de ces
conditions, comme illicites, ainſi qu'il les qualifie. Il eſt certain neanmoins que telles
obligations devant être preſumées uſuraires, il les faut reduire au juſte prix du preſt ou
de la vente, quand il peut être connu, _reſciſſa aleatoria captione_ ; à quoi ſe trouve conforme l'Arreſt de reglement du Parlement de Paris rapporté par Loyſeau _en ſon traité du
deguerpiſſement, liv._ 4. _chap._ 3. _num._ 13.

Offres.

TITRE LXX.

ARR. I.

IL faut suivre une offre de toutes parts sans en prendre une partie & laisser l'autre, ou autrement la corriger & changer, ni en accepter une partie, & rejetter l'autre : ainsi fut jugé par Arrest du mois de Juin mil cinq cens septante-sept, tout ainsi qu'entre les Parties ; *si quid oblatum sit, in eo modo prorsus agnoscendum aut rejiciendum, l. cum quæritur. D. de administ.*

De toutes parts.] Il en doit être comme de la confession, *in civilibus*, laquelle ne peut pas être divisée.

Droit de Patronat.

TITRE LXXI.

ARR. I.

LE droit de Patronat reservé à quelqu'un, & ses enfans, n'appartient qu'au fils, qui est l'heritier universel, & non à ceux qui ne sont que heritiers particuliers, encore qu'ils fussent instituez en certaine portion particuliere. Ainsi jugé en la premiere Chambre des Enquêtes le quinziéme Mai mil six cens quatre, au rapport de Mr. de Barthelemy.

Heritier universel.] Ranchin *in quæst.* 507. *Guid Pap.*

Des peines.

TITRE LXXII.

ARR. I.

LES confiscations appartiennent au Seigneur haut Justicier, & non au Feodal, *Bartol. in l. fin. D. de solut. matrim.* étant adjugées pour cas Royal appartiennent au Roy seul *l. fin. & auth. bona damnatorum. cod. de pœnis prescript. Extravag. ad reprimendum, quo in crimin. læsæ majest. proced. in versic. feud.* Même en crime de leze-Majesté : par Arrest du vingt-huit Octobre mil cinq cens septante-deux, vingtiéme Juillet mil cinq cens cinquante-neuf, vingt-sept Novembre mil cinq cens cinquante-quatre, ou de fauſſe monnoye, par Sentence du Treſor du dix-ſept Février mil cinq cens ſeptante-neuf, auquel cas le Creancier ne peut être payé ſur les biens unis au Domaine. *l. quiſquis cod. ad l. Jul. majeſt. cap. unic. quod teſt. leg. ex vectigali. ff. de pignorib. l. Lucius, de legat.* 1. par Arreſt du ſeptiéme Octobre mil cinq cens ſeptante-quatre, par lequel le fief adjugé pour un crime de felonie, fut declaré exempt de toutes charges, ſauf à ſe pourvoir ſur le reſte des biens, *l.* 1. *cod. de donationib. quæ ſub modo. l. ut inter, de ſacroſanct. Eccleſ.* Le contraire a été jugé par Arreſt du dernier Octobre mil cinq cens ſeptante-trois, par la Loy *Quis quis*, §. *uxores. cod. ad leg Jul. majeſt. l. his ſolis, cod. de revocand. donat. l. ſi debitor, cod. de privileg. fiſci lib.* 10. ce qui s'obſerve quand le fief eſt confiſqué. *l. maritus. ff. ſolut. matrim. l. in ſumma ff. de jure fiſci.*

Au Seigneur haut-Juſticier.] Ferrerius *in quæſt.* 341. Guid Pap. *& in deciſ.* 23. Duranti Toutefois ſi la confiſcation a été ordonnée pour crime de felonie commis contre le Seigneur feodal, ou direct, elle leur appartient à l'excluſion du Seigneur haut-Juſticier. *Ferrer. in qu.* 413. Guid Pap.

Au Roy ſeul.] Le liv. 1. tit. 37. verb. confiſcation, *Arr.* 2. *& au preſent liv. tit.* 33. *Arr.* 4.

Exempt de toutes charges.] V. le traité des droits Seigneuriaux *chap.* 13. *art.* 11. *& chap.* 32.

A R R   I I.

Sorcellerie ni magie ne ſont pas cas Royaux, par Arreſt de la Tournelle du douxiéme Mars mil cinq cens quatre vingts-huit, quoi que ce ſoit crime de leze-Majeſté divine, *can. Epiſcopi.* 27. *quæſt.* 1. *cap. accuſatus.* §. *ſanè. de hæreticis in* 6. *l. nemo aruſpicium. cod. de malef.*

A R R.   I I I.

Dans la ville de Touloufe un Soldat fut condamné par Arreſt à avoir la tête tranchée, pour avoir lâché un coup de piſtolet dans Gaillac contre le Baron de la Riviere; & quoi qu'il ne fût que fort peu bleſſé à la main, neanmoins le Soldat fut executé à la place de Saint George le treiziéme Mars mil ſix cens onze.

Condamné.] Les jugemens de condamnation à mort ſe donnent ordinairement le matin, & les Ordonnances de nos Rois défendent même de vaquer aux jugemens des procez criminels aux heures de relevée. Il n'eſt perſonne qui ne comprenne d'abord que cela ſe pratique ainſi; parce que les Juges ont l'eſprit beaucoup plus libre le matin que l'après-dînée, & que par conſequent le matin eſt le temps le plus propre à rendre la juſtice: Mais peu de gens ſçavent d'où cette maniere de juger tire ſon origine; car juſqu'ici on a crû que l'on avoit eu en vûë ce paſſage d'Horace en ſa troiſiéme Epitre à Mecænas, *Epiſtolar. lib.* 1. *Epiſt.* 19.

Forum , putealque Libonis ,
Mandabo ficcis.

Pour montrer , dit Belordeau *en fon tom.* 1. *liv.* 1. *controverf.* 94. que la bonne juftice
fe doit rendre par les Juges fobres & à jeun : Mais outre qu'il eft certain qu'Horace n'a
voulu dire autre chofe ; fi ce n'eft que les perfonnes fobres font plus propres pour l'adminiftration de la Juftice , que pour la Poëfie , d'ailleurs il ne faut qu'avoir une legere connoiffance des coûtumes des Romains , pour convenir que parmi eux la juftice criminelle
s'adminiftroit à toute heure , depuis le matin jufqu'au couché du Soleil. Je n'ai garde
pour juftifier cette verité d'alleguer la Novelle 82. §. *fedebant* , puifqu'on pourroit me
répondre avec le Bret , en fon traité intitulé *ordo perantiquus judiciorum civilium. cap.* 7.
que l'Empereur Juftinien ne la fit que *pofteriori tempore , propter negotiorum multitudi-*
nem ; à quoi l'on pourroit même ajoûter que cette Novelle ne regarde que les Juges
Pedanées & les arbitres , qui ne connoiffoient pas des matieres dont il eft queftion ; mais
je la juftifie cette verité par un paffage du Juvenal , qui eft formel fur ce fujet , & qui
dit en la Satyre treiziéme.

 Hæc quota pars fcelerum , quæ cuftos Gallicus urbis.

 Ufque à Lucifero , donec lux occidat , audit ?

Pour ne pas dire encore , que fuivant Agellius *Noct. Atticar. lib.* 17. *cap.* 2. la Loy des
douze tables portoit , *ante meridiem caufam conjiciunto quomperorant ambo præfentes ;*
poft meridiem præfenti litem addicito ; Sol occafus fuprema tempeftas efto. Ainfi notre
maniere de juger le matin les caufes criminelles , où il échoit peine afflictive , fans les
pouvoir juger de relevée , ne fçauroit tirer fon origine des Romains ; il y a apparence
qu'elle eft fondée fur la coûtume des Juifs , parmi lefquels on adminiftroit la Juftice le
matin , fur tout pour les caufes publiques , ce qui fait dire au Prophete Jeremie *cap.* 21.
verf. 12. *judicate mane judicium* , à laquelle coûtume David faifoit infailliblement allu-
fion , lorfqu'il dit dans un fens figuré , *Pfalm.* 100. *verf.* 8. *in matutino interficiebam*
omnes peccatores terræ ; Maymonides remarque auffi , *Sanhedr. cap.* 3. *Synedrium mag-*
num fed & à facrificio jugi matutino ad facrificium juge pomeridianum. Quoiqu'il en
foit , cette forme de juger eft fi ancienne dans ce Royaume , que même fuivant le confeil
que donnoit aux Juges l'Empereur Charlemagne en fes Capitulaires , *liv.* 1. *chap.* 60.
(felon l'édition de Baluse , ou 62. fuivant celle de Pithou) la Juftice fe devoit adminiftrer à jeun. De là vient fans doute que les Rois fes fucceffeurs confiderans que dans
les premiers fiecles de la Monarchie , la Juftice s'adminiftroit le matin pour toute forte de
caufes , civiles ou criminelles , crûrent qu'à plus forte raifon devoient-ils ordonner que
les matieres criminelles , où il s'agiffoit de decider de la vie des hommes , & où les Juges devoient par confequent être beaucoup plus circonfpects , feroient reglées dans un
temps auquel , comme il a été déja dit , on doit avoir l'efprit plus libre & moins troublé qu'en toute autre partie du jour ; à caufe dequoi fans doute l'Ordonnance de Blois
porte *en l'art.* 108. que les examens qui fe font dans les Cours Souveraines des pourvûs
d'Office fujet à examen , doivent être faits *les matinées & non les aprir-dinées* : Or au
fujet du Capitulaire de Charlemagne , qui eft conçu en ces termes : *rectum eft autem ,*
& honeftum videtur , ut judices jejuni caufas audiant & difcernant : l'on peut remarquer
que les Magiftrats font obligez de rendre la Juftice à jeun dans le Royaume de la Chine ,
s'il en faut croire les relations qu'on fait de ce païs-là , & que le premier chapitre du titre
de teftib. & atteftatio , dans les Decretales du Pape Gregoire IX. veut , *ut nullus teftimonium*
dicat , nifi jejunus , ce qui pourtant , comme dit la Glofe , n'eft pas requis *de neceffitate* ,
fed ad honeftatem ; c'eft-à-dire dans le même efprit du Capitulaire qui vient d'être cité
en ces termes , *& honeftum videtur.*

 Fort peu bleffé.] Cet Arreft eft fondé fur ce que *in atrocibus punitur conatus , fi veniat*
ufque ad proximum actum. l. 1. *& ibi DD. ff. quod quifq. jur. & l.* 1. *C. de malefic.* comme
au cas de l'Arreft rapporté *au tit.* 53. *Art.* 4.

Prescription.

TITRE LXXII.

ARR. I.

POur les biens sujets à substitution , les tiers possesseurs, & autres charges de substitution, se peuvent aider de la prescription de trente ans ; après toutefois la substitution ouverte, laquelle ne peut courir que du jour de l'ouverture d'icelle ; comme fut jugé à Toulouse par Arrests pour les substituez contre les tiers possesseurs & tenanciers , pour les Arbas contre certains tenanciers au mois de Janvier mil cinq cens septante-quatre , & pour les Galaux contre Flotté & autres au mois de Septembre 1585.

La Substitution ouverte.] Cela n'est pas seulement vrai à l'égard des Tiers-possesseurs des biens substituez, mais même à l'égard des Successeurs de l'heritier grevé, parce que la prescription ne commence de courir contre le fideicommissaire , que du jour que le fideicommis a lieu en sa personne, *per eventum diei aut conditionis* ; & quoique plusieurs Docteurs du premier ordre, aussi bien que le Parlement de Paris, suivant l'Arrest rapporté par *Tillier sur Papon liv.* 12. *tit.* 3. *art.* 14. ayent été d'un sentiment contraire ; toutefois la question se juge ainsi dans le ressort du Parlement de Toulouse, selon Maynard *li.* 8. *chap.* 35. sur tout en faveur des fideicommissaires qui n'ont pas peu agir *ob aliquod juris impedimentum*, suivant Peregrinus *de fideicomm. arr.* 41. *num.* 16.

Les Tiers possesseurs] Ils prescrivent dans trente ans , *tricenâ possessionis continuâ* , un droit de propriété ; & dans dix ans un droit d'hypotheque ; jusques-là que quoi qu'autrefois on crût que la prescription en l'hypotequaire n'avoit pas peu courir jusqu'à ce que le principal debiteur eût été discuté, il est pourtant certain qu'aujourd'hui la discussion non faite par le creancier n'empêche point le cours de la prescription en faveur du tiers-possesseur. *Molin ad Alexand. consl.* 58 *lib.* 5. *& Negus , de pignor.* 6. *part. princip. memb.* 2. *num.* 3. *& 4.* Au reste , bien que dix ans suffisent au tiers-possesseur pour purger les hypotheques , ausquelles le fonds par lui joüi pouvoit être sujet , cela n'est pourtant pas vrai à l'égard d'un tiers-possesseur dec.etiste , qui ne peut pas pretendre de joüir avec titre irrevocable avant les trente ans expirez , parce que les creanciers perdans du debiteur executé peuvent venir par la voye d'offrir en ladite qualité de créanciers ayans pour cela trente ans pour former leur action , par cette raison que leur hypotheque étoit établie sur le biens decretez , aussi bien que celle du decretiste. C'est même un abus de croire que cette Jurisprudence n'ait lieu qu'à l'égard des decrets émanez des Cours subalternes ; car elle est de même observée à l'égard des decrets poursuivis de l'autorité du Parlement ; suivant l'Arrest qui fut donné le vingtiéme May 1663. en la premiere Chambre des Enquêtes , au rapport de Mr. Catellan , en faveur du sieur Nicolas & la Demoiselle de Pavée , mariez , habitans de cette ville de Nîmes , contre Me. Dautrinay Receveur des Decimes du Diocese de Besiers , cessionaire de Me. Courtois Avocat de la ville de Toulouse ; qui avoit poursuivi decret d'autorité du Parlement sur une metairie situliée dans le terroir du lieu de Capestan ; duquel Arrêt j'ai parlé ailleurs.

ARR. II.

Par Arreſt prononcé en robes rouges le treize. Octobre dans Touloufe par Monſieur le Preſident de l'Eſtang, l'action hypo-thequaire eſt preſcrite par trente ans, comme la perſonnelle : toute fois nous n'avons encore obſervé ledit Arreſt, ains jugeons qu'il y faut quarante ans, ſuivant les loix *Omnes* & la loy *Sicut* cod. *de præſcript.* 30. *vel* 40. *annor.*

* *Qu'il y faut* 40. *ans*] L'uſage eſt contraire, car le Parlement regle aujourd'huy la preſcription de l'action hypothequaire à trente ans, quoique par le Droit elle ne preſ-crivît contre le debiteur, ou ſes heritiers, que par le laps de quarante années, comme au cas de la Loi *Cum notiſſimi. C. de præſcript.* 30. *vel* 40. *annor.* qui veut que l'action hypothequaire, étant conjointe avec la perſonnelle, ſoit prorogée juſques à quarante ans ; Et b'en que la diſpoſition de cette Loi ſoit ſuivie au Pays coûtumier, ſuivant la doc-trine de Loüet *lit. H. n.* 3. *ibi Brodeau.* Toutefois on tient dans le reſſort du Parlement de Touloufe, que la preſcription de trente ans doit avoir lieu audit cas, comme en la ſeule action perſonnelle, ſuivant la neuviéme Arrêt du Preſident de Leſtang, qui reduit à trente ans la preſcription des hypotheques ; ainſi la preſcription de quarante ans n'eſt con-nuë parmi nous, que lors qu'il s'agit de la faveur de l'Egliſe, ſuivant la diſpoſition de l'Authentique *quas actiones. C. de ſacroſ. Ecclef.* au ſujet de laquelle il ne doit pas être inutile de remarquer, que par Arrêt du 23. Août 1668. donné au rapport de Mr. de Frault en faveur de noble Loüis de Bachi, Baron d'Aubaix, & faiſant profeſſion de la R. P. R. contre Jean-Baptiſte de Saint Charles, Syndic des PP. Carmes de cette ville de Nîmes, il fut préjugé, non-ſeulement qu'un legat pie fait au profit du Monaſtere preſcrivoit dans quarante ans, conformément à la Novelle 131. *cap. pro temporalibus* 6. mais même qu'un tel legat, quoique fait avec charge de ſervice perpetuel, étoit preſcriptible, parce qu'il étoit exigible ; c'eſt-à-dire que le Monaſtere étoit capable de le recevoir ſans être chargé de l'employer en fonds, ni autrement. Et en effet, c'eſt une maxime conſtante dans le Palais, que ce qui eſt exigible eſt preſcriptible, à moins qu'il ne s'agit de l'interêt des Chevaliers de Malthe, auſquels par un privilege que nos Rois ont accordé à leur Ordre, la preſcription de quel temps que ce ſoit ne peut porter aucune atteinte, parce que faiſans inceſſamment la guerre pour la foi contre les Infidéles, ils ſont toûjours cenſez abſeuts du Royaume pour abſence legitime ; & qu'il n'eſt pas juſte que pendant leur abſence la preſcription coure contr'eux ; comme il fut jugé au rapport de Mr. de Papus, le 9. Jan-vier 1660. entre le Commandeur de Mandols & Jacques Icher.

Privileges.

TITRE LXXIII.

ARR. I.

Par Arreſt du dix-ſeptiéme Mars mil cinq cens vingt-quatre, la Cour declara contribuables tous les habitans de la ville de Touloufe, tant privilegiez que non privilegiez, exempts & non exempts, à cauſe de la neceſſité : la Ville ayant cottiſé vingt-quatre mil livres pour les reparations, fortifications & munitions d'icelle.

V. Ferrer. in qu. 7. Guid. Pap. d'Olive liv. 1. chap. 18. Duranti decif. 98. & le tit. 80. de ce livre.

ARR. II.

Semblable Arrest fut donné le 26. Mars mil cinq cens vingt-six, pour la somme de six mil livres, cottisée sur la ville, tant sur les privilegiez que non privilegiez, gens d'Eglise, Officiers du Roy, Docteurs Regens, Secretaires, sans consequence & préjudice de leurs privileges.

Sequestres.

TITRE LXXIV.

ARR. I.

LA condamnation de deux Sequestres à rendre compte & préter le reliqua du Senéchal de Quercy, au siege de Montauban, dont l'un n'avoit rien administré, comme ne lui ayant été fait aucun commandement, parlant à lui, ni pris aucune charge, mais seulement injonction à l'autre qui étoit avec lui de l'en avertir & le lui faire sçavoir ; ce que toutefois il n'auroit fait en aucune façon, fut reformée en faveur dudit pretendu sequestre, qui fut mis hors de Cour & de procez par Arrest du mois de Juillet mil cinq cens quatre-vingts.

Condamnation de deux Sequestres] L'action est solidaire entre les Sequestres. *Du Fresne en son Journal des Audiences liv. 1. chap. 51.*

ARR. II.

Le Seigneur de Tournecoupe, au pais d'Armagnac, troublant tous les Sequestres établis sur ses biens à la requête de sa mere, pour être payée de la pension à elle adjugée, les Sequestres demandans être déchargez, à cause desdits troubles & empêchemens resultans des inquisitions sur ce faites, en furent démis ; & ordonné qu'il étoit interdit & deffendu audit de Tournecoupe de par lui, ou personne interposée donner trouble ni empêchement aux Sequestres établis ; autrement en cas dudit empêchement, la Seigneurie dudit Tournecoupe confisquée au Roy & unie à son domaine en payant ladite somme de cinq cens livres à sadite mere.

Par

Par Arreſt donné en Audience le vingtiéme Juin mil cinq cens ſoixante-ſix, qui eſt le vrai moyen & façon qu'on doit tenir contre
tels contumax & rebelles à la juſtice, pour les contenir en leur
devoir. *arg. l. contumacia, ff. de re judic.*

V. le liv. 2. tit. I. arr. 56.

Servitudes.
TITRE LXXV.
ARR. I.

Ar Arreſt parti en la premiere Chambre des Enquêtes, &
départi en la ſeconde pour Badens contre Cuſſone, fut dit que
le voiſin n'étoit tenu de donner paſſage par ſon pré en payant, ſi
celui qui le demande peut paſſer ailleurs, en quelque façon que
ce ſoit, encore qu'avec grandiſſime difficulté. La diſpoſition du
Droit qu'on pourroit prétendre au contraire parlant en des choſes
privilegiées, comme en la faveur de la Religion, & non autrement en choſes communes & ordinaires, qui n'auroient point
telle faveur.

Donner paſſage] Outre ce qui a été dit ſur ce ſujet au 3. liv. tit. 3. verb. *Servitudes arr.* I.
il eſt bon de remarquer que par Arrêt donné en la premiere des Enquêtes au rapport de Mr.
de Rudele le 14. May 1663. Guillaume Serrane appellant d'une Sentence que le nommé Durand, du lieu d'Argeliers, avoit obtenu au Senéchal de Montpellier, fut reçû avant dire
droit diffinitivement aux Parties, à prouver que pendant trente ans continuels il eût fait paſſer ſon bétail à laine dans le devois dudit Durand, au veu & ſçû d'icelui, pour l'aller abreu-
ver dans une fontaine qui étoit à l'extrêmité dudit devois. La Sentence dont étoit l'appel,
avoit fait deffenſes à Serrane de paſſer par le devois de Durand, ſur ce principalement qu'il
n'étoit pas dénié que Serrane pouvoit facilement, & ſans incommodité faire aller ſon trou-
peau à la fontaine en faiſant le tour du devois.

ARR. II.

Le mari inſtituant ſa femme heritiere, & lui recommandant
ſes enfans, ne fait pour cela fideicommis, *l. fideicommiſſa. §. ſi ita
quis, de leg. 3.* jugé en l'affaire de Vedelly le vingt-deuxiéme
Janvier mil cinq cens nonante, & fut parti s'il faloit recevoir en
preuve l'aîné de ce que le pere avoit chargé la femme de lui rendre le fideicommis.

Ne fait fideicõmis] La recommandation n'eſt cenſée faite que par rapport au ſoin que l'heritier inſtitué doit prendre des perſonnes recommandées, & non pas pour en induire un fideicommis. Les Docteurs diſent avec le Juriſconſulte Paulus 4. *Sentent. §. 6.* que *commendo non
eſt verbum precarium,* & Godefroy en ſa note ſur la Loi *Ex verbo. C. de fideic. liber.* que *verbum, commendo, non ſatis exprimit fideicommiſſum;* comme en effet cette même Loi le
decide textuellement.

Recevoir en preuve.] Aujourd'hui la preuve par témoins d'un fideicommis verbal est reçûë,
soit qu'il soit *præter testamentum*, soit qu'il soit *contra verba testamenti* : Il est vrai qu'en ce
dernier cas on restraint la preuve aux témoins numeraires de l'acte. D'Olive *au l. 5. ch. 22.*
rapporte des Arrêts pour l'un & l'autre cas ; & si bien par l'Arrêt du Parlement de Paris, qui
est dans le Journal du Palais, *tom. 1. pag.* 145. la fille qui demandoit d'être reçûë à une pareille preuve, en fut deboutée, sauf à elle à se pourvoir pour ses alimens, ce ne fut que
parce qu'elle étoit bâtarde. Pour ce qui regarde les fideicommis tacites & secrets, commis à
la bonne foi des Prêtres, des Religieux, & autres personnes de ce caractere, pour faire la
distribution d'une somme remise entre leurs mains par un testateur, ou autrement designée
& limitée dans un testament : il est certain qu'ils ont lieu, suivant les Arrêts rapportez
par Loüet *litt. L. num.* 5. & *ibi* Brodeau par Ann. Robertus *re judic. lib. 1. cap.* 3. & par Tour-
net *en son recüeil d'Arrêts donnez sur les matieres Ecclésiastiques litt. I. num* 33. 34. & 35. mais
lors que la volonté du testateur n'est pas justifiée par écrit, & que celui qui prétend d'en être
le dépositaire, n'allegue qu'une disposition verbale, sans aucun commencement, ou adminicule de preuve par écrit, on ne s'arrête pas à la declaration qu'en fait le dépositaire, pour
si homme de bien, & d'aussi bonne reputation qu'il puisse être, quand même la declaration
tendroit, non à faire une liberalité en distribuant quelque somme, mais à établir une dette
en faveur d'une personne de qui le testateur auroit veritablement emprunté une somme ; la
raison en est, que la declaration du dépositaire de la derniere volonté du testateur étant sin-
guliere, ne peut produire aucune preuve. Le Parlement a même préjugé par Arrêt donné
au rapport de Mr. de Fosse en la premiere des Enquétes le 8. Août 1663. que la preuve vo-
cale n'en pouvoit pas être reçûë, lors qu'il s'agissoit d'une somme excedant cent livres, car
par cet Arrêt la Demoiselle de Planque, veuve & heritiere du sieur Teule d'Aniane, se fit
relaxer sur un appel qu'elle avoit relevé du Senéchal de Veziers, de la demande de deux
cens soixante liv. que le nommé Custol de SaintBauzile, lui avoit faite, fondé sur ce que Teule
étant dans son lit de mort, & sortant de se confesser, avoit declaré à son Confesseur qu'il
lui devoit ladite somme, l'ayant même chargé de le dire à ladite Planque pour qu'elle pa-
yât ; ce que Custol soûtenoit sur la declaration que le Confesseur lui en avoit faite à son tour,
avec offre en tout cas de prouver que la somme lui étoit legitimément dûë.

A R R.   III.

L'heritiere instituée universellement à la charge de rendre l'heritage après son decez à un sien fils, filleul & neveu du Testateur,
rend l'heritage en sa vie, & devant le temps par le Testateur prefix. Pendant la vie, & après ladite restitution, le fideicommissaire
auquel elle avoit rendu devant le temps l'heritage, decede sans enfans qui est cause que ladite heritiere, qui avoit ainsi rendu avant
le temps, impetre Lettres Royaux en restitution en entier contre
ladite restitution par elle faite simplement. Les Successeurs *ab intestat* dudit fideicommissaire insistans au contraire s'arrêtent aux
fins de non-recevoir. Par Arrêt entre Catherine la Combe, & les
hoirs de Pierre Granges, sur le partage fait en la premiere Chambre des Enquêtes, & départi en la seconde, au rapport de Mr.
Catel au mois de Mars mil cinq cinq cens nonante, ladite la Colombe impetrante fut demise de ses Lettres.

[Le même Arrêt est rapporté par *Maynard liv.* 8 *chap.* 81. où l'on en voit le motif.

Tailles.

TITRE LXXVI.

ARR. I.

LEges Romanæ, *Sacerdotes, ceterosque Ecclesiasticos ab omnibus tributis tam prædiariis, quam patrimonialibus subsidiis exemerunt, l.* placet. *Cod. de sacros. Ecclef. l.* 2. *Cod. de Episcop. & Cler. can. non. minus extra de immunit. Ecclef. imò nulla unquam gens fuit, tam aliena à pietate, quæ temporum atque Ecclesiasticorum vacationem non studiosè foverit, concessa Sacerdotibus suis religionis intuitu immunitate.* Ainsi jugé par Arrest du troisiéme Avril mil cinq cens septante-trois, contre les Consuls de Rabastens, pour Monsieur Jean Guillot Prieur dudit Lieu, & fit la Cour inhibitions & défenses ausdits Consuls de les cottiser pour le fait de la Garnison ; sinon que pour ses biens temporels roturiers qu'il avoit audit Lieu & taillables d'icelui : toutefois lors que la necessité presse les Beneficiers sont cottisez, jugé par Arrest du second Avril mil cinq cens septante-trois, entre le Chapitre saint Estienne de Toulouse, & les Consuls de saint Sulpice, du dix-septiéme Janvier mil cinq cens vingt-deux. Arrest contre ledit Chapitre pour le Syndic dudit Toulouse. Autre du dernier Mars mil cinq cens vingt-quatre, portant que la troisiéme partie de vingt-quatre mil livres imposée sur la Ville seroit exigée sur l'Archevêché d'icelle, son Clergé & ses Beneficiers, tant residans, que autres du Diocése. Me. François Girardin Chanoine de l'Eglise d'Aux, & Prevost de saint Justin, fut condamné par Arrest du sixiéme Septembre mil cinq cens septante-huit, payer aux Consuls de ladite Ville la cottisation sur lui faite par iceux pour la défense de la Ville, & y seroit contraint par saisie du temporel, & autres voyes dûës & raisonnables, dans un mois pour tout délai.

Pour ses biens] Saint Ambroise *Serm. adversus Auxentium*, dit fort à propos. *Si tributum petit, non negamus, agri Ecclesiæ solvunt tributum. Vide* Bronchorst *misc. controv. cent.* 2. *ass.* 78.
La necessité presse.] *V. le tit.* 73. *arr.* 1. *& 2.*

ARR. II.

La Cour par Arreſt du vingt-ſeptiéme Juin mil cinq cens ſoixante-neuf, declara exempts des tailles & contributions les Reliligieux du Couvent des Carmes de la Ville de Carcaſſonne, le Syndic de laquelle les vouloit contraindre à payer les charges ordinaires de ladite Ville.

ARR. III.

Autre ſemblable Arreſt fut donné pour les Religieux de nôtre-Dame de la Mercy en la ville de Hauterive du dix-neuviéme Mars mil cinq cens ſeptante-trois, contre le Syndic de ladite Ville.

ARR. IV.

Le Syndic de Toulouſe voulant faire payer les tailles & contributions aux Dames Religieuſes de ſainte Claire, la Cour par Arreſt du onziéme Mars mil cinq cens ſeptante-deux les declara immunes & exemptes.

ARR. V.

Pierre de Rabaudy bientenant de Villariés fut condamné par Arreſt de la Cour du neuviéme Decembre mil cinq cens nonante, payer la ſomme de quatre livres en laquelle il avoit été cottiſé par les Conſuls dudit Lieu, tant pour les fortifications & reparations, que pour pourvoir les Habitans d'armes, mais la Cour caſſa la cottiſation pour la contribution des armes, & l'execution pour ce regard faite ſur ſon bien, n'étans les Habitans de Toulouſe tenus bailler armes à leurs dépens aux Habitans des Lieux où ils ont du bien.

Caſſa la cotiſation] Parce que Rabaudy étoit Viguier de Toulouſe, ſuivant le dernier titre de ce livre, où le même Arreſt rapporté, avec la raiſon pour laquelle on ne caſſa pas la cottiſation pour la contribution des fortifications & des reparations ; à l'égard deſquelles il eſt certain que les habitans forains ne peuvent avoir aucun avantage ſur les Manans. *Vid.* Ranchin *in qu.* 7. & 87. & 372. *Guid. Pap.* de même que Ferrerius *in d. qu.* 7. Philippi *en ſes Arrêts. art.* 34. & Cambolas *liv.* 4. *chap.* 33.

ARR. VI.

Monſieur Fourez Conſeiller en la Cour fut auſſi condamné par Arreſt du vingt-neuviéme Octobre mil cinq cens nonante-trois à la contribution faite par les Consuls de Lodeve, en ce qui concernoit la garde de ladite Ville, reparation des murailles & fossés d'icelle. Mais non pas pour les gages des Maîtres d'Ecoles, Medecins, Horlogeurs, gardiens des portes du faux bourg pour les pestiferez des environs, & autres servans aux habitans.

Servans aux habitans.] Il n'est pas juste que les forains contribuent aux impositions qui ne regardent pas leur utilité, mais seulement celle des habitans du lieu ; comme sont les contributions designées, tant au present iarticle, qu'en l'Arrêt inseré sous *l'art. 2. du tit. 1. du liv. 4.* Voyez les autoritez alleguées en la note sur l'article precedent.

Arr. VII.

Les Consuls ne peuvent rien cottiser pour leur dépense de bouche, qu'il ne leur soit permis par le Roy, ou la Cour : jugé par Arrest du sixiéme Mars mil cinq cens huitante-sept, au rapport de Jonquieres Lieutenant du Viguier de Toulouse, prétendant être exempt des tailles, pour raison de son état, fut condamné le vingt-quatriéme Septembre mil cinq cens vingt-sept par Sentence du Senéchal de Toulouse à payer sa part.

Arr. VIII.

Aussi par Arrest prononcé le vingt-cinquiéme Mars mil cinq cens cinquante-quatre, il est prohibé aux Communautez de cottiser autres, que les compris au Syndicat.

Testament.

TITRE LXXVII.

Arr. I.

PAr Arrest general du huitiéme May mil cinq cens septante-trois, de Toulouse, un testament fait par un Prêtre fils, en faveur de sa mere, à laquelle il avoit substitué ses freres avec quatre témoins, & le Notaire, la clause codicillaire étant au grossoyé qu'il en avoit depêché, bien qu'elle ne fût à la cede & minute qu'il en avoit reçües, mais étendüe par la clause *& cætera*, qui étoit nommément mise, auroit été jugé bon & valable.

Par la clause, & cætera.] La faveur du testament le fit substituer ; car quoi que suivant

Alciat _in l. 1. §. Si quis ita ff. de verb. oblig._ un Notaire soit toûjours censé avoir été chargé de coucher les clauses qu'il a accoûtumé d'apposer, ou qu'autrement on a accoûtumé d'apposer aux actes semblables à celui qu'il passe ; jusques là même que selon le sentiment des Docteurs _ad L. generaliter ultim. §. idemque C. de fidejuss._ le Notaire les y doit inserer d'Office, quand il n'en a été rien dit par les Parties : il en doit néanmoins être autrement à l'égard des clauses , _quæ dispositionem , vel novum effectum , qui alias bon. veniret , inducunt_ ; de la nature desquelles est sans contredit la clause codicillaire ; témoin l'Arrêt rapporté par l'Auteur _au liv. 4. tit. 5. art. 2._ Au reste, la distinction que je viens de faire est établie sur la doctrine de Balde _ad l. cum de consuetudine. ff. de legib._ aussi bien que Barthole _in l. Si prius. §. rectè placuit. ff. de Aqu. & Aqu. pluv. arcend._

Bon & valable.] Quoi qu'il n'y eût que quatre témoins , & que le testament qui n'est pas attesté de cinq témoins ne puisse pas être confirmé par la clause codicillaire ; mais il faut remarquer que suivant la Loi _Domitius. ff. qui testam. fac. poss._ le Notaire recevant servoit de cinquiéme témoin ; à quoi j'ajoûte que supposant le nombre de cinq témoins , & s'agissant d'un testament fait en faveur des successeurs _ab intestat_ du testateur , il étoit inutile de raisonner sur la clause codicillaire , parce que le reste suffisoit pour que le testament fût valable , suivant la disposition de la Loi _Hac consultissima. §. Si quis. C. de testam._ qui veut que _quinque testium depositiones sufficiant , si testator coscribere instituit , qui ab intestato ad ejus hæreditatem vocantur._

ARR. II.

Le testament d'une fille moindre de vingt-cinq ans , mariée son pere vivant , ayant institué son mari heritier , n'ayant point d'enfans fut cassé , comme étant sous puissance paternelle , & declaré nul ; & ledit pere , comme plus proche , appellé _ab intestat_ és biens & droits de sadite fille , sauf à sondit mari les hypoteques & avantages qu'il pouvoit avoir sur iceux , à poursuivre ainsi qu'il appartiendroit , au rapport de feu M. Beral , sieur de Paulhac. Ledit Arrêt allegué sans date par M. Maynard notre Collegue au liv. 8. chap. 60. contraire à deux Arrêts de Paris , qu'il allegue & cotte ; & la raison de la difference desdits Arrêts pût être prise de ce que le Parlement de Toulouse est au païs de Droit écrit , jugé suivant icelui , & le Parlement de Paris est en païs Coûtumier.

Fut cassé.] _V. le titre_ 44. Maynard _liv. 5. chap. 2. liv. 8. chap. 60. & liv. 9. chap. 9._

ARR. III.

Les clauses derogatoires apposées aux testamens des autres testamens , qui pourroient être faits par après , ne s'étendent point aux contrats , ni donations entre vifs après faites , & dûement insinuées , lesquelles prévalent ausdits testamens contenans telles clauses dérogatoires ; comme il fut jugé par Arrêt à Toulouse le sixiéme Mars mil six cens huit , entre les Religieux de saint Dominique , d'une part , & Subsol d'autre.

Aux contrats ni donations.] Cambolas *liv. 6. chap.* 35. *& liv.* 5. *chap.* 4. Ferrerius *ad quæst.* 127. *Guid. Pap.*

ARR. IV.

Le privilege donné aux Avocats fils de famille de pouvoir tester valablement des biens par eux acquis , & du gain fait de l'exercice de leur charge, postulation & consultation , comme étant un pecule quasi militaire , ou quasi castrense , *in l. ult. C. de ineffic. test. l. fori. C. de advoc. divers. judic. Accurs. in l. cum oportet C. de bonis quæ liber.* ne s'étend aux Notaires , Greffiers , ni Chirurgiens : par les Arrests de Toulouse cottés par M. Duranti premier President , au 1. liv. de ses Questions Notables Chap. 44. qu'on dit être sur la presse.

Aux Notaires ni Chirurgiens.] Ferrerius le dit ainsi *in quæst.* 150. *Guid. Pap.* & le sentiment contraire de Maynard *liv.* 5. *chap.* 1. n'est pas suivi.

Greffiers.] Il faut excepter les Greffiers des Cours souveraines. *Ferrer. in quæst.* 190. *Guid. Pap.*

ARR. V.

Bartolus in l. si quis in principio de legat. 3. tient qu'il faut exprimer au second testament la clause derogatoire du premier. *Salycetus in l. Sancimus. C. de testam.* tient , que s'il y a juste ignorance ou oubli des derogatoires , que le testateur y peut deroger generalement suivant ladite loy : Mais si le testateur est homme de sçavoir , & n'a occasion d'avoir oublié ou par le laps de temps , ou par maladie , il faut speciale derogation , *l. divi. §. licet. D. de jure codicill.* Et ainsi a été jugé par Arrest general de Toulouse à la fête de l'Assomption mil cinq cens nonante-cinq , qu'il suffit qu'il soit faite expresse mention au second testament du premier , du jour , du Notaire & de l'heritier. M. le Comte Rapporteur.

S'il y a juste ignorance] Cambolas *liv.* 5. *chap.* 4.

Expresse mention.] Cela est conforme au 2. Arrêt de Lestang ; à la doctrine de Philippi *resp.* 24. & de Duranti *deci.* 92. *num.* 26. où l'on voit les diverses distinctions & limitations qu'on fait ordinairement sur ce sujet ; que l'on trouve encore dans Ferrerius *in qu.* 127. *Guid. Pap.* Gregor. Tholosanus *in Syntagm. jur. lib.* 44. *cap.* 1. *num.* 11. 12. *& 13.* & dans Julius Clarus *§. Testamentum qu.* 99. à *num.* 1. ad *num.* 8.

ARR. VI.

Quand un pere fait deux testamens ; le premier en faveur de ses enfans ; & le second & dernier au profit d'un étranger , le premier n'est revoqué par le dernier , si la renonciation n'est expresse.

à caufe de la faveur de fes enfans , fuivant la décifion de Boyer 242. Il y en a une conforme dans Julius Clarus. Ferrieres plaidant fur un fait femblable , allegua la Loy *Paulo-Calli-Macho , in princip. de leg.* 3. & la Loy *Alumnæ , de adim. legat.* Et par ces raifons foûtenoit pour Efglentine Roguel , contre Amien Fabre , que pour un codicille la fubftitution mife au teftament de Jean Pech , n'avoit point été revoquée par la claufe generale, qui portoit , qu'il vouloit que Marie fa fille peut difpofer de tout ce qu'il lui donnoit par telle claufe. Puymiffon plaidant pour ledit Fabre , difoit au contraire , que ladite fubftitution avoit été revoquée concernant une maifon donnée par ledit Pech à fes enfans , lefquels il avoit fubftituez. Mais il étoit répondu , que ladite renonciation n'étoit point expreffe , ainfi qu'il eut été requis : & par Arreft du vingtiéme Novembre mil fix cens , ledit Fabre fut demis de la requête Civile qu'il avoit fondée fur led. Codicille : *& nota* , qu'il étoit accordé , *Codicillis fubftitutionem revocari poffe ; quamvis directo hæreditas codicillis neque detur , neque adimatur.*

N'eſt revoqué par le dernier.] Les difpofitions en faveur des étrangers font eftimées captatoires. *L. Captatorias. ff. de hæredib. inſtit.* auffi n'eft il pas cenfé qu'on ôte fon bien à fes enfans , pour le donner à un étranger , ce feroit faire injure à la nature , parce que la fucceffion des peres eft naturellement acquife aux enfans , *& hoc eſt parentum commune votum* ; on dit auffi que les teftamens en faveur des étrangers , au préjudice des legitimes fucceffeurs , *non funt phyſica reſtamenta* , au contraire *tanquam à demente facta reprobantur L. Titia. ff. de inoffic. teſtam.* & tels teftamens ont toûjours été annullez par les Cours fouveraines de ce Royaume , fuivant Mornac *ad L.* 1. *C. de inoffic. donatio.* Au refte , ce n'eft pas feulement par Boërius , cité par l'Auteur , que la doctrine qu'il allegue fe trouve appuyée , elle l'eft encore par Gregorius Tholofanus *in ſynragm. jur. lib.* 44. *cap.* 1. *num.* 10. par Barri *lib.* 10. *tit.* 1. *num.* 6. par Benedictus *in cap. Raynu ius verb. teſtamentum* 2. *num.* 9. par Ludovicus Romanus, *conſil.* 179. *num.* 21. & par plufieurs autres.

Codicillis fubſtitut. revocari] Le titre 61. art. 9.

Tuteurs.

TITRE LXXVIII.

ARR. I.

ELecteurs & nominateurs d'un Tuteur fuffifant , & en apparence capable au temps de la nomination; devenu infolvable depuis icelle , ne font tenus fubfidiairement , ni autrement à aucune preftation de reliqua , ni autre chofe pour ledit tuteur , envers

vers ſes pupilles. Comme il fut jugé en l'inſtance de Jeanne d'Apoſtoli, contre Mercier & autres, au mois de Juin mil cinq cens huitante - cinq.

Ne ſont tenus ſubſidiairement] Cambolas *liv.* 5. *ch.* 29. Maynard *liv.* 6. *chap.* 56. Papon *liv.* 15. *ti.* 5. *art.* 21. Automne tant ſur la Loi *Cum oſtendimus.* §. *fidejuſſoris ff. de fidejuſſ. & nominator.* que ſur la Loi premiere §. *Si Magiſtratus. ff. de magiſtratib. conveniend.* & par Arrêt du Parlement de Grenoble ceux qui avoient nommé le ſieur de Cadoule furent relaxez, pour avoir été ſes biens emportez par un fideicommis. Dans le pays Coûtumier les nominateurs d'un tuteur, qui ont agi de bonnefoi, ne répondent jamais de ſon inſolvabilité, fût-il inſolvable lors de ſa nomination, parce que n'ayans été appellez que pour donner leur avis, *conſilii non fraudulenti nulla eſt obligatio. L.* 47. *ff. de regul. jur.*

A R R. I I.

Leſdits Tuteurs ne ſont recevables à demander ſalaires de leurs peines & vacations expoſées pour les affaires & procez de leurs pupilles, principalement s'ils y avoient vacqué, ou pouvoient vacquer, ſans bouger de leurs maiſon, Ville ou Lieu où ils étoient; comme il a été jugé contre Mercier, & autres Tuteurs de Jeanne d'Apoſtoli, par Arreſt du mois de Juin mil cinq cens huitante-cinq : Et par autre Arreſt donné à la Tournelle de l'an mil cinq cens nonante-deux, entre Miget curateur, & la Coſte Tuteur. Mais s'il faloit voyager, ou aller loin de la maiſon, ou ſi les procez étoient en tel nombre ou de telle importance qu'il y convint employer un Solliciteur, auſdits cas il ſeroit raiſonnable que les fraix moderez fuſſent alloüez au Tuteur. Comme fut jugé pour Antenac Tuteur, contre le Curateur de ſon jadis pupille, au mois de Juillet mil cinq cens ſeptante-huit.

Peines & vacations.] La premiere, & l'une des principales deſquelles, doit être de faire faire ſans perte de temps l'inventaire des biens du pupille, & cela fait, proceder inceſſamment à la vente des choſes periſſables d'autorité de Juſtice, pour le prix être mis en rente ou heritage au profit du pupille, conformément à l'article 103. de l'Ordonnance d'Orleans; autrement il eſt reſponſable de la perte deſdites choſes mobiliaires, & du revenu que le prix en auroit porté, ſuivant l'Arrêt donné en la premiere Chambre des Enquêtes le 4. Juillet 1672. au rapport de Mr. de Lafont, confirmé par autre Arrêt du 27. Janvier 1674. C'étoit en la cauſe des enfans de Calſret, contre B un & autres leurs tuteurs. Pour ce qui regarde les biens immeubles, lors qu'un tuteur a fait ſes diligences pour les affermer, ayant fait faire les proclamations en tel cas requiſes, il ne peut être chargé que ſur le pied des fruits qu'il a perçû annuellement.

S'il faloit voyager.] On tient en compte au tuteur les voyages qu'il a falu qu'il ait faits pour ſon pupille. *L.* 1. §. *item ſumptus. ff. de tutel. & ratio diſtrah.* mais quand il va en un lieu où il avoit autant à faire en ſon propre, que pour les affaires du pupille, il ne peut pretendre ſon rembourſement des frais par lui expoſez qu'à proportion, comme celui *qui ſumptus neceſſarios probabiles in communi lite fecit,* au cas de la Loy *Liberto.*

V u u

§. *uno defendente ff. de negot. gest.* Il y a même des Docteurs qui ont crû que le tuteur ne pouvoir audit cas esperer aucun remboursement, par la raison de la Loi *Ex parte ff. famil. ercisc.* qui pourtant ne peut être entendue qu'au cas où l'un des coheritiers ayans playdé contre le fisc pour son interêt personnel & pour sa justification particuliere, ne peut pas, lors du partage de l'heredité, repeter les frais qu'il a faits pour sa justification : c'est dans ce sens que du Moulin explique cette Loi 4. *Lect. Dolan.* au sujet de laquelle on peut encore voir *Garsias de expens. & melioratio. cap. 7. num 22. & cap. 19. num. 6. cum seqq.*

Employer un Solliciteur.] On le peut même employer *quotiescumque dignitas, aut ætas, aut valetudo tutoris id postulat. l. Decreto.* 24. *ff. de admin. tutor.* il est vrai que le tuteur qui subroge à sa place un agent ou un solliciteur, est garant de sa conduite. *d. leg.* en ces mots. *constitui periculo tutoris solet.* Au reste, le mot de *dignitas*, employé en cette Loi, doit supposer des emplois dans l'administration tutelaire, où une personne constituée en dignité ne peut pas honétement descendre ; car cette consideration cessant, & pouvant le tuteur vaquer seul à l'administration, il ne seroit pas juste qu'il constituât en frais son pupille, comme il feroit audit cas en prenant un homme d'affaires sans necessité aux fraix de son pupille. *Vid. Escobar de ratiocin. Administr. cap. 27. num. 35.*

Villes.

TITRE LXXX.

ARR. I.

TOus les bientenans en un lieu, encores qu'ils ne soient domiciliez en icelui, ains demeurent ailleurs, sont tenus contribuer à la reparation des murailles, portes & fossez, & fortifications dudit lieu ; comme fut jugé par Arrest, le dixiéme Decembre mil cinq cens nonante, au profit du Sindic du lieu de Villaries, contre Pierre de Rabaudy Viguier de Toulouse.

Comme aussi à la reparation des chemins, ponts, & passages ; voire mêmes les Ecclesiastiques en autres choses exempts sont tenus y contribuer ; ayant été par Arrest du vingt-quatriéme Fevrier mil cinq cens septante, l'Archevêque de Toulouse & l'Abbé de saint Sernin de ladite Ville, condamnés à contribuer à la reparation du Pont saint Cyprien de ladite Ville.

Bientenans.] Le tit. 73. verb. privilege. art. 1. & 2. & le tit. 76. verb. Tailles art. 5. & &c.
Même les Ecclesiastiques Le tit. 73. art. 1. & 2. & le tit. 76. art. 1.

DES DROITS
SEIGNEURIAUX,
ET
MATIERES FEODALES.

Des infeodations & autres matieres pour mêmes droits.

CHAPITRE I.

ART. I.

COMME par le Droit toutes choses de leur nature sont estimées franches & libres, *& omnia prædia censentur libera, nisi probetur servitus, l. Altius cod. de servitut. & aqua.* & particulierement au païs de Languedoc, par le privilege appellé franc, alod ou aleud, tous les biens sont censez allodiaux, francs, libres & immunes d'aucunes redevances, censives ou droits Seigneuriaux, s'il n'appert du contraire par bons & valables titres, lesquels les Seigneurs sont tenus montrer & exhiber à leurs Emphiteotes, à cause de ce, & non au contraire les Tenanciers leurs titres & affranchissemens ; de laquelle exhibition relaxâmes le sieur de Margastaud, envers le sieur Baron de la Mothe, des terres par lui possedées dans ladite Baronie, le vingtiéme Février mil cinq cens quatre vingts cinq, autrement en est-il des titres d'acquisition, comme sera dit cy-aprés.

Vuu ij

Au païs de Languedoc.] Quoique l'on dife ordinairement qu'il n'y a nulle Terre fans Seigneur , & quoiqu'à la verité la qualité de Seigneur Jufticier & de Seigneur directe d'une partie du terroir , foit de quelque confide ation , & qu'en certains cas elle puiffe fervir de quelque prefomption : toutefois cela ceffe à l'égard de la Province de Langue-doc , où le Franc-Alleu a lieu ; non pas comme plufieurs fe font imaginez , pour y avoir été obfe vé de tout temps , par la raifon de la Loy *In Lufitania* §. 1. ff. *de cenfib.* d'où l'on a tiré cette doctrine ; car elle ne parle que de *Lu d menfis Gallis , & Viennenfibus in N rbonenfis* , mais à caufe que le privilege du Languedoc a été de vivre fous la Loy du Franc Alleu , en tant que cette Province eft païs de Droit écrit , & que fuivant la dif-pofition du Droit toutes chofes font prefumées libres , fi on ne prouve le contraire , *L. per a num. C. de fervitut.* ainfi quand on dit que même dans le païs de Franc-Alleu chaque terre doit relever de quelque Seigneur , cela n'eft vrai que par rapport à la Juftice , & nullement quant à la Seigneurie Directe , à moins d'un titre. *Molin. in Conf Pa i. tit. des Fiefs* §. 68. g. 2. verb. *Franc-Alleu. num.* 11. *& feq.* Ce qui fait encore voir que les attributs de la Juftice font differens de ceux des Fiefs ; mais bien que le Franc-Alleu ait lieu dans cette Province , cela n'eft pourtant pas vrai lorfqu'un terroir a été baillé par Fief limité. *Cambol. liv.* 4. chap. 45. *Maynard liv.* 4. chap. 3e. Dans la Province de Guienne la maxime alleguée , *nulle terre fans Seigneur* , s'y entend au pié de la lettre : car toutes les terres fans aucun titre de directe , font fujettes au Seigneur Jufticier , lequel eft en droit de fe faire reconnoitre à tous les tenanciers qui font dans l'étenduë de fa Jurifdiction, pourvû qu'ils ne relevent pas d'un tiers. Ainfi par Arreft donné au rapport de Mr. de Boutaric , en la feconde Chambre des Enquétes le dixième Juillet 1664. le nommé Thorane de Caudecofte , fut condamné de paffer reconnoiffance , & de payer les droits Seigneuriaux au Syndic des Religieux d'Alairac , dans le Diocefe de Condom , pour les biens par lui jouis dans la Jurifdiction d'Alairac , dont ces Religieux font Seigneurs jufticiables.

Sont tenus mo ter.] Ainfi en Languedoc on ne fuit pas la coûtume des autres Pro-vinces , où celui qui prétend que fes b ens font tenus en Franc-Alleu , eft dans l'obliga-tion d'en faire foy ; à tout le moins par des anciens contrats énonciatifs ; c'eft-à-dire fai-fant mention que ces biens étoient tenus en Franc-Alleu , pourvû que ces contrats foient accompagnez d'une poffeffion immemoriale ; car une telle poffeffion , jointe à une telle énonciation , fupplée au défaut du titre primitif , qu'il faut prefumer être égaré ; ce qui s'obferve ainfi dans ces Provinces , même contre un Seigneur qui feroit fondé en terroir limité.

Des titres d'acquifition.] Il faut encore excepter le fifc lorfqu'il s'agit d'une caufe pe-cuniaire & non capitale , fuivant la diftinction que fait le Jurifconfulte en la Loi *Ex qui-bufdam caufis. ff. de jur. fifc.* laquelle fert de limitation à la Loy *Senatus. ff. de edend.* toute perfonne même , à qui l'on fait demande de quelque chofe établie fur un livre de raifon , peut requerir que le livre lui foit exhibé , parce qu'il en peut tirer fa décharge, *arg. l.* 5. *& l. ult. C. de edend.* c'eft l'ufage de ce Parlement.

A r t. I I.

Or les titres fuffifans font les feul bail ou infeodation , ou en défaut de bail , deux reconnoiffances en bonne & dûë forme ; ou une reconnoiffance faifant mention d'une autre precedente , bien cottée d'an & jour , des perfonnes reconnoiffantes , & du Notaire qui l'a retenuë , laquelle a effet de deux reconnoiffances : ou bien une reconnoiffance fuivie & accompagnée des adminicules : fça-voir du nombre des rôlles de liéve , ou des acqu is & payemens des droits demandez , des comptes rendus par les Procureurs des Seigneurs, de la lieve & exation defdits droits, des declarations ou confeffions des emphyteotes, és achepts, ventes, divifions, & partages ou affermes, les terres être de la directe du Seigneur, & des droits demandés & autres femblables, ou aucun d'iceux, *Benedict. In cap. Raynut. in verb. & uxorem Decif. 5. num. 444. & 450. & Guid. Pap. Decif.*

Bonne & dûë forme.] *V. Ferrer. in qu. 272. Guid. Pap.*

Ou une reconnoiffance.] Une feule reconnoiffance fuffit pour les cas exprimez en l'art. 7. de ce tirre. Elle fuffifoit même fuivant l'ancienne Jurifprudence pour le Seigneur Jufticier ; c'eft la doctrine de Ranchin *in quæft. 272. Guid. Pap.* Aujourd'hui cela ne fuffit pas, car il faut que le Seigneur Jufticier ait quelque adminicule, outre la reconnoiffance. *Cambolis liv. 5. chap. 14.* mais quoi qu'en foit des titres la caufe du Seigneur Jufticier foit plus favorable que celle du Seigneur Directe, à caufe de la prefomption qu'on peut induire de la Juftice, toutefois il eft certain cas auquel une fimple reconnoiffance fuffit pour établir le droit du Seigneur Directe ; comme lors que la reconnoiffance fe trouve faite par l'emphyteote, qui étoit en inftance, ou par fon pere ou par fon ayeul, ou par celui duquel il tenoit immediatement le fief. *V. l'art. 6. de ce tire.*

Payement des droits demandez.] L'Arreft du Parlement remarqué par *Ferrer. in qu. 582. Guid. Pap.* fuivant lequel les Seigneurs de Savignac firent condamner les habitans du lieu de Gouts à leur payer les droits Seigneuriaux, *ex folis præftationibus*, prefuppofe vrai-femblablement qu'il n'étoit queftion que du *mort cens.*

De la lieve.] C'eft precifément le cas de l'Arreft donné en la feconde des Enqueftes le 23. Juin 1620. en faveur du fieur de Briffac, & au rapport de Mr. Chauvet contre les habitans dudit lieu ; car il ne rapporteroit qu'une reconnoiffance & quelques lieves. Au refte, ce qu'on appelle *Lieve* en Languedoc, parce que c'eft un Eftat des Emphyteotes, fur lequel on leve & on exige d'eux les droits Seigneuriaux, & c'eft ce qu'on appelle en France *Terrier de recette.*

ART. III.

Sauf quand un Seigneur a par fes inftrumens de bail, infeodation ou reconnoiffances baillé un terroir uni & limité de chemins, ruiffeaux, montagnes, ou autres bornes, & limites. Auquel cas il n'eft pas tenu de montrer fes titres au tenancier ; ains feulement lui montrer par la terre, de laquelle les droits font demandez, eft enclofe dans fon terroir, & dans les limites & confrontations d'icelui. Et en ce cas le tenancier eft tenu de reconnoître, & payer les droits Seigneuriaux, comme les autres circonvoifins, & à proportion de ce qu'il y poffede ; fi ce n'eft que le tenancier faffe aparoir de la liberté, & affranchiffement de la terre, comme il eft tenu faire en ce cas : Et en ces termes doit être entendu l'Arreft fi fouvent allegué de Monfrin, du Parlement de Touloufe, condamnant à payer comme les circonvoifins, du neuviéme Juin mil cinq cens vingt fix, & du fieur de Teride, de l'onziéme Mars mil cinq cens cinquante deux.

V u u iij

Un terroir uni & limité.] ℣. *Cambolas liv.* 4. *chap.* 45. *& Maynard liv.* 4. *chap.* 35.

Apparoir de la liberté.] Ou qu'on faſſe apparoir que le fonds releve de quelque Seigneur Directe particulier ; car il eſt certain qu'un Seigneur foncier ne peut pas ſe prevaloir de ſa qualité contre les Seigneurs particuliers qui ont des directes dans ſa Terre, le droit deſquels doit toujours être reſervé, ſuivant l'Arreſt de ce Parlement donné en faveur de certains particuliers contre le Duc d'Uzés, lequel prétendant d'être Seigneur foncier du lieu de Belegarde, comme il l'eſt en effet, vouloir exclure de leur droit tous ceux qui avoient des directes dans le terroir dudit lieu, lui ayant la Cour adjugé preſtation de redevance ſur toutes les pieces non reconnuës, ſans prejudice du droit des autres Seigneurs directes. ℣. *Papon en ſon recueil liv.* 13. *tit.* 2. *art.* 3. *& ibi Chenu* Or comme regulierement la directe fonciere exclud la directe particuliere *DD. ad l. pupillus. ff. de verbor. ſignif.* il faut auſſi que le Seigneur particulier qui prétend avoir directe dans un terroir limité, & dans l'étenduë de la terre du Seigneur foncier, faſſe voir, ou que celui qui avoit pris à fief le terroir limité lui en a communiqué une portion, ou que celui qui a baillé ce terroir limité lui en avoit baillé une portion auparavant, ou que les pieces particulieres lui ayent été reconnuës par reconnoiſſances anterieures & ſuivies, ſans avoir été reconnuës au Seigneur foncier & qui a la directe univerſelle du terroir, & ſans que celui-ci puiſſe faire foy que les lods de ces pieces lui ont été payez lorſqu'il y a eu changement de main, quoiqu'il n'y ait point de reconnoiſſances. Ces conſiderations ceſſant, on preſume que la directe, prétenduë par le Seigneur particulier, eſt une uſurpation, ou en tout cas un ſurcens, lequel ne peut point porter prejudice au Seigneur à qui appartient la directe univerſelle du terroir, & qui par une ſuite de cette raiſon eſt toujours en droit de vindiquer ſon emphiteote, qui même ne peut pas ſervir à deux maîtres, & être ſujet en même temps à deux Seigneurs Directes ; *duo enim in ſolidum ejuſdem feudi Domini eſſe non poſſunt,* ſuivant l'uſage des fiefs & des emphiteoſes.

L'Arreſt de Montfrin.] ℣. *Cambol. loc. cit.* touchant le jugement qu'on doit faire de cet Arreſt, qui à la verité ne peut pas être tiré à conſequence, à le prendre au pied de la lettre.

A r t. I V.

Car ſi le terroir n'étoit limité, l'un voiſin ne peut ſervir de Loy, ni de prejugé contre l'autre : parce qu'on void ordinairement les droits Seigneuriaux differens ; & faut que le Seigneur montre particulier titre des droits par lui demandez.

N'étoit limité.] Il ne doit pas être inutile d'obſerver, que les reconnoiſſances conſenties par tous les habitans en corps de Communauté d'un terroir, qu'on appelle à cauſe de cela reconnoiſſances generales, ſont nulles dans l'uſage de ce Parlement, ſi ce terroir n'eſt pas bien limité & bien confronté.

A r t. V.

Fors s'il avoit un titre general, contenant un droit univerſel ; comme par exemple un ſol, ou un boiſſeau de bled pour chaque arpent ; auquel cas il ſuffit que le Seigneur montre, que le défendeur eſt tenancier dans ſon terroir, pour ſe faire payer à proportion de ce qu'il y tient.

ART. VI.

Quand le tenancier a lui même passé reconnoissance , ou quand il est heritier , cessionnaire , legataire , ou donataire , ou autrement ayant droit & cause , *ex causa lucrativa* , de celui qui a reconnu , il suffit au Seigneur de faire aparoir de cette seule reconnoissance , à cause de l'obligation personnelle & hypothecaire en icelle contenuë , laquelle est transmise à ses heritiers , ou autres susdits , l'ayant ainsi souvent jugé ; même en l'an mil cinq cens nonante , pour le sieur de Caulet Conseiller en la Cour.

℣. *Particle 2. de ce titre, verb. ou une reconnoissance. & le chap. 6. de ce traité art. 3.*

ART. VII.

Pour les droits Seigneuriaux de l'Eglise , & du domaine du Roy , Hôpiteaux , Colleges , Couvents , Monasteres , Chevaliers de Malte , & autres Ordres Ecclesiastiques , il suffit une seule reconnoissance en bonne & dûë forme par la decision de Guid. Pap. 272.

Une seule reconnoissance.] Une seule reconnoissance suffit pour établir le droit de l'Eglise , suivant l'Arrest donné au rapport de Monsieur de Jossé le 22. Decembre 1671. en faveur du Sieur Pierre Froment , Prieur de Gaviac , contre sieur Charles de Piolenc , Seigneur du même lieu , quoiqu'il soûtint qu'il étoit Seigneur Haut , Moyen & Bas , Foncier & Directe dudit lieu , & que son terroir étoit limité , mais quoi qu'une reconnoissance suffise pour établir une directe au profit de l'Eglise ; il n'en est pourtant pas de même d'un seul presage , qui n'étant qu'un simple adminicule ne peut pas avoir la force d'une reconnoissance : outre que les Arrests de prejugé ayant accordé par grace à l'Eglise , qu'elle n'a besoin que d'une simple reconnoissance , on ne doit pas faire facilement l'extension des graces & des privileges ; au contraire il importe de les restraindre dans leur cas. Il est vrai que par la raison prise de l'Edit de Melun , & de la Declaration du Roy du mois de Février 1657. enregistrée en ce Parlement le 5. May 1665. en donne la même force à plusieurs adminicules joints ensemble , qu'à une reconnoissance , parce qu'en faveur de l'Eglise il faut suppléer des titres que les Ecclesiastiques ont perdu lors des troubles de Religion. En effet , cette Declaration porte que les rôles des Lieves , les Declarations faites dans les Actes publics , les Enquestes & autres adminicules suffiront pour tenir lieu de titre : C'est pour cela aussi que cette Declaration a été faite , & non pas , comme plusieurs l'entendent , pour empêcher que la prescription ne doive pas avoir lieu contre l'Eglise ; ce qu'il ne faut pourtant pas entendre de la prescription du temps des troubles ; mais de la prescription de Droit , qui est celle qui a couru pendant le temps qu'il n'y avoit point de troubles : le Palement ne le juge pas d'une autre maniere. Quoiqu'il en soit , & pour justifier que plusieurs adminicules joints ensemble établissent la directe de l'Eglise , il doit suffire d'alleguer , outre l'usage , un Arrest donné en la grand'Chambre au rapport de Mr. de Bertier en l'année 1668. au profit des Religieux du Monastere de Saint Severin. Il avoit été precedé d'un autre Arrest interlocutoire , par lequel il avoit été prejugé , qu'un simple adminicule pris d'une énonciation trouvée dans la recherche des droits du Roy au pais de Bearn , & conçuë en ces termes : *Fa lou capsou de sansans* tant de rente, n'étoit pas suffisante pour établir la condamnation de cette rente : de sorte qu'on ordonna que ces Religieux instruiroient plus suffisament leur demande, ce qu'ils firent, & ayant rapporté quelques lieves faisant mention de ce droit, ils gaguerent leur cause.

Art. VIII.

Ce qui a aussi lieu à l'endroit des acquereurs, ou successeurs du temporel de l'Eglise, ou du domaine du Roy, tant parce que *Qui in jus alterius succedit eodem jure uti debet*, que parce que c'est ce double interêt de l'Eglise ; car il faudroit qu'elle indemnisât l'acheteur s'il perdoit la cause, à défaut de deux reconnoissances, & parce que tels biens de l'Eglise, & du Domaine sont perpetuellement rachetables, en rendant le prix, à la conservation desquels l'Eglise & le Roy, ou le Fisc, ont interêt ; le successeur duquel Fisc jouït du même privilege, que le Fisc. *l. Fiscus D. De jure Fisci*, & ainsi le jugeâmes pour del Puech acheteur de l'Eglise de lieux de la Croix, & Falgarde, contre Chopin refusant payer sur une seule reconnoissance.

Qu'elle indemnisât.] *Idem in dote*, Quand la femme en cedant son droit a promis garantie.

Art. IX.

Lors que les reconnoissances sont discordantes sur la quantité des droits & devoirs Seigneuriaux, on a recours à l'instrument de bail & infeodation, & s'il ne s'en trouve, on juge suivant la reconnoissance contenant moins de charge, & moindre quantité de droits Seigneuriaux.

A l'instrument de Bail.] C'est un principe incontestable en matiere de fief, que à *primordio tituli omnis formatur eventus* ; ainsi les reconnoissances erronnées ne peuvent pas changer le titre d'infeodation, qui veille toujours, qui rectifie tout, *& cujus æterna est authoritas* ; c'est ce qui fait dire à Dumoulin *tit. des fiefs.* § 51. gl. 1. *in verb.* demembrer son fief. num. 10. *erronea recognitio cedit veritate prioris investituræ vel concessionis ; quia hujusmodi recognitio seu renovatio non disponit, nec immutat statum rei ; sed probata prima investitura ei statur, & sequentes recognitiones, quatenus contrariæ sunt, tanquam erroneæ rejiciuntur.* La raison en est, suivant ce Docteur, que ces reconnoissances doivent toujours avoir une relation tacite au titre primitif, & ne peuvent valoir qu'entant qu'elles s'y trouvent conformes ; dans laquelle vûe il ajoûte, que *hujusmodi recognitiones non sunt dispositoriæ sed declaratoriæ*, comme n'ayant pas été faites dans un esprit d'induire & de contracter une nouvelle obligation ; mais seulement d'en reconnoitre & d'en declarer une qui est déja faite, & qui subsiste dans le titre primordial. *Non animo faciendæ novæ dispositionis vel obligationis, sed solum animo recognoscendi & declarandi obligationem jam dispositam, & subsistentem per primordium tituli.*

Moins de charges] *Proniores esse debemus ad liberandum quam ad obligandum l. Arrianus ff. de oblig. & actio.* & l'Abbreviateur de Maynard *liv.* 4. *chap.* 47. le fait parler contre son intention, lorsqu'il dit que quand il y a des reconnoissances differentes pour la cottité, on se doit regler par les plus anciennes.

Art.

A R T. X.

Que s'il y a deux Seigneurs contendans un même fief, & produifant chacun des reconnoiffances pour foy, on abjuge le fief à celui qui a les plus anciennes reconnoiffances, & la plus ancienne poffeffion.

* *Les plus anciennes.*] Quand il y a combat de fief on l'adjuge à celui qui eft fondé en titres plus anciens, *cenfus primo conftitutus præcipuus eft. cap. conftitutus. extr. de relig. domib.* excepté quand celui qui a la plus fraîche poffeffion a prefcrit contre le Seigneur qui fait concurrence avec lui, par une poffeffion de trente ans entre laïques, ou de quarante ans contre l'Eglife. *V. le chap. 20. de ce traité art.* 3. Ainfi l'Auteur fe trompe quand il dit au prefent article qu'on adjuge le fief à la plus ancienne poffeffion; car cela eft feulement vrai hors le cas de la prefcription. Au refte, quoique plufieurs ayent crû que lorfque les deux Seigneurs concourans jouïffent, & qu'ils ont toujours joui, il faloit adjuger à chacun d'eux fa cenfive : & quant aux lods l'adjuger à celui qui produifoit de plus anciennes reconnoiffances, fuivant le prejugé de Papon *liv. 13. tit. 2. num. 9.* & le temperament qu'apporte fur cette queftion *Joan Faber in L. cum dubitatur. C. de jur. emphyt.* toutefois comme il eft certain que *duo in folidum ejufdem feudi effe Domini non poffunt* : il eft auffi conftant que l'entiere directe, & tous les profits d'icelle, doivent être adjugez audit cas à celui des deux Seigneurs qui a les plus anciens titres. *arg. d. cap. conftitutus*, à moins qu'il s'agiffe d'un cens nu.

A R T. X I.

Si le Seigneur par feu, larcin, guerre ou autres cas fortuits a perdu fes titres & reconnoiffances, il doit être reçû en preuve fur ladite perte & égarement, & fur le contenu en icelle, & fur les payemens faits par les Emphyteotes, & reciproquement les Emphyteotes leurs affranchiffemens, par autre Arreft de Montfrin du dix-neuviéme Août mil cinq cens trente-deux, ayant audit effet les Chapitres de Montpellier, Mende, Gailhac & autres, obtenu Lettres patentes du Roy, reçûës & regiftrées en ce Parlement de Touloufe; celles de Montpellier le dernier de Juin mil cinq cens huitante-trois, & celles de Mende le huitiéme Août mil cinq cens huitante-fept.

Reçû en preuve.] C'eft fuivant la Loy *Sicut 5. cod. de fid. inftrum.*

A R T. X I I.

Les Confeigneurs avec le Roy en pareage ne peuvent proceder à faire leurs reconnoiffances fans appeller le Procureur du Roy du lieu, s'il y en a, ou du Siege plus prochain; Comme fut dit & arrêté le dix-feptiéme Mai mil cinq cens quarante-un, entre

X x x

le Procureur general du Roy , & le Sindic de l'Eglise Collegiale de Castelnaudarry , & par autre Arrest du sixiéme Mai mil
cinq cens soixante-six , entre le même Procureur general , & de
Berat sieur de Pauliac.

En pareage.] Quand un Seigneur est en pareage avec un autre , il peut faire proceder
à ses reconnoissances sans l'appeller ; même suivant l'usage , quand il y a plusieurs Seigneurs directes , leur nombre n'est pas un obstacle à l'un d'eux , pour l'empêcher de faire
sa reconnoissance generale , & de faire proceder encore , s'il le veut ainsi , à l'arpentement
de tout le terroir , afin de pouvoir discerner les fiefs ; ce qui fut prejugé par l'Arrest d'Audience donné en la grand'Chambre le 15. d'Avril 1674. en faveur du sieur de la Gineste ,
ayant été ordonné qu'il pourroit faire proceder aux arpentemens & reconnoissance par lui
requis , quand bon lui sembleroit ; quoique les autres Seigneurs directes dudit lieu s'y
fussent opposez , & qu'ils alleguassent qu'ils ne pouvoient pas encore permettre cet arpentement , à cause que leurs actes n'étoient pas en état ; mais il en est autrement à l'égard
du Roy qui se trouve en pareage ; car outre qu'il peut faire sursoir la fonction des reconnoissances des autres Seigneurs directes , jusques à ce qu'il ait fait faire sa reconnoissance
generale , & qu'il n'est pas même obligé de les avertir , bien que leurs directes , soient
indivises ; d'ailleurs il est constant que le Seigneur directe , divis ou indivis avec le Roy ,
ne peut pas faire sa reconnoissance generale sans appeller le Roy en la personne de ses Procureurs sur les lieux. La raison en est touchée par l'Auteur au chap. 24. de ce traité art. 2.
le Seigneur pareager est pourtant toujours en droit de se faire reconnoître à son tour ; sans
qu'on puisse s'en dispenser au pretexte de la reconnoissance faite au Roy , suivant l'Arrest
donné au rapport de Mr. Jossé en la seconde Chambre des Enquestes le 29. de Janvier 1675.
en faveur du Seigneur de S. Jean de Vives contre Agnes de Lavaur.

Leurs reconnoissances.] Ce qu'il faut entendre des reconnoissances generales.

Procureur du Roy.] Ou Fermiers du Domaine , ou les Commis , suivant la Declaration
du 15. Juillet 1671.

A R T. XIII.

Le Seigneur directe ne peut contraindre l'emphyteote à lui
montrer ses titres d'acquisition pour le payement des lods & ventes, & liquidation de ses droit , que plûtôt il ne soit trouvé bien
fondé par bons & valables titres à demander la directe , & des
pieces seulement desquelles il est declaré Seigneur foncier ; mais
alors il le peut pour sçavoir quels droits de lods & ventes lui appartiennent ; & deliberer s'il veut le bien vendu par droit de prelation , & dequoi il doit donner investiture. Ainsi le jugeâmes le
second Août mil cinq cens nonante , entre Roux Commandeur
d'Hyspalieu , & Guyeysse Notaire , suivant l'Arrest du dix-septiéme Juillet mil cinq cens septente-six , entre Aussognel & Mal-
vauld & autres , contre la Loy *Cogi C. de petit. hæred.* lui donnant
cette limitation,mais cela s'entend des nouveaux tenanciers sujets
au payement desd. lods , & depuis vingt-neuf ans, qu'ils peuvent

être demandez, & non auparavant : Car la cauſe ceſſe ; *& quia talis longæva poſſeſſio vim habet tituli. l. Jam hoc jure. §. ductus aquæ d. de aqu. pluv. arcenda.*

A R T. XIV.

La reconnoiſſance peut être faite par Procureur exprès fondé. Ainſi jugé contre le Seigneur ou Dame de Tournefueille, qui vouloit contraindre un Emphyteote à le venir reconnoître en perſonne : par Arreſt du douziéme Août mil cinq cens nonante-un en Audience.

Par Procureur.] Il en eſt autrement à l'égard de l'hommage, parce que c'eſt un acte purement perſonnel, & qu'on ne peut ſe diſpenſer de faire en perſonne qu'au cas de l'article 67. de la Coûtume de Paris, & en ceux qui ſont rapportez tant par *Loüet lit. F, num.* 8. que par *Buridan ſur l'art.* 217 de la Coûtume de *Vermandois.* Comme la reconnoiſſance tient plus du réel que du perſonnel, dans cette vûë auſſi elle ſe peut faire par Procureur.

A R T. XV.

Si l'Emphyteote n'oſe ou ne peut aller voir les livres terriers ou de reconnoiſſances dans la maiſon du Seigneur pour crainte, haine ou inimitié à cauſe du procez ou autrement, & non en pur mépris du Seigneur, avons aſſez ſouvent ordonné, que le Seigneur remettra ſes titres és mains ou du Commiſſaire, ou du Greffe de la Cour, ou d'un Notaire prochain hors de la Terre, en un lieu de libre accès, pour y demeurer trois jours, pendant leſquels pourront être vûs par l'Emphyteote, & extrait pris s'il veut. Entr'autres pour un Emphyteote d'Auſſonne le dix-huiéme Mai mil ſix cens, & Arreſt du neuviéme Novembre zudit an.

A R T. XVI.

Les reconnoiſſances fort anciennes de ſoixante, quatre-vingts, ou cent ans, ou plus encore, bien qu'elles ne ſoient ſignées par le Notaire qui les a retenuës ; pourveu que d'ailleurs ſoient enre-giſtrées à ſuite, ou parmi des autres écritures de même main, & lettre uniforme fort ancienne ; ou bien que le regiſtre ſoit ſigné au commencement ou à la fin par le Notaire, ſont valables. Parce que, avant l'Ordonnance du Roy, enjoignant aux Notaires ſigner toutes cedes, ils n'avoient la plûpart accoûtumé de ſigner : Et d'autant plus font valables, quand elles font confirmées par autres reconnoiſſances, rôlles de lieves, payemens & autres adminicules.

Soient ſignées.] Les reconnoiſſances enregiſtrées depuis la publication de l'Ordonnance d'Orleans, qui eſt de l'année 1560. ne paſſent dans le reſſort de ce Parlement que pour des ſimples adminicules, & non pas pour des cedes originelles, lorſqu'elles ne ſont pas ſignées ou par les parties ou par les témoins, ſuivant le deſir de ladite Ordonnance, en l'article 84. ou par le Notaire recevant. ℣. *Ferrer. in quæſt.* 272. *Guid. P. p.*

Avant l'Ordonnance du Roy.] C'eſt l'Ordonnance de François I. de l'an 1535. chap. 9. art. 8.

Autres adminicules.] ℣. *Ranchin in d. quæſt. Guid. Pap.* 272.

A r t. XVII.

Par la reconnoiſſance n'eſt point cenſé être faite extinction ni quittance des arrerages, s'il n'eſt expreſſement porté par icelle, & n'exclud le Seigneur de la demande deſdits arrerages.

S'il n'eſt expreſſement.] ℣. *le chap.* 6. *de ce traité art.* 14. Il y a auſſi un autre cas auquel la reconnoiſſance induit quittance des arrerages, ſçavoir lorſque c'eſt la coûtume; *id enim videtur actum quod eſt conſuetum.* ℣. *Cod. Fabr. lib.* 4. *tit.* 43. *def.* 14.

A r t. XVIII.

Le Seigneur peut demander reconnoiſſance tant au Locataire de vingt-neuf en vingt-neuf ans, *& ſic in perpetuum*, comme tenancier & poſſeſſeur de la piece, que au Locateur & Maître qui l'a baillée en afferme : Parce *Domini intereſt plures habere reos debendi*, & d'avoir pluſieurs obligez. Ainſi le jugeâmes pour le Sindic de ſaint Martial Seigneur de Fenoüillet, contre Salveroque, qui avoit baillé un jardin à tel loüage qu'on appelle locatairie perpetuelle.

Qu'au locateur.] Ce qu'il faut entendre au choix du Seigneur directe, qui peut faire reconnoître à l'un ou à l'autre, & le locateur ne peut pas ſe diſpenſer de la reconnoiſſance, quoiqu'il ne puiſſe devoir que les arrerages du temps de ſa joüiſſance, & quoiqu'il ſemble que le Seigneur dût agir contre le Locataire, entant que tenancier.

A r t. XIX.

Lequel loüage perpetuel le Seigneur ne peut empêcher en vertu de la clauſe appoſée en toutes reconnoiſſances, prohibitive aux Emphyteotes de mettre cens ſur cens; parce que ce n'eſt ſur cens, ains pris du loüage, lequel ne diminuë la rente du Seigneur, ni le droit de lods, parce que le Seigneur a double lods, l'un quand le fonds ſe vend; & l'autre, lors que la rente retenuë ſe vend, comme le dirons cy-aprés au Chapitre de lods. Ce que n'a lieu és directes du Roy, eſquelles par Arreſt à Touloufe du vingtdeuziéme Avril mil cinq cens cinquante-fix, tels baux à loüage perpetuel font prohibés ; entre le Procureur general , Malines & autres : & encores pour les autres Seigneurs : il y a des Arrefts prohibitifs en leurs Directes de faire telles locations perpetuelles , l'un au rapport de Monfieur Daffis mon predeceffeur , & depuis premier Prefident à Bourdeaux en Juillet mil cinq cens feptente-huit , & un autre entre Fullieres & fainte Foy en Juin mil cinq cens feptante-fept.

Pour les autres Seigneurs.] Cela eft vrai lors qu'il y a convention expreffe entre le Seigneur & l'Emphiteote, que celui-cy ne pourra bailler à penfion , établir fous cens , fervitude , ni locatairie , parce que comme en ce cas le Seigneur *legem rei fuæ dixit in ejus traditione* , il faut fuivre cette Loi ; mais cette convention ceffant , il eft certain , fuivant l'ufage de ce Royaume , que l'emphyteote peut bailler à locatairie perpetuelle fans qu'il ait befoin du confentement du Seigneur. Cambolas *liv.* I. *chap.* 42. en rapporte des préjugez : Il eft même certain que le Vaffal peut fe jouer de fon fief jufqu'à demifion de de fci exclufivement, du moins en France, & le Seigneur dominant ne peut pas empêcher fon vaffal de bailler en emphyteofe le bien noble dont il lui fait hommage. Pour ne pas douter de cette verité , il n'y a qu'à faire cette reflexion , que toutes les directes , & tous les arriere-fiefs qui font en France , font de cette nature ; car originairement & *ab ovo* elles ont été de pleins fiefs , donnez à ceux que les vieux actes défignent par le nom de *milites* , defquels fiefs ils faifoient hommage : u Roi, & que dans la fuite des temps les Gentil'hommes ont baillé en arriere-fief ou en emphyteofe.

A R T.   X X.

Les reconnoiffances doivent être faites aux frais & dépens du Seigneur : parce que c'eft pour l'éclairciffement & liquidation d'iceux , pour fçavoir les tenanciers de chaque piece , quand la rente eft divifée, & la cotité que chacun fait, & pour le payement des lods & ventes. Ainfi fut jugé le dixiéme Decembre mil cinq cens huitante-un , pour le Sindic des habitans de Chafteauneuf, Deftretesfonts , contre le Seigneur. Ce qui n'a lieu , où la coûtume , ou la convention dans les baux & reconnoiffances eft au contraire. Suivant laquelle, par Arreft au rapport du fieur de Bonal , les habitans de Parifol furent condamnés payer & bailler au Seigneur à leurs dépens les inftrumens des reconnoiffances *per notata à Chaffaneo.* tit. des fiefs §. 3. & 4.

A R T.   X X I.

Bien fut démis un Notaire de Bonac , à la requête du Sindic dudit bien, de la demande qu'il faifoit à chaque habitant du droit de deux reconnoiffances ; fçavoir d'une pour la retention, & l'autre pour l'expedition , est dit qu'ils n'en payeroient qu'une par Arrest du vingt-troisiéme Juin mil cinq cens soixante-un.

A ʀ ᴛ. XXII.

Par autre Arrest general du dixiéme Avril mil cinq cens septante-un le Seigneur de Marthes pour avoir surchargé, & fait reconnoître à un sien Emphyteote plus que n'étoit contenu en l'infeodation, fut privé de son fief durant sa vie , & les reconnoissances cassées , condamnant l'Emphyteote à reconnoître les hoirs du Seigneur suivant l'infeodation, bien que ce fut le pere de l'emphyteote qui avoit fait les reconnoissances, & tant lui que son fils toûjours payé suivant icelles ; étant le même observé és fiefs par le texte exprez , *In cap. unico* , *Quando Dominus proprietate fundi privetur* ; & comme étant par les loix expressement prohibé à tous Seigneurs foncieres de n'exiger de leurs emphyteotes plus grande pension, que ne leur a été constitué , *l. Cum satis §. Caveant de Agric. & censitis lib. xi. C. & generaliter Cautum est nova vectigalia imponi non posse* , *l. locatio. §. quod illicite. D. de public. & vectig.* Mais encore plus rigoureusement fut traité un President de nôtre memoire , lequel pour semblable surcharge ne fut seulement privé de son fief : mais encore degradé en pleine audience , & aprés par le Roy remis en son honneur & état, lequel il exerça long-tems aprés. Il y a un autre Arrest , par lequel le Vicomte de Sere est privé de la jurisdiction , & rentes à lui dûës , par un Pierre de Symeore , pour pareilles surcharges, & severes traitemens, du vingt-cinquiéme Fevrier mil cinq cens trente - huit. Et encore un autre étant l'emphyteote declaré exempt de rien payer de sa vie , entre Bernard d'Estaing du dixiéme Avril mil cinq cens septante-un.

Pour avoir surchargé.] Par la Loy de l'emphyteose il n'est pas permis de mettre une surcharge de cens, & quand le Seigneur directe fait le contraire, il est privé de sa directe durant sa vie ; que si la surcharge est l'ouvrage de ses Auteurs ou Predecesseurs, les reconnoissances qui la portent doivent être cassées & reduites aux titres anciens , quelque longue possession qu'on allegue ; car elle n'acquiert aucun droit contre le titre. *L. improba. C. de acquir. vel omitt. possess.* sans que jamais une nouvelle confession & soumission d'un emphyteote , puisse mettre à couvert les surcharges, eussent-elles subsisté des siecles entiers, parce que les surcharges sont toûjours présumées ou extorquées par force, ou faites par surprise & par erreur , qui sont des exceptions lesquelles durent toujours à l'égard de l'emphyteote & du Seigneur ; outre que le titre veillant pour l'un & pour l'autre, il le faut executer fuivant fa forme & teneur ; c'eft le feul oracle qu'il faut confulter en ces occafions , & la feule Loi qu'il faut fuivre , & comme dit Dumoulin *confil.* 50. *feudi lex & origo fervanda eft tanquam radix.* Mais quoi que par l'acte d'infeodation les fujets d'un Seigneur ne foient obligez qu'à la preftation de quelque cenfive , cela n'empêche pas que le Seigneur ne puife en cas de guerre , ou de quelqu'autre preffante neceffité , les contraindre à faire guet & garde dans fon Château , fuivant l'Arreft rapporté par l'Auteur au *chap.* 27. *de ce traité art.* 3. La raifon de cette exception eft prife , de ce qu'aufdits cas les Sujets en confervant leur Seigneur fe confervent eux-mêmes ; ce qui ne peut pas par confequent être confideré comme une furcharge.

Art. XXIII.

N'ayant été eftimé furcharge , ni augmentation de cenfive une reconnoiffance de fix boiffeaux d'avoine groffe , bien que l'infeodation ne portât fimplement , que fix boiffeaux avoine , par Arreft de l'an mil quatre cens cinq.

D'Avoine groffe.] La raifon en eft , que *Minus in unaquaque re confideratur quantitas, quam qualitas.*

Art. XXIV.

Bien fut caffé un bail en emphyteofe & locatairie perpetuelle de vingt-neuf en vingt neuf ans , faite par une Abbeffe de faint Sernin en l'an mil quatre cens quarante-deux , fans permiffion de l'Abbé de faint Sernin , & fans aucune folemnité ; Jaçoit ladite locatairie perpetuelle eût été faite prefque cent ans paravant l'Arreft de caffation , qui fut donné le dix-neuf Janvier mil cinq cens quarante - huit , à la charge que , ou à l'avenir l'Abbeffe viendroit à relouër , ou infeoder lefdites terres avec les folemnités requifes , les anciens locataires & poffeffeurs feroient preferés à même prix & condition.

Art. XXV.

L'emphyteote pour éviter la condamnation des dépens de l'inftance, étant requis, ou affigné pour payer les droits Seigneuriaux, doit non feulement offrir les payer , en faiffant le Seigneur apparoir de bons & valables titres , & reconnoiffances ; ains auffi veritablement & réellement les configner en main fure. Et à l'inftant avoir veu les titres , s'ils font valables, offrir de payer, & confentir à la creance des droits confignez , fans attendre la condamnation. Et ne suffiroit de bailler depositaire des droits, ni la seule offre, comme nous l'avons souvent jugé.

Art. XXVI.

Toutes reconnoissances contienent ordinairement deux clauses prohibitives aux emphyteotes ; l'une de n'aliener le fonds en main forte ni morte, c'est-à-dire à grands Seigneurs, ni gens plus puissans : parce qu'ils sont de difficile convention, ni à l'Eglise, Ville, ou Cité, Chapitres, Monasteres, Corps, ou Colleges, ou Communautez Ecclesiastiques ; parce qu'ils ne meurent & n'alienent jamais, & ne peuvent confisquer ; A cause de quoi le Seigneur perd les confiscations, & les lods & ventes. L'autre clause est, de ne mettre cens sur cens : parce que la piece se vendant elle en vaut moins, & le Seigneur perd en ses lods, & sont telles surcharges ordinairement cassées. Comme sera plus amplement cy-aprés parlé, en traitant des effets desdites clauses.

Art. XXVII.

Le Seigneur demandant être reconnu ; si c'est au Corps & de Communauté, il eut être creé un Sindic pour faire la reconnoissance, ou pour s'en deffendre : si c'est aux particuliers tenanciers si les droits demandés sont generaux & universels & égaux à tous: comme tant pour chaque maison, chaque feu allumant, chaque homme, chaque arpent de terre, pré, ou vigne ; parce que c'est l'interêt universel & general de tous, ils peuvent aussi créer un Sindic comme dessus ; Mais si les demandes sont particuliers à des porticuliers pour des particuliers terroirs, & pour des droits particuliers & differens les uns des autres, ils ne peuvent créer Sindic, pour generalement s'en defendre ou garantir. Ains comme la demande est particuliere, il faut que particulierement chacun se deffende par presentation, plaidoyé, inventaire, & sac particulier & separé; Bien peuvent avoir un même Procureur; pourveu qu'il n'y ait des garanties entr'eux, & ce afin de ne donner *potentiores adversarios* au Seigneur : & ainsi l'avons souvent jugé, & cassé de tels Sindicats avec dépens & amande, comme contenans des clauses odieuses & animeuses contre leur Seigneur, comme de jurer & promettre de ne faire jamais accord avec lui, & ne le reconnoitre, de le poursuivre par apel & évocations par tous
les

les Parlemens, & autres ressentant à ingratitude & feolonie ou peine de commise.

Different les uns des autres.] Quand les habitans font université & corps, & qu'ils ont mêmes deffenses, ils font obligez de créer un Syndic, mais lors qu'ils ont des deffenses & des exceptions differentes à proposer, comme pour lors, ils font censez particuliers, & non université, ils n'ont pas besoin de Syndic. *V. Automne ad L. si quis separatim ff. de appellat. & relationib.*

A R T. XXVIII.

A chaque mutation de Seigneur l'Emphyteote peut être contraint de faire reconnoissance, & sans mutation de dix en dix ans; Le premier, afin que le Seigneur puisse sçavoir & connoître ses fiefs, droits & emphyteotes; Le second pour la liquidation des droits Seigneuriaux, & reconnoître les nouveaux acquereurs, & pouvoit exiger ses lods acapte, & autres droits lui appartenant par les ventes, permutations & autres alienations ou changemens de proprietaires, avenus pendant dix ans. *c. 1. §. 1. de lege Conradi. In usib. feud.* & le tiennent Accurse & Balde, *In authent. si quas ruinas, C. de Sacros. Ecclef.* & se pratique ainsi.

De dix en dix ans.] C'est l'usage, & selon Ferrieres *in quæst.* 417. *Guid. Pap.* l'emphyteote qui a une fois reconnu, ne peut pas être contraint de reconnoître une seconde fois, si ce n'est aux dépens du Seigneur.

A R T. XXIX.

Mais en telles reconnoissances n'est fondé le Seigneur directe, ou foncier, de droit commun à contraindre les Habitans & Bientenans en sa directe, à lui payer ni reconnoître aucun droit; si ce n'est en tant qu'il en fera apparoir par inseodations, transactions, jugemens, nombre suffisant de reconnoissances; ou titres sus-alleguez, non-seulement en Languedoc où le Franc-Aleu a lieu; mais aussi en Guyenne & ailleurs, suivant l'opinion & raisonnemens alleguez par le President Boyer sur les Coûtumes de Bourges au titre des Fiefs, §. 20. *versic. An rex vel alii Domini temporales Chaffaneus in tit.* des mains mortes, §. 4. *Benedict. cap. in Raynut. in verbo, & uxorem, decis.* 2. *num.* 18. *&* 19. *Molinæus in consuet. Parif.* §. 45. *Ferron. in consuet. Burdig. in tit. de testam.* §. 23. & suivant ce a été jugé par plusieurs Arrests à Toulouse; même pour Dampmattin, contre Monsieur Bonald, sieur de Tournefeuille, en Avril mil cinq cens septante-six, les deux Chambres des Enquêtes affemblées. Et à caufe de ce fut eftimé ridicule en Audience & renvoyé par nous une minute de reconnoiffance, qu'un Seigneur demandoit, dans laquelle il avoit ramaffé tous les droits qui peuvent appartenir à un Seigneur Jufticier & foncier, pour les droits non fpecifiez en fes précedentes reconnoiffances, lefquelles pour les droits de nouveau ajoûtez, & autres exhorta-bitans, les Parlemens ont accoûtumé caffer, voire punir de la privation du fief, & extraordinairement les Seigneurs extorquans telles reconnoiffances, comme nous l'avons cy-deffus dit.

Art. XXX.

L'Emphyteote en paffant la reconnoiffance, n'eft tenu pour le payement du cens, obliger, s'il ne veut, autres fes biens que la piece qui fait la rente : Si toutefois il avient qu'il veüille déguer-pir & quitter la piece, fes autres piéces ne reftent d'être obligées au Seigneur pour les arrerages des droits Seigneuriaux, que no-nobftant fon deguerpiffement il eft tenu payer, comme fera plus amplement dit en fon lieu.

Art. XXXI.

Quand une terre ou fonds eft vendu à pacte & faculté de ra-chat, il eft au chois & option du Seigneur de faire reconnoître ce-lui que bon lui femblera ; ou l'acheteur, ou le vendeur ; parce que l'un & l'autre font maîtres & proprietaires ; fauf pour la pof-feffion & joüiffance qui appartient à l'acheteur, à caufe de laquel-le il ne fe peut excufer de reconnoître. *Sic judicatum* le huitiéme Février mil cinq cens nonante-un, entre Batteyre, Chevalier & Pontoife.

Que bon lui femblera.] Auffi la prefcription ne court contre le Seigneur que du jour du rachat.

Art. XXXII.

Jaçoit que le Seigneur majeur d'ans, & étant perfonne legiti-me pour contracter en baillant quelque chofe à cens & rente per-petuelle, bien que deçû d'outre moitié de jufte penfion ne foit re-cevable à requerir la refcifion de ce contrat, ni le fupplement de la rente, ni pareillement l'Emphyteote la diminution du cens,

toutefois le mineur de vingt-cinq ans & l'Eglise sont en cela privilegiées & peuvent estre restituez, contre tels & semblables contrats. C. 1. *& Cap. audientia de restit. in integrum*, *Masuer in* tit.
des loüages & emphyteoses.

Ni *l'emphyteote*] *V. le liv. 3. lit. R. tit. 8. art. unic.* sur la fin.
Toutefois le Mineur.] *V. Maynard liv. 3. chap. 62. Fachin. controvers. lib. 2. cap. 22. Mauri-
rice Bernard en ses diverses observat. liv. 3. pag. 263. & la suite de ce recueil titre 68. art. 1.*

A r t. XXXIII.

Quand la **Cour** baille decret aux Religieux, & autres personnes de main-morte, des biens sujets à censive ou directe de quelque Seigneur ou du Roy, c'est à la charge d'en vuider les mains
dans an & jour, ou de bailler homme vivant, mourant & confisquant, auquel cas il est permis au debiteur executé de les tenir
en payant le prix, loyaux-coûts, & dépens du decret. Ainsi jugé
par Arrêt du dixiéme Septembre mil cinq cens soixante-neuf en
un decret au profit des Jacobins de Toulouse.

Vuider les mains.] Excepté quand ils ont obtenu du Roy des Lettres d'amortissemement.
Vivant, mourant & confisquant.] Il faut encore payer un droit l'indemnité, suivant l'usage
du Parlement attesté par Olive *liv. 2. chap. 12. & 13.* & par Cambolas *liv. 4. chap. 23.*

Des Censives & payemens d'icelles.

CHAPITRE II.

A r t. I.

LEs censives imposées par les baux & infeodations en especes
d'or ou d'argent de l'aloi & coin du Roy, jaçoit que avec
le temps le prix & valeur augmente, doivent être payées à la
valeur,& prix courant. A cause de quoi par Arrest general de Toulouse du vingt-deuxiéme Decembre mille cinq cens septante-un,
les habitans de la Polpatiere, nonobstant leur offre de payer quarante écus d'or sol de censive, à raison de vingt-sept sols l'écu,
comme il valoit lors de l'infeodation de l'an mille quatre cens
huitante, furent condamnez en ces propres termes à payer la
somme de quarante écus d'or sol de bon, & juste prix du coin
& aloi de francs, suivant l'infeodation, si mieux ils n'aimoient
payer les écus des années qui ont couru depuis l'introduction du

procez , à la valeur & eſtimation , ſuivant les Ordonnances du
Roi , & ſans dépens , ſuivant la Loy *Paulus D. D. de ſolut. cap.
olim. c. Cum Canonicus. De cenſibus ext.*

V. la ſuite de ce recueïl tit. 61. *art.* 5.

A R T. I I.

Les cenſives en grain ſe doivent payer en eſpece l'année qu'elles
ſont demandées , & encore la précedente ; parce qu'il eſt vrai-
ſemblable que les Seigneurs menagers gardent les grains de l'année précedente ; ou la valeur des grains comme ont communement valu eſdites années ; mais quant aux arrerages des autres
années précedentes , doivent être payez ſuivant la valeur au tems
de la deſtinée ſolution , & ainſi ſe juge ordinairement.

Suivant la valeur.] Quand l'emphiteote eſt obligé de porter la cenſive à certain jour dans
la maiſon du Seigneur , en ce cas les arrerages doivent être payez au plus haut prix que les
grains ont valu , année par année ; ainſi qu'il fut jugée aux Requétes du Palais à Touloufe
ſuivant l'Ordonnance , portant liquidation d'uſages , donnée contre le ſieur Muret , Viguier
du lieu de Meſe , le 13. Novembre 1659. par Mr. d'Ouvrier Conſeiller & Commiſſaire , en
conſequence d'un Jugement deſdites Requétes , en datte du huitiéme du mois d'Août précedent. Le Parlement juge auſſi la queſtion de cette maniere , conformément à la doctrine
de Faber *Cod. lib.* 4. *tir. ult. defin.* 15. *V. le chap.* 6. *de ce traité article* 1.

A R T. I I I.

Les Emphyteotes ne peuvent , ſans le ſçû & conſentement du
Seigneur directe transferer la cenſive d'une piece ſur une autre.
Ainſi le jugeâmes le deuxiéme Août mil cinq cens nonante pour
la Coſte Conſeigneur directe d'Auzeville , contre du Perier Procureur en la Cour , & Bateyre.

Transferer la cenſive.] Même les hommes de la Seigneurie du Roy ne peuvent pas ſe rendre cenſuels d'un autre Seigneur.

A R T. I V.

C'eſt une reſolution des Docteurs , que le cens ſe peut ſeparer
du fonds feodal ; & que le Seigneur directe peut vendre le cens à
un autre , & ſe reſerver les autres droits Seigneuriaux , ſuivant le
texte formel *in cap.* 1. §. *penult. De lege Conradi , Petrus Jacobi ,* au
titre de *conditione ex lege , Capella Toloſana. Déciſion* 461. *Charondas lib.* 5. *cap.* 118.

Reſerver les autres Droits.] Il n'eſt pas incompatible que l'un ait le domaine directe , &

qu'un autre ait le droit de percevoir le cens, puisque suivant la décision 264. de Guy Pape, *Census & Dominium directum se habent, ut diversa & separata*; d'où vient que dans le legat de la censive n'est pas compris le domaine directe; ces choses sont si separables, qu'on voit plusieurs contrats portant vente de la censive annuelle, & reserve de la Seigneurie directe (une telle censive s'appelle communement *rente seche ou morte*) ainsi par Arrêt donné en la seconde Chambre des Enquêtes, au rapport de Mr. E. Catelan, le 21. Juin *1670.* le sieur de Genestous fut maintenu contre le Prieur de Montalieu, en la joüissance de certaines rentes seches qu'il prenoit sur des fonds sujets à la directe de ce Prieur. Sur quoi il est bon de remarquer que quand un Seigneur en vendant la censive annuelle, s'est reservé la directe, il est censé s'être conservé les droits de lods qui lui appartiennent pour s'être reservé la dominité du fief, à l'exclusion de l'acquereur de la censive, qui ne peut aussi prétendre que la simple censive, laquelle par cette raison est appellée seche.

ART. V.

La joüissance & commodité de la censive, & autres droits Seigneuriaux appartient à l'usufructuaire, & non au proprietaire, qui n'a que la nuë & simple proprieté, *Spec. in tit. de locato §. Nunc aliqua, Masuer. eodem titulo.*

À l'usufructuaire,] *V. Ferrer. in quæst.* 477. *Guid. Pap.* où les droits que peut prétendre l'usufructuaire, sont examinez fort au long. *Molin. in consuetud. Paris. §.* 20. *gl.* 1. *num.* 33. & *seqq. usque ad num.* 47. & *Maynard. liv.* 8. *ch.* 92.

ART. VI.

Les cens consistans en poids ou mesure, doivent être payez au poids & mesure des lieux, ausquels sont dûs, sinon que l'usage commun, & la convention des parties dans les titres & reconnoissances y repugnassent, comme il est noté *in cap. ex parte,* & *in cap. Olim, de sensib.* & *in l. Imperatoris D. De Contrah. empt.* & *melius in l. excepto tempore C. locati.*

ART. VII.

La censive dûë par indivis, n'est point presumée être divisée, pour être particulierement exigée & payée, & non par indivis par une seule main, suivant le bail, & pour avoir les Seigneurs fait des acquits particuliers, puis quelques années, *Quia solutio partis non liberat à toto, l. si stipulatus §. qui decem D. De solut. ita ut quod reliquum est perpetuo peti possit, l. etiam D. De solut. l. si quidem C. de transact. Guid. Pap. q.* 177. Si ce n'est que ce fut puis trente ans, ou que depuis l'infeodation les Seigneurs eussent fait faire des reconnoissances particulieres, ausquels deux cas seulement sera censée pour divisée , autrement non , même , *quia particularis solutio non minima adfert incommoda* , *l. planè*, *D. famil. hercisc.*

Art. VIII.

Voire *in Ecclesia* , encore qu'il y ait des reconnoissances particulieres , n'est pourtant estimé divisée , parce que les Beneficiers , qui ne sont que usufructuaires, ayans accepté telles reconnoissances contre la teneur du bail & infeodation ne peuvent faire ce prejudice à l'Eglise , ni à leurs successeurs, si ce n'est après la prescription de quarante ans , qui a lieu contre l'Eglise. *Auth. quas actiones. C. de sacros. Ecclef.*

Art. IX.

Cette division de censive se doit faire entre les emphyteotes , non suivant la qualité, & bonté du fonds , mais également , suivant la quantité , & à proportion d'icelle, & ainsi fut jugé le 13. Août mil cinq cens nonante , entre le Syndic du College de Perigord , & les Balards.

Mais également.] La raison en est , qu'il faut présumer que lors de l'infeodation , toutes les parties du fonds infeodé étoient d'une égalité & bonté. Le Président Faber *Cod. lib. 4. tit. u't. def. 45.* fait quelques exceptions à la maxime generale. *V. la suite de ce recueil tit. 49. verb. Eviction. art. 2.*

Art. X.

Si le fonds feodal étant revenu és mains du Seigneur directe par déguerpissement, confiscations, commis, prélation, donation ou autrement est derechef vendu , baillé ou donné par le même Seigneur à un autre , sans reservation ou expression d'aucune censive ou charge , & est censé être baillé franc, allodial, exempt de toute charge fonciere, à cause de la réunion , confusion, & consolidation qui a été faite desdits biens avec les autres allodiaux du Seigneur , *argu. l. Papinianus D. De servitut. & cum fundus venditur , aut donatur nihil exceptum videtur , l. Julianus §. si fructibus , D. De act. empti* , & parce que *res sua nemini servit. l. 1. De servit. vendic. facit. l. fin. 6. de remiff. pign. & l. quidquid D. comm. præd.* & que *actiones aut obligationes semel extinctæ nunquam reminiscunt l. inter stipulantem, §. sacram. D. De verb. oblig.*

A R T. X I.

Le gros cens est de vingt ou trente sols par an, le menu cens est de deniers, liards, doubles, mailles, ou d'autre petite somme, comme il est dit en l'indice des droits Royaux par Ragueau.

A R T. X I I.

A cause desquels menus cens, en partie, és matieres feodales ou emphyteoticaires les dépens contre les emphyteotes convaincus de mauvaise foy ne doivent être épargnez, parce que souvent pour un denier ou maille on plaide, & par ainsi de cent ans le Seigneur ne se pourroit rembourser des frais par lui exposez à la poursuite & condamnation d'iceux.

A R T. X I I I.

Les Arrests condamnans plusieurs tenanciers à payer les droits Seigneuriaux par indivis, contiennent aussi que les tenanciers s'assembleront dans le mois pour convenir & accorder de l'un d'entre eux, par les mains duquel le Seigneur sera payé tous les ans solidairement des censives, & autres droits : autrement qu'à faute de ce faire il sera loisible aux Seigneurs se prendre, & contraindre au payement tel des tenanciers que bon lui semblera; sauf, audit cas, à celui, qui aura payé, son recours contre les tenanciers pour leur cottité.

De l'un d'entr'eux.] On l'appelle *le Tenancier de tour*, que le Seigneur directe peut contraindre au payement de ses droits Seigneuriaux par indivis; mais non des arrerages dûs avant l'instance, qui perdent le privilege de la solidarité; suivant le Jugement des Requêtes du Palais donné le 25. Fevrier 1670. & confirmé par Arrêt de la Chambre de l'Edit en l'année suivante 1671. il fut donné en la cause de Dame Henriette de la Guiche, Duchesse d'Angoulême, & Comtesse d'Alez, contre Monteils & autres tenanciers du Mas de Malignas, dans la Baronie de Sauve, qui furent déchargez de l'indivis des arrerages, sauf à ladite Dame d'agir contre chacun des feodataires. *V. l'art. 2. du chap. 6. de ce traité.*

A R T. X I V.

Mais ayant le Sindic des Chartreux de Villefranche de Rôüergue obtenu semblable condamnation contre certains siens emphyteotes de Lunac, lefquels ne fe pouvans accorder fur l'élection d'un d'entre eux , pour faire la levée , & periement des droits Seigneuriaux , fut jugé , qu'eux étans quatre contenanciers , celui, qui poffedoit le plus de bien au terroir , & qui payoit le plus des droits Seigneuriaux , feroit le premier , qui feroit la levée, & payeroit pour tous ; fauf fon recours contre les autres pour les cotités ; & ainfi confecutivement des autres , fuivant les plus grandes cotitez de leurs biens ; de quatre en quatre ans ; à la charge par les tenanciers de porter , & mettre és mains de celui qui fera ainfi choifi , leurs entieres cotitez trois jours avant le terme à faire le payement aufdits Chartreux , fur peine de tous dépens , dommages & interêts. Ainfi jugé le dixiéme Janvier mil cinq cens huitante-fept.

A r t. X V.

Il n'y a pas feulement des cenfives des grains , argent , & gelines , mais auffi de foin , & de la paille en certains endroits : ayans été condamnez certains Gralhets à payer par indivis une charrete de foin de vingt-quatre quintaux la charretée, de cenfive , par Arreft du feiziéme Janvier mil cinq cens feptante-deux , & les habitans de Seyffes de chaque pailler un bouteau de paille.

Et de la paille.] Il y en a mémes des rofes , comme je l'ay lû en certains actes produits en un procez , où j'ai inftruit comme Avocat de l'une des parties.

Des Courvées , charrois , journées & Manœuvres.

C H A P I T R E I I I.

A r t. I.

QUand les Courvées , Charrois, ou journées ne font limitées par les infeodations ou reconnoiffances , il faut qu'elles foient moderement exigées , & de ceux qui poffedent plus de fonds le plus , & de ceux qui en poffedent moins ; Et y a Arreft de Touloufe , entre le fieur de Montarnal , & le Sindic d'un fien village , par lequel les charrois , que fes païfans lui devoient faire, pour la conftruction ou reparation de fon Château , furent reduits à douze pour chacun païfant , & encore non à fuite , mais par intervalle de temps , à ce que les païfans ne foient intereffez

reffez en leur agriculture, avec inhibition de n'en exiger plus grand nombre, du sixiéme Juillet mil cinq cens cinquante & huit, & par autres Arrests, les Seigneurs doivent nourrir & entretenir les hommes & bétail, si les titres & reconnoissances n'y resistent. Ne doivent être aussi faites, que pour la necessité, & pour telles distances de lieux, que partant le matin les hommes puissent retourner à leurs maisons & gîtes le même jour ; & doivent être avertis les païsans, desquels on voudra exiger la journée du charroy, deux jours devant pour s'y disposer, sans pouvoir accumer rer lesdits charrois, ni exiger les arrerages d'iceux des années precedentes ; ainsi le jugeâmes entre le sieur de Saint Jory, & ses habitans le dix-huit Septembre mil cinq cens septante & neuf; voi Terrien sur les Coûtumes de Normandie livre cinq Chapitre trois.

Par intervale de temps.] En sorte qu'il y ait pour le moins deux jours d'intervale.

Interessez en leur Agriculture.] Ainsi les corvées ne peuvent pas estre exigées dans le temps des semences.

* *Les Seigneurs doivent nourrir:*] Au contraire le Vassal qui doit la corvée, *suo victu operas præstare debet.* arg. L. *suo victu ff. de oper. libertor.* suivant la doctrine de *Terr. in qu.* 217. *Guid. Pap.* à moins que le Seigneur y soit obligé par le titre, & en trois autres cas. *Primò* quand les vassaux sont dans l'impuissance de se nourrir, *Dominorum interest ne auxilium contra famem denegetur. Secundò*, Quand le Vassal ne peut pas retourner à sa maison le même jour, car en ce cas le Seigneur lui doit donner à souper & le gîste. *Tertiò* ; Quand la coûtume le veut ainsi, comme sont celles d'Auvergne & de la Marche, lesquelles obligent le Seigneur à fournir *le pain raisonnable*, & necessaire au vassal pour faire sa corvée; à quoi l'on peut ajoûter que le Seigneur doit rembourser le vassal des dépenses qu'il lui a falu faire *citra victum* ; car c'est dans ce sens qu'il faut expliquer, *sumptus patroni*, en la Loy *Opera enim ff. de oper. libertor.*

Que les Droits Seigneuriaux contre la liberté naturelle,
& la pieté Chrêtienne, & les bonnes mœurs,
font illegitimes.

CHAPITRE IV.

ART. I.

PAr Arrest du vingt-quatriéme Janvier mil cinq cens quarante-neuf le Sindic des manans & habitans du lieu de Bordes en Lauraguois, & Magdelaine de Binet, fut dit, & ordonné que en ce que ladite de Binet demandoit de pouvoir prendre par droit de fougage sur les habitans mariez, & durant leur mariage tant seule-

ment , demi ceftier de bled , & autres droits par elle exigez ,
abufant & repugnant à la liberté du Sacrement de mariage , le
Sindic & habitans en furent abfous & relaxez , & fans dépens.
Semblable Arreft fut aprés donné pour femblable fujet entre
l'Abbé de Sorreze , comme Seigneur de Villepinte audit païs de
Lauraguois , & le Sindic des manans & habitans dudit lieu , du
premier Mars mil cinq cens cinquante-huit.

Du droit d'agrier ou champart.

CHAPITRE V.

ART. I.

QUoi que l'emphiteote ne laboure ne travaille les terres , il
eft tenu payer les droits convenus *in traditione rei* , & il
y a Arreft de ce Parlement du huitiéme Mars mil cinq cens qua-
tre-vingts-fept , au profit du Seigneur de Villeneuve , contre un
nommé Panes , par lequel l'emphiteote , qui avoit droit d'agrier ,
n'ayant femé les terres , fut condamné à payer ce à quoi le droit
pouvoit monter , *arbitrio boni viri* : & auparavant en Mars mil
cinq cens foixante-fept il y avoit quafi femblable Arreft , pour de
Moret , fieur de Montarnal , contre Hugues & Pierre Laures ,
par lequel la Cour condamna lefdits Laures en ces termes , à cultiver & femer les terres del Clufel fujettes à Champart , comprifes és reconnoiffances ; & à payer audit Seigneur le quart des
bleds excroiffans efdites terres fuivant lefdites reconnoiffances ,
& ce és années que les terres pourront être cultivées & femées à
l'avis & jugement d'experts , defquels les parties conviendront.
A fuite defquels nous avons auffi condamné certains emphiteotes de la Vicomté de Moncla , à deffricher , & mettre en culture
certaines terres agrieres , en bons peres de famille ; & à faute de
ce condamnez à payer l'agrier , & pour icelui , la cotité de gerbes , qui , fi elles euffent été cultivées , s'y fuffent recueillies à l'eftimation d'experts : ce qui eft entendu de ceux , qui pour fruftrer
le Seigneur de fes agriers cultivent leurs autres terres non fujettes
audit agrier , & laiffant en friche les autres , s'en fervent feulement
de pâturage par longues années , ce qui n'eft par raifonnable.

Droit d'Agrier. Le droit de Champart n'étant pas determiné par les titres à une quote certaine ; il emporte le quart des fruits; mais quand il est reglé par les titres, il est souvent reduit jusques à la vingtiéme partie des fruits, comme au lieu de Canet en Provence, où il y a des terres gastes encloses dans de certains limites, que l'on appelle *vingtenaires*, parce que les Seigneurs y prennent la vingtiéme partie des fruits. La maniere d'exiger le Champart est de deux sortes ; car ou l'on prend chaque année la quatriéme partie des fruits, ou de quatre années le Seigneur en prend une, & les autres trois sont pour ceux qui doivent ce droit, ce qui se pratique ainsi en plusieurs endroits des Cevenes. Quant à la qualité du Champart elle est encore de deux sortes ; car ou il est nû, ou consolidé avec la directe, avec laquelle il n'est pas incompatible qu'il puisse concourir ; & quoique plusieurs Feodistes ayent crû que lors qu'il s'agissoit d'un Champart de la seconde espece, les arrerages en étoient dûs depuis vingt-neuf ans, parce qu'ils consideroient le Champart consolidé comme un accessoire de la censive ; toutefois dans ce Parlement on ne les adjugeoit que depuis cinq ans avant l'introduction de l'instance, suivant d'Olive *l. 2. ch. 24.* & même il y a quelques années qu'on ne les adjugeoit que depuis l'instance, parce qu'on prétendoit que l'agrier n'arrerageoit point : comme il fut jugé par l'Arrêt donné au rapport de M. Chauvet le vingt-troisiéme Juin 1670. en la seconde Chambre des Enquêtes, en la cause du Marquis de la Roquette, contre Portalier & quelques autres habitans du lieu de Brissac. Il fut même préjugé par cet Arrêt que le droit de requint se prescrivoit dans trente ans, nonobstant les beaux & les reconnoissances. *V. l'art. 5. du chap. 11. de ce traité.* Toutefois quoique suivant ledit Arrêt on eût préjugé que le Champart n'arrerageoit pas, le Parlement a repris aujourd'hui l'opinion de M. d'Olive, car elle a prévalu depuis quelques mois par l'Arrest donné après partage au rapport de Mr. Casaubon, les arrerages de l'agrier ayans esté adjugez par ce dernier Arrest au Seigneur depuis cinq années utiles. Ce préjugé me paroît d'autant plus extraordinaire, qu'outre qu'il innove à la Jurisprudence que le Parlement avoit établie par celui qu'il avoit donné depuis dix ans seulement en la cause dudit Marquis de la Roquette ; d'ailleurs on peut dire qu'il choque la disposition du Droit, qui donne plus de privilege à la dîme. En effet, elle est payable avant l'agrier, & neanmoins il n'y a d'arrerages de la dîme que depuis l'instance introduite. Mais à quoi bon raisonner quand les Souverains ont parlé ; sur tout si l'on considere que les Juges ont des lumieres que les autres hommes n'ont pas. Je ne sçaurois pourtant m'empêcher de dire, que si ce dernier Arrest ne doit pas estre sujet à un nouveau changement, les Seigneurs dont les titres établissoient nommément un droit d'agrier portable, & qui prétendoit en ce cas les arrerages depuis vingt-neuf ans *in pœnam morosi debitoris*, pourroient peut estre bien renouveller leurs anciennes prétentions ; quoi qu'au fonds elles ne soient pas biens justes, quand il n'y auroit que cette consideration à faire, que le Champart emportant une bonne partie des fruits, est une servitude *quæ maximè onerat libertatem*, & qui le plus souvent accableroit celui qui la doit, s'il en faloit liquider les arrerages depuis 29. ans.

Des arrerages des Droits Seigneuriaux & payement d'iceux.

CHAPITRE VI.

ART. I.

LEs arrerages des droits Seigneuriaux ne peuvent être demandez, que de vingt-neuf ans avant l'introduction de l'instance. Et depuis l'introduction de l'instance jusques au jour de l'ef-

fectuel payement, font auffi dûs, & les emphyteotes condamnés à payer ; fi c'eft en grains, vins, ou denrées, fuivant la commune valeur chaque année au temps de la deftinée folution, fauf
de l'année du payement, & de la precedente, que le Seigneur les
peut demander en efpece de bled ou vin, comme nous avons cy-
deffus dit, fi ce font des écus ou autres efpeces d'or ou d'argent,
fuivant le cours & valeur du temps, que le payement fe fait, fuivant les Arreft cy-deffus cotez.

La commune valeur.] C'eft au plus haut prix que les efpeces ont valu, fi la cenfive eft
portable, & mêmes quand elle eft querable, fi le Seigneur a fait dué fommation de la lui
payer. *Maynard liv. 6. chap. 35. V. Cambolas liv. 1. chap. 20. le chap. 2. de ce traité art. 2.
& la fuite de ce recüeil tit. 61. art. 5.*

A r t.   I I.

Si la cenfive eft dûë par indivis, les arrerages qui ont couru
pendant l'inftance fe payent par indivis auffi ; mais non les arrerages dûs avant l'introduction de l'inftance : ains chaque tenancier
paye fa part, & cotité de cenfive, fuivant plufieurs Arrefts, entre
autres un du vingt-fept Novembre mil cinq cens nonante pour les
habitans de la Commanderie d'Hyfpalieu, & autre femblable Arreft pour un Recteur d'Albigeois en Juillet mil cinq cens nonante
par lefquels appert, que *etiam in Ecclefia*, cela a privilege.

V. le chap. 2. de ce traité art. 13.

A r t.   I I I.

Pour lefquels arrerages, foient-ils devant, ou aprés l'inftance,
le Seigneur ne peut pas faire execution, ni faifie fur les fruits des
biens emphiteotiques, ains fur les fonds, s'il veut ; fi ce n'eft au
cas que le tenancier ait lui-même reconnu, ou foit heritier de celui qui a reconnu, car audit cas il y eft obligé, *& tenetur actione
perfonali* : & lors qu'il y a faifie, avons accoûtumé d'en bailler
la recreance fur le champ.

Sur le fonds.] Fut-il entre les mains d'un tiers poffeffeur, à caufe de l'hypotheque que
le Seigneur y a ; quoique Ranchin foit d'un fentiment contraire *in quæft. 42. Guid. Pap.*

A r t.   I V.

Sont auffi dûs les arrerages des biens decretez ; bien que les
Seigneurs ne fe foient oppofez pour iceux, contre l'opinion de
Monfieur le Maître au Traité des criées, fuivie par plufieurs Arrêts

de Touloufe, jufques à ce que par Arreft du dix May mil fix cens, parti aux deux Chambres des Enquêtes & départi en la grande Chambre, fut refolu, & jugé le contraire, & le fieur de Parazols Decretifte condamné à payer au fieur de Boyffe les arrerages de vingt-neuf ans des biens decretez ; bien que le fieur de Boiffe Seigneur foncier ne fe fût oppofé pour iceux, fuivant la rubrique du Droit *fine cenfu, vel reliquiis fundum comparari non poffe. liv. xi. C.* Ainfi que l'avons dit cy-deffus : & ce avec tres-grande raifon ; car autrement il faudroit que les grands-Seigneurs tinfent à chaque place un furveillant pour guetter les faifies, s'oppofer à icelles, & euffent autant de Procureurs & Solliciteurs aux Senéchaux & Parlemens pour la pourfuite des oppofitions : ce qui leur coûteroit plus que les droits Seigneuriaux ne valent, qui le plus fouvent font forts petits.

Oppofez pour iceux.] *V. le liv* 2. *tit.* 1. *art.* 49. *& 50.*

A R T. V.

Le payement d'iceux arrerages ne pût être empéché fous pretexte de non jouïffance du fonds, pour guerre, pefte, tempête, ou autre cas fortuit quel qu'il foit ; non plus que de la cenfive, & rente courant, *juxta illud, nifi res pereat tota, non liberatur emphyteota.*

Nifi res pereat. tota] C'eft-i-dire, *nifi res fit omninò perempta,* fuivant la *L.* 1. *C. de jur. Emphyt.* D'où a été tirée la maxime rapportée par l'Auteur, au fujet de laquelle Ferrieres & Ranchin font contraires en fentimens, fur la *quæft.* 171. *Guid. Pap.*
Magno fe judice quifque tuetur.
Mais quoique le fentiment du denier foit le plus équitable, celui du premier eft pourtant le meilleur par rapport à la Juftice, quelque rigueur qu'il y ait. *V. Bronchorft Centur.* 1. *affert.* 84.

A R T. VI.

Des charrois, journées d'hommes ou bétail, manœuvres, où courvées les arrerages ne font adjugez : fi ce n'eft qu'il y eût requifition, ou interpellation precedente, bien que j'aye trouvé avoir été jugé au contraire au mois de Juillet mil cinq cens feptante & fix, pour Monfieur de Pins Confeiller, Seigneur de la Salvetat, au rapport de Monfieur Maynard.

Y eut requifition.] La raifon eft, que *operæ non debentur, nifi indictæ fint. L. quoties ff. de oper. libertor.*

Art. VII.

Les acquits & payemens de trois dernieres années confecutives, font préfumer les arrerages precedens être payez, & font extinction d'iceux. *l. Quicumque. de apoch. pub. lib. 10. C. gloffa in l. 1. codice de jure emphyt.*

Font préfumer.] Sauf aux exceptions, que Defpeiffes apporte *tom. 3. tr. des droits Seign. tit. 4. art. 3. fect. 3. num. 35.*

Art. VIII.

Si un teftateur a legué un fonds chargé des droits Seigneuriaux & des arrerages, l'heritier eft tenu de décharger le fonds legué des arrerages feulement, & non de la rente, qui a couru depuis le trepas du teftateur, ou pour l'avenir. Ainfi nous le jugeâmes en Mars mil cinq cens nonante & cinq, *per l. Cum fervus §. Hæres ff. De leg. 1.* où il eft dit que *hæres cogitur legiti prædii folvere vectigal præteritum, vel tributum vel folarium vel cloacarium.*

L'heritier eft tenu.] Cela eft vrai quand le legat eft de certains biens ; car quand il eft d'une quote des biens, comme pour lors, le legataire eft cenfé coheritier, il eft tenu au payement des arrerages à proportion de ladite quote. *DD. ad L. quoties C. de hæred. inftit.*

Art. XI.

Si pour la protervité, & mauvaife foi de l'emphiteote, il eft condamné à payer les arrerages, comme ils ont communement valu, année pour année, l'eftimation des grains & vins à communes années fe fait en affemblant le prix des atteftations de la valeur des grains de chaque mois, ou de trois ou quatre faifons de l'année, & de tous lefdits prix en faire un qui fera le commun; fçavoir s'il y a douze prix differens, les ajoûter enfemble, & les divifer en douze parties également, & la douziéme partie fera le prix commun : & ainfi des autres.

Art. X.

Les arrerages des rentes volantes ne fe payent, que de cinq ans avant l'introduction de l'inftance, par les Ordonnances royaux.

Ordonnances Royaux.] De Loüis XII. de l'an 1510. *art. 71.*

Art. XI.

Pour les arrerages des locatairies perpetuelles, de vingt-neuf

en vingt-neuf ans ils fe payent depuis vingt-neuf ans avant l'introduction de l'inftance.

A R T. X I I.

Pour les arrerages des rentes & fondations des obits, nous
les faifons auffi payer depuis vingt-neuf ans avant l'introduction
de l'inftance, en fe purgeant moïennant ferment, les Ecclefiaftiques obituez, avoir fait le fervice, & n'en être payez en tout,
ni en partie.

A R T. X I I I.

Tous arrerages quels qu'ils foient font prefcrits dans trente ans,
comme toutes autres actions. *l. Sicut & l. Omnes C. De præfcrip.*
à caufe de quoi la condamnation n'en eft que depuis vingt-neuf
ans avant l'introduction de l'inftance.

Dans 30. ans.] Même contre le titulaire du Benefice, fuivant Marie Ricard fur *l'art.*
118. de la coût. de Pars. ℣. *l'obfer. fur l'art. 3. du chap. 20.*

A R T. X I V.

Par l'inveftiture que le Seigneur fait à fon emphiteote, ni par la
reconnoiffance que l'emphiteote fait au Seigneur, il n'eft point
faite extinction, ni prefumé quittance des arrerages vraiment dûs,
s'il n'eft exprimé efdits actes ainfi que l'avons cy-devant dit, encores que les arrerages ne foient notamment refervez, comme aucuns
pour plus grande affeurance, *& ad majorem cautelam*, le font.

S'il n'eft exprimé.] ℣. *l'art. 17. du chap. 1. de ce traité.*

A R T. X V.

Par Arreft du trentiéme Mars mil fix cens dix, au profit du fieur
de Noüaillan, fut dit, qu'au prealable la dixme payée, fur le furplus des gerbes, le Seigneur prendra ce qui lui appartient & lui
eft dû pour le droit d'agrier, fuivant & conformement à fes reconnoiffances & titres, faifant inhibitions & deffenfes aux proprietaires de lever les gerbes, que le Seigneur n'en ait été averti.

A R T. X V I.

Si un terroir a été feparement infeodé à plufieurs; & que par
aprés on le faffe reconnoître par indivis, c'eft une furcharge, &
font telles reconnoiffances caffables.

L'emphiteote , qui a été contraint payer la rente par indivis , pour les autres contenanciers, a fon recours contre iceux, pour leurs cotitez , par Arreſt du dix - huitiéme Novembre mil cinq cens ſeptante - deux , au profit de Jean Peſan. Et le ſecond d'Aouſt mil cinq cens ſeptante - trois , au profit de Raymond Gibert.

Pour leurs cotités.] *Arg. l. cùm alter. c. de fidejuſſ.*

Des Sujets taillables.

CHAPITRE VII.
Art. I.

LE nombre des cas , eſquels les Sujets d'aucuns Seigneurs ſont taillables , dépend des conventions & obligations contenuës és inſtrumens de bail & reconnoiſſances, ou des coûtumes des lieux ; les unes en contenant plus , & ès autres moins. Que ſi la cotité de la taille qui doit être impoſée ſur chaque ſujet avenant quelqu'un deſdits cas , comme de payement de rançon pour ſon Seigneur pris en guerre par les ennemis du Royaume, voyage d'outre mer , chevalerie du fils aîné du Seigneur & mariage de ſes filles ; qui ſont les quatre cas plus ordinaires, n'eſt exprimée, ains au contraire ſoit dit, qu'ils ſont contribuables à la volonté & diſcretion du Seigneur , comme en avons veu d'infeodations qui le portoient , entre autres de la Dame de Paulignan en Languedoc ayant produit une reconnoiſſance de l'an mil trois cens dix , contenant que les ſujets dudit Paulignan *erant taillabiles ad voluntatem Domini.* Cette volonté a été moderée & reſtrainte au double des cens & droits Seigneuriaux, que le ſujet avoit accoûtumé de payer chaque année par pluſieurs Arreſts , & pluſieurs coûtumes , leſquels à cauſe de ce appellent ces tailles , doublage , comme celles d'Anjou & du Maine.

Les Sujets.] Il faut excepter les Nobles & les Eccleſiaſtiques ; à moins qu'ils euſſent acquis d'un taillable ; *res enim tranſit cum ſuâ cauſâ & ſuo onere.*
Au double du cens.] En quelques coûtumes on appelle auſſi ce droit *doublage*; & quand la taille ſe regle par le doublement de la cenſive ordinaire y eſt compriſe. *Olive liv.* 2. *chap.* 6. *V. Ferrer. in queſt.* 57. *Guid. Pap. ubi fusè* des perſonnes taillables , & du droit de la taille.

ART.

ART. II.

Icelles tailles ne peuvent être exigées qu'une seule fois pendant la vie du Seigneur, & ne peuvent être reiterées s'il n'est autrement dit & convenu, sauf au cas de mariage de toutes les filles du Seigneur, si ainsi est exprimé és reconnoissances ou coûtumes. Masuer au titre des Tailles & collectes.

Qu'une seule fois.] Excepté pour les mariages des filles du Seigneur ; car la taille peut être demandée autant de fois qu'il y a de filles à marier, c'est-à-dire une fois pour chacune : Il faut encore excepter les taillables à discretion, desquels le Seigneur peut exiger la taille deux fois pendant sa vie, de même que de ceux qui sont taillables toutes & quantes fois qu'il voudra. *Boër. decis.* 131. *num.* 22.

ART. III.

Il est certain qu'anciennement ces aides & tailles étoient aussi bien dûës au Roy, à cause des fiefs tenus de lui nuëment & sans moyen, comme aux autres Seigneurs : dequoi du Tillet au Greffier au Parlement de Paris, en son recueil d'Arrest non encore imprimé, en rapporte un du Parlement de la Chandeleur mil deux cens septante, par lequel ceux de Bourges & Yssoudun, Villes Royales en Berri, furent condamnez payer au Roy l'aide pour la Chevalerie de son fils aîné, & mariage de sa fille : & ceux de Bourge, furent taxez deux mil livres, & ceux d'Yssoudun trois cens livres ; mais à present cela n'a point de lieu, parce qu'alors les Rois s'entretenoient du revenu de leur domaine, sans rien exiger du peuple que ce qui leur étoit octroyé par les Etats generaux de ce Royaume, suivant les occurrences des guerres. Mais depuis ayans alienél la pluspart de leur domaine, ils levent & exigent tant de divers subsides & de divers noms, qu'on en perdroit la memoire sans le trop frequent renouvellement par les exactions, voire executions que les Receveurs en font : à cause dequoi ne seroit raisonable de renouveller & recharger encore le peuple de tel subside, lequel étoit aussi pratiqué à Rome au rapport de Suetone chap. 42. écrivant *Caligulam Imperatorem collationes in alimoniam atque dotem filiæ recepisse.*

N'a point de lieu] Si ce n'est à l'égard des Sujets du Roy qui possedent des terres dépendantes du domaine.

Aaaa

Art. IV.

Par la Coûtume de Poitou 188. art. ces aides & devoirs sont aussi dûs au Seigneur feodal Ecclesiastique, quand premierement entre en son Benefice, & non en autre cas, pour supporter les frais que les Archevêques, Evêques, Abbez & autres Prelats font à leur avenement & entrées en leurs Evêchez & Abbayes. Comme aussi par les Constitutions du Royaume de Sicile *lib.* 3. *tit.* 20. *&* 21. les Sujets des Prelats leur doivent *adjutorium pro consecratione ejus, vel cum ad Concilium à Papa vocatur, vel cum pro servitio principis vocatur aut mittitur*; & pour le mariage de la sœur, & pour la Chevalerie du frere du Seigneur Ecclesiastique; mais en France cela ne s'observe point, tant parce que les Seigneurs Ecclesiastiques ne font aucun service au Roy pour raison de leurs fiefs, ayant obtenu amortissement d'iceux, que parce que par la coûtume generale de France tels subsides ou aides ne sont point pratiquez à l'endroit des Prelats & autres Seigneurs Ecclesiastiques; ainsi se contentent des autres droits Seigneuriaux contenus en leurs infeodations & reconnoissances.

Ne s'observe point.] Ni par consequent le chap. *Cum Apostolus. vers. prohibemus extra. de sensi b*

Art. V.

Guillaume Terrien en ses Commentaires sur les Coûtumes de Normandie liv. 5. chap. 19. allegue un Arrest de l'Eschiquier tenu à Roüen en l'an 1266. que celui qui a été pris en la guerre, en prenant gages & solde du Prince, n'aura pas aide de rançon de ses hommes, s'il n'est pris en faisant le service qu'il doit faire à cause de son fief, & non autrement, qui est durant le temps du service du ban & arriereban; mais depuis les Compagnies des Gendarmes des Ordonnances ont été instituées, & que les Gentilshommes enrôllez en icelles font exempts du service à cause de leurs fiefs dûs au ban & arriereban, les convocations & assemblées de l'arriereban ne sont point depuis pratiquées; à cause dequoi, & qu'aussi la solde des gens de guerre n'est guerre bien payée, avenant la prise du Seigneur en guerre par les ennemis du Roy, il est raisonnable que les Sujets, si à ce sont soûmis par leurs infeodations & reconnoissances, contribuent au payemenu de la rançon, comme pendant les guerres dernieres de Flandres les Sujets de la Viconté de Turenne contribuerent au payement de la rançon du sieur Viconté pris par les Espagnols.

ART. VI.

Quand les infeodations & reconnoissances portent les Sujets être taillables au cas en icelles specifiez *ad nutum*, & à la volonté & discretion du Seigneur, par Arrest general du vingt-deuxiéme Mai mil six cens deux, entre le Seigneur de Montlor, & ses Sujets dudit lieu, fut dit ladite volonté devoir être équitable & moderée, suivant la Loy *Si libertus juraverit D. de op. libert.* *& C. cum Apostolus*, §. *prohibemus de censibus.* Le même fut jugé pour le Seigneur de Montmorin le septiéme Mars mil cinq cens cinquante-huit; que si audit cas le Seigneur & les Sujets n'en demeurent d'accord, aucuns ont été d'avis que la taxe en doit être laissée à l'arbitre du Juge, eu égard à la faculté des biens des Sujets; à cause dequoi se trouvent diverses taxes faites pour le Seigneur d'Arpajon contre ses Sujets de Brousse le dix-sept Janvier mil quatre cens nonante-six, pour le sieur de Joyeuse contre les habitans de saint Didier le dix-sept Février mil cinq cens onze, & pour le sieur de Broquiez, contre ses Sujets du lieu Dayssene en Roüergue; par Arrêt du vingt-troisiéme Mars 1555.

D'autres ont reduit toute cette sorte de contribution à double cens d'une année, suivant l'Arrest cinquiéme de Papon liv. 13. tit. 3. de ses Arrests.

ỹ. *Part.* 1. *de ce chapitre.*

A la faculté des biens.] On n'avoit pas cet égard quand il se trouvoit que le droit de taille étoit dû à un fief de grande dignité, *feudis magnam aliquam dignitatem habentibus. Fab. in Cod. lib.* 4. *tit. ult. in gloss. defin.* 6. *num.* 3. aujourd'hui l'usage du Parlement est de reduire la taxe au double du cens, suivant l'Arrest d'Olive *liv.* 2. *chap.* 6.

Des Peages & Leudes, & exemptions d'icelles.

CHAPITRE VIII.

ART. I.

LE péage est un droit Seigneurial qui se prend sur le bêtail ou marchandise passant, pour entretenir les ponts, ports

& paſſages, & afin que le Seigneur puiſſe ſçavoir ce qui eſt tranſ-
porté d'un païs en autre contre les prohibitions du Roi,& en donner avis aux Officiers du Roi,pour l'emploi deſquels droits de péage ou leude qu'on appelle en Languedoc ; il y a pluſieurs Edits &
Ordonnances Royaux au volume d'icelles,outre leſquelles le dernier jour de Fevrier mille cinq cens vingt,furent publiées à Toulouſe les Lettres Royaux,obtenuës par le Syndic des Trois Etats
du Païs de Languedoc, contre tous ceux qui prennent péage &
leudes pour la reparation des chemins, ponts & paſſages, contre
ceux qui ont les poſſeſſions joignantes aux chemins, pour être
contraints à la reparation d'iceux & autres ſemblables patentes,
publiées le vingt - uniéme de Novembre mille cinq cens trente-
cinq,à ſuite deſquelles ſur la Requeſte preſentée par le Syndic du
païs de Languedoc,il y eut Arreſt enjoignant aux Seigneurs péagers, de à leurs dépens reparer & entretenir les ponts, ports &
paſſages, permettant audit effet ſaiſir leurs droits & péages,& aux
particuliers aboutiſſans aux champs,d'iceux tenir reparez, & contribuer à proportion à faire les foſſez, tranchées & autres choſes
neceſſaires à ladite reparation, ſur peine de ſaiſie de leurs biens &
d'y être contraints par corps ; en datte du vingt - deuxiéme May
mille cinq cens ſoixante-cinq, & par autre Arreſt du vingt-trois
Juillet mille cinq cens ſeptante, fut dit que nonobſtant oppoſitions ou appellations quelconques,les cottiſations faites pour telles reparations ſeroient executées,leſquelles lettres patentes ſont
enregiſtrées au Livre ou Regiſtre 2. des Ordonnances Royaux.
fol. 9.& 12.& au Livre 6.fol. 47. Il y a encore une infinité d'Arreſts contre les Seigneurs péagers,conformes au contenu deſdites
patentes & Ordonnances Royaux,qu'il ſeroit inutile d'ici inſerer.

Ou Leude.] Dans l'uſage du Languedoc ce mot n'eſt pas ſimplement affecté pour exprimer le droit de peage : c'eſt encore un terme general, qui ſignifie divers droits qu'on exige,
comme *la Coſſe de la Ville de Gap*, dont parle Marcus en ſes deciſions, de-même que *la
coupe de bled*, qui autrefois appartenoit aux Seigneurs de Montpellier, & laquelle, par les
infeodations qu'ils en firent paſſa enſuite à des particuliers de ladite Ville. En pluſieurs Villes
de Languedoc on appelle *Leude*, ce que les bourreaux exigent les jours de marché des païs-
ſans des lieux circonvoiſins, qui y vendent des fruits, des œufs, & autres choſes de cette
nature. Ainſi comme ce mot deſigne une preſtation en general, ſans être affecté à aucune
eſpece, ni redevance particuliere, je ne doute pas qu'il n'ait tiré ſon origine de l'ancien
mot, *Leyſten*, ou *Leyſtan*, c'eſt-à-dire *præſtare*, employé par l'Abbé Vuileramus en ſa Para-
phraſe ſur le Cantique des Cantiques : on diſoit auſſi *leyda leyda & leuda*, indifféremment.

ART. II.

Bien que la faculté de lever péages & autres droits & subsi-
dés sur le peuple, soit & appartienne aux Roys & Princes Souverains, toutefois il a été de tout temps toleré & permis à aucunes Provinces & Villes d'en lever & exiger, tant pour la reparation & embellissement d'icelles, que pour l'entretenement des
ponts & passages & autres menus affaires, & entre autres l'Empereur Alexander Severus, ainsi que ledit Lanpridius en sa vie
vectigalia civitatibus in fabricas deputavit. Et les Romains permettoient à aucunes Citez de lever certaine quantité de bled sur
chaque arpent de terre, ainsi que le Jurisconsulte Clarisius l'a
écrit *in l. ult.* §. *Praeterea ff. de muner. & honor. Praeterea*, dit-il,
*habent quaedam civitates praerogativam, ut hi qui in territorio earum
possident, certum quid frumenti pro mensura agri per singulos annos
praebeat ;* & comme dit Tite-Live parlant de semblable permission
donnée par les Romains à certains peuples, *Portoria quae vellent
terra, marique instituerent, dum eorum immunes cives Romani, &
socii nominis Latini essent; lege, qua de Thermeso majore à C. Antonio & C. Fundano lata est : quam legem Thermenses portoriis ter-
restribus, maritimisque capiundis intra fines suos dixerunt, uti valeat, dum ne quid ab his capiatur qui, vectigalia redempta habe-
bunt :* lesquels droits se trouvent avoir été ôtez à aucunes Villes
& Citez, & même par l'Empereur Tibere. *Suetonius in Tiberio
cap.* 49. *Plurimis etiam civitatibus & privatis veteres immunita-
tes & jus metallorum ac vectigalium ademit,* comme reciproc-
quement à d'autres ayant été ôtez, leur ont été rendus. *Ammian.
Marcell. lib.* 25. *Vectigalia civitatibus restituta eum fundis, exceptis his, quae velut jure vendidere praeterita potestates.* Pareillement
*Nicenses jus bonorum vacantium vindicatorum ex privilegio habere
contendebant, ut est apud Plin. lib.* 10. *Epist.* lequel privilege concernant les biens vacans, nous trouvons avoir été ôté aux Villes
& Citez par les Empereurs. *in l.* 1. *De bon. vac. lib.* 10. *C.*

Des exemptions du Droit de Péage.

A r t. III.

DEs droits de péage font exempts les Enfans de France, & les Princes du Sang Royal jufqu'au fixiéme degré, pour leurs provifions par tout le Royaume par privilege des Roys, de quoi fe trouvent deux Arrêts de Paris, l'un du huitiéme Juin 1387. pour la Duchefse d Orleans fille du Roy Charles le Bel, & un autre du 8. Mars 1388. pour le Comte d'Alançon, pris du Recueil des Arrefts de Paris, non encore imprimé, en l'in-dice des Droits Royaux fur le mot *Péage.*

A r t. IV.

Par Arreft du Parlement de Touloufe du vingt-troifiéme De-cembre mille cinq cens douze, en ces propres mots & termes: Tous & chacuns les Citoyens & vrais Habitans de la Ville de Touloufe & Fauxbourgs d'icelle, font declarez quittes & exempts par toute la Comté & Senéchauffée de Touloufe de payer aucune leude ou droit d'icelle, tant en allant, venant, entrant que fortant par eau & par terre de ladite Cité & Faux-bourgs d'icelle, pour leurs biens & marchandifes, fuivant les privileges à eux donnez par les feus Comtes de Touloufe, & depuis confirmez par les feus Roys, & le vingt-fixiéme Mars mille cinq cens dix-huit fut donné autre Arreft femblable. Ledit privilege octroyé par le Comte de Touloufe, & exemptions aufdits habitans de ne payer lefdits péages, eft de l'an 1219. au mois de Septembre, confirmé par les Rois Philippe le Bel IV. de ce nom, & Philippe VI. dit de Valois, Charles VI. François Premier, ainfi que je les ai trouvez cottez en un Arreft du Grand Confeil du 13. Janvier mille cinq cens trente-huit, entre le Procureur General du Roy, & le Syndic de ladite Ville, conte-nant pareille exemption que deffus, fur l'execution duquel il y a autre Arreft femblable du Grand Confeil du 2. Avril 1545.

Les habitans de Nîmes doivent joüir de la même exemption par les articles trois & trente-quatre des privileges, qui leur furent accordez par le Roy Charles VIII. en l'an mil quatre cens quatre-vingts trois, confirmez par Loüis XII. en mil quatre cens nonante-neuf, par François I. en mil cinq cens quatorze, & par Henry IV. en mil cinq cens nonante-cinq.

ART. V.

Conformément aufquels Arrefts les Habitans de Touloufe par
autre Arreft dudit Parlement, dans l'extrait duquel j'ai trouvé la
datte d'icelui avoir été obmife, mais fe trouvera és Regiftres des
Arrefts de la Maifon de Ville, ont été declarez exempts de payer
eude ni péage par toute la Comté de Lauragois, attendu, dit
l'Arreft, qu'il eft notoire & certain la Comté & Païs de Lauraguois être dedans les limites & enclaves de la Comté de Touloufe.

ART. VI.

Par Sentence du Juge d'Appeaux de Touloufe de l'an mil trois
cens quarante, extraordinairement donnée entre le Syndic des
Capitouls de Touloufe, & le Comte de Commenge, Vicomte
ors de Turenne, les Habitans de Touloufe font declarez
exempts de payer aucun péage ni droit de leude de toutes les
marchandifes, grains ni autres chofes qu'ils apportent ou rapportent, entrant ni fortant de la Ville de Muret, dans laquelle
ont narrez de femblables privileges donnez aufdits Habitans
de Touloufe par Alphonfe Comte de Touloufe, à la fin de laquelle Sentence font inferées des Lettres Patentes du Roy Jean,
addreffantes au Senéchal de Touloufe, du troifiéme Janvier
mil trois cens cinquante-deux, contenant pareil privilege &
exemption aux Habitans de Touloufe, de ne payer aucun péage
ni leude en ladite Ville de Muret.

ART. VII.

Par Arreft du vingt-fept Mars mil cinq cens foixante donné entre le Syndic de Touloufe, & les Receveurs des péages & leudes en Touloufe, les Chaffemarées furent declarez exempts de
payer aucun droit de leude du poiffon qu'ils portent dans Touloufe tant feulement, & non du poiffon qu'ils portent vendre
ailleûrs, & ledit Receveur condamné en cent fols d'amende
pour avoir contraint un defdits Chaffemarées à lui en payer, &
ledit Chaffemarée en autre cent fols, pour avoir fraudé la leude, & ne l'avoit payée d'une autre charge de poiffon qu'il étoit
allé vendre à Montauban.

A r t. V I I I.

Anciennement fi un homme étoit détrouffé en chemin public., le Seigneur qui levoit le peage, & avoit la Juftice du lieu, étoit tenu le rembourfer, & le dédommager, comme il fut jugé à Paris és Enquêtes du Parlement de la Purification mil deux cent foixante-neuf, contre le Seigneur de Vernon, & contre le Comte de Bretagne, és Arrefts de Bretagne de la Pentecôte mil deux cent feptante-trois, & contre le Comte d'Artois ès Arrefts de la Touffaints mil deux cent quatre-vingt-fept, & par un Arreft de la Touffaints mil deux cent nonante-cinq, appert que le Roy fit rembourfer le détrouffement fait en fa Juftice ; parce que le Seigneur prenant peage doit tenir les paffages feurs contre les Particuliers, autrement tenus recompenfer la perte : par Arrefts contre le Seigneur de Crevecœur, donné à la Chandeleur mil deux cent cinquante-quatre. Ce qui avoit lieu és détrouffemens faits en plein jour, depuis le Soleil levant jufques au couchant, car devant & aprés le Seigneur n'en étoit tenu. Ainfi jugé pour le Comte d'Artois, dit de Saint Paul, és Arrefts de la Touffaints mil deux cent foixante-cinq, extraits lefdits Arrefts par Ragueau en fon Indice des droits Royaux, du recueïl d'iceux non encore imprimé, fait par le Greffier du Tillet du Parlement de Paris, qui dit auffi que perfonne ne peut impofer peage nouveau fans la permiffion du Roy, & que la connoiffance des peages n'appartient qu'aux Juges Royaux allegans un Arreft à ce propos du Parlement de Paris de l'an mil deux cens feptante-trois, pour les nouveaux peages impofez en Agenois ; & un autre Arreft de la Touffaints mil trois cens feize.

Recompenfer la perte.] Ou repréfenter la valeur. *Guid. Pap. qu.* 413. *num.* 2.

Qu'aux Juges Royaux.] Les peages font mis au rang des Regales, *lib.* 2. *feudor. tit. que fint Regaliæ* 56.

Des amortiſſemens.

CHAPITRE IX.

A R T. I.

Arreſt par lequel [nonobſtant le contredit des Patrons & fondation fai-
te puis deux cens ans & plus , & tolerance des Seigneurs , laiſſans
joüir les Prêtres des biens contenus en ladite fondation :] Eſt ordon-
né qu'ils en vuideront les mains pour l'argent être employé en autre
fonds , ou rente , & juſques à ce mis à profit és mains d'un Mar-
chand , pour d'icelui l'obit & fondation être entretenuë , du onziéme
Aouſt mil cinq cens ſoixante & huit.

CHarles par la grace de Dieu Roy de France ; A tous ceux
qui ces preſentes verront , Salut. Comme de certaine ſentence donnée par nôtre Senéchal de Toulouſe ou ſon Lieutenant,
le vingtiéme jour de Fevrier mil cinq cens ſoixante & cinq: Entre
nôtre bien aimé Jean de Rigaud , Seigneur de Vaudruille ſuppliant , & demandeur aux fins , que Maître Pierre Daure, Jean
Bonnet , & Pierre Loubens , Prêtres de Mazeres , obituaires des
obits fondez en l'Egliſe dudit lieu de Vaudruille par feu Arnaud
Garaud , fuſſent tenus vuider leurs mains de la metairie dite de la
Fageole , donnée pour la dotation & fondation dudit obit , cy-
deſſous plus à plein deſignée , comme étant en main morte , contre la loy de l'infeodation , & autres fins d'une part ; & leſdits
Daure , Bonnet & Loubens conſentans à ce ; pourveu qu'il leur
fut baillé & aſſigné pareil revenu , pour l'entretenement de la
fondation , & d'un ſervice par icelle ordonné par nôtre amé & feal
Conſeiller , Maître François de Garaud Chevalier , Seigneur de
Cumyés, Treſorier general ; & Jean de Garaud, Seigneur de Vieil-
levigne , & autres Jean de Garaud , de Beaupuy, de Garillagues ,
ſucceſſeur dudit fondateur, aſſignez & deffendeurs d'autre ; Et entre leſdits Garauds demandeurs , aux fins que ladite metairie leur
fut adjugée, en payant les charges de la fondation deſd. obits d'u-
ne part ; & leſd. obituaires , & de Rigaud deffendeurs d'autre, par
laquelle en effet leſd. de Rigaud, & obituaires étoient relaxez des

B b b b

conclufions & demandes defdits de Garaud : & en outre dit & declare lad. metairie contentieufe être de la directe & fief dudit de
Rigaud , & pour le prefent n'y avoir lieu de preference requife par
ledit de Rigaud , & ordonné qu'icelle metairie , & dépendances
tenuës par lefdits obituaires , feroit mife aux encheres , venduë
& délivrée au plus offrant & dernier encherifleur , n'étant main
morte , ni plus forte , pour l'argent qui en proviendroit être mis
& employé en achat des rentes , ou pieces nobles , pour du revenu entretenir le divin fervice , fuivant l'intention du fondateur ;
& jufques à ce que feroit trouvée une piece noble ou rentes , jufques au prix qui proviendroit de la vente de ladite metairie , le
prix feroit mis à honnête profit és mains d'un Marchand feur &
refponfable , lequel profit feroit reçû par les obituaires , quartier
pour quartier , appellez en tòut les fuccefleurs dudit fondateur ; &
à la charge que l'acheteur fera tenu faire l'hommage , & accomplir les charges contenuës en l'inftrument de l'an mil deux
cens nonante produit par led. de Rigaud , & lefd. obituaires con-
tinueront le divin fervice fuivant la fondation , fans dépens ni arrerages. De la partie dud. Jean de Garaud, de Beaupuy, de Garrillagues , eut été appellé à nous & à nôtre Cour de Parlement de
Touloufe,& par led. Rigaud obtenuës lettres de nous ou de nôtre
Chancellerie , pour être reçû à s'aider dud. appel , & conclurre
comme appellant de lad. fentence : & conftituez & comparans en
nôtre Cour lefd. parties,& elles ouïes,par Arreft d'icelle prononcé
le dix-huit Juillet mil cinq cens foixante & fix , Veu le procez, en
ce que nôtre Senéchal ou fon Lieutenant auroit ordonné n'y avoir
lieu pour le prefent du droit de prelation requis par ledit Rigaud,
pour raifon de la metairie contentieufe , mentionnée en lad. fentence,de laquelle avoit été appellé, ladite appellation , & ce dont
avoit été appellé euffent été mis au neant, & reformant quant à
ce le jugement , ordonné y avoir lieu de prelation requife par icelui de Rigaud , & en tout le furplus lefdites appellations mifes au
neant,eut été ordonné que ce dont avoit été appellé fortiroit à effet : Et en outre pour certaines caufes & confiderations à ce mouvans eut été auffi ordonné , que ou par les encheres , qui feroient
faites de lad. metairie,fuivant lad. fentence,ne fe trouvoit de jufte

prix d'icelle , laquelle metairie feroit estimée par experts, defquels lefdites parties accorderoient devant le Commissaire qui à ce feroit deputé, autrement par lui en feroit pris d'office , à ce appellé ledit Daure , & autres Prêtres obituaires dudit obit, ensemble ledit Garaud & autres patrons d'icelui obit, Consuls du lieu de Tremoulet ; ensemble aussi ledit de Rigaud, pour felon le prix auquel ladite metairie feroit estimée par iceux experts , être declarée par ledit droit de prelation audit de Rigaud , & fans dépens defdites appellations , & pour cause ; en procedant à l'execution dud. Arrest , & fentence par icelui confirmée, Etienne Bofquet Sergent Royal de ladite ville de Beaupuy de Garrillagues, à la requête & pourfuite dudit de Rigaud, eut faifi & mis à nôtre main lad. metairie de Fajolle , contenant feptante & une cesterées , & deux carterées terre , defquels y en a trente cesterées bonne terre , trente moyenne , le reste terre baffe, confrontant d'auta avec Raymond Vexane & ledit de Rigaud , de midy avec le communal de la Brugue de la Salle, de Cers, avec la ruë publique tirant dud. Tremoulet à Mazeres, & d'aquilon avec le Seigneur de Gaudyés ; un champ & vigne appellés au Colombis, contenant quatre ceterées terre , confrontant d'auta avec la ruë & chemin par lequel on va à la Bastide de Garde Renoux: De midy avec le Seigneur de faint Amadour, de Cers avec ledit de Rigaud ; & d'aquilon avec les heritiers de Guillaume Prat , & avec icelui de Rigaud. Un champ appellé au prat de Lanelle contenant trois cesterées, & une carterée bonne terre, confrontant d'auta avec la ruë, ou chemin , par lequel l'on va à Gaudiés ; de midy, avec la ruë, ou chemin par lequel on va à la Brugue de la Salle; de Cers avec François Baron : & d'aquilon avec ledit Baron. Une maifon fituée dans le lieu de Tremoulet avec Soulier, confrontant d'auta avec Antoine de la Croze ; de midy avec le foffé dudit lieu ; de Cers avec les heritiers d'Aymery Raoul, & d'aquilon avec la ruë publique. Et après avoir été par ledit executeur commis , & deputé aufdits biens certains fequestres fuivant nos Ordonnances , & faits defd. biens par icelui Bofquet quatre inquants , ès jours de Dimanche , au devant l'Eglife parrochialle du lieu dudit Tremoulet, avec certaines furfeances & interpofition d'aucuns jours , comme étoit requis, tant par nofdites Ordonnances , que par la coûtume dudit lieu : aufquels inquans la derniere furdite & enchere , auroit été à la fomme de deux mil cinq cens livres tournois , & d'iceux inquants faite intimation par led. Sergent,& executeur,tant aufd. obituaires,qu'aufdits de Garauds patrons, & affignations à eux donnée à certain & competant jour en nôtredite Cour, pour voir être procedé à l'adjudication du decret, fi faire fe doit , ou autrement comme de raifon. Pource qu'au jour affigné , ni dans la furfeance fur ce ordonnée par le ftile, ledit Jean, & autre Jean de Garauds ne fe feroient prefentez , ni Procureur pour eux : à cette caufe nôtredite Cour eût octroyé défaut audit Rigaud demandeur,bien & dûëment prefenté par Procureur, lequel auroit baillé par écrit fa demande fur le profit & utilité dud. défaut felon le ftile. Et pour le regard des autres parties deffus dites, icelles comp irans en nôtredite Cour, c'eft fur ledit de Rigaud demandeur , & requerant le decret être adjugé , & à lui fait droit fur le droit de prelation à lui refervé par icelui Arreft d'une part : & lefd. Daure , Loubens & Bonnet obituaires deffendeurs. Et neanmoins ledit Seigneur de Cumyés patron dudit obit,qui auroit requis en effet être faits autres inquants defdits biens és lieux circonvoifins , ou bien n'être faite eftimation d'iceux biens inquantez fuivant ledit Arreft d'autre , ou les Procureurs defdites Parties pour elles : & eux ouïs en leur requifitions & conclufions refpectivement faites & prifes par nôtredite Cour eut été appointé à mettre ledit Arreft & exploits , & ce que bon fembleroit aux Parties dans huitaine lors prochainemant venant devers icelle , & au Confeil. Et veus depuis par nôtredite Cour lefdits exploits , Arreft deffus dits & autres productions des Parties , par autre Arreft du *9.* Mars mil cinq cens huit dernier paffé , eut été ordonné avant dire droit fur l'adjudication dudit decret requife , que fuivant ledit Arreft il feroit faite eftimation , & appreciation d'icelle metairie , & biens inquantés par experts,defquels les Parties conviendront par le Commiffaire qui à ce feroit deputé ; autrement & à faute de ce faire feroient par lui pris d'office , appellez tant lefdits Prêtres obituaires & patrons, qu'auffi les Confuls dudit lieu de Tremoulet , & ledit de Rigaud , & ce dans quinzaine lors prochainement

venant,pour ce fait & joint être fait droit , les dépens refervez en
fin de caufe,pour proceder à l'execution duquel Arrêt,quant à ladite eftimation ordonnée fur la requête prefentée à nôtred. Cour
par led. de Rigaud ; étant député Commiffaire un des Confeillers
en icelle , lequel les Parties fur ce ouyes auroit fubrogé Maître
Olivier du Picot,Lieutenant principal en la Senéchauffée de Lauraguois , pardevant lequel les Parties conviendroient d'Experts ,
pour proceder à ladite eftimation & appreciation, & ayant été par
led. Picot Lieutenant & Commiffaire commis & députez d'office
certains Experts ,pource que les Parties n'en auroient pû convenir , par lefquels auroit été procedé à lad. eftimation & appreciation , & leur dépofition , avis ou relation fur ce redigée par écrit,
& iceux & la procedure dudit Commiffaire rapportée & reçûë
devers nôtred. Cour, depuis ouïs en icelle les Procureurs defdites
Parties , lad. procedure & eftimation reçûs & joints audit procez,
avec prefixion de certain délai pour bailler nullitez & produire,
& en droit. Sçavoir , faifons qu'en la qualité ou inftance des fufd.
entre ledit de Rigaud demandeur d'une part , & lefdits Daure ,
Bonnet & Loubens Prêtres & Obituaires dudit Obit , lefdits de
Garauds , Seigneur de Cumyés , Jean & autre Jean de Garauds
Patrons d'autre : veus par nôtredite Cour les Arrefts des dix-huit
Juillet mil cinq cens foixante & fix , & neuf Mars mil cinq cens
foixante-huit , exploits , encants & fubhaftations faits de lad. métairie appellée de la Fajeolle , fituée en la Jurifdiction dudit lieu
de Tremoulet , donnée & deftinée par la dotation dudit Obit ,
eftimation , évaluation faite de ladite métairie par Experts fur
ce députez , fuivant led. dernier Arreft & autres productions des
Parties : & confideré ce que faifoit à confiderer avec meure &
grande déliberation , nôtredite Cour par fon Arreft prononcé le
vingtiéme jour du mois de Juillet mil cinq cens foixante-huit dernier paffé , a declaré être loifible audit fieur Rigaud , comme
Seigneur directe de ladite métairie , icelle prendre & retirer à fa
main, & icelle métairie lui a adjugé , & condamné lefdits Obitnai-
res deffendeurs à lui en laiffer la poffeffion vuide , en payant &
délivrant réellement par ledit de Rigaud la fomme de deux mille
fix cens livres , à laquelle ladite métairie a été eftimée & éva-

luée par lefdits Experts, laquelle fomme feroit mife fuivant
ledit Arreft és mains d'un Marchand feur & refponfable, pour le
profit honnête qui en proviendra, être baillé & délivré aufdits
Prêtres Obituaires par quartiers, & à certains termes & jufques à ce que ladite fomme puiffe être employée en achat d'autres biens ou rentes & revenus à la plus grande affûrance & commodité que faire fe pourra pour l'entretenement du contenu en
la fondation dudit Obit, & d'un fervice par icelle ordonné fuivant
l'inftrument de ladite fondation, datté de l'an mil deux cens quatre-vingts-fix, appellez en tout ce deffus lefdits Patrons & Succeffeurs dudit Fondateur, & fans dépens : en témoin dequoi nous
avons fait mettre noftre fcel à cefdites prefentes, pour lefquelles
à la fupplication dudit de Rigaud, & vûë par nôtredite Cour la
requefte à elle depuis prefentée par ledit fuppliant, enfemble l'Ordonnance ou Appointement donné par nôtre Amé & feal Confeiller en icelle, Maître Guerin d'Alyon Commiffaire en cette
partie député le quatriéme jour de ce mois d'Août, par lequel les
Parties ouyes, icelui Commiffaire auroit ordonné ladite fomme
de deux mil fix cens livres être confignée, & mife és mains de
Guillaume de la Laine Bourgeois dudit Touloufe, enfemble l'inftrument du neuviéme jour de ce mois d'Août, retenu par Maître
Geraud Farjonel Notaire Royal dudit Touloufe, expedié, grof-
foyé & figné en dûë forme, & mis devers icelle, par lequel auroit apparu ladite fomme avoir été par ledit de Rigaud confignée
és mains dudit Guillaume de la Laine. Mandons & commettons
par ces prefentes à nos Viguier & Juge des Allemands, ou leur
Lieutenans & premier des Huiffiers en nôtredite Cour, & nôtre
Sergent fur ce requis, & chacun d'eux, que led. Arrêt mette à dûë
& entiere execution felon fa forme & teneur, contraignant à y
obéir & obtemperer tous ceux qu'il appartient par toutes voyes
dûës & raifonnables, aufquels Magiftrats & aufd. Huiffiers ou
Sergent, nous voulons & commandons par tous nos Jufticiers,
Officiers & Sujets fe faifant obéir. Donné à Touloufe en nôtre
Parlement l'onziéme jour du mois d'Août mil cinq cens foixante-
huit, & de nôtre Regne le huitiéme.

Ni plus forte.] C'eſt-à-dire ni perſonne plus puiſſante, par rapport à la clauſe ordinaire des reconnoiſſances, qui prohibe aux Emphyteotes d'aliener en main forte, ni morte. *V. Part.* 26. *du chap.* 1. *de ce traité.*

Prendre & retirer à ſa main.] Le Seigneur Feodal peut retirer le fief vendu par ſon vaſſal à gens de main forte, même nonobſtant l'amortiſſement. *Bacquet du droit d'amortiſſ. chap.* 53. *num.* 3.

Eſtimation des rentes foncieres.

CHAPITRE X.

ART. I.

PAr Arreſt du neuviéme Mars mils cinq cens nonante-deux entre André Caſtet, Liceri Courtois & autres de Touloufe, a été jugé que l'eſtimation du *quanto minoris,* ou moins-valuë d'une piece venduë noble, ſe trouvant chargée d'oblie, eſt telle qu'il faut que le vendeur rembourſe en premier lieu à l'acheteur les lods & ventes qu'il eſt contraint payer au Seigneur directe, & en outre lui payer deux autres lods & ventes pour les deux prochaines ventes qui ſe pourroient faire de lad. piece, enſemble la cenſive pour le temps de ſoixante ans prochains, & pour chaque ſol de cenſive quinze ſols pour l'amortiſſement de ladite cenſive, après leſd. ſoixante ans paſſez, toutes leſquelles ſommes la Cour par led. Arreſt declare être la diminution du prix qui doit être faite par le vendeur à l'acheteur, pour n'être la piece venduë, franche & allodialle, & ce outre & par-deſſus tous les arrerages que l'acheteur a été condamné payer, leſquels il faut que le vendeur lui rembourſe, ayant ici inſeré les propres mots de l'Arreſt, depuis lequel l'Edit des conſtitutions de rente au denier ſeize eſt ſurvenu.

Moins valuë.] *V. le liv.* 1. *tit.* 8. *verb. eſtimation, de quantò minoris.*

ART. II.

Par autre Arreſt du treiziéme de Juin mil cinq cens dix-ſept, entre Loüis de Levis, Sieur & Baron de la Voute, le Sieur de Moncalin, Marguerite de Joyeuſe & autres, après eſtimation faite par Experts ſur la valeur de la rente fonciere contentieuſe; fut jugé que chaque livre de rente avec juſtice haute, moyenne, & baſſe, valoit 35. liv. 17. ſols, & la ſomme de trois cens huitante-huit livres de rente contentieuſe, entre les Parties la ſomme d'onze mille livres tournois, eu égard au tems de la vendition faite par feu Jean de Levis de la Place de Beauvert le vingt-cinquiéme Octobre mil quatre cens soixante-quatre.

Chaque livre de rente.] Dans le commencement du quatorziéme Siecle, on regloit les rentes par rapport à la cinquiéme partie du prix du fonds, à raison d'un fol pour livre de cette cinquiéme partie : par exemple, quand le fonds valoit cent livres, il en falloit prendre le quint, c'est-à-dire vingt livres pour le lods, de sorte que la rente de ce fonds étoit estimée vingt fols, à raison d'un fol pour chaque livre du lods. J'ai trouvé cette maniere d'estimer les rentes en plusieurs actes dudit temps qui ont passé par mes mains ; mais plus nettement qu'aucun autre, dans l'acte d'assignation de deux cens livres de rente, faite au lieu de Ferreroles en l'année mil trois cens sept, au profit de Guillaume de Plezian, Seigneur de Vesenobre ; par Lettres Patentes du Roy Philippe le Bel.

A R T.   I I I.

Par autre Arrest du cinquiéme Avril mil cinq cens trente, entre Blaise de Perede & Jean de Mondenard Ecuyer, le setier bled froment, fut estimé autant que deux setiers avoine.

A R T.   I V.

Par Arrest general prononcé à Toulouse avant la Fête de la Noël mil cinq cens septante-un, fut jugé que la rente qui étoit payable dès la constitution & imposition en écus sol, qui ne valoient que trente sols tournois, se devoit continuer de payer en écus, bien que augmentez en valeur au double.

V. la suite de ce recuëil tit. 61. art. 5.

A R T.   V.

Entre le Syndic des Pauvres de l'Hôtel-Dieu S. Jacques en Toulouse, suppliant & demandeur aux fins contenuës en sa requeste du vingtiéme jour du mois de Fevrier, mil cinq cens un d'une part, & le Syndic de la Confrerie de l'Assomption Nôtre-Dame en l'Eglise Metropolitaine S. Etienne de Toulouse défendeur d'autre : Vûë lad. Requête, instrument de reconnoissance du 28. de Février mil cinq cens quatre-vingt-huit. Arrest du sixiéme jour de Mai mil cinq cens quatre-vingts-un, & autres productions desdites Parties faites devant le Commissaire à ce député, ensemble le dire & conclusions du Procureur General du Roy, & oüi le rapport dud. Commissaire, dit a été que la Cour faisant droit sur lad. requête a ordonné & ordonne que led. Syndic de la Confrerie dans six mois après l'intimation de cet Arrest, vuidera ses mains de la maison dont est question, mouvante de la directe dud. Hôtel-Dieu,

Dieu, mentionnée en ladite reconnoiſſance, ſi mieux icelui Syndic de ladite Confrerie n'aime payer au Syndic dudit Hôtel-Dieu pour ſon indemnité la cinquiéme partie, les cinq faiſant le tout de la valeur de ladite maiſon, ſuivant l'eſtimation qui en ſera faite par Experts, deſquels les parties conviendront devant le Commiſſaire, qui à ce ſera député, ou que par lui ſeront pris d'Office, dont ledit Syndic de ladite Confrerie fera le chois, & declaration dans quinzaine après l'intimation de cet Arreſt, & audit cas, moyennant le payement de ladite indemnité, ſera loiſible au Syndic de ladite Confrerie retenir à ſoi ladite maiſon, en payant annuellement au Syndic dudit Hôtel-Dieu la cenſive de quinze ſols portez par la reconnoiſſance, ſans dépens, & pour cauſe. Prononcé à Touloufe en Parlement l'onziéme jour du mois de Decembre mille ſix cens ſix.

Des déteriorations d'un Fief.

CHAPITRE XI.

ART. I.

TOut emphiteote doit meliorer, non déteriorer le fonds qui lui a été baillé *Auth. Qui rem. C. de Sacroſ. Eccl. & in §. Si verò quis. Novella* 120. *De alienat. vel emphyteoſ.* où il eſt dit expreſſement que *emphiteota rem Eccleſia in emphiteoſim conceſſam deteriorans ab ea Expelli poteſt. Clarus in §. emphyteoſis num.* 26. *Aufrerius Deciſ.* 354. §. *Scire autem. Novella* 7. *De non alienand. reb. Ecclef.* A cauſe de quoi Pierre Prat Marchand de Touloufe, ayant démoli un bâtiment qu'il avoit dans un fonds mouvant de la directe d'Eſtienne Aufreri, fut condamné à le redreſſer & remettre dans trois mois, à peine de privation du fonds, lui faiſant inhibitions & défenſes de plus démolir les bâtimens qu'il avoit dans ledit fief ſur même peine, par Arreſt du premier Juillet mil ſix cens deux.

Expelli poteſt] *V. Part.* 5. *du litre* 39. *de ce traité.*

ART. II.

Si toutefois le bâtiment étoit tombé en ruine par cas fortuit ou par le défaut de moyens de le reparer, negligence ou peu de foin de l'emphiteote , il ne fera tenu le rebâtir , car il fuffit que pour telle démolition ne refte à payer le cens accoûtumé & dû avant la ruïne & chûte d'icelui. Il eft vrai que fi le tenancier déguerpit & veut rendre le fonds au Seigneur,il n'y fera reçû fans payer les interêts pour telle déterioration. *Pet. & Cyn. in Auth. fi quas ruinas. C. de facrof. Ecclef. Mafuer.* tit. des loüages & emphiteofe.

V. Cambolas liv. 6. chap. 46.

A r t. III.

Si l'emphiteote vouloit au préjudice du Seigneur démolir une maifon , & vendre la dépoüille & materiaux d'icelle , ou la tranfporter ailleurs hors le fief du Seigneur,il l'en pourroit empêcher, principalement fi l'emphiteote eft mauvais menager. *Mafuer au même lieu. Ex Cyn. in Auth. Qui rem. q. 6. C. de Sac. Eccl.* Bien eft permis à l'emphiteote de démolir & débâtir un bâtiment pour le remuer & changer , pourvû que ce foit en autre lieu étant dans le même fief & directe du Seigneur , & lui faifant femblable cens de redevance,dol & fraude ceffant ; car s'il vouloit prendre ce prétexte de démolir un grand bâtiment pour en faire un petit, & vendre le furplus des materiaux , il ne feroit raifonnable pour la déterioration du fief du Seigneur , qui ne feroit tant apprecié fe vendant pour les lods & ventes.

V. Surdus decif. 300. Cambolas liv. 2. chap. 34. Corbulus. tract. de jure Emphyt. cap. 10. Brodeau fur la coûtume de Paris art. 74. num. 12.

A r t. IV.

Il eft permis à l'empiteote de démolir ou remuer un bâtiment , & faire ce qu'il en voudra , s'il l'avoit nouvellement bâti, & non encore reconnu depuis les dernieres reconnoiffances, comme un pigeoni r , ou nouveau corps de logis , ou autre bâtiment non nceffaire pour le menage & culture du labourage & recolte des fruits. *Spec. in tit. De locato. §. Nunc aliqua. & l. Hæres in fundo. ff. De ufufr. leg. Mafuer. ibid.*

A r t. V.

L'emphiteote ne peut changer la face de la chofe au préjudice du Seigneur, comme par exemple fi le Seigneur a droit de pren-

dre agrier ou champart des grains feulement, & non de vins ou
foins, l'emphiteote ne peut convertir une terre agriere, & de tout
temps accoûtumée d'être enfemencée de grains, en-preds, bois &
vigne, dont le Seigneur ne pourroit retirer aucune cottité des
fruits, comme il faifoit des grains, à caufe dequoi en l'an mil cinq
cens quatre-vingt cinq un emphyteote des Dames Religieufes de
Boulanc, voulant convertir un champ agrier en édifices, cours,
jardins & clos de vignes, en fut par nous interdit ; ce qui a lieu
quand l'interêt du Seigneur feroit notable, car autrement fi la commodité du labourage ou neceffité de foins, pâturages, vins, bois,
granges ou étables, ou la terre étant maigre & plus propre en
vigne ou bois, qu'à porter grain, l'emphiteote bon menager n'en
peut être empêché ; car d'ailleurs le fonds en eft meilleur, & fe
vendant, plus eftimé au profit du Seigneur pour les lods & ventes.

Une terre agriere.] *V. l'art. 1. du chap. 5. de ce traité.*

N'en peut être empêché.] Il faut faire difference du cens & du champart ; à l'égard de
celui-ci, *in ejus læfionem fundi forma & facies mutari non poteft* ; mais à l'égard du cens, il
eft certain que l'Emphyteote peut changer la face du fonds, *five ædificando, five demoliendo,*
five implantando : Il faut pourtant excepter les cas fuivans ; *fi proeprio cenfus læderetur, vel*
nifi folum conceffum effet ad onus ædificandi, aut inædificatum effet cum cenfus daretur. Mol. in
in conf. Paris. §. 74. gl. 2. num. 2. & feqq. V. Brod. fur la même coût. art. 74. num. 13. & fuiv.

A R T. V I.

Si les bois de haute fûtaye ont été baillez tels en l'infeodation,
ou ont été reconnus en ladite qualité de coupe & défrichement,
n'en peut être vendu fans permiffion du Seigneur, & fans en demeurer d'accord avec lui, bien s'en peut fervir & aider l'emphiteote pour fes bâtimens & chauffages, & encore pour en vendre
aucuns arbres pour fes ufages & neceffitez, pourvû que ce foit en
menagerie, & non coupe univerfelle, ou les arbres étant fi vieux
& fecs, qu'ils ne croiffent plus, ne portent ni augmentent en fruit :
tel bois pour être remis en bois taillis, pourvû que ce ne foit
en intention de déteriorer le fonds, ni préjudicier le Seigneur.
Que fi l'emphiteote depuis l'infeodation a femé ou planté un
bois fans l'avoir encore reconnu, il le peut couper & remettre
en taillis ou en terre, comme bon lui femblera, comme nous
l'avons dit des édifices ci-deffus.

N'en peut être vendu.] Le Parlement a jugé le contraire, fuivant l'Arreft rapporté par
Cambolas liv. 4. chap. 10.

Des Acaptes & Arrierecaptes.

CHAPITRE XII.

ART. I.

PAr les acaptes au païs de Languedoc & Guyenne, sont entendus certains droits dûs au Seigneur foncier & directe par le changement de l'Emphyteote, soit par mort, ou par contrat de mariage, vente, permutation, cession, decret institution, legat ou autrement. Les arrierecaptes au contraire sont les Emphyteotes par la mutation & changement du Seigneur, par mort, contrat, confiscation, & autres moyens susdits à son successeur, lesquels droits sont communement taxez, convenus, & accordez aux bails en Emphyteose, ou aux reconnoissances, desquels a fait mention *G. Bened. in cap. Raynutius in verbo mortuo itaque testatore* au 2. num. 61.

Acaptes.] A considerer la naissance des acaptes, il est certain qu'elles ne se payoient qu'à l'infeodation, comme un droit d'entrée. De là vient que ce droit est appellé dans les vieux actes Latins *intragium*, & dans les actes en langue vulgaire, tantôt *Intrada*, tantôt *Prima-capte*, comme par quelques coûtumes il est designé par *Entrage*. De là vient encore que parmi nous l'acte d'infeodation porte le nom de *nouvel achapt*, & dans les vieux actes celui d'*acapio*, *acapiatio*, *acapitum*, ou *acaptamentum* indifferemment; & que même autrefois *acaptare*, dans les anciens Auteurs signifioit devenir ou se rendre vassal de quelqu'un : mais parce que dans la suite du temps *acapium* & *acaptamentum*, furent employez pour marquer le droit qu'on avoit accoûtumé de payer à chacun changement de Seigneur & de vassal, aussi en Languedoc, de même qu'en Guyenne, les mots d'acaptes & d'arriere-captes, ont été en usage pour designer la même chose. Les anceins actes vulgaires expriment les acaptes par le mot de *Conqueremen* dans ce sens là, & les actes François disent quelquefois *reacapte* pour arriere-captes, dans le même sens. La prestation de ces droits se fait en doublant la rente, y compris neanmoins le cens ordinaire; & suivant l'usage de ce Parlement on en adjuge les arrerages depuis vingt-neuf ans avant l'introduction de l'instance : on ne peut établir ces droits que par convention expresse, ou par la force de la coûtume, ou par une possession immemoriale, *cujus initii memoria non extet.* de même que les droits de quête, de paix, de garde, de carnelage, & autres de cette nature.

Par mort.] Ce qu'il faut entendre par mort avenant une fois dans une année, *ne gravamen hominibus nimium fiat.*

Du droit de prelation.

CHAPITRE XIII.

ART. I.

LE Seigneur direct peut retenir par droit de prelation les biens vendus & alienez, tant par contrat, que par decret, & autre

rité de Juſtice, qui dependent de ſa directe, en rembourſant l'a-
cheteur, ou le dernier ſurdiſant ou decretiſte du prix de la vente
ou ſurdite, & des dépens du decret ; jugé par Arreſt en Audience
pour du Faur & Dampmartin Conſeigneur de S. Jory, & Jean
Falguier decretiſte, le cinquiéme Janvier mil cinq cens cinquante-deux, confirmé par autre Arreſt entre mêmes parties, en Juin
mil cinq cens ſoixante-huit, & jugé auparavant entre Catherine
Mine & Maître Jean Raymond Conſeiller, le quatorziéme Février
mil cinq cens ſoixante-un ; mais cela ſe doit entendre ſi le Seigneur veut pour ſoi les biens, & non pour autrui ; ſur quoi il eſt
tenu jurer, & en eſt creu à ſon ſerment ; ainſi jugé par Arreſt le
deuxiéme Août mil cinq cens ſeptante-deux, entre Paponel & la
Royſſe, ſieur de la Chapelle.

Veut pour ſoi :] Parce que le droit de prelation n'eſt pas ceſſible. *Ranch. & Ferrer. in
queſt* 411. *Guid. Pap* Quoique quelques Docteurs ayent crû le contraire à l'imitation de
Charondas. La Coûtume de Bourbonnois en *l'art.* 457. a été peut être la pierre d'achope-
ment de ces Docteurs, par la diſtinction qu'elle fait du Seigneur feodal ou direct, avec le
lignager ; voulant que le droit de prelation ſoit ceſſible à l'égard des premiers, & non pas
à l'égard de l'autre. Mais outre que le profond du Moulin fait cette remarque ſur ledit
article ; *hoc non eſt malum æquum, ut dixi in Conſuet. Pariſ.* §. 13. gl. 1. qu. 1. & qu'il
témoigne par là que cette diſtinction n'eſt ni equitable, ni de ſon goût ; d'ailleurs en ce
Parlement elle n'eſt nullement ſuivie, le retrait lignager ne pouvant pas être cedé, non
plus que le feodal, ſelon *Maynard liv. 7. chap.* 46.

Eſt tenu de jurer.] Quoique Maynard, qui ſe trompe, ſoûtienne le contraire au *liv. 8.
chap.* 20. il admet neanmoins le ſerment pour le retrait lignager au *liv. 7. chap.* 46.

ART. II.

Par la Coûtume generale de ce Royaume l'Egliſe ni les perſonnes Eccleſiaſtiques, Seign. directes du fonds de l'Egliſe, n'ont
point droit de prelation, comme eſt témoigné par Monſieur Boyer ſur les Coûtumes de Bourges, au titre *de retent. rer. feud.* &
par Rebuffe au titre *de feudis* ; ſauf ſi pour accommoder & agran-
dir l'Egliſe, Couvent, Monaſtere, Hôpital, ou Collége, ou pour
accroître leurs jardins & cloiſons, ou pour s'affranchir de quelque
vûë ou ſervitude ils avoient beſoin de quelques petites maiſons
voiſines, ou petite piece de terre mouvant de leur directe, qui ſe
vendiſſent ou decretaſſent : auſquels cas ſeulement, & non pour
aggrandir & amplifier leurs labourages, ou acquerir loüages de
maiſons, ils pourroient uſer du droit de prelation, ainſi que nous
l'avons jugé n'agueres pour les Religieux de Boulbonne, pour
une maiſon joignant leur Couvent en Toulouſe.

Ni les perfonnes Ecclefiaftiques.] Sauf aux cas remarquez par Cambolas *liv.* 2. *chap.* 39. par Defpeifles *tom.* 3. *tr. des dr. Seigneur. tit.* 4. *fect.* 6. *part.* 1. *num.* 17. & par Maynard *liv.* 9. *chap.* 46.

Art. III.

Par la Coûtume generale le Roy n'a point ufé jamais du droit de prélation en France, moins fes Rentiers, fauf fi c'étoit quelque Château ou Place frontiere qui fe vendît, comme nous l'avons jugé n'agueres pour un Château au Comté de Foix, fur les frontieres d'Efpagne, lequel à la Requête du Procureur general lui a été adjugé par droit de prélation.

Le Roy n'a point.] Il faut excepter les cas rapportez par Defpeifles *loc. cir.* en l'obfervation precedente *num.* 16. ℣. *Ferrer. in queft.* 47. *Guid. Pap.* où il rapporte trois Arrefts qui ont prejugé que le Roy peut ufer du droit de prelation ; ils furent fans doute donnez fur des circonftances particulieres, & ainfi ils ne doivent pas être tirez en confequence.

Art. IV.

Le doute a été fi les acheteurs du domaine du Roy ou de l'Eglife, comme de nôtre temps nous avons vû plufieurs alienations du domaine du Roy, & du temporel de l'Eglife, doivent joüir du droit de prélation ; & a été jugé par plufieurs Arrefts qu'ils en doivent joüir ; parce que les caufes de la Coûtume envers le Roy & l'Eglife, longues icy à difcourir, ceffent aux particuliers acquereurs ; & ainfi a été jugé par plufieurs Arrefts, même le dix-huit Mai mil cinq cens feptante-fix, en la premiere Chambre des Enquêtes, pour un acheteur du temporel de l'Eglife, ledit Arreft prononcé en Arreft general par Mr. Bertrand Prefident aux Arrefts de la Pentecôte le huitiéme Juin audit an mil cinq cens feptante-fix, & par autre Arreft pour des Seigneurs acheteurs du Roy du lieu de Fabrezan, contre les Confuls dudit lieu, du treize Août mil cinq cens nonante-neuf.

Art. V.

Le troiziéme Mars mil cinq cens feptante-cinq fut donné Arreft en la feconde Chambre des Enquêtes fur le rapport de Monfieur Vignaux, par lequel furent decis deux pôints notables ; l'un, que le Seigneur hommager a droit de prelation ; l'autre que le

temps du droit de prelation ne court, si ce n'eſt du jour que la venté a été denoncée au Seigneur directe; parce que l'emphyteote eſt
cenſé de mauvaiſe foy, *ex quo intra annum non petit in veſtituram*
§. 1. *Que ſit cauſa benef. amitt.* & parce que *ignoranti tempus non*
currit. Cap. Quia diverſitatem. De conceſſ. præbend. & ainſi le tient
formellement Chaſſaneus *in tit.* Des cens *in verbo*, dans quatre
jours, *in conſuet. Burg. & Maſuer. in tit. de feudis.*

Le Seigneur hommager.] Suivant l'uſage de ce Parlement un tel Seigneur a la faculté
d'uſer du droit de prelation, parce que le retrait feodal eſt toujours ſous-entendu en matiere des fiefs nobles. *Ferrer. in quæſt.* 508. *Guid. Pap. Mayn. liv.* 4. *chap.* 34. *Canibol liv.* 1.
chap. 15. *n.* 3.

Ne court.] ℣. *l'art.* 16.

ART. VI.

Entre deux Conſeigneurs il y a droit de prelation ; tellement
que ſi l'un des Conſeigneurs a pris les lods & ventes, l'autre Conſeigneur peut prendre & retenir la piece venduë en rendant les
lods & le prix à l'acheteur, comme fut jugé par Arreſt à Touloſe
le deuxiéme Avril mil cinq cens ſeptante-deux, entre Paul de Lyon
Conſeigneur de Pomayrol en Armagnac, contre Antoine Seguala, parce que *quilibet debet uti jure ſuo, neque facto unius alter*
prægravari poteſt : & ainſi l'ont tenu Jaſon *in l.* 3. *cod. de jure em-*
phyteut. & *Chaſſan. in Conſuet. Burg. in tit.* De *cenſes in verbo*,
Retenuë, *Guid. Pap. q.* 401. *Molin in conſuet. Pariſ. paragr.* 13. *in*
princip. & *in* §. 35. *num.* 55. Ce qui a lieu quand les biens ſont
tous ſous même directe, ou quand le Seigneur ou Conſeigneur
les veut tous retenir par droit de prelation ; mais ſi les biens ſont
en la directe de divers Seigneurs, & qu'un des Seigneurs ne veüille que ce qui eſt dans ſa directe, ou que de pluſieurs pieces venduës
il n'en veüille retenir que de certaines ; le doute & difficulté a été
s'il les peut retenir ; aucuns ont tenu qu'il le peut, en payant au
prorata & à proportion du prix total de la vente, *per text. in l.* 1.
§. *Si alter ex hered bus. ff. Quor. legat.* & *l. Quod ſi quis.* §. *fi. ff.*
De in diem addict. Joannes Andreus in addit. ad ſpeculat, titul.
De locato. §. *Nunc aliqua. verſ.* 72. mais au contraire *Guid. Pap.*
quæſt. 508. *Boërius in titul. De retractu rei feud.* §. 1. & *Moli-*
neus Conſuetudin. Pariſ. titul. 1. §. 13. *Gloſſ.* 1. *num.* 49. en termes exprès, ont tenu qu'il ne peut retenir l'une choſe ſans prendre
le tout, parce qu'autrement l'acheteur ou decretiſte ne l'eût pas

acheté, & c'eſt l'opinion la plus équitabla & ſuivie, que ſi l'acheteur ou acquereur ne vouloit bailler le tout, audit cas le Seigneur pourra retenir par prélation ce qui eſt dans ſa directe, en rendant le prix ſuivant l'eſtimation, eu égard au prix total de l'achat : ainſi jugé par Arreſt entre François Bay, & le Seigneur directe de Montpitol le ſeptiéme Avril mil cinq cens quatre-vingts-huit.

En la Directe de divers Seigneurs.] La tolerance, ou la contradiction de l'acquereur, doit en ce cas decider la queſtion : car quand il ſouffre que ſon acquiſition ſoit diviſée, il eſt certain que l'un des Seigneurs peut retraire ce qui eſt ſeulement dans ſa directe, & laiſſer ce qui releve de l'autre Seigneur ; mais quand l'acquereur ne veut pas ſouffrir la diviſion, il faut que le Seigneur, qui veut uſer de prelation, prenne tous les biens compris dans l'acquiſition, ſi mieux il n'aime prendre le droit de lods, & donner l'inveſtiture de tout ce qui releve de ſa directe, ce qui peut être confirmé par la diſpoſition du droit. *L. quod ſi nolit.* §. *Si plures ff. de Ædil. L. communi* §. *ſi debitor. ff. comm. divid.* Et quand quelques Docteurs, comme entr'autres du Moulin, ont été d'un ſentiment contraire, ç'a été ſans doute, au cas il apparût de la fraude des contractans : En effet, du Moulin n'allegue pour cette raiſon que cette ſeule fraude, *ne ſcilicet venditor callidè miſcendo plures fundos jus Domini poſſet eludere.* De ſorte qu'il eſt vrai de dire, que cette conſideration ceſſant, on doit obliger le Seigneur de prendre le tout, ou de laiſſer le tout. Ainſi jugé par Arreſt du 1. Mars 1619. au rapport de Mr. de Theron, en la cauſe du Seigneur de S. Leonard ; & par autre Arreſt du 21. Janvier 1621. au rapport de Mr. de Caſſaignau, en la cauſe du nommé Vales, Conſeigneur du lieu de Fraiſſinet : quoique les biens dont il s'agiſſoit dépendans de la directe de divers Seigneurs, les Sieurs de S. Leonard & de Fraiſſinet euſſent quelque raiſon pour refuſer de les prendre, afin de ne pas devenir Emphyteotes d'un autre Seigneur. Au reſte, la volonté de l'acquereur doit ſi fort être la regle en ces matieres, que quand on n'a adjugé à l'un des Seigneurs par droit de prelation que les fonds mouvans de ſa directe, cela n'eſt arrivé, que parce que l'acquereur n'a pas conſenti qu'il prît tout par droit de prelation, ſuivant le cas de l'Arreſt rapporté par *Camboias liv. 3. chap. 10.* Ainſi il dépend de l'acquereur de faire prendre à l'un des Seigneurs directes, qui veut retraire, ou ſeulement ce qui releve de lui, ou generalement tous les fonds qui ſont compris dans ſon acquiſition, quoiqu'il y en ait qui relevent de la directe de l'autre Seigneur : *Nec enim aliter partem empturus eſſet. l. tutor.* §. *curator ff. de minorib.* V. *Maynard liv. 8. chap. 19. Brodeau ſur la cout. de Paris, art. 20. num. 24. & Ferrer. in quæſt. 411. Guid. Pap.*

ART. VII.

Etant remarquable que les promeſſes par écriture privée entre l'acheteur & vendeur, ou entre le debiteur & l'executeur faiſant comme, que le decret obtenu ne ſortira à effet, en payant dans certain tems, ou autrement ne font foi au préjudice d'un tiers, comme du Seigneur foncier, pour le priver de ſes lods *per l. Scripturas. C. Qui potior in pig. hab.* & ainſi en ſemblable cas le tient Tiraquellus au titre du retrait conventionnel, §. 1. *gloſſa 7. num.* 43. 44. 45. & 46. par pluſieurs raiſons & autoritez par lui alleguées ;

ainſi

ainfi l'ai veu juger le dix-fept Janvier mil cinq cens quatre vingts-
deux, entre les hoirs du feu fieur Rabaudi, & Maître Aimable
du Bourg Avocat en la Cour, Seigneur directe de la Peyroufe,
auquel, nonobftant une promeffe privée, un moulin dans fa directe fut adjugé par droit de prélation.

Ne font foy.] Et ne peuvent même rien valoir au prejudice du droit qui eft déja acquis
au Seigneur par moyen du decret.

ART. VIII.

Par Arreft du quatriéme Avril mil cinq cens quatre vingt-fix,
fut dit que la Demoifelle Doffim, Dame de Miremont en Quercy,
feroit preferée pour fon droit de prélation, dol & fraude ceffant
à celui qui demandoit la même chofe par retrait lignager, parce que
le Seigneur *habet jus in re ; ergo præferri debet. l. Etiam. ff. Qui
poti. in pig. hab.*

Seroit preferée.] Dans le païs de Droit écrit le Seigneur directe eft preferé à celui
qui veut prendre par droit de retrait lignager ; les raifons en font touchées par Duranti *en
fa queftion 84. num. 3.* ainfi ceux qui font d'un fentiment contraire, au pretexte de ce
que du Moulin dit *in Confuetud. Parif. tit. 1. gl. 22. num. 1.* que *retractus proximitatis
excludit feudalem*, fe trompent fans contredit, ne prenant pas garde que du Moulin parle pour un païs de Coûtume, où à la verité le retrait lignager eft preferé au feodal : juf-
ques-là que j'ai remarqué dans plufieurs titres anciens paffez dans le païs Coûtumier, que
lorfqu'on vouloit obliger un Seigneur dominant de renoncer au droit de retrait, on le
faifoit fouvent renoncer par exprés au retrait lignager, fans parler du feodal. Roulliard
ayant rapporté *en la pag. 290. de fon Hift. de Melun*, un acte de l'année 1243. contenant
une pareille renonciation, ne peut pas s'empêcher de dire que *cette antiquité lui femble
remarquable* ; il n'y a pourtant rien d'extraordinaire en cela, à confiderer que l'acte fut
paffé en païs de Coûtume, où dans la renonciation expreffe au retrait lignager, il faut
fuppofer qu'étoit comprife tacitement celle du retrait feodal, par la raifon de la Loy *in
eo. 110. ff. de reg. jur. minus femper ineft in eo, quod plus eft.* Au refte, le retrait conventionnel l'emporte en tout païs fur les autres.

ART. IX.

Si une piece a été venduë plufieurs fois fans avoir pris inveftiture, le Seigneur directe la peut prendre par droit de prélation
pour le prix de tel des contrats de vente que bon lui femblera,
comme nous le jugeâmes le troifiéme Aouft mil cinq cens nonante-
quatre, entre du Bourg fieur de la Peyroufe, & Dumas, fuivant
la decifion expreffe de Molineus *in confuet. Parif. tit. de feudis. §. 13.
gloff. 5. in verbo* vendu, *num.* 44.

De tels des contrats.] Paffez depuis moins de trente ans, & non autrement, à caufe
que le droit de prelation prefcrit dans ce temps-là.

Dddd

A r t. X.

Boiſſet Seigneur directe du lieu d'Eſtantenx achete une vigne de ſa directe, laquelle il legue à un de ſes enfans, & la directe du lieu à un autre fils : le legataire de la vigne la vend à l'un des habitans du lieu ; le Seigneur direct la veut avoir par droit de prélation *an poſſit* ? Par notre jugement du mois de Novembre mil cinq cens nonante-un, le demandeur en fut démis, & la piece declarée allodiale, à cauſe de la confuſion & confolidation de l'utilité avec la directiré par le moyen de l'achat fait par led. Boiſſet pere commun. *Per l. Si b'nas ædes. ff. de fervit. urb. præd. & doctrinam Molinei in tit. De cenſibus.*

A r t. X I.

Le Seigneur retenant un bien vendu par decret, par droit de prélation le reprend exempt de toutes charges & hypoteques qui pourroient y être impoſées depuis le premier bail, & infeodation : & comme le reprenant au premier état, qu'il l'avoit baillé. *l. Lex vectigali fundo ff. De pignorib. & ibi gloſſ. Paulus de Caſtro in l. Servitutes. C. de fervit. & §. 2. ff. De regni inveſtit.* à cauſe dequoi, ayant le ſieur de Ferrals retenu par droit de prélation, certain bien vendu par decret, & icelui joüi quelque temps ; venant après, la femme du debiteur, & diſant ledit bien lui être hypotequé pour ſa dot. Par notre jugement du quatorziéme Fevrier mil ſix cens deux ladite femme, ou ſes enfans furent démis de leur demande.

Exempts de toutes charges.] C'eſt auſſi l'uſage de la Cour des Aydes de Montpellier, duquel peut faire foy l'Arreſt qui y fut donné, en la cauſe des Conſuls de Sauve contre le ſieur de Valfons, qu'un Seigneur directe, qui a aliené une piece par lui joüie noblement, la retenant par droit de prelation, elle demeure roturiere, & ne reprend plus ſa premiere qualité de nobleſſe, parce qu'elle revient au Seigneur, non pas *ex cauſa antiqua & neceſſaria* ; mais bien *ex cauſa voluntaria* : outre que le droit de prelation ſupporte une eſpece de ſubrogation, qui ſe fait du Seigneur directe à l'acquereur, *ſubrogatum autem ſapit naturam ſubrogati*, ce qui fait qu'à l'égard de l'un & de l'autre res tranſit cum ſua cauſa & ſuo onere. L. *alienatio. ff. de contrah. empt.* Et comme le deguerpiſſement dépend autant ou plus du fait & de la volonté qui donne lieu au droit de prelation, puiſqu'elle peut être forcée ; il eſt certain qu'au cas du deguerpiſſement les ſervitudes & les hypotheques doivent ſubſiſter, quoi qu'ayent pû dire quelques Docteurs au contraire.

Art. XII.

En permutation de biens, le droit de prélation n'a point de lieu, comme fut jugé par Arreſt du vingt-quatriéme May mil cinq cens ſeptante & deux pour du Soulier, contre le ſieur de la Baſtide.

{ *En permutation.*] Sauf quand le contrat eſt frauduleux.

Art. XIII.

Pour la reception de la rente & cenſive faite par pluſieurs années de l'acheteur, le Seigneur ne ſe prive point de ſon droit de prélation, ſi l'acheteur n'avoit exhibé & montré l'inſtrument de ſon achat au Seigneur, & icelui requis lui bailler inveſtiture, ou s'il n'y avoit trente ans dudit achat. *Molineus tit. de feudis in 1. parte §. 14. num. 1. & §. 41. num. 71. Ferron. De feudis. §. 9. circa finem. Jaſon. in l. 2. num. 174. C. de jure emphyt.*

Par la reception de la rente.] Cette reception n'induit pas inveſtiture, ni approbation de la nouvelle acquiſition ; parce qu'au langage de du Moulin, qui en ces matieres a deſillé les yeux aux autres Docteurs, *cenſus debetur à quocumque poſſeſſore juſto, vel injuſto, habili, vel inhabili.*

Art. XIV.

Le Seigneur ayant obtenu une piece par droit de prélation ſur ſon ſerment de la vouloir pour lui, & non pour autrui ; encores qu'après il la baille à un autre, la piece ne peut être pourtant évincée par l'acheteur, *quia jurisjurandi religio ſolum Deum ultorem habet, & poſtquam juratum eſt, nihil amplius quærendum. l. 1. De jurejurando.* Ainſi fut jugé par Arreſt du vingt & uniéme Juin mil cinq cens ſoixante & huit pour le ſieur de Grefueille, lequel après avoir eu une piece par droit de prélation ſur ſon ſerment, l'auroit après baillée à un autre.

{ *Et non par autrui.*] Il ſemble tout d'un coup que le droit de prélation ſe peut ceder, tant parce que *eſt fructus rei qui poteſt cedi*, que parce qu'il paroît juſte que le Seigneur par moyen de ſa ceſſion, puiſſe changer d'Emphyteote, pour en mettre un à ſon gré, & qui lui ſoit fidéle, ſans être obligé d'en recevoir un, qui lui pourroit être ou ennemi ou incommodé ; mais à conſiderer que le droit de prelation eſt un droit perſonnel, lequel, comme parlent les Docteurs : *hæret oſſibus Domini*, il eſt certain que cette conſideration étant plus forte que les autres, ce droit ne peut pas auſſi être cedé. *V. l'article 1. de ce chap.*

Art. XV.

Pour faire forclorre le Seigneur du droit de prélation, il faut que l'exibition de l'inſtrument d'acquiſition, & la requiſition de bailler inveſtiture, & l'offre de payer les lods & ventes, ſoit par écrit, & acte public, & non de ſimple parole; bien que ſoit en preſence des témoins. *Chaſſan. tit. Des cenſes.* §. 4. *in verbo,* denoncer, *l.* 2. *C. de jur. emphyt. ibi denuntiatur. Rebuffes.* Des matieres feodales. §. 13. *gloſſ.* 12. *in verbo,* exhibere.

Soit par écrit. V. Cujac. ad l. ult. C. de jur. emphyt.

A R T. X V I.

Le droit de prélation dure trente ans, après leſquels il eſt preſcrit; encore que la vente n'ait été oncques denoncée au Seigneur, *quia illi præſcriptio currit ignoranti. Capell. Toloſ. Deciſ.* 76. §. *Porrò & ibi Jacobus Alvarritus num.* 3. *Qualiter feudum alienari poſſit:* ainſi fut jugé par Arreſt general, prononcé par le ſieur du Faur, le quatorziéme Aouſt mil cinq cens quatre-vingt-trois contre le ſieur d'Aiblade en Armagnac.

N'ait été denoncé.] L'Auteur dit le contraire *en l'art.* 5. *de ce chap.* où il allegue que le temps du droit de prélation ne court que du jour de la denonciation de la vente; en quoi il erre & choque l'uſage atteſté par lui-même au preſent article, & par *Maynard liv.* 4. *chap.* 46. *V. l'art.* 9. *du chap.* 38. *de ce traité.*

A R T. X V I I.

Anciennement on tenoit, & jugeoit, qu'en la ville & Viguerie de Toulouſe le droit de prélation, ni de commis n'avoient point de lieu: toutefois depuis, après avoir mieux & de plus prés regardé les Coûtumes, & trouvé qu'au volume d'icelles cette coûtume ne ſe trouve point, par pluſieurs autres Arreſts a été jugé le droit de prélation, & de commis avoir lieu, auſſi bien dans la ville & Viguerie, que hors d'icelle: entre autres par Arreſt de Paris du ſeiziéme Juillet mil quatre cens ſix entre Barrau, & le Sindic du College de Maguelonne en Toulouſe, Arreſt de Toulouſe du vingt & uniéme Juillet mil quatre cens ſeptante & trois pour le ſieur de Tornefueille; autre Arreſt de Toulouſe du quatorziéme Fevrier mil cinq cens ſoixante & un entre de Minut, veuve du feu ſieur de Malenfant, & Maître Jean Raymond; autre Arreſt pour Michel du Faur ſieur de Saint Jory, du deuziéme Maÿ mil cinq cens ſoixante & ſix, parlant tous les ſuſdits Arreſts en biens decretez; & par autre Arreſt, entre Guillaume Saſaux, & le Sr. de l'Hoſpital Conſeiller, le trentiéme May mil cinq cens quarante-huit.

* *Avoir lieu.*] Il est certain que suivant l'usage le droit de prélation n'a pas lieu ni dans la Ville, ni dans la Viguerie de Touloufe, & que les derniers Arrests que le Parlement a donnez sur cette matiere, lorsqu'elle y a été traitée, sont contraires à ceux qui sont rapportez par l'Auteur ; témoin l'Arrest donné en la seconde Chambre des Enquêtes en Mars mil six cens septante-deux, pour Soulargues maître Cordonnier de Touloufe, contre le Seigneur de la Bastide.

ART. XVIII.

S'il y a plusieurs Seigneurs directes, & que tous veuillent retenir la piece venduë par droit de prélation, si la piece se peut commodement diviser, & ne s'en peuvent autrement accorder, il faut qu'ils se la départent à proportion des parts & cotitez qu'ils ont en la directe, ou qu'ils la jettent au sort, comme de même si elle ne se peut diviser, le sort les tirera de differend.

ART. XIX.

Où il y a deux Seigneurs directes, si l'un veut retenir par droit de prélation la piece venduë, & que l'autre se contente de sa part de lods & ventes, & veut investir l'acheteur, l'autre Conseigneur n'a droit de retenir toute la piece venduë par droit de prélation contre la volonté de l'acheteur : ains se doit contenter de la partie d'icelle, suivant la cotité de son droit de directe ; parce que *in contractibus juri accrescendi locus non est l. si mihi, & Titio, D. de verb. oblig.* Ainsi jugé aux Arrests generaux de la Noël prononcez par M. le President de l'Estang le vingt & deuziéme Decembre 1601.

Contre la volonté.] V. l'observation sur l'art. 6.
Juri accrescendi.] V. Cambolas liv. 3. chap. 10. & Ferrer. in in quæst. 411. Guid. Pap.

ART. XX.

Le cens est indivisible ; sauf si le Seigneur a prins reconnoissance sous censive particuliere, par Arrest du quatorziéme Septembre mil cinq cens septante & quatre entre Jean Franc & autres habitans de Colomiez, contre de Raspauld sieur directe.

ART. XXI.

Les étrenes, & les droits de corratiers, doivent être par le Seigneur, qui retient par droit de prélation rendus, & l'acheteur entierement indemnisé, comme fut jugé entre le Comte de

Montlor, & Sanglad, le vingt-quatriéme Avril mil six cens deux.

Les Eſtreines.] Il eſt certain qu'il y a diſtinction à faire au ſujet des étreines & des épingles qu'on donne ordinairement à la femme du vendeur : car ou il en eſt parlé dans le contrat de vente, auquel cas l'achéteur en doit étre indemniſé, ou il n'y en eſt pas parlé, auquel cas le rembourſement n'en eſt pas ordonné, parce qu'on les regarde comme une dépenſe volontaire, & faite ſans neceſſité, qui eſt pour le compte de l'achéteur.

Du Droit Seigneurial de vendre ſon vin à certain mois, ſans qu'il ſoit permis aux autres de ce faire.

CHAPITRE XIV.

ART. I.

ENtre autres droits Seigneuriaux ſpecifiez és titres, infeoda-tions & reconnoiſſances, nous en avons veu un, par lequel le Seigneur a faculté de vendre à certain mois ſon vin, & le pro-hiber aux autres, decidé par l'Arreſt qui s'enſuit.

Entre le Sindic des Conſuls, manans & habitans du lieu de Seyſſes Toloſanes, appellant du Senéchal de Toulouſe, ou ſon Lieutenant, & autrement impetrant, & requerant l'enterinement de certaines lettres royaux aux fins de nullité & caſſation, ou reſciſion de la tranſaction y mentionnée, & autres fins y contenuës d'une part, & Jacques Matthieu d'Eſpagne ſieur dudit lieu de Seyſſes appellé & deffendeur d'autre : La Cour a maintenu & gardé ledit d'Eſpagne en la poſſeſſion & ſaiſie de pouvoir y vendre ſon vin à pot & pinte chacune année durant le mois d'Août à prix commun & raiſonnable, tel que ſera taxé par les Bailles & Con-ſuls dudit lieu, & de prohiber & deffendre à tous les autres habi-tans dudit lieu, de quelque qualité qu'ils ſoient, de vendre auſſi à pot & pinte aucun vin durant ledit mois d'Août audit lieu & ju-riſdiction d'icelui : à la charge qu'icelui Seigneur de Seyſſes ſera tenu y tenir en vente vin vendable & de commune bonté, de ma-niere que leſdits habitans, & autres paſſans en puiſſent étre com-modement pourveus, ſans que pour raiſon de ce leſdits habitans puiſſent étre empéchez par ledit Seigneur vendre, ou acheter leur vin en gros, étant en tonneaux gros ou petits durant ledit mois d'Août, ou autre temps de l'année. Prononcé à Touloufe en Par-lement, le douziéme jour du mois d'Août mil cinq cens ſoi-xante-un.

A cer'ain mois fon vin.] C'eſt un droit de Bannalité, connu ſous le nom de *ban vin*, u de *ban à vin*, ou de *taverne banniere*, ou de *vei du vin* ; duquel droit les Seigneurs ui en ont titre avec poſſeſſion, ont accoûtumé de joüir pendant certain temps de l'année, u à leur choix, ou ſuivant le temps fixé par le titre. Les Barons de Vauvert dans le Dio- eſe de Nîmes, peuvent au premier égard, & ſans aucun temps fixe, interdire à leurs abitans la vente du vin, ſauf pour un demi muy, durant cinq ſemaines, en tel temps e l'année que bon leur ſemble, ſuivant la tranſaction entr'eux paſſée le ſeptiéme d'Avril 618. conformément à celle du quatriéme des Calendes d'Avril 1235. qui ſert de titre pour dit droit. Au ſecond égard on peut alleguer l'uſage general établi dans le Bearn, dont arle le Préſident de Marca en ſon hiſt. *liv. 4. chap. 17. nomb.* 8. où il dit que le Comte entulle ſe reſerva le droit de vendre ſes vins, & ſes pomades, ou cidres, par tout le nois de Mai : d'où vient que ce droit eſt nommé dans les vieux titres, *maiades*, *maienc- ſe*, & *maieſque*. Ceux qui en ont traité remarquent avec Brodeau *ſur l'art. 71. de la iût. de Paris, num.* 36. que les Seigneurs ne peuvent s'en prévaloir que pendant deux nois au plus. Cette reſtriction eſt certainement toute pleine de juſtice & d'équité, com- ne reprimant cet ancien abus, ſuivant lequel les Seigneurs faiſoient quelquefois durer le roit de ban-vin les ſix mois entiers. Au reſte, la prohibition de vendre le vin pendant n certain temps de l'année, ne ſuppoſe pas toujours un droit de bannalité ; comme uand *Lurbæus in Chron. rer. Burdigal.* remarque ſous l'année 1422. que *Henrici, egis Anglorum reſcripto prohibetur incolis Burdigalenſibus, niſi jus civitatis adepti fue- int, vendere vinum particulatim, & ad menſuram, à die Pentecoſtes uſque ad diem feſ- m D. Michaëlis.*

A R T. I I.

Il y a aux païs Coûtumiers, & aux Coûtumes de Senlis, Châ- ons, & Touraine autre droit pour vin vendu, qu'ils appellent lroit de fourrage, qui ſe prend ſur les ſujets vendans vin en détail n broche, qu'on pourra voir.

Forrage.] Ou *Forage*, c'eſt le même droit que le *fallage*, qui attribuë au Seigneur uelques pots de vin pour chaque tonneau vendu en détail : on a dit *jallage* & *jalliage* ndifferemment.

Du Guerpiſſement.

C H A P I T R E X V.

A R T. I.

GUerpir en matiere feodale, n'eſt autre choſe que delaiſſer, quitter, relaxer, & rendre au Seigneur directe le fonds mou- vant de ſa directe ; lequel guerpiſſement ceux qui ont reçû le fonds en emphyteoſe, ni leurs heritiers inſtituez ou ſubſtituez legataires, fideicommiſſaires ou donataires, ni autres ſucceſſeurs, *ex cauſa lucrativa*, ne peuvent faire à cauſe de l'obligation perſonnelle, qui eſt en l'inſtrument d'infeodation du premier feodataire, laquelle eſt par lui tranſmiſe à tous ſes heritiers & ſucceſſeurs , *ex doctrina Aufreri. in Deciſ. Capellæ Toloſ.* Ains ſeulement ſont reçûs à guerpir les acquereurs ou autres tiers poſſeſſeurs , leſquels encores audit cas , ſont tenus laiſſer & rendre la piece non deteriorée , ains en l'état qu'elle fut baillée par le Seigneur , & neanmoins tenus payer les lods & ventes s'il en ſont dûs , & tous les arrerages des droits Seigneuriaux ; ſauf leur recours contre leurs auteurs , pour leſquelles deteriorations ou eſtimation d'icelles , & arrerages , le Seigneur ſe peut prendre ſur les autres biens du guerpiſſant : ainſi l'avons ſouvent jugé , même pour la Dame Preſidente de Saint Jean , contre Salvet Procureur au Preſidial à Touloufe , & du douziéme Janvier mil cinq cens ſeptante & cinq pour Gaffuer contre Cavagnac. Ce qui n'a lieu és locatairies perpetuelles de vingt - neuf en vingt - neuf ans , eſquelles les locataires & tenanciers des biens , ou leurs hoirs , peuvent iceux relaxer & quitter aux locateurs quand bon leur ſemble , en payant la rente & arrerages , & laiſſant les biens en l'état qu'ils leur avoient été baillez , comme fut permis à du Solier Damoiſelle appellante du Senéchal de Carcaſſonne , de relaxer une metairie baillée à ſon pere à ſemblable arrentement perpetuel pour quatorze ceſtiers de bled de rente ou penſion , de laquelle ſondit pere , ou elle , avoient joüi vingt quatre ans , par Arreſt du 9. May 1587.

De l'obligation perſonnelle.] *V. Part.* 3. *du chap.* 6. *de ce traité.*
Qu'elle fut baillée.] Suivant *Part.* 43. de l'Ordonnance de Charles VII. en 1431.
Sur les autres biens.] *Ferrer. in queſt.* 417. *Guid. Pap.*

Art. II.

Le Seigneur n'eſt tenu accepter, s'il ne veut, le guerpiſſement, ou relaxe d'une de pluſieurs pieces baillées par lui, où ſes predeceſſeurs, ni d'un de pluſieurs tenanciers par indivis d'un fief, que tous enſemble ne guerpiſſent le tout ; ains doivent ſes autres contenanciers pourvoir à la piece qu'on pretend guerpir, ou contraindre le tenancier à la retenir, comme bon leur ſemblera & payer la rente entiere par indivis : Ainſi fut jugé au fait de Maître N. Boloc Docteur de Montech l'an mil cinq cens nonante & un & le quinziéme Octobre.

* *Tenanciers par indivis d'un Fief.*] Il eſt vrai que par la raiſon de la Loy *hæredes ſcripti C. de omn. agr. deſert.* quand on a pris pluſieurs pieces en emphyteoſe , on doit ou les deguerpir ou les retenir toutes , à moins qu'on les ait priſes ſous divers prix ; mais
l'Au

l'Auteur se trompe quand il prétend qu'il en soit de même à l'égard de l'un de plusieurs tenanciers par indivis d'un fief, car il est certain, suivant l'usage de ce Parlement, attesté par Cambolas *liv. 3. chap. 9.* qu'en ce cas un des tenanciers peut deguerpir sa portion quitte d'arrerages, & on reserve au Seigneur de pouvoir à l'avenir lever par indivis la rente à lui dûë sur son fief, sur les autres contenanciers d'icelui, ausquels en ce cas on permet de pouvoir prendre la portion deguerpie ; en effet, elle leur accroît de plein droit. *V. Maynard liv. 6. chap.* 38.

A R T. I I I.

Les pupilles ni les Tuteurs ne peuvent faire ces guerpissemens sans connoissance de cause, & sans autorité & permission de justice, avec inquisition de la commodité, ou incommodité du pupille prealable ; parce que cette alienation est prohibée par le droit sans les formalitez de justice. *C. De reb. eor. &c. & l. inter omnes. C. de præd. min. Masuer. tit des loüages.*

Des Fours banniers.

C H A P I T R E X V I.

A R T. I.

IL y a plusieurs fiefs esquels il y a fours & moulins à vent ; c'est-à-dire où les resseans habitans, & domiciliez des fiefs sont sujets, suivant les coûtumes des lieux, baux, infeodations ou reconnoissances, aller moudre leurs grains, ou cuire leur pain, dont les droits sont divers, suivant la diversité des coûtumes, infeodations & reconnoissances : & les contrevenans sont punis suivant les peines contenuës esdits titres : pour l'execution desquelles les farines, ou pains venans d'autre moulin ou four & trouvez dans le fief, peuvent être saisis par le Seigneur, ses Officiers, ou rentiers, & trouvez hors du fief, peuvent ceux qui les portent, ou conduisent être actionnez pour l'amende & confiscation par le Seigneur, ou ses Officiers & Fermiers.

A R T. I I.

Si un four, ou moulin sont baillez en emphyteose à condition & charge, de cuire ou moudre tout le pain & bled d'une maison & famille : encore que la famille croisse & augmente du double, voire trible, & plus l'emphiteote est tenu y satisfaire : pourveu

E e e e

que tous habitent en même maifon & domicile , *& fub eodem tecto* , & ne faffent divers feux , familles & ménages , comme la famille étant diminuée , & voire étant abfente on ne peut rien exiger de l'emphiteote pour telle diminution : à caufe dequoi le Meufnier ou Fournier ne font tenus cuire le pain des enfans , ferviteurs , ou Metayers habitans hors la maifon & habitation du Seigneur. Ainfi le jugeâmes en la caufe de Scipion de Joyeufe grand Prieur de Touloufe en Decembre mil cinq cens quatrevingt cinq pour un four bannier, qu'il a en Touloufe à la ruë des Paradoux , chargé de cuire fon pain , lors qu'il eft en Touloufe , & du College de faint Jean, auquel nous deniâmes les arrerages, qu'il demandoit de la cuifon de fon pain pendant fon abfence , le tout par les raifons , loix & autoritez alleguées par Cepola , *in tit. De fervit. urbanor. præd. tit. De furno. & Boyer q.* 213.

ART. III

Par Arreft donné fur ce fujet de fours banniers , entre le fieur de Rigaud, Seigneur du Cabanial , & le Syndic , Confuls & habitans dud. Cabanial , le fixiéme Decembre mil cinq cens foixante & fept fut dit que les habitans de Cabanial feront contraints aller cuire leurs pains aux fours banniers du Seigneur pour eux & leur famille ; à la charge que le Seigneur les tiendra reparez, fournis & pourveus de toutes chofes neceffaires pour bien cuire le pain des habitans aux jours qui feront avifez par experts, & inhibé tant aux habitans du lieu , qu'autres refidans dans le fief , conftruire fours particuliers fans la permiffion du Seigneur ; & ou il y en auroit, permis au Seigneur de les abbattre & démolir : que ceux aufquels telle permiffion eft donnée , ne pourroit faire cuire le pain de leurs voifins , fous peine de confifcation du pain au profit du Seigneur : Plus , que ceux qui acheteront du pain hors du fief pour leur nourriture , ou de leur famille, ou encore pour vendre aux habitans, feront tenus payer le droit de fournage , fuivant eftimation d'experts , ayant égard au bled que leur famille pourroit dépenfer, ou qu'ils n'ont pû vendre. En outre les forains bientenans dans le fief , mais non refidans ni domiciliez , dol & fraude ceffant , ne feront tenus payer le droit de fournage. Pareil Arreft de prohibition de cuire ailleurs qu'aux fours banniers , & d'in-

jonction de démolir les fours particuliers fut donné le quatriéme
Fevrier mil cinq cens quatre-vingts-sept , pour d'Orgueil sieur
de Gemil , contre Payrastre.

Des Moulins banniers.

CHAPITRE XVII.

ART. I.

LEs Seigneurs Justiciers hauts , moyens & bas ont aucuns
droits domaniaux à eux propres & particuliers , *in castris eo-*
rum, comme sont *aquæ* , *& decursus aquarum* , *montes* , *nemora* ,
pascua , & autres semblables , comme est decis par *Lucas de Pen-*
na in l. Quicumque. De fund. limitroph. lib. 11. C. & Consil. 24. num.
22. & telle est la résolution des Coûtumiers de ce Royaume , &
singulierement de Papon sur les Coûtumes de Molins , & de Guido Pape en la décision cinq cens septante & sept , & cinq cens
quatorze ; comme aussi Chopin *de domanio. lib. 1. tit. 16.* dit que
par la coûtume & loy de ce Royaume , les Seigneurs Justiciers en
toute Jurisdiction sont fondez en la proprieté des fleuves & rivieres non navigables , qui passent en leurs Jurisdictions ; d'où s'ensuit qu'ils sont fondez aussi à prohiber qu'aucun ne fasse aucuns
Moulins ausdites rivieres ou ruisseaux , que le Jurisconsulte appelle privez , ainsi qu'il est decis par Boyer en la decision 352. n. 4.
Alexandre Consil. 194. vol. 2. *Jason in l. Quominus ff. De fluminib.*
Car aussi par la disposition du Droit , il n'est pas loisible de bâtir
sans la volonté du Seigneur en son fonds. *facit testius in l. Si quis*
cum ff. De diversis & temperan. præscript & ainsi fut jugé par jugement de nôtre Chambre , confirmée par Arrest de la Cour , donné
en faveur de la Comtesse d'Ales contre un sien vassal , qui vouloit
contre sa volonté faire un Moulin sur une riviere passant en sa Jurisdiction , en l'an mil cinq cens quatre vingts-cinq.

ART. II.

Il n'est loisible d'attacher les Moulins à nef dans les terres des
particuliers , sans leur permission , ayant été le vingt-huitiéme

E e e e ij

jour du mois de Juin mil cinq cens septante-huit, Jean de Fontaines Procureur en la Cour, condamné à détacher & retirer un Moulin qu'il avoit attaché dans la terre du sieur du Sol près Grenade.

Art. III.

Par la Coûtume de Bourbonnois le Meusnier pour une mesure de blé bien purgé raze, en doit rendre un comble de farine ; & par la Coûtume de Touraine pour douze mesures, treize, au rapport de Ragueau en son indice des droits Royaux ; mais és villes du Puy & Alby, il y a un poids public, auquel le bled & farines sont pesées, & faut que le Meusnier les rende à poids égal.

Art. IV.

Par Arrest du quatorziéme Mars mil cinq cens trente, fut inhibé aux Pariers du Moulin du Château Narbonnois, de n'entreprendre connoissance des crimes qui se commettent és Moulins.

Pariers du Moulin.] Il n'en est pas des affaires concernant les Moulins, comme de celles qui concernent les vaisseaux, à cause que pour celle-ci il y a des Juges affectez qui ont droit de connoître des choses qui regardent les vaisseaux, quoiqu'elles ne concernent pas la Marine : comme par exemple ils ont attribution de Jurisdiction pour le fait d'une simple vente, & du simple prix d'un vaisseau, ainsi le nommé Segou de la ville d'Aygues-mortes, ayant acheté une barque, & par le contrat s'étant soumis, faute de payement, aux rigueurs du Juge du Petit Séel de Montpellier ; parce que le vendeur exposa clameur d'autorité de ce Juge ; Segou se pourveut devant le Juge de l'Admirauté d'Aygues-mortes, en cassation de la saisie qu'on lui avoit faite, alleguant pour toute raison, qu'attendu qu'il s'agissoit de la vente d'une barque, le Juge de l'Amirauté étoit seul competant pour connoître de la cause, quoiqu'il ne fût question que du prix du vaisseau : les Parties ayant sur ce conflit de Jurisdiction poursuivi divers apppointemens, tant devant le Juge du Petit Séel, que devant celui de l'Amirauté ; enfin Segou porta l'affaire au Parlement, les Officiers en ces deux differentes Jurisdictions intervinrent en l'instance, & après avoir fait valoir leur droit autant qu'ils pûrent, de part & d'autre, il fut donné Arrest au rapport de Mr. de Papus en la grand'-Chambre le 13. Septembre 1663. par lequel la Cour cassa les Appointemens du Juge du Petit Séel, & renvoya la cause devant celui de l'Amirauté.

Art. V.

Par Arrest du vingt-huit Janvier mil cinq cens soixante & neuf, deux femmes ayans dérobé du bled au Moulin mentionné en l'article precedent, furent bannies pour un an de la ville & Viguerie, avec inhibition de ne commettre tels larcins sur peine de la hart.

ART. VI.

Le droit du Moulin bannier porte charge au Seigneur de faire dépêcher les grains que l'on y porte dans vingt-quatre heures, & loi aux Sujets d'y aller moudre, fauf qu'après vingt-quatre heures ils pourront prendre leur bled & l'emporter moudre ailleurs. Ainfi fut jugé par Arreft de Touloufe donné és Grands Jours du Puy le fixiéme Octobre 1548. rapporté par Papon.

Après 24. heures.] En Moulins bannaux (dit *Loifel en fes inftit. Coûtum. liv. 2. tit 2. art. 31 & 32.*) qui premier vient, premier engraine : mais après avoir attendu vingt-quatre heures, qui ne peut à l'un s'en aille à l'autre. Cette regle eft generale par tout le Royaume, excepté aux lieux où il y a Coûtume, qui fixe le temps à plus ou à moins de vingt-quatre heures. Celle de Bretagne diftingue les Moulins d'eau des Moulins à vent ; & oblige le fujet d'attendre l'eau trois jours & trois nuits, & au moulin à vent un jour & une nuit. Il me femble qu'on peut donner ces raifons de difference, que les eaux tariffent fouvent au lieu que l'agitation de l'air d'où procede le vent ne ceffe prefque jamais, que l'eau ne coule pas toujours, au lieu que l'air eft dans un perpetuel mouvement. Ainfi on peut avoir plus facilement du vent que d'eau.

Moudre ailleurs.] Sans payer le droit ordinaire dû au Saigneur.

ART. VII.

Par le droit, il eft loifible à un chacun de conftruire des Moulins dans fon fonds, & même lors que les rivieres ne font navigables; car en ce cas il eft befoin de prendre permiffion du Roi, voire qui plus eft, jaçoit qu'il foit dit que *prata privatorum non poffint devaftari, l. S. qu s. C. De pafcuis,* & que le cours des eaux ne puiffe être changé au préjudice des particuliers, & qu'il foit dit par l'Empereur *ufum aquæ veterem longoque dominio conftitutum fingulis civibus manere cenfemus, nec ulla novatione turbari, nec furtivis earum mentibus ab ti. l. Ufum C. de aquæductu.* Il eft neanmoins loifible de conftruire des Moulins, encore qu'ils apportent de l'incommodité à quelques particuliers, & fingulierement lorfque les Moulins font utiles au public ; car il eft loifible à un chacun, à plus grande raifon aux Seigneurs des lieux *traducere aquas quocumque velint, dum tamen hoc faciant, ut fibi proficiant, etiamfi prata vicini ficcitatem aquæ patiantur,* Balde au Confeil 57. vol. I. Guido Pap. en la Decif. 91. parlant des étangs, qui apportent plus d'incommodité que les Moulins. Boyer au Confeil 24. num. 17. l. I. §. *Idem aiunt. l. Si in meo fundo ff. De aqua pluvia arcenda l.* 7. *Proculus ff. De damno infecto l.* 2. §. *Item Varus ff. De aqua*

Ecce iij

plu. arc. les Interpretes fur la Loi. *Domus. ff. de reg. jur.* & fur la
Loi *Quominus ff. De fluminib.* & telle eft la refolution de tous les
Interpretes & Decifionaires de ce Royaume. Marcus en la queftion 40. Cepola *De fervit. ruftic. præd. cap.* 31. 32. Decius au Confeil 250. Jafon fur ladite loi. *Quominus Matthæus de Afflictis* en la
Decifion 388. Chaffan. fur les Coûtumes de Bourgogne. *Rubrica*
13. §. 2.

Art. VIII.

Extrait des Regiftres de Parlement.

SUr la Requefte préfentée par le Syndic des Pariers du Moulin du Bazacle en Touloufe, & vûës les autres précedentes
Requeftes fur ce par ledit Syndic, baillées le dernier Decembre &
vingt-deuxiéme jour de Fevrier dernier, & Ordonnance de la
Cour, mife au pied de la Requête dud. jour dernier Decembre,
enfemble la réponfe du Procureur General du vingt-troifiéme
jour dudit mois de Fevrier, & le cayer des commandemens faits
aux Pariers dud. Moulin les 25. 28. 29. & 30. jour du mois d'Octobre dernier, cinquiéme, fixiéme & feptiéme Novembre auffi
dernier, articles faits & arreftez, fuivant la deliberation tenuë en
l'Affemblée generale des Pariers du Moulin le premier de Decembre dernier, fur lefquels feroit intervenuë l'Ordonnance de lad.
Cour du dernier jour dud. mois de Decembre. Autre Deliberation faite en la Maifon de Ville dudit Touloufe le dix-huitiéme
du même mois : La Cour a ordonné & ordonne que dans le mois
prochain venant, les Pariers dud. Moulin du Bazacle remettront
és mains du Syndic & Regens dud. Moulin la fomme de cent cinquante écus par uchau, enfemble les arrerages de vingt écus,
impofez pour faire la reparation & réedification neceffaire audit
Moulin, autrement, à faute de ce faire, paffé ledit délai, attendu
l'urgente neceffité de ladité reparation, a permis & permet audit
Syndic, Regens & Sur-Intendans de paffer des contrats de vente
des parts & portions que lefdits Proprietaires & Pariers ont aud.
Moulin, de quelque qualité & condition qu'ils foient, privilegiez
ou non privilegiez, fans y obferver autre folemnité de droit
qu'une feule proclamation qui en fera faite aux Prônes des Egli-

ès, & ce à raiſon de cent cinquante écus pour uchau, deſquelles entieres ſommes leſdits Acquereurs feront rembourſez avant que pouvoir être dépoſſedez par le rachat deſdits Proprietaires, leurs heritiers & ſucceſſeurs, & interêts deſdites ſommes à raiſon du denier douze, depuis le jour de leur achat, juſques à ladite reparation parfaite, & que ledit Moulin feroit en état de moudre, après lequel temps les fruits, profits, revenus & émolumens deſdits Moulins tiendront lieu deſdits interêts, à la charge que les Acquereurs payeront toutes charges ordinaires & extraordinaires durant le temps qu'ils joüiront deſdits Moulins, le temps duquel rachat courra contre leſdits Proprietaires & Pariers dudit Moulin, leurs heritiers ou ſucceſſeurs de quelle qualité qu'ils ſoient du jour de ladite reparation entierement parfaite juſques à trente ans, nonobſtant quelconque minorité & privilege. Prononcé à Toulouſe en Parlement le vingt-ſeptiéme Mars mil cinq cens nonante-ſept.

Du droit de Foüage & de Quête.
CHAPITRE XVIII.
ART. I.

D Roit de Foüage eſt un droit que le Seigneur prend ſur chacun chef de maiſon & famille tenant feu & lieu, qu'aucuns des anciens les ont appellé _fumarium tributum_, auquel eſt ſemblable un des droits de Quête en aucuns lieux de Gaſcogne, par lequel chaque feu allumant eſt tenu payer certaine rente de bled, avoine & poullaille au Seigneur.

ART. II.

Si le pere mourant laiſſe pluſieurs enfans heritiers & ſucceſſeurs ne vivant en commun, ains ſéparement, tenans divers feux & famille, chacun eſt tenu payer le droit entier dud. Foüage ou Quête, autrement continuans à vivre en commun ſous même feu, & toit, ils ne payeront qu'un ſeul & même droit, comme fut dit par Arreſt du troiſiéme Juin mille cinq cens ſoixante-quatre, entre le ſieur de Gabarret, & le Syndic des habitans dudit lieu : &

par autre Arreſt auparavant du vingt-huitieme Août mil cinq cens cinquante-quatre, entre la Dame de Saint Plancard & d'Ornezan, & les habitans dudit Ornezan, & encore par autre Arreſt du vingt-ſixiéme Janvier mil cinq cens ſeptante-trois, & entre le ſieur de Savignac, & le Syndic du lieu de Seiches : & par autre Arreſt du vingt-troiſiéme Juin mil cinq cens quatre-vingt trois, entre Fran-çoiſe d'Eſpagne, Dame d'Orbeſſan & le Syndic dudit Lieu, par lequel le droit de Quête fut adjugé à ladite Dame définitivement ſur un chacun des Habitans tenans maiſon particuliere audit Lieu, car comme célui qui acquiert les maiſons & biens de pluſieurs, ne paye pourtant qu'un ſeul droit de Quête ; auſſi au contraire, ſi ſes enfans ou ſucceſſeurs font divers feux & familles ſeparées, & particulieres habitations, il eſt raiſonnable que chacun en paye, & le droit s'augmente en faveur du Seigneur comme il s'étoit diminué.

Tenans divers feux.] *V. Cod. Fabr. lib. 9. tit. ult. def. 8. & Boër. dec. 212. num. 4.* où il traite *quomodo focagia numerentur per domos.*

Du droit de Commis.

CHAPITRE XVIX.

Art. I.

IL y a des Lieux, eſquels par coûtume, le droit de Commis n'a point lieu, comme par Arreſt du ſeptiéme Juin mil cinq cens vingt-ſept fut dit, qu'en la Judicature de Lauraguois, à preſent Se-néchauſſée, n'avoit lieu en faveur de Jean Capelle, contre Ber-nard de Goyrans, Sieur de Lux.

Art. II.

Anciennement on prétendoit qu'en la Ville & Viguerie de Touloufe n'y avoit point droit de Commis, mais depuis par Ar-reſt general prononcé par Monſieur Daffis, Premier Préſident, le vingt-deuxiéme Decembre mil cinq cens ſeptante, fut jugé le contraire, & une piece appartenante à Gilles de Sale du Souſtré, adjugée par le droit de Commis au Sr. de Saint Paul, comme Sei-neur directe de Monberon & Agaſſat, étans dans la Viguerie de Touloufe,

Touloufe, pour des paroles offenſives, & pour déni & inficiation aite par ledit du Souſtré, ladite piece n'être point de la directe ludit ſieur de Monberon, en ayant été convaincu par acte & veification faite par Experts.

Viguerie de Touloufe.) *V. l'art.* 16. *du chap.* 13. *de ce traité.*

ART. III.

Il y a lieu de commis, non-ſeulement pour le déni & inficiation de l'emphyteote ; mais auſſi en cas de dol & fraude par lui commiſe au contrat d'achat, comme ſi pour fruſtrer le Seigneur des lods, il avoit fait mettre au contrat moindre prix qu'il n'en paye, & ayant fait promeſſe privée à part ; s'il avoit voulu dérober ou faire perdre les titres & reconnoiſſances, ou icelles alterer ou falſifier ; ſi en l'acquiſition par dol il avoit fait mettre les biens être de la directe d'un autre Seigneur ; ſi par dol auſſi il avoit fait mettre dans l'inſtrument d'achat la piece venduë, faire beaucoup moindre cenſive qu'elle ne fait : ſi étant condamné à reconnoître ſur peine de commis, il refuſe ce faire, aprés düës intimations & comminations ; s'il eſt convaincu d'avoir ſollicité, induit, ſeduit, incité & fait ſindiquer les autres emphiteotes à ne payer point, ains à plaider, y étans aprés condamnez, & autres cas ſemblables : dequoi y a Arrêt du cinquiéme Mai mil cinq cens qnarante-neuf en faveur du Sieur de Seiſſes & de Panaſſac, contre Jean de Villeneuve, par lequel deux pieces de terre de la contenance de quinze arpens, achetée par ledit Villeneuve, fut adjugée par droit de commis audit Sr. de Seiſſes, avec ces mots : Attendu la fraude reſultant du procez, par ledit de Villeneuve commiſe en achetant leſdites pieces, qui étoit d'avoir frauduleuſement taiſé & fait obmettre un cétier & demi de cenſive : la fraude reſultant des actes du procez.

Pour le déni.] Autrefois la peine de commis avoit lieu par déni de Fief, lorſqu'il s'agiſſoit d'un deſaveu, ou fait en Jugement, ou ſpecial des choſes deſavouées ; mais non pas lorſqu'il s'agiſſoit d'un deſaveu fait, ou en termes generaux, ou hors Jugement ; car en ces deux derniers cas *lubricum linguæ non facilè ad pænam trahebatur arg. L. Famoſi. §. 3. ff. ad leg. Jul. majeſt.* En nul pourtant de tous ces cas le commis n'avoit pas lieu, lorſque l'on reconnoiſſoit le Roy pour Seigneur. Aujourd'hui ſans diſtinction aucune la peine de commis pour le ſimple déni, n'eſt pas reçûë en ce Par'ement, ſuivant la doctrine de Maynard *liv.* 10. *chap.* 7. à moins qu'on n'offenſe grievement le Seigneur en paroles injurieuſes. Tout cela eſt vrai à l'égard de l'emphiteoſe ; mais il en doit être autrement à l'égard du Fief, à parler en toute rigueur, parce que la fidelité & la reverence faifans comme la fubftance du Fief, & lui étans effentielles : il eft fans doute que le Vaffal eft tenu à une plus grande fidelité, de même qu'à un plus grand refpeét ; ce qui n'eft que fimple injure en la perfonne de l'emphyteote, eft une efpece de crime en celle du feodataire. V. l'obferv. fur l'art. 1. du chap. 31. de ce traité.

ART. IV.

A faute du payement des droits Seigneuriaux, ni arrerages d'iceux, le commis n'eft adjugé ; car le Seigneur a fes autres remedes par la faifie feodale du fonds.

Faute du payement.) V. *Ferrer. in quæft.* 171. *Guid. Pap. & Bronchorft, mifcell. controv. centur.* 1. *affert.* 42. *& 46.*
* *Par la Saifie.*) L'ufage eft de venir par aétion, & par demande en condamnation de cens & des arrerages.

ART. V.

Le droit de commis eft adjugé par deterioration ; car la nature du Fief eft d'être mélioré, non deterioré : comme le Seigneur ayant infeodé un fonds, avec maifon & vigne, & l'emphiteote demoli la maifon & arraché la vigne, le tout par mauvaife me-nagerie, il doit être condamné à replanter une femblable vigne, & rebâtir une femblable maifon, fur peine de commis, & à faute de ce faire, dans les delais competans oétroyez par la Juftice, le fonds doit être adjugé par droit de commis au Seigneur direéte ; neanmoins l'emphiteote condamné en tout ce que coûtera à re-bâtir la maifon & replanter la vigne. Ainfi nous le jugeâmes pour de Galdon, veuve du fieur Prefident Lathomi, contre Carriole fon emphiteote, qui avoit demoli une maifon dans fon fief, au lieu d'Auzeville prés Touloufe.

De la prefciption des Droits Seigneuriaux.
CHAPITRE XX.

ART. I.

PAr la commune refolution des Doéteurs reçûë & obfervée, jamais l'emphiteote ne prefcrit la direéte contre fon Seigneur foncier, à l'exemple du locataire, qui ne prefcrit auffi jamais la chofe à lui loûée ou affermée contte fon locateur, *quia non fibi, fed domino poffidet.* Jafon, Bartole, Salicet & autres, *in l. fi. cod. De jure emphyt.* fauf au cas qu'il y eut interverfion de poffeffion ;

fçavoir, quand après avoir l'Emphiteote formellement dénié & contefté en Juftice au Seigneur le fonds demandé n'être point mouvant de fa Directe, & qu'après le Seigneur eft fi negligent que de laiffer joüir paifiblement & franchement l'Emphiteote, fans lui rien demander par l'efpace de trente ans, auquel cas la prefcription a lieu, & ne pourra après le Seigneur lui rien demander, fauf és cas des juftes caufes, d'interruptions & prefcriptions comme de pupillarité, minorité, legitimes abfences pour guerres, peftes & autres, comme il eft *in l. Comperit, & l. Malè igitur. C. De præfcrip. trigin. annor.* Mafuer au titre des Prefcriptions.

Ne prefcrit la Directe.] Dans le Languedoc le laps de temps, pour fi long qu'il foit, ne fournit jamais à l'emphyteote une fin de non recevoir contre fon Seigneur Directe, dont le titre veille toujours pour la confervation de fon droit. Il en eft autrement en Dauphiné, où la prefcription de cent ans peut être oppofée au Seigneur Directe. Dans la Bourgogne il n'y a que les cenfes emphyteotiques, dûes au Seigneur haut-Jufticier, qui foient inprefcriptibles, parce qu'elles font dûes en figne de fuperiorité.

Interverfion de poffeffion.] Les chofes deviennent prefcriptibles *ex die contradictionis*, quand même elles ne l'auroient pas été de leur nature, la contradiction rendant prefcriptibles les chofes qui ne le font pas d'elles-mêmes ; & la raifon en eft, qu'il fe fait interverfion de poffeffion dés le moment de la contradiction. De forte que comme en matiere de fervitudes negatives la prefcription commence à courir *à tempore quo quis prohibitus eft* ; auffi en matiere d'emphyteofe il eft conftant, que depuis le jour de la contradiction l'emphyteote peut prefcrire contre fon Seigneur : En effet ayant dénié fa cenfe, & contefté fa prétention, il le faut regarder comme ayant demeuré depuis ce temps-là *in poffeffione libertatis*, laquelle liberté s'acquiert dans trente ans utiles. Ainfi l'emphyteote prefcrivant contre le Seigneur, *à die contradictionis feu interverfæ poffeffionis*, il eft à couvert, *vel folâ temporis exceptione*, même contre le titre primordial, pourvû neanmoins que l'interverfion de poffeffion ait bien commencé contre celui à qui on l'oppofe, en conteftant avec une perfonne legitime ; ou que dés le jour de la contradiction, *patientia fubfecuta fuerit*, c'eft-à-dire que celui, contre lequel on veut prefcrire du jour de la contradiction, ait demeuré dans le filence, & fouffert volontairement la poffeffion de celui qui a voulu prefcrire ; & finalement pourvû qu'il ne s'agiffe pas d'un terroir uni & limité, *defundo fito in loco fervili* ; parce que lors qu'il eft queftion d'un terroir de cette nature le droit du Seigneur eft inconteftable, n'ayant pas même befoin de produire des titres, & la qualité du terroir toute feule fuffifant pour établir fa directe ; exempté lorfqu'on fait apparoit d'un affranchiffement de la terre, fuivant la limitation rapportée *en l'art. 3. du chap. 1. de ce traité.*

Art. II.

L'Emphiteote peut bien prefcrire le payement de la rente, & les arrerages par trente ans : Si que la Juftice ne condamne à payer jamais les arrerages au-delà, & auparavant de trente ans, ains feulement de vingt-neuf ans auparavant l'introduction de l'inftance, & ainfi s'obferve. Mafuer, *ubi fuprà.*

Payement de la rente.] La cottité du cens , & la forme du payement , prescrivent dans 30. ans , quoique le droit au principal soit imprescriptible ; *census prescribitur in quota non in toto*, & on n'est tenu de payer que la même censive qu'on a payé pendant 30. ans, quoiqu'elle se trouve reglée à un plus haut pied par d'anciennes reconnoissances. Il en est autrement lorsque le Seigneur produit le contrat d'inseodation ; parce qu'outre que *à primordio tituli posterior formatur eventus*, suivant la maxime commune ; d'ailleurs il est certain que *non ratio obtinendæ possessionis , sed origo nanciscendæ exquirendæ est , L. clam. possidere ff. de acquir. vel amitt. possess.*

A R T. I I I.

Un Seigneur peut prescrire contre un autre Seigneur son voisin , ou Conseigneur avec lui de même fonds , par l'espace de trente ans , en faisant apparoir des reconnoissances , jouïssance paisible , & payemens à lui faits durant le temps de trente ans. Jason *in l. si num* 159. *De jur. emphit. Bald. in suo tract. de præscript. parte* 4. *q.* 14. Et ainsi le jugeâmes - nous pour le Sieur Evêque d'Alby , contre Loüis de Raffin , sieur de Villelongue.

Peut prescrire.] Un Seigneur prescrit contre un autre Seigneur par 30. ans entre laïques , & par 40. contre l'Eglise , suivant l'Arrest donné au rapport de Mr. de Laporte, l'onziéme Juillet 1670. en la seconde Chambre des Enquestes, au profit du sieur de S. Igest , contre le Chapitre de Villefranche : Il ne faut pas un moindre temps pour prescrire , suivant l'Arrest rapporté en *l'observation sur l'art.* 9. *du chap.* 38. *de ce traité* , contre un titulaire , & contre un Ecclesiastique , des droits Seigneuriaux & des profits de fief. Au reste, pour acquerir la prescription contre un autre Seigneur dans un combat de fief ; il faut une possession continuelle & paisible pendant trente ou quarante ans , suivant le cas, justifiée par des reconnoissances & par des payemens des droits Seigneuriaux. Or pour sçavoir si un Seigneur a prescrit il faut verifier si les mêmes biens, dont la reconnoissance est demandée , sont dans les titres de l'un & de l'autre des Seigneurs qui disputent le fief, ou s'ils ne sont que dans ceux de l'un d'eux , la raison en est , qu'au dernier cas il n'y a point de question. Par ce moyen la fin de non recevoir opposée par un des Seigneurs , & qui est la question de droit , ne pouvant être vuidée , que celle de fait , qui regarde la verification , n'ait été éclaircie , on ne peut toucher ni vuider la fin de non recevoir avant la verification. C'est la raison pour laquelle Messieurs des Requêtes de ce Parlement ont accoûtumé toutes les fois qu'il s'agit d'un combat de fief , d'ordonner la verification avant que de prononcer sur le fonds , tant parce qu'au moyen de la verification il arrive souvent que le fief de l'un & de l'autre des Seigneurs se trouve ; ou bien que le même fief n'étant pas dans les titres de l'un & de l'autre , mais dans ceux de l'un d'eux ; on n'a pas besoin de venir à la question de droit , & sçavoir si un Seigneur peut prescrire contre l'autre. *V. l'art.* 10. *du chap.* 1. *de ce traité.*

A R T. I V.

Par Arrest de Toulouse de l'an mil cinq cens dix-huit, fut jugé que faculté de racheter *toties , quoties* , est prescriptible par trente ans : toutefois il y a autre Arrest du dixiéme Mars mil cinq cens cinquante - fept , donné les Chambres affemblées , par lequel fut dit , que faculté de rachat d'une rente *toties , quoties ,* ne fera prefcrite , voire par cent ans. *Vide Chaffan.* tit. des rentes venduës à rachat. §. 1.num. 11.& Boër. decif. 182. num. 1. 2. 3. & 4. la premiere opinion eft la plus fuivie , & s'obferve à Paris & Bordeaux.

Prefcriptible par 30. *ans.*] C'êft l'ufage attefté par *Ferrer. in queft.* 46. *Duranti* , & par Cambolas *liv.* 6. *chap.* 24. On ne fuit plus les prejugez rapportez par Maynard *liv.* 4. *chap.* 53. parce que les pactes , les actions & les droits perpetuels prefcrivent dans trente ans. *l. ficut C. de præfcript.* 30. *vel* 40. *annor.* il y auroit fans doute beaucoup à dire s'il falloit juger la queftion à la rigueur du droit ; mais l'ufage decide en fouverain , & il le faut fuivre. *V. Cambolas liv.* 3. *chap.* 37. *d'Olive liv.* 2. *chap.* 22.

A R T. V.

Autre Arreft du fieur de Fontanilles , appellant du Senéchal de Touloufe , contre le Syndic des Auguftins , par lequel , fans s'arrêter aux laps du temps , un membre de certaine Baronnie , démembré pour raifon de certain legat à œuvres pies , eft pour ce regard declaré de nulle efficace & valeur , fauf certaine penfion appofée & mife pour faire continuer le Service Divin.

V. le chap. 37. *de ce traité.*

Des Reglemens pour les honneurs entre les Confeigneurs Jufticiers ,
& des Pigeonniers.

CHAPITRE XXI.

A R T. I.

ENtre Confeigneurs Jufticiers , ceux qui ont la plus grande portion & cotité de la Juftice precedent les autres en toutes affiftances , affemblées , actes & honneurs publics & privez és lieux & détroits de leurs Seigneuries & Jurifdictions , & fe doivent accorder de lieu & maifon convenable pour tenir la Cour , & exercer les actes de juftice , & faire conftruire Prifons fûres & condecentes audit lieu , & y contribuer à proportion des cottitez de leur Jurifdiction , comme fut dit par Arreft à Touloufe le quatorze Août mil cinq cens cinquante-trois , entre les Seigneurs de Polaftron en Gafcogne.

Art. II.

Les droits & prerogatives d'honneurs entre les Conseigneurs justiciers sont plus particulierement & expressement reglées & specifiés en l'Arrest, lequel à cause de ce j'ay voulu ici inserer au long, avec d'autres concernans ce sujet.

Art. III.

Extrait des Regiſtres de Parlement.

ENtre Aimery de Voisins, Seigneur & Baron de Montaut, & Conseigneur pour les deux parties, trois faisans le tout du lieu de la Bruyere, impetrant & requerant l'interinement de certaines lettres Royaux en forme de requête civile, en declaration & interpretation de l'Ordonnance du ressaisiment, donnée entre lesdites parties, ou leurs predecesseurs, par le Senéchal de Touloufe, & autres fins contenuës en icelles; & auffi d'autres lettres Royaux pour être reçû à conclurre, & concluant comme appellant, tant de l'Ordonnance de ressaisiment donnée par le Senéchal de Touloufe ou son Lieutenant le huitiéme Juin mil cinq cens trente-trois, que des déni & diffimulation de Juftice dudit Senéchal, ensemble de l'execution de ladite Ordonnance, faite par Maître Antoine Baillet Docteur és Droits, Avocat en la Cour, Commiffaire à ce deputé, & être relevé des fins de non recevoir, & defertions y mentionnées; & Maître Martin Fafcon, licencié és Droits, & Pierre Bonnavent, Lieutenant du Juge ordinaire de Bruyere, fupplians & demandeurs; & auffi ledit de Voisins impetrant & requerant l'interinement d'autres lettres Royaux en forme de requête civile, aux fins d'être reftitué en entier envers les Arrêts confirmatifs dudit ressaisiment, & que la Cour retenant la connoiffance de la caufe, jugeât le procez diffinitivement; & pour être relevé des fins de non recevoir, comparaiffances, approbations & autres fins y contenuës, d'une part, & François de Touloufe & de Lautrec Vicomte de Labrec, Seigneur de Monfa, & Conseigneur & Baron de la Bruyere pour l'autre troifiéme partie, appellé & deffendeur efdites qualitez & inftances, d'autre. Vûs les plaidoyez du dix-huitiéme Janvier mil cinq cens cinquante-neuf, douziéme & dix-huitiéme Juin mil cinq cens soixante-un, Arrefts donnez enrre lefdites parties le 21. Juin mil cinq cens cinquante-neuf, & 18. Janvier audit an, titres, inftrumens & documens refpectivemens produits, enquêtes faites pardevant ledit Senéchal, aprés ledit reffaifiment, contredits, falvations, requête par ledit de Lautrec baillée, ordonnée être mife au fac par ordonnance de la Cour, & autres productions des parties. Dit a été, fans avoir égard à la requête prefentée par lefdits Falcon & Bonnavent, de l'effet de laquelle les a demis & demet la Cour, & fans auffi avoir égard aux deux dernieres lettres du dix-feptiéme May dernier, & le quatriéme jour de Juin enfuivant prefentée par ledit de Voifins, & ayant égard aux premieres lettres du treiziéme Janvier mil cinq cens cinquante-neuf, par lui prefentées en interpretation de ladite ordonnance de reffaifiment, & Arreft confirmatif d'icelle, & interpretant & declarant lefdites Ordonnances & Arreft, a ordonné & ordonne, que d'orefnavant l'élection des nouveaux Confuls, qui fera faite audit lieu de la Bruyere chacune année, le jour à ce faire deftiné & accoûtumé; autre toutefois que le jour de Dimanche, & autres fêtes folemnelles, fera aportée par les Confuls anciens en la place & paru étant devant les Châteaux defdits de Voifins & de Lautrec, Confeigneurs dudit lieu, & par iceux Confuls baillée aufdits de Voifins & de Lautrec, pour par eux être communement reçûë des mains defdits Confuls anciens, aprés apotée au Château dudit de Voifins, pour entre iceux Confeigneurs traiter, conferer & accorder enfemble de ladite élection, & ce fait, & eux retournez en ladite place, être procedé à la nomination & creation des nouveaux Confuls par lefdits de Voifins & de Lautrec, lequel des Voifins nommera & élira les premier & fecond Confuls, ledit de Lautrec le troifiéme; & quant au quatriéme Conful, il fera choifi & éleu les deux années premieres par ledit de Voifin en feul, & la troifiéme année par ledit de Lautrec auffi en feul : lequel ordre fera cy-aprés entre lefdits Confeigneurs gardé & obfervé chacune année en l'élection & creation defdits Confuls. Et ou ledit de Voifins fera abfent au temps accoûtumé faire ladite élection, ledit de Lautrec aura la

preference au fiege avant le Procureur dudit de Voifins , & prendre ladite élection des mains defdits Confuls , & icelle apportera
en fon Château pour en conferer avec le Procureur dudit de
Voifins , & aprés retourner en ladite place & patu pour être
procedé à la creation & élection des nouveaux Confuls en la maniere fufdite ; & icelle faite fera publiée par mandement defdits
Confeigneurs, leur Greffier & Notaire ; & aprés le ferment baillé
aufdits nouveaux Confuls par ledit de Lautrec au nom de tous lefdits Confeigneurs , affiftans audit de Lautrec le Procureur dudit
de Voifins , lui abfent , & en abfence dudit de Lautrec , le Procureur d'icelui affiftera à ladite élection audit de Voifins , ou à fon
Procureur en fon abfence , & a ordonné & ordonne en outre, que
tant en l'acte de l'élection & creation defdits Confuls, qu'en tous
autres actes & affemblées de ladite Ville de la Bruguiere , ledit de
Voifins aura la preference à icelui de Lautrec. Et pour le regard
de la creation du Juge , Lieutenant , Procureur , Greffier , Baile
& autres Officiers pour l'exercice de la Jurifdiction audit lieu , a
ordonné & ordonne qu'elle fera faite par lefdits de Voifins & de
Lautrec, lefquels par commune main s'accorderont de perfonnages de qualité , idoinité & fuffifance acquife , & d'iceux pren-
dront le ferment de , & au nom commun d'iceux de Voifins &
de Lautrec , exercer ladite jurifdiction , tant que leur touche refpectivement ; & avenant vacation defdits offices par mort , ou
forfaitures ou autrement , feront tenus y pourvoir en la forme
fufdite. Et en ce qui concerne l'exercice de la jurifdiction en la
montagne de Montaut ; la Cour a declaré & declare, qu'elle n'entend empêcher l'execution de l'Ordonnance de reffaifiment , donnée par ledit Senéchal de Touloufe le huitiéme Juin mil cinq
cens trente-trois, au profit dudit de Lautrec, ou fes predeceffeurs,
& fans dépens de la caufe. Prononcé à Touloufe en Parlement
le fixiéme Mars mil cinq cens foixante-un.

A r t. IV.

Suivant & conformement aux arr. 256 & 257. des Ordonnances de Blois, où il eft deffendu, à peine d'amende arbitraire, à toute perfonne d'ufurper fauffement le titre de Noble & Efcuyer,
& de

& de porter armoiries timbrées ; par Arrest de la Cour du mois de Septembre mil cinq cens nonante-huit, donné au rapport de Monsieur le Comte, au profit de Monsieur Termines, fut inhibé à un qui se disoit Escuyer, & sieur de quelque sien Moulin, de prendre desormais tel titre.

Le titre de Noble.] Autrefois les fiefs annoblissoient, mais aujourd'hui depuis l'Ordonnance d'Orleans, *en l'art.* 111. les roturiers ne sont pas annoblis par l'acquisition d'un fief noble, *de quelque rente & valeur qu'il soit*, porte l'article 258. de l'Ordonnance de Blois, qui confirme celle d'Orleans : En effet, *à divitiis non est nobilitas, arg. l. humilem. C. de incest. & inutilib. nupt.*

Prendre tel titre.] Il y a un Arrest donné par le Parlement de Bordeaux, les Chambres assemblées, le 21. May 1649. portant défenses au sieur d'Esperpon de prendre les qualitez de très-haut & très-puissant Prince, & d'Altesse qu'il s'attribuoit.

ART. V.

Les Gentils-hommes qui font residence en un lieu, ne peuvent pourtant avoir preseance en l'Eglise dudit lieu ; ainsi jugé par Arrest le troisiéme Septembre mil cinq cens cinquante-six, contre deux Gentils-hommes, condamnez à l'amende à cause du debat par eux fait pour la preseance en l'Eglise, & ordonné que le banc duquel étoit question seroit mis hors l'Eglise, & que le dernier venu ne pourroit prendre place au-dessus du premier ; ledit Arrest cotté par Bacquet, qui conclud qu'il n'y a que le haut Justicier & le Patron de l'Eglise qui ayent droits honorifiques en icelle, & y puissent mettre leurs armoiries, litres & ceintures funebres, n'étant permis ni aux bienfacteurs, ni autre que ce soit d'user de tel droit.

Mis hors l'Eglise.] Le banc n'est dû dans l'Eglise qu'aux Seigneurs, Patrons, ou Fondateurs. *Cambolas liv.* 1. *chap.* 50.

ART. VI.

Par plusieurs Arrests est prohibé aux Conseigneurs justiciers de se dire ni intituler en seul Seigneurs ; ains seulement Conseigneurs, entre autres pour Antoine Pagese Conseigneur du Fousfat, contre Aymable du Bourg Avocat, Conseigneur dudit Fousfat ; par lequel Arrest est permis aud. du Bourg Conseigneur, faire ses reconnoissances pour sa part & cottité des droits fonciers, sans appeller l'autre Conseigneur, sans toutefois lui préjudicier.

Ains seulement Conseigneurs.] *V. l'article suivant.*

Gggg

A r t.   V I I.

Par Arreſt du grand Conſeil pour Hunaut Baron de Lanta, fut prohibé à de S. Eſtienne, Combaron de vingt-quatre parties une ſeulement, de ſe dire ni intituler Seigneur ni Baron dudit Lanta ; ſi ce n'eſt en y ajoûtant ces mots, pour la vingt-quatriéme partie, ledit Arreſt donné le quatriéme Aouſt mil cinq cens quatre-vingts-trois.

Pour la 24. partie.] On ne ſuit pas le ſentiment de Loyſeau, ni des autres Docteurs, qui prétendent que celui qui a la moyenne, ou la baſſe, ou la moindre part en la Juſtice, puiſſe ſe qualifier ſimplement Seigneur : ſous ces prétextes non-ſeulement que tous Seigneurs le ſont également par rapport au titre, mais même que *in ſpeciali actione non cogitur poſſeſſor dicere, pro qua parte Dominium ejus ſit. l. 73. ff. de rei vindicat.* Et quoique Deſpeiſſes ait donné dans leur ſens, il eſt certain neanmoins que l'uſage du Parlement eſt, lorſqu'il y a pluſieurs Seigneurs en quelque Juſtice, de ne leur donner pas la qualité de Seigneur en ſeul, mais celle de Conſeigneur, à moins qu'ils n'ajoûtent pour quelle partie ils ſont Seigneurs : encore faut-il que lors que les moyens & bas Juſticiers veulent prendre la qualité de Conſeigneurs, ils ne ſe diſent pas tels ſimplement, mais en la moyenne & baſſe Juſtice. *V. Cambol. liv. 3. chap. 33. num. 2. & l'art. preced.* de même que *l'art. 13.* de ce chapitre.

A r t.   V I I I.

Par pluſieurs autres Arreſts a été prohibé aux Seigneurs directes ou fonciers ſeulement, ſe dire ni attitrer Seigneurs abſolus des lieux ; ſi ce n'eſt en y ajoûtant la qualité de directes ou fonciers, tant és terres des Seigneurs juriſdictionels, que du Roy ; & entr'autres à la requête du Procureur general du Roy à un nommé de Hautpoul, fut prohibé de ſe nommer Seigneur de Calconieres le vingt-deuxiéme Fevrier mil cinq cens ſoixante-neuf, & par autre Arreſt du vingt-ſept Fevrier au rapport de Monſieur Fillere, pour de S. Paſtour, Seigeur juſticier de S. Ferriol, fut prohibé à de Guitaud Seigneur directe ſeulement dudit S. Ferriol ſe dire Seigneur ni Conſeigneur dudit S. Ferriol.

Aux Seigneurs directs.] *V. Cambolas liv. 6. chap. 39.*

A r t.   I X.

Il n'appartient au Seigneur moyen ni bas Juſticier, de donner permiſſion aux Conſuls de porter chaperons ni livrée Conſulaire mi-partie de rouge & noir, ains ſeulement au Seigneut haut Juſticier; comme il fut jugé le douziéme Avril mil ſix cens trois, pour le ſieur de Monteſquieu, Seigneur haut Juſticier de Moncla, contre le sieur de Maussencomme, Seigneur moyen & bas, qui avoit donné ladite permission aux Consuls dudit Moncla, sans avoir égard à laquelle, fut prohibé ausdits Consuls porter ladite livrée, sans la permission dudit haut Justicier.

Mi-partie de rouge & noir.] La couleur rouge purement & sans aucun mélange d'autre couleur, ne peut pas être accordée par le Seigneur haut-Justicier sans permission du Roy. *Cambolas liv.* 3. *chap.* 33. *num.* 4. *V. l'art.* 13.

ART. X.

Le Roy même au prejudice des hauts-Justiciers, ne peut donner cette permission, comme fut jugé par Arrest du vingtiéme Avril mil cinq cens soixante-six, pour les Barons d'Auriac, Cabanial, & le Faget, par lequel les Consuls desdits lieux furent démis des lettres patentes par eux obtenuës du Roy, contenant permission de porter chaperons, avec dépens : & par autre Arrest pour le Seigneur de Seysses Tolosanes, contre les Consuls dudit lieu, qui avoient obtenu semblables lettres du Roy Charles IX. l'an mil cinq cens soixante-quatre.

Donner cette permission.] *V. le liv.* 1. *tit.* 39. *verb. Consult. art.* 3. *Cambolas liv.* 3. *chap.* 33. *num.* 4. *& Maynard liv.* 9. *chap.* 10.

ART. XI.
Extrait des Registres de Parlement.

ENtre René de Castagner, sieur de Cassemartin, impetrant & requerant l'interinement de certaines lettres royaux du premier de Fevrier dernier, en opposition envers l'Arrest y mentionné, & autres fins contenuës ausd. lettres d'une part, & Herard de Pinet sieur de Montbrun, René de S. Pasteur, sieur de la Serrette, & Bertand de Vezin sieur de la Cassaigne, Conseigneurs chacun pour une sixiéme partie dudit lieu de Montbrun, assignez & deffendeurs d'autre; & entre lesd. René de S. Pasteur & de Vezin, supplians & demandeurs en deux requêtes, l'une du quatorziéme Decembre dernier, à ce que les Consuls dudit lieu de Montbrun soient tenus prêter le serment en leur presence, & l'autre du douziéme Mars aussi dernier, à ce que ledit de Pinet soit tenu remettre & leur exhiber ses titres & reconnoissances pour en tirer extraits, & autres fins desdites requêtes, & autrement deffendeurs, d'une part, & ledit de Pinet affigné & deffendeur, & autrement fuppliant & demandeur par autres Requeftes, d'autre. Veu le procez, plaidoyez des quinziéme Fevrier, dix-huitiéme & vingt-quatriéme Avril derniers. Arreft donné par la Cour le treiziéme Juillet mil fix cens un. Incident introduit pardevant le Commiffaire à ce député, joint par fon Ordonnance du dixiéme Fevrier dernier à ladite inftance d'oppofition. Productions faites par lefdits du Pinet; S. Paftour & Vezin devant ledit Commiffaire, hommages & dénombremens faits pardevant le Comte d'Armagnac és années mil cinq cens vingt-un, mil cinq cens quarante, mil cinq cens quarante-quatre. Département & cottifation faite fur les Nobles & Hommagers dud. Comté en l'année mil cinq cens cinquante-cinq, & vingt neuviéme Mai. Certificatoire du fervice perfonnel rendu en la montre & affemblée des ban & arriere-ban, faite en l'année mil cinq cens foixante-un, & vingt quatriéme Septembre par Jean de Caftagner, Confeigneur de Montbrun. Dires par écrit & autres Productions defdites Parties. Dit a été que la Cour interinant lefdites lettres a declaré & declare ledit Caftagner bien oppofant envers ledit Arreft, & l'a maintenu & gardé, le maintient & garde en la fixiéme partie de la Juftice haute, moyenne & baffe du lieu de Montbrun, honneur, prerogatives, revenus & émolumens en dépendans, & faifant droit fur lad. Requefte & incident joint, a ordonné & ordonne que ledit de Pinet, comme Confeigneur pour les trois parties dud. lieu, les fix faifant le tout, precedera lefdits autres Confeigneurs en tous lieux & affemblées publiques & privées, tant en l'Eglife, aux offrandes, proceffions & ailleurs, & lui fera loifible prendre & clorre le lieu plus honorable dans l'Eglife, pour y mettre fon banc pour lui, fa femme & fes enfans, tel que bon lui femblera; & après qu'il aura choifi, pourront auffi les autres Confeigneurs mettre leur banc pour eux & leur famille en telle autre place dans ladite Eglife qu'ils voudront, à côté ou après ledit de Pinet, lefquels Confeigneurs fufd. pourront auffi aller à l'offrande & recevoir la paix & pain benit immediatement après ledit de Pinet, & avant la femme & enfans dudit de Pinet, lefquels auffi précederont les femmes & enfans defdits S. Paftour, Vezin & Caftagner, Confeig-

neurs fufdits,& neanmoins a permis & permet aufd. Srs. Paftour,
Caftagner & Vezin, de créer audit lieu de Montbrun Confuls,
Juge, Baille, Greffier & autres Officiers pour l'exercice de la Juftice, conjointement avec ledit de Pinet, d'iceux recevoir, enfemblement avec ledit de Pinet, le ferment en tel cas requis, faifant
inhibitions & deffenfes audit de Pinet d'entreprendre de créer ou
deftituer, le cas y échant, aucun defd. Officiers, ou leur bailler
le ferment lui feul, & fans l'affiftance & confentement defd. autres Confeigneurs, ou de leur Procureur à ce fpecialement fondé;
& de même aufdits Confeigneurs, fans l'affiftance & confentement dudit de Pinet ou fon Procureur fur peine de nullité & autre arbitraire : Et a ordonné & ordonne que ledit de Pinet, comme Confeigneur pour la moitié, & lefd. S. Paftour, Vezin & Caftagner pour l'autre moitié par indivis s'affembleront dans huitaine après l'intimation de cet Arreft, pour d'un commun confentement élire & créer un Juge, Baille & Greffier audit lieu de Montbrun de qualité requife pour l'adminiftration de la Juftice, lefquels
exerceront au nom de tous lefd. quatre Confeigneurs conjointement, fi mieux lefdits Confeigneurs n'aiment continuer & confirmer les Juge, Baille & Greffier, qui exercent à prefent, & qui
ont été ci devant établis par ledit de Pinet, en prêtant entre leurs
mains pareil ferment qu'ils ont prêté aud. de Pinet, ce qu'ils feront
tenus oprer dans même délai, autrement, & à faute, d'en convenir, a permis & permet au Senéchal, dans le diftroit duquel ledit
lieu de Montbrun eft affis, d'y pourvoir ainfi qu'il appartiendra. Et en ce qui concerne l'élection ou confirmation defd. Confuls, a ordonné & ordonne que tous les ans le jour & fête de la
Touffaints, à l'heure de Vêpres, tous lefd. Confeigneurs fe trouveront dans l'Eglife, ou y commettront tel Procureur que bon leur
femblera, pour à l'iffuë defdites Vêpres, dans lad. Eglife, place
publique dudit Montbrun, ou autre lieu accoûtumé, recevoir le
ferment defdits Confuls, qui auront été élus pour exercer l'année
après, fuivant l'ancienne coûtume, autrement & à faute de ce faire, fera loifible à celui ou à ceux entre lefdits Confeigneurs qui
fe trouveront ledit jour audit lieu & heure, de recevoir le ferment
en l'abfence des autres Confeigneurs, fans qu'ils puiffent prendre

autre jour, lieu ni heure , ou icelle avancer que du confentement de tous, à peine auffi de nullité & autre arbitraire:auquel acte pareillement led. de Pinet , comme Confeigneur de la plus grande partie , aura la préference & précedera les autres Confeigneurs s'y trouvans en perfonne , & avenant qu'il y commît aucun Procureur , lefdits autres Confeigneurs qui fe trouveront perfonnellement , y tiendront le premier rang , le tout fans préjudice audit de Pinet des droits & émolumens de ladite Juftice,defquels il percevra l'entiere moitié , & les autres Confeigneurs enfemblement l'autre moitié , fuivant les cottitez qu'ils ont en lad. Jurifdiction , & chofe dite & alleguée nonobftant par led. de Pinet , a ordonné & ordonne qu'il exhibera dans le délai de huitaine aufdits Confeigneurs, les reconnoiffances, livres,terriers, & autres documens qu'il y a devers lui , concernant les cenfives & autres droits Seigneuriaux à eux appartenans fur ledit lieu de Montbrun, iceux remettra és mains du Greffier dudit lieu, ou autre perfonne affûrée, que lefd. parties accorderont , pour en être pris extrait par lefdits Confeigneurs à leurs dépens , à peine de mil liv. & fans dépens , & pour caufe. Prononcé à Touloufe en Parlement le 30. d'Août 1603.

A R T. X I I.

Il eft auffi raifonnable que les Seigneurs directes & fonciers d'un lieu ou de partie d'icelui , ou ayans fiefs nobles relevans du Seigneur, précedent les Confuls , après le Seigneur, fa femme , enfans & Officiers de la Juftice : & ainfi fut jugé par Arreft à Touloufe le vingt-feptiéme Janvier mil fix cens un , entre l'Abbé de Fonfroide , Seigneur Jufticier , prenant la caufe pour les Confuls , contre la Demoifelle de Pogio , n'ayant que fiefs nobles relevans dud. Abbé fans Juftice ; par lequel , veu qu'il apparoiffoit par actes , & demeuroit accordé que ladite de Pogio tenoit des fiefs en hommage dudit Abbé,la Cour reformant l'appointement de contraires, donné par le Senéchal de Carcaffonne , auroit maintenu définitivement ladite de Pogio en la poffeffion & joüiffance des honneurs , prérogatives & prééminences avant les Confuls , tant à l'Eglife, proceffions , qu'autres affemblées, qui fe feroient à l'avenir audit lieu ; & ainfi le jugeâmes pour le fieur de

Margaftaud , n'ayant Directe fans Juftice que d'une quatriéme partie de la Jurifdiction d'Aucauville , de laquelle partie un des Confuls dudit Aucauville annuellement être élû contre le Seigneur Jufticier dudit Aucauville, prenant la caufe pour les Confuls, confirmé depuis par Arreft de Paris , fur la caufe évoquée du Parlement de Touloufe , & encore l'avons jugé pour le fieur & Baron du Faget, contre les Confuls d'un certain lieu près de Lavaur, duquel le Seigneur du Faget n'étoit que Seigneur directe, fans Juftice le neuviéme Janvier mil fix cens huit, & encore par autre Arreft du vingt huitiéme Fevrier mil fix cens quatorze , entre les Confuls de Montgaillard , & Matthieu de Lourde , Confeigneur directe dudit Montgaillard : & encore par autre Arreft du dixfept Decembre mil cinq cens quarante-cinq , entre Bernard Tolofani , Sieur Directe de la Sefquiere , & les Confuls dudit lieu , lefquels Arrefts ne doivent être tirez à confequence és lieux où les Confuls exercent la Juftice civile ou criminelle pour le Roy ou pour le Seigneur Jufticier , ou quand les Confuls font en poffeffion immemoriale de preceder les Seigneurs directes , & encore s'il y a plufieurs Seigneurs directes , ni fi la directe étoit univerfelle , ou d'une grande partie du tertoir , & non d'une petite cottité & portion , ou petit labourage , à caufe dequoi les Confuls de Saint Lys , comme exerçant la Juftice audit Lieu , furent maintenus en la préfeance contre Geftes , Seigneur directe dudit lieu, par Arreft du vingt-uniéme Juin mil fix cens treize.

Ains fiefs nobles.] *V. Cambolas liv. 4. chap. 25. & d'Olive liv. 1. chap. 30. en fe addit.*

Art. XIII.

Par Arreft du feize Janvier mil fix cens fept , fut inhibé aux Confuls de Mirepoix de porter manteaux , robes & chaperons mi-partis , & à Meffire Jean de Levis , Confeigneur dudit Mirepoix , en tous actes & expeditions de juftice , prendre qualité que du Seigneur par moitié dudit Mirepoix ; & en outre ordonne que les Armoiries du Roy , qui fe trouveroient avoir été par le temps effacées , feroient remifes fur les portes principales d'icelle ville de Mirepoix , & fur les portes des autres Villes & Lieux de la Baronnie dudit Mirepoix.

Mi partis.] *V. l'art. 9. & le liv. 1. tit. 39. art. 3.*

Art. XIV.

Entre Isaac de Bar, Seigneur pour la quatriéme partie de la jurisdictionn haute, moyenne & baſſe du lieu d'Iſlemade avec le Roy Seigneur des autres trois parties, demandeur, & les Conſuls dudit lieu, deſſendeurs : par Arreſt du vingt-ſixiéme Février mil ſix cens cinq, fut permis audit de Bar pouvoir créer, & mettre un Baile audit lieu pour la conſervation de ſes droits, & ordonné que ledit de Bar précederoit leſdits Coſnuls, tant aux aſſemblées particulieres que publiques, avec inhibition aux Conſuls d'y contrevenir ; & en outre permis à icelui de Bar, bâtir & conſtruire priſons audit lieu en ſon fonds pour la garde des priſonniers qui ſeroient faits en ladite juriſdiction, tant pour le Roy, que pour ledit de Bar, deſquelles le droit, uſage, profit & revenu demeureroit commun entre le Procureur du Roy & ledit de Bar, ſuivant les cotitez de ladite juriſdiction à eux appartenans : & de plus ordonné que ledit de Bar aſſiſtera à la preſtation de ſerment des Conſuls dud. lieu, & d'iceux prendra & recevra avec le Juge led. ſerment.

Art. XV.

Les Conſuls du Château Sarrazin ayans augmenté la dépenſe de leurs robes Conſulaires par quelque doubleure de ſatin blanc, ſur la plainte qui en fut faite ; par Arreſt à Toulouſe leur fut faite deſſenſe d'uſer de lad. doubleure ; parce que par tels frais ſuperflus les charges & ſubſides ſont augmentez par ceux qui au contraire doivent ſoulager le peuple.

V. le liv. i. *tit.* 39. *art.* i.

Art. XVI.

Les Conſuls d'un lieu, Parroiſſe ou Juriſdiction ne peuvent avec leur chaperon, ni en qualité de Conſuls, aller en autre territoire & juriſdiction : comme fut jugé pour le ſieur de la Reole & de Sabolin, contre les Conſuls de Cologne, qui prétendoient être en poſſeſſion immemoriale d'aller en proceſſion à l'Egliſe dud. Sabolin avec leur livrée Conſulaire une des fêtes Nôtre-Dame chaque année ; parce que le Conſulat & chaperons ſont des marques de juriſdiction qu'ils ne peuvent exercer hors leur territoire. *l. Extra*

tra territorium. ff. de jurifdict. & il n'y a poffeffion immemoriale
en ces actes qui puiffe fervir de prefcription ; parce que ce font des
tolerances faites par devotion ou droit de voifinage, *aut jure fa-*
miliaritatis, ce qui n'acquiert ni proprieté ni poffeffion. *l. Qui*
jure familiaritatis. ff. De acq. poffeff.

Hors leur territoire.] Les Confuls & les Juges qui font hors des terres du Confulat &
de la Jurifdiction, ne peuvent être confiderez que comme des perfonnes privées, & qui,
par rapport à leurs charges, font hors de la fphere de leur activité. L'Hiftoire de Bearn
remarque que le Roy Loüis XI. étant dans ledit païs, fit baiffer fon épée, que l'on portoit haute devant lui, & ne voulut pas que l'on fcelât aucunes Lettres pendant le fejour
qu'il y fit, difant qu'il étoit hors de fon Royaume.

ART. XVII.

Il n'eft permis aux Seigneurs faire élection de Confuls qui ne
foient leurs jufticiables, refidans & domiciliez en leur jurifdiction,
comme fut jugé pour la Dame de Lers & Montfrin, demandereffe
en caffation de certaine élection Confulaire, & le grand Prieur
de S. Gilles Commandeur de l'Hôpital de Montfrin, prenant la
caufe pour les Confuls par lui élus, jufticiables de ladite Dame,
& domiciliez dans la Jurifdiction, le cinquiéme Janvier mil cinq
cens quatre-vingts-fix.

V. le liv. 1. *tit.* 39. *art.* 1.

ART. XVIII.

Les Confuls font tenus, en étant requis, fe trouver aux fepul-
tures & honneurs funebres de leurs Seigneurs & de leurs femmes:
à caufe dequoi les Confuls d'Audats furent condamnez en amande, pour être diftribuée aux pauvres dudit lieu, à la difcretion du
Seigneur, pour étans requis, ne s'être trouvez aux obfeques &
honneurs funebres avec leurs livrées Confulaires, de Demoifelle
Jeanne de Lefcure fa femme, par Arreft du vingt-fept May mil
cinq cens quatre vingts-deux.

V. le chap. 23. *art.* 4.

ART. XIV.

Par Arreft de Touloufe du feptiéme Mars mil cinq cens cinquante-huit, en Audience les Confuls de Monjard furent condamnez en dix livres d'amende envers le Seigneur dudit lieu, &
cinq livres à l'Eglife, pour s'être ingerez aller à l'offrande avant la
femme de leur Seigneur, ayant acquis de nouveau lad. Seigneurie

Hhhh

du Roy, avec inhibition de plus ufer de femblable temerité contre le Seigneur & Dame.

Avant la femme.] *Fœmina maritalibus corrufcat radiis* , comme dit la Glofe de la Loy, *Fœmina ff. de Senatorib.*

A R T.　X X.

Le neuviéme Janvier mil cinq cens nonante-fept, fut plaidée à la grand'Chambre une requête prefentée par un nommé Caubere, Juge de Nebouzan, tendant à ce qu'inhibitions & deffenfes fuffent faites aux Confuls de la Ville de S. Gaudens de le troubler en la preféance, & à ce que la Cour ordonnât que ledit Juge precederoit lefdits Confuls en toutes deliberations & affemblées, fut reprefenté le degré & capacité dudit Juge, & la vilité de ces Confuls : fut dit femblable reglement avoir été donné entre le Lieutenant du Juge Royal de Comenge au fiege de Muret, & les Confuls dudit lieu, en l'an mil cinq cens nonante-quatre ; fut auffi reprefenté que les Confuls ne font Magiftrats, ains Officiers municipaux pour les affaires de la police ; fut encore allegué que les Confuls prêtent le ferment entre les mains dudit Juge, & rendent compte devant lui.

Precederoit les Confuls.] *V.* le liv. x. tit. 39. art. 7.

A R T.　X X I.

Le Juge d'Eglife ne peut decerner citation ni monition contre le Juge Lay, ni contre la partie civile ; à faute d'envoyer les charges & informations devers lui, ou pour fe faire rendre le prifonnier ; Arreft du neuviéme Fevrier mil cinq cens quatre vingts-trois.

Contre le Juge Lay.] Il eft conftant que le Juge Ecclefiaftique ne peut pas, fans abus, connoître d'une caufe dont le Juge Layque eft faifi ; tant s'en faut qu'il puiffe decerner citation contre lui, quand même la caufe feroit Ecclefiaftique, puis qu'on ne peut pas defavoüer que le Juge d'Eglife n'a ni puiffance ni fuperiorité fur le Juge Layque. De là vient qu'il ne peut pas, fans entreprife de Jurifdiction, & fans abus manifefte, ni ufer d'évocation, ni faire défenfes au Juge Layque de connoître d'une caufe dont il fe trouve faifi, ni même entreprendre fur les défenfes qui lui font faites d'autorité des Cours Seculieres : c'eft l'ufage inviolable de ce Royaume, & cet ufage eft fi ancien, qu'aux termes de Luc Placit. lib. 2. tit. 3. art. 8. *tanti fe facit erga Pontificiam profana Jurifdictio, ut quandiu quidquam in ea pendet, quod ad rem, quam apud Pontificios Judices tractari libuerit, vel minimum etiam infpeciem, facere videatur, nihilominus tamen Pontificiam Jurifdictionem ceffare opporteat :* ou fuivant quelques éditions, *filere oporteat,* comme pour mieux exprimer la deference que le Juge d'Eglife doit avoir en ces occafions pour le feculier.

Des Pigeoniers.

CHAPITRE XXII.

ART. I.

IL éſt loiſible, non ſeulement és terres du Roi, mais auſſi des Seigneurs juriſdiĉtionels bâtir des pigeonniers, s'il n'y a coûtume ou convention au contraire entre les Seigneurs & leurs ſujets ; ſçavoir par les infeodations, reconnoiſſances, accords, ou tranſaĉtion ; parce que le pigeon, *non eſt animal nocivum*, & ne fait que manger le grain apparent ſur terre, ſans grapper ni caver la terre ; lequel grain ſe perdroit, ou ſeroit d'ailleurs mangé par d'autres oyſeaux ; & ainſi fut jugé par Arreſt à Toulouſe du vingt-cinquiéme Fevrier mil cinq cens ſeptante-huit, pour deux habitans du Burgau contre le Commandeur Seigneur Juſticier dudit Burgau, voulant faire démolir deux pigeonniers bâtis par leſdits habitans dans ſa Juriſdiĉtion dudit Burgau : conformement à autre Arreſt du quatriéme Fevrier mil cinq cens cinquante-deux pour un Guyraudet, ayant bâti un pigeonier dans le Comté d'Eſtarac, contre le ſieur Comte Seigneur haut, & le ſieur de Semezies, Seigneur moyen & bas dudit lieu de Semezies, ſuivant leſquels Arreſts par Jugement des Requêtes du Palais fut permis à Maître Laurens de Joſſé, Conſeiller à la Cour, faire pigeonnier à une ſienne metairie aſſiſe au lieu de Sepet ; nonobſtant l'inſtance du Seigneur Juriſdiĉtionel dudit lieu le dix-ſeptiéme Decembre mil cinq cens ſeptante-ſept.

Bâtir des Pigeonniers.] Suivant l'uſage de ce Parlement il faut uſer de diſtinĉtion en matiere de faculté de bâtir des Pigeoniers. Car quand il s'agit d'un Pigeonier qui ait marque Seigneuriale, l'Emphyteote ne peut pas le faire, & quand méme il n'y auroit point de coûtume qui donnât la faculté prohibitive au Seigneur, il le peut empêcher. Mais à l'égard des autres Pigeoniers, il eſt certain que le Seigneur n'a pas cette faculté, à moins qu'il ait titre, ou coûtume contraire, ſuivant la Doĉtrine d'Olive *liv. 2. chap. 2.* Et l'Arrêt qui fut donné en l'année 1564. au profit du Seigneur de Serignan, ne peut pas être tiré en conſequence ; parce que la Senéchauſſée de Carcaſſonne, dans laquelle eſt la terre dudit Seigneur, étant regie ſuivant la coûtume de Paris, & lui en rendant hommage au Roy ſuivant cette coûtume, il étoit en droit par une ſuite de cette raiſon de prohiber à ſes Vaſſaux de conſtruire des Pigeoniers ſans ſa permiſſion. *V. les art. 69. & 70. de la coût. de Paris.*

Hhhh ij

ART. II.

Par Arreſt du premier Fevrier mil cinq cens trente, fut permis à Jean Forgues, de la Juriſdiction de Fourquevaux, d'avoir & tenir colombier, moulin à vent, & vivier audit lieu, inſiſtant Anne Mulate, Dame & Seigneureſſe dudit lieu au contraire.

ART. III.

Ce que deſſus n'a lieu en pluſieurs païs Coûtumiers, même en Normandie, où le droit de bâtir colombier à pied eſt tenu & reputé pour droit Seigneurial ; comme auſſi de bâtir moulin, & n'eſt loiſible à aucun d'en bâtir, ſinon ſur fief noble ; ainſi que Terrien dit avoir été dit & deffendu d'en bâtir par pluſieurs Arreſts par lui cottez ſur les Coûtumes de Normandie, Livre 5. chap. 8.

ART. IV.

Le Vendredy quinziéme Fevrier mil cinq cens vingt-ſix, en Audience de la Tournelle à Toulouſe, fut enjoint aux Capitouls & Viguier, de pourſuivre & punir ceux qui prenoient les pigeons des colombiers avec filets, laſſets, arbaleſtes, & autres moyens & engins ; à ſuite dequoi un païſan de Povourville, ayant de ſa fenêtre en hors tiré une harquebuſade à une troupe de pigeons qu'il voyoit dans les champs, & en avoir tué & pris un, ayant été par le Senéchal condamné à demi écu d'amende envers les pauvres ; en étant appellant fut par Arreſt condamné en deux écus envers les pauvres, & autres deux écus envers la partie appellée, avec inhibition de commettre tels actes à peine de mil écus.

Condamné en deux écus.] Cette condamnation n'eſt modique, que parce que le Payſan ayant tiré de ſa fenêtre en hors, fut conſidéré comme n'ayant pas tiré du deſſein deliberé: La condamnation eût été ſans doute infiniment plus forte, s'il eût fait ſon coup en pleine campagne, de deſſein deliberé, & à l'écart ; à cauſe que les pigeons étans des oyſeaux privilegiez, vivans, s'il le faut ainſi dire, ſous la foy publique, & dont la chaſſe a été toûjours très-expreſſement défenduë, on commet auſſi une eſpece de crime de tirer ſur eux. Juſques-là que Fortin en ſes remarques *ſur l'art. 69. de la Coût. de Paris,* dit qu'il y a des Arreſts qui ont condamné au foüet des perſonnes qui s'adonnoient à tirer ſur des pigeons, ou à les prendre aux filets.

Des Litres & ceintures funebres.

CHAPITRE XXIII.

ART. I.

IL n'appartient qu'aux feuls Seigneurs hauts Jufticiers d'avoir litres ou crimes funebres aux Eglifes de leurs Jurifdictions ; que s'il y a deux Confeigneurs Jufticiers, chacun en pourra avoir, fans effacer la premiere qui fe trouvera faite, ains fous icelle, comme fut jugé par Arreft entre les Confeigneurs de Beaupuy Gragnagois le dix-feptiéme Aouft mil cinq cens feptante-un ; ce qui fe doit entendre des Seigneurs égaux en Jurifdiction ; car autrement celui qui a la plus grande part & cotité en la Jurifdiction, doit en icelle en toutes chofes avoir les honneurs & prérogatives par defus l'autre ; fauf s'il y avoit longue poffeffion au contraire.

* *Qu'aux feuls Seigneurs.*] C'eft-à-dire qu'entre les Seigneurs il n'y a que les hauts-Jufticiers, qui ayent droit de ceinture funebre dans l'Eglife. (Excepté lors que les moyens & bas ont preferit ce droit fur le haut-Jufticier par une poffeffion immemoriale) car il n'eft pas vrai que les Seigneurs hauts-Jufticiers excluent generalement toutes autres perfonnes, puis que les Patrons font fondez à prétendre préférablement à eux le droit de litre. Les Seigneurs moyens & bas ne l'ont que par tolerance, & non de droit, hors du cas de prefcription.

ART. II.

Il fut permis par notre Jugement du douziéme Aouft mil cinq cens nonante-un, à Alexandre de Roux, Confeigneur par la moitié de la Juftice baffe feulement du lieu de Segreville au Comté de Carman, d'empreindre ou peindre contre la muraille au dedans de l'Eglife, à l'endroit du tombeau de fon pere, fes armoiries, avec une bande noire de dix ou douze pans, pour marque de dueil, fans aucune ceinture funebre, pour y demeurer an & jour, à compter de la fepulture tant feulement, de telle hauteur qu'elles n'empêchent la ceinture funebre du Seigneur Jufticier, avenant qu'il trépaffât dans ledit an ; & ce pour faire difference de la fepulture de celui qui a quelque portion de Jurifdiction à celle des autres païfans & fimples habitans fes jufticiables.

Il fut permis.] Cambolas au *liv. 2. chap. 23.* rapporté ce prejugé dans des circonftances differentes.

Art. III.

La difficulté a été grande entre deux divers Seigneurs, n'ayans qu'une Eglise Parrochiale, si le Seigneur dans la Jurisdiction duquel l'Eglise n'est point assise, y peut mettre le litre ou ceinture funebre, comme la dispute en fut devant nous entre Guillaume de Castets ; Conseigneur de Vareilles, & les Consuls de Montgauch dans la Baronnie d'Aspect, dans lequel lieu de Montgauch l'Eglise étoit, ne voulans les Consuls permettre au sieur de Vareilles d'y peindre la ceinture funebre de son pere, sur quoi ayant ledit Castets produit une transaction, contenant que ces deux Seigneurs ne faisoient qu'une Parroisse & un Consulat, & que de trois Consuls il falloit que l'un fût de sa terre de Vareilles, auquel il bailloit le serment, lesquels Consuls administroient la Police au nom des deux Seigneurs ; Que le Seigneur de Vareilles avoit la moitié des amendes procedans des crimes : Qu'il avoit quelques directes dans Montgauch ; Qu'il avoit la paix & autres honneurs dans l'Eglise avant les Consuls, bien que *arma & insignia insculpere sit honoris & jurisdictionis, Chassanæus in catalogo gloriæ mundi. parte 1. num. 12. & que non liceat in alieno depingere. l. Quidam Iberus. S. De servit. urb. præd.* Toutefois pour les circonstances susdites, resultans de la transaction, & encore les faits possessoires alleguez par ledit de Castets, nous appointâmes les parties en leurs faits contraires, & cependant par provision, adjugeâmes la joüissance audit de Castets, & permimes faire la ceinture funebre de telle hauteur qu'elle ne pût empecher de mettre par-dessus l'autre ceinture funebre du Baron d'Aspect, Seigneur de Montgauch le vingtiéme Mars 1587.

V. d'Olive liv. 2. chap. 11.

Art. IV.

Sur le rapport fait par le Commissaire à ce député de l'incident introduit devant lui, d'entre Maître Jean de Pecodere, Docteur & Avocat en la Cour, Seigneur pour la plus grande partie des lieux de S. Leon & Causidiers, suppliant & demandeur aux fins contenuës en sa Requête du huitiéme Novembre dernier d'une part, & le Syndic & Confuls defdits Lieux, & Pier-re-Paul Perrier, affignez & deffendeurs d'autre. Veu ledit inci-dent, Requeftes defdits jours huitiéme & dix-neuviéme du mois de Novembre, Arreft du vingt-troifiéme Juillet mil fix cens neuf; autre du vingt-fept Mai mil cinq cens nonante-deux, Exploits de forclufions & autres productions.

La Cour, faifant droit fur ladite Requefte, a declaré & decla-ré, entre les droits dûs audit Recoderc, comme Seigneur Haut Jufticier en la plus grande partie defdits Lieux, être, de mettre & tenir Litre avec les Armoiries empreintes au dedans & dehors les Eglifes Parrochiales defdits Lieux, avenant le decez dudit Reco-derc ou de fa femme, & de contraindre les Confuls defdits Lieux de venir affifter au Convoi funebre d'iceux avec leur Livrée Con-fulaire le cas y écheant, & l'a maintenu & maintient auffi aux au-tres droits, dont les Hauts Jufticiers du Reffort, ou leurs heritiers ont accoûtumé d'ufer & joüir, pour marque de dueil durant l'an-née dudit decez; & a condamné & condamne lefdits Syndic & Confuls, aux dépens envers ledit Recoderc, iceux taxez & mo-derez à la fomme de fix livres, & fans dépens pour le regard du-dit Perrier, & pour caufe.

Avec leur livrée.] *V. le chap. 21. de ce traité en Par. 18.*

De Pariage.

CHAPITRE XXIV.
ART. I.

DRoit de Pariage eft un droit de focieté & compagnie, quand un Evêque, Abbé, Chapitre ou Eglife fait une affociation perpetuelle avec un Seigneur temporel pour la Juftice qui s'exer-ce fur leurs Sujets, la plûpart defquels Pariages que nous avons en France, même ceux qui font avec le Roy, ont procedé des guer-res que les anciens Ducs, Comtes, & autres grands Seigneurs fe faifoient entr'eux, & du ravage que leurs gens de guerre por-toient au plat païs, même és terres des Ecclefiaftiques, qui n'é-toient refpectez ni de l'un ni de l'autre parti, ains c'étoit un fé-jour & paffage ordinaire des Gens de Guerre, lefquels n'ofoient entrer és terres du Roy, qui au contraire étoient refpectées &

privilegiées de tous, si que voyant les Seigneurs Ecclesiastiques leurs Sujets ruïnez, & leurs terres quasi desertes & en friche, émeus de pieté envers leurs Sujets, & de l'utilité qui leur proviendroit s'ils étoient exempts, & leurs terres des ravages des Gens de Guerre, & le peu d'émolumens qu'ils retiroient de leurs Justices, ils mettoient en pariage avec eux pour la moitié de leurs Justices, le Roy & aucuns de la moitié des autres droits Seigneuriaux; mais à la charge que le Roy ne les mettroit hors de ses mains & ne les pourroit transporter même en appanage ou recompense d'appanage, ainsi que Pithou l'a remarqué en ses Memoires, allegué en l'indice des droits royaux, à cause de quoi les Ecclesiastiques auroient occasion d'empêcher les alienations que le Roy fait de tels droits de pariage avec eux. Il y avoit de semblables pariages, & pour mêmes causes avec ces anciens grands Ducs & Comtes de Normandie, Guyenne, Toulouse, Champagne & autres par l'union desquelles Duchez & Comtez à la Couronne, les Pariages ont été unis aussi, desquels il y a des exemples dans l'indice allegué sur le mot *Pariage*.

Pariage.] Dans les anciens actes ce droit est designé par les noms de *associatio*, ou de *appariatio*, & en François par ceux de *apparition*, *pariage*, ou *pareage* : Ces pareages furent fort frequens dans les treiziéme & quatorziéme siecles ; ils se faisoient en deux manieres ou perpetuels, qui passoient aux successeurs, ou à temps, c'est-à dire limitez à la vie des grands Seigneurs, avec lesquels les Abbez & les Monasteres traitoient : Il est vrai que la plûpart du temps ils étoient renouvellez avec les successeurs. Quelquefois les pareages de cette derniere espece étoient limitez à certaines années : ces associations produisoient cet effet qu'outre que les Monasteres se conservoient dans leurs droits par l'appui que leur donnoient leurs associez, qui étoient des personnes de grande autorité ; d'ailleurs on évitoit les conflits des Jurisdictions : car dans ce temps-là on voyoit souvent des appellations relevées en même-temps en deux differens tribunaux ; ce qui cessoit par le moyen des pareages qui unissoient tout, la justice étant administrée au nom des deux associez, à cause dequoi les Juges leur prêtoient serment à tous deux : jusques-là qu'on affectoit de faire que les verges des Sergens fussent chargées des armes de l'un & de l'autre. En un mot tout étoit égal, si ce n'est qu'on stipuloit que la correction & la punition des Religieux devoit appartenir à l'Abbé en seul, *nisi in defectu ejus ad Regem per appellationem punitio Monachorum deveniret*, suivant l'acte de l'an 1280. par lequel l'Abbé & le Chapitre de Sarlat associerent le Roy Philippe le Bel à leur Justice. Cette matiere étant curieuse meritoit les observations que je viens de faire.

Dans l'indice allegué.] C'est l'indice des droits Royaux & Seigneuriaux de Ragueau, allegué par l'Auteur *en l'art.* 3. *du chap.* 8. *de ce traité*.

A R T.   I I.

Le Roy a ce privilege ; que celui qui est Seigneur en Pariage

avec

avec lui ne peut contraindre aucun de leurs Sujets à lui faire homm-
mage, ou passer reconnoissance, sans à ce appeller le Procureur
General du Roy, ou ses Substituez aux Sieges Royaux, comme
il le peut faire étant en pariage avec autre que le Roy, & ce pour
obvier aux usurpations qu'on pourroit faire des droits du Roy,
lesquels le plus souvent sont negligez. C'est pourquoi, par Arrest
de l'an mil cinq cens quarante, entre certains Seigneurs directes
du païs d'Albigeois en pariage avec le Roy, fut inhibé à tous
Seigneurs en pariage avec le Roy, de faire ni proceder aux reconnoissances des fiefs en pariage, sans à ce appeller le Procureur du
Roy sur les lieux : en consequence duquel Arrest les reconnoissances faites par un Conseigneur de Verfuel en Roüergue, sans avoir
appellé le Procureur du Roy, furent cassées en Audience à la
Grand'Chambre le sixiéme Mai mil cinq cens soixante-six.

℣. *l'art. 12. du chap. 1. de ce traité.*

Des Espaves & biens vacans.
CHAPITRE XXV.
ART. I.

PAr le Droit Romain les choses abandonnées par le Proprietaire, sont dites n'appartenir à aucun, *nullius in bonis esse*, &
commencent d'appartenir à celui qui premier les apprehende &
occupe, comme étans reduites à l'état du premier droit des gens.
l. 1. ff. Pro derelicto, ce qui s'entend des bêtes sauvages apprivoi-
sées, comme des mouches à miel, & autres animaux, qui de leur
naturel ne sont privez ; aussi dés qu'ils ont quitté leur coûtume
d'aller & retourner, & se sont remis du tout à leur liberté naturelle, ils cessent d'appartenir à l'ancien Proprietaire, & appartiennent au premier occupant. §. *Feræ igitur bestiæ. Instit. de reb.*
divis. comme nous l'avons dit en son lieu des abeilles & mouches
à miel, §. *Apum. eodem. tit.* sauf en certaines Provinces de France,
Anjou, Touraine, Bourbonnois, Auvergne, esquelles par leurs
coûtumes les choses abandonnées appartiennent au Seigneur
Haut Justicier.

Autre chose est des autres animaux domestiques, ou autres
choses, meubles égarez, quand celui qui les trouve ne sçait à

qui elles appartiennent, qu'on appelle espaves, qui sont bêtes égarées, n'étans avoüées par aucun Maître, & desquelles la Seigneurie est inconnuë, *& sunt vaga animalia, quæ à dominis habentur pro derelicto, aut animalia aberrantia, quorum dominus ignorantur, quæ aut longè fugerunt expavefacta, aut vagantur sine custode aut domino*, lesquelles après deux proclamations faites par trois Dimanches, si aucun n'apparoît pour les reconnoître & prouver siennes, elles sont tenuës pour derelictes & égarées par la raison de la Loi. *Si eo tempore. C. De remiss. pign.* & de la Loi *Diffamari. ff. de ingen. & manum.* & appartiennent au Seigneur Haut Justicier.

Art. II.

Au nombre des espaves appartenans aux Seigneurs Justiciers, sont les naufrages, *tanquam bonna oberrantia quæ nullius sunt. Bened. in cap. Raynut. in verbo.* [*& uxorem*] *num.* 25. *Chassan.* tit. des Justices, étant par ce moyen abrogée en France, l'Autentique. *Navigia. C. de furtis.* qui veut que tels naufrages appartiennent à leur ancien Maître. Bugnon liv. 2. Des Loix abrogées, chap. 134.

Apartenans aux Seigneurs.) Il y a des exceptions à faire, rapportées par Despeisses *tom.* 3. *au tr. des dr. Seign. tit.* 5. *art.* 2. *sect.* 6. *num.* 9.

Art. III.

Les terres vacantes, hermes & incultes à faute d'heritiers, ou legitimes successeurs ou possesseurs, duquel nombre ne sont point les communaux ou pascages des lieux, appartiennent au Seigneur Haut Justicier, lequel les peut bailler à nouveau fief, & sans congé ne peuvent les Consuls ni autres Particuliers les reduire en culture & labourage, comme a été jugé par les Arrests memorables de Toulouse pour le Sieur de Durban & d'Esplas, contre les Habitans desd. Lieux en l'an mil cinq cens cinquante - quatre, & pour le sieur de Terride le vingt-unième Mars mil cinq cens cinquante-deux, & pour le sieur de Monfrin, contre les Habitans dud.t Lieu, du vingt-quatrième Mars mil cinq cens vingt-six, & autre paravant donné entre ledit sieur de Monfrin & le Grand Prieur de S. Gilles, du quatrième Juillet mil cinq cens treize. Ma-

fuer tit. des Juges & leur Jurifdiction. Boër. en la Decif. 352.
Bacquet au Traité de la Juftice.

Appartiennent au Seigneur.] En défaut du Seigneur les Confuls les peuvent prendre,
aprés trois proclamations faites au Prône, de les bailler à celui qui fe prefentera pour les
prendre fous les conditions ordinaires : Il eft vrai que les Proprietaires font en droit de
les reprendre en remboursant les reparations ; pourvû qu'ils viennent dans trois ans aprés
le contrat de bail paffé par les Confuls, & non autrement, fuivant l'Arreft du Conseil
d'Eftat du 26. d'Aouft 1668. autorifé par une Declaration du Roy du 30. du mois de Decembre fuivant.

A R T. I V.

Pour le regard des terres du Roy, les Confuls, du confentement du Procureur du Roy, les baillent & infeodent au profit du
Roy, à la charge de payer les tailles & droits Seigneuriaux, ou les
font vendre pour les arrerages des tailles.

Que les Seigneurs temporels & Ecclefiaftiques peuvent inftituer
& deftituer leurs Officiers quand bon leur femblera.

C H A P I T R E XXVI.

A R T. I.

PAr l'Edit de Rouffillon du Roy Charles IX. art. 1. en l'an
mil cinq cens foixante-trois, eft permis aux Seigneurs particuliers de deftituer leurs Officiers quand bon leur femble, non-
feulement les inftituez par eux, mais auffi par leurs predeceffeurs:
Et par autre Edit encore de l'an mil cinq cens foixante-huit, donné à S. Maur des Foffez ; & la raifon eft, parce que par l'Ordonnance les Seigneurs font refponfables des actions de leurs Officiers;
& à caufe de ce il leur eft loifible de pouvoir faire choix de ceux
qu'ils croyent leur être plus propres, & par ce moyen revoquer
& deftituer ceux que bon leur femblera. Ce qui a lieu auffi aux
Ecclefiaftiques, étans Seigneurs temporels; & ce non-feulement à
l'endroit des Juges, Greffiers, Bayles & autres Officiers de leur Jurifdiction temporelle; mais auffi des Officiaux, Procureurs fifcaux,
Greffiers & autres pour l'exercice de la Jurifdiction Ecclefiaftique;
fi ce n'eft au cas que les Officiers euffent particuliere provifion
du Pape : *Bacquet au livre de la Juftice chap.* **17.** *Marcus en la*
quaft. **19.** *volum.* **2.** *& en la queftion* **768.** *volum.* **1.** Chopin,

de domanio lib. 3. *tit.* 13. *Charondas lib.* 4. *chap.* 34. *& liv.* 8. *ch.*
17. *Capella Tolof.* en la decif. 195. Et fuivant cela, par Arrêft du
dernier de Juin mil cinq cens nonante-neuf, la deftitution faite
par Meffire Jacques de Seriez, Evêque du Puy, d'aucuns de fes
Officiers, & même d'un Greffier & Secretaire de l'Evêché, nonobftant le don & concuffion dudit Greffe, faite par le fieur Evêque fon Predeceffeur, fut confirmée : Et encore par autre Arrêft
donné fur l'interpretation d'icelui entre les mêmes parties le dix-
fept Juin mil fix cens. Semblable Arrêft pour une Abbeffe de
Roüergue, ayant deftitué Jean Broffier du Greffe de Torondech,
dépendant de ladite Abbaye, donné le vingt-deuxiéme Août audit an mil fix cens, & encore plus à l'endroit du Garde-fcel de
l'Evêque, parce que, *emolumentum figillis eft in patrimonio*, &
s'arrente & afferme au profit des Evêques & Chapitres par la Cle-
mentine *ftatum de elect. Cap. Cum dilectus. De fide inftrum. Cap.
Poft ceffionem. de probat. & ibid. Panorm. ubi fufe. De figillo Epifcopi.*

* *Sont refponfables*] L'Article 27. de l'Ordonnance de Rouffillon en 1564. n'eft pas en
ufage, en ce qu'il rend les Seigneurs refponfables du mal jugé des Officiers par eux
établis.

A lieu aux Ecclefiaftiques] Il y a diverfes exceptions à faire, rapportée par d'Olive *liv.* 1. *chap.* 37. de même qu'aux additions *ibid.* & par Brodeau fur Loüet *lit. O.
num.* 2.

A R T. I I.

Les Greffes ou l'émolument d'iceux s'afferme, ou peut affermer, & font du patrimoine des Seigneurs temporels, même étant
les Jurifdictions patrimoniales en France, pour lefquelles occafions nous confirmâmes la deftitution que le Chapitre du Puy
avoit faite de Maurice le Blanc leur Secretaire, bien que approuvé par plufieurs leurs déliberations precedentes à celle de la deftitution ; mais cette deftitution eft reftrainte & limitée, aux cas que
l'inftitution des Officiers auroit été faite pour caufe onéreufe, comme moyennant finance payée, ou pour mariage, l'Office tenant
lieu de dot, ou pour acquittement de dette, ou pour recompenfe,
& fervices particulierement fpecifiez, non pour claufe generale, &
autres femblables, efquels cas il n'eft loifible aux Seigneurs deftituer leurs Officiers, fans préalable rembourfement ou indemnité, comme je l'ai vû fouvent juger, parce que la donation

faite *ob caufam*, *donatio non eſt* : mais comme dit le Jurifconfulte
merces eximini laboris appellanda ; & la donation remunerative,
vel ob caufam propriè donatio non eſt: l. Attilius. Regulus. l. Si pater.
ff. de donat. l. Sed etſi. §. Conſuluit. ff. de petit. hæred.

A cela ne peut être oppofé que les Officiers du Roy ne peuvent
être depofez, nonobftant la claufe appofée en leurs lettres, d'e-
xercer leur office tant qu'il plaira au Roy, parce que cette claufe
n'a lieu qu'és cas feulement de mort, forfaiture, ou crime, pour
lequel l'Officier eſt privé de fon office, parce qu'ils font prefque
tous pourveus de leurs offices à titre onereux, tant pour la compofition de la finance, avec leurs refignans, que pour le quart de
la finance, qu'anciennement ils avoient accoûtumé de payer, &
marc d'or pour leurs provifions, & à prefent pour le droit qu'on
appelle la Paulette, moyennant le payement duquel les offices
font comme hereditaires, & tranfmiffibles aux heritiers, par les
Edits fur ce faits, comme cinquante ans, & plus avant cet Edit
appellé de la Paulette, avoit été fort amplement difcouru par
Benedicti in cap. Raynutius in verbo duas habens filias, & par Monfieur le Prefident Boyer en la Decifion 149.

Art. III.

Ce qui eſt dit cy-deſſus, que les Seigneurs Jufticiers peuvent
revoquer, & deftituer les Officiers de leurs charges & offices à leur
plaifir & volonté, n'a lieu fi lefdits Officiers ont été pourvûs pour
recompenfe du fervice, ou autre titre onereux ; Arreſt du vingt-
fixiéme Janvier mil cinq cens foixante-deux : ce qui a lieu non
feulement pour le regard du Seigneur qui a pourveu lefdits Officiers, & de fon heritier : mais auffi pour le regard du fucceffeur
fingulier : Arreſt du 22. Mars mil cinq cens foixante-cinq.

Art. IV.

Il y a lettres patentes du Roy Henry II. du vingt-troifiéme
Septembre mil cinq cens cinquante-deux, verifiées à Touloufe,
par lefquelles eſt ordonné, que l'Edit fait par le feu Roy François
au mois d'Octobre mil cinq cens quarante-cinq, touchant la jurifdiction des Juges ordinaires, & Confuls des Villes, & l'Arreſt donné

I iii iij

par la Cour fur la publication d'icelui le troifiéme Septembre mil cinq cens quarante-fix , fortiroient leur plein & entier effet , tant és jurifditions du Roy, qu'en celles de fes vaffaux fieurs Jufticiers, comme fi en icelui Edit ils étoient compris & nommez : contenant en confequent permiffion aux Seigneurs Jufticier de créer & établir Juges en leurs jurifdictions ; jaçoit que par coûtume ancienne les Confuls exerçaffent leur jurifdiction , comme par le même Edit il en étoit ordonné és lieux de la juftice du Roy.

A r t. V.

Par Arreft en Audience à Touloufe du trentiéme Aouft mil cinq cens foixante-huit, entre Bertrand de Cumenge fieur de Roquefort , & le Sindic & Confuls dudit lieu , fut décis qu'és matieres criminelles les Confuls Juges d'icelles ne peuvent avoir autre Greffier que celui du Seigneur.

A r t. V I.

L'Archevêque de Touloufe étant lors feul Seigneur haut & moyen de Gragnague , & pour une moitié de la baffe , avec Sebaftien Nogaret & François de Bofquet pour l'autre moitié, fruits & emolumens d'icelle, jufques à foixante fols de forte monnoye, ; par Arreft du dixiéme May mil cinq cens vingt deux , fut dit que pour l'exercice de ladite baffe jurifdiction lefdits Archevêque , Nogaret & Bofquet communement & refpectivement inftitueroient un Juge & un Greffier , & un chacun deux un Baile pour faire informations, decerner prifes de corps, emprifonner & connoître des matieres & cas de ladite baffe jurifdiction , & icelles decider , & condamner les delinquans jufques à ladite fomme de foixante fols & au deffous , ou iceux renvoyer au fieur Archevêque haut jufticier , & à fes Officiers ; neanmoins que la creation & preftation de ferment des Confuls dudit Gragnague leur appartenoit , comme dépendant de la baffe juftice.

Des fortifications , guet , & garde és Châteaux
& maifons fortes.

CHAPITRE XXVII.

ART. I.

SUr les requifitions du Procureur general du Roy à Touloufe, le vingt-troifiéme Avril mil cinq cens quatre-vingts, par Arreſt fut enjoint à tous Seigneurs , Gentilshommes , & autres de quelque état , qualité & condition qu'ils foient , ayans Châteaux & maifons fortes aux champs, y mettre & établir à leurs dépens garnifon des foldats, defquels ils puiſſent répondre, en tel nombre qu'il fera befoin , ou bien les demanteler , & mettre hors de deffenfe , & en tel état que les ennemis ne s'en puiffent emparer & prevaloir ; & ce fur peine de confifcation defdites maifons & Châteaux , & leurs apartenances & dépendances , & de répondre par lefdits Seigneurs & proprietaires des dommages & intereſts des voifins, qu'à faute de ce fe trouveroient intereſſez , & en leur refus & negligence d'y fatisfaire , étant dûëment fommez. Enjoint aux Gouverneurs , Juges , Confuls des villes & lieux plus prochains y établir ladite garnifon aux dépens des proprietaires , ou les faire demanteler , comme dit eſt , fur femblable peine que deſſus , fauf toutefois aufdits fieurs jurifdictionels & jufticiables, de pouvoir, durant l'urgente neceſſité, faire venir leurs fujets pour fervir & s'employer à ladite garde, chacun pour fon tour, & felon fon pouvoir, efdits Châteaux , efquels lefdits fujets auront moyen , faculté & commodité de fe retirer , & être en affeurance pour leurs perfonnes & meubles , fans que lefdits Seigneurs puiſſent tirer cela à confequence pour l'avenir , ni ufer pour raifon de ce d'aucune exaction ou oppreffion fur leurs fujets ; étant ce les mêmes mots & termes dudit Arreſt : & auparavant le 13. Avril 1576. en avoit été donné un femblable.

ART. II.

Le neuviéme May mil cinq cens feptante-fept fut donné autre Arreſt pour les fujets qui avoient leurs maifons fi éloignées des Châteaux, que commodement ils ne s'y pouvoient rendre, ni leur famille pour leur conservation, & de leur bêtail & meubles, & sans préjudice du guet & garde à leur tour, si d'ailleurs ils y étoient tenus, par plusieurs Arrests leur a été permis d'aucunement reparer & fortifier leurs maisons de quelques guerites, palissades & ravelins, avec fossé devant la porte, sans pont levis, tours, ni autres deffenses de marque Seigneuriale, & aux charges susdites, de les bien garder, sur peine d'en répondre aux voisins : & à la charge, la guerre cessant, & la paix survenuë, d'abbatre lesdites deffenses, & remettre la maison au premier état, comme entr'autres il y en a un du vingt-cinquiéme Octobre mil cinq cens quatre vingts-six, pour un Pierre-Michel contre son Seigneur.

V. les art. 6. *&* 10. *& Ferrer. in quæst.* 9. *Guid. Pap.*

A R T. I I I.

Par le susdit Arrest du vingt-troisiéme Avril mil cinq cens quatre vingts, reste resolu le doute, si le Seigneur Justicier pût contraindre ses sujets de faire guet & garde de jour & de nuit dans son Château ; encore que par ses infeodations & reconnoissances ils n'y soient obligez ; car bien que le Seigneur ne puisse charger ses sujets d'aucune charge nouvelle. *l. Cum satis.* §. *Caveant. C. de agric. & censitis & l.* 1. *C. Ne rust. ad ull. obseq. avoc. & l.* 1. *C. de operis à colleg. exigen.* toutefois par ledit Arrest est jugé, qu'en temps de guerre, & necessité urgente du Seigneur de se conserver, & ses sujets en conservant son Château, ils peuvent être contraints audit guet & garde, avec les limitations apposées audit Arrest, pour la confirmation duquel on pût apporter le texte *in cap.* 1. *De forma fidelitatis, ext. ubi vassallus jurat. Domino sex.* sçavoir *tutum, incolume, honestum,* utile & facile, & possible, l'effet duquel serment ausdits mots, *tutum & incolume,* semble importer le devoir & contraindre du guet & garde, de quoi est aussi parlé *in cap.* 1. *Qualiter vassallus juret fidelitatem :* & ainsi le tient *Jacobus de Santo Georgio in cap. de homag. num.* 43. & Boyer *decis.* 212. *n.* 1.

Peut contraindre] Au cas de l'article 10.

ART.

ART. IV.

Pour les foſſez, barricades, paliſſades, barrieres, gabions, garittes & autres ſemblables fortifications, par la même raiſon de guerre, neceſſité urgente, & danger imminent que les Sujets ſont tenus au guet & garde, ils ſont tenus auſſi contribuer auſdites fortifications. *Maſuer in tit. de talliis ſeu collectis & excubiis. num. 22. & Joannes-Faber in l. Omnes. C. de operib. pub.* mais auſſi en recompenſe le Seigneur eſt tenu d'accommoder les Sujets du Lieu pour recevoir leurs biens & perſonnes & bêtail, ſi la place & étenduë du Château les peut tenir : ainſi nous le jugeâmes entre le ſieur Préſident du Faur, Seigneur de S. Jory, & le Syndic des Habitans dudit S. Jory, au mois de Septembre mil cinq cens ſeptante-neuf : Chaſſaneus a été auſſi de cet avis, au titre des fiefs. *§. 4. num. 25. & Benedictus in cap. Raynut. in verbo (& uxorem) num. 465.*

ART. V.

Pour la Garde Bourgeoiſe des Villes en temps de guerre, ou crainte d'icelle, non-ſeulement les Seigneurs, ains les Conſuls peuvent contraindre les Habitans, par ordre, à la faire de nuit & jour, par amendes appliquables aux reparations & fortifications, & par empriſonnement de leurs perſonnes : par pluſieurs Arreſts & Ordonnances des Gouverneurs des Provinces, & entr'autres par Arreſt du douziéme Mars mil cinq cens quatre-vingt-deux, contre les Habitans de la Ramiere.

ART. VI.

Il n'eſt loiſible aux Sujets, ſans licence, & permiſſion du Seigneur Haut-Juſticier, bâtir maiſons fortes, avec tours, foſſez, ni autrement à l'émulation du Seigneur, auquel il n'eſt raiſonnable que le Sujet n'égale : ainſi le tient *Joannes Faber in l. Per Provincias. C. de ædific. privat. & Bart. in l. Opus novum. ff. de operib. publ. Boyer in quæſt. 230. num. 6.* alleguant un Arreſt de Bordeaux pour le Vicomte de Turenne, contre le Sr. de Puymares & de Malemort ſes Vaſſaux, & auſſi afin que le Seigneur puiſſe faire obéïr ſes vaſſaux aux jugemens & Arrêts de Juſtice quand il en eſt beſoin , comme revenant rebellion faite par les vaſſaux à la Juſtice , la Cour a accoûtumé enjoindre aux Seigneurs de faire obéïr leurs ſujets à l'execution des Jugemens & Arreſts , ce qu'ils ne pourroient faire s'il leur étoit permis de fortifier leurs maiſons.

Bâtir maiſons fortes.] Sauf au cas & conditions de l'article 2. *V. Brodeau ſur Loüet litt.* F. *num. 14.*

A ʀ ᴛ. V I I. ·

En plus forts termes , Balde au Conſeil 105. vol. 3. rapporté en ladite queſtion 320. num. 12. decide que ſi trois Gentilhommes freres , tenanciers d'un même fief, diviſent entr'eux le territoire & hommes d'icelui, demeurant la ſeule Juriſdiction commune & indiviſe, les deux ne peuvent faire bâtir maiſons fortes en leurs portions contre le gré & volonté du troiſiéme , qui ſera bien fondé à les empêcher, *ex quo Juriſdictio eſt indiviſa , quia per juris regulam : In re communi melior eſt conditio poſſidentis : & licet unus non poſſit impedire uſum naturalem rei communis , ſecus eſt uti Juriſdictione l. Arboribus. §. Navis. ff. de uſufr. l. Sabinus. ff. Com. divid. & l. duo ff. De acquir. hæred. tamen novum opus prohibere poteſt , quià non pertinet ad veterem uſum.* Que ſi la Juriſdiction eſt diviſée, *qua ad territorium , tunc eſt licitum cuiltbet ædificare caſtrum in ſuo ,* ainſi qu'il eſt noté *in l. Si duo. §. 2. ff. uti poſſid.*

A ʀ ᴛ. V I I I.

Si le Château auquel les Sujets étoient tenus faire le guet & garde eſt ruïné, raſé ou démoli, les Sujets ſont exempts de ladite garde , juſqu'à ce que le Seigneur l'ait remis & réédifié, ou bâti un autre près d'icelui en la même terre & Juriſdiction , & non ailleurs , comme le dit Monſieur Boyer deciſ. 212. num. 14.

A ʀ ᴛ. I X.

En la Baronie de Chalabre, il y a un Château de garde ſur la frontiere d'Eſpagne, auquel tous les Sujets & Habitans de ladite Baronie ſont tenus aller faire guet & garde , en conſideration de quoi le Roy les a exemptez de tailles & subsides, & autres impositions. Entr'autres lieux dépendans de cette Baronnie étoient Rival & Sainte Colombe, qui furent vendus en l'an mil cinq cens quatre-vingts un, après laquelle vente les Habitans desd. lieux refusent de continuer de faire ladite garde, déduisant le même que ceux d'Aubin, dont est parlé en l'Arrest 1. tit. 4. liv. 23. des Arrests de Papon, à quoi par le Seigneur de Chalabre étoit répondu que l'exemption des tailles avoit été par les Rois de France donnée aux Habitans, à la contemplation & charge de faire le guet & garde, non ausdits lieux, ni autres dépendans de la Baronnie, ains au chef Château de la Ville de Chalabre, capitale de ladite Baronnie, qui est une forteresse sur la frontiere d'Espagne, la prise de laquelle importoit, non-seulement aux lieux en dépendans, ains à toute la Province, & au Royaume même, & que cessant ladite garde, cause de ladite exemption & privilege, l'effet en devoit aussi cesser, & qu'audit cas ils devoient payer les tailles & subsides comme les autres circonvoisins de lad. Baronnie, pour icelles employer à commettre d'autres pour tenir leur place à faire la garde. D'ailleurs que les Habitans dudit Chalabre & des autres lieux en dépendans, disoient que tous universellement & ensemblement étoient chargez de faire ladite garde, & qu'aucun d'iceux ne s'en pouvoient exempter, sans l'universel consentement de tous, parce que les lieux non alienez, ni distraits du Château, demeuroient surchargez, pour être constraints d'aller plus souvent faire le guet & garde, à quoi en outre tout le païs circonvoisin, voire le Procureur General du Roy, avoir interêt pour le bien public. Pour lesquelles raisons il fut dit que lesdits Habitans de Rivel & Sainte Colombe continueroient à faire led. guet & garde sur peine d'être privez du privilege & exemption desdites tailles & impositions, & autres privileges à eux octroyez.

Faire guet & garde.] Le droit de guet & garde, & celui que les anciens Auteurs avoient accoûtumé de nommer *Castelgardium*, comme qui diroit *Castelli gardia*. Quelques-uns ont crû que c'étoit la même chose que le droit de *Quaylonie*, ou de *Caylanie*, dit en latin *Castania*, comme si c'étoit l'abregé de *Castellania*; Et en effet, les viex actes font foi que c'étoit un droit que le Seigneur recevoit de ceux à qui il donnoit, outre sa protection, refuge dans son Château pour leur personne, que leurs bestiaux, & pour leurs meubles en temps de guerre. Quelques Coûtumes parlent d'un droit approchant de celui-là, sous le nom de droit de *Sauvement*, lequel étoit dû aux Seigneurs qui sauvoient leurs sujets en temps de guerre, en leur donnant retraite dans leurs Châteaux & maisons fortes, comme lieux d'azile. Et parce que le Seigneur s'obligeoit à tenir son Château reparé de murailles, & les portes, pour être en état de défense, ce qui tendoit à la décharge de ses sujets, il stipuloit aussi à son profit, & par maniere d'indemnité, une certaine redevance qui consistoit la pluspart du temps en une portion des fruits, payable presque toûjours annuellement, & quelquefois *uno anno, & alio non*, comme il resulte des anciennes reconnoissances : En quelques païs cette redevance est qualifiée *droit de vingtain* ; en d'autres *droits de guet*, & en la Province de Languedoc principalement *Caylanie* ou *Quaylanie* indifferemment ; & il ne doit pas être inutile d'observer, que quoy que les droits de guet, & de faire dépaistre, n'ayent rien de commun, il s'induit pourtant de plusieurs reconnoissances, qu'en divers endroits de cette Province, sur tout dans les Baronnies d'Alez & d'Anduze, le droit de Quaylanie, ou Queylanie, ne suppose qu'une cense pour la faculté de faire dépaistre. Quoi qu'il en soit, & pour revenir au droit de guet & garde, il est certain qu'à en considerer la nature, il est extrémement bizarre, étant quelquefois un droit purement personel, quelquefois une pension constituée & assignée sur certains fonds, & quelquefois aussi constituée en termes generaux sans aucun assignat particulier ; & rarement peut-on le considerer comme rente fonciere, parce qu'autrement il procede du bail & de tradition de fonds. Pour ne pas douter que ce droit puisse estre consideré comme personel, ou comme un impôt fait sur les personnes, c'est que souvent dans les actes qui l'établissent, on ne trouve aucun fonds qui soit declaré assujetti au payement de ce droit, ni par nom, ni par contenance, ni par confront ; tels actes contiennent seulement une obligation personnelle de payer certaine redevance : Il est même si personel, que outre que les actes n'affectent aucun fonds ; d'ailleurs ils ne portent aucune stipulation pour les successeurs. Dans ces égards on peut asseurer que ce droit n'est qu'une obligation personnelle, & qu'il ne peut pas être pris pour un droit feodal & censuel, puisqu'en effet ceux qui l'ont reconnu, ne l'ont pas fait *ratione possessionis*, les actes ne disans pas que les reconnoissans possedent aucun fief, pour raison duquel ils s'obligent à la rente stipulée. Et si bien il arrive souvent que ceux qui font les recherches des droits Seigneuriaux, l'assignent sur le fonds dans les reconnoissances qu'ils font passer [soit qu'ils le fassent pour ne sçavoir pas ce qu'ils font, & pensans bien faire ; soit qu'ils le fassent pour favoriser les Seigneurs qui leur donnent de l'employ, dont cette espece de gens veut presque toûjours par des motifs mercenaires, établir la condition le plus avantageusement qu'il se peut, aux dépens du pauvre païsan] il est constant neanmoins qu'on peut debattre telles reconnoissances, lorsqu'elles se trouvent contraires aux anciennes. Aux considerations qui viennent d'être relevées, pour faire voir que ce droit n'est ni feodal ni censuel, l'on peut ajoûter celle-ci, que lorsqu'il arrive qu'on assigne la redevance sur un fonds, souvent ce fonds se trouve relever de la directe d'un autre Seigneur ; L'on peut encore ajoûter, pour d'autant mieux découvrir la bizarrerie de ce droit, qu'il s'induit de plusieurs anciennes reconnoissances, qu'il suppose souvent moins qu'une obligation personnelle, n'y étant stipulé que comme une simple promesse sans aucune obligation personnelle : sur lesquelles considerations l'on peut dire que ce droit doit être qualifié une redevance mixte, y ayant sans contredit des redevances de cette nature, de même qu'il y a des droits universels en plusieurs lieux, qui ne sont pas des prestations feodales : & cette redevance peut être encore regardée comme une rente de la qualité de celles que l'on appelle aux termes du Droit Canon, *census ignorantia cuiuscausa ignoratur*. Au reste, en examinant les anciens actes qui parlent du droit de Caylanie, j'ay quelquefois remarqué, que ce n'est pas toûjours un droit general & universel pour tous les habitans d'un lieu, & qu'à tout le moins on le peut présumer ainsi, parce que ces actes portent que le Seigneur prend telle redevance de divers hommes de la paroisse, pour certaines possessions qu'ils y ont. C'est de la sorte qu'est conceu, entr'autres actes, celui du dixiéme de Janvier mil trois cens sept, dont j'ay parlé ailleurs, & qui est l'assiette que le Roy Philippe le Bel fit faire à Guillaume de Plezian, Seigneur de Vezenombre. J'ay aussi remarqué que la quantité de l'usage & de la prestation étant souvent differenté, ce n'eſt pas par conſequent une redevance qui ſe paye par tête, ou par chefs de famille, à moins qu'elle fur reglée *pro modo facultatum.* Au ſujet de la premiere remarque il eſt vray de dire, que le ſens que le droit de Quaylanie y eſt pris, il ne peut pas être le même que le droit de garde, lequel eſt appellé en quelques endroits de la Baronie de Mayrevys, & ſur tout en celuy qu'on nomme de Cauſſe-negre, *droit de paix,* & en langage vulgaire, *le pas* dont la profanation ſe regle par paire de bœufs : ſa dénomination eſt priſe de ce que les Seigneurs s'obligeoient, au moyen de ladite redevance, à s'appoſer aux enlevemens qu'on faiſoit des fruits & des beſtiaux des reconnoiſſans, & par une ſuite de cette raiſon à les faire vivre en paix. *V. Fuſé d'Olive liv. 2. chap. 9.* au ſujet du *commun de paix.*

A R T. X.

Encore que les Sujets d'un Seigneur ne ſoient tenus au guer & garde par les infeodations & reconnoiſſances ; toutefois s'il eſt Juſticier haut, moyen & bas, ils y peuvent être contraints, comme dit eſt, en temps de guerre ſeulement au Château dudit Seigneur, ſauf s'ils en ſont trop éloignez, ou qu'ils ne s'y puiſſent commodement retirer avec leurs meubles & bétail ; & pourveu que les Habitans n'ayent un lieu fermé & fortifié où ils faſſent ordinairement tenir guer & garde, ainſi qu'il fut jugé par Arreſt de Touloufe le vingt-trois Avril mil cinq cens quatre-vingts.

V. les articles 2. & 3. de ce chapitre.

De la Chaſſe & des Garennes.

C H A P I T R E XX.

A R T. I.

AU quatriéme livre ou regiſtre des Ordonnances Royaux du Parlement de Touloufe fol. 36. ſont enregiſtrées les Lettres patentes du Roy François premier, conformes à autres Lettres du Roy Loüis XII. octroyées aux Habitans du païs de Languedoc, de nonobſtant les Edits faits par la prohibition des chaſſes, pouvoir chaſſer aux conils hors garennes, pigeons ramiers, grives, hoſtardes, cailles, & autres oiſeaux de paſſage : toutefois ayant été par Arreſt du huitiéme Août mil ſix cens ſept, prohibé aux Habitans de Durban en Languedoc, de chaſſer aux liévres, lapins, & toute autre ſorte de chaſſe, nonobſtant leſdits privileges, au profit du Conſeigneur dudit Durban, acqueteur du domaine du Roy de ladite Conseigneurie, sur l'execution dudit Arrest, le Sindic du païs de Languedoc ayant obtenu lettres en opposition contre ledit Arrest, fondées sur lesdits privileges : par Arrest du neuviéme Juin mil six cens huit, le Sindic fut démis de ses lettres.

Art. II.

Au livre second desdites Ordonnances fol. 252. il y a autres lettres de declaration octroyées au Sindic des trois Estats du païs de Languedoc, touchant la faculté de chasser & pescher sans licence du Maître des eaux & forêts ; & parce que sous prétexte des Edits prohibitifs de chasser, aucuns Gentilshommes faisoient profit du gibier & de la chasse ; par Arrest de Toulouse du douziéme Juin mil cinq cens quarante - deux, fut faite prohibition à tous Seigneurs d'arrenter les chasses.

Art. III.

Les Seigneurs hauts Justiciers peuvent prohiber la chasse en leurs Jurisdictions, sauf aux Seigneurs moyens & bas, & aux Seigneurs directes hors les terres sur lesquelles ils tiennent leurs fiefs directes & droits fonciers, comme fut jugé par Arrest du neuviéme Mai mil six cens neuf, pour le Seigneur haut Justicier de Poulan, contre un Seigneur directe d'une partie du terroir dudit Poulan en Albigeois.

Prohiber la chasse.] Ils peuvent encore prohiber la pesche dans les rivieres non navigables qui passent sous leurs terres. *V. Joan. Faber. in §. flumina inst. de rer. divis. & Ferrer. in quæst.* 514. & 577. *Guid. Pap.* Pour ce qui regarde la chasse, les Seigneurs Justiciers la peuvent défendre, excepté celle de la caille avec la tirasse, qui a été toûjours permise, conformément à l'Arrest donné en la Chambre de la Tournelle le treize Septembre 1660. au rapport de Monsieur de Theron, entre le sieur de Mirabel & ses paysans du lieu de Pompignan, dans le Diocése de Nîmes. Il faut encore faire exception pour les Nobles bientenans dans la terre d'un Seigneur ; lorsqu'il y a transaction, ou autre titre, qui permet aux habitans de chasser dans la terre ; & quoi que suivant l'acte generalement tous les habitans, sans exception d'aucun, ayent droit de chasse, toutefois par la nouvelle Jurisprudence des Arrests, par la mort d'*habitans*, il faut entendre seulement les nobles ; comme il fut préjugé par l'Arrest donné le 17. Avril 1666. au rapport de Mr. de Barthelemi, car cet Arrest maintient les habitans & bientenans nobles du lieu de Marguerites, qui est à une petite lieuë de Nîmes, en la faculté de chasser dans l'étenduë de la Jurisdiction dudit lieu, avec leurs domestiques au nombre de huit tout au plus, conformément aux Ordonnances Royaux, Arrests de la Cour, & transaction du dixiéme Avril 1525. faisant inhibitions & deffenses aux personnes roturieres de contrevenir au contenu de ces Ordonnances & Arrests , concernant le fait de chasse , sur les peines portées par icelles , sauf ausdits habitans d'en user suivant la permission portée par les priviléges de la Province de Languedoc; ce qui donna lieu à restraindre la faculté de chasser aux nobles , nonobstant les termes generaux de la transaction , fut l'intervention de Monsieur le Procureur General ; suppliant par requeste aux fins d'être reçû partie intervenante en l'instance , pour y déduire ses interests , ce faisant qu'inhibitions & deffenses fussent faites aux Consuls & habitans dudit lieu de s'ingerer , sous quelque prétexte que ce fût , de chasser dans ladite terre , à peine de 4000. liv. d'amende. Le motif en étoit , que par les Ordonnances Royaux la chasse est défenduë aux roturiers ; elle ne l'est pas moins aux nobles dans les terres des Seigneurs particuliers , s'ils n'en ont titre ou permission ; eussent-ils chassé de temps immemorial sans aucune tradition , parce que la faculté de chasser ne peut pas prescrire par un tel temps , suivant l'Arrest donné à Grenoble en l'année 1655. au profit du sieur d'Autheville , Baron de Vauvert , contre le sieur de Montclam , Seigneur de Candiac , Conseiller en la Chambre de l'Edit de Castres , & cousin germain d'alliance dudit Baron de Vauvert.

ART. IV.

Il est prohibé de chasser près les clapiers & garennes, ni icelles fureter, & à toute qualité de personnes, voire aux Seigneurs Justiciers de faire ni construire de nouvelles garennes, par les Ordonnances; suivant lesquelles par Arrest du dernier Août mil cinq cens quatre-vingts-deux, à la poursuite du Seigneur du Noaillan, un Lissonde fut condamné à razer & abattre les garennes qu'il avoit faites dans le terroir dudit Noaillan, avec inhibition aux autres habitans d'en faire ; & de même Sauveur Procureur en Parlement, les garennes qu'il avoit faites à une sienne metairie à Frozin, aux Requêtes du Palais le treize Mars mil cinq cens quatre-vingt-deux.

Prez des Clapiers.] *V. Ferrer. in quæst.* 218. *Guid. Pap.*

Aux Seigneurs Justiciers] A moins qu'ils en ayent le droit par leurs aveus & denombremens , possession ou autres titres suffisans , conformement à la nouvelle Ordonnance des eaux & forests , au titre des chasses art. 19.

ART. V.

Il est prohibé à ceux qui ont des terres, vignes ou autres biens près des garennes d'autrui, de tendre rets, filets, piéges ou autres engins propres pour prendre les conils desdites garennes; bien leur est permis faire estimer le dommage qui leur est donné par les conils aux bleds & vins, pourveu que le dommage le requiere, & qu'il soit aucunement notable, *quia pro modica res actio denegatur. leg. Si oleum. §. fi. ff. De dolo.* ainsi le jugeâmes-nous pour

Maître Auger Ferrier Medecin, contre le sieur de Benoist Conseiller Seigneur moyen & bas de Pechboniou, lequel Benoist nous condamnâmes à payer audit Ferrier la quantité de dix-huit sestiers bled, & trois sestiers seigle, pour le dommage rapporté par les experts en leur relation, que les conils dud. Benoist avoient apporté audit Ferrier ; & lui enjoignîmes tenir ses garennes tellement chassées, ou chatrées du grand nombre de conils, qu'ils ne pûssent porter dommage aux voisins, ou de semer és environs d'icelles suffisante quantité de grains pour leur nourriture audit effet sur peine de répondre dud. dommage, & auquel Benoist permîmes chasser ou faire chasser par ses Serviteurs domestiques au temps non prohibé à la chasse par les Ordonnances, par toute sa Jurisdiction dans les terres & possessions, tant dudit Ferrier, qu'autres; lesquelles ne seroient closes de murailles, parois ou haie vive, avec porte fermante, ou desquelles l'entrée ne sera specialement & par exprés, lors & à l'instant de ladite chasse prohibée audit Benoist, ou ses Chasseurs, par ledit Ferrier ou ses Serviteurs domestiques, par Jugement du seiziéme Janvier mil cinq cens quatre-vingts six

De tendre rets.] Non pas même, quand on auroit permission de chasser, parce que cela dépeuple les garennes, de même que de faire des fosses. *V.* §. *nemo retia de pac. tuend. in usib. feudor. lib.* 2. *tit.* 27.

ART. VI.

Ayant le Commandeur de Coignat fait informer de ce que ses Valets étant à la chasse, & ses levriers ayant longuement poursuivi & pris un liévre hors la Jurisdiction, un Barte hôte le leur auroit ôté & emporté, ayant été ledit Barthe nonobstant la preuve, relaxé par Me. Michel Tolosani Juge-Mage de Lauraguois ; sauf qu'il seroit tenu bailler deux douzaines d'alloüetes au Commandeur, lequel étant appellant, & Monsieurs Durand Avocat general ayant pris conclusions pour l'appellant, & requis l'amende contre la partie & contre le Juge-Mage par Arrest en Audience à la Tournelle le sixiéme Février mil cinq cens septante-trois, la Cour réformant, condamna l'hôte en cent sols d'amende envers les pauvres, avec inhibitions & défense, tant audit Juge-Mage, que autres Magistrats du ressort, n'user de telles ou semblables condamnations ridicules & ineptes.

ART.

Art. VII.

Par Arreſt du vingt-huitiéme Juin mil ſix cens onze, fut prohibé à Pierre Montmeja, habitant de Cornebarrieu, de chaſſer
audit lieu & juriſdiction de Cornebarrieu, tenir chiens de chaſſe
& levriers qui ne fuſſent attachez ; ſur peine de cinq cens livres,
& autre arbitraire, & ſur même peine, enjoint audit Montmeja,
ſa femme & enfans, ſaluer & rendre l'honneur & reſpect dû à
noble Aaron de Voiſins ſon Seigneur audit lieu, & ſes femme &
enfans, & en outre ordonné que les paroles couchées aux Requêtes demonſtratives dudit Montmeja, contenans que ledit de
Voiſins ſe feroit rendu indigne d'être ſalué, ſeroient rayées d'icelles. La cauſe de l'attache de ſes chiens & levriers fut, que la
maiſon dudit Montmeja étoit contre la garenne dudit Seigneur,
& qu'ils étoient autrement preſque toûjours dans ladite garenne.
Depuis ayant informé contre ledit Montmeja de la contravention
audit Arreſt, concernant la ſalutation dudit Seigneur, il fut condamné en quelque amende pecuniaire.

Fuſſent attachez.] Sur la queſtion *Quatenus ruſtici ſuos canes baculo ad collum appenſo domi
continere debeant. V. Jus venandi aucup. & piſcand. Sebaſtiani Khraiſſeri cap. 18.*

Art. VIII.

Un Seigneur juriſdictionel ne peut chaſſer en la terre & juriſdiction du Seigneur ſon voiſin contre ſa volonté & permiſſion ;
bien pût pourſuivre dans icelle le liévre ou bête par lui émûë ou
chaſſée ; comme fut jugé à la Tournelle le 2. Juin mil ſix cens
huit : entre de Goyrans appellant du Senéchal de Touloufe, &
Michel du Faur ſieur de Pibrac, appellé.

Peut pourſuivre.] Un Seigneur peut pourſuivre dans la terre d'un autre Seigneur, la chaſſe
qu'il a fait lever dans la ſienne, & cela fondé entr'autres raiſons, ſur cette maxime, que
ubi finis habet neceſſariam dependentiam à principio, ſpectatur ipſius principium ; laquelle maxime a principalement lieu, *quandò principium eſt licitum ;* de-là vient, ſelon *Georgius Mohr de
venatione part.* 1. *cap.* 8, *num.* 14. qu'en divers endroits d'Allemagne c'eſt la coûtume en fait
de chaſſe, qu'il eſt permis aux chaſſeurs qui ont fait lever une bête de leur terre & de leur
domaine, de la pourſuivre pendant vingt-quatre heures *uno curſu non intermiſſo,* & de la
prendre dans le bois d'autrui. Il eſt vrai que ſuivant cette coûtume cela n'eſt obſervé
qu'à l'égard d'une bête qui auroit été bleſſée dans la terre du chaſſeur, car autrement il ne
pourroit pas la pourſuivre dans la terre d'autrui. Sur cette matiere *V. Fuſè Ferrer. in queſt.*
218. *Guid. Pap. Bacquet des dr. de Juſt. chap.* 34. & *Chaſſan. in conſuetud. Burgund. rubr. des
Foreſts* 13. §. 7. *num.* 9.

Lll

Que le droit de Boucherie & taverne n'appartient
à la baſſe Juriſdiction.

CHAPITRE XXIX.

ART. I.

LE Seigneur d'Eſparnés prétendant être Seigneur directe dudit lieu, & juriſdictionel juſqu'à ſoixante ſols, dit être en poſſeſſion de tout temps excedant la memoire des hommes, de tenir boucherie & taverne, & icelle arrenter à ſon profit ; au contraire les Conſuls de Montfort forment poſſeſſoire, diſans que ces droits ne lui peuvent competer, comme n'étans de la baſſe juriſdiction, & que ces droits leur appartiennent, comme exerçans la juriſdiction au nom du Roy de Navarre, Vicomte de Fezeſanguet. Le procez ſe trouvant parti en la ſeconde Chambre d'Enquêtes, eſt départi à la premiere, & par Arreſt donné en l'année mil cinq cens ſeptante ſix, fut dit que le droit de cabaret & de boucherie n'appartenoit point audit Seigneur d'Eſparnés.

Sur l'inſtance devoluë par appel en la Cour entre le Sindic des habitans d'Azillan, contre les Religieux dudit lieu, elles furent maintenuës en la poſſeſſion de prohiber les habitans de tenir meſure ; & auſſi de prendre un droit de coupage de chaque ſeſtier de bled qui ſe vendoit audit lieu, tant des habitans qu'étrangers, par Arreſt donné au rapport de Monſieur Joſſé le 3. Mars mil cinq cens ſeptante-ſix.

Tenir meſure.] Le droit de meſure & de bailler meſures à bled & vin, non plus que le droit de boucherie, n'appartient pas au bas Juſticier. *V. Bacq. des dr. de Juſi. chap.* 27. *Chopin. de Juriſd. And. lib.* 1. *cap.* 40. *num.* 2. *& cap.* 43. *n m.* 16. *& cap.* 79. *num.* 3. *cum ſeq. de Doman. Franc. tit. de reg. pond. & menſu.* Ces droits ſont de la haute & de la moyenne Juſtice.

Des Armoiries.

CHAPITRE XXX.

ART. I.

LEs armoiries ont ſuccedé au lieu des images des devanciers, deſquels les anciens uſoient pour preuve de la Nobleſſe & antiquité de leur maiſon, dequoi aucuns ſe mocquoient, entr'autres le Roy Agefilaux, lequel fouloit dire, que ces images & tableaux étoient l'ouvrage des Peintres ; mais que la vertu étoit la naïve peinture de l'homme de bien, & que les tableaux & images étoient propres aux riches, & la vertu aux hommes de bon efprit ; ce qui occafionna un des plus grands & plus vertueux Romains de n'en vouloir point, & interrogé pourquoi il ne vouloit point de ftatuë entre les nobles, il répondit qu'il aimoit mieux que la pofterité s'informât pourquoi Caton n'en avoit point eu, que fi elle demandoit pourquoi on les lui avoit accordées. *Cæfar. Rhodig. lib. 29. cap. 10.* & Laurent Valle a fait une invective contre le traité de Barthole des armoiries. *Alciat. lib. 5. Parergon cap. 13.* en a auffi parlé.

A R T. I I.

Par la Coûtume de Poitou, art. 1. le Comte, Vicomte ou Baron, peut en guerre ou armée, porter banniere ; c'eft-à-dire, fes armes ou armoiries en quarré, & que le Seigneur Chaftelain pût feulement porter fes armes en forme d'écuffon. Voyez fur le mot, écuffon, l'Indice des droits Royaux.

'A R T. I I I.

Il y doit avoir difference entre les armoiries des aînez & des puifnez ; à caufe dequoi par Arreft du quatorziéme Aouft mil cens neuf, entre Galaubic d'Efpagne dit de Panaffac, d'une part, & Roger d'Efpagne Seigneur de Montifpan d'autre, entr'autres chofes fut fait inhibitions & deffenfe audit Galaubic, defcendant du puifné de la maifon de Montifpan, de prendre ni apporter les armes pleines fans difference de ladite maifon de Montifpan.

Des Fourches patibulaires.

C H A P I T R E X X X I.

A R T. I.

L Es Fourches patibulaires n'appartiennent qu'au Seigneur haut Jufticier, defquelles il y en a de cinq formes.

Les uns font à deux pilliers , qui appartiennent, au fimple Seigneur Jufticier.

Les autres font à trois pilliers , qui appartiennent au Seigneur Chaftelain.

Les autres font à quatre pilliers , qui appartiennent au Seigneur Baron ou Vicomte.

Les autres font à fix pilliers , lefquelles appartenoient anciennement aux Seigneurs grands Ducs,& grands Comtes de Guyenne , Normandie , Bretagne , Comtes de Touloufe , Champagne, &c. Les Duchez & Comtez puis cent ans érigées font imaginaires , érigées de fimples Baronies & Seigneuries , pour preuve de ce, voyez l'indice des droits Royaux fur le mot *Juftice.*

Fourches patibulaires.] *V. Bacquet des dr. de Juft. chap. 9. num. 10. & fuiv. Ragueau en fon indice. verb. juftice patibulaire. Chopin de jurif. And. lib. 1. cap. 48. num. 8.*

A r t. I I.

Le quinziéme Octobre mil cinq cens vingt-trois , l'échaffaut & pillori à executer à mort étoit à la place du Salin à Touloufe , lequel fut abbatu , & transferé à la place de S. George , pour en fon lieu faire venir & dreffer une fontaine , ce qui n'a été fait ; mais l'occafion principale en fut , afin que les fieurs de la Cour entrans ou fortans du Palais , ne viffent l'execution de ceux qu'ils avoient condamnez le même jour.

De la Felonie.

C H A P I T R E X X X I I.

A r t. I.

FElonie eft une ingratitude , injure , offenfe & forfait commis par le vaffal envers fon Seigneur , & refpectivement du Seigneur envers fon vaffal , efquels cas le Seigneur perd fon hommage & droit de fief , lequel droit retourne au Seigneur fouverain de celui qui a commis la felonie , *tit. de forma fidelit. & tit. Qualiter dominus proprietate fundi privetur in ufib. feudor.* Dequoi eft allegué un Arreft de l'Efchiquier de Roüen de l'an mil trois cens nonante-deux , par Terrien fur les Coûtumes de Normandie liv. 5.

chap. 4. & il y en a un autre de Touloufe du quatorziéme Aouft
mil cinq cens vingt-fix, pour les habitans de la Ville de Myran-
de en Afterac, contre Dame Marthe leur Comteffe d'Afterac ; &
reciproquement le Vaffal confifque fon fief envers le Seigneur,
laquelle felonie par les Auteurs Latins eft appellée *perfidia*, *ingra-
titudo*, *facinus*, *fcelus & improbitas vaffalli*, laquelle ingratitude
lui fait perdre fon fief ; tout de même que par les loix elle fait
revoquer les donations & perdre aux donataires le fruit d'icelles ;
Et de même que *olim Romæ actum eft in Senatu, ut patronis jus re-
vocandæ libertatis daretur, adverfus male meritos libertos. Tacit. lib.*
13. *Annal.* & par les loix des Atheniens, *convictus à Patrono libertus ingratus jure libertatis exuitur : Valer. lib.* 2. *cap.* 6. *Cujac.
lib.* 1. *feud. tit.* 2.

Fait perdre fon fief.] Comme au langage des Docteurs *feudum conceditur gratiâ & non præmio*, il eft jufte auffi que la felonie, qui fuppofe une ingratitude, foit fujette aux mêmes peines
que l'ingratitude ; & par une fuite de cette raifon que la felonie du vaffal donne lieu à la reverfion du fief, de même qu'une caufe d'ingratitude donne lieu à la revocation d'une donation, & de toutes fortes de conceffions qui partent du bienfait. *L.* 2. *Cod. de donat.* mais
quoi que par le livre des fiefs l'on remarque vingt caufes pour lefquelles le Seigneur peut
confifquer le fief de fon vaffal ; toutefois aujourd'hui on n'en admet proprement que deux,
qui font *enormis offenfa*, une injure atroce, ou autrement une injure confiderable ; il dépend même de l'arbitre des Juges d'ordonner que le Commis, qui eft la peine de la felonie,
produife une réünion perpetuelle du fief au profit du Seigneur, ou une fimple privation à
l'égard du vaffal pendant fa vie feulement. On fuit auffi ce temperament équitable en la forme de juger, que la réünion perpetuelle s'ordonne quand le vaffal a commis une injure énorme contre fon Seigneur ; mais lors qu'il s'agit que d'une injure, comme par exemple d'un
dementi, on ne declare le fief tombé en commife que pour la vie du vaffal, à la charge par
le Seigneur, fes hoirs, ou ayan caufe, de le rendre & reftituer aux enfans ou heritiers du
vaffal après fon decès ; & ce que le Parlement de Paris a pratiqué à l'égard même d'un démenti donné en jugement, fuivant l'Arreft rapporté par *Loüet en fon recüeil litt.* F. *num.* 9. &
c'eft apparemment dans ce fens qu'il fout prendre l'Arreft rapporté par l'Auteur en l'article
4. de ce chapitre. Au refte, comme la malice & la fraude font toûjours exceptées en Droit,
il eft certain auffi qu'un fief peut tomber en commis, foit lors que le vaffal fait un défaveu
contre fa connoiffance & de mauvaife foi, *cum negatio feriosè & cum deliberatione facta eft*,
& qu'il affecte de reconnoître un autre Seigneur au préjudice du veritable, dans lequel fens
auffi doit fans doute être pris l'article dernier de ce chapitre ; foit lorfque le feodataire pour
tromper fon Seigneur, & lui faire perdre un lods, déguife une vente fous le nom d'afferme,
ou d'engagement ; comme au cas de l'Arreft donné en la Grand'Chambre, au rapport de Mr.
de Papus, le vingt-cinquiéme Juin 1665. en la caufe de Pierre Debron contre Jean Dumas.
V. *Part.* 3. *du chap.* 19. *de ce traité.*

ART. II.

Ez Arrefts generaux de Pâques en l'an mil cinq cens foixante-
fix, certains Habitans de la Commanderie de Sainte Croix, qui

avoient offenfé & bleffé un de fes doigts le Commandeur leur Seigneur, furent condamnez à faire amende honorable, avec banniffement de la Commanderie, & grandes amendes pecuniaires.

V. le livre 2. verb. injure. tit. 5. art. 3.

ART. III

Certains Païfans & Sujets du Capitaine Malcouran, Seigneur Jufticier de Beauflour en Lauraguois, s'étant emparez du Château, & dans icelui maffacré leur Seigneur, fa femme & enfans : par Jugement du Prévôt de Languedoc, donné fur l'avis des Magiftrats Préfidiaux de Touloufe, furent condamnez à être tenaillez tous vifs par les carrefours de Touloufe, & après être mis à quartiers tous vifs la tête derniere, leurs biens confifquez aux hoirs de leur Seigneur : ce qui fut executé au mois de Mars mil cinq cens nonante-deux.

ART. IV.

François de Partenay perdit fon fief pour avoir donné un démenti à fon Seigneur. Par Arreft de Paris, prononcé folemnellement en robes rouges le vingt-troifiéme Decembre mil cinq cens foixante-fix.

V. l'obfervation fur l'art. 1.

ART. V.

Les Seigneurs ne doivent ufer de rigoureux ni mauvais traitemens envers leurs Sujets & Jufticiable, à caufe defquels par Arreft de Touloufe du penultiéme Juillet mil cinq cens feptante-huit, Demoifelle Robine de S. Paftour, veuve à Bernard Dalbine, & fes enfans dudit Dalbine, & leurs Succeffeurs auroient été declarez exempts à perpetuité de la Jurifdiction du Sr. de Fonterailles, & de fes Succeffeurs, & de lui payer aucuns cens, oublies & droits Seigneuriaux, par elle ou fes enfans, ou fes Succeffeurs dûs.

Et de fes Succeffeurs.] Comme l'injure atroce fait perdre le fief, non feulement au vaffal qui l'a commife, mais même à fes fucceffeurs, fuivant la diftinction rapportée fur l'article premier de ce chap. il eft jufte auffi qu'au cas d'un rigoureux & mauvais traitement commis par le Seigneur, & qui à fon égard équipolle à l'injure atroce du vaffal, le Seigneur foit

privé de fes droits , & avec lui fes fucceffeurs. *Ex omni enim felonia , qua vaffallus feudo pri-*
vatur , Dominus proprietate feudi privatur. cap. unic. qua iter Dominus proprietate feudi privetur ;
& cela parce que fuivant les maximes des fiefs, non-feulement *æqualis fidei inter Dominum*
& vaffallum eft relatio , mais même parce que *reciproca eft & correlativa obligatio inter patro-*
num & clientem. Et quant au cas d'une grande inhumanité , ou d'un rigoureux & mauvais
traitement , on n'a autrefois privé un Seigneur des droits de fon fief que pour fa vie , ce
n'a été que lorfque le Seigneur n'avoit que l'ufufruit du fief ; comme lorfqu'il étoit Ecclefiaftique , ou chargé de rendre après fon decez ; auquel cas il n'étoit pas jufte que la faute du
Seigneur fût punie & en fa perfonne & en celle , ou d'un fucceffeur au benefice , ou d'un fubftitué : Quoi qu'il en foit , il en faut aujourd'hui revenir là , que la privation du fief pour la
vie feulement , ou pour toûjours , dépend de l'arbitre du Juge , & de la diverfité des circonftances qui refultent des faits.

ART. VI.

Arreft de Touloufe , entre Roger Doffin & Bernard de Mon-
tefquieu , par lequel le Gentilhomme faifant hommage à un autre de certains fiefs nobles , à faute de prêter icelui hommage ,
perdit lefdits fiefs. Prononcé és Arrefts generaux le treize Septembre mil cinq cens huit.

V. l'article 1.

Des Francs fiefs.

CHAPITRE XXXIII.

ART. I.

Lettres des privileges des Habitans de Languedoc , touchant
les Franc-fiefs & nouveaux acquefts , fol. 43. lib. 20. ordin.

V. le liv. 2. tit. 11. verb. Franc-fiefs.

ART. II.

Extrait des Regiftres de Parlement.

Entre le Syndic des Trois-Eftats du Païs de Languedoc , appellant du Senéchal de Touloufe , ou Maître Pierre de Rupe
fon Lieutenant , Pierre Fojerolles , & Eftienne Faure Commiffaires fur le fait des francs-fiefs & nouveaux acquefts , & requerant
l'enterinement de certaines Lettres Royaux , les unes datées du
26. jour d'Octobre l'an mil cinq cens vingt-quatre , & autre du
quatorze , d'une part ; & le Procureur-General du Roy appellé , &
deffendeur d'autre. Dit a été que la Cour a mis & met l'appellation , & ce dont a été appellé au neant ; & au furplus , en enterinant quant à ce lefdites Lettres , a declaré & declare la Cour ,

que les gens d'Eglife , & de l'état commun des Senéchauffées de
Carcaffonne & Touloufe , joüiront de la fouffrance & refpit à eux
octroyé , moyennant certaine compofition jadis par eux faite avec
le feu Roy Louis , à Me. Loüis Edoüard , lors General de fes finances , Commiffaire en celle partie deputé par ledit Seigneur ,
le dixiéme jour d'Octobre l'an mil quatre cens foixante , & pour
laquelle ledit fieur quitta & déchargea lefdites gens d'Eglife , &
de l'état commun des Senéchauffées de Carcaffonne & de Touloufe , de tout ce qu'ils lui devoient & pouvoient devoir pour fon
droit des francs-fiefs & nouveaux acquets , jufques à quarante-
fept ans enfuivant , & ce moyenant la fomme de quinze mille liv.
tournois , & joüiffant dud. refpit demeureront & feront tenus
quittes envers le Roy du payement d'iceux francs fiefs & nouveaux
acquets , à caufe des terres , Seigneuries , & biens qu'ils tenoient
lors de ladite compofition , & depuis ont acquis & pourront acquerir par tout le tems qui refte à écheoir defd. quarante ans , le
tout en enfuivant la compofition deffus declarée. Et touchant les
gens d'Eglife , & de l'état commun de la Senéchauffée de Beaucaire , dit a été que la Cour a reçû & reçoit ledit demandeur à
prouver & juftifier le contenu efdites lettres , lequel il articulera
par un commun intendit , & ledit deffendeur pourra articuler &
prouver au contraire fi bon lui femble , & l'enquête faite & rapportée devers la Cour , ce qui fera fait dedans le lendemain de
Quafimodo prochainement venant , reçûë & jointe au procez : la
Cour leur fera droit ; & en outre en enfuivant l'exemption ou privilege octroyé par le Roy aux habitans du païs de Languedoc , le
huitiéme jour de Mars l'an mil quatre cens quatre-vingts-trois ,
avant Pâques, a declaré & declare la Cour lefdits habitans de Languedoc , & leurs fucceffeurs pour le temps à venir n'avoir été &
n'être tenus payer audit Seigneur , Officiers ou Commis aucune
rente ou cenfive des terres , poffeffions & heritages , pour lefquels ils font & feront contribuables aux tailles & impôts royaux,
qu'ils auront tenus & poffedez de toute ancienneté franches de
cenfives , & defquelles ne fe trouvera aucune chofe avoir été
payée le temps paffé au Roy & à fon Thréforier , & auffi lefdits habitans n'être femblablement tenus pour icelles terres ,

poffefpoſſeſſions & heritages payans tailles, poſé ores qu'elles ne payent cenſive, payer audit ſieur aucune finance & indemnité, ains les a declaré & declare la Cour de ce être exempts, ſans que maintenant, ni pour le temps à venir, ſous ombre des ordonnances faites ſur le fait des francs-fiefs & nouveaux acquets, aucune choſe leur puiſſe être pour les choſes que deſſus, & par les Officiers Royaux & Commiſſaires qui ſont ou ſeront pour le temps à venir, imputée ni démandée en aucune maniere. Prononcé à Toulouſe en Parlement le vingt-troiſiéme jour de Mars mil quatre cens nonante-cinq.

De l'agrimenſion.

CHAPITRE XXXIV.

Art. I.

LE onziéme jour de Septembre mil cinq cens ſeptante-un Arreſt au Barreau, que certaine agrimenſion & pagellation de terroir, ſera faite aux dépens du requerant.

Art. II.

Entre Dame Anne de Groſſoles, veuve de feu Meſſire Bernard des Vabres, Chevalier de l'ordre du Roy, Gentilhomme ordinaire de ſa Chambre, ſieur & Baron de Châteauneuf d'Eſtretefons, mere & adminiſtrereſſe des perſonne & biens de Jean Vabres ſon fils, & dudit de Vabres ſuppliante & demandereſſe en interinement de requéte du troiſiéme Octobre dernier, à ce que le Sindic des Conſuls, manans & habitans dudit lieu & juriſdiction dudit Châteauneuf d'Eſtretefons, fut condamné & contraint faire nouvelles reconnoiſſances, & auſdites fins de nombrer, arpenter & agrimenſer toutes les terres & biens étans dans la directe & juriſdiction de ladite ſuppliante, & payer l'agrimenſeur qui procedera audit arpantement, & le Notaire qui dreſſera les reconnoiſſances, d'une part, & ledit Sindic deffendeur d'autre.

Veu le procez, plaidez, &c.

Il ſera dit que la Cour ayant quant à ce égard à la requête & requiſition de ladite de Groſſoles audit nom, a condamné &

M m m m

condamne ledit Syndic des Manans & Habitans dudit lieu de Chasteauneuf de passer nouvelle reconnoissance à ladite de Grossoles des terres desquelles ils sont tenanciers en sa directe, payer les censives & droits Seigneuriaux portez par les anciens titres, baux à reconnoissance, suivant l'offre par ledit Syndic faite en son dire par écrit, cottée en son inventaire lettre B. Et en ce qui concerne le payement requis par ladite de Grossoles au Notaire, qui sera employé à dresser lesdites reconnoissances, & de l'Agrimenseur qui procedera audit arpentement desdites terres, ladite Cour a relaxé & relaxe ledit Syndic, & sans dépens.

A r t. III.

Par Sentence des Capitouls de Toulouse, donnée le douziéme Decembre mil six cens vingt-cinq, à la poursuite du Syndic de la Ville, & Procureur du Roy en la Ville & Viguerie : Vûë la Requête sur ce baillée par lesdits Syndics & Procureur du Roy, inquisition faite d'autorité desdits Capitouls sur la façon & forme ancienne de mesurer & arpenter les terres, a été dit, prononcé & ordonné, que tous & chacuns les Percheurs, Arpenteurs & Agrimenseurs qui sont, & pour l'avenir seront jurez & reçûs Maîtres audit Toulouse pour ledit fait de percher & arpenter, seront tenus de mesurer, percher & arpenter à la perche de Toulouse, ayant quatorze pans en quarré de longueur, & seront tenus mesurer l'arpent de terre, où communement est accoûtumé de semer six pugneres bled, mesure dudit Toulouse, vingt-quatre perches de ladite longueur chacun quartier en quarrez, auquel arpent seront tenus à la mesure que dessus, faite six pugnerades de terre, feront aussi & seront tenus faire audit arpent quatre mezeliades de terre, & contiendra chacune desd. mezeliades vingt-quatre perches de longueur, & six de largeur, & en chacune desd. mezeliades aura deux pagesats de vingt-quatre perches de longueur, & trois de largeur : Et la sesterade de terre, où communement est accoûtumé semer un sétier bled, seront tenus mesurer à vingt-quatre perches de longueur, & seize de largeur ; & la demi sestarade à vingt-quatre perches de longueur, & huit de largeur, & la pugnerade, où communement est accoûtumé semer une pugnere bled , feront tenus mefurer à femblable longueur de vingt-quatre perches , & de largeur quatre perches ; & en outre mefureront & arpenteront la cartonnade là où eft accoûtumé femer quatre fétiers bled à la longueur & largeur de quatre fefterades, à la forme que deffus mefurée ; fçavoir eft, en longueur quarante-huit pieds , & en largeur trente-deux , defquelles perches, chacune d'icelles pofées & contées en longueur & largeur, de chaque côté feront la mefure ancienne appellée eftac , defquels eftacs y aura en chacun arpent cinq cens feptante-fix de la longueur fufdite ; fauf en toutes & chacune des mefures que deffus , de icelles à la raifon & proportion deffus dite , pouvoir & devoir être reduites & proportionnées , au cas que lefdites longueur & largeur refpectivement pourroient être accomplies une par l'autre, faifant entierement les mefures que deffus.

Ordonnant en outre , qu'un exemplaire & mefure de ladite perche fera faite de fer marqué , figné & attaché à un des piliers du Palais de la maifon commune dudit Touloufe, où feront egalées & mefurées toutes & chacunes les perches defdits Percheurs, Arpenteurs & Agrimenfeurs ; & après verification faite , fignées de l'écuffon & armoiries de ladite Ville : faifant inhibition & deffenfes à tous & chacuns les Arpenteurs, & entremeteurs dudit fait, d'arpenter & mefurer terre, & qu'audit fait ils ne s'entremettent aucunement , que au préalable ils foient fur icelui par nous examinez , admis , reçûs & jurez , & autres quelconques de ne contrevenir à nôtre préfente Sentence, Statut & Ordonnance , à la peine de vingt-cinq marcs d'argent au Roy nôtre fouverain Seigneur, & à la Ville applicables.

Forme ancienne de mefurer.] Quelques fois la difference des contenemens defignez par les compoix , vient de ce que la perche , dont on fe fervoit autrefois, étoit beaucoup plus longue ; car dix fefterées de ce temps-là , en font à prefent quinze , ou environ ; ce qui fut verifié il y a long-temps, d'autorité de la Cour des Aydes de Montpellier, au procez que la Communauté de faint Julien de la Nef , fur Herau , intenta contre le Seigneur dudit lieu.

Pagezats.] *v.* le *liv.* 2. *verb. mefures.* *& ibid. verb. Monnoye art.* 3.

A R T.   I V.

Extrait des Regiftres du Parlement.

ENtre Meffire François Cardinal de Joyeufe , Archevêque de Touloufe , appellant du Jugement donné par les Con-

feillers & Commiffaires tenans les Requêtes du Palais , le douzième de Decembre mil cinq cens quatre-vingts onze , & le Procureur General du Roy adherant audit appel , d'une part , & les
Confuls & Habitans des lieux de Balma & del Pin appellez d'autre. Et entre le Syndic de l'Hôtel-Dieu S. Jacques en Touloufe ,
le Provifeur du College S. Bernard audit Touloufe , fupplians &
demandeurs pour être joints à ladite inftance , & autre fins contenuës en leur Requefte, d'une part, & ledit Meffire François Cardinal, & Confuls, deffendeurs d'autre. Veu le procez plaidez des
dix-feptiéme Decembre & vingt-cinquiéme de Janvier derniers ,
griefs dudit appellant , extrait de l'accord fait entre le feu Roy
Philippe , & Meffire Bertrand Evêque de Touloufe, daté du neuviéme Septembre mil trois cens feptante , livre des reconnoiffances des années mil trois cens foixante-fept & foixante-huit, & autres productions des Parties. Dit a été , que la Cour interinant
quant à ce lefdites Requeftes prefentées par lefdits Syndic & Provifeur , les a joints & joint à ladite inftance en l'état , & au furplus a mis & met les appellations interjettées, tant par ledit Cardinal de Joyeufe , que le Procureur General du Roy dudit Jugement , & ce dont a été appellé au neant ; & pour certaines caufes
& confiderations à cela mouvans, a retenu & retient la connoiffance de la caufe & inftance principale , en laquelle ayant aucunement égard à la Requefte prefentée par le Cardinal Archevêque devant lefdits Confeillers & Commiffaires , & requifitions
dudit Procureur General du Roy, a ordonné & ordonne que dans
quatre mois aprés l'intimation de cet Arreft , il fera fait nouveau
arpentement & agrimenfation, livre terrier, & cadaftre des terres,
bois, vignes & preds, & autres poffeffions fituées dans lefd. lieux,
Confulat & Jurifdiction de Balma & del Pin , appellez les contenanciers d'iceux biens, & à leurs dépens : faifant lequel arpentement fera faite diftinction des terres bonnes , mediocres & in-
firmes , fuivant les déliberations fur ce tenuës & arrêtées par les
Gens de Trois Eftats du Païs de Languedoc , faifant lad. Cour
inhibitions & deffenfes aufdits Confuls , de en procedant au département & cottifation des tailles , & autres deniers impofez fur
les Manans & Habitans defdits lieux , contrevenir aufdites déli-

berations , user d'exemptions , ou surcharges , à peine de cinq
cens écus , & autre arbitraire , & sans dépens desdites instances.
Prononcé à Toulouse en Parlement le neuviéme jour du mois de
Mai mil cinq cens quatre-vingts douze.

ART. V.

Extrait des Registres des Requêtes.

ENtre le Syndic du Chapitre de l'Eglise Abbatiale S. Sernin
de Toulouse , suppliant en évocation , & autres fins contenuës en sa Requeste , d'une part , & Maître Pierre Jordain de Cy-
baut , Docteur & Avocat en la Cour , & les Consuls , Manans &
Habitans de Castelginest adjournez , & deffendeurs d'autre ; Bertier avec de la Mothe pour ledit Syndic dit , &c. Dégurier pour
ledit Syndic & Consuls dudit lieu dit , &c. & de Broderia pour
le Procureur General du Roy dit , &c. comme au Registre. La
Cour euë délibération , demeurant le Registre chargé des dire, requisition & declarations des parties , & consentement du Procureur General du Roy , a ordonné & ordonne que par Experts &
Agrimenseurs jurez, & au moins disant, sera procedé à l'Agrimen-
sation & arpentement du terroir dudit lieu de Castelginest aux
communs frais & dépens des parties ; sçavoir est par le Syndic ou
Chapitre moitié & l'autre moitié par le Syndic des Consuls, Manans & Habitans dudit lieu ; permettant à cet effet audit Syndic
& Consuls faire cottiser la somme de vingt-cinq écus sur les Manans, Habitans & Bientenans dudit lieu au sol la livre, sauf à icelle augmenter si besoin est, & d'en rendre compte & prêter le reliqua, quand, & à qui appartiendra, & d'obtenir Lettres de la
Chancellerie, & sans dépens ; Et en outre a ordonné ladite Cour
que par ledit Agrimenseur seroient posez bornes & limites où il
appartiendra, appellez les Consuls. Fait à Toulouse esdites Requestes le quatriéme Fevrier mil cinq cens quatre-vingts-un.

ART. VI.

Du seiziéme Juillet mil cinq cens quatre-vingts quatre , entre
Messire Henry de Bourbon, Chevalier de l'Ordre du Roy, Cham-
bellan du Roy de Navarre , & Lieutenant de sa Compagnie ,

sieur & Baron de Malause , & autres lieux , & Vicomte de Leve-
dan, demandeur par Requête du seiziéme Fevrier dernier, en instance de fief ; & à ce qu'il soit procedé à la pache & agrimensa-
tion des terres dudit lieu de Malause , aux dépens des habitans
dudit lieu , & qu'ils soient condamnez bailler par declaration les
terres & possessions qu'ils tiennent dans ledit lieu de Malause , &
de la directe dudit demandeur , & autres fins contenuës en sa requête , d'une part , & le Sindic & Consuls , manans & habitans
& bientenans dudit lieu , deffendeurs d'autre.

Veu le procez , &c.

La Cour ayant quant à ce égard à la Requête dudit de Bourbon , a ordonné & ordonne qu'il sera procedé à la pache & agri-
mensation des terres , & autres possessions situées dans la Baronie
& Seigneurie dudit Malause , par un ou deux agrimenseurs , dont
lesdites parties conviendront pardevant le Commissaire qui sur ce
sera deputé , ou que par lui , & à faute d'en accorder , seront pris
d'office, ce qui sera fait cependant aux dépens d'icelui demandeur,
sauf à iceux recouvrer , si ainsi est ordonné ; & en outre a condamné & condamne lesdits habitans & bientenans dans ledit lieu ,
dans trois jours aprés l'intimation , bailler par declaration les
pieces & possessions qu'ils tiennent & possedent audit lieu , à peine
de cinq cens écus , que à faute de ce faire aux refusans sera declarée pour ce fait , & les parties plus amplement oüies , leur être
fait droit ainsi que de saison, dépens reservez en fin de cause.

Du rachat.

CHAPITRE XXXV.

ARR. I.

Extrait des Registres de Parlement.

ENtre Catherine d'Espertinguet , & Christophle de Cha-
lumelle , mere & fils , appellant du jugement donné par les
Conseillers & Commissaires tenans les Requêtes du Palais à Tou-
louse le seiziéme Mars dernier d'une part , & le Sindic des Dames
Religieuses S. Pantaleon en Toulouse, Germain Langlois, & Jean
Joannon appellez d'autre : Veu le procez , plaidez du septiéme

May mil fix cens deux, & autres productions defdites parties. Dit
a été que la Cour a mis & met l'appellation & ce dont a été appellé au néant, & retenu & retient la connoiffance de la caufe &
inftance principale en laquelle a condamné & condamne ledit
Langlois & Joannon à reconnoître tenir de la Seigneurie & directe dudit Sindic, la maifon mentionnée en la demande dudit
Sindic, & reconnoiffances de l'an mil cinq cens quarante-huit,
mil cinq cens cinquante-fix, produites au procez, fous la rente
de trois livres, enfemble les lods & ventes & arrerages d'icelle
vrayment dûs; neanmoins a permis & permet aufdits Langlois &
Joannon, de racheter ladite rente conftituée fur ladite maifon,
en retenant toutefois par ledit Sindic un fol de cens & rente perpetuelle, pour la reconnoiffance de ladite Seigneurie directe, fuivant les Edits du Roy & Arreft de la Cour; Et pour certaines cau-
fés & confiderations a compenfé & compenfe les arrerages de ladite rente avec la fomme de quinze écus, contenuë au contrat
d'amortiffement de l'an mil cinq cens foixante-cinq produit
au procez, & difant droit fur la garantie requife par ledit
Langlois & Joannon, a condamné & condamne lefdits d'Efpertinguet & Chalumelle à les relever indemne de ce que ladite
maifon vaut moins pour être mouvante de la directe dudit Sindic,
& ce au dire d'experts, dont les parties accorderont, ou que à
faute de s'accorder feront pris d'office par le Commiffaire à ce
deputé, avec dépens de ladite garantie, efquels a condamné &
condamne lefdits d'Efpertinguet & Chalumelle envers ledit Langlois & Joannon, & fans dépens entre ledit Sindic, Langlois &
Joannon, & pour caufe. Prononcé à Touloufe en Parlement le
premier jour de Février mil fix cens trois.

ȳ. *le liv. 3. verb. Rentes. tit. 6.*

A r t. I I.

Le quatorziéme Aouft mil cinq cens feptante-huit, entre Me.
François Girardin Docteur és Droits, Chanoine & Prevoft de
l'Eglife Metropolitaine d'Auch, fuppliant & demandeur en rachat
& extinction de rente, de cenfive fonciere, affife fur deux maifons
& jardins achetez par ledit Girardin, d'une part; & M. Antoine

de Borraffol, Confeiller & Magiftrat Préfidial en la Senéchauffée de Touloufe, deffendeur. Veu le procez, plaidez du vingtiéme Fevrier dernier, inftrument d'achat par ledit Girardin du quatorziéme Juin mil cinq cens feptante-fept, &c. Il fera dit que la
Cour ayant égard à la Requefte dudit Girardin, a condamné &
condamne ledit de Borraffol faire vente & amortiffement de l'o-
blie & droits de directe portez par ledit inftrument de bail audit
Girardin, en rendant par icelui Girardin, à raifon du denier quinze le prix d'icelles oblies, en fuivant les Edits : aufquelles fins
ordonne la Cour que par l'Agrimenfeur dont les parties conviendront pardevant le Raporteur du procez, & qui à faute d'en accorder fera pris d'office, les terres tenuës par ledit Girardin, mentionnées efdits inftrumens de bail, feront canées, & faite lad.
agrimenfation, ledit Borraffol fera tenu dedans trois jours aprés
faire lad. vente, en payant ledit Girardin ledit prix, & en refus,
la Cour a permis & permet aud. Girardin, configner ledit prix,
& moyennant ce a tenu & tient ladite revente pour faite, & fans
dépens.

L'Oblie.] On dit auffi *l'oublie*, & en langage vulgaire *Pobial.* C'eft un droit Seigneurial établi en argent, ou en volaille, fur un fonds, par les baux & par les recònnoif-
fances, par deffus la cenfive annuelle, avec laquelle il eft cenfé vendu, quand le Seigneur,
en vendant la cenfive annuelle (qui degenere en rente feche) s'eft refervé la Seigneurie
directe ; auffi, & telle rente, & l'oublier, furent-ils adjugez au Chapitre de Villefranche de Roüergue, contre Jean Pachens & autres habitans de faint Igeft, par Arreft du
fix ou feize Juillet 1661. donné en la feconde Chambre des Enqueftes, au rapport de Mr.
de Tifaud. Ainfi l'oublie eft une double cenfive, dont les arrerages peuvent être demandez
depuis vingt - neuf ans, comme étant un fecond cens : En plufieurs endroits des Sevenes
elle eft appellée *droit de Tolte*, comme dans la Baronnie de Sauve, & du côté de Valeraugue ; lequel droit de Tolte fut auffi adjugé par Arreft donné en la même Chambre,
au rapport de Monfieur de Chauvet le vingt-huitiéme Janvier 1672. au fieur Valat, Prieur
dudit lieu de Valeraugue, contre les habitans du Mas de Sarrils, qui furent condamnez
au payement de ce droit avec la dix - feptiéme partie des dots des hommes & femmes,
entrans & fortans dudit Mas pour leur mariage. Dans l'Albigeois il y a un autre droit qui
s'exige en forme de cenfive, & par deffus la cenfive, lorfqu'il eft établi par titre. C'eft le
droit de *Bladage*, ainfi dit, parce qu'il confifte en certaine quantité de grains, que l'emphyteote paye pour chaque befte de labourage qui travaille le fonds infeodé. Il y auroit de
quoy faire un livre entier à ramaffer tous les droits qui s'exigent outre la cenfive, comme
font les droits de quint, de requint, & autres ; du nombre defquels on peut mettre le
droit de *Guiage*, ainfi dit fans doute par corruption, comme qui diroit guidage, ayant
été établi pour guider dans la nuit ceux qui vont fur la mer ; come il avoit été extremement negligé, & même pendant plufieurs fiecles : il fut auffi comme rétabli par Arrêt du
Confeil d'Eftat du quinziéme Juin 1673. par lequel il fut ordonné, qu'il feroit exigé à l'a-
venir des habitans des lieux éminents qui font le long de la cofte de la mer, conformément

aux

aux anciens titres. Il affujettit ces habitans à fournir cire ou huile pour les lanternes qu'ils font obligez de mettre fur les tours, afin d'éclairer la mer dans l'obfcurité de la nuit.

A R T. I I I.

Extrait des Regiftres de Parlement.

SUr le rapport fait de l'incident introduit devant le Commif-faire à ce deputé, entre Bernard d'Aiguefplas Bourgeois, & Michel Courtois, Marchands habitans de Touloufe, fupplians & demandeurs, d'une part; & le Sindic du College de Perigord en Touloufe, deffendeur d'autre. Veu le dire, avertiffemens & pro-duations des Parties, faites devant ledit Commiffaire, la Cour ayant égard quant à la requête defdits fupplians, & fuivant l'Edit du Roy du vingt-cinquiéme Juin mil cinq cens cinquante-quatre, leu, publié & enregiftré en la Cour, le vingtiéme No-vembre audit an; & attendu le dépoft fait par lefdits fupplians le quatriéme jour de Janvier, a declaré & declare les maifons ap-partenans aufdits d'Aiguefplas & Courtois, fituées en Touloufe; c'eft à fçavoir celle d'Aiguefplas, en la grand ruë S. Sernin, & au devant dud. College, & celle dud. Courtois en la ruë de la Por-terie baffe, être déchargées de la rente & cenfive que le Syndic dud. College pourroit prétendre lui être dûë fur icelles maifons, fauf être baillé aud. Syndic fur led. dépoft fait par iceux fupplians, pour le rachat d'icelle rente ou cenfive que montrera & fera ap-paroître être dûë fur lefdites maifons, ce qu'elle montera ou re-viendra à raifon du denier quinze, fuivant icelui Edit, & à la char-ge que led. Syndic fera tenu employer la fomme qui par lui fera reçûë dudit rachat, en achat d'autres rentes; hors toutefois la Ville & Fauxbourgs de Touloufe, & fans dépens. Prononcé à Touloufe en Parlement le dix-huitiéme Janvier mil fix cens-huit.

De ce qui appartient aux Jufticiers hauts, moyens & bas.

C H A P I T R E XXXVI.

A R T. I.

ENtre Bernard de Molinier Seigneur de Malbofc, deman-deur en execution d'Arreft, & autrement deffendeur, d'une

N n n n

part , & Meffire Paul de Cajare , Seigneur dudit lieu , Capitaine de Leucate , deffendeur , & autrement demandeur d'autre. Et entre le Procureur general du Roy demandeur , d'une part , & lefd. de Cajare & Molinier refpectivement deffendeurs d'autre. Veus les plaidez du fixiéme de Juin mil cinq cens quarante-neuf, Arreft du vingt-huitiéme jour du mois de Juillet, l'an mil cinq cens quarante-fix, procez-verbal du Commiffaire executeur d'icelui Arreft, & autres productions refpectivement faites. Dit a été que ledit Arreft fortira à effet, & fera executé, tant au profit dud. Molinier, pour deux parties de la Jurifdiction moyenne & baffe du lieu & Seigneurie de Vieux , les neuf parties faifant le tout , qu'au profit dudit de Cajare pour les fept parties d'icelle Jurifdiction moyenne & baffe , & pour la Jurifdiction haute entierement, pour refpectivement joüir des droits, prérogatives & émolumens,& fupporter les charges d'icelles Jurifdictions , comme à un chacun d'eux appartient felon lefdites cotitez : declarant à la Jurifdiction haute appartenir la connoiffance, jugement & punition des crimes & malefices requerans par Droit écrit , ou Edit & Ordonnances du Roy, peine de mort naturelle ou civile, abfcifion de membre, ou effufion de fang avec patente infame ; enfemble la follicitude , providence & diligence d'obvier aufdits malefices, cohiber les audaces , violences & entreprifes tendans à iceux malefices. Et à la Jurifdiction moyenne appartient la connoiffance, jugement & punition des autres malefices non requerans par Droit écrit,ou Edits & Ordonnances du Roy aucune des fufdites peines , mais feulement legere caftigation ou correction corporelle ou banniffement temporel , ou amende honorable , ou pecuniaire , ou feparement & conjointement , & generalement des actions pour tels malefices criminellement ou civilement intentez : & auffi la charge & autorité de pourvoir de Tuteurs & Curateurs aux mineurs , & furieux ou prodigues , & connoître des caufes concernans lefdites tutelles, adminiftration, excufation & fufpen, fion d'icelles : & des fubventions en cas de grande neceffité requife pour les miferables perfonnes , publication de teftamens , confection d'inventaires , infinution de donations , denonciations de nouvel œuvre , & caufes concernans les reparations des

ponts, paſſages & chemins, & empêchemens faits en l'uſage
des lieux, rivieres, fontaines publiques, & des cautions pour aucuns deſdits cas, ou danger des édifices ruïneux requiſes, des miſ-
ſions en poſſeſſions, à faute d'icelles ou ſemblables cautions. Et à
la Juriſdiction baſſe appartient la connoiſſance, jugement & execution de toutes autres actions civiles, perſonnelles, réelles ou
mixtes; & par ce n'entend la Cour que les cas par les Ordonnances du Roy, Stile des Cours du Royaume, ou privilege ſpecial,
appartenant à la connoiſſance des Juges Royaux, ou Préſidiaux,
ou Cours ſouveraines, ſoient par cet Arrêt ou autrement compris
en la Juriſdiction deſdits Conſeigneurs; & à ce que pour la diverſité des Juges audit lieu, les Sujets ne ſoient vexez ni tenus
longuement en procez pour les differends qui ſurviendront entre
iceux Juges, au moyen de la diverſité deſd. Juriſdictions, a ordonné la Cour qu'aud. lieu & Seigneurie de Vieux y aura un ſeul
Juge & un Greffier, qui par commun accord ſeront conſtituez par
leſd. Conſeigneurs, ſauf audit de Cajare les droits de cottitez que
deſſus declarées; & où ils ne s'accorderont deſd. Juge & Greffier
dans le mois après l'intimation de cet Arrêt, ordonne la Cour que
par le Juge-Mage, ou en ſon abſence, par autre Lieutenant en la
Senéchauſſée de Toulouſe y ſera pourvû, appellez à ce leſd. Conſeigneurs, leſquels Juge & Greffier prêteront ſerment és mains deſdits Conſeigneurs, pour l'exercice de la Juſtice, en conſervation de
leurs droits pour leſd. cottitez. Auſſi pourront chacun avoir & tenir aud. lieu un Bayle & Procureur, & ſera le ſerment des nouveaux
Conſuls dud. lieu de Vieux, reçû par leſd. de Cajare & de Molinier, & l'un d'eux qui ſera lors preſent, ou par leur Juge en leur
abſence. Et au ſurplus a ordonné & ordonne que led. de Molinier,
en tous actes qu'il conviendra faire pour le devoir & état de la
Juriſdiction moyenne & baſſe, aura lieu & préference avant tous autres, après led. Cajare ou ſes Succeſſeurs en lad. Juriſdiction aud.
lieu & diſtroit d'icelui, & auſſi tous autres actes & aſſemblées
honorables, comme en proceſſions, offrandes, receptions de paix,
aura préference après led. de Cajare & ſa femme. Auſſi ſera permis aud. de Molinier Conſeigneur pour leſd. deux parties de lad.
Juriſdiction moyenne & baſſe, faire afficher ſes armoiries en lieux

publics de lad. Seigneurie, & auſſi au ſcel ordinaire de la Cour
dud. lieu à la part ſeneſtre, & un peu plus bas à celles dud. de Cajare, avec lequel ſcel ſeront ſcellées les letres qui ſeront expediées
au nom dud. Juge pour leſd. Conſeigneurs, au nom deſquels ſeront auſſi faites les criées & proclamations concernant ladite Juriſdiction moyenne & baſſe. Et en outre declare ladite Cour led.
de Cajare n'avoir droit ni lui être loiſible prohiber audit Molinier
d'avoir ſa ſepulture dans l'Egliſe dudit lieu de Vieux, au lieu où
ſes predeceſſeurs Seigneurs d'icelui ont accoûtumé être enſevelis,
& ſans dépens quant à ce que deſſus. Et tant que touche les droits
de péage & peſade accoûtumé lever & exiger audit lieu, a reçû
& reçoit leſdites Parties & Procureur General du Roi à articuler
& prouver les faits concernans leſdits droits dans huitaine aprés
la Fête S. Martin, & cependant leſdits droits ſeront arrentez à
perſonnage idoine ſans fraude, pour par les mains des Fermiers
le prix dudit arrentement être baillé ; c'eſt à ſçavoir audit de Cajare ſept parties de neuf, & les deux reſtans audit de Molinier
par proviſion, ſans préjudice du droit du Roy, & juſqu'à ce qu'autrement ſoit ordonné. Prononcé judiciellement à Toulouſe en
Parlement le treiziéme jour de Septembre mil cinq cens cinquante-deux, arrêté le vingt-cinquiéme Aouſt precedent.

Juriſdiction moyenne.] On ne reconnoît aujourd'huy que trois ſortes de Juſtice, mais
autrefois il y en avoit une quatriéme eſpece, que les anciens actes appellent *Juſtice civile*,
qui ne ſuppoſe qu'une ſimple Seigneurie directe, ſans aucune Juriſdiction ; ainſi elle eſt qualifiée Juſtice improprement, n'ayant apparemment retenu ce nom qu'en veüe de ce qu'autrefois le fief & la juſtice étoient unis enſemble, comme il eſt facile de le prouver par
l'Hiſtoire. Au reſte, l'Arreſt general que l'Auteur rapporte, aprés Maynard *liv.* 2. *chap* 19.
fait la diſtinction des attributs des Juriſdiction haute, moyenne & baſſe ; Et il eſt à obſerver
qu'anciennement, pour marquer un Seigneur en toute Juſtice, on n'exprimoit de deux manieres, car ou l'on diſoitqu'il avoit la Juſtice *cum omni integritate*, ou l'on diſoit que *le
Seigneuriage & la hauteur du lieu, ou la hauteur des hommes & du ban étoient à lui ſans voüe &
ſans perſonnier* ; c'eſt-à-dire ſans qu'il y eût aucun Seigneur voüé, ni autre qui y peut prétendre. Il ne doit pas eſtre encore inutile d'obſerver, que la preſtation de divers hommages,
énonçans qu'ils ſont faits pour la Juſtice d'un lieu l'établiſſent, pourvû qu'ils ſoient fort
anciens, & toujours renouvellez ſous la mémé énonciation : Ainſi par Arret contradictoire
de ce Parlement du trentiéme Août 1645. le feu Seigneur Marquis de Calviſſon fut maintenu
en la haute Juſtice du lieu de Clarenſac, en conſequence des hommages que ſes devanciers
avoient ſouvent rendu depuis le 17. Juillet 1400 à pluſieurs de nos Rois.

Caſtigation ou correction.] C'eſt le ſentiment de Goyeanus *tract. de Juriſd. lib.* 2. par cette
raiſon que *Juriſdictio ſine modica coërcitione nulla eſt.*

Ou civilement intentées.] Comme le droit de ban & de pignoration ; *jus banniſandi & pig-
norandi in nemoribus, paſcuis & hortis,* ſuivant Chaſſanée ſur la Coûtume de Bourgogne, *tit.*

des Justices & droits d'icelles rubr. 1. *num.* 97. Et quoy que par l'Arrest donné en la Chambre de l'Edit de Paris le 24. Juillet 1654. entre le Seigneur Marquis de Calvisson & le sieur Barthelemi Ricard de Nimes, au sujet de la Jurisdiction du lieu de Caissargues, *Jurisdictio banni & causarum civilium*, dont il est parlé dans un hommage fait au Roy en 1270. par les Conseigneurs dudit lieu, ait été seulement rapportée à la Justice basse; il est certain ou que cet Arrest a été mal conçu, ou qu'il ne doit pas être tiré à consequence; parce que *Jurisdictio banni* designe la Justice moyenne, & le *mixtum imperium* des latins, qui donne la connoissance des causes civiles, pecuniaires & du ban; ce qui est conforme à la doctrine de Chassanée *loc. cit.* & à celle de *Petrus Jacobi*, celebre Jurisconsulte de la ville de Montpellier vers le commencement du quatorziéme siecle, qui dit dans sa pratique *in form. libell. suprà Jurisd. jus banni jandi in nemoribus, pascuis & aliis locis est de mixto imperio: post bannum enim fit statim pignoratio, quæ est de mixto imperio.*

Droits de Peage & Pesade.] Ces droits sont de la moyenne Justice, suivant *Petrus Jacobi loc. citat. fol.* 25. *pag.* 2.

Arrest de la Jurisdiction.

PAr Arrest general prononcé par Monsieur le Président de S. Jean le neuviéme Mars, l'Edit de Cremieu contenant que les Gentilshommes en premiere instance auroient leurs causes commises pardevant les Senéchaux, fut declaré & interpreté ne s'entendre des Gentilshommes qui étoient justiciables d'autres Seigneurs en arriere fief, ou autrement, lesquels ne peuvent décliner la jurisdiction de leurs Seigneurs justiciables, soit civilement, soit criminellement: A cause dequoi un Gentilhomme de la terre & jurisdiction de la Dame de Tournon, ayant fait enquerir par les Officiers de sadite Dame du vol d'un cheval, contre un autre Gentilhomme justiciable aussi de lad. Dame, lequel ayant demandé & obtenu sentence d'évocation de ladite instance du Senéchal de Roüergue; par Arrest ladite Sentence fut cassée, & la cause renvoyée en premiere instance devant les Officiers de ladite Dame, n'ayant voulu le Roy par son Edit déroger ni préjudicier à la jurisdiction des Seigneurs particuliers de son Royaume, ains entendu seulement des Gentilshommes Seigneurs en chef, & ne ressortissans d'autre Seigneurs, ou des simples Gentilshommes, non Seigneurs, ayans leurs biens és terres du Roi, comme il y en a plusieurs.

Qui étoient justiciables.] Quoique par l'Edit de Cremieu les causes des Nobles soient renvoyées devant les Senéchaux, toutefois par la Déclaration suivante du 24. Février 1537. la Jurisdiction des Seigneurs leur ayant été conservée contre tous leurs vassaux, soit Nobles, soit Roturiers, le Parlement juge conformément à cette Declaration, pourveu que les Nobles soient hommagers ou feodataires des Seigneurs, & a accoûtumé de les renvoyer devant les Officiers desdits Seigneurs, tant en demandant qu'en défendant, pour les causes

civiles & criminelles, toutefois pour les cas non Royaux. Il y en a Arrest donné en la
Grand'Chambre, au rapport de Mr. de Bertier le onziéme Août 1673. la Cour ayant renvoyé le sieur Fournier, Gentilhomme de la ville d'Annonay, devant les Officiers de la
Dame Duchesse de Ventanour, en qualité de Marquise de ladite Ville, parce qu'on fit voir
qu'il étoit son hommager.

Qu'une Baronnie ne peut être divisée sur prétexte d'œuvres pies & fondations d'Obits.

AUtre Arrest pour le sieur de Fontanilles, appellant du Sénéchal de Toulouse, contre le Syndic des Augustins, par lequel, sans s'arrêter au laps du temps, un membre de certaine Baronie démembré pour raison de certain legat à œuvres pies, est
pour ce regard declaré de nulle efficace & valeur ; sauf certaine
pension apposée & mise pour faire continuer le service divin.

Démembré.] Pour les legitimes demandées sur les fiefs de dignité. *V. l'observation sur l'art.
2. du tit. 10. du liv. 1. de même que l'art. 9. du tit. 4. liv. 2. verb. Legitime, & l'art. 1. du tit.
63. en la suite de ce recüeil.*

Des lods & ventes.

CHAPITRE XXXVIII.

ART. I.

LEs lods & ventes ne sont dûs du sol & fonds pris & acheté
pour faire chemin, ou ruë publique ; par Arrest donné en Audience le dix-septiéme Juin ou Janvier mil cinq cens soixante, pour
le Syndic de la ville de Toulouse, contre le Fermier des oublies du
Roi, ayant pris une maison pour élargir une ruë en ladite Ville.

Les Lods.] Quoi que les lods ne soient reglées par des reconnoissances, ou le bail ; toutefois si le Seigneur directe a accoûtumé de les exiger pendant trente ans à un plus bas pied,
il faut suivre cette coûtume ; comme il fut jugé en la Grand'Chambre le 23. d'Avril 1674.
nu rapport de Mr. E. Cathelan, par Arrest donné en faveur de Pierre Figarede, contre Mre.
Domergoux Religieux Infirmier de Lodeve ; Figarede n'ayant été condamné à payer les lods
d'une acquisition qu'il avoit faite qu'à raison de douze un, nonobstant que Domergoux le
demandât à raison de six un, suivant plusieurs reconnoissances faites par d'autres tenanciers
du même fief ; il est vrai qu'il fut de surabondant soûtenu que c'étoit la Coûtume de Clermont, où le fief étoit assis, d'exiger les lods sur le pied de douze un.

ART. II.

Les lods & ventes sont dûs d'une locatairie perpetuelle de vingt-
neuf en vingt-neuf ans, ainsi jugé par Arrest au rapport de

Mr. Bluffet, le premier Mars mil cinq cens feptante-fix ; depuis par autre Arreft donné au mois de Janvier mil cinq cens nonante-neuf, fut jugé le contraire contre la veuve du Seigneur de Lanta.

* *D'une Locatairie.*] L'ufage eft contraire, & dans le reffort du Parlement de Touloufe on ne fuit pas la diftinction qu'on fait ailleurs des arrentemens ou baux à loyer, faits à longues années, avec ceux qui font perpetuels ; car indiftinctement, & même par une maniere de juger toute oppofée à celle du Parlement d'Aix, on n'adjuge aucun lods en l'un ou l'autre cas, & le Seigneur directe n'y peut pas ufer du droit de prélation. Cela ne doit recevoir aucune difficulté à l'égard du bail à loyer fait à longues années, quand il n'y auroit que cette confideration à faire, que *caufæ contractuum temporariæ non mutant dominium* ; & quoi qu'il femble qu'il falût dire le contraire d'un contrat de bail à locatairie perpetuelle, par cette raifon que *caufa ejus eft perpetua* : toutefois comme il ne fuppofe aucune tranflation de dominité. *L. non folet. ff. locat.* le bail à loyer ne donnant que la feule faculté de joüir, ce qui fait dire à Accurfe *in L. Codicillis. ff. de leg. 2. qui locat. in centum, vel mille annos, non alienat* : auffi eft-il certain que quand tel bail feroit paffé pour mille ans, nul lods n'en feroit jamais dû : à quoi fe trouve conforme la doctrine d'*Olive liv. 2. chap. 19. de Ferrer. in nov. addit. ad quæft. 48. Guid. Pap. de Cambolas liv. 3. chap. 32. & 41.* & j'ofe dire qu'on peut accufer d'erreur en Droit, ceux qui font d'un fentiment contraire, au prétexte de ce qui eft dit au §. *Quod ait prætor. 3. leg. 1. ff. de fuperf.* de même que tant en la Loy *Idem*, qu'en la Loy *Agri.* §. *Qui in perpetuum ff. fi ager vectigal. petat* : car quoique ces loix donnent une action *in rem* à celui qui joüit à titre de loyer, foit perpetuel, foit à longues années, il eft certain que ce n'eft que par rapport feulement à l'action utile, comme s'en explique la Glofe : & en effet, outre que cela s'induit vifiblement de ces termes dudit *Qui in perpetuum [quamvis non efficiantur Domini* ; d'ailleurs le loyer tient fi peu de l'alienation, que Cujas en voulant faire la difference avec l'emphiteofe, refout, que fi celle cy *quafi Dominium tribuit*, & peut-être regardée comme une alienation, il en eft tout autrement du bail à loyer : Et quoi qu'à la verité il ne parle que de *locatione temporaria*, il en doit être de même du loyer perpetuel, qui n'induit aucun tranfport de dominité. Les autres raifons en font doctement touchées par Anton. Faber en fon traité de *error. pragmat. part. 4. decad. 100. error. 4. & 5.* mais quoi que le bail à locatairie perpetuelle ne produife aucun lods, cela n'empéche pas qu'il ne puiffe être prétendu pour ce qui eft ftipulé dans le contrat, & qui fe donne pour droit d'entrée : il eft encore du lods quand on peut faire voir qu'il s'agit d'une vente déguifée fous le mot de loyer : & fuivant l'ufage de ce Parlement, attefté par Cambolas *liv. 6. chap. 7.* il eft dû encore pour la vente de la rente établie par le contrat de bail à loyer.

ART. III.

Pour ceffion, tranfport, ou tranfaction, ne fe paye point le droit de lods & ventes ; parti en toutes les Chambres, au rapport de Monfieur Vignaux, au mois de Mars mil cinq cens feptante-quatre ; ce qui a lieu lors que les biens demeurent és mains de l'ancien poffeffeur, ou du collitigant : car fi par telle tranfaction les biens paffent aux étrangers, *de Dominium transferatur*, ou bien que le contrat foit frauduleux ou feint, pour priver le Seigneur dudit droit ; en ce cas *debentur laudimia*, jugé par Arreft au rapport de Mr. de Roux, le neuviéme Septembre mil fix-cens-un.

Pour cession.] On a quelquefois demandé fi le lods eft dû d'une ceffion faite par un crean-cier colloqué pour une dette de Communauté : fur quoi il faut fçavoir fi lors de la ceffion la relation des Experts qui avoient procedé au département des dettes, avoit été autori-fée ou non : car comme au premier égard la ceffion ne s'entendroit pas feulement *de jure prætenfo*, mais même *de jure & dominio afferto*, & qui plus eft, *de Dominio afferto & de ipfo corpore fundi*, fuivant le langage des Feudiftes, puifque par moyen du département fait & autorifé fur la piece, fur laquelle le creancier auroit été colloqué, *poffefforem mu-taffet cum effectu*, & ce creancier *fundum habuiffet in folutum*, il feroit fans doute que le ceffionnaire devroit un lod, quoi que fon cedant n'eût pas joüi réellement. Mais au fe-cond égard, & quand la relation des Experts n'a pas été autorifée avant la ceffion, il eft jufte que le Seigneur directe ne prétende aucun lods, parce que les chofes étans en cet état, le cedant ne peut pas être confideré comme acquereur & proprietaire, fon droit de proprieté dépendant de l'autorifation de la relation, de forte que lors de la ceffion, qui en ce cas n'eft qu'une fimple ceffion d'actions, n'étant pas maître du fonds, & n'ayant pû par une fuite de cette raifon ceder que fon action, fans transferer aucun droit de pro-prieté par la raifon de la Loy *Nemo plus juris ff. de reg. jur.* il eft vrai de dire que com-me il n'auroit payé aucun lods s'il fe fût mis en poffeffion [à caufe que fuivant la décla-ration du Roi il n'eft dû aucun lods d'une collation faite en conféquence d'un départe-ment de dettes de Communauté] le ceffionaire comme fubrogé à fa place, & le re-prefentant par l'effet de la fubrogation, n'en doit auffi payer aucun. *V. l'obfervation fur l'article 8.*

Ou Tranfaction.] Quand la Tranfaction induit un changement de poffeffion, & un tranf-port de proprieté, le lods eft dû ; mais il en eft autrement quand elle ne fait que confir-mer la poffeffion & la dominité, parce que fuivant le langage de *Ferrer. in quæft.* 48. *Guid. Pap. non eft alienatio, nec novum jus acquiritur, fed eft liberatio controverfiæ. arg. L. fi profundo. C. de tranfact.* Le profond du Moulin fur l'article 350. en la Coûtu-me d'Anjou, veut qu'il en foit autrement, *fi velit actor in fe affumere onus probandi, quod verum jus competebat actori, qui accepta pecunia renunciavit.* Quoiqu'il en foit, quand on donne quelque chofe par tranfaction, pour faire ceffer le trouble qu'on reçoit, ce qu'on donne ne pouvant pas dans ledit égard être confideré comme une plus value, le lods n'en eft pas dû, comme il le feroit, fi la fomme portée par la tranfaction faifoit une augmen-tation de prix.

A R T. I V.

Des biens vendus à pacte de rachat font dûs les entiers lods & ventes, à la charge que lors du rachat n'en feront dûs ; ainfi jugé par Arreft du dernier Mars mil cinq cens cinquante-cinq.

Ne feront dûs.] C'eft ce que les Coûtumes difent, *fans reventons*, c'eft-à dire, fans qu'il foit dû lods pour le rachat, ce qui pourtant fouffre les limitations rapportées par *Maynard liv.* 4. *chap.* 38. & par *Defpeiffes tom.* 3. *fect.* 5. *des lods. part.* 5. *num.* 7. & *part.* 7. *num.* 20.

A R T. V.

En permutation ou change font dûs les entiers lods & ventes, fi les biens permutez font fous la directe de divers Seigneurs ; & la moitié s'ils fe trouvent fous la directe d'un même Seigneur ; ainfi jugé pour Olivier Galtier le vingtiéme Août mil cinq cens feptante-fept.

Sont

Sont dûs.] ⊽. *Ferrer. in quæst.* 48. *Guid. Pap. Maynard liv.* 4. *chap.* 37. *& Cambol. liv.* 2. *chap.* 30. lequel remarque *au liv.* 4. *chap.* 23. que les lods ne sont pas dûs d'un échange fait des terres de deux Chapelainies.

Et la moitié.] C'est-à-dire une moitié de lods pour chaque piece échangée ; en sorte que le Seigneur a par ce moyen l'entier lods des fonds échangez, lequel lods se paye suivant la valeur des fonds à dire d'Experts.

ART. VI.

D'une donation de tous & chacuns les biens, à la charge de payer les dettes, ne sont dûs les droits de lods & ventes, bien qu'il y eût coûtume contraire : La raison est d'autant que cette donation faite à la charge de payer les dettes, est comme une derniere disposition & testament ; & ainsi fut jugé par Arrest en Juillet mil-cinq cens nonante-quatre

A la charge de payer.] La Coûtume du Languedoc, qui ne souffre pas qu'on paye aucuns lods d'une donation, donne lieu à cette Jurisprudence ; car autrement il est certain qu'à suivre le Droit écrit, par lequel cette Province est regie, les lods seroit dû d'une telle donation, comme faite *ob causam*, & n'étant pas pure. ⊽. *Marie Ricard en son tr. des donations. part.* 1. *n.* 1029. *& suiv.*

* *Coûtume contraire.*] Cela est contraire à l'usage ; car quoy que regulierement en Languedoc les donations ne doivent aucun lods, il faut pourtant excepter les lieux où ils sont dûs pour donation en vertu des titres des Seigneurs directes. C'est ainsi que la Cour l'a jugé par Arrest donné le 25. Février 1669. en la Grand'Chambre, au rapport de Mr. Catelan, contre les habitans du lieu d'Asille dans le Comté de Rieux. Et c'est par cette raison aussi que les habitans de la Ville de S. Gilles doivent au Seigneur Abbé un droit de lods pour les divisions & pour les licitations qui se font dans l'étenduë du terroir de lad. Ville, à cause qu'ils y sont obligez par leurs loix municipales, & par certaine Sentence arbitrale de l'an 1257. qui les confirme : ce sont des conditions imposées lors de la tradition du fonds, qu'on ne peut pas se dispenser de suivre. Le Parlement aussi a quelquefois jugé qu'il étoit dû lods des heritages, lorsqu'il avoit été stipulé.

ART. VII.

An ex contractu inito cum minore, qui in integrum est restitutus debeantur laudimia ? Il faut noter que le vingt-quatriéme Avril mil cinq cens septante-huit, Monsieur Cyron Rapporteur, & Monsieur Topignon Contretenant, fut donné Arrest les Chambres assemblées, par lequel fut jugé pour l'affirmative, dequoi plusieurs s'étonnoient, d'autant que le contrat étoit nul, comme fait contre la teneur du titre du Code, *de rebus minorum sine decreto non alienand.* & les lods ne sont dûs *ob laborem investiturae, sed in recognitionem domicilii.* Fut dit qu'on s'étoit fondé sur le payement desdits lods, que l'acheteur avoit déja fait, interpretant la Theorique *ex contractu nullo non deberi laudimia ha-*

bere locum quando soluta non sunt; quod confirmatur l. si minor. 4. de dol. mal. & met. except Vide Guid. Pap. consil. 590. ubi de commisso & contractu nullo. Papon des droits Seigneuriaux liv. 13. tit. 13. art. 2.

* *Pour l'affirmative.*] L'usage est contraire, étant certain que le lods n'est pas dû d'une vente resoluë de droit, & par consequent de celles qui sont declarées nulles *ex causa de præterito*; la raison en est suivant d'Argentré *tract. de laudium.* §. 17. que *laud mia sunt consequentia contractus, quem lex in totum cum suo effectu annullat, & ad non actum redigit.* C'est aussi dans cette vuë qu'il n'est dû aucun lods d'un decret cassé par nullité, pour avoir été mal obtenu, quoy qu'il soit accompagné de la mise en possession, selon l'espece de l'Arrest donné en la seconde Chambre des Enquestes au rapport de Mr de Sevin le vingtiéme Decembre 1660. Il faut pourtant faire difference d'un contrat nul avec un contrat annullé, car le lods est dû à l'égard de celui-cy, à cause qu'il suffit qu'un tel contrat ait été bon dans le commencement, & cela sans doute parce que, comme disent les Docteurs, *causæ quæ post tempus contractus oriuntur, non possunt retrò agere in contractum perfectum.* V. *Joanni Faber. ad l. 1. §. 2. C. quand. lic. ab empt. deced. & ad l. ult. C. comm. de legat. Cambolas liv. 5. chap. 34. & Ferrer. ad quæst. 490. Guid. Pap.* où il distingue entre les contrats nuls par défaut de solemnité, & ceux qui le sont comme faits contre la prohibition de la Loy.

Fondé sur le payement.] Il est certain que suivant le sentiment general on peut raporter contre le Seigneur directe le lods qui lui a été payé d'un contrat nul, quand la nullité a été declarée par Sentence, & cela par l'action que le Droit appelle *conditia indebiti*; parce qu'en ce cas il s'agit du Payement d'un lods qui n'étoit pas dû; à quoy se trouve conforme l'Arrest rapporté par *Papon liv. 10. art. 6 tit. 13.* qui est le même que celui que du Moulin avoit allegué sur *la Coust. de Paris. §. 33. num. 33.* toutefois au cas d'une vente vicieuse un Seigneur directe a été relaxé de la restitution d'un lods qu'on lui demandoit, par Arrest de ce Parlement, donné en la seconde Chambre des Enquétes le 31. May 1660.

ART. VIII.

Au moyen de l'adjudication d'un decret, & cession des droits d'icelui par l'adjudicataire, auparavant l'execution, en faveur d'un tiers son ami, suivant la foy qu'il lui avoit donnée de ce faire, ne sont dûs que simples lods, & non doubles. Ainsi jugé par Arrest sur un appel du Senéchal du Puy, contre un Seigneur directe en l'an mil cinq cens quatre-vingts-deux, au rapport de Monsieur Maynard.

Auparavant l'execution.] C'est la mise en possession qui rend le decret parfait, *nihil actum esse creditur, dum aliquid addendum superest. L. pen. C. de his quib. ut indign.* Et en effet il est certain que jusqu'à la mise en possession un decretiste ne peut pas se dire propriétaire des biens directes, ce qui fait que jusqu'en ce temps-là il ne doit aucun lods. Ainsi jugé par Arrest donné en l'Audience de la Grand'Chambre le septiéme May mil six cens soixante, entre Me. Jean Castra, & les nommez Charras & Roquier, & il ne doit pas être inutile de remarquer qu'il fut prejugé par ce même Arrest, que le debiteur exécuté aprés avoir obtenu le rabattement du decret, peut aliener les biens y compris, quoy qu'il n'ait pas remboursé le decretiste pour un prealable, ni des sommes pour lesquelles le decret a été obtenu, ni des loyaux cousts, reparations & meliorations qui

peuvent avoir été faites aufdits biens, & fans que le decretifte puiffe être preferé à l'acquereur. Le decret ne dépouille pas fi fort le débiteur, qu'en indemnifant le decretifte il ne
puiffe avoir cette confolation de faire de fon bien ce que bon lui femble ; l'indemnité du
decretifte le met hors d'interest, & fait rentrer le debiteur dans fon premier droit. Mais
pour revenir à la premiere queftion, on ne peut pas douter que la ceffion d'un decret non
fuivi de mife en poffeffion, ne doit aucun lods ; il eft vray que parce qu'en faifant coucher l'exploit de mife en poffeffion fur un papier volant, on peut frauder un Seigneur directe, en lui dérobant par ce moyen la connoiffance de la mife en poffeffion, le Parlement a
accoûtumé de relaxer le decretifte à la charge de jurer pardevant le Rapporteur du procez,
de ne s'être mis en poffeffion des biens decretez. *V. Maynard liv. 4 chap. 51.*

Tiers fon ami.] C'eft celui qu'on appelle *le Command.* de l'adjudicataire dans le pa s
Coûtumier, & que le decretifte doit élire dans le temps de droit, c'eft-à-dire dans l'an,
pour qu'il ne foit dû qu'un lods ; encore faut-il que le creancier faffe exprimer dans le decret, *qui le prend pour foy ou pour fon ami élû, ou à élire.* Quand l'élection eft faite
dans le temps de droit, le Seigneur ne peut pas pretendre un double lods, parce que *una
emptio effe intelligitur, emptorique jure uti non tam qui elegit, quàm qui electus eft,
cenfetur ;* comme dit *Faber. Cod. lib. 4. tit. fi quis alteri vel fibi. 34. def. 1.* Et en effet,
le decretifte prenant le decret fous ladite condition, ne doit être confideré quand il execute, que comme n'exerçant, dans l'élection qu'il fait, qu'un nû miniftere, *& quafi
alium poffefforem minifterio fuo faciens,* aux termes de la Loy 18. *ff. de acquir. vel amitt.*
poffeff.

ART. IX.

Par Arreft du cinquiéme Août mil cinq cens feptante, entre
de Cambuiffon & David, fut jugé que la demande des lods &
ventes fe prefcrit dans trente ans, à compter du jour de l'intimation & notification de la vente & requifition de l'inveftiture, au
Sieur directe & dominant ; pour ôter tous moyens de latitation
de contrats, fimulation & fiction d'iceux aux Vaffaux & Emphiteotes ; & parce que le Vaffal ou Emphiteote ne demandant l'inveftiture dans l'an eft en mauvaife foy ; comme il fut jugé le 13.
Mars mil cinq cens feptante-cinq.

Se prefcrit.] Il eft certain que la demande des lods prefcrit dans trente ans, mais il
en faut quarante contre l'Eglife, car par l'Arreft dont il a été parlé fur l'art. 3. du ch. 10.
de ce traité, & qui fut donné en la feconde Chambre des Enquêtes, au rapport de Mr.
de Chauvet, le 28. Janvier 1672. les habitans du Mas de Sarrils furent relaxez de la demande que Me. Valat, Prieur de Valerauge, leur faifoit des lods qui avoient procedé
quarante ans ; & quoy que l'Auteur allegue que les trente ans ne peuvent courir utilement
que du jour de la notification de la vente, l'ufage eft neanmoins contraire, car ils commencent à courir du jour de l'acquifition. *V. l'obfervation fur l'art. 16. du chap. 13. de
ce traité, & Maynard liv 4. chap. 46.* dans le reffort du Parlement de Paris un tiers
poffeffeur prefcrit la demande d'un lods par une poffeffion paifible de dix ans. Fortin en
rapporte un Arrêt de l'année 1647. donné en l'Audience de la Grand Chambre, *fur l'art.
73. de la Couft. de Paris.* Il eft contraire au fentiment de du Moulin *in conf. Parif. §. 20.
gl. 12. num. 13.* où il decide que le tiers acquereur ne peut prefcrire que dans trente ans,
non feulement le lods de fon acquifition, mais même ceux qui font dûs pour les acquifitions qui precedent la fienne.

Qu'il n'est loisible aux hommes de la Seigneurie du Roy, de se rendre censuels d'un autre Seigneur.

CHAPITRE XXXIX.

ART. I.

LE Syndic & Consuls de Sainte Dode en l'an mil trois cens soixante-huit, passent accord avec le Comte d'Estarac, *quo fit narratio*, qu'à l'occasion de grandes & diverses occupations du Roy Seigneur dudit Lieu, les Habitans d'icelui ne sont aucunement deffendus contre les incursions des Anglois & autres voleurs, contre lesquels ledit Comte prend lesd. Habitans en sa protection pour les deffendre, & donne exemption du Péage par toute sa Comté en payant à la premiere Ville une fois ; & lesdits Habitans promettent payer chacun annuellement un quarton avoine, de le suivre à la guerre, prêter secours en temps de guerre & de paix, & le recevoir de nuit & de jour, contribuer à sa redemption, voyage outre mer, mariage des filles, en vertu duquel contrat ledit Comte fait demande dudit droit, & soûtient en avoir joüi ; les Habitans au contraire, que non. Le Procureur General intervenant, dit, que par ledit accord appert que le Roy est seul Seigneur dudit Lieu, que les Habitans *non potuerunt se dedere, & sumittere alteri, Bald. in C. 1. de judic. n. 10. salicet. in C. licet causam. n. 13. de probat. ubi decidit, quod homines mei sine consensu meo, non possunt se facere censuales alterius. Chassan.* au tit. des Censes. S. 3. & suivant ce ledit contrat fut cassé, & le Syndic & Habitans dudit lieu de Sainte Dode relaxez de lad. demande faite par ledit Comte d'Estarac.

TRAITÉ
DU REGLEMENT
DES JUGES-MAGES,
LIEUTENANS, CONSEILLERS,
GENS DU ROY, ET OFFICIERS DES SENE'CHAUSSE'ES
& Siéges Présidiaux d'icelui, par Arrêts.

Suivant l'ordre du temps & années qu'ils ont été donnez.

CHAPITRE I.

ENTRE les Officiers du Senéchal de Roüergue se vingt-huitiéme Août mil quatre cens nonante-deux.

Entre les Officiers du Senéchal de Carcassonne le dix-neuf Janvier mil quatre cens nonante-quatre.

Autre, entre les mêmes Officiers, le seiziéme Août mil quatre cens nonante-huit.

Entre les Officiers du Senéchal de Toulouse le neuviéme Avril mil cinq cens dix-neuf, par lequel leur est inhibé distribuer procez, ni bailler commissions pour faire Enquestes au Docteurs Regens de l'Université de Toulouse.

Pour les Officiers du Senéchal de Carcassonne du troisiéme Septembre mil cinq cens trente-quatre.

Qooo iij

Entre le Juge - Mage & Lieutenans Lay de Montpellier du vingt-trois jour d'Août mil cinq cens trente-cinq.

Reglement general pour toutes les Senéchauffées du vingt-un Fevrier mil cinq cens trente-sept.

Autre Reglement entre le Lieutenant Principal & Particulier de Lauferte du neuviéme de Mars mil cinq cens trente-huit.

Pour le Senéchal de Quercy du treize jour de Septembre mil cinq cens quarante.

Entre le Senéchal, Juge d'Appeaux & Juge Ordinaire de Touloufe du douze Janvier mil cinq cens quarante-un.

Pour les Officiers de la Senéchauffée de Beaucaire du quatriéme Mars audit an mil cinq cens quarante-un.

Pour la même Senéchauffée aux Grands Jours à Nîmes le dernier jour d'Octobre audit an mil cinq cens quarante-un

Entre les Confuls de Gourdon & les Lieutenans du Senéchal audit lieu, le dix-neuf Mars mil cinq cens quarante-quatre.

Entre les Juges & Officiers de Castelnaudarry, & les Confuls de lad. Ville du quatorziéme Mars mil cinq cens cinquante.

Reglemens des Avocats & Procureurs du Roy en la Senéchauffée de Touloufe, du neuviéme Janvier mil cinq cens cinquante-cinq.

Reglement entre les Gens du Roy audit Senéchal, du fecond Mai mil cinq cens feptante.

Autre entre le Juge-Mage & Juge Criminel de Carcaffonne, du vingt-deux jour de Mars mil cinq cens feptante-deux.

Autre entre le Lieutenant Principal & le Lieutenant Particulier de la Ville de Caors du dixiéme Juillet audit au mil cinq cens feptante-deux.

Du Juge Criminel & du Juge - Mage & autres Officiers du Senéchal de Carcaffonne du vingt - deux Mars audit an mil cinq cens feptante-deux.

Entre le Juge Criminel & autres Officiers du Senéchal de Lauraguois du fixiéme Juillet mil cinq cens feptante-quatre.

Entre Ambecy, Préfident Préfidial, & Ferrandier Juge-Mage de Roüergue le dix Mars aud. an mil cinq cens feptante-quatre.

Pour le Senéchal de Touloufe, moi étant Confeiller audit

Siége, & l'ayant poursuivi, du troisiéme Janvier mil cinq cens septante - six.

Entre les Avocats & Procureur du Roy de Quercy au Siége de Figeac, du dix-neuviéme Janvier audit an mil cinq cens septante - six.

Entre les Avocats & Procureur du Roÿ en la Senéchauffée de Touloufe du vingt-cinquiéme Mai mil cinq cens septante-fept.

Entre le Rapporteur du Sénéchal Comtal de Lectoure, & l'Avocat & Procureur du Roy audit Siége, du dixiéme Juillet mil cinq cens quatre-vingts-quatre.

Entre les Avocats & Procureur du Roy en la Senéchauffée de Roüergue du vingt - troisiéme Mai mil cinq cens quatre vingts-fix.

Entre le Juge-Mage & le Lieutenant Principal du Senéchal de B gorre du dix-huitiéme Juillet audit an mil cinq cens quatre-vingts fix.

ARR. I.

Le premier Avril mil cinq cens septante - deux, aux Arrests generaux, le Juge - Mage de Nîmes étant assis au bout du banc pour oüir les Arrests, arriva Nosieres Juge Criminel, & Notel Lieutenant Principal du Senéchal de Toulouse, lesquels voulurent preceder led. Juge-Mage, fur quoi y ayant eu contestation, la Cour eüe deliberation, ordonna qu'attendu l'absence du Juge-Mage de Toulouse, lequel est representé par le Juge Criminel, & que c'est en la Senéchauffée de Toulouse, que ledit Juge Criminel seroit assis devant ledit Juge-Mage, & ledit Lieutenant Principal après : ainsi qu'au livre sixiéme des Parlemens, nous avons, dit Monsieur de S. Jory second President du Parlement de Toulouse, comme representant ledit Parlement, avoir precedé, Monsieur Daffis, Premier President de Bordeaux, en l'assemblée convoquée par le Roy Henry IV. à Roüen pour la police de son Royaume.

ARR. II.

Le vingt - septiéme Septembre mil cinq cens septante, en Audience furent publiées les lettres patentes, par lesquelles étoit commandé à tous Senéchaux faire residence en leurs Sené-

chauffée,& declaré que le Roy vouloit que tous ceux qui feroient
pourveus dudit Office fuffent nobles & de robbe courte ; enjoignant à tous autres de s'en défaire dans deux mois.

Fuffent Nobles.] A la rigeur il en doit être de même des Lieutenans des Senéchaux ;
en effet , autrefois il faloit qu'ils obtinfent une efpece de difpenfe lorfqu'i's afpiroient à la
charge , fans être Nobles ; comme cela s'induit des Lettres patentes du 27. Août 1577.
ndreffées au Siege de la Marechauffée de Paris , pour Charles de la Valde , afin d'être
reçû en la charge de Vi-Senéchal de la Rochelle , quoy qu'il ne fût pas Gentilhomme. V. le
traité de la Comueftablie & Marefch. de France , par Pinfon de la Martiniere p. 70.

A R R. I I I.

Le treize jour dudit mois de Juillet mil cinq cens feptante-
quatre , Arreft au Barreau fur une requête prefentée à la Cour
par le Lieutenant principal au Senéchal de Touloufe , Monfieur
Nolet , auroit été ordonné qu'il fera appellé en toutes affemblées
generales que les Capitouls de Touloufe feront , efquelles feu
Monfieur Rochon Juge-Mage , n'a guerres decedé , étoit appellé ,
fur peine de quatre mil livres. *Nota* que le jour precedent on avoit
eu Confeil general à la Maifon de Ville , & ledit Nolet n'y étoit
point , & étoit vrai-femblable qu'il n'y avoit été appellé , qui fut
caufe qu'il prefenta ladite requête.

A R R. I V.

Le fecond jour de Decembre mil cinq cens feptante-trois ,
autre Arreft au Barreau entre un Dominique de faint Germié ,
Gracieux & Dauffone , contenant entr'autres chofes verification
être faite de la valeur du bled au tems de la deftinée folution : &
par même celui qui avoit prefidé au Senéchal d'Armagnac au jugement du procez , fans nombre fuffifans d'affiftans , condamné en
cent fols d'amende;inhibitions à lui & à tous Magiftrats du reffort,
à peine de cinq cens livres , de ne juger les procez fans nombe
competant , qui eft de fept , fuivant les Ordonnances Royaux.

Qui eft de fept.] En matiere d'Equivalent il n'en faut que cinq , fuivant l'Arreft donné en la Cour des Aydes de Montpellier le quatorziéme Novembre 1668. en la caufe des
Hôtes & des Fermiers de l'Equivalent.

A R R. V.

Inhibitions aux Avocats & Procureur du Roy des Jeges Prefidiaux de ne prendre aucuns deniers , don ou recompenfe pour
l'affif-

l'affiſtance qu'ils feront aux aſſemblées du Païs & Villes du reſſort:
Arreſt prononcé le premier d'Aouſt l'an mil cinq cens quatre-
vingt-deux.

ARR. VI.

Entre le Syndic du lieu de Verdun , & le Syndic du College
Sainte Catherine ; par Arreſt , la procedure faite par Maître Michel Toloſani , Juge-Mage de Lauraguois , eſt caſſée , pour avoir
été faite en Touloufe , inhibé & deffendu , tant audit Juge-Mage ,
qu'à tous autres Juges , à peine de nullité & privation de leurs eſtats , de ne faire acte de Juriſdiction contentieuſe , dont la connoiſſance appartient au Siége Préſidial ou Senéchal de Touloufe.

ARR. VII.

Le dix - feptiéme Septembre mil cinq cens vingt - ſix , entre
Eſtienne & Charles de Caſſe , inhibitions & deffenſes à tous , de
ne enfuivant les privileges & Arreſts , tirer les Habitans de Touloufe pardevant le Juge du Petit-ſcel de Montpellier , lequel créera
un Lieutenant Clerc en Touloufe de la qualité requiſe és Ordonnances , pour là tenir ſon Siége , & connoîtra des matieres appartenantes au Juge , en ce enfuivant les Ordonnances faites ſur la
reformation des Eſtats.

ARR. VIII.

Arreſt contre un Conſeiller du Senéchal , pour s'être taxé plus
qu'un écu par jour & ſes dépens , entre le Procureur General du
Roy , demandeur en contravention aux Ordonnances faites par le
Roy ſur la taxation des dietes & vacations expoſées par les Officiers & Magiſtrats des Senéchauſſées , d'une part , & Maître Antoine Alary , Conſeiller , Juge & Magiſtrat Préſidial en la Senéchauſſée de Touloufe , deffendeur d'autre : Veu l'Arreſt du onziéme Decembre , execution de ſaiſie entre Meſſire Paul de Foix Baron de Rabat , & autres productions : Dit a été que la Cour pour
les cauſes reſultans des ſuſdites productions , a condamné ledit
Alary à rendre & remettre és mains dudit dépoſitaire , ce qui
a été par lui reçû pour ſes dietes & vacations : en outre le con-

damne en cent livres, pour être employées en œuvres pies à l'Ordonnance de la Cour ; & a fait inhibition & défense à tous autres Magiſtrats du reſſort, recevoir ou prendre par leur dietes &
vacations des parties plaidans, outre ce qui leur eſt ordonné &
taxé par les Ordonnances Royaux. Prononcé à Touloufe en Parlement le vingt huitiéme Decembre mil cinq cens feptante-quatre.

A R R. I X.

Arreſt par lequel eſt dit que les Juges inferieurs reſſortans aux
Senéchaux, Gouverneurs & Lieutenans, feront examinez à leur
reception auſdits Offices, par leſdits Senéchaux & Gouverneurs;
entre un nommé Blandonnie, Loüis Mathon & les Conſuls de
faint Mathan. Prononcé le vingt-uniéme jour d'Aouſt mil cinq
cens quarante-quatre.

Par leſdits Senéchaux.] Les Officiers des Bailliages, Vigueries, Chaſtellenies, & autres Juriſdictions Royales, fe doivent faire recevoir en leurs charges devant les Senéchaux,
& s'ils ont été reçûs au Parlement, ils font tenus de faire enregiſtrer, tant leurs Provifions, que leurs Arreſts de reception, devant leſdits Senéchaux ; ainſi jugé par Arreſt,
donné le 29. May 1655. entre les Officiers du Senéchal & Siege Preſidial de Nîmes, &
ceux des Bailliages de Villeneuve de Berc, & de Marvejols. *V. l'art. 9. du ch. 5. de ce tr.*
V. la fuite de ce recüeil tit. 4. verb. amendes. art. 2.

A R R. X.

Maître François Puget, Docteur, cy-devant Juge de Comenge, fut reçû Conſeiller au Senéchal ſans examen, attendu qu'il a
été examiné à la reception de ladite judicature en la forme que
font examinez les Conſeillers és Sieges Preſidiaux, Arreſt du
vingt-trois jour de Juin mil cinq cens quatre vingts-fept.

A R R. X I.

Par Arreſt du onziéme de May mil cinq cens quarante, Maſ-
fabrac fit revoquer une amende en laquelle avoit été condamné,
en caſſant une ſienne procedure contre ceux qui lui avoient aſſiſté ; car il fit apparoiſtre l'Ordonnance avoir été donnée contre ſon opinion.

V. la fuite de ce recüeil tit. 4. verb. Amendes art. 2.

A R R. X I I.

Le neuviéme ou dixiéme du mois d'Août mil cinq cens feptante-un Arreſt au Barreau d'un nommé Mocau Juge-Mage

de Beaucaire, contenant entr'autres chofes prohibition au Senéchal dudit Beaucaire, & autres de ce reffort, de commettre la
confeftion des enquêtes aux Greffiers, Notaires de la caufe, fur
peine de dépens, dommages & interêts des Parties.

V. le liv. 2. tit. 4. verb. Enqueftes. art. 1.

Des Sieges Prefidiaux.

CHAPITRE II.

ARR. I.

SUr l'appellation interjettée par Bernard Maillol, appellant des
Magiftrats Prefidiaux de Touloufe, d'une part, & Bonette
Efpertignette appellée, d'autre ; en ce que les Prefidiaux avoient
ufé d'inhibitions generales, tant audit Maillol, qu'autres artifans,
de faire état de Solliciteurs, la Cour fans préjudice du Jugement
Prefidial donné entre lefdites Parties, mit l'appellation & ce dont
fut appellé, au neant, & fit inhibition audit Maillol & autres artifans, & autres gens mecaniques, de n'exercer la charge de Solliciteur, fur peine de cent livres, & autre arbitraire. Prononcé à
Touloufe le 28. Mars mil cinq cens feptante-un.

Inhibitions generales.] Il n'y a que les Cours fouveraines qui puiffent ufer d'inhibitions
generales, & faire des reglèmens ; elles ont pour ce chef le même droit que le Senat de
l'ancienne Rome avoit ; *Senatum autem jus facere poffe non ambigitur,* comme dit Ulpien
en la Loy 9. *ff. de legib.*

ARR. II.

Les inftances feodales, bien qu'elles foient jugées Prefidiale-
ment, ne font fujettes à l'Edit des Prefidiaux ; & pour ce la Cour
a accoûtumé de connoître defd. appellations, comme a été veu
par plufieurs Arrefts;& la raifon eft,parce que le droit d'affervir ou
ennoblir une piece ne peut bonnement recevoir eftimation, tant
pour les lods & ventes, inftances, droits de prelation, commis,
qu'autres droits Seigneuriaux ; il eft vrai que s'il s'agiffoit feulement du payement de quelques droits Seigneuriaux,fans revoquer
en difficulté la Seigneurie feodale, cela pourroit être fujet à la jurifdiction Prefidiale ; & ainfi faut entendre l'Ordonnance des Prefidiaux, lors qu'elle parle du payement de dix livres de rente.

Le Droit d'affervir.] Auffi par cette raifon les Prefidiaux ne peuvent pas connoître en
dernier reffort d'une fervitude.

Du payement de dix livres.] Cé n'eft pas la quantité d'une fomme certaine qui forme proprement la nature de la jurifdiction ; cela marque feulement qu'elle eft limitée , comme l'eft celle des Prefidiaux , qui par Edit d'Henry II. de l'an 1551. eft limitée à deux cens cinquante livres pour une fois payer , ou à dix livres de rente annuelle ; pour en connoiftre fouverainement. *Si idem cum eodem pluribus actionibus agat , quarum fingularum quantitas intra jurifdictionem judicamis fit ,* eft-il dit en la Loy 11. *ff. de jurifd.*

ARR. III.

Arreft du dix-huitiéme Decembre mil cinq cens feptante-un , par lequel eft ordonné que le Juge-Mage de Roüergue prefidera à l'élection des Confuls de Villefranche audit païs , comme faifoit auparavant l'érection des Offices des Prefidens Prefidiaux. Autre Edit & Declaration du Roy , qui entend que les Juges Prefidiaux connoiffent des inftances criminelles incidemment intervenuës és inftances civiles , fauf que les parties pourront appeller és Cours de Parlement defdites inftances criminelles feulement , fol. 276. *lib. 6. ordinat. Henrici fecun.*

ARR. IV.

Declaration que les Juges Prefidiaux ne pourront prendre plus grand falaire qu'ils avoient accoûtumé , ni commettre qu'un feul Commiffaire fur le fait des incidens , & que la Cour puiffe connoître des abus qui par lui feront commis , & où il fera queftion de leur incompetance ou recufation non avifée contre tous les gens tenans un defdits fieges. *fol. 88. lib. 7. ordin.*

ARR. V.

Declaration & Ordonnance que la taxe des dépens donnez par les Juges Prefidiaux , fera écrite au pied defdits Jugemens , & qu'il fera permis aux parties apporter lefd. taxes en la Cour , *eod. lib. 7. ordinat.*

ARR. VI.

Patentes du Roy , par lefquelles ledit fieur baille reglement & n'entend qu'en rétabliffement les Offices des Prefidens Prefidiaux; il ne veut avoir préjudice aux prerogatives appartenans , & ordonne aux Lieutenans generaux , **Civil** & **Criminel** , *lib. 10. ordinat.*

A R R. VII.

Declaration quant au reglement des Prefidiaux, contenant entr'autres chofes, prohibition de n'appeller leurs jugemens Arrêts,
& d'ufer des termes appartenans aux Parlemens , & Chanceleries , *fol. 70. lib. 7. ordinat.*

A R R. VIII.

Le Mardy dix-fept Juin mil cinq cens foixante-fept , en Audience plaidée certaine qualité Prefidiale, où n'étoit queftion au
commencement du procez, que de quatre livres, prohibé à tous
Juges Prefidiaux d'ufer en leurs jugemens de ce terme *Arreft* ,
à peine de deux mille livres.

De quatre livres.] *V. le chap. 5. de ce traité.*

A R R. IX.

Le Jeudy dix-huitiéme Janvier mil cinq cens cinquante-neuf
au Barreau Arreft prohibitif aux Senéchaux d'ufer de ces termes :
l'appellation & ce dont a été appellé mis au neant , ains faut qu'ils
prononcent *aut benè vel malè.*

Aut benè vel malè.] Il eft feulement permis aux Prefidiaux *provocationem vel injuftiam
tantum pronunciare* , *vel juftam* , aux termes de la Loy *Eos. C. de appell.* & il n'y a que
les Cours fouveraines qui puiffent mettre les appellations , & ce dont a été appellé au
néant. *V. Maynard liv. 2. chap. 16. l'Ordonnance de 1539. entr'autres , en l'art. 128. &
l'art. 12. de ce chapitre.*

A R R. X.

Le quatriéme Decembre mil cinq cens feptante-fix , plaidée
en Audience certaine qualité entre les Bailles Serruriers de Touloufe , & un nommé Gabafton , a été prohibé aux Capitouls de
Touloufe , & à tous autres Juges inferieurs , d'ufer en leurs Sentences de ces termes , *pour certaines caufes & confiderations à ce
nous mouvans* : d'autant que d'ufer de tels termes appartient feulement aux Cours fouveraines.

A R R. XI.

Le treiziéme Septembre mil cinq cens feptante-fept , au Barreau Arreft d'un Jean de Carcaffonne , & autres parties y nommées , contenant entr'autres chofes , inhibition aux Officiers de

Carcaſſonne , & autres du reſſort , de quand ils ſeront recuſez en un procez , opiner en icelui , ni uſer dans leurs Sentences de ces termes , *Dit a été* , ni de ce terme , *& pour cauſe* , & leſdits Officiers étans recuſez , & ayans opiné audit procez , ont été condamnez , à ſçavoir , celui avoit préſidé & le Rapporteur , chacun en dix livres d'amende envers le Roy , & chacun des opinans en cent ſols.

[*Dit a été.*] Le ſieur Roux , Juge-Mage de Carcaſſonne , fut ajourné perſonnellement au Parlement , parce qu'en prononçant il uſoit de ces termes , *Dit a été.*

A R R. X I I.

Le Jeudi vingt-ſeptiéme du mois de Decembre mil cinq cens ſeptante-neuf , en faiſant droit en Audience ſur certain appel Preſidial , fut prohibé par Arreſt de la Cour aux Magiſtrats Préſidiaux , d'uſer en leurs Jugemens Préſidiaux ou Ordonnances Préſidiales de ces termes , l'appel ſimplement mis au neant.

V. Part. 9. de ce chapitre.

A R R. X I I I.

Le Vendredi vingt-neuviéme jour d'Août mil cinq cens quarante-quatre , par Arreſt en vuidant certain procez d'un nommé Cluſel , appellant du Senéchal de Roüergue , fut prohibé audit Senéchal de mettre és Lettres ou Sentences , *la clauſe* , *oppoſitions & appellations* , *nonobſtant* , ſinon qu'il y ait rebellion precedente.

A R R. X I V.

Le vingt-uniéme Fevrier mil cinq cens ſeptante-ſix , plaidée certaine qualité entre un nommé Vanelly Conſul de Caors , & un nommé Molieres Conſeiller & Magiſtrat Préſidial aud. Caors , fut dit entr'autres choſes : oüis les Gens du Roy, que les Conſuls dudit Caors avoient peu informer , mais non point decreter contre ledit Molieres.

A R R. X V.

Le vingt-huit Avril mil cinq cens ſeptante , aux Chambres aſſemblées fut mis en deliberation ; ſçavoir ſi és examens des Juges-Mages , Lieutenans , Conſeillers és Senechauſſées , ou autres Officiers Royaux qui ſe font en la Cour , ſuivant l'Ordonnance de Moulins art. 11. eſt neceſſaire que pour être reçûs ils ſoient ap-

prouvez par les deux tiers des opinans, comme il est observé és
Pourveus, des Offices, de Président & Conseiller en la Cour,
par la même Ordonnance art. 10. L'occasion de cette deliberation procéda de ce qu'à l'examen de M. Jean Brugelles, pourvû
d'un Etat de Conseiller en la Sénéchauffée de Lauraguois, Messieurs de la seconde Chambre d'Enquestes se trouverent en diversité d'opinions, car de huit opinans les cinq furent d'avis de la reception, les trois au contraire du renvoi pour six mois, & ayant
rapporté le fait à Messieurs de la Grand'Chambre, l'affaire fut
renvoyée aux Chambres assemblées pour en prendre & donner certain jugement à l'avenir. Premierement fut mis en deliberation si Messieurs tenans la Chambre des Requestes devoient
être appellez & opiner en cette affaire, il fut arrêté qu'ils n'y seroient point appellez, parce qu'ils n'ont point voix aux Chambres assemblées, si ce n'est lors qu'il s'agit d'affaires concernant le
general du Corps de la Cour, ou de la publication ou verification
des Edits Royaux : mais és affaires des Particuliers qui sont traitez
par occurrence aux Chambres assemblées par partage ou autrement, autres toutefois que des Mrs. de la Cour, ils n'y opinent point.

Au surplus, quant au fait principal, il fut trouvé mauvais que
Messieurs eussent procedé à l'examen dudit Brugelles en si petit
nombre, comme de huit opinans, vû que par certaine Ordonnance il faut qu'il y ait quinze opinans à l'examen & reception d'un
Officier ; tellement qu'il fut arrêté que les examens seroient faits
d'orénavant en pleine Chambre ; c'est à sçavoir assistans tous les
Messieurs d'icelle Chambre, sinon qu'aucun d'eux fussent absens
par maladie ou autre legitime cause, ou qu'ils fussent reculez ; auquel cas si en ladite Chambre ne restoient douze opinans, fut ordonné qu'il en seroit pris d'une autre Chambre pour parfaire le
nombre de douze Juges ; & que l'on ne pourroit proceder à l'examen & reception d'aucun Officier, en moins nombre que de douze Juges, ou de la même Chambre ou des Chambres d'Enquestes.
Et d'autant qu'auparavant & aprés la publication des Ordonnances
de Moulins, on auroit observé en cette Cour és examens des
Promeus de Magistratures és Sieges Présidiaux & Judicatures, &
autres Offices Royaux qu'il suffiroit pour être reçûs lors que

les opinans se trouveroient en contrarieté d'avis, qu'il y eut deux voix & opinions pour la reception d'avantage que pour le renvoi, tout, ainsi qu'és autres affaires de justice, & que l'ordonnance qui veut qu'ils soient aprouvez par les deux tiers des opinans, se parle nommement des pourveus des Offices des Cours de Parlement & non point des inferieurs, il fut arrêté que l'on ne changeroit rien à l'observance jusqu'à cette heure gardée, consideré mémement que par l'ordonnance elle n'étoit point abrogée.

Quelques-uns étoient d'avis de regler les Magistrats Presidiaux *ad instar* des Conseillers en la Cour, à cause qu'en certain cas ils jugent souverainement & en dernier ressort, tant en civil qu'en criminel. Les autres vouloient étendre l'Ordonnance des deux tiers des opinans aux Juges-Mages, Lieutenans principaux & particuliers; d'autant que ceux-là sont examinez à l'ouverture du livre, comme les Conseillers en la Cour; ce neanmoins il fut conclu que tant és examens des Conseillers és sieges Presidiaux, que des Juges-Mages & Lieutenans, il suffiroit qu'il y eût deux voix & opinions davantage pour la reception de l'examiné, & non deux tiers des opinans.

Qu'il y eût deux voix.] Dans l'examen d'un Conseiller en Cour souveraine, il faut être trouvé capable par deux tiers des opinans, suivant l'Ordonnance de Moulins en 1566. art. 10. mais il passe à la pluralité des voix pour les Officiers subalternes. *Maynard liv.* 1. *chap.* 77. Il en est de même pour les Souverains : à l'égard du jugement de l'enquête de leur vie & mœurs. *Cambolas liv.* 3 *chap.* 48.

De la Cour de la Bourse des Marchands.

CHAPITRE III.

Par Arrest du dix-neuviéme Avril mil cinq cens quatre vingts-neuf, au procez de Rabastens Rossignole, & autres, fut jugé qu'un decret émané des Prieur & Consuls de la Bourse étoit nul, & qu'ils ne pouvoient adjuger par decret, ce qui est veritable s'il y a opposition quelconque, mais s'il n'y en a point ni contredit autre que du marchand executé, le decret est valable.

ARR. II.

Par autre Arrest du vingt-deuxiéme Juin mil cinq cens septante-six,

fix, donné en Audience, fut jugé lefdits Prieurs & Confuls n'é-
tre competans du vol & larcin fait de marchandife aux Voituriers d'icelle, entre Henry Morat Marchand de Touloufe, ayant
fait affigner à la Bourfe Jean Valercle Voiturier, à lui payer la
marchandife qui lui avoit été volée par ceux de la nouvelle pretenduë Religion, fur le grand chemin de Caftelnaudarri.

Par autre Arreft du vingt-un Avril mil cinq cens quatre vingts-
trois, donné en Audience, la contrainte par corps ordonnée pour
le payement d'une fomme contre un debiteur qui n'étoit obligé
par corps, fut caffée, & inhibé d'ufer de telles contraintes.

A R R. III.

Il y a Arreft fur les lettres patentes du Roy Henry II. fur la
jurifdiction de la Bourfe commune des Marchands en Touloufe
du huitiéme de Fevrier mil cinq cens cinquante-un.

Et autres Lettres de declaration du même Roy, que les Prieur
& Confuls de ladite Bourfe, ne connoîtront des differens entr'autres perfonnes que vrais Marchands, ou leurs facteurs, ou faifans
trafic de marchandife, inferées au livre fixiéme des Ordonnances
fol. 117.

Et encore autres Lettres de declaration du Roy, que les actes
judiciaux, fentences & lettres des Prieurs & Confuls des Marchands en Touloufe, feront executées par tout le Royaume,
fans pareatis ni infinuation, enregiftrées au livre 7. des Ordonnances, fol. 93.

Et autres lettres de confirmation des privileges des Marchands
de la Bourfe, & autres fequentans les rivieres de Garonne & autres enregiftrées au livre 10. des Ordonnances.

Sans pareatis] Pour faciliter & pour favoricer le commerce & le negoce.

Des Viguiers & Juges ordinaires.

C H A P I T R E   I V.

IL y a plufieurs Arrefts de reglemens, concernant les Viguiers
au Parlement de Touloufe, lefquels nous rapporterons fuivant
l'ordre du temps qu'ils ont été donnez.

Qqqq

Le premier que j'ay trouvé est entre Jean Planterose Viguier de Beziers, & Maître Raymond Roux Juge de ladite Ville, du troisiéme Aoust mil quatre cens quarante-sept.

Aprés entre Maître Geraut de Gresino, Lieutenant particulier, & René de Pins, Escuyer, Viguier de Toulouse, du vingt-cinq Janvier mil cinq cens trente-huit, concernant la préeminence des Viguiers de robe courte.

Autre reglement touchant l'auditoire du Viguier d'Alby du vingt-troisiéme Aoust mil cinq cens trente-huit.

Autre entre le Sindic des Avocats de Nismes, & Pierre Robert Escuyer, Viguier de Nismes du quatriéme Mars mil cinq cens quarante-un.

Autre entre Me. Guillaume Guyard Juge ordinaire de Beaucaire, & Tanquin Porcelet Viguier dudit Beaucaire du dix-huitiéme Decembre mil cinq cens quarante-six.

Autre reglement des Officiers de Beziers, & le Viguier concernant la distribution des procez du dernier Octobre 1550.

Deliberation de la Cour, de bailler famille & compagnie de main forte au Viguier de Toulouse, du trentiéme May mil cinq cens septante.

Autre deliberation sur le fait de l'élection des Capitouls, le Viguier étant absent, du vingt-deuxiéme Novembre mil cinq cens septante-deux.

Autre deliberation concernant ledit Viguier de Toulouse, du quatriéme Juillet mil cinq cens septante-sept.

Autre reglement dudit Viguier avec ses Lieutenans du quinziéme Juin audit an mil cinq cens septante sept.

Reglement des Juges ordinaires.

CHAPITRE V.

OUtre les reglemens pour les Viguiers, j'en ay trouvé és Registres plusieurs autres pour les Juges ordinaires.

Sçavoir un du Juge de Verdun au Siege de Gimont pour les distributions entre le Lieutenant principal & particulier, du dix-huitiéme Mars mil cinq cens quarante-trois.

Autre de Trenque , Juge de Comenge , du vingt - un Juillet mil cinq cens quarante-quatre.

Autre du Juge ou Bailly de Milhau , Sindic des Avocats du Siege pour les diftributions , du treize Juin mil cinq cens quarante-neuf.

A fuite d'un precedent reglement entre Cavalier , Juge dudit Milhau , & Pinardet pour lefdits Avocats , par lequel fut inhibé aux Lieutenans dudit Milhau de poftuler , du dix - fept May mil cinq cens quarante - un.

Autre Arreft de reglement donné les Chambres de la Cour affemblées , entre les Juges Royaux & les Juges des Seigneurs jurifdictionels , du dernier Août mil cinq cens cinquante-trois.

Autre du juge & Lieutenant de Lavaur , du vingt-fixiéme Fevrier mil cinq cens cinquante-quatre.

Deux autres reglemens , l'un du Siege de Puilaurens : & l'autre du Juge de Caftres , du vingt - huit Fevrier audit an mil cinq cens cinquante-quatre.

Autre entre le Juge d'Albigeois, & Coufin Lieutenant de Gaillac , du douziéme Septembre mil cinq cens quatre vingts-fix.

Autre pour le Sindic des Avocats de la Cour ordinaire de Narbonne , contre le Juge d'icelle , du fixiéme Mars mil cinq cens feptante-un.

Des Viguiers.

CHAPITRE VI.

ARR. I.

LUndy premier d'Août mil quatre cens quarante-fix, veu par la Cour certaine requête de Jean Lamy Viguier de Touloufe, par laquelle il pretend à caufe de fon Office & être Capitaine de la Ville & Caftel Narbonnois de Touloufe , & avoir fa garde de jour de ladite Ville & des portes d'icelles , & qu'aucun étranger des païs non obeïffans au Roy ne peut entrer dans ladite Ville fans fon congé & licence , & que toutes criées & proclamations qui fe font en ladite Ville fe doivent faire du mandement de lui & des Capitouls , & avec ce , qu'on ne peut faire aucuns

jeux de moralité en ladite Ville où il y ait affluence de peuple ;
fans fon congé & licence, & qu'icelui fuppliant avoit fait faire
inhibitions & deffenfes à certains habitans de ladite Ville, qu'ils
n'allaffent par icelle les vifages couverts, ni fiffent jeux publics
le jour de la fête de l'Affomption nôtre-Dame prochainement
venant, pour les efclandres qui s'en pourroient enfuivre. Ce nonobftant le Senéchal de Touloufe après lefdites inhibitions avoit
donné congé à aucuns de ladite Ville, qu'ils allaffent les vifages
couverts, & fiffent jeux publics audit jour ; & avec ce avoit commandé à huit de fes ferviteurs qu'ils s'armaffent & allaffent avec
les autres, & que fi aucun les touchoit, ils le miffent en piéces,
& s'ils trouvoient aucuns Sergens dudit fuppliant executant fon
mandement, ils le miffent en prifon. Et en outre fe ventoit ledit
Senéchal de donner congé & licence aux Anglois qui viendroient
au pardon des Auguftins à ladite fête, d'entrer en ladite Ville
de Touloufe, veu auffi certaine requête baillée par le Sindic des
Capitouls, par laquelle il requeroit que pour obvier aux perils
& inconveniens qui pourroient furvenir ; la Cour donnât congé
& licence aufdits Capitouls, de clore & murer certain portanel
que le Roy fit faire és murs de la Ville lui étans dernierement
en l'Hôtel de la Senéchauffée pour foy aller esbatre aux champs.
Et fur tout oüis lefdits Viguier, Capitouls & Senéchal, la Cour
a ordonné & ordonne que ceux qui feront les jeux à ladite fête
de nôtre Dame n'iront point parmi ladite Ville de Touloufe : mais
ils pourront faire lefdits jeux en l'Eglife de la Daurade ou en la
place, en la forme & maniere, & en tel nombre qu'ils ont accoûtumé. Et au regard de ce que chacun defdits Senéchal & Viguier pretend à lui appartenir de donner congé & licence de
faire lefdits jeux & moralitez, & aux Anglois d'entrer en ladite
Ville, la Cour ordonne que chacun d'eux élira deux hommes
notables, lefquels les appointeront s'ils peuvent dedans deux ou
trois jours, finon le rapporteront à la Cour qui y appointera ainfi
qu'il appartiendra par raifon. Et entant que touche led. Portanel, la
Cour n'y appointe rien pour le prefent : mais a enjoint aud. Senéchal qu'il garde fi bien la clef d'icelui portanel, qu'aucun dommage
ou inconvenient n'en avienne, lequel Senéchal a dit qu'ainfi le fera.

A R R. I I.

Extrait des Regiſtres de Parlement.

ENtre Maître Jean de Villeneuve Viguier de Touloufe, fuppliant & demandeur, & autrement deffendeur, d'une part,
& le Sindic des Capitouls de la Ville de Touloufe, & Maître
Antoine Dampmartin, Lieutenant Clerc du Senéchal dudit Touloufe, deffendeurs, & auffi fupplians & demandeurs refpectivement d'autres. Veu les requêtes, &c. La Cour a ordonné & ordonne que lefdites parties feront plus amplement oüies, & à ces
fins en viendront en jugement au mois, dans lequel delai produiront auffi lefdites pieces, & tout ce que bon leur femblera, pour
aprés leur être fait droit. Et cependant pour obvier aux defordres
cy-devant avenus, a ordonné & ordonne la Cour qu'en tous actes
& affemblées publiques où eft requis lefdits Capitouls affifter en
corps, & reprefentans les corps miftique de ladite Ville de Touloufe, iceux Capitouls auront preference, & precederont ledit
Viguier, & en tous autres actes, tant de reddes accoûtumées être
faites par les Officiers, entrées du Parlement à la fête S. Martin,
affiftance és Arrefts generaux qui feront prononcez en ladite Cour,
qu'autres affemblées, icelui Viguier precedera lefdits Capitouls.
Entant que touche lefdits Dampmartin & Viguier, ordonne auffi
la Cour qu'en tous actes & affemblées publiques & privées, tant
au fiege dudit Senéchal & du Juge-Mage d'icelle Senéchauffée,
& où lefdits Senéchal & Juge-Mage, ou l'un d'iceux feront prefens, ledit Viguier precedera ledit Dampmartin Lieutenant Clerc
efdits actes & affemblées, le tout par maniere de provifion, fans
préjudice du droit defdites parties, & jufqu'à ce qu'autrement en
fera ordonné, les dépens refervez en fin de caufe. Prononcé à
Touloufe en Parlement le vingt-troifiéme jour du mois de May
l'an mil cinq cens quarante neuf.

A R R. III

Mercredy vingt-troifiéme Aouft mil quatre cens quarante-
fept, &c. Entre Jean Plancerofe Viguier de Beziers, & Maître

Raymond Roux Juge dudit Beziers deffendeur d'autre, il sera dit
qu'en suivant l'Ordonnance du Roy faite au mois de Juin mil trois
cens cinquante-sept, sur le gouvernement de la Justice de ladite
Viguerie, toute la justice & jurisdiction Royale d'icelle Viguerie,
tant civile que criminelle, sera d'orenavant gouvernée & administrée par lesdits Viguier & Juge-Mage ensemble, ou en leur absence par leurs Lieutenans ou Commis, & se prononceront les
Sentences & Appointemens par la bouche dudit Juge, ou son
Lieutenant, au nom toutefois desdits Viguier & Juge, dont led.
Viguier sera toûjours le premier nommé, & toutes Lettres &
Commissions procedans de la Cour de ladite Viguerie, seront
données au nom desd. Viguier & Juge conjointement, esquelles ledit Viguier sera semblablement le premier nommé, excepté
les premieres Lettres du Grand Scel dudit Beziers, lesquelles ledit Viguier ou son Lieutenant octroyera tout seul, comme Con-
servateur dudit Scel; mais le procez & Lettres qui s'en ensui-
vront se donneront & expedieront au nom de tous deux, comme
en ladite Justice commune. Et au regard des relations des procez,
lesdits Viguier & Juge ensemble les commettront à rapporter à
qui bon leur semblera; & si de ce ils ne peuvent être d'accord,
lesdits Viguier & Juge les distribueront chacun à son tour, dont
ledit Viguier fera sa premiere distribution, & le Juge l'autre aprés,
& ainsi consequemment l'un aprés l'autre; & si ledit Juge à son
tour veut prendre la charge de rapporter aucuns desdits procez,
il y sera preferé à autres, lesquelles relations & expeditions de
procez & autres Appointemens de ladite Cour se feront en l'Auditoire de ladite Viguerie, presens lesdits Viguier & Juge ou leurs
Lieutenans, & appellez les Conseillers d'icelle Cour. Et entant
que touche les commissions qui se donnent, tant sur le statut de
querelle qu'autres, elles se donneront par ledit Viguier & Juge
ensemble, si d'accord de ce peuvent être, ou sinon se donneront
au nom de tous une fois par l'un, une fois par l'autre, le Viguier
toûjours le premier. Et au regard des autres mêmes commissions
de justice de ladite Cour, comme ajournemens, insinuations, pareatis & autres semblables, elles se donneront par le premier
d'eux qui requis en sera, au nom toutefois desdits Viguier & Juge

conjointement , & tout par maniere de provision , & jusqu'à ce
que par la Cour en soit autrement ordonné. Et au regard du surplus , si les Parties veulent aucune chose requerir ou demander
l'un contre l'autre , elles en viendront au lendemain de la saint
Martin d'hyver prochain venant.

En leur absence.]Et en l'absence des Lieutenans , l'exercice de la Justice s'il n'y a pas
d'autres Officiers , appartient au plus ancien Avocat du Siege ; tel a été l'usage de
tout temps ; ce qui est encore conforme à la disposition de l'Ordonnance de 1667 &
à celle de 1539. en l'art. 11. Il y a même une infinité d'Arrests rapportez par Papon , par
Imbert , Rebuffe & Charondas , qui preferent les anciens Avocats du Siege , aux
Avocats & Procureurs du Roy , ausquels même , au dire de Fontanon sur ledit art. 11. il
ne doit pas être permis en quelle cause que ce soit , de tenir l'Audience ; & en effet ,
l'usage du Parlement de Provence les en exclud , suivant l'Arrest rapporté par François
d'Aix en ses Decisions *decis.* 24. mais quoy qu'il en soit , je ne sçaurois dissimuler , quelque part que je doive prendre en la condition des Avocats , par la profession que je fais ,
& de laquelle je tire ma plus grande gloire , que le Parlement de Toulouse a prejugé par
Arrest donné en la Grand'Chambre le 29. Août 1674. au rapport de Mr. Cathelan , qu'aux
causes où le Roy , & le public n'ont aucun interest , les Gens du Roy peuvent presider ,
& tenir les Audiences , en l'absence ou recusation des Officiers , à l'exclusion des Avocats du Siege. Il est vray que cet Arrêt fut donné à la requête de Mr. le Procureur General : il est vray aussi qu'on peut remarquer dans les observations de Guenois *sur le ch.*
18. *du liv.* 1. *de la pratique d'Imbert* , que l'Arrest de Toulouse est conforme à un Arrêt
du Parlement de Paris du treize d'Août 1575. donné en faveur du Procureur du Roy en la
Chastellenie de Bellac dans la Basse-Marche , & encore à deux autres que le même Parlement avoit donné auparavant les 13. & 23. Juillet 1562. pour les Substituts de Mr. le
Procureur General aux Sieges d'Orleans & de Chastelleraut ; car par ces trois Arrests ils
fut ordonné , qu'en l'absence , recusation , ou maladie des Officiers , ils tiendroient les
Audiences , & exerceroient toute Jurisdiction aux Sieges , excepté és causes esquelles le
Roy auroit ou pourroit avoir interest.

ARR. IV.

Extrait des Registres de Parlement.

ENtre Maître Charles de la Roche , Juge ordinaire de Castres , François de la Font , Licencié és Droits , supplians &
demandeurs en qualité de reglemens,le Procureur General du Roy
joint avec eux , d'une par , & Maître Jean Fabry , Antoine Gineste , Alexandre Adhenit ,Nicolas Vialette , Licenciez , Louïs
Boffard , Antoine Mauriny , Martin Falcon , Jean Valaret , Barthelemi Endroy & François Balmes Notaire , eux disans Lieutenans Generaux ou Particuliers respectivement,tant du Senéchal
que d'icelui Juge en divers Sieges du Comté de Castres deffendeurs
& autrement demandeurs d'autre. Veu les plaidez faits en la Cour,
les titres desd. Parties , contredits , salvations , & autres produc-

tions faites en la maniere, la Cour pour certaines conſiderations & cauſes à cela mouvans, a mis & met hors de qualité & de procez leſdits de la Font, Boffard, Falcon, Villaret, Balmes & Mauriny, & leur a fait & fait inhibitions & deffenſes de ſoi dire ni nommer Lieutenans deſdits Senéchal & Juge de Caſtres, ni ſoi ingerer à l'exercice de l'Etat & Office de Lieutenant d'iceux Senécha & Juge en maniere aucune, ſur peine de faux & autre arbitraire ; & avant dire droit ſur les concluſions requiſes par ledit Procureur General, ſur la ſuppreſſion ou reduction à certain nombre de Sieges deſdites Senéchauſſées & Jugerie de Caſtres, a ordonné & ordonne qu'il, &c. leſdits Senéchal & Juge & autres prétandans intereſts, ſeront ſur ce plus amplement oüis, & pour ce faire en viendront en Jugement à huitaine aprés la Fête Saint Martin d'hyver prochainement venant, pour y être pourvû, & leur être fait droit ſuivant les Lettres & Edits du Roy, données à Paris le ſeiziéme jour de Decembre mil cinq cens trente-huit, & cependant a ordonné & ordonne la Cour, que ledit Maître Jean Fabry joüira de l'Office de Lieutenant Principal deſdits Senéchal & Juge de Caſtres au Siege principal dudit Caſtres, à la charge toutefois de conſtituer & établir ſon domicile & habitation avec ſa famille en la Cité de Caſtres; ce qu'il ſera tenu faire & parfaitement accomplir ſans fraude ou diſſimulation dedans un mois prochain venant, à compter du jour de la prononciation de cet Arreſt, ſur peine de privation dudit Etat & Office de Lieutenant, laquelle à faute de ce faire lui eſt dés maintenant declarée ; & ledit Maître Antoine Guieſte joüira de l'Office de Lieutenant Particulier & Commiſſaire à l'Univerſité des cauſes au même Siege principal dudit Caſtres, & ledit Maître Nicolas Valotier joüira de l'Office de Lieutenant Principal audit Siege de Lombés, & ledit Maître Alexandre Adhenier joüira ſemblablement de l'Office de Lieutenant Principal deſd. Senéchal & Juge au Siege de Châteauvieux & Saint Ivery les Alby, avec les prerogatives & charges appartenans auſdits Offices reſpectivement, & faiſant leur habitation & reſidence eſdits lieux, ſuivant les Ordonnances. Et quant aux autres prétendans être Lieutenans és autres Sieges, de la ſuppreſſion & reduction deſquels eſt queſtion, & qui n'ont

mis

mis & produit devers la Cour leurs lettres de provifion de leurs
pretenduës Lieutenances , fuivant l'Arreft prononcé le quinziéme
jour de Mars l'an mil cinq cens quarante-deux ; la Cour leur a
prohibé & deffendu , prohibe & deffend tout exercice d'icelles
pretenduës Lieutenances , jufqu'à ce qu'eux & ledit Procureur
general & autres ayans interefts oüis fur ladite fuppreffion &
reduction autrement en foit ordonné. Et cependant les caufes &
procez civils & criminels defdits fieges feront traitez & expediez
audit fiege principal de Caftres , fauf que ledit Juge de Caftres
ira tenir affifes à chacun defdits fieges de deux en deux mois une
fois. Et quant à la qualité de reglement , la Cour fuivant autres
Arrefts donnez fur femblables reglemens , a ordonné & ordonne
que en prefence dudit Juge ne fera loifible à iceux Lieutenans
principaux ou particuliers , exercer jurifdiction au fiege où ledit
Juge fera prefent , ains tous les actes de jurifdiction ordinaires ou
extraordinaires par commiffion de lettres Royaux ou autrement
feront faits & exercez par ledit Juge és fieges qu'il fera prefent, finon qu'il fut recufé , & la recufation admife ou autrement empê-
chée auquel cas le Lieutenant principal du fiege , & en fon abfence le Lieutenant particulier, exerceront icelle jurifdiction &
actes de juftice és caufes & matieres efquelles ledit Juge fe trouvera recufé, ou autrement n'en voudroit ou pourroit prendre connoiffance, & en l'abfence dud. Juge, les Lieutenans principaux joüiront refpectivement de femblables prérogatives & prééminences
chacun en fon fiege, fans qu'il foit permis aux Lieutenans particuliers en prefence du Lieutenant principal exercer jurifdiction, fi ce
n'eft au cas fufd. de recufation, ou autre empêchement defd. Lieutenans principaux ; & en outre a ordonné & ordonne la Cour que
les diftributions des procez introduits efd. fieges, & étans en droit,
feront faites en iceux fieges refpectivement par led. Juge quand il
y fera prefent, & en fon abfence par le Lieutenant principal de chacun defd. fieges , & lui abfent par le Lieutenant particulier de
quinze en quinze jours ou de huit en huit, felon l'affluence des procez, appellé le Procureur du Roy ou fon fubftitué du fiege, & deux
des anciens Avocats & Praticiens d'icelui , & au jour d'icelles
diftributions les Notaires defdits fieges feront tenus apporter

R r r r

tous & chacuns les procez qui seront en état de juger, de quelque
qualité que soient, sans en laisser aucun, & de ce se purgeront
par serment. Et après que led. Juge, s'il est present, aura pris un
procez, le Lieutenant Principal du Siege prendra tel autre procez
que bon lui semblera ; & à l'absence du Juge icelui Lieutenant
Principal prendra le premier, & après lui le Lieutenant Particulier, & consecutivement le Procureur du Roy, & après sera baillé
à chacun des Avocats & Praticiens dudit Siege, un procez selon
leur antiquité & reception ; & si encore en restent aucuns, seront
distribuez par l'ordre susdit : Et afin qu'icelle distribution soit faite
sans fraude, en sera fait registre ; & où il se trouveroit aucune fraude avoir été commise par lesd. Notaires, ils seront privez de l'administration desdits tabliers, & d'orénavant ne seront reçûs à en
tenir ou exercer aucun ; & où seroit fait fraude par lesdits Juge,
Lieutenans Principal & Particulier, seront tenus à l'Arbitre de la
Cour, & aux rapports & jugemens desdits procez assistera nombre suffisant des Avocats desdits Sieges, eu égard à la qualité des
matieres, & n'y assistera aucun Notaire, si ce n'est celui qui tiendra le Registre des Conseils ; & après le rapport fait & conclud
sera faite taxe moderée au raporteur, lui absent, par les autres qui
auront assisté à icelui rapport & jugement : & le jour même ou
lendemain ledit rapporteur sera tenu apporter & lire au Conseil
la Sentence ou Ordonnance qui aura été arrêtée, laquelle sera
signée par le Juge ou Lieutenant qui aura présidé au jugement, &
par le rapporteur du Procez, & après sera prononcée à la premiere Audience sans plus attendre ou dilayer ; & où le procez qui
sera commencé de rapporter ne pourra entierement être dépêché
en même jour, sera continué le lendemain & autres jours ensuivans, jusques à ce qu'il soit parachevé en presence de ceux qui
auront assisté au premier jour, & avec l'opinion d'iceux sera conclud & arrêté à la plus grande partie ; & declare la Cour qu'ausdits Conseils ne seront reçûs pour juger & decider les procez & autres affaires que gens lettrez & experimentez, de bonne vie & honnête conversation, & qui ayent été reçûs &
prêté serment d'Avocat ausdits Sieges, lesquels seront tenus se
trouver aux conseils, sans que pour y assister leur soit faite aucu-

ne diftribution d'argent. Et au furplus enjoint la Cour audit Juge, Lieutenans principaux & particuliers refpectivement, & à chacun d'eux de enfuivant les Ordonnances Royaux faire les procez fans ufer de délais fruftratoires, & auffi pourvoir qu'aucuns abus & exemptions indécentes ne foient faites & commifes efdits Sieges par les Notaires & autres, fur peine de s'en prendre fur eux; & pareillement a declaré & declare la Cour que ledit Juge quand il fera prefent & en fon abfence, les Lieutenans & chacun d'eux felon l'ordre que deffus, pourront rapporter & dépêcher extraordinairement fans attendre ladite diftribution les procez des caufes criminelles, & auffi des matieres provifionnelles & privilegiées, comme d'alimens, doüaires, interpofition de decrets, taxe de dépens, & autres femblables requerans celerité & prompte expedition, non excedans la taxe de vingt fols tournois pour partie; & neanmoins pour le bien de juftice, & afin que les crimes ne demeurent impunis, pourront lefdits Lieutenans principaux & particuliers, & chacun d'eux en leur Siege qui y fera plûtôt fommé & requis par le Procureur du Roy, ou autre denonçant, enquerir des excès & crimes commis és refforts defdits Sieges refpectivement; Et a prohibé & défendu, prohibe & défend la Cour aufd. Juges, Lieutenans principaux & particuliers, à peine de fufpenfion de leurs Offices, & autre amende arbitraire, de ne d'orefnavant rapporter aucun procez és maifons privées & hors le lieu à ce deputé en chaque Siege, & aux Avocats & Praticiens n'affermer ni arrenter aucuns tabliers & Greffes és Sieges où ils pratiqueront, ni avoir intelligence avec aucuns Notaires, Fermier ou autres; & a fait & fait la Cour inhibition & défenfe à tous Lieutenans principaux, particuliers & chacun d'eux, ne foy dire, ni intituler Lieutenans Generaux, ni entreprendre aucune connoiffance, & exercer actes de Juftice hors les Sieges aufquels ils feront Lieutenans & reffort d'iceux, le tout par maniere de provifion, fans préjudice des droits & prérogatives dudit Senéchal, pour le fait des diftributions, rapports & jugemens de procez quand ils feront hommes de lettres, & jufqu'à ce qu'autrement en foit ordonné, & fans dépens. Prononcé à Touloufe en Parlement le douziéme Août mil cinq cens quarante-quatre.

R r r r ij

Les Notaires.] Autrefois on ne connoiſſoit les Greffiers que ſous ce nom là, & les anciennes Ordonnances ne les nommoient auſſi que Notaires, à l'imitation des anciens Auteurs Romains, dans leſquels *Notarius* ne deſigne pas autre choſe dans ſon ſens le plus naturel. Le titre de Greffier, comme eſtimé très-honorable, n'étoit dû qu'au ſeul Greffier du Parlement de Paris ; ainſi par Arreſt de l'an 1404. rapporté par *Luc en ſon recueïl liv. 4. tit. 10. art. 1.* il fut dit : *Nulli Scribarum, etiam regiorum, præter unum Curiæ actuarium, Graphiarii nomen uſurpare licere* ; ce qui fait voir que dans le commencement du quinziéme ſiecle le titre de Greffier commença d'être uſurpé par les Notaires des autres Juriſdictions : Et tout ayant été permis dans la ſuite du temps en matiere de titres, chacun ayant voulu ſatisfaire ſa vanité, le titre de Greffier devint ſi commun, qu'on ne connoit plus aujourd'hui le nom de Notaire que pour deſigner une tabellion.

Que Gens letirez.] Pour exercer une charge de Judicature de robe longue, de même que celle d'Avocat, ou de Procureur du Roi, il ne ſuffit pas d'être Bachelier en Droit, il faut être Docteur, ou du moins Licentié, ſuivant l'Arreſt judiciellement donné en la Grand'-Chambre le 19. Janvier 1631. en la cauſe de Me. Raymond Rivet, contre le nommé Iſaac Cauſſe. *V. l'art. 8. de ce chapitre.*

E's maiſons privées.] Suivant le Droit la Juſtice doit être adminiſtrée *loco ſolito & more maiorum* ; elle s'adminiſtroit autrefois parmi les Juifs aux portes des Villes ; & la tranſaction paſſée le 11. Novembre 1392. entre Philippe de Levi, Baron de Vauvert, & les habitans dudit lieu, finit par ces termes : *acta ſunt hæc poſqueriis.* (ſc. Vauvert.) *in Barbacana portalis de Panapey, ubi tunc dictus Dominus regens pro tribunali ſedebat, teſtibus præſentibus N. N. V. l'art. 7. de ce chapitre, & le liv. 2. verb. Enquête art. 1.*

A R R. V.

Arreſt du dix-ſeptiéme Decembre mil cinq cens vingt-ſix, enjoignant au Juge de Rieux & à tous les autres du reſſort, de enſuivant les Ordonnances faire leurs reſidences perſonnelles en leurs Sieges principaux, à peine de cent marcs d'or.

V. Bergeron ſur Papon liv. 4. tit. 12. arr. 5. Loyſeau des Offic. liv. 5. chap. 2. num. 88. l'Ordonnance de Blois art. 137.

A R R. V I.

Par Arreſt donné en Audience de relevée le dix-ſept Avril mil cinq cens quarante-quatre, prohibé au Prévôt & Seigneur Juriſdictionel de Beaumont en Roüergue de commettre à l'exercice de la Juriſdiction temporelle audit lieu, Juge ou Lieutenant qui ſoit Prêtre.

Autre auſſi donné en Audience le vingt-quatriéme Mars mil cinq cens trente-huit, contenant prohibition aux Prêtres de ne rapporter procez.

V. l'art. 45. de l'Ordonnance de Blois, qui eſt tiré du Can. 22. cauſ. 16. qu. 7.

ARR. VII.

Arreſt du vingt-trois Avril mil cinq cens ſoixante-neuf, contenant inhibition à tous Juges de faire procez pour peu de choſe, &
le Juge, Rapporteur & Greffier condamnez à rendre ce qu'ils en
avoient reçû depuis l'audition cathegotique de la Partie.

Le même jour autre Arreſt contenant inhibition aux Juges de
ne faire actes de Juſtice, ne donner appointemens és maiſons privées & és jours feriez.

És jours feriez.] *V. le liv. 2. tit. 4. verb. Feriez, & tit. 7. verb. Inquiſitions.*

ARR. VIII.

Le dix-huit Mars mil cinq cens quarante-trois, Arreſt prohibitif à toutes perſonnes de s'ingerer à la charge de Juge ou Lieutenant ſans être graduez.

Eſtre graduez.] *V. la ſeconde obſervation ſur l'art. 4. de ce ch. verb. que gens lettrez.*

ARR. IX.

Le vingt-un Juillet mil cinq cens quarante-quatre, par Arreſt
ordonné que les Juges Royaux ſubalternes, & leurs Lieutenans
ſeront examinez en Theorique & pratique par les Officiers des Senéchaux d'où ils ſeront reſſortiſſans.

V. l'art. 9. du chap. 1. de ce traité.

ARR. X.

Le ſeize Avril mil cinq cens trente-trois inhibé à tous Juges
des Seigneurs prendre connoiſſance d'aucune complainte ni main-
levée en matiere Beneficiale, dont la connoiſſance appartient au
Roy & à ſes Officiers.

Juges des Seigneurs.] Et même aux Eccleſiaſtiques ; le ſeul Juge Royal connoiſſant en
France du poſſeſſoire des Benefices, & de la ſuite des fruits & revenus d'iceux, à l'excluſion
des Officiers Bannerets, ſuivant l'Ordonnance de Blois *art.* 16. *V. Ranch. & Ferrer. in quæſt.*
1. *& 552. Guid. Pap.*

ARR. XI.

Le quatriéme Septembre mil cinq cens quarante-cinq, prohibé à tous Juges de ne porter les procez hors des reſſorts des Sieges où les matieres ſont traitées pour rapporter.

V. l'art. suivant, & la suite de ce Recüeil tit. 56. art. 3.

ARR. XII.

Le vingt-huit Juillet mil cinq cens septante-cinq, une procedure faite par Tolosani Juge Mage de Lauraguois, d'une affaire de sa Sénéchaussée en Toulouse, comme faites hors de son territoire & jurisdiction cassée.

Hors son territoire.] Aussi-tôt qu'un Juge est hors de son territoire, il n'a aucune Jurisdiction, *etiam in qualibet causa. gl. fin. in l. fin. ff. de offic. præf. verb.* car deslors il n'est que personne privée, & ne peut exercer que ce qui est de la Jurisdiction volontaire.

ARR. XIII.

Par Arrest du vingt-trois Août mil cinq cens septante-un, Me. Foissac Lieutenant particulier au Siege de Montauban, pour avoir ordonné qu'un depositaire de Justice de la somme de deux cens huit livres, remettroit ladite somme devers lui, ce qu'il auroit fait, sur l'appel d'un des creanciers, l'Ordonnance fut cassée, & ordonné que ladite somme seroit remise és mains dudit depositaire, pour être distribuée aux creanciers, & ledit Lieutenant condamné aux dépens, & en cinquante livres envers l'appellant pour ses dommages & interêts, & en cinq cens livres d'amende envers le Roy, faisant inhibition à tous Juges & autres Officiers du Roy de se rendre depositaires, ni s'aider de l'argent deposé, sur peine de privation de leurs états.

V. le livre 2. verb. depost. art. 1.

ARR. XIV.

Il y a lettres patentes du Roy François I. données à Amboise le quatorziéme Avril mil cinq cens quarante, enregistrées en la Cour, par lesquelles est prohibé aux Lieutenans principaux & particuliers des Judicatures ordinaires de ne s'ingerer à l'exercice desdits états en la presence des Juges, ains seulement en leur absence.

FIN.

TABLE
DES TITRES
DES ARRÊTS NOTABLES
DU PARLEMENT
DE TOULOUSE,

RANGEZ PAR ORDRE ALPHABETIQUE.

TABLE.

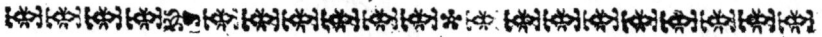

TABLE

DU TRAITÉ DES DROITS SEIGNEURIAUX
& Matieres Feodales.

TABLE.

Fin de la Table.

APPROBATION.

J'AI examiné par ordre de Monseigneur le Garde des Séaux, un Livre intitulé : *Arrêts notables du Parlement de Toulouse*, recuëillis des Memoires de Mr. *Bernard de la Roche-Flavin*, avec des *Observations* de Me. *François Gravérol Avocat de Nîmes*. Je n'y ai rien trouvé qui puisse en empêcher la reimpression. Fait à Paris ce 4. Fevrier 1719. RASSICOD signé.

PRIVILEGE DU ROY.

LOUIS, PAR LA GRACE DE DIEU, ROY DE FRANCE ET DE NAVARRE: A nos amés & féaux Conseillers, les gens tenans nos Cours de Parlement, Maîtres des Requêtes ordinaires de nôtre Hôtel, grand Conseil, Prévôt de Paris, Baillifs, Sénéchaux, leurs Lieutenans Civils, & autres nos Justiciers qu'il appartiendra: SALUT, nôtre très-cher & bien amé le Sr. JEAN-FRANÇOIS CARANOVE ancien Capitoul, Prieur de la Bourse, & President de la Chambre de Commerce de la Ville de Toulouse, nous a fait representer que depuis plusieurs années le Public est privé des secours qu'il pouvoit tirer de plusieurs anciens Recuëils d'Arrêts, & Décisions notables de notre Cour de Parlement de notre Ville de Toulouse, qui avoient été ci-devant imprimez en vertu des Privileges accordez par le feu Roy, notre très-honoré Seigneur & Bis-ayeul LOÜIS XIV. d'heureuse memoire, lesquels Recuëils étant devenus très-rares, ledit Sr. Caranove voudroit bien faire la dépense de les faire reimprimer, s'il nous plaisoit lui accorder nos Lettres de Privilege sur ce necessaires. A CES CAUSES, desirant favorablement traiter ledit Sr. Exposant, & seconder ses bonnes intentions. Nous lui avons permis & permettons par ces presentes, de faire reimprimer lesdits Recuëils d'Arrêts & Décisions notables de notre Cour de Parlement de Toulouse, faits par les *Sieurs Cambolas*, d'*Olive*, *Albert*, *de la Roche-Flavin*, *Geraud des droits Seigneuriaux*, *de Maynard & de Catellan*, avec la pratique de la Juridiction Ecclesiastique, par le Sr. *Ducasse*, & les *Oeuvres Latines de Beranger Fernand*, *Docteur en Droit*, & encore *le Pasteur Apostolique*, par le *Pere Ducos*, & *les Entretiens avec Jesus-Christ dans le Saint Sacrement de l'Autel*, en tels Volumes, forme, marge, caractere, conjointement ou separement, & autant de fois que bon lui semblera, & de les vendre, faire vendre & debiter par tout notre Royaume, pendant le tems de douze années consecutives, à compter du jour de la datte desdites presentes; faisons défenses à toute sorte de personnes, de quelque qualité & condition qu'elles soient, d'en introduire d'impression étrangere, dans aucun Lieu de notre obeïssance : comme aussi à tous Libraires, Imprimeurs & autres, d'imprimer, faire imprimer, vendre, faire vendre debiter ni contrefaire lesdits Recuëils, ou Livres cy-dessus expliquez, en tout ni en partie, ni d'en faire aucuns Extraits, sous quelque pretexte que ce soit, d'augmentation, correction, changement de Titre, même de Traduction étrangere, ou autrement, sans la permission expresse & par écrit dudit Sr. Exposant, ou de ceux qui auront droit de lui, à peine de confiscation des Exemplaires contrefaits, & de six mille livres d'amende contre chacun des contrevenans, dont un tiers à Nous, un tiers à l'Hôtel-Dieu de Paris, l'autre tiers audit Sr. Exposant, & de tous dépens, dommages & interêts ; A la charge que ces presentes seront Enregistrées tout au long sur le Registre de la Communauté des Libraires & Imprimeurs de Paris, & ce dans trois mois de la datte d'icelles, que l'impression desdits Recuëils ou Livres cy-dessus specifiez, sera faite dans notre Royaume & non ailleurs, en bon papier & en beaux caracteres, conformement aux Reglemens de la Librairie ; & qu'avant que de les exposer en vente, les manuscrits ou imprimez qui auront servi de Copie à l'impression desdits Recuëils ou Livres imprimez, seront remis dans le même état où les Approbations y auront été donées, és mains de notre très-cher Feal Chevalier, Garde des Séaux de France, le Sieur de Voyer de Paulmy Marquis d'Argenson, & qui en sera ensuite remis deux Exemplaires de chacun dans notre Bibliotheque publique ; un dans notre Château du Louvre ; & un dans notre très-cher & Feal Chevalier, Garde des Séaux de France, le Sr. de Voyer de Paulmy, Marquis d'Argenson : le tout à peine de nullité des presentes, du contenu desquelles vous mandons, enjoignons de faire joüir ledit Sr. Exposant ou ses ayans Cause, pleinement & paisiblement, sans souffrir qu'il leur soit fait aucun trouble ou empêchement ; Voulons que la copie desdites presentes qui sera imprimée tout au long, au commencement ou à la fin desdits Livres cy-dessus expliquez, soit tenuë pour dûement signifiée, & qu'aux Copies Collationnées par l'un de nos Amés & Feaux Conseillers & Secretaires, foi soit ajoutée comme à l'original : Commandons au premier notre Huissier ou Serregent, de faire pour l'execution d'icelles, tous Actes requis & necessaires, sans demander autre permission, nonobstant Clameur de Haro, Charte Normande, & Lettres à ce contraires ; car tel est notre plaisir. Donné à Paris le quinzième jour du mois de Mars, l'an de grace mil sept cens dix-neuf, & de notre Regne le quatrime. Par le Roy en son Conseil. Signe COBLET.

Registré sur le Registre IV. de la *Communauté des Libraires & Imprimeurs de Paris*, pag. 413. num. 497. conformément aux Reglemens, & notament à l'Arrêt du Conseil du 13. d'Août 1703. A Paris le 9. Mars 1719. Signé VINCENT, Syndic.